D1723542

Haußleiter/Schulz
Vermögensauseinandersetzung
bei Trennung und Scheidung

# Vermögensauseinandersetzung bei Trennung und Scheidung

von

**Otto Haußleiter**

Richter am Oberlandesgericht München a. D.

und

**Dr. Werner Schulz**

Leitender Richter am Familiengericht München a. D.

5. völlig neubearbeitete Auflage

Verlag C. H. Beck München 2011

Verlag C. H. Beck im Internet:
**beck.de**

ISBN 978 3 406 59025 2

© 2011 Verlag C. H. Beck oHG
Wilhelmstraße 9, 80801 München
Druck und Bindung: fgb · Freiburger Graphische Betriebe
Bebelstraße 11, 79108 Freiburg i. Br.
Satz: Druckerei C. H. Beck Nördlingen
(Adresse wie Verlag)

Gedruckt auf säurefreiem, alterungsbeständigem Papier
(hergestellt aus chlorfrei gebleichtem Zellstoff)

# Vorwort zur 5. Auflage

*„Halt, du Gieriger!*
*Gönne mir auch was!*
*Redliche Teilung*
*taugt uns beiden.“*

Mit diesen Worten fordert der Riese Fasolt von seinem Bruder Fafner die Hälfte des Rheingoldes. Dieser hört leider nicht auf ihn. Es kommt zu einem Teilungskampf, den Fasolt nicht überlebt. Er wird von seinem Bruder erschlagen.

Redliche Teilung sollte das Ziel jeder Vermögensauseinandersetzung zwischen Trennungs- und Scheidungspartnern sein. Mit unserem Buch wollen wir dazu beitragen, dass Eheleute, Lebenspartner, nichteheliche Lebensgemeinschaften und auch Geschwister ihr während des Zusammenlebens erworbenes Vermögen sachgerecht und friedlich auseinandersetzen.

Die Reform des Zugewinnausgleichs hat dazu geführt, dass Kapitel 1 völlig neu geschrieben werden musste. Die Neuregelung eines negativen Anfangs- und Endvermögens, die Vorverlegung des Stichtags für die Höhe der Ausgleichsforderung, die Erweiterung des Auskunftsanspruchs, die Erleichterung des vorzeitigen Zugewinnausgleichs und der Schutz vor illoyalen Vermögensminderungen werden an Beispielsfällen eingehend erläutert. Besonders ausführlich wird aufgrund der geänderten Rechtsprechung des BGH die Vermögensbewertung eines Wohnrechts und eines Leibgedinges behandelt. Es wird aufgezeigt, dass der „gleitende Vermögenserwerb" auch ohne sachverständige Hilfe selbst berechnet werden kann (Kap. 1 Rn. 410–422).

Die endgültige Zuweisung von Ehewohnung und Haushaltsgegenständen nach den neuen Vorschriften der §§ 1568 a, 1568 b BGB ist in Kapitel 4 (Rn. 74, 128) geregelt. In eigenen Kapiteln wurden die „sonstigen Familiensachen" nach § 266 I Nr. 3 FamFG (Kap. 5) sowie alle Probleme aus dem Steuerrecht im Zusammenhang mit Trennung und Scheidung (Kap. 6) zusammengefasst. Ein weiterer Schwerpunkt ist die Vermögensauseinandersetzung nichtehelicher Lebensgemeinschaften nach der neuen Rechtsprechung des Familiensenats beim BGH (Kap. 9).

Schließlich musste auch das Kapitel 7 „Vermögensauseinandersetzung mit Schwiegereltern" umgestaltet werden, da auch hier der BGH seine langjährige Rechtsprechung geändert hat. Die Entstehung und Höhe des Rückgewährsanspruchs der Schwiegereltern, die Auswirkungen auf den Zugewinnausgleich zwischen Kind und Schwiegerkind sowie die Verjährung des Anspruchs in „Altfällen" werden umfassend dargestellt (Rn. 1, 18, 31).

*Vorwort zur 5. Auflage*

Seit vielen Jahren haben wir Familienrichter und Fachanwälte für Familienrecht ausgebildet und unterrichtet. Wir danken für viele praktische Anregungen und Beispielsfälle aus der Anwaltschaft und hoffen, dass wir mit unserem Buch zu einer redlichen Teilung und friedfertigen Auseinandersetzung des Vermögens beitragen können.

München, im Oktober 2010
Otto Haußleiter
Dr. Werner Schulz

# Inhaltsübersicht

# Inhaltsverzeichnis

**Kapitel 3. Gütertrennung**

**Kapitel 4. Ehewohnung und Hausrat**

## Kapitel 7. Vermögensauseinandersetzung mit Schwiegereltern

## 1. Abschnitt. Ansprüche der Schwiegereltern

# Literaturverzeichnis

Bamberger/Roth ........... Kommentar zum Bürgerlichen Gesetzbuch, 2. Auflage 2008 (zitiert: Bamberger/Roth/Bearbeiter)

Bergschneider ............... Richterliche Inhaltskontrolle von Eheverträgen und Scheidungsvereinbarungen, 2008

Bergschneider ............... Verträge in Familiensachen, 4. Auflage 2010

Börger/Engelsing .......... Eheliches Güterrecht, 2. Auflage 2005

Erman ....................... Handkommentar zum Bürgerlichen Gesetzbuch, 12. Auflage 2008 (zitiert: Erman/Bearbeiter)

Büte ......................... Zugewinnausgleich bei Ehescheidung, 3. Auflage 2006

Familiengerichtsbarkeit ... Baumeister/Fehmel/Griesche/Hochgräber/Kayser/Wick Familiengerichtsbarkeit, 1992 (zitiert: FamGb/Bearbeiter)

Gerhardt/v. Heintschel-Heinegg/Klein .............. Handbuch des Fachanwalts Familienrecht, 7. Auflage 2009 (zitiert: FA-FamR/Bearbeiter)

Gernhuber/Coester-Waltjen ........................... Familienrecht, 6. Auflage 2010

Gießler/Soyka .............. Vorläufiger Rechtsschutz in Familiensachen, 5. Auflage 2010

Grziwotz .................... Nichteheliche Lebensgemeinschaft, 4. Auflage 2006

Götz/Brudermüller ........ Die gemeinsame Wohnung, 2008

Hausmann/Hohloch ...... Das Recht der nichtehelichen Lebensgemeinschaft, 2. Aufl. 2004

Hintzen/Wolf ............... Die Mobiliarzwangsvollstreckung in der Praxis, 3. Auflage 1999

Hoppenz .................... Familiensachen, 9. Auflage 2009 (zitiert: Hoppenz/Bearbeiter)

Johannsen/Henrich ........ Familienrecht, 5. Auflage 2010 (zitiert: JH/Bearbeiter)

Kogel ....................... Strategien beim Zugewinnausgleich, 3. Aufl. 2009

Keidel ...................... Kommentar zum Gesetz über das Verfahren in Familiensachen und die Angelegenheiten der freiwilligen Gerichtsbarkeit, 16. Auflage 2009 (zitiert: Keidel/Bearbeiter)

Münch ...................... Ehebezogene Rechtsgeschäfte, 2. Auflage 2007

Münch ...................... Die Scheidungsimmobilie, 2009

Münchner Anwaltshandbuch Familienrecht ........ Schnitzler (Hrsg.) Münchener Anwaltshandbuch Familienrecht, 3. Auflage 2010, (zitiert: Bearbeiter, MAH-Familienrecht)

Münchener Kommentar .. Münchener Kommentar zum BGB, 5. Auflage 2004 ff. (zitiert: MK/Bearbeiter)

Musielak .................... Kommentar zur Zivilprozessordnung, 7. Auflage 2009 (zitiert: Musielak/Bearbeiter)

Palandt ..................... Bürgerliches Gesetzbuch, Kommentar, 69. Auflage 2010 (zitiert: Palandt/Bearbeiter)

RGRK ....................... Das Bürgerliche Gesetzbuch, Kommentar, 12. Auflage, 1974 ff (zitiert: RGRK/Bearbeiter)

Scholz/Kleffmann/Motzer ......................... Praxishandbuch Familienrecht, Stand: 19. Erg. Mai 2010

Schröder .................... Bewertungen im Zugewinnausgleich, 4. Auflage 2007

Schröder/Bergschneider ... Familienvermögensrecht, 2. Auflage 2007 (zitiert FamVermR/Bearbeiter)

Schulte-Bunert/Weinreich FamFG, Kommentar, 2009

Schulz/Hauß ............... Familienrecht, Handkommentar, 2008 (zitiert: Schulz/Hauß/Bearbeiter)

## Literaturverzeichnis

*Schwab* ...................... Handbuch des Scheidungsrechts, 6. Auflage 2010 (zitiert: Schwab/
Bearbeiter)

*Soergel* ...................... Bürgerliches Gesetzbuch, Kommentar, 13. Auflage 2000 ff (zitiert:
Soergel/Bearbeiter)

*Staudinger* .................. Kommentar zum Bürgerlichen Gesetzbuch, 13. Auflage 1993 ff (zitiert: Staudinger/Bearbeiter)

*Stöber* ...................... Zwangsversteigerungsgesetz, 19. Auflage 2009

*Thomas/Putzo* .............. Zivilprozessordnung, 31. Auflage 2010 (zitiert: Thomas/Putzo/Bearbeiter)

*Weinreich/Klein* ............ Kompaktkommentar Familienrecht, 3. Auflage 2008 (zitiert KK-FamR/Bearbeiter)

*Wendl/Staudigl* .............. Das Unterhaltsrecht in der familienrichterlichen Praxis, 7. Auflage 2008 (zitiert: Wendl/Bearbeiter)

*Wever* ...................... Vermögensauseinandersetzung der Ehegatten außerhalb des Güterrechts, 5. Auflage 2009

*Zöller* ...................... Kommentar zur Zivilprozessordnung, 27. Auflage 2009 (zitiert: Zöller/Bearbeiter)

# Kapitel 1. Zugewinnausgleich

## 1. Abschnitt. Einführung

### A. Gesetzlicher Güterstand

Die Zugewinngemeinschaft ist seit 1. 7. 1958 **gesetzlicher** Güterstand.[1] Der Ausgleich des Zugewinns beruht auf zwei Grundgedanken: Der von einem Ehegatten während des Zusammenlebens erzielte Vermögenserwerb ist vom Ehepartner unterstützt und verursacht worden. Mit diesem Mitverursachungsgedanken ist eng die Vorstellung des **Erwerbverzichts** verbunden: In einer arbeitsteiligen Ehe stellt ein Ehegatte – in der Regel nach wie vor die Ehefrau – ihre berufliche Karriere wegen Haushaltsführung und Kinderbetreuung zurück.[2] Werden Berufstätigkeit des einen und Haushaltsführung des anderen Ehegatten als **gleichwertige** Beiträge zum ehelichen Zusammenleben angesehen, dann erscheint es auch sachgerecht, beide Ehegatten an dem, was während der Ehe erwirtschaftet wurde, gleichmäßig zu beteiligen. **1**

Die Gleichstellung von Berufstätigkeit und Haushaltsführung, die Gernhuber[3] absurd nennt, und die daraus folgende **hälftige Teilung** des Zugewinns hat für die Hausfrauenehe, wie sie dem Gesetzgeber vor 50 Jahren vorschwebte[4], und die „Zuverdiener-Ehe" nach wie vor ihre Berechtigung.[5] Die gesellschaftliche Entwicklung hat sich von diesem Ehetyp mittlerweile jedoch weit entfernt. So passt die Zugewinngemeinschaft vielfach nicht für Ehen kinderloser Doppelverdiener. Hier bedeutet Zugewinnausgleich „nur Ausgleich unterschiedlicher beruflicher Tätigkeit".[6] Auch bei einem Vermögenserwerb, der die Dimension der ehelichen Lebensgemeinschaft weit übersteigt, wie beispielsweise bei Unternehmern, ist die Zugewinngemeinschaft nicht der ideale Güterstand.[7] In diesen Fällen kann es sachgerecht sein, die unterschiedlichen Bedürfnisse und Interessen der Eheleute durch einen **Ehevertrag** individuell zu regeln. Eine Modifizierung des gesetzlichen Güterstands erscheint besonders dann angebracht, wenn bei Scheitern der Ehe der Wert eines Unternehmens oder einer Gesellschaftsbeteiligung zu ermitteln ist. **2**

In der überwiegenden Zahl stellt sich die eheliche Lebensgemeinschaft jedoch **3** tatsächlich auch als ein **wirtschaftliches Zusammenwirken** der Ehepartner dar, gleichgültig wie die Rollen in der Familie verteilt sind. Die Zugewinngemeinschaft

---

[1] Bis 1953 war gesetzlicher Regelgüterstand der „Güterstand der ehemännlichen Verwaltung und Nutznießung am eingebrachten Gut der Ehefrau". Danach galt Gütertrennung bis zum 30. 6. 1958.
[2] JH/Jaeger Vor § 1372 Rn. 4; Bamberger /Roth/J. Mayer § 1363 Rn. 12; Staudinger/Thiele Vor § 1371 Rn. 5.
[3] Gernhuber/Coester-Waltjen, 4. Aufl., I 5.
[4] BGH FamRZ 1966, 560, 562; 1976, 82, 83.
[5] MK/Koch Vor § 1363 Rn. 5.
[6] MK/Koch Vor § 1363 Rn. 5.
[7] Schwab/Schwab VII Rn. 5.

passt vor allem für Ehen der Lohn- und Gehaltsempfänger und auch für die Inhaber von kleineren Familienbetrieben.[8]

# B. Reform des Zugewinnausgleichs 2009

## I. Gesetz zur Änderung des Zugewinnausgleichs- und Vormundschaftsrechts

4    Die gesetzliche Regelung des Zugewinnausgleichs ist im Interesse der Rechtssicherheit starr und schematisch. Um der Einfachheit und sicheren Berechenbarkeit des Zugewinns willen nimmt der Gesetzgeber in Einzelfällen auch Härten und Unbilligkeiten in Kauf. In der familiengerichtlichen Praxis haben sich jedoch auch – vermeidbare – „Gerechtigkeitsdefizite" gezeigt. Dazu gehören vor allem die fehlende Berücksichtigung von negativem Anfangsvermögen und der unzureichende Schutz vor Vermögensmanipulationen nach Trennung bis zur Rechtskraft der Scheidung. Diese „Dissonanzen" und „systemimmanenten Unbilligkeiten"[9] wurden erfreulicherweise durch das **„Gesetz zur Änderung des Zugewinnausgleichs- und Vormundschaftsrechts"** vom 6. Juli 2009,[10] das am 1. 9. 2009 in Kraft getreten ist, weitgehend beseitigt. So können Anfangs- und Endvermögen nunmehr auch negativ sein (§§ 1374 III, 1375 I 2 BGB). Die Höhe der Ausgleichsforderung richtet sich endgültig nach dem am Stichtag der Rechtshängigkeit der Scheidung festgestellten Wert (§ 1384 BGB). Auskunft kann jetzt schon zum Zeitpunkt der Trennung verlangt werden (§ 1374 II BGB).

5    In der Einleitung zur Gesetzesbegründung hat der Gesetzgeber, als er nach über 50 Jahren das Güterrecht von 1957 reformierte, festgestellt:[11] *„Das Recht des Zugewinnausgleichs hat sich in der Praxis bewährt. Es stellt sicher, dass beide Ehegatten an dem während der Ehe Erworbenen je zur Hälfte beteiligt werden. Die Berechnung ist im Einzelnen stark schematisiert, denn ein Güterstand muss einfach, klar und in der Praxis leicht zu handhaben sein."*

6    Bei Scheidung der Ehe ist die Zugewinngemeinschaft – verglichen mit den Güterständen der Gütergemeinschaft und der Errungenschaftsgemeinschaft – durch den hälftigen Ausgleich des in der Ehe erwirtschafteten Vermögens in einer Geldsumme tatsächlich einfach und leicht aufzulösen.

## II. Übergangsvorschriften

7    **Art. 229 § 20 II EGBGB** bestimmt: *„Für Verfahren über den Ausgleich des Zugewinns, die vor dem 1. September 2009 anhängig werden, ist für den Zugewinnausgleich § 1374 des Bürgerlichen Gesetzbuchs in der bis zu diesem Tag geltenden Fassung anzuwenden."*

8    Das Gesetz sieht bewusst **nur eine Übergangsregelung für § 1374 BGB** vor, denn nur in Bezug auf die Einführung des **negativen Anfangsvermögens** besteht ein

---

[8] Schwab/Schwab VII Rn. 5.
[9] Gernhuber NJW 1991, 2238; FamRZ 1984, 1053: „Güterstand ohne Prinzipientreue".
[10] BGBl I 1696.
[11] BT-Drucks. 16/10798 S. 1.

schutzwürdiges Interesse am Fortbestand der alten Rechtslage.[12] Alle anderen neuen Vorschriften gelten auch für Zugewinnausgleichsverfahren, die bereits vor dem 1. 9. 2009 anhängig waren, über die aber erst nach diesem Zeitpunkt entschieden wird.

Dabei kommt es allein darauf an, ob der Anspruch auf Zugewinnausgleich in einem   9
gerichtlichen Verfahren anhängig ist, und nicht darauf, ob auch das Scheidungsverfahren anhängig ist. Ist bei Inkrafttreten dieses Gesetzes nur der Scheidungsantrag anhängig und wird der Anspruch auf Zugewinnausgleich erst nach Inkrafttreten dieses Gesetzes geltend gemacht, dann gilt ausschließlich die neue Rechtslage.[13]

# C. Grundsätze der Zugewinngemeinschaft

Die Zugewinngemeinschaft ist eine **Gütertrennung** während der Ehe mit einem   10
**finanziellen Ausgleich** bei deren Ende.[14] Die gesetzliche Regelung beruht auf folgenden Grundsätzen:
- Die Eigentumsverhältnisse werden durch die Eheschließung nicht verändert. Es gibt **kein gemeinschaftliches Vermögen** (§ 1363 II BGB). Es besteht auch keine gesetzliche Haftung für Schulden des Ehepartners.
- **Jeder Ehegatte verwaltet sein Vermögen selbständig** (§ 1364 BGB). Nur bei Verfügungen über sein Vermögen im Ganzen und über Haushaltsgegenstände benötigt er die Einwilligung des Ehepartners (§§ 1365 I, 1369 I BGB). Kein Ehegatte ist verpflichtet, so zu wirtschaften, dass er einen möglichst hohen Zugewinn erzielt.
- Wird eine Ehe aufgelöst, wird das während der Ehe gemeinsam erwirtschaftete Vermögen festgestellt und **hälftig aufgeteilt**. Darauf, wer in welchem Umfang zum Vermögenserwerb beigetragen hat, kommt es nicht an.

# D. Ermittlung des Ausgleichsanspruchs

Die gesetzliche Systematik zur Ermittlung des Ausgleichsanspruchs ergibt sich aus   11
den Bestimmungen der §§ 1378 I, 1373, 1374 BGB. Es sind **drei Rechenschritte** erforderlich.
- ▶ Zuerst müssen **vier verschiedene Vermögensbilanzen** jeweils mit Aktiva und Passiva erstellt werden: Die beiderseitigen Anfangsvermögen (§ 1374 BGB) und die beiderseitigen Endvermögen (§ 1375 BGB).
- ▶ Danach werden die **beiderseitigen Zugewinne** festgestellt. Dies geschieht durch einen Vergleich der jeweiligen Anfangs- und Endvermögen. Ist das Endvermögen höher als das Anfangsvermögen, bildet die Differenz den Zugewinn (§ 1373 BGB). Ist das Endvermögen niedriger als das Anfangsvermögen, wurde kein Zugewinn erzielt.
- ▶ Im dritten Rechenschritt werden die beiderseitigen Zugewinne miteinander verglichen. Der Ehegatte, der den höheren Zugewinn erwirtschaftet hat, **muss die Hälfte des Überschusses dem anderen ausbezahlen** (§ 1378 I BGB).

---

[12] BT-Drucks. 16/10798 S. 39, 40; BT-Drucks. 16/13 027 S. 6 zu Artikel 6.
[13] BT-Drucks. 16/10798 S. 48, 49.
[14] MK/Koch Vor § 1363 Rn. 7.

12    In der Rechtsprechung wird immer wieder betont, dass eine einfache schematische Abrechnung durchzuführen ist.[15] Jeder Vermögensgegenstand ist mit einem Geldbetrag zu bewerten und reduziert sich damit auf einen bloßen Rechnungsposten in der Vermögensbilanz.[16]

## E. Stichtagsprinzip

13 | **Beispiel:** M hat in sein Anfangsvermögen eingesetzt: (1) einen Porsche im Wert von 100 000 €, (2) eine Forderung gegen A in Höhe von 80 000 €, (3) eine Forderung gegen B in Höhe von 60 000 €. Im Endvermögen hat M angeführt: (4) ein seinen Eltern geschuldetes Darlehen von 50 000 €, (5) Steuerschulden von 30 000 €.

F wendet hiergegen ein: zu (1): der Porsche sei bereits auf der Fahrt vom Standesamt zur Kirche durch einen von M verschuldeten Unfall total zerstört worden; zu (2): den Anspruch gegen A habe M nicht realisieren können, da A später völlig überraschend sein Vermögen verloren habe; zu (3): die Forderung gegen B habe M nie geltend gemacht, sie sei inzwischen verjährt; zu (4): die Darlehensschuld hätten ihm seine Eltern nach Zustellung des Scheidungsantrags erlassen; zu (5): die Steuerschulden seien noch nicht fällig gewesen, da der Steuerbescheid erst später ergangen sei. Sämtliche Positionen könnten nach Ansicht von F beim Zugewinnausgleich nicht berücksichtigt werden.

14    Anfangs- und Endvermögen umfassen grundsätzlich **alle rechtlich geschützten Positionen mit wirtschaftlichem Wert.** Dazu zählen neben den einem Ehegatten gehörenden Sachen alle ihm zustehenden **objektiv bewertbaren Rechte,** die am Stichtag bereits entstanden waren.[17] Dieser Grundsatz gilt für die positiven Werte genauso wie für die Belastungen. Es herrscht das „**Stichtagsprinzip".** Es kommt nur darauf an, ob ein Vermögenswert am Stichtag vorhanden war. Die Klärung dieser Frage unterliegt einer **starren und schematischen Beurteilung.** Das Schicksal der einzelnen Positionen nach dem Stichtag hat auf die Festsetzung des Anfangs- und Endvermögens keinen Einfluss.[18] Es werden gewissermaßen am Stichtag – wie beim Fotografieren – „**Momentaufnahmen"** angefertigt.

15    Verjährt beispielsweise während der Ehe eine Forderung, bleibt sie mit dem vollen Nennwert im Anfangsvermögen.[19] Der spätere Wegfall von Forderungen und Schulden (Erfüllung, Erlass, Vergleich) wirkt sich nicht aus. Eine am Stichtag verjährte Forderung ist in der Regel als wertlos anzusehen (vgl. Rn. 403). Auch nachträgliche Änderungen der Werte – aus tatsächlichen oder rechtlichen Gründen – haben auf die Bestimmung des Anfangs- und Endvermögens keinen Einfluss.

16    Bei Ansprüchen und Schulden kommt es nicht darauf an, ob sie bereits fällig waren. Es ist nur darauf abzustellen, ob sie am Stichtag **entstanden** waren.[20] Wie in

---

[15] BGH FamRZ 1984, 31; 1982, 148; 1981, 239, 240.
[16] BGH FamRZ 1984, 31.
[17] BGH FamRZ 2002, 88, 89; 2001, 278, 280; 1998, 362; 1992, 411 und 1155, 1158; 1986, 1196; 1981, 239; 1977, 41 und 386.
[18] BGH FamRZ 1984, 31.
[19] OLG Hamm FamRZ 1992, 679 (rückständige Unterhaltsansprüche); Schwab/Schwab VII Rn. 24.
[20] BGH FamRZ 2001, 278, 281.

den Handelsbilanzen sind alle Forderungen und Verbindlichkeiten, die am Stichtag zwar noch nicht fällig, aber bereits entstanden waren, als Aktiva und Passiva anzusetzen. In dem oben angeführten Beispiel (Rn. 13) sind daher wegen der **starren und schematischen Stichtagsregelung** alle von M aufgeführten Forderungen und Schulden mit vollem Wert in die Vermögensbilanzen einzusetzen. Für die Bewertung eines Vermögensgegenstandes ist stets auf den Stichtag abzustellen. Spätere Änderungen des Vermögens berühren den einmal festgestellten Wert nicht mehr.

---

**Beispiel:** Ehemann M hat von seiner verwitweten Mutter nach der Eheschließung 40 000 € geerbt. Sein Bruder B wurde von der Mutter enterbt. | 17
Wie ist das Erbe im Zugewinnausgleich zu bewerten, wenn
a) B seinen Pflichtteil verlangt?
b) B seinen Pflichtteilsanspruch verjähren lässt?

---

Der Wert des privilegiert erworbenen Anfangsvermögens (§ 1374 II BGB) beträgt nach Abzug des Pflichtteilsanspruchs von 10 000 € (§ 2303 I BGB) – in beiden Fällen 30 000 €. Am Stichtag war das Erbe mit dem Pflichtteilsrecht belastet. Nach dem strengen und starren Stichtagsprinzip spielt es für die Wertbestimmung keine Rolle, ob der Bruder seinen Pflichtteil verlangt oder verjähren lässt. Am Tag des Erbfalls – nur darauf ist abzustellen – bestand die Belastung. Spätere Entwicklungen verändern den für den Stichtag festgestellten Wert nicht.

Eine Grundschuld, die im Zeitpunkt der schenkweisen Übertragung des Haus-  18
grundstücks zwar eingetragen war, aber noch nicht valutierte, weil die Darlehen erst später aufgenommen wurden, ist bei der Berechnung des Zugewinns nicht im Anfangsvermögen zu berücksichtigen.[21] Am Stichtag bestand keine Belastung.

Wird ein Vermögensgegenstand (Grundstück, Unternehmen) in zeitlicher Nähe  19
zum Stichtag veräußert, kann der Verkaufserlös ein Hinweis auf den „wahren, wirklichen" Wert sein, denn er dokumentiert den im Wirtschaftsverkehr erzielbaren Preis.[22]

# 2. Abschnitt. Zugewinn, Anfangs- und Endvermögen

## A. Zugewinn (§ 1373 BGB)

Zugewinn ist der Betrag, um den das Endvermögen eines Ehegatten das Anfangs-  20
vermögen **übersteigt** (§ 1373 BGB). Der Zugewinn ist keine Vermögensmasse, sondern eine **reine Rechengröße**. Die Werte des Anfangs- und Endvermögens sowie des Zugewinns werden in einer **Geldsumme** ausgedrückt. Zugewinn entsteht nur, wenn das Endvermögen höher als das Anfangsvermögen ist (§ 1373 BGB). Der Zugewinn kann **keinen negativen Wert** annehmen. Ist das Endvermögen geringer als das Anfangsvermögen, ist der Zugewinn mit null anzusetzen. Haben beide Eheleute nur Verluste erlitten, gibt es keinen Ausgleich. Der gesetzliche Güterstand ist eine Zugewinn-, keine Verlustgemeinschaft (vgl. Rn. 78).

---

[21] OLG Koblenz FamRZ 2006, 624.
[22] OLG Dresden FamRZ 2008, 1857.

21    Zur Feststellung des Zugewinns hat der BGH[23] grundlegend ausgeführt:

> *„Ob ein Ehegatte während der Ehe einen Zugewinn erzielt hat, entscheidet sich nicht danach, welches Schicksal seine Vermögensgegenstände und Schulden in dieser Zeit hatten. Um einer einfachen Abwicklung des Güterstandes willen schreibt das Gesetz lediglich einen Vergleich der Werte vor, die das Vermögen des Ehegatten nach Abzug der Verbindlichkeiten bei Beginn und Ende des Güterstandes hatte. Ist der Wert am Ende höher als zu Anfang, ist ein Zugewinn erzielt. Gleichgültig ist, aufgrund welcher Umstände es zu der Werterhöhung gekommen ist: ob durch die Verringerung von Verbindlichkeiten, durch den Erwerb neuen Aktivvermögens oder durch echte Wertsteigerungen bereits vorhandenen Vermögens. Wesentlich ist nur, dass der Gesamtwert am Ende des Güterstands höher ist als der Gesamtwert bei Beginn. Daraus folgt, dass bei der Ermittlung, ob ein Zugewinn erzielt ist, nicht auf die einzelnen Vermögensbestandteile oder Schulden abgestellt werden darf. Die einzelnen Vermögensgegenstände bilden nur Rechnungsposten in der Zugewinnbilanz; für die Feststellung des Zugewinns kommt es allein auf das Ergebnis an, das sich aus der Gegenüberstellung aller Werte des Aktivvermögens und der Verbindlichkeiten zu den beiden Bewertungszeitpunkten ergibt.“*

22    Hat ein Ehegatte im Endvermögen weniger Schulden als im Anfangsvermögen, so gilt nach der gesetzlichen Neuregelung auch der Unterschiedsbetrag als Zugewinn.

## B. Begriff des Anfangs- und Endvermögens (§§ 1374 I, 1375 I BGB)

23    Anfangs- und Endvermögen sind kein Sondervermögen, sondern in Geld ausgedrückte Rechnungsgrößen.[24] Die einzelnen Vermögensbestandteile sind nur Rechnungsposten. In der Entscheidung vom 15. 11. 2000 hat der BGH[25] seine früheren Aussagen zum Anfangsvermögen, die auch für das Endvermögen gelten, lehrbuchmäßig zusammengefasst:

▶ **Anfangs- und Endvermögen** umfassen alle einem Ehegatten am Stichtag zustehenden rechtlich geschützten **Positionen mit wirtschaftlichem Wert.** Dazu zählen neben den dem Ehegatten gehörenden **Sachen** alle ihm zustehenden objektiv bewertbaren **Rechte,** die beim Eintritt des Güterstandes entstanden waren (s. Rn. 13).

▶ Dazu gehören auch geschützte **Anwartschaften** (s. Rn. 182) mit ihrem gegenwärtigen Vermögenswert sowie die ihnen **vergleichbaren Rechtsstellungen,** die einen Anspruch auf künftige Leistung gewähren, sofern diese nicht mehr von einer Gegenleistung abhängig und nach wirtschaftlichen Maßstäben (notfalls durch Schätzung) bewertbar sind.

▶ Forderungen und Verbindlichkeiten müssen am Stichtag **nicht fällig** sein. Es kommt nur darauf an, ob die Ansprüche **am Stichtag bereits entstanden** waren.[26]

---

[23] BGH FamRZ 1984, 31.

[24] KK-FamR/Weinreich § 1375 Rn. 1; Palandt/Brudermüller § 1374 Rn. 4.

[25] BGH FamRZ 2001, 278, 280; bestätigt durch BGH FamRZ 2002, 88, 89; ebenso BGH FamRZ 1992, 411; 1982, 147; 1981, 239.

[26] BGH FamRZ 2001, 278, 281.

► Am Stichtag noch nicht fällige Schulden, die erst später unverzinst bezahlt werden müssen, dürfen nur abgezinst in die Vermögensbilanz eingestellt werden[27] (vgl. Rn. 400 f).

► Der Wert muss **nicht zwingend sogleich verfügbar** sein. Die Berücksichtigung eines Rechts in den Vermögensbilanzen setzt nicht voraus, dass es unbedingt oder vererblich ist. Bei unsicheren Rechten ist auf die Wahrscheinlichkeit der Realisierung abzustellen (vgl. Rn. 380 f).

► Auch **künftig erst entstehende Ansprüche** zählen zu den vermögenswerten Positionen, wenn am Stichtag mehr als eine bloß ungewisse Erwerbsaussicht besteht.[28]

► Nicht zum Anfangs- und Endvermögen gehören demgegenüber noch in der Entwicklung befindliche Rechte, die noch nicht zur Anwartschaft erstarkt sind, und bloße Erwerbsaussichten. Diese erfüllen nicht das Merkmal „rechtlich geschützter Positionen mit wirtschaftlichem Wert" (vgl. Rn. 382). Auch künftige Ansprüche aus Dauerschuldverhältnissen stellen keinen gegenwärtigen Vermögenswert dar (s. Rn. 207).

► **Haushaltsgegenstände**, die im **Alleineigentum** eines Ehegatten stehen, zählen stets zu dessen Endvermögen. Nur Haushaltsgegenstände, die beiden Ehegatten gemeinsam gehören, werden anlässlich der Scheidung gemäß § 1568 b I BGB an einen Ehegatten übereignet (vgl. 4 Rn. 273).

# C. Anfangsvermögen (§ 1374 BGB)

## I. Begriff des Anfangsvermögens (§ 1374 I 1 BGB)

Anfangsvermögen ist das Vermögen, das einem Ehegatten nach Abzug der Ver- **24** bindlichkeiten beim Eintritt des Güterstandes gehört (§ 1374 I BGB). **Stichtag** für die Berechnung ist somit im Regelfall der **Tag der Eheschließung** (§ 1363 I BGB). Änderungen der Vermögenswerte nach dem Stichtag haben auf die Bestimmung des Anfangsvermögens keinen Einfluss mehr und sind erst wieder für die Berechnung des Endvermögens von Bedeutung (vgl. Rn. 12)

## II. Negatives Anfangsvermögen (§ 1374 III BGB)

Nach der früheren Rechtslage konnten Verbindlichkeiten gemäß § 1374 I Hs. 2 **25** BGB nur bis zur Höhe des Vermögens abgezogen werden. Ein negatives Anfangsvermögen war damit ausgeschlossen. Auch wer hohe Schulden hatte, begann die Ehe mit einem Anfangsvermögen von null.

Die gesetzliche Regelung, dass bei Überschuldung das Anfangsvermögen nicht mit einem negativen Wert, sondern mit null anzusetzen ist, wurde im Schrifttum als „ungerecht", „rechtspolitisch verfehlt", „verfassungsrechtlich bedenklich" und als „Verrat am Grundgedanken der Zugewinngemeinschaft" bezeichnet.[29] Der BGH[30]

---

[27] BGH FamRZ 1992, 411, 413; 1990, 1217, 1218.

[28] BGH FamRZ 2002, 88, 89.

[29] JH/Jaeger, 4. Aufl., § 1374 Rn. 16; Staudinger/Thiele, 13. Aufl., § 1374 Rn. 14, Soergel/Lange § 1374 Rn. 8; Palandt/Diederichsen, 58. Aufl., § 1374 Rn. 8; Gernhuber/Coester-Waltjen, 4. Aufl., § 36 III 3.

[30] BGH FamRZ 1995, 990, 992.

hat zu dieser Kritik angemerkt, Abhilfe könne nur durch den Gesetzgeber geschaffen werden."

26  Der Gesetzgeber ist diesem berechtigten Anliegen nunmehr nachgekommen und hat mit dem „Gesetz zur Änderung des Zugewinnausgleichs- und Vormundschaftsrechts" vom 6. 7. 2009, das am 1. 9. 2009 in Kraft getreten ist, Abhilfe geschaffen.[31] In Absatz 1 des § 1374 BGB wurden die Wörter *„die Verbindlichkeiten können nur bis zur Höhe des Vermögens abgezogen werden"* gestrichen und folgender Absatz 3 angefügt: *„Verbindlichkeiten sind über die Höhe des Vermögens hinaus abzuziehen."* Somit wird **negatives Anfangsvermögen** nunmehr bei der Berechnung des Zugewinns **berücksichtigt.**

27  | **Beispiel:** Ehemann M hatte bei Eheschließung im Jahre 1980 Schulden in Höhe von 100 000 € (bereits indexiert). Während der Ehe gelingt es M, seine Schulden vollständig abzubauen. Ehefrau F, die ohne Anfangsvermögen war, hat ein Endvermögen von 100 000 €.

Nach früherem Recht wurde bei M das Anfangsvermögen mit null angesetzt. F musste 50 000 € als Zugewinnausgleich an M bezahlen. Nach nunmehriger Rechtslage hat M ein Anfangsvermögen von minus 100 000 € (§ 1374 I, III BGB) und ein Endvermögen von 0. Er hat bei wirtschaftlicher Betrachtung einen Zugewinn von 100 000 € erzielt. F hat ebenfalls 100 000 € hinzugewonnen. Ein Ausgleich findet nicht statt

28  **Negatives Anfangsvermögen** muss – wie Aktivvermögen – **indexiert** werden (s. Rn. 63).

## III. Erhöhung des Anfangsvermögens durch privilegierten Erwerb (§ 1374 II BGB)

29  Erwirbt ein Ehegatte nach der Eheschließung Vermögen von Todes wegen oder mit Rücksicht auf ein künftiges Erbrecht, durch Schenkung oder als Ausstattung, so erscheinen diese Positionen in der Regel als Rechengrößen im Endvermögen. Das geerbte oder geschenkte Vermögen ist dann im Rahmen des Zugewinnausgleichs mit dem anderen Ehegatten zu teilen. Dies widerspricht jedoch zum einen dem Grundgedanken des gesetzlichen Güterstands, wonach nur das „gemeinsam Erarbeitete" geteilt werden soll. Zum andern soll der Ehepartner an Zuwendungen, die allein auf persönlichen Beziehungen eines Ehegatten beruhen, nicht beteiligt werden.[32] Das Gesetz löst dieses Problem dadurch, dass der"privilegierte" Vermögenserwerb gemäß § 1374 II BGB dem Anfangsvermögen hinzugerechnet wird.

30  Der privilegierte Erwerb wird allerdings nicht ganz vom Zugewinnausgleich ausgenommen, denn der andere Ehegatte wird an den „echten" Wertsteigerungen des erworbenen Guts beteiligt. Einen Wertzuwachs von Vermögensgegenständen, der nicht auf der allgemeinen Geldentwertung beruht und auch ohne Mitwirkung des Ehepartners entstanden ist, als Zugewinn zu behandeln, widerspricht allerdings dem Grundgedanken der Zugewinngemeinschaft. Nach geltendem Recht sind jedoch auch reine (reale) Wertsteigerungen einzelner Güter (Ackerland wird Bauland, Preise

---

[31] BT-Drucks. 16/10798, Anlage 1, Artikel 1 Nr. 5.
[32] BGH FamRZ 1995, 1562, 1564; 1990, 603, 604.

von Grundstücken steigen rascher als die der Konsumgüter) als Zugewinn auszugleichen.[33]

Der **privilegierte Erwerb** kann nach jetzigem Recht (§ 1374 III BGB) auch **31** **negativ** sein. Das kann vor allem bei einem überschuldeten Nachlass der Fall sein. Die Verbindlichkeiten müssen **indexiert** werden.

## 1. Erwerb von Todes wegen

Zum „Erwerb von Todes wegen" nach § 1374 II BGB gehört, was ein Ehegatte **32** durch gesetzliche, erbvertragliche oder testamentarische Erbfolge, durch Vermächtnis oder Erbersatzanspruch erwirbt. Ein Erwerb von Todes wegen liegt auch vor, wenn ein Ehegatte seinen Gläubiger beerbt und dadurch von einer Verbindlichkeit befreit wird.[34] Nach dem Sinn des § 1374 II BGB zählt hierzu ebenso ein Vermögenserwerb aufgrund eines Lebensversicherungsvertrags.[35] Eine **ausgezahlte Lebensversicherungssumme** ist daher dem privilegierten Anfangsvermögen zuzurechnen, wenn der Begünstigte wegen seiner besonderen persönlichen Beziehungen zum Versicherungsnehmer in den Versicherungsvertrag aufgenommen wurde. Die Anwartschaft auf eine **Nacherbschaft,** die ebenfalls zum privilegierten Erwerb von Todes wegen zählt, ist im Anfangs- und Endvermögen mit dem gleichen Wert anzusetzen (vgl. Rn. 339 f).

## 2. Erwerb mit Rücksicht auf ein künftiges Erbrecht

Ob ein Vermögen mit Rücksicht auf ein künftiges Erbrecht erworben wird, richtet **33** sich in erster Linie danach, ob die vertragsschließenden Parteien mit der Übergabe einen zukünftigen Erbgang vorwegnehmen wollen. Das künftige Erbrecht muss nicht unbedingt ein gesetzliches sein, auch eine vorgesehene testamentarische Erbfolge kann vorweggenommen werden.[36] Ein „Erwerb mit Rücksicht auf ein künftiges Erbrecht" ist in der Regel dann anzunehmen, wenn einem Abkömmling ein Grundstück, ein landwirtschaftliches Anwesen oder ein Unternehmen von seinen Eltern übergeben wird.[37]

§ 1374 II BGB setzt grundsätzlich voraus, dass der Erwerber keine, jedenfalls **34** **keine vollwertige Gegenleistung** erbringt.[38] Übertragen Eltern auf ihre Kinder ein Grundstück, einen Hof oder ein Unternehmen, kann aber nach BGH[39] ein Wertvergleich zwischen übergebenem Objekt und den Gegenleistungen nicht ausschlaggebend sein. In diesem von persönlichen Beziehungen geprägten Bereich kalkulieren die Verwandten kaum jemals exakt Wert und Gegenwert, der ohnehin meist nur schwer zu schätzen ist. Selbst wenn der kapitalisierte Wert der Gegenleistungen den

---

[33] Ganz h. M., vgl BGH FamRZ 1974, 83; MK/Koch § 1373 Rn. 14 m. w. N.; Battes schlägt, um echte Wertsteigerungen als Zugewinn auszuschließen, eine Neufassung der §§ 1376 I, 1374 I vor (FamRZ 2007, 313).

[34] OLG Düsseldorf FamRZ 1988, 287 (Erbe schuldete noch den Kaufpreis aus einem Grundstückserwerb).

[35] BGH FamRZ 1995, 1562 (Bestätigung von OLG Hamm FamRZ 94, 1255); krit. hierzu Gernhuber (JZ 1996, 203), der – ebenso wie Schwab/Schwab (VII Rn. 132) – eine Schenkung annimmt.

[36] Schwab/Schwab VII Rn. 135.

[37] BGH FamRZ 1990, 1083, 1084.

[38] OLG Bamberg FamRZ 1990, 408; OLG Düsseldorf MDR 1972, 728.

[39] BGH FamRZ 1990, 1083, 1084.

Verkehrswert des übertragenen Objekts erreicht oder gar übersteigt, spricht dies nach BGH[40] nicht gegen einen erbschaftsbezogenen Erwerb. Typische Gegenleistungen, die meist den Lebensabend sichern sollen, liegen vor, wenn der Übernehmer den Übergeber von bestehenden Belastungen freistellt, ihm einen Nießbrauch (Rn. 343), ein Leibgeding (Rn. 309 f) oder ein Wohnrecht (Rn. 410 f) einräumt. Auch die Verpflichtung zu Ausgleichszahlungen an erbberechtigte Geschwister ist ein deutliches Zeichen für vorweggenommene Erbfolge.[41] Ein „Erwerb mit Rücksicht auf ein künftiges Erbrecht" kann in diesen Fällen auch dann zu bejahen sein, wenn er in die Rechtsform eines Kaufvertrages gekleidet wurde.[42]

35 Als privilegierter Erwerb zählt auch die Abfindung für einen Verzicht auf Erbe und Pflichtteil.[43]

### 3. Schenkung und Ausstattung

36 Unentgeltliche Zuwendungen wie Schenkungen i. S. von § 516 I BGB, Ausstattungen (Aussteuer und Mitgift) i. S. von § 1624 BGB oder der **Erlass von Schulden** werden dem Anfangsvermögen hinzugerechnet.

37 Auf **Zuwendungen zwischen Eheleuten** – gleichgültig ob „echte" Schenkungen oder ehebezogene (unbenannte) Zuwendungen" (vgl. Kap. 5 Rn. 189 f) – ist **§ 1374 II BGB** nach der Rechtsprechung des BGH[44] **nicht anzuwenden**. Die Privilegierung nach **§ 1374 II BGB gilt nur für Schenkungen von dritter Seite**.

38 Schenkungen an beide Ehegatten werden gemeinschaftliches Vermögen und beiden Anfangsvermögen in der Regel zur Hälfte (auch bei Hochzeitsgeschenken) hinzugerechnet.[45] Bei gemischten Schenkungen ist nur der unentgeltliche Teil der Zuwendung als privilegierter Erwerb anzusehen.[46]

39 Finanzielle **Zuwendungen von Eltern/Schwiegereltern** werden nach der geänderten Rechtsprechung des BGH[47] nicht nur gegenüber dem eigenen Kind, sondern nunmehr auch gegenüber dem Schwiegerkind als **Schenkungen** bewertet (vgl. Kap. 7 Rn. 5). Das Gleiche gilt für Arbeitsleistungen, wie die Mithilfe beim Hausbau (vgl. Kap. 7 Rn. 48 f).

40 Sonderzuwendungen des Arbeitgebers (Gratifikationen) sind in der Regel keine Schenkungen, sondern „Sozialleistungen" und haben Entgeltcharakter[48] (vgl. Rn. 184).

### 4. Einkünfte

41 Zuwendungen, die „den Umständen nach zu den Einkünften zu rechnen" sind, werden dem Anfangsvermögen **nicht** zugerechnet (§ 1374 II letzter Hs. BGB). Der Gesetzgeber hat nicht näher erläutert, welcher Erwerb zu den „Einkünften" zu

---

[40] BGH FamRZ 1990, 1083, 1084.
[41] BGH FamRZ 1990, 1083, 1084.
[42] BGH FamRZ 2007, 978, 980; 1978, 334, 335; Schwab/Schwab VII Rn. 136.
[43] BGH FamRZ 1995, 1562, 1564.
[44] BGH FamRZ 1988, 373; 1987, 910, 911; 1987, 791; 1982, 246, 248; Palandt/Brudermüller § 1374 Rn. 15 m. w. N.
[45] Staudinger/Thiele § 1374 Rn. 36; MK/Koch § 1374 Rn. 21.
[46] BGH FamRZ 1992, 1160, 1161.
[47] BGH FamRZ 2010, 958.
[48] OLG München FamRZ 1995, 1069; MK/Koch § 1374 Rn. 21.

rechnen ist. Eine Wortinterpretation hilft nicht weiter, da der verwendete Ausdruck „Einkünfte" nicht eindeutig, sondern eher missverständlich ist.[49] Nach allgemeinem Sprachgebrauch sind Einkünfte regelmäßig oder zumindest wiederholt fließende Leistungen. Der Begriff wird nur in der Mehrzahl gebraucht. Unter Einkünften i. S. des § 1374 II BGB ist jedoch nach ganz herrschender Meinung auch eine einmalige Zuwendung zu verstehen.

Die Frage, welche Zuwendungen als Einkünfte anzusehen sind, lässt sich daher nur **42** aus dem Sinn und Zweck der gesetzlichen Ausnahmeregelung ermitteln. Der Gesetzgeber hat Einkünfte nicht den Erwerbsvorgängen Erbe, Schenkung und Ausstattung, die das Vermögen dauerhaft mehren, gleichgestellt. Einkünfte werden in der Regel alsbald verbraucht und erscheinen nicht mehr im Endvermögen. Eine Zurechnung zum Anfangsvermögen würde den Zugewinn des Beschenkten verringern und damit den Ehepartner beim Zugewinnausgleich benachteiligen. Sachgerecht ist es deshalb, Einkünfte nicht zum privilegierten Anfangsvermögen zu zählen.

Nach der gesetzgeberischen Zielsetzung sind Einkünfte einmalige oder regelmäßi- **43** ge Zuwendungen, die **nicht zur Vermögensbildung, sondern zum laufenden Verbrauch** bestimmt sind.[50] Bei der jeweiligen Einzelfallprüfung sind der **Anlass der Zuwendung**, die **Absicht des Zuwendenden** und die **wirtschaftlichen Verhältnisse des Empfängers** zu berücksichtigen.[51]

Zu den Einkünften zählen Zuwendungen für den Haushalt und für andere laufende **44** Lebensbedürfnisse, für einen Erholungsurlaub, einen Krankenhausaufenthalt, einen Wohnungsumzug, für die Miete und für den Erwerb eines Führerscheins.[52] Auch die mietfreie Gebrauchsüberlassung einer Wohnung dient der Deckung des laufenden Lebensbedarfs und ist deshalb zu den Einkünften zu rechnen.[53] Zuwendungen, die für den laufenden Lebensbedarf der Eheleute gedacht waren, von ihnen jedoch nicht verbraucht, sondern angespart wurden, bleiben gleichwohl Einkünfte.[54] Die Ehefrau, die von ihren Eltern wiederholt Zuschüsse für den Haushalt bekommen hat, das Geld jedoch nicht für die Lebenshaltung ausgegeben, sondern auf einem Sparkonto angelegt hat, kann diese Zuwendungen also nicht ihrem Anfangsvermögen hinzurechnen.

Nach vorherrschender Meinung[55] sind auch **größere Geldzuwendungen,** wie für **45** den Kauf eines Pkw oder einer Wohnungseinrichtung, zu den Einkünften i. S. von § 1374 II BGB zu rechnen. Das Gleiche gilt auch für entsprechende **Sachleistungen.** Denn es kann keinen Unterschied machen, ob einem Ehegatten der benötigte Gegenstand direkt zugewendet wird oder ob er den zum Erwerb erforderlichen Geldbetrag erhält.[56] Die Frage, ob auch größere Geld- und Sachzuwendungen zu den Einkünften zu zählen sind, kann aber stets nur im jeweiligen **Einzelfall** entschieden werden. Ein finanzieller Zuschuss von 5000 € zur Anschaffung eines gebrauchten Fahrzeugs

---

[49] Vgl. JH/Jaeger § 1374 Rn. 39.

[50] H. M.; vgl. OLG Zweibrücken FamRZ 1984, 910, 911; OLG Koblenz FamRZ 2006, 1839, 1840 m. A. Schröder; abl. Neumann FuR 2007, 554, 555.

[51] BGH FamRZ 1987, 910, 911; OLG Karlsruhe FamRZ 2002, 236.

[52] H. M.; vgl. OLG Koblenz FamRZ 2006, 1839, 1840 m. A. Schröder; Schwab/Schwab VII Rn. 155; Romeyko FamRZ 2002, 236, 237.

[53] OLG München FamRZ 1998, 825.

[54] Schwab/Schwab VII Rn. 155.

[55] OLG Karlsruhe FamRZ 2002, 236; OLG Zweibrücken FamRZ 1984, 276; Soergel/Lange § 1374 Rn. 16; differenzierend JH/Jaeger § 1374 Rn. 40.

[56] OLG Karlsruhe FamRZ 2002, 236.

dient unmittelbar der Bedarfsdeckung und ist damit den Einkünften zuzurechnen. Geben Eltern ihrem Kind dagegen 50 000 € zum Kauf eines Pkw, so wird diese Zuwendung in der Regel nicht vorrangig zur Bestreitung der notwendigen Lebensbedürfnisse dienen. In gleicher Weise ist zu unterscheiden, ob Eltern ihrem Kind einen gebrauchten Pkw für 5000 € oder ein 50 000 € teures Fahrzeug schenken.

**46**     In einem vom OLG Karlsruhe[57] entschiedenen Fall hatten die Eltern ihrem verheirateten Sohn einen gebrauchten Pkw im Wert von rund 5600 € geschenkt. Die Zuwendung ist – so hat das OLG Karlsruhe zu Recht festgestellt – zu den Einkünften zu rechnen, da der Sohn damit konkreten Bedarf für ein Auto gedeckt hat, das er zum Erreichen seiner Arbeitsstätte benötigte. Damit wurde der Pkw eingesetzt, um den Unterhalt für die Familie zu sichern.

**47**     Anhaltspunkte für die Beurteilung, ob größere Geld- oder Sachzuwendungen Einkünfte darstellen, können sich – vergleichbar der Vermögensbewertung unsicherer Rechte – aus einer Prognose ergeben: Wie groß ist die Wahrscheinlichkeit, dass Zuwendungen, falls die Ehe in ein paar Jahren scheitert, bereits verbraucht oder noch im Vermögen des begünstigten Ehegatten vorhanden sind? Ist die Wahrscheinlichkeit gering, dass die Zuwendungen noch vorhanden sind, spricht dies dafür, sie als Einkünfte zu bewerten.[58]

**48**     Wohnungseinrichtungen oder deren Finanzierungen können – entgegen der vorherrschenden Meinung[59]– nicht zu den Einkünften gerechnet werden. Möbel und Haushaltsgeräte sind nicht zum alsbaldigen Verbrauch bestimmt, sondern haben eine langjährige Nutzungsdauer. Geldzuschüsse zum Erwerb oder Aus- und Umbau eines Familienheims zählen keinesfalls zu den Einkünften, sondern fördern die Vermögensbildung.[60]

**49**     Der Ehegatte, der sich auf einen privilegierten Erwerb beruft, muss auch nachweisen, dass die Zuwendungen keine Einkünfte sind (vgl. Rn. 74).

## 5. Analoge Anwendung des § 1374 II BGB?

**50**     Die Aufzählung der vier Tatbestände in § 1374 II BGB (Erwerb von Todes wegen oder mit Rücksicht auf ein künftiges Erbrecht, Schenkung und Ausstattung) ist nach ständiger Rechtsprechung des BGH[61] **abschließend**. Der BGH hat es abgelehnt, die Aufzählung in § 1374 II um weitere eheneutrale Erwerbstatbestände zu erweitern. Die Vorschrift könne auf andere Leistungen, die ebenfalls nicht gemeinsam erarbeitet wurden, wie **Lottogewinn** und **Schmerzensgeld, nicht analog angewendet** werden. Abhilfe könne nur der Gesetzgeber schaffen.[62]

---

[57] OLG Karlsruhe FamRZ 2002, 236 m. abl. Anm. Romeyko, der zwischen Verbrauch (= Einkünfte) und Gebrauch (= Vermögensbildung) unterscheidet; zust. Kogel Rn. 78; MK/Koch § 1374 Rn. 27.

[58] So auch Büte FuR 2007, 289, 290.

[59] OLG Zweibrücken FamRZ 1984, 276; Palandt/Brudermüller § 1374 Rn. 18.

[60] Palandt/Brudermüller § 1374 Rn. 18; JH/Jaeger § 1374 Rn. 40; FA-FamR/Weinreich § 1374 Rn. 44.

[61] BGH FamRZ 1981, 755 (Schmerzensgeld); FamRZ 1982, 148 (Unfallabfindung); FamRZ 1982, 147 (Witwenabfindung); FamRZ 1981, 755 (Schmerzensgeld); FamRZ 1981, 239 (Kriegsopferversorgung); FamRZ 1977, 124 (Lottogewinn).

[62] Der 16. Deutsche Familiengerichtstag 2005, Arbeitskreis 21 (Brühler Schriften zum Familienrecht Band 14) hat an den Gesetzgeber die Empfehlung gerichtet, § 1374 II BGB solle durch folgenden Satz 2 ergänzt werden: „Dem Anfangsvermögen wird auch Vermögen zugerechnet, dessen Erwerb nach seiner Zweckbestimmung in keiner Beziehung zur ehelichen Lebens- und Wirtschaftsgemeinschaft steht."

Koch[63] hat überzeugend dargelegt, dass auf den Gesetzgeber nicht gewartet wer- **51** den müsse, der Anwendungsbereich des § 1374 II kann im Wege der Analogie auf vergleichbare Tatbestände ausgeweitet werden. Es besteht eine planwidrige Gesetzeslücke, da der Vorschrift Regelungen fehlen, die nach dem Leitgedanken des privilegierten Erwerbs enthalten sein sollten. Auch sind Lottogewinn und Schmerzensgeld mit den geregelten Tatbestandsfällen eindeutig vergleichbar. Mit dem Erwerb hat der Ehepartner nichts zu tun.

Spielgewinne und Schmerzensgeld fallen, folgt man dem BGH, soweit sie bei **52** Rechtshängigkeit der Scheidung noch vorhanden sind, nur ins Endvermögen, sodass der andere Ehegatte daran zur Hälfte partizipiert. Bei Spielgewinnen erscheint dies nicht unbillig, da ein Ehegatte grundsätzlich auch die Spielverluste des anderen mittragen muss. Schmerzensgeld jedoch ist Ausgleich und Genugtuung für persönliches Leiden. „Geteilter Schmerz ist halber Schmerz" bedeutet nicht, dass die Entschädigung für erlittene Schmerzen geteilt werden muss. Zumal der Anspruch erst nach Trennung der Eheleute entstanden sein kann. Es erscheint grob unbillig, die Hälfte des Schmerzensgeldes dem nicht mehr geliebten Ehegatten geben zu müssen (vgl. Rn. 556 f). Die Analogie zu § 1374 II sollte daher zugelassen werden.

## 6. Verrechnung des privilegierten Erwerbs mit negativem Anfangsvermögen

Besteht bei Eheschließung ein überschuldetes Anfangsvermögen und tritt später ein **53** Vermögenserwerb nach § 1374 II BGB ein, so wurde nach früherer Rechtsprechung des BGH[64] der privilegierte Erwerb mit den Schulden im Anfangsvermögen nicht verrechnet. Nach nunmehriger Rechtslage wird negatives Anfangsvermögen bei Eheschließung (§ 1374 I BGB) mit positivem privilegierten Erwerb (§ 1374 II BGB) und – umgekehrt – ein positives Anfangsvermögen mit negativem Erwerb **verrechnet**

## 7. Nachgiebiges Recht

Die Eheleute können durch notariellen Ehevertrag (§§ 1408, 1410 BGB) das **54** Anfangsvermögen (§ 1374 I BGB) und den privilegierten Erwerb (§ 1374 II BGB) anders als nach der gesetzlichen Regel bestimmen.[65]

## IV. Hochrechnung des Anfangsvermögens (Indexierung)

## 1. Indexierung des Aktivvermögens

Ein aussagefähiger Vergleich des Anfangsvermögens mit dem Endvermögen setzt **55** voraus, dass zunächst der **Kaufkraftschwund** des Geldes ausgeglichen wird. Das gesamte Anfangsvermögen muss im Hinblick auf die fortschreitende Geldentwertung „inflationsbedingt" **hochgerechnet (indexiert)** werden.

---

[63] Koch in Familienrecht im Brennpunkt, S. 139, 144, 150 ff; MK/Koch § 1374 Rn. 14; ebenso Schwab/Schwab VII Rn. 161; Schröder/Bergschneider/Schröder Rn. 4199 ff; JH/Jaeger § 1374 Rn. 34; Brudermüller NJW 2010, 401, 402 („ausdehnende" Auslegung); Herr NJW 2008, 262; Neumann FuR 2007, 554, 555.
[64] BGH FamRZ 1995, 990.
[65] Palandt/Brudermüller § 1374 Rn. 3; MK/Koch § 1374 Rn. 30.

**56** Nach der Rechtsprechung des BGH[66] muss ein nur scheinbarer (unechter) Zugewinn beim Ausgleich unberücksichtigt bleiben. Der scheinbare Zugewinn beruht allein darauf, dass das Anfangsvermögen und das Endvermögen nicht mit dem gleichen Wertmesser gemessen werden, weil die Geldeinheit „Deutsche Mark" oder „Euro" im Laufe der Zeit an Wert verloren haben.

**57** Das Anfangsvermögen muss durch **Indexumrechnung** aktualisiert werden. Das geschieht nach folgender **Formel:**

$$\text{Wert des Anfangsvermögens bei Beginn des Güterstandes} \times \frac{\text{Index Endstichtag}}{\text{Index Anfangsstichtag}} = \text{anzurechnendes Anfangsvermögen}$$

**58** Für die Umrechnung ist der vom Statistischen Bundesamt ermittelte **Verbraucherpreisindex für Deutschland** heranzuziehen. Bei der Hochrechnung des Anfangsvermögens werden in der Praxis meistens die Jahresindexzahlen und nicht die Monatswerte an den jeweiligen Stichtagen herangezogen. Aus Gründen einer einfachen Handhabung und der für den Zugewinnausgleich typischen Pauschalierung genügt es, weiterhin den Jahresindex anzusetzen.[67]

**59** **Allgemeiner Verbraucherpreisindex (Basisjahr 2005 = 100)**

| 1960 | 1961 | 1962 | 1963 | 1964 | 1965 | 1966 | 1967 | 1968 | 1969 |
|------|------|------|------|------|------|------|------|------|------|
| 27,3 | 27,9 | 28,7 | 29,6 | 30,3 | 31,2 | 32,4 | 32,9 | 33,4 | 34,1 |
| 1970 | 1971 | 1972 | 1973 | 1974 | 1975 | 1976 | 1977 | 1978 | 1979 |
| 35,2 | 37,1 | 39,1 | 41,9 | 44,8 | 47,4 | 49,5 | 51,3 | 52,7 | 54,8 |
| 1980 | 1981 | 1982 | 1983 | 1984 | 1985 | 1986 | 1987 | 1988 | 1989 |
| 57,8 | 61,5 | 64,7 | 66,8 | 68,4 | 69,9 | 69,8 | 70,0 | 70,8 | 72,8 |
| 1990 | 1991 | 1992 | 1993 | 1994 | 1995 | 1996 | 1997 | 1998 | 1999 |
| 74,8 | 77,5 | 80,6 | 83,5 | 85,7 | 87,1 | 88,3 | 90,0 | 90,9 | 91,4 |
| 2000 | 2001 | 2002 | 2003 | 2004 | 2005 | 2006 | 2007 | 2008 | 2009 |
| 92,7 | 94,5 | 95,9 | 96,9 | 98,5 | 100,0 | 101,6 | 103,9 | 106,6 | 107,0 |

**60** Der deutsche Lebenshaltungskosten-Index ist nur ein Gradmesser für den Kaufkraftschwund in Deutschland. Er hat für die Bewertung im **Ausland gelegener Grundstücke** oder ausländischer Kapitalbeteiligungen keine Aussagekraft. Maßgebend hierfür ist der Kaufkraftschwund im betreffenden Ausland.[68] Überlegenswert ist der Vorschlag von Kogel,[69] bei Immobilien nicht den Lebenshaltungskostenindex, sondern als genaueren Wertmaßstab den Baukostenindex heranzuziehen.

---

[66] BGH FamRZ 1984, 31.

[67] BGH FamRZ 1974, 83, 85; Palandt/Brudermüller § 1376 Rn. 29; JH/Jaeger § 1376 Rn. 25; KK-FamR/Weinreich § 1374 Rn. 21; Hoppenz/Hoppenz § 1376 Rn. 17; Büte Rn. 37; FamGb/Baumeister § 1376 Rn. 96; a.A.: Schwab/Schwab VII Rn. 169: MK/Koch § 1373 Rn. 8; Gutdeutsch/Zieroth FamRZ 1996, 475; Gutdeutsch FamRZ 2001, 1061, 2003, 1902.

[68] AG Bad Säckingen FamRZ 1997, 611; Kogel FamRZ 2003, 278; MK/Koch § 1373 Rn. 8; Schwab/Schwab VII Rn. 170; Büte Rn. 35; Dörr/Hansen NJW 1997, 2918, 2919; a.A. JH/Jaeger § 1376 Rn. 25.

[69] Kogel, Strategien, Rn. 149 ff mit Beispielsfällen; ders. FamRZ 2003, 278; a.A. Hoppenz/Hoppenz § 1376 Rn. 16; Büte Rn. 35; Börger/Engelsing § 2 Rn. 336.

Haben die Eheleute vor dem 3. 10. 1990 im gesetzlichen *Güterstand des FGB* der    61
ehemaligen DDR gelebt, ist das Anfangsvermögen mit dem Indexwert von Oktober
1990 zu indexieren.[70]

## 2. Indexierung des negativen Anfangsvermögens

Auch **negatives Anfangsvermögen** muss **indexiert** werden.[71] So wie ein Aktiv-    62
vermögen im Jahre 1980 – bezogen auf die Kaufkraft – „mehr wert" als heute war,
waren umgekehrt Schulden eine entsprechend höhere Belastung als Jahrzehnte später
bei Rechtshängigkeit der Scheidung. In gleicher Weise wie der Kaufkraftschwund
bei den Aktiva im Anfangsvermögen „inflationsbedingt" hochgerechnet wird, müssen auch **Schulden durch Indexumrechnung „aktualisiert"** werden. Dabei sind die
Passiva mit den gleichen Preisindizes der Lebenshaltung wie die Aktiva auf den
Gegenwartswert, auf das zeitliche Wertniveau des Endvermögens, umzurechnen.
Das Gegenargument, Schulden seien nominal zurückzuzahlen und wüchsen durch
die Geldentwertung nicht, verkennt den Sinn der Hochrechnung.

Die Indexierung stellt nicht auf die einzelnen Vermögensgegenstände und ihre    63
Veränderung ab, sondern macht Anfangs- und Endvermögen **vergleichbar**.[72] Wegen
der zwischenzeitlichen Geldentwertung ist der für das Abtragen der Schulden nötige
Konsumverzicht geringer geworden. Deshalb muss sich der inflationsbedingte Kaufkraftschwund auch auf Schulden auswirken.

An einem praktischen Beispiel soll gezeigt werden, dass auch Schulden im An-    64
fangsvermögen auf den Gegenwartswert umzurechnen sind:

> **Beispiel:** M hatte, als er 1980 heiratete, Schulden in Höhe von 100 000 €. Einen
> Tag nach der Eheschließung starb seine Mutter und er erbte 100 000 €. Bei
> Rechtshängigkeit der Scheidung im Jahre 2008 hat M ein Vermögen von
> 100 000 €. F hat keinen Zugewinn erzielt.

Würde man die Schulden von M nicht indexieren, wäre bei Eheschließung ein
Anfangsvermögen von − 100 000 € anzusetzen. Das Erbe von 100 000 € muss als
privilegierter Erwerb gemäß § 1374 II BGB dem Anfangsvermögen hinzugerechnet und (mit den Indexzahlen für 2008 und 1980) hochgerechnet werden:
100 000 € × 106,6 : 57,8 = 184 430 €. Das Anfangsvermögen von M würde danach
84 430 €, sein Zugewinn 15 570 € und der Zugewinnausgleich 7 785 € betragen.
Richtig kann aber nur sein, das negative Anfangsvermögen ebenso wie den privilegierten Erwerb zu indexieren, sodass das Anfangsvermögen − 184 430 € +
184 430 € = 0 beträgt. M hat einen Zugewinn von 100 000 € erzielt. F erhält als
Zugewinnausgleich 50 000 €.

---

[70] OLG Thüringen FamRZ 1998, 1028.
[71] Gutdeutsch FPR 2009, 277; MK/Koch § 1373 Rn. 11; Götsche ZFE 2009, 277; Büte NJW 2009,
2776, 2777; JH/Jaeger § 1376 Rn. 25; Heiß FamFR 2009, 1, 2; Schnitzler/Boden/Cremer, MAH-
Familienrecht, § 18 Rn. 245; **a. A.** Klein FuR 2010, 122.
[72] So Gutdeutsch FPR 2009, 277.

## V. Hochrechnung des privilegierten Erwerbs (§ 1374 II BGB)

### 1. Indexierung des Aktivvermögens

65    Schenkungen, Erbschaften und Ausstattungen, die nach § 1374 II BGB als privilegierter Erwerb dem Anfangsvermögen hinzuzurechnen sind, werden mit der für den **Zeitpunkt des Erwerbs** (§ 1376 I Hs. 2 BGB) maßgeblichen Indexzahl umgerechnet.[73] Da auch Anwartschaftsrechte zu berücksichtigen sind (Rn. 182), kommt es bei Grundstücken auf den Tag der formgerechten Entstehung des zugrunde liegenden schuldrechtlichen Anspruchs (z. B. eines notariellen Übereignungsvertrags) an, nicht erst auf den Zeitpunkt der Grundbucheintragung (vgl. Rn. 257).[74]

66    Die **Umrechnung** geschieht hierbei nach folgender **Formel:**

$$\text{Wert des Vermögens am Tag des Erwerbs} \times \frac{\text{Index Endstichtag}}{\text{Index Erwerbsstichtag}} = \text{anzurechnender Wert des erworbenen Vermögens}$$

### 2. Indexierung eines negativen privilegierten Erwerbs (§ 1374 II BGB)

67    In gleiche Weise wie Schulden bei Eheschließung indexiert werden müssen, ist auch ein **negativer privilegierter Erwerb hochzurechnen.**

68    **Beispiel:** M hatte bei Eheschließung 1980 ein Vermögen von 100 000 €. Im Jahre 2000 erbte er von seinem Vater ein Hausgrundstück, das, wie sich später herausstellte, mit 60 000 € überschuldet war. Der Scheidungsantrag wurde 2008 zugestellt. Wie hoch ist das Anfangsvermögen?

Das Anfangsvermögen bei Eheschließung 1980 und der zum Anfangsvermögen hinzuzurechnende privilegierten Erwerb (§ 1374 II BGB) im Jahre 2000 müssen jeweils indexiert werden. Dabei ist das überschuldete Erbe gemäß § 1374 III BGB als negatives Anfangsvermögen mit – 60 000 € anzusetzen.

**Indexzahlen:** 1980 (Anfangsstichtag) = 57,8; 2000 (Erwerbsstichtag) = 92,7; 2008 (Endstichtag) = 106,6.

Das Anfangsvermögen von 100 000 € ist mit dem Index am Endstichtag (Rechtshängigkeit der Scheidung) zu multiplizieren und mit dem Index am Anfangsstichtag (Eheschließung) zu dividieren: 100 000 € × 106,6 : 57,8 = 184 229 €. Das hochgerechnete Anfangsvermögen bei Eheschließung 1980 (§ 1374 I BGB) beträgt somit 184 229 €.

Der Wert des überschuldeten Erbes ist mit dem für den Zeitpunkt des Erbanfalls (§ 1374 II BGB) maßgeblichen Index umzurechnen: – 60 000 € × 106,6 : 92,7 = 68 997 €. Das indexierte Anfangsvermögen durch privilegierten Erwerb im Jahr 2000 € (§ 1374 II BGB) beträgt somit – 68 997 €.

Diese beiden Werte sind jeweils als Anfangsvermögen anzusetzen, sodass sich ein „Gesamtanfangsvermögen" von (184 229 €–68 997 €) = 115 232 € ergibt.

---

[73] BGH FamRZ 1987, 791.

[74] BGH FamRZ 1992, 1160, 1162; Palandt/Weidenkaff § 518 Rn. 3; **a. A.:** OLG Bamberg FamRZ 1990, 408.

# VI. Verzeichnis des Anfangsvermögens (§ 1377 BGB)

Haben die Ehegatten den **Bestand und Wert** ihres Anfangsvermögens gemeinsam 69
in einem Verzeichnis festgestellt, so wird vermutet, dass das Verzeichnis richtig ist
(§ 1377 I BGB). Haben die Eheleute, wie allgemein üblich, kein Verzeichnis aufgenommen, wird – widerlegbar – vermutet, dass kein Anfangsvermögen vorhanden
war (§ 1377 III BGB).

# VII. Darlegungs- und Beweislast für das Anfangsvermögen

Die gesetzliche Vermutung des § 1377 III BGB, dass ein Anfangsvermögen nicht 70
vorhanden war, wenn die Eheleute kein Verzeichnis aufgenommen haben, ist zwar
„gewaltsam und lebensfremd"[75], sie hat jedoch nur Auswirkungen auf die Darle-
gungs- und Beweislast. Wer sich auf einen von der Negativ-Vermutung abweichenden Sachverhalt beruft, trägt für seine Behauptung die Beweislast. Daraus folgt: Jeder
Ehegatte muss den Bestand und Wert seines **aktiven Anfangsvermögens** darlegen
und **beweisen**.[76]

Nach früherer Rechtslage hatte der Ehegatte, der sich auf ein Anfangsvermögen 71
berief, auch das Fehlen von Verbindlichkeiten zu beweisen.[77] Dazu musste der
andere Ehegatte die von ihm behaupteten Schulden im Einzelnen genau darlegen,
um dem Ehepartner diesen Nachweis zu ermöglichen.[78] Mit Einführung eines **negativen Anfangsvermögens** (§ 1374 III BGB) durch das „Gesetz zur Änderung des
Zugewinnausgleichs- und Vormundschaftsrechts" von 2009 hat sich die Darlegungs-
und Beweislast geändert. Behauptet nunmehr ein Ehegatte, sein Ehepartner habe bei
Eheschließung nur Schulden gehabt, so muss er die Vermutung des § 1377 III BGB,
dass das Anfangsvermögen null war, widerlegen. Er ist somit für **negatives Anfangsvermögen** seines Ehepartners **darlegungs- und beweispflichtig**.[79]

Der Nachweis von Schulden im Anfangsvermögen des Ehepartners ist sehr schwer 72
zu erbringen, wenn die Eheschließung schon längere Zeit zurückliegt. Zumeist bleibt
dann nur der Auskunftsanspruch (§ 1379 I BGB), der sich nunmehr auch auf das
negative Anfangsvermögen erstreckt. Bei unvollständiger oder unrichtiger Auskunft
kann im Rahmen eines Stufenantrags die eidesstattliche Versicherung verlangt werden (s. Rn. 480). Bei Grundstücken ergibt sich eine Beweiserleichterung, wenn Belastungen im Grundbuch eingetragen sind. Hier kann nur noch über die Höhe der
Valutierung gestritten werden. Wer behauptet, dass eingetragene Belastungen nicht
mehr voll valutiert waren, muss dies beweisen.

Der Grundsatz, dass ein Ehegatte seine Aktiva, der andere Ehegatte dessen Passiva 73
im Anfangsvermögen nachweisen muss, bereitet keine Probleme, wenn entweder nur
Aktivvermögen oder nur Schulden vorhanden sind. Schwierig wird die Beweislastverteilung jedoch, wenn das Anfangsvermögen sowohl von Aktiva als auch von
Passiva geprägt ist und es vom Beweis einzelner Positionen abhängt, ob das Anfangs-

---

[75] Gernhuber/Coester-Waltjen, 4. Aufl., § 36 V 3.
[76] BGH FamRZ 1991, 1166, 1169; Palandt/Brudermüller § 1374 Rn. 20; MK/Koch § 1374 Rn. 29.
[77] H. M.; OLG Karlsruhe FamRZ 1986, 1105, 1106.
[78] Palandt/Brudermüller, 66. Aufl., § 1374 Rn. 20; Schwab/Schwab, 5. Aufl., VII Rn. 288.
[79] Palandt/Brudermüller § 1374 Rn. 20; Brudermüller NJW 2010, 401, 404; Hoppenz § 1376 Rn. 96;
FamRZ 2008, 1889, 1891; JH/Jaeger § 1374 Rn. 18; Büte NJW 2009, 2776, 2777.

vermögen letztlich positiv oder negativ ist. In einem solchen Fall ist jeder Ehegatte für seine Behauptungen beweispflichtig – der Vermögensträger für sein Aktivvermögen, der andere Ehegatte für die Verbindlichkeiten.[80] Kann nicht geklärt werden, ob eine streitige Position einen positiven oder negativen Wert hat, dann hat keine Partei den ihr obliegenden Beweis erbracht. Der Vermögens- oder Schuldposten kann dann bei der Berechnung des Anfangsvermögens nicht berücksichtigt werden.[81]

74     Beruft sich ein Ehegatte auf einen Vermögenserwerb, den er nach § 1374 II BGB zu seinem Anfangsvermögen rechnen will, so muss er den privilegierten Erwerb darlegen und beweisen. Dazu gehört auch der **Nachweis, dass die Zuwendungen keine Einkünfte** waren.[82]

# D. Endvermögen (§ 1375 BGB)

## I. Begriff des Endvermögens (§ 1375 I 1 BGB)

75     Endvermögen ist das Vermögen, das einem Ehegatten nach Abzug der Verbindlichkeiten bei der Beendigung des Güterstandes gehört (§ 1375 I 1 BGB). Das Endvermögen umfasst – wie das Anfangsvermögen – alle rechtlich geschützten Positionen mit wirtschaftlichem Wert (vgl. Rn. 23). Wie das Anfangsvermögen ist auch das Endvermögen kein Sondervermögen, sondern eine in Geld ausgedrückte Rechnungsgröße.[83]

## II. Negatives Endvermögen (§ 1375 I 2 BGB)

76     Nach früherer Rechtslage konnten Verbindlichkeiten nur bis zur Höhe des Vermögens abgezogen werden (§ 1375 I 2 BGB a. F.). Das Endvermögen konnte – wie das Anfangsvermögen – nicht negativ sein. Waren die Aktiva geringer als die Passiva, wurde das Endvermögen mit null bewertet. Das „Gesetz zur Änderung des Zugewinnausgleichs- und Vormundschaftsrechts" führte nicht nur ein negatives Anfangsvermögen, sondern auch ein **negatives Endvermögen** ein.[84] § 1375 I 2 BGB wurde neu gefasst: „*Verbindlichkeiten sind über die Höhe des Vermögens hinaus abzuziehen.*"

77 | **Beispiel:** M hat bei Eheschließung 100 000 € Schulden. Während der Ehe kann er seine Verbindlichkeiten so weit abbauen, dass er bei Rechtshängigkeit der Scheidung nur noch Schulden in Höhe von 40 000 € hat. F hat einen Zugewinn von 100 000 € erzielt.

Nach früherem Recht waren bei M Anfangs- und Endvermögen jeweils mit null anzusetzen. F musste 50 000 € ausgleichen. Nach jetzigem Recht sind nicht nur die

---

[80] Hoppenz FamRZ 2008, 1889, 1891; Palandt/Brudermüller § 1374 Rn. 20; Brudermüller NJW 2010, 401, 404; einschränkend JH/Jaeger § 1374 Rn. 18.

[81] A. A. Hoppenz FamRZ 2008, 1889, 1891, der in diesem Fall auf den allgemeinen Grundsatz abstellt, dass der Anspruchsteller beweisbelastet bleibt.

[82] BGH FamRZ 2005, 1660, 1661; OLG Koblenz FuR 2006, 474; Palandt/Brudermüller § 1374 Rn. 20; Hoppenz/Hoppenz § 1374 Rn. 98.

[83] KK-FamR/Weinreich § 1375 Rn. 1.

[84] BT-Drucks. 16/10798, Anlage 1, Artikel 1 Nr. 6.

Schulden von 100 000 € beim Anfangsvermögen, sondern auch die Verbindlichkeiten beim Endvermögen über die Höhe des Vermögens hinaus abzuziehen (§ 1375 I 2 BGB). Das Endvermögen von M beträgt – 40 000 €. M hat einen wirtschaftlichen **Zugewinn** von 60 000 € erzielt (§ 1373 BGB). F hat daher nur 20 000 € als Zugewinnausgleich zu bezahlen (§ 1378 I BGB).

Es gibt nunmehr ein negatives Anfangs- und ein negatives Endvermögen, aber weiterhin **keinen „negativen" Zugewinn.**

> **Beispiel:** M und F hatten bei Eheschließung kein Vermögen. Bei Rechtshängigkeit der Scheidung hat M Schulden in Höhe von 20 000 €, F hat ein Vermögen von 50 000 € erzielt. | **78**

Nach § 1373 BGB ist Zugewinn der Betrag, um den das Endvermögen eines Ehegatten das Anfangsvermögen **übersteigt.** Der Rechnungsposten Zugewinn kann **niemals** mit einem **negativen Wert** in die Ausgleichsbilanz eingestellt werden.[85] Ist das Endvermögen geringer als das Anfangsvermögen, ist der **Zugewinn** mit **null** anzusetzen. Die Zugewinngemeinschaft ist keine Verlustgemeinschaft.

Der Zugewinn von F beträgt 50 000 €. Übersteigt der Zugewinn des einen Ehegatten den Zugewinn des anderen, so steht die Hälfte des Überschusses dem anderen Ehegatten als Ausgleichsforderung zu (§ 1378 I BGB). F hat an M einen Zugewinnausgleich von 25 000 € zu bezahlen.

Haben beide Ehegatten ein negatives Endvermögen, findet keine Aufteilung der Verluste statt. Es gibt nur einen **Zugewinn-, keinen Verlustausgleich.**

Hat ein Ehegatte zwar einen höheren Zugewinn als sein Ehepartner erzielt, hat er aber **kein positives Endvermögen,** muss er nichts ausgleichen.

> **Beispiel:** M hat bei Eheschließung 200 000 € Schulden. Während der Ehe kann er seine Verbindlichkeiten so weit abbauen, dass er bei Rechtshängigkeit der Scheidung nur noch 80 000 € Schulden hat. F hat einen Zugewinn von 50 000 € erzielt. | **79**

Zugewinn ist der Betrag, um den das Endvermögen eines Ehegatten das Anfangsvermögen übersteigt (§ 1373 BGB). M hat einen Zugewinn von 120 000 € erzielt. Der Zugewinn von F beträgt 50 000 €. Auf den ersten Blick könnte man meinen, M müsste (120 000 € – 50 000 €) : 2 = 35 000 € als Ausgleich an F bezahlen. Aber § 1378 II 1 BGB bestimmt, dass die Höhe der Ausgleichsforderung durch den **Wert des Vermögens begrenzt** wird, das bei Beendigung des Güterstandes **vorhanden** ist (s. Rn. 428 f). Da M kein positives Endvermögen hat, muss er, obwohl er den höheren Zugewinn erwirtschaftet hat, nichts ausgleichen.

Die Frage, ob nunmehr F ausgleichspflichtig ist, beantwortet § 1378 I BGB: „Übersteigt der Zugewinn des einen Ehegatten den Zugewinn des anderen, so steht die Hälfte des Überschusses dem anderen Ehegatten als Ausgleichsforderung zu." Da F einen niedrigeren Zugewinn als M erzielt hat, ist sie nicht zum Ausgleich verpflichtet. Im Beispielsfall findet ein Zugewinnausgleich nicht statt. | **80**

---

[85] BT-Drucks. 16/10798 S. 14; MK/Koch § 1373 Rn. 4; Schwab/Schwab VII Rn. 16; JH/Jaeger § 1373 Rn. 3; Brudermüller FamRZ 2009, 1185, 1187; Hoppenz FamRZ 2008, 1889, 1890; FA-FamR/v. Heintschel-Heinegg Kap. 9 Rn. 87.

## III. Stichtag für die Berechnung und die Höhe des Endvermögens (§ 1384)

### 1. Grundregel

81    Maßgeblicher Zeitpunkt für den Bestand und die Bewertung des Endvermögens ist nach dem Wortlaut des § 1375 I1 BGB die Beendigung des Güterstands. Beendet ist der Güterstand, wenn die Ehe geschieden wird, mit Rechtskraft des Scheidungsbeschlusses. § 1384 BGB verlegt den Stichtag für die Berechnung und – seit der Reform des Zugewinnausgleichs von 2009 – auch für die **Höhe der Ausgleichsforderung** auf die **Rechtshängigkeit des Scheidungsantrags** vor. Vermögen das bei Zustellung des Scheidungsantrags vorhanden ist, wird stets zur Hälfte ausgeglichen. **Vermögensminderungen nach Rechtshängigkeit des Scheidungsantrags können die Höhe des Ausgleichsanpruchs nicht mehr beeinflussen**[86] (vgl. Rn. 434, 562). Oder wie Schwab[87] es anschaulich ausgedrückt hat: *„Und wenn zwischen Rechtshängigkeit des Scheidungsantrags und Rechtskraft des Scheidungsbeschlusses die Welt unterginge – an der errechneten Zugewinnausgleichsforderung ändert sich nichts mehr."*

### 2. Stichtag nach langem Ruhen des Scheidungsverfahren

82    Die Dauer des Scheidungsverfahrens hat auf den Stichtag des § 1384 BGB grundsätzlich keinen Einfluss. Auch wenn das Verfahren lange Zeit geruht hat, bleibt die Zustellung des Scheidungsantrags maßgebend.[88] Nach BGH[89] ist selbst dann streng auf die Rechtshängigkeit der Scheidung abzustellen, wenn sich die Eheleute, während das Verfahren ruhte, „vorbehaltlos und endgültig" versöhnt, jedoch vergessen hatten, den Scheidungsantrag zurückzunehmen. Auch wenn ein Ehegatte einen neuen Scheidungsantrag stellt, bleibt der erste Stichtag bestehen. Der erste Scheidungsantrag kann nicht einseitig zurückgenommen werden, wenn bereits mündlich verhandelt worden ist (§ 269 I ZPO). Der zweite Scheidungsantrag ist wegen entgegenstehender Rechtshängigkeit als unzulässig abzuweisen.

83    Eine **Ausnahme** von der strengen Stichtagsregelung ist nach Treu und Glauben jedoch dann gerechtfertigt, wenn der Ehegatte, der durch den frühen Stichtag benachteiligt wäre, keine rechtliche Möglichkeit hat, das rechtshängige Scheidungsverfahren allein zu beenden.[90] Dies kann der Fall sein, wenn bereits mündlich verhandelt worden ist und er seinen Scheidungsantrag nicht mehr ohne Zustimmung des anderen Ehegatten zurücknehmen kann (§§ 113 I FamFG, 269 I ZPO) oder der Antragsgegner ebenfalls die Scheidung beantragt hatte.[91] Neuer Stichtag ist dann der Zeitpunkt der Wiederaufnahme des ruhenden Verfahrens, der durch die Zustellung des neuen (an sich unzulässigen) Scheidungsantrags bestimmt wird.[92]

---

[86] So BT-Drucks. 16/10798 S. 27 (zu Nummer 9).

[87] Schwab FamRZ 2009, 1445, 1446.

[88] BGH FamRZ 1983, 350 (vier Jahre); OLG Hamm FamRZ 1992, 1180 (neun Jahre); OLG Hamm NJW 1980, 1637 (fünf Jahre).

[89] BGH FamRZ 1986, 335; 1983, 350; 1991, 1042, 1043; 2004, 1364, 1365; OLG Hamm FamRZ 1992, 1180; **a. A.:** OLG Karlsruhe NJW-RR 2003, 363 (zu § 1587 II BGB).

[90] BGH FamRZ 2004, 1364.

[91] OLG Bremen FamRZ 1998, 1516; JH/Jaeger § 1384 Rn. 5; Staudinger/Thiele § 1384 Rn. 4; KK-FamR/Weinreich § 1384 Rn. 8; FamGb/Baumeister § 1384 Rn. 12; **a. A.:** MK/Koch § 1384 Rn. 5.

[92] OLG Bremen FamRZ 1998, 1516; Staudinger/Thiele § 1384 Rn. 4.

### 3. Stichtag bei fehlender Zustellung des Scheidungsantrags

Ist ein Scheidungsantrag versehentlich (z. B. bei beantragter Verfahrenskostenhilfe) **84** nicht zugestellt worden oder liegt eine fehlerhafte Zustellung vor, ist als Stichtag gemäß § 261 II ZPO der Zeitpunkt maßgeblich, an dem der Anspruch in der mündlichen Verhandlung geltend gemacht wird.[93] Stellt der Antragsteller im Termin den Antrag, die Ehe zu scheiden, und rügt die Gegenseite die fehlende Zustellung nicht, gilt der Verfahrensmangel als geheilt (§§ 113 I FamFG, 295 I ZPO).

### 4. Stichtag bei Rücknahme des Scheidungsantrags

Nimmt die Antragstellerin ihren Scheidungsantrag wirksam zurück und beantragt **85** nunmehr der Antragsgegner die Scheidung, wird durch die Zustellung dieses Antrags ein **neuer Stichtag** in einem neuen Scheidungsverfahren bestimmt. Nur wenn der Scheidungsantrag des Antragsgegners der Antragstellerin bereits zugestellt war, bevor diese ihren Scheidungsantrag zurückgenommen hat, bleibt es beim ursprünglichen Stichtag.[94] Zum Schutz vor Manipulationen beim Zugewinnausgleich sollte ein Anwalt, wenn er die Antragsgegnerseite vertritt und diese voraussichtlich ausgleichsberechtigt ist, ebenfalls die Scheidung beantragen. Dieser zusätzliche Scheidungsantrag entfaltet dann eine „**Sperrwirkung**" für den Stichtag.

Der Antragsteller kann seinen Scheidungsantrag auch nach Anhörung des anwalt- **86** lich nicht vertretenen Antragsgegners **ohne dessen Zustimmung** wirksam zurücknehmen. Die Äußerungen des nicht durch einen Anwalt vertretenen Antragsgegners sind keine „Verhandlung" im Sinne des § 269 ZPO.[95]

### IV. Illoyale Vermögensminderungen (§ 1375 II BGB)

Nach § 1376 I BGB sind illoyale Vermögensminderungen dem Endvermögen mit **87** dem Wert hinzuzurechnen, den sie zum Zeitpunkt ihres Eintritts hatten. Der bis zum Stichtag der Rechtshängigkeit der Scheidung eingetretene Kaufkraftschwund muss durch **Hochrechnung** mit dem Verbraucherpreisindex ausgeglichen werden (vgl. Rn. 55 f). Der nach § 1375 II 1 BGB hinzuzurechnende Betrag ist mit negativem Endvermögen zu verrechnen.[96] § 1375 II BGB zählt die unlauteren Vermögensminderungen abschließend auf. Die gesetzliche Bestimmung kann auf vergleichbare Fälle nicht analog angewandt werden.[97]

Durch die Änderungen der §§ 1384, 1378 II BGB hat die praktische Bedeutung **88** der Vorschrift **erheblich zugenommen.** Der dem Endvermögen hinzugerechnete Betrag wird nunmehr stets zur Hälfte ausgeglichen, auch wenn der illoyale Ehegatte kein Vermögen mehr hat (vgl. Rn. 81).

---

[93] BGH NJW 1972, 1373; Zöller/Greger § 253 Rn. 22; FamGb/Baumeister § 1384 Rn. 14.

[94] BGH FamRZ 1996, 1142, 1144; NJW 1967, 439; Palandt/Brudermüller § 1384 Rn. 6; **a. A.** Schröder FamRZ 2003, 277

[95] OLG Stuttgart FamRZ 2005, 286, 287; 2004, 957.

[96] MK/Koch § 1375 Rn. 31; Palandt/Brudermüller § 1375 Rn. 23; Hoppenz/Hoppenz § 1375 Rn. 36.

[97] OLG Karlsruhe FamRZ 1986, 167, 168; Palandt/Brudermüller § 1375 Rn. 22: Schwab/Schwab VII Rn. 181.

## 1. Die drei Tatbestände des § 1375 II 1 BGB

89 **a) Unentgeltliche Zuwendungen.** Nach § 1375 II Nr. 1 BGB sind unentgeltliche Zuwendungen, die nicht einer sittlichen Pflicht oder einer auf den Anstand zu nehmenden Rücksicht entsprechen, dem Endvermögen hinzuzurechnen. Unentgeltlich sind Zuwendungen, denen keine Gegenleistung gegenübersteht. Dazu zählen vor allem Schenkungen, Ausstattungen für Kinder (§ 1624 BGB), Spenden und Stiftungen.[98] Bleibt der Wert der Gegenleistung erheblich hinter dem der Zuwendung zurück, ist eine gemischte Schenkung zu vermuten.[99] In diesem Fall wird der Wertüberschuss dem Endvermögen hinzugerechnet.

90 Die Erfüllung einer **verjährten Schuld** ist nicht als unentgeltliche Zuwendung zu werten.[100] Ob ein Schuldner sich auf Verjährung berufen will, ist allein von ihm zu entscheiden, und zwar ohne güterrechtliche Nachteile befürchten zu müssen. Das Gleiche gilt für die Erfüllung einer **unsicheren Forderung** oder einer unvollkommenen Verbindlichkeit (wie Spiel- oder Wettschuld).[101] **Abfindungsklauseln** in Gesellschaftsverträgen, wonach beim Ausscheiden eines Gesellschafters eine Abfindung begrenzt oder ausgeschlossen ist, können in der Regel nicht als unentgeltliche Zuwendung gewertet werden.[102]

91 Die Begriffe der **Pflicht- und Anstandszuwendungen** in § 1375 II BGB dürfen nicht zu kleinlich ausgelegt werden.[103] Es gehört zur Freiheit eines Ehegatten, in angemessenem Rahmen unentgeltliche Zuwendungen zu machen. Dabei sind Vermögens- und Lebenssituation der Beteiligten sowie ihre persönlichen Beziehungen zu berücksichtigen.[104] Sittliche Pflicht und Anstand sind anzuerkennen bei Ausstattungen der Kinder, Unterstützung bedürftiger Verwandter, Spenden an karitative Einrichtungen und Errichtung gemeinnütziger Stiftungen.[105] Auch Schenkungen eines Mannes an die mit ihm in nichtehelicher Gemeinschaft lebende Frau können einer sittlichen Pflicht entsprechen.[106]

92 Führen die Zuwendungen jedoch zu einer gravierenden Verschlechterung der Position des anderen Ehegatten, wird allgemein eine illoyale Vermögensverfügung anzunehmen sein. Dies gilt auch bei Schenkungen an die Kinder. Die Übertragung eines Grundstücks auf die Kinder, um das Familienvermögen zu erhalten, kann in der Regel nicht als Pflicht- oder Anstandsschenkung gewertet werden.[107]

---

[98] Palandt/Brudermüller § 1375 Rn. 25; Schulz/Hauß/Häcker § 1375 Rn. 17.

[99] Schwab/Schwab VII Rn. 155, JH/Jaeger § 1375 Rn. 20; Staudinger/Thiele § 1375 Rn. 18; Schulz/Hauß/Häcker § 1375 Rn. 17.

[100] MK/Koch § 1375 Rn. 23; Palandt/Brudermüller § 1375 Rn. 25.

[101] MK/Koch § 1375 Rn. 23; Staudinger/Thiele § 1375 Rn. 23.

[102] Vgl. Palandt/Brudermüller § 1375 Rn. 25; Schwab/Schwab VII Rn. 183; MK/Koch § 1375 Rn. 24; JH/Jaeger § 1375 Rn. 20; Büte Rn. 45.

[103] Schwab/Schwab VII Rn. 184; JH/Jaeger § 1375 Rn. 21; FA-FamR/Weinreich § 1375 Rn. 28; MAH-Familienrecht/Boden 18 Rn. 231; Schulz/Hauß/Häcker § 1375 Rn. 18.

[104] BGH FamRZ 1963, 292; OLG München FamRZ 1985, 814; MAH-Familienrecht/Boden § 18 Rn. 233; Börger/Engelsing § 2 Rn. 377.

[105] Schwab/Schwab VII Rn. 184; MK/Koch § 1375 Rn. 25; JH/Jaeger § 1375 Rn. 21; Staudinger/Thiele § 1375 Rn. 22.

[106] Staudinger/Thiele § 1375 Rn. 22; Baumeister/FamGb § 1375 Rn. 32.

[107] Palandt/Brudermüller § 1375 Rn. 26; MK/Koch § 1375 Rn. 25.

**b) Verschwendungen.** Nach § 1375 II Nr. 2 BGB wird dem Endvermögen 93 der Betrag hinzugerechnet, um den dieses Vermögen dadurch vermindert ist, dass ein Ehegatte Vermögen verschwendet hat. **Verschwendungen** sind solche Ausgaben, *„bei denen ein Ehegatte weder Maß noch Ziel zu halten versteht, die unnütz und übermäßig sind, weil sie zu seinem Vermögen in keinem Verhältnis stehen".*[108] Dies ist nicht der Fall, wenn jemand „großzügig" oder „über seine Verhältnisse" lebt.[109] Erforderlich ist vielmehr die sinnlose Vergeudung von Vermögenswerten.[110] Bei Verlusten durch **Glücksspiele** ist zu berücksichtigen, dass Gewinne nach der Rechtsprechung ins Endvermögen fallen (vgl. Rn. 50). Folglich müssen dann auch „übliche" Verluste zu Lasten des Zugewinns gehen. Als Verschwendung kann deshalb nur leichtfertiges Verspielen des Vermögens bewertet werden.[111]

Bei der Beurteilung, ob Vermögen verschwendet wurde, ist nicht allein auf wirt- 94 schaftliche Aspekte abzustellen. Vielmehr müssen auch Motivation und psychische Ursachen für (objektiv betrachtet) völlig unvernünftige Geldausgaben mit berücksichtigt werden.[112] Das Verbrennen von Geld aus Wut und Enttäuschung über das Scheitern der Ehe wie auch das sinnlose Zerstören von Vermögensgegenständen kann nicht als Verschwendung gewertet werden. [113]

Subjektive Gründe können unsinnigen Geldausgaben den Charakter einer Ver- 95 schwendung nehmen. So hat das OLG Schleswig[114] in einem Fall, in dem der Ehemann innerhalb eines Monats das Sparvermögen von rund DM 15 000 € „auf den Kopf gehauen und verbraucht" hatte, ausgeführt:

*„Der Beklagte hat diesen Betrag aus Enttäuschung, Wut und Verärgerung darüber, dass er die Klägerin mit einem anderen Mann im ehelichen Schlafzimmer überrascht hatte, verbraucht. Diese Reaktion darauf ist zwar nicht zu billigen. Sie ist jedoch menschlich verständlich. Unter den damals gegebenen Umständen können die Ausgaben nicht als solche gewertet werden, bei denen der Beklagte weder Maß noch Ziel zu halten verstand. Sie waren zwar der Höhe nach erheblich, hielten sich aber in zeitlicher Begrenzung."*

Nach anderer Auffassung sind Ursachen und Motive des Handelns unbeachtlich. 96 Es ist nur darauf abzustellen, ob die Ausgabe „objektiv unnütz und übermäßig" ist.[115]

**c) Absichtliche Vermögensbenachteiligung.** Nach § 1375 II Nr. 3 BGB 97 werden Vermögensminderungen durch Handlungen, die in der Absicht vorgenommen werden, den anderen Ehegatten zu benachteiligen, dem Endvermögen hin-

---

[108] OLG Rostock FamRZ 2000, 228; OLG Karlsruhe FamRZ 1986, 167; OLG Düsseldorf FamRZ 1981, 806.

[109] BGH FamRZ 2000, 948, 950.

[110] OLG Rostock FamRZ 2000, 228; OLG Karlsruhe FamRZ 1986, 167.

[111] Schwab/Schwab VII Rn. 158; FA-FamR/Weinreich § 1375 Rn. 32.

[112] OLG Schleswig FamRZ 1986, 1208; JH/Jaeger § 1375 Rn. 22; Büte Rn. 47; Börger/Engelsing § 2 Rn. 380; Schulz/Hauß/Häcker § 1375 Rn. 20; MAH-Familienrecht/Bode § 18 Rn. 236.

[113] MK/Koch § 1375 Rn. 27; Schwab/Schwab VII Rn. 185; JH/Jaeger § 1375 Rn. 22; Büte Rn. 47; a. A.: OLG Rostock FamRZ 2000, 228.

[114] OLG Schleswig FamRZ 1986, 1208, 1209.

[115] OLG Rostock FamRZ 2000, 228; Palandt/Brudermüller § 1375 Rn. 27; MK/Koch § 1375 Rn. 27; Schwab/Schwab VII Rn. 185; MAH-Familienrecht/Boden § 18 Rn. 236; KK/Weinreich § 1375 Rn. 33.

zugerechnet. In **Benachteiligungsabsicht** handelt ein Ehegatte, wenn sein Wille, den anderen zu benachteiligen, das leitende, wenn auch nicht notwendig einzige Motiv seines Handelns gewesen ist.[116] Benachteiligungshandlungen können rechtsgeschäftliche Vermögensverschiebungen[117] oder Tathandlungen wie Beschädigung und Zerstörung von Vermögensgegenständen[118] sein. Das Verbrennen von Geldscheinen aus Wut und Enttäuschung über das Scheitern der Ehe kann nicht als absichtliche Benachteiligung des früheren Ehepartners angesehen werden.[119] Unerheblich ist, ob der Ehegatte eine Verringerung seiner Ausgleichspflicht oder eine Erhöhung des eigenen Zugewinnausgleichsanspruchs bezweckt.[120]

**98** In einem vom OLG Düsseldorf[121] entschiedenen Fall hatte der Ehemann 18 Monate vor dem Stichtag in seinem Vermögen noch ein Wertpapierdepot im Wert von über 100 000 €, das in der Bilanz des Endvermögens nicht enthalten war. Die Erklärung des Ehemannes, er habe das Geld für Geschäftsfreunde treuhänderisch „geparkt" und diese „Fremdanleger" hätten das Geld abgehoben, hielt das OLG Düsseldorf zu Recht für unglaubwürdig.

**99** **d) Keine Hinzurechnung zum Endvermögen.** Nach § 1375 III BGB werden die Vermögensminderungen (Abs. 2 Nr. 1–3) dem Endvermögen nicht hinzugerechnet, wenn sie mindestens zehn Jahre vor Beendigung des Güterstandes eingetreten ist. In Scheidungsfällen ist auf den Berechnungszeitpunkt für den Zugewinn, die Rechtshängigkeit des Scheidungsantrags (§ 1384 BGB), abzustellen.[122] War der andere Ehegatte mit der unentgeltlichen Zuwendung oder der Verschwendung einverstanden, unterbleibt ebenfalls die Aufstockung des Endvermögens. Das Einverständnis kann ausdrücklich oder auch stillschweigend erfolgen. Eine Billigung ist nicht schon dann anzunehmen, wenn der andere Ehegatte nicht ernstlich oder nachdrücklich widerspricht. Bloßes Dulden oder resignierendes Schweigen kann auch aus Furcht vor einem Ehestreit geschehen.[123]

## V. Beweislast für das Endvermögen (§ 1375 I BGB) und die illoyalen Vermögensminderungen (§ 1375 II BGB)

### 1. Endvermögen (§ 1375 I BGB)

**100** Der Ehegatte, der Zugewinn verlangt, trägt die Darlegungs- und Beweislast für die **Höhe seines Ausgleichsanspruchs.** Der Antragsteller hat sowohl sein **eigenes Endvermögen** als auch das **Endvermögen des Ehepartners** sowie den **Wert der**

---

[116] BGH FamRZ 2000, 948, 950; KG FamRZ 1988, 171, 173; OLG Düsseldorf FamRZ 1981, 806; Palandt/Brudermüller § 1375 Rn. 28; MAH-Familienrecht/Boden § 18 Rn. 237.

[117] BGH FamRZ 1986, 565 (Steuermanipulation); OLG Köln FamRZ 1999, 1071; a. A.: Hoppenz §§ 1374–1376 Rn. 41.

[118] OLG Rostock FamRZ 2000, 228 (bejahend bei Verbrennen von Bargeld aus Wut und Enttäuschung); OLG Frankfurt 1984, 1097 (verneinend bei Zusammenhang mit einem Selbstmordversuch).

[119] Schwab/Schwab VII Rn. 185; MK/Koch § 1375 Rn. 29; Palandt/Brudermüller § 1375 Rn. 28 (bei Suizidversuch); a. A.: OLG Rostock FamRZ 2000, 228.

[120] Schwab/Schwab VII Rn. 186; MK/Koch § 1375 Rn. 28.

[121] OLG Düsseldorf FamRZ 2008, 1858, 1860.

[122] Schwab/Schwab VII Rn. 188.

[123] MK/Koch § 1375 Rn. 33; JH/Jaeger § 1375 Rn. 25; Büte Rn. 49.

**einzelnen Gegenstände** darzustellen und nachzuweisen.[124] Der Anspruchsteller muss beim **Endvermögen des Gegners** nicht nur das Vorhandensein von bestimmten Vermögensgegenständen (Aktiva), sondern nach allgemeiner Meinung grundsätzlich auch das **Fehlen von Verbindlichkeiten** (Passiva) darlegen und beweisen.[125] Dem Antragsteller wird dadurch ein **Negativbeweis** aufgebürdet. Die Beweisnot wird ihm dadurch erleichtert, dass in diesen Fällen den Antragsgegner eine verschärfte Darlegungslast trifft.[126] Dieser muss, wenn er Schulden behauptet, die dafür sprechenden Tatsachen darlegen.[127] Diesen Vortrag muss der Anspruchsteller dann widerlegen.

Dem Antragsgegner obliegt somit eine „sekundäre Behauptungslast", wenn die **101** darlegungspflichtige Partei außerhalb des von ihr vorzutragenden Geschehensablaufs steht und keine näheren Kenntnisse der maßgebenden Tatsachen besitzt, während der Gegner sie hat und ihm nähere Angaben zumutbar sind.[128] Weigert sich der ausgleichspflichtige Ehegatte Umstände aus seiner Lebenssphäre aufzuklären, kann der Familienrichter hieraus – zugunsten des Antragstellers – die entsprechenden Schlüsse ziehen.[129] In der gerichtlichen Praxis führen diese Regeln im Ergebnis dazu, dass jede Partei – unabhängig von der Beweislastverteilung – die Aktiva im Endvermögen des anderen Ehegatten und die Passiva im eigenen Endvermögen darlegt und beweist.

Die Beweislast kehrt sich nach OLG Koblenz[130] um, wenn der Ausgleichspflichti- **102** ge bei der Auskunftserteilung keine Schulden erwähnt hatte, nachträglich aber Verbindlichkeiten behauptet. Nunmehr soll er dafür beweispflichtig sein, dass Passiva entgegen seinen früheren Angaben doch vorhanden sind. Dieser Meinung kann nicht gefolgt werden. Widersprüchliche Auskünfte führen nicht zu einer Veränderung der Beweislast, sondern sind nur im Rahmen der Beweiswürdigung entsprechend zu berücksichtigen.[131]

Hat eine Partei nachgewiesen, dass der Gegner am Stichtag auf seinem Konto ein **103** bestimmtes Sparguthaben hatte, so ist dieser für seine Behauptung, er verwalte das Vermögen nur als Treuhänder, beweispflichtig.[132]

---

[124] BGH FamRZ 1989, 954, 956; 1986, 1196, 1197; OLG Brandenburg FamRZ 2004, 1029; 1031; OLG Karlsruhe FamRZ 2003, 682; OLG Hamm FamRZ 1997, 87.

[125] OLG Brandenburg FamRZ 2004, 1029; 1031; OLG Köln NJW-RR 1999, 229 = FuR 1999, 89 = FamRZ 1999, 657 (Ls.); OLG Hamm FamRZ 1997, 87; 1998, 237; OLG Koblenz FamRZ 1988, 1273; MK/Koch § 1375 Rn. 37; Palandt/Brudermüller § 1375 Rn. 32; a. A. Schwab/Schwab VII Rn. 316: „prozessual unfair".

[126] OLG Düsseldorf FamRZ 2009, 1068, 1069; OLG Stuttgart FamRZ 1993, 192; Hoppenz/Hoppenz §§ 1374–1376 Rn. 99; JH/Jaeger § 1375 Rn. 31.

[127] OLG Brandenburg FamRZ 2004, 1029; 1031; OLG Stuttgart FamRZ 1993, 192; Palandt/Brudermüller § 1375 II Rn. 33.

[128] BGH FamRZ 2009, 849, 851; 1999, 1265; NJW-RR 2004, 556.

[129] OLG Köln NJW-RR 1999, 229 = FuR 1999, 89 = FamRZ 1999, 657 (Ls.); JH/Jaeger § 1375 Rn. 26; Jaeger FamRZ 1986, 737, 751; Büte Rn. 50; MK/Koch § 1375 Rn. 37: Koch FamRZ 2003, 197, 202; FamGb/Baumeister § 1378 Rn. 49.

[130] OLG Koblenz FamRZ 1988, 1273; so auch Bamberger/Roth/Mayer § 1375 Rn. 46.

[131] BGH FamRZ 1986, 1196, 1197; JH/Jaeger § 1375 Rn. 31; Büte Rn. 50.

[132] BGH FamRZ 1981, 239, 241; OLG Karlsruhe FamRZ 1979, 432, 434; Schwab/Schwab VII Rn. 316; MK/Koch § 1375 Rn. 37; KK-FamR/Weinreich § 1375 Rn. 40; Staudinger/Thiele § 1374 Rn. 3; FamGb/Baumeister § 1375 Rn. 45; a. A.: JH/Jaeger § 1375 Rn. 31.

## 2. Illoyale Vermögensminderungen (§ 1375 II BGB)

104    Die Beweislast für die **unlauteren Vermögensminderungen** nach § 1375 II BGB liegt bei dem Ehegatten, der sich auf diese Vorschrift beruft. Dagegen ist für den Ablauf der Zehn-Jahres-Frist sowie das Einverständnis des Ehepartners der Ehegatte beweispflichtig, der sein Vermögen vermindert hat.[133]

105    Die Darlegungs- und Beweislast **kehrt sich nach § 1375 II 2 BGB um,** wenn das Endvermögen eines Ehegatten bei Rechtshängigkeit der Scheidung geringer ist als das Vermögen, das er in der Auskunft zum Trennungszeitpunk (§ 1379 II BGB) angegeben hat. In diesem Fall wird vermutet, dass die in der Trennungszeit eingetretenen Vermögensverluste unlauter erfolgt sind. Der Ehepartner hat nunmehr nachvollziehbar darzulegen und im Streitfall zu beweisen, dass die Vermögensminderung nicht auf illoyale Handlungen zurückzuführen ist.[134] Gelingt ihm dieser Nachweis nicht, wird der Unterschiedsbetrag seinem Endvermögen hinzugerechnet und erhöht dadurch seinen Zugewinn.

106    Ist das Endvermögen zwar gleich hoch wie das Trennungsvermögen, ist dem ausgleichspflichtigen Ehegatten aber in der Trennungszeit ein erheblicher Geldbetrag zugeflossen, so muss er nachvollziehbar erklären, warum dieser Vermögenszuwachs nicht in der Bilanz des Endvermögens enthalten ist oder welche im Trennungsvermögen angegebene Position weggefallen ist. Gelingt ihm dieser Nachweis nicht überzeugend, wird eine illoyale Vermögensminderung vermutet, die seinem Endvermögen hinzugerechnet wird.[135]

Zur Auskunft und zum Nachweis von Vermögensminderungen **vor** dem Trennungszeitpunkt s. Rn. 468.

## VI. Keine Doppelberücksichtigung von Vermögenspositionen beim Zugewinn und Unterhalt

### 1. Aktive Vermögensposten

107    „Ein güterrechtlicher Ausgleich hat nicht stattzufinden, soweit eine Vermögensposition bereits auf andere Weise … ausgeglichen wird." Mit dieser wiederholten Feststellung – **keine zweifache Teilhabe** eines Ehegatten durch Unterhalt und Zugewinnausgleich – hat der Familiensenat des BGH[136] eine Wende der früheren Rechtsprechung eingeleitet. Bis dahin war es im Hinblick auf das strenge und starre Stichtagsprinzip herrschende Meinung[137], eine bei Rechtshängigkeit der Scheidung bestehende Vermögensposition auch dann güterrechtlich auszugleichen, wenn sie

---

133 OLG Düsseldorf FamRZ 2008, 1158, 1159; Palandt/Brudermüller § 1375 Rn. 33.

134 Palandt/Brudermüller § 1375 Rn. 33; Brudermüller FamRZ 2009, 1185, 1186; MK/Koch § 1375 Rn. 37; Hoppenz/Hoppenz §§ 1374–1376 Rn. 100; JH/Jaeger § 1375 Rn. 31.

135 In diesem Sinn hat bereits 2005 das OLG Frankfurt (FamRZ 2006, 416, 417) entschieden: War in zeitlicher Nähe zum Stichtag ein größerer Geldbetrag vorhanden, der in der Bilanz des Endvermögens nicht mehr enthalten ist, muss der Ausgleichsschuldner sich über den Verbleib dieses Betrags nachvollziehbar und plausibel erklären. Geschieht dies nicht in ausreichender Weise, wird der Betrag dem Endvermögen zugerechnet.

136 BGH FamRZ 2003, 432, 433 m. Anm. Kogel FamRZ 2003, 1645; 2003, 1544, 1546; 2004, 1352 1353 m. Anm. Bergschneider; 2007, 1532, 1536 m. Anm. Maurer; 2008, 761, 762 m. Anm. Hoppenz.

137 BGH FamRZ 1982, 148; 1998, 362.

künftigen Unterhalt decken sollte. Dem nunmehr vom BGH herausgestellten Grundsatz „keine zweifache Teilhabe" wird allseits zugestimmt.[138] Wurde eine Vermögensposition beim Zugewinn angesetzt, darf sie unterhaltsrechtlich nicht mehr berücksichtigt werden – und umgekehrt.

Zu einer **doppelten Teilhabe** kann es jedoch nur kommen, wenn dieselbe Vermögensposition ausgeglichen wird. Eine Ausgleichskonkurrenz tritt beim Zugewinnausgleich und Unterhalt nur ausnahmsweise ein. Im **Güterrecht** wird das gemeinsam erworbene **Vermögen** verteilt. Dazu gehören alle rechtlich geschützten Positionen von wirtschaftlichem Wert. Damit ist die Vermögenssubstanz oder der Vermögensstamm gemeint. Der **Vermögensstamm** wird daher im Regelfall **güterrechtlich ausgeglichen**. 108

Im **Unterhaltsrecht** geht es um die Verteilung von **laufendem Einkommen**. Die Verwertung des Vermögensstamms kann nur unter besonderen Voraussetzungen verlangt werden (§§ 1577 III, 1581 S. 2 BGB). Zu einer Konkurrenz zwischen Zugewinnausgleich und Unterhalt kann es somit lediglich dann kommen, wenn ausnahmsweise für den Unterhalt auch der Vermögensstamm einzusetzen ist.[139] Werden dagegen nur die Erträge (z. B. Zinsen aus Kapitalvermögen) herangezogen, tritt keine doppelte Teilhabe ein. 109

Bei einzelnen Vermögenspositionen – so bei Abfindungen (Rn. 167), Unternehmensbeteiligungen (Rn. 392 f), Kapitallebensversicherungen (Rn. 299 f), Steuererstattungen (Kap. 6 Rn. 26 f) sowie bei der Bewertung von Unternehmen (Rn. 388 f) und freiberuflichen Praxen (Rn. 222) ist nunmehr zu überprüfen, ob es zu einer Ausgleichskonkurrenz zwischen Zugewinn und Unterhalt und damit zu einer doppelten Teilhabe kommen kann. 110

## 2. Doppelberücksichtigung von Schulden

Der Grundsatz „keine zweifache Teilhabe" eines Ehegatten durch Unterhalt und Zugewinnausgleich muss auch für die Aufteilung von Schulden gelten. Hier darf es keine „**doppelte Benachteiligung**" eines Ehepartners geben. 111

> **Beispiel:** Ehemann M zahlt als Alleinschuldner ein während der Ehe aufgenommenes Darlehen für gemeinsame Ausgaben, das bei Rechtshängigkeit der Scheidung noch 20 000 € beträgt, in monatlichen Raten von 1000 € zurück. Ehefrau F hat kein Einkommen. 112

M kann die am Stichtag (§ 1384 BGB) bestehende Alleinschuld von 20 000 € bei den Passiva seines Endvermögens ansetzen. Der Zugewinnausgleich der Ehefrau mindert sich somit um 10 000 €. Gleichzeitig kann M die monatlichen Ratenzahlungen von 1000 € bei der Berechnung des Trennungsunterhalts als eheprägende Schuldtilgungen vom Einkommen abziehen. Auf diese Weise erhält F zwanzigmal im Monat 500 € (ohne Berücksichtigung des Erwerbstätigenbonus) weniger Unterhalt. Im Ergebnis trägt F die Verbindlichkeit von 20 000 € allein – die eine Hälfte

---

[138] Kogel FamRZ 2004, 1614; Gerhardt/Schulz FamRZ 2005, 145; 2005, 317; Maurer FamRZ 2005, 757; Maier FamRZ 2006, 897; Schulz FamRZ 2006; 1237; Hoppenz FamRZ 2006, 1242.

[139] BGH FamRZ 2008, 761, 762 m. Anm. Hoppenz; MK/Koch § 1375 Rn. 4; Maier FamRZ 2006, 897, 898; Hoppenz FamRZ 2006, 1242, 1243; Hoppenz/Hoppenz § 1376 Rn. 11; FA-FamR/ Gerhardt Kap. 6 Rn. 19.

über die Kürzung ihres Zugewinnausgleichs, die andere Hälfte über die Minderung ihres Unterhalts. Dieses Resultat ist höchst unbefriedigend, entsprach aber der früheren Praxis.[140]

**113**   Im Grunde entsteht im Beispielsfall gar keine Ausgleichskonkurrenz. Die bei Rechtshängigkeit der Scheidung bestehenden Schulden sind nach dem strengen Stichtagsprinzip gemäß § 1375 I BGB stets in das Endvermögen einzustellen.[141] Es ist nun ein unterhaltsrechtliches Problem, ob die danach folgenden Tilgungsleistungen bei der Berechnung des Unterhalts noch zu berücksichtigen sind.

**114**   Der BGH hat mit Urteil vom 5. 3. 2008[142] seine frühere – schwer verständliche – Rechtsprechung grundlegend geändert und entschieden, dass **Tilgungsleistungen** des unterhaltsverpflichteten Ehegatten **ab Rechtshängigkeit der Scheidung** bei der Unterhaltsberechnung **nicht mehr zu berücksichtigen** sind, wenn sie **ihm allein zugute** kommen und der Ehepartner über den Zugewinnausgleich nicht mehr am Vermögenszuwachs partizipiert. Danach kann es nicht mehr zu einer Doppelverwertung von Schulden beim Unterhalt und Zugewinnausgleich kommen.[143] Nur wenn Schuldtilgungen der Altersvorsorge dienen, sind sie auch bei einseitiger Vermögensbildung zu berücksichtigen.[144]

**115**   Das Verbot der zweifachen Benachteiligung bei Schulden betrifft nur die Tilgungen, nicht die **Zinsen**. Beim Zugewinnausgleich wird nur der Tilgungsanteil berücksichtigt. Die Zinsen spielen hierbei keine Rolle. Bei der Unterhaltsberechnung sind daher weiterhin die Zinsleistungen abzuziehen, soweit sie die ehelichen Lebensverhältnisse geprägt haben.[145]

# 3. Abschnitt. Wertermittlung des Anfangs- und Endvermögens (§ 1376 BGB)

## A. Grundsätze der Vermögensbewertung

**116**   Alle Gegenstände, Rechte und Verbindlichkeiten müssen im Anfangs- und Endvermögen mit einem bestimmten Wert angegeben werden. Nach höchstrichterlicher Rechtsprechung ist der **volle, wahre, wirkliche Wert** zu ermitteln.[146] Grundsätze, nach welcher Methode das im Einzelnen zu geschehen hat, enthält das Gesetz nicht. Eine Ausnahme bilden nur die landwirtschaftlichen Betriebe gemäß § 1376 IV BGB (Rn. 232). Die Festlegung auf den „wahren vollen Wert" soll Unterbewertungen,

---

[140]   Vgl. Schulz FamRZ 2006, 1237, 1241; Gerhardt/Schulz FamRZ 2005, 317, 318; 2005, 1523; Kogel FamRZ 2003, 1645, 1647; 2004, 1614, 1618.

[141]   Gerhardt/Schulz FamRZ 2005, 317, 318; Koch FamRZ 2005, 845, 848; Pauling FPR 2006, 476, 479; Schulz FamRZ 2006, 1237, 1241; Hoppenz FamRZ 2006, 1242, 1244; JH/Jaeger § 1375 Rn. 19.

[142]   BGH FamRZ 2008, 963, 965.

[143]   FA-FamR/Gerhardt Kap. 6 Rn. 22; Palandt/Brudermüller § 1375 Rn. 2; Hoppenz/Hoppenz § 1376 Rn. 11.

[144]   BGH FamRZ 2007, 879.

[145]   OLG München FamRZ 2005, 713; FA-FamR/Gerhardt Kap. 6 Rn. 22; Schulz FamRZ 2006, 1237, 1241.

[146]   BVerfG FamRZ 1985, 256, 260; BGH FamRZ 2005, 99, 100; 1991, 43, 44; 1986, 37, 39; 1986, 776, 779.

wie sie zur Erhaltung des Familienheims oder zum Schutz eines gewerblichen Unternehmens sowie freiberuflicher Einrichtungen zulässig sind, ausschließen. Steuerliche Einheitswerte von Grundstücken und stille Reserven im Handelsrecht sind daher zur Wertermittlung nicht heranzuziehen.[147] Auch ein Liebhaberwert ist unbeachtlich. Es ist Aufgabe des – sachverständig beratenen – Tatrichters, im Einzelfall eine geeignete Bewertungsmethode auszuwählen und anzuwenden.[148]

Um den „wahren wirklichen Wert" zu bestimmen, haben Rechtsprechung und **117** Lehre eine Vielzahl von Wertbegriffen – von Anschaffungswert bis Zerschlagungswert – entwickelt. Im Wesentlichen gibt es aber nur **drei** Grundmethoden, um den Wert eines Gegenstandes zu ermitteln.[149] Dabei geht es um folgende Fragen:
- Welcher Erlös kann bei einer Veräußerung erzielt werden?
- Wie viel müsste bei Wiederbeschaffung für den gebrauchten Gegenstand ausgegeben werden?
- Wie hoch ist der erzielbare Betrag, wenn der Gegenstand nicht zur Veräußerung, sondern nur zur weiteren Nutzung durch den Inhaber bestimmt ist?

**118**

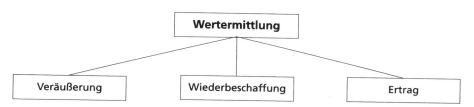

Zur Wertermittlung eines Vermögensgegenstandes kann – vereinfacht – folgender- **119** maßen vorgegangen werden: In der Regel ist vom **Veräußerungserlös** auszugehen. Ist der Gegenstand nicht zum Verkauf bestimmt, ist der – meist höhere – **Wiederbeschaffungspreis** maßgeblich. Besteht der Wert eines Gegenstandes in seiner weiteren Nutzung, so ist der **Ertragswert** anzusetzen. Als letzte Möglichkeit, den „wahren wirklichen Wert" zu finden, bleibt die Kombination zweier Bewertungsmethoden zur Bildung eines Mittelwertes.

Den **drei Grundformen der Wertermittlung** – Veräußerung, Wiederbeschaf- **120** fung, Ertrag – lassen sich die einzelnen **Wertbegriffe** zuordnen:

---

[147] H. M.; vgl. Soergel/Lange § 1376 BGB Rn. 7; Schwab/Schwab VII Rn. 53; Staudinger/Thiele § 1376 BGB Rn. 10.
[148] BGH FamRZ 2005, 1974, 1976; 2005, 2005, 99, 100; 1995, 1270; FuR 2002, 501, 503.
[149] Schwab/Schwab VII Rn. 64, Schulz/Hauß/Häcker, HK-FamR, § 1376 Rn. 5.

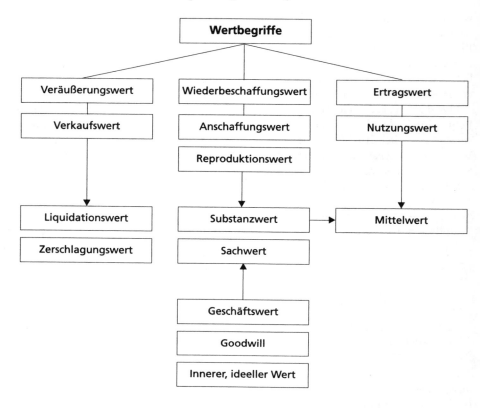

## B. Wertbegriffe und Methoden der Wertermittlung:

▶ **Anschaffungswert:**

121     Der Anschaffungswert richtet sich grundsätzlich nach dem Wiederbeschaffungswert (Rn. 156) eines gleichwertigen, gebrauchten Gegenstandes am Bewertungsstichtag.

▶ **Ertragswert:**

122     Die Ertragswertmethode ist vor allem bei der **Unternehmensbewertung** maßgeblich.[150] Dabei wird der Wert ermittelt, den ein potentieller Erwerber für das Unternehmen am Markt bezahlen würde.[151] Dieser vergleicht die Rendite aus dem Unternehmen mit der Alternative einer anderen rentablen Geldanlage. Der Ertrag des Unternehmens bestimmt somit seinen Wert.[152]

Der **Ertragswert** wird definiert als

- der kapitalisierte, in eine Geldsumme umgerechnete Wert der mit dem Unternehmen erzielbaren Nutzungen und Erträge,

---

[150] Ausführlich Schröder Rn. 69 ff; Münch FamRZ 2006, 1164, 1165; Kuckenburg FuR 2005, 298 ff, 401 ff.
[151] OLG Dresden FamRZ 2008, 1857.
[152] Münch FamRZ 2006, 1164.

- Barwert der zukünftigen Überschüsse der Einnahmen über die Ausgaben („ewige Rente"),
- Barwert aller künftigen entnahmefähigen Erträge,
- Summe aller auf den Bewertungsstichtag abgezinsten künftigen Erfolge (Barwerte), die man mit dem Unternehmen im Laufe seiner Existenz noch erwirtschaften kann.

Nach dem Ertragswertverfahren sind die Gegenstände zu berechnen, deren wirt- **123** schaftlicher Wert in erster Linie in der Chance besteht, künftig weitere Erträge zu erzielen. Deshalb entscheiden – im Gegensatz zum Sachwert – nicht die Anlagegüter und die zu einem Unternehmen gehörenden Grundstücke über den Wert, sondern **nur der zu erwartende Gewinn.** Dieser wird abgezinst und so der Ertragswert bestimmt.

Der Ertragswert ist für die Bewertung immer dann zutreffend, wenn das Unter- **124** nehmen nicht mit dem derzeitigen Unternehmer „steht und fällt", sondern wenn es **unabhängig davon,** wer es leitet, Aussichten auf Ertrag in der Zukunft bietet.[153] Bei Vermögensgegenständen, die ein Ehegatte nicht veräußern, sondern weiter nutzen will, ist dann nicht auf einen fiktiven Verkaufserlös abzustellen, wenn dieser unter dem Ertragswert liegt. In diesem Fall wird der „wirkliche" Wert durch die künftige **Nutzungsmöglichkeit** bestimmt, so dass die Bewertung auf der Grundlage des Nutzungs- oder Ertragswerts erfolgt.[154] Dies ist stets bei rentablen Unternehmen mit wenigen Anlagegütern der Fall.

Dagegen kann bei **wenig rentablen** Unternehmen der Ertragswert erheblich unter **125** dem Sachwert liegen. Das trifft vor allem dann zu, wenn wertvolle Grundstücke vorhanden sind. In diesem Fall erfolgt die Bewertung nach dem Substanzwert.[155]

Um den künftigen Erfolgswert zu ermitteln, ist zunächst eine **Vergangenheits-** **126** **analyse** vorzunehmen. Hierbei wird der durchschnittliche Gewinn der letzten (drei bis) fünf Wirtschaftsjahre ermittelt und auf dieser Grundlage eine Prognose zu den Erträgen der nächsten Jahre getroffen. Die Entscheidung beruht auf der Annahme, dass die Entwicklung in Zukunft in gleicher Weise verläuft.[156] Die Erträge sind um einmalige, betriebs- und periodenfremde Entwicklungen zu bereinigen.[157] Für die Berechnung des durchschnittlichen Jahresgewinns wird dabei regelmäßig nicht der rechnerische Durchschnitt der einzelnen Jahre zugrunde gelegt, sondern die verschiedenen Wirtschaftsjahre werden unterschiedlich gewichtet und daraus der Mittelwert errechnet.[158] Die jüngeren Jahresabschlüsse werden für die Schätzung der zukünftigen Gewinne als repräsentativer als die zeitlich weiter zurückliegenden angesehen. So können beispielsweise die einzelnen Ergebnisse der letzten fünf Jahre im Verhältnis 1:2:3:4:5 gewichtet werden. Der Ertrag des letzten Jahres erhält danach ein fünffaches Gewicht.

Von dem errechneten Durchschnittsgewinn ist bei Einzelfirmen und Personenge- **127** sellschaften ein **Unternehmerlohn abzuziehen.** Früher wurde stets ein „kalkulatorischer" Unternehmerlohn angesetzt. Die Höhe entsprach dem Entgelt, das ein nicht

---

[153] OLG Hamm FamRZ 1998, 235, 236.
[154] BGH FamRZ 1986, 37, 39, 40; 1986, 1196, 1197; 1980, 37, 38.
[155] Differenzierend BGH FamRZ 1982, 684.
[156] OLG Bamberg FamRZ 1995, 607, 610.
[157] Schröder Rn. 75; Münch FamRZ 2006, 1164, 1165.
[158] Vgl. Kogel, Strategien, Rn. 778.

am Unternehmen Beteiligter für die Geschäftsführung erhalten würde (z. B. bei einem Handwerksbetrieb das durchschnittliche Gehalt eines Handwerksmeisters).[159] Hinzu kam ein Zuschlag von 20% für den Arbeitgeberanteil zur Sozialversicherung.[160]

**128** Nach neuerer Rechtsprechung des BGH[161] ist zur Vermeidung einer zweifachen Teilhabe – zum einen über den Zugewinnausgleich zum andern über den Ehegattenunterhalt – vom Vermögenswert einer freiberuflichen Praxis nicht ein pauschal angesetzter kalkulatorischer Unternehmerlohn, sondern der nach den individuellen Verhältnissen **konkret gerechtfertigte Unternehmerlohn** in Abzug zu bringen.[162] Nur auf diese Weise wird der auf den derzeitigen Geschäftsinhaber bezogene *„subjektive Mehrwert"* eliminiert, der auf dessen Arbeit, persönlichen Fähigkeiten und Leistungen beruht. Die Arbeitskraft des Inhabers ist auf einen Übernehmer nicht übertragbar.[163] Um eine doppelte Teilhabe – im Wege des Zugewinnausgleichs und des Unterhalts – zu vermeiden, ist bei der Ermittlung des good will deshalb nicht ein pauschal angesetzter kalkulatorischer Unternehmerlohn in Abzug zu bringen, sondern der im Einzelfall **konkret gerechtfertigte Unternehmerlohn** (vgl. „Freiberufliche Praxis" Rn. 222 f).

**129** Bei Freiberuflern ergibt sich nicht selten, dass ein den Unternehmerlohn übersteigender weiterer Gewinn nicht erzielt wurde. Der Ertragswert ist dann null, weil sich eine Kapitalanlage nicht lohnt, wenn damit nur die Betriebskosten bestritten werden können. Ist im Scheidungsverbund sowohl über den Zugewinnausgleich als auch über den nachehelichen Unterhalt zu entscheiden, entspricht der konkrete Unternehmerlohn dem bei der Unterhaltsberechnung ermittelten Bruttoeinkommen. So wird eine doppelte Teilhabe an den Einkünften des Unternehmers vermieden (vgl. Rn. 107 f). [164]

**130** Der **Gewinn** wird mit einem bestimmten Faktor **kapitalisiert**, d. h. auf den Bewertungsstichtag abgezinst, um den Barwert zu erhalten. Ist die künftige Ertragsperiode unbefristet, geschieht die Kapitalisierung der zukünftigen Erträge nach der Formel für die immerwährende Rente. Gedanklich wird bei der Ertragswertmethode nach dem Kapital gefragt, das langfristig erforderlich ist, um den erwarteten Gewinn bei einer Anlage in risikoarmen Wertpapieren sicherzustellen. Der hierfür benötigte Betrag hängt in erster Linie von den Kapitalzinsen ab. Entscheidend ist daher, welcher Kapitalisierungszinsfuß zugrunde gelegt wird. Der Zinsfuß drückt aus, welche Verzinsung der Unternehmer für sein im Unternehmen eingesetztes Kapital erwartet. Bei einem hohen Zinssatz wird weniger Kapital benötigt. Bei einem niedrigen Zinssatz muss entsprechend mehr Kapital zur Verfügung gestellt werden.

**131** Für die **Kapitalisierung** der Zukunftserträge wird als **Basiszins** regelmäßig der **landesübliche Zinssatz** (Kapitalmarktzins) zugrunde gelegt. Das kann die Effektiv-

---

[159] BGH FamRZ 1999, 361, 364; 1991, 43 ff; Münch FamRZ 2006, 1164, 1165; Borth FamRB 2002, 339, 340.

[160] Münch FamRZ 2006, 1164, 1165.

[161] BGH FamRZ 2008, 761, 763 m. Anm. Hoppenz = FamRB 2008, 134 m. Anm. Kogel; so auch die Empfehlung des Arbeitskreises 7 des 17. Deutschen Familiengerichtstags; Münch FamRZ 2006, 1164, 1170.

[162] Münch FamRZ 2006, 1165, 1170; Kogel Rn. 355.

[163] BGH FamRZ 2008, 761, 763; 1999, 361, 364.

[164] MK/Koch § 1376 Rn. 23 a.

verzinsung inländischer öffentlicher Anleihen sein.[165] Der Kapitalisierungsfaktor ist durch Zuschläge und Abschläge noch zu korrigieren. So wird zum Basiszinssatz üblicherweise ein **Zuschlag** für das allgemeine **Unternehmensrisiko** erhoben. Dahinter steht die Überlegung, dass eine Kapitalanlage in Unternehmen mehr Risiken birgt als eine „mündelsichere" Geldanlage in Staatspapieren.

Die Rechtsprechung hat in der Vergangenheit Risikozuschläge von zwei bis fünf **132** Prozent akzeptiert.[166] Häufig wird das allgemeine Unternehmensrisiko mit einem Zuschlag in Höhe der Hälfte des Basiszinssatzes bewertet. Wird beispielsweise ein Basiszinssatz von 6% angenommen, kann das Unternehmerrisiko mit einem Zuschlag in Höhe von 3% angesetzt werden. Die allgemeine **Geldentwertung** kann es rechtfertigen, von dem in Inflationszeiten meist höheren Basiszinssatz prozentuale Abschläge zu machen. Dabei wird unterstellt, dass die Unternehmensgewinne mit der Inflationsrate mitwachsen. Die mit Rücksicht auf die Geldentwertung vorgenommene Erhöhung des Basiszinssatzes muss daher in vorsichtiger Weise korrigiert werden.

**Der Kapitalisierungszinssatzes** (Abzinsungsfaktor) setzt sich somit zusammen **133** aus

- dem Basiszinssatz (landesüblicher Zinssatz)
- einem Zuschlag für das allgemeine (und gegebenenfalls spezielle) Unternehmerrisiko
- einem Abschlag für die Geldentwertung (künftige Inflation).

Ein Zuschlag vermindert, ein Abschlag erhöht den Barwert.

---

**Beispiel:** Bei einem Basiszinssatz von 6% zuzüglich eines allgemeinen Unternehmensrisikozuschlags von 3% abzüglich eines Inflationsabschlages von 2% beträgt der Kapitalisierungszinsfuß 7%. **134**

---

Der Ertragswert errechnet sich, indem der bereinigte Durchschnittsgewinn mit **135** dem Kapitalisierungszinssatz (Abzinsungsfaktor) kapitalisiert wird. Die kaufmännische **Kapitalisierungsformel** lautet:

$$\text{Ertragswert} = \frac{\text{Durchschnittsgewinn}}{\text{Kapitalisierungszinsfuß (\%)}}$$

Bei einem Jahresgewinn von 48 000 € und einem Kapitalisierungszinssatz von 6% ergibt sich damit ein Ertragswert von 48 000 € : $^6/_{100}$ = 800 000 €. Wird ein Kapitalisierungsfuß von 8% herangezogen, ergibt sich ein Wert von 48 000 € : $^8/_{100}$ = 600 000 €.

Je höher der Kapitalisierungszinssatz ist, umso niedriger wird der Ertragswert. **136** Aus diesem Grunde ist es für die Wertbestimmung von zentraler Bedeutung, **welcher Kapitalisierungsfaktor** herangezogen wird. Ein zusätzlicher **Geschäftswert/ Goodwill** wird dem Ertragswert **nicht** noch gesondert hinzugerechnet, da dieser im Ertragswert bereits enthalten ist.[167] Auch die vorhandenen Sachwerte (z. B. Grundstücke) werden nicht zusätzlich berücksichtigt.

---

[165] BGH FamRZ 1982, 54, 55; OLG Hamm FamRZ 1998, 235, 236; OLG Düsseldorf DB 2000, 81.
[166] OLG Hamm FamRZ 1998, 235, 236.
[167] JH/Jaeger § 1376 Rn. 21; Münch FamRZ 2006, 1164, 1167.

Neben der betriebswirtschaftlichen Feststellung des Ertragswertes ist immer zu prüfen, ob es für diesen Betrieb auch einen **Markt** gibt. Nur dann ist der Ansatz des Ertragswerts als Wert für das fortgeführte Unternehmen möglich.[168] Ist dies, wie etwa bei einem Architekturbüro (Rn. 186), nicht der Fall, kann nur der Sachwert maßgeblich sein.

137 Als ein allgemeiner Standard, auf den man sich bei der Unternehmensbewertung beziehen kann, haben sich die vom Hauptfachausschuss des Instituts der Wirtschaftsprüfer [IDW] verabschiedeten „**Grundsätze zur Durchführung von Unternehmensbewertungen (IDW S 1)**" durchgesetzt. Die Ertragswertmethode nach IDW S 1 ermittelt den Unternehmenswert durch Diskontierung der den Unternehmenseignern zukünftig zufließenden finanziellen Überschüsse, die aus den künftigen handelsrechtlichen Erfolgen (Ertragsüberschussrechnung) abgeleitet werden.[169]

▶ **Firmenwert:**

138 Die gebräuchlichste Bezeichnung für den Firmenwert ist Goodwill oder Geschäftswert.

▶ **Geschäftswert:**

139 Zum festgestellten Substanzwert kann noch ein Geschäftswert hinzukommen. Dieser Wertanteil wird auch als **innerer, ideeller Wert oder Goodwill** bezeichnet. Dabei handelt es sich um den Betrag, den ein Käufer über den Sachwert eines Unternehmens hinaus im Hinblick auf künftige Gewinne zu zahlen bereit ist.[170] Der Geschäftswert zeigt sich darin, dass das Unternehmen im Geschäftsverkehr höher eingeschätzt wird, als es dem reinen Sachwert der zum Unternehmen gehörenden Vermögensgegenstände entspricht. Der Erwerber zahlt für die Chance, ohne eigene Vorleistung auf einer vorhandenen Organisations- und Kundenstruktur aufbauen zu können und dadurch einen höheren Ertrag zu erzielen, als es bei einer Neugründung der Fall wäre.[171]

Voraussetzung ist regelmäßig, dass ein bereits vorhandener Stamm fester Kunden, Patienten oder Klienten besondere Gewinnerwartungen rechtfertigt. Auch der geschäftliche Ruf eines Unternehmens, seine Kreditwürdigkeit, Marktstellung und Organisation, eingeführte Markenartikel, eine verkehrsgünstige Lage, ein gut organisierter Vertreterstamm, eingespielte Geschäftsverbindungen mit Lieferanten und Abnehmern können zu einem „Mehrwert" führen.[172]

Der Goodwill ist die Differenz zwischen Ertragswert und Substanzwert. Der „gute Ruf" muss sich auf das Unternehmen richten, darf also nicht von der Person des Unternehmers abhängen.[173] Ist der Betrieb eng an die Person des Inhabers gebunden, werden sich die bisherigen Kunden rasch verlaufen. Deshalb gibt es in diesen Fällen – wie bei Architekten (Rn. 186) oder Handelsvertretern (Rn. 270) –

---

[168] Münch FamRZ 2006, 1164, 1165.
[169] Münch FamRZ 2006, 1164, 1166.
[170] BGH FamRZ 1999, 361; 1980, 37, 38.
[171] Barthel DB 1996, 149, 163; 1990, 1145, 1152.
[172] Beispiele aus der Rechtsprechung bei Schwab/Schwab VII Rn. 110; Berechnung eines Goodwill bei Schröder Anm. zu AG Duisburg FamRZ 2003, 1186, 1189.
[173] BGH FamRZ 1999, 361, 362.

keinen zusätzlichen Geschäftswert. Ein Goodwill kann auch dann völlig fehlen, wenn der Betrieb erst kürzlich eingerichtet wurde.[174]

Weitere Voraussetzung für einen Goodwill ist stets, dass es in nennenswertem Umfang einen **Markt** zur Veräußerung des Unternehmens, der freiberuflichen Praxis oder zur entgeltlichen Aufnahme eines weiteren Freiberuflers gibt.[175] Gesondert zu prüfen ist, ob sich das Verbot, Mandantendaten zu übertragen, auf den Goodwill auswirkt, ob es also zu einem „Veräußerungsschwund" kommt.[176]   **140**

Wird der Wert eines Betriebes nach dem **Ertragswert** bestimmt, kann daneben nicht noch ein zusätzlicher Geschäftswert berücksichtigt werden (s. Rn. 136).   **141**

▶ **Goodwill:**

Goodwill ist die gebräuchliche Bezeichnung für den Geschäfts- oder Firmenwert.   **142**

▶ **Ideeller Wert:**

Der Geschäftswert wird nicht nur als Goodwill, sondern auch als ideeller oder innerer Wert bezeichnet.   **143**

▶ **Liquidationswert:**

Der Liquidations- oder Zerschlagungswert ist regelmäßig die unterste Grenze bei einer Unternehmensbewertung. Es ist der Wert, der bei einer Veräußerung der einzelnen Vermögensgegenstände eines Betriebes nach Abzug der Verbindlichkeiten und der Liquidationskosten zu erzielen ist. Der niedrige Liquidationswert ist nur dann maßgebend, wenn der Vermögensgegenstand als Folge des Zugewinnausgleichs, nämlich zur Mobilisierung des Vermögens, versilbert werden muss und eine Veräußerung auch nicht durch eine Stundung nach § 1382 BGB abgewendet werden kann.[177]   **144**

Auch bei einer nur fiktiv durchgeführten Liquidation sind alle mit der Betriebsauflösung verbundenen Kosten, insbesondere der Anfall von **Ertragsteuer** nach §§ 16, 18, 34 EStG (s. Kap. 6 Rn. 31) wertmindernd anzusetzen, auch wenn der Inhaber keinen Verkauf beabsichtigt („latente Steuerlast").[178] Bei unrentablen Unternehmen kann der maßgebliche Wert bei einer Ermittlung nach dem Ertragswertverfahren auch unter den Liquidationswert absinken. Dies ist in Ausnahmefällen dann zu akzeptieren, wenn es sich um einen erhaltenswerten Betrieb handelt,[179] oder ein rechtlicher oder tatsächlicher Zwang besteht, das Unternehmen fortzuführen (z.B. testamentarische Auflage, öffentlich-rechtliche Bindungen).[180] Wird das Unternehmen jedoch aufgelöst, handelt es sich bei dem Liquidationswert um den „vollen wirklichen Wert".   **145**

[174] Münch FamRZ 2006, 1164, 1167.
[175] So der BGH in seinem Grundsatzurteil BGH FamRZ 1977, 38, 40; JH/Jaeger § 1376 Rn. 18; Münch FamRZ 2006, 1164, 1167; Horn FamRB 2006, 317, 318.
[176] Borth FamRB 2002, 340, 371, 374; Michalski/Zeidler FamRZ 1997, 397, 401.
[177] BGH FamRZ 1995, 1270, 1271; 1993, 1183, 1185; 1992, 411, 413.
[178] BGH FamRZ 1991, 43, 48; 2005, 99, 101 m. Anm. Schröder; Schwab/Schwab VII Rn. 112; Münch FamRZ 2006, 1164, 1167
[179] BGH FamRZ 1986, 776.
[180] Kuckenburg FuR 2005, 401 m. w. N.

▶ **Mittelwert:**

146   Die mit den einzelnen Wertermittlungsmethoden gefundene Ergebnisse liegen häufig weit auseinander. Der „volle wirkliche Wert" eines Unternehmens, eines Grundstücks oder einer Eigentumswohnung wird, wenn dies vertretbar erscheint, dann durch den Mittelwert gefunden. In der Regel wird die Summe aus Sach- und Ertragswert halbiert.[181]

▶ **Nutzungswert:**

147   Die Bezeichnung Nutz- oder Nutzungswert wird als Unterbegriff des Ertragswerts verwendet. Nießbrauch und Unternehmensbeteiligungen werden nach dem Nutzungswert beurteilt.

▶ **Reproduktionswert:**

148   Der Reproduktionswert entspricht dem Wiederbeschaffungswert.

▶ **Sachwert:**

149   Der Sachwert wird zumeist als Substanzwert bezeichnet.

▶ **Substanzwert:**

150   Der Sach- oder Substanzwert richtet sich nach dem **Wiederbeschaffungspreis.** Die Höhe des Substanzwertes hängt von dem finanziell notwendigen Aufwand ab, der erforderlich ist, um einen Gegenstand gleicher Art und Güte zu beschaffen. Bei einem Unternehmen oder freiberuflichen Gewerbe wird der Substanzwert im Grundsatz von der Summe der Wiederbeschaffungspreise aller selbständig veräußerbaren Gegenstände (Grundstücke, Einrichtungsgegenstände, Arbeitsgeräte, Maschinen, Forderungen, Patente usw.) nach Abzug der Verbindlichkeiten (sog. Nettosubstanzwert) gebildet.[182] Der Geschäftswert ist gegebenenfalls zusätzlich zu ermitteln und hinzuzurechnen.[183]

151   Bei der Substanzwertmethode wird der Wert gesucht, der erforderlich wäre, um das Unternehmen **„nachzubauen".**[184] Bei der Ermittlung des Substanzwertes darf nicht von den Bilanzwerten (Buchwerten oder Einheitswerten) ausgegangen werden, weil diese in der Regel nur nach steuerlichen Gesichtspunkten ausgerichtet sind.[185] Die stillen Reserven sind aufzulösen.[186] Jeder einzelne Gegenstand ist grundsätzlich mit dem am „Markt" üblichen Wiederbeschaffungswert anzusetzen. Eine andere Bewertung muss jedoch dann erfolgen, wenn es für die Wiederbeschaffung keinen „Gebrauchtmarkt" gibt. In diesem Fall ist vom ursprünglichen Anschaffungspreis auszugehen, die Nutzungsdauer des Geräts zu bestimmen und dann ein Abschlag für Abnutzung vorzunehmen (vgl. „Wiederbeschaffungswert" Rn. 156).

---

[181] BGH FamRZ 1986, 37, 38.
[182] JH/Jaeger § 1376 Rn. 18; Palandt/Brudermüller § 1376 Rn. 6; Münch FamRZ 2006, 1164, 1166; Schröder Rn. 67.
[183] BGH FamRZ 1982, 54.
[184] Piltz/Wissmann NJW 1985, 2673, 2674.
[185] Scholz/Stein/Carlsberg, Teil B, Rn. 35.
[186] Münch FamRZ 2006, 1164, 1166.

▶ **Veräußerungswert:**

In der Regel wird der „wirkliche Wert" eines Vermögensgegenstandes *„in einem*   **152**
*Wirtschaftssystem, das seine Maßstäbe für den Wert vom Gegenständen weithin am*
*Markt findet, in vielen Fällen mit dem Veräußerungswert zusammenfallen".*[187] Der
Veräußerungs- oder Verkaufswert gilt jedoch nur für Gegenstände, die entweder
zum Verkauf bestimmt sind oder als Folge des Zugewinnausgleichs veräußert werden müssen.[188] Gibt es für den Verkauf eines Gegenstands keinen Markt oder keinen
gewöhnlichen Geschäftsverkehr, so ist der ursprüngliche Anschaffungswert abzüglich angemessener Abschläge wegen Abnutzung heranzuziehen.

Der Veräußerungswert ist wegen der Handelsspanne regelmäßig etwa 20 bis 25%   **153**
niedriger als der Wiederbeschaffungswert. Bei der Bewertung von Gegenständen, die
zwar grundsätzlich zur Veräußerung bestimmt sind, im konkreten Fall aber gar nicht
verkauft werden sollen, kann ein vorübergehender Preisrückgang nicht berücksichtigt
werden, wenn er bei nüchterner Beurteilung am Stichtag als vorübergehend erkennbar
war.[189] Es kann dann nicht einfach ein hypothetischer Verkaufswert angesetzt werden. Denn ein vorübergehender Preisrückgang ist bei einem Vermögensgegenstand,
der nicht zum Verkauf ansteht, auf den „wahren wirklichen Wert" ohne Einfluss.[190]

▶ **Vergleichswert:**

Der Vergleichswert wird bei der Bewertung von Grundstücken herangezogen.   **154**
Nach § 13 WertV beruht er auf dem Vergleich mit den Kaufpreisen ähnlicher
Grundstücke in ähnlicher Lage.

▶ **Verkaufswert:**

Der Verkaufswert entspricht dem Veräußerungswert.

▶ **Verkehrswert:**

Der „wahre wirkliche Wert" wird auch als (objektiver) Verkehrswert bezeichnet.   **155**
Der Verkehrswert wird häufig mit dem Veräußerungswert gleichgesetzt. Eine
Gleichstellung des Veräußerungswerts mit dem objektiven Verkehrswert ist jedoch
nur dann richtig, wenn der zu bewertende Gegenstand zur Veräußerung bestimmt
ist oder als Folge des Zugewinnausgleichs veräußert werden muss. Ist das nicht der
Fall, kann der Verkehrswert auch dem Wiederbeschaffungswert entsprechen (z. B.
bei Kraftfahrzeugen, vgl. Rn. 286). Der Verkehrswert eines Grundstücks kann der
Vergleichswert, Ertragswert, Sachwert oder eine Kombination dieser Werte sein (vgl.
Rn. 243): Im Begriff „Verkehrswert" vereinigen sich somit unterschiedliche Bewer-
tungsgrundsätze.[191]

▶ **Wiederbeschaffungswert:**

Auf den Wiederbeschaffungs- oder Anschaffungswert ist bei den Gegenständen   **156**
abzustellen, die üblicherweise nicht zur Veräußerung bestimmt sind und auch nicht

---

[187] BGH FamRZ 1986, 37, 40.
[188] BGH FamRZ 1995, 1270, 1271; 1986, 37, 40; MK/Koch § 1376 Rn. 9; JH/Jaeger § 1376 Rn. 5
Bamberger/Roth/Mayer § 1376 Rn. 3.
[189] BGH FamRZ 1986, 37, 40.
[190] BGH FamRZ 1986, 37, 40.
[191] Vgl. Schwab/Schwab VII Rn. 65.

als Folge des Zugewinnausgleichs verkauft werden müssen.[192] Der Wiederbeschaffungswert richtet sich nicht nach dem Neupreis, sondern nach den Kosten für den Erwerb eines gebrauchten Gegenstandes gleicher Art und gleichen Alters. Er liegt wegen der Handelsspanne regelmäßig 20 bis 25% über dem Veräußerungswert. Kann der zu bewertende Gegenstand nicht wiederbeschafft werden, weil es hierfür keinen Gebrauchtmarkt gibt, oder wird ein gleichwertiger Gegenstand nicht mehr hergestellt, kann der „wahre wirkliche Wert" durch Abschreibung vom Neupreis bestimmt werden (vgl. „Substanzwert" Rn. 150).[193]

▶ **Zeitwert:**

157    Der „wahre wirkliche Wert" wird auch als Zeitwert bezeichnet. Er steht im Gegensatz zum Neuwert einer Sache. Maßgeblich ist der Preis, der sich bei einem Verkauf oder bei einer Anschaffung in dem durch die bisherige Abnutzung gegebenen Zustand ergibt. Der Zeitwert einer Sache kann daher – wie der Verkehrswert – sowohl der Veräußerungs- als auch der Wiederbeschaffungswert sein. Teilweise wird mit „Zeitwert" auch der Verkehrswert am Stichtag der Rechtshängigkeit der Scheidung ausgedrückt.

▶ **Zerschlagungswert:**

158    Der Liquidationswert kann treffend auch als Zerschlagungswert bezeichnet werden.

## C. Vermögensbewertung: Aufgaben des Anwalts

### I. Ermittlung des Vermögenswerts

159    Zu den schwierigsten Aufgaben des Anwalts gehört die Wertermittlung beim Zugewinnausgleich. Jeder einzelne Vermögensgegenstand muss in den Bilanzen des Anfangs- und Endvermögens mit einem bestimmten Wert angegeben werden. Das Problem ist nun aber stets, wie der „wahre, wirkliche Wert" eines Grundstücks, einer Praxis oder eines Unternehmens festgestellt werden soll. In der Antragsschrift muss der Wert beziffert werden. Es kann nicht – ohne Angabe des Wertes – die Einholung eines Gutachtens beantragt werden. Das wäre ein unzulässiger Beweisermittlungsantrag.

160    Der Anwalt sollte so bald wie möglich Auskunft über das Vermögen zum **Zeitpunkt der Trennung** verlangen (§ 1379 II 1 BGB). Die Auskunft kann nunmehr nicht nur „in groben Zügen" gefordert werden, sondern – wie zum Anfangs und Endvermögen – in Form eines schriftlichen Bestandverzeichnisses, gegliedert nach Aktiva und Passiva (vgl. Rn. 457 f). Vorzulegen ist für alle drei Auskunftsansprüche ein Bestandsverzeichnis, in dem die zum Vermögen gehörenden Positionen nach **Anzahl, Art und wertbildenden Faktoren** einzeln aufgeführt sind (vgl. Rn. 471 f). Zugleich ist der Anspruch auf **Vorlage von Belegen** geltend zu machen. Zu fordern

---

[192] BGH FamRZ 1995, 1270, 1271; 1986, 37, 40; MK/Koch § 1376 Rn. 9; JH/Jaeger § 1376 Rn. 5.
[193] BGH NJW-RR 1995, 415; 416; Palandt/Grüneberg § 251 Rn. 10; Bamberger/Roth/Schubert, § 251 BGB Rn. 22; das OLG Düsseldorf, NJW-RR 1997, 181, hat in einem Schadensersatz-Fall entschieden: „Da es für gebrauchte Eisenbahnwaggons keinen Markt gibt, ist bei Zerstörung eines Waggons, dessen Typ nicht mehr gebaut wird, der zu ersetzende Verkehrswert aus dem Neuwert abzüglich einer Abschreibung zu ermitteln."

sind alle Unterlagen, ohne deren Vorlage der Zweck der Auskunft, dem Ehepartner die Berechnung des Zugewinnausgleichs zu ermöglichen, nicht erreicht werden kann (vgl. Rn. 478 f).

Weitere Anhaltspunkte für die Vermögensbewertung liefert der zusätzliche, be- **161** sonders geltend zu machende Anspruch auf **Wertermittlung** nach § 1379 I 2 Hs. 2 BGB (vgl. Rn. 481). Der auskunftspflichtige Ehegatte muss auf seine Kosten den Wert der Vermögensgegenstände und Verbindlichkeiten zuverlässig ermitteln und angeben. Auch wenn sich der Berechtigte auf die Wertermittlung der Gegenseite nicht voll verlassen wird, so hat er doch durch die Wertangaben wenigstens eine Vorstellung, wie viel die Gegenstände mindestens wert sind. Die Angaben der wertbildenden Faktoren und des ermittelten Wertes in Verbindung mit den vorgelegten Belegen bilden eine erste Grundlage für die Vermögensbewertung.

Ist dem Ausgleichsberechtigten eine zuverlässige Beurteilung (z. B. des Ertrags- **162** werts) nicht möglich, müsste er den Wert auf seine Kosten durch einen Sachverständigen feststellen lassen. Dessen Bewertung ist jedoch als Parteigutachten für die Gegenseite nicht verbindlich. Um nochmalige Kosten für ein gerichtlich angeordnetes Gutachten zu vermeiden, sollten die Eheleute durch ihre Anwälte gemeinsam einen Sachverständigen beauftragen und einen beide Parteien bindenden **Schiedsgutachtensvertrag** schließen (vgl. Rn. 440).

## II. Selbständiges Beweisverfahren

In der familiengerichtlichen Praxis war es bisher völlig ungebräuchlich, ein selbst- **163** ständiges Beweisverfahren einzuleiten, obwohl dies in vielen Fällen möglich wäre.[194] Die Anspruchsgrundlage § 485 II 1 Nr. 1 ZPO setzt nur voraus, dass ein Rechtsstreit noch nicht anhängig ist und ein rechtliches Interesse an der Feststellung des Werts einer Sache besteht. Ein rechtliches Interesse ist anzunehmen, wenn die Feststellung der Vermeidung eines Rechtsstreits dienen kann (§ 485 II 2 ZPO). Das OLG Koblenz[195] hat dazu entschieden: *„Ein rechtliches Interesse an einer vorprozessualen Wertermittlung besteht, wenn diese Wertermittlung objektiv geeignet ist, eine einvernehmliche Streitbeilegung über die Höhe des Zugewinnausgleichs herbeizuführen."*

Das selbständige Beweisverfahren scheidet aus, wenn die Ausgleichsforderung im **164** Scheidungsverbund, im vorzeitigen Zugewinnausgleichsverfahren oder nach rechtskräftiger Scheidung selbständig geltend gemacht wird. Das Scheidungsverfahren kann jedoch bereits rechtshängig sein. In einem selbständigen Beweisverfahren könnte beispielsweise die Einholung eines Gutachtens über den Wert eines Grundstücks, eines Unternehmens oder einer freiberuflichen Praxis beantragt werden.

Das selbständige Beweisverfahren gibt zum einen die Chance, dass vergleichsweise **165** schnell ein Wertgutachten erstellt wird, das Grundlage für eine Einigung sein kann. Zum andern bietet es die Möglichkeit, über Verfahrenskostenhilfe oder Verfahrenskostenvorschuss ein Gutachten zu erlangen.[196]

---

[194] Ausführlich Kogel, Strategien, Rn. 864; FamRB 2010, 155, 157; FamFG 2009, 195; Born FPR 2009, 305.

[195] OLG Koblenz FamRZ 2009, 804; vgl. auch OLG Köln FamRB 2010, 133 m. Anm. Kogel; OLG Celle FamRZ 2008, 1197.

[196] Kogel FamRB 2010, 155, 159.

## III. Überprüfung der Sachverständigengutachten

166    Anwältin und Anwalt sind dringend davor zu warnen, freiberufliche Praxen, Unternehmen und Gesellschaftsbeteiligungen selbst zu bewerten.[197] Regelmäßig, so auch der BGH, ist ein Sachverständiger hinzuzuziehen.[198] Rechtsanwalt und Familienrichter dürfen das Ergebnis des Gutachtens jedoch nicht „blind" übernehmen.[199] Es ist stets zu prüfen, ob die angewandte Bewertungsmethode das richtige Verfahren ist, um den wahren wirklichen Wert zu bestimmen. Stets ist auch zu kontrollieren, ob die vom Sachverständigen zugrunde gelegten Daten richtig sind.[200] So ist bei der Bewertung von Grundstücken nachzuprüfen, ob das Gebäude richtig vermessen ist, und wie hoch die eingetragenen Belastungen am Stichtag noch valutiert waren.

Bei den schwierigen Gutachten über die Werte von Unternehmen und Unternehmensbeteiligungen soll sich die Überprüfung wenigstens auf

- den **Kapitalisierungszinssatz** (Rn. 129 f),
- den konkreten **Unternehmerlohn** (Rn. 127 f),
- die **latente Ertragsteuer** (Kap. 6 Rn. 31),
- die Zeitdauer der **Abschreibungen** und
- die Gewichtung des **Durchschnittsgewinns** der letzten Jahre

erstrecken (vgl. Rn. 126).

Ansonsten „stößt der Jurist (einmal mehr) an seine Grenzen".[201]

# D. Einzelne Vermögensgegenstände und ihre Bewertung

▶ **Abfindungen:**

167    Am Stichtag vorhandenes Geld aus einer Abfindung war nach früherer Rechtsprechung des BGH in vollem Umfang in das Endvermögen einzustellen.[202] Der BGH[203] unterscheidet nunmehr,

- ob eine Abfindung den **Verlust des Arbeitsplatzes** und des damit verbundenen sozialen Besitzstandes **entschädigen** sollte oder
- ob die Abfindung – wie im Regelfall – als Ersatz für den **zukünftig entstehenden Lohnausfall** und damit als vorweggenommenes Arbeitseinkommen **geleistet** wurde

Im ersten Fall – **Abfindung als Entschädigung** – soll sie **güterrechtlich**, im zweiten Fall – **Abfindung als Lohnersatz** – **unterhaltsrechtlich auszugleichen** sein.

168    Gegen die Zuordnung einer arbeitsrechtlichen Abfindung zum Güterrecht spricht, dass ein Arbeitsplatz kein güterrechtliches Vermögen darstellt, das in den Bilanzen des Zugewinns angesetzt wird (s. Rn. 184). Ein Arbeitsplatz ermöglicht dem Ehegatten nur, künftig Geld und damit den Lebensunterhalt zu verdienen. Verliert ein Ehegatte seinen Arbeitsplatz, wird ihm güterrechtlich kein Vermögensgut entzogen.

---

[197] Kogel, Strategien, Rn. 495 Fn. 416: „Er wird regelmäßig für diese Tätigkeit auch nicht bezahlt" „darf" bei Fehlern jedoch haften."

[198] BGH NJW 1986, 192, 193 (Abfindung eines ausscheidenden Kommanditisten).

[199] Piltz/Wissmann NJW 1985, 2673.

[200] OLG Düsseldorf FamRZ 2007, 644 (Ls).

[201] Schwab/Schwab VII Rn. 96.

[202] BGH FamRZ 1982, 148.

[203] BGH FamRZ 2001, 278, 282; 2003, 431 m. Anm. Schröder und Anm. Kogel FamRZ 2003, 164; 2003, 1544; 2004, 1352 m. Anm. Bergschneider.

Ein bestehender Arbeitsplatz erscheint nicht bei den Aktiva, der Verlust nicht bei den Passiva. Die als Entschädigung für den Verlust des Arbeitsplatzes geleistete Abfindung erhöht somit grundsätzlich nicht den Zugewinn und ist demgemäß auch **nicht güterrechtlich auszugleichen.**[204]

Diese Einordnung gilt – folgt man der Rechtsprechung des BGH – „erst recht"   **169** für die als Lohnersatz gezahlte Abfindung. Es gilt der Grundsatz, dass die Sicherung des Lebensbedarfs der Teilhabe am Vermögen vorgeht.[205] Jede arbeitsrechtliche Abfindung ist **vorrangig** für den **Unterhalt einzusetzen.** Als im Voraus gezahltes kapitalisiertes Einkommen ist die Abfindung dem **Vermögensausgleich im Güterrecht entzogen.**[206] Ein **Wahlrecht,** ob die Abfindung unterhalts- oder güterrechtlich angesetzt wird, besteht **nicht.**[207] Geht man vom Vorrang des Unterhalts aus, wollen die Eheleute die Abfindung aber über den Zugewinn ausgleichen, müssen sie hierüber eine Vereinbarung schließen, die gemäß § 1578 III 2 BGB formbedürftig ist.[208]

Die Abfindung ist dem güterrechtlichen Ausgleich jedoch nur **insoweit entzogen,**   **170** soweit sie den Unterhalt in der Zukunft decken soll. Der Teil der Abfindung, der zur Sicherung des Lebensbedarfs nicht benötigt wird, ist kein vorweggenommenes unterhaltsrechtlich relevantes Einkommen. Dieser Betrag zählt zum Vermögen, an dem der Ehepartner über den Zugewinnausgleich partizipieren soll.[209] Es ist somit – zum Stichtag der Rechtshängigkeit der Scheidung (§ 1384 BGB) – abzuwägen und zu schätzen, in welcher Höhe die Abfindung zur Deckung des Unterhalts des bedürftigen Ehegatten und des eigenen Lebensbedarfs benötigt wird. Bei Vorruhestandregelungen wird man den Zeitraum des Unterhaltsbedarfs beider Ehegatten in der Regel bis zum Eintritt des Rentenfalls ansetzen.[210] Bei Abfindungen als Entschädigung für den gekündigten Arbeitsplatz ist eine Prognoseentscheidung zu treffen, innerhalb welcher Zeit der unterhaltspflichtige Ehegatte unter Berücksichtigung der Verhältnisse auf dem Arbeitsmarkt einen neuen Arbeitsplatz finden kann.[211] Auch wenn die Schätzung – wie jede Prognoseentscheidung – mit Unsicherheiten verbunden ist, kann die Unterhaltsberechnung bei einer Änderung der zugrunde liegenden Umstände wegen des starren Stichtagsprinzip im Güterrecht nachträglich nicht mehr korrigiert werden.[212] In der Mehrzahl der Fälle wird die Abfin-

---

[204] Kaiser, Festschrift für Schwab, 2005, S. 495, 511; Schulz FamRZ 2006, 1237, 1238.

[205] Vgl. BGH FamRZ 2004, 601, 605 (zur Inhaltskontrolle von Eheverträgen); Schulz FamRZ 2006, 1237, 1238; FA-FamR/Gerhardt Kap. 6 Rn. 20.

[206] OLG München FamRZ 2005, 714, 715; Kaiser a. a.O; Gerhardt/Schulz FamRZ 2005, 145, 146; 2005, 317; Maurer FamRZ 2005, 757, 762; Schulz 2006, 1237, 1238; FA-FamR/Gerhardt Kap. 6 Rn. 20; MK/Koch § 1375 Rn. 11; JH/Jaeger § 1375 Rn. 6; Schulz/Hauß/Häcker, HK-FamR § 1376 Rn. 19; a. A. Hoppenz FamRZ 2004, 1246, 1247; Palandt/Brudermüller § 1375 Rn. 4.

[207] Gerhardt/Schulz FamRZ 2005, 145, 146; Schulz FamRZ 2006, 1237, 1238; FA-FamR/Gerhardt Kap. 6 Rn. 20; Jakobs FuR 2006, 450, 453; a. A. Kogel FamRZ 2004, 1614; Bergschneider FamRZ 2004, 1352; M. Haußleiter NJW-Spezial 2004, 247; Soyka FuR 2005, 757.

[208] Kogel FamRZ 2003, 1645; 2004, 1614, 1615; Brudermüller NJW 2005, 3187, 3188; Schulz FamRZ 2006, 1237, 1238.

[209] Gerhardt/Schulz FamRZ 2005, 145, 147; Schulz FamRZ 2006, 1237, 1238; FA-FamR/Gerhardt Kap. 6 Rn. 20; KK-FamR/Weinreich § 1376 Rn. 18; a. A. Maurer FamRZ 2005, 757, 762.

[210] OLG München FamRZ 2005, 714, 715.

[211] FA-FamR/Gerhardt Kap. 6 Rn. 20.

[212] OLG München FamRZ 2005, 714, 716.

dung zur Finanzierung des beiderseitigen Unterhalts allerdings vollständig benötigt werden.[213]

Zur Abfindung eines Gesellschafters bei Ausscheiden aus der Gesellschaft s. „Unternehmensbeteiligung" (Rn. 392 f).

▶ **„Abgezinste" Schulden:**

S. „Verbindlichkeiten" (Rn. 398 f).

▶ **Abschreibungsgesellschaften:**

171    Abschreibungsgesellschaften sind in der Regel Kommanditgesellschaften, die darauf abzielen, durch Ausnutzung von Steuervergünstigungen Verluste zu „erwirtschaften", die den Kommanditisten zur Verringerung ihrer individuellen Steuerlast zugewiesen werden.[214] Man spricht von einer „Verlusthaftung mit künftigen Gewinnen". Die dadurch entstehenden negativen Kapitalkonten der Gesellschafter begründen jedoch keine Verbindlichkeiten i. S. des § 1375 I BGB und sind somit bei der Vermögensbilanz zum Zugewinnausgleich nicht zu berücksichtigen.[215] Nur noch nicht einbezahlte Einlagen oder wirksam vereinbarte Nachschusspflichten können als Verbindlichkeiten anerkannt werden.[216]

Solange das Kapitalkonto negativ ist, wird der betreffende Gesellschaftsanteil keinen Aktivwert haben. Das schließt aber nicht aus, dass in einem konkreten Einzelfall je nach den gegebenen Marktverhältnissen ein ansetzbarer Wert vorhanden ist. Dies müsste durch ein betriebswirtschaftliches Gutachten geklärt werden. Der Beteiligungswert kann so errechnet werden, dass einem möglichen Veräußerungserlös die bis zum Verkauf noch zu erwartenden Steuervorteile hinzugerechnet und etwa noch bestehende Einzahlungspflichten sowie die durch die Veräußerung ausgelösten Steuern abgezogen werden.[217]

▶ **Aktien:**

172    Aktien und andere Wertpapiere sind nach ganz h. M.[218] am Stichtag zum amtlichen Tageskurs der nächstgelegenen Börse einzusetzen. Die Banken stellen jederzeit entsprechende Belege aus. Entscheidend ist der Veräußerungswert (Rn. 151), nicht der Wiederbeschaffungswert (Rn. 156).

Der Verfall der Aktienkurse nach den Terroranschlägen am 11. September 200 und der Börsencrash im September 2008 haben die Diskussion um den „wahre wirklichen Wert" von Wertpapieren wiederbelebt. Bergschneider[219] und nun auc Hoppenz[220] schlagen vor, eine langfristige Kursentwicklung zu berücksichtigen un

---

[213] Beispielsfälle zur Berechnung des Unterhaltsbedarfs bei Gerhardt/Schulz FamRZ 2005, 145, 14; Schulz FamRZ 2006, 1237, 1238; FA-FamR/Gerhardt Kap. 6 Rn. 20, 43.

[214] Vgl. dazu BGH FamRZ 1986, 37.

[215] BGH FamRZ 1986, 37; MK/Koch § 1376 Rn. 32; JH/Jaeger § 1375 Rn. 22.

[216] Büte Rn. 62.

[217] Schröder Rn. 115; Büte Rn. 62.

[218] BGH FamRZ 2001, 413; Palandt/Brudermüller § 1376 Rn. 24; Schwab/Schwab VII Rn. 116; der FamRZ 2009, 1445, 1446; Kogel, Strategien, Rn. 376; Bamberger/Roth/Mayer § 1376 Rn. 34; MI Koch § 1376 Rn. 14; Staudinger/Thiele § 1376 Rn. 37; Erman/Gamillschegg § 1376 Rn. 16; Soe gel/Lange § 1376 Rn. 11.

[219] FamVermR/Bergschneider Rn. 4.355.

[220] Hoppenz FamRZ 2010, 16, 18.

– wie bei Unternehmen – auf den Durchschnittswert der letzten fünf Jahre abzustellen.

Dagegen ist einzuwenden, dass Firmenvermögen wesentlich statischer sind und **173** jährlich durch Bilanzen festgestellt werden. Die Entwicklung von Wertpapieren wie Aktien ist viel dynamischer und sprunghafter. Wegen der meist täglichen Kursschwankungen ist ein Durchschnittswert kaum zu ermitteln.[221] Aber selbst wenn eine Vergangenheitsanalyse erstellt würde, müsste auf dieser Grundlage eine Prognose für die Kursentwicklung der nächsten Jahre getroffen werden, um den „Ertragswert" der Wertpapiere zu bestimmen. Zuverlässige Vorhersagen können jedoch wegen der unberechenbaren Kursentwicklungen auf dem Wertpapiermarkt nicht mit ausreichender Sicherheit getroffen werden. Frühere Kursbewegungen sagen über den ab dem Stichtag zu erwartenden Kursverlauf nichts aus.[222] Der Crash hat die Eigenart, dass man ihn erst bemerkt, wenn er da ist.[223]

Nach Hoppenz[224] soll vom gegenwärtigen Kurswert nur „in Zeiten außer Kon- **174** trolle geratener Kursentwicklung" abgegangen werden. Ob eine solche vorliege, könne zuverlässig oft erst im Nachhinein beurteilt werden. Ihre Feststellung würde dadurch erleichtert, dass über den Zugewinnausgleich erst mehr oder weniger lange nach dem Stichtag entschieden werde. Das bedeutet aber, um der Bewertung einzelner Aktien willen einen Grundpfeiler des gesetzlichen Güterrechts, das strenge Stichtagsprinzip, zu verrücken, denn beim Börsencrash ergibt sich die Diskrepanz der Werte immer erst aus der Rückschau.[225] Die starre und schematische Stichtagsregelung beim Zugewinnausgleich kann im Einzelfall zu ungerechten Ergebnissen führen. Härten und Unbilligkeiten sind jedoch – so der Gesetzgeber[226] – im Interesse der Rechtssicherheit und Rechtsklarheit in Kauf zu nehmen.[227]

Konsequenterweise müsste, folgt man der Mindermeinung, eine Korrektur des **175** Zugewinnausgleichs auch dann erfolgen, wenn die Aktien am Endvermögensstichtag nahezu wertlos waren, der Wert bis zur letzten mündlichen Verhandlung aber wieder erheblich gestiegen ist. Bei Kurssprüngen nach oben soll es jedoch beim niedrigen Kurs am Stichtag der Rechtshängigkeit der Scheidung bleiben (vgl. auch Rn. 562).

Ein Leistungsverweigerungsrecht gemäß § 1381 BGB ist bei – auch unverschulde- **176** ten – Vermögensverlusten nach Zustellung des Scheidungsantrags nicht gegeben (vgl. Rn. 562).

Zur rechtlichen Zuordnung von vorhandenen Wertpapieren s. Kap. 5 Rn. 411 f.

► **Aktienoptionsrecht:**

Ein Optionsrecht ist das Recht, durch einseitige Erklärung einen Vertrag, ins- **177** besondere einen Kauf- oder Mietvertrag, zustande zu bringen.[228] Der Erwerb der Aktien hängt nur von der Ausübung der Option durch den Berechtigten ab.

---

[221] Krause FamRZ 2002, 1386, 1387.

[222] Schwab FamRZ 2009, 1445, 1447; MK/Koch § 1376 Rn. 14.

[223] So Schwab FamRZ 2009, 1445, 1446.

[224] Hoppenz FamRZ 2010, 16, 18.

[225] Schwab FamRZ 2009, 1445, 1446.

[226] BGH FamRZ 1977, 124, 125 m. N. aus den Materialien.

[227] So auch Bamberger/Roth/Mayer § 1376 Rn. 33.

[228] Vgl. Palandt/Heinrichs Einf. vor § 145 Rn. 23.

> **Beispiel:**[229] M tritt am 1. 1. 2008 eine Stelle im Vorstand eines großen Pharma-
> Konzerns an. Zu seinem hohen Gehalt wird ihm vertraglich eine Option auf den
> Bezug von Aktien zum 1. 1. 2010 zu einem bereits bestimmten Bezugspreis von
> 100 € pro Aktie eingeräumt. Die bezogenen Aktien muss er allerdings zumin-
> dest drei Jahre halten, so lange sind sie nicht veräußerbar. Am 30. 9. 2009 wird
> der Scheidungsantrag eingereicht. Der Aktienkurs steht zu diesem Zeitpunkt
> bei 200 €.

Aktienoptionen sind keine Anwartschaftsrechte, die zum Vollrecht erstarken können, sondern **bereits entstandene rechtlich geschützte Positionen mit wirtschaftlichem Wert.** Auch wenn es sich bei Aktienoptionen um höchstpersönliche, nicht
abtretbare Rechte handelt, sind sie – wie ein unveräußerlicher und nicht vererblicher
Nießbrauch – in den Vermögensbilanzen beim Zugewinn anzusetzen.[230]

**178** Aktionsoptionen gehören zu den unsicheren Rechten (vgl. Rn. 380). Unsichere
Ansprüche und Verpflichtungen sind mit einem **Schätzwert** in die Vermögensbilanz
einzusetzen.[231] Für die Bewertung ist eine Prognoseentscheidung zu treffen und
darauf abzustellen, wie groß die **Wahrscheinlichkeit** ist, dass der berechtigte Ehegatte seine **Option ausüben** wird.[232] Die Prognose muss am Stichtag der Rechtshängigkeit der Scheidung getroffen werden. Auch wenn mit einer Schätzung generell
Schwierigkeiten und Unsicherheiten verbunden sind, müssen diese Rechte stets mit
einem bestimmten Wert in die Zugewinnausgleichsbilanz einbezogen werden.[233] Je
größer der mögliche Vermögensgewinn, desto wahrscheinlicher ist eine Ausübung
dieses Rechts. Ein Gewinn ist zu versteuern, weshalb noch eine latente Steuer vom
festzusetzenden Wert abzuziehen ist.[234]

### ▶ Altenteile

S. Leibgedinge

### ▶ Alterskapital

**179** Das unverfallbare Anrecht eines Ehegatten auf das ihm von seinem Arbeitgeber
zugesagte Alterskapital unterliegt als „Einmalbetrag" dem Zugewinnausgleich.[235]
Die erst in der Zukunft fällig werdende Forderung ist mit einem vom Gericht zu
bestimmenden Zinsfuß[236] abzuzinsen (vgl. Rn. 400 f). Zusätzlich zur Abzinsung ist
ein weiterer Abschlag erforderlich, weil auch die Ungewissheit, ob der Berechtigte
den Anfall des Altersgeldes erlebt, das „Erlebensrisiko", berücksichtigt werden
muss.[237] Dies kann dadurch geschehen, dass die Kosten einer Risikolebensversiche-

---

[229] Nach Kogel, Strategien, Rn. 384.

[230] Kogel FamRZ 2007, 950; JH/Jaeger § 1375 Rn. 5.

[231] BGH FamRZ 1993, 1183, 1185; 1986, 37, 38; 1983, 882, 884; FuR 2002, 501, 503; Schwab/Schwab
VII Rn. 93; MK/Koch § 1376 Rn. 16; Palandt/Edenhofer § 2313 Rn. 1.

[232] Kogel, Strategien, Rn. 389; FamRZ 2007, 950, 951; Schulz/Hauß/Häcker,HK-FamR § 1376
Rn. 21.

[233] BGH FamRZ 2001, 278, 281.

[234] Kogel, Strategien, Rn. 391.

[235] BGH FamRZ 2003, 153 m Anm. Bergschneider.

[236] BGH FamRZ 2003, 153.

[237] BGH FamRZ 2003, 153, 154.

rung, die der Anrechtsinhaber für die Zeit bis zum Erlebensfall abschließen kann, vom abgezinsten Betrag abgezogen werden.[238]

> **Beispiel:** Der 57 Jahre alte Ehemann M hat im Jahr 2010 die Scheidung eingereicht. Von seinem Arbeitgeber wurde M ein Kapital von 50 000 € zugesagt, wenn er bis zu seinem 65. Lebensjahr im Jahr 2018 weiter im Betrieb bleibt und dann in Rente geht.

Der erst in acht Jahren fällige Anspruch muss abgezinst werden. Bei einem Zinssatz von 4% ergibt die Abzinsung einen Betrag von 36 534 € (vgl. das Beispiel bei Rn. 321 f, 400). Für eine Risikolebensversicherung über 50 000 € bis 2020 müsste M insgesamt 5000 € aufwenden. Das Alterskapital ist unter diesen Bedingungen mit 36 534 € − 5000 € = 31 534 € anzusetzen.

### ▶ Antiquitäten:

Antiquitäten (Möbel, Porzellan, Gläser, silberne oder goldene Essbestecke, Teppiche und ähnliche Gegenstände von höherem Alter) unterliegen dem Zugewinnausgleich, wenn sie im **Alleineigentum** eines Ehegatten stehen oder als Kapitalanlage angeschafft wurden. Sie sind wie Kunstgegenstände zu bewerten (s. Rn. 291). Befinden sich – auch sehr wertvolle – Antiquitäten sichtbar in den Wohnräumen, gehören sie zur Ausstattung der Wohnung und damit zu den Haushaltsgegenständen (vgl. Kap. 4 Rn. 130). **180**

### ▶ Anwaltskanzlei:

S. „Rechtsanwaltskanzlei".

### ▶ Anwaltskosten:

Am Stichtag offene Honorarforderungen eines Rechtsanwalts und auch Kostenvorschussforderungen, die der Anwalt nach § 9 RVG verlangen kann, sind im Endvermögen bei den Passiva anzusetzen. Es kommt nicht darauf an, ob sie fällig sind, sondern nur darauf, ob sie schon entstanden sind.[239] **181**

### ▶ Anwartschaftsrechte:

Anwartschaften sind Rechte, die sich auf ein künftiges Vollrecht hin entwickeln. Sie sind in die Vermögensbilanz einzusetzen, *„sofern der Ehegatte durch sie in bestimmter und bewertbarer Weise bereichert ist".*[240] Dies ist in jedem Einzelfall besonders zu prüfen. Entscheidend ist der „gegenwärtige" Wert.[241] Ist es sicher, dass die Anwartschaft zum Vollrecht erstarkt, ist der **Wert des Vollrechts** anzusetzen, sonst sind Abschläge zu machen.[242] **182**

Vgl. „Auflassung", „Eigentumsvorbehalt", „Erberwartungen", „Erbvertrag", „Grundstücke", „Nacherbenrechte", „Lebensversicherung", „Arbeitseinkommen" und „Rentenbezüge"

---

[238] BGH FamRZ 2003, 153, 154.
[239] Kogel, Strategien, Rn. 607; Büte Rn. 67; Schnitzler/Boden/Cremer, MAH-Familienrecht, § 18 Rn. 67.
[240] BGH FamRZ 1983, 882, 884.
[241] BGH FamRZ 1981, 239; 1984, 666; MK/Koch § 1376 Rn. 11.
[242] Bamberger/Roth/Mayer § 1376 Rn. 32; Schröder Rn. 101.

▶ **Apotheke:**

183    Der Wert einer Apotheke richtet sich nach dem durchschnittlichen Jahresumsatz. Je nach Patientenstruktur, Umfeld, Konkurrenz- und Kostensituation kommt ein Anteil von 10 bis 80% in Betracht.[243] Vertretbar ist aber auch die Anwendung der für freiberufliche Praxen entwickelten Grundsätze[244] (vgl. „Arztpraxis"). Danach müsste zunächst der Substanzwert ermittelt und anschließend je nach der Marktsituation zusätzlich ein ideeller Wert hinzugerechnet werden. Im Streitfall empfiehlt sich eine Anfrage bei der örtlich zuständigen Apothekerkammer. Nach der sog. ITB-Methode wird der Wert einer Apotheke nach dem Sachvermögen und dem Goodwill bestimmt.[245]

▶ **Arbeitgeberdirektversicherung:**

S. „Betriebliche Direktversicherung"

▶ **Arbeitseinkommen:**

184    Das Arbeitsverhältnis ist ein Dauerschuldverhältnis (Rn. 207) mit Anwartschaften auf künftig fällig werdende wiederkehrende Leistungen. Ob Ansprüche künftig entstehen, ist jedoch ungewiss. Es hängt vom Fortbestand des Arbeitsvertrages ab, der jederzeit beendet werden kann. Deshalb können nur die bereits fällig gewordenen Ansprüche in die Vermögensbilanz einbezogen werden.[246] Das am Stichtag fällige Arbeitseinkommen wird auch dann berücksichtigt, wenn es für die nach dem Stichtag liegende Zeit als Unterhalt benötigt wird.[247] Gratifikationen (Weihnachts- und Urlaubsgeld, Treue- und Jubiläumsprämien, Heirats- und Geburtsbeihilfen) sind auch bei freiwilliger Zahlung keine Schenkungen. Sie können daher nicht als privilegierter Erwerb ins Anfangsvermögen nach § 1374 II BGB gestellt werden.[248] S. auch „Abfindungen" (Rn. 167).

▶ **Arbeitsgeräte:**

185    Arbeitsgeräte, etwa die Praxiseinrichtung eines Arztes, die Fotoausrüstung eines Bildreporters, die Büroeinrichtung eines Gerichtsvollziehers oder die Bibliothek eines Hochschullehrers, sind entsprechend den Regeln beim Sachwertverfahren mit dem Wiederbeschaffungswert anzusetzen. Gibt es für eine Ersatzbeschaffung keinen „Markt", ist vom ursprünglichen Anschaffungspreis auszugehen, die jeweilige Nutzungsdauer zu bestimmen und anschließend ein entsprechender Abschlag für die Abnutzung vorzunehmen (vgl. „Substanzwert" Rn. 150 und „Wiederbeschaffungswert" Rn. 156).

▶ **Architekturbüro:**

186    Maßgeblich ist in der Regel nur der reine Sachwert, also der Wiederbeschaffungswert der vorhandenen Arbeitsgeräte, Einrichtungsgegenstände, Kraftwagen und Warenvorräte. Ein zusätzlicher Wert für den Goodwill kann in der Regel nicht

---

[243] Schröder Rn. 104.
[244] Schröder Rn. 104.
[245] G. Frielingsdorf/O. Frielingsdorf, Praxiswert/Apothekenwert, 2007, S. 140 ff.
[246] BGH FamRZ 2001, 278, 281; 1982, 148; 1981, 239.
[247] BGH FamRZ 2003, 1544, 1546.
[248] OLG München FamRZ 1995, 1069; Büte Rn. 72.

hinzugerechnet werden, weil der unternehmerische Erfolg überwiegend von den individuellen Fähigkeiten des einzelnen Architekten abhängt. Dieser steht einem Künstler nahe.[249] Ausnahmen können jedoch dann gemacht werden, wenn ein Architekt eine Vielzahl gleichartiger Objekte für bestimmte Bauträger bearbeitet.[250] In diesem Fall müsste für die Bewertung ein betriebswirtschaftlicher Sachverständiger beauftragt werden. Zu empfehlen ist eine Anfrage bei der örtlichen Architektenkammer.

▶ **Arztpraxis:**

Der BGH musste in der grundlegenden Entscheidung vom 6. 2. 2008[251] *„zur* **187** *Vermeidung einer zweifachen Teilhabe"* auch den Vermögenswert einer freiberuflichen Praxis bestimmen. Der Familiensenat hält es *„in Anbetracht der Meinungsvielfalt"* für sachgerecht, wenn eine Bewertungsmethode herangezogen wird, die in Form einer Richtlinie von einem Gremium der zuständigen Standesorganisation empfohlen und verbreitet angewendet wird, und verweist hierzu auf die im Deutschen Ärzteblatt veröffentlichten *„Hinweise zur Bewertung von Arztpraxen".*[252] Danach setzt sich der **Wert einer Arztpraxis** aus dem **Substanzwert** (materieller Praxiswert) und dem **ideellen Wert** (immaterieller Praxiswert) zusammen.

• Zur Ermittlung des **Substanzwerts** müssen alle vorhandenen Einrichtungsgegen- **188** stände, Arbeitsgeräte, Arzneivorräte und sonstigen Hilfsmittel erfasst und grundsätzlich mit dem **Wiederbeschaffungswert** angesetzt werden.[253] Für die Bewertung gebrauchter medizinisch-technischer Geräte ist jedoch, da es hierfür kaum einen „Markt" gibt, vom ursprünglichen Anschaffungspreis auszugehen, die jeweilige Nutzungsdauer zu bestimmen und anschließend ein entsprechender Abschlag für die Abnutzung vorzunehmen (vgl. „Substanzwert" Rn. 150 und „Wiederbeschaffungswert" Rn. 156). Die in den Bilanzen angegebenen Werte sind meist unbrauchbar, weil sie nur auf steuerlichen Überlegungen beruhen und den wirklichen Wert nicht richtig wiedergeben. Zum Sachwert gehören auch **alle am Stichtag noch offenen Honorarforderungen** gegen Privatpatienten und ärztliche Verrechnungsstellen. Im Streitfall müssen alle nach dem Stichtag eingegangenen Vergütungen darauf überprüft werden, ob sie Leistungen betreffen, die vor dem Stichtag erbracht wurden (s. „Außenstände" Rn. 196).

• Zum Sachwert ist ein getrennt festzustellender **ideeller Wert** der Praxis hin- **189** zuzurechnen. Dem **Goodwill** oder Geschäftswert kommt in der Regel ein eigener Marktwert zu. Seine bestehende Nutzungsmöglichkeit bestimmt über den Stichtag für den Zugewinnausgleich hinaus ebenfalls den Vermögenswert der Praxis, vorausgesetzt, dass Praxen der entsprechenden Art in nennenswertem Umfang veräußert werden oder einen Partner aufnehmen.[254] Nach der Richtlinie zur Bewertung von

---

[249] OLG München FamRZ 1984, 1096; MK/Koch § 1376 Rn. 21.

[250] OLG München FamRZ 1984, 1096; Büte Rn. 74.

[251] BGH FamRZ 2008, 761, 763 m. Anm. Hoppenz = FamRB 2008, 134; vgl. zu dieser Entscheidung Dauner-Lieb FuR 2008, 209; Kuckenburg FuR 2008, 273; Weinreich FuR 2008, 323; Kogel FamRB 2008, 134.

[252] Nunmehr Deutsches Ärzteblatt, 2008, Heft 12.

[253] Büte Rn. 75; JH/Jaeger § 1376 Rn. 18.

[254] BGH FamRZ 2008, 761, 763; 1977, 38, 40.

Arztpraxen, denen der BGH folgt, ist der Geschäftswert nach dem **Umsatz** der Praxis zu bestimmen, weil er am sichersten festzustellen ist. Aus dem Umsatz lässt sich die Entwicklungschance für den Übernehmer oder Fortführer einer Praxis am ehesten beurteilen. Dagegen hängt der Gewinn (Ertrag) aufgrund der individuellen Gestaltung der Kostenseite weitgehend von dem einzelnen Arzt ab.[255]

190 Zur Bestimmung des immateriellen Praxiswerts ist der durchschnittliche **Brutto-Jahresumsatz** der letzten drei Jahre vor dem Stichtag der Rechtshängigkeit der Scheidung zu ermitteln.[256] Von diesem Ausgangswert wurde früher ein sog. kalkulatorischer Arztlohn für den Praxisinhaber abgezogen. Dieser „fiktive Unternehmerlohn" wurde nach dem Gehalt eines Oberarztes der BAT Gruppe 1 b, gestaffelt nach den erzielten Umsätzen, bemessen.[257] Nach der Entscheidung des BGH vom 6. 2. 2008[258] ist *„zur Vermeidung einer zweifachen Teilhabe – zum einen durch den Zugewinnausgleich zum andern über den Ehegattenunterhalt –"* vom Vermögenswert einer freiberuflichen Praxis nicht ein pauschal angesetzter kalkulatorischer Unternehmerlohn, sondern der nach den **individuellen Verhältnissen konkret gerechtfertigte Unternehmerlohn** in Abzug zu bringen.[259] Bei der Bewertung einer ärztlichen Praxis ist danach im jeweiligen Einzelfall der **konkrete Arztlohn** zu bestimmen und von dem festgestellten durchschnittlichen Brutto-Jahresumsatz abzuziehen (vgl. Rn. 128).

191 Ist im Scheidungsverbund sowohl über den Zugewinnausgleich als auch über den nachehelichen Unterhalt zu entscheiden, kann der konkrete Unternehmerlohn dem bei der Unterhaltsberechnung ermittelten **Bruttoeinkommen** entsprechen. Auf diese Weise wird erreicht, dass Vermögen im Wege des Zugewinnausgleichs und Einkommen im Wege des Unterhalts ausgeglichen wird. Zu einer doppelten Teilhabe würde es nur dann kommen, wenn zulasten des Vermögensstamms Entnahmen getätigt werden und in den Unterhalt fließen, ohne dass dies güterrechtlich berücksichtigt würde.[260]

192 Der **ideelle Wert** einer Arztpraxis kann dann in der Regel mit einem **Drittel des verbleibenden Restbetrages** angenommen werden. Eine Praxis, die nicht wenigstens drei Jahre alt ist, verfügt noch nicht über einen festen Stamm von Patienten und hat daher kaum einen Geschäftswert.[261] Viele Privatpatienten mindern den Wert, weil sie bei einem Arztwechsel schneller als Kassenpatienten die Praxis wechseln. Eine hohe Arztdichte ist nicht negativ, weil sie die Beteiligung an einer bestehenden Praxis besonders sinnvoll erscheinen lässt.[262] Nach der sog. Indexierten Basis-Teilwert-Methode (IBT-Methode)[263] bildet die Höhe des bisherigen und des zukünftigen nachhaltig erzielbaren Gewinns das wesentliche Entscheidungskriterium bei der Festlegung des Goodwill.

---

[255] BGH FamRZ 2008, 761, 763.

[256] BGH FamRZ 2008, 761, 763; OLG Koblenz FamRZ 1988, 950, 951.

[257] BGH FamRZ 1991, 43, 48; vgl. die Vorauflage mit Berechnungsbeispiel.

[258] FamRZ 2008, 761.

[259] So Münch FamRZ 2006, 1164, 1170 und FamRB 2007, 375, 378; Klingelhöffer FamRZ 1991, 882; ebenso die Empfehlung des Arbeitskreises 7 des 17. Deutschen Familiengerichtstags, 2007.

[260] BGH FamRZ 2008, 761, 763.

[261] BGH FamRZ 1991, 43, 47.

[262] BGH FamRZ 1991, 43, 47.

[263] G. Frielingsdorf/O. Frielingsdorf, Praxiswert/Apothekenwert, 2007, S. 47 ff.

Am Schluss seiner Entscheidung vom 6. 2. 2008 hat der BGH[264] seine langjährige 193
Rechtsprechung bestätigt, dass von dem ermittelten Gesamtwert (Substanzwert und
Goodwill) der Praxis noch die **latente Steuerlast abzuziehen** ist (vgl. dazu Kap. 6
Rn. 31).

### ▶ Auflassung:

Das Eigentum an einem Grundstück wird nach §§ 873, 925 BGB durch Einigung 194
(Auflassung) und Eintragung übertragen. Manchmal liegt der Stichtag zwischen
diesen beiden Vorgängen. In diesen Fällen ist Folgendes zu beachten: Die Auflassung
begründet ein dingliches Anwartschaftsrecht, dessen Wert in der Regel dem Grundstückswert entspricht, weil zum Entstehen des Vollrechts normalerweise nur noch
die Eintragung ins Grundbuch fehlt (s. Rn. 257). Dieser Wert ist daher auch in das
Vermögensverzeichnis aufzunehmen. Dies gilt auch dann, wenn noch keine Eintragung beantragt und auch keine Vormerkung eingetragen ist.[265] Verzichtet der Auf-
lassungsberechtigte nach dem Stichtag auf den Eigentumserwerb, wirkt sich dies auf
den Zugewinnausgleich nicht aus.[266] Hinsichtlich der Gegenleistungen des Käufers s.
„Kaufvertrag".

### ▶ Ausgleichszahlungen:

Die in Haushaltssachen nach § 1568 b III BGB zugesprochene oder auferlegte 195
Ausgleichszahlung bleibt beim Zugewinnausgleich sowohl auf der Aktiv- als auch
auf der Passivseite unberücksichtigt.[267] Ausgleichszahlungen nach § 38 Soldaten-
gesetz gehören nicht zum Endvermögen, falls der Soldat erst nach dem Stichtag
(§ 1384 BGB) in den Ruhestand getreten ist.[268]

### ▶ Außenstände:

Die Außenstände eines Unternehmens oder einer freiberuflichen Praxis, also die 196
Forderungen für bereits geleistete Arbeiten, gehören zum Sachwert[269] und sind dort
mit dem Nennbetrag[270] anzusetzen. Es müssen daher alle am Stichtag noch offenen
Forderungen ermittelt werden. Sind Forderungen oder jedenfalls ihre Realisierbar-
keit unsicher, sind sie mit einem Schätzwert in die Vermögensbilanz einzustellen.[271]
Eine pauschale Wertberichtigung wegen möglicher Ausfälle von Forderungen ist
nicht möglich.[272] Unberücksichtigt bleibt auch, dass die Einziehung zum Anfall von
Einkommensteuer führen kann.[273]

---

[264] FamRZ 2008, 761, 765; so bereits BGH 1991, 43, 48, 49; 1999, 361, 365; 2005, 99, 101; ebenso
OLG Dresden FamRZ 2008, 1857; OLG Düsseldorf FamRZ 2008, 516.
[265] OLG Köln FamRZ 1983, 813.
[266] OLG Köln FamRZ 1983, 813.
[267] OLG Düsseldorf FamRZ 1992, 60.
[268] BGH FamRZ 1982, 684.
[269] BGH FamRZ 1991, 43, 45.
[270] BGH FamRZ FamRZ 1991, 43, 45, 46.
[271] BGH FamRZ 1983, 882, 885.
[272] BGH FamRZ 1983, 882, 885.
[273] BGH FamRZ 1991, 44, 45.

▶ **Ausstattung, Aussteuer:**

197     In die Ehe eingebrachte Aussteuergegenstände gehören zum Anfangsvermögen.[274] Auch ein nicht einklagbares Aussteuerversprechen kann ein Elternteil zu den Passiva seines Endvermögens rechnen, wenn eine sittliche Verpflichtung zur Aussteuerleistung an das Kind bestand, weil bereits das andere Kind eine Aussteuer erhalten hatte. [275] Bleibt bei größeren Zuwendungen der Eltern unklar, ob sie Kind und Schwiegerkind zugedacht waren, kann in der Regel angenommen werden, dass eine Ausstattung des eigenen Kindes nach § 1624 BGB vorliegt.[276] Die Zuwendung ist dann dessen Anfangsvermögen voll zuzurechnen (§ 1374 II BGB).

▶ **Autorenrechte:**

S. „Urheberrechte"

▶ **Auto:**

S. „Kraftfahrzeuge"

▶ **Bäckerei:**

S. „Handwerksbetriebe"

▶ **Bankguthaben:**

198     Bankguthaben sind **ohne Rücksicht auf die Zweckbestimmung** des Guthabens in die Vermögensbilanz einzusetzen. Selbst Gehalts-, Unterhalts- oder Sozialhilfeleistungen für den laufenden Monat sind voll zu berücksichtigen. Das für den laufenden Monat zum Lebensunterhalt bestimmte Geld kann nicht deshalb unberücksichtigt bleiben, weil es sich um „Einkünfte" handelt, die gemäß § 1374 II Hs. 2 BGB dem Zugewinnausgleich entzogen sind.[277] Diese Ansicht verträgt sich nicht mit dem streng einzuhaltenden starren Stichtagsprinzip. Für Renten hat der BGH[278] auch bereits entschieden, dass die am Stichtag noch vorhandenen Beträge in die Vermögensbilanz einzustellen sind. Handelt es sich um ein nur treuhänderisch verwaltetes Guthaben, ist die Rückgabeverpflichtung bei den Passiva einzustellen.[279]

▶ **Bargeld:**

199     Bargeld ist ähnlich wie Bankguthaben ohne Rücksicht auf die Zweckbestimmung als Endvermögen anzusetzen. Wenn Bargeld für einen bevorstehenden Urlaub oder eine Kur angesammelt wurde, ist zu klären, ob insoweit bereits verbindliche Buchungen vorliegen. Die Zahlungspflichten gehören dann zu den Passiva.

▶ **Bauernhof:**

S. „landwirtschaftlicher Betrieb"

---

[274] OLG Celle FamRZ 2000, 226; zust. Koch FamRZ 2003, 197, 199.
[275] OLG Frankfurt/M. FamRZ 1990, 998.
[276] AG Stuttgart FamRZ 1999, 655; zust. Schröder Rn. 110.
[277] So aber Schwab FamRZ 1984, 429, 431, JH/Jaeger § 1374 Rn. 10.
[278] BGH FamRZ 1981, 239.
[279] Büte Rn. 85.

► **Bausparverträge:**

Bausparverträge sind mit den am Stichtag angesparten Beiträgen anzusetzen. Dies  200
gilt auch dann, wenn sie vorfinanziert sind. Das zur **Vorfinanzierung** aufgenommene Darlehen ist bei den Passiva anzusetzen.

Zum Streit um die interne Berechtigung vgl. Kap. 5 Rn. 406.

► **Bedingte Rechte:**

Aufschiebend oder auflösend bedingte Ansprüche und Verbindlichkeiten sind **wie**  201
**unsichere Rechte** (s. Rn. 380) mit einem Schätzwert in die Zugewinnbilanz einzustellen. Bei der Bewertung ist die Wahrscheinlichkeit des Bedingungseintritts
abzuschätzen.[280] Zur Schenkung eines Grundstücks unter einer auflösenden Bedingung s. Rn. 260 f.

► **Betrieb, Betriebsbeteiligung:**

S. „Unternehmen", „Unternehmensbeteiligung"

► **Betriebliche Direktversicherung:**

Im Rahmen einer betrieblichen Altersversorgung schließen Arbeitgeber vielfach  202
nach § 1 II BetrAVG Lebensversicherungsverträge ab, bei denen sie selbst Versicherungsnehmer, der Arbeitnehmer aber nur Bezugsberechtigter wird (§ 166 I VVG).
Der Arbeitnehmer erwirbt ein Recht auf die Leistung aus dem Versicherungsvertrag
erst zu der vertraglich vereinbarten Zeit, in der Regel mit dem Ausscheiden aus dem
Berufsleben oder der Vollendung des 65. Lebensjahres. Bis dahin verbleibt das Recht
aus dem Versicherungsvertrag beim Arbeitgeber als Versicherungsnehmer (§ 168 II
VGG). Der versicherte Ehegatte kann den in der Direktversicherung realisierten
Wert vor diesem Zeitpunkt weder beleihen noch sonst verwerten. Der Anspruch
erlischt, wenn er vorher verstirbt.

Nach der Rechtsprechung des BGH[281] ist die Versicherung beim Zugewinn des
Arbeitnehmers aber schon dann zu berücksichtigen, wenn das Bezugsrecht zwar
noch nicht unwiderruflich, aber bereits unverfallbar ist (§ 1 b BetrAVG). Ab Unver-
fallbarkeit ist es dem Arbeitgeber nämlich arbeitsrechtlich verwehrt, den versiche-
rungsrechtlich weiterhin möglichen Widerruf auszuüben, da er sich sonst schadensersatzpflichtig machen würde. Für die Berücksichtigung im Zugewinnausgleich
reicht es nach OLG Köln[282] aus, dass das Bezugsrecht bis zum Zeitpunkt der letzten
mündlichen Verhandlung unverfallbar geworden ist.

Das Anrecht aus einer betrieblichen Altersversorgung unterfällt nach der neuen
gesetzlichen Regel des § 2 II Nr. 2 VersAusglG nunmehr dem **Versorgungsaus-**
**gleich.**[283]

► **Betrieb, Betriebsbeteiligung:**

S. „Unternehmen", „Unternehmensbeteiligung"

---

[280] BGH FamRZ 1986, 37, 38; 1983, 882, 884.
[281] BGH FamRZ 1993, 1303; 1992, 411; JH/Hahne § 2 VersAusglG Rn. 14.
[282] OLG Köln FamRZ 2001, 158, 159.
[283] JH/Hahne § 2 VersAusglG Rn. 14.

▶ **Bibliothek:**

**203**  Gehören die Bücher beiden Eheleuten und wurden sie auch gemeinsam genutzt, gehören sie zu den Haushaltsgegenständen. Stehen die Bücher im Alleineigentum eines Ehegatten, unterfallen sie dem Zugewinnausgleich. Maßgeblich ist der Wiederbeschaffungswert (Rn. 156). Dabei ist zu beachten, dass gebrauchte Bücher beim Antiquar in der Regel billig zu haben sind.

▶ **Bilder:**

S. „Kunstgegenstände", „Sammlungen"

▶ **Brauerei:**

**204**  Die Bewertung richtet sich nach dem Ertragswert des betriebsnotwendigen Vermögens.[284]

▶ **Briefmarkensammlung:**

S. „Sammlungen"

▶ **Bürgschaften:**

**205**  Verpflichtungen aus einer Bürgschaft gehören zu den unsicheren Rechten (Rn. 380). Haftet ein Ehegatte am Stichtag aus einer Bürgschaft, ist abzuschätzen, wie hoch die Gefahr einer Inanspruchnahme ist.[285] Befindet sich der Dritte, für den die Bürgschaft übernommen wurde, in gesicherten Verhältnissen, kann die Bürgschaft mit null angesetzt werden. Steht sein wirtschaftlicher Zusammenbruch bevor, kann die gesamte Hauptverbindlichkeit zu den Passiva gerechnet werden. Zur Wirksamkeit von Bürgschaftsverpflichtungen und zur internen Haftung s. Kap. 5 Rn. 500.

▶ **Darlehen:**

**206**  Ansprüche aus Darlehen gehören zu den Aktiva,[286] Darlehensschulden zu den Passiva. Die bis zum Stichtag aufgelaufenen anteiligen Zinsen sind hinzuzurechnen.[287] Liegt z. B. der Stichtag am 1. Juli eines Jahres und sind die Zinsen in Jahresraten zu bezahlen, gehört auch die Hälfte der jährlich geschuldeten Zinszahlungen zu den Passiva. Auf die Fälligkeit kommt es dabei nicht an (s. Rn. 398). Noch nicht fällige **unverzinsliche Darlehen** können abgezinst werden (s. Rn. 400). Haften im Innenverhältnis beide Ehegatten je zur Hälfte, sind die am Stichtag noch offenen Verbindlichkeiten bei den Ehegatten je zur Hälfte auf der Passivseite anzusetzen.[288]

S. auch „gegenseitige Ansprüche", „Kontenüberziehung".

▶ **Dauerschuldverhältnisse:**

**207**  Alle vor dem Stichtag begründeten Rechte und Dauerschuldverhältnisse, die Ansprüche auf künftig fällig werdende wiederkehrende Einzelleistungen vermitteln, bleiben unberücksichtigt. Das gilt vor allem für Ansprüche auf Arbeitsentgelt (Rn. 184),

---

[284] BayObLG BB 1996, 687 ff; Büte Rn. 94; Schröder Rn. 116.
[285] Büte Rn. 95; Schröder Rn. 119.
[286] BGH FamRZ 1981, 239.
[287] BGH FamRZ 2003, 1544, 1545.
[288] BGH FamRZ 1991, 1162.

Renten (Rn. 363), Unterhaltszahlungen (Rn. 384) oder Miet- und Pachtzinsen. Denn sie stellen noch keinen gegenwärtigen Vermögenswert dar, sondern sollen künftiges Einkommen vermitteln und sichern.[289] In der Vermögensbilanz sind daher nur die bereits **am Stichtag fälligen Ansprüche** mit ihrem Nennwert anzusetzen.[290] Neben Arbeitseinkommen, Renten- und Unterhaltsansprüchen betrifft dies auch Zahlungen, die das Entgelt für eine Gebrauchsüberlassung darstellen, etwa wenn ein Ehegatte Leasing-Geber oder -Vermieter ist. Anders ist die Rechtslage bei Austauschverträgen mit bereits endgültig erbrachten Gegenleistungen, z.B. einem Ratenkauf.

### ▶ Direktversorgung:

S. Betriebliche Direktversicherung

### ▶ Druckerei:

Die Bewertung einer Druckerei erfolgt in der Regel nach dem Ertragswertverfahren[291] (vgl. „Unternehmen") .   **208**

### ▶ Edelmetall:

Maßgeblich ist der Veräußerungswert. Lag z.B. der Abgabekurs der Bank für ein Kilo Gold am Stichtag bei 22 000 €, während der Annahmekurs 20 000 € betrug, sind 20 000 € pro kg in die Ausgleichsbilanz einzusetzen.   **209**

### ▶ Eigentumsvorbehalt:

Bei einem Kauf auf Raten erfolgt regelmäßig ein Eigentumsvorbehalt nach § 455 BGB. Der Käufer erwirbt zunächst eine Anwartschaft, die regelmäßig wie das Vollrecht bewertet werden kann (Rn. 182). Nimmt der Wert rasch ab, wie bei Kraftfahrzeugen, ist ein entsprechender Abschlag zu machen. Die am Stichtag noch offene Kaufpreisforderung ist bei den Passiva anzusetzen.   **210**

### ▶ Eigentumswohnungen:

Eigentumswohnungen werden wie Grundstücke (Rn. 242) bewertet. In der Regel ist zunächst der Wert für die gesamte Wohnanlage zu ermitteln. Hieraus ist dann anteilig der Wert für die betreffende Einzelwohnung zu bestimmen.[292] Dabei können je nach Lage der Wohnung oder den sonstigen Umständen Zu- oder Abschläge erfolgen. Besteht zu einer Veräußerung der Wohnung kein Anlass, so geht es nach BGH[293] nicht an, *„sie kurzerhand mit ihrem hypothetischen Verkaufswert anzusetzen. In einem solchen Fall ist ein vorübergehender Preisrückgang nicht zu berücksichtigen, wenn er bei nüchterner Beurteilung schon am Stichtag als vorübergehend erkennbar war"*. Der „volle wirkliche Wert", der in die Vermögensbilanz eingestellt wird, ist dann höher als der aktuelle Veräußerungswert, da vorübergehende Flauten auf dem Grundstücksmarkt in der Regel nicht zu berücksichtigen sind.[294] Vielfach wird auch der Mittelwert zwischen Sach- und Ertragswert zugrunde gelegt.[295]   **211**

---

[289] BGH FamRZ 2001, 278, 281 zum Anfangsvermögen; für das Endvermögen gilt das Gleiche.
[290] BGH FamRZ 1982, 147.
[291] OLG Düsseldorf FamRZ 1984, 699, 701.
[292] BGH FamRZ 1986, 37, 39.
[293] BGH FamRZ 1986, 37, 40.
[294] BGH FamRZ 1986, 37, 40; 1992, 918.
[295] BGH FamRZ 1986, 37, 39.

▶ **Einheimischenmodell:**

212

> **Beispiel:** Ehemann M kaufte von der Gemeinde G im Rahmen eines sog. Einheimischenmodells ein unbebautes Grundstück, dessen Kaufpreis 30% unter dem Bodenwert lag. Vertraglich verpflichtete sich M, auf dem Grundstück ein Haus zu errichten, es mindestens zehn Jahre selbst zu bewohnen und das Grundstück vor Ablauf von zehn Jahren nicht ohne Zustimmung der Gemeinde zu veräußern. Für den Fall, dass M sein Grundstück innerhalb von zehn Jahren nach Vertragsabschluss verkauft, hat er die Differenz zwischen dem erzielten Verkaufspreis und dem Ankaufspreis an die Gemeinde abzuführen.
> Drei Jahre später reicht Ehefrau F die Scheidung ein und verlangt Zugewinnausgleich. Die Eheleute sind sich uneins, wie die erschwerte Veräußerung des Grundstücks zu bewerten ist.

Die Veräußerung des Grundstücks an den einheimischen Erwerber M erfolgte im Rahmen eines städtebaulichen Vertrages gemäß § 1 I 2 Nr. 2 BauGB in Form eines sog. Einheimischenmodells. Hierdurch soll in Gemeinden, die eine starke Nachfrage nach Bauland durch auswärtige Interessenten verzeichnen, einheimischen Bürgern der Erwerb von Bauflächen zu bezahlbaren, in der Regel deutlich unter dem Verkehrswert liegenden Preisen ermöglicht werden.[296] Die Gemeinden müssen sicherstellen, dass die bevorzugten Käufer die auf den Grundstücken zu errichtenden Eigenheime für einen bestimmten Zeitraum selbst nutzen und nicht auf Kosten der Allgemeinheit Gewinne erzielen, indem sie das verbilligte Bauland alsbald zum Verkehrswert weiterverkaufen. Die Gemeinden sind wegen ihrer haushaltsrechtlichen Bindungen verpflichtet, bei einer vorzeitigen Veräußerung des Grundstücks die Rückforderung der Subvention geltend zu machen.

213    Beim Zugewinnausgleich stellt sich die Frage, inwieweit bei der Bewertung des Grundstücks die **Verfügungsbeschränkungen** nach dem Einheimischenmodell **wertmindernd** zu berücksichtigen sind. Die eingeschränkte Verwertbarkeit im Rahmen eines Einheimischenmodells ist vergleichbar mit der Bewertung unveräußerlicher Unternehmensbeteiligungen. Hierzu hat der BGH festgestellt, dass der Wert der Firmenbeteiligung maßgeblich durch die Nutzungsmöglichkeit für den Inhaber bestimmt wird. hat. Die eingeschränkte Verwertbarkeit kann allenfalls wertmindernd berücksichtigt werden (vgl. Rn. 388 f). In gleicher Weise ist auch der Wert eines Grundstücks zu bestimmen, das Eltern ihrem Kind mit einer Rückfallklausel für den Fall einer Veräußerung der Immobilie übertragen haben (vgl. Rn. 260 f). Für die Wertbestimmung des Grundstücks ist maßgeblich, dass der beschenkte Ehegatte den Grundbesitz voll nutzen kann, er kann ihn nur nicht veräußern. Das Grundstück hat somit einen **vollen Nutzungswert**, eingeschränkt ist nur die Verwertbarkeit als „Handelsobjekt".

214    Dieser Bewertungsmaßstab kann auch für das Einheimischenmodell zugrunde gelegt werden. Der Käufer kann nicht nur, sondern soll auch das verbilligt überlassene Grundstück in vollem Umfang selbst nutzen. Die Klausel, dass der Erwerber die Immobilie mehrere Jahre nicht veräußern darf, ist wesentlicher Bestandteil des Einheimischenmodells. Der Käufer erwirbt das Grundstück nicht, um es bei Gelegenheit gewinnbringend zu verkaufen, sondern um es angemessene Zeit als Familienheim zu nutzen. Die vertraglich eingeschränkte Veräußerbarkeit kann deshalb bei der güter-

---

[296] Vgl. BGH NJW-RR 2007, 962; NJW 2003, 888; Grziwotz DNotZ 2003, 341 ff.

rechtlichen Bewertung nur zu einer **mäßigen Wertminderung** führen. Als Wertabschlag erscheint etwa 1/10 des Verkehrswerts des Grundstücks angemessen. Da der Ehegatte das Grundstück in der vertraglich festgesetzten Zeit faktisch nicht veräußern kann, erscheint es in diesem Fall ausnahmsweise sachgerecht, **keine latenten Ertragsteuern** wertmindernd anzusetzen.

▶ **Einkommen:**

S. „Arbeitseinkommen", „Außenstände"

▶ **Einkommensteuer:**

S. „Steuern"

▶ **Einzelhandelsgeschäfte:**

Einzelhandelsgeschäfte sind wie Unternehmen (Rn. 388) zu bewerten.[297]   215

▶ **Erbbaurechte:**

Die Bewertung erfolgt aus einer Kombination von Boden- und Gebäudewert.[298]   216
Dabei ist auch die Höhe des Erbbauzinses und die Restlaufzeit des Erbbaurechts zu berücksichtigen. Bei einem Streit der Parteien um den Wert kann auf ein Gutachten nicht verzichtet werden.

▶ **Erberwartungen:**

Erberwartungen gehören wegen ihres ungewissen Eintritts nicht zu den rechtlich   217
geschützten Anwartschaftsrechten. Sie können sich daher in der Vermögensbilanz nicht niederschlagen.[299]

▶ **Erbschaft:**

Erbschaften sind mit dem Wert zur Zeit des Erbfalls[300] zu berücksichtigen (vgl.   218
Rn. 32). Darauf, was der Erbe bei einer späteren Auseinandersetzung tatsächlich erhalten hat, kommt es nicht an.[301] Es empfiehlt sich stets, das Nachlassverzeichnis und die Steuerunterlagen wegen der Erbschaftssteuer einzusehen.

▶ **Erbvertrag:**

Ein Erbvertrag zählt wegen der Unbestimmtheit und Unsicherheit des künftigen   219
Erbanfalls nicht zu den rechtlich geschützten Anwartschaftsrechten. Er ist daher in der Vermögensbilanz des Zugewinns nicht zu berücksichtigen.[302]

▶ **Erbverzicht:**

Wird einem Ehegatten ein Grundstück übertragen und verzichtet er im Gegenzug   220
auf sein Erbe oder seinen Pflichtteil, so ist der Erb- oder Pflichtteilsverzicht keine geldwerte Gegenleistung.[303] Der Verzicht auf Erbe oder Pflichtteil als Gegenleistung

---

[297] Vgl. OLG Koblenz FamRZ 1983, 166.
[298] BayObLGZ 1976, 239.
[299] OLG Köln FamRZ 1983, 71.
[300] JH/Jaeger § 1376 Rn. 2.
[301] KK-FamR/Weinreich § 1376 Rn. 21 a.
[302] OLG Koblenz FamRZ 1985, 286.
[303] BVerfG NJW 1991, 2695; BGH NJW 1991, 1610.

für die Übertragung des Grundstücks wirkt sich daher nicht wertmindernd auf die Bewertung des Grundstücks aus. Es ist der volle Grundstückswert anzusetzen.

▶ **Erstattungen:**

221 Die nach der Eheschließung gemäß § 1304 RVO a. F. möglich gewesene Erstattung von Sozialversicherungsbeiträgen ist dem Anfangsvermögen zuzurechnen

▶ **Ertragsteuer:**

S. „Steuern"

▶ **Forderungen:**

S. „Geldforderungen"

▶ **Freiberufliche Praxis:**

222 Für die Bewertung einer freiberuflich betriebenen Kanzlei, Praxis, Versicherungs- und Handelsvertreteragentur oder eines Ingenieurbüros ist nicht der Ertragswert maßgeblich, weil die Gewinnerwartung in der Regel an die Person des Praxisinhabers gebunden und nicht „unternehmensbezogen" ist.[304] Der Wert einer freiberuflichen Einrichtung mit einem festen Kunden- oder Klientenstamm hängt wesentlich von der Persönlichkeit des Inhabers ab, der ein Höchstmaß an persönlichem Arbeitseinsatz erbringen muss, um seine Kanzlei oder Praxis gewinnbringend zu führen. Der Ertrag ist nicht vom Inhaber zu trennen. Bei freiberuflichen Praxen ist daher vom **Substanzwert** (Rn. 150) auszugehen. Der Sachwert besteht aus der Summe aller zu einer Praxis gehörenden Wirtschaftsgüter auf der Basis der Wiederbeschaffungskosten. Kann der zu bewertende Gegenstand aber nicht wiederbeschafft werden, weil es auf diesem Gebiet keinen „Gebrauchtmarkt" gibt, kann der Wert durch Abschreibung aus dem Neupreis entwickelt werden (s. dazu „Wiederbeschaffungswert" Rn. 156). Zusätzlich muss in jedem Einzelfall geprüft werden, ob auch ein **Geschäftswert** (Goodwill) besteht. Ein ideeller Wert ergibt sich insbesondere bei Praxen mit einem festen Kunden- oder Klientenstamm (Rn. 139). Der Geschäftswert richtet sich nach dem **Umsatz,** nicht nach dem Gewinn.[305]

223 Von der Bemessungsgrundlage ist ein **konkreter Unternehmerlohn** abzuziehen. Nach früher h. M. war auf einen „kalkulatorischen" Unternehmerlohn abzustellen (vgl. „Ertragswert" Rn. 122 f). Nach nunmehriger Rechtsprechung des BGH[306] ist zur Vermeidung einer **zweifachen Teilhabe** – zum einen über den Zugewinnausgleich zum andern über den Ehegattenunterhalt – am Vermögenswert einer freiberuflichen Praxis (neben dem Sachwert) der Goodwill dadurch zu ermitteln, dass von dem Ausgangswert nicht ein pauschal angesetzter kalkulatorischer Unternehmerlohn, sondern der nach den individuellen Verhältnissen **konkret gerechtfertigte Unternehmerlohn** in Abzug gebracht wird (vgl. Rn. 128). Ist im Scheidungsverbund sowohl über den Zugewinnausgleich als auch über den nachehelichen Unter-

---

[304] BGH FamRZ 2008, 761, 762; 1991, 43, 44.
[305] BGH FamRZ 1999, 361, 363.
[306] BGH FamRZ 2008, 761, 763 m. Anm. Hoppenz = FamRB 2008, 134 m. Anm. Kogel; Münch FamRZ 2006, 1164, 1170; so auch die Empfehlung des Arbeitskreises 7 des 17. Deutschen Familiengerichtstags 2007.

halt zu entscheiden, kann der konkrete Unternehmerlohn dem bei der Unterhaltsberechnung ermittelten Bruttoeinkommen entsprechen.

Für die Bewertung spielt es keine Rolle, ob ein Verkauf konkret beabsichtigt ist **224**
oder nicht. Entscheidend sind die Nutzungsmöglichkeiten und die weiteren Fragen,
• ob es für den betreffenden Betrieb einen Markt gibt und
• welcher Preis bei einem fiktiv angenommenen Verkauf am Stichtag hätte erzielt
werden können.[307]

Von dem ermittelten Wert ist schließlich noch die **latente Steuerlast** nach §§ 16,
18 III, 34 I II Nr. 1 EStG abzuziehen.[308] Die fiktiven Ertragsteuern sind unabhängig
davon, ob ein Verkauf beabsichtigt ist oder nicht, stets zu berücksichtigen (s. Kap. 6
Rn. 31). Der **Gesamtwert** einer freiberuflichen Praxis setzt sich somit zusammen aus
dem **Substanz- und Geschäftswert abzüglich eines konkreten Unternehmerlohns
und latenter Ertragsteuern.**

Im Einzelnen s. „Architekturbüro", „Arztpraxis", „Handelsvertreter", „Handwerksbetrieb", „Ingenieurbüro", „Rechtsanwaltskanzlei", „Steuerberaterpraxis" und
„Zahnarzt".

▶ **Gärtnerei:**

Gärtnereien sind gewerbliche Unternehmen (Rn. 388). Sie sind daher nach dem **225**
Sach- oder dem Ertragswert zu beurteilen. Wird ein Gutachten eingeholt, müssen
beide Werte ermittelt werden. Der Gutachter soll sich auch dazu äußern, welches
Verfahren für die Bestimmung des Verkehrswerts maßgeblich sein soll. In der Regel
stellen Gärtnereien typische Sachwertobjekte dar. Der Sachwert setzt sich zusammen
aus dem Wert von Gebäuden, Gewächshäusern, Fahrzeugen, Maschinen, Geräten,
Vorräten und Beständen sowie dem nach dem Vergleichswertverfahren (Rn. 154)
bestimmten Bodenwert. Der Sachwert von Gärtnereien ist zumeist höher als der
(nach dem zu erwartenden Gewinn) ermittelte Ertragswert. Als land- oder forstwirtschaftlicher Betrieb i.S. von § 1376 IV BGB kann eine Gärtnerei nicht angesehen
werden.[309] Der Wert darf daher nicht einfach mit einem Mehrfachen des Jahres-
ertrags ermittelt werden (vgl. Rn. 296). Gärtnereien ähneln eher einem Handwerksbetrieb. Der Umstand, dass sie steuerrechtlich, kostenrechtlich und im Sinn der
Höfeordnung[310] wie landwirtschaftliche Betriebe privilegiert werden, ist für die
Bewertung beim Zugewinnausgleich ohne Bedeutung.

▶ **Gegenseitige Ansprüche:**

Alle schuldrechtlichen Einzelansprüche (s. Kap. 5) können auch zwischen Ehe- **226**
leuten bestehen, die im Güterstand der Zugewinngemeinschaft leben. Die Forderungen sind beim Gläubiger zu den Aktiva und beim Schuldner zu den Passiva zu
rechnen.[311] Oft handelt es sich um Ausgleichsansprüche wegen eines gemeinschaftli-

---

[307] BGH FamRZ 1999, 361; 1977, 38, 39.
[308] BGH FamRZ 2008, 761, 764; 2005, 99, 101; 1999, 361, 364; 1991, 43; OLG Dresden FamRZ 2008,
1857, 1858; Münch FamRZ 2006, 1164, 1168; Schwab/Schwab VII Rn. 112; Johannsen/Henrich/
Jaeger § 1376 Rn. 19; **a. A.** Hoppenz FamRZ 2006, 449, 450.
[309] So aber Schröder Rn. 125.
[310] BGH FamRZ 1997, 351.
[311] BGH FamRZ 1989, 835, 837; 1988, 476, 478; 1987, 1239.

chen Hauses. Hat ein Ehegatte Zugewinn erzielt, der seine Ausgleichsschuld übersteigt, wirkt sich der Anspruch nach § 426 BGB im Endergebnis nicht aus.

> **Beispiel:** Die Eheleute M und F hatten kein Anfangsvermögen. Beide haben
> jeweils ein Endvermögen von 100 000 €. M hat jedoch gegen F noch einen
> Ausgleichsanspruch (§ 426 BGB) in Höhe von 10 000 € wegen der von ihm für
> das gemeinsame Haus nach der Trennung getilgten Schulden.

Das Endvermögen von M erhöht sich um 10 000 € auf 110 000 €, das Endvermögen von F vermindert sich auf 90 000 €. F hat nunmehr einen Anspruch auf
Zugewinnausgleich in Höhe von 110 000 € – 90 000 € = 20 000 € : 2 = 10 000 €. Hiergegen kann M mit seinem Anspruch aus § 426 BGB aufrechnen. In diesem Fall lohnt
sich ein Streit über die Höhe des vor dem Stichtag entstandenen Ausgleichsanspruchs
nicht. Werden gegenseitige Ansprüche im Zugewinnausgleich nicht berücksichtigt,
müssen sich die Parteien aber einig sein, **dass Ausgleichsansprüche nicht noch
gesondert geltend gemacht werden.**

227 Treffen in unserem Beispiel die Eheleute im Scheidungstermin nur die Vereinbarung *„Ansprüche auf Zugewinnausgleich bestehen nicht"*, kann M später seinen
Ersatzanspruch nach § 426 BGB noch geltend machen. Grundsätzlich kann jeder
gegenseitige Anspruch (aus Gesamtschuldnerausgleich, Darlehen, ungerechtfertigter
Bereicherung, unerlaubter Handlung usw.) unabhängig vom Zugewinnausgleich als
schuldrechtlicher Einzelanspruch vor dem Familiengericht (§ 266 I Nr. 3 FamFG)
auch **nach Durchführung des Zugewinnausgleichs** noch eingefordert werden.[312]
Der BGH spricht hier von einer zulässigen **Zweigleisigkeit.**[313] Dies lässt sich nur
vermeiden, wenn die Parteien vereinbaren, dass vermögensrechtliche Ansprüche
*„gleich welcher Art"* oder *„aus welchem Rechtsgrund auch immer"* nicht bestehen
(vgl. Kap. 5 Rn. 163 f).

228 Fehlt eine solche Regelung, besteht die Gefahr, dass der Zugewinnausgleich nachträglich „verfälscht" wird. Wurde etwa in obigem Beispiel (Rn. 226) nur vereinbart,
dass Zugewinnausgleichsansprüche nicht bestehen und macht M seinen Anspruch
nachträglich gelten, muss F an sich die 10 000 € in voller Höhe bezahlen. Dadurch
wird die vorgenommene Berechnung zum Zugewinn verfälscht. Denn dabei waren
die Parteien davon ausgegangen, dass F nichts zahlen muss, weil ihr zunächst ein
Anspruch von 10 000 € zusteht, gegen den M dann mit seiner Forderung aufrechnet.

229 Die hier entstandene Gerechtigkeitslücke hat der BGH nun geschlossen.[314] Nach
seiner Auffassung muss sich der Gläubiger einer nachträglich geltend gemachten
Einzelforderung das anrechnen lassen, was er beim Zugewinnausgleich infolge der
Nichtberücksichtigung dieser Forderung mehr erhalten hat oder als Ausgleichs-
pflichtiger weniger hat zahlen müssen, als dies bei zutreffender Berücksichtigung der
Forderung im Zugewinnausgleich der Fall gewesen wäre. Wenn M also seinen
Anspruch nachträglich einklagt, braucht sich F nur darauf zu berufen, dass M beim
Zugewinnausgleich bei richtiger Handhabung 10 000 € an sie hätte zahlen müssen.
Dafür ist F allerdings in vollem Umfang darlegungs- und beweisbelastet.[315] Sie muss

---

312 BGH FamRZ 2009, 193, 194 m. Anm. Hoppenz auch für den Fall eines vorausgegangenen Urteils.
313 BGH FamRZ 2009, 193, 194.
314 BGH FamRZ 2009, 193, 196.
315 BGH FamRZ 2009, 193, 195.

also die beiderseitigen Vermögensbilanzen so konkret darstellen, dass ihr Einwand nachvollziehbar wird.

Der Einwand einer unzulässige Rechtsausübung (§ 242 BGB) kommt zusätzlich in Betracht, *„wenn sich objektiv das Gesamtbild eines widersprüchlichen Verhaltens ergibt, weil das frühere Verhalten mit dem späteren sachlich unvereinbar ist und die Interessen der Gegenpartei im Hinblick darauf vorrangig schutzwürdig erscheinen".*[316]

Ist das Endvermögen eines Ehegatten nicht höher als sein Anfangsvermögen, hat **230** er keinen Zugewinn erzielt (§ 1373 BGB). In diesem Fall muss der ausgleichsberechtigte Ehegatte darauf achten, dass eine gegen ihn bestehende gegenseitige Forderung in den Bilanzen des Endvermögens angesetzt wird. Das Endvermögen des Ehepartners erhöht sich um den bestehenden Anspruch, sein Endvermögen vermindert sich entsprechend. Da es keinen „negativen" Zugewinn gibt, belastet die Schuld den ausgleichsberechtigten Ehegatten nicht. Sein Zugewinn bleibt null, aber seine Ausgleichsforderung erhöht sich (vgl. Kap. 5 Rn. 169).

> **Beispiel:** M und F hatten kein Anfangsvermögen. M hat ein Endvermögen von 100 000 €. F hat kein Endvermögen erzielt. Sie schuldet M sogar 20 000 €, da sie diesen Betrag in der Trennungszeit unberechtigt von seinem Konto abgehoben hat.

**231**

Wird die Forderung bei den Aktiva von M angesetzt, erhöht sich sein Endvermögen auf 120 000 €. F hat ein negatives Endvermögen von 20 000 € (§ 1375 I 2 BGB). Ihr Zugewinn bleibt aber weiterhin null (§ 1373 BGB). F kann nunmehr 60 000 € als Zugewinnausgleich verlangen. Rechnet M mit seiner Gegenforderung von 20 000 € auf, verbleiben F noch 40 000 €. Wäre die Forderung von 20 000 € beim Endvermögen des M nicht angesetzt worden, hätte er 50 000 € als Zugewinnausgleich zahlen müssen. Es steht ihm aber nach wie vor die Forderung von 20 000 € zu. Rechnet er später damit auf, bleiben F nur 30 000 €. Dieses für F ungünstige Ergebnis kann sie vermeiden, wenn sie darauf besteht, dass der gegen sie gerichtete Anspruch von 20 000 € im Endvermögen von M aufgeführt wird.

Gegenforderungen, die erst nach dem Stichtag entstanden sind, werden von dem güterrechtlichen Ausgleichsanspruch nicht berührt. Diese können daher ohne Rücksicht auf den Zugewinnausgleich geltend gemacht werden.

S. auch „Gesamtschuldnerische Haftung"

▶ **Geldforderungen:**

Noch nicht fällige, aber bereits entstandene Geldforderungen sind mit ihrem **232** Nennwert im Anfangs- und Endvermögen anzusetzen.[317] Von Forderungen, die aus steuerlich relevanter Tätigkeit erwachsen, ist nicht ein steuerpflichtiger Anteil, dessen genaue Höhe sich erst aus künftigen Umständen ergibt, abzuziehen.[318] Wird eine unverzinsliche Forderung erst nach dem Stichtag fällig, erfolgt eine Abzinsung[319] (vgl. Rn. 400). Auch dubiose oder bestrittene Forderungen gehören zum Vermögen

---

[316] BGH FamRZ 2009, 193, 196.
[317] BGH FamRZ 1991, 43, 45.
[318] BGH FamRZ 1991, 43, 45, 46; MK/Koch § 1376 Rn. 15.
[319] Palandt/Brudermüller § 1376 Rn. 20; Bamberger/Roth/Mayer § 1376 Rn. 32.

des Forderungsinhabers, wenn er von ihrem Bestand ausgeht. Die Uneinbringlichkeit oder das Bestreiten des Schuldners wirkt sich erst bei der Bewertung aus[320] (vgl. Rn. 380 f).

### ▶ Geldstrafen:

**233**   Am Stichtag bereits rechtskräftig festgesetzte Geldstrafen gehören zu den Verbindlichkeiten und sind daher in die Vermögensbilanz einzubeziehen.[321] Ist ein Straf- oder Bußgeldverfahren noch nicht abgeschlossen, kann ein geschätzter Wert in die Vermögensbilanz eingesetzt werden, wenn es am Stichtag sicher erscheint, dass es zu einer Verurteilung kommt.

### ▶ Gemälde:

S. „Kunstgegenstände"

### ▶ Gemeinsame Verbindlichkeiten:

S. „Gesamtschuldnerische Haftung"

### ▶ Gemeinsames Vermögen:

S. „Miteigentum"

### ▶ Genossenschaftsanteile:

S. „Mitgliedschaftsrechte"

### ▶ Gesamtschuldnerische Haftung:

**234**   Ehegatten haften häufig als Gesamtschuldner. Maßgeblich für die Höhe des jeweils anzusetzenden Betrags ist der Teil der Gesamtschuld, für den der einzelne Ehegatte im **Innenverhältnis** haftet. In der Regel haftet jeder Ehegatte zur Hälfte, soweit nicht ein anderes bestimmt ist (§ 426 I 1 BGB). Auf die Haftung im Außenverhältnis kommt es nicht an.[322] Näher dazu Kap. 5 Rn. 125 f.

**235**   **Ausgleichsansprüche** gegen den anderen Ehegatten (§ 426 BGB) werden durch den Zugewinnausgleich nicht verdrängt.[323] Ausgleichsansprüche, die bis zum Stichtag entstanden sind, gehören beim Gläubiger zu den Aktiva und beim Schuldner zu den Passiva (vgl. Kap. 5 Rn. 164).

**236**   | **Beispiel:** M und F gehört ein Haus im Wert von 300 000 € jeweils zur Hälfte. Am Stichtag bestehen gesamtschuldnerische Belastungen in Höhe von 100 000 €.

Haften die Eheleute im Innenverhältnis je zur Hälfte für die Gesamtschuld, sind bei jedem Ehegatten Aktiva von 150 000 € (halber Wert des Hauses) und Passiva von 50 000 € (halbe Gesamtschuld) anzusetzen. Gehört das Haus einem Ehegatten allein, haftet er im Innenverhältnis für die Verbindlichkeiten **allein** und kann sie vollständig zu seinen Passiva rechnen[324] (vgl. Kap. 5 Rn. 144).

---

[320] BGH FamRZ 2009, 193, 196.
[321] OLG Karlsruhe FamRZ 2004, 461.
[322] BGH FamRZ 1987, 1239; OLG Hamm FamRZ 1998, 1603; OLG Köln FamRZ 1998, 1515.
[323] BGH FamRZ 1989, 147; 1987, 1239; OLG Düsseldorf FamRZ 1999, 228, 230.
[324] OLG Köln FamRZ 92, 318.

Gesamtschuldnerische Verbindlichkeiten, die der allein verdienende Ehegatte al- **237** lein trägt, kann er grundsätzlich auch allein bei den Passiva in seinem Endvermögen ansetzen.[325] Ist ein gesamtschuldnerisch haftender Ehegatte mangels eigenen Einkommens und Vermögens überhaupt nicht in der Lage, die Verbindlichkeit mitzutilgen, ist die Schuld als belastende Position allein im Endvermögen des anderen Ehegatten anzusetzen.[326] Rechnet ein Ehegatte die Verbindlichkeit aus einer gesamtschuldnerischen Haftung **voll zu seinen Passiva** und kürzt auf diese Weise den Zugewinnausgleich des anderen, so liegt darin eine stillschweigend getroffene Abrede, die Schulden im Innenverhältnis auch allein zu tragen.[327] Ein gesonderter Anspruch nach § 426 BGB besteht dann nicht. Ebenso entfällt ein Ausgleichsanspruch, wenn die alleinige Schuldentilgung eines Ehegatten schon bei der Berechnung des Unterhalts berücksichtigt wurde (vgl. Kap. 5 Rn. 155 f).

► **Geschenke:**

Geschenke von dritter Seite werden nach § 1374 II BGB zum Anfangsvermögen **238** gerechnet. Für Schenkungen zwischen Ehegatten gilt diese Vorschrift nicht[328] (Rn. 29 f).

Zu ehebezogenen Zuwendungen s. „Zuwendungen" (Rn. 425) und Kap. 5 Rn. 189 f

► **Gesellschaftsanteile:**

Gesellschaftsanteile sind mit dem Wert anzusetzen, den der Ehegatte beim Aus- **239** scheiden aus der Gesellschaft am Stichtag zu beanspruchen hat. Dieser Wert entspricht dem Auseinandersetzungsguthaben gemäß § 738 BGB, das sich beim Ausscheiden eines Gesellschafters ergibt, wenn die Gesellschaft fortbesteht.[329] Maßgeblich ist auch hier der „volle wirkliche Wert" unter Aktivierung der stillen Reserven einschließlich eines Goodwill. Enthält der Gesellschaftsvertrag eine ungünstige Abfindungsklausel, s. „Unternehmensbeteiligung"(Rn. 393).

► **Gesellschaftsbeteiligung:**

S. Unternehmensbeteiligung

► **GmbH-Anteile:**

Zuerst ist der „volle wirkliche Wert" der GmbH zu ermitteln, in der Regel also **240** der nach dem Ertragswertverfahren bestimmte Verkehrswert. Nach der Höhe der Beteiligung an der GmbH bemisst sich auch der Anteil an ihrem Wert.

S. weiter „Unternehmen", „Unternehmensbeteiligung".

► **Gold:**

S. „Edelmetall"

► **Gratifikationen:**

S. „Arbeitseinkommen"

---

[325] OLG Hamm FamRZ 2002, 1032 (Ls.).
[326] BGH FamRZ 1983, 795; AG Detmold FamRZ 1997, 1334.
[327] OLG Hamm FamRZ 1997, 363; OLG Karlsruhe FamRZ 1991, 1195.
[328] BGH FamRZ 1988, 373; 1987, 910, 911.
[329] OLG Düsseldorf FamRZ 1981, 48 für den Fall einer KG.

▶ **Grundschuld:**

241    Eine am Stichtag bereits eingetragene, aber noch **nicht valutierte Grundschuld** mindert den Wert eines Grundstücks (§ 1374 II BGB) nicht. Wird später ein entsprechendes Darlehen aufgenommen, wirkt sich dies – nach dem strengen, starren Stichtagsprinzip – auf den Wert am Stichtag nicht aus[330] (vgl. Rn. 13 f). Die Belastung eines Grundstücks mit einem notariell gesicherten **Wiederkaufsrecht** führt zu einer Wertminderung (s. Rn. 408).

▶ **Grundstücke:**

242    Für die Bewertung bebauter und unbebauter Grundstücke ist in aller Regel der **„volle wirkliche Wert"** maßgebend,[331] der meist als **Verkehrswert** bezeichnet wird. Nur Flächen land- oder forstwirtschaftlicher Betriebe von Eheleuten, die in Zugewinngemeinschaft leben, können nach § 1376 IV BGB anders bewertet werden (s. Rn. 292 f). Man sollte sich zunächst in der örtlichen Presse über Grundstücksangebote und bei einem Makler über die **Marktsituation** informieren. Sind beide Eheleute je zur Hälfte Eigentümer eines Grundstücks, braucht dessen genauer Wert für den Zugewinnausgleich in der Regel nicht ermittelt zu werden. Steht das Grundstück im Alleineigentum eines Ehegatten und können sich die Parteien über den Wert nicht einigen, muss ein Sachverständiger beauftragt werden. Um die erheblichen Kosten für ein gerichtlich angeordnetes Gutachten zu beschränken, sollten die Eheleute durch ihre Anwälte gemeinsam einen Sachverständigen beauftragen und notariell vereinbaren, dass das Gutachten für beide Parteien verbindlich sein soll. In diesem Fall haben die Eheleute einen **Schiedsgutachtensvertrag** (§§ 317–319 BGB) geschlossen, an den sie nur dann nicht gebunden sind, wenn das Ergebnis offenbar unrichtig ist[332] (vgl. Rn. 162, 440).

243    Der **Sachverständige** hat sich bei der Begutachtung an die Immobilienwertermittlungsverordnung (ImmoWertV)[333] zu halten. Nach § 8 ImmoWertV sind zur Ermittlung des Verkehrswerts das **Vergleichswertverfahren**, das **Ertragswertverfahren** und das **Sachwertverfahren** oder mehrere dieser Verfahren heranzuziehen. Aus dem Ergebnis der verwendeten Verfahren ist der Verkehrswert unter Berücksichtigung der Lage auf dem Grundstücksmarkt zu bemessen.

## 1. Vergleichswert

244    Beim Vergleichswertverfahren wird der Verkehrswert nach den Verkaufspreisen vergleichbarer Grundstücke bestimmt (§ 15 I ImmoWertV). Auf den Vergleichswert ist stets abzustellen, wenn Vergleichsobjekte ausreichend vorhanden sind. Dies ist vor allem bei unbebauten Grundstücken der Fall. Bei bebauten Grundstücken fehlen zumeist geeignete Vergleichsgrundlagen, da wegen der individuellen Bauausführungen und des unterschiedlich erhaltenen Zustands der Gebäude ein direkter Preisvergleich nur schwer möglich ist. Zur Feststellung des **Bodenwerts** bebauter Grundstücke kann jedoch das Vergleichswertverfahren herangezogen werden.

---

[330] OLG Koblenz FamRZ 2006, 624.
[331] BVerfG FamRZ 1985, 256, 260; BGH FamRZ 1986, 37, 40.
[332] BGH FamRZ 1983, 882; Palandt/Grüneberg § 319 Rn. 3.
[333] Verordnung über die Grundsätze für die Ermittlung der Verkehrswerte von Grundstücken vom 19. 5. 2010 (BGBl. I S. 639).

## 2. Sachwert

Die Wertermittlung von bebauten Grundstücken richtet sich regelmäßig nach dem 245
**Sach- oder Ertragswertverfahren.** So wird bei selbstgenutzten Ein- und Zweifamilienhäusern zumeist auf den Sachwert, bei Renditeobjekten (Miet- und Geschäftsräume) auf den Ertragswert abgestellt.[334] Der **Sachwert** setzt sich aus dem **Bodenwert** (Grundstückspreis) und dem **Bauwert** (Herstellungskosten der Wohngebäude und Außenanlagen) zusammen (§ 21 ImmoWertV).

**a) Bodenwert.** Für die Ermittlung des **Bodenwerts** sind die Kaufpreise ver- 246
gleichbarer unbebauter Grundstücke in ähnlicher Lage zur Zeit des Stichtages heranzuziehen (§ 16 ImmoWertV). Der Sachverständige muss durch Nachfrage beim **Gutachterausschuss** der örtlichen Stadt- oder Kreisverwaltung klären, welche Grundstücke in der Nähe zu welchen Preisen verkauft wurden. Kogel[335] weist darauf hin, dass die Gutachterausschüsse die Grundstücke erfahrungsgemäß an der unteren Grenze des Verkehrswerts einstufen, da sie meist aus politischen Gründen versuchen, die Grundstückswerte niedrig zu halten. Zudem stünden ihnen nur die „offiziell" gezahlten Preise zur Verfügung. Die Bewertung durch die Gutachterausschüsse ist daher kritisch zu würdigen. Neben oder anstelle von Preisen für Vergleichsgrundstücke können gemäß § 10 ImmoWertV auch geeignete **Bodenrichtwerte** herangezogen werden. Richtwerte hierfür sind die durchschnittlichen Bodenwerte, die einen ungefähren Anhalt über die am Baulandmarkt gezahlten Preise geben. Auch über die Bodenrichtwerte können die örtlichen Gutachterausschüsse Auskunft erteilen.

**b) Bauwert.** Der **Wert der baulichen Anlagen** wird pauschal mit den **durch-** 247
**schnittlichen Baukosten** pro Kubikmeter umbauten Raums berechnet (§ 21 II, III, 22, 23 ImmoWertV). Es ist daher zu prüfen, ob der Sachverständige das Gebäude richtig vermessen hat. Die Normalherstellungskosten sind nach Erfahrungssätzen anzusetzen, mit Hilfe geeigneter Baupreisindexreihen auf die Preisverhältnisse am Wertermittlungsstichtag umzurechnen (§ 22 III ImmoWertV) und schließlich noch an die regionalen und örtlichen Verhältnisse anzupassen. Auf die tatsächlichen Herstellungskosten kommt es nicht an. Der Wert der **Außenanlagen** wird geschätzt (§ 21 III ImmoWertV). Nach Erfahrungssätzen werden die Außenanlagen mit rund 5% der Herstellungskosten bewertet. Zusätzlich sind nach § 22 II ImmoWertV die Baunebenkosten zu berücksichtigen (Honorare für Architekten, Statiker und Makler, Notars- und Gerichtsgebühren, Kosten der Zwischenfinanzierung). Im Allgemeinen betragen die Baunebenkosten bei Einfamilienhäusern rund 16% der gesamten Herstellungskosten. Der Herstellungswert ist sodann wegen des **Gebäudealters** im Verhältnis der Restnutzungsdauer zur Gesamtnutzungsdauer zu **mindern** (§ 23 I ImmoWertV). Bei Einfamilienhäusern wird regelmäßig von einer Gesamtnutzungsdauer zwischen 60 und 100 Jahren (Mittelwert 80 Jahre) ausgegangen. Die Restnutzungsdauer wird danach bestimmt, wie viele Jahre die baulichen Anlagen bei ordnungsgemäßer Unterhaltung wirtschaftlich noch genutzt werden können. Stand am Stichtag auf dem Grundstück ein Rohbau, ist dessen Wert maßgeblich. Die offenen Handwerkerrechnungen gehören dann zu den Passiva.

---

[334] BGH FamRZ 1992, 918, 919; OLG Düsseldorf FamRZ 1989, 280, 281; BGHZ 17, 236, 240.
[335] Kogel, Stategien, Rn. 562; Kuckenburg FuR 2009, 381.

248   **Boden- und Bauwert** ergeben zusammen den **Sachwert** des Grundstücks (§ 21 V ImmoWertV). Abschließend muss noch überprüft werden, ob der ermittelte Sachwert als Verkaufserlös auf dem Grundstücksmarkt am Stichtag zu erzielen war. Im Einzelfall sind noch wertmindernde oder auch werterhöhende Faktoren (wirtschaftliche Lage, Entwicklung vor Ort, Verkehrsanbindungen) zu berücksichtigen. Ist das Gebäude nicht mehr bewohnbar, ist nur der Bodenwert gemindert um die Abbruchkosten anzusetzen.

### 3. Ertragswert

249   Auch beim **Ertragswertverfahren** ist der Wert der baulichen Anlagen, insbesondere der Gebäude, getrennt vom Bodenwert auf der Grundlage des Ertrags zu ermitteln (§ 17 ImmoWertV). Der anteilige Wert der baulichen Anlagen ist zu kapitalisieren. Dabei wird in erster Linie darauf abgestellt, welche Verzinsung das investierte Kapital erbringt. Ein Kaufinteressent vergleicht die Rendite aus einer Vermietung des Grundstücks mit der Alternative einer anderen rentablen Geldanlage (vgl. Rn. 122 f). Grundlage der Wertermittlung nach dem Ertragswert ist der nachhaltig erzielbare jährliche Reinertrag des Grundstücks (§ 18 I ImmoWertV). Der Reinertrag ergibt sich aus dem Rohertrag (§ 18 II ImmoWertV) abzüglich der Bewirtschaftungskosten (§ 19 ImmoWertV). Der Reinertrag ist noch um den Betrag zu vermindern, der sich durch angemessene Verzinsung des Bodenwerts ergibt (§ 17 I Nr. 1 ImmoWertV). Der so gefundene Reinertrag ist mit dem sich aus der Anlage zur ImmoWertV ergebenden Barwertfaktor zu kapitalisieren (§ 20 ImmoWertV). Maßgeblich ist der Umrechnungsfaktor, der sich aus dem **Liegenschaftszinssatz** und der **Restnutzungsdauer** der baulichen Anlagen ergibt (§ 20 ImmoWertV).[336]

250   Die Grundstücksbewertung hängt entscheidend davon ab, welcher Liegenschaftszinsfuß der Berechnung zugrunde gelegt wird. Was der Kapitalisierungszins für den Ertragswert eines Unternehmens ist, ist der Liegenschaftszins für den Ertragswert eines Grundstücks – der bedeutendste Maßstab für die Höhe der Rendite des angelegten Kapitals. Je höher der Zinsfuß angesetzt wird, desto niedriger ist der Ertragswert. Im Durchschnitt wird bei Mietobjekten ein Liegenschaftszinssatz zwischen 4% und 8% zugrunde gelegt. Bei einem großen Vermietrisiko ist ein hoher Zinsfuß anzunehmen. Der unterschiedliche Zinsfuß wirkt sich erheblich auf die Grundstücksbewertung aus.

> **Beispiel:** Bei einer Restnutzungsdauer eines Grundstücks von 40 Jahren beträgt der Vervielfältiger (nach Anlage 1 zu § 20 ImmoWertV) bei einem Zinsatz von 4% 19,79, bei einem Zinssatz von 8% 11,92. Wurde der Reinertrag der baulichen Anlagen mit 20 000 € errechnet, beträgt der (kapitalisierte) Ertragswert im ersten Fall 395 800 €, im zweiten Fall nur 238 400 €.

251   Der Liegenschaftszins ist nicht mit dem Kapitalmarktzins gleichzusetzen, da er weniger zeitlichen Schwankungen ausgesetzt ist und Immobilien langfristig wertbeständiger sind. Auf dem Kapitalmarkt ist das Risiko der Geldentwertung wesentlich größer. Der Liegenschaftszinssatz wird aus den Kaufpreisen der Grundstück und den ihnen zugeordneten Reinerträgen abgeleitet. Der Gutachterausschuss fü

---

[336] Abgedruckt bei Schröder Rn. 177.

Grundstücksbewertungen der Gemeinde- oder Kreisverwaltungen teilt auf Anfrage den Liegenschaftszinsfuß für vergleichbare Gebäude mit. Unterliegen die Wohnungen einer **Mietpreisbindung,** weil der Bau eines Mehrfamilienhauses mit öffentlichen Mitteln gefördert wurde, ist beim Ertragswert nicht die frei erzielbare Miete, sondern nur die sog. Kostenmiete anzusetzen.[337]

Der Verkehrswert eines Grundstücks hängt entscheidend davon ab, welche Bewertungsmethode – Sachwert- oder Ertragswertverfahren – ausgewählt wird. Die zur Ermittlung des „vollen, wirklichen" Werts geeignete Bewertungsmethode hat der – sachverständig beratene – Familienrichter zu bestimmen.[338] Bei Hausgrundstücken und Eigentumswohnungen kommt es entscheidend auf die konkrete Nutzungsart an. Bei selbstbewohnten **Ein- und Zweifamilienhäusern** ist regelmäßig der **Sachwert** zugrunde zu legen,[339] weil die erzielbaren Mieterlöse selten in einem angemessenen Verhältnis zum Kaufpreis stehen. Bei **Renditeobjekten** (Miet- und Geschäftshäuser) entscheidet der **Ertragswert.**[340] Es kann aber auch der **Mittelwert** zwischen Sach- und Ertragswert gebildet werden.[341] Dies gilt vor allem bei Eigentumswohnungen,[342] kann aber auch bei Mehrfamilienhäusern geboten sein. Der anwaltlichen Vertreter sollte an einer **Grundstücksbesichtigung** unbedingt teilzunehmen. Er kann im Ortstermin auf positive oder negative wertbildende Merkmale hinweisen. Ist nur die Gegenseite vertreten, besteht die Gefahr, dass der Sachverständige einseitig beeinflusst wird.[343] **252**

Ein Rechtsanwalt hat die einem Gutachten zugrunde liegenden Daten sorgfältig zu prüfen und das Gericht auf Fehler des Sachverständigen hinzuweisen, sonst verletzt er seine Sorgfaltspflicht.[344] **253**

**Vorübergehende „Flauten"** auf dem Grundstücksmarkt sind – nach BGH – nicht zu berücksichtigen, wenn eine Veräußerung zum Stichtag nicht beabsichtigt und auch nicht erforderlich war.[345] In diesen Fällen kann es nicht auf einen hypothetischen Verkaufswert ankommen. Der „wirkliche Wert" ist daher nicht stets mit dem aktuellen Veräußerungswert identisch. **254**

Die Parteien wenden sich manchmal gegen ein Gutachten mit dem Hinweis auf einen späteren Verkauf desselben oder eines benachbarten Grundstücks zu einem ganz anderen Preis. Damit lässt sich ein Gutachten im Hinblick auf das strenge Stichtagsprinzip, die Zufälligkeiten bei der Preisvereinbarung und die Möglichkeiten einer falschen Verbriefung normalerweise nicht entkräften. Wer sich auf einen später erzielten Erlös beruft, müsste in jedem Fall nachweisen, dass sich seit dem Stichtag weder der Grundstücksmarkt noch das Grundstück und seine Bausubstanz verändert haben.[346] **255**

---

[337] OLG Düsseldorf FamRZ 1989, 280, 282.

[338] BGH FamRZ 2008, 761, 765; 2005, 1974, 1976; 2005, 99, 100; 1995, 1270.

[339] BGH FamRZ 1992, 918, 919; OLG Düsseldorf FamRZ 1989, 280; OLG Celle FamRZ 1981, 1066, 1068.

[340] BGHZ 17, 236, 240; OLG Frankfurt FamRZ 1980, 576.

[341] BGH FamRZ 1986, 37, 39, 40; **a. A.** Kuckenburg FuR 2009, 381, 386.

[342] BGH FamRZ 1986, 37, 39.

[343] So auch Kogel, Strategien, Rn. 570; Kuckenburg FuR 2009, 381, 386.

[344] OLG Düsseldorf FamRZ 2007, 644 (Ls.).

[345] BGH FamRZ 1992, 918; 1986, 37, 40; Kogel, Strategien, Rn. 568; Kuckenburg FuR 2009, 381, 385; **a. A.** Schwab/Schwab VII Rn. 79.

[346] BGH NJW-RR 1991, 900; 1993, 131 = FamRZ 1993, 698 (Ls.); Kuckenburg FuR 2009, 381, 386.

256     Gewinne aus Grundstücksveräußerungen sind nach § 23 I 1 Nr. 1 EStG zu versteuern. Diese **latente Spekulationssteuer** ist bei der Bewertung von Immobilien fiktiv **wertmindernd** zu berücksichtigen, soweit ein Steueranfall zu erwarten ist (vgl. Kap. 6 Rn. 33 f). Bestehen keinerlei Anhaltspunkte, dass der Eigentümer seinen Grundbesitz veräußern will, ist es nicht sachgerecht, fiktive Steuern abzuziehen.[347]

257     **Maßgeblicher Stichtag** für den Zeitpunkt des Erwerbs ist der Tag der **notariellen Beurkundung** des zugrunde liegenden schuldrechtlichen Anspruchs (Kauf, Schenkung), nicht erst die Grundbucheintragung, weil bereits mit Vertragsabschluss ein werthaltiges Anwartschaftsrecht entstanden ist.[348] Wurde vor dem Stichtag ein Grundstück durch notariellen Vertrag geschenkt oder gekauft und erfolgte die Eintragung ins Grundbuch erst nach dem Stichtag, bestand am Stichtag ein **Anwartschaftsrecht,** das wie das Vollrecht zu bewerten ist (vgl. Rn. 182).

258     Bei den eingetragenen **Belastungen** (Grundschulden, Hypotheken) muss stets geprüft werden, wie hoch sie am Stichtag noch **valutiert** waren. Sie sind dann bei den Passiva getrennt anzusetzen. Eine Grundschuld, die im Zeitpunkt einer unentgeltlichen Zuwendung des Grundstücks zwar eingetragen, jedoch nicht valutiert war, ist nicht beim privilegierten Anfangsvermögen gemäß § 1374 II BGB als Belastung zu berücksichtigen.[349] Wird **nach dem Stichtag** ein Darlehen aufgenommen, wirkt sich dies auf den Wert der Schenkung nicht aus.

259     Ein **Wiederkaufsrecht** der Gemeinde ist als Grundstücksbelastung wertmindernd zu berücksichtgen[350] (s. Rn. 408).

▶ **Grundstücksübertragung mit Rückfallklausel**

## 1. Rückfall bei Verkauf des Grundstücks

260     **Beispiel:** Die Eltern schenken ihrem verheirateten Sohn M ein Grundstück. Im notariellen Vertrag ist bestimmt, dass der Grundbesitz bis zum Tod des länger lebenden Elternteils weder verkauft noch belastet werden darf. Wird das Grundstück verkauft oder belastet, fällt es an die Eltern zurück. Die Eheleute M und F streiten, wie das Grundstück im Anfangs- und Endvermögen zu bewerten ist.

Die Grundstücksübertragung wurde unter einer **auflösenden Bedingung** vorgenommen. Bei einer Veräußerung oder Belastung würde die Wirkung des Rechtsgeschäfts enden und der frühere Zustand wieder eintreten (§ 158 II BGB). Bei dem Eigentum am Grundstück handelt es sich somit um eine bedingte und daher unsichere Rechtsposition (vgl. Rn. 380). Nach Meinung des OLG München[351] ist bei der Ermittlung des Zugewinns ein derart „belastetes" Grundstück generell nur mit einem **Bruchteil des Verkehrswerts** in das Anfangs- und Endvermögen einzustellen. Dieser Auffassung kann nur eingeschränkt gefolgt werden. Der Wert des Grundstücks wird maßgeblich durch die Nutzungsmöglichkeit bestimmt. Der beschenkte Ehegatte kann den Grundbesitz in vollem Umfang nutzen, er kann ihn nur nicht veräußern.

---

[347] Hoppenz FamRZ 2006, 449, 450; **a. A.** Kogel, Strategien, Rn. 769.

[348] BGH FamRZ 1992, 1160, 1162; Palandt/Weidenkaff § 518 Rn. 3; Staudinger/Thiele § 1376 Rn. 5; **a. A.** OLG Bamberg FamRZ 1990, 408, 409.

[349] OLG Koblenz FamRz 2006, 634.

[350] BGH FamRZ 1993, 1183, 1186; 1980, 37; OLG München FamRZ 1992, 819.

[351] OLG München FamRZ 2000, 1152 (Ls.); zust. Büte Rn. 205.

Das Grundstück hat somit einen vollen Nutzungswert. Eingeschränkt ist nur die Verwertbarkeit als „Handelsobjekt", was sich allerdings wertmindernd auf den Verkehrswert auswirken muss.[352] Der Wert des Grundstücks ist deshalb – nach billigem Ermessen – herabzusetzen.

Maßgebendes Kriterium für die Bemessung der Wertminderung ist die noch **261** bestehende **Dauer** der Rückfallklausel, die anhand der Sterbetafel nach dem Alter der Eltern am Stichtag ermittelt wird. Zusätzlich ist zu berücksichtigen, dass die Eltern ihrem Sohn die Immobilie in der Regel nicht als Spekulationsobjekt zur baldigen Gewinnerzielung, sondern „zum möglichst langen Behalten" übertragen haben. Als **Wertabschlag** erscheint ein Bruchteil des Verkehrswerts – zwischen $^1/_{10}$ bis $^1/_4$ – angemessen.[353] Der Fall ist vergleichbar mit der Bewertung einer gesellschaftsrechtlichen Unternehmensbeteiligung, die unveräußerlich ist (vgl. Rn. 393). Hier hat der BGH[354] festgestellt, dass die bestehende **Nutzungsmöglichkeit** maßgeblich den wahren Wert der Unternehmensbeteiligung bestimme. Der Umstand, dass der Firmenanteil zwar nicht frei verwertbar, aber voll nutzbar sei, könne sich für die Bewertung im Zugewinnausgleich allenfalls wertmindernd auswirken. Ein Wertabschlag scheide aber dann aus, wenn der Ehegatte seine Beteiligung an der Gesellschaft fortsetzen wolle (vgl. Rn. 393).

## 2. Rückfall bei Scheidung

Häufig treffen Eltern, wenn sie ihrem Kind unentgeltlich ein Hausgrundstück **262** übertragen, eine Vereinbarung, dass die Immobilie im Fall der Scheidung der Ehe des Kindes zurück zu übertragen ist. Die Rückgewährsklausel kann dabei so formuliert sein, dass das Rückübertragungsrecht entweder „automatisch" entsteht oder aber von einer Gestaltungserklärung der Eltern abhängt.[355]

> **Beispiel:** Die Eltern schenken ihrem Sohn M ein Hausgrundstück, das (indexiert) 300 000 € wert ist. Im notariellen Vertrag ist bestimmt, dass im Fall der Scheidung der Ehe des Kindes
> (1) die Immobilie an die Eltern zurückfällt,
> (2) die Eltern die Rückauflassung des Grundstücks verlangen können.
> Nach zehn Jahren reicht F die Scheidung ein. Die Immobilie hat durch Investitionen der Eheleute mittlerweile einen Wert von 400 000 €. Wie ist das Grundstück im Anfangs- und Endvermögen zu bewerten?

**a) Endvermögen von M.** *Alternative (1):* Für die Bewertung des Endvermögens **263** ist auf den Stichtag der Rechtshängigkeit der Scheidung abzustellen (§ 1384 BGB). Die Übertragung des Grundstücks erfolgte unter der auflösenden Bedingung, dass das Eigentum an die Eltern zurückfällt, wenn die Ehe des Kindes geschieden wird. Mit Rechtskraft der Scheidung werden die Eltern automatisch wieder Eigentümer des Hausgrundstücks. Die Immobilie ist daher im Endvermögen mit null anzusetzen.

---

[352] So auch BGH FamRZ 1993, 1183, 1185 bei einem vorbehaltenen Wiederkaufsrecht.
[353] Zust. Kogel, Strategien, Rn. 574; Kuckenburg FuR 2009, 381, 385.
[354] BGH FamRZ 1999, 361, 362; 1986, 1196, 1197.
[355] Formulierungsvorschläge bei Münch, Scheidungsimmobilie, Rn. 656.

*Alternative (2):* Zum Zeitpunkt der Rechtshängigkeit des Scheidungsantrags hat M auf der Aktivseite als Vermögen das Grundstück. Auf der Passivseite steht der Rückgabeanspruch der Eltern. Diese Belastung mindert den wirtschaftlichen Wert des Grundstücks. Die Frage ist nur, in welcher Höhe diese Rückgewährsverpflichtung anzusetzen ist. Da am Stichtag noch nicht feststeht, ob die Eltern vom Vertrag zurücktreten und die Rückauflassung des Grundstücks verlangen, könnte man die Belastung als eine unsichere Rechtsposition ansehen.[356] Unsichere Ansprüche und Verpflichtungen sind mit einem Schätzwert in die Vermögensbilanz einzustellen.[357] Dabei ist eine Prognoseentscheidung zu treffen, wie hoch die Wahrscheinlichkeit der Realisierung des Anspruchs oder der Verpflichtung ist (vgl. Rn. 380 f). Hängt – wie im Beispielsfall – die Wirkung eines Rechtsgeschäfts ausschließlich vom Verhalten einer dritten Person ab, kann am Stichtag der Rechtshängigkeit der Scheidung nicht beurteilt werden, mit welcher Wahrscheinlichkeit die Bedingung eintreten wird. Die Wahrscheinlichkeit, dass die Eltern ihr Gestaltungsrecht ausüben werden, wird zwar sehr hoch sein, da es aber in ihrem freien Belieben steht, kann eine einigermaßen sichere Prognose nicht getroffen werden. Es kann nicht darauf abgestellt werden, wie gut oder schlecht die Beziehung der Übergeber zu Kind und Schwiegerkind ist. Das Verhältnis kann sich von Tag zu Tag ändern. Auch eine „statistische" Wahrscheinlichkeit kann nicht aufgestellt werden. Wegen des strengen und starren Stichtagsprinzips kann auch nicht abgewartet werden, ob die Eltern ihren Anspruch geltend machen oder ob sie auf die Rückübertragung verzichten. Zum Zeitpunkt der Rechtshängigkeit der Scheidung bestand die Rückgewährsverpflichtung. Diese Belastung ist daher **in voller Höhe** bei den Passiva des Endvermögens anzusetzen.[358]

**264**    **b) Anfangsvermögen von M.** Am Erwerbsstichtag (§ 1374 II BGB) hatte der Sohn als Vermögen auf der Aktivseite das Grundstück. Auf der Passivseite war das Anfangsvermögen zu diesem Zeitpunkt mit dem Rückfall des Eigentums oder der Rückgewährspflicht an die Eltern im Scheidungsfall belastet. Diese Belastung ist auch beim Anfangsvermögen wertmindernd zu berücksichtigen. Für die Wertbestimmung ist dabei nicht darauf abzustellen, wie groß die Wahrscheinlichkeit ist, dass die Ehe geschieden wird. Denn der Zugewinnausgleichsanspruch entsteht – ebenso wie der automatische Rückfall des Eigentums oder die Verpflichtung zur Rückauflassung – immer nur dann, wenn es zur Scheidung kommt. Ohne Scheidung bleibt M zeitlebens Eigentümer des Grundstücks. Die Rückfallklausel wirkt sich nur im Falle der Ehescheidung aus. Die Belastung ist bei den Passiva in gleicher Höhe anzusetzen wie der Wert des Grundstücks bei den Aktiva. Das Anfangsvermögen ist daher auf null gemindert.[359]

**265**    Kogel[360] ist dagegen der Ansicht, im Anfangsvermögen sei das **Nutzungsrecht**, das der Berechtigte mit der Grundstücksübertragung erhalten habe, als Vermögenswert zu berücksichtigen. Dieser Meinung kann nicht zugestimmt werden. Der Sohn ist am Stichtag Eigentümer des Anwesens. In den Bilanzen des Anfangsvermögens ist der Wert des Grundeigentums bei den Aktiva, die Rückgabeverpflichtung bei der

---

[356] Zweifelnd Münch, Scheidungsimmobilie, Rn. 655.

[357] BGH FamRZ 1993, 1183, 1185; 1986, 37, 38.

[358] So auch Kogel, Strategien, Rn. 577; Schulz/Hauß/Häcker, HK-FamR § 1376 Rn. 63.

[359] Zust. Schulz/Hauß/Häcker, HK-FamR § 1376 Rn. 64.

[360] Kogel, Strategien, Rn. 579; ebenso Kuckenburg FuR 2009, 381, 385.

Passiva anzusetzen. Das Eigentum schließt das Recht zur kostenlosen Benutzung und zum Gebrauch ein. Wird das Eigentum als Vermögensposition ins Anfangsvermögen eingestellt, kann nicht noch zusätzlich das Nutzungsrecht als selbstständiger Vermögenswert angesetzt werden.

Zur weiteren Begründung dafür, dass die kostenlose Nutzungsmöglichkeit im Anfangsvermögen zu berücksichtigen sei, bringt Kogel[361] folgendes Beispiel: Würden Eltern ihrem Sohn nur die unentgeltliche Nutzung übertragen, allerdings auflösend bedingt durch die Einreichung des Scheidungsantrags, wäre auch ein derartiges Nießbrauchsrecht als Vermögenswert zu berücksichtigen. Dagegen ist einzuwenden, dass ein Nießbrauchsrecht, das im Fall der Scheidung entfällt, nicht anders zu bewerten ist wie die Übertragung eines Grundstücks mit Rückfallklausel. In den Bilanzen des Anfangsvermögens ist bei den Aktiva der Wert des Nießbrauchs, bei den Passiva die Rückgewährsverpflichtung in gleicher Höhe anzusetzen.

Auch der zusätzlichen Argumentation Kogels, dass zumindest in dem Zeitraum, in dem tatsächlich das Objekt genutzt wurde, eine unentgeltliche Zuwendung der Eltern an den Sohn erfolgt sei, kann nicht gefolgt werden. Die Eltern haben ihr Eigentum bereits übertragen und können deshalb ein Nutzungsrecht nicht mehr zuwenden.

### c) Zugewinnbilanz von M. Der privilegierte Erwerb des Grundstücks in Höhe 266
von (indexiert) 300 000 € ist mit einem Rückgewähranspruch der Eltern in gleicher Höhe behaftet. Das Anfangsvermögen beträgt somit null. Im Endvermögen ist bei den Aktiva der aktuelle Grundstückswert mit 400 000 € anzusetzen. Dem steht als Belastung der Anspruch auf Rückübereignung des Anwesens gegenüber, das jetzt einen Wert von 400 000 € hat. Der Anspruch der Eltern besteht aber nur in Höhe von (indexiert) 300 000 €, denn nur so viel war die Immobilie zum Zeitpunkt der Schenkung wert. Die durch die **Investitionen** der Eheleute eingetretene **Wertsteigerung** müssen die Eltern **ausgleichen**[362] (vgl. Kap. 7 Rn. 61). Dagegen besteht für einen Wertzuwachs durch **Anstieg der Grundstückspreise keine Ersatzpflicht** der Übergeber.[363] Die Eltern können daher die dingliche Rückgewähr grundsätzlich nur Zug um Zug gegen Zahlung eines Ausgleichs von 100 000 € verlangen (vgl. Kap. 5 Rn. 226 f).

Im Endvermögen stehen somit auf der Aktivseite der Wert des Grundstücks und 267 auf der Passivseite die Rückgabeverpflichtung des 400 000 € werten Grundstücks gemindert um den Ausgleichsanspruch des Sohnes gegen seine Eltern in Höhe von 100 000 €. Das Endvermögen und damit auch der Zugewinn des Sohnes betragen danach (400 000 € – 400 000 € + 100 000 €) = 100 000 €. Das ist der Betrag, um den der Wert des Anwesens durch Ausbau und Investitionen gestiegen ist. Beruht der Wertzuwachs auf einem allgemeinen Anstieg der Grundstückspreise, so müssen die Eltern diese Vermögensmehrung nicht ausgleichen.

Durch eine Rückfallklausel in einem notariellen Schenkungsvertrag können die Eltern nur sichern, dass das Anwesen ihrer Familie erhalten bleibt und nicht als Folge des Zugewinnausgleichs veräußert oder versteigert werden muss. Einen finanziellen Vorteil können sie ihrem Kind durch diese Klausel – im Rahmen des Zuge-

---

[61] Kogel, Strategien, Rn. 579.
[62] BGH FamRZ 2006, 394, 396.
[63] Münch DNotZ 2007, 795, 803.

winnausgleichs – aber nicht verschaffen, auch wenn sie die Immobilie nach der Scheidung nicht zurückverlangen. Ebenso wenig wird das Schwiegerkind benachteiligt. Ohne die Rückübereignungsverpflichtung würde der Zugewinn des M ebenfalls 100 000 € betragen (Anfangsvermögen: 300 000 €; Endvermögen: 400 000 €). Als Zugewinn wird immer nur der Wertzuwachs des Grundstücks ausgeglichen.

**268**  **d) Rückfallklausel und vorzeitiger Zugewinnausgleich.** Eine Rückfallklausel „für den Fall der **Scheidung**" ist auch bei einem vorzeitigen Zugewinnausgleich (§ 1385 BGB) dahin auszulegen (§§ 133, 157 BGB), dass der Rückübertragungsanspruch der Eltern ebenfalls beim Anfangs- und Endvermögen zu berücksichtigen ist. Der Wille der Eltern würde ansonsten missachtet, wenn der beschenkte Ehegatte oder sein Ehepartner den Zugewinn vorzeitig – ohne Scheidung – ausgleichen würden, ohne dabei den Rückauflassungsanspruch der Eltern zu beachten.

▶ **Güterrechtliche Ansprüche:**

**269**  Zum Anfangsvermögen kann auch ein Anspruch auf Zugewinn gegen einen früheren Ehegatten gehören, soweit der Ausgleichsanspruch am Stichtag der erneuten Eheschließung noch nicht verjährt war.[364] Gehen die Ehegatten von der Gütergemeinschaft zur Zugewinngemeinschaft über, gehört das güterrechtliche Auseinandersetzungsguthaben ebenfalls zum Anfangsvermögen (vgl. Kap. 2 Rn. 5).

▶ **Handelsvertreter:**

**270**  Die Bewertung des Gewerbes eines Handelsvertreters erfolgt in der Regel nach dem **Substanzwert,** also dem Wiederbeschaffungswert seiner Arbeitsgeräte, Einrichtungsgegenstände, Kraftwagen und Warenvorräte. Der Handelsvertreter hat die Vermittlungsleistung, die den Kern des Handelsvertretergeschäftes bildet, nach dem Handelsvertretervertrag in eigener Person zu leisten. Diese Pflicht zur persönlichen Dienstleistung hat zur Folge, dass der Handelsvertreter sein Unternehmen nicht veräußern kann. Ein über den Sachwert hinausgehender Wert für einen Goodwill besteht nicht, weil es für das Unternehmen eines Handelsvertreters **keinen Markt** gibt.[365] Der vom Handelsvertreter aus seinem Unternehmen gezogene Nutzen hat seine Grundlage ausschließlich in den eigenen kaufmännischen Fähigkeiten und dem auf andere nicht übertragbaren Handelsvertretervertrag. Ein etwaiger Rechtsnachfolger ist daher nicht in der Lage, das Unternehmen in gleicher Weise zu nutzen.[366] Der Ausgleichsanspruch nach § 89 b HGB für den „Kundenstamm" ist beim aktiven Handelsvertreter eine bloße Chance ohne aktuellen Wert.[367]

▶ **Handwerksbetrieb:**

**271**  Für kleinere Handwerksbetriebe ist nur der Sachwert anzusetzen, also der Wiederbeschaffungswert der Arbeitsgeräte, der Einrichtung, der Kraftfahrzeuge, der Warenvorräte und der bereits fertigen Produkte. Dies gilt vor allem dann, wenn die

---

[364] BGH FamRZ 1988, 593, 594.

[365] BGH FamRZ 1977, 386, 387; AG Biedenkopf FamRZ 2005, 1909, 1910; Münch FamRZ 2006, 1164, 1167; Schröder Rn. 129; Schnitzler/Boden/Cremer, MAH-Familienrecht, § 18 Rn. 138.

[366] BGH 2006, 394, 396.

[367] BGHZ 68, 163, 168 = FamRZ 1977, 386; Schröder Rn. 129; Bamberger/Roth/Mayer § 137<sub></sub> Rn. 32.

Qualität der Erzeugnisse überwiegend von der Person des Inhabers abhängt.[368] Anders ist es, wenn ein Markt für derartige Betriebe vorhanden ist und Preise zu erzielen sind, die über den reinen Substanzwert hinausgehen. Bei Mittel- oder Großbetrieben mit einer Vielzahl von Arbeitnehmern kann ebenfalls ein Goodwill in Betracht kommen.[369] Der BGH[370] hat in einem Fall den Mittelwert zwischen Substanz- und Ertragswert gebildet. Können sich die Beteiligten nicht einigen, wird ein betriebswirtschaftliches Gutachten einzuholen sein.

▶ **Handwerksgeräte:**

Werden Handwerksgeräte im Wesentlichen im Haushalt verwendet, gehören sie **272** zu den Haushaltsgegenständen. Dienen sie jedoch im Wesentlichen den individuellen und persönlichen Interessen nur eines Ehegatten, unterliegen sie dem Zugewinnausgleich. Dies ist stets der Fall, wenn die Geräte einem Ehegatten **allein** gehören. Auf die gelegentliche Mitbenutzung im gemeinsamen Haushalt kommt es nicht entscheidend an.[371]

▶ **Haushaltsgegenstände:**

Zuerst ist festzustellen, ob der Gegenstand beiden oder nur einem Ehegatten **273** gehört. Nur wenn der Gegenstand im Miteigentum der Eheleute steht, ist zu klären, ob er zu den Haushaltsgegenständen zählt. Denn nur Haushaltsgegenstände, die beiden Ehegatten **gemeinsam** gehören, werden gemäß **§ 1568 b I BGB verteilt** (vgl. Kap. 4 Rn. 129, 160). Steht ein Haushaltsgegenstand im **Alleineigentum** eines Ehegatten, unterliegt er immer dem **Zugewinnausgleich.**[372] Haushaltsgegenstände, die ein Ehegatte in der **Trennungszeit** erworben hat, wurden nicht *„für den gemeinsamen Haushalt angeschafft"* (§ 1568 b II BGB), gehören ihm daher allein und werden als Zugewinn ausgeglichen.

Bei Haushaltsgegenständen kann nicht auf den Veräußerungswert abgestellt wer **274** den, da Haushaltsgegenstände üblicherweise nicht beim Gebrauchtwarenhändler verkauft, sondern so lange genutzt werden, bis sie nichts mehr wert sind. Haushaltsgegenstände, auch wenn sie nur kurzfristig gebraucht wurden, würden bei einem Verkauf auf dem „deutschen Markt" einen rapiden Wertverfall erleiden. Um diesen unvertretbaren Wertverlust zu korrigieren, muss auf den Anschaffungs- oder Wiederbeschaffungspreis abgestellt werden. Da es aber auch für den Kauf gebrauchter Haushaltsgegenstände keinen Markt gibt, ist vom ursprünglichen **Anschaffungspreis** auszugehen. Davon sind angemessene **Abschläge wegen Abnutzung** bis zum Stichtag zu machen.[373]

Die Abschläge können sich nach der Lebensdauer der betreffenden Sachen richten. **275** Handelt es sich z. B. um eine Küchenmaschine mit einer angenommenen Nutzungs-

---

[368] BGH FamRZ 1978, 332 für eine Bäckerei, in der außer dem Inhaber nur ein Geselle und ein Lehrling tätig waren.

[369] BGH FamRZ 1978, 332.

[370] BGH FamRZ 1995, 607, 609.

[371] OLG Düsseldorf FamRZ 1986, 1134 bei Schreinerwerkzeug.

[372] BGH FamRZ 1984, 144.

[373] So auch Palandt/Brudermüller § 1376 Rn. 23; Bamberger/Roth/Mayer § 1376 Rn. 32; MK/Koch § 1376 Rn. 10; Staudinger/Thiele § 1376 BGB Rn. 35; JH/Jaeger § 1376 BGB Rn. 8; **a. A.:** Soergel/Lange § 1376 BGB Rn. 11: *Wiederbeschaffungswert*; Schwab/Schwab VII Rn. 83: *Veräußerungswert*.

dauer von zehn Jahren, können für jedes Jahr der bereits erfolgten Nutzung 10% vom Anschaffungspreis abgezogen werden. In diesem Fall wäre die Maschine nach fünf Jahren noch die Hälfte des ursprünglichen Kaufpreises wert (vgl. „Wiederbeschaffungswert" Rn. 156).

276 Werden Haushaltsgegenstände, die ein Ehegatte bei Eheschließung bereits besaß, ins Anfangs- und Endvermögen aufgenommen, so ist für das Endvermögen zunächst vom gleichen (indexierten) Betrag wie im Anfangsvermögen auszugehen. Von diesem sind dann Abzüge entsprechend der Benutzungsdauer zu machen.[374]

S. auch „Antiquitäten", „Ausgleichszahlungen", „Kraftfahrzeuge", „Kunstgegenstände".

▶ **Haustiere:**

S. „Tiere"

▶ **Heiratserstattungen:**

S. „Erstattungen"

▶ **Hobby-Geräte:**

277 Hobby-Geräte (Fotoausrüstung, Sportartikel, Werkzeuge, Musikinstrumente usw.) gehören regelmäßig als Gegenstände des persönlichen Bedarfs nicht zu den Haushaltsgegenstände (vgl. Kap. 4 Rn. 140) und unterliegen damit dem Zugewinnausgleich. Die Bewertung kann nach den gleichen Grundsätzen wie bei den Haushaltsgegenständen (Rn. 273 f) erfolgen.

▶ **Hochzeitsgeschenke:**

278 Hochzeitsgeschenke werden in der Regel beiden Eheleuten gemeinsam gemacht. Der Wert ist dann bei jedem zur Hälfte anzusetzen. Bei größeren Geschenken kann es sich aber auch um eine Ausstattung nach § 1624 BGB handeln, die dann nur dem Anfangsvermögen des beschenkten Kindes zuzurechnen ist.[375] Es gibt eine Lebenserfahrung, nach der Eltern in erster Linie ihre leiblichen Kinder bedenken wollen.[376]

▶ **Hunde:**

S. „Tiere"

▶ **Ingenieurbüro:**

279 In erster Linie ist der Sachwert maßgeblich, also der zusammengerechnete Wiederbeschaffungswert aller Arbeitsgeräte, Einrichtungsgegenstände und Kraftfahrzeuge. Ein darüber hinausgehender Wert für einen Goodwill ist nur gegeben, wenn in dem betreffenden Bundesland Firmen von Ingenieuren als Ganzes verkauft werden und dabei der bezahlte Preis als Teil einer Altersversorgung wesentlich über dem reinen Sachwert liegt.[377] Trifft dies zu, kommt es darauf an, welcher Preis bei einem Verkauf am Stichtag hätte erzielt werden können.[378]

---

[374] MK/Koch § 1376 BGB Rn. 10.
[375] OLG Köln FamRZ 1986, 703.
[376] BGH FamRZ 1987, 791.
[377] BGH FamRZ 1977, 38.
[378] BGH FamRZ 1977, 38.

▶ **Interessenausgleich:**

Ein Interessenausgleich i. S. von § 111 BetrVerfG entfaltet – im Gegensatz zum **280** Sozialplan (Rn. 372) – keine unmittelbaren und zwingenden normativen Wirkungen für das einzelne Arbeitsverhältnis. Der Interessenausgleich ist eine Kollektivvereinbarung besonderer Art und keine Betriebsvereinbarung. Der einzelne Arbeitnehmer kann sich deshalb grundsätzlich nicht i. S. von § 77 IV BetrVerfG auf die Vereinbarungen in einem Interessenausgleich berufen.[379] Enthält allerdings ein Interessenausgleich Bestimmungen über den Ausgleich und die Milderung der den Arbeitnehmern entstehenden wirtschaftlichen Nachteile, obwohl solche Regelungen dort an sich „nichts zu suchen" haben, handelt es sich um einen **„qualifizierten Interessenausgleich".** Dieser stellt im Hinblick auf die normative Wirkung der betreffenden Bestimmungen für die Einzelarbeitsverhältnisse eine Betriebsvereinbarung i. S. von § 77 IV BetrVerfG dar und gewährt den einzelnen Arbeitnehmern die nach dieser Vorschrift vorgesehene Rechtsstellung (vgl. Rn. 372).[380]

▶ **Kaufvertrag:**

Wurde vor dem Stichtag ein Kaufvertrag abgeschlossen, der am Stichtag noch **281** nicht vollständig abgewickelt war, sind die offenen Ansprüche auf die Kaufpreiszahlung und/oder die Warenlieferung bei den Aktiva und Passiva mit aufzunehmen. Das gilt auch für etwaige Gewährleistungs- und Schadensersatzansprüche. In der Regel wird davon ausgegangen werden können, dass sich der Warenwert und der Kaufpreis entsprechen, also gegenseitig aufheben.[381] Schwierig wird es jedoch – vor allem bei Grunderwerb –, wenn ein besonders günstiger oder ungünstiger Kauf vorliegt. Dann sind getrennte Werte festzulegen. Hat ein Ehegatte auf einem Grundstück gebaut, für das er am Stichtag nur einen Kaufvertrag hatte, ist gleichwohl der volle Wert des Grundstücks zu den Aktiva zu rechnen.[382]

S. auch „Eigentumsvorbehalt" und „Auflassung".

▶ **Kaution:**

Kautionsforderungen gehören zu den unsicheren Rechten (vgl. Rn. 380). Sie sind **282** mit einem Schätzwert in die Zugewinnausgleichsbilanz einzubeziehen.[383] Bei der Schätzung ist darauf abzustellen, ob am Stichtag eine Rückgewähr zu erwarten ist. Es ist auf die Wahrscheinlichkeit der Realisierung des Anspruchs abzustellen.

S. auch Mietkaution (Rn. 331).

▶ **KG-Anteile:**

Für die Bewertung eines KG-Anteils ist grundsätzlich der volle Firmenwert ein- **283** schließlich der stillen Reserven und des Geschäftswerts (Rn. 139) maßgeblich. Nach der Höhe der Beteiligung an der KG bemisst sich auch der Anteil an ihrem Wert.

Im Übrigen s. „Unternehmensbeteiligung" und „Abschreibungsgesellschaften".

---

[79] BGH FamRZ 2001, 278, 280 m. w. N.
[80] BGH FamRZ 2001, 278, 280.
[81] Vgl. für ein Grundstück KG FamRZ 1988, 171, 173.
[82] OLG Düsseldorf FamRZ 1989, 1181.
[83] OLG Karlsruhe FamRZ 2003, 682; MK/Koch § 1376 Rn. 16; JH/Jaeger § 1375 Rn. 5; **a. A.** Schwab/Schwab VII Rn. 61 (nur wenn Anzeichen vorliegen, dass der Vertragspartner begründet auf die Kaution zugreifen wird).

▶ **Kleidung:**

284    Kleidung gehört zu den persönlichen Bedarfsgegenständen, nicht zu den Haushaltsgegenständen. Kleidung unterliegt grundsätzlich dem Zugewinnausgleich (vgl. Kap. 4 Rn. 140). In der Regel sehen die Eheleute jedoch davon ab, Kleidungsstücke in den Ausgleichsbilanzen anzusetzen. Allenfalls wird um den Wert von Pelzmänteln gestritten (vgl. Rn. 351).

▶ **Kommanditgesellschaft:**

S. „Abschreibungsgesellschaften" und „Unternehmen"

▶ **Kontoguthaben:**

S. „Bankguthaben", „Streit um Bankkonten usw." Kap. 5 Rn. 356 f.

▶ **Kontoüberziehung:**

285    Die Verpflichtung aus einer Kontenüberziehung gehört zu den **Verbindlichkeiten** (Rn. 398). Betrifft die Überziehung ein Gemeinschaftskonto, sind für die interne Aufteilung die Regeln des Gesamtschuldnerausgleichs zu beachten (Rn. 234 f).

▶ **Kraftfahrzeuge:**

286    Bei Kraftfahrzeugen ist zunächst zu klären, wer **Eigentümer** ist. Fahrzeuge im **Alleineigentum** eines Ehegatten fallen stets in den **Zugewinnausgleich**. Gibt es nur einen Pkw in der Familie, wird man in der Regel davon ausgehen können, dass er den Eheleuten **gemeinsam gehört** und zu den **Haushaltsgegenständen** zählt. Über seine Zuteilung an einen der Ehegatten wird dann gemäß § 1568 b I BGB entschieden (Kap. 4 Rn. 160 f)

287    Der **Wert** am Stichtag ist nach Fabrikat, Alter, Kilometerstand, Zubehör und Erhaltungszustand zu bestimmen. In der gerichtlichen Praxis wird der Wert eines Pkw von beiden Parteien zumeist mit dem **Verkaufspreis** angesetzt, der anhand der **Schwacke-Liste**[384] ermittelt wird. Die Schwacke-Liste nennt aber zwei Werte, den Anschaffungspreis und den Verkaufspreis. Der Veräußerungswert liegt wegen der Händlerspanne meist 20 bis 25% unter dem Wiederbeschaffungswert. In der Mehrzahl der Fälle ist es nicht richtig, auf den Veräußerungswert abzustellen. Vor allem dann, wenn der Wagen anlässlich der Scheidung nicht verkauft, sondern – wie gewöhnlich – weiter benutzt wird. Der Wert muss sich dann nach den höheren **Wiederbeschaffungskosten** eines gleichwertigen gebrauchten Fahrzeugs richten.[385] Wie bei einer Lebensversicherung nicht auf den Rückkaufswert abzustellen ist, wenn sie fortgeführt wird, so ist auch hier der „**Behaltenswert**" der wahre wirtschaftliche Wert. Als Faustregel gilt, dass ein PKW nach sechs Jahren nur noch mit einem Drittel seines ursprünglichen Kaufpreises anzusetzen ist. Ist ein unter **Eigentumsvorbehalt** auf Raten erworbenes Kraftfahrzeug noch nicht ganz abbezahlt, muss der Wert des gebrauchten Fahrzeugs zu den Aktiva, der noch offene Kaufpreisrest zu den Passiva gerechnet werden.

---

[384] Zu bestellen bei Eurotax-Schwacke, Hanauer Landstraße 497, 60 386 Frankfurt oder beim ADAC.
[385] JH/Jaeger, § 1376 Rn. 8; Soergel/Lange § 1376 Rn. 11; FA-FamR/von Heintschel-Heinegg Kap. Rn. 128 a; Schnitzler/Boden/Cremer/MAH § 18 Rn. 151; FamGb/Baumeister § 1376 Rn. 56; a. A Börger/Engelsing § 2 Rn. 319.

Steht das Fahrzeug im Miteigentum der Eheleute und wird es nicht als Haus- **288** haltsgegenstand eingestuft, so ist bei jedem Ehegatten der halbe Wert anzusetzen. Bei Zugewinngemeinschaft wirkt es sich rein wirtschaftlich gleich aus, ob Allein- oder Miteigentum angenommen wird. Sind sich die Miteigentümer einig, dass einer von beiden den Wagen nach der Scheidung behält, so sollten sie sich auch einigen, das Fahrzeug bei diesem Ehegatten als Alleineigentum anzusetzen. Der andere Ehegatte überträgt, wenn er damit einverstanden ist, konkludent seinen Miteigentumsanteil auf den Partner und erhält als Gegenleistung über den Zuge- winnausgleich eine finanzielle „Entschädigung" in Höhe des hälftigen Wertes. Ansonsten müssten die Miteigentümer, wenn sie sich nicht auf eine Ablöse einigen können, eine „Teilung durch Verkauf" nach § 753 BGB durchführen[386] (vgl. Kap. 5 Rn. 8).

▶ **Kreditkarten:**

Alle vor dem Stichtag mit der Kreditkarte bezahlten Verbindlichkeiten, die am **289** Stichtag vom Bankkonto noch nicht abgebucht wurden, gehören zu den berück- sichtigungsfähigen Verbindlichkeiten (vgl. Rn. 398 f).

▶ **Künftiges Einkommen:**

S. „Arbeitseinkommen" und „Dauerschuldverhältnisse"

▶ **Künstleratelier:**

Zunächst ist – wie bei anderen Freiberuflern auch – der Sachwert festzulegen. Das **290** ist der Wiederbeschaffungswert der Einrichtungsgegenstände, Arbeitsgeräte und Arbeitsmaterialien (z. B. Marmor und Bronze bei einem Bildhauer). Ein zusätzlicher Geschäftwert kann nicht angenommen werden, weil der wirtschaftliche Erfolg eines Künstlers ausschließlich von seinen individuellen Fähigkeiten abhängt. Das Atelier als solches verkörpert im Gegensatz zur Praxis eines Arztes daher keinen Wert, der über den reinen Substanzwert hinausgeht.

Problematisch ist, mit welchen Werten die am Stichtag vorhandenen fertig gestell- ten Arbeiten in die Vermögensbilanz einzusetzen sind. Teilweise wird vorgeschla- gen, die bereits verkaufsfähigen Werke in vollem Umfang unberücksichtigt zu lassen, weil sie der künftigen Unterhaltssicherung dienen. Sie seien daher wie die noch nicht fälligen Ansprüche aus einem Arbeitsverhältnis (vgl. Rn. 184) zu behandeln. Dem kann nicht gefolgt werden. Die vorhandenen Werke eines Künstlers sind das Ergeb- nis einer bereits geleisteten Arbeit. Der künftig benötigte Unterhalt muss durch neues künstlerisches Schaffen verdient werden.

Die Bewertung der fertig gestellten Arbeiten kann sich nur nach der konkreten Marktlage, also dem für den betreffenden Künstler gegebenen Markt richten. Es ist somit nach den Verkaufschancen der Werke am Stichtag zu fragen. Kann ein Künstler im Durchschnitt monatlich nur ein Werk verkaufen, darf es sich in seiner Vermögens- bilanz nur begrenzt auswirken, dass er vielleicht 200 Arbeiten auf Lager hat. Es muss davon ausgegangen werden, dass diese jedenfalls am Stichtag weitgehend unverkäuflich sind. Für die Zukunft sind die Verkaufsmöglichkeiten bei allen Künstlern, die sich noch

---

[386] Vgl. Kogel, Strategien, Rn. 702; FamRB 2007, 215, 216.

nicht endgültig „etabliert" haben, äußerst unsicher. Im Ergebnis sind daher nur die in absehbarer Zeit (etwa ein bis zwei Jahre) verkäuflichen Werke zu berücksichtigen.

### ▶ Kunstgegenstände:

291 Bei Antiquitäten, Bildern, Plastiken und sonstigen Kunstgegenständen ist vorweg zu klären, ob sie nicht – auch bei hohem Wert – zum gemeinsamen Haushalt gehören und damit als **Haushaltsgegenstände** zu verteilen sind (vgl. Kap. 4 Rn. 130).

Die Bewertung von Kunstgegenständen ist sehr schwierig. Hier wirkt sich der Unterschied zwischen dem Anschaffungswert und dem Veräußerungswert in besonderem Maß aus. Für Kunstwerke müssen beim Erwerb Preise bezahlt werden, die bei einem späteren Verkauf in der Regel nicht mehr zu erzielen sind. Wird der Kunstgegenstand einem Händler verkauft oder versteigert, sind meist bedeutende Einbußen hinzunehmen. Es kann daher nicht richtig sein, bei Kunstgegenständen den Anschaffungswert am Stichtag anzusetzen.[387] Würde ein für 10 000 € erworbenes Bild, das sich am Stichtag nur für 3000 € verkaufen lässt, mit 10 000 € zu den Aktiva gerechnet, müsste der Eigentümer an den anderen Ehegatten 5000 € ausgleichen. Dann wäre es für ihn finanziell günstiger, ihm das Bild gleich zu schenken.

Bei Kunstgegenständen wird überwiegend auf den **Veräußerungswert** abgestellt, sofern ein Markt existiert.[388] Aber auch der „Marktpreis" kann extrem unterschiedlich sein, je nachdem, ob ein Kunsthändler an einen Privatkunden, ein Privatmann an einen Kunsthändler, ein Kunsthändler an einen Kollegen oder ein Privatmann an einen Privatmann verkauft.[389] Zur Bestimmung des „wahren wirklichen Werts" von Kunstgegenständen schlagen wir vor, einen **Mittelwert** zwischen den ursprünglichen (hochgerechneten) Anschaffungskosten und dem möglichen Verkaufspreis am Stichtag zu bilden. Kann ein Veräußerungserlös nicht ermittelt werden, weil für den Verkauf dieses Kunstgegenstandes kein Interessent zu finden ist, kann die Hälfte des früheren (hochgerechneten) Anschaffungspreises als Wert angenommen werden.[390]

### ▶ Landwirtschaftliche Betriebe:

292 Land- und forstwirtschaftliche Betriebe sind „*Besitzungen, die zum selbständigen Betrieb der Landwirtschaft einschließlich der Viehzucht oder der Forstwirtschaft geeignete und bestimmte Wirtschaftsgüter darstellen und mit den nötigen Wohn- und Wirtschaftsgebäuden versehen sind*".[391]

Zum Schutz und zur Erhaltung leistungsfähiger Höfe in bäuerlichen Familien vor den Wertsteigerungen am Grundstücksmarkt beim Ausgleich des Zugewinns gibt es mit § 1376 IV BGB eine gesetzliche Bewertungsvorschrift, die für den Regelfall die Entstehung von Zugewinn weitgehend verhindert. Es wird nicht auf den Substanzwert, sondern auf den erheblich geringeren **Ertragswert** abgestellt. Für dieses Privileg müssen drei Voraussetzungen gegeben sein:

---

[387] So Soergel/Lange § 1376 Rn. 11; Schröder Rn. 134, 150.
[388] OLG Oldenburg FamRZ 1999, 1099; Bamberger/Roth/Mayer § 1376 Rn. 32; Schwab/Schwab VII Rn. 83; MK/Koch § 1376 Rn. 17; JH/Jaeger § 1376 Rn. 9; Staudinger/Thiele § 1376 Rn. 35; Büte Rn. 130; FamGb/Baumeister § 1376 Rn. 52.
[389] So Schwab/Schwab VII Rn. 68.
[390] So auch Schröder Rn. 134.
[391] So BGH NJW 1964, 1414, 1416; vgl. MK/Koch § 1376 Rn. 33.

- Der Betrieb muss zum Anfangs- und Endvermögen gehören,
- der Ausgleichsanspruch muss sich gegen den Eigentümer richten und
- die Weiterführung oder jedenfalls die Wiederaufnahme des Betriebes durch den Eigentümer oder einen Abkömmling muss zu erwarten sein.

Zum Anfangsvermögen gehört der Betrieb, wenn ihn der Ehegatte bei Heirat **293** bereits hatte oder wenn er ihn während der Ehe durch Erbe oder Schenkung nach § 1374 II BGB erworben hat. Grundstücke, die während der Ehe dazu *gekauft* wurden, sind mit dem **Verkehrswert** zu bewerten, falls der Ankauf nicht dringenden betrieblichen Interessen diente.[392] Wurde ein Grundstück während der Ehe *verkauft,* ist es im Anfangsvermögen ebenfalls mit dem Verkehrswert anzusetzen.[393] Fließen Veräußerungserlöse nicht in den Betrieb zurück, fallen sie mit ihrem vollen Wert in das allgemeine Vermögen des Ehegatten und erhöhen seinen Zugewinn.[394] Wird während der Ehe auf dem Betriebsgelände ein Wohnhaus errichtet, das für die Erhaltung der Lebensfähigkeit des Betriebs *„nicht unbedingt erforderlich"* war, ist hierfür ebenfalls der Verkehrswert maßgeblich.[395] Ein Bauernhof, der erst **während der Ehe** gekauft wurde, ist mit dem Verkehrswert im Endvermögen anzusetzen.

Verlangt der Betriebsinhaber seinerseits Zugewinnausgleich, darf er sich für die **294** Bewertung seines Endvermögens nicht auf den Ertragswert beschränken. In diesem Fall ist für den Betrieb der **volle wirkliche Wert** maßgeblich.[396] Das kann der Sach-, Veräußerungs- oder Liquidationswert sein.[397] Das Gleiche gilt, wenn die Grundstücke **verpachtet** sind.[398] Ist der Betrieb nur teilweise verpachtet, wird er aber im Wesentlichen vom Eigentümer selbst genutzt, ist der Ertragswert maßgebend.[399] Bei einer nur vorübergehenden Verpachtung kommt es darauf an, ob der Betrieb in absehbarer Zeit entweder vom Inhaber oder einem Abkömmling wieder übernommen werden kann. Die Übernahme durch einen entfernteren Verwandten genügt nicht.[400] Die Beweislast für die künftige Fortführung der landwirtschaftlichen Nutzung trägt der Inhaber.[401]

Unklar ist die Rechtslage bei den Betrieben, die nur neben einer hauptberuflichen **295** gewerblichen Tätigkeit des Inhabers zur Erzielung zusätzlicher Einkünfte betrieben werden. Auch hier scheint die Aufrechterhaltung des Privilegs der Ertragswertmethode nicht mehr geboten, weil sie zu einer unter diesen Umständen nicht hinnehmbaren Beeinträchtigung der Ausgleichsansprüche des Ehepartners führt.[402]

Der Ertragswert wird durch den Reinertrag bestimmt, der bei ordnungsmäßiger **296** Bewirtschaftung nachhaltig erzielt werden kann (§ 2049 II i. V. m. § 1376 IV BGB). Nach Art. 137 EGBGB kann die Berechnung des Ertragswertes durch Landesrecht näher festgelegt werden. Überwiegend wird der 25-fache, teilweise auch der 18-fache Betrag des jährlichen Reinertrags zugrunde gelegt.[403]

---

[392] BGH FamRZ 1991, 1166.
[393] Münch, Ehebezogene Rechtsgeschäfte, Rn. 960.
[394] MK/Koch § 1376 Rn. 40.
[395] So BGH FamRZ 1991, 1166, 1168.
[396] BGH FamRZ 1989, 1276, 1278.
[397] Palandt/Brudermüller § 1337 Rn. 22.
[398] Schnitzler/Boden/Cremer, MAH-Familienrecht, § 18 Rn. 158.
[399] OLG Schleswig FamRZ 2004, 37.
[400] BVerfG FamRZ 1989, 939.
[401] BGH FamRZ 1989, 1276.
[402] Zur Kritik an der Ertragswertmethode vgl. BVerfG FamRZ 1985, 256 und 1989, 939.
[403] Vgl. die Angaben bei MK/Damrau Art. 137 EGBGB Rn. 4; JH/Jaeger § 1376 Rn. 30.

297    Sind die Voraussetzungen des § 1376 IV BGB nicht gegeben, sind landwirtschaftliche Betriebe nach den allgemeinen Regeln zu bewerten. Es gelten vor allem die
Grundsätze für Grundstücke (Rn. 242 f). Dabei kann im Einzelfall der „volle wirkliche Wert" auch unter dem Liquidationswert liegen.[404] Bei einem „erhaltungswürdi-
gen" Betrieb darf daher nicht einfach von der Summe der einzelnen Grundstück-
werte, dem Liquidationswert, ausgegangen werden. Es kann geboten sein, von der
Ertragslage her Einschränkungen vorzunehmen. Die bei einem Verkauf anfallenden
Ertragsteuern sind **fiktiv** zu ermitteln und wertmindernd anzusetzen (vgl. Kap. 6
Rn. 31).[405]

▶ **Leasingvertrag:**

298    Leasingverträge sind Mietverträge, die dem Leasingnehmer einen Anspruch auf
künftige Sachnutzung geben. Es handelt sich um ein Dauerschuldverhältnis, bei dem
sich die Ansprüche auf künftige Gebrauchsüberlassung und Zahlung des künftig
fällig werdenden Mietzinses gleichwertig gegenüberstehen. Die Hauptleistungsver-
pflichtungen aus einem Leasingvertrag bleiben daher in der Regel bei den Aktiva
und Passiva unberücksichtigt.[406]

Zu berücksichtigen sind jedoch die bereits fälligen **Zahlungsrückstände** als Passi-
va. Zu den Aktiva zu rechnen ist aus der anfänglichen **Leasingsonderzahlung** der
Teilbetrag, der am Stichtag durch die Objektnutzung noch nicht verbraucht war.[407]
Hat beispielsweise der Leasingnehmer eine Sonderzahlung von 24 000 € bei einer
Laufzeit von zwei Jahren geleistet und wird nach vier Monaten die Scheidung einge-
reicht, so ist am Stichtag durch Nutzung ein Anteil von 4 × 1000 € verbraucht. Als
Vermögenswert ist in der Bilanz des Endvermögens ein Betrag von 20 000 € anzuset-
zen.

▶ **Lebensversicherungen:**

## 1. Abgrenzung Zugewinnausgleich – Versorgungsausgleich

299    Das Verhältnis des Zugewinnausgleichs zum Versorgungsausgleich ist durch die
Strukturreform des Versorgungsausgleichs 2009 neu geregelt worden (§ 2 IV Vers-
AusglG). Beim bisherigen Grundsatz ist es jedoch geblieben:
- Ist die Lebensversicherung auf Zahlung eines Kapitalbetrags gerichtet, sind die
  Anwartschaften beim Zugewinnausgleich zu berücksichtigen.[408]
300  - Lebensversicherungen auf Rentenbasis unterliegen nach § 2 I, II Nr. 3 Vers-
  AusglG dem Versorgungsausgleich und sind daher nicht in den Zugewinnaus-
  gleich einzubeziehen (§ 2 IV VersAusglG).[409] Sie gehören auch dann nicht zum
  Zugewinnausgleich, wenn im Ehevertrag der Versorgungsausgleich ausgeschlossen
  wurde.[410]

---

[404] BGH FamRZ 1986, 776.
[405] BGH FamRZ 1989, 1276, 1279; Schwab/Schwab VII Rn. 103.
[406] Hoppenz/Hoppenz §§ 1374–1376 Rn. 61; Kogel, Strategien, Rn. 614; JH/Jaeger § 1375 Rn. 5;
Staudinger/Thiele § 1374 Rn. 5; Brauckmann FamRZ 1991, 1271.
[407] OLG Karlsruhe FamRZ 2004, 1028; OLG Bamberg FamRZ 1996, 549 jeweils mit Rechenbeispielen.
[408] BGH FamRZ 1995, 1270; 1984, 156.
[409] BGH FamRZ 1984, 156.
[410] BGH FamRZ 1995, 289, 290; Schwab/Schwab VII Rn. 25; JH/Jaeger § 1375 Rn. 8.

Ausschließlich dem Versorgungsausgleich unterstellt sind nunmehr gemäß § 2 II Nr. 3 Hs. 2 VersAusglG alle Anrechte nach dem Betriebsrentengesetz – unabhängig davon, ob sie auf Renten- oder Kapitalzahlung gerichtet sind. Das gilt auch für die betrieblichen Altersversorgungen in Form einer Direktversicherung, die meist als Kapitallebensversicherung abgeschlossen werden und nach dem bis zum 31. 8. 2009 geltenden Recht dem Zugewinnausgleich unterlagen, die nun aber im Versorgungsausgleich ausgeglichen werden können (vgl. Rn. 202).[411] Gleiches gilt für Anrechte nach dem Altersvorsorgeverträge-Zertifizierungsgesetz (s. „Riester-Rente" Rn. 364).[412]

Für den Ausgleich von Lebensversicherungen, die dem berechtigten Ehegatten für den Versicherungsfall ein Wahlrecht zwischen einer Kapital- und einer Rentenzahlung geben, ist zu unterscheiden:

- Ein Anrecht aus einer Kapitallebensversicherung mit Rentenwahlrecht unterliegt **301** dem Versorgungsausgleich, wenn das Wahlrecht bis zum Stichtag der Rechtshängigkeit des Scheidungsantrags ausgeübt wird. Das Anrecht aus dem Versicherungsvertrag wird damit vor dem Stichtag zu einem Rentenrecht, selbst wenn die Umwandlung des Rechts zwischen dem Eheende nach § 3 Abs. 1 VersAusglG und dem für den Zugewinnausgleich maßgeblichen Stichtag nach § 1384 BGB stattfindet.[413] Umgekehrt bleibt ein solches Anrecht dem Zugewinnausgleich unterworfen, wenn der berechtigte Ehegatte erst nach der Zustellung des Scheidungsantrags von seinem Wahlrecht Gebrauch macht.[414]

- Ein Anrecht aus einer Rentenlebensversicherung mit Kapitalwahlrecht unterliegt **302** dem Versorgungsausgleich, wenn das Wahlrecht bis zur Rechtshängigkeit des Scheidungsantrags nicht ausgeübt wird. Hat der versicherte Ehegatte vor dem Stichtag die Kapitalleistung gewählt, wird das Anrecht aus dem Versicherungsvertrag zu einem Kapitalanrecht und unterfällt dem Zugewinnausgleich.[415] Vor der Umwandlung einer privaten Rentenversicherung in eine auf eine Kapitalleistung gerichtete Versicherung oder ihre Auflösung durch Rückkauf während des Laufs eines Scheidungsverfahrens ist die ausgleichsberechtigte Person durch das Verfügungsverbot nach § 29 VersAusglG geschützt.

Reine Todesfallversicherungen, wie etwa eine Unfallversicherung, dienen weder **303** der Altersvorsorge noch der Kapitalbildung. Sie sind daher sowohl für den Versorgungsausgleich als auch für den Zugewinnausgleich ohne Bedeutung.

## 2. Gemischte Kapitallebensversicherung

Bei einer gemischten Kapitallebensversicherungen erhält der Versicherungsnehmer **304** die zugesagte Leistung (Kapitalbetrag oder Rentenbezug), wenn er den Versicherungsablauf erlebt. Stirbt er vorher, steht die Leistung einem vom Versicherungsnehmer ausgewählten Bezugsberechtigten zu. Bei der gemischten Kapitallebensversicherung entstehen durch die laufenden Prämienzahlungen geldwerte Anwartschaften, die dem Versicherungsnehmer zustehen. Ein widerruflich als bezugsberechtigt

---

[411] Vgl. die Darstellung bei Roessink, FamRB 2010, 282.
[412] JH/Hahne § 2 VersAusglG Rn. 18; Palandt/Brudermüller § 2 VersAusglG Rn. 10.
[413] Hauß/Eulering, Versorgungsausgleich und Verfahren in der Praxis, 2009, Rn. 81.
[414] BGH FamRZ 2003, 664; 1992, 411, 412.
[415] BGH FamRZ 2003, 664; 1993, 793, 794; JH/Hahne § 2 VersAusglG Rn. 17.

bestimmter Dritter erwirbt das Recht auf die Leistung des Versicherers erst mit dem Eintritt des Versicherungsfalles (§ 159 II VVG). Ein widerrufliches Bezugsrecht aus einer Lebensversicherung hat daher keinen gegenwärtigen Wert und ist beim Zugewinnausgleich nicht zu berücksichtigen. Ist das Bezugsrecht des Dritten unwiderruflich (§ 159 III VVG), ist der Wert der Versicherung ausschließlich beim Bezugsberechtigten anzusetzen.[416]

305    Anders wiederum ist die Bewertung eines unwiderruflichen Bezugsrechts bei einer gemischten Kapitallebensversicherung mit gespaltenem Bezugsrecht. Bei einer solchen Todes- und Erlebensfallversicherung erwirbt der begünstigte Ehegatte sofort ein Recht auf die Versicherungsleistungen, jedoch auflösend bedingt durch den Eintritt des Erlebensfalls des Ehepartners. Als Versicherungsnehmer steht diesem Ehegatten ein bis zum Eintritt des Erlebensfalls aufschiebend bedingtes Recht auf die Versicherungsleistungen zu.[417] Der Wert des Versicherungsverhältnisses ist danach in den Bilanzen des Endvermögens aufzuteilen, bei jedem Ehegatten ist ein Vermögenswert aus der Versicherung anzusetzen. Für die Bewertung dieser beiden „unsicheren Rechte" ist abzuschätzen, mit welcher Wahrscheinlichkeit am Stichtag der Versicherungsnehmer den Eintritt des Versicherungsfalls (z. B. 65. Lebensjahr) erleben wird. Ist die Wahrscheinlichkeit seines vorzeitigen Todes sehr gering, kann das Bezugsrecht des Ehepartners mit null bewertet werden. Zur Beurteilung kann nach BGH[418] die allgemeine Sterbetafel des statistischen Bundesamts herangezogen werden. Als Anhaltspunkt für die Ermittlung der Erlebenswahrscheinlichkeit können nach BGH[419] auch die fiktiven Kosten einer Risikolebensversicherung herangezogen werden, die der Anrechtsinhaber für die Zeit bis zum Eintritt des Erlebensfalls abschließen kann.

In Ausnahmefällen kann an einer Lebensversicherung auch eine Bruchteilsgemeinschaft bestehen (vgl. Kap. 5 Rn. 365).

## 3. Bewertung einer Lebensversicherung

306    Der Wert einer Lebensversicherung richtet sich entweder nach dem Rückkaufswert oder nach dem Fortführungswert.

▶ Die Rechtsprechung hat früher nur auf den **Rückkaufswert** am Stichtag abgestellt.[420] Der Rückkaufswert ist die Summe, die dem Versicherungsnehmer bei Aufhebung des Versicherungsverhältnisses auszuzahlen ist (169 VVG). Der Rückkaufswert ist wegen der Stornoabzüge niedriger als der wahre, wirkliche Wert. Zusätzlich sind die durch die vorzeitige Vertragsauflösung verursachten Steuerbelastungen, wie die Kapitalertragsteuer und eine latente Ertragsteuer wertmindernd anzusetzen.[421] Der Rückkaufswert entspricht dem Liquidationswert des Versicherungsvertrags. Er ist für den Zugewinnausgleich jedoch nur dann maßgebend, wenn am Stichtag der Rechtshängigkeit der Scheidung (§ 1384 BGB)

---

[416] BGH FamRZ 92, 1155.

[417] BGH FamRZ 92, 1155; Schwab/Schwab VII Rn. 87; JH/Jaeger § 1376 Rn. 14; Bamberger/Roth/Mayer § 1376 Rn. 32.

[418] BGH FamRZ 1992, 1155, 1158, 1159.

[419] BGH FamRZ 2003, 153, 154 m. Anm. Bergschneider.

[420] BGH FamRZ 1977, 41; 1981, 239; 1992, 411, 413.

[421] JH/Jaeger § 1376 Rn. 13.

die Fortführung des Versicherungsverhältnisses nicht zu erwarten ist und auch durch eine Stundung der Ausgleichsforderung (§ 1382 BGB) nicht ermöglicht werden kann.[422] In den ersten beiden Jahren haben Lebensversicherungen nur einen äußerst geringen Rückkaufswert, da die Abschluss- und Vertriebskosten zu Beginn des Versicherungsvertrages abgesetzt werden können.

► Ergibt die Prognose am Stichtag, dass das Versicherungsverhältnis nicht vorzeitig 307 beendet wird, so ist nach BGH[423] auf den **Fortführungswert** als den wahren wirtschaftlichen Wert („Zeitwert") abzustellen. Für die Ermittlung des Fortführungswerts ist die h. M.[424] einem Vorschlag der Deutschen Aktuarvereinigung gefolgt. Danach ist als Wert der Lebensversicherung der Rückkaufswert der individuell gutgeschriebenen Versicherungsleistungen ohne Stornoabschläge, d. h. das rechnungsmäßige Deckungskapital einschließlich gutgeschriebener Gewinnanteile zuzüglich des zum Bewertungsstichtag erreichten Anwartschaftsbarwerts auf Schlussgewinnanteile heranzuziehen. Die Versicherungsunternehmen teilen den Rückkaufs- und den Fortführungswert mit. Für eine überschlägige Berechnung des Zeit- oder Fortführungswerts kann von der Faustformel „*Rückkaufswert + 8%*" ausgegangen werden.[425]

Bei Lebensversicherungen, die noch nicht 12 Jahre bestehen, kann sich eine *latente Steuerlast* ergeben, die berücksichtigt werden muss (vgl. Kap. 6 Rn. 31). Es empfiehlt sich, die konkrete Höhe der Steuer am Stichtag durch einen Steuerberater zu ermitteln. In den ersten beiden Jahren haben Lebensversicherungen nur einen äußerst geringen Rückkaufswert, da die Abschluss- und Vertriebskosten zu Beginn des Versicherungsvertrages abgesetzt werden. Zahlungen, die ein Ehegatte während der Ehe aus einer Lebensversicherung erhält, können als privilegierter Erwerb zum Anfangsvermögen gemäß § 1374 II BGB gehören.[426]

## 4. Lebensversicherung und Kreditfinanzierung

Mit Lebensversicherungen werden oftmals Kapitalrückzahlungen aus Darlehens- 308 verträgen, insbesondere beim Erwerb eines Eigenheims, finanziert. In diesen Fällen wird der Zahlungsanspruch aus der Lebensversicherung an den Kreditgeber abgetreten. Der Wert der Kapitallebensversicherung kann dann nicht mehr bei den Aktiva im Endvermögen angesetzt werden. Der Zeitwert der Lebensversicherung mindert jedoch die Höhe der Kreditverbindlichkeiten und damit die Passiva im Endvermögen.[427] So hat der BGH für das Berlin-Darlehen entschieden.[428]

Wird die Lebensversicherung zur Finanzierung eines gemeinsamen Kredits eingesetzt, so ist sie kein Aktivposten in der Vermögensbilanz beim Versicherungsnehmer

---

[422] BGH FamRZ 1995, 1270; Bamberger/Roth/Mayer § 1376 Rn. 33.

[423] BGH FamRZ 1995, 1270.

[424] Vgl. Raube/Eitelberg FamRZ 1997, 1322, 1326; Palandt/Brudermüller § 1376 Rn. 17; Bamberger/ Roth/ Mayer § 1376 Rn. 33; Schwab/Schwab VII Rn. 85; MK/Koch § 1376 Rn. 20; JH/Jaeger § 1376 Rn. 13.

[425] Büte Rn. 154; Schnitzler/Boden/Cremer, MAH-Familienrecht, § 18 Rn. 166.

[426] BGH FamRZ 1995, 1562; Bestätigung von OLG Hamm FamRZ 1994, 1255 (die Ehefrau hatte während der Ehe aus einer Lebensversicherung ihres verunglückten Sohnes 120 000 € DM erhalten).

[427] Palandt/Brudermüller § 1376 Rn. 18; Schwab/Schwab VII Rn. 89; Hoppenz/Hoppenz § 1376 Rn. 67; Kogel, Strategien, Rn. 648 ff.

[428] BGH FamRZ 1992, 1155, 1160.

mehr. Ihr Zeitwert ist jedoch bei dem von beiden Ehegatten zu tragenden Kredit schuldmindernd abzuziehen.[429]

▶ **Leibgedinge:**

309 Vor allem in ländlichen Gegenden übertragen Eltern ihrem Kind oftmals ein Hausgrundstück oder ein landwirtschaftliches Anwesen und vereinbaren als Gegenleistung ein Leibgedinge – auch Altenteil genannt. Die Übergabe erfolgt in der Regel **„mit Rücksicht auf ein künftiges Erbrecht"** gemäß § 1374 II BGB.[430] Klassische Inhalte eines Leibgedinges sind ein lebenslanges Wohnrecht auf dem überlassenen Grundstück, die Gewährung von Kost, Wartung und Pflege „auf Lebenszeit in gesunden und kranken Tagen" und zumeist auch Geldleistungen. Bei den Sach- und Dienstleistungen (Kost, Wartung und Pflege) handelt es sich um **Reallasten** (§§ 1105 ff BGB), beim Wohnrecht um eine **beschränkt persönliche Dienstbarkeit** (§§ 1090, 1093 BGB) und bei der Zahlungsverpflichtung um eine **Leibrente** (§ 759 BGB).

## 1. Die frühere Rechtsprechung des BGH

310 *„Wie war es doch vor ehedem, ach mit dem Leibgedinge so bequem!"* Die Belastung eines Grundstücks mit einem Leibgedinge oder mit einer Leibrente, einem Nießbrauch oder Wohnrecht musste nicht bewertet werden, sondern konnte sowohl im Anfangs- als auch im Endvermögen unberücksichtigt bleiben. Doch die schönen Zeiten sind nun vorbei. Der Familiensenat des BGH hat seine Rechtsprechung geändert. Jetzt muss man wieder selber rechnen und mit Sterbetafel und Bewertungsrichtlinien Leibgedinge, Leibrente, Nießbrauch und Wohnrecht bestimmen.

311 Nach der früheren Rechtsprechung des BGH von 1990[431] unterlagen Wertsteigerungen eines Grundstücks, die mit der fortschreitenden Wertminderung eines Leibgedinges verbunden waren, nicht dem Zugewinnausgleich. Dieser Wertzuwachs beruhte letztlich noch auf der früheren Zuwendung, denn die Immobilie wurde mit der sicheren Aussicht erworben, dass die übernommene Belastung spätestens mit dem Tod des Berechtigten erlischt. Daher wäre es nicht gerechtfertigt, den Ehepartner an diesem Vermögenszuwachs, der auf persönlichen Beziehungen des erwerbenden Ehegatten zu dem Übergeber beruht, über den Zugewinnausgleich zu beteiligen. Sämtliche Verpflichtungen aus einem Leibgedinge waren daher bei der Ermittlung der Ausgleichsbilanz von dem übernommenen Vermögen nicht abzuziehen.

## 2. Die neue Rechtsprechung des BGH

312 Aus den Entscheidungen des BGH vom 7. 9. 2005 zur Leibrente[432] und vom 22. 11. 2006 zum Wohnrecht[433] folgt, dass nunmehr auch beim Leibgedinge der Wert des Nutzungsrechts zu bestimmen und im **Anfangs- und Endvermögen als Ab-**

---

[429] OLG Zweibrücken FamRZ 2008, 1441 (Ls.); Schwab/Schwab VII Rn. 89; JH/Jaeger § 1375 Rn. 8.
[430] BGH FamRZ 1990, 1083, 1084; 2007, 978, 980.
[431] FamRZ 1990, 56; 1990, 1217.
[432] FamRZ 2005, 1974.
[433] FamRZ 2007, 978.

**zugsposten anzusetzen** ist. Zusätzlich muss der **gleitende Vermögenserwerb** aufgrund des sinkenden Werts des Leibgedinges infolge der abnehmenden Lebenserwartung des Berechtigten ermittelt und dem Anfangsvermögen hinzugerechnet werden, um diesen Wertzuwachs vom Zugewinnausgleich auszunehmen.

## 3. Bewertung eines Leibgedinges

Bei der Bewertung eines Leibgedinges ist zwischen den *Dienst- und Sachleistungen* (Kost, Wartung und Pflege) und dem *Wohnrecht* sowie vereinbarten *Geldzahlungen* zu unterscheiden. **313**

**a) Wohnrecht.** Das Wohnrecht als Teil eines Leibgedinges ist in gleicher Weise wie ein isoliert vereinbartes Wohnrecht zu bewerten. Der Wohnrechtsbestandteil des Leibgedinges ist somit in zwei Stufen zu bewerten: einmal hinsichtlich der übernommenen Verpflichtung, den Eltern unentgeltlich eine Wohnung zu überlassen, zum andern hinsichtlich des gleitenden Wertzuwachses durch das allmähliche Absinken der Belastung mit dem Wohnrecht. Hierzu kann auf die Ausführungen zum Wohnrecht Bezug genommen werden (Rn. 410).

**b) Geldzahlungen.** Wurde im Übergabevertrag auch die Zahlung einer Monatlichen Geldrente vereinbart, so ist diese Zahlungsverpflichtung in gleicher Weise wie eine Leibrente zu bewerten (Rn. 325).

**c) Sach- und Pflegeleistungen.** Die Verpflichtung für den Altenteilsberechtigten lebenslang Kost, Wartung und Pflege zu leisten, ist als wertmindernde Belastung – wie eine Leibrente – vom Wert des erworbenen Grundstücks sowohl im Anfangsvermögen als auch, wenn es noch fortbesteht, im Endvermögen abzusetzen.[434] Wegen der sinkenden Lebenserwartung des Berechtigten nehmen die Belastungen laufend ab. Das Endvermögen ist daher insoweit stets höher als das Anfangsvermögen. An diesem Wertzuwachs soll der Ehepartner über den Zugewinnausgleich teilhaben. Denn die zur Erfüllung dieser Verpflichtung erforderlichen finanziellen Aufwendungen schmälern das Endvermögen des verpflichteten Ehegatten und damit seinen Zugewinn. Persönliche Pflegeleistungen, die oft auch vom anderen Ehegatten erbracht werden, hindern den leistenden Ehegatten anderweit Vermögen zu erwerben, das seinen Zugewinn erhöhen würde.

## 4. Bewertung der Sach- und Pflegeleistungen „in Geld"

Für die Berechnung eines Leibgedinges beim Zugewinnausgleich gibt es keine festen Regeln. Es sind zwei Bewertungen vorzunehmen: Zum einen ist der **finanzielle Wert der Wartungs- und Pflegeleistungen**, zum anderen die **„Pflegewahrscheinlichkeit"** des Übergebers zu bestimmen. **314**

### a) Umwandlung von „Kost, Wartung und Pflege" in Geldleistungen.

Anhaltspunkte für die Umwandlung der Pflege- und Sachleistungen in feste Geldbeträge ergeben sich aus dem Einführungsgesetz zum Bürgerlichen Gesetzbuch von 1896. Nach Art. 96 EGBGB gelten für die Bewertung eines *„Leibgedings-, Leib-*

---

[434] So BGH FamRZ 2005, 1974, 1977; Johannsen/Henrich/Jaeger § 1374 Rn. 29; Palandt/Brudermüller § 1374 Rn. 13; MK/Koch § 1374 Rn. 23; Bamberger/Roth/Mayer § 1374 Rn. 16.

*zuchts-, Altenteils- oder Auszugsvertrags"* die landesgesetzlichen Vorschriften. In den einzelnen landesrechtlichen Gesetzen[435] ist die Umwandlung von Leistungen aus einem Leibgedinge in eine Pflicht zur Zahlung einer Geldrente geregelt.

In Bayern hat nach Art. 18 S. 1 BayAGBGB der Verpflichtete (der Übernehmer) dem Berechtigten (dem Übergeber), wenn dieser aus besonderen Gründen das Grundstück auf Dauer verlassen muss, für die Befreiung von der Pflicht zur Gewährung der Wohnung und zu Dienstleistungen eine **Geldrente** zu zahlen, die dem **Wert der Befreiung nach billigem Ermessen** entspricht.[436] Dabei ist nicht darauf abzustellen, welche Kosten der Berechtigte bei einer Heimunterbringung zu leisten hätte, entscheidend sind vielmehr die **Einsparungen,** die sich für den Verpflichteten durch den Wegfall seiner geschuldeten Leistungen ergeben.[437]

315 Als **Maßstab;** mit welchen Beträgen die ersparten Naturalleistungen finanziell zu bewerten sind, könnte darauf abgestellt werden, welchen *Geldersatz der Träger der Sozialhilfe* gemäß § 93 I 1 SGB XII auf sich überleitet, wenn ein Leibgedingsberechtigter wegen Krankheit oder Gebrechlichkeit dauerhaft in einem Heim aufgenommen wird.[438] Für die **Verköstigung** des Pflegebedürftigen wird in der Regel ein Drittel des Eckregelsatzes nach § 28 SBG XII (derzeit 359 €) – somit **monatlich 120 €** – geltend gemacht. Für **„Wartung und Pflege"** wird in den meisten Fällen die Hälfte des Pflegegeldes für die Pflegestufe I (derzeit 215 €) – somit **monatlich 112,50 €** – angesetzt (§ 64 I SGB XII i. V. m. § 37 I 3 Nr. 3 SGB XI).[439]

Für die **Wertbestimmung** beim Zugewinnausgleich sind dann die jeweiligen Jahresbeträge (120 € + 112,50 €) × 12 = 2790 € nach allgemeinen Grundsätzen – wie eine Leibrente[440] – zu kapitalisieren (s. dazu Rn. 321). Dabei spielt es keine Rolle, ob die Sach- und Dienstleistungen (Kost, Wartung und Pflege) als Reallasten (§ 1105 BGB) dinglich gesichert oder nur schuldrechtlich vereinbart sind.[441]

316 **b) Bestimmung der Pflegewahrscheinlichkeit.** Bei der rechnerischen Bewertung von „Wartung und Pflege" ist zu berücksichtigen, dass bei Übernahme der Leibrentenverpflichtung zumeist noch keine Pflegebedürftigkeit besteht. Je jünger der Berechtigte bei der Bestellung des Altenteils ist, desto geringer ist die Pflegewahrscheinlichkeit. Für die Bewertung ist ohne Belang, ob und mit welcher Intensität die Dienst- und Pflegeleistungen erbracht wurden.[442] Es sind der Durchschnittswert der Pflegewahrscheinlichkeit und die zu erwartende Pflegedauer zu berücksichtigen.[443] Diese Berechnung erstellen Sachverständige für Grundstücks- und Gebäudebewertungen.

---

[435] S. die Aufzählung bei Palandt/Bassenge Art 96 EGBGB Rn. 6.
[436] Rosendorfer MittBayNot 2005, 1, 4; Staudinger/Albrecht Art. 96 EGBGB Rn. 49.
[437] BGH FamRZ 2002, 1178.
[438] Vgl. Bezirk Oberbayern, 80 535 München, Leitfaden „Hilfe zur Pflege", 2010, S. 25, 26; Rosendorfer MittBayNot 2005, 1, 4 unter Bezugnahme auf eine Auskunft der Regierung von Niederbayern.
[439] So der derzeitige Satz des Bezirks Oberbayern.
[440] BGH FamRZ 2005, 1974, 1977.
[441] BGH FamRZ 1990, 1083, 1085.
[442] BGH FamRZ 2007, 978, 981.
[443] Vgl. Hauß FPR 2009, 286, 287.

► Leibrente:

# I. Leibrente als Zahlungsverpflichtung

## 1. Die frühere Rechtsprechung des BGH seit 1990

Die Belastung durch eine Leibrente (§ 759 BGB) verringert sich ständig wegen der 317
abnehmenden Lebenserwartung des Berechtigten. Diese Minderung der Belastung
führt zu einer entsprechenden Wertsteigerung des übertragenen Vermögens. Nach
der früheren Rechtsprechung des BGH seit 1990 sollte der Ehepartner an diesem
Vermögenszuwachs nicht teilhaben. Dieses Ziel wurde dadurch erreicht, dass die
durch den bloßen Zeitablauf bewirkte Wertsteigerung nach § 1374 II BGB als
fiktiver Erwerb dem Anfangsvermögen hinzugerechnet wurde. Die Belastungen sind
damit im Anfangs- und Endvermögen gleich hoch. Die Leibrente konnte daher bei
der Berechnung des Zugewinns unberücksichtigt bleiben.[444]

## 2. Die neue Entscheidung des BGH zur Leibrente

Der BGH hält an seiner bisherigen Rechtsprechung nicht mehr fest. Der Familien- 318
senat hat am 7. 9. 2005 in einem Fall, in dem der Vater als Gegenleistung für die
Übertragung von Wohnungseigentum mit dem Sohn eine **Leibrente** vereinbart hatte,
entschieden: [445]

*„Hat sich der erwerbende Ehegatte in den Fällen des § 1374 II BGB im Zusam-
menhang mit der Zuwendung zur Zahlung einer Leibrente verpflichtet, so ist das
Leibrentenversprechen bei der Ermittlung des Anfangs- und, wenn die Leibrenten-
pflicht fortbesteht, auch beim Endvermögen mit seinem jeweiligen Wert mindernd zu
berücksichtigen."*

Die Belastung mit einer Leibrente kann beim Zugewinnausgleich künftig nicht 319
mehr unberücksichtigt bleiben. Die Verpflichtung, eine Leibrente zu zahlen, nimmt
wegen der sinkenden Lebenserwartung des Berechtigten fortlaufend ab. An diesem
Vermögenszuwachs soll nunmehr auch der Ehepartner beteiligt werden. Hierzu hat
der Familiensenat festgestellt:[446]

*„Soweit der Zuwendungsempfänger Geld- oder geldwerte Leistungen zu erbringen
hat, mindert der erforderlichenfalls zu kapitalisierende Wert dieser Leistungen jedenfalls sein Anfangsvermögen i.S. des § 1374 II BGB. Sofern die Leistungspflicht am
Ehezeitende noch fortbesteht, mindert deren – dann auf diesen Zeitpunkt hin zu
ermittelnde (niedrigere) – Wert auch das Endvermögen. Der dadurch wachsende
Wert der Zuwendung ist insoweit nicht unentgeltlich i.S. von § 1374 II BGB und
damit auch nicht privilegiert. Deshalb muss auch der andere Ehegatte an diesem
Vermögenswert teilhaben."*

Für die Bewertung einer Leibrente als Belastung im Anfangsvermögen ist es wegen 320
des strikten und starren Stichtagsprinzips ohne Bedeutung, ob die vereinbarten
Beträge später tatsächlich gezahlt wurden. Wenn der Berechtigte auf die Zahlung der
Leibrente (teilweise) **verzichtet** hat, liegt insofern eine (gesonderte) **Schenkung** vor.
Diese Zuwendung hat – zum jeweiligen Zeitpunkt – einen Vermögenszuwachs

---

[444] BGH FamRZ 1990, 603; 1990, 1083; 1990, 1217, 1083; 1990, 1217.
[445] BGH FamRZ 2005, 1974 m. Anm. Schröder.
[446] BGH FamRZ 2005, 1974, 1977.

bewirkt, der nach der Regelung des § 1374 II BGB in gleicher Weise als privilegierter Erwerb dem Anfangsvermögen zuzurechnen ist.[447]

### 3. Kapitalisierung einer Leibrente

321 | **Beispiel:** Im Jahr 1998 schenkt die damals 60 Jahre alte Mutter ihrem verheirateten Sohn M ein Grundstück. M verpflichtete sich im Gegenzug zur Zahlung einer lebenslangen Leibrente von 300 € monatlich. Im Jahr 2008 reicht M die Scheidung ein.
– Die Mutter ist 2005 verstorben.
– Die Mutter lebt bei Rechtshängigkeit der Scheidung noch.
– Wie ist die Leibrente beim Zugewinnausgleich zu bewerten?

322     **a) Anfangsvermögen.** Die Leibrente ist stets mit einem kapitalisierten Wert bei den Passiva des Anfangsvermögens einzustellen. Auszugehen ist vom Jahresbetrag der Leibrente in Höhe von (300 € × 12) = 3600 €. Da die Leibrente lebenslang geschuldet wird, ist von der durchschnittlichen Lebenserwartung des Berechtigten am Bewertungsstichtag (Zeitpunkt der Kapitalisierung) auszugehen. Nach der Sterbetafel 1997/1999 für Deutschland des Statistischen Bundesamts[448] betrug zum damaligen Zeitpunkt die Lebenserwartung einer 60 Jahre alten Frau 23,30 Jahre.[449] Die tatsächliche Lebensdauer des Berechtigten ist unerheblich.[450] Somit spielt der Umstand, dass die Mutter bereits 2003 verstorben ist, wegen des strengen, starren Stichtagsprinzips für das Anfangsvermögen keine Rolle. Nunmehr ist der Betrag zu ermitteln, der erforderlich ist, um die Zahlung der Leibrente für die gesamte Laufzeit sicherzustellen. Für die Berechnung des **Barwerts** sind die Kapitalzinsen von entscheidender Bedeutung. Es muss daher bestimmt werden, welcher **Kapitalisierungszinssatz** einzusetzen ist. Wird ein hoher Zinssatz angenommen, wird nur wenig Kapital benötigt, bei einem niedrigeren Zinssatz muss entsprechend mehr Kapital zur Verfügung gestellt werden.

323     Bei der Bemessung des Rechnungszinses für die Bewertung künftiger Leistungen ist nach BGH[451] nicht auf den Zinssatz abzustellen, der gerade zum Stichtag aktuell ist. Der Zeitwert künftiger Leistungen ist vielmehr mit einem Zinssatz zu bestimmen, der aus einer langjährigen Beobachtung der maßgebenden volkswirtschaftlichen Orientierungsgröße gewonnen wird. Der BGH hat bisher einen Zinssatz von 5,5% angenommen (s. dazu Kap. 5 Rn. 427). Die daraus sich ergebenden Kapitalisierungsfaktoren können der Anlage 1 zu § 20 der Immobilienwertermittlungsverordnung entnommen werden (s. den Auszug bei Kap. 5 Rn. 428). Die Jahresrente ist danach mit dem für die jeweilige Laufzeit angegebenen Faktor zu vervielfachen.

---

[447] BGH FamRZ 2007, 978, 981.
[448] Sämtliche Sterbetafeln können kostenfrei heruntergeladen werden mit folgendem Link: https://www-ec.destatis.de/csp/shop/sfg/vollanzeige.csp?ID=1 025 018.
[449] Nach der Sterbetafel 2006/2008 beträgt die Lebenserwartung einer 60 Jahre alten Frau 24,71 Jahre.
[450] OLG Karlsruhe FamRZ 1990, 56, 57; Schwab/Schwab VII Rn. 90.
[451] BGH FamRZ 2005, 527, 529.

Die Mutter hatte am Bewertungsstichtag eine Lebenserwartung von 23,30 Jahren. **324** Der Faktor beträgt für eine Laufzeit von 23 Jahren 12,88 und von 24 Jahren 13,15. Bei einer Lebenserwartung von 23,30 Jahren ist demnach mit dem Faktor 12, 96 zu rechnen. Es ergibt sich dann ein **Kapitalwert** (**Barwert**) von 3600 € (Jahresrente) × 12,96 € = 46 656 €. Dieser Betrag ist (wie der Wert des Grundstücks) nach allgemeinen Grundsätzen im Anfangsvermögen zu **indexieren.**

Die Indexzahlen sind für 1998 – 90,9 und für 2008 – 106,6.

Indexierung: 46 656 € × 106,6 : 90,9 = 54 714 €.

Die monatlich zu zahlende Leibrente von 300 € ist daher als Belastung beim Anfangsvermögen in Höhe von 54 714 € anzusetzen.

Nach BGH[452] spielt es für die Bewertung der Leibrente **keine Rolle,** ob sie als **325** Reallast (§§ 1105 ff BGB) im Grundbuch gesichert ist oder nur schuldrechtlich vereinbart wurde. Im ersten Fall wird schon der Sachverständige bei der Bewertung des Grundstücks die dingliche Last im Gutachten berücksichtigen. Im zweiten Fall ist die Leibrente als eine Gegenleistung zur Übertragung des Grundstücks (gemischte Schenkung) anzusehen und der kapitalisierte Wert bei den Passiva im Anfangsvermögen einzustellen.

## b) Endvermögen                                                                                            **326**

*1. Alternative:*

Ist die Mutter bei Rechtshängigkeit der Scheidung bereits verstorben, fällt die Belastung weg. Als Aktivposten ist am Stichtag nur der jetzige Wert des Grundstücks anzusetzen.

*2. Alternative:*

Lebt die Mutter bei Rechtshängigkeit der Scheidung 2008 noch, besteht die Verpflichtung zur Zahlung der Leibrente weiter fort. Für die Wertberechnung ist zunächst die Lebenserwartung der dann 70 Jahre alten Frau zugrunde zu legen. Diese beträgt nach der Sterbetafel 2006/2008 noch 16,25 Jahre. Als Bewertungsfaktor ist 10,56 (s. Kap. 5 Rn. 428) anzusetzen. Der Kapitalwert der Leibrente beträgt somit 3600 € × 10,56 = 38 016 €. Im Endvermögen sind danach 38 016 € bei den Passiva einzustellen.

## c) Zugewinnausgleich                                                                                      **327**

*1. Alternative:*

Ist die Mutter bereits verstorben, besteht am Endvermögensstichtag keine Belastung mehr. Es ist der volle Wert des Grundstücks anzusetzen. Die Belastung im Anfangsvermögen beträgt 54 714 €.

*2. Alternative:*

Der Wert der Belastung mit der Leibrente ist, wenn die Mutter am Stichtag noch lebt, von 54 714 € auf 38 016 € gesunken. Der Zugewinn des Ehemannes beträgt – unabhängig vom Wert des Grundstücks – insoweit 16 138 €. Der Hälftebetrag in Höhe von 8349 € ist zugunsten der Ehefrau auszugleichen.

---

[452] FamRZ 2005, 1974, 1977; 2007, 978, 981.

## II. Leibrente als Zahlungsanspruch

**328**     Ist ein Ehegatte am Stichtag **unwiderruflich Bezugsberechtigter** einer lebenslang zu gewährenden Leibrente, unterliegt das Anrecht dem **Versorgungsausgleich** (§ 2 II Nr. 3, IV VersAusglG).[453]

▶ **Lottogewinne:**

**329**     Lotto- oder Lotteriegewinne sind in die Bilanz des Endvermögens einzustellen, soweit sie am Stichtag noch vorhanden sind. Eine Zurechnung zum Anfangsvermögen analog § 1374 II BGB hat der BGH[454] abgelehnt (vgl. Rn. 50 f).

▶ **Massagepraxis:**

**330**     Für Massagepraxen gibt es einen Markt. Sie werden auch veräußert, da die Anlaufverluste in den ersten ein bis zwei Jahren gegenüber einer Neugründung geringer sind.[455] Sie sind nach dem Ertragswert (Rn. 122 f) zu bewerten

▶ **Mietkaution:**

**331**     Die Mietkaution ist eine Sicherheitsleistung des Mieters für künftige Ansprüche des Vermieters aus dem Mietverhältnis. Sind beide Ehegatten Mietpartei, sind sie hinsichtlich der Mietkaution Gesamtgläubiger.[456] Der Anspruch aus der Kaution ist daher grundsätzlich bei jedem **zur Hälfte anzusetzen,** wenn sich nicht nach § 430 BGB etwas anderes ergibt. Der Anspruch auf Rückgewähr der Kaution ist jedoch ein unsicheres Recht (s. Rn. 380). Es ist daher eine **Schätzung** vorzunehmen. Dabei kommt es darauf an, ob am Stichtag eine Rückgewähr erwartet werden konnte.[457] Bestanden am Stichtag Schulden oder war gerade zu diesem Zeitpunkt die Wohnung in schlechtem Zustand, wird sich dies auswirken müssen. In der Praxis wird dieser Posten normalerweise vernachlässigt, weil sich sein „wirklicher Wert" meist nur mit unvertretbarem Aufwand feststellen lässt. Ein aus der Wohnung ausgezogener Ehegatte hat auch keinen Anspruch auf Erstattung der halben Kaution (vgl. Kap. 4 Rn. 99). Verpflichtungen zur Leistung einer Kaution sind in der Regel nicht zu den Passiva zu zählen.[458]
S. auch „Kaution"

▶ **Mietzahlungen:**

**332**     Fällt der Stichtag in den Lauf eines Monats und ist die Raummiete für diesen Monat bereits bezahlt, stellt die nach dem Stichtag bestehende Möglichkeit, die Räume bis zum Monatsende ohne Gegenleistung zu nutzen, eine vorteilhafte Rechtsposition dar, die mit ihrem anteiligen Wert in die Ausgleichsbilanz einzustellen ist.[459] War die Miete noch nicht bezahlt, ist der geschuldete Betrag bei den Passiva anzusetzen.

---

[453] JH/Hahne § 2 VersAusglG Rn. 12, 18.
[454] BGH FamRZ 1977, 124.
[455] So Schröder Rn. 143.
[456] AG Itzehoe FamRZ 1991, 442.
[457] OLG Karlsruhe FamRZ 2003, 682 (Gaststättenkaution).
[458] OLG Hamm FamRZ 1996, 34.
[459] BGH FamRZ 1991, 43, 46.

► **Miteigentum:**

Miteigentum ist in der Vermögensbilanz in Höhe der auf jedem Ehegatten fallen- **333** den Beteiligungsquote anzusetzen. Sind beide Ehegatten je zur Hälfte Eigentümer eines Grundstücks, gehört bei beiden jeweils der halbe Wert zum Endvermögen. In diesen Fällen braucht der genauer Wert nur dann ermittelt zu werden, wenn ein Ehegatte ein negatives Endvermögen hat.

> **Beispiel:** Die Eheleute M und F hatten kein Anfangsvermögen. Während der Ehe erwarben sie ein Wohnhaus in Miteigentum je zur Hälfte. M hat weiteres Endvermögen im Wert von 100 000 €. F hat kein zusätzliches Endvermögen. M und F können sich über den Wert des Wohnhauses nicht einigen. M behauptet einen Wert von 600 000 €, F geht von 800 000 € aus.

- Bei einem Wert von 800 000 € sind bei jedem Ehegatten 400 000 € anzusetzen. **334** Der Zugewinn von M beträgt 100 000 € + 400 000 € = 500 000 €. F hat einen Zugewinn von 400 000 € erzielt. F erhält als Zugewinnausgleich 50 000 €.
- Bei einem Wert von 600 000 € sind bei jedem Ehegatten 300 000 € anzusetzen. Der Zugewinn von M beträgt 400 000 €. F hat einen Zugewinn von 300 000 € erzielt. Die Ausgleichsforderung von F beträgt ebenfalls 50 000 €. Ausgeglichen wird nur das weitere Vermögen des M von 100 000 €.

Anders ist es dagegen, wenn ein Ehegatte überschuldet ist. Dann muss der **335** genaue Wert ermittelt werden. Hat im Beispielsfall M am Endvermögensstichtag neben dem Grundbesitz noch Schulden von 500 000 €, ergeben sich folgende Berechnungen:
- Bei einem Wert des Hauses von 800 000 € hat M ein negatives Endvermögen von (400 000 € − 500 000 €) = − 100 000 €. Sein Zugewinn ist gemäß § 1373 BGB mit null anzusetzen (vgl. Rn. 78). F hat einen Zugewinn von 400 000 € erzielt. Hiervon muss sie die Hälfte, 200 000 €, abgeben.
- Bei einem Wert von 600 000 € hat M ein negatives Endvermögen von (300 000 € − 500 000 €) = − 200 000 €. Sein Zugewinn beträgt wiederum null. F hat einen Zugewinn von 300 000 €. In diesem Fall müsste sie nur 150 000 € an M bezahlen.

Als Ergebnis ist festzuhalten, dass ein überschuldeter Ehegatte darauf bestehen **336** muss, den genauen Wert von Miteigentum zu ermitteln. Sein Zugewinn beträgt stets null. Er profitiert von einem höheren Wert des gemeinsamen Eigentums. Die Situation ist ähnlich wie bei den gegenseitigen Ansprüchen (s. Rn. 226).
Zur Auseinandersetzung von Miteigentum s. Kap. 5 Rn. 3 ff.

► **Mitgliedschaftsrechte:**

Mitgliedschaftsrechte bei einem Idealverein (z. B. Haus- und Grundbesitzerverein, **337** Kassenärztliche Vereinigung, Lohnsteuerhilfeverein) haben in der Regel nur personenrechtlichen Charakter und sind deshalb in der Ausgleichsbilanz nicht zu berücksichtigen.[460] Anders ist es jedoch, wenn sie auch vermögensrechtliche Elemente enthalten. Dies kann bei einer Genossenschaft, einem **wirtschaftlichen Verein** (z. B. Taxizentrale) oder einem Verein auf Gegenseitigkeit der Fall sein. Dann ist der Wertanteil wie bei Unternehmensbeteiligungen (Rn. 392 f) zu ermitteln. Häufig wird

---

[460] Büte Rn. 165.

es schon genügen, bei der betreffenden Organisation nach dem Wert des Anteils zu fragen.

### ▶ Münzsammlung:

S. „Sammlungen"

### ▶ Musikinstrumente:

**338** Musikinstrumente gehören nicht immer zu den Haushaltsgegenständen. Sind sie zum persönlichen Gebrauch eines Ehegatten bestimmt, unterliegen sie dem Zugewinnausgleich. Maßgeblich sind Zweckbestimmung und Nutzung.[461] Spielen mehrere Familienmitglieder die Instrumente, zählen diese zu den Haushaltssachen. Wird das Instrument dagegen nur von einem Ehegatten genutzt, gehört es zu den Hobby-Geräten (vgl. Rn. 277) oder zu den beruflich genutzten Gegenständen (vgl. Kap. 4 Rn. 140) und wird über den Zugewinn ausgeglichen.

### ▶ Nacherbschaft:

**339** Die Nacherbenstellung (§ 2100 BGB) gibt ein Anwartschaftsrecht, das einen gegenwärtigen Vermögenswert darstellt und deshalb beim Zugewinnausgleich zu berücksichtigen ist.[462] Der Wert ist zu schätzen. Es ergeben sich drei verschiedene Fallgestaltungen:

**340** | **Beispiel 1:** M war bereits bei Eheschließung Nacherbe. Bis zur Rechtshängigkeit der Scheidung hat sich hieran nichts geändert.

Der Wert der Anwartschaft des Nacherben ist gestiegen, da der Nacherbfall näher gerückt ist. Diese Werterhöhung soll aber dem anderen Ehegatten nicht zugute kommen. Der BGH[463] rechnet deshalb die Wertsteigerung dem Anfangsvermögen hinzu. Dieser Wert ist nicht mehr hochzurechnen, da er bereits durch den Wert des Endvermögens bestimmt ist. Das Nacherbenrecht ist daher beim Anfangs- und Endvermögen mit dem gleichen Wert zu veranschlagen. Die Bewertung und Berechnung des Nacherbes ist umständlich. Einfacher ist es, die Nacherbschaft weder beim Anfangs- noch beim Endvermögen zu berücksichtigen.[464]

**341** | **Beispiel 2:** M war bei Eheschließung Nacherbe. Während der Ehe tritt der Nacherbfall ein.

In diesem Fall rechnet der BGH[465] den vollen Wert des Nachlasses gem. § 1374 II BGB dem Anfangsvermögen hinzu. Das Anwartschaftsrecht geht im Wert der Vollerbschaft auf und bleibt daher völlig unberücksichtigt. Hochgerechnet wird mit dem Index aus dem Jahr des Nacherbfalls. Im Endvermögen sind die Gegenstände aus der Nacherbschaft, soweit sie noch vorhanden sind, mit ihrem Wert am Stichtag anzusetzen.

---

[461] AG Weilburg FamRZ 2000, 1017 unter Hinweis auf BayObLGZ 1952, 279.
[462] BGH FamRZ 1983, 882, 884.
[463] BGH FamRZ 1983, 882, 884.
[464] So Tiedtke JZ 1984, 1078, 1080; zust. JH/Jaeger § 1374 Rn. 23, 24; Palandt/Brudermüller § 1374 Rn. 12; MK/Koch § 1374 Rn. 19; Gernhuber FamRZ 1984, 1053, 1062.
[465] FamRZ 1983, 882, 885.

| | |
|---|---|
| **Beispiel 3:** M wird während der Ehe Nacherbe. Bis zur Rechtshängigkeit der Scheidung tritt keine Änderung ein. | 342 |

In diesem Fall kann das Anwartschaftsrecht wie in Fall 1 insgesamt vernachlässigt werden, weil es mit dem Wert des Endvermögens in das Anfangsvermögen einzustellen wäre. Wertsteigerungen, die darauf beruhen, dass der Nacherbe schon vor dem Nacherbfall Leistungen im Hinblick auf das ihm später angefallene Vermögen erbracht hat, sind vom Anfangsvermögen abzuziehen.[466]

▶ Nießbrauch:

## 1. Nießbrauch als Grundstücksbelastung

Die Entscheidung des BGH vom 22. 11. 2006[467] zum Wohnrecht gilt entsprechend auch für die Bewertung eines Nießbrauchs als Gegenleistung für die Übertragung eines Grundstücks. Der Nießbrauch muss nunmehr – im Gegensatz zur früheren Rechtsprechung[468] – im Anfangsvermögen und, wenn der Nießbrauch fortbesteht, auch im Endvermögen mit seinem **jeweils aktuellen Wert** berücksichtigt werden. Anschließend ist der fortlaufende Wertzuwachs der Zuwendung aufgrund des abnehmenden Werts des Nießbrauchs zu bewerten, um den gleitenden Erwerbsvorgang zu erfassen und vom Ausgleich auszunehmen (vgl. zur Berechnung „Wohnrecht" Rn. 410 f). 343

## 2. Nießbrauch als Aktivposten

Mit dem Nießbrauch werden Nutzungsrechte begründet (§ 1030 BGB). Auch wenn der Nießbrauch nicht vererblich ist und auch nicht übertragen werden kann (§§ 1059, 1061 BGB), handelt es sich um eine rechtlich geschützte Position mit wirtschaftlichem Wert, die in die Vermögensbilanz einzubeziehen ist.[469] Es genügt, dass die Ausübung des Nießbrauchs einem anderen überlassen werden kann (§ 1059 S. 2 BGB). 344

Für die Bewertung ist zunächst der **Nettowert** der jährlich erzielbaren Nutzungen zu ermitteln und anschließend unter Berücksichtigung der statistischen Lebenserwartung des Nießbrauchsberechtigten und der restlichen Nutzungsdauer des Gebäudes zu kapitalisieren[470] (vgl. zur Berechnung „Leibrente" Rn. 321). Wegen der sinkenden Lebenserwartung des Berechtigten nimmt der Wert eines Nießbrauchs ständig ab. Bestand ein Nießbrauch während der gesamten Dauer der Ehe, ist sein Wert daher im Anfangsvermögen stets höher als im Endvermögen.[471]

**Beispiel:** M und F heirateten 1990. Das Anfangsvermögen von M bestand aus einem Nießbrauch am Haus seines Bruders, den der Sachverständige mit (indexiert) 200 000 € bewertet. F hatte kein Anfangsvermögen. Der Scheidungsantrag wird am 1. 10. 2010 zugestellt. Der Nießbrauch wird jetzt vom Sachverständigen nur noch 345

---

[466] OLG Hamm FamRZ 1984, 481, 482: JH/Jaeger § 1374 Rn. 25.
[467] BGH FamRZ 2007, 978.
[468] BGH FamRZ 1990, 603, 604.
[469] BGH FamRZ 2004, 527 m. Anm. Koch; 1986, 1196, 1197; Kogel FamRZ 2006, 451.
[470] BGH FamRZ 2004, 527, 529; weitere Beispiele: BGH 1988, 593; KG FamRZ 1988, 171; OLG Koblenz FamRZ 1988, 64; Schwab/Schwab VII Rn. 90; JH/Jaeger § 1376 Rn. 12.
[471] Kuckenburg FuR 2008, 316, 318.

mit 50 000 € bewertet. M und F haben bei Rechtshängigkeit der Scheidung Investmentanteile im Wert von je 150 000 €.

M hat ein Endvermögen von 50 000 € (Nießbrauch) + 150 000 € (Investmentanteile) = 200 000 €. Da er ein Anfangsvermögen in gleicher Höhe hat, ist er ohne Zugewinn. F hat einen Zugewinn in Höhe von 150 000 € erzielt. Sie muss daher 75 000 € an M ausgleichen.

### ▶ Notarpraxis:

346    Bei einem Notar kommt es nur auf den Sachwert (Rn. 149) der ihm gehörenden Einrichtungsgegenstände an. Einen darüber hinausgehenden Praxiswert kann es nicht geben, weil der Notar Träger eines öffentlichen Amtes ist und kein „Notariat" besitzt, das er als solches einem Dritten veräußern könnte.[472] Zu klären ist nur, ob es offene Verbindlichkeiten und offene Außenstände am Stichtag gab.

### ▶ Nutzungsrechte:

347    Nutzungsrechte, die für den Inhaber eine gegenwärtige vermögensrechtliche Position begründen, gehören zum Vermögen und sind wie Nießbrauch (Rn. 343 f) und Wohnrecht (Rn. 410 f) zu bewerten.[473]

### ▶ OHG-Anteile:

348    Für OHG-Anteile gelten die gleichen Grundsätze wie für die Bewertung von Unternehmensbeteiligungen (Rn. 392 f).

### ▶ Optionsrechte:

349    Ein Optionsrecht ist das Recht, durch einseitige Erklärung einen Vertrag, insbesondere einen Kauf- oder Mietvertrag, zustande zu bringen.[474] Ob ein vermögenswertes Recht vorliegt, kann nur im Einzelfall durch einen Vergleich der Werte der beiderseitigen Vertragsleistungen geklärt werden.

S. „Aktienoptionsrecht"

### ▶ Patentanwalt:

350    Die Bewertung von Patentanwaltskanzleien ist wegen der dort erzielten hohen Umsätze besonders schwierig.[475] Im Streitfall wird empfohlen, eine Auskunft der zuständigen Patentanwaltskammer einzuholen.

### ▶ Patentrechte:

S. „Urheberrechte"

### ▶ Pelzmäntel:

351    Pelzmäntel gehören als Kleidung zu den Gegenständen des persönlichen Bedarfs und unterliegen dem Zugewinnausgleich (vgl. Kap. 4 Rn. 140). Pelzmäntel verlieren rasch an Wert, da sie schwankenden Modeeinflüssen unterliegen. Als Faustregel kann ein Wert von 30% des ursprünglichen Kaufpreises angenommen werden.

---

[472] BGH FamRZ 1999, 361, 363; FA-FamR/Weinreich § 1376 Rn. 41.
[473] BGH FamRZ 1981, 239.
[474] Vgl. Palandt/Heinrichs Einf. vor § 145 Rn. 23.
[475] Vgl. Klingelhöffer FamRZ 1991, 882, 884.

▶ **Pensionsansprüche:**

S. „Rentenansprüche"

▶ **Pflichtteilsansprüche:**

Stehen einem Ehepartner Pflichtteilsansprüche zu, ist diese Forderung mit ihrem **352** vollen Wert in das Vermögensverzeichnis aufzunehmen. Auf den Umstand, dass der Berechtigte von seinem Recht keinen Gebrauch macht und die Forderung verjährt, kommt es wegen des strengen Stichtagsprinzips nicht an (vgl. Rn. 13, 17).

▶ **Pkw:**

S. „Kraftfahrzeuge"

▶ **Prothese:**

Das AG Bad Säckingen[476] hatte den Wert einer vor dem Endstichtag angefertigten **353** Zahnprothese zu beurteilen. Das Amtsgericht hat einen Veräußerungswert verneint, da es für Gebisse keinen Markt gäbe. Zu denken wäre allenfalls, wie beim Hausrat, als Wert die Anschaffungskosten abzüglich angemessener Abschläge für Abnutzung anzusetzen. Prothesen und andere künstliche Körperbestandteile sollten jedoch einer Bewertung im Zugewinnausgleich vollständig entzogen sein, da sie zum einen wegen der fehlenden Verwertungsmöglichkeiten keinen wirtschaftlichen Wert darstellen, zum anderen auch ein „Gebrauchswert" nicht zu bestimmen ist.

▶ **Prozesskostenvorschuss:**

S. „Verfahrenskostenvorschuss"

▶ **Ratenkauf:**

Der Restbetrag einer in Raten zahlbaren Kaufpreisforderung gehört, wenn er ge- **354** schuldet wird, zu den Passiva und zu den Aktiva, wenn er gefordert werden kann.[477] S. auch „Eigentumsvorbehalt"

▶ **Reallasten:**

Reallasten sind nach § 1105 BGB Grundstücksbelastungen zur Sicherstellung **355** wiederkehrender Leistungen. Sie sind häufig Bestandteil von Leibgedingen. Der Wert wird wie beim Nießbrauch und der Leibrente durch Kapitalisierung ermittelt (vgl. Rn. 321).

▶ **Rechtsanwaltskanzlei:**

Nach den „Richtlinien zur Bewertung von Anwaltskanzleien" der Bundesrechts- **356** anwaltskammer[478], die nach BGH[479] als Grundlage für eine Wertbestimmung heranzuziehen ist, setzt sich der Wert einer Kanzlei aus dem **Substanzwert** und dem „**eigentlichen Kanzleiwert**" zusammen.

• Der **Substanzwert** umfasst im Wesentlichen die Büroeinrichtung (Bürogeräte, Bibliothek, Datenträger). Der Sachwert, der nach dem Wiederbeschaffungswert

---

[476] AG Bad Säckingen FamRZ 1997, 1335.
[477] BGH FamRZ 1981, 239.
[478] 5. Fortschreibung: BRAK-Mitteilungen 2009, Heft 6, S. 268–273.
[479] BGH FamRZ 2008, 761, 763.

(Rn. 156) bestimmt wird, ist angesichts des geringen Werts gebrauchter Möbel, des Veraltens von Hard- und Software und von Fachbüchern (mit Ausnahme von Zeitschriftensammlungen) in der Regel nicht sehr erheblich. Zum Sachwert gehören auch die Außenstände sowie die noch nicht abgerechneten Vergütungsansprüche (Gebühren).[480]

357 • Der „eigentliche Kanzleiwert" entspricht dem ideellen Wert, dem Goodwill. Der „innere" Kanzleiwert ist aufgrund der ausgeprägten Vertrauensbeziehung nachhaltig personengebunden.[481] Er entspricht nicht dem Geschäftswert (Firmenwert) eines Unternehmens, der in erster Linie auf den Betrieb gerichtet ist und nicht von der Person des Unternehmers abhängt (vgl. Rn. 139). Dagegen ist eine Anwaltskanzlei eng an die Person des Inhabers gebunden. Scheidet dieser aus, wird sich der ideelle Wert der Kanzlei rasch verflüchtigen.

358 Nach den „Richtlinien zur Bewertung von Anwaltskanzleien" ist Grundlage für die Bewertung des ideellen Werts – wie bei freiberuflichen Praxen – der Umsatz (vgl. Rn. 222). Es ist zunächst der durchschnittliche Brutto-Umsatz der letzten drei Jahre vor dem Stichtag der Rechtshängigkeit der Scheidung zu ermitteln, wobei das letzte Geschäftsjahr doppelt gewichtet werden soll.[482] Dies mag bei einem gewöhnlichen Verkauf der Kanzlei angebracht sein, erscheint beim Zugewinnausgleich jedoch bedenklich, da im Trennungsjahr der Umsatz oft auffallend zurückgeht. Schließlich ist der ermittelte Durchschnittsumsatz noch von außerordentlichen personenbezogenen Einnahmen (als Politiker, Vereinsvorsitzender, Autor) zu bereinigen.

359 Der auf diese Weise ermittelte Umsatz ist – so die „Richtlinien zur Bewertung von Anwaltskanzleien" – mit einem von den Umständen des Einzelfalls abhängigen Berechnungsfaktor zu multiplizieren, der in der Regel zwischen 0,3 und 1,0 liegt.[483] Dieser Rahmen ergibt sich aus den besonderen beruflichen Verhältnissen und der Marktsituation. In Ausnahmefällen kann der Berechnungsfaktor auf 0 fallen oder bis 1,3 steigen. Eine Reduzierung auf 0 kommt dann in Betracht, wenn beispielsweise eine Kanzlei durch Krankheit oder aus anderen Gründen längere Zeit nicht betrieben wurde.

360 Bei dieser Bewertungsmethode ist von dem ermittelten Wert ein kalkulatorischer oder konkreter Unternehmerlohn nicht abzuziehen. Nach den „Richtlinien zur Bewertung von Anwaltskanzleien" wird der Abzug eines Unternehmerlohns bei der Bewertung bereits berücksichtigt.[484] Dagegen hat der BGH[485] bei der Bewertung einer *ärztlichen Praxis* vom durchschnittlichen Jahresumsatz einen konkreten Unternehmerlohn abgezogen (vgl. Rn. 187 f).

361 Bei der Bestimmung des Berechnungsfaktors ist zu berücksichtigen, dass sich der Goodwill je nach den Umständen des Einzelfalls mehr oder weniger schnell verflüchtigt:
Wertsenkende Merkmale sind: Bestehen der Praxis seit weniger als zehn Jahren, hohes Alter oder schlechte Gesundheit des Praxisinhabers, Umsätze mit wenigen

---

[480] Römermann/Schröder NJW 2003, 2709, 2710.
[481] BRAK-Mitteilungen 2009, Heft 6, S. 268, 269.
[482] BRAK-Mitteilungen 2009, Heft 6, S. 268, 269.
[483] BRAK-Mitteilungen 2009, Heft 6, S. 268, 270.
[484] So BRAK-Mitteilungen 2009, Heft 6, S. 268, 270.
[485] BGH FamRZ 2008, 761, 764.

Großklienten, überdurchschnittliche kanzleibedingte Kosten sowie Kosten angestellter Rechtsanwälte.

Als **werterhöhende Merkmale** werden herausgestellt: Bestehen der Praxis länger als zehn Jahre, breit gestreuter Klientenkreis, überdurchschnittlich niedrige Kosten, besonderer Ruf der Kanzlei, günstige Geschäfts- und Konkurrenzlage, günstiger Mietvertrag und moderne Ausstattung der Kanzlei.

Nach fester Rechtsprechung des BGH[486] sind von dem ermittelten Gesamtwert der Kanzlei (Substanzwert und Goodwill) noch **latente Ertragsteuern** wertmindernd abzuziehen (vgl. Kap. 6 Rn. 31).

Bei einer Anwaltssozietät kann der innere Wert einer einzelnen Beteiligung nur anhand des **Sozietätsvertrags** bestimmt werden.[487] Dieser ist daher vorzulegen[488] (vgl. Rn. 478). Bestimmt der Sozietätsvertrag, dass einem Mitglied bei seinem Ausscheiden keine Ausgleichsansprüche zustehen, kann dennoch ein Geschäftswert angesetzt werden (vgl. „Unternehmensbeteiligung" Rn. 392). **362**

▶ **Rentenansprüche**

Rentenansprüche gehören zu den künftig fällig werdenden wiederkehrenden Einzelleistungen (vgl. Dauerschuldverhältnisse Rn. 207). Deren Stammrecht stellt keinen gegenwärtigen Vermögenswert dar, weil nur das künftige Einkommen gesichert werden soll.[489] Es sind daher lediglich die am Stichtag bereits fällig gewesenen Beträge zu berücksichtigen. **363**

▶ **Riester-Rente**

Die Riester-Rente fällt mit sämtlichen Produkten ausnahmslos in den **Versorgungsausgleich**.[490] Auszahlungen erfolgen nur in Form einer Leibrente oder eines Auszahlungsplans (§ 1 I 4 AltZertG). Eine Einmalauszahlung ist förderungsschädlich. Der private Altersvorsorgevertrag der Riester-Rente ist dem Grunde nach eine Lebensversicherung auf Rentenbasis – ohne Kapitalwahlrecht. Auch die im Rahmen der Riester-Rente förderungswürdig genannte Form der Direktversicherung (§ 82 II EStG) gewährt nur eine lebenslange Altersversorgung i. S. von § 1 I Nr. 4 und 5 AltZertG und unterliegt damit dem Versorgungsausgleich (vgl. „Lebensversicherung" Rn. 299). **364**

▶ **Sammlungen:**

Sammlungen jeder Art sind, soweit sie nicht ausnahmsweise zu den Haushaltssachen gehören, mit dem Veräußerungswert in die Vermögensbilanz einzusetzen. Auf den Wiederbeschaffungswert kann es wie bei Kunstgegenständen nicht ankommen. Bei verschiedenen Sammelgegenständen (z. B. Briefmarken und Münzen) gibt es Kataloge mit Preisangaben. Diese können für die Bewertung Anhaltspunkte geben. Der Wert stellt normalerweise lediglich einen Bruchteil vom Katalogwert dar. Realistisch könnte ein Drittel bis zur Hälfte sein.[491] Soweit es regelmäßige Versteige- **365**

---

[486] BGH FamRZ 2008, 761, 765; so bereits BGH 1991, 43, 48, 49; 1999, 361, 365; 2005, 99, 101.
[487] OLG Saarbrücken FamRZ 1984, 794, 795; OLG Hamm FamRZ 1983, 812.
[488] OLG Hamm FamRZ 1983, 812.
[489] BGH FamRZ 1981, 239; 1982, 148.
[490] Bergschneider FamRZ 2003, 1609, 1611; Glockner FamRZ 2003, 1233; JH/Hahne § 46 VersAusglG Rn. 8.
[491] So auch Bamberger/Roth/Mayer § 1376 Rn. 32.

rungen gibt, wie das etwa bei Bildern, Teppichen, Fayencen, Briefmarken, altem Spielzeug und Münzen der Fall ist, empfiehlt es sich, bei den jeweiligen Versteigerern die letzten Kataloge mit den Ergebnislisten anzufordern. Können sich die Parteien nicht einigen, müsste ein Sachverständiger beauftragt werden.

### ▶ Schadensersatzansprüche:

**366**     Schadensersatzansprüche eines Ehegatten sind als unsichere Rechte mit einem Schätzwert zum Stichtag in die Vermögensbilanz einzustellen. Es ist eine Prognose zu treffen, wie hoch die Wahrscheinlichkeit der Realisierung des Anspruchs ist (vgl. „Unsichere Rechte" Rn. 380).

### ▶ Schenkungen:

**367**     Schenkungen von dritten Personen an einen Ehegatten gehören als privilegierter Erwerb zum Anfangsvermögen (§ 1374 II BGB). Schenkungen und Zuwendungen eines Ehegatten an den Ehepartner werden in der Regel als ehebezogene Zuwendungen bewertet (vgl. Kap. 5 Rn. 189 f) und zählen nicht zum privilegierten Erwerb nach § 1374 II BGB. Zuwendungen von Schwiegereltern an das Schwiegerkind bewertet der BGH[492] nunmehr auch als echte Schenkungen (Kap. 7 Rn. 5 f).

### ▶ Schmerzensgeld:

**368**     Schmerzensgeld muss, soweit es am Stichtag noch vorhanden ist, in die Bilanz des Endvermögens eingestellt werden. Nach der Rechtsprechung des BGH[493] kann Schmerzensgeld nicht analog § 1374 II BGB dem Anfangsvermögen zugerechnet werden (vgl. Rn. 50). In Ausnahmefällen kann ein Leistungsverweigerungsrecht (§ 1381 I BGB) bestehen (vgl. Rn. 558). Hat der Verletzte seinem Ehegatten einen Teil des Schmerzensgeldes zugewendet, kommt bei Scheitern der Ehe im Ausnahmefall eine Rückforderung wegen Wegfalls der Geschäftsgrundlage in Betracht[494] (vgl. Kap. 5 Rn. 225).

### ▶ Schmuck:

**369**     Bei Schmuck ist grundsätzlich vom Veräußerungswert auszugehen. Eine Erhöhung in Richtung auf den Wiederbeschaffungspreis[495] ist nicht angebracht. Schmuck gehört nicht zu den Sachen mit hohem Nutzungs-, aber niedrigem Veräußerungswert (vgl. „Kunstgegenstände" Rn. 291). Es erscheint unbillig, die Eigentümerin eines wertvollen Schmuckstückes Ausgleichsansprüchen auszusetzen, die im Widerspruch zu einem erzielbaren Preis stehen. Auf keinen Fall ist der reine Liebhaberwert entscheidend. Die unterste Wertgrenze ist der Materialwert.[496] Bei Damenschmuck spricht die Vermutung dafür, dass er der Ehefrau gehört (§ 1362 II BGB).[497] Hat der Ehemann den Schmuck angeschafft, müsste er beweisen, dass er den Schmuck seiner

---

[492] BGH FamRZ 2010, 958.
[493] BGH FamRZ 1981, 755.
[494] OLG Stuttgart FamRZ 1994, 1326.
[495] So Schröder Rn. 150.
[496] Schröder Rn. 150.
[497] MK/Weber-Moneke § 1362 Rn. 29; a. A. BGH FamRZ 1971, 24; OLG Nürnberg FamRZ 2000, 1220 m. zust. Anm. Bergschneider; Palandt/Brudermüller § 1362 Rn. 9.

Ehefrau nicht geschenkt, sondern nur geliehen oder als Kapitalanlage angeschafft hat.[498]

▶ **Schulden:**

S. „Verbindlichkeiten" und „gesamtschuldnerische Haftung"

▶ **Segelyacht:**

Eine Segelyacht zählt zu den Haushaltsgegenständen, wenn sie den Eheleuten 370 gemeinsam gehört und von ihnen gemeinsam genutzt wurde.[499] Auch eine Motor-yacht (im Wert von 42 000 €) gehört zu den Haushaltssachen, wenn sie der Freizeit- und Urlaubsgestaltung der Familie diente.[500]

▶ **Sicherungseigentum:**

Hat ein Ehegatte einem Dritten eine Sache zur Sicherheit übereignet, so steht ihm 371 ein Rückübereignungsanspruch zu, wenn die Forderung des Dritten beglichen wird. Das Sicherungseigentum ist daher beim Sicherungsgeber mit seinem **vollen Wert** anzusetzen,[501] da das Sicherungseigentum wirtschaftlich betrachtet einem Pfandrecht gleichsteht. Die Ansprüche des Sicherungsnehmers sind bei den Passiva zu berück-sichtigen.

▶ **Sozialplan:**

Sozialpläne sind Betriebsvereinbarungen, mit denen die wirtschaftlichen Nachteile 372 ausgeglichen oder jedenfalls gemildert werden, die den Arbeitnehmern bei einer Betriebsveränderung entstehen (§ 112 I BetrVerfG). Der Sozialplan begründet in der Regel unmittelbare Ansprüche der Betroffenen.[502] Die Ansprüche aus einem vor dem Stichtag vereinbarten Sozialplan sind daher in die Vermögensbilanz aufzuneh-men. Die Rechtsposition, die durch die Sozialplanregelung i.S. von § 112 I 2 Be-trVerfG für den Arbeitnehmer begründet wird, ist als **Anwartschaft** oder einer solchen jedenfalls vergleichbaren Rechtsstellung zu behandeln, die einen nicht mehr von einer Gegenleistung abhängigen – nach wirtschaftlichen Maßstäben bewertbaren – Anspruch auf die zugesagte Abfindung gewährt. In diesem Sinn ist sie als am Stichtag vorhandene vermögenswerte Position in die Zugewinnausgleichsbilanzen einzustellen.[503] Soweit der Sozialplan die Ansprüche der Arbeitnehmer nur abstrakt beschreibt, ist eine Schätzung vorzunehmen.[504]

Vor dem Sozialplan wird in der Regel zwischen dem Unternehmer und dem 373 Betriebsrat ein sog. **Interessenausgleich** nach §§ 111, 112 BetrVerfG vereinbart (s. Rn. 280). Dieser entfaltet grundsätzlich keine unmittelbaren normativen Wirkungen für das einzelne Arbeitsverhältnis.[505] Der sog. Interessenausgleich kann somit keine vermögenswerten Rechte gewähren, die beim Zugewinnausgleich zu berücksichtigen wären. Anders ist es allerdings, wenn der sog. Interessenausgleich ausnahmsweise

---

[498] MK/Weber-Moneke § 1362 Rn. 29.
[499] LG Ravensburg FamRZ 1995, 1585.
[500] OLG Dresden FuR 2003, 596.
[501] Soergel/Lange § 1376 Rn. 11.
[502] BGH FamRZ 2001, 278, 279.
[503] BGH FamRZ 2001, 278, 281.
[504] BGH FamRZ 2001, 278, 281.
[505] BGH FamRZ 2001, 278, 280.

bereits Bestimmungen über den Ausgleich der wirtschaftlichen Nachteile enthält und damit zusätzlich den Charakter einer Sozialplanregelung erhält. In diesem Fall werden bereits in dem Interessenausgleich Rechtspositionen begründet, die als Anwartschaften beim Zugewinnausgleich – notfalls im Wege der Schätzung – zu berücksichtigen sind.[506]

▶ **Sparguthaben:**

374     Sparguthaben sind in die Vermögensbilanz aufzunehmen. Die bis zum Stichtag angefallenen Zinsen sind hinzuzurechnen. Zum Nachweis eines Sparguthabens genügt es, wenn der Kontenstand und die Konteninhaberschaft des anderen Ehegatten nachgewiesen sind. Beruft sich dieser auf Treuhänderschaft, muss er dies beweisen (vgl. Rn. 103). Bei Sparbüchern, die auf den Namen von Kindern lauten, ist zu prüfen, ob diese auch die Gläubiger der Guthaben sind. Vielfach steht das Guthaben entweder einem Elternteil allein oder beiden zu (vgl. Kap. 5 Rn. 404 f).

▶ **Sportgeräte:**

375     Sportgeräte gehören zu den Haushaltsgegenständen, wenn die Eheleute sie gemeinsam benutzt haben. Sportgeräte, die nur ein Ehegatte genutzt hat, gehören zu den Hobby-Geräten und unterliegen dem Zugewinnausgleich (Rn. 277).

▶ **Steuerberaterpraxis:**

376     Siehe zunächst die Ausführungen zur „freiberuflichen Praxis" (Rn. 222). Nach den Empfehlungen der Bundessteuerberaterkammer ist der durchschnittliche Umsatz der letzten drei Jahre maßgeblich. Für die weitere Berechnung ist ein Hundertsatz zwischen 110 und 150 zugrunde zu legen. Davon sind der konkrete Unternehmerlohn (s. Rn. 127 f) und die latente Ertragsteuerlast (Kap. 6 Rn. 31) abzuziehen.[507] Bei auftretenden Schwierigkeiten wird empfohlen, bei der zuständigen Steuerberaterkammer die vollständigen Empfehlungen einzuholen. Bestimmt der Sozietätsvertrag, dass einem Mitglied bei seinem Ausscheiden keine Ausgleichsansprüche zustehen, ist nach BGH[508] gleichwohl vom vollen wirklichen Wert einschließlich des Goodwill auszugehen (vgl. „Unternehmensbeteiligung" Rn. 292 f).

▶ **Steuern:**

Siehe hierzu ausführlich Kap. 6 Rn. 1 ff.

▶ **Tantiemen:**

377     Eine Tantieme ist ein zusätzliches Entgelt für bereits geleistete Arbeit. Wird die Tantieme erst nach Rechtshängigkeit der Scheidung ausbezahlt, ist für die Bewertung darauf abzustellen, ob sie am Stichtag bereits als einklagbarer Anspruch entstanden war oder ob eine bloße Erwerbsaussicht bestand (vgl. Rn. 23). Ist die Entscheidung (z. B. Vorstandsbeschluss) über die Gewährung vor dem Stichtag gefallen, wurde die Tantieme aber erst danach ausbezahlt, ist sie in voller Höhe zu den Aktiva in der

---

[506] BGH FamRZ 2001, 278, 281.
[507] Im Einzelnen s. dazu BGH FamRZ 1999, 361; vgl. AG Duisburg-Hamborn FamRZ 2003, 1136; Englert, Die Bewertung von Wirtschaftsprüfer- und Steuerberaterpraxen, IDW-Verlag, 1996, 48 ff.
[508] BGH FamRZ 2003, 432, 433; 1999, 361; 1986, 1196, 1197.

Vermögensbilanz zu rechnen (vgl. „Abfindungen" Rn. 167). Ist die Tantieme gesellschaftsrechtlich ausgestaltet[509] s. „Unternehmensbeteiligung" (Rn. 392).

▶ **Tierarztpraxis:**

S. „Arztpraxis"

▶ **Tiere:**

Hunde und andere Haustiere sind zwar nach § 90 a BGB keine Sachen, werden 378 aber, wenn sie den Eheleuten gemeinsam gehören, wie **Haushaltsgegenstände verteilt** (vgl. Kap. 4 Rn. 137). Tiere, die ausschließlich von einem Partner genutzt werden (z. B. ein Reitpferd) oder zum landwirtschaftlichen Inventar gehören, unterliegen dem Zugewinnausgleich.

▶ **Übergangsbeihilfen:**

Übergangsgebührnisse und Übergangsbeihilfen nach §§ 11, 12 SoldatenVersG 379 sind laufendes Einkommen für eine Übergangszeit aus einem früheren Dienstverhältnis und gehören damit nicht zum Zugewinnausgleich.[510]

▶ **Unsichere Rechte:**

Am Stichtag unsichere, ungewisse, befristete und aufschiebend oder auflösend 380 bedingte Ansprüche und Verpflichtungen sind mit einem **Schätzwert** in die Vermögensbilanz einzusetzen.[511] Dabei ist eine **Prognose** zu treffen, wie hoch die Wahrscheinlichkeit der Realisierung des Anspruchs oder der Verpflichtung oder der Eintritt der Bedingung ist.[512] Auch wenn mit einer Schätzung generell Schwierigkeiten und Unsicherheiten verbunden sind, müssen diese Rechte stets mit einem bestimmten Wert in die Zugewinnausgleichsbilanz einbezogen werden.[513]

Die erbrechtliche Sonderregelung der Berechnung des **Pflichtteils** gemäß § 2313 BGB ist für den Zugewinnausgleich nach BGH nicht entsprechend heranzuziehen.[514] Nach dieser Bestimmung bleiben aufschiebend bedingte, ungewisse, unsichere Rechte und Verbindlichkeiten zunächst unberücksichtigt. Bei Eintritt der Bedingung oder Gewissheit erfolgt im Erbrecht dann ein nachträglicher Ausgleich. Die Anwendung dieser Vorschrift würde das Stichtagsprinzip durchbrechen und eine spätere Korrektur des rechtskräftig festgestellten Zugewinnausgleichs erfordern.

Eine titulierte Forderung, die ein Ehegatte mehrmals vergeblich zu vollstrecken 381 versuchte, hat nur einen eingeschränkten wirtschaftlichen Wert und ist deshalb in die Vermögensbilanz nur mit **einem Bruchteil** ihres Nominalwerts einzusetzen.[515] Eine am Stichtag verjährte Forderung ist in der Regel als **wertlos** anzusehen (vgl. Rn. 403). Eine wegen Insolvenz des Schuldners nicht realisierbare Forderung ist mit null zu bewerten.[516] Ist ein Ehegatte am Stichtag in einen Rechtsstreit verwickelt,

---

[509] Vgl. dazu BGH FamRZ 2003, 432.
[510] BGH FamRZ 1980, 39; 1983, 881.
[511] BGH FamRZ 1993, 1183, 1185; 1986, 37, 38; 1983, 882, 884; FuR 2002, 501, 503; Schwab/Schwab VII Rn. 93; MK/Koch § 1376 Rn. 16; Palandt/Edenhofer § 2313 Rn. 1.
[512] Karl Valentin: „Prognosen sind schwierig, besonders wenn sie die Zukunft betreffen."
[513] BGH FamRZ 2001, 278, 281.
[514] BGH FamRZ 1983, 882; 1992, 1155, 1158; FuR 2002, 68, 69.
[515] OLG Hamm FamRZ 1998, 1603.
[516] KK-FamR/Weinreich § 1376 Rn. 23.

muss das voraussichtliche Prozessergebnis geschätzt und mit einem festen Betrag entweder auf der Aktiv- oder der Passivseite angesetzt werden.

382　　Noch nicht fällige Rechte sind in den Vermögensbilanzen anzusetzen, wenn sie am Stichtag bereits **entstanden** waren[517] (vgl. Rn. 23). Aber auch künftig erst entstehende Ansprüche sind schon zu den vermögenswerten Positionen zu rechnen, wenn die Rechte am Stichtag objektiv bewertbar sind und mehr als eine bloße ungewisse Erwerbsaussicht besteht (vgl. Rn. 23).[518] Dagegen zählen erst noch in der Entwicklung befindliche Rechte, die noch nicht zur Anwartschaft erstarkt sind, sowie bloße Erwerbsaussichten nicht zu den „rechtlich geschützten Positionen mit wirtschaftlichem Wert" (vgl. Rn. 23).

383　　Künftig fällig werdende Ansprüche auf wiederkehrende Leistungen sind nicht zu berücksichtigen, weil sie künftiges Einkommen vorwegnehmen.[519] Näher dazu „Dauerschuldverhältnisse" s. Rn. 207; Schenkung eines Grundstücks unter auflösender Bedingung s. Rn. 260; Kautionsforderung s. Rn. 282; ungewisse Erwerbsaussichten s. Rn. 23.

▶ **Unterhaltsansprüche:**

384 | **Beispiel 1:** Der Scheidungsantrag wurde am 28. November zugestellt. M wendet sich dagegen, dass sein Kontoguthaben von 2000 € seinem Endvermögen zugerechnet wird, da er in dieser Höhe drei Tage später Unterhalt leisten müsse.

Der BGH[520] hat auf das strenge Stichtagsprinzip abgestellt und die zum 1. Dezember fällig werdenden Unterhaltszahlungen nicht als Verbindlichkeiten bewertet, die das Endvermögen mindern. Zwar sind *bereits entstandene* Verbindlichkeiten grundsätzlich auch dann zu berücksichtigen, wenn sie am Stichtag noch nicht fällig sind. Dies gilt jedoch nicht für **Dauerschuldverhältnisse** (vgl. Rn. 207). Die Unterhaltspflicht ist nicht als einheitliche, sondern als eine sich ständig erneuernde, erst beim Vorhandensein bestimmter Voraussetzungen zur Entstehung gelangende Verbindlichkeit aufzufassen, die mit jeder Zeiteinheit, in der ihre Voraussetzungen vorliegen, **von neuem entsteht**.[521] Aus diesem Grund sind auch – umgekehrt – Ansprüche des unterhaltsberechtigten Ehegatten auf künftigen Unterhalt nicht im Endvermögen zu berücksichtigen.

385 | **Beispiel 2:** Der Scheidungsantrag wird am 15. Dezember zugestellt. Zu diesem Zeitpunkt hat M den Unterhalt für diesen Monat in Höhe von 2000 € noch nicht bezahlt. F ist der Ansicht, M könne die Unterhaltsverpflichtung nur zur Hälfte von seinem Endvermögen abziehen.

Die am Stichtag bereits fällige Unterhaltsschuld für den laufenden Monat mindert das Endvermögen auch dann in vollem Umfang, wenn dieser Monatszeitraum am Stichtag noch nicht abgelaufen ist.[522] Umgekehrt unterliegt bereits bezogenes laufendes Einkommen, das am Stichtag als Bargeld oder Kontoguthaben noch vorhanden

---

[517] BGH FamRZ 2001, 278, 281.

[518] BGH FamRZ 2002, 88, 89.

[519] BGH FamRZ 1981, 239, 240; Schwab VII Rn. 38; JH/Jaeger § 1374 Rn. 10.

[520] BGH FamRZ 2003, 1544, 1545 mit Anm. Schröder.

[521] BGH FamRZ 2003, 1544, 1545; OLG Celle, FamRZ 1991, 944, 945.

[522] BGH FamRZ 2003, 1544, 1546.

ist, dem Zugewinnausgleich, soweit es den laufenden Unterhalt für einen am Stichtag noch nicht vollständig abgelaufenen Zeitabschnitt decken soll.[523]. Zur Begründung hat der BGH[524] ausgeführt:

> *„Wegen des für den Zugewinnausgleich geltenden starren Stichtagsprinzips, mit dem das Gesetz eine schematische Saldierung über einen regelmäßig mehrere Ehejahre umfassenden Zeitraum vorsieht, sind auch zufällige geringfügige zeitliche Überschneidungen – hier in der Größenordnung bis zu einem Monat – zwischen den einerseits für den Zugewinnausgleich und andererseits für den laufenden Unterhalt maßgeblichen wirtschaftlichen Verhältnissen hinzunehmen, weil sie sich in Massenfällen dieser Art auf praxisgerechte Weise nicht vermeiden lassen. “*

---

**Beispiel 3:** M hat in den letzten zwei Jahren den titulierten Trennungsunterhalt von monatlich 1000 € nicht bezahlt. Bei Zustellung des Scheidungsantrags besteht eine Unterhaltsschuld von 24 000 €. M mindert sein Endvermögen um diese Verbindlichkeit und rechnet bei F deren Anspruch auf rückständigen Unterhalt von 24 000 € zum Aktivvermögen.

386

---

Nicht geleisteter Unterhalt ist beim unterhaltsverpflichteten Ehegatten als Schuld zu den Passiva zu rechnen, beim unterhaltsberechtigten Ehepartner erhöht er als bestehender Anspruch das Aktivvermögen.[525] Durch Unterhaltszahlungen entstandene **Kontenüberziehungen** sind ebenfalls als Passiva anzusetzen.[526] Bei einer **Unterhaltsabfindung** kommt es darauf an, wann sie vereinbart wurde. Es erscheint ungerecht, dass der Unterhaltsverpflichtete nicht bezahlten Unterhalt im Endvermögen absetzen kann. Dadurch mindert er sein Aktivvermögen in Höhe der bestehenden Unterhaltsschuld. Entsprechend erhöht sich das Endvermögen des unterhaltsberechtigten Ehegatten. Auf diese Weise muss der pflichtige Ehegatte genau in dem Umfang, in dem er Unterhalt schuldet, weniger Zugewinn ausgleichen. Er muss allerdings den offenen Unterhaltsbetrag noch bezahlen. Im Ergebnis gleicht es sich aus. Hätte der Pflichtige den Unterhalt rechtzeitig bezahlt, würde er ein (um die geleisteten Beträge) geringeres Endvermögen haben, während sich das Aktivvermögen des berechtigten Ehegatten – mathematisch – um den erhaltenen Unterhalt erhöhen würde.

Rein rechnerisch ist es – bei beiderseits positivem Endvermögen – daher gleich, ob der Pflichtige Unterhalt geleistet hat oder noch schuldet. Im Ergebnis hat der unterhaltsberechtigte Ehegatte – jedenfalls in der Theorie – keine Einbuße. In der Praxis wirkt sich die „Nichtzahlung" von Unterhalt jedoch meist zum Nachteil des Berechtigten aus. Das ist stets dann der Fall, wenn der unterhaltsberechtigte Ehegatte seine Ausgaben eingeschränkt und sich weniger geleistet hat oder wenn ihm seine Eltern finanziell ausgeholfen haben. Ebenso wenn er Sozialhilfe bezogen hat.[527] Doppelt benachteiligt wird der berechtigte Ehegatte, wenn er einerseits den Unterhaltsrückstand nicht beitreiben kann, andrerseits sein Zugewinnausgleich wegen des ihm zustehenden Unterhalts geschmälert wird.[528] Gleichwohl bleibt es nach der Recht-

387

---

[523] BGH FamRZ 2003, 1544, 1546; a. A.: Schwab/Schwab VII Rn. 38 f; JH/Jaeger § 1375 Rn. 7.

[524] BGH FamRZ 2003, 1544, 1546.

[525] BGH FamRZ 2003, 1544, 1545; OLG Hamm FamRZ 1992, 679; OLG Celle FamRZ 1991, 944; OLG Frankfurt/Main FamRZ 1990, 998.

[526] OLG Karlsruhe FamRZ 1986, 167.

[527] Schürmann/Weinreich FuR 2003, 209, 210; Kogel FamRZ 2003, 1645, 1647.

[528] BGH FamRZ 2003, 1544, 1546.

sprechung des BGH auch in diesen Fällen bei der starren und schematischen Berechnung des Zugewinns am Stichtag. Der gesetzliche Güterstand mit seiner strengen Regelung nimmt im Interesse der Rechtssicherheit „systemimmanente Unbilligkeiten" in Kauf.

Vgl. auch „Gegenseitige Ansprüche".

▶ **Unternehmen:**

**388**    Für die Bewertung von Unternehmen im Rahmen des Zugewinnausgleichs gibt es keine festen und eindeutigen Regeln. Das Unternehmen ist als „einheitliche Sache" mit sämtlichen Aktiva und Passiva zu bewerten. Es kommt auch hier auf den vollen wirklichen Wert des „lebenden" Unternehmens an. Die Steuerbilanzen sind daher unbrauchbar. Vielmehr müssen die stillen Reserven und ein vorhandener Goodwill (Rn. 139 f) in die Bewertung einbezogen werden. Grundsätzlich ist der Wert maßgeblich, der bei einer Veräußerung oder einer sonstigen Verwertung erzielt werden könnte.[529] Grundsätze darüber, nach welcher Methode das zu geschehen hat, enthält das Gesetz nicht. Nach der Rechtsprechung des BGH[530] ist die sachverhaltsspezifische Auswahl aus der Vielzahl der zur Verfügung stehenden Methoden und deren Anwendung Aufgabe des sachverständig beratenen Tatrichters.

**389**    Die häufigste Bewertungsmethode ist das **Ertragswertverfahren** (vgl. Rn. 122 f). Auf den Ertragswert wird abgestellt, wenn der Betrieb fortgeführt werden soll. Für einen potentiellen Käufer ist die Chance auf künftige Nutzung und künftigen Ertrag das entscheidende Kriterium. Er vergleicht die Rendite aus dem Unternehmen mit der Alternative einer anderen rentablen Geldanlage. Der Ertrag des Unternehmens ist daher entscheidend für seinen Wert.[531] Je stärker das Unternehmen von der Person des Inhabers abhängt, desto weniger eignet sich zur Bewertung die Ertragswertmethode (so bei Handwerksbetrieben, kleineren Personen- und Kapitalgesellschaften, freiberuflichen Praxen).

**390**    In den Fällen, in denen die Ertragswertmethode ungeeignet ist, weil das Unternehmen stark „inhabergeprägt" ist oder für das Unternehmen kein Markt besteht, wird das **Substanzwertverfahren** herangezogen.[532] Problematisch wird die Bewertung wenn – beispielsweise aufgrund teurer Grundstücke im Betriebsvermögen – der Substanzwert den Ertragswert übersteigt.[533] Wird der Betrieb nach der Ertragswertmethode bewertet, ist er entsprechend zu erhöhen. Aus der Gesamtbewertung des Betriebs dürfen einzelne wertvolle Gegenstände jedoch nur dann herausgenommen und getrennt bewertet werden, wenn sie nicht betriebsnotwendig sind.[534]

**391**    Der **Liquidationswert** ist maßgebend, wenn das Unternehmen nicht mehr fortgeführt, sondern aufgelöst wird (vgl. Rn. 144). Auch im Fall einer fiktiven Liquidation sind die bei einer tatsächlichen Veräußerung anfallenden latenten Ertragsteuern und Veräußerungskosten wertmindernd abzuziehen.[535] Wird ein Betrieb nach dem

[529] BGH FamRZ 1980, 37, 38.

[530] BGH FamRZ 2008, 761, 762; 2005, 99, 100; 1991, 43, 44; 1986, 776, 779.

[531] BGH FamRZ 1982, 684; Palandt/Brudermüller § 1376 Rn. 5; Münch FamRZ 2006, 1164, 1165.

[532] Palandt/Brudermüller § 1376 Rn. 6; Münch FamRZ 2006, 1164, 1166.

[533] Schwab/Schwab VII Rn. 111.

[534] BGH FamRZ 2005, 99, 100 m. Anm. Schröder.

[535] BGH FamRZ 2005, 99, 100; 1991, 43, 48; Münch FamRZ 2006, 1164, 1167; Schröder Rn. 82; Schwab/Schwab VII Rn. 112.

**Sachwert** bewertet, ist stets zu prüfen, ob zusätzlich ein **Geschäftswert** zu berücksichtigen ist (vgl. Rn. 139). Im Ertragswert eines Unternehmens ist der Goodwill bereits enthalten.

Bei der Bewertung von Unternehmen „stößt der Jurist (einmal mehr) an seine Grenzen".[536] Es ist daher stets, falls sich die Parteien nicht einigen, auf der Grundlage der Bilanzen der letzten drei bis fünf Jahren ein betriebswirtschaftliches Sachverständigengutachten einzuholen. Hat ein Sachverständiger den Sachwert und den Ertragswert des Unternehmens festgestellt, so muss der Jurist nicht nur das Gutachten nachvollziehen und bewerten können. Seine Aufgabe ist es jetzt, den endgültigen Wert für die Berechnung des Zugewinns zu bestimmen. Häufig bietet es sich an, den Mittelwert (Rn. 146) aus dem Sach- und Ertragswert zu bilden. Wertmindernd sind fiktiv die latenten Ertragsteuern zu berücksichtigen (s. Kap. 6 Rn. 31).

S. auch „Apotheke", „Architekturbüro", „Brauerei", „Einzelhandelsgeschäft", „Handwerksbetrieb", „Künstleratelier" und „Versicherungsagentur".

▶ **Unternehmensbeteiligung:**     **392**

Auch Unternehmensbeteiligungen unterliegen dem Zugewinnausgleich und sind „nach objektiven Kriterien" zu bewerten. Zunächst ist bei Personengesellschaften der Wert des Unternehmens festzustellen und anschließend der Umfang der Beteiligung zu ermitteln.[537] Dieser ergibt sich meist aus dem im Gesellschafts- oder Beteiligungsvertrag festgelegten Verhältnis der Geschäftsanteile zueinander. Steht am Bewertungsstichtag das Ausscheiden des Ehegatten aus der Gesellschaft fest, so ist der **Abfindungsanspruch** nach § 738 BGB anzusetzen. In der Regel ist die Beendigung des gesetzlichen Güterstands kein Grund aus der Gesellschaft auszuscheiden,[538] sodass der objektive Markt- beziehungsweise Verkehrswert des Anteils maßgeblich ist.[539]

Probleme entstehen, wenn die **Beteiligungsrechte** nach dem Gesellschaftsvertrag **393** **unveräußerlich** sind oder wenn der Gesellschaftsvertrag beim Ausscheiden eines Gesellschafters dessen **Abfindungsanspruch ganz oder teilweise ausschließt**, z. B. auf den „Buchwert" beschränkt. Für diese Fälle hat der BGH[540] entschieden, dass gleichwohl von dem *„wirklichen Wert des lebenden Unternehmens einschließlich der stillen Reserven und des Goodwill"* auszugehen ist. Wesentlich ist, dass der betreffende Ehegatte seinen Firmenanteil frei nutzen kann. Der Wert wird maßgeblich durch diese Nutzungsmöglichkeit bestimmt: *„Da diese Nutzungs- und Gewinnerzielungsmöglichkeit während der Ehe aufgebaut worden ist, wäre es nicht sachgerecht, einen Ehegatten nicht daran teilhaben zu lassen."*[541]

Bei der Bewertung unveräußerlicher Unternehmensbeteiligungen ist somit **nicht 394 der Abfindungsbetrag** zugrunde zu legen, sondern es ist der in der Vergangenheit aufgebaute und am Stichtag vorhandene **Nutzungswert** zu bestimmen, den die Beteiligung für den Inhaber hat.[542] Die **eingeschränkte Verwertbarkeit** ist allenfalls

---

536 Schwab/Schwab VII Rn. 96.
537 BGH FamRZ 1980, 37, 38; 1999, 361.
538 Staudinger/Thiele § 1376 Rn. 30.
539 BGH FamRZ 1980, 37, 38; 1999, 361, 362; OLG Jena FamRZ 2005, 1186.
540 BGH FamRZ 1980, 37, 38; 1986, 1196, 1197; 1999, 361, 362; 2003, 432, 433 m. Anm. Schröder.
541 BGH FamRZ 1986, 1196.
542 BGH FamRZ 2003; 432, 433; 1986, 1196, 1197.

**wertmindernd** zu berücksichtigen.[543] Die Höhe der Wertminderung richtet sich danach, in welchem Zeitraum – nach objektiver Betrachtung – eine Beendigung des Gesellschaftsverhältnisses zu erwarten ist.[544] Ergibt die Prognose, dass der Ehegatte die Gesellschaft auf unbestimmte Zeit fortsetzen wird, ist die Abfindungsklausel unerheblich.

395   Auf den im Beteiligungsvertrag festgelegten Abfindungswert kommt es **ausnahmsweise** in folgenden Fällen an:
- Wenn die Beteiligung am Stichtag bereits gekündigt war.[545] Denn damit waren die weitergehenden Nutzungsrechte am Stichtag bereits verloren.
- Wenn die Kündigung erforderlich wird, weil auf andere Weise die finanziellen Mittel zur Bezahlung des Zugewinnausgleichs nicht aufgebracht werden können.
- Wenn die laufenden Einkünfte aus der Gewinnbeteiligung als unterhaltsrechtliches relevantes Einkommen zu berücksichtigen sind – keine zweifache Teilhabe[546] (vgl. Rn. 107).

396   In jedem Fall sind die **latenten Ertragsteuern** wertmindernd anzusetzen[547] (vgl. Kap. 6 Rn. 31).

### ▶ Urheberrechte:

397   Zur Bewertung müssen alle Verlags- und sonstigen Verwertungsverträge sowie eine Liste der geschützten Werke vorgelegt werden. Erforderlich sind auch Einnahmen-Überschuss-Rechnungen nach § 4 III EStG. Auf dieser Basis ist im Rahmen der Ertragswertmethode der Wert zu ermitteln.

### ▶ Verbindlichkeiten:

398   Schulden sind mit ihrem Nennbetrag abzuziehen. Dabei kommt es nicht auf die Fälligkeit, sondern auf die **Entstehung** an[548]. Auch noch nicht fällige (betagte) Schulden belasten das ausgleichspflichtige Vermögen.[549] Verlangt z. B. eine ärztliche Kassenvereinigung von einem Arzt nach rechtshängiger Scheidung die Rückzahlung von Kassenleistungen, die vor dem Stichtag erbracht wurden, kann ein entsprechender Passivposten in die Vermögensbilanz eingestellt werden.[550] Auf den Entstehungsgrund kommt es nicht an. Zu berücksichtigen sind auch Anwaltskosten (Rn. 181), Mietrückstände (Rn. 332), Kontenüberziehungen (Rn. 285) und Unterhaltsschulden (Rn. 384).

Eine **Ausnahme** von der Regel, dass es nicht auf die Fälligkeit, sondern nur auf die Entstehung von Forderungen ankommt, bilden Verbindlichkeiten aus **Dauerschuldverhältnissen**, die künftig fällig werdende wiederkehrende Einzelleistungen, ins-

---

[543] BGH FamRZ 1980, 37, 38; 1986, 1196, 1197; 1999, 361, 362; 2003, 432, 433; zust. MK/Koch § 1376 Rn. 31; Palandt/Brudermüller § 1376 Rn. 10; Schwab/Schwab VII Rn. 114; JH/Jaeger § 1376 Rn. 22.
[544] BGH FamRZ 1980, 37, 38; OLG Schleswig FamRZ 1986, 1208, 1209; zust Schröder Rn. 158, anders BGH FamRZ 1986, 1196, 1197; OLG Düsseldorf FamRZ 1981, 48, 49 (Abwägung nach subjektiven Kriterien).
[545] BGH FamRZ 1980, 37, 38.
[546] BGH FamRZ 2003, 432, 433.
[547] BGH FamRZ 1999, 361, 364; 2005, 99, 100.
[548] Palandt/Brudermüller § 1375 Rn. 12.
[549] BGH FamRZ 1986, 37, 38.
[550] BGH FamRZ 1991, 43, 46.

besondere auf Arbeitsentgelt oder Unterhaltszahlungen, vermitteln und sichern.[551] Bei Dauerschuldverhältnissen dürfen nur die am Stichtag fälligen Verpflichtungen berücksichtigt werden (vgl. Rn. 207). Zu den Schulden eines Ehegatten gegenüber dem Ehepartner s. „Gegenseitige Ansprüche".

**Betriebliche Schulden,** die bei der Unternehmensbewertung wegen ihrer Zins-  399 belastungen wertmindernd berücksichtigt wurden, können beim Privatvermögen nicht nochmals abgesetzt werden. Bei Ärzten, Rechtsanwälten und anderen Freiberuflern ist daher zu klären, ob die Verbindlichkeiten nicht schon beim Sachwert abgezogen wurden. Bei Handwerkern und anderen Unternehmen werden die Verbindlichkeiten meist im Rahmen der Ertragswertmethode berücksichtigt.

Am Stichtag **noch nicht fällige Schulden,** die erst in Jahren unverzinst bezahlt  400 werden müssen, belasten weniger als sofort zu erfüllende Verbindlichkeiten. Noch nicht fällige unverzinsliche Schulden dürfen deshalb nur „abgezinst" in die Vermögensbilanz eingestellt werden.[552] Die **Abzinsung** geschieht in zwei Schritten:

- Zuerst wird der Zinssatz festgelegt, mit dem abgezinst werden soll. In der Regel wird der gesetzliche Zinssatz von 4% gemäß § 246 BGB angebracht sein.
- Anschließend ist der geschuldete Betrag mit dem Barwertfaktor zu multiplizieren, der sich aus dem festgelegten Zinssatz ergibt. Diese Barwertfaktoren können der Anlage 2 zu § 20 der ab 1. 7. 2010 geltenden Immobilienwertermittlungsverordnung[553] entnommen werden. Bei einem Zinssatz von 4% ergeben sich für je 10 000 € somit folgende abgezinste Beträge:
  - Bei einer Fälligkeit in zehn Jahren:      10 000 € × 0,6756 = 6756 €
  - Bei einer Fälligkeit in neun Jahren:      10 000 € × 0,7026 = 7026 €
  - Bei einer Fälligkeit in acht Jahren:      10 000 € × 0,7307 = 7307 €
  - Bei einer Fälligkeit in sieben Jahren:     10 000 € × 0,7599 = 7599 €
  - Bei einer Fälligkeit in sechs Jahren:      10 000 € × 0,7903 = 7903 €
  - Bei einer Fälligkeit in fünf Jahren:       10 000 € × 0,8219 = 8219 €
  - Bei einer Fälligkeit in vier Jahren:       10 000 € × 0,8548 = 8548 €
  - Bei einer Fälligkeit in drei Jahren:       10 000 € × 0,8890 = 8890 €
  - Bei einer Fälligkeit in zwei Jahren:       10 000 € × 0,9246 = 9246 €
  - Bei einer Fälligkeit in einem Jahr:        10 000 € × 0,9615 = 9615 €

---

**Beispiel:** M hat bei seinem Bruder aus einer Erbauseinandersetzung Schulden  401 von 50 000 €, die er erst in acht Jahren unverzinst zurückzahlen muss.

---

Legt man einen Zinsfuß von 4% und damit einen Abzinsungsfaktor von 0,7307 zugrunde, ist der geschuldete Betrag mit diesem Faktor zu multiplizieren: 50 000 € × 0,7307 = 36 534,49 €. In die Vermögensbilanz sind somit nicht Passiva von 50 000 €, sondern nur von 36 535 € einzustellen.

---

[551] BGH FamRZ 2003, 1544, 1545; 2001, 278, 281.
[552] BGH FamRZ 1992, 411, 413; 1990, 1217, 1218; FuR 2002, 501, 503; OLG Hamm FamRZ 1995, 611; Bamberger/Roth/Mayer § 1376 Rn. 32; JH/Jaeger § 1376 Rn. 10; **a. A.** Schwab/Schwab VII Rn. 73; MK/Koch § 1376 Rn. 15.
[53] BGBl. 2010 I S. 639.

▶ **Verfahrenskostenvorschuss:**

402    Hat ein Ehegatte für den anderen einen Verfahrenskostenvorschuss geleistet, und kommt dieser später zu Vermögen (z. B. durch Zugewinnausgleich), so besteht ein Anspruch auf Rückzahlung.[554] Bei dieser Forderung handelt es sich um ein unsicheres Recht, dessen Wert zu schätzen ist (Rn. 380). Es ist beim Empfänger zu den Passiva und beim Leistenden zu den Aktiva zu rechnen. Gegenseitige Ansprüche der Eheleute wirken sich in der Regel nicht aus (vgl. Rn. 226 f).

▶ **Verjährte Forderungen:**

403    Verjährte Forderungen gehören zu den unsicheren Rechten (Rn. 380). Im Regelfall ist davon auszugehen, dass der Verpflichtete die Leistung verweigern wird (§ 214 I BGB). Am Stichtag bereits verjährte Forderungen, gleichgültig ob sie dem Ehegatten zustehen oder gegen ihn bestehen, sind deshalb, auch wenn die Verjährungseinrede noch nicht erhoben ist, mit null zu bewerten.[555] Ist die Forderung dagegen erst nach dem Stichtag verjährt, ist sie voll anzusetzen. Die spätere Verjährung ist wegen des Stichtagsprinzips unbeachtlich (vgl. Rn. 13).

▶ **Versicherungsagentur:**

404    Der Wert kann nur nach dem **Sachwertverfahren** (Rn. 150) bestimmt werden. Ein darüber hinausgehender Geschäftswert (Goodwill) besteht nicht, weil das Unternehmen als solches weder vererblich noch veräußerlich ist. Der Versicherungsbestand gehört nicht dem Versicherungsvertreter.[556] Der Versicherungsvertreter hat aber einen Ausgleichsanspruch nach § 89 b HGB, begrenzt auf eine Jahresprovision. Dieser Anspruch ist zusätzlich in die Bewertung einzubeziehen.

▶ **Versorgungsanwartschaften:**

405    Alle Versorgungsanwartschaften, die in den Versorgungsausgleich einbezogen werden, sind vom Zugewinnausgleich ausgenommen (§ 2 IV VersAusglG). Das betrifft in erster Linie die gesetzlichen Rentenanwartschaften, aber auch die Betriebsrenten. Lebensversicherungen auf Rentenbasis und Leibrenten s Rn. 299 .

▶ **Vorerbschaft:**

406    Der Vorerbe ist echter Erbe und wird damit auch verfügungsbefugter Eigentümer des Nachlasses. Dem Vorerben stehen die vollen Nutzungen zu, dem Nacherben bleibt jedoch die Substanz erhalten.[557] Die Nutzungsrechte des Vorerben können daher vom Zugewinnausgleich nicht ausgenommen werden. Der Wert ist im Wege einer Kapitalisierung zu schätzen und beim Anfangsvermögen (§ 1374 II BGB) anzusetzen. Ist der Nacherbfall bei Zustellung des Scheidungsantrages noch nicht eingetreten, gehört der dann noch gegebene Wert der Nutzungsrechte auch zum Endvermögen. Für die Bewertung gelten die gleichen Regeln wie beim Nießbrauch (Rn. 343 f).

---

[554] BGH FamRZ 1990, 491; 1971, 360.
[555] Schwab/Schwab VII Rn. 53; **a. A.** Palandt/Brudermüller § 1375 Rn. 14 (nur wenn die Einrede bereits erhoben ist).
[556] OLG Koblenz FamRZ 1979, 131; OLG Stuttgart FamRZ 1995, 1586 (mit Hinweis auf seltene Ausnahmefälle).
[557] BGH FamRZ 1988, 280.

► **Werkzeuge:**

Werkzeuge gehören entweder zu den Haushaltsgegenständen (Rn. 273), zu den   **407** Arbeitsgeräten (Rn. 185) oder zu den Hobby-Geräten (Rn. 277). Die Bewertung erfolgt nach den dort angegebenen Regeln.

► **Wertpapiere:**

S. „Aktien"

Zur rechtlichen Zuordnung vorhandener Wertpapiere s. Kap. 5 Rn. 411 f.

► **Wiederkaufsrecht:**

Notariell gesicherte befristete Wiederkaufsrechte der Gemeinden sind bei der   **408** Wertermittlung von Grundstücken zu berücksichtigen[558]. Das Wiederkaufsrecht schränkt zwar die Nutzungsmöglichkeit und den Nutzungswert nicht ein, es führt aber dazu, dass der Eigentümer das Grundstück nicht frei verwerten kann. Vor Ablauf der Bindungsfrist kann er es nur zu dem festgesetzten geringen Betrag veräußern. Dieser Umstand wirkt sich wertmindernd auf den Grundbesitz aus, weil er dessen Verwertbarkeit als Vermögens- und Handelsobjekt langfristig und spürbar einschränkt. Aus diesem Grund ist der zum Stichtag ermittelte Bodenwert um einen angemessenen Wertabschlag (Risikoabschlag) zu bereinigen[559]. Der Verkehrswert kann im Verhältnis der Gesamtdauer der Bindungsfrist zu der noch nicht abgelaufenen Dauer gekürzt werden.[560]

► **Wirtschaftsprüfer:**

Bewertungsrichtlinien der Wirtschaftsprüferkammern liegen nicht vor, auch nur   **409** wenige obergerichtliche Entscheidungen. Es ist vom Durchschnittsumsatz der letzten drei bis fünf Jahre, bereinigt um außergewöhnliche Erträge, auszugehen. Davon sind die durchschnittlichen Kosten sowie ein konkreter Unternehmerlohn abzuziehen. Der Praxiswert entspricht dann dem fünffachen Jahresnettoüberschuss, d. h. der auf die genannte Weise ermittelte Betrag ist mit fünf zu multiplizieren.[561] Es wird aber auch berichtet, dass als Geschäftswert (Goodwill) 130% des Brutto-Jahresumsatzes bezahlt werden.[562] Können sich die Eheleute nicht auf einen festen Wert einigen, muss ein Gutachten eingeholt werden. In jedem Fall sollte vorher bei der örtlich zuständigen Wirtschaftsprüferkammer nach den bisher verwendeten Methoden gefragt werden.

► **Wohnrecht**

## A. Wohnrecht als Aktivwert

Hat ein Ehegatte an einem Grundstück als beschränkt persönliche Dienstbarkeit   **410** (§ 1093 BGB) ein lebenslanges Wohnrecht, so hat dieses Nutzungsrecht einen wirt-

---

[558] BGH FamRZ 1980, 37; OLG München FamRZ 1992, 819; OLG Brandenburg FamRZ 2004, 1029, 1030 m. abl. Anm. Schröder.

[559] BGH FamRZ 1993, 1183, 1186.

[560] OLG München FamRZ 1992, 819.

[561] Schröder Rn. 165; Büte Rn. 215.

[562] Künkel FPR 1996, 105.

schaftlichen Wert und ist, auch wenn es nicht übertragbar und nicht vererblich ist, im Anfangs- und Endvermögen zu bewerten. Es ist der objektive Mietwert zu ermitteln, der dann – wie beim Nießbrauch – zu kapitalisieren ist[563] (vgl. Rn. 343). Kann der Berechtigte sein auf Lebenszeit eingeräumtes Wohnrecht wegen eines medizinisch notwendigen Aufenthalts in einem Pflegeheim nicht mehr ausüben, hat er einen Anspruch in Höhe der durch eine Vermietung zu erzielenden Vorteile.[564] Dieser Anspruch kann auf den Träger der Sozialhilfe übergehen (§ 93 SGB XII).

# B. Wohnrecht als Grundstücksbelastung

411 | **Beispiel:** Im Jahre 1990 übertrug die damals 60 Jahre alte Mutter ihrem verheirateten Sohn unentgeltlich ein kleines Reihenhaus. Sie behielt sich im Erdgeschoss ein Wohnrecht an zwei Zimmern und einem Bad mit Toilette vor. Für den Sohn, seine Ehefrau und zwei Kinder blieben im Parterre Küche und Esszimmer, im 1. Stock Wohn-, Schlaf- und Kinderzimmer, Bad und Toilette sowie das ausgebaute Obergeschoss. Im Jahre 2008 beantragten die Eheleute die Scheidung. Zu diesem Zeitpunkt lebt die Mutter noch. Die Ehegatten sind sich nicht einig, wie das Grundstück und die Belastung mit dem Wohnrecht im Anfangs- und Endvermögen zu bewerten sind.

## I. Die neue Rechtsprechung des BGH

Der BGH hat mit seiner Entscheidung vom 22. 11. 2006[565] seine Rechtsprechung zur Bewertung der Belastung eines Grundstücks mit einem Wohnrecht grundlegend geändert. Nach der früheren Rechtsprechung des BGH seit 1990 konnte ein Wohnrecht – wie auch eine Leibrente und ein Leibgedinge – im Anfangs- und Endvermögen völlig unberücksichtigt bleiben[566] (vgl. zum Leibgedinge und zur Leibrente Rn. 309, 317). Nunmehr hat der BGH[567] entschieden: *„Hat der erwerbende Ehegatte in den Fällen des § 1374 Abs. 2 BGB im Zusammenhang mit der Zuwendung ein Wohnrecht übernommen, so ist dieses bei der Ermittlung des Anfangs- und, wenn das Wohnrecht fortbesteht, auch des Endvermögens mit seinem jeweils aktuellen Wert wertmindernd zu berücksichtigen."*

Die neue Rechtsprechung des BGH zum Wohnrecht ist bei Familienrichtern und Anwälten auf Ablehnung gestoßen. Die Kritik richtete sich jedoch nicht dagegen, dass nunmehr das Wohnrecht als Belastung des Grundstücks sowohl im Anfangs- als auch im Endvermögen zu berechnen ist. Unverständlich erschien den Praktikern vielmehr, dass zusätzlich noch ein *„gleitender Vermögenserwerb"* ermittelt werden muss. So hat der BGH festgestellt[568]: *„Darüber hinaus ist der fortlaufende Wertzuwachs der Zuwendung aufgrund des abnehmenden Werts des Wohnrechts auch für den dazwischen liegenden Zeitraum bzw. die Zeit zwischen dem Erwerb des Grund-*

---

[563] OLG Celle FamRZ 1993, 1204; OLG Koblenz FamRZ 1988, 64, 65.
[564] BGH FamRZ 2007, 632, 633.
[565] FamRZ 2007, 978 m. Anm. Schröder.
[566] BGH FamRZ 1990, 56; 1990, 603; 1990, 1083 1990, 1217.
[567] FamRZ 2007, 978 (Leitsatz 1).
[568] FamRZ 2007, 978 (Leitsatz 2).

*stücks und dem Erlöschen des Wohnrechts zu bewerten, um den **gleitenden Erwerbs-vorgang zu erfassen und vom Ausgleich ausnehmen zu können.** "*

In der familiengerichtlichen Praxis stellt sich nun die Frage, wie der **„fortlaufende** 412 **Wertzuwachs"** – also die Wertsteigerung des Grundstücks infolge des allmählichen Absinkens des Werts der Wohnrechtsbelastung – zu bestimmen ist. Der Familiensenat des BGH nennt keine Kriterien, sondern meint nur, der gleitende Vermögenserwerb sei, da er nicht linear verlaufe, *ohne sachverständige Hilfe nicht zu ermitteln.*[569]

Für Anwälte und Familienrichter wird es schwierig sein, einen geeigneten Gutachter für diese Bewertung zu finden. Ein Sachverständiger für bebaute und unbebaute Grundstücke kann den Wert von Grund und Boden, nicht aber den gleitenden Vermögenszuwachs berechnen.[570] Ein finanzmathematischer Sachverständiger bräuchte zumindest Anhaltspunkte für die vorzunehmende Bewertung.[571] Die Gutachten werden nicht nur sehr teuer sein, sondern zwangsläufig auch zu unterschiedlichen Ergebnissen kommen. Der Arbeitskreis 7 des 17. Deutschen Familiengerichtstag 2007 hat deshalb den BGH *„dringend gebeten, Kriterien zu benennen, wie der gleitende Vermögenserwerb zu ermitteln ist"*.

Auch in den Urteilsbesprechungen wurde die neue Entscheidung des BGH stark 413 kritisiert. Das *„theoretische Gedankengebäude"* des BGH führt – so Münch[572] – nur zu einer *„teuer bezahlten Scheingenauigkeit"* und – so Schröder[573] – *„zu keiner sicheren Erkenntnisquelle, verkompliziert vielmehr die Zugewinnausgleichsmathematik"*. Der Streit über die richtige Bewertung ist nach Kogel[574] *„vorprogrammiert"*.

## II. Bewertung des Wohnrechts und des gleitenden Vermögenserwerbs

Nach der neuen Rechtsprechung des BGH sind zur Bestimmung der Grundstücksbelastung mit einem Wohnrecht **drei Bewertungen** durchzuführen.

▶ In der ersten Stufe ist das **Wohnrecht als Grundstücksbelastung** zum **Zeitpunkt des Erwerbs** zu bewerten und im **Anfangsvermögen** mit seinem aktuellen Wert anzusetzen und zu indexieren.

▶ In der zweiten Stufe ist das **Wohnrecht als Grundstücksbelastung** am **Stichtag** der **Rechtshängigkeit der Scheidung**, falls der Berechtigte zu diesem Zeitpunkt noch lebt, zu bewerten und im **Endvermögen** mit seinem aktuellen Wert anzusetzen.

---

[569] BGH FamRZ 2007, 978, 982.

[570] Kogel, Strategien, Rn. 688 Fn. 588 berichtet, ein Sachverständiger habe den Gutachtensauftrag zurückgegeben, da er sich nicht in der Lage sehe, den gleitenden Vermögenszuwachs nachvollziehbar zu begründen.

[571] Vgl. Fischer, Lorenz, Biederbeck GuG 2009, 7 ff: „ Methode zur Berücksichtigung des mit einer Zuwendung übernommenen Wohnrechts im Zugewinnausgleich – ein Vorschlag zur Abbildung des fortlaufenden Wertzuwachses".

[572] Münch DNotZ 2007, 795, 798, 799.

[573] Schröder FamRZ 2007, 982, 983.

[574] Kogel FamRB 2007, 195.

▶ In der dritten Stufe ist der **gleitende Vermögenserwerb** für die Zeit zwischen dem Erwerb und dem Erlöschen des Wohnrechts zu ermitteln und sodann vom **Zugewinnausgleich auszunehmen.**

**414** In den folgenden Ausführungen wird zunächst dargelegt, wie nach der geänderten Rechtsprechung das **Wohnrecht als Grundstücksbelastung** im Anfangs- und End- vermögen zu bewerten ist. Anschließend wird eine Berechnungsmethode vorgestellt, mit der Anwälte und Familienrichter den **gleitenden Vermögenserwerb** – ohne sachverständige Hilfe – **selbst ermitteln** können.

## 1. Bewertung des Wohnrechts als Grundstücksbelastung

**415** **a) Kein kapitalisierter Mietwert.** Der BGH führt in den Urteilsgründen nicht aus, nach welchen Kriterien das Wohnrecht im Anfangs- und Endvermögen zu bewerten ist. Im Schrifttum wird der Marktwert wie bei der Leibrente zumeist mit einem **kapitalisierten Mietwert** bemessen.[575] Wohnrecht und Leibrente können bei der güterrechtlichen Wertermittlung jedoch nicht gleichgesetzt werden. Wer eine mit einem Wohnrecht belastete Immobilie erwirbt, erhält **von vornherein kein volles Eigentum** an dem Hausgrundstück. Seine Verfügungsbefugnis ist eingeschränkt. Er kann das Grundstück, **von Anfang an** nicht voll nutzen und vor allem nicht ver- mieten. Deshalb hat er auch **keine entgangenen Mieteinnahmen.** Dazu kommt, dass die Belastung mit dem Wohnrecht auch keinerlei Einfluss auf das monatliche Ein- kommen des Verpflichteten hat. Die Wertminderung muss daher nach anderen Kriterien als einem fiktiven Mietwert bemessen werden.

**b) Drei Bewertungskriterien.** Die **Höhe der Wohnrechtsbelastung** hängt hauptsächlich von drei Kriterien ab:
- Wie stark wird der Erwerber in der Eigennutzung des Hausgrundstücks einge- schränkt?
- Wie lange dauert die Belastung an?
- In wieweit mindert die beschränkte Verwertungsmöglichkeit den Wert des Grundstücks?

**416** **(1) Wertminderung durch die eingeschränkte Nutzung.** Bei der Bewer- tung der Grundstücksbelastung durch das Wohnrecht ist nicht auf den subjektiven Nutzwert für den Berechtigten abzustellen. Die Wertminderung des Grundstücks ist vielmehr danach zu beurteilen, wie sehr diese Dienstbarkeit den Erwerber an der eigenen Nutzung der Immobilie hindert. Die **Einschränkung des Nutzungsrechts** hängt in jedem Einzelfall von der Größe des Anwesens und der Anzahl der von Wohnungsberechtigten genutzten Räume ab. Von Bedeutung kann auch sein, ob zwischen Übergeber und Erwerber enge persönliche Beziehungen bestehen. So kann der neue Grundstückseigentümer durch das Wohnrecht möglicherweise nur gering beeinträchtigt sein, wenn die Eltern oder Geschwister berechtigt sind und wenn das Anwesen ausreichend Wohnräume hat. Er kann aber auch – bei einer kleinen Wohneinheit – von der selbstständigen Nutzung weitgehend ausgeschlossen sein.

---

[575] Vgl. Hauß FPR 2009, 286, 287; Kuckenburg FuR 2008, 316, 319.

**(2) Wertminderung durch die Dauer der Belastung.** Wie stark die einge- 417
schränkte Nutzung den Grundstückswert tatsächlich mindert, hängt ganz entscheidend von der voraussichtlichen **Dauer der Belastung** ab. Die voraussichtliche Dauer
der Nutzung wird häufig durch die Lebenserwartung des Wohnungsberechtigten
bestimmt, die anhand der Sterbetafel ermittelt wird (vgl. Rn. 322). Das Wohnrecht
eines 80-jährigen Übergebers, der eine Lebenserwartung von 7,65 Jahren hat, wird
den Erwerber nur gering belasten. Dagegen wird der Wert der Immobilie erheblich
herabgedrückt, wenn der Nutzungsberechtigte erst 60 Jahre alt ist und statistisch
noch 21 Jahre lebt. Bei Wohnrechten für Geschwister ist es meist nur die kurze Zeit
bis zum Abschluss der Berufsausbildung.

**(3) Wertminderung durch die eingeschränkte Verwertbarkeit.** Die Änderung seiner Rechtsprechung hat der BGH[576] auch damit begründet, dass die Belastung mit einem Wohnrecht den Verkehrswert des Grundstücks – je nach dem
Alter des Berechtigten – **erheblich mindere.** Das zugewendete Grundstück hat einen
„Vermarktungsmakel".[577] Die entscheidende Frage ist nun, in welcher Höhe die
**eingeschränkte Verwertbarkeit** den Wert des übertragenen Grundstücks an den
jeweiligen Stichtagen mindert. Bei der Grundstücksbewertung wird der Wert regelmäßig durch den Verkaufserlös (Rn. 242 f) bestimmt, der am Stichtag zu erzielen
gewesen wäre. Davon abweichend soll nach dem BGH[578] jedoch der Veräußerungswert nur für die Gegenstände maßgeblich sein, die entweder zum Verkauf bestimmt
sind oder als Folge des Zugewinnausgleichs veräußert werden müssen. Will der
Eigentümer nämlich den Gegenstand nicht verkaufen, sondern behalten und weiterhin **selbst nutzen,** so entspricht der Veräußerungswert nicht dem wahren wirtschaftlichen Wert.[579] Grundstücksübertragungen mit der Gegenleistung eines lebenslangen Wohnrechts oder eines Leibgedinges erfolgen zumeist von Eltern an ihre
Kinder *„mit Rücksicht auf ein künftiges Erbrecht"* (§ 1374 II BGB). Die Eltern
wollen noch zu Lebzeiten ihr Anwesen einem Kind zuwenden, sich aber gleichzeitig
eine Bleibe in der gewohnten Umgebung für den Lebensabend sichern. Die Vertragsparteien sind sich daher in der Regel einig, dass das Anwesen **zu Lebzeiten der
Eltern** nicht veräußert werden soll.

Die Wertbestimmung eines mit einem Wohnrecht belasteten Grundstücks ist 418
vergleichbar mit der Bewertung von **Lebensversicherungen** (Rn. 299). Kapitallebensversicherungen wurden früher nur nach dem **Rückkaufswert** beurteilt, der
dem Liquidationswert des Versicherungsvertrags entspricht. Nach der Rechtsprechung des BGH[580] ist jetzt in den Fällen, in denen das Versicherungsverhältnis nicht
vorzeitig beendet werden muss, auf einen **Fortführungswert** („Behaltenswert") als
den wahren wirtschaftlichen Wert abzustellen.

Ebenso kann die Wertbestimmung einer Wohnrechtsbelastung auch mit der Bewertung einer **unveräußerlichen Unternehmensbeteiligung** verglichen werden.
Hier hat der BGH[581] festgestellt, dass die Nutzungsmöglichkeit maßgeblich den

---

[576] BGH FamRZ 2007, 978, 981.
[577] So Hauß FPR 2009, 286, 288.
[578] BGH FamRZ 1986, 37, 40; 1992, 918, 919.
[579] Johannsen/Henrich/Jaeger § 1376 Rn. 13; Schwab/Schwab VII Rn. 97.
[580] BGH FamRZ 1995, 1270, 1271.
[581] BGH FamRZ 1999, 361, 362; 1986, 1196, 1197; 1980, 37, 40.

Wert der Unternehmensbeteiligung bestimmt. Die fehlende freie Verwertbarkeit kann sich für die Bewertung im Zugewinnsausgleich lediglich **wertmindernd** auswirken (vgl. Rn. 393).

Entsprechend kann auch das Wohnrecht bei einer Grundstücksübereignung der Eltern bewertet werden. Das Anwesen wird nicht als spekulatives Handelsobjekt übertragen, sondern als dauerhafte „Grundsicherung". Der Wert des Hausgrundstücks ist durch die eingeschränkte Verwertbarkeit daher in der Regel nur „**maßvoll**" herabzusetzen.

**(4) Gesamtbewertung der Grundstücksminderung.** Feste Regeln zur Bestimmung der Höhe der Grundstücksbelastung mit einem Wohnrecht lassen sich nicht aufstellen. Die Wertminderung kann letztlich nur geschätzt werden. Diese **Schätzung** sollte der **Familienrichter** entsprechend § 287 II ZPO selbst vornehmen. Maßgebende Kriterien sind der räumliche Umfang des Wohnrechts, die noch zu erwartende Dauer der Belastung und zuletzt der „Vermarktungsmakel". Als **Wertabschlag** für die eingeschränkte Nutzung und Verwertbarkeit erscheint in der Mehrzahl der Fälle ein **Bruchteil des Verkehrswerts** angemessen.

**419**   In *obigem Beispielsfall* (Rn. 411) ist zu berücksichtigen, dass der Sohn mit seiner Familie ausreichend Wohnräume zur Verfügung hat, sodass die **Nutzung** des Anwesens nicht allzu erheblich eingeschränkt ist. Schwerer wiegt dagegen die **Dauer** der Grundstücksbelastung. Die zum Zeitpunkt der Schenkung 60 Jahre alte Mutter hatte eine statistische Lebenserwartung von 22,36 Jahren.[582] Bei der Bewertung des „**Vermarktungsmakels**" ist zu berücksichtigen, dass das Hausgrundstück „mit Rücksicht auf ein künftiges Erbrecht" (§ 1374 II BGB) zugewendet wurde, wobei die Mutter sich ein lebenslanges Wohnrecht vorbehalten hatte. Mutter und Sohn dürften sich einig gewesen sein, dass das Anwesen zu Lebzeiten der Mutter nicht veräußert wird. Die eingeschränkte Verwertbarkeit der Immobilie fällt daher nicht allzu erheblich ins Gewicht. Unter Abwägung dieser Umstände könnte es in diesem Fall angemessen sein, den Wert des Grundstücks im *Anfangsvermögen* um etwa ein $^1/_3$ zu mindern.

Bei der Bewertung der Wohnrechtsbelastung im *Endvermögen* ist davon auszugehen, dass die Lebenserwartung der bei Rechtshängigkeit der Scheidung 78 Jahre alten Mutter mit 10,27 Jahren[583] anzusetzen ist, damit ist sie etwa halb so hoch wie bei der Grundstücksübertragung 1990. Mangels weiterer Anhaltspunkte erscheint es vertretbar, die Minderung des Grundstückswerts durch das noch bestehende Wohnrecht nur noch mit dem hälftigen Wertabschlag wie beim *Endvermögen,* somit einem $^1/_6$, zu bemessen.

In **Ausnahmefällen** ist eine andere Bewertung geboten: so wenn die 60 Jahre alte Mutter ihrem Sohn ihre Zwei-Zimmer-Eigentumswohnung überträgt und sich ein lebenslanges Wohnrecht vorbehält. Hier wird der Grundstückswert auf Null herabzusetzen sein. Umgekehrt fällt die Grundstücksbelastung mit einem Wohnrecht kaum ins Gewicht, wenn beispielsweise die Mutter ihrem Sohn ein Mietshaus mit 20 Wohnungen übereignet und das Nutzungsrecht an einer Wohnung behält.

---

[582] Abgekürzte Sterbetafel 1990/1992, früheres Bundesgebiet.
[583] Sterbetafel 2006/2008, Deutschland.

## 2. Berechnung des gleitenden Vermögenserwerbs

> **Beispiel:** Die 60 Jahre alte Mutter übertrug 1990 ihrem Sohn ein Reihenhaus, wobei sie sich im Erdgeschoss ein Wohnrecht an zwei Zimmern und einem Bad vorbehielt. Für den Sohn und seine Ehefrau blieben im Parterre Küche und Esszimmer sowie in den oberen Stockwerken auch für die beiden Kinder ausreichend Wohnräume. Im Jahre 2008 beantragten die Eheleute die Scheidung.
> – *Zu diesem Zeitpunkt lebte die Mutter noch.*
> – *Die Mutter ist im Jahr 2000 verstorben.*
> Das Grundstück hatte laut Gutachten für 1990 einen Wert von 300 000 € (bereits indexiert) und für 2008 von 360 000 €. Die Belastung des Grundstücks durch das Wohnrecht wurde im Anfangsvermögen für 1990 mit 100 000 € (bereits indexiert) und im Endvermögen für 2008 mit 50 000 € bewertet.

420

### a) Wohnrechtsbelastung im Anfangsvermögen. Das Anfangsvermögen
beträgt (300 000 € – 100.00) = 200 000 €.

### b) Wohnrechtsbelastung im Endvermögen.
*1. Alternative:* Das Wohnrecht als Belastung des Grundstücks wurde bei Rechtshängigkeit der Scheidung mit 50 000 € bewertet. Das Endvermögen beträgt daher (360 000 € – 50 000 €) = 310 000 €.

*2. Alternative:* Mit dem Tod der Mutter im Jahre 2000 € ist das Wohnrecht als Grundstücksbelastung weggefallen. Im Endvermögen ist der volle Wert des Grundstücks mit 360 000 € anzusetzen.

### c) Bewertung des „gleitenden Vermögenserwerbs". In einem weiteren
Schritt ist nach BGH[584] nunmehr die **laufende Wertsteigerung** des Grundstücks durch die abnehmende Nutzungsdauer für den Zeitraum zu bestimmen, der zwischen der Grundstücksübertragung und der Rechtshängigkeit der Scheidung bzw. dem Tod des Berechtigten liegt. An diesem **gleitenden Vermögenserwerb** durch die sinkende Lebenserwartung des Nutzungsberechtigten soll der **Ehepartner nicht über den Zugewinnausgleich teilhaben.** Dies wird dadurch erreicht, dass der Wertzuwachs als privilegierter Erwerb gemäß § 1374 II BGB zum Anfangsvermögen gerechnet wird. Auf diese Weise wird das nach und nach zugewachsene Vermögen vom Zugewinnausgleich ausgenommen.[585]

Der BGH nennt keine Kriterien, wie dieser **gleitende Vermögenserwerb** – also die Wertsteigerung des Grundstücks infolge des allmählichen Absinkens des Werts der Wohnrechtsbelastung – bestimmt werden soll, sondern meint nur, der Wertzuwachs sei ohne sachverständige Hilfe nicht zu ermitteln.[586]

Es erscheint jedoch nicht zwingend erforderlich, ein aufwändiges und kostspieliges Gutachten zur Ermittlung des *„fortlaufenden Wertzuwachses"* einzuholen, das zudem kein sicheres Ergebnis bringt. Der BGH[587] weist *„zu einer Schätzung"* auf eine Entscheidung des OLG Bamberg[588] aus dem Jahre 1994 hin. Die Lösung des

421

---

[584] BGH FamRZ 2007, 978, 982.

[585] BGH FamRZ 2007, 978, 982.

[586] Der Arbeitskreis 7 des 17. Deutschen Familiengerichtstags (2007) hat den BGH „dringend gebeten, Kriterien zu benennen, wie der gleitende Vermögenserwerb zu ermitteln ist".

[587] BGH FamRZ 2007, 978, 982.

[588] OLG Bamberg FamRZ 1995, 607, 609.

OLG Bamberg wird als *„überzeugendes Beispiel einer Schätzung"* und als *„praktikable Annäherungsmethode"* bezeichnet.[589] Folgt man dem Berechnungsweg des OLG Bamberg, so kann man den gleitenden Vermögenserwerb – allerdings nicht ganz einfach – selbst sachgerecht bestimmen.

Das OLG Bamberg[590] hat zur Bewertung des gleitenden Vermögenserwerbs ausgeführt:

*„Das kann in der Weise geschehen, dass dem Anfangsvermögen die Hälfte des Betrags hinzugefügt wird, der dem Nominalwert zum Ausgleich des Kaufkraftschwundes dann hinzuzurechnen wäre, wenn der gesamte Wertzuwachs bereits zu Beginn der Ehezeit eingetreten wäre."*[591]

In der Begründung heißt es weiter: *„Dem gleitenden Vermögenszuwachs über die gesamte Ehezeit hinweg kann nur im Wege einer* **Schätzung** *Rechnung getragen werden. Der Senat hält es dabei, auch wenn weder der Anstieg der Lebenshaltungskosten noch das Absinken des Werts des Leibgedinges genau linear verlaufen, für angemessen, die Hälfte des Zuschlags hinzuzurechnen, der sich ergeben würde, wenn man den Vermögenserwerb durch das Absinken der Belastung vom Stichtag des Anfangsvermögens hochrechnen würde."*

Die **Schätzung des „gleitenden Vermögenserwerbs",** der dem Anfangsvermögen hinzuzurechnen ist, wird also auf folgender Grundlage vollzogen:

- Vom indexierten Wert des Wohnrechts im Anfangsvermögen wird zunächst der niedrigere Wert des Wohnrechts im Endvermögen abgezogen. Die Differenz ergibt den durch das Absinken des Werts des Wohnrechts entstandenen **Vermögenszuwachs.**

Dieser Betrag ist (wie das Anfangsvermögen) hochzurechnen.

- Von diesem indexierten Wert ist nun der im ersten Schritt ermittelte noch nicht indexierte Vermögenszuwachs abzuziehen.
- Die Hälfte dieses Unterschiedsbetrags entspricht dem „gleitenden Vermögenszuwachs", der dem Anfangsvermögen zugeschlagen wird.

In *obigem Beispielsfall* (Rn. 420) ist der **gleitende Vermögenserwerb** auf dieser Grundlage folgendermaßen zu berechnen:

*1. Alternative:* Die Mutter lebte bei Rechtshängigkeit der Scheidung noch.

- Zunächst wird vom indexierten Wert des Wohnrechts im Anfangsvermögen von 100 000 € der Wert des Wohnrechts im Endvermögen von 50 000 € abgezogen. Der Unterschiedsbetrag von 50 000 € ergibt den durch das Absinken des Werts der Wohnrechtsbelastung von 1990 bis 2008 bewirkten Vermögenszuwachs.
- Wird der Betrag von 50 000 € indexiert, ergeben sich (50 000 € × 106,6 : 74.8)[592] = 71 256 €.
- Davon ist nun der (nicht indexierte) Wertzuwachs von 50 000 € abzuziehen. Die Differenz beträgt 21 256 €.
- Die Hälfte davon sind 10 628 €. Dieser Betrag stellt den *„allmählichen, gleitenden Vermögenserwerb"* dar und wird deshalb dem Anfangsvermögen zugerechnet.

**422**  *2. Alternative:* Die Mutter ist im Jahre 2000 verstorben.

---

[589] JH/Jaeger § 1374 Rn. 27 Fn. 75 a; Brudermüller NJW 2007, 2967; Hoppenz/Hoppenz § 1376 Rn. 70 („Der Wert ist sachverständig festzustellen oder zu schätzen.").

[590] OLG Bamberg FamRZ 1995, 607, 609.

[591] OLG Bamberg FamRZ 1995, 607 (Leitsatz).

[592] Indexzahlen für 2008 und 1990.

Der maßgebliche Zeitraum für den „gleitenden Vermögenserwerb" erstreckt sich in diesem Fall von 1990 bis 2000.

- Vom indexierten Wert des Wohnrechts im Anfangsvermögen von 100 000 € wird der Wert des Wohnrechts im Jahr 2000 € in Höhe von 70 000 € abgezogen. Der Differenzbetrag von 30 000 € ergibt den Vermögenszuwachs durch das Absinken des Werts der Wohnrechtsbelastung von 1990 bis 2000.
- Dieser Betrag ist zu indexieren und führt zu einem Wert von (30 000 € × 92,7 : 74,8)[593] = 37 179 €.
- Von diesem hochgerechneten Betrag von 37 179 ist nun der (nicht indexierte) Wertzuwachs von 30 000 € abzuziehen. Die Differenz beträgt 7179 €.
- Die Hälfte davon sind 3590 €. Dieser Betrag stellt in der zweiten Alternative den *„allmählichen, gleitenden Vermögenserwerb"* dar und wird deshalb dem Anfangsvermögen zugerechnet.

**Berechnung des Anfangsvermögens:**

Beim Anfangsvermögen ist zunächst das Grundstück mit 300 000 € abzüglich des Werts des Wohnrechts von 100 000 €, somit 200 000 € anzusetzen. Zum Anfangsvermögen ist zusätzlich der gleitende Vermögenserwerb aufgrund des abnehmenden Werts des Wohnrechts hinzuzurechnen. Der laufende Wertzuwachs wurde, wenn die Mutter bei Rechtshängigkeit der Scheidung noch lebt, mit einem Betrag von 10 628 € bewertet. Das Anfangsvermögen beträgt dann 210 628 €. Ist die Mutter 2000 verstorben, beträgt der gleitende Vermögenserwerb 3590 €, der zum Anfangsvermögen von 200 000 € zu zählen ist, so dass sich in diesem Fall 203 590 € ergeben.

**Berechnung des Endvermögens:**

Ehemann M hat, wenn die Mutter bei Rechtshängigkeit der Scheidung noch lebt, als Endvermögen das Grundstück in Höhe von 360 000 € abzüglich der noch bestehenden Belastung mit dem Wohnrecht von 50 000 €, somit 310 000 €.[594] Ist die Mutter 2000 verstorben, ist die Grundstücksbelastung weggefallen und das Endvermögen beträgt 360 000 €.

**Zusammenfassung**

Der Wert von bebauten Grundstücken kann im Streitfall nur durch ein Gutachten festgestellt werden. Dabei wird der Sachverständige in der Regel auch die Belastung durch ein Wohnrecht bewerten. Der Gutachter müsste darauf hingewiesen werden, dass die Bewertung **nicht nach einem kapitalisierten Mietwert** zu erfolgen hat, sondern die eingeschränkte Nutzung der Immobilie, die statistische Dauer des Nutzungsrechts und der „Vermarktungsmakel" entsprechend zu berücksichtigen ist. Gleichwohl dürfte es hier zu ganz unterschiedlichen Bewertungen kommen, je nachdem wie der Sachverständige die einzelnen Kriterien gewichtet. Zur Bestimmung des **„gleitenden Vermögenserwerbs"** muss kein aufwändiges finanzmathematisches Gutachten eingeholt werden. Der laufende Wertzuwachs kann auf der Grundlage der „Schätzung" des OLG Bamberg, worauf der BGH ausdrücklich hingewiesen hat,[595] selbst berechnet werden. Im Übrigen ergeben sich, wie obige Beispiele zeigen, bei der Berechnung des gleitenden Vermögenserwerbs – verglichen

---

[593] Indexzahlen für 2000 und 1990.
[594] M hat kein weiteres Vermögen.
[595] BGH FamRZ 2007, 978, 984.

mit den Grundstückswerten und auch der Wohnrechtsbelastung – keine allzu erheblichen Beträge.[596]

▶ **Wohnwagen:**

423　Wohnwagen und Wohnmobile gehören in der Regel zu den Haushaltsgegenständen (vgl. Kap. 4 Rn. 135). Maßgeblich sind daher die dafür für entwickelten Regeln (Rn. 273). Dient ein Wagen (wie bei Schaustellern) in erster Linie als Unterkunft, zählt er als Ehewohnung (vgl. Kap. 4 Rn. 13).

▶ **Yacht:**

S. „Segelyacht"

▶ **Zahnarztpraxis:**

424　Der Wert einer Zahnarztpraxis wird nach dem Substanzwert (materieller Praxiswert) und dem ideellen Wert (immaterieller Praxiswert) bestimmt. Zur Wertermittlung kann auf die Ausführungen zur Bewertung einer Arztpraxis (Rn. 187 f) Bezug genommen werden. S. auch „Freiberufliche Praxis.

425　▶ **Zuwendungen:**

Zuwendungen von Dritten sind zum privilegierten Anfangsvermögen zu rechnen (§ 1374 II BGB) und zum Erwerbsstichtag nach allgemeinen Grundsätzen zu bewerten. Zuwendungen unter Eheleuten, ehebezogene oder unbenannte Zuwendungen genannt, werden in der Regel allein güterrechtlich ausgeglichen. Nur wenn ausnahmsweise der vorrangig durchzuführende Zugewinnausgleich zu einem grob unbilligen Ergebnis kommt, können ehebezogene Zuwendungen wegen Wegfalls der Geschäftsgrundlage zurückgefordert werden (vgl. Kap. 5 Rn. 211 f). Sind ehebezogene Zuwendungen wertmäßig im Endvermögen nicht mehr vorhanden sind, werden sie als „Vorausempfang" nach § 1380 BGB ausgeglichen (vgl. Rn. 513 f).

# 4. Abschnitt. Der Ausgleichsanspruch (§ 1378 BGB)

## A. Überblick

426　Die §§ 1372 bis 1377, 1384 BGB bestimmen, wie der Zugewinn zu berechnen ist. Wie der Anspruch auszugleichen ist, regeln die **§§ 1378 bis 1383 BGB:**
- § 1378 I ist **Anspruchsgrundlage** für den Zugewinnausgleich und legt dessen **Höhe** fest;
- § 1378 II 1 begrenzt die **Höhe der Ausgleichsforderung** auf den Wert des Vermögens, das bei Beendigung des Güterstandes – im Fall der Scheidung bei Rechtshängigkeit (§ 1384) – vorhanden ist.
- § 1378 II 2 **erhöht** die Ausgleichsgrenze bei **illoyalen Vermögensminderungen** (§ 1375 II);

---

[596] So auch Kogel, Strategien, Rn. 688; kritisch „zur Kosten-Nutzen-Relation der komplizierten Rechenweise" auch Münch DNotZ 2007, 795, 797.

- § 1378 III 1 ordnet an, dass die Ausgleichsforderung mit der Beendigung des Güterstandes **entsteht;**
- § 1378 III 2 bestimmt die Form von **Vereinbarungen;**
- § 1379 verpflichtet zur **Auskunft;**
- § 1380 rechnet Zuwendungen unter Eheleuten als **Vorausempfänge** an;
- § 1381 gibt ein **Leistungsverweigerungsrecht** wegen grober Unbilligkeit;
- § 1382 lässt eine **Stundung** der Ausgleichsforderung zu;
- § 1383 gibt in Ausnahmefällen dem Gläubiger das Recht, bestimmte **Vermögensgegenstände** zu verlangen;
- § 1384 bestimmt für die Berechnung des Zugewinns und für die **Höhe der Ausgleichsforderung** als Stichtag die **Rechtshängigkeit der Scheidung.**

# B. Einzelheiten der Ausgleichsforderung

## I. Art und Höhe des Ausgleichs (§ 1378 I BGB)

Übersteigt der Zugewinn des einen Ehegatten den Zugewinn des anderen, so steht    427
die **Hälfte des Überschusses** dem anderen Ehegatten als Ausgleichsforderung zu
(§ 1378 I BGB). Die Ausgleichsforderung ist auf **Geld** gerichtet. Eine dingliche
Beteiligung am Vermögen des anderen Ehegatten gibt es – im Gegensatz zur erbrechtlichen Lösung (§ 1371 I BGB) – beim güterrechtlichen Zugewinnausgleich
nicht. Der Erwerb des Zugewinns ist gemäß § 5 II ErbStG steuerfrei (Kap. 6
Rn. 40).

Zur Ermittlung der konkreten Höhe der Ausgleichsforderung sind **drei Rechenschritte** durchzuführen (vgl. Rn. 11):

(1) Berechnung des Zugewinns eines jeden Ehegatten durch Abzug seines Anfangsvermögens von seinem Endvermögen (§ 1373 BGB).

(2) Berechnung des Zugewinnüberschusses durch Abzug des geringeren vom größeren Zugewinn (§ 1378 I BGB).

(3) Die Hälfte des Zugewinnüberschusses ergibt die Ausgleichsforderung (§ 1378 I BGB).

Zur Schlüssigkeit eines Antrags auf Zugewinnausgleich gehört der Aufbau eines solchen Berechnungsschemas. Der Antrag lautet:

---

### Antrag:

Der Antragsgegner wird verpflichtet, an die Antragstellerin einen Zugewinnausgleich in Höhe von € .... zuzüglich Zinsen in Höhe von 5 Prozentpunkten über dem Basiszinssatz ab ...[597] zu bezahlen.

---

[597] Im Scheidungsverbund: ab Rechtskraft der Scheidung. Nach rechtskräftiger Scheidung: ab Verzug oder ab Rechtshängigkeit des Antrags.

## II. Begrenzung der Ausgleichsforderung (§ 1378 II 1BGB)

### 1. Voller Ausgleich in Höhe des vorhandenen Vermögens

428 Als Folge der Einführung des negativen Anfangsvermögens musste der Gesetzgeber auch regeln, in welcher Höhe das Endvermögen zur Erfüllung der Ausgleichsforderung einzusetzen ist.

> **Beispiel:** M hatte bei Heirat Verbindlichkeiten von 200 000 €. Es gelingt ihm, seine Schulden abzubauen und zusätzlich ein Endvermögen von 100 000 € zu erwerben. F hat keinen Zugewinn erzielt. In welcher Höhe muss M seinen Zugewinn ausgleichen?

M hat einerseits einen wirtschaftlichen Zugewinn von 300 000 € erzielt, andererseits hat er nur ein tatsächliches Vermögen von 100 000 €. In diesem Fall gibt es drei denkbare Möglichkeiten den Zugewinn auszugleichen:
– M muss die Hälfte seines Zugewinns bezahlen: 150 000 €.
– M muss (nur) so viel ausgleichen, wie er tatsächlich hat: 100 000 €.
– M muss nur die Hälfte seines tatsächlichen Vermögens abgeben: 50 000 €.

429 Müsste M 150 000 € als Zugewinnausgleich zahlen, müsste er sich mit 50 000 € verschulden. Diese Lösung erscheint nicht sachgerecht.

Nach der ursprünglichen Fassung des Regierungsentwurfs war die Ausgleichsforderung auf den *„hälftigen Wert"* des tatsächlich vorhandenen Endvermögens begrenzt.[598] Die Einführung einer Kappungsgrenze beruhe – so die Gesetzesbegründung[599] – auf Gerechtigkeitserwägungen. Grundsätzlich sollen beide Ehegatten an dem, was sie während der Ehe erworben haben, gerecht je zur Hälfte beteiligt werden. Es sei daher nicht angemessen, wenn ein Ehegatte dem anderen sein ganzes Vermögen übertragen müsste. Die gesetzliche Regelung würde – so der BGH[600] – von dem Grundsatz beherrscht, dass nur das ausgeglichen werden soll, was am Stichtag als Überschuss (Zugewinn) tatsächlich vorhanden sei. Der Ausgleich sei deshalb auf die Hälfte des vorhandenen Betrags zu begrenzen. Danach müsste M im Beispielsfall nur die Hälfte seines Vermögens – somit 50 000 € – abgeben. Im Lauf der Gesetzesberatungen hat sich jedoch die Erkenntnis durchgesetzt, dass bei wirtschaftlicher Betrachtung jede Form des Schuldenabbaus vermögensrechtlich ein Zugewinn ist. An diesem Zuwachs den Ehepartner nur begrenzt – bis zur Hälfte des vorhandenen Vermögens – zu beteiligen, erscheint nicht sachgerecht.[601] Auf Empfehlung des Rechtsausschusses hat der Bundestag beschlossen, die im Gesetzentwurf vorgesehene Begrenzung der Ausgleichsforderung auf die Hälfte des vorhandenen Vermögens wieder zu streichen.[602] Die bisherige Regelung des § 1378 II BGB wurde unverändert übernommen. Nach der jetzigen gesetzlichen Regelung muss M im Beispielsfall sein **gesamtes Endvermögen** von 100 000 € an Ehefrau F abgeben. Auch wenn § 1378 II 1 BGB in der bisherigen Fassung fortbesteht, eine entscheidende Änderung ergibt sich jedoch

---

[598] BT-Drucks. 16/13 027 Artikel 1 Nr. 7, S. 1.
[599] BT-Drucks. 16/13 027 zu Artikel 1 zu Nr. 7, S. 23.
[600] BGH FamRZ 1995, 990, 992.
[601] Brudermüller FamRZ 2009, 1185, 1187.
[602] BT-Drucks. 16/13 027 S. 7.

im Fall der Scheidung durch die **Vorverlegung des Stichtags** für die Höhe der Ausgleichsforderung gemäß § 1384 BGB (vgl. Rn. 81 f).

## 2. Erhöhung der Ausgleichsgrenze bei illoyalen Vermögensminderungen (§ 1378 II 2 BGB)

Die Begrenzung der Ausgleichsforderung auf das tatsächlich vorhandene Vermögen (§ 1378 II 1 BGB) gilt nicht, wenn der ausgleichspflichtige Ehegatte sein Vermögen durch illoyale Handlungen (§ 1375 II 1 BGB) vermindert hat.  **430**

> **Beispiel:** Bei Trennung der Eheleute hat M, der kein Anfangsvermögen hatte, ein Vermögen von 100 000 €, das er in der Folgezeit weitgehend verschwendet. Bei Zustellung des Scheidungsantrags hat M nur noch ein Endvermögen von 20 000 €. M erreicht auch in der Folgezeit kein höheres Vermögen. F hat keinen Zugewinn erzielt.

Nach früherem Recht konnte das verschwendete Geld zwar nach § 1375 II Nr. 2 BGB dem Endvermögen des M zugerechnet werden, aber § 1378 II BGB begrenzte die Ausgleichsforderung auf das noch vorhandene Vermögen von 20 000 €. Nach der neuen Vorschrift des § 1378 II 2 BGB wird die unlautere Vermögensminderung von 80 000 € zum noch vorhandenen Vermögen von 20 000 € am Stichtag der Rechtshängigkeit der Scheidung (§ 1384 BGB) hinzugerechnet. Der unlauter verbrauchte Betrag wird wie vorhandenes Vermögen berücksichtigt. Das **ausgleichspflichtige Endvermögen von M beträgt somit 100 000 €.** Der illoyal handelnde Ehepartner verdient keinen Schutz. Auch wenn M nur noch 20 000 € hat, kann F Zugewinnausgleich in Höhe von 50 000 € verlangen. In diesem Fall muss M sich notfalls verschulden, um die Ausgleichsforderung erfüllen zu können.

Hat ein Ehemann bei Rechtshängigkeit der Scheidung Schulden von 80 000 €, hat er aber in der Trennungszeit seiner neuen Freundin 20 000 € geschenkt, so wird diese illoyale Vermögensminderung gemäß § 1378 II 2 BGB von seinen Verbindlichkeiten abgezogen, so dass am Stichtag ein Endvermögen von – 60 000 € anzusetzen ist. Der unlauter handelnde Ehemann wird so behandelt, als hätte er die unentgeltliche Zuwendung (§ 1375 II 1 Nr. 1 BGB) nicht getroffen.[603]  **431**

## 3. Neuer Stichtag für die Höhe der Ausgleichsforderung

Nach früherer Rechtslage entstand der Anspruch auf Zugewinnausgleich stets nur in Höhe des Vermögens, das bei Beendigung des Güterstandes – bei Rechtskraft der Scheidung – noch vorhanden war. Hatte der ausgleichspflichtige Ehegatte bei Zustellung des Scheidungsantrags noch erhebliches Vermögen, hat er im Laufe des Scheidungsverfahrens jedoch sein Vermögen vollständig verbraucht, ging der ausgleichsberechtigte Ehegatte leer aus (§ 1378 II BGB a. F.). Die gesetzliche Regelung des früheren § 1378 II BGB wurde allseits als unbefriedigend bewertet, da sie dem ausgleichsberechtigten Ehegatten keinen Schutz vor Manipulationen bot. Selbst durch illoyale Vermögensminderungen zwischen Rechtshängigkeit und Rechtskraft  **432**

---

[603] Schwab FamRZ 2009, 1961, 1963.

der Scheidung konnte der ausgleichspflichtige Ehegatte den Anspruch des Ehepartners kürzen.

**433** Die jetzige Bestimmung des § 1378 II 1 BGB entspricht zwar wörtlich dem früheren § 1378 II BGB: *„Die Höhe der Ausgleichsforderung wird durch den Wert des Vermögens begrenzt, das nach Abzug der Verbindlichkeiten bei Beendigung des Güterstandes vorhanden ist."* Beendet ist die Zugewinngemeinschaft – nach wie vor – mit Rechtskraft der Scheidung oder Aufhebung durch Ehevertrag. Eine ganz entscheidende Änderung der gesetzlichen Regelung ergibt sich jedoch in Verbindung mit der **Neuregelung des § 1384 BGB.** Nach der früher geltenden Bestimmung wurde **nur** der **Berechnungszeitpunkt** des Zugewinns im Scheidungsfall auf die Zustellung des Scheidungsantrags vorverlegt. Durch das „Gesetz zur Änderung des Zugewinnausgleichs- und Vormundschaftsrechts"[604] vom 6. 7. 2009 wurde § 1384 BGB entscheidend erweitert: **„Wird die Ehe geschieden,** so tritt für die Berechnung des Zugewinns und für die **Höhe der Ausgleichsforderung** an die Stelle der Beendigung des Güterstands der Zeitpunkt der **Rechtshängigkeit des Scheidungsantrags."**

**434** | **Beispiel:** Ehemann M, der kein Anfangsvermögen hatte, hat bei Rechtshängigkeit der Scheidung ein Endvermögen von 100 000 €. F hat keinen Zugewinn erzielt. Im Laufe des Scheidungsverfahrens verliert M unverschuldet sein ganzes Vermögen. Bei Rechtskraft der Scheidung ist er vermögenslos.

Im Beispielsfall entstand nach der früheren Rechtslage der Ausgleichsanspruch nicht. Nach nunmehriger gesetzlicher Regelung des § 1384 BGB gilt **im Fall der Scheidung** der Stichtag „Rechtshängigkeit des Scheidungsantrags" nicht nur für die Berechnung des Zugewinns, sondern nunmehr auch für die **Höhe der Ausgleichsforderung.** Vermögen, das bei **Zustellung des Scheidungsantrags** vorhanden ist, wird **stets zur Hälfte ausgeglichen.** Vermögensminderungen nach Rechtshängigkeit des Scheidungsantrags können die Höhe des Anspruchs **nicht mehr beeinflussen.**[605] Oder wie Schwab[606] es anschaulich ausgedrückt hat: *„Und wenn zwischen Rechtshängigkeit des Scheidungsantrags und Rechtskraft des Scheidungsbeschlusses die Welt unterginge – an der errechneten Zugewinnausgleichsforderung ändert sich nichts mehr."* Die Höhe des Vermögens bei Rechtskraft der Scheidung hat für den Ausgleich des Zugewinns keine Bedeutung mehr. Die Vorverlegung des Stichtags für die Höhe der Ausgleichsforderung soll den ausgleichsberechtigte Ehegatten in erster Linie vor Vermögensmanipulationen des Ehepartners zwischen der Zustellung des Scheidungsantrags und der Beendigung des Güterstandes schützen.

**435** Die gesetzliche Regelung wird im Schrifttum für den Fall als unbillig kritisiert, dass der redliche Ehepartner unverschuldet (z. B. durch einen Börsencrash) sein Vermögen ganz oder teilweise verliert.[607] Im Gegenzug könnte aber auch als unbillig kritisiert werden, dass der ausgleichspflichtige Ehegatte, wenn er zwischen Rechtshängigkeit und Rechtskraft der Scheidung einen hohen Gewinn erzielt, den Ver-

---

[604] BGBl I S. 1696 Art. 1 Nr. 9.
[605] So BT-Drucks. 16/10 798 S. 27 (zu Nr. 9).
[606] Schwab FamRZ 2009, 1445, 1446.
[607] Brudermüller FamRZ 2009, 1185, 1188; Büte NJW 2009, 2776, 2778; Kogel MDR 2008, 297, 300; Born NJW 2008, 2289, 2291; zu möglichen Lösungen s. Schwab FamRZ 2009, 1445, 1446.

mögenszuwachs nicht teilen muss. Der aus rechtspolitischen Gründen getroffenen Regelung des Gesetzgebers ist zuzustimmen. An der Vermögensentwicklung des ausgleichspflichtigen Ehegatten nach Zustellung des Scheidungsantrags soll der Ehepartner – im Guten wie im Schlechten – nicht mehr teilnehmen.[608] Ein Leistungsverweigerungsrecht wegen grober Unbilligkeit (1381 BGB) besteht nicht (vgl. Rn. 562). Im Beispielsfall hatte M zum Zeitpunkt der Zustellung des Scheidungsantrags ein Vermögen von 100 000 €. Ehefrau F hat an diesem Stichtag einen Ausgleichsanspruch von 50 000 € erworben (§ 1378 II 1 in Verb. mit § 1384 BGB). Die – unverschuldete – Vermögensminderung nach Zustellung des Scheidungsantrags kann die Höhe des „feststehenden und bleibenden" Anspruchs nicht mehr beeinflussen.[609]

## III. Entstehung der Ausgleichsforderung (§ 1378 III 1 BGB)

Die Ausgleichsforderung **entsteht** nach § 1378 III 1 BGB **mit der Beendigung** 436 **des Güterstandes.** Beendet ist die Zugewinngemeinschaft nicht schon, wenn der Scheidungsantrag mit Zustellung rechtshängig geworden ist, sondern erst wenn die **Scheidung rechtskräftig** wird (§ 1564 S. 2 BGB). Von diesem Zeitpunkt an ist der Anspruch übertragbar, wirtschaftlich verwertbar und vererblich. § 1384 BGB hat nur als Stichtag für die Berechnung und Höhe des Zugewinns Bedeutung. Der Zeitpunkt der Entstehung der Ausgleichsforderung wird dadurch nicht berührt. Stirbt der ausgleichsberechtigte Ehegatte während des Scheidungsverfahrens, gehen seine Erben bezüglich des Zugewinnausgleichs leer aus.[610] Wird der Güterstand durch **Ehevertrag** beendet, entsteht die Ausgleichsforderung mit Vertragsabschluss. Die Ausgleichsforderung wird zugleich mit ihrem Entstehen **fällig** (§ 271 BGB).[611] Im Fall der Scheidung tritt die Fälligkeit daher mit Rechtskraft des Scheidungsbeschlusses ein (§ 1378 II 1 BGB).

Die Zugewinnausgleichsforderung ist erst mit Beendigung des Güterstandes **über-** 437 **tragbar.** Eine vor Rechtskraft der Scheidung getroffene Abtretungsvereinbarung ist auch dann nichtig, wenn sie unter der aufschiebenden Bedingung erfolgt, dass der Scheidungsbeschluss Rechtskraft erlangt.[612]

Gegen einen im Scheidungsverbund geltend gemachten Anspruch auf Zugewinnausgleich kann der ausgleichspflichtige Ehegatte (hilfsweise) **aufrechnen,** auch wenn die Ausgleichsforderung noch nicht entstanden ist. § 1378 III 1 BGB steht nach seinem Sinn und Zweck der Aufrechnung schon vor Beendigung des Güterstandes nicht entgegen. Die gesetzliche Regelung, dass der Anspruch erst mit Rechtskraft der Scheidung entsteht, sollte nur verhindern, dass **außenstehende Dritte** auf diesen Vermögensanspruch zugreifen können. Sie könnten sonst nämlich mittelbar Einfluss auf die Entwicklung des Scheidungsverfahrens, vor allem auf das Ende der Ehe, nehmen.[613]

---

[608] JH/Jaeger § 1378 Rn. 5.
[609] So BT-Drucks. 16/10798 S. 27 (zu Nummer 9).
[610] BGH FamRZ 1995, 597, 598.
[611] OLG Zweibrücken FamRZ 2004, 1032; Palandt/Brudermüller § 1378 Rn. 3; MK/Koch § 1378 Rn. 14; JH/Jaeger § 1378 Rn. 9.
[612] BGH FamRZ 2008, 1435.
[613] Kogel FamRZ 2007, 1710; MK/Koch § 1378 Rn. 19; **a. A.** Hartmann FamRZ 2007, 869; Palandt/Brudermüller § 1378 Rn. 6; Staudinger/Thiele § 1378 Rn. 21; Soergel/Lange § 1378 Rn. 13.

Wird der Zugewinnausgleich erst nach Abschluss des Scheidungsverfahrens geltend gemacht, kann ein **ausgleichsberechtigter** Ehegatte unstreitig mit dem noch nicht titulierten Anspruch **aufrechnen** (§ 387 BGB). Der Ausgleichsanspruch war mit Beendigung des Güterstands entstanden und auch bereits fällig.[614]

## IV. Verzinsung

**438**    Für die Verzinsung kommt es darauf an, wie der Güterstand beendet wurde. Bei einer **Beendigung durch Scheidung** gelten folgende Regeln:

▶ Wurde der Zugewinn als **Folgesache** im Verbund geltend gemacht, können **Prozesszinsen** nach § 291 BGB verlangt werden. Für den Beginn der Verzinsung kommt es nicht auf die Zustellung des Scheidungsantrags an, sondern gemäß § 1378 III 1 BGB auf den Tag, an dem der Güterstand beendet wurde. Das ist der Tag, an dem der Scheidungsbeschluss rechtskräftig wurde.[615] Der Zinsanspruch kann bereits zusammen mit dem Zahlungsantrag geltend gemacht werden. Die **Höhe der Zinsen** beträgt nach §§ 288 I 2, 291 I 2 BGB fünf Prozentpunkte über dem Basiszinssatz.[616]

▶ Bei hohen Ausgleichsforderungen empfiehlt es sich wegen der ungünstigen Folgen für die Zinsen zumeist, den Zugewinnausgleich **nicht im Verbund** geltend zu machen. Muss nämlich eine langwierige Beweisaufnahme durchgeführt werden, verzögert sich der Scheidungsbeschluss und damit zwangsläufig auch der Beginn der Verzinsung.[617] Die Beantragung von Verfahrenskostenhilfe für ein Verfahren auf Zugewinnausgleich außerhalb des Scheidungsverbunds ist grundsätzlich nicht mutwillig.[618]

▶ Wird der Anspruch **nach Rechtskraft der Scheidung** zunächst außergerichtlich geltend gemacht, fallen **Verzugszinsen** nach § 288 BGB an. Ab Rechtshängigkeit können wahlweise auch **Prozesszinsen** nach § 291 BGB verlangt werden.

▶ Wird der Ausgleichsanspruch **vor Rechtskraft der Scheidung außergerichtlich** geltend gemacht, werden noch keine Zinsen geschuldet, weil es an der Fälligkeit fehlt. Wird das Scheidungsurteil rechtskräftig, muss die **Zahlungsaufforderung wiederholt** werden. Vor Eintritt der Fälligkeit ergangene Mahnungen und Zahlungsaufforderungen sind wirkungslos.[619]

▶ Endet der Güterstand durch notariellen Ehevertrag oder durch vorzeitige Aufhebung der Zugewinngemeinschaft, ist nach dem Vertragsabschluss bzw. nach Rechtskraft der Entscheidung, die den Güterstand aufhebt (§ 1388 BGB), an den ausgleichspflichtigen Ehegatten eine verzugsauslösende Zahlungsaufforderung zu richten.

---

[614] BGH FamRZ 2002, 318, 319; 2000, 355, 356; OLG Karlsruhe FamRZ 2002, 1032, 1033.
[615] BGH FamRZ 1986, 37, 40; OLG Zweibrücken FamRZ 2004, 1032; Palandt/Brudermüller § 1378 Rn. 3.
[616] Zur jeweiligen Höhe des Basiszinssatzes in der Vergangenheit vgl. die Aufstellung bei Palandt/ Grüneberg Anhang zu § 288 BGB
[617] Vgl. Kogel, Strategien, Rn. 914.
[618] BGH FamRZ 2005, 786; 2005, 788.
[619] Palandt/Grüneberg § 286 Rn. 16.

# V. Vereinbarungen über den Ausgleich des Zugewinns

## 1. Vereinbarungen während des Scheidungsverfahrens (§ 1378 III 2 BGB)

> **Beispiel:** Die Eheleute F und M, jeweils anwaltlich vertreten, einigen sich vor Einleitung des Scheidungsverfahrens, dass das dem M gehörende Grundstück 300 000 € wert sei. In der mündlichen Verhandlung beantragt die Rechtsanwältin von F, ein Gutachten einzuholen zum Beweis, dass der Wert des Grundstücks 500 000 € betrage. Sind die Beteiligten an ihre Vereinbarung gebunden?

**439**

Eine **Vereinbarung,** die die Eheleute während eines Scheidungsverfahrens über den Zugewinnausgleich treffen, bedarf nach § 1378 III 2 BGB der **notariellen Beurkundung** oder einer **Protokollierung durch das Familiengericht** (§ 127 a BGB). Durch diese Formvorschrift soll der sozial schwächere Partner vor unüberlegten Vereinbarungen geschützt werden.[620] Private Vereinbarungen der Eheleute sind nichtig (§ 125 BGB). Die Beteiligten können sich daher über die Bewertung bestimmter Gegenstände des Anfangs- und Endvermögens nicht formlos einigen.[621] Unwirksam sind auch schriftliche Vereinbarungen der Eheleute, einzelne Sachen vom Zugewinnausgleich auszunehmen oder die Ausgleichsforderung in Raten bezahlen zu können.[622] Ebenso ist die Abtretung der künftigen Ausgleichsforderung – auch unter der aufschiebenden Bedingung der Rechtskraft der Scheidung – gemäß § 1378 III 3 BGB nichtig.[623] Vereinbarungen über den Zugewinnausgleich können gemäß § 1378 III 2 Hs. 2 BGB nur „in einem Verfahren in Ehesachen" wirksam gerichtlich protokolliert werden. Wird in einem Unterhaltsverfahren auch der Zugewinnausgleich vertraglich mitgeregelt, ist die Vereinbarung nichtig (§§ 125, 139 BGB).

Bei Grundstücken, Unternehmen, Kanzleien und Praxen ist eine übereinstimmende Beurteilung der Eheleute meist nicht möglich. Die Anwälte sollten ihre Mandanten dann alsbald bewegen, gemeinsam einen Sachverständigen zu beauftragen (vgl. Rn. 162). Zugleich sollten sie notariell vereinbaren, dass das Gutachten für beide Parteien verbindlich ist. In diesem Fall liegt ein **Schiedsgutachtensvertrag** vor, auf den §§ 317 bis 319 BGB analog anzuwenden sind. Die Beteiligten sind an die Begutachtung nur dann nicht gebunden, wenn das Ergebnis „offenbar unrichtig" ist.[624]  **440**

In der Praxis wird häufig **vor Anhängigkeit der Scheidung** im Rahmen einer Scheidungsvereinbarung auch der Zugewinnausgleich geregelt. Der BGH hält Vereinbarungen gem. § 1378 III 2 BGB auch schon „**kurz vor der beabsichtigten Scheidung**" für zulässig.[625] Wirksam ist dann aber nur die notariell beurkundete Vereinbarung. Eine **Vereinbarung** über den Zugewinnausgleich, die die Rechtsanwälte der Beteiligten vor Anhängigkeit der Scheidung geschlossen haben, ist  **441**

---

[620] BGH FamRZ 2009, 1435, 1436; 1983, 157, 159, 160.

[621] AG Viechtach FamRZ 1991, 570.

[622] OLG Düsseldorf FamRZ 2005, 273; OLG Hamburg FamRZ 1985, 290; Palandt/Brudermüller § 1378 Rn. 17.

[623] BGH FamRZ 2008, 1435, 1436.

[624] BGH FamRZ 1983, 882; Palandt/Grüneberg § 317 Rn. 3 ff; Born FPR 2009, 305.

[625] BGH FamRZ 1983, 157, 159.

**nichtig** (§ 125 BGB) und auch nicht heilbar. In diesem Fall muss die Regelung über den Zugewinnausgleich – wie üblich – nochmals vor dem Familiengericht vereinbart und protokolliert werden (§§ 1378 III 2, 127 a BGB).

442 Ist die Scheidung rechtskräftig geworden, oder haben die Ehegatten die Zugewinngemeinschaft durch einen notariellen Vertrag (§ 1408 I BGB) aufgehoben, können sie über die Ausgleichsforderung **formlos** verfügen.

## 2. Ausschluss des Zugewinnausgleichs durch Ehevertrag und Scheidungsvereinbarungen (§ 1408 I BGB)

443 Nach § 1408 I BGB können die Ehegatten den Zugewinnausgleich durch Ehevertrag (§ 1410 BGB) regeln, insbesondere den gesetzlichen Güterstand auch vor und nach Eingehung der Ehe aufheben.[626] Die Freiheit der Eheleute, ihre vermögensrechtlichen Verhältnisse abweichend von den gesetzlichen Bestimmungen zu regeln, darf jedoch nicht dazu führen, dass Verträge unter dem Druck des stärkeren Ehepartners abgeschlossen werden, die diesen einseitig begünstigen. Ein Ehevertrag darf nicht durch die Dominanz des einen und die strukturelle Unterlegenheit des anderen Ehegatten – so das Bundesverfassungsgericht[627] – in einer Weise geprägt sein, dass der andere Ehegatte sein Freiheitsrecht nicht mehr ausüben kann. „Die Vertragsfreiheit rechtfertigt nicht eine einseitige eheliche Lastenverteilung."[628] In einer richtungsweisenden Entscheidung vom 11. 2. 2004 zur Wirksamkeit von Eheverträgen hat der BGH darauf abgestellt, ob die Vereinbarungen **evident einseitig und unzumutbar** sind.[629] Dies ist umso eher anzunehmen, je mehr der Ehevertrag in den Kernbereich des Scheidungsfolgenrechts eingreift. Der BGH hat dazu folgende **Rangabstufung** vorgenommen:

- An erster Rangstelle innerhalb dieses Kernbereichs steht der Unterhalt wegen Kinderbetreuung, an den der Alters- und Krankheitsunterhalt sowie der Versorgungsausgleich anschließen.
- Es folgen in der Rangwertung der Unterhalt wegen Erwerbslosigkeit und der Krankenvorsorge- und Altersvorsorgeunterhalt.
- Die letzte Stelle belegen der Aufstockungs- und der Ausbildungsunterhalt.

444 **Nicht zum geschützten Kernbereich** gehört nach BGH der **Zugewinnausgleich**.[630]

Zur richterlichen **Inhaltskontrolle** eines Ehevertrags hat der BGH[631] ausgeführt: einem ersten Schritt ist eine **Wirksamkeitskontrolle gemäß § 138 BGB** in Form ein Bestandskontrolle durchzuführen. Dabei ist eine Gesamtwürdigung der individuellen Verhältnisse der Ehegatten zum Zeitpunkt des Vertragsabschlusses vorzunehmen Sittenwidrigkeit eines Ehevertrag kommt nur dann in Betracht, wenn Regelungen a dem Kernbereich des Scheidungsfolgenrechts ganz oder zu erheblichen Teilen abbdungen werden, ohne dass diese Nachteile durch anderweitige Vorteile gemildert od

---

[626] Vgl. Bergschneider, Verträge in Familiensachen, S. 161, 179.

[627] BVerfG FamRZ 2001, 343, 346 m. Anm. Schwab; 2001, 985.

[628] BVerfG FamRZ 2001, 343, 346.

[629] BGH FamRZ 2004, 601, 605, 607 m. Anm. Borth.

[630] BGH FamRZ 2004, 601, 605, 608; 2005, 691, 692 m. Anm. Bergschneider; 2005, 1444, 1 m. Anm. Bergschneider; 2005, 1449 m. Anm. Bergschneider; 2007, 974 m. Anm. Bergschneic 2007, 1310, 1311; 2008, 386, 388.

[631] BGH FamRZ 2004, 601, 606.

durch die besonderen Verhältnisse der Ehegatten gerechtfertigt seien. Ist der Ehevertrag zwar zu beanstanden, ist er jedoch nicht sittenwidrig, hat in einem zweiten Schritt die **Ausübungskontrolle gemäß § 242 BGB** einzusetzen. Hierbei sei zu prüfen, ob und inwieweit ein Ehegatte die ihm durch den Vertrag eingeräumte **Rechtsmacht missbraucht,** wenn er sich im Scheidungsfall gegenüber einer vom anderen Ehegatten begehrten gesetzlichen Scheidungsfolge darauf beruft, dass diese durch den Vertrag wirksam abbedungen sei (unzulässige Rechtsausübung). Dafür sind nicht nur die Verhältnisse im Zeitpunkt des Vertragsschlusses maßgebend. Entscheidend ist vielmehr, ob sich nunmehr – im Zeitpunkt des Scheiterns der Lebensgemeinschaft – aus dem vereinbarten Ausschluss der Scheidungsfolge eine **evident einseitige Lastenverteilung** ergibt, die hinzunehmen für den belasteten Ehegatten auch bei angemessener Berücksichtigung der Belange des anderen Ehegatten und seines Vertrauens in die Geltung der getroffenen Abrede sowie bei verständiger Würdigung des Wesens der Ehe unzumutbar ist. Das kann insbesondere dann der Fall sein, wenn die tatsächliche einvernehmliche Gestaltung der ehelichen Lebensverhältnisse von der ursprünglichen, dem Vertrag zugrunde liegenden Lebensplanung grundlegend abweicht.

**445** Eine **Schwangerschaft der Frau** bei Abschluss des Ehevertrages vermag, worauf der Familiensenat[632] wiederholt hingewiesen hat, für sich allein noch keine Sittenwidrigkeit des Ehevertrages zu begründen. Sie bildet aber **ein Indiz** für eine ungleiche Verhandlungsposition und damit eine Disparität bei Vertragsabschluss, die es rechtfertigt, den Vertrag einer verstärkten richterlichen Inhaltskontrolle zu unterziehen, wobei in einer Gesamtschau alle maßgeblichen Faktoren zu berücksichtigen sind. Da der Zugewinnausgleich vom **Kernbereich des Scheidungsfolgenrechts nicht umfasst** wird, zeigt er sich – so der BGH[633] – *„vertraglicher Gestaltung in weitem Umfang offen. Die Berufung auf eine wirksam vereinbarte Gütertrennung wird sich deshalb nur unter engsten Voraussetzungen als rechtsmissbräuchlich erweisen – so etwa dann, wenn die Ehegatten bei ihrer Abrede von beiderseitiger, ökonomisch vergleichbar gewinnbringender Berufstätigkeit ausgegangen sind, diese Planung sich aber später nicht verwirklichen lässt. In solchen und ähnlichen Ausnahmefällen mögen besondere Verhältnisse es ungeachtet der getroffenen Abreden als unbillig erscheinen lassen, dass der nicht erwerbstätige Ehegatte im Nachhinein um die Früchte seiner Mitarbeit in der Ehe gebracht würde."*

**446** Anschließend an diese Feststellungen hat der BGH[634] jedoch betont: Auch der Umstand, dass die Ehefrau sich der Haushaltsführung und Kindererziehung gewidmet, deshalb auf eine eigene Erwerbstätigkeit verzichtet und nunmehr deutlich verminderte Erwerbschancen habe, hindere den Ehemann nach Treu und Glauben nicht, sich auf eine von den Parteien wirksam vereinbarte Gütertrennung zu berufen. Abhilfe sei in solchen Fällen nicht mit einer die ehevertraglichen Abreden unterlaufenden Vermögensteilhabe zu bewirken; vielmehr sei ein die eigenen Einkünfte übersteigender Bedarf des in der Ehe nicht erwerbstätigen Ehegatten systemgerecht mit den Instrumenten des **Unterhaltsrechts zu befriedigen.** Dies gilt auch dann, wenn der „wohlhabende" Ehegatte während der Ehe selbständig und in keiner

---

[632] BGH 2005, 1444, 1446; 2006, 1359, 1361; 2007, 1310, 1311; 2008, 386, 388; vgl. OLG Celle FamRZ 2008, 2115.

[633] BGH FamRZ 2004, 601, 608; ebenso 2005, 691, 692; 2005, 1444, 1448; 2005, 1449; 2007, 974; 2007, 1310, 1311; 2008, 386, 388.

[634] BGH FamRZ 2004, 601, 608.

gesetzlichen Rentenversicherung war, der Ehepartner deshalb über den Versorgungsausgleich keine Rentenanwartschaften erhält.[635]

**447** Den wiederholten Feststellungen des BGH, dass ein Ausschluss des Zugewinnausgleichs „regelmäßig nicht sittenwidrig" ist[636], haben sich die Oberlandesgerichte, soweit allein Gütertrennung vereinbart wurde, ganz überwiegend angeschlossen.[637] Wird in einem notariellen Vertrag nur der Zugewinn ausgeschlossen, kann eine **Bestandskontrolle gemäß § 138 BGB** niemals zur Sittenwidrigkeit des Ehevertrags führen. Allenfalls kann eine **Ausübungskontrolle gemäß § 242 BGB** ergeben, dass ein Ehegatte die ihm vertraglich eingeräumte Rechtsmacht missbraucht, wenn er sich im Scheidungsfall auf den Ausschluss des Zugewinnausgleichs beruft.[638] Allerdings beschränkt sich die Ausübungskontrolle in der familiengerichtlichen Praxis regelmäßig auf einen Unterhaltsverzicht und – in selteneren Fällen – auf den Ausschluss des Versorgungsausgleichs.[639]

**448** Den bisher entschiedenen Fällen, in denen die Vereinbarung einer Gütertrennung als unwirksam bewertet wurde, lag jeweils ein **Total- oder Globalverzicht** zugrunde.[640] Im Ehevertrag war auf Unterhalt, Versorgungsausgleich und Zugewinnausgleich verzichtet worden. Der Ausschluss des Unterhalts und des Versorgungsausgleichs führte im Wege der Inhaltskontrolle (§ 138 BGB) zur **Sittenwidrigkeit des Gesamtvertrags** und damit auch zur Unwirksamkeit der vereinbarten Gütertrennung. Die Nichtigkeit einzelner Klauseln erstreckt sich in der Regel auf den gesamten Ehevertrag.[641] In solchen Fällen reißt der Verzicht auf Unterhalt und Versorgungsausgleich die vereinbarte Gütertrennung gleichsam „mit ins Verderben".[642]

**449** Die volle Vertragsfreiheit im Güterrecht mit der Wahl von Gütertrennung hat für **Selbständige und Gewebetreibende** die größte Bedeutung. So hat der BGH[643] ausgeführt, ein selbständiger Unternehmer oder Gesellschafter habe ein berechtigtes Interesse, den gesetzlichen Güterstand auszuschließen, wenn die wirtschaftliche **Substanz seines Unternehmens erhalten** werden solle. Gerade bei einem Selbständigen oder einem Mitgesellschafter bestehe ein berechtigtes Interesse, das Vermögen eines Erwerbsbetriebs oder einer Unternehmensbeteiligung als Lebensgrundlage der Familie nicht durch eine güterrechtliche Auseinandersetzung zu gefährden. In vielen **Gesellschaftsverträgen** ist den Gesellschaftern auch auferlegt, bei Eheschließung Gütertrennung zu vereinbaren. In den letzten Jahren stehen mehr und mehr Modifikationen der Zugewinngemeinschaft im Vordergrund.[644] Manche Gesellschaftsverträge begnügen sich mit der Forderung, nur den Zugewinn für das betroffene Unternehmen auszuschließen. Dafür spricht zum einen, dass die Gütertrennung eine vi...

---

[635] BGH FamRZ 2008, 386, 389; MK/Koch § 1408 Rn. 43.

[636] BGH FamRZ 2005, 691, 692; 2005, 1444, 1448; 2007, 1310, 1311; 2008, 386, 388.

[637] OLG Hamm FamRZ 2006, 268 m. Anm. Bergschneider; OLG Celle FamRZ 2004, 1202.

[638] Wagenitz, Wirksamkeits- und Ausübungskontrolle bei Eheverträgen, S. 19 ff; Bergschneider, Richterliche Inhaltskontrolle von Eheverträgen und Scheidungsvereinbarungen, S. 60.

[639] MK/Koch § 1408 Rn. 43.

[640] BGH FamRZ 2006, 1097 m. Anm. Bergschneider; OLG Nürnberg FamRZ 2005, 454; OLG Hamm FamRZ 2004, 545; OLG Celle 2004, 1489 (dieses Urteil hat der BGH, FamRZ 2007, 133 zwar aufgehoben, aber auf die Problematik eines Totalverzichts hingewiesen).

[641] BGH FamRZ 2005, 1444, 2006, 1097.

[642] Bergschneider, Inhaltskontrolle, S. 62.

[643] BGH FamRZ 2007, 1310, 1311; 2008, 386, 388.

[644] Münch, Ehebezogene Rechtsgeschäfte, Rn. 871, 872.

gröbere Regelung ist, als sie zum Schutz des Betriebs benötigt wird. Die Teilhabe am privaten Vermögen soll dem Ehegatten des Unternehmers zumeist nicht verwehrt werden. Zum anderen findet diese Lösung leichter die Zustimmung des Ehepartners. In diesem Fall könnte allerdings die Ausübungskontrolle (§ 242 BGB) ausnahmsweise dann zu einer Unwirksamkeit des Ehevertrags führen, wenn der verzichtende Ehegatte im Scheidungsfall ausgleichspflichtig wäre.[645]

In problematischen Fällen kann es für die Wirksamkeit einer vereinbarten Güter-   450
trennung von entscheidender Bedeutung sein, ob sich ein Ehegatte zugunsten seines Partners zu einer **Ausgleichszahlung** verpflichtet hat. Bei einer Gegenleistung für den Verzicht auf den Zugewinnausgleich wird das Argument entkräftet, der dominante Ehegatte habe die schwächere Lage seines Ehepartners in verwerflicher Weise zu seinem Vorteil ausgenutzt.[646]

## VI. Verjährung

Ab 1. 1. 2010 gilt für alle familienrechtlichen Ansprüche die regelmäßige drei-   451
jährige Verjährungsfrist nach § 195 BGB. Die frühere Sonderregelung der Verjährung von Zugewinnausgleichsansprüchen gemäß § 1378 IV BGB ist entfallen. Die Übergangsvorschrift ist in Art. 229 § 23 EGBGB geregelt. Nach § 199 I Nr. 1 und 2 beginnt die Frist in dem Jahr,

* in dem der Anspruch entstanden ist und
* der Berechtigte davon Kenntnis erlangt hat oder ohne grobe Fahrlässigkeit erlangen konnte.

Für den Verjährungsbeginn müssen daher zwei Voraussetzungen erfüllt sein:   452
Rechtskraft der Scheidung als Voraussetzung des Anspruchs (vgl. Rn. 436) und Kenntnis davon. Nach früherem Recht war positive Kenntnis erforderlich. Der positiven Kenntnis wird jetzt die auf grober Fahrlässigkeit beruhende Unkenntnis gleich gesetzt. Grob fahrlässig handelt der Berechtigte, wenn seine Unkenntnis auf einer besonders schweren Vernachlässigung der verkehrsüblichen Sorgfalt beruht, weil nicht beachtet wurde, was im gegebenen Fall jedem einleuchten musste.[647] Rechtsprechung zu diesen Voraussetzungen liegt noch nicht vor. Aber grobe Fahrlässigkeit dürfte jedenfalls vorliegen, wenn ein Berechtigter unbekannten Aufenthalts ist und sich jahrelang weder bei seinem Anwalt noch bei Gericht nach dem Eintritt der Rechtskraft erkundigt. Umgekehrt dürfte der Beginn der Verjährung hinausgeschoben sein, wenn der Berechtigte erst nach vielen Jahren erfährt, dass sein Ex-Partner entgegen früheren Auskünften in der Ehezeit einen großen Zugewinn erwirtschaftet hatte. Die Verjährung beginnt erst am Jahresende (§ 199 I BGB).

Den Beginn und den Ablauf der Verjährungsfrist hat der Ausgleichsverpflichtete zu beweisen. Beruft sich der Berechtigte auf Unkenntnis, muss ihm auch nachgewiesen werden, dass sie auf grober Fahrlässigkeit beruht.[648] Für die Hemmung (§ 203 f BGB) und den Neubeginn (§ 212 BGB) der Verjährung gelten die allgemeinen Vorschriften. Insoweit ist der Berechtigte beweisbelastet.

---

[645] Bergschneider, Inhaltskontrolle, S. 67.
[646] OLG Celle FamRZ 2004, 1202 m. Anm. Bergschneider.
[647] Palandt/Ellenberger § 199 Rn. 36 unter Bezugnahme auf Palandt/Grüneberg § 277 Rn. 5.
[648] Palandt/Ellenberger Überblick vor § 194 Rn. 23.

## VII. Teilantrag und Nachforderung

**453** | **Beispiel:** F hat im Scheidungsverbund mit Stufenantrag Zugewinnausgleich geltend gemacht. Nach Auskunftserteilung steht F unstreitig ein Anspruch von 120 000 € zu. Wegen eines weiteren Betrages von 50 000 € ist noch eine langwierige Beweisaufnahme erforderlich. Rechtsanwalt R erklärt für F, dass er zunächst nur den unstreitigen Teilbetrag verlange. Die restlichen 50 000 € wolle er nach rechtskräftiger Scheidung beantragen.

Ein Teilantrag ist nach allgemeiner Meinung zulässig – nach BGH[649] „jedenfalls dann, wenn aufgrund von feststehenden Vermögensgrößen kein Zweifel darüber besteht, **in welche Richtung** sich der Zugewinnausgleich zu vollziehen hat. Ein Teilbeschluss ist daher nicht möglich, wenn Antrag und Widerantrag auf Zugewinnausgleich gestellt werden.[650] Ist über den Zugewinnausgleich bereits einmal rechtskräftig entschieden, so ist umstritten, unter welchen Voraussetzungen in einem neuen Verfahren **Nachforderungsanträge** erfolgreich geltend gemacht werden können. Zulässig ist eine Nachforderung stets bei einem sog. **offenen Teilantrag.** Dies ist der Fall, wenn – wie im Beispielsfall – die Antragstellerin ausdrücklich erklärt, dass sie über die beantragte Ausgleichsforderung hinaus später noch einen weiteren Betrag beanspruchen werde.

**454** Umstritten ist jedoch, ob einem Nachforderungsantrag die Rechtskraft der früheren Entscheidung entgegenstehen kann.

**Beispiel:** F hat im Scheidungsverbund sogleich Zugewinnausgleich in Höhe von 120 000 € beantragt. Dieser Betrag wurde F rechtskräftig zugesprochen. Nachträglich macht F in einem neuen Verfahren weitere 50 000 € geltend.

In diesem Fall wurde ein sog. **verdeckter Teilantrag** gestellt. Es war weder für den Antragsgegner noch das Familiengericht erkennbar, dass die bezifferte Ausgleichsforderung nicht den gesamten Zugewinnausgleich abdeckt. Nach früher überwiegender Meinung[651] kann der Ausgleichsberechtigte einen weiteren Betrag nur nachfordern, wenn er im ersten Verfahren eindeutig zu erkennen gegeben hat, dass er nur eine Teilforderung geltend macht. Der BGH hatte bisher die Frage offen gelassen.[652] Nunmehr hat der BGH[653] entschieden, dass auch bei einem verdeckten Teilantrag **nachträgliche Mehrforderungen möglich** sind. Es sei jedoch zu beachten, dass für den Anspruch auf den restlichen Zugewinnausgleich die dreijährige Verjährungsfrist (Rn. 551 f) gelte. Die für den Teilanspruch eingetretene Hemmung der Verjährung erstrecke sich nicht auf den Restanspruch.

[649] BGH FamRZ 1996, 853; 1994, 1095; OLG Düsseldorf FamRZ 1998, 916; Bedenken bei Schwab, Schwab VII Rn. 8.
[650] MK/Koch § 1378 Rn. 33.
[651] BGH NJW 1961, 917, 918; JH/Jaeger, 4. Aufl., § 1378 Rn. 3; Soergel/Lange § 1378 Rn.; Palandt/Brudermüller, 68. Aufl., § 1378 Rn. 18; Bamberger/Roth/Mayer § 1378 Rn. 31; B. Rn. 355.
[652] FamRZ 1996, 853; 1994, 1095.
[653] BGH FamRZ 2008, 675; zust. Palandt/Brudermüller (69. Aufl.) § 1378 Rn. 15; MK/Koch § 13 Rn. 35; Hoppenz/Hoppenz § 1378 R. 19.

# 5. Abschnitt. Anspruch auf Auskunft und Wertangaben (§ 1379 BGB)

## A. Neuregelung des Auskunftsanspruchs

Die Reform des Zugewinnausgleichs[654] hat das Recht auf Auskunft umfassend **455** erweitert. Jeder Ehegatte kann nunmehr vom Ehepartner auch **Auskunft** über das Vermögen zum **Zeitpunkt der Trennung** und über das **Anfangsvermögen** sowie **Vorlage von Belegen** verlangen (§ 1379 BGB). Die Auskunftspflicht wurde auf alle für die Berechnung des Anfangs- und Endvermögens maßgeblichen Umstände (privilegierter Erwerb, illoyale Vermögensminderungen) erstreckt (§ 1379 I 1 Nr. 2 BGB).

## B. Gegenstand der Auskunft

### I. Auskunft über das Vermögen zum Zeitpunkt der Trennung (§ 1379 I 1 Nr. 1, II BGB)

Nach früherer Rechtslage bestand **vor Rechtshängigkeit** der Scheidung nur eine **456** allgemeine – aus der ehelichen Lebensgemeinschaft (§ 1353 BGB) hergeleitete – Pflicht, den Ehepartner „in groben Zügen" über die Vermögensverhältnisse zu unterrichten.[655] Nach der Neuregelung der Auskunftspflicht kann, sobald die Eheleute getrennt leben, jeder Ehegatte vom Ehepartner Auskunft über das **Vermögen zum Zeitpunkt der Trennung** verlangen (§ 1379 II BGB). Die gesetzliche Regelung bezweckt, Vermögensverschiebungen während des Getrenntlebens zu erschweren und unlautere Vermögensminderungen leichter nachweisen zu können. Verringert sich das Vermögen eines Ehegatten, wie es in der Auskunft zum Trennungszeitpunkt angegeben wurde, bis zum Stichtag der Rechtshängigkeit des Scheidungsantrags, dann wird gemäß § 1375 II 2 BGB vermutet, dass die Vermögensminderung auf illoyale Handlungen im Sinne von § 1375 II 1 zurückzuführen ist.

Die geschuldete Auskunft ist nicht – wie früher – auf einen „Überblick in groben **457** Rastern" gerichtet, sondern in Form eines **schriftlichen Bestandsverzeichnisses,** gegliedert nach Aktiva und Passiva, zu erteilen. Mit der Auskunft über das Trennungsvermögen kann auch die **Vorlage von Belegen** gefordert werden (§ 1379 II 2, I 2 BGB). Ebenso besteht zu diesem Zeitpunkt bereits ein **Anspruch auf Wertangaben** (§ 1379 II 2, I 3 Hs. 2 BGB). Jeder Ehegatte kann verlangen, dass der Wert sämtlicher Vermögensgegenstände und Verbindlichkeiten ermittelt und angegeben wird (vgl. Rn. 471).

Die Neuregelung der Auskunft über das Vermögen zum Zeitpunkt der Trennung **458** ist grundsätzlich sehr zu begrüßen[656], da der größte Teil der Vermögensverschiebungen zwischen Trennung und Zustellung des Scheidungsantrags erfolgt. Aber die „gut gemeinte" Regelung bringt für die familiengerichtliche Praxis in einer Vielzahl von

---

[654] Gesetz zur Änderung des Zugewinnausgleichs- und Vormundschaftsrechts", das am 1. 9. 2009 in Kraft getreten ist.

[655] BGH FamRZ 1978, 677, 678; OLG Karlsruhe FamRZ 1990, 161; FPR 2002, 312, 313.

[656] Ablehnend Kogel, Strategien, Rn. 299: „gänzlich missglückt".

Fällen kaum lösbare Probleme. Der ausgleichsberechtigte Ehegatte muss, wenn er Auskunft verlangt, einen **bestimmten Tag** angeben, zu dem die Auskunft zu erteilen ist. Wie aber soll ein Ehegatte, wenn sich das Scheitern der Ehe über einen längeren Zeitraum hinzieht, den Trennungszeitpunkt genau bestimmen, insbesondere wenn die Eheleute nicht räumlich getrennt leben? Der Gesetzgeber scheint sich hierüber leider keine Gedanken gemacht zu haben.[657]

459    Bestreitet der Ehepartner den im Auskunftsantrag angegebenen Trennungszeitpunkt, muss der auskunftsberechtigte Ehegatte im Einzelnen ausführen, dass die Ehe **seit diesem Tag** gescheitert ist (§ 1567 BGB) und die vorgetragenen Tatsachen auch beweisen. Allerdings muss der Antragsgegner den behaupteten Trennungszeitpunkt **substantiiert bestreiten**. Er hat darzulegen, dass die Ehe an dem vom Ehepartner genannten Tag noch nicht endgültig gescheitert war, und anzugeben, ab welchem Zeitpunkt seiner Ansicht nach die Eheleute getrennt leben.[658] Die Schwierigkeit, den exakten Trennungstag sicher zu bestimmen, hätte der Gesetzgeber vermeiden können, wenn er als maßgeblichen Stichtag nicht den Zeitpunkt der Trennung, sondern „einen vom Antragsteller zu bestimmenden Zeitpunkt während der Trennung" festgelegt hätte.[659] Anliegen des Gesetzgebers war es, Vermögensmanipulationen bis zur Rechtshängigkeit der Scheidung zu erschweren und den Nachweis illoyaler Vermögensminderungen in der Trennungszeit zu erleichtern (§ 1375 II 2 BGB). Dieser Zweck wird aber – erst recht – erreicht, wenn der auskunftsberechtigte Ehegatte den Zeitpunkt bestimmen kann, zu dem der getrennt lebende Ehegatte Auskunft über sein Vermögen zu erteilen hat.

460    Wird die Scheidung eingereicht und im Verbund Zugewinnausgleich beantragt, bevor über den anhängigen Auskunftsanspruch zum Trennungszeitpunkt entschieden ist, wird das Auskunftsverfahren zweckmäßigerweise in den Scheidungsverbund zur **Folgesache** Zugewinnausgleich genommen und mit dem bestehenden Stufenantrag verbunden.[660]

## II. Auskunft über das Anfangsvermögen (§ 1379 I 1 Nr. 2 BGB)

461    Der Auskunftsanspruch umfasst seit der Reform des Zugewinnausgleichs auch das **Anfangsvermögen**. Ein Anspruch auf Auskunft über das Anfangsvermögen war zwingend geboten, da nach neuem Recht auch **negatives Anfangsvermögen** berücksichtigt wird. Die Höhe des Zugewinns kann entscheidend davon abhängen, ob und in welcher Höhe ein Ehegatte bei Eheschließung Schulden hatte. Da jeder Ehegatte negatives Anfangsvermögen des Ehepartners darlegen und beweisen muss, hat er, um den Nachweis führen zu können, einen entsprechenden Auskunftsanspruch (zur Beweislast für das Anfangsvermögen s. Rn. 70 f.).

Auskunft kann nach § 1379 I 1 Nr. 2 BGB verlangt werden, soweit es für die Berechnung des Anfangsvermögens maßgeblich ist. Damit erstreckt sich der Anspruch auch auf einen **privilegierten Erwerb** gemäß § 1374 II BGB: Der auskunftspflichtige

---

[657] Der Rechtsausschuss hat mit Beschluss vom 13. Mai 2009 dem Gesetzgeber empfohlen, § 1379 BGB um die Auskunft zum Trennungszeitpunkt zu erweitern (BT-Drucks. 16/13 027 S. 3, 9). Der Bundestag ist der Empfehlung des Rechtsausschusses bereits einen Tag später bei der Verabschiedung des Gesetzes gefolgt.

[658] JH/Jaeger § 1379 Rn. 5; Brudermüller NJW 2010, 401, 404.

[659] So auch Bergschneider FamRZ 2009, 1713, 1716.

[660] Bergschneider FamRZ 2009, 1713, 1715.

Ehegatte muss – ohne ausdrückliche Aufforderung – einen Vermögenserwerb von Todes wegen, mit Rücksicht auf ein künftiges Erbrecht, durch Schenkung oder als Ausstattung mitteilen.[661] Der privilegierte Erwerb kann auch negativ sein (s. Rn. 31).

## III. Auskunft über das Endvermögen (§ 1379 I 1 Nr. 2 BGB)

### 1. Auskunft über Aktiva und Passiva

Stichtag für die Berechnung des Endvermögens ist im Scheidungsfall die **Rechts-** **462** **hängigkeit** des Scheidungsantrags (§ 1384 BGB). Der auskunftspflichtige Ehegatte muss sowohl über sein Aktivvermögen, als auch über vorhandene **Schulden** Auskunft erteilen. Denn der ausgleichsberechtigte Ehegatte hat die Beweislast nicht nur für das Bestehen von Aktiva, sondern auch für das Fehlen von Verbindlichkeiten im Endvermögen des ausgleichspflichtigen Ehegatten.[662] Damit er diese negativen Tatsachen darlegen und beweisen kann, hat er einen Anspruch, dass der Antragsgegner auch die Passiva mitteilt (zur Beweislast s. Rn. 100 f).

### 2. Auskunft über illoyale Vermögensminderungen

Nach § 1379 I 1 Nr. 2 BGB kann Auskunft verlangt werden, **soweit es für die** **463** **Berechnung des Endvermögens maßgeblich ist.** Die Höhe des Endvermögens hängt mit davon ab, ob der Ehepartner sein Vermögen durch unlautere Handlungen verringert hat. Damit erstreckt sich der Auskunftsanspruch auch auf **illoyale Vermögensminderungen,** die dem Endvermögen nach § 1375 II 1 Nr. 1–3 BGB hinzuzurechnen sind (vgl. Rn. 87 f).[663]

Der Auskunftsberechtigte muss an sich keine konkreten Anhaltspunkte dafür **464** angeben, dass der Ehepartner sein Vermögen illoyal vermindert hat. In der familiengerichtlichen Praxis verlangt der Fachanwalt jedoch nicht „ins Blaue", dass der Antragsgegner Auskunft erteilt über Vermögen, das er nach Eintritt des Güterstandes verschwendet hat, oder über Handlungen , die er in der Absicht vorgenommen hat, die Antragstellerin zu benachteiligen. So sind keine „Geständnisse" zu erwarten. Der anwaltliche Vertreter wird mit dem Auskunftsbegehren stets Umstände vortragen, aus denen sich ein nicht fern liegender Verdacht von benachteiligenden Handlungen im Sinne von § 1375 II 1 Nr. 1–3 BGB ergibt.[664] Dazu muss dann der Antragsgegner substantiiert Stellung nehmen und Auskunft erteilen.

Die Darlegungs- und Beweislast für **unlautere Vermögensminderungen** nach **465** § 1375 II BGB liegt bei dem Ehegatten, der sich auf diese Vorschrift beruft (vgl. Rn. 104 f). Hier ist aber auf eine Entscheidung des OLG Frankfurt[665] hinzuweisen,

---

[61] BT-Drucks. 16/10798 S. 18.

[62] BGH FamRZ 1984, 144, 145; OLG Stuttgart FamRZ 1993, 192, 194.

[63] So BT-Drucks. 16/10798 S. 18; Palandt/Brudermüller § 1379 Rn. 2; MK/Koch § 1379 Rn. 13 a; Bergschneider FamRZ 2009, 1713, 1717; Hoppenz/Hoppenz § 1379 Rn. 9; a. A. JH/Jaeger § 1379 Rn. 3.

[64] Vgl. zum früheren Auskunftsanspruch nach § 242 BGB: BGH FamRZ 2005, 689, 690; 2000, 948, 950; 1997, 800, 803; 1982, 27, 28; OLG Düsseldorf FamRZ 2007, 830; OLG Köln FamRZ 2005, 274, 275; 1999, 1071; OLG Bremen FamRZ 1999, 94.

[65] OLG Frankfurt FamRZ 2006, 416, 417; zust. MK/Koch § 1375 Rn. 37; Schulz/Hauß/Häcker § 1375 Rn. 27.

die die Beweislast einschränkt: *„War in zeitlicher Nähe zum Stichtag ein größere Geldbetrag vorhanden, der in der Bilanz des Endvermögens nicht mehr enthalten ist so obliegt es dem an sich hierfür nicht beweisbelasteten Auskunftsschuldner, sich übe den Verbleib dieses Betrags nachvollziehbar und plausibel zu erklären. Dies ist ein Auswirkung der prozessualen Obliegenheit zu substantiertem Bestreiten. Geschie dies nicht in ausreichender Weise, kann zugunsten des beweisbelasteten Ausgleichs gläubigers seine Behauptung als erwiesen angesehen werden, dass der Betrag in Endvermögen noch vorhanden ist oder – dem gleichbedeutend – verschenkt ode verschwendet worden ist."*

**466**    Die Bestimmung „zeitliche Nähe" oder „zeitnah" zum Stichtag hängt entschei dend von der Höhe des nicht mehr vorhandenen Vermögens ab. Nach der bisherige Rechtsprechung zum Auskunftsanspruch nach § 242 BGB wurde die „zeitlich Nähe" zum Stichtag in folgenden Fällen bejaht:[666]

- Der ausgleichspflichtige Ehegatte hatte sich sieben Monate vor dem Stichtag sein Lebensversicherung mit einem fünfstelligen Rückkaufswert auszahlen lassen.[667]
- Ein Ehemann hatte sich innerhalb eines Jahres vor dem Stichtag eine Kapital lebensversicherung und einen Bausparvertrag auszahlen lassen und diese Beträge deren Höhe er nicht mitgeteilt hat, sowie ein Barvermögen von rund 15 000 € ohne nähere Erklärung „verbraucht".[668]
- Im Jahr vor dem Stichtag sind dem Ehemann Vermögenswerte von etwa 135 000 € zugeflossen, die bei Rechtshängigkeit der Scheidung nicht mehr vorhanden waren.[669]
- Bei einem ungeklärten Fehlbetrag von 36 000 € zwischen Trennung und Rechts hängigkeit der Scheidung wurde selbst bei guten Einkommensverhältnissen di „zeitliche Nähe" bejaht.[670]

**467**    Ist beispielsweise erwiesen, dass ein Ehegatte in der Trennungszeit ein Grundstüc veräußert hat, über die Verwendung des Verkaufserlöses aber keine Angabe macht,[671] könnte folgender Antrag auf Auskunft über eine illoyale Vermögensver fügung gestellt werden:

**Antrag**

I. Der Antragsgegner wird verpflichtet, der Antragstellerin

   1. Auskunft zu erteilen über den Verkauf des Grundstücks......und hierzu anzugeben:
      a) Zeitpunkt des Verkaufs,
      b) Namen des Käufers,
      c) Höhe des Verkaufserlöses,
      d) Verwendung des erzielten Betrags.
   2. den notariellen Kaufvertrag vorzulegen.

II. Der Antragsgegner wird verpflichtet, die Vollständigkeit und Richtigkeit sei ner Angaben an Eides statt zu versichern.

---

[666] Vgl. Kogel, Strategien, Rn. 295; Büte Rn. 256.
[667] OLG Karlsruhe OLGR 2001, 106.
[668] AG Detmold FamRZ 1988, 1165, 1166.
[669] KG FamRZ 1998, 1514, 1515.
[670] OLG Bremen FamRZ 1999, 94.
[671] OLG Köln FamRZ 1999, 1071.

# IV. Information über Vermögensverfügungen vor dem Trennungszeitpunkt

## 1. Unterrichtung „in groben Zügen" (§ 1353 BGB)

Aus der ehelichen Lebensgemeinschaft (§ 1353 I 2 BGB) hat die Rechtsprechung **468** eine allgemeine Pflicht hergeleitet, den Partner während des ehelichen Zusammenlebens **„in groben Zügen"** über die Vermögensverhältnisse **zu unterrichten.** Jedem Ehegatten steht das Recht zu, dass ihn der Ehepartner über den Bestand des Vermögens und wesentliche Vermögensänderungen informiert.[672] Belege und Unterlagen können nicht verlangt werden. Dieses Informationsrecht bestand – nach früherer Rechtslage – jedoch nur bis zur Rechtshängigkeit des Scheidungsantrags, da ab diesem Zeitpunkt der gesetzliche Auskunftsanspruch nach § 1379 BGB geltend gemacht werden konnte.[673]

Das Recht auf **Information** „in groben Zügen" wurde durch die Reform des Zugewinnausgleichs „vorverlagert". Auskunft kann nunmehr nicht erst ab Rechtshängigkeit der Scheidung, sondern bereits ab dem Zeitpunkt der Trennung gemäß § 1379 II 1 BGB verlangt werden. Der allgemeine **Unterrichtungsanspruch** gemäß § 1353 BGB kann auch weiterhin geltend gemacht werden, – jedoch nur **bis zur Trennung** der Eheleute (§ 1567 BGB) – da ab diesem Zeitpunkt ein gesetzlich geregelter Auskunftsanspruchs besteht.

Weigert sich ein Ehegatte beharrlich, den Ehepartner über den Bestand seines **469** Vermögens zu unterrichten, kann dieser nach § 1385 Nr. 4 BGB den **vorzeitigen Zugewinn** beantragen (s. Rn. 594)

## 2. Auskunft über illoyale Vermögensminderungen vor dem Trennungszeitpunkt

**Beispiel:** Ehemann M hat auf Verlangen Auskunft über sein Vermögen zum Zeitpunkt der Trennung erteilt. Ehefrau F will sich mit den im Bestandsverzeichnis mitgeteilten Angaben jedoch nicht begnügen, da sie sichere Kenntnis hat, dass M kurz vor der Trennung ein wesentlich höheres Guthaben auf seinem Konto hatte, als er im Vermögensverzeichnis angegeben hat. **470**

Nach früherer Rechtsprechung bestand gemäß § 242 BGB ein Anspruch auf Auskunft über illoyale Vermögensminderungen, die *„zeitnah"* oder *„in zeitlicher Nähe"* zum Stichtag der Rechtshängigkeit der Scheidung erfolgt sind.[674] Dieser Auskunftsanspruch kann bei begründetem Verdacht, dass ein Ehegatte sein Vermögen durch eine unlautere Handlung verringert hat (§ 1375 II 1 BGB), nach der Gesetzesreform nunmehr schon „vorverlagert" ab Trennung der Eheleute geltend gemacht werden.

---

[72] BGH FamRZ 1976, 516, 517; 1978, 677, 678; OLG Köln FamRZ 2009, 605, 606; OLG Karlsruhe FamRZ FPR 2002, 312, 313; FamRZ 1990, 161.
[73] OLG Bamberg FamRZ 2009, 1906, 1907 m. zust. Anm. Götz.
[74] OLG Frankfurt FamRZ 2006, 416, 417; OLG Köln FamRZ 2005, 274, 275.

# C. Inhalt und Form der Auskunft

## I. Vermögensverzeichnis

**471**     Die Anforderungen an Inhalt und Form beziehen sich in gleicher Weise auf di Auskunft zum Trennungs-, Anfangs- und Endvermögen (§ 1379 I1 Nr. 1, 2, II BGB). Die Auskunft besteht in der Übergabe eines **Vermögensverzeichnisses** (§ 26 I BGB), in dem Aktiva und Passiva übersichtlich zusammengestellt sind (Anträg s. Rn. 499 f). In dem Bestandsverzeichnis müssen in einer systematischen, in sic geschlossenen Zusammenstellung die an den jeweiligen Stichtagen zum Vermöge gehörenden Gegenstände nach Anzahl, Art und **wertbildenden Merkmalen** einzel aufgeführt werden,[675] so dass der Berechtigte seinen Ausgleichsanspruch selbst od mit sachverständiger Hilfe ermitteln und berechnen kann. An einer solchen system tischen, in sich geschlossenen Zusammenstellung der erforderlichen Angaben feh es, wenn der zur Auskunft verpflichtete Ehegatte über mehrere Schriftsätze verte Einzelauskünfte gibt, ohne diese „zu einem **geschlossenen Werk**" zusammenzuf gen.[676]

**472**     **Kleinlichkeit** ist jedoch zu vermeiden, wie sich aus §§ 260 III, 259 III BGB ergil Sachgesamtheiten von Gegenständen können daher im Vermögensverzeichnis : solche aufgeführt werden, wenn und soweit der Verzicht auf eine detaillierte At schlüsselung im Verkehr üblich und eine ausreichende Orientierung des Auskunf berechtigten möglich ist.[677] Dies betrifft z. B. Arbeitsgeräte, eine Bibliothek oder ( Betriebsinventar. Wertvolle Gegenstände sind aber in jedem Fall einzeln anzugeben.

**473**     Auf **Haushaltsgegenstände**, die den Eheleuten **gemeinsam gehören**, erstrec sich die Auskunftspflicht nicht.[679] Dem Zugewinnausgleich unterliegen Haushal gegenstände nur dann, wenn sie im Alleineigentum eines Ehegatten stehen (v Rn. 273). Bei der Beurteilung, ob Haushaltsgegenstände in die Auskunft nach § 13 BGB aufzunehmen sind, kann der auskunftspflichtige Ehegatte von einer in Ha haltssachen (§ 200 FamFG) getroffenen Entscheidung ausgehen. Liegt eine sol nicht vor, so muss er „seine als Kapitalanlage oder dem Beruf dienenden oder für ( Getrenntleben bestimmten sowie alle ihm allein gehörenden Haushaltsgegenstär angeben".[680] Denn diese Sachen werden nicht nach § 1568 b BGB verteilt.

## II. Form der Auskunft

**474**     Die Auskunft ist eine Wissenserklärung, die der Schriftform (Verzeichnis n § 260 I BGB) bedarf und vom auskunftspflichtigen Ehegatten persönlich zu un zeichnen ist (§ 126 I BGB). Dieser Ansicht hatte sich ein Großteil der Rechtsp chung und des Schrifttums angeschlossen.[681] Der BGH hat nunmehr jedoch ( schieden, dass der auskunftspflichtige Ehegatte das Verzeichnis **nicht eigenhän**

---

[675] BGH FamRZ 1982, 682, 683; FPR 2003, 145, 146.
[676] BGH FamRZ 1983, 996; OLG Brandenburg FamRZ 2007, 285; OLG Hamm FamRZ 2006, 8(
[677] BGH FamRZ 1984, 144, 145; 1989, 157, 159.
[678] BGH FamRZ 1984, 44; Büte Rn. 261.
[679] BGH FamRZ 1984, 144, 147.
[680] BGH FamRZ 1984, 144, 147.
[681] Vgl. Haußleiter/Schulz, 4. Aufl., Kap. 1 Rn. 473 m. w. N.

unterschreiben muss. Die Auskunft sei zwar keine Willens-, sondern eine Wissenserklärung, die aber nicht die gesetzliche Schriftform erfüllen muss und auch durch eine Hilfsperson (z. B. einen Rechtsanwalt) übermittelt werden kann. Allerdings dürfe der Anwalt dann nicht als Vertreter, sondern nur als **Bote** handeln. Es müsse gewährleistet sein, dass die Erklärung vom Schuldner selbst stamme.

Auch wenn nach BGH hierzu keine Verpflichtung besteht, kann in der Praxis **475** dennoch empfohlen werden, das Bestandsverzeichnis vom Mandanten selbst unterschreiben zu lassen. Damit wird die persönliche Verantwortung für die Richtigkeit der Angaben dokumentiert. Muss der Auskunftsschuldner später die eidesstattliche Versicherung abgeben, kann er sich nicht darauf hinausreden, der Anwalt habe seine Auskunft falsch wiedergegeben.[682]

## III. Angabe wertbildender Faktoren

Die erteilte Auskunft braucht, wenn nur der Anspruch nach § 1379 I 1 BGB **476** geltend gemacht wird, keine Wertangaben zu enthalten.[683] Diese müssen zusätzlich nach § 1379 I 2 Hs. 2 BGB verlangt werden (vgl. Rn. 481 f). Zur Auskunftspflicht nach § 1379 I 1 BGB gehört aber, dass zu jedem Gegenstand die **wertbildenden Faktoren** angegeben werden:[684] Die aufgeführten Einzelposten sind so genau zu beschreiben, dass die Ermittlung des Geldwertes möglich ist.[685]

- Bei einem **Grundstück** gehören dazu Angaben über die Lage (katasteramtliche Bezeichnung von Gemarkung, Flur und Flurstück) sowie die Lage und die Art der Bebauung und Nutzung. Die Grundbuchbezeichnungen müssen nicht angegeben werden.[686]
- Bei einer **ärztlichen Praxis** sind Praxiseinrichtung, Umsatz, Anzahl der Krankenscheine und Privatpatienten mitzuteilen.[687]
- Bei **Kraftwagen** müssen Fabrikat, Baujahr, Kilometerstand, Erhaltungszustand und etwaige Unfälle angegeben werden.
- Bei Geräten und **Maschinen** sind Fabrikat und Herstellungsjahr zu bezeichnen.
- Bei allen anderen Sachen ist das äußere Erscheinungsbild zu beschreiben sowie Herstellungsjahr und Erhaltungszustand anzugeben.
- Bei **Forderungen** und Verbindlichkeiten sind deren Höhe sowie die Namen der Schuldner und Gläubiger zu benennen. Bei Krediten ist auch zu erläutern, zu welchem Zweck sie eingegangen wurden.[688]
- Bei **Lebensversicherungen** sind der Versicherer, die Versicherungsnummer, das **477** Jahr des Abschlusses, der Zeitpunkt der Fälligkeit, die Höhe der monatlichen Prämie und die von der Versicherung zugesagte Leistung anzugeben.[689] Alternativ können auch der Rückkaufwert der Lebensversicherung und die erzielten Über-

---

[82] So auch Kogel FamRZ 2003, 303, 304.

[83] BGH FamRZ 2003, 597; 1989, 157.

[84] BGH FamRZ 1989, 157, 159; OLG München FamRZ 1995, 737; Palandt/Brudermüller § 1379 Rn. 9; Hoppenz/Hoppenz § 1379 Rn. 13; Schwab/Schwab VII Rn. 335.

[85] OLG Naumburg FamRZ 2001, 1303.

[86] OLG Naumburg FamRZ 2001, 1303.

[87] BGH FamRZ 1989, 157, 159.

[88] OLG Düsseldorf FamRZ 1986, 168, 170; Schwab/Schwab VII Rn. 336; Büte Rn. 261; Börger/Engelsing § 2 Rn. 405; a. A. JH/Jaeger § 1379 Rn. 6; Hoppenz/Hoppenz § 1379 Rn. 13.

[89] OLG Brandenburg FamRZ 2007, 1814, 1815; Palandt/Brudermüller § 1379 Rn. 9.

schussanteile mitgeteilt werden.[690] Ob die Voraussetzungen für eine anderweitig Bewertung vorliegen, ist dann in einem weiteren Verfahren zu prüfen. Zweck mäßiger ist es jedoch, eine Bestätigung der Versicherung über den Fortführungs wert der Lebensversicherung einzuholen und der Auskunft beizufügen (vgl Rn. 307). Eine rechtliche Verpflichtung, den Fortführungswert mitzuteilen, ergib sich aus § 1379 BGB jedoch nicht. Die Einholung eines Gutachtens, das di Deutsche Aktuarvereinigung erstattet, ist aber mit erheblichen Kosten verbunden.

- **Haushaltsgegenstände** sind nur aufzuführen, wenn sie im **Alleineigentum** eine Ehegatten stehen und damit nicht gemäß § 1568 b BGB verteilt werden, sonder in den Zugewinn fallen (s. Rn. 273).

## IV. Vorlage von Belegen

478  Seit der Reform des Zugewinnausgleichs[691] besteht ein gesetzlicher Anspruch au **Vorlage von Belegen** oder sonstigen Unterlagen **zu Kontrollzwecken** und zur Nachweis, dass die erteilte Auskunft richtig ist. Nunmehr können auch **Konto auszüge** verlangt werden. Belege sind zum Trennungs-, Anfangs- und Endver mögen vorzulegen (§ 1379 I 2, II 2 BGB). Der auskunftsberechtigte Ehegatte mus die Unterlagen, die er für die Berechnung des Zugewinns benötigt, genau bezeich nen:[692]

- Bei **Unternehmen** und Unternehmensbeteiligungen (Rn. 388 f, 392 f) sind di Bilanzen mit den Gewinn- und Verlustrechnungen der letzten fünf Kalenderjahr vor dem Stichtag sowie die Jahresabschlüsse nebst Prüfberichten herauszuge ben.[693]
- **Freiberufler** wie Ärzte und Rechtsanwälte müssen zur Berechnung des Geschäft werts die Einnahmen- und Überschuss-Rechnungen der letzten drei bis fünf Jahr vorlegen[694] (vgl. Rn. 187 f, 356 f). Gegebenenfalls ist auch ein Sozietätsvertra (Rn. 362) auszuhändigen.[695]
- Bei **landwirtschaftlichen Grundstücken** (Rn. 292 f) genügt die Übermittlung de Einheitswertbescheide nicht. Vielmehr sind die **betriebswirtschaftlichen Jahres abschlüsse** für die beiden letzten Wirtschaftsjahre vorzulegen, zumindest muss de Verpflichtete „sowohl den Unternehmensaufwand als auch den Unternehmens betrag, die Fremdlöhne und die Lohnansprüche der Familienarbeitskräfte in For einer gesonderten Aufstellung mitteilen".[696]

479  Die gewünschten Belege müssen auch deshalb genau bezeichnet werden, damit i Fall der Vollstreckung der Gerichtsvollzieher die geforderten Unterlagen eindeuti bestimmen kann. Ein Antrag, die „hierzu gehörenden Belege" vorzulegen, ist z unbestimmt.

---

[690] OLG Brandenburg FamRZ 2007, 1814, 1815; OLG Köln FamRZ 2002, 1406; 1998, 1515 (Ls.) FuR 1998, 430.

[691] Gesetz zur Änderung des Zugewinnausgleichs- und Vormundschaftsrecht vom 5. 11. 2008.

[692] Palandt/Brudermüller § 1379 Rn. 12.

[693] BGH FamRZ 1980, 37, 38; OLG Naumburg FamRZ 2001, 1303; OLG Zweibrücken FamR 2001, 763; OLG Düsseldorf FamRZ 1999, 1070.

[694] OLG Koblenz FamRZ 1982, 280; Büte Rn. 75.

[695] OLG Hamm FamRZ 1983, 812.

[696] OLG Düsseldorf FamRZ 1986, 168.

Die Pflicht zur Vorlage von Belegen wird nicht durch schutzwürdige **Interessen** **480** Dritter an einer Geheimhaltung ausgeschlossen. Ebenso schränken vertraglich übernommene Schweigepflichten gegenüber Mitgesellschaftern die Auskunftspflicht nicht ein.[697] § 1379 BGB ist zwingendes Recht, das nicht durch Vereinbarungen mit Dritten verkürzt werden kann.[698] Auf das „**Datenschutz-Interesse**" Dritter ist jedoch **so weit wie möglich** Rücksicht zu nehmen. Das kann durch „**Schwärzen**" jener Bestandteile geschehen, die ausschließlich den Dritten betreffen.[699] In Betracht kommt auch ein sog. Wirtschaftsprüfervorbehalt aus der Praxis des gewerblichen Rechtsschutzes. Danach bleibt es dem Auskunftspflichtigen auf seine Kosten vorbehalten, die Unterlagen einem Wirtschaftsprüfer, den der Berechtigte auswählen kann, zur Auskunftserteilung zu überlassen.[700]

## D. Anspruch auf Wertermittlung und Wertangaben

Nach § 1379 I 2 Hs. 2 BGB kann jeder Ehegatte **zusätzlich zur Auskunft** ver- **481** langen, dass der **Wert der Vermögensgegenstände** und der Verbindlichkeiten ermittelt wird. Jeder, der Auskunft verlangt, sollte nicht vergessen, auch diesen Bewertungsanspruch einzufordern. Die Angaben des Gegners werden zwar selten zuverlässig sein, aber erste Anhaltspunkte für die Bewertung seines Endvermögens werden in aller Regel damit doch geliefert. Der Wertermittlungsanspruch kann zum Trennungs-, Anfangs- und Endvermögen geltend gemacht werden (§ 1379 I 3, II 2 BGB).

Das **Recht auf Wertermittlung** bildet einen zusätzlich neben der Forderung auf **482** Auskunft bestehenden **besonderen Anspruch**.[701] Der zur Auskunft verpflichtete Ehegatte muss, soweit er dazu imstande ist, den Wert der Vermögensgegenstände und Verbindlichkeiten zuverlässig ermitteln und angeben. Dazu gehört auch, dass er zu Einzelfragen Auskünfte einholt oder Hilfskräfte einschaltet, um den Wert zu ermitteln.[702] Außerdem muss er die erforderlichen **Unterlagen vorlegen,** damit der Auskunftsberechtigte die Vermögensgegenstände und die Verbindlichkeiten selbst bewerten kann.[703] Zweck der neuen Regelung des § 1379 I 2 Hs. 2 BGB ist es, dem Ehegatten die richtige Berechnung des Zugewinns und der Ausgleichsforderung zu ermöglichen und zu erleichtern. Der verpflichtete Ehegatte muss auf Verlangen auch **erläutern,** wie er zu den einzelnen Wertangaben gelangt ist.[704] Der berechtigte Ehegatte muss in die Lage versetzt werden, den mitgeteilten Wert der Vermögens-

---

[697] OLG Hamm FamRZ 1983, 812, 813 (für Anwaltssozietät); vgl. BGH FamRZ 2005, 1064; 2005, 1986 (für Unterhalt).

[698] MK/Koch § 1379 Rn. 20, 35.

[699] MK/Koch § 1379 Rn. 20, 35; Staudinger/Thiele § 1379 Rn. 19.

[700] Ausführlich JH/Jaeger § 1379 Rn. 9.

[701] BGH FamRZ 2007, 711, 712 M. Anm. Schröder; 2003, 597; 1989, 157, 159; 1982, 682; OLG Köln FamRZ 2002, 1406.

[702] BGH FamRZ 2009, 595, 596; 1991, 316, 317; OLG Karlsruhe FamRZ 1995, 736, 737; Schwab/ Schwab VII Rn. 340; JH/Jaeger § 1379 Rn. 12.

[703] BGH FamRZ 1982, 682, 683; Schwab/Schwab VII Rn. 340; jetzt auch JH/Jaeger § 1379 Rn. 12; trotz der Neuregelung des § 1381 I 2 BGB weiterhin **ablehnend:** Palandt/Brudermüller § 1379 Rn. 14; Hoppenz/Hoppenz § 1379 Rn. 19.

[704] JH/Jaeger § 1379 Rn. 12.

gegenstände selbst zu überprüfen und im Zweifelsfall zu entscheiden, ob er n einen Sachverständigen einschalten soll.[705]

**483**    Die **Kosten**, die durch die Ermittlung der gemäß § 1379 I 2 Hs. 2 BGB anzu benden Vermögenswerte entstehen, hat der auskunftspflichtige Ehegatte zu tra weil er die Wertangaben schuldet, ohne Rücksicht darauf, ob die Erfüllung Ko verursacht.[706] Einen Sachverständigen braucht er zur Wertermittlung aber **n** heranzuziehen.[707]

**484**    Der auskunftsberechtigten Ehegatte kann aber jederzeit, eine Begutachtung du einen Sachverständigen seines Vertrauens auf **eigene Kosten**[708] vornehmen las wenn andernfalls eine zuverlässige Bewertung nicht möglich ist. Dies wird bei Bewertung von Unternehmen und Gesellschaftsbeteiligungen regelmäßig der sein. Der Anspruch des Berechtigten geht in diesen Fällen dahin, dass der Verpfl tete die Begutachtung zu dulden und die dafür erforderlichen Unterlagen her zugeben hat.[709]

**485**    Hat der auskunftspflichtige Ehegatte die Werte ermittelt und angegeben, trägt auskunftsberechtigte Ehepartner nach allgemeinen Grundsätzen die Beweislast eine davon **abweichende Bewertung.**[710] Das Familiengericht hat auf Antrag auskunftsberechtigten Ehegatten, auch wenn er den Wertangaben nur unsubstant entgegentritt, ein Gutachten einzuholen.[711] Die Kosten des Gutachtens zur Wert stellung (von Grundstücken, Unternehmen, Praxen) hat der Antragsteller zu gen.[712] Die Hinzuziehung eines Sachverständigen ist nur dann entbehrlich, wenn Familiengericht die erforderliche Sachkunde hat, um die auftauchenden Spezialfr: zu beurteilen.[713]

**486**    Ist die vom auskunftspflichtigen Ehegatten vorgelegte Vermögensaufstellung einen „Normalsterblichen" nicht nachvollziehbar und nur mit sachverständiger F zuverlässig zu bewerten, so kann der berechtigte Ehegatte zur Erläuterung angegebenen Werte einen **Sachverständigen hinzuziehen.** Das von ihm eingeh Privatgutachten ist dann für die Prozessführung notwendig und die entstand Kosten sind in diesem Fall nach § 91 I 1 ZPO, 113 I 2, 150 IV 1 FamFC erstatten.[714] Die zur Prozessvorbereitung erforderlichen Gutachtenskosten kann unterhaltsberechtigter Ehegatte auch als **Sonderbedarf** (§§ 1361 IV 4, 1360 a 1613 II Nr. 1 oder § 1585 b I BGB) geltend machen.[715]

---

[705] BGH FamRZ 2003, 597.

[706] BGH FamRZ 2009, 595, 596; 2003, 597; 1991, 316, 317; OLG Karlsruhe FamRZ 1995, 736, Schwab/Schwab VII Rn. 340; MK/Koch § 1379 Rn. 24.

[707] BGH FamRZ 2009, 595, 596; 2007, 711, 712; 1991, 316, 317; 1982, 682; OLG Karlsruhe Fa 1995, 736.

[708] BGH FamRZ 1982, 682, 683; NJW-RR 1992, 188, 189; OLG Karlsruhe FamRZ 1995, 736, 73

[709] BGH FamRZ 2007, 711, 712; 1982, 682, 684; OLG Zweibrücken FamRZ 2001, 763, 764; Koch § 1379 Rn. 24; Büte Rn. 267.

[710] Schwab/Schwab VII Rn. 340; Büte Rn. 267.

[711] BGH FamRZ 1989, 954, 956.

[712] BGH FamRZ 2007, 711, 712; 1982, 682, 683; NJW-RR 1992, 188; MK/Koch § 1379 R Palandt/Brudermüller § 1379 Rn. 15.

[713] BGH FamRZ 1989, 954, 956.

[714] OLG Frankfurt FamRZ 2000, 1513 (Ls.); OLG Karlsruhe FamRZ 1999, 175, 176; OLG Mün MDR 1986, 324; Palandt/Brudermüller § 1379 Rn. 15; MK/Koch § 1379 Rn. 24; FA-FamR/V reich § 1379 Rn. 38; Hoppenz/Hoppenz § 1379 Rn. 20; Born FPR 2009, 305.

[715] Palandt/Brudermüller § 1379 Rn. 15; Hoppenz/Hoppenz § 1379 Rn. 20.

Macht ein Ehegatte trotz gerichtlicher Verpflichtung keine Wertangaben, kann der **487** berechtigte Ehegatte seinen Anspruch nach § 887 ZPO i. V. m. § 95 FamFG vollstrecken[716] (vgl. Rn. 504 f). Dazu kann er sich vom Prozessgericht ermächtigen lassen, auf Kosten des Schuldners die **Wertermittlung** durch einen **Sachverständigen** vornehmen zu lassen (§ 887 I ZPO). Zugleich kann er – wie bei der Vollstreckung des Freistellungsanspruchs (vgl. Kap. 5 Rn. 186) – beantragen, den **Schuldner zur Vorauszahlung der Sachverständigenkosten zu verpflichten** (§ 887 II ZPO). Auf diese Weise erreicht der auskunftsberechtigte Ehegatte, dass auf Kosten des Gegners ein Wertgutachten eingeholt wird.

# E. Folgen einer nicht ordnungsgemäßen Auskunft

Eine Auskunft ist nur dann ordnungsgemäß, wenn sie durch eine systematische, **488** verständliche und lückenlose Aufstellung der Aktiva und Passiva erteilt wird (s. Rn. 471 f). Kommt ein Ehegatte, der zur Auskunft verurteilt wurde, dieser Verpflichtung nicht nach, wird die Vollstreckung durch **Zwangsgeld** gemäß § 888 ZPO durchgesetzt[717] (s. Rn. 504).Erteilt der Ehegatte eine formell korrekte Auskunft, besteht aber Grund zu der Annahme, dass seine Angaben falsch oder unvollständig sind, muss er nach § 260 II BGB die Richtigkeit und Vollständigkeit der Auskunft **an Eides statt versichern** (Rn. 490). Einen Anspruch auf Überprüfung durch einen Sachverständigen oder durch Bucheinsicht sieht das BGB nicht vor.[718] Nur ausnahmsweise kann Nachbesserung oder eine Ergänzung verlangt werden.

# I. Ergänzung der Auskunft

Ein Anspruch auf erneute oder ergänzende Auskunft besteht in der Regel nicht.[719] **489** Ist die erteilte Auskunft nur zu einem geringen Teil unrichtig und beruhen die mangelhaften Angaben auf unverschuldeter Unkenntnis oder auf einem entschuldbaren Irrtum des auskunftspflichtigen Ehegatten, wäre es eine „unnötige Förmelei", eine umfassende Neuerteilung der Auskunft zu verlangen.[720] In solchen Fällen besteht ausnahmsweise ein Anspruch auf **Ergänzung der Auskunft,** sofern dadurch eine ausreichend klare „Gesamterklärung" geschaffen wird. Ein Ausnahmefall kann gegeben sein, wenn der Auskunftsschuldner bestimmte Vermögensbestandteile in der irrigen Meinung ausgelassen hat, dass diese dem Zugewinnausgleich nicht unterliegen,[721] oder der auskunftspflichtige Ehegatte nur eine Teilauskunft über abgrenzbare Gegenstände erteilt hat.[722] Im Regelfall ist bei unzutreffenden Auskünften als Konsequenz die eidesstattliche Versicherung vorgesehen (s. Rn. 490).

---

[716] OLG Bamberg FamRZ 1999, 312; Palandt/Brudermüller § 1379 Rn. 19; Hoppenz/Hoppenz § 1379 Rn. 27; MK/Koch § 1379 Rn. 25.
[717] OLG Brandenburg FuR 2007, 85, 86.
[718] Palandt/Grüneberg § 261 Rn. 12.
[719] BGH FamRZ 1984, 144, 145; OLG Köln FamRZ 2001, 423, 424; Palandt/Grüneberg § 261 Rn. 15; MK/Koch § 1379 Rn. 28.
[720] OLG Hamm FamRZ 2006, 865; 2005, 1194; OLG Zweibrücken FamRZ 2001, 763, 764; Palandt/ Grüneberg § 261 Rn. 16.
[721] OLG Köln FamRZ 1985, 933, 935; OLG Stuttgart FamRZ 1982, 282.
[722] BGH NJW 1962, 245.

## II. Eidesstattliche Versicherung

490    Wer eine fehlerhafte Auskunft erteilt hat, ist in der Regel verpflichtet, eine eides‹ stattliche Versicherung abzugeben. Sobald Grund zu der Annahme besteht, dass da‹ Verzeichnis für das Endvermögen nicht mit der **erforderlichen Sorgfalt** aufgestel‹ worden ist, hat der Verpflichtete – ausgenommen in Angelegenheiten von gering‹ Bedeutung (§§ 260 III, 259 III BGB) – gem. § 260 II BGB auf Verlangen an Eid‹ statt zu versichern, dass er nach bestem Wissen den Bestand seines Vermögens s‹ vollständig angegeben hat, wie er dazu imstande ist. Voraussetzung eines Anspruc‹ auf Abgabe der eidesstattlichen Versicherung ist zunächst, dass eine in formal‹ Hinsicht **vollständige Auskunft** erteilt ist.[723]

491    Weiterhin setzt der Anspruch den Verdacht voraus, dass die Auskunft nicht mit d‹ erforderlichen Sorgfalt erstellt und daher unvollständig oder unrichtig ist.[724] **Objekti‹ falsche Angaben** können ein **Indiz** für einen Sorgfaltsmangel sein. Hat der z‹ Auskunft Verpflichtete in der Vorkorrespondenz und im Verlauf des Rechtsstre‹ mehrfach widersprüchliche Aussagen gemacht, so ist die Annahme gerechtfertigt, da‹ auch das zuletzt vorgelegte Verzeichnis nicht mit der erforderlichen Sorgfalt erste‹ worden ist.[725] Der Verdacht, die Auskunft sei nicht mit der erforderlichen Sorgf‹ erteilt worden, dürfte auch dann bestehen, wenn jemand nur erklärt, er habe „nichts‹

492    Falsche oder unvollständige Auskünfte beruhen, wie sich in der Praxis zeigt, selt‹ auf einem unverschuldeten Irrtum. Meist liegen **grobe Nachlässigkeit** oder g‹ handfeste Betrugsversuche vor. In einem solchen Fall sollte ein Anwalt sofort ‹ eidesstattliche Versicherung verlangen. Nimmt der Auskunftsverpflichtete kei‹ Korrekturen vor, kann eine **Strafanzeige** wegen falscher Abgabe einer eidessta‹ lichen Versicherung nach § 156 StGB erfolgen. Dies ist die vom Gesetzgeber v‹ gesehene Reaktion auf unzutreffende Auskünfte. **Wertangaben** gemäß § 1379 I‹ BGB müssen allerdings nicht eidesstattlich versichert werden.[726]

Bei einem **Stufenantrag** ist eine Entscheidung über eine spätere Stufe erst zuläss‹ wenn die vorhergehende Stufe rechtskräftig erledigt ist. Solange die Auskunft no‹ nicht vollständig erteilt ist, kann eine eidesstattliche Versicherung auch nicht für ‹ bereits vorliegenden Angaben verlangt werden.[727]

## F. Verweigerung der Auskunft

493    Der Ehegatte, von dem Auskunft verlangt wird, hat wegen des ihm selbst zus‹ henden Auskunftsanspruchs **kein Zurückbehaltungsrecht** gem. § 273 BGB.[728] ‹ kann also die Auskunft nicht verweigern, bis der andere ihm Auskunft erteilt ‹ Ansonsten würde das Verfahren unnötig verzögert und dazu führen, dass stets ‹ Ehegatte zuerst Auskunft erteilen müsste, der einen Zugewinnausgleich gelt‹

---

[723] OLG Naumburg FamRZ 2007, 1813; Staudinger/Bittner § 259 Rn. 34.

[724] BGH FamRZ 1984, 144, 145; Palandt/Grüneberg § 259 Rn. 13.

[725] OLG Düsseldorf FamRZ 1979, 808.

[726] OLG Karlsruhe FamRZ 1982, 277, 278.

[727] OLG Köln FamRZ 2001, 423.

[728] OLG Brandenburg FamRZ 2002, 1270; OLG Thüringen FamRZ 1997, 1335; OLG Stutt‹ FamRZ 1984, 273, 275; OLG Frankfurt FamRZ 1985, 483; OLG Hamm FamRZ 1976, 631, ‹ **a. A.:** OLG Stuttgart FamRZ 1982, 282, 283.

machen will. Die **Auskunftspflicht entfällt**, wenn klar erkennbar ist, dass keinem Beteiligten ein Zugewinnausgleich zusteht,[729] insbes. wenn der Zugewinnausgleich durch Ehevertrag ausgeschlossen oder abschließend geregelt wurde.[730] Ein Auskunftsanspruch besteht auch dann nicht, wenn die Ausgleichsforderung **verjährt** ist und der in Anspruch genommene Ehegatte sich hierauf beruft.[731] Das Recht auf Auskunft bleibt jedoch bestehen, wenn der geschiedene Ehegatte mit seinem verjährten Anspruch auf Zugewinn gegen eine Forderung des anderen Ehegatten **aufrechnen** will.[732] Die Verjährung schließt nach § 390 S. 2 BGB die Aufrechnung nicht aus, wenn die verjährte Forderung zu der Zeit, zu der sie gegen die andere Forderung aufgerechnet werden konnte, noch nicht verjährt war.

Einen Anspruch auf Auskunft hat auch der Ehegatte, der voraussichtlich ausgleichspflichtig ist. Dieser kann ein Interesse daran haben, durch Auskunft Klarheit über die Höhe des von ihm geschuldeten Zugewinnausgleichs zu gewinnen.[733] Dieser Anspruch kann aber nicht als Folgesache im Scheidungsverfahren geltend gemacht werden. Dies würde dem Ziel des Scheidungsverbunds – Erledigung der Streitsache mit rechtskräftiger Scheidung – widersprechen (s. aber Rn. 496). Beantragt ein Ehegatte den Zugewinnausgleich erst nach rechtskräftiger Scheidung, behält der andere Ehegatte seinen Anspruch auf Auskunft, auch wenn seine Ausgleichsforderung inzwischen verjährt ist.[734] Die Auskunft dient nicht nur der Vorbereitung eines eigenen Ausgleichsanspruchs, sondern sichert auch die **Rechtsverteidigung** gegen den Ausgleichsanspruch des anderen Ehegatten. **494**

Die Berufung auf ein **Leistungsverweigerungsrecht** nach § 1381 BGB schließt **495** den Auskunftsanspruch nicht aus.[735] Ob die Ausgleichsforderung wegen grober Unbilligkeit ganz zu versagen oder nur herabzusetzen ist, hängt wesentlich von der Höhe der beiderseitigen Zugewinne ab Ein Ehegatte kann die Auskunft nicht mit der Behauptung verweigern, er habe den Ehepartner bereis im anhängigen **Unterhaltsverfahren** über seine finanzielle Situation umfassend informiert.[736] Die beim Zugewinnausgleich zu berücksichtigenden Vermögenswerte sind nicht identisch mit für den Unterhaltsanspruch maßgeblichen Vermögenspositionen.

# G. Antrag auf Auskunft

## I. Stufenantrag

Ein Antrag, mit dem nur Auskunft verlangt wird, ist meistens nicht zweckmäßig. **496** Sinnvoller ist es in der Regel, einen **Stufenantrag** zu erheben. Ein **reiner Auskunftsantrag** kann nicht als Folgesache im Verbund geltend gemacht werden.[737] Ziel des

---

[729] OLG Koblenz FamRZ 2005, 902, 903; 1985, 286; OLG Brandenburg FamRZ 1998, 174.
[730] BGH FamRZ 1983, 157, 156; OLG Düsseldorf FamRZ 1989, 181; Palandt/Brudermüller § 1379 Rn. 5.
[731] OLG Frankfurt FamRZ 1987, 1147, 1148; MK/Koch § 1379 Rn. 5.
[732] AG Bonn FamRZ 2001, 764 m. zust. Anm. Gerhards; Palandt/Brudermüller § 1379 Rn. 5.
[733] BGH FamRZ 1965, 554.
[734] OLG München NJW 1969, 881; Staudinger/Thiele § 1379 Rn. 10.
[735] BGH FamRZ 1980, 37, 39; 1980, 768; OLG Koblenz FamRZ 2005, 902, 903.
[736] OLG Koblenz FamRZ 2005, 902, 903; Koch FamRZ 2006, 585, 587.
[737] BGH FamRZ 1997, 811, 812; KG FamRZ 2000, 1292; OLG Brandenburg FF 2007, 276, 277.

Scheidungsverbundes ist es, die Scheidung möglichst nicht ohne die wichtigste Scheidungsfolgen auszusprechen. Der Verbund ist daher auf die Regelung der Scheidungsfolgen bezogen, nicht aber auf Entscheidungen, die diese Regelung lediglich vorbereiten.[738] Der **Ausgleichsschuldner** kann aber, wenn im Scheidungsverbund von ihm Zugewinnausgleich verlangt wird, „seinen" Auskunftsanspruch im Weg des Widerantrags **allein** geltend machen, um die gegen ihn gerichtete Ausgleichsforderung abzuwehren.[739] Diese Auskunft dient als Grundlage für die Berechnung des Zugewinnausgleichs und hindert eine endgültige Entscheidung nicht.

**497**     Ein weiterer Grund, warum der Stufenantrag dem reinen Auskunftsantrag vorzuziehen ist, liegt darin, dass nur die Erhebung eines **Stufenantrags die Verjährung hemmt** (§ 204 I Nr. 1 BGB).[740] Die Verjährungshemmung tritt auch dann ein, wenn im Stufenantrag ein falscher Stichtag angegeben ist.[741] Außerdem tritt mit Zustellung des Stufenantrags, wenn der Zugewinn nach rechtskräftiger Scheidung geltend gemacht wird, die Rechtshängigkeit des Zahlungsanspruchs (und damit auch die Zinspflicht) ein.

**498**     Die Auskunft über das **Vermögen zum Zeitpunkt der Trennung** (§ 1379 I Nr. 1, II 1 BGB) kann nur als **Auskunftsantrag** (mit eidesstattlicher Versicherung) nicht als Stufenantrag (mit unbeziffertem Zahlungsantrag) geltend gemacht werden.

## II. Form und Inhalt des Stufenantrags

**499**     Der Auskunftsantrag muss genau bestimmt sein (§ 253 II Nr. 2 ZPO). Ein Antrag, den Antragsgegner zu verpflichten, Auskunft über das Vermögen „zum Zeitpunkt der Rechtshängigkeit des Scheidungsantrages", zu erteilen, ist zu unbestimmt. **Richtiger Zeitpunkt** ist der Tag der **Zustellung des Scheidungsantrags** (§ 1384 BGB). Wird Auskunft über das Vermögen zum Zeitpunkt der Trennung verlangt, muss ein bestimmter Trennungstag angegeben werden (vgl. Rn. 458). Die herau. verlangten Unterlagen sind eindeutig zu bezeichnen. Der Antrag muss einen vollstreckungsfähigen Inhalt haben. Unzulässig sind daher Formulierungen wie „die hierzu gehörigen (erforderlichen, entsprechenden) Unterlagen vorzulegen".[743] Der Gerichtsvollzieher weiß nicht, welche „entsprechenden" Belege zum Auskunftsnachweis erforderlich sind. Auch das beim Herausgabeverlangen im Auskunftsantrag fast immer verwendete Wort „insbesondere" ist fehl am Platz. Welche Unterlagen soll der Gerichtsvollzieher „im Allgemeinen" herausverlangen?

**500**     Der Stufenantrag (§ 254 ZPO) kann als Folgesache im Verbund oder nach rechtskräftiger Scheidung als selbständige Familiensache geltend gemacht werden. Er hat folgende Dreiteilung:

[738] BGH FamRZ 1979, 690, 692.
[739] OLG Zweibrücken FamRZ 1996, 749; OLG Brandenburg FamRZ 2007, 410, 412; Palandt/ Brudermüller § 1379 Rn. 17; MK/Koch § 1379 Rn. 30.
[740] BGH FamRZ 1999, 571; OLG Celle FamRZ 2007, 1101; OLG Naumburg FamRZ 2006, 267 (); MK/Koch § 1378 Rn. 29; Palandt/Ellenberger § 204 Rn. 2.
[741] KG FamRZ 2001, 105; OLG Zweibrücken NJW-RR 2001, 865; MK/Koch § 1378 Rn. 29; am OLG Hamm FamRZ 1996, 864.
[742] Kogel, Strategien, Rn. 285, 924.
[743] BGH FamRZ 1989, 731, 732; OLG Brandenburg FamRZ 2007, 285; OLG München NJW-1994, 724; JH/Jaeger § 1379 Rn. 7; Büttner FamRZ 1992, 629, 630: „Gewisse Unschärfen liegen der Natur der Sache."

## 5. Anspruch auf Auskunft und Wertangaben (§ 1379 BGB)

**1. Stufe:** Auskunft, Wertermittlung und Vorlage von Belegen.
**2. Stufe:** eidesstattliche Versicherung.
**3. Stufe:** unbezifferter Zahlungsantrag.

---

### Antrag:

I. Der Antragsgegner wird verpflichtet, der Antragstellerin
   1. persönlich[744] Auskunft zu erteilen über den Bestand
      a) seines Anfangsvermögens am[745] ... und
      b) seines Endvermögens am[746] ... jeweils durch Vorlage eines schriftlichen Bestandsverzeichnisses, gegliedert nach Aktiva und Passiva,
   2. den Wert aller Vermögensgegenstände und Verbindlichkeiten mitzuteilen,
   3. Belege vorzulegen, die nach Auskunftserteilung noch bezeichnet werden.[747]
II. Der Antragsteller wird verpflichtet, die Vollständigkeit und Richtigkeit seines Vermögensverzeichnisses an Eides statt zu versichern.
III. Der Antragsgegner wird verpflichtet, an die Antragstellerin Zugewinnausgleich in nach Auskunftserteilung noch zu beziffernder Höhe nebst Zinsen in Höhe von 5 Prozentpunkten über dem Basiszinssatz[748] hieraus ab[749] ... zu bezahlen.

---

Beim Auskunftsantrag über das **Vermögen zum Zeitpunkt der Trennung** (§ 1379 I 1 Nr. 1, II 1 BGB) können nur die Stufen 1 und 2 geltend gemacht werden.  **501**

Jede Stufe bildet einen eigenen Anspruch, über den gesondert zu verhandeln und zu entscheiden ist. Sind die Voraussetzungen für eine eidesstattliche Versicherung nicht gegeben, ist Stufe 2 zu überspringen. Die beiden ersten Stufen werden durch Teil-Beschluss (§ 301 ZPO), die dritte Stufe durch Schluss-Beschluss abgeschlossen. Auch im Scheidungsverbund sind die Stufen 1 und 2 vorab durch Teil-Beschluss zu erledigen. Über den Zahlungsanspruch ist dann zusammen mit der Scheidung zu entscheiden.[750]  **502**

Hat sich nach Auskunftserteilung ergeben, dass ein Zahlungsanspruch **nicht besteht,** und stellt der Antragsteller deswegen keinen weiteren Antrag, kann der Antragsgegner die Fortsetzung des Verfahrens beantragen. Wird in dem anberaumten Termin der Anspruch vom Antragsteller nicht beziffert, kann der Antrag durch Versäumnisbeschluss gemäß §§ 333, 330 ZPO, § 113 I 2 FamFG abgewiesen werden.[751] Wird bei einem Stufenantrag der Leistungsantrag **zurückgenommen,** führt  **503**

---

[744] BGH FamRZ 2008, 600, 601.

[745] Anfangsstichtag = Tag der Eheschließung oder der notariellen Vereinbarung der Zugewinngemeinschaft.

[746] Endstichtag = Zustellung des Scheidungsantrags oder Datum der notariellen Beendigung des Güterstandes.

[747] Die vorzulegenden Belege können auch sogleich bezeichnet werden.

[748] Es sollten stets „5 Prozent**punkte**" und nicht „5 Prozent" über dem Basiszinssatz verlangt werden. Beträgt der aktuelle Basiszinssatz z. B. 1,4%, können nach strenger Auslegung nur 1,47% Zinsen zugesprochen werden (so Hartmann NJW 2005, 2238; **a. A.** OLG Hamm NJW 2005, 2238).

[749] Wird Zugewinn im Verbund beantragt: ab Rechtskraft der Scheidung. Wird Zugewinn nach Scheidung geltend gemacht: ab Verzug oder ab Rechtshängigkeit des Antrags.

[750] BGH FamRZ 1979, 690.

[751] OLG Frankfurt FamRZ 2002, 31; OLG Karlsruhe FamRZ 1997, 1224, 1225; Zöller/Greger § 254 ZPO Rn. 11.

dies nicht zu einer Verpflichtung des Antragstellers, die gesamten Kosten des Verfahrens zu tragen, wenn sein Antrag in der Leistungsstufe begründet war. Die Kosten sind vielmehr nach dem Maßstab der unterschiedlichen Streitwerte zu **quoteln.** Der Wert der Auskunftsstufe beträgt **ein Drittel** des Gesamtstreitwerts.[752]

## H. Vollstreckung

504    Die Erteilung der Auskunft (§ 1379 I 1 BGB) ist eine unvertretbare Handlung. Die Vollstreckung erfolgt daher nach § 888 ZPO, § 120 I FamFG durch **Zwangsgeld/Zwangshaft.**[753] Führen auch Zwangsmittel zu keinem Erfolg, kann bei der Berechnung des Zugewinns von der substantiierten Darlegung des Berechtigten über die Vermögenswerte des Verpflichteten ausgegangen werden. Dies führt zu einer **Beweiserleichterung** für den ausgleichsberechtigten Ehegatten. Kommt der Schuldner seiner Pflicht zur **Wertermittlung** (§ 1379 I 2 Hs. 2 BGB) nicht nach, ist der Anspruch gemäß § 887 ZPO, § 120 I FamFG durchzusetzen, da die Vollstreckung in der Regel durch einen **Sachverständigen** vorgenommen werden kann.[754] Nur wenn im Einzelfall der Auskunftspflichtige bei der Wertermittlung durch einen Sachverständigen mitwirken muss, gilt für die Vollstreckung § 888 ZPO.[755]

505    Werden **Belege** herausverlangt, ist nach § 883 ZPO der Gerichtsvollzieher mit der Wegnahme zu beauftragen, weil es sich insoweit um die Herausgabe von beweglichen Sachen handelt.[756]

506    Bei der Abgabe einer eidesstattlichen Versicherung ist zu unterscheiden, ob der Ausgleichspflichtige hierzu vom Familiengericht verpflichtet wurde, oder ob er sich dazu freiwillig bereit erklärt hat. Bei einer **gerichtlich angeordneten** Verpflichtung ist die Versicherung gemäß § 889 ZPO beim Amtsgericht – **Vollstreckungsgericht** – am Wohnsitz des Schuldners abzulegen. Die Abnahme erfolgt durch den Rechtspfleger (§ 20 Nr. 17 RPflG).[757] Erklärt sich der zur Auskunft Verpflichtete jedoch – auch wenn er bereits verurteilt wurde – **freiwillig** zur Versicherung an Eides statt bereit, dann ist nach §§ 410 Nr. 1 FamFG, § 23 a I Nr. 5 GVG das Amtsgericht als Gericht der freiwilligen Gerichtsbarkeit sachlich zuständig.[758] Das kann nach der Geschäftsverteilung des betreffenden Amtsgerichts das **Familiengericht** sein. Auch in diesem Fall ist die eidesstattliche Versicherung vor dem Rechtspfleger zu leisten (§ 3 Nr. 1 b RPflG). Örtlich zuständig ist nach § 411 I FamFG das Gericht am Wohnsitz des Schuldners. Wollen beide Parteien eine Verzögerung des Verfahrens vermeiden, sollte die eidesstattliche Versicherung, falls alle Beteiligten damit einverstanden sind, unmittelbar vor dem Familienrichter abgegeben werden.

---

[752] OLG Rostock FamRZ 2008, 1202; Zöller/Herget § 3 ZPO Rn. 16 „Auskunft".

[753] MK/Koch § 1379 Rn. 25; JH/Jaeger § 1379 Rn. 14; Büttner FamRZ 1992, 629, 632.

[754] OLG Bamberg FamRZ 1999, 312; Palandt/Brudermüller § 1379 Rn. 19; MK/Koch § 1379 Rn. 25; JH/Jaeger § 1379 Rn. 14.

[755] OLG Bamberg 1999, 312; Büte Rn. 271.

[756] Büttner FamRZ 1992, 629, 632; Carlberg in Scholz/Stein B Rn. 88; **a. A.** Zöller/Stöber § 888 ZPO Rn. 3; Palandt/Brudermüller § 1379 Rn. 19; Hoppenz/Hoppenz § 1379 Rn. 27 (§ 888 ZPO).

[757] Schulz/Hauß/Häcker § 1379 Rn. 43.

[758] Keidel/Giers § 410 Nr. 1 FamFG Rn. 2.

# I. Streitwert und Beschwer

Der **Streitwert des Auskunftsantrags** richtet sich nach dem Interesse des Antrag- 507
stellers an der begehrten Information. Der Wert wird üblicherweise mit ¹/₁₀ bis ¹/₄
des Leistungsanspruchs bemessen.⁷⁵⁹ Je geringer die Kenntnisse des Antragstellers
und sein Wissen über die zur Begründung des Leistungsanspruchs maßgeblichen
Tatsachen sind, umso höher ist der Wert anzusetzen.⁷⁶⁰ Der Streitwert für die nach
§ 1379 I 2 Hs. 2 BGB geforderten Wertangaben ist in gleicher Weise zu bestim-
men.⁷⁶¹

Die **Beschwer** des zur Auskunft verpflichteten Antragsgegners für die Zulässigkeit 508
der Beschwerde (600 € gemäß § 61 I FamFG) bemisst sich nach dem Interesse des
Rechtsmittelführers, die Auskunft nicht erteilen zu müssen.⁷⁶² Für die Bewertung
dieses Abwehrinteresses ist, soweit ein besonderes Geheimhaltungsinteresse⁷⁶³ nicht
zu erkennen ist, auf den Aufwand an Zeit und Kosten abzustellen, den die sorgfältige
Erteilung der Auskunft erfordert. Der auskunftsverpflichtete Ehegatte hat die zu
seinem Endvermögen gehörenden Gegenstände nach Anzahl, Art und wertbildenden
Faktoren in dem Vermögensverzeichnis anzugeben. Für diese im eigenen Wissen des
Auskunftspflichtigen stehenden Angaben ist die Zuziehung eines Steuerberaters
**nicht erforderlich**.⁷⁶⁴ In diesen Fällen wird die Beschwerdesumme in der Praxis
regelmäßig nicht erreicht.

Die Kosten einer **sachkundigen Hilfsperson** können nur dann berücksichtigt 509
werden, wenn sie zwangsläufig entstehen, weil der auskunftspflichtige Ehegatte zu
einer sachgerechten Auskunftserteilung allein nicht in der Lage ist.⁷⁶⁵ So hat der
BGH⁷⁶⁶ entschieden, dass ein Selbständiger, der Bilanzen mit Gewinn- und Verlustrechnungen für mehrere Jahre vorlegen muss, dazu sachkundiger Hilfe eines Steuerberaters oder Wirtschaftsprüfers bedarf. Die hierfür anfallende Vergütung für den
Zeit- und Kostenaufwand übersteigt mit Sicherheit den Betrag von 600 €.

**Streitwert und Beschwer bei der eidesstattlichen Versicherung** richten sich 510
danach, welchen Aufwand an Zeit und Kosten die Abgabe der eidesstattlichen
Versicherung erfordert.⁷⁶⁷ Auch hier übersteigt der Wert des Beschwerdegegenstan-
des in der Regel 600 € nicht (§ 61 I FamFG).⁷⁶⁸

Wird der Antrag des auskunftsberechtigten Ehegatten **abgewiesen,** richtet sich die 511
Beschwer nach einem Bruchteil des beabsichtigten Leistungsantrags, der in der Regel
zwischen einem 1/10 und einem ¼ festgesetzt wird.⁷⁶⁹

Der **Streitwert eines Stufenantrags** ist gemäß § 38 FamGKG einheitlich nach 512
dem höchsten der verbundenen Ansprüche festzusetzen. Das ist stets der **Zahlungsanspruch.** Dessen Wert gilt auch dann, wenn der Leistungsantrag nicht mehr bezif-

---

⁷⁵⁹ BGH FamRZ 2000, 948, 949; Zöller/Herget § 3 Rn. 16 „Auskunft".
⁷⁶⁰ BGH FamRZ 2006, 619.
⁷⁶¹ BGH FamRZ 2007, 711, 712.
⁷⁶² BGH FamRZ 2009, 594, 595; 2008 1336; 2006, 33, 34; 2005, 104, 105; 2003, 1267; 1995, 349, 351.
⁷⁶³ Vgl. dazu BGH FamRZ 2005, 1986.
⁷⁶⁴ BGH FamRZ 2006, 33; 2005, 1986; 2005, 1064; 2003, 597; 1989, 157, 159.
⁷⁶⁵ BGH FamRZ 2006, 33, 34; 2002, 666, 667.
⁷⁶⁶ BGH FamRZ 2009, 594, 595 = FamRB 2009, 137 m. Anm. Kogel.
⁷⁶⁷ BGH FamRZ 2005, 1066; 2003, 1267, 1268; 2001, 12, 13; 1999, 649.
⁷⁶⁸ OLG Köln FamRZ 1998, 1308: „allenfalls DM 800".
⁷⁶⁹ BGH FamRZ 1999, 1497; 2006, 619.

fert wird, z. B. wenn der Rechtsstreit übereinstimmend für erledigt erklärt wird.[7...]
Für die Bewertung des unbezifferten Zahlungsanspruchs sind die Vorstellungen d[e]
Antragstellers bei Einleitung des Verfahrens maßgeblich.[771] Ein Anhaltspunkt hierfü[...]
kann die Angabe des **vorläufigen Streitwerts** in der Antragsschrift sein.[772] Der We[r]
der Auskunftsstufe beträgt ein Drittel des Gesamtstreitwerts.[773]

# 6. Abschnitt. Anrechnung von Vorausempfängen (§ 1380 BGB)

## A. Überblick

**513**  Nach § 1380 BGB können auf die Ausgleichsforderung Zuwendungen angerech[n]
net werden, die ein Ehegatte während der Ehe vom anderen erhalten hat. Mit de[r]
Anrechnung verlieren die Zuwendungen ihren Charakter als Freigebigkeiten, si[e]
werden wie **vorweggenommene Ausgleichszahlungen** behandelt.

**514**  Bevor mit einer Berechnung nach § 1380 BGB begonnen wird, sind **drei Grund**
**sätze** zu beachten:

▶ § 1380 BGB findet nur Anwendung, wie sich aus dem Gesetzeswortlaut ergib[t]
wenn der **Zuwendende ausgleichspflichtig** ist. Kann er seinerseits Zugewinn[...]
ausgleich verlangen, gilt die Bestimmung nicht. In diesem Fall ist der Zugewin[n]
nach den allgemeinen Regeln (§ 1378 I BGB) zu berechnen.[774]

▶ Auf die komplizierte Berechnung nach § 1380 BGB kann stets **verzichtet** wer[...]
den, wenn der (indexierte) **Wert der Zuwendung in dieser Höhe beim Zuge**
**winn des Empfängers noch vorhanden** ist. Nur wenn der Zuwendungsemp[...]
fänger einen im Verhältnis zur Zuwendung geringeren Zugewinn erzielt ha[t]
muss nach § 1380 BGB gerechnet werden.[775] Diese zunächst überraschend[e]
Tatsache ergibt sich aus der Systematik des Zugewinnausgleichs, nach der es nich[t]
darauf ankommt, auf welcher Seite sich Vermögen ansammelt. Eine Korrektu[r]
nach § 1380 BGB ist daher nur erforderlich, wenn der Empfänger nicht einma[l]
den Wert der Zuwendung in seinem Endvermögen hat.

▶ **§ 1374 II BGB gilt nicht für Zuwendungen zwischen Eheleuten.** Der begüns[...]
tigte Ehegatte kann nach h. M. eine Schenkung oder ehebezogene Zuwendun[g]
nicht als privilegierten Erwerb seinem Anfangsvermögen zurechnen (vg[l.]
Rn. 37).

---

[770] OLG Karlsruhe FamRZ 2008, 1205, 1206; KG FamRZ 2007, 69; OLG Köln FamRZ 2005, 184[7]
OLG Hamm FamRZ 2004, 1664; OLG Nürnberg FamRZ 2004, 962; OLG Brandenburg FamR[Z]
2003, 240; OLG Celle FamRZ 1997, 99; Zöller/Herget § 3 ZPO Rn. 16; **a. A.** OLG Stuttga[rt]
FamRZ 2005, 1765; OLG Bamberg FamRZ 1997, 40: zwei selbständige Ansprüche, die jewei[l]
gesondert zu bewerten sind.
[771] OLG Karlsruhe FamRZ 2008, 1205, 1206.
[772] FamVerf/Gutjahr § 1 Rn. 23.
[773] OLG Rostock FamRZ 2008, 1202; Zöller/Herget § 3 ZPO Rn. 16 „Auskunft".
[774] BGH FamRZ 1982, 778, 779; 1982, 246, 248; Büte FuR 2006, 289.
[775] Vgl. dazu Palandt/Brudermüller § 1380 Rn. 1.

# B. Zuwendungen

Bei Zuwendungen unter Ehegatten wird zwischen (echten) Schenkungen und **515** ehebezogenen (unbenannten) Zuwendungen unterschieden. Für § 1380 BGB spielt diese **Unterscheidung keine Rolle.**[776] Die Zuwendungen müssen aber aus dem Vermögen erfolgen. Arbeitsleistungen scheiden daher aus.[777] Als anrechnungspflichtige Zuwendungen kommen vor allem Übertragungen von Miteigentum am Familienheim, von Unternehmensbeteiligungen und Geldleistungen in Betracht. Bei Zuwendungen, die aus einem **Gemeinschaftskonto** erfolgen, ist zu berücksichtigen, dass der „Beschenkte" nach § 430 BGB ebenfalls Berechtigter am Kontoguthaben ist (vgl. Kap. 5 Rn. 390). Erhält etwa ein Ehegatte aus einem Gemeinschaftskonto 20 000 € als Zuwendung, können bei einer hälftigen Beteiligung beider Ehegatten am Konto nur 10 000 € nach § 1380 BGB angerechnet werden.[778]

In § 1380 I 2 BGB ist eine Wertgrenze festgelegt: Der Wert der Zuwendungen **516** muss den **Wert** von **Gelegenheitsgeschenken übersteigen,** die nach den Lebensverhältnissen der Ehegatten üblich sind. Gelegenheitsgeschenke sind vor allem Weihnachts- und Geburtstagsgeschenke.

Die Zuwendungen müssen **während des Güterstands** erfolgt sein. Bei vorher **517** erfolgten Zuwendungen (z. B. während der Verlobungszeit) ist daher keine Anrechnung über § 1380 BGB möglich. Es kann aber ein **ergänzender Ausgleichsanspruch** nach den Regeln über den Wegfall der Geschäftsgrundlage in Betracht kommen[779] (vgl. Kap. 5 Rn. 339).

# C. Anrechnungsklausel

Nach § 1380 I 1 BGB erfolgt eine Anrechnung nur, wenn der zuwendende **518** Ehegatte dies bei der Zuwendung ausdrücklich bestimmt hat. Diese Bestimmung kann **formlos**[780] vorgenommen werden, muss aber spätestens bei der Zuwendung geschehen sein. Eine spätere einseitige Bestimmung ist nicht mehr möglich. Eine entsprechende Vereinbarung wäre als Ehevertrag formbedürftig.[781] Nach § 1380 I 2 BGB ist „im Zweifel" anzunehmen, dass Zuwendungen **angerechnet werden sollen,** wenn ihr Wert den Wert der üblichen Gelegenheitsgeschenke übersteigt. Dabei handelt es sich trotz der Worte „im Zweifel" nicht um eine Auslegungsregel, sondern um einen den Satz 1 ergänzenden dispositiven Rechtssatz, der die gesetzliche Wertung zum Ausdruck bringt, dass bei größeren Zuwendungen eine Anrechnung **sachgerecht** ist.[782] Die Anrechnung von Zuwendungen, die den Wert von Gelegenheitsgeschenken übersteigen, ist deshalb die Regel. Für eine abweichende, also eine

---

[776] BGH FamRZ 2001, 413, 414; 1983, 351, 352; 1982, 246; OLG Karlsruhe FamRZ 2004, 1033; OLG Köln FamRZ 1998, 1515.

[777] Palandt/Brudermüller § 1380 Rn. 3; Hoppenz/Hoppenz § 1380 Rn. 2.

[778] OLG Köln FamRZ 1998, 1515.

[779] BGH FamRZ 1992, 160, 162.

[780] Palandt/Brudermüller § 1380 Rn. 6; MK/Koch § 1380 Rn. 3; Schwab/Schwab VII Rn. 203; JH/Jaeger § 1380 Rn. 7; Börger/Engelsing § 2 Rn. 432.

[781] Palandt/Brudermüller § 1380 Rn. 6; Schwab/Schwab VII Rn. 203; MK/Koch § 1380 Rn. 4; JH/Jaeger § 1380 Rn. 7; Hoppenz/Hoppenz § 1380 Rn. 7; Büte FuR 2006, 289, 290.

[782] MK/Koch § 1380 Rn. 5; JH/Jaeger § 1380 Rn. 1; **a. A.** Börger/Engelsing § 2 Rn. 432.

Anrechnung ausschließende, Vereinbarung ist der **Empfänger beweispflichtig.**[783] Überträgt ein Ehegatte nach dem Scheitern der Ehe, aber noch vor der Zustellung des Scheidungsantrags, einzelne Vermögensgegenstände auf den anderen, ist darin die stillschweigende Bestimmung zu sehen, dass der zugewendete Wert auf eine etwaige Ausgleichsforderung angerechnet werden soll.[784]

## D. Durchführung der Anrechnung

**519**    Die Regelung des § 1380 BGB bezweckt, dass der Empfänger der Zuwendung im Rahmen des Zugewinnausgleichs wirtschaftlich nicht besser steht, als er stehen würde, wenn die Zuwendung **unterblieben** und der Wert im Endvermögen des leistenden Ehegatten noch **vorhanden** wäre. Dazu wird zunächst der Wert der Zuwendung dem Zugewinn des zuwendenden Ehegatten hinzugerechnet und vom Zugewinn des Empfängers abgezogen. Sodann wird fiktiv die Ausgleichsforderung bestimmt. Von dem errechneten Betrag wird dann der Wert der Zuwendung als voraus empfangener Zugewinnausgleich abgezogen.

**520**    Nach allgemeiner Meinung[785] sind **vier Rechenschritte** durchzuführen:
(1) Der Wert der Zuwendung wird dem Zugewinn des Zuwendenden hinzugerechnet.
(2) Der Wert der Zuwendung wird vom Zugewinn des Empfängers abgezogen.[786]
(3) Es wird die fiktive Ausgleichsforderung errechnet.
(4) Von dem errechneten Ausgleichsbetrag wird der Wert der Zuwendung abgezogen.

Führt man richtiger Weise die Berechnung nach § 1380 BGB nur durch, wenn der Wert der Zuwendung im Endvermögen des Empfängers nicht mehr oder nur noch in geringerer Höhe vorhanden ist, ist das Ergebnis des Rechenschritts (2) stets, das der ausgleichsberechtigte Ehegatte keinen Zugewinn erzielt hat. Es kann daher immer „null Zugewinn" angesetzt werden.

> **Beispiel:** M hatte bei Heirat ein (bereits indexiertes) Anfangsvermögen von 80 000 €, F besaß nichts. Während der Ehe „schenkte" M seiner Ehefrau 40 000 €. Bei Rechtshängigkeit der Scheidung hat F noch 10 000 €. M hat ein Endvermögen von 180 000 €.

Zunächst ist festzustellen: § 1380 BGB ist anwendbar, da die Zuwendung vom ausgleichspflichtigen Ehegatten stammt. Der Vorausempfang wirkt sich auf die Ausgleichsforderung aus, da der Zugewinn des Zuwendungsempfängers niedriger als der Wert der Zuwendung ist.

**1. Schritt:** Der Zugewinn von M beträgt 180 000 € (Endvermögen) – 80 000 € (Anfangsvermögen) = 100 000 €. Wird die Zuwendung von 40 000 € dem Zugewinn hinzugerechnet, ergeben sich 140 000 € (als fiktiver Zugewinn des M).

**2. Schritt:** Die Zuwendung von 40 000 € wird vom Zugewinn der F abgezogen: 10 000 € – 40 000 € = – 30 000 €. Da es keinen negativen Zugewinn gibt (§ 1373 BGB), ist der Zugewinn von F mit null anzusetzen.

---

[783] Schwab/Schwab VII Rn. 204; JH/Jaeger § 1380 Rn. 8.

[784] BGH FamRZ 2001, 413, 414 mit Anm. Müller FamRZ 2001, 757.

[785] Vgl. BGH FamRZ 1982, 246; Palandt/Brudermüller § 1380 Rn. 10; Bamberger/Roth/Mayer § 1380 Rn. 7; FamVermR/Bergschneider Rn. 4.295; Kogel FamRB 2005, 368 ff.

[786] So ausdrücklich BGH FamRZ 1982, 246, 248; vgl. OLG Karlsruhe FamRZ 2004, 1033.

**3. Schritt:** Die fiktive Ausgleichsforderung von F beträgt 140 000 € : 2 = 70 000 €.

**4. Schritt:** Da F 40 000 € schon im Voraus empfangen hat, ist diese Summe von der (fiktiven) Ausgleichsforderung abzuziehen, sodass F als Zugewinnausgleich noch 30 000 € erhält. Ohne Anrechnung des Vorausempfangs nach § 1380 BGB würde F (100 000 € – 10 000 €) : 2 = 45 000 € erhalten.

Ist der zugewendete Betrag von 40 000 € jedoch als Zugewinn von F noch **vorhanden**, kann auf die umständliche Berechnung gemäß § 1380 BGB verzichtet werden. F erhält, wenn ihr Endvermögen 40 000 € beträgt, ebenfalls 30 000 € als Zugewinnausgleich: (100 000 € – 40 000 €) : 2 = 30 000 €. Zusammen mit der Zuwendung von 40 000 €, die sie im Endvermögen hat, kommt sie auf 70 000 €. Den Betrag von 70 000 € würde F auch dann erhalten, wenn M ihr nichts zugewendet hätte. Der Zugewinn des M würde dann 220 000 € (Endvermögen) – 80 000 € (Anfangsvermögen) = 140 000 € betragen. Davon stünde F, die keinen Zugewinn erzielt hat, die Hälfte zu. **521**

# E. Hochrechnung der Zuwendung

Nach § 1380 II 2 BGB bestimmt sich der anzurechnende Wert nach dem Zeitpunkt der Zuwendung. Zum Ausgleich des Geldwertschwundes ist daher eine **Hochrechnung** – wie beim privilegierten Erwerb nach § 1374 II BGB – vorzunehmen. Dieser erstmals von uns vertretenen Meinung[787] haben sich mittlerweile nahezu alle Autoren[788] und die neuere Rechtsprechung[789] angeschlossen. Die gegenteilige Ansicht[790] geht davon aus, dass sich ein Kaufkraftausgleich erübrige, weil er durch die Anrechnung der Zuwendung beim Zuwender und durch den Abzug beim Empfänger neutralisiert werde. Dies stimmt jedoch nur, wenn der Zugewinn mindestens so hoch wie die Zuwendung ist. In diesem Fall kann aber immer auf die Berechnung nach § 1380 BGB verzichtet werden. Die Neutralisierung des Kaufkraftschwundes endet jedoch, wenn der erzielte Zugewinn geringer ist als die Zuwendung. In diesem Fall ergeben sich bei einer Inflationsbereinigung unterschiedliche Ergebnisse, wie folgender Vergleich zeigt: **522**

> **Beispiel:** M und F hatten bei Eheschließung kein Anfangsvermögen. 1980 schenkt M seiner Ehefrau F 40 000 €. Die Scheidung wird 2008 eingereicht. Das Endvermögen des M beträgt 200 000 €, das der F nur 20 000 €. **523**

**Ohne Hochrechnung:**

(1) Die Zuwendung wird dem Zugewinn des M hinzugerechnet: (200 000 € + 40 000 €) = 240 000 €.

(2) Die Zuwendung wird vom Zugewinn der F abgezogen: (20 000 € – 40 000 €) = – 20 000 €. F hat keinen Zugewinn.

---

[787] Haußleiter/Schulz, 2. Aufl., 1995, Kap. 4 Rn. 268.

[788] Palandt/Brudermüller § 1380 Rn. 19; Schwab/Schwab VII Rn. 201; Hoppenz/Hoppenz § 1380 Rn. 10; MK/Koch § 1380 Rn. 19; FamVermR/Bergschneider Rn. 4.297; Kogel, Strategien, Rn. 979; Kogel FamRB 2005, 368, 370; Bamberger/Roth/Mayer § 1380 Rn. 6; Münch, Ehebezogene Rechtsgeschäfte Rn. 1050, Scheidungsimmobilie Rn. 99: FA-FamK/v. Heintschel-Heinegg Kap. 9 Rn. 135; Schulz/Hauß/Häcker § 1380 Rn. 10; AnwK-FamR/Groß § 1380 Rn. 29.

[789] OLG Frankfurt FamRZ 2006, 1543 = FamRB 2006, 34 m. Anm. Kogel.

[790] Soergel/Lange § 1380 Rn. 13; Bamberger/Roth/Mayer § 1380 Rn. 6; KK-FamR/Weinreich § 1380 Rn. 26; Büte Rn. 283.

(3) Fiktive Ausgleichsforderung: Die Hälfte des Zugewinns von M: 120 000 €.

(4) Abzug der Zuwendung von der errechneten (fiktiven) Ausgleichsforderung: (120 000 € – 40 000 €) = 80 000 €.

**Mit Hochrechnung:**

(1) Die indexierte Zuwendung (40 000 € × 106.6 : 57,8) = 73 772 € wird dem Zugewinn des M hinzugerechnet (200 000 € + 73 772 €) = 273 772 €.

(2) Die indexierte Zuwendung von 73 772 € wird vom Zugewinn der F (20 000 €) abgezogen. Damit ist bei F kein Zugewinn anzusetzen.

(3) Fiktive Ausgleichsforderung: 273 772 € : 2 = 136 886 €.

(4) Abzug der indexierten Zuwendung von der Ausgleichsforderung: 136 886 € – 73 772 € = 63 114 €.

**524**    Bei richtiger Berechnung muss M somit nicht 80 000 €, sondern nur 63 114 € al Zugewinnausgleich bezahlen. Auf die Indexierung der Zuwendung kann, wenn de Zugewinn des Zuwendungsempfängers niedriger als die Zuwendung ist, nicht ver zichtet werden. Ohne einen Ausgleich für den Kaufkraftschwund würde der zuwen dende Ehegatte ungerechtfertigt benachteiligt.

## F. Zuwendungen aus dem Anfangsvermögen

**525**    Leistet ein Ehegatte die Zuwendung an den Ehepartner aus seinem Anfangsver mögen, so ist sein Endvermögen oftmals geringer als sein Anfangsvermögen. I diesem Fall ist § 1380 BGB nie anzuwenden, da der zuwendende Ehegatte keine Zugewinn erzielt hat. Der Zugewinnausgleich erfolgt nach allgemeinen Regel (§ 1378 BGB).[791]

> **Beispiel:** M besitzt bei Eheschließung ein Haus im Wert von (indexiert) 400 000 €. Kurz nach der Heirat überträgt er den hälftigen Anteil (Wert 200 000 €) an F, die kein Anfangsvermögen hatte. Bei Rechtshängigkeit der Scheidung ist das Haus 600 000 € wert. Weiteres Vermögen als den Miteigen tumsanteil von jeweils 300 000 € haben die Eheleute nicht.

F hat einen Zugewinn von 300 000 €. Ehemann M, der keinen Zugewinn erzie hat, erhält über den Zugewinnausgleich 150 000 € (§ 1378 BGB).

## G. Überhöhte Zuwendung

**526**    Hat der Zuwendungsempfänger im Voraus schon mehr erhalten, als ihm Ausgleichsforderung zustünde, so ist nach h. M.[792] § 1380 BGB nicht anzuwende Diese Ansicht trifft jedoch nur zu, wenn der Zuwender einen **geringeren Zug winn** als der Zuwendungsempfänger erzielt hat.[793] In diesem Fall ist nie gem § 1380 BGB zu rechnen, da ansonsten der zuwendende Ehegatte benachteili würde.

---

[791] BGH FamRZ 1982, 246.

[792] BGH FamRZ 1982, 246, 248; 1982, 778, 779; 1991, 1169, 1171; OLG Frankfurt FamRZ 20 1543; Schwab/Schwab VII Rn. 217 ff m. w. N.

[793] So auch Palandt/Brudermüller § 1380 Rn. 17.

> **Beispiel:** Die Eheleute M und F hatten kein Anfangsvermögen. Während der Ehe kommt M zu Vermögen und wendet F (indexiert) 300 000 € zu. Bei Rechtshängigkeit der Scheidung hat M ein Vermögen von 200 000 €, F von 300 000 €.

527

**Berechnung gemäß § 1380 BGB:**

(1) Zurechnung der Zuwendung zum Zugewinn des M: 500 000 €
(2) Abzug der Zuwendung vom Zugewinn der F: Null
(3) Fiktive Ausgleichsforderung: 250 000 €
(4) Abzug des Vorausempfangs: 250 000 € – 300 000 €: kein Zugewinnausgleich

Eine für M ungünstige Berechnung. Ihm verbleiben 200 000 €, F behält 300 000 €.

**Berechnung gemäß § 1378 I BGB:**

M hat den geringeren Zugewinn als F und erhält als Ausgleich 50 000 €. Beide Ehegatten haben nunmehr ein Vermögen von 250 000 €.

Hat der leistende Ehegatte jedoch einen **höheren Zugewinn** als der Zuwendungsempfänger erzielt, muss gemäß § 1380 BGB gerechnet werden. Hier kommt dem Zuwender die Anrechnung des Vorausempfangs zugute.

528

> **Beispiel:** Die Eheleute M und F hatten kein Anfangsvermögen. Während der Ehe wendet M seiner Ehefrau (indexiert) 300 000 € zu. Bei Rechtshängigkeit der Scheidung hat M ein Vermögen von 200 000 €. F hat den größeren Teil der Zuwendung verbraucht und nur noch 100 000 €.

**Berechnung gemäß § 1378 I BGB:**

M müsste, da er den höheren Zugewinn hat, 50 000 € an F ausgleichen.

**Berechnung gemäß § 1380 BGB:**

(1) Zurechnung der Zuwendung zum Zugewinn des M: 500 000 €
(2) Abzug der Zuwendung vom Zugewinn der F: Null
(3) Fiktive Ausgleichsforderung: 250 000 €
(4) Abzug des Vorausempfangs: 250 000 € – 300 000 €. M muss keinen Zugewinnausgleich leisten.

In diesem Fall muss – auch bei einer überhöhten Zuwendung – die Berechnung nach § 1380 BGB durchgeführt werden. Da aber auch bei Anrechnung des Vorausempfangs über das Güterecht nur ein Teil der Zuwendung ausgeglichen wird, kommt ein Anspruch auf Rückgewähr einer ehebezogenen Zuwendung in Betracht.

# H. Gegenseitige Zuwendungen

Haben sich die Eheleute gegenseitig Zuwendungen gemacht, so sind die hochgerechneten Werte jeweils zu saldieren und erst das überschießende Ergebnis in die Berechnung nach § 1380 BGB einzuführen. Ist der Ehegatte mit den höheren Zuwendungen ausgleichspflichtig, wird mit dem Saldo die Anrechnung nach § 1380 BGB durchgeführt.[794] Hat der Ausgleichsberechtigte die höheren Zuwendungen gemacht, ist § 1380 BGB nicht anzuwenden.

529

---

[794] Palandt/Brudermüller § 1380 Rn. 14; Schwab/Schwab VII Rn. 226; Bamberger/Roth/Mayer § 1380 Rn. 8; Büte Rn. 280; KK-FamR/ Weinreich § 1380 Rn. 7; Staudinger/Thiele § 1380 Rn. 21;

# 7. Abschnitt. Leistungsverweigerung wegen grober Unbilligkeit (§ 1381 BGB)

## A. Allgemeine Grundsätze

530 Der Schuldner kann die Erfüllung der **Ausgleichsforderung verweigern**, soweit der Ausgleich des Zugewinns nach den Umständen des Falles grob unbillig wäre (§ 1381 I BGB). Es handelt sich um eine **Einrede**, die spätestens bis zum Schluss der letzten mündlichen Verhandlung geltend gemacht werden muss. Der ausgleichspflichtige Ehegatte muss das Vorliegen von Verweigerungsgründen beweisen.[795] Die Härteklausel des § 1381 BGB verdrängt „in ihrem Anwendungsbereich" als Sonderregelung die Generalklausel des § 242 BGB.[796]

531 Bis zu welchem **Zeitpunkt** die Tatsachen gegeben sein müssen, welche die grobe Unbilligkeit begründen, ist umstritten.[797] Die h. M. stellt auf die Rechtskraft der Scheidung ab.[798] Erst nach Beendigung des Güterstands erlösche jede gegenseitige rechtliche Bindung. Nach der Reform des Zugewinnausgleichs[799] spricht mehr dafür auf die **Rechtshängigkeit des Scheidungsantrags** abzustellen. Der gesetzliche Güterstand ist zwar noch nicht beendet, aber es gibt kein gemeinsames Wirtschaften mehr. Nach der neuen Regelung des § 1384 BGB wird zu diesem Zeitpunkt der Zugewinn berechnet und die **Höhe der Ausgleichsforderung** bestimmt. Vermögensminderungen nach diesem Stichtag können den festgestellten Zugewinnausgleichsanspruch nicht mehr verändern. Dies gilt vor allem auch für einen unverschuldeten Vermögensverfall des ausgleichspflichtigen Ehegatten (s. Rn. 434, 562 f).

532 Zur Leistungsverweigerung wegen grober Unbilligkeit hat der BGH[800] ausgeführt:

*„Ausnahmsweise wird dem an sich ausgleichspflichtigen Ehegatten ein Verweigerungsrecht gem. § 1381 BGB zuerkannt, wenn die Gewährung des Ausgleichsanspruchs nach den Umständen des Einzelfalles grob unbillig wäre, d. h. in der vom Gesetz grundsätzlich vorgesehenen Weise dem Gerechtigkeitsempfinden in unerträglicher Weise widersprechen würde. Eine solche Unbilligkeit wird in der Regel ein schuldhaftes Verhalten auf Seiten des ausgleichsberechtigten Ehegatten voraussetzen, wobei das Fehlverhalten im Gegensatz zu dem in § 1381 II BGB gegebenen Beispiel nicht notwendig wirtschaftlicher Natur, sondern auch anderer Art sein kann."*

533 Danach ist Folgendes zu beachten:

---

**a. A.** Grünenfeld NJW 1988, 109; Bamberger/Roth/Mayer § 1380 Rn. 8 (Anrechnung nur Leistung des ausgleichspflichtigen Ehegatten).

[795] Palandt/Brudermüller § 1381 Rn. 24.

[796] BGH FamRZ 1989, 1276, 1279; Schwab FamRZ 2009, 1445, 1449; Hoppenz/Hoppenz § 1 Rn. 2.

[797] Vgl. die Übersicht bei Schwab FamRZ 2009, 1445, 1447, 1448.

[798] Palandt/Brudermüller § 1381 Rn. 6; Büte Rn. 285; MK/Koch § 1381 Rn. 20; Bamberger/Roth/ Mayer § 1381 Rn. 4; JH/Jaeger § 1381 Rn. 8; Staudinger/Thiele § 1381 Rn. 19; Büte Rn. 2 differenzierend Hop enz/Hoppenz § 1381 Rn. 2, 19.

[799] Gesetz zur Änderung des Zugewinnausgleichs- und Vormundschaftsrechts vom 6. 7. 20 BGBl. I 1696.

[800] BGH FamRZ 1980, 768, 769; ebenso BGH FamRZ 2002, 606, 608; 1992, 787; OLG Kobl FamRZ 2002, 1190 (Ls.).

- Die Billigkeitsklausel des § 1381 BGB wirkt sich nur zugunsten des **ausgleichspflichtigen Ehegatten** aus.[801] Eine Erhöhung des Ausgleichsanspruchs kann mit dieser Vorschrift nicht erreicht werden. Auf das Verhalten des Ausgleichsschuldners während der Ehe kommt es in diesem Zusammenhang nicht an.[802]
- Die Billigkeitsklausel wird **sehr eng** ausgelegt. Grob unbillig ist nur, was *„dem Gerechtigkeitsempfinden in unerträglicher Weise widerspricht"*. Grundsätzlich sind beim Zugewinnausgleich an die „grobe Unbilligkeit" noch erheblich strengere Anforderungen als beim Ausschluss des Unterhalts (§ 1579 BGB) zu stellen.[803] Unterhaltsansprüche sind zukunftsorientiert, Beteiligungsansprüche beruhen auf vergangener Gemeinschaft.[804]
- Umstritten ist, ob auch Fehlverhalten im persönlichen Bereich, das sich wirtschaftlich nicht ausgewirkt hat, den Ausschluss des Zugewinnausgleichs rechtfertigt.[805] Da § 1381 BGB nicht zur Scheidungsstrafe umfunktioniert werden darf, ist die Vorschrift allenfalls bei **exzessiv ehezerstörendem Verhalten** über einen längeren Zeitraum anzuwenden.[806]

# B. Einzelne Fallgruppen

Eine durchgehende Dogmatik zur „groben Unbilligkeit" konnte sich bisher nicht entwickeln. Für die weitere Erörterung wird versucht, den Begriff der groben Unbilligkeit in einzelne Fallgruppen näher zu konkretisieren.[807] **534**

### ▶ „Dissonanzen" und „systemimmanente Unbilligkeiten"

Die Härteregelung des § 1381 BGB darf nach Auffassung des BGH[808] nicht dazu führen, die „legitimen Folgen der Gesetzesanwendung abzuschwächen". Die Grenze, von der ab die Gewährung des vollen Zugewinnausgleichs als „unzumutbares Opfer" anzusehen sei, müsse „weit hinaus" angesetzt werden. Resultate, die auf einer „gesetzestreuen" Berechnung beruhen, seien nicht „grob unbillig". Sie müssen grundsätzlich hingenommen werden, auch wenn die Ergebnisse im Einzelfall ungerecht erscheinen. „Systemimmanente Unbilligkeiten" allein genügen nicht, die „starre schematische Regelung" des Zugewinnausgleichs über § 1381 BGB zu korrigieren. Es müssen vielmehr weitere „Umstände des Falles" hinzutreten. Nur wenn das Wertungsergebnis „unerträglich ungerecht" ist, kann der Ausgleich nach § 1381 BGB verweigert werden.[809] **535**

---

[801] Schwab/Schwab VII Rn. 267: „In der Einseitigkeit der Härteklausel liegt einer (der vielen) Konstruktionsfehler des gesetzlichen deutschen Güterrechts." Kogel, FamRZ 2004, 1614, 1617, schlägt eine „Anpassung" über § 242 BGB vor.

[802] Palandt/Brudermüller § 1381 Rn. 1; Kogel, Strategien, Rn. 938.

[803] OLG Düsseldorf FamRZ 1981, 262, 263.

[804] Bosch FamRZ 1981, 264.

[805] Dafür OLG Düsseldorf FamRZ 2009, 1068, 1070: „in Ausnahmefällen"; Staudinger/Thiele § 1381 Rn. 22; dagegen Palandt/Brudermüller § 1381 Rn. 17; MK/Koch 31381 Rn. 31; JH/Jaeger § 1381 Rn. 12, 14.

[806] BGH FamRZ 1966, 560, 563; 1970, 482, 483; 1973, 254, 255; Palandt/Brudermüller § 1381 Rn. 17.

[807] Vgl. Jaeger FPR 2005, 352 ff; Schröder/Bergschneider Rn. 4.342 ff „Präzedenzfälle".

[808] BGH FamRZ 1966, 560, 563.

[809] H. M.; vgl. BGH FamRZ 2002, 2109, 2110; 1966, 560, 563; OLG Karlsruhe FamRZ 1986, 167, 168; JH/Jaeger § 1381 Rn. 2, 5; MK/Koch § 1381 Rn. 12; Palandt/Brudermüller § 1381 Rn. 2, 4; Soer-

**536**    Die bisher sehr restriktive Linie des BGH hat dazu geführt, dass ein Leistungs-verweigerungsrecht in der Praxis nur selten anerkannt wird. § 1381 BGB gleicht einem „mehrfach gezähmten Tiger".[810] Dabei könnten die manchmal „wenig plausiblen" Ergebnisse eine Korrektur durch Billigkeitserwägungen ganz gut vertragen. Vor allem Schwab[811] hat die Rechtsprechung des BGH zu Recht als „methodisch nicht haltbar" und dem „Wortlaut des Gesetzes nicht entsprechend" kritisiert. Im Gesetz sei keineswegs die Rede davon, dass ein Leistungsverweigerungsrecht „dem Gerechtigkeitsempfinden in unerträglicher Weise widersprechen" müsse. Die Rechtsprechung schlage sich selbst das Instrument aus der Hand, mit welchem die starre schematische Regelung mit den Geboten der Billigkeit in Übereinstimmung gebracht werden könnte. Ohne zwingenden Grund wurde § 1381 BGB, „der letzte Rettungsanker der Gerechtigkeit", seines Sinns entwertet.[812] Der 11. Deutsche Familiengerichtstag[813] hat die Gerichte aufgefordert, in stärkerem Umfang als bisher von der Billigkeitsklausel des § 1381 BGB Gebrauch zu machen.

▶ **Eheliche Untreue**

**537**    **Beispielsfall:**[814] Nach 15 Ehejahren wendet sich F einem anderen Partner zu. Aus dieser Verbindung gehen zwei Kinder hervor. F verlangt von ihrem Ehemann M Zugewinnausgleich.

Der BGH[815] hat diesen Fall nicht endgültig entschieden, aber für die Wertung von ehewidrigem Verhalten, das nicht auf wirtschaftlichem Gebiet liegt, allgemeine Richtlinien vorgegeben:
- Ehebruch allein kann ein Leistungsverweigerungsrecht nicht begründen.
- Ein vollständiger Ausschluss des Zugewinnausgleichs setzt pflichtwidriges Verhalten voraus, das mehrere Jahre angedauert haben muss.
- Für die Bewertung sind als weitere Faktoren von Bedeutung: Das Verhalten des Verpflichteten, die Dauer der Ehe und die Dauer des Zeitraums, in dem der Berechtigte seinen Aufgaben und ehelichen Verpflichtungen nachgekommen ist.
- Bei längerer Ehe, die „überwiegend intakt" war, muss die völlige Versagung des Zugewinnausgleichs die „seltene Ausnahme" sein.

Nach diesen Grundsätzen können sich **eheliche Verfehlungen** auf den Ausgleichsanspruch **fast nie auswirken**. Das gilt vor allem dann, wenn sie erst am Ende der Ehezeit erfolgten, also zu einem Zeitpunkt, an dem der Zugewinn bereits erwirtschaftet war. **§ 1381 BGB ist keine Strafvorschrift für Ehebruch.**

**538**    **Ausnahmen** von der zurückhaltenden Bewertung eines Leistungsverweigerungsrechts bei persönlichen Eheverfehlungen macht die Rechtsprechung jedoch **bei mehrjähriger ehelicher Untreue.**

gel/Lange § 1381 Rn. 3, 18: „§ 1381 ist kein Heilmittel für Rechtsschäden"; Staudinger/Thiele § 1381 Rn. 2; Tiedtke JZ 84, 1078, 1082.
810 So Schwab in Brühler Schriften zum 11. DFGT, Bd. 9 S. 47; Schröder FamRZ 1997, 1, 6.
811 Schwab/Schwab VII Rn. 238, 247.
812 Schwab in Brühler Schriften zum 11. DFGT, Bd. 9 S. 40.
813 Brühler Schriften zum 11. DFGT, Bd. 9 AK 12 und 25.
814 Nach BGH FamRZ 1966, 560.
815 BGH FamRZ 1966, 560, 563; bestätigt in BGH FamRZ 1970, 483, 484; 1977, 38, 39; 1980, 877.

> **Beispielsfall 1:**[816] Die Ehefrau hatte eine dreijährige außereheliche Beziehung, aus der eine Tochter hervorging. Im Ehelichkeitsanfechtungsverfahren hatte sie einen Mehrverkehr geleugnet, den wirklichen Kindsvater ließ sie einen Meineid leisten. Den Ehemann verklagte sie auf Kindesunterhalt.

Angesichts der **ungewöhnlichen Schwere** der Verfehlungen, so das OLG Hamm[817], *„wäre die Zahlung eines Ausgleichsanspruchs grob unbillig und würde dem Gerechtigkeitsempfinden in unerträglicher Weise widersprechen"*.

> **Beispielsfall 2:**[818] Die Ehefrau hatte im Lauf der 22 Jahre dauernden Ehe sechs Söhne geboren. Sie verheimlichte ihrem Ehemann, dass vier der Kinder nicht von ihm abstammten. Der Ehemann kam für den Unterhalt aller Kinder auf.

Das OLG Celle[819] hat der Ehefrau wegen ihrer *„besonders schwerwiegenden und* **539** *über Jahre dauernden ehebrecherischen Beziehungen"* einen Zugewinnausgleich völlig versagt. Die verhältnismäßig lange Dauer der Ehe rechtfertige nicht eine bloße Herabsetzung des Unterhalts, da die Ehe ganz überwiegend nicht intakt gewesen sei. Auch der Umstand, dass die Ehefrau durch ihre jahrelange Mitarbeit im Geschäft des Ehemannes dessen Zugewinn mit ermöglicht habe, könne nicht dazu führen, den Ausgleichsanspruch lediglich teilweise zu versagen.

> **Beispielsfall 3:**[820] Die Ehefrau hatte in den letzten drei Jahren der 33-jährigen Ehe intime Beziehungen zu vier Männern gehabt.

Das OLG Hamm[821] stellte fest, dass die antragstellende Ehefrau einseitig aus einer **540** intakten Ehe ausgebrochen sei. Auch wenn der Ehemann von den Ehebrüchen erst unmittelbar vor der Trennung erfahren habe, ändere dies nichts an der Tatsache, dass das Verhalten der Antragstellerin *„hinter dem Rücken des Antragsgegners"* für diesen besonders kränkend gewesen sei. Nachdem jedoch nur die letzte Zeit der 33 Jahre bestehenden Ehe durch das Fehlverhalten der Ehefrau beeinträchtigt gewesen sei, und sie vier Kinder großgezogen habe, erscheine *„unter Abwägung sämtlicher Umstände"* nur eine Kürzung der Ausgleichsforderung um ein Drittel angemessen.

In allen drei Entscheidungen wird die „emotionalisierende Wirkung" langjährigen **541** Ehebruchs deutlich.[822] Eheliche Untreue wird – auch wenn stets das Gegenteil behauptet wird – mit einer Herabsetzung oder Versagung des Zugewinnausgleichs bestraft. Im Beispielsfall 3 ist ansonsten schwer nachvollziehbar, warum bei 33-jähriger Ehe der Umstand, dass die Ehefrau *„sich mehreren Männern, wenn auch möglicherweise nur kurzfristig zugewandt hat"*[823], zu einer Kürzung des Ausgleichsanspruchs um ein Drittel führt. Bei der „Abwägung sämtlicher Umstände" wurde jedenfalls nicht berücksichtigt, dass das Verhalten der untreuen Hausfrau und Mutter

---

[816] Nach OLG Hamm FamRZ 1976, 633.
[817] OLG Hamm FamRZ 1976, 633, 634.
[818] Nach OLG Celle FamRZ 1979, 431.
[819] OLG Celle FamRZ 1979, 431, 432.
[820] Nach OLG Hamm FamRZ 1989, 1188.
[821] OLG Hamm FamRZ 1989, 1188, 1190 m. abl. Anm. Wiegmann FamRZ 1990, 627; abl. auch Palandt/Brudermüller § 1381 Rn. 17; Hoppenz/Hoppenz § 1381 Rn. 16; JH/Jaeger § 1381 Rn. 15.
[822] MK/Koch § 1381 Rn. 32.
[823] OLG Hamm FamRZ 1989, 1188, 1190.

**keinerlei wirtschaftliche Auswirkungen** hatte. Keine Bedeutung hat das OLG Hamm auch dem Umstand beigemessen, dass der Ehemann die sexuelle Untreue seiner Ehefrau nicht als ehezerstörend empfunden hat, sondern die eheliche Lebensgemeinschaft fortsetzen wollte. Er hat sich der Scheidung widersetzt, weil sie für ihn eine unzumutbare Härte darstelle, *„da er bei einer endgültigen Scheidung suicidgefährdet sei"*.[824]

542 Schließlich darf auch bezweifelt werden, dass die Ehefrau, die von ihrem Ehemann während der Ehe so geschlagen worden war, dass sie einen Steißbeinbruch erlitten hatte,[825] einseitig aus einer intakten Ehe ausgebrochen ist. In einer Anmerkung zu dem Hammer Urteil fragt Barbelies Wiegmann:[826] *„Sollte hier die in allen patriarchalischen Kulturen verankerte Überzeugung mitgewirkt haben, dass der Ehebruch einer Frau so schwer wiegt, dass männliches Fehlverhalten demgegenüber kaum eine Rolle spielt?"*

543 Alle drei angeführten Entscheidungen stehen auch im Widerspruch zum Grundprinzip der Zugewinngemeinschaft, dem hälftigen Ausgleich des gemeinsam Erarbeiteten. Beide Eheleute haben jeweils zum ehelichen Vermögenserwerb auf ihre Weise gleichermaßen beigetragen und sind deshalb auch an dem erwirtschafteten Zugewinn gleichmäßig zu beteiligen. Dem untreuen Ehegatten dürfen die „Früchte seiner Mitarbeit" nicht entzogen werden. Wegen der **Gleichwertigkeit** von Berufstätigkeit und Haushaltführung kann die Höhe des Ausgleichs nicht davon abhängig gemacht werden, inwieweit der Ehebrecher „eine wirkliche Mitwirkung an der Wertschöpfung" geleistet hat.[827] Die innerfamiliäre Rollenverteilung darf auf den Zugewinn keinen Einfluss haben. Ansonsten würde letztlich nur die Untreue der haushaltführenden Ehefrau bestraft.

544 Nach dem Grundgedanken des gesetzlichen Güterstandes kann der Zugewinnausgleich somit nur bei ehelichen Verfehlungen, die **wirtschaftliche Auswirkungen** auf die ehelichen Lebensverhältnisse gehabt haben, **gekürzt oder versagt** werden.[828] In diesem Sinn hat das OLG Köln[829] wegen eines scheinehelichen Kindes das Endvermögen des betrogenen Ehegatten um (umgerechnet) 6000 € gemindert.[830] Das war der Betrag, den er für die Anfechtung der Vaterschaft, die Scheidung und den Unterhalt des Kindes aufgewendet hatte.

545 Abschließend sei noch auf eine Entscheidung des OLG Düsseldorf[831] hingewiesen. In diesem Fall hatte die Ehefrau während einer 21 Jahre bestehenden Ehe eine länger dauernde Beziehung zum Feuerwehrmann M, von der der Ehemann erst erfuhr, als

---

[824] OLG Hamm FamRZ 1989, 1188.

[825] Wiegmann FamRZ 1990, 627, 629 unter Hinweis auf das Unterhaltsverfahren zwischen den Parteien; vgl. dazu BGH FamRZ 1983, 670.

[826] Wiegmann FamRZ 1990, 627, 629.

[827] So aber Schwab/Schwab VII Rn. 247.

[828] Ebenso Palandt/Brudermüller § 1381 Rn. 17; MK/Koch § 1381 Rn. 31; JH/Jaeger § 1381 Rn. 14; Wiegmann FamRZ 1990, 627; Kogel, Strategien, Rn. 943; Hoppenz/Hoppenz § 1381 Rn. 15; **a. A.:** OLG Düsseldorf FamRZ 2009, 1068, 1070; Staudinger/Thiele § 1381 Rn. 22; Soergel/Lange § 1381 Rn. 10.

[829] OLG Köln FamRZ 1991, 1192; ebenso OLG Köln FamRZ1998, 370: Kürzung der Ausgleichsforderung um 71 370 DM wegen überzahlten Unterhalts.

[830] Richtigerweise hätte die Ausgleichsforderung gemäß § 1381 BGB um 12 000 DM gekürzt werden müssen!

[831] OLG Düsseldorf FamRZ 1981, 262.

die Ehefrau sich von ihm trennte. Nach Ansicht des Senats reicht für die Leistungs-verweigerung nach § 1381 BGB *„die bloß heimliche eheliche Untreue und Abwen-dung von der Ehe nicht aus, wenn sie sich auf den Ehepartner nicht erkennbar auswirkt, weil er sie nicht merkt. Der Antragsgegner trägt selbst nicht vor, dass die behaupteten langfristigen und ständigen Beziehungen der Antragstellerin zu M bis dahin auf die eheliche Lebensgemeinschaft der Parteien irgendwelche Auswirkungen gehabt hätten, dass sich sein Leben also während dieser Zeit irgendwie anders entwi-ckelt hätte als früher, oder dass es ihm in der Ehe an irgendetwas gefehlt habe. Zwar mag ein solches „Doppelspiel" unehrlich und unaufrichtig sein. Diese moralische Verurteilung allein genügt aber für die Beeinträchtigung des Zugewinnausgleichs-anspruchs nicht, weil § 1381 BGB grundsätzlich **keine Strafvorschrift** für persönlich-sittliches Fehlverhalten sein soll.*"[832] Die beeindruckenden Ausführungen des OLG Düsseldorf entsprechen – auch wenn sie der betrogene Ehemann als zynisch emp-finden mag – dem Sinn und Zweck des Zugewinnausgleichs. Das während der Ehe gemeinsam erarbeitete Vermögen wird geteilt. **§ 1381 BGB darf nicht als Schei-dungsstrafe missbraucht werden.**[833]

Die Bejahung des § 1381 BGB bei ehelicher Untreue kann sich immer nur zu Lasten des **ausgleichsberechtigten** Ehegatten, also des wirtschaftlich schwächeren Ehepartners auswirken. Man könnte nun fragen, warum eheliches Fehlverhalten des ausgleichspflichtigen Ehegatten **nicht geahndet** wird. Wäre es aus Gründen der Gleichbehandlung nicht recht und billig, wenn der untreue Ehepartner nicht nur die Hälfte des überschießenden Zugewinns, sondern ²/₃ oder „bei besonders schweren und über Jahre dauernden ehebrecherischen Beziehungen" den gesamten Überschuss dem betrogenen Ehegatten abgeben müsste? Die Lösung, wie ehewidriges Verhalten ohne wirtschaftliche Auswirkungen beim Zugewinn zu bewerten ist, liegt jedoch nicht in einem neuen „Straftatbestand" für den ausgleichsverpflichteten Ehegatten, sondern in einer „systemimmanenten" Anwendung des § 1381 BGB: **Die Hälfte des gemeinsam Erarbeiteten steht auch dem untreuen Ehegatten zu.**

▶ Existenzgefährdung des Ausgleichspflichtigen

**Beispielsfall:**[834] M ist nach einem Unfall unheilbar gelähmt und pflegebedürf-tig. F verlässt ihn daraufhin und verlangt Zugewinnausgleich. | 546

Der BGH[835] hat in diesem Fall berücksichtigt, dass M auf Lebenszeit erwerbsun-fähig war, nur geringe Versorgungsanwartschaften besaß und deshalb auf sein eige-nes kleines Vermögen dringend angewiesen war, um nicht alsbald unterhaltsbedürf-tig zu werden. Nur bei vergleichbar extremen Situationen kann ein Leistungsverwei-gerungsrecht zum Schutz der wirtschaftlichen Existenz des Verpflichteten in Betracht kommen.[836] Das OLG Frankfurt/Main[837] hat zwar ein Leistungsverweige-

---

[832] OLG Düsseldorf FamRZ 1981, 262, 263 m. abl. Anm. Bosch.

[833] Palandt/Brudermüller § 1381 Rn. 17; MK/Koch § 1381 Rn. 31; JH/Jaeger § 1381 Rn. 15; Kogel, Strategien, Rn. 943.

[834] Nach BGH FamRZ 1973, 254.

[835] BGH FamRZ 1973, 254, 256.

[836] Palandt/Brudermüller § 1381 Rn. 21; MK/Koch § 1381 Rn. 29; Schwab/Schwab VII Rn. 254; KK-FamR/Weinreich § 1381 Rn. 20.

[837] OLG Frankfurt FamRZ 1983, 921; vgl. auch OLG Stuttgart FamRZ 2002, 98, 100.

rungsrecht auch in einem Fall anerkannt, in dem der Zugewinn lediglich in der Wertsteigerung eines Hauses bestand, in dem der Ausgleichsverpflichtete zusammen mit den Kindern lebte, ohne vom Berechtigten Unterhalt verlangen zu können. Diese Entscheidung widerspricht jedoch der restriktiven Tendenz der übrigen Rechtsprechung. Im Grunde handelt es sich nur um ein Problem der Liquidität (vgl. Rn. 552), das durch langfristige Stundung, gegebenenfalls bis zum Auszug der Kinder, zu lösen gewesen wäre.[838]

### ▶ Kurze Ehe

**547**   Auf die Dauer der Ehe kommt es in der Regel nicht an.[839] Unerheblich ist auch, ob die Ehegatten – bei formal längerer Ehedauer – nie, oder jedenfalls nie für längere Zeit zusammengelebt haben.[840] Maßgeblich ist stets die Vermögensmehrung, die in der Zeit von der Eheschließung bis zur Zustellung des Scheidungsantrags eingetreten ist. In besonderen Fällen kann es aber im Hinblick auf den Zeitfaktor doch zu grober Unbilligkeit kommen. Dies trifft zu, wenn der während der Ehe eingetretene außergewöhnliche Vermögenszuwachs auf Leistungen beruht, die bereits vor der Eheschließung erbracht wurden.[841]

### ▶ Lange Trennung und keine innere Bindung

**548**   **Beispielsfall:**[842] Nach sechsjähriger Ehe trennte sich M von seiner Ehefrau und baute gemeinsam mit seiner neuen Partnerin ein Fuhrunternehmen auf. Nach 13-jähriger Trennung erfolgte die Scheidung. Anschließend beantragte F Ausgleich des Zugewinns. M hatte sein gesamtes Vermögen erst nach der Trennung erwirtschaftet.

**549**   Lange Trennungszeiten und selbst der Umstand, dass erst nach der Trennung Vermögen gebildet wurde, wirken sich auf die Ausgleichspflicht in der Regel nicht aus.[843] Dies folgt aus der starren und schematischen Abrechnung im Zugewinnausgleich. Nach BGH[844] hätte in vorliegendem Fall ein Leistungsverweigerungsrecht zur weiteren Voraussetzung gehabt, dass die Trennung durch schuldhaftes Verhalten der ausgleichsberechtigten F ausgelöst worden war. Dies konnte M nicht beweisen. Er musste daher Zugewinnausgleich in voller Höhe leisten.

**550**   Der Familiensenat des BGH[845] scheint an dieser sehr einschränkenden Rechtsprechung nicht mehr festzuhalten und sich seinen weitergehenden Entscheidungen zum Ausschluss des Versorgungsausgleichs anzunähern.[846] In einem Fall, in dem die Eheleute drei Jahre zusammen und dann bis zur Scheidung 17 Jahre getrennt gelebt hatten, führte der BGH[847] aus: *„Bei der erneuten Beurteilung des Falles wird das*

---

[838] Vgl. OLG Schleswig NJW-RR 1998, 1225 „bei Überschreiten der Opfergrenze".

[839] Palandt/Brudermüller § 1381 Rn. 18; KK-FamR/Weinreich § 1381 Rn. 11.

[840] BGH FamRZ 1980, 768, 769.

[841] Schwab/Schwab VII Rn. 250 Fn. 54 nennt als Beispiel einen Schriftsteller, dem während der kurzen Ehe außerordentlich hohe Honorareinnahmen zugeflossen sind.

[842] Nach BGH FamRZ 1980, 877.

[843] Palandt/Brudermüller § 1381 Rn. 19.

[844] BGH FamRZ 1980, 877.

[845] BGH FamRZ 2002, 606, 608.

[846] Vgl. BGH FamRZ 2004, 1181; FamRB 2006, 204.

[847] BGH FamRZ 2002, 606, 608; zust. Jaeger FPR 2005, 352, 355; Kogel, Strategien, Rn. 948.

*OLG über Anlass und Umstände der Trennung hinaus, die es seiner Wertung allein zugrunde gelegt hat, im Rahmen einer Gesamtwürdigung auch die ungewöhnlich* **lange Trennungszeit** *zu berücksichtigen haben sowie insbesondere den Umstand, dass der Ehemann sein Endvermögen erst nach der Trennung erwirtschaftet hat, so dass jegliche* **innere Beziehung** *dieses Vermögens zur ehelichen Lebensgemeinschaft fehlt.*"

Gefolgt werden sollte Schwab,[848] der zwei Fallgruppen unterscheidet: Ein Aus- **551** gleich ist sachlich begründet bei Zugewinnen, die sich zwar erst nach dem Getrenntleben ergeben, aber noch **mittelbar** auf der bis zur Trennung geführten Lebensgemeinschaft beruhen. Etwas anderes gilt für Zugewinne, die mit der ehelichen Gemeinschaft vor der Trennung in **keinem Zusammenhang** mehr stehen. In diesem Sinn hat das OLG Celle[849] ein Leistungsverweigerungsrecht bei einem Zugewinn anerkannt, zu dessen Erwerb keine während der Ehe erwirtschafteten Mittel eingesetzt wurden. Im entschiedenen Fall hatte der Ehemann in der Trennungszeit mit seiner neuen Lebensgefährtin ein gutes Geschäft mit einem Grundstück gemacht. Dem Vermögenserwerb fehlte „jede innere Beziehung zur ehelichen Lebensgemeinschaft".

Bei einer langen Trennungszeit geht es auch nicht an, den Stichtag für die Berech- **552** nung des Endvermögens um einen bestimmten Zeitraum zurückzuverlegen.[850] Nur durch vorzeitigen Zugewinnausgleich (§ 1386 BGB) kann ein Ehegatte den anderen von dem in der Trennungszeit erworbenen Vermögen ausschließen. Wer sich dieser Möglichkeit nicht bedient, muss sich in der Regel mit den daraus entstehenden Nachteilen abfinden.[851]

### ▶ Liquiditätsprobleme

Die schwierige Zahlungslage eines Ausgleichsschuldners reicht für ein Leistungs- **553** verweigerungsrecht nie aus. Die Ausgleichsforderung ist **keine Geldforderung zweiter Klasse.**[852] Liquiditätsprobleme sind im Rahmen von Stundungen nach § 1382 BGB zu lösen (vgl. Rn. 571).

### ▶ Misswirtschaft des ausgleichsberechtigten Ehegatten

§ 1381 BGB kann unter dem Gesichtspunkt des widersprüchlichen Verhaltens zur **554** Anwendung kommen, wenn derjenige, der Ausgleich verlangt, zum wirtschaftlichen Erwerb nichts beigetragen, sondern alles nur ausgegeben hat. *„Wer stets auf großem Fuß gelebt hat, hat keinen Anspruch auf Teilhabe am Sparbuch seines fleißigen und bescheidenen Ehepartners."*[853]

### ▶ Schadensersatzansprüche

Gegenseitige Ansprüche der Eheleute wirken sich, wenn sie im gesetzlichen Gü- **555** terstand leben, im Ergebnis finanziell nicht aus (vgl. Rn. 226 f). Was der Gläubiger

---

[848] Schwab/Schwab VII Rn. 250; MK/Koch § 1381 Rn. 23.

[849] OLG Celle FamRZ 1992, 1300, 1302; zust. Schwab/Schwab VII Rn. 252.

[850] OLG Hamm FamRZ 1987, 701; Kogel, Strategien, Rn. 733.

[851] Zust Kogel, Strategien, Rn. 946.

[852] MK/Koch § 1381 Rn. 29; Soergel/Lange § 1381 Rn. 10; FA-FamR/Weinreich § 1381 Rn. 20; Staudinger/Thiele § 1381 Rn. 13, 14.

[853] Soergel/Lange § 1381 Rn. 10; ebenso MK/Koch § 1381 Rn. 25; Kogel, Strategien, Rn. 949; Staudinger/Thiele § 1381 Rn. 33; Börger/Engelsing § 2 Rn. 522; **a. A.** Palandt/Brudermüller § 1381 Rn. 16; Schwab/Schwab VII Rn. 242; FA-FamR/Weinreich § 1381 Rn. 16; JH/Jaeger § 1381 Rn. 9.

des Ersatzanspruchs vom haftenden Ehegatten verlangen kann, muss er über den Zugewinnausgleich wieder zurückgewähren.

**556** | **Beispiel:** Die Eheleute F und M hatten bei Eheschließung kein Vermögen. Kurz vor Einreichung des Scheidungsantrags demoliert F den Pkw ihres Ehemannes. Der Schaden beträgt 10 000 €. Bei Rechtshängigkeit der Scheidung hat M ein Vermögen von 100 000 €, F von 40 000 €, wobei der Schadensersatzanspruch auf beiden Seiten noch nicht berücksichtigt wurde.

Ohne Schadenszufügung hätte F gegen M eine Ausgleichsforderung in Höhe von 30 000 €. Wird der Schadensersatzanspruch berücksichtigt, erhöht sich das Endvermögen von M auf € 110 000 €. Das Endvermögen von F vermindert sich auf 30 000 €. Jetzt hat F sogar eine Zugewinnausgleichsforderung in Höhe von 40 000 €. M kann zwar mit seinem Schadensersatzanspruch aufrechnen, aber F erhält letztlich doch wieder 30 000 €.

**557** Ein grob unbefriedgendes Ergebnis! Der geschädigte Ehegatte finanziert über den Zugewinnausgleich den ihm zugefügten Schaden selbst. Oder anders ausgedrückt: der ausgleichsberechtigte Ehegatte kann seinen Ehepartner „schadlos schädigen". In einem solchen Fall erscheint es recht und billig, dass der geschädigte Ehegatte die Erfüllung der Zugewinnausgleichsforderung in Höhe seines Schadensersatzanspruchs verweigern kann. Gegen die dem früheren Ehepartner verbleibende Ausgleichsforderung von 30 000 € kann M mit dem ihm weiterhin zustehenden Schadensersatzanspruch aufrechnen, sodass der ausgleichsberechtigte Ehegatte letztlich nur 20 000 € erhält.[854]

▶ Schmerzensgeld

**558** Nach der Rechtsprechung des BGH[855] ist Schmerzensgeld, soweit es bei Rechtshängigkeit der Scheidung noch vorhanden ist, im Endvermögen anzusetzen (vgl. Rn. 368). Nach BGH können jedoch im Einzelfall auftretende Härten durch die Billigkeitsregelung des § 1381 BGB **korrigiert** werden. Der Ausweg über § 1381 BGB hilft jedoch dann nicht, wenn der **zugewinnausgleichsberechtigte** Ehegatte das Schmerzensgeld erhalten hat. Das Leistungsverweigerungsrecht steht nur dem Ausgleichsschuldner zu.

Für die Wertung, ob der Ausgleich des Zugewinns im Einzelfall grob unbillig wäre, ist mit dem AG Hersbruck[856] auf den **Zeitpunkt** abzustellen, in dem der Anspruch auf Schmerzensgeld entstanden ist. Hat der Ehegatte den Unfall erst nach der Trennung der Parteien erlitten, besteht kein Bezug zur ehelichen Lebensgemeinschaft. In diesem Fall erscheint es unbillig, den anderen Ehegatten über den Zugewinnausgleich am Schmerzensgeld zu beteiligen. Hat ein Ehegatte eine schwere Verletzung aber in der Zeit des **Zusammenlebens** erlitten, ist regelmäßig auch der Ehepartner von den Folgen des Unfalls betroffen. Dann ist es auch angemessen, den Partner am Schmerzensgeld teilhaben zu lassen.

---

[854] Für ein Leistungsverweigerungsrecht des Geschädigten auch Jaeger FPR 2005, 352, 354.
[855] BGH FamRZ 1981, 755.
[856] AG Hersbruck FamRZ 2002, 1476, 1477 m. zust. Anm. Bergschneider; vgl. OLG Stuttgart FamRZ 2002, 99; JH/Jaeger § 1381 Rn. 10; Jaeger FPR 2005, 352, 355; Koch FamRZ 2003, 197, 2008.

### ▶ Strafbare Handlungen

Auch hier steht im Vordergrund aller Überlegungen, dass ein an sich gegebener **559** Ausgleichsanspruch genauso wenig wie ein gesellschaftsrechtlicher Auseinandersetzungsanspruch von einem bestimmten Wohlverhalten abhängen darf. Straftaten gegen den Ehegatten aus dem Bereich der Kleinkriminalität (Beleidigungen, falsche Anschuldigungen, leicht betrügerische Handlungen) sind für den Zugewinnausgleich ohne Belang. Bei **schwerwiegenden Straftaten** gegen den Ehepartner wird ein Leistungsverweigerungsrecht bejaht.[857]

### ▶ Überbezahlter Unterhalt

Hat der ausgleichsverpflichtete Ehegatte aufgrund **gerichtlicher** Verpflichtung[858] **560** über längere Zeit zu Unrecht erheblich überhöhten Unterhalt bezahlt und steht ihm kein Rückforderungsanspruch zu, kommt eine Kürzung der Ausgleichsforderung gem. § 1381 I BGB in Betracht. In einem vom OLG Köln[859] entschiedenen Fall war der Ehemann durch einstweilige Anordnung zur Unterhaltszahlung verpflichtet worden. Durch später ergangenes Urteil wurde eine Überzahlung von (umgerechnet) 35 000 € festgestellt. Die erhebliche Überzahlung bei der Bemessung des Zugewinnausgleichs außer Betracht zu lassen, würde – so das OLG Köln[860] – zu einem unerträglichen Ergebnis führen, weil die rechnerische Höhe der Ausgleichsforderung durch die ungewöhnlich sparsame Lebensführung des Ehemannes maßgeblich beeinflusst wurde. Das OLG Köln kürzte die Zugewinnausgleichsforderung der Ehefrau in Höhe von 110 000 € um den zu viel bezahlten Unterhalt auf 75 000 €. Der Ehemann konnte mit dem ihm zustehenden Bereicherungsanspruch (§ 812 I 1 BGB) gegen die Zugewinnausgleichsforderung nicht mit Erfolgsaussicht aufrechnen. Rückforderungsansprüche wegen zu viel bezahlten Unterhalts sind in der Regel nicht durchsetzbar, wenn sich der Schuldner auf den Wegfall der Bereicherung gemäß § 818 III BGB beruft.[861]

### ▶ Ungleiche Beiträge zum Vermögenserwerb

Grundsätzlich ist es unerheblich, welcher Ehegatte den größeren wirtschaftlichen **561** Beitrag zum Zugewinn erbracht hat. „Der Großverdiener hat das Mannequin durch Heirat als gleichwertigen Partner anerkannt."[862] Der BGH[863] sagt dazu:

*„Aus welchen Gründen der eine Ehegatte den höheren Zugewinn erzielt hat, ist im Allgemeinen für den Ausgleichsanspruch ebenso ohne rechtliche Bedeutung wie die Frage, warum es zur Beendigung des Güterstandes durch Scheidung der Ehe gekommen ist. Das Gesetz macht den Ausgleichsanspruch auch nicht von einer im Einzelfall festzustellenden Mitwirkung oder Mitarbeit des Ehegatten, der keinen oder den geringeren Zugewinn erzielt hat, abhängig. Es hält den Zugewinn schon im Hinblick*

---

857 Staudinger/Thiele § 1381 Rn. 17 m. w. N.
858 Nach OLG Brandenburg (FamRZ 2004, 106, 107) gilt der „Gerechtigkeitsgrundsatz" des § 1381 BGB auch dann, wenn der Unterhaltsanspruch nicht gerichtlich festgestellt wurde.
859 OLG Köln FamRZ 1998, 1370, 1372; ebenso OLG Celle FamRZ 1981, 1066, 1069.
860 OLG Köln FamRZ 1998, 1370, 1372.
861 Vgl. Wendl/Gerhardt § 6 Rn. 211.
862 So Soergel/Lange § 1381 Rn. 18.
863 BGH FamRZ 1980, 877.

*auf die eheliche Lebensgemeinschaft und den Grundsatz der Gleichberechtigung für gerecht.*"

562 Auch der Sparsame und Fleißige muss teilen.[864] Es kommt jedoch stets auf die gesamten Umstände des Einzelfalls an. Beruht der größere Zugewinn des ausgleichspflichtigen Ehegatten darauf, dass er besonders tüchtig war und **trotz der Kinderbetreuung** gearbeitet hat, während der andere sich um die Kinder nicht gekümmert und sein Geld im Wesentlichen für sich behalten hat, kann eine Kürzung des Ausgleichsanspruchs angebracht sein.[865]

▶ **Vermögenseinbuße nach dem Stichtag**

563 Das Problem des Vermögensverfalls zwischen Rechtshängigkeit und Rechtskraft der Scheidung hat sich seit der Reform des Zugewinnausgleichs[866] noch verschärft. Die frühere Regelung des § 1378 II BGB war (auch) eine Schutzvorschrift zugunsten des ausgleichspflichtigen Ehegatten. Die Ausgleichsforderung war begrenzt auf den Betrag, der bei Rechtskraft der Scheidung noch vorhanden war. Nunmehr wurde der maßgebliche Zeitpunkt für die Bestimmung der **Höhe** der Ausgleichsforderung auf die **Rechtshängigkeit** der Scheidung vorverlegt (§ 1384 BGB). Vermögen, das bis zu diesem Zeitpunkt gemeinsam erwirtschaftet wurde, wird zur Hälfte ausgeglichen. Vermögensänderungen nach Zustellung des Scheidungsantrags können die Höhe des Anspruchs nicht mehr beeinflussen (vgl. Rn. 81).

Dem Grundsatz, dass Vermögensminderungen zwischen Bewertungsstichtag (§ 1384 BGB) und Entstehung der Ausgleichsforderung (§ 1378 III 1 BGB) keine grobe Unbilligkeit nach § 1381 BGB begründen können, wurde nach altem Recht allgemein zugestimmt, da die Ausgleichsforderung auf das bei Rechtskraft der Scheidung vorhandene Vermögen begrenzt war (§ 1378 II BGB a. F.).[867] Als Folge der Vorverlegung des für die „Kappungsgrenze" maßgeblichen Zeitpunkts auf die Rechtshängigkeit der Scheidung (§ 1384 BGB) wird jedoch nunmehr einschränkend vertreten, dass in Ausnahmefällen **bei unverschuldetem Vermögensverfall** während des anhängigen Verfahrens eine Billigkeitskorrektur nach § 1381 BGB möglich sein soll.[868]

564 Dieser **Meinung kann nicht gefolgt** werden. Das Risiko, das zwischen Rechtshängigkeit und Rechtskraft der Scheidung ein Vermögensverfall eintritt, traf nach der früheren Regelung den ausgleichs*berechtigten* Ehegatten. War nichts mehr da, ging er leer aus (§ 1378 II BGB a. F.). Nach der Vorverlegung des Stichtags für die Höhe der Ausgleichsforderung hat nunmehr der **ausgleichspflichtige** Ehegatte das Risiko eines Vermögensverlustes zu tragen. Diese Risikoverlagerung erscheint nicht unbillig, da ein Vermögenszuwachs des ausgleichsverpflichteten Ehegatten oder eine Vermögensminderung des ausgleichsberechtigten Ehegatten während eines anhängigen Verfahrens **stets unberücksichtigt** bleiben.[869] Schließlich ist es auch ein gewisser

---

[864] Staudinger/Thiele § 1381 Rn. 33.

[865] LG Wiesbaden FamRZ 1973, 658.

[866] Gesetz zur Änderung des Zugewinnausgleichs- und Vormundschaftsrechts", das am 1. 9. 2009 in Kraft getreten ist, BGBl. 2009 I 1696.

[867] Staudinger/Thiele § 1381 Rn. 19.

[868] Palandt/Brudermüller § 1381 BGB Rn. 4, 20; Hoppenz/Hoppenz § 1381 Rn. 20.

[869] Dazu Hoppenz, FamRZ 2010, 16, 17: „Die Billigkeitsklausel des § 1381 BGB ist eine Einbahnstraße … Man muss akzeptieren, dass der Gesetzgeber Gläubiger und Schuldner ungleich behandelt." Ebenso Brudermüller NJW 2010, 401, 404.

Ausgleich für das bedauerliche Gesetzesdefizit, dass § 1381 BGB nur den ausgleichspflichtigen, nicht aber auch den ausgleichsberechtigten Ehegatten schützt.[870] Die Arbeitskreise 16 und 18 des 18.Deutschen Familiengerichtstag 2009 haben die Anwendung des § 1381 BGB auf unverschuldete Vermögensverluste nach Rechtshängigkeit der Scheidung abgelehnt.[871] Bei den Praktikern des Familienrechts hat sicherlich auch eine Rolle gespielt, dass die Verfahren in solchen Fällen weiter verzögert würden. Ist beispielsweise ein Unternehmen im Rahmen des Zugewinnausgleichs zu bewerten, muss stets ein aufwändiges Gutachten eingeholt werden. Ist dieses erstattet und kann die Höhe der Ausgleichsforderung endlich bestimmt werden, würde bei einem mittlerweile eingetretenen Vermögensverlust die **nächste Runde** in der Vermögensauseinandersetzung folgen. Nun müsste festgestellt werden, ob der Unternehmer-Ehegatte die Vermögenseinbuße zu vertreten hat oder nicht.[872]

Folgt man der Meinung, dass der Anwendungsbereich des § 1381 BGB auf Tatsa- **565** chen und Umstände begrenzt ist, die sich bis zur Rechtshängigkeit des Scheidungsantrags ergeben (vgl. Rn. 81), so ist der Weg zur Anwendung des **§ 242 BGB** in Bezug auf einen nach diesem Zeitpunkt eingetretenen Vermögensverfall grundsätzlich frei.[873] Denn die Härteklausel des § 1381 BGB schließt als lex specialis – so der BGH[874] – nur *„in ihrem Anwendungsbereich"* die allgemeine Generalklausel des § 242 BGB aus. § 1381 BGB kann als Sondervorschrift den Grundsatz von Treu und Glauben nur verdrängen, soweit das Anwendungsfeld der Bestimmung reicht.[875]

Die Billigkeitsprüfung nach § 1381 BGB unterliegt zwar grundsätzlich einem strengeren Maßstab als die Abwägung nach Treu und Glauben gemäß § 242 BGB. Bei unverschuldeten Vermögensverlusten während eines anhängigen Verfahrens ist jedoch zu berücksichtigen, dass die Generalklausel des § 242 BGB nur deshalb eingreift, weil die Anwendung der Spezialklausel des § 1381 BGB zeitlich **bis zur Rechtshängigkeit der Scheidung begrenzt** ist. Die Voraussetzungen, unter denen die Geltendmachung der Ausgleichsforderung zu beschränken oder zu versagen ist, können für den Einwand der unzulässigen Rechtsausübung gemäß § 242 BGB nicht leichter sein als für die Einrede der Leistungsverweigerung wegen grober Unbilligkeit gemäß § 1381 BGB. Ein Verstoß gegen Treu und Glauben ist daher – wie bei der Leistungsverweigerung nach § 1381 BGB – nur gegeben, wenn die Geltendmachung des Zugewinnausgleichs *„dem Gerechtigkeitsempfinden in unerträglicher Weise widerspricht".*[876] So kann die Rechtsausübung missbräuchlich sein, wenn sich der ausgleichspflichtige Ehegatte durch den eingetretenen unverschuldeten Vermögensverlust voraussichtlich auf Dauer in einer **existentiellen Notlage** befindet.

Ist der Vermögensverfall erst eingetreten, nachdem der Güterstand mit Rechtskraft **566** der Scheidung beendet ist, so kann der Einwand der unzulässigen Rechtsausübung nicht mehr erhoben werden.

---

[870] Jaeger FPR 2005, 352, 355.
[871] Brühler Schriften zum Familienrecht, Band 16, S. 128 und 132.
[872] Schwab, FamRZ 2009, 1445, 1449: „In der Rechtsprechung herrscht eine auffällige Vorliebe für die Bestandsfestigkeit alles einmal Errechneten."
[873] So Schwab FamRZ 2009, 1445, 1449; Schwab/Schwab VII Rn. 253; Staudinger/Thiele § 1381 Rn. 7.
[874] FamRZ 1989, 1276, 1279.
[875] So Schwab FamRZ 2009, 1445, 1449.
[876] So BGH (zu § 1381 BGB) FamRZ 1980, 768, 769; 1992, 787; 2002, 606, 608.

▶ **Wertminderungen nach dem Stichtag**

567 | **Beispiel:** Die Eheleute F und M sind gemeinsam Eigentümer eines Grundstüc
dessen Wert zum Endstichtag mit 200 000 € bewertet wird. Nach rechtskrä·
ger Scheidung erwirbt M in der Teilungsversteigerung die Immobilie zu Alle
eigentum für 90 000 €. Die ausgleichspflichtige Ehefrau erhebt die Einrede na
§ 1381 BGB.

568    Im Beispielsfall hat das OLG Köln[877] ein Leistungsverweigerungsrecht der I
frau F wegen grober Unbilligkeit (§ 1381 BGB) bejaht und den Zugewinn
gleichsanspruch des früheren Ehemannes M um 55 000 € gekürzt, da F in di
Höhe einen Verlust erlitten habe, der allein M zugute gekommen sei. In vergle
barer Weise haben auch das OLG Düsseldorf[878] und das OLG Hamburg[879]
schieden. Diese Entscheidungen werden im Schrifttum zu Recht nachdrück
**abgelehnt.**[880] Wird bei einer Veräußerung oder Teilungsversteigerung eines Gru
stücks nicht der am Stichtag festgestellte Wert erzielt, rechtfertigt dies keines
die Anwendung der Härteklausel. Im Beispielsfall liegt auch kein schuldhaftes F
verhalten des Ehemannes vor. Schließlich war der Güterstand schon beendet
die Ausgleichsforderung bereits entstanden, als das Grundstück versteigert wu
Allenfalls könnte die Geltendmachung des Anspruchs gegen Treu und Gla
(§ 242 BGB) verstoßen, wofür aber keine ausreichenden Anhaltspunkte ersich
sind.[881]

569 ▶ **Wirtschaftliches Fehlverhalten des Ausgleichsberechtigten nach § 1381 II B**

Als Hauptanwendungsfall stellt das Gesetz in § 1381 II BGB die lä
andauernde schuldhafte Nichterfüllung der sich aus der Ehe ergebenden v
**schaftlichen** Verpflichtungen durch den Gläubiger heraus. Gemeint sind dam
erster Linie Verletzungen von **Unterhaltspflichten.** In der Praxis spielt (
Bestimmung keine große Rolle, weil der Ausgleichsberechtigte beim Zugew
ausgleich in der Regel auch der Unterhaltsberechtigte ist, also selbst ke
Unterhalt schuldet. Hat der ausgleichsberechtigte Ehegatte seine Pflichten
**Haushaltführung** schuldhaft verletzt, käme zwar eine Anwendung von § 138
BGB in Betracht, aber nur wenn diese Pflicht *„in Absprache der Eheleut
Konkretisierung ihres ehelichen Verhältnisses einvernehmlich begründet wo
ist"*.[882]

570 ▶ **Zahlungsschwierigkeiten**

S. Liquiditätsprobleme

---

[877] OLG Köln FamRZ 2009, 1070, 1071.
[878] OLG Düsseldorf FamRZ 1995, 1145, 1146.
[879] OLG Hamburg FamRZ 1988, 1166.
[880] Kogel, Strategien, Rn. 955; Palandt/Brudermüller § 1381 Rn. 20; NJW 2009, 3074, 3075;
penz/Hoppenz § 1381 Rn. 19; FamRZ 2010, 16, 18; JH/Jaeger § 1381 Rn. 12; FPR 2005, 352
FAKomm FamR/Weinreich § 1381 Rn. 20.
[881] Brudermüller NJW 2009 3074, 3075.
[882] JH/Jaeger § 1381 Rn. 7.

# 8. Abschnitt. Stundung einer Ausgleichsforderung (§ 1382 BGB)

Die Stundung einer Ausgleichsforderung gehört zu den Güterrechtssachen (§ 261 **571** II BGB) und erfolgt im Verfahren nach §§ 264, 265 FamFG. Zuständig ist das **Familiengericht** (§§ 23 a I Nr. 1, 23 b I GVG, § 111 Nr. 9 FamFG). Eine Stundung ist auch in einem Verfahren auf vorzeitigen Zugewinnausgleich nach § 1385 BGB möglich.

Ausgleichsforderungen werden zugleich mit ihrem Entstehen (§ 1378 III 1 BGB) **572** fällig. Wenn die sofortige Zahlung *„auch unter Berücksichtigung der Interessen des* Gläubigers *zur Unzeit erfolgen würde“*, kann sie auf Antrag nach § 1382 I 1 BGB gestundet werden.[883] Nach Satz 2 dieser Bestimmung liegt ein Grund zur Stundung auch dann vor, wenn durch die sofortige Zahlung die Wohnverhältnisse oder sonstigen Lebensverhältnisse **gemeinsamer Kinder** nachhaltig verschlechtert würden.

Die Stundung verlangt eine Interessenabwägung zwischen dem Schuldner und dem **573** Gläubiger.[884] Der **Geschäftsbetrieb** des Schuldners soll nicht gefährdet werden, insbesondere dann nicht, wenn er auch die wirtschaftliche Grundlage der Unterhaltszahlungen bildet. Ist eine Veräußerung erforderlich, muss dem Schuldner ausreichend Gelegenheit gegeben werden, die Gegenstände zum Verkehrswert zu veräußern. Dies gilt vor allem bei **Grundstücken**.[885] Genauso ernst sind aber auch die Interessen des Gläubigers zu nehmen, der den Zugewinn mit erwirtschaftet hat und das Geld häufig dringend zur **finanziellen Bewältigung seiner Scheidungssituation** benötigt. Liegt ein solcher Fall vor, ist eine Stundung regelmäßig unzumutbar. Anders kann es sein, wenn der Schuldner mit gemeinsamen Kindern ein Haus bewohnt, das zur Begleichung des güterrechtlichen Anspruchs veräußert werden muss (§ 1382 I 2 BGB). Auch auf volljährige Kinder im Haus des Schuldners ist Rücksicht zu nehmen.[886] In diesen Fällen können auch **langfristige** Stundungen in Betracht kommen.

Bei **unstreitigen Ausgleichsforderungen** kann die Stundung in einem isolierten Verfahren beantragt werden, was allerdings äußerst selten geschieht. In diesem Fall entscheidet der Rechtspfleger (§ 25 Nr. 3 b RPflG). Der Stundungsantrag kann auch im **Scheidungsverbund** gestellt werden (§§ 137 II Nr. 4, 261 II FamFG). In der Praxis regeln die Parteien, wenn sie sich über den Zugewinnausgleich einig sind, eine Stundung oder Ratenzahlung fast immer durch einen gerichtlichen Vergleich.

Antrag bei **unstreitiger Ausgleichsforderung:**

> **Antrag:** **574**
>
> Die Zugewinnausgleichsforderung der Antragstellerin gegen den Antragsgegner in Höhe von ... wird bis ... gestundet.
> Hilfsweise wird beantragt, dem Antragsgegner zu gestatten, den Ausgleichsbetrag von ... in monatlichen Raten von ... ab ... zu bezahlen.

Ist die Ausgleichsforderung **bestritten** und wird sie gerichtlich geltend gemacht, kann die Stundung nach § 1382 V BGB **nur im Verfahren** gewährt werden. Die Entschei-

---

[3] Eingehend FamVermR/Bergschneider Rn. 4.365 ff.
[4] Vgl. dazu MK/Koch § 1382 Rn. 5 ff.
[5] BGH FamRZ 1992, 918, 919.
[6] Palandt/Brudermüller § 1382 Rn. 3.

dung über die Ausgleichsforderung und den Stundungsantrag ergeht dann einheitlic
durch Beschluss (§ 265 FamFG). Antrag bei **bestrittener Ausgleichsforderung:**

**575**

> **Antrag:**
>
> Der Antrag vom ... auf Zahlung eines Zugewinnausgleichs von ... wird abge-
> wiesen.
> Hilfsweise wird beantragt, die Forderung bis ... zu stunden oder Ratenzahlunger
> von ... monatlich zu bewilligen.

**576**  Die gestundete Ausgleichsforderung muss – auch ohne ausdrücklichen Antrag
stets verzinst werden (§ 1382 II BGB). Die **Höhe der Zinsen** bestimmt das Familie
gericht nach billigem Ermessen, wobei es alle Umstände des Einzelfalls zu berüc
sichtigen und die wirtschaftlichen Verhältnisse der Beteiligten gegeneinand
abzuwägen hat.[887] Der gesetzliche Zinssatz von 4% gemäß § 246 BGB ist nic
verbindlich, jedoch ein wichtiger Anhalt für den sachgerechten Mindestzinssa
Angemessen kann eine Verzinsung sein, die den Sätzen des Kapitalmarkts für A
lagen folgt, deren Laufzeit dem Zeitraum der Stundung entspricht.[888]

**577**  Hat der Schuldner im Verfahren über den Zugewinnausgleich versäumt, ein
Stundungsantrag zu stellen, kann er nachträglich keine Stundung mehr beantrag
Dies ergibt sich aus dem Wort **„nur"** in § 1382 V BGB. Ein Stundungsantrag müs
als unzulässig abgewiesen werden. War aber zum Zeitpunkt der Entscheidung ül
den Zugewinnausgleich eine Stundung nicht veranlasst und haben sich die Vora
setzungen hierfür erst **nach dem Beschluss** ergeben, wird ein Stundungsant
allgemein als zulässig angesehen.[889]

**Einstweilige Anordnungen** – beispielsweise auf einstweilige Einstellung
Zwangsvollstreckung oder auf vorläufige Stundung gegen eine angemessene Verz
sung – können gemäß § 49 FamFG erlassen werden.[890]

# 9. Abschnitt. Übertragung von Vermögensgegenstände (§ 1383 BGB)

## A. Allgemeines

**578**

> **Beispiel:** Ehefrau F übertrug während der Ehe an ihren Ehemann M den Hälf
> anteil an ihrem Einfamilienhaus, das sie fortan bewohnten. Nachdem M den
> Familie verlassen hatte, blieb F mit den Kindern in dem Haus. Im Scheidun
> verbund verlangt F einen Zugewinnausgleich von 400 000 €. Die gemeinsa
> Immobilie hat einen Wert von 600 000 €. F möchte unbedingt mit den Kinde
> im bisherigen Familienheim bleiben.

---

[887] Vgl. hierzu BayObLG FamRZ 1981, 392, 393.
[888] Schröder/Bergschneider/Bergschneider Rn. 4.390; MK/Koch § 1382 Rn. 21; JH/Jaeger § 1382 F
[889] OLG Naumburg FamRZ 2003, 375; Palandt/Brudermüller § 1382 Rn. 5; Staudinger/Thiele §
  Rn. 45; MK/Koch § 1382 Rn. 45.
[890] MK/Koch § 1382 Rn. 35; Palandt/Brudermüller § 1383 Rn. 7.

Beim Ausgleich des Zugewinns hat der Gläubiger **grundsätzlich** nur einen Anspruch auf Geldzahlung (§ 1378 I BGB). Für den ausgleichsberechtigten Ehegatten wäre es in manchen Fällen aber vorteilhafter, wenn er anstatt der Abfindung mit Geld bestimmte Gegenstände aus dem Vermögen des Ehepartners verlangen könnte. Die Härten des schematischen Geldausgleichs will die Regelung des § 1383 BGB mildern. Nach dieser Bestimmung kann das Familiengericht auf Antrag des ausgleichsberechtigten Ehegatten anordnen, dass der ausgleichspflichtige Ehegatte bestimmte Gegenstände seines Vermögens unter Anrechnung auf die Ausgleichsforderung zu übertragen hat, wenn dies erforderlich ist, um eine grobe Unbilligkeit für den Gläubiger zu vermeiden und wenn dies dem Schuldner zugemutet werden kann. Es handelt sich um eine Billigkeitskorrektur **ausschließlich zugunsten des Berechtigten.** Dem Schuldner wird nicht gestattet, den Gläubiger mit Sachwerten zu befriedigen.

# B. Interessenabwägung

Der Gläubiger kann statt Geld bestimmte Vermögensgegenstände verlangen, wenn 579
dies erforderlich ist, um eine **grobe Unbilligkeit** für ihn zu vermeiden und wenn dies
dem Schuldner **zugemutet** werden kann. Die beiderseitigen Interessen sind gegeneinander abzuwägen. Neben den wirtschaftlichen Verhältnissen sind auch die persönlichen Umstände zu berücksichtigen. Je dringlicher das Interesse des Gläubigers
an der Übertragung des begehrten Gegenstandes ist, desto höhere Anforderungen
sind an die Unzumutbarkeit für den Schuldner zu stellen.[891] Der Familienrichter
sollte dem Antrag nach § 1383 BGB stets stattgeben, wenn der Schuldner mit dem
geforderten Ausgleich einverstanden ist.

# I. Grobe Unbilligkeit für den ausgleichsberechtigten Ehegatten

Eine grobe Unbilligkeit für den **ausgleichsberechtigten** Ehegatten liegt vor, 580
wenn die Versagung des geforderten Gegenstandes und die Verweisung auf eine
Geldzahlung dem Gerechtigkeitsempfinden **widersprechen** würde. Dies ist zu bejahen, wenn der Gläubiger und erst recht die mit ihm zusammenlebenden gemeinschaftlichen Kinder das bisherige **Familienwohnheim** zur Aufrechterhaltung einer
eheangemessenen Lebensweise **dringend** benötigen.[892] Grundsätzlich kann eine
besonders **enge Sachbeziehung** des Gläubigers zu dem beanspruchten Gegenstand
für die Eigentumsübertragung sprechen. Dies ist der Fall, wenn der Gegenstand
vom Gläubiger finanziert oder von ihm allein benutzt wurde oder wenn er aus
einer **Familie** stammt und mit der Familientradition verbunden ist.[893] Ebenso kann
sich das überwiegende Interesse des Gläubigers daraus ergeben, dass er sich bei
Erwerb, Instandsetzung und Unterhaltung des beanspruchten Gegenstandes besonders hervorgetan hat.[894] Grob unbillig kann auch das Beharren auf einem Geld-

---

[891] Staudinger/Thiele § 1383 Rn. 8.
[892] JH/Jaeger § 1383 Rn. 5.
[893] JH/Jaeger § 1383 Rn. 5; MK/Koch § 1383 Rn. 15; Soergel/Lange § 1383 Rn. 5; RGRK/Finke
§ 1383 Rn. 3; Staudinger/Thiele § 1383 Rn. 7; KK-FamR/Weinreich § 1383 Rn. 12.
[894] FamGb/Baumeister § 1383 Rn. 17; Staudinger/Thiele § 1383 Rn. 7; Soergel/Lange § 1383 Rn. 5;
**a. A.:** OLG Hamm FamRZ 1978, 687, 688.

ausgleich für den Gläubiger sein, wenn die **Realisierung** der Ausgleichsforderun auf erhebliche Schwierigkeiten stößt, weil der Schuldner **nicht zahlungsfähig ode nicht zahlungswillig ist.**[895]

## II. Zumutbarkeit für den Schuldner

581 Dem Schuldner ist es nicht zuzumuten, sich von seinem Eigentum zu trenne wenn er den begehrten Gegenstand selbst **dringend benötigt** oder wenn er zu ih (ebenfalls) eine enge Sachbeziehung hat. Dem ausgleichspflichtigen Alleineigentüm ist auch **nicht zumutbar,** seinen Noch-Ehegatten zum Miteigentümer eines Grun stücks zu machen.[896] Spätere Konflikte der geschiedenen Eheleute würden dadur vorprogrammiert.

## C. Gerichtliches Verfahren

### I. Antrag

582 Verlangt in einem anhängigen Zugewinnausgleichsverfahren der berechtigte El gatte, ihm den Miteigentumsanteil des anderen Ehegatten am Familienwohnheim übertragen, sollte er folgenden Antrag stellen:

> **Antrag:**
>
> Der Antragsgegner wird verpflichtet, seinen Hälfteanteil am Grundstück in . . . Flurstücks-Nr. . . , eingetragen im Grundbuch des Amtsgerichts . . . , Bd. . . . F . . . , zu Alleineigentum der Antragstellerin aufzulassen und die Eintragung i Grundbuch des Amtsgerichts . . . zu bewilligen.
> Für die Übertragung wird ein Betrag von . . . festgesetzt, der auf die Ausgleich forderung angerechnet wird.
> Im Übrigen wird der Antragsgegner verpflichtet, an die Antragstellerin noch ein Zugewinnausgleich in Höhe von . . . nebst Zinsen in Höhe von 5 Prozentpunkt über dem Basiszinssatz ab . . . zu bezahlen.

### II. Zuständigkeit

583 Der Antrag nach § 1383 BGB kann entweder innerhalb des Verfahrens über Zugewinnausgleichsforderung oder außerhalb eines solchen Rechtsstreits ges werden. Ist ein Verfahren über den Zugewinnausgleich **nicht anhängig,** so entsc det über den Antrag, wenn die Ausgleichsforderung in Höhe des anzurechnen Betrags unstreitig ist, der **Rechtspfleger** durch Beschluss (§ 25 Nr. 3 b RPflG) ein Rechtsstreit über die Zugewinnausgleichsforderung – im Scheidungsverb oder in einem selbständigen Verfahren – anhängig, kann der Antrag **nur** in die

---

[895] MK/Koch § 1383 Rn. 16; Büte Rn. 301; JH/Jaeger § 1383 Rn. 5; Staudinger/Thiele § 1383 F
**a.A.:** Hoppenz/Hoppenz § 1383 Rn. 2; Palandt/Brudermüller § 1383 Rn. 4.
[896] MK/Koch § 1383 Rn. 10, 17; FamVermR/Bergschneider Rn. 4.418; Staudinger/Thiele §
Rn. 9; RGRK/Finke § 1383 Rn. 4.

erfahren gestellt werden (§§ 1383 III, 1382 V BGB). Der Familienrichter entschei-
et über die Anträge nach §§ 1378 I, 1383 BGB, § 265 FamFG **einheitlich** durch
eschluss.

## I. Entscheidung

Das Familiengericht hat in seiner Entscheidung den Betrag festzusetzen, der auf  584
ie Zugewinnausgleichsforderung angerechnet wird. Maßgebend ist der Wert zum
**eitpunkt der Entscheidung,** nicht der Wert zum Zeitpunkt der Rechtshängig-
eit des Zugewinnausgleichs (§§ 1384, 1387 BGB).[897] Ein Gegenstand, dessen
/ert höher als die Zugewinnausgleichsforderung ist, kann nicht übertragen wer-
en.[898]

Mit der gerichtlichen Entscheidung wird der Antragsgegner nur verpflichtet, das  585
igentum zu übertragen. Ein unmittelbarer Eigentumsübergang erfolgt nicht. Hat
as Familiengericht aber den Schuldner zur Abgabe der für die Eigentumsübertra-
ung erforderlichen Willenserklärung verurteilt, so gilt diese mit **Rechtskraft der
ntscheidung** als abgegeben (§ 894 I 1 ZPO). Bei Grundstücken genügt dann die
nseitige Auflassungserklärung des Gläubigers zur Übertragung des Eigentums.[899]
er **Gläubiger** muss also nur noch vor einem Notar unter Bezugnahme auf das
chtskräftige Urteil seine **Auflassungserklärung** abgeben. Der Grundsatz des § 925
1 BGB, dass Veräußerer und Erwerber gleichzeitig anwesend sein müssen, wird in
iesem Fall durchbrochen.

## V. Einstweilige Anordnungen

Das Familiengericht kann neben dem Verfahren nach § 1383 BGB auf Antrag  586
 einem selbständigen Verfahren eine **einstweilige Anordnung** erlassen, wenn
erfür ein Bedürfnis besteht (§§ 49 I, 51 III 1 FamFG). Als „flankierende Maß-
ahme" kann ein **Veräußerungs- oder Verfügungsverbot** sowie eine Hinterle-
ung ausgesprochen werden (§ 49 II 2 FamFG). Die einstweilige Anordnung ist
cht anfechtbar (§ 57 FamFG). Wird im Verfahren auf Übertragung eines Grund-
ücks nach § 1383 BGB ein Veräußerungs- oder Verfügungsverbot erlassen,
tfällt die Möglichkeit des gutgläubigen Erwerbs (§§ 136, 135 I BGB), wenn das
erbot im Grundbuch eingetragen ist (§ 892 I 2BGB).[900] Dagegen kann die Ein-
agung eines Rechtshängigkeitsvermerks in das Grundbuch im Wege einstweiliger
nordnung nicht verlangt werden, da das Grundstück selbst nicht „streitbefan-
n" ist.[901]

---

MK/Koch § 1383 Rn. 27; JH/Jaeger § 1383 Rn. 10; Staudinger/Thiele § 1383 Rn. 25; Schröder/
Bergschneider/Bergschneider Rn. 4.423.
H. M., vgl. Palandt/Brudermüller § 1383 Rn. 5;**a. A.**Kogel, Rn. 896.
MK/Koch § 1383 Rn. 5; Palandt/Bassenge § 925 Rn. 6; Soergel/Lange § 1383 Rn. 18: Zöller/
Stöber § 894 ZPO Rn. 7; Baumbach/Hartmann § 894 ZPO Rn. 11, 13.
Palandt/Ellenberger § 136 Rn. 9; Palandt/Bassenge § 892 Rn. 17; Büte Rn. 306.
OLG Schleswig FamRZ 1996, 175; MK/Koch § 1383 Rn. 24.

## D. Schutz vor Teilungsversteigerung

587 | **Beispiel:** F hat im Zugewinnausgleichsverfahren gemäß § 1383 BGB beantra dass M ihr seinen hälftigen Anteil an dem ihnen gemeinsam gehörenc Familienwohnheim zu übertragen hat. Daraufhin hat M die Teilungsverste rung eingeleitet.

Das Verlangen des M, die Bruchteilsgemeinschaft an dem Grundstück d Teilungsversteigerung aufzuheben, ist rechtsmissbräuchlich, wenn dadurch schlechthin unzumutbares Ergebnis für den widersprechenden Ehegatten entste würde.[902] Das ist der Fall, wenn der Anspruch der F auf Übertragung des Mitei tumsanteils begründet ist, das Grundstück jedoch bereits versteigert wäre, bevor Familiengericht über den Antrag nach § 1383 BGB entschieden hat. F kann d gegen die Teilungsversteigerung den **Einwand der unzulässigen Rechtsausüb** nach § 242 BGB erheben (vgl. Kap. 5 Rn. 59). Zugleich könnte F im Wege ( einstweiligen Anordnung (§ 49 II FamFG) beantragen, dass dem M **verboten v** die **Teilungsversteigerung weiter zu betreiben.**[903] Mit dem gerichtlichen Bescl könnte F beim Vollstreckungsgericht die Teilungsversteigerung für **unzulässig** klären lassen (§ 771 ZPO).[904]

## E. Vermeidung der Spekulationssteuer

588 Überträgt ein Ehegatte – in Vollzug einer gerichtlichen Anordnung nach § BGB – sein Grundstück auf den Ehepartner, so handelt es sich **nicht** um ein priv Veräußerungsgeschäft i. S. v. § 23 I Nr. 1 EStG. Ein Veräußerungsgewinn unter damit **nicht** der Spekulationssteuer (§ 23 I Nr. 1 i. V. mit § 2 I 1 Nr. 7, § 22 N EStG).[905] Näher dazu s. Kap. 6. Rn. 35 f.

# 10. Abschnitt. Vorzeitiger Zugewinnausgleich (§§ 1385, 1386 BGB)

## A. Reform des vorzeitigen Zugewinnausgleichs

589 Der vorzeitige Zugewinnausgleich wurde durch das Gesetz zur Änderung Zugewinnausgleichs- und Vormundschaftsrechtsrechts vom 6. 7. 2009 grundle, umgestaltet. Der **ausgleichsberechtigte** Ehegatte kann nunmehr gleichzeitig ( **hebung** der Zugewinngemeinschaft und unmittelbar **Zahlung** des Zugewinr gleichs nach § 1385 BGB verlangen. Der **ausgleichspflichtige** Ehegatte kann nu **Aufhebung** der Zugewinngemeinschaft nach § 1386 BGB beantragen. Mit die Anspruch kann sich aber auch der ausgleichsberechtigte Ehegatte begnügen.

---

[902] BGH FamRZ 1977, 458, 459; OLG München FamRZ 2002, 393, 394; 1989, 980; OLG FamRZ 2000, 668; LG Aachen, FamRZ 2000, 669, 670.

[903] Büte Rn. 306.

[904] Kogel, Strategien, Rn. 897.

[905] So auch Schröder FamRZ 2002, 1010; Büte Rn. 307; Büte FuR 2003, 390, 393; MK/Koch § Rn. 5; Tiedtke/Wälzholz DStZ 2002, 9, 13; **a. A.:** Feuersänger FamRZ 2003, 645, 647; JH/J § 1383 Rn. 3.

Der vorzeitige Zugewinnausgleich hat bisher in der familiengerichtlichen Praxis **590** kaum eine Rolle gespielt. Hieran wird auch die Reform nicht viel ändern. Es ist zwar zu begrüßen, dass mit dem vorzeitigen Zugewinnausgleich nun direkt der Leistungsanspruch geltend gemacht werden kann. Aber die **strengen Tatbestandsvoraussetzungen** wurden nur minimal gelockert[906] und sind weiterhin nur schwer darzulegen und zu begründen. Ein voller Erfolg wäre dem vorzeitigen Zugewinnausgleich beschieden, wenn er nach einjähriger Trennungszeit geltend gemacht werden könnte.[907]

Hat ein Ehegatte den vorzeitigen Ausgleich des Zugewinns bei vorzeitiger Auf- **591** hebung der Zugewinngemeinschaft (§ 1385 BGB) oder die vorzeitige Aufhebung der Zugewinngemeinschaft (§ 1386 BGB) beantragt, kann jeder Ehegatte von dem anderen Ehegatten **Auskunft gemäß § 1379 I 1 BGB** verlangen. Nach der Vorschrift des § 1387 BGB, die der Regelung des § 1384 BGB angepasst wurde, tritt in den Fällen des vorzeitiger Zugewinnausgleichs (§§ 1385, 1386 BGB) für die Berechnung des Zugewinns und für die **Höhe** der Ausgleichsforderung an die Stelle der Beendigung des Güterstands (= Rechtskraft des Beschlusses gemäß § 1388 BGB) der Zeitpunkt der **Rechtshängigkeit** des Antrags auf vorzeitigen Zugewinnausgleich. Vermögen, das bei Zustellung des Antrags auf vorzeitigen Zugewinnausgleich (tatsächlich oder fiktiv durch Hinzurechnung nach § 1375 II BGB) vorhanden ist, wird stets zur Hälfte ausgeglichen. Vermögensminderungen nach diesem Stichtag können die Höhe des Anspruchs nicht mehr beeinflussen (vgl. Rn. 81).

# B. Die vier Tatbestände des § 1385 BGB

Der Zugewinn kann in vier Fällen vorzeitig ausgeglichen werden: **592**

▶ **§ 1385 Nr. 1:** Der Begriff des **Getrenntlebens** ist in § 1567 BGB gesetzlich definiert. Die dreijährige Trennungszeit braucht erst zum Zeitpunkt der **letzten mündlichen Verhandlung** abgelaufen zu sein.

▶ **§ 1385 Nr. 2:** Dieser Anspruch beruht auf der Gefährdung der künftigen Zugewinnausgleichsforderung. Die **vermögensgefährdenden** Handlungen nach § 1365 BGB (Verfügung über das Vermögen im Ganzen) und § 1375 II BGB („illoyale Vermögensminderungen") müssen nach der gesetzlichen Neuregelung nur noch **zu befürchten** sein. Die Erheblichkeit der Gefährdung der Ausgleichsforderung beurteilt sich nach dem Umfang der Vermögensinteressen und dem Grad der Gefährdung zum Zeitpunkt der letzten mündlichen Verhandlung.[908]

▶ **§ 1385 Nr. 3:** Dieser Tatbestand ist am ehesten bei **Verletzung der Unterhaltspflicht** gegeben, jedoch nicht einfach nachzuweisen. Weigert sich ein Ehegatte weiterhin, dem anderen Unterhalt zu zahlen, obwohl bereits ein gerichtliches Verfahren eingeleitet wurde, kann sein Verhalten nicht als schuldhafte Verletzung wirtschaftlicher Pflichten gewertet werden. Denn erst **am Ende** eines Unterhaltsverfahrens steht fest, ob der Antragsgegner tatsächlich Unterhalt leisten muss.[909]

▶ **§ 1385 Nr. 4:** Während des ehelichen Zusammenlebens besteht eine allgemeine – aus der ehelichen Lebensgemeinschaft (§ 1353 BGB) hergeleitete – Pflicht, den

---

06 Die vermögensmindernden Handlungen nach § 1385 Nr. 2 BGB müssen nicht mehr *eingetreten*, sondern nur noch zu *befürchten* sein.

07 Kogel, Strategien, Rn. 308: „sofort mit der Trennung".

08 OLG Köln FamRZ 2003, 539; OLG Frankfurt FamRZ 1984, 895.

09 OLG Hamm FamRZ 2000, 228.

Ehepartner „**in groben Zügen**" über die Vermögensverhältnisse **zu unterrichten** (s. Rn. 468 f). Erteilt ein Ehegatte trotz wiederholter Aufforderung keine Auskunft über sein Vermögen, liegt eine beharrliche Verweigerung i. S. von § 1385 Nr. 4 BGB vor.

593 Ein vorzeitiger Zugewinnausgleich kann am ehesten im Fall des **§ 1385 Nr. 4 BGB** erreicht werden. Verlangt ein Ehegatte – die Partei selbst, nicht der Anwalt! – in der Trennungskrise vom anderen Ehegatten einen Überblick über den wesentlichen Bestand seines Vermögens und den ungefähren Wert, dürfte dessen Neigung, seine Vermögensverhältnisse zu offenbaren, äußerst gering sein. Eine sachgerechte Antwort auf die Anfrage nach dem Bestand des Vermögens dürfte daher in der Mehrzahl der Fälle ausbleiben. Bei der **dritten Aufforderung** sollte vorsorglich noch darauf hingewiesen werden, dass bei einer erneuten Ablehnung von einer endgültigen Verweigerung der Information ausgegangen wird. Nach fruchtlosem Fristablauf kann dann erfolgreich Antrag auf vorzeitigen Zugewinnausgleich gestellt werden.[910]

594 Fraglich ist, ob der Anspruch auf vorzeitigen Zugewinnausgleich nach § 1385 Nr. 4 BGB auch dann gegeben ist, wenn der mehrmals zur **Auskunft über das Trennungsvermögen** (§ 1379 II 1 BGB) aufgeforderte Ehegatte die Auskunft nicht erteilt. Der Wortlaut des § 1385 Nr. 4 BGB geht davon aus, dass der allgemeine **Unterrichtungsanspruchs gemäß § 242 BGB** nicht erfüllt wurde. Die Anwendung der Vorschrift hängt davon ab, ob die Verletzung der **förmlichen Auskunftspflicht** der Verletzung der **allgemeinen Informationspflicht** gleichgestellt werden kann. Eine **entsprechende Anwendung** des § 1385 Nr. 4 BGB bei einer beharrlichen Verweigerung der **Auskunft** über das Trennungsvermögen (§ 1379 II 1 BGB) ist **zu bejahen**. Wenn die Verletzung des schwächeren Anspruchs auf allgemeine Unterrichtung den ausgleichsberechtigten Ehegatten berechtigt, den vorzeitigen Zugewinnausgleich zu verlangen, dann muss dies erst recht für die Verletzung des gesetzlich geregelten Auskunftsanspruchs gelten („argumentum a minori ad maius").[911]

595 Wurde der ausgleichspflichtige Ehegatte **dreimal** vergeblich aufgefordert, über den Bestand seines Trennungsvermögens nach § 1379 II 1 BGB Auskunft zu erteilen, liegt der Tatbestand einer beharrlichen Verweigerung i. S. von § 1385 Nr. 4 BGB vor. Es kann nunmehr sofort der vorzeitige Ausgleich des Zugewinns nach § 1385 Nr. 4 BGB verlangt werden.

## C. Vorzeitiger Zugewinnausgleich gemäß § 1386 BGB

596 Die vorzeitige Aufhebung der Zugewinngemeinschaft nach § 1386 BGB wird in erster Linie der (voraussichtlich) **ausgleichspflichtige** Ehegatte beantragen. Dieser kann den Gestaltungsantrag „aus Gründen der Waffengleichheit"[912] auf die Fälle des § 1375 BGB – auch auf die Tatbestände Nr. 2 und 3 – stützen.

---

[910] Vgl. OLG Frankfurt FamRZ 2010, 563, 564; Kogel FamRZ 2008, 1297, 1299; 1999, 1252, 1253; FamRB 2002, 19, 20; Schröder/Bergschneider/Bergschneider Rn. 4.456; Großmann FamRB 2004, 346, 347; FA-FamR/v. Heintschel-Heinegg Kap. 9 Rn. 163.

[911] So auch Bergschneider FamRZ 2009, 1713, 1716; MK/Koch §§ 1385, 1386 Rn. 26; JH/Jaege § 1385 Rn. 5; wohl auch Firschinger FamRZ 2009, 1718, 1723; **a. A.** Brudermüller NJW 2010, 401, 402; Götz FamRZ 2009, 1907 (Anm. zu OLG Bamberg FamRZ 2009, 1906); Kogel FF 2010, 164, 166 (Anm. zu OLG Frankfurt FF 2010, 161).

[912] So BT-Drucks. 16/10 798 S. 20.

# D. Inhalt und Form der Anträge auf vorzeitigen Zugewinnausgleich

Der Antrag nach § 1385 BGB umfasst zwei Streitgegenstände – den **Gestaltungs-** 597 **antrag** (Aufhebung der Zugewinngemeinschaft) und den **Leistungsantrag** (Zahlung des Zugewinnausgleichs) – über die durch Endbeschluss zu entscheiden ist.[913] Der Leistungsantrag wird in aller Regel als Stufenantrag (Auskunft, eidesstattliche Versicherung, unbezifferter Zahlungsantrag) gestellt. Liegen die Voraussetzungen des vorzeitigen Zugewinnausgleichs gemäß § 1385 Nr. 1 BGB vor, kann das Familiengericht über die **Auskunftsstufe** des Leistungsantrags entscheiden (§ 254 ZPO, § 113 I 2 FamFG). Es kann aber auch zunächst durch **Teilbeschluss** die Zugewinngemeinschaft aufheben (§ 301 ZPO, § 113 I 2 FamFG).[914] Stellt sich nach Auskunftserteilung heraus, dass eine Ausgleichsforderung **nicht besteht**, kann der Zahlungsantrag zurückgenommen werden.[915] Ansonsten müsste er abgewiesen werden. In jedem Fall hat das Familiengericht auf den begründeten Gestaltungsantrag hin die Zugewinngemeinschaft aufzuheben.[916]

> **Antrag:**
> I. Die Zugewinngemeinschaft der Beteiligten wird vorzeitig aufgehoben.
> II. Der Antragsgegner wird verpflichtet, der Antragstellerin
>   1. persönlich[917] Auskunft zu erteilen über den Bestand
>     a) seines Anfangsvermögens am[918] ... und
>     b) seines Endvermögens am[919] ... jeweils durch Vorlage eines schriftlichen Bestandsverzeichnisses, gegliedert nach Aktiva und Passiva,
>   2. den Wert aller Vermögensgegenstände und Verbindlichkeiten mitzuteilen,
>   3. Belege vorzulegen, die nach Auskunftserteilung noch bezeichnet werden.[920]
> III. Der Antragsteller wird verpflichtet, die Vollständigkeit und Richtigkeit seines Vermögensverzeichnisses an Eides statt zu versichern.
> IV. Der Antragsgegner wird verpflichtet, an die Antragstellerin Zugewinnausgleich in nach Auskunftserteilung noch zu beziffernder Höhe nebst Zinsen in Höhe von 5 Prozentpunkten über dem Basiszinssatz[921] hieraus ab Rechtskraft dieses Beschlusses zu bezahlen.

---

[913] Hoppenz/Hoppenz §§ 1385, 1386 Rn. 11; Palandt/Brudermüller §§ 1385, 1386 Rn. 10; MK/Koch §§ 1386, 1386 Rn. 3.

[914] Hoppenz/Hoppenz §§ 1385, 1386 Rn. 13.

[915] Hoppenz §§ 1385, 1386 Rn. 14.

[916] Fischinger FamRZ 2009, 1718, 1719.

[917] BGH FamRZ 2008, 600, 601.

[918] Anfangsstichtag = Tag der Eheschließung oder der notariellen Vereinbarung der Zugewinngemeinschaft.

[919] Endstichtag = Zustellung des Antrags auf vorzeitigen Zugewinnausgleich oder des Scheidungsantrags, falls dieser früher zugestellt wurde.

[920] Die vorzulegenden Belege können auch sogleich bezeichnet werden.

[921] Es sollten stets „5 Prozent**punkte**" und nicht „5 Prozent" über dem Basiszinssatz verlangt werden. Beträgt der aktuelle Basiszinssatz z.B. 1,4%, können nach strenger Auslegung nur 1,47% Zinsen zugesprochen werden (so Hartmann NJW 2005, 2238; a.A. OLG Hamm NJW 2005, 2238).

598  Der Antrag nach § 1386 BGB lautet nur: „Die Zugewinngemeinschaft wird vorzeitig aufgehoben."

## E. Verfahren

599  Der vorzeitige Zugewinnausgleich kann nur in einem **selbständigen Verfahren,** nie als Folgesache im Scheidungsverbund geltend gemacht werden.[922] Auch wenn schon der Scheidungsantrag rechtshängig ist, kann der vorzeitige Zugewinnausgleich noch durchgeführt werden.[923] In diesem Fall ist für die Berechnung des Zugewinns und für die Höhe der Ausgleichsforderung der (frühere) Stichtag der Rechtshängigkeit des Scheidungsantrags (§ 1384 BGB) maßgebend.[924] Der vorzeitige Zugewinnausgleich kann auch dann beantragt werden, wenn im Scheidungsverbund bereits der Zugewinnausgleich beantragt wurde.[925] Der Sinn zweier nebeneinander laufender Verfahren liegt darin, dass die Beendigung des Güterstands zu unterschiedlich frühen Zeitpunkten eintreten kann.[926]

600  Sind das Scheidungsverfahren und der vorzeitiger Zugewinnausgleich nebeneinander anhängig und wird der Scheidungsbeschluss rechtskräftig, bevor über den vorzeitigen Zugewinnausgleich entschieden ist, so ist zu unterscheiden: ein *Verfahren nach § 1386 BGB* auf Aufhebung der Zugewinngemeinschaft ist in der Hauptsache erledigt, da mit Rechtskraft der Scheidung der Güterstand beendet ist.[927] In einem *Verfahren nach § 1385 BGB* hat sich nur der auf Aufhebung der Zugewinngemeinschaft gerichtete Gestaltungsantrag erledigt, über den Zahlungsantrag ist zu entscheiden.

601  Wird ein Scheidungsantrag zurückgenommen, so kann die Folgesache Zugewinnausgleich mit **Umstellung** des Antrags auf vorzeitigen Zugewinnausgleich gemäß § 141 FamFG fortgeführt werden.[928] Wird später ein neuer Scheidungsantrag gestellt, bleibt für die Berechnung des Zugewinnausgleichs der frühere Stichtag maßgeblich.[929]

## F. Verfahrenswert

602  Der Streitwert für den Antrag auf Aufhebung der Zugewinngemeinschaft ist nach dem Interesse des Antragstellers an der vorzeitigen Beendigung des gesetzlichen Güterstandes zu schätzen (§ 42 I, III FamFG). In der Regel wird er auf **ein Viertel**

---

[922] OLG Düsseldorf FamRZ 2002, 1572, 1573 m. Anm. Leidinger; KG FamRZ 2001, 166 mit Anm. Gottwald.

[923] OLG Köln FamRZ 2009, 605, 606; OLG Karlsruhe FamRZ 2004, 466; Kogel, Strategien, Rn. 224.

[924] OLG Karlsruhe FamRZ 2004, 466; OLG Hamm FamRZ 1982, 609; KG FamRZ 2005, 805.

[925] Bamberger/Roth/Mayer § 1385 Rn. 5.

[926] Schröder/Bergschneider/Bergschneider Rn. 4.489.

[927] So zur Rechtslage vor der Reform des Zugewinnausgleichs: OLG Karlsruhe FamRZ 2004, 466 OLG Düsseldorf FamRZ 2002, 1572.

[928] MK/Koch §§ 1385, 1386 Rn. 36; vgl. KG FamRZ 2004, 1044; OLG Köln FamRZ 2003, 539 m. Anm. Höser.

[929] OLG Köln FamRZ 2008, 2043.

der zu erwartenden Ausgleichsforderung festgesetzt.[930] Beim Verfahren nach § 1385 BGB ist dieser Wert zu dem des Zahlungsantrags zu addieren.[931]

# 11. Abschnitt. Ansprüche des Ausgleichsberechtigten gegen Dritte (§ 1390 BGB)

| |
|---|
| **Beispiel:** Der getrennt lebende Ehemann M stiftet seine Gemäldesammlung im Wert von 500 000 € einem Museum, um seine Ehefrau F nicht am Wert der Bilder teilhaben zu lassen. Bei Rechtshängigkeit der Scheidung und auch bei Beendigung des Güterstands hat M noch 100 000 €. F hat keinen Zugewinn erzielt. M hatte kein Anfangsvermögen. |

603

Die Zuwendung der Bilder an das Museum ist eine **illoyale Vermögensminderung,** die dem Endvermögen des M nach § 1375 II 1 Nr. 1 BGB hinzugerechnet wird. Am Stichtag der Rechtshängigkeit der Scheidung (§ 1384 BGB) hat M danach einen Zugewinn von 600 000 €. Die Ausgleichsforderung der F beträgt somit 300 000 €. M hat jedoch nur noch 100 000 €. Ihre Ausgleichsforderung übersteigt das noch vorhandene Endvermögen des M.

Durch die Regelung des § 1390 BGB wird das Risiko, dass die Ausgleichsforderung nicht realisiert werden kann, auf Dritte verlagert. Der benachteiligte Ehegatte kann seit der Reform des Zugewinnausgleichs vom beschenkten Dritten **Ersatz des Wertes des Erlangten** verlangen (§ 1390 I BGB).[932] Der „**Auffüllungsanspruch**" besteht in Höhe der Differenz zwischen dem Zugewinnausgleichsanspruch und dem bei Beendigung des Güterstands real noch vorhandenen Vermögen. F hat gegen das Museum einen Zahlungsanspruch in Höhe von 200 000 €.

604

Es wird die Meinung vertreten, der Dritte hafte in **voller Höhe** auch dann, wenn der ausgleichspflichtige Ehegatte noch einen positiven Vermögensbestand hat, die Ausgleichsforderung sein Vermögen also nur teilweise übersteigt.[933] Dies folge eindeutig aus dem Gesetzestext (§ 1390 I 1 BGB). Danach würde im Beispielsfall der Anspruch gegen das Museum in Höhe von 300 000 € bestehen. Dieser Ansicht kann **nicht gefolgt** werden. Auch wenn nach dem Wortlaut des Gesetzes der Anspruch nicht eingeschränkt ist, so ergibt sich doch aus dem Sinn und Zweck der Vorschrift, dass der Dritte nur in **Höhe des „Ausfallrisikos"** haften soll.[934] Nur soweit die Erfüllung der Ausgleichsforderung nicht gesichert ist, weil der ausgleichspflichtige Ehegatte kein ausreichendes Vermögen mehr hat, kann sich der ausgleichsberechtigte Ehegatte an den Dritten halten. Diese Auslegung entspricht der früheren Rechtslage.

605

---

[930] BGH FamRZ 1973, 133; OLG Nürnberg FamRZ 1998, 685.

[931] Palandt/Brudermüller §§ 1385, 1386 Rn. 12; Hoppenz/Hoppenz §§ 1385, 1386 Rn. 20.

[932] Vor dem 1. 1. 2009 hatte der ausgleichsberechtigte Ehegatte wegen seiner ausgefallenen Ausgleichsforderung einen Anspruch gegen den Dritten auf Duldung der Zwangsvollstreckung in die erlangten Gegenstände. Der Dritte konnte die Zwangsvollstreckung durch Zahlung des fehlenden Betrags abwenden.

[933] JH/Jaeger § 1390 Rn. 4; Büte NJW 2009, 2776, 2779.

[934] MK/Koch § 1390 Rn. 12; Palandt/Brudermüller § 1390 Rn. 6; Schwab/Schwab VII Rn. 309; Hoppenz/Hoppenz § 1390 Rn. 4; Kogel, Strategien, Rn. 918.

Eine Änderung hat der Gesetzgeber offensichtlich auch nicht gewollt, da er in der Begründung zu § 1390 BGB hierzu keine Ausführungen gemacht hat.[935]

**606** Das Museum kann *„die Zahlung durch Herausgabe des Erlangten abwenden"* (§ 1390 I 3 BGB). Es stellt sich nun die Frage, ob die **gesamte Gemäldesammlung oder nur ein Teil** der Bilder im Wert von 200 000 € herauszugeben sind? Wenn alle Bilder zu übergeben wären, würde F vom Dritten wertmäßig mehr erhalten, als ihr nach der Regelung des § 1390 BGB zustünde. Andrerseits hat F grundsätzlich einen Anspruch auf Geldleistung und muss sich nicht mit einzelnen Bildern begnügen. Nach Sinn und Zweck der Vorschrift bedeutet *„Herausgabe des Erlangten"*, dass der Dritte, wenn er von seiner **Ersetzungsbefugnis Gebrauch macht,** das gesamte ihm übertragene Vermögen herauszugeben hat. Das wird deutlich, wenn der Dritte eine unteilbare Leistung erhalten hat, so wenn im Beispielsfall der Ehemann dem Museum **ein** Bild im Wert von 500 000 € zugewendet hätte. Hier gibt es nur die zwei Alternativen, 200 000 € an die Ehefrau zu bezahlen oder die vollständige Gemäldesammlung zu übergeben.

**607** Die Haftung des Dritten richtet sich „nach den Vorschriften über die Herausgabe einer ungerechtfertigten Bereicherung" (§ 1390 I 2 BGB). Es handelt sich um eine **Rechtsfolgenverweisung** auf die §§ 818, 819 BGB anzuwenden sind. Die Haftung entfällt, wenn der Dritte nicht mehr bereichert ist (§ 818 III BGB). Dagegen haftet der Dritte verschärft wenn ihm die Absicht der Benachteiligung bekannt war (§ 819 I BGB).

**608** Der ausgleichspflichtige Ehegatte und der Dritte haften als **Gesamtschuldner** (§ 1390 I 4 BGB). Der ausgleichsberechtigte Ehegatte hat somit zwei Schuldner, auf die er nach seinem Belieben zugreifen kann. Gegen den Dritten besteht der Anspruch jedoch nur in der Höhe, in der der ausgleichsberechtigte Ehegatte seine Ausgleichsforderung beim Ehepartner nicht realisieren kann.

**609** Der Anspruch nach § 1390 BGB entsteht mit der Beendigung des Güterstands, also im Regelfall mit Rechtskraft der Scheidung. Der Anspruch kann durch Arrest gesichert werden.[936] Macht der ausgleichsberechtigte Ehegatte seinen Zahlungsanspruch nach § 1390 BGB gerichtlich geltend, hat das Familiengericht dem Dritten auf Antrag im Beschluss die Abwendungsbefugnis vorzubehalten.[937]

**610** Die Verjährungsfrist beträgt auch hier drei Jahre (§ 195 BGB). Sie beginnt aber nicht wie in § 199 I 1 BGB am Jahresende, sondern mit der Beendigung des Güterstands (§ 1390 III 1 BGB). Kenntnis vom Güterstandsende wird nicht vorausgesetzt.[938]

---

[935] BT-Drucks. 16/10 798 S. 21 Nr. 11. Hier hat der Gesetzgeber nur allgemein angemerkt, der durch eine illoyale Vermögensminderung benachteiligte Ehegatte solle auch weiterhin Ansprüche gegen den begünstigten Dritten haben.

[936] Palandt/Brudermüller § 1390 Rn. 9.

[937] MK/Koch § 1390 Rn. 18; Palandt/Brudermüller § 1390 Rn. 9.

[938] Palandt/Brudermüller § 1390 Rn. 8; MK/Koch § 1390 Rn. 24.

# Kapitel 2. Gütergemeinschaft

Die Gütergemeinschaft ist in ländlichen Gegenden noch häufig anzutreffen. Das **1** auf enge Vermögensverflechtung angelegte System dieses Güterstands lässt sich mit zerstrittenen Eheleuten nur unter großen Schwierigkeiten auflösen. Die Ziele sind wie bei der Zugewinngemeinschaft: Schutz des in den Güterstand „Eingebrachten" und gleichmäßige Beteiligung an dem „gemeinsam Erarbeiteten". Zum besseren Verständnis der Regeln für die Auseinandersetzung der Gütergemeinschaft sind vorweg die Grundbegriffe und Grundregeln der Gütergemeinschaft darzustellen. Erst dann kann die Auflösung der Gütergemeinschaft bei Trennung und Scheidung behandelt werden.

# 1. Abschnitt. Grundbegriffe und Grundregeln

## A. Die einzelnen Vermögensmassen (§§ 1416 ff BGB)

Die Gütergemeinschaft kennt fünf verschiedene Vermögensmassen: **2**
- das Gesamtgut (Rn. 3 f),
- das Sondergut des Mannes (Rn. 6 f),
- das Sondergut der Frau (ebenfalls Rn. 6),
- das Vorbehaltsgut des Mannes (Rn. 8) und
- das Vorbehaltsgut der Frau (ebenfalls Rn. 8).

## I. Gesamtgut

### 1. Rechtsnatur

Bei der Gütergemeinschaft bleiben das Vermögen des Mannes und das Vermögen **3** der Frau nicht wie bei der Gütertrennung oder der Zugewinngemeinschaft selbständig nebeneinander bestehen. Beide Vermögen werden vielmehr zum „Gesamtgut" zusammengefasst (§ 1416 I BGB). Unerheblich ist es dabei, ob dieses Vermögen von Anfang an vorhanden war oder erst während des Güterstandes hinzuerworben wurde. Es entsteht keine neue Rechtspersönlichkeit, sondern eine **Gemeinschaft zur gesamten Hand** (§ 1419 BGB). Eigentümer des Gesamtguts sind die beiden Eheleute in ihrer gesamthänderischen Verbundenheit. Die gesamthänderische Bindung des Gesamtguts ergibt sich aus § 1419 BGB. Danach kann ein Ehegatte weder über seinen Anteil am Gesamtgut, noch über einzelne Gegenstände verfügen, die zum Gesamtgut gehören. Die Bindung geht so weit, dass auch **keine Teilung** verlangt werden kann. Das ist der wesentliche Unterschied zu der nach § 749 I BGB stets aufhebbaren Bruchteilsgemeinschaft.

Die Gemeinschaft an den einzelnen Gegenständen entsteht kraft Gesetzes, rechts- **4** geschäftliche Übertragungen sind unnötig; § 1416 II BGB. Auf einen Willen des

Erwerbenden, für die Gemeinschaft zu handeln, kommt es bei einem spätere Erwerb nicht an[1]. Kauft etwa ein Ehegatte nach der Begründung der Gütergemei schaft ein Grundstück im eigenen Namen, wird er zwar zunächst Alleineigentüme es bildet sich aber sofort ohne sein weiteres Zutun gemeinschaftliches Eigentur Wird der Erwerber als Alleineigentümer ins Grundbuch eingetragen, wird es unric tig. Es entsteht ein Berichtigungsanspruch nach § 1416 III i. V. m. § 894 BGB. F die Zugehörigkeit zum Gesamtgut besteht eine **Vermutung**, die Zugehörigkeit einer anderen Vermögensmasse (Sonder- oder Vorbehaltsgut) ist daher von de Behauptenden zu beweisen[2].

## 2. Umfang des Gesamtguts

5    Soweit nicht ausnahmsweise Vorbehaltsgut (Rn. 8 f) oder Sondergut (Rn. 6 f) vc liegt, entsteht eine umfassende Eigentumsgemeinschaft an allen **eingebrachte ererbten und geschenkten Gegenständen** (s. Rn. 95 f) sowie an allen **später erwo benen Gegenständen.** Dazu können u. a. gehören:

- Aktien und sonstige Wertpapiere,
- Anteile an einer Kapitalgesellschaft[3],
- das bei beiden Eheleuten vorhandene Bargeld,
- Bausparverträge,
- persönliche Bedarfsgegenstände wie Kleidung und Arbeitsgeräte,
- Hobbygeräte, Briefmarkensammlungen,
- Gewerbebetriebe,
- landwirtschaftliche Betriebe samt Inventar,
- das beiderseitige Erwerbseinkommen,
- Einkünfte aus einem Gewerbebetrieb,
- das Geld auf den Girokonten,
- Grundstücke,
- Haushaltsgegenständet (s. aber Rn. 109),
- Kraftfahrzeuge,
- Ansprüche aus Lebensversicherungen, auch wenn ein Ehepartner den Vertrag im eigenen Namen abgeschlossen hat[4],
- Rentenzahlungen,
- sämtliche Nutzungen des Sonderguts (Rn. 7),
- Schmuck,
- Sparbücher,
- Ansprüche aus einem Verkehrsunfall[5] und
- Ansprüche auf Zugewinn aus einer früheren Zugewinngemeinschaft[6].

---

[1] Palandt/Brudermüller § 1416 Rn. 3.
[2] Palandt/Brudermüller § 1416 Rn. 2.
[3] Zur Behandlung der Anteile an einer Personen- oder Kapitalgesellschaft im Rahmen der Gü gemeinschaft vgl. eingehend Everts in Schulz/Hauß Familienrecht § 1421 BGB Rn. 19 f; zur waltung eines GmbH-Anteils bei gemeinschaftlicher Verwaltung der Gütergemeinschaft s. C Saarbrücken FamRZ 2002, 1035.
[4] Everts in Schulz/Hauß Familienrecht § 1421 BGB Rn. 8, Börger/Engelsing Eheliches Güter Rn. 666 unter Bezug auf BGH FamRZ 1984, 766.
[5] BGH FamRZ 1994, 295.
[6] BGH FamRZ 1990, 256; s. dazu auch OLG Bamberg FamRZ 2001, 1215.

## II. Sondergut

Vom Gesamtgut ist das Sondergut ausgeschlossen. Dazu gehören nach § 1417 II **6**
BGB die Gegenstände, die nicht Gesamtgut werden können, weil sie durch Rechtsgeschäft nicht übertragen werden können. Durch Ehevertrag kann Sondergut nicht
begründet werden, auch nicht durch Bestimmung des Vermögenszuwenders[7]. Zum
Sondergut gehören u. a.:
- Nach §§ 399, 400 BGB nicht abtretbare und daher unpfändbare Forderungen,
- nach § 850 ZPO unpfändbare Arbeitseinkommen,
- nach § 1059 BGB nicht übertragbarer Nießbrauch,
- Beteiligungen an einer Personengesellschaft (OHG und KG)[8],
- nach § 29 UrhG nicht übertragbare Urheberrecht,
- beschränkte persönliche Dienstbarkeiten nach § 1092 BGB.

Das Sondergut wird zwar von dem Ehegatten, dem es zusteht, selbständig ver- **7**
waltet, aber nur **„für Rechnung"** des Gesamtguts. Dies bedeutet, dass sämtliche
Nutzungen in das Gesamtgut fallen. Wirtschaftlich gesehen ist das Sondergut daher
**dem Gesamtgut zuzurechnen.** Es stellt keine Privilegierung wie das Vorbehaltsgut
dar. Seine Sonderstellung ergibt sich nur daraus, dass über das Sondergut nicht ohne
weiteres verfügt werden kann.

## III. Vorbehaltsgut

Wem die vollständige Verflechtung der beiderseitigen Vermögen zu weit geht, der **8**
kann sich durch Vorbehaltsgut einen Freiraum schaffen. Für Vorbehaltsgut gelten
die gleichen Regeln **wie bei Gütertrennung.** Der jeweilige Berechtigte von Vorbehaltsgut ist daher in seiner Verwaltungs- und Verfügungsfreiheit nicht beeinträchtigt. Das Vorbehaltsgut wird für **eigene Rechnung** verwaltet; § 1418 III BGB. Bei
gemeinsamer Benutzung von Vorbehaltsgut ist der andere Ehegatte Mitbesitzer[9].
Der Umfang des Vorbehaltsguts ist in § 1418 II BGB bestimmt. **9**
- Dazu zählen die Gegenstände, die durch einen **förmlichen Ehevertrag** zum Vorbehaltsgut erklärt worden sind § 1418 II 1 BGB.
- Zum Vorbehaltsgut gehören aber auch **ererbte oder geschenkte Gegenstände,**
wenn der Erblasser durch letztwillige Verfügung oder der Schenker bei der Zuwendung bestimmt hatte, dass der Gegenstand **Vorbehaltsgut sein soll;** § 1418
II 2 BGB. Die Zuweisung zum Vorbehaltsgut muss nicht „expressis Verbis"
geschehen. Es genügt, wenn klar erkennbar ist, dass die Zuwendung nicht Gesamtgut werden soll[10].
- Dazu gehört nach § 1418 II 3 BGB auch das, was der Berechtigte „auf Grund eines
zu seinem Vorbehaltsgut gehörenden Rechts" erwirbt. Das sind alle **Einkünfte.**
- Nach der gleichen Bestimmung werden alle Gegenstände, die der Berechtigte als
Ersatz für die Zerstörung, Beschädigung oder Entziehung eines zum Vorbehaltsgut gehörenden Gegenstandes erwirbt, ebenfalls wieder Vorbehaltsgut (**Surrogation**).

---

[7] Palandt/Brudermüller § 1417 Rn. 1.
[8] Everts in Schulz/Hauß Familienrecht § 1421 Rn. 22 f, Palandt/Brudermüller § 1417 Rn. 2.
[9] Palandt/Brudermüller § 1418 Rn. 1.
[10] Vgl. KK-FamR/Weinreich Kap 9 Rn. 196, Palandt/Brudermüller § 1418 Rn. 4.

- Ebenfalls nach § 1418 II 3 BGB fallen alle Gegenstände ins Vorbehaltsgut, die der Berechtigte durch ein Rechtsgeschäft erwirbt, das sich **auf das Vorbehaltsgut bezieht.**

10 Bei **Unterhaltsverpflichtungen** sind die Einkünfte des Vorbehaltsguts erst nach den Einkünften des Gesamtguts heranzuziehen; § 1420 BGB[11].

# B. Verwaltung des Gesamtguts

11 Das Gesamtgut – häufig handelt es sich um einen landwirtschaftlichen Betrieb – muss in rechtlicher und tatsächlicher Hinsicht betreut werden. Alle damit zusammenhängenden Handlungen gehören zu seiner Verwaltung. Nach § 1421 S. 1 BGB muss **im Ehevertrag** bestimmt werden, ob das Gesamtgut vom Mann, von der Frau oder von ihnen gemeinschaftlich verwaltet werden soll. Enthält der Ehevertrag hierüber keine Bestimmung, verwalten die Ehegatten nach § 1421 S. 2 BGB das Gesamtgut gemeinschaftlich. In dem Zeitraum zwischen der Beendigung der Gütergemeinschaft (s. Rn. 51 f) und der endgültigen Auseinandersetzung verwalten die Ehegatten das Gesamtgut nach § 1472 I BGB stets gemeinschaftlich (s. Rn. 63).

## I. Verwaltung durch einen Ehegatten

12 Dem allein verwaltenden Ehegatten gesteht § 1422 S. 1 BGB ein **umfassendes Verwaltungsrecht** zu. Er darf das Gesamtgut in Besitz nehmen und darüber grundsätzlich alleine verfügen. Aus § 1353 BGB wird allerdings auch bei Alleinverwaltung durch einen Ehegatten ein Recht des anderen zum Mitbesitz an der Ehewohnung und am Hausrat abgeleitet[12]. Anfallende Prozesse führt der verwaltende Ehegatte als Prozessstandschafter im **eigenen Namen.** Der Verwalter kann aber nur das Gesamtgut verpflichten, der andere Ehegatte wird durch die Verwaltungshandlungen nicht persönlich verpflichtet; § 1422 S. 2 BGB. In Passivprozessen, die das Gesamtgut betreffen, ist der Verwalter persönlich zu verklagen, ein Urteil gegen ihn genügt zur Zwangsvollstreckung; § 740 I ZPO.

13 Der andere Ehegatte ist von der Verwaltung ausgeschlossen. Er hat auch **kein Widerspruchsrecht.**[13] Die Mitarbeit des nichtverwaltenden Ehegatten kann daher immer nur im Rahmen einer **Unterordnung** erfolgen. Bei Geschäften über das Gesamtgut im Ganzen, bei Verfügungen über Grundstücke und bei Schenkungen ist allerdings seine **Zustimmung** erforderlich (§§ 1423 f BGB). In der Praxis wird die Rolle des nichtverwaltenden Ehegatten häufig durch **Vollmachtserteilungen** erheblich aufgewertet. Die Vollmachten sind aber, soweit sie nicht im Ehevertrag erteilt wurden, nach § 168 BGB frei widerruflich. Hat der nichtverwaltende Ehegatte ohne Vollmacht über einen Gegenstand des Gesamtguts verfügt, liegt die **Verfügung eines Nichtberechtigten** nach § 185 BGB vor[14].

---

[11] Ausführlich zum Unterhalt bei Gütergemeinschaft s. Wendl/Dose § 6 Rn. 400 f; FA-FamR/Weinreich Kap. 9 Rn. 217 f.

[12] MK/Kanzleiter § 1422 Rn. 13.

[13] Palandt/Brudermüller § 1422 Rn. 3.

[14] Palandt/Brudermüller aaO.

Für den nichtverwaltenden Ehegatten gibt es in § 1429 BGB ein **Notverwal-** 14
**tungsrecht** als Stellvertreter, wenn der Verwalter durch Krankheit oder Abwesenheit verhindert ist. Rechtsgeschäfte dürfen aber nur dann vorgenommen werden, wenn „mit dem Aufschub Gefahr verbunden ist". Betreibt der nichtverwaltende Ehegatte mit Einwilligung des verwaltenden Ehegatten ein selbständiges **Erwerbsgeschäft**, so kann er seinen eigenen Aufgabenbereich selbständig mit Wirkung für das Gesamtgut regeln (§ 1431 BGB). Für die in § 1432 BGB aufgeführten erbrechtlichen Angelegenheiten ist er allein zuständig.

Kommt es zwischen den Eheleuten zum **Streit**, weil der nichtverwaltende Ehegat- 15
te nicht genügend Geld „zur ordnungsmäßigen Besorgung seiner persönlichen Angelegenheiten" erhält, kann das **Familiengericht** nach § 1430 BGB die Zustimmung des Verwalters zu den erforderlichen Geldabhebungen ersetzen. Zu den „persönlichen Angelegenheiten" zählt vor allem der **Unterhalt**, aber es kann sich auch um einen Prozesskostenvorschuss für das Scheidungsverfahren handeln. Förmliche Unterhaltsklagen als selbständige Verfahren vor dem Familiengericht sind daher in der Regel ausgeschlossen[15].

Die **Pflichten des Verwalters** ergeben sich aus § 1435 BGB. Das Gesamtgut ist 16
„ordnungsmäßig" zu verwalten. Der Verwalter hat die Stellung eines Treuhänders, der sich für die Werterhaltung und die Mehrung des Gesamtguts einzusetzen hat.[16]
Er muss den anderen Ehegatten über die Verwaltung unterrichten und auf Verlangen **Auskunft** über den Stand der Verwaltung erteilen (§ 1435 BGB). Von erheblicher Bedeutung ist die Verpflichtung zum **Schadensersatz** bei schuldhaften Vermögensminderungen gemäß § 1435 S. 3 BGB. Diese Bestimmung hat eine Warnfunktion. Dem Verwalter sind allerdings nicht alle missglückten Geschäfte anzulasten, weil ein gewisses Risiko bei jeder Verwaltung in Kauf genommen werden muss[17]. Haftungsmaßstab ist die Sorgfalt, die der Verwalter in seinen eigenen Angelegenheiten anzuwenden pflegt (§ 1359 BGB). Fällig wird der Schadensersatz erst nach der Beendigung des Güterstands (vgl. Rn. 49).

Wird über das Vermögen des Alleinverwalters das Insolvenzverfahren eröffnet, 17
gehört das Gesamtgut zur Insolvenzmasse; § 37 I 1 InsO. In der Insolvenz des nicht verwaltenden Ehegatten gehört dessen Anteil am Gesamtgut nicht zur Insolvenzmasse.[18] Der Verwalter kann daher die Gegenstände des Gesamtguts nach § 47 InsO aussondern[19].

## II. Verwaltung durch beide Ehegatten

Haben die Eheleute im Ehevertrag eine gemeinsame Verwaltung vereinbart oder 18
eine Bestimmung zur Verwaltung nicht getroffen, wird das Gesamtgut gemeinschaftlich verwaltet (§ 1421 BGB). In diesem Fall müssen alle Verfügungen gemeinsam getroffen werden. Das Leitbild ist eine **vollständige Gleichberechtigung** und durchgehende Partnerschaft. Gehören zum Gesamtgut Firmenbeteiligungen, dürfen auch

---

[15] BGH FamRZ 1990, 851; ausführlich zum Unterhalt bei Gütergemeinschaft s. Wendl/Dose § 6 Rn. 400 ff; KK-FamR/Weinreich Kap. 9 Rn. 217.
[16] Vgl. Palandt/Brudermüller § 1435 Rn. 2.
[17] Palandt/Brudermüller aaO Rn. 4.
[18] BGH FamRZ 2006, 1030.
[19] BGH aaO.

die hieraus sich ergebenden Stimmrechte nur gemeinschaftlich ausgeübt werden. Dies gilt selbst dann, wenn es sich um eine GmbH handelt, an der nur die Ehegatten mit unterschiedlichen Quoten als Gesellschafter beteiligt sind. Der Ehegatte mit dem höheren Geschäftsanteil kann den anderen nicht überstimmen[20]. Alle Gesellschafterbeschlüsse müssen **einstimmig** erfolgen.

19   In der Praxis wird diese manchmal etwas umständliche Regelung durch **gegenseitige Bevollmächtigungen** aufgelockert. Diese Vollmachten bedürfen nicht der Form eines Ehevertrags. Es genügen auch stillschweigende Zustimmungen. Eine konkludente Vollmachtserteilung ist vor allem dann anzunehmen, wenn ein Ehegatte dem anderen die Verwaltung bestimmter Angelegenheiten überlassen hat.[21]

20   Auch **Rechtsstreitigkeiten**, die das Gesamtgut betreffen, müssen die Eheleute **gemeinsam führen.** Die Klage eines Ehegatten alleine ist mangels Aktivlegitimation abzuweisen[22]. Ein Urteil genügt zur Zwangsvollstreckung in das Gesamtgut nur, wenn beide Ehegatten zur Leistung verurteilt sind; § 740 II ZPO.

21   Dritte müssen bei Rechtsgeschäften, die das Gesamtgut betreffen, grundsätzlich **gegenüber beiden Ehegatten** gemeinsam handeln. Eine wichtige Ausnahme von dieser Regel ergibt sich aus der in § 1450 II BGB angeordneten **Empfangszuständigkeit** für Willenserklärungen. Zur Sicherheit des Rechtsverkehrs genügt es, wenn empfangsbedürftige Willenserklärungen nur einem Ehegatten zugegangen sind. Dazu zählen Vertragsannahmen, Anfechtungen, Kündigungen und Mahnungen.

22   Verfügungen, die ein Ehegatte einseitig vorgenommen hat, sind nach § 1453 i. V. m. § 1366 BGB **schwebend unwirksam.** Dem übergangenen Ehegatten steht frei, ob er die Verfügungen durch seine Genehmigung wirksam (§ 1366 I BGB) oder durch Verweigerung der Genehmigung endgültig unwirksam werden lässt (§ 1366 IV BGB). Einseitige Verfügungen, wie Kündigungen, sind von Anfang an unwirksam (§ 1453 I i. V. m. § 1367 BGB). § 1453 BGB spricht nur von Verfügungen, weil schuldrechtliche Verpflichtungen ohne die erforderliche Mitwirkung des anderen Ehegatten für das Gesamtgut stets unwirksam sind.[23]

23   Ähnlich wie bei der Einzelverwaltung gibt es auch hier **Notverwaltungsrecht.** Ist ein Ehegatte durch Krankheit oder Abwesenheit verhindert, bei einem Rechtsgeschäft mitzuwirken, können die erforderlichen Erklärungen auch ohne ihn mit Wirkung für das Gesamtgut vorgenommen werden, wenn mit dem Aufschub Gefahr verbunden ist (§ 1454 BGB).

24   Einen Katalog weiterer Tatbestände, die alleiniges Handeln zulassen, enthält § 1455 BGB. In den meisten Fällen handelt es sich um **ganz persönliche Geschäfte**, bei denen zum Schutz der Individualsphäre die Mitbestimmung des anderen Ehegatten ausgeschlossen wird. Das trifft vor allem für die Entscheidung zu, ob eine Erbschaft oder eine Schenkung angenommen werden soll. Von besonderer Bedeutung ist die in § 1455 Nr. 10 BGB enthaltene Generalklausel, nach der jeder Ehegatte die zur Erhaltung des Gesamtguts notwendigen Maßnahmen allein treffen kann, wenn mit dem Aufschub Gefahr verbunden ist. Dazu zählen auch tatsächliche Handlungen, die Wertminderungen und Schäden vom Gesamtgut abwenden. solchen Maßnahmen ist ein Ehegatte in der Regel sogar verpflichtet. Betreibt

---

[20] OLG Saarbrücken FamRZ 2002, 1034.
[21] Palandt/Brudermüller § 1450 Rn. 2.
[22] Börger/Engelsing Rn. 719.
[23] Palandt/Brudermüller § 1453 Rn. 1.

Ehegatte mit Einwilligung des anderen Ehegatten ein selbständiges **Erwerbsgeschäft**, so kann er seinen eigenen Aufgabenbereich selbständig mit Wirkung für das Gesamtgut regeln (§ 1456 BGB).

Bei einem Streit der Ehegatten über bestimmte Verwaltungsmaßnahmen trifft auf Antrag das **Familiengericht** die Entscheidung und ersetzt die Zustimmung des anderen Ehegatten (§ 1452 BGB). | **25**

> **Beispielsfall:**[24] M und F leben in Gütergemeinschaft ohne Vorbehaltsgut. Das Gesamtgut wird von beiden verwaltet. Nach dem Scheitern der Ehe zieht M aus und nimmt sich im Einvernehmen mit F eine neue Wohnung. Dazu kauft M für 10 000 € neue Möbel mit einem Verbraucherkredit. Zum Gesamtgut gehört ein Sparkonto, auf dem 15 000 € liegen. Damit möchte M den Kredit ablösen. F ist damit nicht einverstanden und verweigert ihre Zustimmung.

Die Zustimmung **kann nach § 1452 BGB ersetzt werden,** wenn ein Rechtsgeschäft zur ordnungsgemäßen Verwaltung erforderlich ist und die Zustimmung ohne ausreichenden Grund verweigert wird. Da M ohne Vorbehaltsgut ist, kann das neue Mobiliar nur mit Mitteln des Gesamtguts bezahlt werden. Denn auch die laufenden Einkünfte von M gehören zum Gesamtgut.[25] Einer ordnungsgemäßen Verwaltung des Gesamtguts entspricht es aber nicht, wenn die neuen Möbel mit einem teuren Verbraucherkredit bezahlt werden, obwohl ein schlecht verzinstes Sparguthaben vorhanden ist.[26] Es ist daher richtig, den Kredit mit dem Sparguthaben abzulösen. Zu klären ist aber noch, ob F ihre Zustimmung ohne ausreichenden Grund verweigert. Die Verweigerung kann auf wirtschaftliche und ideelle Gründe gestützt werden[27]. Die Verweigerung ist daher nicht grundlos, wenn das beabsichtigte Rechtsgeschäft Nachteile bringt oder den Familienfrieden beeinträchtigt[28]. Wenn derartige Ausnahmesituationen nicht vorliegen, kann die Zustimmung ersetzt werden. Das gilt auch bei **Unterhaltsstreitigkeiten**[29]. | **26**

Bei gemeinschaftlicher Verwaltung kennt das Gesetz keine Unterrichtungs- und Auskunftspflichten (vgl. § 1435 S. 2 BGB bei der Alleinverwaltung). Bei tatsächlicher Verhinderung eines Ehegatten und bei Vollmachtserteilungen können sich jedoch **Auskunftsansprüche** aus §§ 1353, 681, 666 BGB ergeben. | **27**

Bei **schuldhaften Gesamtgutsminderungen** entsteht analog § 1435 S. 3 BGB (s. Rn. 16) eine Schadensersatzpflicht.[30] Schadensersatz ist auch dann zu leisten, wenn die Mitwirkung nur im tatsächlichen Bereich, etwa bei der Viehversorgung oder Ernteeinbringung, verweigert wurde. Voraussetzung für eine Haftung ist jedoch eine intakte Ehe. Erfolgt die „Arbeitsniederlegung", weil sonst die zur Scheidung erforderliche Trennung nicht herbeigeführt werden kann, besteht keine Ersatzpflicht.[31] | **28**

---

[24] Nach BayObLG FamRZ 2001, 1214.
[25] BGH FamRZ 1990, 851.
[26] BayObLG FamRZ 2001, 1214.
[27] BayObLG FamRZ 1990, 411, 412.
[28] MK/Kanzleiter § 1426 Rn. 5.
[29] BGH FamRZ 1990, 851; näher s. auch Wendl/Dose § 6 Rn. 400 ff; FA-FamR/Weinreich Kap. 9 Rn. 217 f.
[30] BGH FamRZ 1986, 40, 42.
[31] BGH aaO.

Bei gemeinschaftlicher Verwaltung wird das Gesamtgut durch das **Insolvenzver** **fahren** über das Vermögen eines Ehegatten nicht berührt; § 37 II InsO. In diesem Fall ist jedoch ein selbständiges Insolvenzverfahren über das Gesamtgut nach § 11 II 2, § 333 InsO möglich.

## C. Gesamtgutsverbindlichkeiten

### I. Überblick

29  Wegen der verschiedenen Vermögensmassen (Gesamtgut, Sondergut, Vorbehalts gut) und der verschiedenen Verwaltungszuständigkeiten (Ehemann, Ehefrau, beide zusammen) gibt es beim Güterstand der Gütergemeinschaft eine Reihe mehr oder weniger schwieriger Haftungsregelungen. Da der Gütergemeinschaft keine eigene Rechtspersönlichkeit zukommt, kann es zwar nur persönliche Verbindlichkeiten der Eheleute geben. Mit dem Gesamtgut, dem Sondergut und dem Vorbehaltsgut gibt es aber ganz verschiedene Haftungsobjekte. Wenn für die Verbindlichkeiten des Ehemannes, der Ehefrau oder beider Eheleute das Gesamtgut haftet, spricht das Gesetz von Gesamtgutsverbindlichkeiten (§§ 1437, 1459 BGB) Bei der Auseinan dersetzung des Gesamtguts sind diese sorgfältig zu ermitteln, weil nach § 1475 BGB „zunächst die Gesamtgutsverbindlichkeiten zu berichtigen" sind. Bei allen Verbindlichkeiten der Eheleute ist daher vorweg zu klären, ob das Gesamtgut dafür haftet. Es gibt nämlich auch Verpflichtungen, für die nur das **Sonder- oder Vor** **behaltsvermögen** eines Ehegatten haftet. Die Haftung des Gesamtguts ist nicht einheitlich geregelt. Das Gesetz unterscheidet danach, ob das Gesamtgut von einem Ehegatten allein (Rn. 33 f) oder von beiden gemeinschaftlich (Rn. 30 f) verwaltet wird. In der Liquidationsphase haftet das Gesamtgut nicht mehr für neue Schulden (Rn. 61).

### II. Haftung des Gesamtguts bei gemeinsamer Verwaltung

30  Wird das Gesamtgut gemeinschaftlich verwaltet, richtet sich die Haftung nach §§ 1459 bis 1462 BGB. Die Grundnorm ist § 1459 I BGB. Danach können sämtliche Gläubiger des Mannes und sämtliche Gläubiger der Frau, „soweit sich aus §§ 1460 bis 1462 nichts anderes ergibt", Befriedigung aus dem Gesamtgut verlangen. Das Gesamtgut haftet zunächst für alle Schulden, die bereits **bei Beginn des Güterstand** bestanden. Hat z.B. ein Ehegatte bei der Errichtung der Gütergemeinschaft Schul den wegen Unterschlagungen, werden auch diese „vergemeinschaftet". Das Gleiche gilt für Unterhaltsrückstände. Nach § 1459 II BGB haftet der andere Ehegatte während des Bestehens der Gütergemeinschaft sogar „persönlich", also zusätzlich mit seinem Vorbehalts- und Sondergut für diese Schulden. Für Verbindlichkeiten die nach Beginn des Güterstands entstehen, gilt – abgesehen von den in §§ 1460 1462 BGB geregelten Ausnahmen – nichts anderes. Besonders ungünstig wirkt sich diese **umfassende Schuldenhaftung** auf die Höhe von **Unterhaltsverpflichtung** eines Ehegatten gegenüber Verwandten aus, weil nach §§ 1583, 1604 BGB Einkünfte aus dem Gesamtgut dem Unterhaltsschuldner als Einkommen zugerech net werden müssen. Auch **Schulden aus deliktischem Verhalten** nur eines Ehegat

ten gehören zu den Gesamtgutsverbindlichkeiten[32]. Sogar Geldstrafen sind daher aus dem Gesamtgut zu zahlen. Die Eheleute haften stets auch persönlich als Gesamtschuldner § 1459 II 1 BGB.

Von diesen Grundregeln gibt es nur wenige **Ausnahmen:**                                    31

▶ Nach § 1460 I BGB haftet das Gesamtgut nicht für solche Rechtsgeschäfte, die ein Ehegatte während der Gütergemeinschaft **bei gemeinsamer Verwaltung** ohne Zustimmung des anderen vornimmt. Damit wird dessen Mitwirkungsrecht abgesichert. Der einseitig handelnde Ehegatte kann nur sich selbst verpflichten, nicht aber den anderen und auch nicht das Gesamtgut. Die Haftung des selbstherrlich Handelnden beschränkt sich dann auf sein **Vorbehalts- und Sondergut**. Eine Gesamtgutsverbindlichkeit könnte in dieser Situation nur entstehen, wenn der Handelnde ausnahmsweise nach §§ 1454 bis 1456 BGB zur Alleinverwaltung berechtigt gewesen wäre (vgl. Rn. 23 f). Betreibt ein Ehegatte mit Einwilligung des anderen eine Arztpraxis und nimmt er zu diesem Zweck ohne Mitwirkung des anderen einen Kredit auf, ist nach § 1456 i. V. m. § 1462 S. 2 BGB eine Gesamtgutsverbindlichkeit entstanden. Wird der Kredit jedoch nach der Trennung der Eheleute für die Lebensführung benötigt, liegt kein Zusammenhang mehr mit dem „Geschäftsbetrieb" vor. In diesem Fall entsteht keine Gesamtgutsverbindlichkeit[33].

▶ Nach § 1461 BGB haftet das Gesamtgut nicht für Verbindlichkeiten einer **Erbschaft,** die während der Gütergemeinschaft als **Vorbehalts- oder Sondergut** erworben wurde.

▶ Nach § 1462 S. 1 BGB haftet das Gesamtgut nicht für Verbindlichkeiten, die während des Güterstands anfallen und das **Vorbehalts- und Sondergut** betreffen. Diese Vermögensmassen müssen für ihre Passiva grundsätzlich selbst aufkommen. Eine Ausnahme enthält § 1462 S. 2 BGB.

Für die Zwangsvollstreckung in das Gesamtgut ist bei gemeinsamer Verwaltung 32 ein Leistungstitel gegen **beide Ehegatten** erforderlich (§ 740 II ZPO)[34].

## III. Haftung des Gesamtguts bei Alleinverwaltung

Wird das Gesamtgut von einem Ehegatten allein verwaltet, richtet sich die Haf- 33 tung nach §§ 1437 bis 1440 BGB. Die Grundnorm ist § 1437 I BGB. Danach können die Gläubiger des Verwalters und, „soweit sich aus den §§ 1438 bis 1440 nichts anderes ergibt", auch die Gläubiger des **anderen Ehegatten** Befriedigung aus dem Gesamtgut verlangen. Eine Haftung des Gesamtguts tritt ebenfalls ein, wenn der nichtverwaltende Ehegatte **mit Zustimmung** des Verwalters gemäß § 1431 BGB ein **Erwerbsgeschäft** selbständig betreibt. Nach § 1438 II 1 BGB haftet das Gesamtgut sogar für alle Prozesskosten, die den nichtverwaltenden Ehegatten treffen.

Nach § 1437 II BGB haftet der Verwalter während des Bestehens der Güter- 34 gemeinschaft auch „**persönlich**", also zusätzlich **mit seinem Vorbehalts- und Sondergut** für die Gesamtgutsverbindlichkeiten des anderen. Den nichtverwaltenden Ehegatten trifft dagegen keine persönliche Haftung für die Verbindlichkeiten des

---

[32] Palandt/Brudermüller § 1459 Rn. 2, 3.
[33] BGH FamRZ 1982, 468.
[34] Näheres dazu MK/Kanzleiter § 1459 Rn. 10.

Verwalters. Für die bei Beginn der Gütergemeinschaft vorhandenen Schulden des Verwalters haftet er daher nur mit seinem Anteil am Gesamtgut, nicht aber zusätzlich mit seinem Vorbehalts- und Sondergut. Dem Grundsatz nach besteht eine **umfassende Haftung** des Gesamtguts für die Verbindlichkeiten beider Ehegatten.

35    Von diesen Grundregeln gibt es jedoch auch hier Ausnahmen:
▶ Nach § 1438 I BGB haftet das Gesamtgut nicht bei **eigenmächtigem Handeln** des nichtverwaltenden Ehegatten. Dieser kann das Gesamtgut nur im Rahmen der Notverwaltungsrechte nach § 1429 BGB (s. Rn. 14) verpflichten.
▶ Nach § 1439 BGB haftet das Gesamtgut nicht für Verbindlichkeiten, die dem nichtverwaltenden Ehegatten durch den Anfall einer **Erbschaft** entstehen, die als **Vorbehalts- oder Sondergut** erworben wird.
▶ Nach § 1440 S. 1 BGB haftet das Gesamtgut auch nicht für Verbindlichkeiten, die während des Güterstands anfallen und das **Vorbehalts- und Sondergut** des nichtverwaltenden Ehegatten betreffen. Eine Ausnahme davon enthält § 1440 S. 2 BGB.

36    Für die **Zwangsvollstreckung** in das Gesamtgut genügt ein Leistungsurteil gegen den verwaltenden Ehegatten (§ 740 I ZPO)[35].

# D. Ansprüche des Gesamtguts gegen die Eheleute

## I. Überblick

37    Dem partnerschaftlichen Charakter der Gütergemeinschaft entspricht es, dass die Gesamtgutsverbindlichkeiten grundsätzlich gemeinsam von den Eheleuten getragen werden (vgl. Rn. 29 ff). Für das Außenverhältnis, also den Gläubigern gegenüber, gilt dieser Grundsatz nahezu uneingeschränkt. Im **Innenverhältnis** bestehen jedoch aus Billigkeitserwägungen zum Teil weit reichende Einschränkungen, die bei der Auseinandersetzung zu **Ausgleichsansprüchen** der Eheleute untereinander führen können. In gesetzlich näher bestimmten Fällen (vgl. Rn. 39 f, 45 f) treffen die Gesamtgutsverbindlichkeiten intern nur den Ehegatten, in dessen Person sie entstanden sind. Die Abrechnung erfolgt allerdings erst nach der Beendigung des Güterstands (Rn. 49). Auch bei diesen Ansprüchen muss danach unterschieden werden, ob die Verwaltung gemeinschaftlich oder durch einen Ehegatten allein ausgeübt wurde.

38    Der Streit, ob eine Gesamtgutsverbindlichkeit von einem Ehegatten im Innenverhältnis allein zu tragen ist, kann durch eine **Feststellungsklage** geklärt werden[36].

## II. Ansprüche des Gesamtguts bei Alleinverwaltung

39    Die wichtigste Bestimmung ist § 1441 Nr. 1 BGB. Danach fallen Verbindlichkeiten aus einer nach Eintritt der Gütergemeinschaft begangenen **unerlaubten Handlung** im Innenverhältnis nur dem Ehegatten zur Last, „in dessen Person sie entstehen". Das gilt auch für die Kosten eines **Strafverfahrens**. Ist ein Ehegatte während des Güterstands wegen einer Trunkenheitsfahrt bestraft worden, wird eine angefallene Geldstrafe einschließlich der Kosten des Strafverfahrens und der Ver-

---

[35] Näheres dazu MK/Kanzleiter § 1437 Rn. 12
[36] Palandt/Brudermüller § 1446 Rn. 2 am Ende

teidigung in der Abrechnung bei Beendigung des Güterstands zu Lasten dieses Ehegatten berücksichtigt. Unter diese Bestimmung fallen auch die gegen den anderen Ehegatten begangenen unerlaubten Handlungen. Ansprüchen aus Straftaten, die vor dem Beginn der Gütergemeinschaft liegen, kann sich der andere Ehegatte dagegen nicht entziehen[37].

Nach § 1441 Nr. 2 BGB fallen jedem Ehegatten im Innenverhältnis die Verbind- **40** lichkeiten allein zur Last, die sich auf sein **Vorbehalts- oder Sondergut** beziehen. Dies gilt auch dann, wenn sie vor dem Beginn der Gütergemeinschaft oder vor der Zeit entstanden sind, zu der „das Gut Vorbehaltsgut oder Sondergut geworden ist".

Entsteht hinsichtlich der in § 1441 Nr. 1 und 2 BGB erwähnten Verbindlichkeiten **41** (s. Rn. 39, 40) ein **Rechtsstreit**, hat dessen Kosten ebenfalls derjenige Ehegatte im Innenverhältnis allein zu tragen, in dessen Person sie entstanden sind (§ 1441 Nr. 3 BGB). Eine Ausnahmebestimmung enthält § 1442 BGB.

**Prozesskosten** aus Rechtsstreitigkeiten der Eheleute untereinander, für die nicht **42** bereits § 1441 Nr. 3 BGB gilt, treffen im Innenverhältnis den Ehegatten, der sie auch nach den allgemeinen Vorschriften zu tragen hat (§ 1443 I BGB). Insoweit können daher bei Beendigung des Güterstands noch Abrechnungen vorgenommen werden. Führt der nichtverwaltende Ehegatte einen Rechtsstreit **mit einem Dritten**, bilden die Kosten zwar eine Gesamtgutsverbindlichkeit, im Innenverhältnis sind sie jedoch von diesem Ehegatten allein zu tragen (§ 1443 II 1 BGB). Von diesem Grundsatz macht § 1443 II 2 BGB eine Ausnahme. Führt der Verwalter einen Prozess mit einem Dritten, bleibt es, da eine anderweitige gesetzliche Bestimmung fehlt, bei der Grundregel, dass kein Ausgleichsanspruch besteht, falls nicht der Ausnahmetatbestand des § 1441 Nr. 3 BGB vorliegt.

Verspricht oder gewährt der Verwalter den gemeinsamen Kindern eine **übertrie- 43 ben große Ausstattung**, kann nach § 1444 I BGB bei Beendigung des Güterstands noch eine Abrechnung vorgenommen werden. Den nicht mehr angemessenen Teil der Ausstattung hat der Verwalter im Innenverhältnis allein zu tragen. Wird einem nicht gemeinsamen Kind eine Ausstattung versprochen oder gewährt, hat der betreffende Elternteil die Kosten im Innenverhältnis allein zu tragen (§ 1444 II Hs. 1 BGB). Nach § 1444 II Hs. 2 gilt dies für den nichtverwaltenden Elternteil jedoch nur, wenn er zugestimmt hat oder die Ausstattung dem Gesamtgut entsprach.

Verwendet der Verwalter Gesamtgut in sein **Vorbehalts- oder Sondergut**, hat er **44** Ersatz zu leisten (§ 1445 I BGB). Nach § 1445 II BGB kann er bei Verwendungen in umgekehrter Richtung Ersatz verlangen. Zur Ersatzpflicht bei schuldhaftem Verhalten gemäß § 1435 S. 3 BGB vgl. Rn. 16.

## III. Ansprüche des Gesamtguts bei gemeinsamer Verwaltung

Die zentrale Vorschrift ist § 1463 Nr. 1 BGB. Danach fallen Verbindlichkeiten aus **45** einer **nach** Beginn der Gütergemeinschaft begangenen **unerlaubten Handlung** nur dem Ehegatten zur Last, „in dessen Person sie entstehen". Diese Bestimmung entspricht der Regelung bei Alleinverwaltung in § 1441 Nr. 1 BGB (vgl. Rn. 39). Nach § 1463 Nr. 2 BGB hat jeder Ehegatte im Innenverhältnis die Verbindlichkeiten allein zu tragen, die sich auf sein Vorbehalts- oder Sondergut beziehen. Bei Alleinverwal-

---

[37] MK/Kanzleiter § 1441 Rn. 5.

tung regelt diese Folgen § 1441 Nr. 2 BGB (vgl. Rn. 40). Entsteht hinsichtlich der in § 1463 Nr. 1 und 2 BGB erwähnten Verbindlichkeiten ein **Rechtsstreit,** hat diese Kosten ebenfalls derjenige Ehegatte im Innenverhältnis allein zu tragen, in dessen Person sie entstanden sind (§ 463 Nr. 3 BGB). Eine Ausnahmebestimmung enthält § 1464 BGB.

**46**    Prozesskosten aus **Rechtsstreitigkeiten der Eheleute untereinander,** für die nicht bereits § 1463 Nr. 3 BGB gilt, treffen im Innenverhältnis den Ehegatten, der sie auch nach den allgemeinen Vorschriften zu tragen hat (§ 1465 I BGB). Auch insoweit können daher bei Beendigung des Güterstands noch Abrechnungen vorgenommen werden. Führt ein Ehegatte einen Rechtsstreit mit einem Dritten, bilden die Kosten zwar eine Gesamtgutsverbindlichkeit, im Innenverhältnis sind sie jedoch von diesem Ehegatten allein zu tragen (§ 1465 II 1 BGB). Hinsichtlich der Ausnahmen von diesem Grundsatz vgl. § 1465 II 2 BGB.

**47**    Wird einem nicht gemeinsamen Kind eine Ausstattung gewährt, hat der betreffende Elternteil die Kosten im Innenverhältnis allein zu tragen (§ 1466 BGB). Diese Regelung gilt unabhängig davon, ob der „Stiefelternteil" der Ausstattung zugestimmt hat, und auch ohne Rücksicht auf die Höhe der Ausstattung[38].

**48**    Bei **Umschichtungen** von Gesamtgut in Vorbehalts- oder Sondergut hat jeder Ehegatte Ersatz zu leisten (§ 1467 I BGB). Nach § 1467 II BGB kann er bei Verwendungen in umgekehrter Richtung Ersatz verlangen. Zur Ersatzpflicht bei **schuldhaftem Verhalten** analog § 1435 S. 3 BGB vgl. Rn. 28.

## IV. Fälligkeit und Abwicklung der Ansprüche

**49**    Hat ein Ehegatte eine Gesamtgutsverbindlichkeit im Innenverhältnis allein zu tragen, entsteht ein **Ersatzanspruch,** wenn die Zahlung gleichwohl aus dem Gesamtgut erfolgt. Diese Ausgleichsansprüche werden leider etwas kompliziert abgewickelt. Ihre **Fälligkeit** wird bis zur Beendigung der Gütergemeinschaft hinausgeschoben (§§ 1446 I, 1468 BGB). Sie können sich somit zunächst nicht auswirken. Vor einer Verjährung während der Ehe werden sie durch § 207 I 1 BGB geschützt. Die Abrechnung erfolgt nach § 1476 II BGB am Ende des Güterstands. Danach muss sich jeder Ehegatte das, was er zum Gesamtgut zu ersetzen hat, auf seinen Erlösanteil anrechnen lassen. Es findet also grundsätzlich nur eine **Verrechnung** statt. Dabei darf aber nicht vergessen werden, den Ersatzanspruch vorher der Teilungsmasse hinzuzurechnen, weil zu ihr auch die Ersatzansprüche gehören[39]. Diese stellen in der Regel nur Rechnungsposten dar.

Auf eine sofortige Einziehung beim Schuldner kann aber nach der allgemeinen Regel des § 1475 III BGB nicht mehr verzichtet werden, wenn das Gesamtgut keine ausreichenden flüssigen Mittel zur Befriedigung der Außengläubiger hat. Eine weitere Ausnahme von der späteren Verrechnung sieht das Gesetz für die Fälle vor, denen der Schuldner den Ersatz mit Mitteln des Vorbehalts- oder Sonderguts leisten kann. Bei gemeinsamer Verwaltung gilt das für beide Ehegatten (§ 1468 HS 2 BGB), bei Alleinverwaltung gilt das allerdings nur für den, der das Gesamtgut **nicht** ver-

---

[38] MK/Kanzleiter § 1466 Rn. 3.
[39] BGH FamRZ 1986, 40, 42.

waltet (§ 1446 II HS 2 BGB). Zur Abrechnung im Einzelnen s. das unter Rn. 126 behandelte Beispiel.

Ist die Verbindlichkeit (z. B. eine Geldstrafe) bei der Beendigung der Güter- **50** gemeinschaft noch offen, kann der im Innenverhältnis allein haftende Ehegatte nicht mehr verlangen, dass sie aus dem Gesamtgut beglichen wird (§ 1475 II BGB). Dem anderen Ehegatten steht ein **Wahlrecht** zu. Er kann fordern, dass das Gesamtgut ohne Rücksicht auf die noch offene Verbindlichkeit verteilt wird. Wegen der dann einsetzenden Weiterhaftung nach § 1480 BGB wird er allerdings von dieser Möglichkeit kaum Gebrauch machen, sondern seinerseits Zahlung aus dem Gesamtgut gegen Verrechnung nach § 1476 II BGB verlangen.

# 2. Abschnitt. Beendigung der Gütergemeinschaft

Die Ehegatten können die Gütergemeinschaft nicht formfrei aufheben. Die Güter- **51** gemeinschaft kann nur beendet werden durch
- einen notariellen Ehevertrag nach §§ 1408 ff BGB (Rn. 52),
- ein Aufhebungsurteil nach §§ 1447 f, 1469 f BGB (Rn. 53),
- Scheidung oder Aufhebung der Ehe (Rn. 54).

Die **Trennung** der Eheleute hat keine auflösende Wirkung. Wenn die Eheleute keinen notariellen Aufhebungsvertrag schließen, kein Aufhebungsurteil erstreiten und sich auch nicht scheiden lassen, besteht die Gütergemeinschaft unverändert weiter.

## A. Beendigung durch Ehevertrag

Durch einen notariellen Ehevertrag kann die Gütergemeinschaft jederzeit auf- **52** gehoben werden. Damit allein ist jedoch noch nichts gewonnen. Die Schwierigkeiten liegen in der **Auseinandersetzung.** Wer den Güterstand beendet, ohne gleichzeitig die Folgen zu regeln, lässt sich auf ein großes Risiko ein. Den Parteien muss klar sein, ob sie sich scheiden lassen wollen. Davon hängt nach dem Gesetz die Art der Auseinandersetzung ab. Wenn die Parteien ihre Ehe nicht beenden wollen, gilt das reine **Halbteilungsprinzip** (§ 1476 I BGB). Dabei wird weder auf die Dauer der Ehe noch auf das eingebrachte und ererbte Vermögen Rücksicht genommen. Ein Aufhebungsvertrag kann daher nur empfohlen werden, wenn die Beteiligten in der Lage sind, sich gleichzeitig sach- und interessengerecht über die Aufteilung ihres Vermögens zu verständigen. Ist dies nicht möglich, kann das Eingebrachte, Ererbte und Geschenkte nach § 1478 I BGB nur im Fall einer Scheidung bei der Vermögensauseinandersetzung berücksichtigt werden (Rn. 93 f).

## B. Beendigung durch Aufhebungsklage

Nach §§ 1447, 1448, 1469 BGB kann bei abschließend aufgezählten Pflichtverlet- **53** zungen und Gefährdungen Klage auf Aufhebung der Gütergemeinschaft erhoben werden. Mit Eintritt der Rechtskraft ist dann die Gütergemeinschaft beendet, für die

Zukunft gilt Gütertrennung (§§ 1449 I, 1470 I BGB). Wegen der weiteren Einzelheiten kann auf die Kommentarliteratur verwiesen werden. Für die Praxis haben diese Bestimmungen kaum Bedeutung. Der Grund dafür dürfte auch hier im **Halbteilungsprinzip** des § 1476 I BGB liegen, das die Eheleute praktisch zur Ehescheidung zwingt, wenn sie einen Wertersatz für das von ihnen Eingebrachte nach § 1478 I BGB verlangen wollen.

## C. Beendigung durch Scheidung

54    Haben die Ehegatten weder einen Aufhebungsvertrag geschlossen noch ein Aufhebungsurteil erstritten, endet der Güterstand bei gescheiterter Ehe – wie bei der Zugewinngemeinschaft – mit Eintritt der formellen **Rechtskraft der Scheidung**.[40] Auch bei Gütergemeinschaft kann jeder Ehegatte frei darüber entscheiden, ob er seine Ehe durch Trennung und Scheidung beenden will. Soweit dazu „Rechtsstreitigkeiten" erforderlich sind, sieht das Güterrecht keine Einschränkungen vor. Die Erhebung der Scheidungsklage ist daher zustimmungsfrei.[41]

55    Anders ist es dagegen bei den Rechtsgeschäften, die zur **Durchführung des Scheidungsverfahrens** erforderlich sind. Bei Alleinverwaltung (Rn. 12 f) kann nur der Verwalter das Gesamtgut mit den Anwaltskosten belasten. Will der nichtverwaltende Ehegatte einen Scheidungsanwalt mit Wirkung für das Gesamtgut beauftragen, bedarf er dazu der Zustimmung des Verwalters. Bei Verweigerung kann die Zustimmung durch das Familiengericht nach § 1430 BGB ersetzt werden. Bei **gemeinschaftlicher Verwaltung** muss der andere Ehegatte ebenfalls zustimmen. Auch hier kann die Zustimmung durch das **Familiengericht** ersetzt werden (§ 1452 I BGB). Fehlt die erforderliche Zustimmung, entsteht nur die persönliche Haftung des handelnden Ehegatten.

56    Probleme gibt es auch, wenn **Unterhalt** geschuldet wird. Denn der unterhaltsberechtigte Ehegatte kann sich nur dann allein aus dem Gesamtgut befriedigen, wenn er Alleinverwalter ist. Zu einer ordnungsgemäßen Verwaltung gehört aber auch die Leistung des nach § 1420 BGB aus dem Gesamtgut zu erbringenden Unterhalts für den Ehepartner.[42] Dazu kann die Anweisung an die Bank gehören, Geld für den Unterhalt auszuzahlen. Ebenso kann durch Überlassung eines zum Gesamtgut gehörenden Hauses zur alleinigen Nutzung Unterhalt gewährt werden. Verweigert der andere Ehegatte seine erforderliche Mitwirkung hierzu, kann nach §§ 1430, 1452 BGB eine Ersetzung durch das Familiengericht erfolgen.[43] Bei Bedürftigkeit kann auch ein Prozesskostenvorschuss nach § 1360 a IV BGB verlangt werden.

Für die folgenden Ausführungen wird davon ausgegangen, dass die Eheleute zunächst die Scheidung betrieben haben und nach dem Eintritt der **Rechtskraft** nunmehr die Auseinandersetzung der Gütergemeinschaft betreiben. Dies ist die Regel. Das Gesetz sieht zwar nach §§ 137 I, 261 I FamFG auch bei Gütergemein-

---

[40] BGH FamRZ 1998, 1024 für den Fall einer Zugewinngemeinschaft; bei Gütergemeinschaft gilt insoweit das Gleiche.

[41] Ensslen FamRZ 1998, 1077, 1078.

[42] BGH FamRZ 1990, 851, 852; Palandt/Brudermüller § 1472 Rn. 2.

[43] Eingehend zu den unterhaltsrechtl. Problemen bei Gütergemeinschaft s. Wendl/Dose § 6 Rn. 400 ff; Ensslen FamRZ 1998, 1077, 1079 f; FA-FamR/Weinreich Kap 9 Rn. 217 f.

schaft einen Verbund mit dem Scheidungsverfahren vor. Dies ist jedoch mit großen Schwierigkeiten verbunden und kann nur für die Fälle empfohlen werden, in denen sich die Eheleute über die Art der Auseinandersetzung weitgehend einig sind (näher dazu s. Rn. 124).

# 3. Abschnitt. Die Liquidationsgemeinschaft

## A. Überblick

Nach der Beendigung der Gütergemeinschaft beginnt die Auseinandersetzung. **57** Das Gesamtgut muss nunmehr in einem meist langwierigen und komplizierten Verfahren unter die Ehegatten als Einzeleigentümer aufgeteilt werden, soweit es nicht zur Schuldentilgung (Rn. 77 f) benötigt wird. Auseinandergesetzt wird nur das **Gesamtgut** (Rn. 5), weil hinsichtlich Vorbehaltsgut (Rn. 8 f) und Sondergut (Rn. 6 f) bereits klare und eindeutige rechtliche Zuordnungen gegeben sind. Diese Sondervermögen gehören wie bisher entweder dem Mann oder der Frau. Ihre rechtliche Sonderstellung ist mit der Beendigung des Güterstandes erloschen. Problematisch ist daher nur die Aufteilung des Gesamtguts. Aus der Beendigung der Gütergemeinschaft ergeben sich zunächst noch keine wesentlichen rechtlichen Veränderungen. Es ist nur ein **Recht jedes Ehegatten auf Auseinandersetzung** entstanden[44].

Wegen des nunmehr angestrebten Ziels der Auseinandersetzung wird von einer **58** **Liquidationsgemeinschaft** gesprochen. Diese ist identisch mit der Gütergemeinschaft. Geändert hat sich nur der Zweck: Er besteht nicht mehr in der Gewinnerzielung und Sicherung des Unterhalts, sondern nur noch in der Auseinandersetzung. Dabei sind folgende Punkte zu beachten.

▶ Die **gesamthänderische Bindung** des im Gesamtgut zusammengefassten Vermögens bleibt nach § 1471 II i. V. mit § 1419 I BGB bis zum Abschluss der Auseinandersetzung bestehen.

▶ Die Liquidationsgemeinschaft wird von den Ehegatten nach § 1472 I BGB auch dann gemeinsam verwaltet, wenn ursprünglich Alleinverwaltung vereinbart war. Sie bleibt so lange bestehen, bis alle Verbindlichkeiten getilgt sind und der Überschuss geteilt ist.

▶ Das Gesamtgut kann sich nur noch **ausnahmsweise** vermehren (Rn. 59 f), neue **Gesamtgutsverbindlichkeiten** entstehen ebenfalls nur ausnahmsweise (Rn. 61).

▶ In der Liquidationsphase gibt es **drei Vermögensmassen:**
  • Das Gesamtgut,
  • das neu erworbene Vermögen des Mannes einschließlich seines bisherigen Vorbehalts- und Sonderguts und
  • das neu erworbene Vermögen der Frau einschließlich ihres bisherigen Vorbehalts- und Sonderguts.

Diese verschiedenen Vermögensmassen müssen sorgfältig voneinander **getrennt** werden. Dazu gehört in der Regel auch die Anlage neuer Konten für das Erwerbseinkommen und die nach der Scheidung erzielten Ersparnisse.

---

[44] Palandt/Brudermüller § 1471 Rn. 1.

## B. Bestandsveränderungen

### I. Vermögensmehrungen

**59** Das Gesamtgut wird in seinem Bestand **grundsätzlich nicht mehr verändert.** Nach der Beendigung der Gütergemeinschaft fallen daher Einkommen und sonstiger Erwerb eines Ehegatten sowie die Nutzungen seines bisherigen Vorbehalts- und Sonderguts nicht mehr ins Gesamtgut[45]. Jeder Ehegatte erwirbt nunmehr wieder für sich allein.

Von dem Grundsatz, dass sich der Bestand des Gesamtguts nach dem Ende des Güterstands nicht mehr verändert, macht § 1473 I BGB jedoch drei notwendige **Ausnahmen.** Damit soll erreicht werden, dass die Vermögensmehrungen, die während der Liquidationszeit aus dem Gesamtgut kommen, diesem wieder hinzugerechnet werden. Auf diese Weise können auch die Mittel aufgestockt werden, die zur Berichtigung der Verbindlichkeiten erforderlich sind:

**60** ▶ Gesamtgut wird, was aufgrund eines zum Gesamtgut gehörenden Rechts erworben wird. Dazu gehören alle **Früchte und Nutzungen** (§§ 99, 100 BGB) des Gesamtguts, etwa die Ernte oder Mietzahlungen für ein Anwesen.[46] Gehört zum Gesamtgut ein auf Abzahlung gekauftes und daher unter Eigentumsvorbehalt stehendes Kraftfahrzeug, fällt der spätere Eigentumserwerb ebenfalls dem Gesamtgut zu. Auch die in der Liquidationszeit bei bäuerlichen Betrieben anfallenden Subventionsleistungen sind dem Gesamtgut zuzurechnen.

▶ Gesamtgut wird auch, was als **Ersatz für die Zerstörung, Beschädigung oder Entziehung** eines zum Gesamtgut gehörenden Gegenstands erworben wird. Hierzu gehören vor allem Enteignungsentschädigungen und Leistungen aus Brand- und Diebstahlsversicherungen. Hinzuzurechnen sind auch alle Ansprüche, die auf unerlaubter Handlung (§ 823 BGB) und ungerechtfertigter Bereicherung (§ 812 BGB) von Dritten beruhen.

▶ Ferner wird Gesamtgut, was durch ein Rechtsgeschäft erworben wird, **das sich auf das Gesamtgut bezieht.** Dabei kann es sich um den Erlös aus dem Verkauf der Ernte handeln, aber auch um die Einnahmen aus Verkäufen oder Versteigerungen, die zur Schuldenberichtigung erforderlich waren. Es genügt ein wirtschaftlicher Zusammenhang[47]. Wird ein Gegenstand mit Mitteln des Gesamtguts zur Verbesserung des Inventars erworben, wird er ebenfalls Gesamtgut.

### II. Neue Verbindlichkeiten

**61** Neue Gesamtgutsverbindlichkeiten können im Liquidationsstadium **grundsätzlich nicht mehr** begründet werden.[48] Aus gemeinschaftlich neu eingegangenen Verpflichtungsgeschäften haften die Ehegatten in der Regel gemäß § 427 BGB persönlich als Gesamtschuldner. Dabei kann sich aber aus den Umständen der Vertragswille ergeben, dass die Haftung intern auf das Gesamtgut beschränkt sein soll.[49] Werden

---

[45] Soergel/Gaul § 1471 Rn. 6.
[46] BGH FamRZ 1984, 559, 561.
[47] Palandt/Brudermüller § 1473 Rn. 1.
[48] OLG München FamRZ 1996, 170.
[49] Vgl. OLG München FamRZ 1996, 290 zur Umschuldung von Spekulationsverlusten.

etwa an einem Grundstück Reparaturen durchgeführt, um die Verwertbarkeit zu verbessern, kann nicht angenommen werden, dass die Ehegatten für die hieraus entstehenden Verbindlichkeiten nur mit ihrem neu erworbenen Vermögen als Gesamtschuldner haften wollen. Dem Parteiwillen (§§ 133, 157 BGB) wird es eher entsprechen, dass auch diese erst in der Liquidationszeit entstandenen Verbindlichkeiten vorab nach § 1475 I BGB zu berichtigen sind. Im Übrigen sind alle Verbindlichkeiten, die erst nach Beendigung der Gütergemeinschaft eingegangen wurden, von demjenigen **allein zu tragen**, der sie eingegangen ist[50].

## III. Kosten und Lasten

Für die Kosten und Lasten des Gesamtguts haften die Ehegatten in analoger 62
Anwendung von § 748 BGB im Innenverhältnis **je zur Hälfte.**[51] Aber auch hinsichtlich der Kosten und Lasten können neue Gesamtgutsverbindlichkeiten entstehen, wenn dies so vereinbart wird oder zumindest dem gemeinsamen Willen entspricht. Ebenso wird in der Regel für die in der Liquidationszeit fällig werdenden **Zins- und Tilgungsleistungen** von Kreditverbindlichkeiten die weitere Haftung des Gesamtguts angenommen. Werden diese Zahlungen von einem Ehegatten allein erbracht, hat er gegen den Ehepartner keinen Ausgleichsanspruch nach § 426 BGB. Der Anspruch richtet sich vielmehr gegen das **Gesamtgut** und ist bei der Teilung vorab zu befriedigen.[52]

# C. Verwaltung des Gesamtguts

## I. Gemeinsame Verwaltung

Bis zum Abschluss der Auseinandersetzung verwalten die Ehegatten das Gesamt- 63
gut nach § 1472 I BGB **gemeinschaftlich** auch dann, wenn im Ehevertrag Alleinverwaltung vereinbart war. Die gemeinsame Verwaltung endet erst, wenn alle Verbindlichkeiten getilgt sind und der Überschuss geteilt ist. Werden bei der Teilung Gegenstände übernommen, kommt es nicht auf die Übernahmeerklärung an, sondern auf den **Vollzug der Übernahme.**[53] Bei Grundstücken ist das erst der Tag, an dem die Umschreibung im Grundbuch erfolgt. Bei besonderer Feindseligkeit eines Ehegatten können sich jedoch aufgrund des Verbots rechtsmissbräuchlichen Verhaltens erhebliche Einschränkungen hinsichtlich der gemeinsamen Verwaltung ergeben. Die Mitverwaltung kann sich dann bis zur Auskunftserteilung und Rechenschaftslegung verkürzen[54].

Zwischenvereinbarungen der Eheleute, etwa über Bewertungen von Vermögens- 64
gegenständen, sind **nicht mehr formbedürftig**[55].

---

[50] FA-FamR/Weinreich Kap 9 Rn. 236.
[51] Palandt/Brudermüller § 1472 Rn. 1.
[52] OLG Zweibrücken mit Bestätigung durch BGH FamRZ 1992, 821.
[53] OLG Hamm FamRZ 1979, 810, 811.
[54] OLG Hamm FamRZ 1979, 810, 811.
[55] BGH FamRZ 1982, 991, 992.

## II. Mitwirkungspflichten

65   Nach § 1472 III Hs. 1 BGB ist jeder Ehegatte dem anderen gegenüber verpflichtet, an den zur ordnungsmäßigen Verwaltung des Gesamtguts erforderlichen Maßregeln mitzuwirken. Dazu gehören die Einräumung von **Mitbesitz**, die Erteilung von **Auskünften**[56] (Rn. 112), Einsicht in Belege und u.U. sogar auf Abgabe der eidesstattlichen Versicherung[57]. Im Rahmen der gemeinsamen Verwaltung kommt es in erster Linie auf eine **wirtschaftlich vertretbare Liquidation** an. Zur Mitwirkungspflicht bei einem bisher gemeinsam bewohnten Haus vgl. Rn. 109, Rentabilitätsverbesserungen können nur noch dann angestrebt werden, wenn sie sich ohne größeren Zeitverlust und ohne erhebliche Ausgaben durchführen lassen.

66   Verweigert ein Ehegatte seine Mitwirkung, ist eine Ersetzung der Zustimmung durch das Familiengericht gemäß § 1452 BGB (vgl. Rn. 15, 25) nicht mehr möglich. Im Liquidationsstadium muss die erforderliche Mitwirkung **förmlich beantragt** werden[58]. Die Verletzung der Mitwirkungspflicht kann zu Schadensersatzansprüchen führen[59]. Insoweit ist die Rechtslage unverändert (vgl. Rn. 16, 28). Der **Antrag** muss sich jetzt auf Zustimmung des anderen Ehegatten zu einer bestimmten Maßnahme richten, etwa zur Veräußerung der zur Schuldentilgung benötigten Gegenstände. Nach Rechtskraft der Entscheidung gilt dann § 894 ZPO. Nach der Scheidung entfällt die Haftungserleichterung gemäß § 1359 BGB. Wird die Mitarbeit nun im Zusammenhang mit der bevorstehenden Trennung und Scheidung eingestellt, ist das hinzunehmen[60].

## III. Verfügungsbefugnis

67   Wegen des Grundsatzes der gemeinsamen Verwaltung des Gesamtguts in der Liquidationsphase können die Ehegatten **nur noch gemeinschaftlich** über die Gegenstände des Gesamtguts verfügen. Handelt ein Ehegatte allein, richtet sich die Wirksamkeit nach den allgemeinen Vorschriften der §§ 177 f, 182 bis 185 BGB[61]. Es liegt dann die Verfügung eines **Nichtberechtigten** vor. Die Ehegatten können sich aber gegenseitig bevollmächtigen. Leistungen müssen an beide Ehegatten gemeinsam erfolgen. Willenserklärungen müssen jetzt gegenüber beiden Ehegatten abgegeben werden. Die Sonderregelung des § 1450 II BGB gilt im Liquidationsstadium nicht mehr.

68   Ein **Notverwaltungsrecht** für einen Ehegatten allein gibt es nach § 1472 III Hs. 2 BGB für „die zur Erhaltung notwendigen Maßregeln". Diese Formulierung ist leider sehr allgemein gehalten. Voraussetzung wird regelmäßig sein müssen, dass der andere Ehegatte verhindert und ein Aufschub nicht zu rechtfertigen ist. Grundsätzlich müssen auch in einem Rechtsstreit beide Eheleute gemeinsam auftreten. Eine gemeinsame Vertretung ist sogar bei Ansprüchen eines Ehegatten aus einem Verkehrsunfall erforderlich[62].

---

[56] Palandt/Brudermüller § 1472 Rn. 1.
[57] MK/Kanzleiter § 1472 Rn. 17.
[58] Palandt/Brudermüller § 1472 BGB Rn. 2; FA-FamR/Weinreich Kap 9 Rn. 232.
[59] BGH FamRZ 1986, 40, 42.
[60] BGH aaO.
[61] Palandt/Brudermüller § 1472 Rn. 1.
[62] BGH FamRZ 1994, 295.

# 4. Abschnitt. Auseinandersetzung der Liquidationsgemeinschaft

## A. Überblick

### I. Vorrang einer privaten Vereinbarung

Das Gesetz geht in § 1471 I BGB davon aus, dass sich die geschiedenen Eheleute **69** durch einen **Vertrag** über die Verteilung des Gesamtguts einigen. Gelingt das nicht, sollen gemäß § 1474 BGB die §§ 1475 bis 1481 BGB gelten. Diese Vorschriften sind mit Ausnahme der Gläubigerschutzvorschrift des § 1480 BGB **dispositiv**[63] und müssen daher nicht zwingend beachtet werden. Gleichwohl werden sie in der Praxis bei einer einverständlichen Auseinandersetzung des Gesamtguts weitgehend zugrunde gelegt, weil sie doch eine gewisse Garantie für sachgerechte Lösungen bieten. Aber an sich können sich die Beteiligten im Rahmen der allgemeinen Vertragsfreiheit frei bewegen. Grenzen ergeben sich nur aus den §§ 138, 242 BGB. In der Vereinbarung müssen alle nach der Tilgung der Verbindlichkeiten noch vorhandenen Gegenstände des Gesamtguts (vgl. dazu die Auflistung in Rn. 5) in Alleineigentum eines der Ehegatten überführt werden, also insbesondere Grundstücke, Bankguthaben, Lebensversicherungen, Kraftfahrzeuge usw.

Für Auseinandersetzungsvereinbarungen bestehen **keine Formvorschriften.** Eine **70** notarielle Beurkundung wird nur dann erforderlich, wenn die Vereinbarung auch Verpflichtungen zum Erwerb oder der Veräußerung von Grundstücken enthält (§ 311b BGB). Dazu gehört auch die Überführung von Grundstücken aus dem Gesamtgut beider Ehegatten in das Alleineigentum eines Ehegatten.

### II. Die gesetzliche Regelung

War es den Eheleuten nicht gelungen, zu einer frei vereinbarten gütlichen Lösung **71** zu kommen, müssen sie im Rahmen einer streitigen Auseinandersetzung nach §§ 1474 bis 1481 BGB folgende Regeln beachten:

- Nach § 1475 I BGB sind zunächst die **Gesamtgutsverbindlichkeiten** (Rn. 29 ff) zu berichtigen. Soweit flüssige Mittel fehlen, ist das Gesamtgut „in Geld umzusetzen"; 1475 III BGB.
- Zu den Verbindlichkeiten des Gesamtguts gehört auch der **Wertersatz für das Eingebrachte, Ererbte und Geschenkte** nach § 1478 I BGB (vgl. Rn. 93 f).
- Jeder Ehegatte kann seine persönlichen Gegenstände, das Eingebrachte und das Geerbte **gegen Wertersatz** übernehmen; § 1477 II BGB (Rn. 83 f).
- Der Überschuss „gebührt den Ehegatten **zu gleichen Teilen**"; § 1476 I BGB (Rn. 104 f).
  Die Aufteilung des Überschusses erfolgt nach den Vorschriften über die **Gemeinschaft;** § 1477 I i.V.m. § 753 I BGB. Bestehen keine Übernahmerechte nach § 1477 II BGB (s. Rn. 83 f) und ist eine Teilung in Natur nicht möglich, muss das Gesamtgut nach §§ 1477 I, 753 I BGB wie Miteigentum durch Versteigerungen

---

Börger/Engelsing Rn. 991 f.

veräußert werden (Kap. 5 Rn. 23 f). Das gesetzliche Leitbild ist also die **Zerschla gung des Gesamtguts** (Rn. 101 f). Die Ehegatten sind aber nach § 1353 BGI verpflichtet, stets den Weg zu wählen, der das Gesamtgut am wenigsten belas tet[64].

- Unabhängig von diesen Vorschriften ist zusätzlich zu klären, ob es Ansprüche de Gesamtguts **gegen die Eheleute** nach §§ 1441, 1463 BGB gibt, die bei der Schluss abrechnung berücksichtigt werden müssen (vgl. Rn. 37 f, 49).
- Persönliche Umstände sind in der Regel nicht zu berücksichtigen. Das Betreibe der Auseinandersetzung kann sich daher nur ausnahmsweise als unzulässig Rechtsausübung darstellen. Der BGH hat die Frage, ob eine Teilungsversteigerun im Einzelfall nach § 242 BGB unzulässig sein kann, bisher offen gelassen[65]. Ein Korrektur nach den Regeln vom Wegfall der Geschäftsgrundlage kann jedoch i Betracht kommen (s. Rn. 110).

72　In der Praxis wird regelmäßig versucht, mit Hilfe dieser Vorschriften doch noc zu einer befriedigenden vertraglichen Lösung zu kommen. Gelingt dies nicht, kan **gerichtliche Hilfe** in Anspruch genommen werden (Rn. 111 f). Diese ist aber wege der komplizierten Auseinandersetzungsregeln und der Schwierigkeiten bei der Be wertung der einzelnen Gegenstände für den Wertersatz mit einem **großen Erfolgs risiko** behaftet. Das Familiengericht hat **keinerlei Gestaltungsfreiheit** und ist stren an die Anträge der Parteien gebunden[66]. Es kann daher nur empfohlen werden, all daran zu setzen, um die Parteien unter Beachtung der gesetzlichen Gegebenheiten z einer einverständlichen Regelung zu bringen.

## III. Die Reihenfolge

73　Soll eine Vereinbarung unter Beachtung der Vorschriften nach §§ 1474 bis 148 BGB oder gar eine Auseinandersetzungsklage (Rn. 118) vorbereitet werden, sin sechs Schritte erforderlich:

1. Schritt: **Erstellung eines Vermögensverzeichnisses für das Gesamtgut mit Be wertungen zu einem bestimmten Stichtag** (Rn. 74 f).
2. Schritt: **Feststellung und Tilgung aller Gesamtgutsverbindlichkeiten** (Rn. 77 f)
3. Schritt: **Ausübung der Übernahmerechte** (Rn. 83 f).
4. Schritt: **Feststellung und Bewertung der Ersatzansprüche für das Eingebrach te, Ererbte und Geschenkte** (Rn. 93 f).
5. Schritt: **Herstellung der Teilungsreife durch Veräußerung aller Gegenständ die keinem Übernahmerecht unterliegen und nicht in Natur teilba sind** (Rn. 101 f).
6. Schritt: **Feststellung der Teilungsmasse und ihre Verteilung** (Rn. 104 f).

---

[64] OLG Düsseldorf FamRZ 1993, 194.
[65] BGH FamRZ 1988, 813, 816.
[66] BGH FamRZ 1988, 813.

# B. Die einzelnen Schritte

## I. Vermögensverzeichnis für das Gesamtgut mit Bewertungen (1. Schritt)

### 1. Das Vermögensverzeichnis

In allen Fällen sollte zur Sachaufklärung spätestens **unmittelbar nach Beendi-** **74** **gung** des Güterstands, also nach Rechtskraft der Scheidung ein Vermögensverzeichnis mit allen Aktiva und Passiva aufgestellt werden. Meist wird es erforderlich sein, dazu eine **Auskunftsklage** zu erheben (Rn. 112). Diese kann auch im Verbund mit der Scheidung beantragt werden (Rn. 124). Sollten sich bei den Aktiva oder Passiva Bestandsveränderungen ergeben (vgl. Rn. 59, 61), muss das Verzeichnis jeweils **fortgeschrieben** werden.

► Zum Umfang der **Aktiva** s. alle bei Rn. 5 aufgeführten Gegenständeund sowie die etwaigen Bestandsveränderungen nach § 1473 BGB.
► Zum Umfang der **Passiva** s. die Regelung der Gesamtgutsverbindlichkeiten nach §§ 1437 f, 1459 f BGB (Rn. 29 f) und etwaige neue Verbindlichkeiten (Rn. 61). Zu den Passiva gehören auch die am Stichtag (Rn. 75) bestehenden **Steuerschulden.** Steuererstattungsansprüche sind bei den Aktiva anzusetzen.

### 2. Der Stichtag

Eine zuverlässige Vermögensermittlung einschließlich der Bewertung setzt voraus, **75** dass es hierfür einen geeigneten Stichtag gibt. Das Gesetz trifft – anders als bei der Zugewinngemeinschaft in § 1384 BGB – hierzu keine Regelung. Die Eheleute müssen sich daher zunächst über diesen Punkt verständigen. Da sich der Bestand des Gesamtguts und der Verbindlichkeiten nach der **Rechtskraft der Scheidung** nur noch ausnahmsweise verändert (vgl. Rn. 59 bis 61), wird empfohlen, diesen Tag als Stichtag festzulegen. Auch bei den besonderen Stichtagsproblemen hinsichtlich der Bewertung des Wertersatzes nach § 1477 II BGB für das übernommene Vermögen (Rn. 90), und des Wertersatzes nach § 1478 I BGB (Rn. 99) sollte dieser Stichtag maßgeblich sein. Nur ausnahmsweise, etwa wenn erst Jahre nach der Scheidung mit der Auseinandersetzung begonnen wird, kann auf einen späteren Zeitpunkt abgestellt werden. Kommt eine solche Vereinbarung nicht zustande, ist der Tag maßgeblich, an dem die Auseinandersetzung beendet wird. Dabei wird auf den dinglichen Vollzug aller Übertragungsakte abgestellt, bei Grundstücken z. B. auf den Tag der Grundbuchumschreibung[67]. Weiter dazu Rn. 90 und 99.

### 3. Bewertung des Gesamtguts

Maßgeblich für die Wertbestimmung aller Gegenstände ist der **Verkehrswert.**[68] Es **76** gelten daher die gleichen Grundsätze wie bei der Zugewinngemeinschaft (vgl. Kap. 1 Rn. 116 f). Bei allen Gegenständen ist der **„volle wirkliche Wert"** mit „sachspezifisch" ausgesuchten Bewertungsmethoden zu ermitteln.[69] Die Privilegierung land-

---

[67] Kappler, FamRZ 2010, 1294, 1295.
[68] BGH FamRZ 1986, 776, 779.
[69] BGH aaO.

wirtschaftlicher Betriebe gemäß § 1376 IV BGB kommt allerdings nicht zur Anwendung. Landwirtschaftliche Betriebe, die häufig den Kern des Gesamtguts darstellen, werden deshalb nicht nach einem schematisch festgestellten Ertragswert wie beim gesetzlichen Güterstand bewertet. Auch für sie ist daher grundsätzlich der Verkehrswert (vgl. Kap. 1 Rn. 242 f) maßgeblich[70], der in der Praxis meist als „**Betriebsfortsetzungswert**" modifiziert wird[71]. Dies geschieht mit Rücksicht auf die Rechtsprechung des BGH, nach der bei fortgeführten unrentablen Betrieben der Wert unter dem Substanz- oder Liquidationswert liegen kann. Der Substanzwert ist dann unter Berücksichtigung der **Ertragslage** zu korrigieren[72]. Wird vom Veräußerungswert ausgegangen, müssen wie beim gesetzlichen Güterstand auch die **latenten Ertragsteuern** (vgl. Kap. 6 Rn. 31) berücksichtigt werden[73].

## II. Tilgung der Gesamtgutsverbindlichkeiten (2. Schritt)

### 1. Einführung

77　Nach § 1475 I 1 BGB haben die Ehegatten zunächst die Gesamtgutsverbindlichkeiten zu berichtigen. **Es wäre völlig verfehlt, zunächst die vorhandenen Guthaben aufzuteilen.** Die vorrangige Schuldentilgung liegt im Interesse beider Ehegatten, weil sie nach der Teilung gemäß § 1480 BGB auch für die Schulden des anderen Ehegatten persönlich haften, für die bisher keine Haftung bestand. Zur Vermeidung dieser unangenehmen Folgen ist es daher dringend geboten, alle Verbindlichkeiten der Ehepartner gegenüber Dritten und gegenüber dem **Gesamtgut** sorgfältig zu ermitteln und vor der Tilgung nichts aus der Hand zu geben. Selbst wenn alle Schulden gegenüber Dritten getilgt sind, kann es sein, dass die noch vorhandenen Barmittel anderweitig benötigt werden, nämlich zum Wertersatz für das Eingebrachte, Ererbte und Geschenkte (Rn. 93 f). Sind nicht genügend flüssige Mittel vorhanden, ist „**das Gesamtgut in Geld umzusetzen**" (§ 1475 III BGB). Vgl. dazu Rn. 81 f.

### 2. Umfang der Verbindlichkeiten

78　Zum Umfang der Gesamtgutsverbindlichkeiten s. zunächst Rn. 29 f. Meist handelt es sich um Grundstücksbelastungen, Bankschulden und Verbindlichkeiten aus Ratenkäufen (z. B. für Kraftfahrzeuge). Maßgeblich ist der Schuldenbestand bei **Rechtskraft der Scheidung**. In der Liquidationszeit können weitere Schulden an sich nicht dazukommen (Rn. 61). Verbindlichkeiten, die ihren Ursprung in der Zeit **nach der Beendigung des Güterstands** haben, gehören nur dann zu den Gesamtgutsverbindlichkeiten, wenn die Ehegatten dies so vereinbart haben (vgl. Rn. 61). Im Übrigen haftet jeder Ehegatte für neu eingegangene Schulden allein mit seinem sonstigen Vermögen[74], insbesondere mit dem ab Beendigung des Güterstands neu erworbenen Vermögen. Eine Verbindlichkeit des Gesamtguts kann auch einem der Ehegatten

---

[70] BGH aaO.
[71] Eingehend dazu FamVermR/Klüber Rn. 4.711 f.
[72] BGH FamRZ 1986, 776, 779.
[73] BGH aaO; FamVermR/Klüber Rn. 4.717.
[74] OLG München FamRZ 1996, 170; MK/Kanzleiter § 1472 Rn. 4.

gegenüber bestehen. Dies betrifft vor allem den **Anspruch auf Wertersatz** nach § 1478 I BGB (vgl. Rn. 93). Solche **internen Ansprüche** an das Gesamtgut gehören ebenfalls zu den Gesamtgutsverbindlichkeiten[75], die **vorab** befriedigt werden müssen.

Der Ehegatte, der im Innenverhältnis alleine für Schulden haftet (vgl. Rn. 31, 35), kann nach § 1475 II BGB nicht verlangen, dass die Verbindlichkeit aus dem Gesamtgut berichtigt wird. Wegen des Fortbestands der Außenhaftung nach § 1480 BGB wird allerdings der andere Ehegatte stets darauf bestehen müssen. Es kommt dann zur Verrechnung mit dem Erlösanteil (Rn. 49). Besteht Streit, ob nur ein Ehegatte für eine Verbindlichkeit haftet, ist insoweit eine Feststellungsklage möglich[76].

## 3. Art der Tilgung

Mit dem Wort „berichtigen" in § 1475 I 1 BGB ist die **Tilgung** der Verbindlichkeit **79** gemeint. Dies wird in der Regel durch **Zahlung** geschehen, es kann aber auch ein Surrogat sein (Hinterlegung, Aufrechnung, Erlass). Gegenseitige Verbindlichkeiten der Eheleute untereinander oder gegen das Gesamtgut werden nach § 1476 II BGB verrechnet (vgl. Rn. 49). Für noch **nicht fällige oder streitige** Verbindlichkeiten sind nach § 1475 I 2 BGB **Rücklagen** zu bilden. Zu den noch nicht fälligen Verbindlichkeiten gehören in der Regel die **Grundstücksbelastungen**. Hinsichtlich der zurückgelegten Gelder bleibt es bei der gemeinsamen Verwaltung bis zur Auszahlung.

## 4. Ausnahme: Befreiende Schuldübernahme

Eine Gesamtgutsverbindlichkeit kann ausnahmsweise auch so berichtigt werden, **80** dass sie von einem Ehegatten im Wege der **befreienden Schuldübernahme** als alleinigem Schuldner übernommen wird und der Gläubiger den anderen Ehegatten wirksam aus der Schuld entlässt[77]. Dieser Weg bietet sich vor allem in den Fällen an, in denen ein Ehegatte nach § 1477 II BGB berechtigt ist, ein **mit Schulden belastetes Grundstück** zu übernehmen. Bei einer konsequenten Anwendung von § 1475 I 1 i. V. mit § 1476 I BGB könnte es zur Übernahme nur kommen, wenn das Gesamtgut vorher schuldenfrei geworden ist. Damit wäre eine Veräußerung häufig unvermeidlich. Der andere Ehegatte wird jedoch durch eine befreiende Schuldübernahme genauso gut geschützt. Die Rechtsprechung hat daher zur Sicherung des Übernahmerechts auch diese Art der Schuldenregelung zugelassen. Das bloße Angebot, die Verbindlichkeiten Zug um Zug gegen die Übertragung des betreffenden Gegenstands zu übernehmen, ist allerdings unzureichend[78]. Ersatz für eine Berichtigung der Schuld kann nur **die bereits abgeschlossene Entlassung** aus der Mithaftung sein[79]. Der Übernehmer ist insoweit vorleistungpflichtig. Der Übernehmer muss eine Bankbestätigung vorlegen, aus der sich die Haftungsentlassung des anderen Ehegatten ergibt. Der Zusatz in der Bankbestätigung, dass die Haftungsentlassung des anderen Ehegatten erst wirksam werden soll, wenn der Übernehmer als Alleineigentümer ins Grundbuch eingetragen ist, ist unschädlich[80].

---

[75] FamVermR/Klüber Rn. 4.726, 4.736 f.
[76] Kappler FamRZ 2010, 1294, 1296.
[77] BGH FamRZ 1985, 903.
[78] BGH FamRZ 1988, 813.
[79] BGH aaO.
[80] FamVermR/Klüber Rn. 4.756.

## 5. Verwertung des Gesamtguts zur Schuldentilgung

81    Das Gesamtgut muss so weit **in Geld umgesetzt werden,** wie es zur Tilgung de Verbindlichkeiten Dritter gegenüber und zur Verrechnung der Ersatzansprüch nach § 1476 II 1 BGB erforderlich ist. Den Beteiligten kann nur geraten werde sich rechtzeitig über die Auswahl der zu veräußernden Sachen und Rechte z verständigen. Wichtig sind auch **Vereinbarungen über die Art der Verwertung** Dabei gilt das auf § 1353 BGB beruhende Gebot gegenseitiger Rücksichtnahme.[81] I eine Verständigung nicht möglich, bleibt nichts anderes übrig, als die Mitwirkun des anderen Ehegatten am Verkauf „einzuklagen" (Rn. 66, 112).

82    Vorzugehen ist nach §§ 753, 754 BGB.[82] Bei Grundstücken muss die **Teilung versteigerung** (vgl. Kap. 5 Rn. 23 f) beantragt werden. Dazu ist nach der Beend gung des Güterstands jeder Ehegatte allein berechtigt,[83] weil es sich nur um eine Verfahrensantrag handelt. Übernahmerechte nach § 1477 II BGB stellen jedoch ei der Versteigerung entgegenstehendes Recht dar. Sie können daher nach § 771 ZPO im Wege der **Drittwiderspruchsklage** geltend gemacht werden.[84] Wegen des ge schuldeten Wertersatzes kann ein Zurückbehaltungsrecht geltend gemacht werden (vgl. dazu Rn. 115 f). Der Übernahmeberechtigte muss jedoch zurückstehen, wen das Grundstück zur Schuldentilgung benötigt wird.[86] Die Drittwiderspruchsklag kann daher nur Erfolg haben, wenn die Gesamtgutsverbindlichkeiten auch ohne de Einsatz dieses Grundstücks getilgt werden können.

## III. Ausübung der Übernahmerechte (3. Schritt)

### 1. Überblick

83    Nach § 1477 II BGB kann jeder Ehegatte gegen Wertersatz aus dem Gesamtgu die Sachen übernehmen, die ausschließlich zu seinem **persönlichen Gebrauch** be stimmt sind. Das Gleiche gilt für das während der Gütergemeinschaft **eingebracht ererbte oder durch Schenkung oder Ausstattung erworbene Vermögen.** Die: Übernahmerechte können sich allerdings nur auf solche Gegenstände beziehen, d nicht zu der vorrangigen Schuldentilgung benötigt werden (vgl. Rn. 77 f). Durch da Übernahmerecht werden nur die **persönlichen Beziehungen** eines Ehegatten z bestimmten Gegenständen geschützt. Die Wertanteile am Gesamtgut werden wege des Wertersatzes, der als Ausgleich geschuldet wird, nicht verändert. Das Über nahmerecht ist daher **wertneutral.** Wer seine Kleider und seinen Schmuck behalte möchte, muss diese Sachen aus dem Gesamtgut „ankaufen". Eine Verpflichtung zu Übernahme besteht nicht.

---

[81] OLG Düsseldorf FamRZ 1993, 194.
[82] Palandt/Brudermüller § 1475 Rn. 2.
[83] Stöber § 180 Rn. 3 Anm. 3.3.
[84] BGH FamRZ 1987, 43.
[85] BGH aaO.
[86] BGH FamRZ 1987, 43, 44.

## 2. Gegenständlicher Bereich

Das Übernahmerecht bezieht sich zunächst auf die Gegenstände des **persönli- 84 chen Bedarfs** und nennt dazu in § 1477 II 1 BGB beispielhaft Kleider, Schmuck und Arbeitsgeräte. Dazu gehören auch die von einem Ehegatten allein genutzte Fahrzeuge (**Kraftfahrzeug,** Fahrrad, Motorrad) oder Hobbygeräte. Es kommt in erster Linie auf die objektive Zweckbestimmung an, weniger auf den tatsächlichen Gebrauch. Zu den **eingebrachten Sachen** gehören alle Gegenstände, die bei Beginn des Güterstands im Eigentum des betreffenden Ehegatten standen. Das betrifft auch Grundstücke, vor allem einen **landwirtschaftlichen Betrieb.** Unschädlich ist es, wenn sich durch die Flurbereinigung Beschrieb, Größe und Lage der einzelnen Grundstücke geändert haben[87] oder eine Umgestaltung durch Baumaßnahmen erfolgte[88]. Grundstücke sind auch dann eingebracht, wenn bei Beginn der Gütergemeinschaft nur ein – später erfüllter – Anspruch auf Übereignung als Anwartschaftsrecht bestand[89]. Zur **Übernahme belasteter Grundstücke** vgl. Rn. 80.

Nach § 1477 II 2 BGB können auch alle während der Gütergemeinschaft durch 85 **Erbfolge,** Vermächtnis, mit Rücksicht auf ein künftiges Erbrecht, durch Schenkung oder als Ausstattung erworbenen Gegenstände herausverlangt werden. Zu dem Erwerb mit „Rücksicht auf ein künftiges Erbrecht" gehört im landwirtschaftlichen Bereich die **Hofübergabe** mit Altenteilsvertrag. Eine **teilweise Entgeltlichkeit** steht dem Übernahmerecht nach § 1477 II BGB nicht im Wege[90]. Daher kommt es nicht darauf an, ob an erbberechtigte Geschwister Ausgleichszahlungen zu leisten waren.[91] Diese sind nur bei der Festlegung des Wertersatzes nach § 1478 II BGB zu berücksichtigen (Rn. 97). Der Begriff „Erbfolge" in § 1477 II BGB ist in einem weiteren Sinn zu verstehen. Als durch Erbfolge erworben gelten auch solche Gegenstände, die zunächst in einen Nachlass gefallen und erst im Zuge der späteren Erbauseinandersetzung einem Ehegatten als Miterben zugefallen sind[92].

Das Übernahmerecht bezieht sich **nicht auf Surrogate,**[93] insbesondere nicht auf 86 die Gegenstände, die mit eingebrachtem Geld angeschafft wurden.[94] **Teilrechte** begründen ebenfalls kein Übernahmerecht.[95] Waren die Eheleute etwa bei Beginn des Güterstands Miteigentümer zu je ½ an einem Grundstück, steht keinem ein Übernahmerecht zu. Voraussetzung ist, dass bei der Einbringung Alleineigentum bestand.

## 3. Ausübung des Übernahmerechts

Das Übernahmerecht ist ein **Gestaltungsrecht,** das durch formlose,[96] empfangs- 87 bedürftige Willenserklärung dem anderen Ehegatten gegenüber geltend zu machen

---

[87] BGH FamRZ 1998, 817; OLG Bamberg FamRZ 1983, 72.
[88] OLG Nürnberg OLGZ 1982, 375.
[89] OLG Stuttgart FamRZ 1996, 1474; OLG Düsseldorf FamRZ 1993, 194.
[90] OLG Köln FamRZ 1991, 572.
[91] BGH FamRZ 1998, 817; 1986, 883.
[92] BGH FamRZ 1998, 817.
[93] BGH FamRZ 1998, 817, 818.
[94] OLG Hamburg OLGZ 7, 405.
[95] BGH FamRZ 1988, 813, 816.
[96] BGH FamRZ 1982, 991.

ist. Sie kann unter der Bedingung abgegeben werden, dass ein bestimmter Betrag als Wertersatz akzeptiert wird.[97] Die Übernahmeerklärung ist nicht widerruflich[98]. Übernahme kann so lange verlangt werden, wie sich der betreffende Gegenstand im Gesamtgut befindet. Es gibt **keine Ausschlussfrist.** Mit der Ausübung des Übernahmerechts wird der Berechtigte zum Wertersatz verpflichtet. Die Ausübung des Übernahmerechts hat noch keine dingliche Wirkung. Für den anderen Ehegatten entsteht nur die Verpflichtung, den Gegenstand **aus dem Gesamtgut in das Alleineigentum** des Berechtigten zu übertragen. Dies kann Zug um Zug geschehen[99]. Bei Grundstücken ist hierzu § 311 b BGB zu beachten. Die durch die Übernahmeerklärung entstehenden Rechte werden erst nach vollständiger Berichtigung aller Verbindlichkeiten fällig[100]. Wird bei einem beanspruchten Grundstück die Teilungsversteigerung betrieben, muss das Übernahmerecht im Wege der **Drittwiderspruchsklage** nach § 771 ZPO geltend gemacht werden[101] (vgl. Rn. 82).

88    Vor der dinglichen Übertragung zu Alleineigentum des Berechtigten ändert sich an der Liquidationsgemeinschaft nichts. Bezieht sich das Übernahmerecht etwa auf einen eingebrachten Betrieb, bleibt es bei der gemeinsamen Verwaltung, bis der gesamte Betrieb in das Alleineigentum des Berechtigten übergegangen ist. Bei Grundstücken trifft das erst dann zu, wenn die **Eintragung im Grundbuch** vorgenommen wurde. Bis zu diesem Zeitpunkt gehören z. B. die Mieterträge zum Gesamtgut (vgl. Rn. 60). Wurde ein Übernahmerecht ausgeübt und hat sich der andere Ehegatte geweigert, die entsprechenden Übertragungsakte vorzunehmen, kann dies auch schon vor der endgültigen Auseinandersetzung gerichtlich durchgesetzt werden (vgl. Rn. 114 f).

## 4. Wertersatz

89    **a) Höhe.** Maßgeblich für die **Wertbestimmung** ist der Verkehrswert der eingebrachten oder übernommenen Gegenstände[102]. Näher dazu s. Rn. 76.

90    Schwierig zu bestimmen ist der **Stichtag,** auf den die Bewertung abzustellen ist. Haben die Parteien hierüber keine Vereinbarung getroffen (Rn. 75) ist weder der Tag der Zustellung des Scheidungsantrags maßgeblich noch der Tag der Übernahmeerklärung, noch der Tag, an dem die Scheidung rechtskräftig wurde. Aus dem Wortlaut des § 1477 II 1 BGB: „... kann gegen Ersatz des Wertes die Sachen übernehmen ...", wird vielmehr geschlossen, dass **Bewertung und Übernahme** in einem engen zeitlichen Zusammenhang stehen müssen. Entscheidend ist daher der in der Zukunft liegende **Zeitpunkt der Übernahme, bei Grundstücken der Tag der Grundbuchumschreibung.**[103] Bei langwierigen Auseinandersetzungen ist e aus diesem Grund erforderlich, etwaige Bewertungsgutachten immer wieder au den neuesten Stand zu bringen. Eine Auseinandersetzungsklage (Rn. 118 f) kan

---

[97] Klein FuR 1995, 165, 167.
[98] Palandt/Brudermüller § 1477 Rn. 3.
[99] Staudinger/Thiele § 1477 Rn. 18; FamVermR/Klüber Rn. 4.751, 4.757.
[100] OLG Köln FamRZ 1991, 571.
[101] FamVermR/Klüber Rn. 4.760.
[102] BGH FamRZ 1986, 776, 779.
[103] BGH FamRZ 1986, 776, 777.

nämlich schon daran scheitern, dass ein Gutachten nicht mehr den aktuellen Wert wiedergibt. Fehlt eine Vereinbarung für den Stichtag, muss bei gerichtlichen Auseinandersetzungen der Wert für den **Tag der mündlichen Verhandlung**[104] festgestellt und dazu notfalls ein Ergänzungsgutachten in Auftrag gegeben werden. Der Tag der letzten mündlichen Verhandlung tritt dann an die Stelle des Tags, an dem das Eigentum übergeht.[105] Wurde der Wert durch einen Sachverständigen ermittelt, empfiehlt es sich, den Sachverständigen zur Gutachtensergänzung zur mündlichen Verhandlung zuzuziehen.

**b) Zahlung durch Verrechnung.** Der Wertersatz, den ein Ehegatte nach der   91
Ausübung des Übernahmerechts schuldet, braucht nicht in das Gesamtgut einbezahlt zu werden. Denn die Ausübung des Übernahmerechts führt nicht zu einem Zahlungsanspruch des Gesamtguts gegen den Übernehmer[106]. Die Leistung erfolgt vielmehr im Rahmen der **Erlösverteilung** nach § 1476 II 1 BGB durch Verrechnung mit dem Anteil an dem Überschuss, der sich nach Hinzurechnung des Wertersatzes ergibt.[107] Der Wertersatz tritt praktisch an die Stelle des übernommenen Gegenstandes[108]. Dies gilt selbst dann, wenn das Übernahmerecht ausnahmsweise schon vor der Teilung des übrigen Gesamtguts ausgeübt werden kann, weil der betreffende Gegenstand nicht zur Schuldentilgung benötigt wird (vgl. Rn. 114). Eine Zahlungspflicht über den vollen Betrag an das Gesamtgut besteht auch dann nicht, wenn sich außer dem Wertersatz kein Überschuss des Gesamtguts feststellen lässt.[109] Der berechtigte Ehegatte kann in diesem Fall immer noch die Hälfte des Wertersatzes mit seinem Anspruch an das Gesamtgut auf Erlösteilung verrechnen, die andere Hälfte muss er dem Partner auszahlen. Zur Übernahme und Anrechnung auf den Wert bei Belastungen des beanspruchten Gegenstands vgl. Rn. 80. Zur Übernahmeklage s. Rn. 114 f.

---

**Beispiel:** M möchte ein eingebrachtes Grundstück im Wert von 200 000 € über-   92
nehmen. Weiteres Gesamtgut ist nicht vorhanden.

---

Rechnerisch schuldet M dem Gesamtgut 200 000 €. Bei der Erlösteilung nach § 1476 I BGB stehen ihm davon jedoch nach § 1476 I BGB selbst 100 000 € zu. Dieser Betrag wird auf den Wertersatz angerechnet. Es ist daher nicht erforderlich, dass M zunächst 200 000 € in die „Kasse" einzahlt. Aufzubringen braucht er nur 100 000 €. Diesen Betrag erhält F. Ist das Grundstück mit 40 000 € belastet, die M übernimmt, ergibt sich eine Teilungsmasse von 160 000 €. Davon stehen F 80 000 € zu. Hatte M zusätzlich einen Anspruch auf Wertersatz nach § 1478 BGB in Höhe von 50. 000 €, beträgt die Teilungsmasse nur noch 200 000 € – 40 000 € – 50 000 € = 110 000 €. Davon stehen F dann 55 000 € zu. Nur diesen Betrag braucht M in diesem Fall aufzubringen.

---

[104] BGH FamRZ 1986, 40, 42.
[105] BGH FamRZ 1992, 421, 423.
[106] BGH FamRZ 2008, 1323.
[107] BGH FamRZ 1988, 926.
[108] BGH FamRZ 2008, 1323, 1324.
[109] BGH FamRZ 1988, 926, 927.

## IV. Ersatzansprüche für das Eingebrachte, Ererbte und Geschenkte (4. Schritt)

### 1. Überblick

93  Nach § 1478 I BGB steht jedem Ehegatten für den Fall der Scheidung ein An spruch auf **Wertersatz** für alles zu, was er in die Gütergemeinschaft eingebracht ha Es handelt sich um eine Abweichung vom Halbteilungsgrundsatz des § 1476 BG] die auch bei Eheaufhebung gilt[110]. Der Anspruch richtet sich gegen das Gesamtg und wird daher auch als unechte Gesamtgutsverbindlichkeit bezeichnet[111]. Er gehö somit zu den Verbindlichkeiten, die **vorab** zu befriedigen sind (s. Rn. 78). D dingliche Schutz des eingebrachten Vermögens erfolgt über das **Übernahmerech** gemäß § 1477 II BGB (Rn. 83 f). Das Recht auf Wertersatz für das Eingebrach nach § 1478 I BGB und das Recht auf Übernahme nach § 1477 II BGB könne **nebeneinander** geltend gemacht werden.[112] Mit dieser etwas umständlichen Kon bination beider Vorschriften wird erreicht, dass der Berechtigte seine Einlage zurückerhält, dass aber die während der Gütergemeinschaft eingetretenen **Wertste gerungen** beiden Ehegatten zugute kommen. Denn der Berechtigte muss den voll gegenwärtigen Wert in die „Kasse" einzahlen, bekommt aber nur den Wert aus d Zeit der Einbringung zurück. Ansprüche auf Wertersatz können nicht mit ein Feststellungsklage durchgesetzt werden (Rn. 123).

### 2. Ausübung des Anspruchs auf Wertersatz

94  Bei dem Verlangen nach Wertersatz handelt es sich um die Ausübung ein **Gestaltungsrechts,** das durch formlose und unwiderrufliche Erklärung gegenüb dem anderen Ehegatten geltend zu machen ist[113]. Es kann solange ausgeübt werde wie sich der betreffende Gegenstand im Gesamtgut befindet[114]. Von der Wahl d Wertersatzes nach § 1478 BGB statt der Halbteilung nach § 1476 I BGB wi regelmäßig der Ehegatte Gebrauch machen, der mehr als der andere in die Güte gemeinschaft eingebracht hat.

### 3. Betroffene Gegenstände

95  Wertersatz kann zunächst für alle Gegenstände verlangt werden, die einem Eh gatten beim Beginn der Gütergemeinschaft gehört haben (§ 1478 II Nr. 1 BGB). Vg dazu Rn. 5. **Verbindlichkeiten** sind abzuziehen. Es kommt nicht darauf an, ob d Gegenstände bei der Auseinandersetzung noch vorhanden sind[115]. Eingebracht sin auch Anwartschaftsrechte, etwa beim Vorbehaltskauf. Auch hier ist der noch offer Kaufpreisanteil als Schuld abzuziehen. Haben die Ehegatten vor der Vereinbarur der Gütergemeinschaft in Zugewinngemeinschaft gelebt, gehört auch der Anspruc auf **Zugewinnausgleich** zu den eingebrachten Gegenständen. Die entsprechend

---

[110] Palandt/Brudermüller § 1478 Rn. 1.
[111] FamVermR/Klüber Rn. 4.726.
[112] BGH FamRZ 1986, 40, 41.
[113] Staudinger/Thiele § 1478 Rn. 21; Palandt/Brudermüller § 1477 Rn. 3.
[114] MK/Kanzleiter § 1477 Rn. 9.
[115] BGH FamRZ 1990, 256, 257.

erbindlichkeit des anderen Ehegatten mindert den Wert des von diesem einge-
rachten Vermögens[116]. Eingebracht können auch alle gegenseitigen Ansprüche der
heleute sein, etwa aus Darlehen, Wegfall der Geschäftsgrundlage (Kap. 5 Rn. 211 f)
der Innengesellschaft (Kap. 5 Rn. 266 f) bei vorausgegangener Gütertrennung.

Dazu kommen die Gegenstände, die ein Ehegatte **von Todes wegen** oder mit 96
ücksicht auf ein künftiges Erbrecht, durch Schenkung oder als Ausstattung erwor-
en hat (§ 1478 II Nr. 2 BGB). Entsteht hieraus nach § 1418 II Nr. 2 BGB Vor-
haltsgut, kann keine Zurechnung zum „Eingebrachten" erfolgen. Zum Erwerb mit
Rücksicht auf ein künftiges Erbrecht" gehört im landwirtschaftlichen Bereich die
lofübergabe mit Altenteilsvertrag. Dabei kommt es nicht darauf an, ob an erb-
rechtigte Geschwister Ausgleichszahlungen zu leisten waren[117]. Diese mindern
ur den Wert (Rn. 97). Was beiden Ehegatten gemeinschaftlich zugewendet wurde,
ie Hochzeitsgeschenke, gilt als gemeinschaftlich eingebrachtes Gut und ist bei der
erechnung des Erstattungsanspruchs anteilsmäßig zu berücksichtigen.[118] Für Zu-
endungen, die nicht zur Vermögensbildung, sondern zum Verbrauch bestimmt
aren, gibt es keinen Ersatz, weil sie den Einkünften zuzurechnen sind. Dazu
ehören laufende Zuwendungen der Eltern in kleineren Beträgen für die Haushalts-
hrung, die üblichen Geschenke zu den Festtagen oder auch Zuschüsse zum Ur-
ub.[119] Erstattungsansprüche kommen auch bei Rechten in Betracht, die mit dem
od eines Ehegatten erlöschen oder deren Erwerb durch den Tod eines Ehegatten
edingt ist (§ 1478 II Nr. 3 BGB). Dazu gehören in erster Linie **Leibrenten und
ebensversicherungen**[120]. Der Nießbrauch erlischt zwar ebenfalls mit dem Tod
1061 BGB), er zählt jedoch wegen seiner fehlenden Übertragbarkeit immer zum
ondergut (§§ 1059, 1417 II BGB; vgl. Rn. 6).

## . Höhe der Werterstattung

Maßgeblich für die **Wertbestimmung** sind auch hier die in Rn. 76 dargestellten 97
egeln[121]. Belastungen sind abzuziehen. Bei einer Hofübergabe mit Altenteilsvertrag
lten hinsichtlich der Belastungen die gleichen Gesichtspunkte wie bei der Zuge-
inngemeinschaft (vgl. Kap. 1 Rn. 309 f). Ausgleichszahlungen an Geschwister min-
ern den Wert des übergebenen Anwesens genauso wie etwaige Grundstücksbelas-
ngen. Auch bei landwirtschaftlichen Betrieben ist eine **latente Ertragsteuer** (vgl.
ap. 6 Rn. 31) zu berücksichtigen, weil hier ebenfalls auf einen Veräußerungserlös
ei der Bewertung abgestellt wird[122]. Auch **Eingebrachte Schulden** verringern den
ert und sind daher abzuziehen[123]. Bei allen eingebrachten, geerbten oder durch
lofübergabe erlangten Grundstücken ist daher sorgfältig zu klären, in welchem
mfang sie belastet waren. Anhaltspunkte können dabei die im Grundbuch einge-
agenen Belastungen sein. Die Beweislast für die Lastenfreiheit trägt derjenige, der
ch auf lastenfreies „Anfangsvermögen" beruft.

---

5 BGH FamRZ 1990, 256; s. dazu auch OLG Bamberg FamRZ 2001, 1215.
7 BGH FamRZ 1986, 883.
8 Staudinger/Thiele § 1478 Rn. 12.
9 Staudinger/Thiele § 1478 Rn. 16.
0 Palandt/Brudermüller § 1478 Rn. 4.
1 BGH FamRZ 1986, 776, 779.
2 FamVermR/Klüber Rn. 4.717.
3 BGH FamRZ 1986, 776, 779.

98    Der Stichtag für die Bewertung ist nach § 1478 III BGB **die Zeit der Einbringung**. Es kommt daher auf den Beginn des Güterstands an. Bei späteren Zuwendungen ist auf den Tag abzustellen, an dem sie angefallen sind. Das weitere Schicksal der eingebrachten Gegenstände wirkt sich auf die Wertbestimmung nicht aus. Wertsteigerungen, Wertminderungen, selbst ein späterer Untergang, sind daher für die Bewertung ohne Bedeutung[124].

99    Alle eingebrachten Gegenstände sind zum Ausgleich des Kaufkraftschwundes – wie beim Zugewinnausgleich – **hochzurechnen**[125]. Für den Index gelten die gleichen Regeln wie beim gesetzlichen Güterstand (Kap. 1 Rn. 55 f). Hochgerechnet werden auch reine Geldforderungen[126]. Schwierigkeiten ergeben sich allerdings bei der Bestimmung des **Endstichtags** für die Hochrechnung. Nach dem Wortlaut des § 1478 I BGB stehen Bewertung und Erstattung in einem so engen zeitlichen Zusammenhang, dass es auch für die Hochrechnung nur auf den in der Zukunft liegenden Tag der Erstattung ankommen kann. Für die genaue Berechnung werden daher der Index für die Zeit der Einbringung und der Index für die Zeit der Erstattung benötigt[127]. Das kann in der Regel nur der Tag der endgültigen Auseinandersetzung sein. Die Situation ist ähnlich wie beim Wertersatz nach § 1477 II BGB (vgl. Rn. 90). Wenn es auch hier nicht gelungen ist, einen einheitlichen Stichtag durch eine **Vereinbarung** festzulegen (vgl. Rn. 75), entsteht der missliche Zustand, dass der genaue Betrag erst unmittelbar **vor der Erlösaufteilung** ausgerechnet werden kann. Bei gerichtlichen Auseinandersetzungen ist der Tag der letzten mündlichen Verhandlung maßgeblich (vgl. Rn. 90).

100   Der Anspruch auf Wertersatz richtet sich gegen das Gesamtgut und gehört daher zu den nach § 1475 II BGB vorab zu berichtigenden Verbindlichkeiten.[128] Ist nach der Schuldentilgung noch genügend Bargeld vorhanden, kann verlangt werden, dass Ansprüche auf Wertersatz nach § 1478 I BGB **vorab befriedigt werden**. Lebten die Ehegatten vor Beginn der Gütergemeinschaft im Güterstand der Zugewinngemeinschaft und haben sie in dem späteren Ehevertrag vereinbart, dass der entstandene Zugewinn zusätzlich zu dem Wertersatz nach § 1478 I BGB auszugleichen sei, kann der Anspruch auf Zugewinnausgleich ebenfalls schon vor der Auseinandersetzung der Gütergemeinschaft mit einer Zahlungsklage geltend gemacht werden[129].

## V. Herstellung der Teilungsreife (5. Schritt)

101   **Beispielsfall**[130]: M und F brachten in die Gütergemeinschaft eine Eigentumswohnung ein, die ihnen jeweils zur Hälfte gehörte. Während der Gütergemeinschaft erwarben sie zwei Bauplätze hinzu. Verbindlichkeiten sind nicht vorhanden.

Der Überschuss wird gemäß § 1477 I BGB nach den Vorschriften über die Gemeinschaft geteilt. Zum „Überschuss" gehören alle Gegenstände, die nach der

---

[124] BGH FamRZ 1990, 256, 257; Klein FuR 1995, 166, 170.
[125] BGH FamRZ 1982, 991.
[126] BGH FamRZ 1990, 256.
[127] BGH FamRZ 86, 776, 777.
[128] Kappler FamRZ 2010, 1294, 1298.
[129] OLG Bamberg FamRZ 2001, 1215.
[130] Nach BGH FamRZ 1988, 813.

Ausübung von Übernahmerechten, nach der Berichtigung der Gesamtgutsverbindlichkeiten und geleisteten Wertersatz nach § 1478 BGB **übrig** geblieben sind (§ 1476 I BGB). Meistens handelt es sich um eine bestimmte Menge einzelner Sachen. Vom Gemeinschaftsrecht gelten die §§ 752 bis 754, 755 II und III (§ 755 I ist durch § 1475 ersetzt), 756, 757 BGB[131]. Die Aufteilung erfolgt durch **Teilung in Natur** nach § 752 BGB (Kap. 5 Rn. 3 f). Wenn dies nicht möglich ist, erfolgt sie durch **Verkauf** nach § 753 BGB und Aufteilung des Erlöses (vgl. Kap. 5 Rn. 8 zu beweglichen Sachen und Kap. 5 Rn. 23 f zu Immobilien).

Vorrangig ist nach dem Gesetz die Teilung in Natur, die auch als Realteilung 102 bezeichnet wird. Wie in Kap. 5 Rn. 5 ausgeführt, kommt diese Art der Teilung im Grunde nur bei Geld oder anderen vertretbaren Sachen in Betracht. Der Sachinbegriff eines Gesamthandsvermögens, wie ihn das Gesamtgut der Gütergemeinschaft darstellt, kann als solcher nicht in Natur geteilt werden.[132] Es besteht daher keine Möglichkeit, die im Beispielsfall vorhandenen Immobilien unter den Eheleuten einfach aufzuteilen. Häuser sind in der Regel unteilbar und müssen daher veräußert werden.[133] Im angeführten Fall ist der BGH aus diesem Grund auch davon ausgegangen, dass alle drei Grundstücke erst noch durch **Teilungsversteigerung** verwertet werden müssen, bevor die Liquidation durch Erlösverteilung beendet werden kann. Bei den zwei Bauplätzen wäre zwar nach der Auffassung des BGH u. U. eine Teilung in Natur in Betracht gekommen, die jedoch im konkreten Fall keine Partei beantragt hatte. An sich müssten sogar die persönlichen Bedarfsgegenstände, die ein Ehegatte nicht gegen Wertersatz übernehmen will, veräußert werden. **Lebensversicherungen** sind normalerweise nicht in Natur aufzuteilen. Sie müssen daher aufgelöst werden, wenn sich die Eheleute nicht auf die Verrechnung ihres Wertes (Kap. 1 Rn. 299 f) mit einem Erlösanteil einigen können.

Die Liquidation ist daher regelmäßig so lange fortzuführen, bis nur noch Geld, 103 ohne Wertverlust in gleich große Anteile aufteilbare Sachen sowie die Gegenstände, auf die sich ein Übernahmerecht bezieht, vorhanden sind. Auch bei den Vermögensmehrungen (vgl. Rn. 59 f) ist die Teilungsreife herzustellen. Erst dann kann die Aufteilung vorgenommen werden. Die Frage, ob eine Teilungsversteigerung in Ausnahmefällen einen groben Verstoß gegen Treu und Glauben darstellen und damit unzulässig sein kann, hat der BGH[134] offen gelassen. Sie dürfte zu verneinen sein, weil bei fehlenden Vereinbarungen nach dem Gesetz eine andere Aufteilung nicht möglich ist.

# VI. Feststellung der Teilungsmasse und ihre Verteilung (6. Schritt)

Die Teilungsmasse wird aus dem **Überschuss** gebildet, der nach der Berichtigung 104 der Gesamtgutsverbindlichkeiten verbleibt (§ 1476 I BGB). Wegen der vorausgegangenen Schuldzahlungen kann es sich **nur noch um Aktiva** handeln. Wenn die Teilungsreife erreicht ist, besteht der Überschuss nur noch aus Geld, in Natur teilbaren Sachen und den Gegenständen, auf die sich ein Übernahmerecht bezieht.

---

131 Palandt/Brudermüller § 1477 Rn. 1.
132 BGH FamRZ 1988, 813, 816.
133 Palandt/Sprau § 752 Rn. 3.
134 BGH FamRZ 1988, 813.

105    Zur Teilungsmasse gehört auch das, was die Ehegatten dem Gesamtgut schulden:[13]

▶ Schadensersatz für **schuldhafte Minderungen des Gesamtguts** gemäß § 143 S. 3 BGB (Rn. 28, 39).

▶ Schadensersatz wegen **unerlaubter Handlungen** nach §§ 1441 Nr. 1, 1463 Nr. BGB (Rn. 39, 45). Dazu gehören z. B. alle Aufwendungen aus Anlass eine während des Güterstands begangenen strafbaren Trunkenheitsfahrt.

▶ Die aus dem Gesamtgut bezahlten Verbindlichkeiten, die sich auf das Vor behalts- oder Sondergut gemäß §§ 1441 Nr. 2, 1463 Nr. 2 BGB bezogen habe (Rn. 40, 45).

▶ Kosten aus bestimmten **Rechtsstreitigkeiten** gemäß §§ 1441 Nr. 3, 1443, 146 Nr. 3, 1465 BGB (Rn. 41, 46).

▶ Kosten aus **Ausstattungen** gemäß §§ 1444, 1466 BGB (Rn. 43, 47).

▶ Ausgleich für Verwendungen von Gesamtgut in Vorbehalts- oder Sondergu gemäß §§ 1445 I, 1467 I BGB (Rn. 44, 48).

106    Kompromisslos streitende Eheleute können auf diesem Weg alle in der Vergan genheit geschehenen „Sünden" aufarbeiten. Die Beträge, die ein Ehegatte zum Ge samtgut zu ersetzen hat, braucht er jedoch in der Regel nicht bar einzuzahlen. Auc hier geschieht ähnlich wie beim Wertersatz für übernommene Gegenstände (Rn. 91 eine **Verrechnung** mit dem Anteil am Erlös nach § 1476 II BGB (Rn. 49).

107    Sind nur noch Geld und in Natur teilbare Gegenstände vorhanden, kann di Aufteilung vorgenommen werden.

– Zuerst sind die Ansprüche der Ehegatten auf **Wertersatz** (Rn. 93 f) zu befriedige

– Von dem Geld, das übrig bleibt, bekommt **jeder die Hälfte** (§ 1476 I BGB).

– Schuldet ein Ehegatte etwas zum Gesamtgut, wird sein Anteil nach § 1476 II BG entsprechend gekürzt (Rn. 49).

> **Beispiel:** Zur Teilungsmasse gehören zwei gleichwertige Rinder und 50 000 €. M schuldet dem Gesamtgut noch 10 000 €, weil er diesen Betrag bei gemeinsamer Verwaltung seiner nichtehelichen Tochter als Ausstattung zur Hochzeit zugewendet hatte.

   Die Rinder werden verlost (§ 752 S. 2 BGB). Die Schuld von 10 000 € wird zunächs zum Bargeld hinzugerechnet, weil die Ersatzforderungen den Wert des Gesamtgut erhöhen[136]. Damit ergibt sich nunmehr eine Teilungsmasse von 60 000 €. Davon falle auf jeden Ehegatten 30 000 €. Der Anteil von M wird jedoch um den von ihm geschul deten Betrag gekürzt, so dass er nur 20 000 € erhält. F bekommt die übrigen 30 000 € Damit wird sichergestellt, dass die Kosten der Ausstattung im Rahmen der Liquidatio allein M treffen. Wäre kein Bargeld vorhanden gewesen, hätten zur Sicherung de Ausgleichsanspruchs von F auch die beiden Rinder verkauft werden müssen. Wäre weder Bargeld noch Rinder in der Teilungsmasse gewesen, wäre ausschließlich de Ersatzanspruch zu teilen gewesen. Davon hätte jeder 5000 € erhalten. Nach der Ver rechnung mit der Schuld wäre bei M noch ein Debet von 5000 € geblieben, das er gem § 1476 II 2 BGB an F aus seinem übrigen Vermögen zu zahlen hätte.

108    **Reicht die vorhandene Teilungsmasse nicht aus,** beiden Ehegatten das von ihne Eingebrachte zurückzuerstatten, ist sie so aufzuteilen, dass die Eheleute den Fehl

---

[135] Palandt/Brudermüller § 1476 Rn. 1.
[136] BGH FamRZ 1986, 40, 42.

etrag nach dem Verhältnis des Werts des von ihnen Eingebrachten tragen (§ 1478 I Halbs. 2 BGB).[137]

---

**Beispiel:** Die Teilungsmasse beträgt 40 000 €. M kann für sein eingebrachtes Vermögen 60 000 € zurückverlangen, F hat aus dem gleichen Grund einen Anspruch von 20 000 €.

---

Zunächst ist zu bestimmen, in welchem Verhältnis das beiderseits eingebrachte Vermögen zueinander steht. Die Gesamtsumme macht 60 000 € + 20 000 € = 0 000 € aus. Der Anteil von M mit 60 000 € beträgt 75 %, der Anteil von F mit 0 000 € ergibt 25 %. M kann mit seinen 75 % 30 000 € beanspruchen, auf F entfallen ur 10 000 €.

## II. Ehewohnung und Haushaltsgegenstände (§§ 1568 a, 1568 b BGB)

Die **Zuteilungsregelungen** der §§ 1568 a, 1568 b BGB über die Ehewohnung 109 nd die Haushaltsgegenstände gehen in ihrem Anwendungsbereich der Verwaltungsregelung in der Liquidationsgemeinschaft vor[138]. An der Regelung nach dem rüheren Recht in der Hausratsverordnung hat sich insoweit nichts geändert. Der amilienrichter kann daher bei allen Haushaltsgegenständen, soweit nicht Vorbehaltsgut (Rn. 8) oder Sondergut (Rn. 6) bestand, nunmehr **Einzeleigentum** begründen (vgl. Kap. 4 Rn. 160 f). Die zu Alleineigentum zugewiesenen Hausratsgegenstände sind bei der **Erlösverteilung** wertmäßig zu berücksichtigen.[139] Bei der hewohnung darf der Familienrichter aber nur die Besitz- und Nutzungsverhältisse regeln (vgl. Kap. 4 Rn. 74 f). Die Auseinandersetzung hinsichtlich des **Eigenums** an der Ehewohnung ist nach den güterrechtlichen Regeln §§ 1471 ff BGB urchzuführen. Im Rahmen der Mitwirkungspflichten nach § 1472 BGB kann llerdings bei einem bisher gemeinsam bewohnten Haus die Zustimmung zu einer Neuregelung der Verwaltung und Benutzung verlangt werden.[140] Ist ein Ehegatte us dem von ihm eingebrachten Familienwohnheim ausgezogen, steht ihm kein nspruch auf Nutzungsentschädigung zu.[141] Er kann nur die Auseinandersetzung er Gütergemeinschaft betreiben. Der Umstand allein, dass nur ein Teilhaber das Gesamtgut nutzt, kann noch keine Entschädigungsrechte des anderen Teils aus-ösen.[142]

## III. Gütergemeinschaft und Störung der Geschäftsgrundlage

---

**Beispielsfall:**[143] M und F heirateten 1973. M betrieb eine Kleiderfabrik, F war 110 Hausfrau. Zunächst bestand Gütertrennung. F erwarb teils durch Erbfolge, teils mit Geld von M mehrere Grundstücke. Auf einem davon wurde mit Mitteln von

---

⁷ Vgl. dazu BGH FamRZ 1990, 256, 258.

⁸ MK/Kanzleiter Vorbem. § 1471 Rn. 2.

⁹ Kappler FamRZ 2010, 1294; Staudinger/Thiele § 1471 Rn. 17.

⁰ BGH FamRZ 2008, 2015 für die insoweit ganz ähnliche Rechtslage in der früheren DDR.

¹ OLG Köln FamRZ 1993, 713; a. A. OLG Bamberg FamRZ 87, 703.

² BGH FamRZ 1996, 931 für die vergleichbare Situation bei einem gemeinsamen dinglichen Wohn-recht; vgl. dazu auch OLG Koblenz FamRZ 2006, 40; OLG Köln FamRZ 1993, 713.

³ Nach BGH FamRZ 1987, 43.

M 1988 ein Mehrfamilienhaus errichtet. Insgesamt hatte M etwa 300 000 € aufgebracht. 1993 wird Gütergemeinschaft vereinbart. F hat nach der Scheidung hinsichtlich aller Grundstücke eine Übernahmeerklärung abgegeben und verlangt Wertersatz für das 1993 in die Gütergemeinschaft Eingebrachte. Der hochgerechnete Wert entspricht dem von ihr für die Übernahme geschuldeten Betrag.

Es geht hier um das Problem der Rückgewähr von Zuwendungen. Bei Gütertrennung und Zugewinngemeinschaft sind die Regeln vom Wegfall der Geschäftsgrundlage (Kap. 5 Rn. 211 f) und das Gesellschaftsrecht (Kap. 5 Rn. 266 f) maßgeblich. Bei der Gütergemeinschaft kann das Problem nur auftauchen, wenn es sich um Zuwendungen handelt, die vor Beginn dieses Güterstands liegen. In dieser Zeit hätte M aber Ansprüche wegen seiner Zuwendungen geltend machen können. M hat davon jedoch abgesehen, weil durch die Vereinbarung der Gütergemeinschaft zunächst seinem Bedürfnis nach einer Beteiligung am Vermögen von F Rechnung getragen worden war. Zum weiteren Verhalten von F führte der BGH[144] aus:

„*Dadurch, dass die Ehefrau den Wert dessen zurückverlangt, was sie in die Gütergemeinschaft eingebracht hat, ist diese Voraussetzung jedoch entfallen. Zusammen mit dem (begründeten) Verlangen, die eingebrachten Grundstücke wieder zu übernehmen, stellt die Ehefrau … praktisch die vermögensrechtliche Zuordnung wieder her, die (1973) vor Begründung der Gütergemeinschaft bestanden hat. Im Hinblick auf diese nach Rückerstattung des Wertes des Eingebrachten und nach einer Übertragung der Grundstücke auf die Ehefrau entstehende Rechtslage kann der Ehemann jedoch in ähnlicher Weise gem. § 242 BGB die Berücksichtigung seiner finanziellen Beiträge zur Vermögensbildung beanspruchen, als wenn es zur Vereinbarung der Gütergemeinschaft überhaupt nicht gekommen wäre. Der Ehemann kann beanspruchen, dass dem Ausgleichsbedürfnis, das 1973 durch die Vereinbarung der Gütergemeinschaft befriedigt zu sein schien, nunmehr … auf anderem Wege noch Rechnung getragen wird.*"

Die gesetzlichen Vorschriften für die Auflösung der Gütergemeinschaft stehen somit grundsätzlich einem ergänzenden Ausgleichsanspruch, der auf § 313 (früher: § 242) BGB gestützt wird, nicht entgegen.

# 5. Abschnitt. Verfahrensrecht

## A. Vermittlung durch den Rechtspfleger

111 Die gesetzlichen Regeln sind für die Auseinandersetzung dispositiv (Rn. 69). Sie gelten nur, soweit die Ehegatten nichts anderes vereinbaren (§ 1474 BGB). Kommen die Ehegatten nicht von sich aus zu einer gemeinsamen Lösung, können sie sich nach § 373 i.V. mit § 363 f FamFG an das örtlich zuständige Amtsgericht – Nachlassgericht – mit der Bitte um Vermittlung wenden. Es handelt sich um eine Aufgabe des Rechtspflegers gemäß § 3 Nr. 2 c RPflG. Dieser kann nur beratend tätig werden. Es

---

[144] BGH FamRZ 1987, 43, 46.

ist nicht bekannt, dass diese Möglichkeit in der Praxis je genutzt wurde. Dies hängt wohl damit zusammen, dass von einem Rechtspfleger am Nachlassgericht eine umfassende Kenntnis der schwierigen Auseinandersetzungsregeln der Gütergemeinschaft nicht erwartet werden kann. Die Einleitung dieses Verfahrens wird daher nicht empfohlen[145]

## B. Klage auf Mitwirkung und Auskunft

Während der Liquidation haben die Parteien gegenseitig die Rechte auf Auskunft **112** und Mitwirkung (vgl. Rn. 65 f). Diese Rechte können **selbständig eingeklagt** werden. Es handelt sich um Streitigkeiten über Ansprüche aus dem ehelichen Güterrecht, für die das Familiengericht zuständig ist (§ 23 b I GVG, § 111 Nr. 9 FamFG). Der Anspruch auf **Auskunft** ergibt sich aus § 1472 BGB.[146] Auskunft kann bereits im Scheidungsverbund verlangt werden.[147] Als Stichtag ist der Tag heranzuziehen, an dem die Scheidung rechtskräftig wird. Mangels gesetzlicher Vorschriften kann eine Bewertung wie bei der Zugewinngemeinschaft (§ 1379 I 3 BGB) nicht verlangt werden. Da sich die geschuldete Auskunft regelmäßig auf einen „Inbegriff von Gegenständen" beziehen wird, hat der Auskunftspflichtige nach § 260 I BGB ein Bestandsverzeichnis vorzulegen. Besteht Grund zu der Annahme, das das Verzeichnis nicht mit der erforderlichen Sorgfalt aufgestellt wurde, ist die Richtigkeit an Eides statt zu versichern; § 260 II BGB. Näher dazu s. Kap. 1 Rn. 490 f. Eine Klage auf Mitwirkung kommt auch beim Streit um den **Unterhalt** in Betracht, weil die Besonderheiten der Gütergemeinschaft in der Regel einer normalen Unterhaltsklage im Wege stehen.[148]

## C. Teilungsversteigerung und Drittwiderspruchsklage

Soweit Grundstücke zur Schuldenberichtigung veräußert werden müssen, kann **113** dies bei nicht mitwirkungswilligen Ehepartnern nur durch eine **Teilungsversteigerung** nach § 753 I 1 BGB, § 180 I ZVG geschehen. Den Antrag kann jeder Ehegatte allein stellen (Rn. 82). Der andere Ehegatte kann sich mit einer **Drittwiderspruchsklage** beim Familiengericht[149] gegen die Versteigerung wehren, wenn dadurch sein Recht auf Übernahme gemäß § 1477 II BGB beeinträchtigt wird[150] (Rn. 87 f). Haben beide Eheleute Grundstücke eingebracht und besteht Streit darüber, welche davon zur Schuldentilgung zu veräußern sind, ist gemäß § 1353 BGB der Weg zu wählen, der das Gesamtgut am wenigsten belastet.[151]

---

[145] S. dazu näher FamVermR/Klüber Rn. 4.654 f.

[146] Palandt/Brudermüller § 1472 Rn. 1.

[147] Ensslen FamRZ 1998, 1077, 1080.

[148] BGH FamRZ 1990, 851; näher zum Unterhalt bei Gütergemeinschaft s. Wendl/Dose § 6 Rn. 400; Ensslen FamRZ 1998, 1077, 1079 f; FA-FamR/Weinreich Kap 9 Rn. 217.

[149] BGH FamRZ 1985, 903.

[150] BGH FamRZ 1987, 43.

[151] OLG Düsseldorf FamRZ 1993, 194.

## D. Übernahmeklage

**114**     Die Gegenstände, auf die sich ein Übernahmerecht nach § 1477 II BGB bezieht (Rn. 84 f), sind meist eindeutig bestimmbar. Das trifft vor allem bei eingebrachten oder ererbten Grundstücken zu. Trotzdem kommt es oft jahrelang nicht zu der gewünschten Rückübertragung, weil es noch nicht zu einer endgültigen Auflösung der Liquidationsgemeinschaft kommen konnte und der andere Ehegatte nicht bereit ist, an der Übertragung freiwillig mitzuwirken. Hier hat die Rechtsprechung für die Fälle, in denen ein Gegenstand weder einem Dritten herauszugeben ist, noch zur Schuldentilgung benötigt wird, Abhilfe geschaffen. Diese Gegenstände können ausnahmsweise auch schon **vor der endgültigen Teilung** des Gesamtgutes herausverlangt werden.[152] Auch in diesen Fällen erfolgt der Wertersatz nur durch Verrechnung mit dem Erlösanteil bei der endgültigen Auseinandersetzung.[153] Der Streit über die Höhe des Wertersatzes ist daher kein Hinderungsgrund für eine Übernahmeklage.[154] Denn die Ausübung des Übernahmerechts führt nicht zu einem Zahlungsanspruch des Gesamtguts gegen den Übernehmer, sondern nur zu der **Verrechnungsmöglichkeit** nach § 1476 II 1 BGB[155]. Der Erfolg einer Übernahmeklage hängt daher nicht davon ab, dass der Übernehmer den Wertersatz sofort leistet. Der Anspruch auf Wertersatz wird zwar mit der Übernahme fällig, kann aber wegen der vorrangigen Verrechnung erst nach der endgültigen Auseinandersetzung als Zahlungsanspruch geltend gemacht werden[156]. Der Wert der herausverlangten Sache ist daher nur für die Festlegung der zu leistenden Sicherheit (s. Rn. 115) maßgeblich.

**115**     Zur Sicherung seines Anspruchs auf Wertersatz kann der andere Ehegatte jedoch ein Zurückbehaltungsrecht geltend machen, das dann zu einer Zug-um-Zug-Verurteilung führt.[157] Durch Sicherheitsleistung, beispielsweise durch Bestellung einer **Höchstbetragssicherungshypothek,** kann die Ausübung des Zurückbehaltungsrechts jedoch nach § 273 III BGB abgewehrt werden. Zur Höhe der zu leistenden Sicherheit hat der BGH[158] ausgeführt:

*„Ist noch nicht absehbar, ob der Wert des restlichen Auseinandersetzungsguthabens den Wert der übernommenen Sache erreicht, kann der andere Ehegatte im Rahmen eines Zurückbehaltungsrechts Sicherheit bis zur Höhe des hälftigen Wertes der übernommenen Sache verlangen.“*

Eine höhere Sicherheit ist nicht erforderlich, weil die andere Hälfte des Wertes wegen des Halbteilungsprinzips des § 1476 I BGB ohnehin dem Übernehmer zusteht. **Stichtag** für die Wertermittlung ist der letzte Tag der mündlichen Verhandlung.[159] Der Übernehmer kann nicht mit seinem Werterstattungsanspruch nach § 1478 I BGB aufrechnen. Dieser ist erst bei der endgültigen Auseinandersetzung nach der Tilgung aller Schulden zu berücksichtigen.

---

[152] BGH FamRZ 2008, 1323; 2007, 625; 1988, 926.
[153] BGH aaO; OLG Düsseldorf FamRZ 1993, 194.
[154] OLG München OLG-Report München 1993, 212.
[155] BGH FamRZ 2008, 1323, 1324.
[156] BGH FamRZ 2007, 625.
[157] Staudinger/Thiele § 1477 Rn. 18.
[158] BGH FamRZ 2007, 625.
[159] BGH FamRZ 1986, 40, 42; 1992, 421, 423.

Unschädlich ist es, wenn ein zurückverlangtes Grundstück **belastet** ist. Erforder- **116** lich ist insoweit nur, dass der Übernehmer die persönliche Haftung für diese Verbindlichkeiten mit schuldbefreiender Wirkung für den anderen Ehegatten (Rn. 80) alleine übernommen hat.[160]

Der Antrag einer Übernahmeklage hinsichtlich eines Grundstücks könnte so lauten[161]:

---

### Antrag: **117**

„Der Antragsgegner wird verurteilt, als Gesamthandsberechtigter das vollständige Eigentum an dem Grundstück in … vorgetragen im Grundbuch …. an die Antragstellerin zu Alleineigentum zu übertragen und die Eintragung dieser Rechtsänderung in das Grundbuch zu bewilligen und zu beantragen Zug um Zug gegen die von ihm zu bewilligende Eintragung einer Höchstbetragshypothek in Höhe von … Euro."

---

Nach § 894 ZPO gelten die entsprechenden Willenserklärungen mit Rechtskraft des Urteils als abgegeben.

Nur in den Fällen, in denen feststeht, dass das restliche Auseinandersetzungsguthaben des Übernehmers größer als der Wertersatzanspruch ist, kann eine Übernahmeklage auch **ohne Sicherheitsleistung** erfolgreich sein. In diesen Fällen bleibt dem anderen Ehegatten aber eine **Widerklage** auf Feststellung des Wertes der übernommenen Sache übrig, falls er nicht seinerseits eine Auseinandersetzungsklage erhebt.

Wird der Beklagte im Rahmen einer Übernahmeklage ausnahmsweise verurteilt, Gegenstände Zug um Zug gegen Zahlung einer Geldsumme zu übertragen, kann er nicht seinerseits den festgesetzten Zahlungsbetrag aus diesem Urteil vollstrecken, wenn der Kläger untätig bleibt. Über den Anspruch des Beklagten ist noch nicht rechtskräftig entschieden.[162] Er muss daher nunmehr eine eigene Auseinandersetzungsklage erheben (Rn. 118).

# E. Auseinandersetzungsklage

Auch nach Berichtigung aller Verbindlichkeiten kann die Erlösverteilung auf **118** Schwierigkeiten stoßen. Weiteren Streit gibt es vor allem dann, wenn sich die Beteiligten nicht über den geschuldeten Wertersatz oder die Ausgleichsansprüche einigen können. In diesen Fällen kann die Auseinandersetzung im Prozesswege in der Weise durchgeführt werden, dass auf Zustimmung zu einem bestimmten **Auseinandersetzungsplan** geklagt wird. Mit der Rechtskraft des Urteils, das einer solchen Klage stattgibt, kommt gem. § 894 ZPO ein entsprechender **Auseinandersetzungsvertrag** zustande.[163] Erst von diesem Zeitpunkt an werden daher Zinsen geschuldet.

Die Klage auf Zustimmung zu einem Auseinandersetzungsplan ist aber nur be- **119** gründet, wenn dieser Plan ganz genau den gesetzlichen Teilungsregelungen der

---

[160] BGH FamRZ 2008, 1323.
[161] Eine eingehende Musterklage befindet sich bei FamVermR/Klüber Rn. 4.817.
[162] BGH FamRZ 1986, 776, 777.
[163] BGH FamRZ 1986, 776, 777.

§§ 1471 ff BGB entspricht. Zulässig ist es allerdings, dass die Parteien über Einzelpunkte nach § 1474 BGB abweichende Vereinbarungen treffen.[164] Für die Bewertungsstichtage wäre eine Einigung regelmäßig zu begrüßen (vgl. Rn. 75). Das Gericht hat **keinerlei Gestaltungsfreiheit**. Es darf nicht nach Zweckmäßigkeitsgesichtspunkten oder gar nach Billigkeit entscheiden. Es kann nur dem Klageantrag stattgeben oder die Klage abweisen.[165] Der Beklagte darf nicht zu einer Auseinandersetzung verurteilt werden, die inhaltlich von dem Teilungsplan abweicht, den der Kläger seinem Klageantrag zugrunde gelegt hat. *„Denkbar"* ist allerdings auch im Auseinandersetzungsprozess, dass dem Kläger weniger als beantragt zugesprochen wird. Dabei kann aber die Grenzziehung zwischen einem „erlaubten Minus" und einem „verbotenen Aliud" im Einzelfall durchaus zweifelhaft sein.[166] **Eine Auseinandersetzungsklage ist auch dann unbegründet, wenn der Teilungsplan nicht alle Aktiva umfasst.**[167]

120 Wegen dieser hohen Voraussetzungen werden Auseinandersetzungsklagen in der Praxis fast immer **abgewiesen**. Meist scheitert die Klage schon daran, dass noch nicht alle Verbindlichkeiten getilgt sind. Bei Schuldübernahmen (vgl. Rn. 80) ist häufig die Haftungsfreistellung des anderen Ehegatten noch nicht endgültig. Manchmal fehlt es an der **Teilungsreife**. So scheiterte die Klage in einem Fall daran, dass sich die Parteien um Bauplätze stritten, die erst noch zu versteigern waren.[168]

121 Eine Auseinandersetzungsklage ist daher **kaum zu empfehlen**. In jedem Fall ist sorgfältig darauf zu achten, dass keine Schulden und nur noch ohne Wertverlust aufteilbare Gegenstände vorhanden sind. Gegenstände, auf die sich ein Übernahmerecht bezieht, etwa ein Betrieb, können ebenfalls mit einbezogen werden. Streiten sich die Parteien nur um die Höhe des Wertersatzes (vgl. Rn. 89 f, 97 f), bestehen keine Bedenken. Denn in diesem Fall würde das Gericht nur ein „Minus" zusprechen. Beim Streit um Übernahmerechte empfehlen sich Hilfsanträge. Vertritt der Beklagte zur Aufteilung andere Auffassungen, ist ihm eine **Widerklage** mit einem eigenen Aufteilungsplan zu empfehlen.

122 Der Antrag einer Auseinandersetzungsklage muss die begehrte Aufteilung konkret beschreiben und die Höhe der Erstattungsbeträge angeben. Er könnte beispielsweise so lauten:

> **Antrag:**
>
> Der Beklagte wird verurteilt, zur Auseinandersetzung der zwischen den Parteien bestehenden Gütergemeinschaft folgendem Teilungsplan zuzustimmen:
>
> Die Klägerin übernimmt gegen Wertersatz in Höhe von … das von ihr in die Gütergemeinschaft eingebrachte Hausgrundstück in …
>
> Aus dem Wert des Gesamtguts ist der Klägerin der Wert des von ihr eingebrachten Hausgrundstücks in Höhe von … zu erstatten.
>
> Folgende Gesamtgutsverbindlichkeiten werden beglichen …
>
> Von dem verbleibenden Gesamtgut erhält die Klägerin …

---

[164] BGH FamRZ 1988, 813, 814.
[165] BGH aaO.
[166] BGH aaO.
[167] BGH FamRZ 1988, 813, 815.
[168] BGH FamRZ 1988, 813.

# F. Gerichtliche Feststellung von Ansprüchen auf Wertersatz nach § 1478 I BGB

> **Beispielsfall:**[169] M und F waren seit 1969 verheiratet. Bis 1982 lebten sie in Zugewinngemeinschaft, anschließend in notariell vereinbarter Gütergemeinschaft. Seit 2009 sind sie geschieden. F geht davon aus, dass ihr 1982 bei der Vereinbarung der Gütergemeinschaft ein Anspruch auf Zugewinnausgleich zugestanden habe, den sie in die Gütergemeinschaft eingebracht habe. F verlangt gerichtliche Feststellung der Höhe ihres Anspruchs auf Zugewinnausgleich. **123**

Gegenseitige Ansprüche von Ehegatten, zu denen bei vorausgegangenem gesetzlichem Güterstand auch ein Anspruch auf Zugewinnausgleich gehören kann, zählen zu dem Eingebrachten im Sinn von § 1478 I BGB (vgl. Rn. 95). Beim Anspruchsberechtigten wird das Eingebrachte erhöht, beim Verpflichteten ermäßigt sich das Eingebrachte entsprechend. Für Klagen auf Feststellung bestimmter Werte des Eingebrachten besteht in aller Regel kein rechtliches Interesse im Sinn von § 256 ZPO. Die Feststellungsklage ist auch in diesen Fällen subsidiär und muss hinter einer möglichen Leistungsklage zurücktreten.[170]

Möglich ist eine Leistungsklage auf Wertersatz des Eingebrachten nach § 1478 I, II Nr. 1 BGB.[171] Außerdem kann im Wege der Leistungsklage nach § 1477 II BGB ein Anspruch auf Übernahme der eingebrachten Forderung geltend gemacht werden (= Übernahmeklage; Rn. 114). Selbst Auseinandersetzungsklagen sind möglich.[172]

# G. Ansprüche im Verbund

Nach § 137 I FamFG ist über einen im Scheidungsverbund erhobenen Anspruch **124** aus dem ehelichen Güterrecht (§ 261 I FamFG) gleichzeitig und zusammen mit der Scheidungssache zu verhandeln und zu entscheiden. Dies gilt nach der früheren Rechtsprechung des BGH[173] wegen der insoweit gleich gebliebenen Rechtslage auch für die **Auseinandersetzungsklage.** Dazu gehört aber, dass die Parteien es vorher geschafft haben, sich bei geschuldetem Wertersatz auf bestimmte **Stichtage** für die Wertermittlung zu einigen. Gelingt dies nicht, muss die güterrechtliche Sache abgetrennt werden,[174] wenn der Entscheidung nicht die am Tag der mündlichen Verhandlung bestehenden Wertverhältnisse zugrunde gelegt werden (vgl. Rn. 90).[175] Möglich ist es auch, im Verbund nur die Klärung einzelner Streitpunkte anzustreben, z. B. die Zugehörigkeit eines bestimmten Gegenstands zum Gesamtgut.[176] Darüber ist dann auf der Grundlage des Sachstands der letzten mündlichen Verhandlung zu entschei-

---

[169] OLG Nürnberg FamRZ 1999, 854.

[170] OLG Nürnberg aaO.

[171] OLG Nürnberg aaO.

[172] OLG Nürnberg aaO.

[173] BGH FamRZ 1982, 991, 992.

[174] BGH FamRZ 1984, 254.

[175] OLG Karlsruhe FamRZ 1982, 286, 288.

[176] BGH FamRZ 1984, 254, 256.

den.[177] Im Scheidungsverbund kann eine Stufenklage erhoben werden, aber auch nur Auskunft (Rn. 112) über den Bestand des Gesamtguts bei Rechtskraft der Scheidung eingeklagt werden.[178]

## H. Streitwert

125  Wird eine Gütergemeinschaft durch einen umfassenden **Vergleich** (Rn. 69) auseinandergesetzt, richtet sich der Streitwert nach dem Wert des begehrten Anteils[179]. Es darf daher nicht schematisch auf die ganze Teilungsmasse abgestellt werden. Maßgeblich ist also der Hälfteanteil an dem nach der vollständigen Schuldentilgung verbliebenen Überschuss zuzüglich der Summe der Werterstattungsansprüche. Nach den gleichen Grundsätzen richtet sich der Streitwert, wenn es um die Zustimmung zu einem **Teilungsplan** (Rn. 118) geht. Auch hier ist der Betrag des Auseinandersetzungsguthabens maßgeblich.[180] Das kann zur Folge haben, dass der Streitwert ganz verschieden ist, je nach dem, ob der Mann mit hohen Wertersatzansprüchen als Kläger auftritt oder die Frau mit niedrigen.[181] Bei einer **Übernahmeklage** (Rn. 114) ist der halbe Verkehrswert heranzuziehen, denn nur dieser kann im Streit stehen. Handelt es sich um ein Grundstück, sind die Belastungen nicht abzuziehen.[182]

## 6. Abschnitt. Beispiel für eine Auseinandersetzungsklage

126  1980 heirateten M und F und vereinbarten Gütergemeinschaft mit gemeinsamer Verwaltung. M brachte einen landwirtschaftlichen Betrieb mit dem Wert von insgesamt 800 000 € in das Gesamtgut ein. F steuerte ein Sparbuch mit 50 000 € Guthaben bei. 2007 zog F zu einem neuen Lebenspartner. Das Sparbuch mit der auf 80 000 € angewachsenen Einlage nahm sie mit und bezahlte damit Schulden ihres neuen Partners. In seiner seelischen Not betrinkt sich M und zerstört aus Wut alle landwirtschaftlichen Maschinen. Der Schaden beträgt 50 000 €.

Am 10. 2. 2009 wird das Scheidungsurteil rechtskräftig. Im Termin hatten M und F vereinbart, dass der 31. 12. 2008 als Stichtag für die Vermögensbewertung dienen soll. Zu diesem Zeitpunkt hatte der landwirtschaftliche Betrieb einen Wert von insgesamt 1 800 000 € (Aktiva) – 100 000 € (Passiva) = 1 700 000 €.

M verlangt nach § 1477 II BGB den landwirtschaftlichen Betrieb zurück. Dazu erklärt er, er übernehme die Verbindlichkeiten als Alleinschuldner und legt eine von der Gläubigerbank unterzeichnete Haftungsfreistellung für F vor. Beide Eheleute beanspruchen nach § 1478 I BGB auch Wertersatz für das Eingebrachte und ver-

---

[177] BGH aaO.
[178] Ensslen FamRZ 1998, 1077, 1080.
[179] Hüßtege in Thomas/Putzo § 3 Rn. 81 a.
[180] FamVermR/Klüber Rn. 4.819.
[181] FamVermR/Klüber aaO.
[182] FamVermR/Klüber Rn. 4.821.

langen gegenseitig Schadensersatz. Die Vermögensauseinandersetzung soll im Scheidungsverbund erfolgen.

**Lösung:**

Zunächst ist der Wert des Gesamtguts festzustellen. Zu den **Aktiva** gehören der 127
von M für die Rücknahme des landwirtschaftlichen Betriebs geschuldete Wertersatz und die beiderseitigen Ersatzansprüche (vgl. Rn. 49). Die Ansprüche auf Wertersatz für das Eingebrachte **mindern** den Wert der Aktiva des Gesamtguts und sind daher abzuziehen. F muss die von ihr veruntreuten 80 000 € nach § 1463 Nr. 1 BGB zurückgeben. M hat den von ihm verursachten Schaden nach § 1435 S. 3 BGB analog zu ersetzen,[183] weil eine schuldhafte Minderung des Gesamtguts vorliegt.

Die erforderliche Hochrechnung (vgl. Rn. 99) erfolgt nach den in Kapitel 1 128
Rn. 55 f angegebenen Indexzahlen. Bei der Werterstattung kann M somit für das eingebrachte Grundstück 800 000 € × 106,6 (Index 2008) : 57,8 (Index 1980) = 1 475 432 verlangen. F kann für das eingebrachte Sparbuch 50 000 € × 106,6 (Index 2008) : 57,8 (Index 1980) = 92 214 € fordern.

Der Wert des Gesamtguts beträgt danach:

| | | |
|---|---|---|
| Landwirtschaftlicher Betrieb | + | 1 700 000 € |
| Ersatzanspruch gegen F | + | 80 000 € |
| Ersatzanspruch gegen M | + | 50 000 € |
| Wertersatz für M | − | 1 475 432 € |
| Wertersatz für F | − | 92 214 € |
| Insgesamt | + | 262 354 € |

Der jedem Ehegatten zustehende Hälfteanteil beträgt 262 354 € : 2 = 131 177 €. F muss sich hierauf nach § 1476 BGB den Ersatzanspruch an das Gesamtgut anrechnen lassen. Sie bekommt also endgültig 92 214 € (Wertersatz Sparbuch) + 131 177 € (Aufteilung Gesamtgut) – 80 000 € (Ersatzanspruch) = 143 391 €.

M erhält 1 475 432 € (Wertersatz für den landwirtschaftlichen Betrieb) + 131 177 € (Aufteilung Gesamtgut) = 1 606 609 €, muss aber 1 700 000 € (Rücknahme landwirtschaftlicher Betrieb) + 50 000 € (Ersatzanspruch) = 1 750 000 € bezahlen. Die Differenz von 1 750 000 € – 1 606 609 = 143 391 € bildet den Betrag, den F verlangen kann.

Diesen Betrag muss M daher als Ausgleich noch bezahlen, wenn er den landwirtschaftlichen Betrieb unter Übernahme der darauf ruhenden Belastungen zurücknehmen will. Wegen der Haftungsfreistellung für F brauchen die Verbindlichkeiten nicht vorab getilgt zu werden (vgl. Rn. 80). In der Abrechnung werden sie dadurch berücksichtigt, dass M nur den um die Schulden bereinigten Wert des Anwesens an das Gesamtgut zu entrichten hat. Die Verbindlichkeiten dürfen daher nicht nochmals bei der Überschussverteilung berücksichtigt werden.[184]

Können die Parteien ihre Auseinandersetzung in einer privaten Vereinbarung treffen, ist wegen § 311 b BGB eine notarielle Beurkundung erforderlich. Eine Klage des M gegen F könnte wie folgt lauten:

---

[183] BGH FamRZ 1986, 40, 42.
[184] Langenfeld Rn. 630.

**Antrag:**

Die Beklagte wird verurteilt, Zug um Zug gegen Zahlung von 143 391 € die in das Gesamtgut eingebrachten Grundstücke ... als Gesamthandsberechtigte an den mitberechtigten Kläger als Alleineigentümer aufzulassen und das zum Anwesen gehörende Inventar ... an den Kläger als Alleineigentümer zu übertragen.

# Kapitel 3. Gütertrennung

Gütertrennung tritt in erster Linie dann ein, wenn sie in einem Ehevertrag nach 1
§ 1408 BGB vereinbart wird. Die Entscheidung für diesen Güterstand treffen die
Partner zumeist schon vor der Eheschließung. Gütertrennung wird häufig von
Unternehmern, gutsituierten Doppelverdienern, aber auch bei der Wiederverhei-
ratung älterer Eheleute gewählt.

Es kann aber auch sinnvoll sein, diesen Güterstand während der Ehe zu verein- 2
baren. Dazu ist vor allem dann zu raten, wenn die Eheleute nicht mehr zusammenleben und eine Scheidung beabsichtigen. Bis zur Einleitung des Scheidungsverfahrens
und weiter bis zum Eintritt der Rechtskraft der Scheidung vergehen nicht selten
mehrere Jahre. In den wenigsten Fällen ist es sinnvoll, für diesen Übergangszeitraum
die Zugewinngemeinschaft oder gar eine Gütergemeinschaft bestehen zu lassen.
Wenn Vermögen vorhanden ist, sollte daher jeder Ehegatte darauf bedacht sein, dass
diese Güterstände möglichst rasch durch einen Ehevertrag aufgehoben, auseinander
gesetzt und abgerechnet werden, sobald sich das Scheitern der Ehe als endgültig
herausgestellt hat. Für die weitere Dauer der Ehe gilt dann Gütertrennung.

In einer Entscheidung zur **Inhaltskontrolle** von Eheverträgen hat der BGH die 3
Vereinbarung der Gütertrennung, die insbesondere bei Unternehmern von Bedeutung ist, angesichts der Wahlfreiheit des Güterstandes für zulässig erachtet. Der
Familiensenat betont aber, eine Grenze der Vereinbarungsfreiheit sei dort zu ziehen,
wo die durch Ehevertrag vereinbarte Lastenverteilung der individuellen Gestaltung
der ehelichen Lebensverhältnisse in keiner Weise mehr gerecht wird, weil sie „evident einseitig" ist und unzumutbar erscheint. Zum geschützten, daher i. d. R. nicht
abdingbaren „Kernbereich" gehören aber an sich nur der Kindesunterhalt sowie der
Alters- und Krankheitsunterhalt[1].

Unabhängig von vertraglichen Regelungen ordnet das Gesetz den Eintritt von 4
Gütertrennung als **subsidiären** gesetzlichen Güterstand in folgenden Fällen an:
• bei Ausschluss des gesetzlichen Güterstands (§ 1414 S. 1, 1. Fall BGB),
• bei Aufhebung des gesetzlichen Güterstands (§ 1414 S. 1, 2. Fall BGB),
• bei Ausschluss des Zugewinnausgleichs (§ 1414 S. 2, 1. Fall BGB),
• bei Aufhebung der Gütergemeinschaft (§ 1414 S. 2, 2. Fall BGB),
• bei vorzeitigem Ausgleich des Zugewinns (§ 1388 BGB),
• bei vorzeitiger Aufhebung der Gütergemeinschaft (§§ 1449, 1470 BGB).

Gütertrennung bei Ausschluss des Versorgungsausgleichs (§ 1414 S. 2, 2. Fall
BGB in der früheren Fassung), tritt nur noch bei den bis zum 1. 9. 2009 eingeleiteten
Verfahren ein[2].

Die rechtlichen Auswirkungen des Güterstands der Gütertrennung sind im Fami- 5
lienrechtsbuch des BGB **nicht** geregelt. Eine Vorschrift zur Gütertrennung enthält
nur die in Rn. 4 aufgeführte Bestimmung des § 1414 BGB, die einzelne Voraussetzungen aufzählt, die den Eintritt von Gütertrennung zur Folge haben. Das Fehlen

[1] FamRZ 2004, 601.
[2] Art. 111 FGG-Reformgesetz.

weiterer Regelungen ist schon deshalb bedauerlich, weil auch im gesetzlichen Güterstand der Zugewinngemeinschaft jeder Ehegatte wie bei der Gütertrennung sein Vermögen selbst verwaltet[3].

6 Der gesetzliche Güterstand der Zugewinngemeinschaft wird
  • durch die Verfügungsbeschränkungen der §§ 1365 ff BGB,
  • den Ausgleichsanspruch nach § 1378 I BGB und
  • im Fall des Todes durch die Erhöhung des gesetzlichen Erbteils des Überlebenden nach § 1371 I BGB lediglich modifiziert. Die Zugewinngemeinschaft setzt die Gütertrennung gedanklich voraus. In beiden Güterständen bleibt das Vermögen grundsätzlich getrennt.

7 Das Wesen der Gütertrennung lässt sich schlagwortartig dahin umschreiben, dass sich die Ehepaare in vermögensrechtlichen Dingen weitgehend **wie Unverheiratete** gegenüberstehen. Denn Gütertrennung ist ein Güterstand ohne güterrechtliche Auswirkungen[4]. Aus diesem Grund können einzelne Regeln, die für die Vermögensauseinandersetzung bei Gütertrennung entwickelt wurden, z. B. die Innengesellschaft (Kap. 5 Rn. 266 f) oder die Rückgewähr gemeinschaftsbezogener Zuwendungen (Kap. 5 Rn. 189 f), auch bei der Vermögensauseinandersetzung einer nichtehelichen Lebensgemeinschaft herangezogen werden (vgl. Kap. 9 Rn. 32 f, 14 f). Besteht Gütertrennung,
  • gibt es zwei voneinander unabhängige Vermögen, das Vermögen des Mannes und das Vermögen der Frau;
  • verwaltet jeder sein Vermögen in eigener Verantwortung,
  • kann jeder grundsätzlich seine Einkünfte für seine eigenen Zwecke verwenden,
  • können die Partner beliebige Verträge miteinander abschließen,
  • gibt es keine Verfügungsbeschränkungen wie beim gesetzlichen Güterstand in § 1365 BGB
  • haftet keiner für die Schulden des anderen und
  • es gibt nach Beendigung des Güterstandes keinen Ausgleich.

8 Diese an sich klare und eindeutige Abgrenzung wird jedoch vielfach durchbrochen. Die Abweichungen ergeben sich zunächst aus dem **Wesen der Ehe** und den hieraus entstehenden Pflichten:
  • Dazu gehört vor allem die Verpflichtung zur **Unterhaltsgewährung** nach §§ 1360 ff BGB.
  • Auch aus der Verpflichtung zur Herstellung der ehelichen Lebensgemeinschaft gemäß § 1353 I 2 BGB ergeben sich Einschränkungen. So hat der BGH[5] schon in einer Entscheidung vom 26. 2. 1954 festgestellt, dass auch bei Gütertrennung eine Pflicht der Ehegatten besteht, sich gegenseitig die **Mitbenutzung der Wohnung und des Hausrats** zu gestatten. Dies gilt auch dann, wenn ein Ehegatte Alleinberechtigter an den Wohnräumen und Alleineigentümer des Hausrats ist. Soweit ausdrückliche Vereinbarungen fehlen, ist in der Regel der stillschweigende Abschluss eines leiheähnlichen Gebrauchsüberlassungsvertrags anzunehmen. Beide Ehegatten sind somit trotz der vereinbarten Gütertrennung stets Mitbesitzer der ehelichen Wohnung und des gemeinsam benützten Hausrats. **Die Miteigen-**

---

[3] Palandt/Brudermüller vor § 1363 Rn. 4.
[4] Palandt/Brudermüller vor § 1414 Rn. 1.
[5] BGHZ 12, 380.

tumsvermutung des § 1568 b II BGB (bis zum 1. 9. 2009: § 8 II HausrVO) gilt auch bei Gütertrennung für die während der Ehe angeschafften Haushaltsgegenstände.

- Aus § 1353 I BGB wird eine allgemeine **Auskunftspflicht** hergeleitet, die sich auf die Unterrichtung des Ehepartners „in groben Zügen" über die Verwendung des Familieneinkommens bezieht.[6]
- Zugunsten der Gläubiger wird auch bei Gütertrennung nach § 1362 I BGB vermutet, dass die im Besitz von zusammenlebenden Ehegatten befindlichen beweglichen Sachen dem jeweiligen Schuldner gehören.
- Jeder Ehegatte ist nach § 1357 BGB auch bei Gütertrennung berechtigt, Geschäfte zur angemessenen Deckung des Lebensbedarfs der Familie mit Wirkung auch für den anderen Ehegatten zu besorgen.

**Weitere Verflechtungen** können sich bei Gütertrennung aus einem gemeinsamen 9 Wirtschaften ergeben.

- Ehegatten können eine Gesellschaft errichten. Dabei können sie jeden rechtlich zulässigen Zweck verfolgen, insbesondere den „Erwerb und das Halten eines nur für die Familie bestimmten Heimes"[7]. Für die Bejahung einer konkludent zustande gekommenen **Ehegatteninnengesellschaft** wäre allerdings ein nur auf die Verwirklichung der ehelichen Lebensgemeinschaft gerichteter Zweck zu wenig (vgl. Kap. 5 Rn. 266 f).
- Eheleute können auch als **Miteigentümer** ein Haus erwerben (vgl. Kap. 5 Rn. 13 f).
- Im Vertrauen auf den Fortbestand der Ehe überträgt ein Ehepartner auf den anderen oftmals Vermögen, das er bei einem späteren Scheitern der Ehe wieder zurückfordern kann (Kap. 5 Rn. 188 f).
- Ein Ehegatte kann den anderen mit der **Verwaltung** seines Vermögens beauftragen (Kap. 5 Rn. 485 f).
- Häufig gibt es **gemeinsame Konten** oder jedenfalls Vollmachten für das Konto des anderen Ehegatten (Kap. 5 Rn. 388 f, 359 f).
- Viele Ehegatten arbeiten, ohne konkret ein Entgelt zu vereinbaren, im Betrieb des anderen mit oder bauen sogar gemeinsam ein **gewerbliches Unternehmen** auf (Kap. 5 Rn. 274 f).

In all diesen Fällen müssen, weil eigene güterrechtliche Vorschriften fehlen, aus 10 dem BGB mit Hilfe des **Schuld- und Sachenrechts** angemessene Lösungen gefunden werden. Dabei kann es nur in Ausnahmefällen angehen, die Lösung auf der Grundlage einer strikten Trennung der beiderseitigen Vermögen zu suchen und deshalb Ausgleichsansprüche abzulehnen und die jeweilige konkrete Zuordnung der einzelnen Sachen und Rechte als gegeben hinzunehmen. Als Leitlinie für eine sachgerechte Vermögensauseinandersetzung ist vielmehr ein Grundsatz anzusehen, den der BGH[8] in einer Entscheidung vom 15. 2. 1989 herausgestellt hat. Danach entspricht auch bei Gütertrennung eine angemessene Beteiligung beider Ehegatten an dem **gemeinsam Erarbeiteten** dem Charakter der ehelichen Lebensgemeinschaft als einer Schicksals- und damit auch Risikogemeinschaft.

---

[6] Palandt/Brudermüller § 1353 Rn. 13.
[7] BGH FamRZ 1982, 141, 142.
[8] BGH FamRZ 1989, 599, 600, 601.

**11**  Diese ehefreundliche Grundtendenz des BGH ist nicht unproblematisch. Es wird sogar von einer entstandenen **Rechtsunsicherheit** gesprochen[9]. Denn die Beteiligung beider Ehegatten an dem „gemeinsam Erarbeiteten" macht eigentlich gerade das Wesen der Zugewinngemeinschaft und der Gütergemeinschaft aus. Wer diese beiden Güterstände ablehnt und stattdessen Gütertrennung vereinbart, will damit doch in der Regel gerade spätere Ausgleichsansprüche verhindern. Dieses Ziel lässt sich somit nur für das eingebrachte und durch eigene Arbeit oder Zuwendungen Dritter erworbene Vermögen erreichen. Hat sich jedoch Vermögen auf der Seite eines Ehegatten angesammelt, das entweder auf Zuwendungen oder der beruflichen Mitarbeit des anderen Ehegatten beruht, wird **das starre Schema der Gütertrennung durchbrochen.**

**12**  Die Ausgleichsansprüche, die sich bei Gütertrennung aus dem Schuld- und Sachenrecht ergeben, werden im Einzelnen in Kapitel 5 ab Rn. 108 f dargestellt. Soweit die Ehegatten bei einzelnen Vermögensgegenständen Miteigentum begründet haben, wird auf Kapitel 5 Rn. 3 f verwiesen.

---

[9] Vgl. Münch, Die Scheidungsimmobilie Rn. 113.

# Kapitel 4. Ehewohnung und Haushaltsgegenstände

## 1. Abschnitt. Der Streit um die Ehewohnung

### A. Aufhebung der Hausratsverordnung und Neuregelung im BGB

Am 1. 9. 2009 musste von der 65 Jahre alte **Hausratsverordnung** Abschied **1** genommen werden. An diesem Tag wurde sie durch das Gesetz zur Reform des Verfahrens in Familiensachen und in den Angelegenheiten der freiwilligen Gerichtsbarkeit[1] sowie durch das Gesetz zur Änderung des Zugewinnausgleichs- und Vormundschaftsrechts[2] aufgehoben. Die **verfahrensrechtlichen Vorschriften** (§§ 11 bis 18 a) wurden in das **FamFG** (§§ 200 bis 209) übernommen, die **materiell-rechtlichen Bestimmungen** (§§ 3 bis 7 und §§ 8 bis 10) wurden in **§§ 1568 a und § 1568 b BGB** neu geregelt.

Die Auseinandersetzungen über die Ehewohnung und die Haushaltsgegenstände **2** erfolgen weiterhin in einem Verfahren der **freiwilligen Gerichtsbarkeit,** das sich nicht – wie die Familienstreitsachen nach § 112 FamFG – an den von der Parteiherrschaft bestimmten Grundsätzen der Zivilprozessordnung orientiert. Der Familienrichter soll vielmehr ohne starre gesetzliche Fesseln eine schnelle, einfache und zweckmäßige Regelung finden.[3]

Die **vorläufigen Regelungen** während der Trennungszeit für Haushaltsgegen- **3** stände (§ 1361 a BGB) und für die Ehewohnung (§ 1361 b BGB) bleiben unverändert bestehen.

### B. Vorläufige Wohnungsüberlassung in der Trennungszeit (§ 1361 b BGB)

#### I. Allgemeines

Leben die Ehegatten getrennt oder will einer von ihnen getrennt leben, so kann **4** ein Ehegatte nach § 1361 b BGB – unabhängig von einem Scheidungsverfahren – verlangen, dass ihm der andere die Ehewohnung oder einen Teil davon für die **Dauer des Getrenntlebens** zur alleinigen Benutzung überlässt. Dies kann **nicht im Scheidungsverbund** geltend gemacht werden, da schon für die Zeit **vor** rechtskräftiger Scheidung eine Regelung begehrt wird. Folgesache kann allein die endgültige Wohnungszuweisung nach § 1568 a BGB sein (Rn. 74 f). Im Verfahren gem. § 1361 b BGB kann immer nur eine **vorläufige** Benutzungsregelung für die

---

[1] Art. 62; BGBl. 2008 I S. 2586.
[2] Art. 2; BGBl. 2009 I S. 1696.
[3] BR-Drucks. 635/08 S. 22, 43; BT-Drucks. 16/10798 S. 33.

Trennungszeit bis zur Rechtskraft der Scheidung getroffen werden. Nehmen di₍ Eheleute die häusliche Gemeinschaft wieder auf, ist das Verfahren erledigt.[4] Tren nen sich die Ehegatten nach der Versöhnung erneut, lebt eine frühere Benutzungs regelung nicht wieder auf. Im Streitfall muss ein neuer Antrag gemäß § 1361 b BGB gestellt werden.

5     Auf **nichteheliche Lebensgemeinschaften** ist § 1361 b BGB nicht entsprechen₍ anwendbar. Für eingetragene Lebenspartner gilt § 14 LPartG, der § 1361 b BG₍ nachgebildet ist. Bei **ausländischen Staatsangehörigen**, die in Deutschland leber richtet sich die Nutzungsbefugnis für die im Inland gelegene Wohnung gemäß § 17 EGBGB nach den deutschen Sachvorschriften (vgl. Rn. 209).

## II. „Ehewohnung"

6     Der Begriff „Ehewohnung" ist nach allgemeiner Meinung **weit auszulegen.** Da₍ gehören alle Räume, in denen die Ehegatten wohnen, gewohnt haben, oder die daf₍ nach den Umständen bestimmt waren.[5] Zur Ehewohnung zählen auch sämtlic₍ **Nebenräume** wie Speicher, Keller, Sport- und Fitnessräume, Garage, Garten, nic₍ dagegen ausschließlich beruflich genutzte Räume, etwa die im gemieteten Ha₍ neben der Ehewohnung betriebene ärztliche Praxis. Unerheblich ist, ob ein Ehegat₍ allein Mieter oder Eigentümer ist.

7     Die Eigenschaft als Ehewohnung geht nicht dadurch verloren, dass ein Ehega₍ wegen ständiger Streitigkeiten als „Notlösung" auszieht.[6] Auch nach **längerer Tre nung** kann in einem solchen Fall noch eine Wohnungszuweisung beantragt werde₍ Erst wenn sich beide Ehegatten „*über die wesentlichen Modalitäten einer künftig₍ Alleinnutzung durch den anderen Ehegatten*" eindeutig endgültig geeinigt hab₍ verliert sie die Eigenschaft als Ehewohnung.[8] Hierzu gehört auch eine Regelung, und ggf. in welcher Höhe eine **Nutzungsentschädigung** zu zahlen ist. Im Streitf₍ muss der verbliebene Ehegatte beweisen, dass der andere die Wohnung ohne Rüc kehrabsicht verlassen hat.

8     Hat der aus der Wohnung ausgezogene Ehegatte allerdings binnen sechs Mona₍ nach seinem Auszug eine ernstliche Rückkehrabsicht dem anderen Ehegatten geg₍ über nicht bekundet, so wird gemäß § 1361 b IV BGB unwiderleglich vermutet, d₍ er dem in der Wohnung verbliebenen Ehegatten das alleinige Nutzungsrecht üb₍ lassen hat (vgl. Rn. 34).

9     Umstritten ist, ob ein **Wochenendhaus** und eine **Ferienwohnung** als Ehew₍ nung angesehen werden können. Der BGH[9] hat nur allgemein festgestellt, dass ₍ Begriff der Ehewohnung weit auszulegen sei, „*grundsätzlich kann daher auch ₍ Wohnlaube oder ein Wochenendhaus, je nach den tatsächlichen Gegebenheiten,*

---

[4] OLG Brandenburg FamRZ 2000, 1102 (zu § 1361 a BGB); OLG Zweibrücken FamRZ 1991, JH/Götz § 1361 b Rn. 55; Palandt/Brudermüller § 1361 b Rn. 27.

[5] BGH FamRZ 1990, 987, 988; OLG Jena FPR 2004, 254.

[6] OLG Hamm FamRZ 2008, 1639, 1640; OLG Frankfurt FamRZ 2004, 875; OLG Jena FamRZ 2₍ 877 (Ls.); OLG Karlsruhe FamRZ 1999, 1087.

[7] BayObLG München FamRZ 1986, 1019 (nach 13 Jahren); KG FamRZ 1991, 467; OLG ₍ FamRZ 1994, 632 (nach 5 Jahren).

[8] BGH FamRZ 2006, 230; OLG Hamm FamRZ 2008, 1639, 1640.

[9] BGH FamRZ 1990, 987, 988.

*Ehewohnung gelten"*. Die Einordnung hängt nach BGH[10] davon ab, ob die Eheleute die Räumlichkeiten *„zum Wohnen und nicht nur zu vorübergehenden Tagesaufenthalten benutzt haben"*.

Ein Teil der Rechtsprechung und des Schrifttums[11] geht davon aus, dass nach „Entstehungsgeschichte und Sinn der Hausratsverordnung" eine Ehewohnung „auch für ausgesprochen wohlhabende Parteien" immer nur der räumliche Mittelpunkt des familiären Lebens sein könne. Da Wochenendhaus und Ferienwohnung nur zeitweise von den Eheleuten genutzt werden, könnten sie nicht als Ehewohnung eingeordnet werden. Dieser Auffassung kann **nicht** zugestimmt werden.

Es ist zwar richtig, dass die Hausratsverordnung von 1944 Notlagen, die durch zu knappen Wohnraum entstanden sind, schnell und zweckmäßig lösen wollte. Zur Verteilung von Wochenend- und Ferienhäusern wurde die Hausratsverordnung nicht geschaffen. Die Auslegung des Begriffs „Ehewohnung" muss sich jedoch den geänderten Wohn- und Lebensbedürfnissen anpassen. Ein nicht ganz unerheblicher Teil der Stadtbevölkerung sucht für Wochenende, Freizeit und Ferien auf Dauer wohnliche Erholungsmöglichkeiten. Andere Eheleute haben aus beruflichen Gründen verschiedene Wohnsitze.[12] Es ist nirgends festgelegt, dass eine Ehewohnung nur der „räumliche Mittelpunkt" des familiären Lebens sein kann. Ehepartner können zwei oder mehrere Schwerpunkte haben, wo sie in ehelicher Gemeinschaft zusammenleben. Eine Ehewohnung ist daher begrifflich schon dann gegeben, wenn die Räumlichkeiten von beiden Eheleuten mit einer gewissen Regelmäßigkeit zeitweise genutzt werden. Auch **Wochenendhaus und Ferienwohnung** können danach, wenn die Ehepartner dort einen **Schwerpunkt** ihres familiären Zusammenlebens haben, als Ehewohnung angesehen werden.[13]

Die Auseinandersetzung wird dadurch wesentlich erleichtert. Nur wenn Ferienwohnung, Gartenhäuschen und Wochenendhaus als Ehewohnung zählen, kann für sie eine schnelle und zweckmäßige Regelung getroffen werden.[14] Andernfalls müsste der Streit zwar auch vor dem Familiengericht, aber nach allgemeinen zivilrechtlichen Vorschriften durchgeführt werden. Stehen die Räumlichkeiten im **Miteigentum** der Eheleute, gilt das Recht der Gemeinschaft nach Bruchteilen (§§ 741 ff BGB). Können sich die Eigentümer nicht einigen, bleibt nur die Teilungsversteigerung gemäß § 753 BGB, § 180 ZVG (vgl. Kap. 5 Rn. 23). Sind die Ehegatten gemeinsam **Mieter,** ist die Auseinandersetzung ebenso schwierig wie bei Wohngemeinschaften oder nichtehelichen Lebensgemeinschaften.

---

[10] BGH FamRZ 1990, 987, 988.

[11] So OLG Bamberg FamRZ 2001, 1316, 1317; OLG München FamRZ 1994, 1331; KG FamRZ 1986, 1010; OLG Zweibrücken FamRZ 1981, 259; Erman/Gamillscheg § 1361 b Rn. 5; sowie die früher von uns in der 2. Aufl. vertretene Auffassung Kap. 1 Rn. 12.

[12] Vgl. Schnitzler/Müller, MAH-Familienrecht, § 16 Rn. 6.

[13] So OLG Brandenburg FamRZ 2008, 1930; OLG Naumburg FamRZ 2005, 1269; OLG Frankfurt FamRZ 1982, 398; Palandt/Brudermüller § 1361 b Rn. 6; JH/Götz § 1361 b Rn. 9; MK/Wellenhofer § 1568 Rn. 11; Schulz/Hauß/Wunderlin § 1361 b Rn. 6; Hoppenz/Müller § 1361 b Rn. 8; Schnitzler/Müller, MAH-Familienrecht, § 16 Rn. 6; KK-FamR/Weinreich § 1361 b Rn. 11; Bamberger/Roth/Neumann § 1361 b Rn. 2; Staudinger/Hübner/Voppel § 1361 b Rn. 5; Soergel/Hohloch § 1361 b Rn. 3; FA-FamR/Klein 8 Rn. 188; Schwab/Maurer VIII Rn. 54; FamVermR/Perpeet Rn. 3.167.

[14] Schnitzler/Müller, MAH-Familienrecht, § 16 Rn. 7; Hoppenz/Müller § 1361 b Rn. 9; JH/Götz § 1361 b Rn. 9; Götz/Brudermüller, Die gemeinsame Wohnung, Rn. 166.

13 **Wohnwagen und Wohnmobil** sind ausnahmsweise Ehewohnung, wenn sie regelmäßig (wie bei Schaustellern) und nicht nur gelegentlich in der Freizeit genutzt werden. Zumeist gehören sie zu den Haushaltsgegenständen (vgl. Rn. 135).[15]

## III. „Unbillige Härte" (1361 b I 1, 2 BGB)

14 Durch das „Gesetz zur Verbesserung des zivilrechtlichen Schutzes bei Gewalt taten und Nachstellungen sowie zur Erleichterung der Überlassung der Ehewoh nung bei Trennung" vom 11. 12. 2001[16] wurde im reformierten § 1361 b BGB de frühere Begriff der **schweren** Härte durch den Begriff der „**unbilligen**" Härt ersetzt. Damit sollte bei Gewalttaten unter Eheleuten die Zuweisung der Ehewoh nung erleichtert werden.[17] Der Gesetzgeber hat auch in der Neufassung der Vor schrift auf einen „Katalog von Härtegründen" wegen der Vielgestaltigkeit der Le bensverhältnisse verzichtet und es Rechtsprechung und Schrifttum überlassen, de unbestimmten Rechtsbegriff „unbillige Härte" einzelfallbezogen zu bestimmen. Nur die zwei wichtigsten und häufigsten Tatbestände, die eine unbillige Härt begründen, sind im Gesetz genannt: die Anwendung von **Gewalt** (Abs. 2) und d Beeinträchtigung des **Kindeswohls** (Abs. 1 S. 1).

## 1. Gewalt und Bedrohung

15 Eine von der Bundesregierung in Auftrag gegebene „rechtstatsächliche Unte suchung zu § 1361 b BGB"[19] hat ergeben, dass die Anträge auf Wohnungsüberla sung zu 68% mit **körperlicher Gewalt** des Partners begründet wurden. In 91% all Fälle hatte die Ehefrau den Antrag gestellt. Nach zuverlässigen Schätzungen[20] wi in jeder dritten Partnerschaft Gewalt an Frauen verübt. 45 000 Frauen flüchten jäh lich vor der Gewalt ihres Partners und suchen Zuflucht in einem der 435 Fraue häuser. Jede Form der Anwendung oder Androhung von **Gewalt** gegen den Eh partner kann dazu führen, dass der Täter die Ehewohnung **verlassen muss,** we sein Verbleiben in der Wohnung für den betroffenen Ehegatten zur unerträglich Belastung würde. Gewalt kann nicht nur durch Verletzungen an **Körper, Gesun heit und Freiheit,** sondern auch durch grob unbeherrschtes oder rücksichtslo Verhalten sowie durch **Sachbeschädigungen** erfolgen.[21]

16 Bei einer **Bedrohung** kommt es nach der gesetzlichen Neufassung nicht me darauf an, ob diese objektiv ernst zu nehmen ist oder nicht, sondern ob die Drohu

---

[15] Palandt/Brudermüller § 1361 b Rn. 6; Götz/Brudermüller, Die gemeinsame Wohnu Rn. 165.

[16] BGBl. I S. 3513, 3514.

[17] BT-Drucks. 14/5429 S. 21, 33.

[18] BT-Drucks. 14/5429 S. 21; OLG Köln FamRZ 2006, 126 (Ls.).

[19] Erstellt von der Sozialwissenschaftlichen Forschungsstelle und dem Staatsinstitut für Familien schung, beide Universität Bamberg; vgl. BT-Drucks. 14/5429 S. 14, 15.

[20] Vgl. BT-Drucks. 14/5429 S. 10, 11.

[21] OLG Naumburg FamRZ 2006, 1207 (Ls.); OLG Jena FPR 2004, 254; OLG Köln FamRZ 2 761 (Ls.).

mit Gewalttaten den Ehepartner **subjektiv** so belastet, dass ihm die Fortsetzung der häuslichen Gemeinschaft nicht mehr zugemutet werden kann.[22]

## 2. Wohl von Kindern

Nach der gesetzlichen Regelung hat der Familienrichter bei der Wohnungszuweisung **vorrangig das Kindeswohl** zu berücksichtigen (§ 1361 b I 2). Untersuchungen des Kriminologischen Forschungsinstituts Niedersachsen sowie der Universität Osnabrück[23] haben ergeben, dass Gewalthandlungen unter Eheleuten regelmäßig auch seelische Schäden bei Kindern, die diese Gewalt miterleben, nach sich ziehen. Ein Elternteil, der sich dem andern gegenüber gewalttätig verhält oder ihn erniedrigt, verletzt dadurch **auch seine Kinder.**[24] Aber nicht nur tätliche Auseinandersetzungen der Eheleute führen zu gesundheitlichen oder seelischen Störungen der Kinder. Auch **andauernde Spannungen und Streitereien** der Eltern gefährden die kindliche Entwicklung. 17

Bei der Wohnungszuweisung ist deshalb darauf abzustellen, ob ein erträgliches Auskommen der Familie unter einem Dach noch möglich ist. Ist das nicht der Fall, dann haben die Bedürfnisse der Kinder an einer **geordneten, ruhigen und entspannten Familiensituation** Vorrang. Das Interesse eines Elternteils, weiter in der Wohnung zu bleiben, muss demgegenüber zurücktreten. Kann die Familie in einer Wohnung nicht mehr zusammenleben, weil Streit und Hass die häusliche Atmosphäre unerträglich vergiften, ist den Kindern nicht zuzumuten, ihr vertrautes Heim und ihre Freunde zu verlassen sowie die Schule zu wechseln. Die Kinder bleiben in der Wohnung – und mit ihnen der Elternteil, **der besser für sie sorgen kann.**[25] Die vorrangige Berücksichtigung des Kindeswohls, das sei nicht verkannt, kann allerdings zur Folge haben, dass die Kinder als Waffe um die Wohnung eingesetzt werden. Wer die Kinder bekommt, bekommt auch die Wohnung.[26] 18

In gleicher Weise ist auch das Wohl von nicht gemeinschaftlichen Stief- oder Pflegekindern sowie volljähriger Kinder, die bis zur Beendigung ihrer Ausbildung noch im Elternhaus leben, zu berücksichtigen.[27] 19

## 3. Alkoholmissbrauch

Ein Großteil der Anträge auf Wohnungszuweisung wird in der Praxis mit der Alkoholabhängigkeit des anderen Ehegatten begründet. Alkoholabhängigkeit allein kann jedoch nie eine Wohnungszuweisung rechtfertigen. **Hinzukommen** müssen vielmehr konkrete Ausfallerscheinungen oder sonstige Störungen der ehelichen Lebensgemeinschaft. Nur diese können Anlass sein, den abhängigen Ehegatten aus der Wohnung zu weisen. Keine entscheidende Bedeutung kommt dabei der Tatsache zu, 20

---

OLG Köln FamRZ 2006, 126, 127 (Ls.); anders noch OLG Karlsruhe FamRZ 1991, 1440, 1441: *„Bevor ich ausziehe, kannst du schon mal die Särge bestellen. Sollte die Polizei erscheinen, besorge ich mir eine Pistole und knalle alles nieder!"* Vgl. BT-Drucks. 14/5429 S. 24.

Kindler/Salzgeber/Fichtner/Werner FamRZ 2004, 1241, 1245.

OLG Celle FamRZ 2006, 1143; OLG Stuttgart FamRZ 2004, 876; OLG Bamberg FamRZ 1995, 560; JH/Götz § 1361 b Rn. 17; Palandt/Brudermüller § 1361 b Rn. 11; MK/Weber-Moneke § 1361 b Rn. 9; Hoppenz/Müller § 1361 b Rn. 37; KK-FamR/Weinreich § 1361 b Rn. 9; Schwab/ Motzer VIII Rn. 73.

Schwab, Der Schutz der Familienwohnung S. 131.

JH/Götz § 1361 b Rn. 16, 18.

dass Alkoholismus wie jede andere Drogenabhängigkeit als Krankheit zu bewerte
ist. Maßgebliche Kriterien, die zu einer „unbilligen Härte" führen, sind nur d
**Auswirkungen** der Alkoholabhängigkeit auf die häusliche Gemeinschaft.

21 Als **alkoholbedingte Störungen** des ehelichen Zusammenlebens kommen in B
tracht[28]

- aggressives Verhalten (Tätlichkeiten, Beleidigungen, Zerstörungen, Randaliere
und Lärmen besonders zur Nachtzeit),
- Entwendungen von Geld oder Wertsachen,
- mangelnde Hygiene (Geruchsbelästigung infolge fehlender Körperpflege und ve
schmutzter Kleidung, Unsauberkeit vor allem in Küche und Bad, Einnässe
Einkoten),
- Selbstzerstörungstendenzen (Suizidversuche oder ständige Ankündigungen).

## 4. Wechselseitiges Verhalten

22 Eine Wohnungsüberlassung an einen Ehegatten setzt nicht voraus, dass der and
die unerträgliche Wohnsituation ausschließlich oder überwiegend verursacht h
Die Wohnung kann einem Ehegatten auch dann zugesprochen werden, wenn
Auseinandersetzungen nicht überwiegend auf das Verhalten des anderen zurü
zuführen sind.[29] Sind die „Tatbeiträge" gleichermaßen verteilt, wird darauf abzust
len sein, welchen Ehegatten der Verlust der Wohnung **persönlich oder berufl**
härter trifft, und welcher Ehegatte wirtschaftlich eher in der Lage ist, eine angem
sene Ersatzwohnung zu finden. Ansonsten kommt es, wenn die Eheleute ke
Kinder haben, entscheidend darauf an, welcher Ehegatte durch sein Verhalten
unerträglichen Zustand **verursacht** hat. Wer „in grob rücksichtsloser Weise du
erhebliche Belästigungen das Wohnen für den anderen Ehegatten nahezu unertr
lich macht", dem wird der Familienrichter die Wohnung nicht zuteilen.[30] Jed
wird **nicht gefordert**, dass sich der Antragsteller selbst „untadelig" verhalten hat.

## 5. Dingliche Rechte (§ 1361 b I 3 BGB)

23 Bei der Prüfung, ob eine unzumutbare Härte vorliegt, sind „**dingliche Rec**
**positionen**" besonders zu berücksichtigen (Abs. 1 S. 3). Ist beispielsweise der Ehe
te, der die Zuweisung beantragt, alleiniger Eigentümer der Wohnung, so ist
„Härteschwelle" **herabgesetzt.** Dagegen werden strengere Anforderungen an
„unbillige Härte" gestellt, wenn der Nicht-Eigentümer die Wohnung zur allein
Nutzung will.[31] Der Alleineigentümer kann aber die Zuweisung der Ehewohn
nicht mit der Begründung verlangen, dass er sie wegen hoher Schulden veräuß
muss. § 1361 b I 1 ermöglicht nur eine **vorläufige** Benutzungsregelung. Eine Übe

---

[28] Vgl. Haußleiter/Schulz FPR 1998, 33, 35; Palandt/Brudermüller § 1361 b Rn. 10; JH/Götz § 1
Rn. 21; KK-FamR/Weinreich § 1361 b Rn. 21; FA-FamR/Klein Kap. 8 Rn. 251; Hoppenz/M
§ 1361 b Rn. 27 MK/Weber-Moneke § 1361 b Rn. 8; Schwab/Motzer VIII Rn. 74.

[29] OLG Naumburg FamRZ 2006, 1207 (Ls.); OLG Jena FamRZ 1997, 559, 560; OLG Bar
FamRZ 1990, 1353; OLG Düsseldorf FamRZ 1988, 1058; OLG Koblenz FamRZ 1987, 852.

[30] OLG Naumburg FamRZ 2006, 1207 (Ls.); OLG Karlsruhe FamRZ 1991, 1440; OLG Ko
FamRZ 1987, 852; OLG Düsseldorf FamRZ 1988, 1058; OLG Bamberg FamRZ 1990, 135
Tempelhof-Kreuzberg FamRZ 2003, 532, 533.

[31] Hoppenz/Müller § 1361 b Rn. 32.

sung der Wohnung zur Veräußerung würde jedoch zu einer endgültigen Regelung schon in der Trennungszeit führen.[32] Sind die Eheleute **Miteigentümer** der Familienwohnung, können sie hieraus beim Streit um die Nutzung keine besonderen Rechte herleiten, weil sich die beiderseitigen Rechtspositionen gegenseitig neutralisieren.

## 6. Regelfall: Zuweisung der gesamten Wohnung (§ 1361 b II 1 BGB)

Bei Gewalttaten und schwerwiegenden Drohungen ist in der Regel die **gesamte** 24 **Wohnung** dem anderen Ehegatten zur alleinigen Benutzung zu überlassen (Abs. 2 S. 1). Zur Begründung verweist der Regierungsentwurf[33] auf die vom Bundesjustizministerium in Auftrag gegebenen rechtstatsächlichen Untersuchungen. Deren Ergebnisse haben gezeigt, dass der Schutz des verletzten Ehegatten bei einem Getrenntleben in derselben Wohnung nicht gewährleistet ist. Eine Aufteilung der Wohnung führt in aller Regel nicht zu einer „wohnatmosphärischen Beruhigung",[34] sondern bringt neue Reibereien und Konflikte mit sich, die dann erneut in körperlichen Misshandlungen enden.

Im Übrigen sind die meisten Ehewohnungen für eine Teilung **zu klein.** Hat eine 25 Wohnung nicht zwei Bäder und Toiletten sowie zwei Kochstellen, sollte von einer Aufteilung der Wohnung stets abgesehen werden.[35] Nach der Begründung des Regierungsentwurfs[36] wird eine Ausnahme nur in den Fällen gemacht werden können, in denen die Wohnverhältnisse der Ehegatten so großzügig bemessen sind, dass mit einem Zusammentreffen der zerstrittenen Eheleute nicht zu rechnen ist.

**Ausnahmsweise** kann eine Wohnung dann aufgeteilt werden, wenn weder Gewalt 26 noch Bedrohung zu befürchten sind, vielmehr ein erträgliches Miteinander im häuslichen Bereich noch möglich ist und das Wohl gemeinsamer Kinder erfordert, dass beide Elternteile weiter in der Nähe erreichbar sind.[37]

## 7. Schutz- und Unterlassungsanordnungen (§ 1361 b III 1 BGB)

Der aus der Wohnung gewiesene Ehegatte hat alles zu **unterlassen,** was geeignet ist, 27 das Nutzungsrecht des anderen zu erschweren oder zu vereiteln (Abs. 3 S. 1). Als flankierende Maßnahmen können im Hauptsacheverfahren (§ 209 I FamFG) und im Verfahren auf Erlass einer **einstweiligen Anordnung** (§ 49 II 2, 3 FamFG) Schutz- und Unterlassungsmaßnahmen angeordnet werden. Dazu zählen beispielsweise Betreuungs-, Näherungs- und Belästigungsverbote sowie das Gebot, sämtliche Schlüssel herauszugeben (vgl. Rn. 45). Ist der aus der Wohnung gewiesene Ehegatte Alleinmieter der Wohnung, kann ihm die Kündigung der Wohnung verboten werden (vgl. Rn. 46).

---

OLG Frankfurt FamRZ 2004, 875; OLG Karlsruhe FamRZ 1999, 1087; OLG Hamm FamRZ 1998, 1172; OLG Köln FamRZ 1997, 943; JH/Götz § 1361 b Rn. 27; Palandt/Brudermüller § 1361 b Rn. 3; Kloster-Harz FPR 2000, 191, 192; Schulz/Hauß/Wunderlin, HK-FamR, § 1361 b Rn. 7; MAH/Müller § 16 Rn. 35; **a. A.:** OLG Hamburg FamRZ 1992, 1298, 1299 („um seinen beruflichen Ruin als Rechtsanwalt aufzuhalten"); AG Weilburg FamRZ 2000, 361.
BT-Drucks. 14/5429 S. 21, 33.
OLG Frankfurt FamRZ 1987, 159.
OLG Frankfurt FamRZ 1996, 289, 1290; Brudermüller FamRZ 1999, 129, 134; FamVermR/Perpeet Rn. 3.246.
BT-Drucks. 14/5429 S. 21, 43.
So AG Saarbrücken FamRZ 2003, 530.

**28** Für die familiengerichtliche Praxis ist zu empfehlen, Betretungs-, Näherungs- und Belästigungsverbote in einem **gesonderten Verfahren** nach § 1 GewSchG zu beantragen. Nur Verstöße gegen gerichtlich angeordnete Schutzmaßnahmen nach § 1 GewSchG sind strafbare Handlungen (§ 4 GewSchG) und können von der Polizei überwacht und verfolgt werden (vgl. Kap. 11 Rn. 47).

## IV. Darlegungs- und Beweislast

### 1. Substantiierte Darlegung

**29** In der Praxis werden die Umstände, die ein Zusammenleben mit dem Ehepartner unerträglich machen, oftmals nur allgemein und pauschal dargelegt. Der Vortrag, der Ehemann sei immer wieder betrunken nach Hause gekommen, habe randaliert, seine Ehefrau beleidigt und geschlagen, ist **zu unbestimmt.**[38] Ein Antrag auf Wohnungszuweisung, zu dessen Begründung nur allgemein vorgetragen wird, die Ehefrau „sei wiederholt bedroht, misshandelt oder vergewaltigt worden", ist **unschlüssig.**[39] Auch die Behauptungen, die Antragstellerin sei von ihrem Ehemann „ständig beschimpft und bedroht worden,"[40] oder „sie habe während der Ehe mehrfach Gewalt, insbesondere auch Demütigungen erfahren"[41] sind zu unsubstantiiert. Die einzelnen Vorfälle müssen **genau nach Zeit, Ort, näheren Umständen und konkreten Folgen** geschildert werden.[42]

### 2. Fehlende Scheidungsabsicht

**30** In einem vom OLG Bamberg[43] entschiedenen Fall, hatte die Ehefrau die Zuweisung der Ehewohnung (§ 1361 b BGB) beantragt und dabei vorgetragen, sie beabsichtige nicht, sich scheiden zu lassen, sie wolle nur getrennt von ihrem Ehemann leben. Das OLG Bamberg hat den Antrag mit der Begründung abgelehnt, bei fehlender Scheidungsabsicht bezwecke der Ehegatte „eine Dauerlösung bei formellem Fortbestand der Ehe". Bei der vorläufigen Zuweisung der Ehewohnung handele es sich jedoch um einen **„Vorspann zur Scheidung".**

Die Auffassung des OLG Bamberg ist **abzulehnen.**[44] Eine solche Auslegung entspricht weder dem Wortlaut noch dem Sinn und Zweck des § 1361 b BGB. Der Tatbestand der Vorschrift setzt nur eine vollzogene oder beabsichtigte Trennung der Eheleute voraus. Mit Einführung des § 1361 b BGB im Jahr 1986 wollte der Gesetzgeber die Eheleute gerade von dem Zwang befreien, eine Scheidung nur deshalb einleiten zu müssen, um eine Zuweisung der Ehewohnung erreichen zu

---

[38] Haußleiter/Schulz FPR 1998, 33, 35; JH/Götz § 1361 b Rn. 48.

[39] OLG Düsseldorf FamRZ 1988, 1058.

[40] OLG Karlsruhe FamRZ 1991, 1440.

[41] OLG Brandenburg FamRZ 1996, 743, 744; OLG Köln FamRZ 94, 632 f; OLG Hamm FamR 1989, 739.

[42] JH/Götz § 1361 b Rn. 48; KK-FamR/Weinreich § 1361 b Rn. 53.

[43] OLG Bamberg FamRZ 1992, 1299; zust. Maurer in Familiensachen für Schwab, S. 378.

[44] So auch OLG Naumburg FamRZ 2003, 1748, JH/Götz § 1361 b Rn. 7; Palandt/Brudermüll § 1361 b Rn. 4; Hoppenz/Müller § 1361 b Rn. 21; Schnitzler/Müller, MAH-FamR, § 16 Rn. 1 Schulz/Hauß/Wunderlin § 1361 b Rn. 5; Staudinger/Hübner/Voppel § 1361 b Rn. 7; MK/Webe Moneke § 1361 b Rn. 3; KK-FamR/Weinreich § 1361 b Rn. 15; Bamberger/Roth/Neuma § 1361 b Rn. 4; FA-FamR/Klein Kap. 8 Rn. 232.

können.[45] Eine **Scheidungsabsicht** braucht daher nicht behauptet zu werden, sie muss auch gar nicht vorhanden sein.

## 3. Beweissicherung

Von großer Bedeutung für einen erfolgreichen Antrag ist die **Beweissicherung.**[46]  **31**
Gewalttätige oder alkoholabhängige Ehegatten streiten fast immer das ihnen zur Last gelegte Verhalten ab oder bagatellisieren es. Bei Misshandlungen sollte daher möglichst rasch noch am selben Tag ein **ärztliches Attest** erholt werden. Zu raten ist auch, den Vorfall bei der nächsten Polizeidienststelle zur **Anzeige** zu bringen. Nachbarn sollte man bitten, wenn sie die Auseinandersetzung mitbekommen haben, den Sachverhalt schriftlich aufzuzeichnen. Besteht die Störung in mangelnder Hygiene, empfiehlt es sich, **Fotos** anzufertigen und Augenzeugen hinzuzuziehen.

## 4. Umkehr der Beweislast (§ 1361 b II 2 BGB)

Nach früherer Rechtsprechung[47] wurde bei einmaliger tätlicher Entgleisung eine  **32**
schwere Härte nur bei Wiederholungsgefahr angenommen. Die Beweislast trug der verletzte Ehegatte. Nunmehr bestimmt § 1361 b II 2, dass bei Gewalttaten der Anspruch auf Wohnungsüberlassung nur dann ausgeschlossen ist, wenn keine weiteren Verletzungen und widerrechtlichen Drohungen zu besorgen sind. Es spricht – so die Gesetzesbegründung[48] – eine **tatsächliche Vermutung** dafür, dass nach der Begehung von Gewalttaten mit weiteren Beeinträchtigungen zu rechnen ist. Die Beweislast ist nunmehr umgekehrt. **Der Täter** hat darzulegen und zu beweisen, dass weitere Verletzungen von ihm nicht zu befürchten sind. An die Widerlegung der tatsächlichen Vermutung sind hohe Anforderungen zu stellen.[49]

Aber selbst dann, wenn dem Gewalttäter der Nachweis gelingen sollte, dass keine  **33**
weiteren Verletzungen oder Drohungen zu erwarten sind, ist die gesamte Wohnung dem anderen Ehegatten allein zu überlassen, wenn ihm ein häusliches Zusammenleben wegen der **Schwere** der begangenen Tat nicht zuzumuten ist (§ 1361 b II 2 Hs. 2). Dabei ist insbesondere an Fälle der schweren Körperverletzung sowie an andere schwerwiegende Delikte (Vergewaltigung, Totschlagsversuch) zu denken.[50]

## 5. Unwiderlegliche Überlassungsvermutung (§ 1361 b IV BGB)

Nach Abs. 4 wird zugunsten des in der Wohnung verbliebenen Ehegatten unwider-  **34**
legbar vermutet, dass der **ausgezogene Ehegatte** ihm endgültig die alleinige Nutzung der Wohnung überlassen hat, sofern dieser nicht binnen sechs Monaten nach seinem Auszug dem Ehepartner gegenüber seine ernstliche **Rückkehrabsicht** bekundet hat. Diese Regelung soll der Rechtssicherheit dienen, indem innerhalb des genannten Zeitraums Klarheit über die künftige Nutzung der Wohnung geschaffen wird.[51]

---

BT-Drucks. 10/2888 S. 16.
JH/Götz § 1361 b Rn. 48.
Vgl. OLG München FuR 1999, 230, 231.
BT-Drucks. 14/5429 S. 19, 33 unter Hinweis auf BGH NJW 1987, 2225.
So RegE, BT-Drucks. 14/5429 S. 19 unter Hinweis auf BayObLG NJW-RR 1987, 463; ebenso OLG Stuttgart FamRZ 2007, 829; OLG Brandenburg NJW-RR 2006, 220.
So RegE BT-Drucks. 14/5429 S. 31.
Zur Kritik s. MK/Weber-Moneke § 1361 b Rn. 26; Palandt/Brudermüller § 1361 b Rn. 25.

**35** **Die Sechs-Monatsfrist** beginnt mit dem tatsächlichen Auszug eines Ehegatten aus der Ehewohnung. Dabei ist unerheblich, aus welchem Grund der Ehegatte die Wohnung verlassen hat. Auch der Ehegatte, der die Wohnung nach schweren Misshandlungen aus Angst vor weiteren Übergriffen verlassen hat, verliert unwiederbringlich sein Mitbenutzungsrecht, wenn er nicht ernstlich und rechtzeitig – und nachweisbar – seine Rückkehrabsicht bekundet hat.[52]

**36** Eine bestimmte **Form** für die Mitteilung der Rückkehrabsicht ist – im Gegensatz zu § 2 III Nr. 2 GewSchG – nicht vorgeschrieben. Aus **Beweisgründen** sollte sie aber nicht mündlich erfolgen, sondern durch schriftliche Zustellung.[53] Denn wenn der weichende Ehegatte im Streitfall nicht beweisen kann, dass er seine „ernstliche Rückkehrabsicht" dem Ehepartner mitgeteilt hat, so wird unwiderleglich vermutet, dass er die Wohnung endgültig aufgegeben hat. Der in der Wohnung verbliebene Ehegatte hat sodann ein endgültiges Nutzungsrecht **bis zur Rechtskraft** der Scheidung. Der Ehepartner verliert sein Mitbenutzungsrecht, selbst wenn er Alleineigentümer der Wohnung ist.[54]

**37** Die Wohnung hat in diesem Fall ihren Charakter als Ehewohnung verloren. Eine **Zuweisung** der Wohnung sowohl an den verbliebenen als auch an den ausgezogenen Ehegatten ist rechtlich **nicht mehr möglich**.[55] Der in der Wohnung gebliebene Ehegatte kann aber, wenn der ausgeschiedene Ehepartner Alleinmieter der Wohnung ist, noch ein **Kündigungsverbot** beantragen (vgl. Rn. 46). Ebenso können bei Belästigungen und Drohungen Schutzanordnungen nach § 1361 b III 1 erlassen werden (vgl. Rn. 45). Wirkungsvoller sind allerdings Maßnahmen nach § 1 GewSchG, da in diesem Fall gemäß § 4 GewSchG Verstöße gegen die gerichtlichen Anordnungen mit Strafe bedroht sind.

## V. Beteiligung Dritter

**38** Bei einer vorläufigen Wohnungszuweisung nach § 1361 b ist – anders als bei der endgültigen Regelung nach § 1568 a BGB – der **Vermieter nicht zu beteiligen** (§ 204 I FamFG). Die richterliche Entscheidung entfaltet keine Außenwirkung, sie regelt nur das Innenverhältnis der Parteien. In das Mietverhältnis wird nicht eingegriffen. Die vorläufige Benutzungsregelung nach § 1361 b hat keine andere Wirkung auf das Verhältnis zum Vermieter als ein freiwilliger Auszug eines Ehegatten. Leben Kinder im Haushalt der Ehepartner ist das **Jugendamt** auf seinen Antrag zu beteiligen (§ 204 II FamFG) und anzuhören (§ 205 I FamFG).

## VI. Anträge zur vorläufigen Wohnungsüberlassung (§ 1361 b I BGB)

**39** Bei der Wohnungszuweisung ist der weichende Ehegatte zu verpflichten, die Wohnung **zu räumen** und an den anderen Ehegatten herauszugeben.[56] Die bloße Zuweisung zur alleinigen Nutzung stellt **keinen** vollstreckbaren Räumungstitel

---

[52] JH/Götz § 1361 b Rn. 51; Hoppenz/Müller § 1361 b Rn. 65.
[53] MK/Weber-Moneke § 1361 b Rn. 25; Hoppenz/Müller § 1361 b Rn. 66; Götz/Brudermüller, D gemeinsame Wohnung, Rn. 189.
[54] JH/Götz § 1361 b Rn. 52.
[55] MK/Weber-Moneke § 1361 b Rn. 25.
[56] BGH FamRZ 1994, 98, 101.

dar.[57] Es empfiehlt sich, die **Räumungspflicht** stets zu beantragen, auch wenn sie der Familienrichter von Amts wegen anordnen sollte (§ 209 I FamFG). Das Familiengericht kann dem Antragsgegner nach § 209 I FamFG eine **Räumungsfrist** bewilligen (vgl. Rn. 44). Es sollte unbedingt der Ausdruck „räumen" verwendet werden. Dann kann durch den **Gerichtsvollzieher nach 885 ZPO** vollstreckt werden.[58] Anordnungen, der Antragsgegner habe „auszuziehen" oder die Wohnung „zu verlassen", würden durch Androhung und Verhängung von Zwangsgeld nach § 888 ZPO vollstreckt werden.[59] Eine Räumungsverpflichtung ist auch dann erforderlich, wenn der Antragsteller alleiniger Mieter oder Eigentümer der Wohnung ist, da der andere Ehegatte bis zur rechtskräftigen Scheidung berechtigter Mitbesitzer ist.[60]

„**Räumen**" bedeutet nach § 885 I, II ZPO allerdings, dass nicht nur die Person,  **40** sondern die **gesamte Wohnungseinrichtung** zu entfernen ist. Der Vollstreckungsgläubiger kann den gerichtlichen Räumungsauftrag nicht von sich aus in der Weise beschränken, dass nur die Person, nicht aber bewegliche Sachen wegzuschaffen sind.[61] Es sollte daher angeordnet werden, dass sich die Räumungsverpflichtung **nur auf die Person** (§ 885 I ZPO), nicht aber auf die in der Wohnung befindlichen Sachen bezieht, somit **§ 885 II bis IV ZPO bei der Räumung nicht anzuwenden** ist.[62] Gleichbedeutend ist die Formulierung: Die Räumungsverpflichtung bezieht sich nur auf die **Person** des Antragsgegners. **Haushaltsgegenstände und andere Sachen** dürfen aus der Wohnung nicht weggeschafft werden.

---

**Antrag:**  **41**

I. Der Antragstellerin wird die in . . . gelegene Ehewohnung vorläufig zur alleinigen Nutzung überlassen.

II. Der Antragsgegner ist verpflichtet, die Ehewohnung sofort (innerhalb von zwei Wochen) nach Rechtskraft der Entscheidung zu räumen und an die Antragstellerin herauszugeben.

III. § 885 II bis IV ZPO ist bei der Räumung nicht anzuwenden.

IV. Die sofortige Wirksamkeit des Beschlusses wird angeordnet (§ 209 II 2 FamFG).

---

LG Itzehoe FamRZ 1987, 176; Zöller/Stöber § 885 ZPO Rn. 2; JH/Götz § 209 FamFG Rn. 4, 28; Götz/Brudermüller, Die gemeinsame Wohnung, Rn. 189; Schulz/Hauß/Wunderlin, HK-FamR, § 1361b Rn. 12.

OLG Hamburg FamRZ 1983, 1151; Zöller/Stöber § 885 ZPO Rn. 2; Baumbach/Hartmann § 885 ZPO Rn. 12.

AG Gladbeck FamRZ 1992, 589; Zöller/Stöber § 885 ZPO Rn. 2; Baumbach/Hartmann § 885 ZPO Rn. 2; MK/Weber-Moneke § 1361b Rn. 29; JH/Götz § 209 FamFG Rn. 28.

BGH FamRZ 1978, 496, 497; OLG Düsseldorf FamRZ 1999, 1271; OLG Frankfurt FamRZ 1992, 677, 678.

Thomas/Hüßtege § 885 ZPO Rn. 8; Zöller/Stöber § 885 ZPO Rn. 8; JH/Götz § 209 FamFG Rn. 28.

So Zöller/Philippi § 620 ZPO Rn. 72; ihm folgend OLG Hamburg FamRZ 1983, 1151; KG FamRZ 1987, 1290; OLG Karlsruhe FamRZ 1994, 1185; JH/Götz § 209 FamFG Rn. 28.

42 Der Beschluss wird mit **Rechtskraft** wirksam (§ 209 II 1 FamFG). Das Familien gericht soll bei einer Wohnungszuweisung nach § 1361 b die **sofortige Wirksamke** anordnen (§§ 209 II 2, 200 I Nr. 1 FamFG). Bei vorangegangenen Gewalthan lungen kann zugleich auch die Zulässigkeit der Vollstreckung vor der Zustellung den Antragsgegner angeordnet werden (§ 209 III FamFG).

Unabhängig von einem Hauptsacheverfahren kann die Zuweisung der Ehewo nung (§ 1361 b I) auch im Wege einer **einstweiligen Anordnung** gemäß § 49 FamF beantragt werden.

## VII. Zusätzliche Anordnungen zur vorläufigen Wohnungsüberlassun (§ 209 I FamFG)

43 In § 209 I FamFG wird das Familiengericht ermächtigt im Hauptsacheverfahr Schutz- und Zusatzanordnungen zu erlassen, damit die getroffene Entscheidu vollzogen werden kann. Im Verfahren einer einstweiligen Anordnung könr gemäß § 49 II 3 FamFG die gleichen flankierenden Maßnahmen angeordnet w den.

### 1. Räumungsverpflichtung

44 Der Antragsteller muss stets, falls der Antragsgegner noch nicht ausgezogen eine **Räumungsverpflichtung** beantragen, da die bloße Überlassung der Wohnu zur alleinigen Nutzung keinen vollstreckbaren Räumungstitel darstellt. Das Fa liengericht kann dem Antragsgegner eine **Räumungsfrist** bewilligen, die ger § 48 I FamFG verlängert und verkürzt oder auch nachträglich noch angeorc werden kann.[63] Die Räumungsfrist kann nur verlängert werden, wenn sich zugrunde liegende Sach- und Rechtslage wesentlich geändert hat.[64] Bei der Ben sung der Räumungsfrist sind die **Verhältnisse auf dem örtlichen Wohnu markt, Alter und Gesundheit des zur Räumung verpflichteten Ehegatten, Interessen des verbleibenden Ehegatten und der Kinder zu berücksichtige** Die Räumungsfrist beginnt grundsätzlich mit Rechtskraft des Beschlusses. kann daher in der Regel nicht mit einem Datum festgelegt werden, sondern mit Zeitabschnitten (Wochen oder Monate). Hat jedoch das Familiengericht § 209 II 2 FamFG die **sofortige Wirksamkeit** angeordnet, beginnt die Frist Bekanntgabe (§ 40 I FamFG). Nach Ablauf der Räumungsfrist ist der Eheg dem die Wohnung überlassen wurde, berechtigt, das **Schloss der Wohnung auszuwechseln.**[66]

### 2. Schutz- und Durchführungsanordnungen

45 Das Familiengericht kann **Betretungs-, Näherungs- und Belästigungsver** erlassen oder dem Antragsgegner aufgeben, sämtliche Wohnungsschlüssel he

---

[63] OLG Bamberg FamRZ 2001, 691.
[64] OLG Bamberg FamRZ 2001, 691; JH/Götz § 209 FamFG Rn. 19.
[65] OLG München 1995, 1205, 1206; JH/Götz § 209 FamFG Rn. 5.
[66] OLG Karlsruhe FamRZ 1994, 1185; Brudermüller FamRZ 1999, 193, 197, 200; JH/Götz FamFG Rn. 6: Schulz/Hauß/Wunderlin, HK-FamR, § 1361 b Rn. 10; Schnitzler/Müller, N Familienrecht, § 1361 b Rn. 53.

zugeben oder seine persönliche Sachen, nicht jedoch Haushaltsgegenstände, beim Auszug mitzunehmen. Die **Schutzmaßnahmen** sollten in einem eigenen selbständigen Verfahren nach § 1 GewSchG beantragt werden. Verstößt der Antragsgegner gegen die vom Familiengericht angeordneten Verbote, womit in der Praxis gerechnet werden muss, so können die Zuwiderhandlungen nach § 4 GewSchG mit Geld- oder Freiheitsstrafe geahndet werden. Auch die **Polizei** kann bei Verstößen nur einschreiten und einen Platzverweis erteilen oder die vorläufige Festnahme anordnen, wenn der Täter eine strafbare Handlung begangen hat (vgl. Kap. 11 Rn. 47).

## 3. Kündigungsverbot

Nach § 1361 b III 1 hat der aus der Wohnung gewiesene Ehegatte „alles zu **46** unterlassen, was geeignet ist, die Ausübung dieses Nutzungsrechts zu erschweren oder zu vereiteln". Beantragt ein Ehegatte die Überlassung der Ehewohnung gemäß § 1361 b I und ist der Ehepartner **Alleinmieter** der Wohnung, muss er zugleich als Schutzmaßnahme den Antrag stellen, dem Antragsgegner zu **verbieten, das Mietverhältnis zu kündigen.** Um einen einvernehmlichen Aufhebungsvertrag mit dem Vermieter auszuschließen, sollte dem Alleinmieter zusätzlich verboten werden, das Mietverhältnis „in sonstiger Weise zu beenden". Das **Kündigungsverbot** setzt nicht voraus, dass der aus der Wohnung gewiesene Ehepartner eine Kündigung angedroht hat.[67]

Hat der Alleinmieter freiwillig dem Ehepartner die Ehewohnung überlassen, kann **47** der in der Wohnung verbliebene Ehegatte mangels Rechtschutzbedürfnisses keine Zuweisung nach § 1361 b BGB verlangen. Droht aber die Kündigung durch den aus der Wohnung ausgezogenen Alleinmieter, kann das Familiengericht ein **isoliertes Kündigungsverbot** – auch im Wege **einstweiliger Anordnung** nach § 49 I FamFG – erlassen. Ein Eilbedürfnis besteht aber nur, wenn Anhaltspunkte vorliegen, dass der Alleinmieter das Mietverhältnis kündigen will.[68] Ein Kündigungsverbot kann, wenn eine Hauptentscheidung nach § 1361 b BGB schon ergangen ist, noch nachträglich – auch durch einstweilige Anordnung – angeordnet werden (§ 48 I FamFG).[69]

Hält sich der Alleinmieter nicht an das Verbot und kündigt das Mietverhältnis, so **48** verstößt er gegen ein **gerichtliches Verfügungsverbot** i. S. d. §§ 136, 135 BGB. Die Kündigung ist im Verhältnis zu dem in der Wohnung gebliebenen Ehegatten **unwirksam**, nicht aber im Verhältnis zum Vermieter (relatives Verfügungsverbot).[70] Gegenüber dem Vermieter ist das Mietverhältnis für den Alleinmieter **beendet,** sofern die beiden nicht kollusiv zum Nachteil des in der Wohnung verbliebenen Ehegatten zusammengewirkt haben. Vermietet der Vermieter nach der Kündigung die Wohnung gutgläubig sogleich weiter, entstehen kaum lösbare **mietrechtliche Probleme.**[71] Um Komplikationen möglichst von vornherein zu vermeiden, sollte der

[7] JH/Götz § 209 FamFG Rn. 7.
[8] JH/Götz § 209 FamFG Rn. 7, 20; Götz/Brudermüller, Die gemeinsame Wohnung, Rn. 322.
[9] OLG Dresden FamRZ 1997, 183; JH/Götz § 209 FamFG Rn. 19.
[0] Vgl. BT-Drucks. 14/5429 S. 33.
[ ] Hierauf hat der Bundesrat in seiner Stellungnahme vom 16. 2. 2001 zum Entwurf des GewSchG eingehend hingewiesen (BT-Drucksache 14/5429 S. 38). Die Bundesregierung hat die erhobenen Bedenken jedoch als nicht so schwerwiegend abgetan (BT-Drucksache 14/5429 S. 42).

geschützte Ehegatte den **Vermieter,** der im Verfahren nach § 1361 b nicht beteili; wird, sofort vom Kündigungsverbot unterrichten. Im Hinblick auf den unzuläng lichen Schutz des relativen Verfügungsverbots und die daraus resultierenden mie rechtlichen Konflikte ist vom Gesetzgeber zu fordern, den Verstoß gegen e gerichtlich angeordnetes Kündigungsverbot mit absoluter Unwirksamkeit zu bel gen.[72]

49    Zahlt der aus der Wohnung gewiesene Alleinmieter die Miete nicht, kann d **Vermieter** das Mietverhältnis nach § 543 I, II Nr. 3, § 549 I BGB fristlos künc gen. Um eine Beendigung des Mietverhältnisses auf diese Weise zu vermeide müsste notfalls über die **Sozialhilfe** versucht werden, dass die Miete weiter entric tet wird.

## 4. Veräußerungsverbot

50    Umstritten ist, ob dem **Alleineigentümer** der Ehewohnung, wenn dieser na § 1361 b aus dem Eigenheim gewiesen wird, **verboten** werden kann, die **Wohnu zu veräußern.** Nach den Vorstellungen des Gesetzgebers gibt die gesetzliche Reş lung des § 1361 b III 1 dem Familiengericht die rechtliche Grundlage, dem Alle eigentümer *„die Veräußerung der Wohnung zu untersagen"*.[73] Diese Ansicht ka nicht richtig sein. Denn sowohl bei einer Entscheidung nach § 1361 b als auch na § 1568 a BGB darf der Richter die Wohnung dem Nichteigentümer nur zur Ben zung zuweisen, nie aber in die Eigentumsverhältnisse an der Ehewohnung eingreif Ein Veräußerungsverbot ist eine Verfügungsbeschränkung über das Eigentum, die es einer materiellen Rechtsgrundlage bedarf.

51    Die allgemeine Formulierung in § 1361 b III 1, der aus der Wohnung gewies Ehegatte habe „alles zu unterlassen, was geeignet ist, die Ausübung dieses Nutzun rechts zu erschweren oder zu vereiteln", stellt keine ausreichende gesetzliche mächtigung für einen derart schweren Eingriff in die Verfügungsfreiheit des Eiş tümers dar. Gegen den Alleineigentümer kann daher – gestützt auf § 1361 b III ein **Veräußerungsverbot nicht angeordnet** werden.[74]

52    Zum Schutz des Ehegatten, dem die Wohnung überlassen wird, kann der Fan enrichter aber zusätzlich als „flankierende Maßnahme" ein **Mietverhältnis** zwisc den Eheleuten **begründen.**[75] Veräußert der Alleineigentümer die Ehewohnung, k sich der andere Ehegatte gegenüber dem Erwerber auf den Kündigungsschutz diesem Mietverhältnis berufen (§§ 573, 566 BGB). Zur schnellen Sicherung di

---

[72] Brudermüller FuR 2003, 433, 437; JH/Götz § 209 FamFG Rn. 7; so auch die Empfehlung 15. Deutschen Familiengerichtstags (AK 24), FamRZ 2003, 1906, 1908.

[73] BT-Drucks. 14/5429 S. 21, 33; ebenso Schuhmacher FamRZ 2002, 645, 652, 656; Grziwotz I 2002, 872, 873.

[74] Palandt/Brudermüller § 1361 b Rn. 17; JH/Götz § 209 FamFG Rn. 8; Götz/Brudermüller Fa 2009, 38, 39; MK/Weber-Moneke § 1361 b Rn. 16; Schulz/Hauß/Wunderlin § 1361 b R Schröder/Bergschneider/Perpeet Rn. 3.298; Weinreich FuR 2007, 145, 148; Schnitzler/M MAH-Familienrecht, § 16 Rn. 73; FA-FamR/Klein Kap. 8 Rn. 284; Finger FuR 2006, 241, Thomas/Putzo/Hüßtege § 209 FamFG Rn. 3; ebenso der 15. Deutsche Familiengerichtstag 24), FamRZ 2003, 1906, 1907.

[75] MK/Weber-Moneke § 1361 b Rn. 16; Schnitzler/Müller, MAH-Familienrecht, § 16 Rn. Schröder/Bergschneider/Perpeet Rn. 3.298; JH/Götz § 1568 a Rn. 49.

Rechts kann das Mietverhältnis auch durch **einstweilige Anordnung** (§ 49 FamFG) begründet werden.[76]

Stellt sich die drohende Veräußerung der Ehewohnung als eine Verfügung über **53** das „Vermögen im Ganzen" i. S. v. § 1365 BGB dar (vgl. Kap. 5 Rn. 51 f), so kann der andere Ehegatte durch einstweilige Anordnung (§ 49 I, II 2 FamFG) beim Familiengericht ein Veräußerungsverbot erwirken, das im Grundbuch eingetragen werden kann.

## 5. Verbot der Teilungsversteigerung

Wird einem Ehegatten die ihnen gemeinsam gehörende Ehewohnung zur alleini- **54** gen Nutzung zugewiesen (§ 1361 b BGB) und leitet der Ehepartner daraufhin die Teilungsversteigerung ein, ist streitig, ob diesem gemäß § 1361 b III BGB, § 209 I FamFG **verboten** werden kann, die Teilungsversteigerung zu betreiben. Der BGH[77] hat in diesem Zusammenhang entschieden, der Antrag auf Teilungsversteigerung stelle zwar weder eine Verfügung über ein Grundstück dar, noch eine rechtsgeschäftliche Verpflichtung dazu, führe aber zu einem Verlust des Grundstückseigentums, weshalb es geboten erscheine, die beantragte Teilungsversteigerung **wie eine Veräußerung des Grundstücks zu behandeln.** Ein Verbot, die Teilungsversteigerung durchzuführen, würde sich wie ein Eingriff in die Eigentumsverhältnisse auswirken. Nachdem aber, wie bereits dargelegt (Rn. 50), die bloße Nutzungsregelung des § 1361 b III ein Veräußerungsverbot nicht trägt, kann die Vorschrift auch nicht Rechtsgrundlage für eine so stark in das Eigentumsrecht einschneidende Maßnahme wie ein Verbot der Teilungsversteigerung sein.[78] Die von uns bisher vertretene gegenteilige Ansicht[79] geben wir deshalb auf. Ein Antrag auf Teilungsversteigerung *„zur Unzeit"* kann jedoch eine Drittwiderspruchsklage nach § 771 ZPO rechtfertigen (Kap. 5 Rn. 50 f).

Ein ausreichender Schutz kann dem in der Wohnung verbliebenen Ehegatten aber **55** – sowohl bei einer vorläufigen als auch einer endgültigen Zuweisung – durch die **Begründung eines Mietverhältnis** gewährt werden.[80] Durch die Anordnung eines Mietverhältnisses wird die Teilungsversteigerung zwar nicht unzulässig, aber erheblich erschwert. Der Ersteher tritt nämlich mit allen Rechten und Pflichten in das Mietverhältnis ein (§ 57 ZVG, § 566 BGB) und hat gemäß § 183 ZVG kein Sonderkündigungsrecht nach § 57 a ZVG (vgl. Kap. 5 Rn. 88).

---

[76] OLG Düsseldorf FamRZ 1985, 1155.

[77] BGH FamRZ 2007, 1634, 1636.

[78] So MK/Weber-Moneke § 1361 b Rn. 16; JH/Götz § 209 FamFG Rn. 9; Götz/Brudermüller, Die gemeinsame Wohnung, Rn. 319.

[79] 4. Aufl., Kap. 4 Rn. 113 a.

[80] MK/Weber-Moneke § 1361 b Rn. 16; JH/Götz § 209 FamFG Rn. 9; Götz/Brudermüller, Die gemeinsame Wohnung, Rn. 319.

## 6. Förmlicher Antrag auf Schutz- und Zusatzanordnungen

**56**     1. Dem Antragsgegner wird verboten, die Ehewohnung nach der Räumung (ohne die vorherige Zustimmung der Antragstellerin) nochmals zu betreten.[81] Nach Aufforderung hat er die Wohnung der Antragstellerin sofort wieder zu überlassen.

2. Dem Antragsgegner wird aufgegeben, der Antragstellerin sämtliche Wohnungsschlüssel auszuhändigen.[82]

3. Dem Antragsgegner wird aufgegeben, beim Auszug seine persönlichen Sachen mitzunehmen; Hausratsgegenstände darf er aus der Wohnung nicht entfernen.

4. Der Antragsgegner wird verpflichtet, der Antragstellerin sofortigen Zutritt zur Ehewohnung zu gewähren.[83]

5. Dem Antragsgegner wird verboten, die Antragstellerin zu belästigen, zu bedrohen oder zu misshandeln.

6. Dem Antragsgegner wird verboten, sich in einem Umkreis von ... (z.B. 200 Metern) der Wohnung der Antragstellerin aufzuhalten.[84]

7. Dem Antragsgegner wird verboten, zur Antragstellerin Verbindung durch Telefonieren oder durch andere Fernkommunikationsmittel (wie Handy, SMS und e-mail) aufzunehmen.

8. Dem Antragsgegner wird verboten, das Mietverhältnis an der Ehewohnung ... zu kündigen oder in sonstiger Weise zu beenden.

## 7. Vollstreckung von Ge- und Verboten

**57**     Die Verbotsanordnungen werden nach § 890 ZPO, die Anordnung unvertretbarer Handlungen nach § 888 I ZPO und das Gebot, den Zutritt zur Ehewohnung zu gewähren (Wiedereinweisung in den Mitbesitz), nach § 885 I ZPO – jeweils iVm § 95 I FamFG – vollstreckt.[85]

## 8. Anfechtung der Zusatzanordnungen

**58**     Schutz- und Zusatzanordnungen, die im Hauptsacheverfahren oder isoliert erlassen wurden, können selbständig mit **Beschwerde** angefochten werden (§ 58 FamFG).[86] Wurde im einstweiligen Anordnungsverfahren eine Räumungsfrist bewilligt oder versagt, ist die **sofortige Beschwerde** statthaft (§ 57 Nr. 5, 63 II Nr. 1 FamFG).[87]

---

[81] OLG Stuttgart FamRZ 2004, 876; OLG Köln FamRZ 2003, 319, 320; OLG Karlsruhe FamRZ 1994, 1185.

[82] KG FamRZ 1991, 467, 468; OLG Hamm FamRZ 1981, 82.

[83] OLG Saarbrücken FamRZ 1981, 64.

[84] OLG Köln FamRZ 2003, 319, 320.

[85] JH/Götz § 209 FamFG Rn. 31.

[86] OLG Bamberg FamRZ 2001, 691 (Bewilligung einer Räumungsfrist); JH/Götz § 209 FamFG Rn. 22.

[87] JH/Götz § 209 FamFG Rn. 22.

# C. Nutzungsvergütung (§ 1361 b III 2 BGB)

## I. Grundsatz

Ein Ehegatte kann von dem anderen, dem die Ehewohnung überlassen wurde, **59** eine **Vergütung** für die Wohnung verlangen, soweit dies der **Billigkeit** entspricht (§ 1361 b III 2). Der Anspruch besteht nur gegen den **Ehegatten,** nicht auch gegen den in die Wohnung aufgenommenen Lebenspartner.[88] Die Nutzungsentschädigung kann isoliert[89] und auch noch nach Beendigung des Hauptsacheverfahrens geltend gemacht werden.[90] Der Vergütungsanspruch wird in der Regel nur bei dinglicher Berechtigung an der Wohnung (Allein- oder Miteigentum) geltend gemacht, kann aber auch bei einem Mietverhältnis in Betracht kommen.[91] Bei einer Mietwohnung kann eine **Freistellung** von Mietzinsansprüchen des Vermieters verlangt werden, soweit eine Befreiung der Billigkeit entspricht.[92]

## II. Vorrang der Unterhaltsregelung

Verlangt der in der Wohnung gebliebene Ehegatte Trennungsunterhalt (§ 1361 **60** BGB), wird ihm regelmäßig die Überlassung der Wohnung bei der Unterhaltsberechnung als **fiktives Einkommen** angerechnet. In diesem Fall scheidet eine Nutzungsvergütung nach § 1361 b III 2 aus, da der bei der Unterhaltsbemessung angerechnete Wohnwert schon eine Regelung über den Nutzungswert der Ehewohnung beinhaltet.[93] Ansonsten würde ein Verstoß gegen das Verbot der Doppelverwertung bestehen. Der **Vorrang der Unterhaltsregelung** gilt aber nur, wenn der Wohnvorteil tatsächlich unterhaltsrechtlich ausgeglichen wurde und nicht schon dann, wenn er nur in den Überlegungen des Familiengerichts eine Rolle gespielt hat.[94]

## III. Nachrang der Nutzungsvergütung gemäß § 745 II BGB

Gehört das Familienheim **beiden Eheleuten gemeinsam,** entsteht eine Konkur- **61** renz zwischen den Ansprüchen nach § 1361 b III 2 BGB und § 745 II BGB. Ist einem Ehegatten gemäß § 1361 b I 1 die Ehewohnung zur alleinigen Benutzung überlassen worden, ergibt sich als unmittelbare gesetzliche Folge ein Anspruch auf Nutzungsvergütung aus § 1361 b III 2. Nach heute herrschender Ansicht geht die familienrechtliche Bestimmung des **§ 1361 b III 2** als **lex specalis** der gemeinschaftsrechtlichen Regelung des § 745 II BGB vor.[95]

[88] LG Bielefeld FamRZ 2003, 158.

[89] OLG Dresden NJW 2005, 3151, 3152 = FamRB 2006, 45 (Müller).

[90] OLG Hamm FamRZ 2006, 50.

[91] JH/Götz § 1361 b Rn. 31; Palandt/Brudermüller § 1361 b Rn. 20; Hoppenz/Müller § 1361 b Rn. 55.

[92] OLG Naumburg FamRZ 2003, 1748; Schulz/Hauß/Wunderlin, HK-FamR, § 1361 b Rn. 17.

[93] BGH FamRZ 2003, 432, 433 m. Anm. Schröder; 1997, 484, 486; 1994, 1100, 1102; OLG Naumburg FamRZ 2009, 2090; OLG Köln FamRZ 2005, 175; Wendl/Gerhardt § 1 Rn. 364 a; FA-FamR/Gerhardt, Kap. 6 Rn. 97 ff; Wever Rn. 158 ff (jeweils mit Rechenbeispielen).

[94] OLG Karlsruhe FamRZ 2009, 775, 777; Münch FamRB 2009, 149, 155.

[95] OLG Hamm FamRZ 2008, 1935; OLG Jena FamRZ 2008, 1934; 2006, 868; KG FamRZ 2008, 1933; OLG Brandenburg FamRZ 2006, 1392; JH/Götz § 1361 b Rn. 32; Palandt/Brudermüller § 1361 b

## IV. Nutzungsvergütung bei freiwilligem Auszug

62   Nach welcher gesetzlichen Bestimmung ein Ehegatte, der nicht aufgrund gerich‹ licher Anordnung, sondern **freiwillig ausgezogen** ist, vom nutzungsberechtigt‹ Ehegatten eine Vergütung verlangen kann, war bisher äußerst umstritten. Die unte‹ schiedlichen Meinungen rührten daher, dass nach § 1361 b II BGB a. F. ein Ehegat‹ nur dann eine Nutzungsentschädigung verlangen konnte, wenn er **verpflichtet** w‹ dem anderen die Ehewohnung zu überlassen. Nach der Neufassung des § 1361 b I 2 hängt der Anspruch auf Nutzungsentschädigung nicht mehr davon ab, ob ‹ Ehegatte verpflichtet ist, die Wohnung zu räumen.

63   Die Vorschrift bestimmt nunmehr, dass ein Ehegatte von dem anderen, dem ‹ Ehewohnung **überlassen** wurde, eine Vergütung für die Nutzung verlangen kar Aus dieser Formulierung kann geschlossen werden, dass sowohl der Alleineigent‹ mer als auch der Miteigentümer, wenn sie die Wohnung **freiwillig** verlassen hab‹ eine **Nutzungsvergütung nach § 1361 b III 2 BGB** verlangen können.[96]

## V. Zahlungsaufforderung

64   Eine Nutzungsentschädigung kann erst ab dem Zeitpunkt verlangt werden, dem der ausgezogene Ehegatte den anderen eindeutig **zur Zahlung aufgeford‹** hat.[97] Ohne ein deutliches Zahlungsverlangen kann der Anspruch nicht gelte‹ gemacht werden. Der in der Wohnung verbliebene Ehegatte muss sich rechtzei‹ auf die entstehende Belastung einstellen können. Er darf daher für die Vergangen‹ nicht mit Ansprüchen konfrontiert werden, die ihm nicht rechtzeitig bekannt ge‹ ben wurden. Die Situation entspricht derjenigen im Unterhaltsrecht (vgl. § 1‹ BGB).

Zahlt der im Familienheim, das den Eheleuten gemeinsam gehört, verblieb‹ Ehegatte die bestehenden Zins- und Tilgungsleistungen **allein** und fordert der E‹ partner deshalb von ihm kein Nutzungsentgelt, kann der andre Ehegatte nicht rü‹ wirkend einen Gesamtschuldnerausgleich für die geleisteten Kreditverbindlichkei‹ verlangen (vgl. Kap. 5 Rn. 146).[98]

---

Rn. 20; MK/Weber-Moneke § 1361 b Rn. 17; Staudinger/Hübner/Voppel § 1361 b Rn. 35; W Rn. 98; FAKomm-FamR/Weinreich § 1361 b Rn. 44; Münch FamRB 2009, 149, 155; **a. A.** B‹ berger/Roth/Neumann § 1361 b Rn. 14.

[96] BGH 2006, 930,933 m. zust. Anm. Brudermüller; OLG Brandenburg NJW-RR 2009, 725; Fan‹ 2006, 1392; OLG Hamm FamRZ 2008, 1935; 2008, 1639; OLG Jena FamRZ 2008, 1934; 2006, KG 2008, 1933; JH/Götz § 1361 b Rn. 33; Palandt/Brudermüller § 1361 b Rn. 20; MK/We‹ Moneke § 1361 b Rn. 17; Schulz/Hauß/Wunderlin § 1361 b Rn. 15; KK-FamR/Weinrich § 13‹ BGB Rn. 44; Münch FamRB 2009, 149, 154; jetzt auch Wever Rn. 101, **a. A.** KG FamRZ 2007, Erbarth FamRZ 2005, 1713, 1715, 1721.

[97] OLG München FamRZ 2007, 1655, 1658; OLG Köln FamRZ 1999, 1272, 1273; 1992, 440, OLG Braunschweig FamRZ 1996, 548, 549; JH/Götz § 1361 b Rn. 33; Palandt/Brudermü‹ § 1361 b Rn. 23; Wever Rn. 105; MK/Weber-Moneke § 1361 b Rn. 18; KK-FamR/Wein‹ § 1361 b BGB Rn. 46; Hoppenz/Müller § 1361 b Rn. 56; Münch FamRB 2009, 149, 155; ‹ Staudinger/Hübner/Voppel § 1361 b Rn. 41.

[98] BGH FamRZ 1993, 676; KG FamRZ 2008, 2034.

# 1. Vergütung nach Billigkeit

Eine Nutzungsentschädigung kann gemäß § 1361 b III 2 nur verlangt werden, 65
soweit dies der **Billigkeit** entspricht. Die Billigkeit einer Vergütung hängt von der
**Leistungsfähigkeit** des in der Wohnung verbliebenen Ehegatten sowie den Belastungen durch **gemeinschaftliche Kinder** ab. Kann der allein nutzende Ehegatte eine
Entschädigung finanziell nicht leisten, kann ein Anspruch ganz versagt werden, wenn
er ansonsten die Wohnung aufgeben müsste.[99] Versorgt die in der Wohnung gebliebene **nichterwerbstätige** Ehefrau ein kleines Kind und erhält sie vom Ehemann keinen
Unterhalt, entspricht es der Billigkeit, dass sie keine Vergütung zahlen muss.[100] Ob
eine Vergütung der Billigkeit entspricht, ist vor allem dann zu prüfen, wenn dem in
der Wohnung verbliebenen Ehegatten die Alleinnutzung **gegen seinen Willen** aufgedrängt wurde. Ist der Wohnbedarf des verbleibenden Ehegatten geringer als der
ihm aufgedrängte Wohnwert, ist die Vergütung entsprechend **herabzusetzen**.[101]

Die Vergütungspflicht kann durch das **Angebot** des in der Wohnung verbliebenen 66
Ehepartners auf **Wiedereinräumung des Mitbesitzes** abgewendet werden.[102] In aller
Regel dürfte es jedoch einem Ehegatten, der sich von seinem Partner trennen will,
nicht zumutbar sein, wieder unter einem Dach zu leben. Grundsätzlich ist nicht
darauf abzustellen, wer für das Scheitern der Ehe verantwortlich ist.[103] Hat jedoch
das Familiengericht einen Ehegatten wegen seines **unerträglichen Verhaltens** aus
der Wohnung gewiesen, kann eine Nutzungsentschädigung herabgesetzt oder versagt werden.[104] Dagegen wird der **volle Nutzungswert** auszugleichen sein, wenn der
verbliebene Ehegatte seinen neuen Partner in die Wohnung aufnimmt.[105]

## II. Höhe der Vergütung

Auch die **Höhe** der Nutzungsvergütung richtet sich nach **Billigkeit**.[106] Ausgangs- 67
punkt für die Bemessung der Höhe der Vergütung ist die **ortsübliche Miete**[107] – bei
Miteigentum der anteilige (meist halbe) Mietwert. Im ersten Jahr der Trennung wird
in der Regel nur ein **gekürzter Nutzungswert** in Höhe der ersparten Miete für eine
angemessene Ersatzwohnung angesetzt.[108] Nach Ablauf des Trennungsjahres, spä-

---

[99] BGH FamRZ 1986, 436, 437; OLG Hamm FamRZ 1996, 1476; Palandt/Brudermüller § 1361 b
Rn. 21; Münch FamRB 2009, 149, 155.
[100] OLG Brandenburg FamRZ 2002, 396; AG Saarbrücken FamRZ 2003, 530, 531; OLG Köln
FamRZ 1997, 943; JH/Götz § 1361 b Rn. 36; Palandt/Brudermüller § 1361 b Rn. 21.
[101] OLG Hamm FamRZ 1996, 1476; OLG Köln FamRZ 1992, 440; Palandt/Brudermüller § 1361 b
Rn. 21; JH/Götz § 1361 b Rn. 36; KK-FamR/Weinreich § 1361 b Rn. 45; MK/Weber-Moneke
§ 1361 b Rn. 21.
[102] KG FamRZ 2001, 368; JH/Götz § 1361 b Rn. 36; Palandt/Brudermüller § 1361 b Rn. 20; MK/
Weber-Moneke § 1361 b Rn. 18; Münch FamRB 2009, 149, 155.
[103] OLG München FamRZ 2005, 806,807; Wever FamRZ 2006, 365, 366.
[104] OLG Köln FamRZ 1993, 562; JH/Götz § 1361 b Rn. 36; Palandt/Brudermüller § 1361 b Rn. 21;
Schulz/Hauß/Wunderlin, § 1361 b Rn. 18.
[105] BGH FamRZ 1986, 436, 437.
[106] OLG Düsseldorf FamRZ 1999, 1271, 1272; JH/Götz § 1361 b Rn. 38.
[107] Nach BGH FamRZ 1994, 822 die Kostenmiete bei preisgebundener Wohnung i.S. des II.
WoBauG.
[108] Vergleichbar der Berücksichtigung des Wohnwerts bei der Unterhaltsbemessung, vgl. BGH
FamRZ 2008, 963; 2007, 879; FA-FamR/Gerhardt Kap. 6 Rn. 71 ff.

testens ab Rechtshängigkeit der Scheidung ist von der **objektiven Marktmiete** zugehen.[109]

68     Trägt der in der Wohnung verbliebene Ehegatte die **Lasten** des Hauses un⟨ verbrauchsunabhängigen Nebenkosten, ist die zu entrichtende Nutzungsentsch⟨ gung um diese Beträge zu kürzen.[110]

## VIII. Angemessene Überlegungszeit

69     Im Rahmen der Billigkeitsabwägung kann es angebracht sein, dem die Wohn⟨ nutzenden Ehegatten nach der Zahlungsaufforderung durch den anderen noch ⟨ **angemessene Überlegungszeit einzuräumen.** Der verlassene Ehegatte muss ⟨ genheit erhalten, sich darüber klar zu werden, ob er künftig für die Wohnungsnut⟨ den geforderten Preis bezahlen oder sich lieber eine neue Wohnung suchen will.[11]

# D. Verbotene Eigenmacht: der ausgesperrte Ehegatte

## I. Anspruchsgrundlagen

70     Hat ein Ehegatte den anderen aus der Ehewohnung **gesperrt** und verlangt d⟨ wieder Zutritt, kommen zwei mögliche Anspruchsgrundlagen in Betracht: Wi⟨ einräumung des Mitbesitzes nach **§ 861 BGB** oder Zuweisung der Ehewohnung **§ 1361 b BGB.** Die unterschiedliche Bewertung hatte nach früherer Rechtslage er⟨ liche Bedeutung. Der Anspruch nach § 861 BGB musste vor dem allgemeinen Z⟨ gericht im Eilverfahren mit einstweiliger Verfügung, der Anspruch nach § 1⟨ BGB vor dem Familiengericht mit einstweiliger Anordnung verfolgt werden.

Der Streit hat seit der Reform des Verfahrens in Familiensachen zum 1. 9. ⟨ keine so entscheidende Bedeutung mehr, da nunmehr beide Ansprüche zu ⟨ Familiensachen zählen (§ 111 Nr. 5 und 10 FamFG), damit für **beide Verfahren Familiengericht** zuständig ist (§§ 23 a I Nr. 1, 23 b I GVG) und als vorläu⟨ Rechtsschutz einheitlich eine **einstweilige Anordnung** (§ 49 FamFG) zu beantr⟨ ist.

Allerdings richtet sich das Verfahren in Ehewohnungssachen (§ 1361 b BGB) ⟨ den flexiblen Regeln der freiwilligen Gerichtsbarkeit (§§ 200 ff FamFG), währen⟨ den Anspruch nach § 861 BGB als „sonstige Familienstreitsache" (§§ 112 Nr. 3, ⟨ Nr. 3 FamFG) überwiegend die Vorschriften der ZPO gelten (§ 113 I FamFG) un⟨ Beteiligten sich durch einen Rechtsanwalt vertreten lassen müssen (§ 114 I FamFG⟩

---

[109] OLG Bremen FamRB 2005, 162 (Heinle); JH/Götz § 1361 b Rn. 38; Wever FamRZ 2008, 1486; Palandt/Brudermüller § 1361 b Rn. 22; FAKomm-FamR/Weinreich § 1361 b Rn. 45; Weber-Moneke § 1361 b Rn. 24.

[110] BGH FamRZ 1994, 822 (für § 745 II BGB); OLG Düsseldorf FamRZ 2006, 209; 1999, 1271, OLG Braunschweig FamRZ 1996, 548; Wever Rn. 87, 109, 120 ff; MK/Weber-Moneke § 1⟨ Rn. 24.

[111] OLG München FamRZ 2007, 1655, 1658 (4 Monate); OLG Braunschweig FamRZ 1996, 548, Palandt/Brudermüller § 1361 b Rn. 23; JH/Götz § 1361 b Rn. 35.

## I. Wiedereinräumung des Mitbesitzes

## 1. Die Ehegatten leben bereits getrennt in der Wohnung

> **Beispiel:** F und M haben sich in der Ehewohnung von „Tisch und Bett" getrennt. Nach weiteren Zerwürfnissen lässt F ihren Ehemann nicht mehr in die Wohnung. M verlangt die Wiedereinräumung des Mitbesitzes an der Ehewohnung. | 71

Ehefrau F hat, als sie ihren Ehemann aussperrte, verbotene Eigenmacht (§ 858 BGB) verübt. Zur Rechtsgrundlage für die Wiedereinräumung des Mitbesitzes werden in diesem Fall **drei Ansichten** vertreten.

Nach einer Mindermeinung ergibt sich der Anspruch wegen Besitzentziehung nur aus § 861 BGB.[112]

Überwiegend wird die Ansicht vertreten, alle Streitigkeiten zwischen den Eheleuten um die Benutzung der Wohnung in der Trennungszeit seien im Verfahren der Wohnungszuweisung nach § 1361 b BGB auszutragen.[113] Besitzschutz- und Besitzstörungsansprüche nach § 861 BGB seien daher grundsätzlich ausgeschlossen. Schließlich gibt es noch eine *vermittelnde Meinung:* § 1361 b BGB ist unter Einbeziehung des possessorischen Besitzschutzes entsprechend anzuwenden.[114]

Letztere Ansicht verdient den Vorzug. Inhaltlich kann – wie nach § 861 BGB – die Wiedereinräumung des Mitbesitzes an der Ehewohnung verlangt werden.

Antrag:

Die Antragsgegnerin wird verpflichtet, dem Antragsteller sofort den Mitbesitz an der Ehewohnung in ... wieder einzuräumen und Zutritt zur Ehewohnung zu gewähren.

## 2. Der ausgesperrte Ehegatte will sich nicht trennen

> **Beispiel:** F hat M aus der Ehewohnung ausgesperrt. M, der sich von F nicht trennen will, möchte sofort wieder in die Wohnung. F erklärt, sie habe M ausgesperrt, da sie von ihm getrennt leben wolle. | 72

M verlangt, nachdem ihm der Mitbesitz durch verbotene Eigenmacht (§ 858 BGB) entzogen wurde, lediglich **Wiedereinräumung** des Mitbesitzes an der Ehewohnung. Dieser Anspruch ergibt sich aus § 861 BGB. Will sich ein Ehegatte von seinem Partner nicht trennen, wird der possessorische Anspruch nach § 861 BGB **nicht** von

[112] So AG Darmstadt FamRZ 1994, 109; Hambitzer FamRZ 1989, 236, 238; Staudinger/Hübner § 1361 b Rn. 17; Soergel/Lange § 1361 b Rn. 8.

[113] MK/Weber-Moneke § 1361 b Rn. 2; so nach früherer Rechtslage OLG Hamm FamRZ 1996, 1411; OLG Köln FamRZ 1987, 77; Zöller/Philippi, 24. Aufl., § 621 ZPO Rn. 48a; Rn. 90; Soergel/Heintzmann, § 18a HausrVO Rn. 10; Erman/Heckelmann, § 1361 b Rn. 9; Erman/Dieckmann, vor § 1 HausrVO Rn. 7, 13; JH/Sedemund-Treiber, § 620 ZPO Rn. 31; RGRK/Kalthoener § 18a HausrVO Rn. 6; Dörr NJW 1989, 810.

[114] So Brudermüller FuR 1996, 229; Palandt/Brudermüller § 1361 b Rn. 18; zustimmend OLG Karlsruhe FamRZ 2001, 760, 761; AG Neustadt FamRZ 2005, 1253; JH/Götz § 1361 b Rn. 45; Hoppenz/Müller § 1361 b Rn. 63; Menter FamRZ 1997, 76, 79, 80.

§ 1361 b BGB als Sonderregelung verdrängt.[115] Denn § 1361 b BGB setzt vor dass *„die Ehegatten getrennt leben oder einer von ihnen getrennt leben will"*.

73    Das Verteidigungsvorbringen von F, sie wolle getrennt leben, ist in diesem fahren **unbeachtlich.**[116] Die Zuständigkeit richtet sich allein nach der Begründ des geltend gemachten Anspruchs.[117] Stellt F nunmehr beim Familiengericht e eigenen Antrag auf alleinige **Zuweisung der Ehewohnung** nach § 1361 b I 1 I sind zwei Verfahren anhängig, die sich nach verschiedenen verfahrensrechtlic Regeln richten: die Wohnungszuweisung (§ 1361 b BGB) nach der freiwilligen richtsbarkeit und die Familienstreitsache (§ 861 BGB) nach der ZPO. Trotz Be ken[118] sollte hier aus prozessökonomischen Gründen eine **Verbindung** der be Verfahren zugelassen und nach den Regeln der freiwilligen Gerichtsbarkeit du geführt werden.

## C. Endgültige Überlassung der Ehewohnung (§ 1568 a BGB)

### I. Allgemeines

74    Die endgültige Zuweisung der Ehewohnung ab Rechtskraft der Scheidung wi in § 1568 a BGB neu geregelt.[119] Für die davor liegende Zeit des Getrenntleben weiterhin § 1361 b BGB maßgebend (Rn. 4 f).

75    Machen die Eheleute Ansprüche auf Überlassung der Wohnung erst nach rec kräftiger Scheidung geltend, muss ein enger Zusammenhang mit der Scheid bestehen, wie sich aus dem Wort „anlässlich" ergibt. Besteht dieser Zusammenl nicht, kommt als Rechtsgrundlage nur noch § 745 II BGB in Betracht. „Anläss dürfte dem Merkmal „Zusammenhang mit Trennung, Scheidung oder Aufheb der Ehe" in § 266 I Nr. 3 FamFG entsprechen.

76    Für **eingetragene Lebenspartner** gilt die Vorschrift gemäß § 17 LPartG ents chend (vgl. Kap. 8 Rn. 12). Auf nichteheliche Lebensgemeinschaften ist § 15 BGB **nicht analog** anzuwenden.

### II. Anspruch auf Überlassung der Ehewohnung (§ 1568 a I BGB)

77    Die neue Vorschrift des § 1568 a Abs. 1 BGB ist als **Anspruchsgrundlage** ausge tet („Ein Ehegatte kann *verlangen* ..."). Ein Anspruch auf Überlassung der Ehew nung besteht, wenn ein Ehepartner auf deren Nutzung unter Berücksichtigung Wohls der im Haushalt lebenden **Kinder** und der **Lebensverhältnisse** der Ehegatte stärkerem Maße angewiesen ist als der andere Ehegatte oder die Überlassung anderen Gründen der **Billigkeit** entspricht. Bei der Prüfung, welchem Ehegatter Wohnung zuzuweisen ist, hat der Familienrichter vorrangig das **Wohl der im Ha halt lebenden Kinder** zu berücksichtigen. Wie bei der vorläufigen Regelung

---

[115] OLG Düsseldorf FamRZ 1985, 1061; JH/Götz § 1361 b Rn. 46; Hoppenz/Müller § 1361 b R FA-FamR/Klein Kap. 8 Rn. 73.

[116] Brudermüller FuR 1996, 229; Schnitzler/Müller, MAH-Familienrecht, § 16 Rn. 66; a. A.: FamR/Klein 8 Rn. 73; KK-FamR/Weinreich § 1361 b Rn. 61.

[117] BGH FamRZ 1985, 903, 904; 1983, 155, 156; 1980, 988.

[118] JH/Götz § 1361 b Rn. 46; § 200 FamFG Rn. 8.

[119] BT-Drucks. 16/10 798, 10798 S. 39.

§ 1361 b I 2 BGB ist auf die möglichst ungestörte Entwicklung der Kinder zu achten (vgl. dazu Rn. 17 f). Der Zerfall der Ehe belastet gerade Kinder besonders schwer. Sie sollen daher in ihrer vertrauten Umgebung und ihrem sozialen Umfeld bleiben. In der Regel wird deshalb der Elternteil die Familienwohnung erhalten, bei dem die Kinder ihren **Lebensmittelpunkt** haben. Auch die Belange nicht gemeinschaftlicher oder volljähriger Kinder, die sich noch in Ausbildung befinden, sind zu beachten.[120]

Ist der Gesichtspunkt des Kindeswohls nicht ausschlaggebend, ist auf die „Le- **78** bensverhältnisse der Ehegatten" abzustellen. Dabei sind in einer Gesamtwürdigung alle Umstände des Einzelfalls zu berücksichtigen:
- Alter und Gesundheitszustand der Eheleute;[121]
- die finanziellen Verhältnisse der Ehegatten;
- welcher Teil stärker auf die Ehewohnung angewiesen ist oder eher eine geeignete Ersatzwohnung finden kann;[122]
- die Nähe der Wohnung zum Arbeitsplatz oder Verbindung mit seinen Geschäftsräumen;[123]
- der Umstand, dass ein Ehegatte die Wohnung schon vor der Eheschließung bewohnt hat;[124]
- Eigenleistungen, die ein Ehegatte zum Aufbau der Wohnung erbracht hat[125] sowie
- Aufnahme eines nahen pflegebedürftigen Angehörigen.[126]

Die Gründe, die zum Scheitern der Ehe geführt haben, sind grundsätzlich nicht zu **79** berücksichtigen. Nur in extremen Ausnahmefällen kann ein schwerwiegendes, eindeutig und klar bei einem Ehegatten liegendes Fehlverhalten in die Abwägung aller Umstände des Einzelfalles einbezogen werden.[127] Künftige Ereignisse sind zu berücksichtigen, soweit sie sicher vorhersehbar sind (z. B. die bevorstehende Wiederheirat eines Ehegatten).[128]

## III. Änderung des bestehenden Mietverhältnisses (§ 1568 a III BGB)

### 1. Allgemeines

Nach früherer Rechtslage trat die „Umgestaltung des Mietverhältnisses" durch **80** eine rechtsgestaltende Entscheidung des Familiengerichts ein (§ 5 I 1 HausrVO). Nach der neuen Regelung in § 1568 a III BGB kann der Mietvertrag auf zwei ganz verschiedenen Wegen geändert werden. Entweder
- durch gemeinsame Mitteilung beider Ehegatten an den Vermieter (Abs. 3 Nr. 1) oder

---

[120] OLG Celle FamRZ 1992, 465; KG FamRZ 1991, 467; OLG Koblenz FamRZ 1987, 852; JH/Götz § 1568 a Rn. 5; Palandt/Brudermüller § 1568 a Rn. 5; MK/Wellenhofer § 1568 a Rn. 16.

[121] JH/Götz § 1568 a Rn. 6; Palandt/Brudermüller § 1568 a Rn. 5.

[122] OLG Hamm FamRZ 1996, 1411; OLG Bamberg FamRZ 1996, 1293; KG FamRZ 1988, 182; OLG Karlsruhe FamRZ 1981, 1087.

[123] JH/Götz § 1568 a Rn. 6; Palandt/Brudermüller § 1568 a Rn. 5.

[124] KG FamRZ 1988, 182; BR-Drucks. 635/08, S. 44; BT-Drucks. 16/ 10798,10798 S. 33.

[125] KG FamRZ 1988, 182; Palandt/Brudermüller § 1568 a Rn. 5; Schwab/Motzer VIII Rn. 89.

[126] Palandt/Brudermüller § 1568 a Rn. 5 JH/Götz § 1568 a Rn. 6.

[127] KG FamRZ 1988, 182; JH/Götz § 1568 a Rn. 8; Palandt/Brudermüller § 1568 a Rn. 5; Schwab/Motzer VIII Rn. 89.

[128] JH/Götz § 1568 a Rn. 9; MK/Wellenhofer § 1568 a Rn. 15.

- mit Rechtskraft der gerichtlichen Entscheidung über die Wohnungsüberlassun (Abs. 3 Nr. 2 i. V. m. Abs. 1).

## 2. Änderung des Mietvertrags durch Mitteilung an den Vermiete (Abs. 3 Nr. 1)

### a) Überlassung der Wohnung bei Einigung der Eheleute

81 | **Beispiel:** Zwischen den Eheleuten F und M ist ein Scheidungsverfahren anhän gig. F erklärt ihrem anwaltlichen Vertreter, sie und ihr Ehemann M seien sich einig, dass sie mit den beiden Kindern weiterhin in der Ehewohnung bleibe Der Vermieter sei jedoch nicht bereit, den Mietvertrag dahingehend zu ändern dass sie künftig Alleinmieterin der Wohnung sei.

Nach früherer Rechtslage konnte der Familienrichter das Mietverhältnis grun sätzlich nur ändern, wenn sich die Ehepartner nicht darüber einigen konnten, w von ihnen die Ehewohnung künftig bewohnen soll (§§ 1, 5 I HausrVO). Ausnahm weise war ein Verfahren jedoch auch bei Einvernehmen der Eheleute zulässig, wer der Vermieter mit dem beabsichtigten Wechsel der Mieter nicht einverstanden w. In einem solchen Fall wurde die Einigung der Eheleute wegen der fehlenden Zusti mung des Vermieters als nicht umfassend und abschließend angesehen.[129] Die G setzesreform brachte eine entscheidende Änderung. **§ 1568 a I BGB** wurde – and als § 5 I HausrVO – als **Anspruchsgrundlage** ausgestaltet: *„Ein Ehegatte ka verlangen, dass ihm der andere Ehegatte anlässlich der Scheidung die Ehewohnu überlässt …"*

82  Sind sich die Eheleute über die künftige Weiternutzung der Ehewohnung **einig,** fehlt einem Verfahren auf gerichtliche Zuweisung der Ehewohnung das **Rech schutzbedürfnis.**[130] Die Umgestaltung des Mietverhältnisses kann somit bei Einv nehmen der Ehegatten, wer in der Ehewohnung bleibt, auch wenn der Vermie seine Zustimmung verweigert, nicht in einem Verfahren beim Familiengericht reicht werden.

83  Der Gesetzgeber hat das „Problem", das sich daraus ergibt, dass sich die E partner einig sind, durch die neue Regelung in § 1568 a III 1 Nr. 1 gelöst. N dieser Bestimmung erfolgt ein **Wechsel im Mietverhältnis,** wenn die Eheleute d **Vermieter mitteilen,** dass sie sich über die weitere Nutzung der Wohnung du einen von ihnen allein **geeinigt** haben. Die Erklärung wird mit **Zugang beim V mieter** gemäß § 130 I BGB wirksam. Das Mietverhältnis besteht nunmehr allein dem benannten Ehegatten.[131] Der Mietvertrag ändert sich, auch wenn der Vermi damit nicht einverstanden ist. Der Vermieter hat nur ein Sonderkündigungsre (§ 1568 a III 2).

84  **b) Form und Zeitpunkt der Mitteilung.** Eine besondere Form für die Mi lung an den Vermieter sieht das Gesetz nicht vor. Im Streitfall muss jedoch Zugang der Erklärung nachgewiesen werden, sodass eine förmliche Zustellung

---

129 Vgl. die Voraufl. Kap. 4 Rn. 161 m. w. N.
130 BT-Drucks. 16/6308 S. 249.
131 BT-Drucks. 16/10798 S. 34.

uraten ist. Die Mitteilung muss nicht in **einem** Schreiben erfolgen. Bei getrennten Erklärungen der Eheleute ist der Zugang der letzten Mitteilung maßgebend.[132]

Erfolgt die Mitteilung an den Vermieter schon vor Rechtskraft der Scheidung, **85** leibt das Mietverhältnis zunächst unverändert. Diese Einschränkung ergibt sich war nicht unmittelbar aus dem Wortlaut der Vorschrift, folgt aber zwingend aus em Grundgedanken der gesetzlichen Regelung.[133] Die gerichtliche Entscheidung ach § 1568 a über die Änderung (oder Begründung) eines Mietverhältnisses wird rundsätzlich erst ab rechtskräftiger Scheidung wirksam. Während des Getrennt-bens können nur **vorläufige** Regelungen über die Nutzung der Ehewohnung nach 1361 b BGB getroffen werden. In ein bestehendes Mietverhältnis kann der Famili-nrichter in der Trennungszeit nicht eingreifen.[134] Teilen die Eheleute, nachdem sie ich getrennt haben, dem Vermieter mit, dass einem Ehegatten die Wohnung allein berlassen wurde, so wird das Mietverhältnis daher erst **ab Rechtskraft der Schei-ung** umgestaltet.[135]

**c) Mitwirkung des Ehepartners an der Änderung des Mietverhältnis-** **86**
**es.** Sind beide Ehepartner Mieter der Wohnung und sind sie sich über die künftige lleinige Weiternutzung durch einen von ihnen **einig**, stimmt der Vermieter einer nderung des Mietvertrags aber nicht zu, kann eine Umgestaltung des Mietverhält-isses ausschließlich durch eine Mitteilung der Eheleute nach § 1568 a III 1 Nr. 1 rfolgen. Weigert sich der in der Wohnung verbliebene Ehepartner an der gemein-amen Erklärung gegenüber dem Vermieter **mitzuwirken,** stellt sich die Frage, velche rechtlichen Möglichkeiten der weichende Ehegatte hat, um aus dem Miet-erhältnis auszuscheiden. Denn nur dann endet seine Haftung aus dem Mietvertrag.

Ein Anspruch eines Ehegatten gegen den in der Wohnung verbliebenen Ehepart- **87** er auf **Zustimmung zur Kündigung des Mietvertrags,** den er wegen der Einheit-chkeit des Mietverhältnisses nicht allein kündigen kann, wird überwiegend **ver-eint.**[136] Aus der zwischen den Parteien während der Ehe begründeten Treue- und ürsorgepflicht folgt kein Recht auf Zustimmung zur Kündigung der Ehewohnung. )ie frühere eheliche Lebensgemeinschaft (§ 1353 I 2 BGB) verpflichtet einen Ehe-atten nur dann, bei einem Rechtsgeschäft des anderen Ehegatten mitzuwirken, venn dies ohne Verletzung eigener Interessen möglich ist. Durch die Zustimmung ur Kündigung würde das Mietverhältnis insgesamt enden und der verbliebene hegatte müsste die Wohnung verlassen. Hieran mitzuwirken, kann von ihm nicht erlangt werden.

Allerdings hat der BGH[137] festgestellt, dass der Mieter gegen Treu und Glauben **88** venire contra factum proprium) verstößt, der einerseits das Mietverhältnis nicht emeinsam mit dem ausziehenden Mieter kündigt, sondern die Wohnung **weiter utzt,** und der andererseits seine Zustimmung zur Entlassung des Mitmieters erweigert, ohne dass dies durch schutzwürdige Interessen gerechtfertigt wäre. Der 1 dieser Weise widersprüchlich handelnde Mieter muss sich gegenüber seinen

---

²² JH/Götz § 1568 a Rn. 29; Palandt/Brudermüller § 1568 a Rn. 12; MK/Wellenhofer § 1568 a Rn. 30.
³³ JH/Götz § 1568 a Rn. 29; Palandt/Brudermüller § 1568 a Rn. 12; MK/Wellenhofer § 1568 a Rn. 30.
⁴⁴ OLG München FamRZ 1996, 302.
⁵⁵ JH/Götz § 1568 a Rn. 29; Palandt/Brudermüller § 1568 a Rn. 12.
⁶⁶ Vgl. Voraufl. Kap. 4 Rn. 84 m. w. N.
⁷⁷ BGH NJW 2005, 1715, 1716 (bei Lebensgefährten).

Vertragspartnern so behandeln lassen, als habe er seine Zustimmung zur Entlass
des Mitmieters und zur Fortsetzung des Mietverhältnisses mit ihm allein er
Nach früherer Rechtslage konnte der weichende Ehegatte beim Familienger
gemäß § 5 I HausrVO beantragen, dass das Mietverhältnis allein mit dem Ehe
ten, der in der Wohnung bleiben will, fortgesetzt wird und er aus dem Miet
hältnis ausscheidet.[138] Nach der Gesetzesreform[139] kann ein Ehegatte nicht n
beantragen, dass die Wohnung dem anderen Ehegatten zugewiesen wird, a
wenn dieser in der Wohnung bleiben will. § 1568a I ist nunmehr als **Anspru**
**grundlage** ausgestaltet, sodass der Antragsteller nur Zuweisung an sich verlan
kann.

**89**    Die Reform der Wohnungszuweisung brachte aber auch eine entscheidende r
**Regelung.** Nach § 1568a III 1 Nr. 1 genügt für eine Änderung des Mietverhältni
die gemeinsame Mitteilung der Eheleute an den Vermieter, dass sie sich über
weitere Nutzung der Wohnung durch einen Ehegatten allein geeinigt haben.
weichende Ehegatte muss somit den in der Wohnung gebliebenen Ehegatten r
auf Zustimmung zur Kündigung verklagen, um aus dem Mietverhältnis auszusc
den. Er hat gegen den bisherigen Ehepartner einen **Anspruch auf Mitwirkun**
**einer Mitteilung nach § 1568a III Nr. 1 BGB.**[140] Zur Mitwirkung auf Abgabe e
solchen Erklärung – rechtlich ein „Weniger" als die Zustimmung zur Kündigu
ist der in der Wohnung verbliebene Ehegatte aus „nachehelicher Solidarität" (§ 1
I BGB) verpflichtet, da er hierdurch keinen eigenen Schaden erleidet.[141] Das M
verhältnis wird durch diese Erklärung nicht beendet, sondern nur **geändert.** I
zuräumen ist allerdings, dass der Vermieter in diesem Fall ein Sonderkündigu
recht gemäß § 1568a III 2 BGB hat (vgl. Rn. 102).

## 3. Mietvertragsänderung durch Entscheidung des Familiengeri (Abs. 3 Nr. 2)

**90**    **Anspruchsgrundlage** für die gerichtliche Entscheidung über die Zuweisung
Ehewohnung an einen Ehegatten ist **Abs. 1** von § 1568a BGB. Mit **Rechtskraft**
Beschlusses tritt nach **Abs. 3 Nr. 2** der Ehegatte, dem die Wohnung überla
wird, an Stelle des zur Überlassung verpflichteten Ehegatten in ein von die
eingegangenes Mietverhältnis ein oder setzt ein von beiden eingegangenes Miet
hältnis allein fort. Diese Rechtsfolge ergibt sich kraft Gesetzes „**von selbst**"
bedarf weder eines Antrags noch einer weiteren Entscheidung des Familiengeri
Zur Klarstellung sollte jedoch das Familiengericht im Tenor des Beschlusses
entsprechende – deklaratorische – Feststellung treffen.[142] Die Vorschrift entspr
§ 5 I S. 1 HausratsVO. Sie ersetzt die bisherige richterliche „Umgestaltung"
Mietverhältnisses durch eine an den §§ 563, 563a BGB ausgerichtete gesetzl
Nachfolge.

---

[138] Vgl. Voraufl. Kap. 4 Rn. 87 m. w. N.
[139] Gesetz zur Änderung des Zugewinnausgleichs- und Vormundschaftsrechts (Art. 2; BGBl. 2
S. 1696).
[140] JH/Götz § 1361 b Rn. 32; Palandt/Brudermüller § 1568 a Rn. 12.
[141] Götz/Brudermüller FamRZ 2009, 1261, 1263.
[142] JH/Götz § 1361 b Rn. 33.

## 4. Anträge auf gerichtliche Überlassung der Ehewohnung

### a) Beide Ehegatten sind Mieter

Antrag:

**91**

I. Die Ehewohnung der Beteiligten in ... wird ab Rechtskraft der Scheidung der Antragstellerin zur alleinigen Nutzung überlassen.

II. Das zwischen den Beteiligten und dem Vermieter V aufgrund Mietvertrags vom ... bestehende Mietverhältnis über die Ehewohnung wird ab Rechtskraft der Scheidung allein von der Antragstellerin fortgesetzt. Der Antragsgegner scheidet aus dem Mietverhältnis aus.

III. Der Antragsgegner ist verpflichtet, die Ehewohnung ab Rechtskraft der Scheidung sofort (innerhalb von ... Wochen) zu räumen und der Antragstellerin zur alleinigen Nutzung zu überlassen.

IV. Bei der Räumung ist § 885 Abs. 2 bis 4 ZPO nicht anzuwenden.

### b) Ein Ehegatte ist Alleinmieter

Antrag:

**92**

I. Die Ehewohnung der Beteiligten in ... wird ab Rechtskraft der Scheidung der Antragstellerin zur alleinigen Nutzung überlassen.

II. Die Antragstellerin tritt an Stelle des Antragsgegners in das von diesem mit dem Vermieter V aufgrund Mietvertrags vom ... bestehende Mietverhältnis über die Ehewohnung ab Rechtskraft der Scheidung ein. Der Antragsgegner scheidet aus dem Mietverhältnis aus.

III. Der Antragsgegner ist verpflichtet, die Ehewohnung ab Rechtskraft der Scheidung sofort (innerhalb von ... Wochen) zu räumen und der Antragstellerin zur alleinigen Nutzung zu überlassen.

IV. Bei der Räumung ist § 885 Abs. 2 bis 4 ZPO nicht anzuwenden.

### c) Der Antragsteller ist Alleinmieter der Ehewohnung. Ist der antragstel- **93** lende Ehegatte Alleinmieter der Ehewohnung, zieht aber der frühere Ehepartner auch nach rechtskräftiger Scheidung nicht freiwillig aus, muss die Wohnung dem Alleinmieter zur alleinigen Nutzung zugewiesen und der bisherige Ehegatte zur Räumung verpflichtet werden. Anspruchsgrundlage für diesen Antrag ist § 1568 a I BGB.

Antrag:

I. Der Antragstellerin wird die Ehewohnung in ... zur alleinigen Nutzung überlassen.

II. Der Antragsgegner ist verpflichtet, die Ehewohnung sofort (innerhalb von ... Wochen) zu räumen und der Antragstellerin zur alleinigen Nutzung zu überlassen.

III. Bei der Räumung ist § 885 Abs. 2 bis 4 ZPO nicht anzuwenden.

## 5. Schutz- und Zusatzanordnungen

94 **a) Allgemeine Anordnungen.** Das Familiengericht soll nach § 209 I FamF( mit der Endentscheidungen in Ehewohnungssachen die Anordnungen treffen, die z ihrer Durchführung erforderlich sind Es können, wenn der bisherige Ehepartne noch in der Wohnung ist, eine Räumungsverpflichtung und eine Räumungsfris sowie die Mitnahme persönlicher Sachen, ein Betretungsverbot, die Schlüsselherau: gabe – wie bei einer vorläufigen Regelung nach § 1361 b BGB – angeordnet werde (vgl. Rn. 27 f).

### b) Kündigungsverbot

95 | **Beispiel:** Ehefrau F hat im Scheidungsverfahren beantragt, dass sie an Stelle ihres Ehemannes M das Mietverhältnis über die Ehewohnung fortsetz1 (§ 1568 a I, III Nr. 2 BGB). F befürchtet, dass M als Alleinmieter vor einer gericht- lichen Entscheidung das Mietverhältnis kündigt.

Auch bei einer endgültigen Wohnungszuweisung nach § 1568 a I, III Nr. 2 BG kann – als Schutzanordnung gemäß § 209 I FamFG – ein **Kündigungsverb** erforderlich sein, wenn die Gefahr besteht, dass der Ehepartner vor Rechtskraft d Scheidung als Alleinmieter das Mietverhältnis kündigt. In diesem Fall könnte d Familiengericht zwar nach § 1568 a V 1 rückwirkend ab dem Zeitpunkt der Beene gung des früheren Mietvertrages ein neues Mietverhältnis begründen.[143] Die Begrü dung eines neuen Mietverhältnisses ist jedoch nicht mehr zulässig, wenn der V( mieter im **Vertrauen auf die Kündigung** die Wohnung bereits an einen Dritt vermietet hat.[144]

96 Droht eine Kündigung des Mietverhältnisses muss in solchen Fällen wegen ( Eilbedürftigkeit das Kündigungsverbot im Wege einer **einstweilige Anordnu** nach § 49 I, II 2 FamFG beantragt werden.[145] Das Verbot, das Mietverhältnis kündigen oder in sonstiger Weise zu beenden, führt nur zu einer **relativen Unwi** samkeit (§§ 135, 136 BGB), wenn der verpflichtete Ehegatte dagegen verstößt. D Vermieter, der in diesem Verfahren nicht beteiligt werden muss, sollte daher sch der Antrag auf Erlass einer einstweiligen Anordnung zur Kenntnis gebracht wer( damit er die Wohnung nicht gutgläubig weitervermietet. Ein **Verbot,** die im Alle eigentum eines Ehegatten stehende bisherige Ehewohnung zu **veräußern,** kann ( Familiengericht **nicht** anordnen (vgl. Rn. 50).

97 **c) Ausgleichszahlungen zugunsten des ausziehenden Ehegatten.** U stritten ist in Rechtsprechung und im Schrifttum, ob das Familiengericht A gleichs- oder Abstandszahlungen zugunsten des weichenden Ehegatten festset: kann. Dieser kann erhebliche Aufwendungen für Umzug, neue Einrichtung, M ler und Mietvorauszahlung haben. Er kann die Kaution für die frühere Ehew nung bezahlt oder erhebliche Geldmittel und Eigenleistungen für Erwerb, I

---

[143] BayObLG NJW 1961, 317, 318; OLG München FamRZ 1991, 1452, 1454; KG FamRZ 1 1242; OLG Hamburg FamRZ 1982, 939, 940.
[144] KG KG-Report 1998, 44; AG Hamburg-Altona MDR 1994, 1125 = FamRZ 1995, 677 (I MAH/Müller § 16 Rn. 141.
[145] JH/Götz § 209 FamFG Rn. 7.

oder Ausbau eines Familienheims eingesetzt haben. Das Gesetz sieht eine Ausgleichszahlung nur bei der endgültigen Verteilung der Haushaltsgegenstände (§ 1568 b III BGB), nicht jedoch bei der Wohnungszuweisung vor. Eine Anspruchsgrundlage könnte daher nur aus einer Analogie zu § 1568 b III BGB hergeleitet werden.[146]

Als der Gesetzgeber zum 1. 1. 2009 die HausratsVO aufhob und die endgültige Zuweisung der Ehewohnung und der Haushaltsgegenstände neu im BGB regelte, hat er eine Ausgleichszahlung nur bei der Verteilung der **Haushaltsgegenstände** in § 1568 b III BGB aufgenommen, nicht aber bei der Überlassung der Ehewohnung in § 1568 a BGB. Es kann nicht davon ausgegangen werden, dass der Gesetzgeber – in Kenntnis des bestehenden Meinungsstreits – übersehen hat, eine Ausgleichszahlung auch bei der Wohnungszuweisung zu regeln. Eine Analogie würde jedoch eine „unbewusste Gesetzeslücke" voraussetzen.[147] **Ergebnis:** Ausgleichs- oder Abstandszahlungen zugunsten des weichenden Ehegatten können weder bei der vorläufigen noch bei der endgültigen Wohnungszuweisung festgesetzt werden, da es hierfür **keine gesetzliche Anspruchsgrundlage** gibt. Eine analoge Anwendung der Ausgleichsregelung für Haushaltsgegenstände (§ 1568 b III BGB) auf die Überlassung der Ehewohnung scheidet aus. Die von uns bisher vertretene gegenteilige Ansicht geben wir auf.[148]

Möglicherweise könnten **Umzugskosten** unterhaltsrechtlich als **Sonderbedarf** 98 (§ 1613 II BGB) geltend gemacht werden und Investitionen in die Wohnung als ehebezogene Zuwendungen ausgeglichen werden.[149]

## 6. Inhalt des Mietvertrags (§ 1568 a III Nr. 1 und 2 BGB)

Sowohl im Fall einer Mitteilung der Eheleute nach Abs. 3 Nr. 1 als auch im Fall 99 einer Entscheidung des Familiengerichts über die Überlassung der Ehewohnung nach Absatz 1, 3 Nr. 2 wird das bisherige Mietverhältnis **fortgesetzt.** Es ändert sich nur die **Person des Mieters.** Der berechtigte Ehegatte wird nunmehr alleiniger Mieter der Ehewohnung. Die übrigen Grundlagen des Mietvertrags – wie Höhe der Miete, Dauer des Mietverhältnisses, Kündigungsfristen – bleiben unverändert bestehen. Die geleistete **Kaution** verbleibt – unabhängig davon, welcher Ehegatte sie geleistet hat – stets beim Vermieter. Der Anspruch auf Rückzahlung der Kaution entsteht erst mit Beendigung des Mietverhältnisses. Da bei einer Mietvertragsänderung nach § 1568 a III BGB das ursprüngliche Mietverhältnis fortgesetzt wird, bleibt es bei der vereinbarten Regelung. Im **Innenverhältnis** kann der aus der

---

[146] So nach früherer Rechtslage zu § 5 HausrVO – vorwiegend aus verfahrensökonomischen Gründen – OLG Hamm FamRZ 1988, 745; 1980, 469;OLG Karlsruhe FamRZ 1981, 1087; AG Duisburg-Hamborn FamRZ 2002,1715; MK/Müller-Gundelis, § 5 Rn. 15; Soergel/Heintzmann, 13. Aufl., § 5 HausrVO Rn. 18; Schwab/Maurer, 5. Aufl., VIII Rn. 102; Erman/Maier, § 5 HausrVO Rn. 7; Staudinger/Weinreich, § 5 Rn. 21; KK-FamR/Weinreich, § 5 HausrVO Rn. 16; Schnitzler/Müller, MAH-FamR, § 16 Rn. 153, so auch schon BayObLG FamRZ 1965, 513; 1970, 33, 36; 1974, 22, 24.

[147] JH/Götz § 1361 b Rn. 40; Palandt/Brudermüller § 1361 b Rn. 24; MK/Wellenhofer § 1568 a Rn. 21; Hoppenz/Müller § 1568 a Rn. 61; Roth FamRZ 2008, 1388,1389; Finger FuR 2006, 241, 246; so auch nach früherer Rechtslage OLG Hamm FamRZ 1993, 1462; OLG Hamburg FamRZ 1988, 80.

[148] 4. Aufl., Rn. 103.

[149] Roth FamRZ 2008, 1388,1389; MK/Wellenhofer § 1568 a Rn. 21; Hoppenz/Müller § 1568 a Rn. 61; JH/Götz § 1361 b Rn. 40.

Wohnung ausgezogene Ehepartner die Zahlung des ihm zustehenden Anteils de Kaution verlangen.[150]

100    Der **bisherige (Mit-) Mieter** haftet für alle bis zu seinem Ausscheiden entstande nen Ansprüche aus dem Mietverhältnis. Erst danach entstehende Verbindlichkeite treffen ausschließlich den neuen (Allein-) Mieter, so die Kosten für anfallende Schön heitsreparaturen oder die Beseitigung von Einbauten. Für **bereits entstandene Miet** **rückstände** haftet er dagegen nur, wenn er bisher bereits Mitmieter war.[151]

## IV. Rechte des Vermieters

### 1. Beteiligung des Vermieters

101    Der Vermieter ist gemäß § 204 I FamFG im Verfahren der **endgültigen Woh** nungsüberlassung nach § 1568a BGB **zu beteiligen.** Ihm sind die Anträge, d folgenden Schriftsätze und die Entscheidungen bekannt zu geben. Ebenso ist de Vermieter der Termin der mündlichen Verhandlung mitzuteilen. Er hat Anspru auf rechtliches Gehör. In der Regel ist mit den Beteiligten **mündlich** zu verha deln (§ 207 FamFG), im Scheidungsverfahren nur in der Folgesache Wohnung zuweisung (§ 139 II FamFG). Der Vermieter hat ein selbständiges Beschwerd recht, soweit er in seinen Rechten beeinträchtigt ist (§ 59 I FamFG). Die Er scheidung des Familiengerichts zur Überlassung der Ehewohnung an ein Ehepartner gemäß § 1568a I, III Nr. 2 BGB hängt **nicht von der Zustimmu** des Vermieters ab.

### 2. Sonderkündigungsrecht des Vermieters (§ 1568a III 2 BGB)

102    Der Vermieter hat bei einer Änderung des Mietverhältnisses in den Fällen § 1568a III 1 Nr. 1 und Nr. 2 gemäß S. 2 das **Kündigungsrecht** nach § 563 BGB. Die Interessenlage ist – nach Meinung des Gesetzgebers[152] – angesichts besonderen Bedeutung der Wohnung als Lebensmittelpunkt mit dem Eintrit recht des Ehegatten bei Tod des Mieters (§ 563 BGB) vergleichbar. Nach § 5 IV BGB kann der Vermieter das Mietverhältnis innerhalb eines Monats auß **ordentlich** kündigen, wenn in der Person des neuen Mieters ein **wichtiger Gru** vorliegt.

103    Ein **Kündigungsgrund** ist gegeben, wenn dem Vermieter **nicht zugemutet w** den kann, das Mietverhältnis fortzusetzen. Das ist insbesondere der Fall, wenn de das Mietverhältnis eingetretene Ehegatte nicht in der Lage ist, **die Miete zu bez** **len.**[153] In die Prüfung, ob der in der Wohnung gebliebene Ehegatte zahlungsfähig sind öffentliche Hilfen (Wohngeld und Sozialhilfe) und auch dessen Unterha ansprüche einzubeziehen.[154] Der Mieter kann der Kündigung des Vermieters wid sprechen und die Fortsetzung des Mietverhältnisses nach §§ 574 ff BGB verlang

---

[150] Götz/Brudermüller NJW 2010, 5, 9.
[151] Götz/Brudermüller NJW 2010, 5, 8; MK/Wellenhofer § 1568a Rn. 33.
[152] BR-Drucks. 635/08 S. 45; BT-Drucks. 16/ 10798 S. 33.
[153] H. M.: Schmidt-Futterer/Gather, Miete, § 563 Rn. 39.
[154] Blank/Börstinghaus, Miete, § 563 Rn. 64; Schmidt-Futterer/Gather, Miete, § 563 Rn. 40.

Über die Wirksamkeit der Kündigung hat dann der **Mietrichter** im Räumungsprozess zu entscheiden.[155]

## 3. Keine Sicherungsanordnungen zugunsten des Vermieters

Nach früherer Rechtslage konnte der Familienrichter die Ansprüche des Vermieters, die durch den Personenwechsel gefährdet erschienen, gemäß § 5 I 2 HausrVO sichern. War zu befürchten, dass der in der Wohnung verbliebene Ehegatte den finanziellen Anforderungen aus dem Mietverhältnis nicht gewachsen war, konnte der Familienrichter anordnen, dass der weichende Ehegatte für künftige Ansprüche des Vermieters aus dem Mietvertrag für einen angemessenen Zeitraum weiter mithaftet. Nach der jetzigen gesetzlichen Regelung sind **Schutzanordnungen zugunsten des Vermieters nicht mehr vorgesehen.** 104

Der Bundesrat hatte bei seiner Anhörung gebeten, im weiteren Gesetzgebungsverfahren sicherzustellen, dass im Fall der Wohnungszuweisung nach § 1568 a III BGB die Mietzahlungen weiterhin durch richterliche Anordnung geschützt werden können.[156] Die Bundesregierung ist diesem berechtigten Anliegen[157] mit wenig überzeugender Begründung leider nicht nachgekommen: Aus mietrechtlicher Sicht bestehe für eine Nachhaftung **kein Bedürfnis,** da der Vermieter bei Zahlungsrückständen das Mietverhältnis kündigen könne (§ 543 II 2, § 569 BGB). Auch sei regelmäßig eine Mietsicherheit (§ 551 BGB) geleistet worden, auf die der Vermieter zurückgreifen könne.[158] Eine Kaution von drei Monatsmieten ist jedoch keine ausreichende Sicherheit für den erheblichen Mietausfall, den der Vermieter bei Kündigung wegen Zahlungsverzugs (§ 543 II Nr. 3 BGB) erleidet. Ein Räumungsprozess mit nachfolgender Zwangsräumung einschließlich aller Vollstreckungsschutzanträge kann über ein Jahr dauern.[159] Gleichwohl verbleibt es dabei, dass das Familiengericht **Schutzmaßnahmen zugunsten des Vermieters nicht anordnen** kann, nachdem der Gesetzgeber eine Mithaftung des entlassenen Mieters für künftige Ansprüche ausdrücklich abgelehnt hat.[160] 105

## V. Wohnung im Alleineigentum eines Ehegatten (§ 1568 a II BGB)

Ist ein Ehegatte **Alleineigentümer** der Ehewohnung, so kann der Ehepartner die Überlassung nur verlangen, wenn dies notwendig ist, um eine **unbillige Härte zu vermeiden** (§ 1568 a II BGB). Das Gleiche gilt, wenn dem Antragsgegner gemeinsam mit einem Dritten (z. B. Eltern, Geschwister) die Wohnung gehört, oder einem Ehegatten allein oder gemeinsam mit einem Dritten ein Nießbrauch, das Erbbaurecht oder ein dingliches Wohnrecht an dem Grundstück zusteht. Die Vorschrift findet auch auf Wohnungseigentum und Dauerwohnrecht Anwendung (Abs. 2 S. 2). 106

---

[155] JH/Götz § 1568 a Rn. 38; Palandt/Brudermüller § 1568 a Rn. 15.
[156] BT-Drucks. 16/ 10 798 Stellungnahme zu Artikel 1 Nr. 12 (Anlage 3).
[157] Eingehend hierzu Götz/Brudermüller NJW 2008, 3025, 3027, 3028; Roth FamRZ 2008, 1388, 1389: „Missachtung der Vermieterinteressen".
[158] BT-Drucks. 16/ 10 798 Gegenäußerung zu Artikel 1 Nr. 12 (Anlage 4).
[159] Götz/Brudermüller NJW 2010, 5, 9.
[160] JH/Götz § 209 FamFG Rn. 13.

Die neue Bestimmung entspricht inhaltlich im Wesentlichen dem früheren § 3 Haus ratsVO.

107    Eine **unbillige Härte** liegt nur bei einer **ungewöhnlich schweren Beeinträchti gung** vor, da in die Eigentumsverhältnisse nicht mehr als unbedingt notwendi eingegriffen werden darf.[161] Sie liegt nicht schon dann vor, wenn der andere Ehe partner die Wohnung dringender braucht als der Eigentümer oder der sonst dinglic berechtigte Ehegatte. Ebenso reichen umzugsbedingte Unbequemlichkeiten ode eine schlechtere Unterbringung in einer neuen Wohnung nicht aus.[162] Eine unbillig Härte wird bejaht, wenn ein Ehegatte für sich und die von ihm betreuten Kinde **keine geeignete Wohnung finden kann,** die für ihn erschwinglich ist.[163]

108    Bei der Billigkeitsprüfung sind auch die Interessen des Wohnungseigentümers a einer Veräußerung der Immobilie im Hinblick auf eine bestehende Verschuldung z berücksichtigen[164] (anders bei der vorläufigen Regelung nach § 1361 b BGl s. Rn. 38). Der Ehepartner des dinglich berechtigten Ehegatten kann nur die Übe lassung der Wohnung zur **alleinigen Benutzung** verlangen. Das Familiengeric kann nie das Eigentum übertragen Die Zuweisung ist regelmäßig **zeitlich zu begre zen** (s. Rn. 120 f). Die Frist ist so zu bemessen, dass der nutzungsberechtigte Ehega te in dieser Zeit eine andere zumutbare Wohnung finden kann.[165] Mit der Zuweisu der Ehewohnung kann das Familiengericht auf Antrag ein Mietverhältnis zwisch den Eheleuten nach Abs. 5 begründen (s. Rn. 111 f).

## VI. Wohnung im Miteigentum der Eheleute

109    Steht die Wohnung im Miteigentum der Eheleute, enthält § 1568 a BGB – w schon die frühere HausrVO – keine ausdrückliche Regelung, wem die Ehewohnu nach rechtskräftiger Scheidung zu überlassen ist. Absatz 2 ist nicht anwendbar, diese Vorschrift nur für den Fall der dinglichen Alleinberechtigung eines Ehegatt oder der Mitberechtigung mit Dritten gilt. Sind **beide Ehegatten dinglich m berechtigt,** ist auf die **allgemeine Regelung des Abs. 1** zurückzugreifen.[166] [ Wohnung ist dem Ehepartner zu überlassen, der sie **dringender braucht** (v Rn. 77 f). Gegebenenfalls ist noch eine Räumungsverpflichtung auszusprechen. [ Familiengericht kann auf Antrag eines Ehegatten ein Mietverhältnis gemäß Abs begründen (s. Rn. 120 f). In die Eigentumsverhältnisse kann das Familiengeri nicht eingreifen, diese können erst bei der endgültigen Auseinandersetzung Gemeinschaft geändert werden (s. Kap 5 Rn. 23 f). Ein Antrag auf Teilungsverstei rung „*zur Unzeit*" kann eine Drittwiderspruchsklage nach § 771 ZPO rechtfertig (Kap. 5 Rn. 50 f).

---

161 Palandt/Brudermüller § 1568 a Rn. 8; JH/Götz § 1568 a Rn. 16; MK/Wellenhofer § 1568 a Rn.

162 OLG Naumburg FamRZ 2002, 672; OLG Oldenburg FamRZ 1998, 571; OLG Bamberg Fam 1996, 1085; OLG Köln FamRZ 1996, 492; OLG München FamRZ 1995, 1205.

163 OLG Köln FamRZ 1996, 492; JH/Götz § 1568 a Rn. 17; Palandt/Brudermüller § 1568 a Rr MK/Wellenhofer § 1568 a Rn. 26.

164 JH/Götz § 1568 a Rn. 17.

165 OLG Köln FamRZ 1996, 492, 493 (Begrenzung auf 5 Jahre); KG FamRZ 1986, 72; JH/Bru müller § 3 HausrVO Rn. 10.

166 JH/Götz § 1568 a Rn. 13; Palandt/Brudermüller § 1568 a Rn. 9; Schnitzler/Müller, MAH-Fan enrecht, § 16 Rn. 117.

## VII. Dienstwohnung (§ 1568 a IV BGB)

Die Vorschrift ersetzt die bisherige Regelung in § 4 HausratsVO. Eine 110 Dienst- oder Werkwohnung soll **grundsätzlich** dem Ehegatten verbleiben, mit dem das Dienst- oder Arbeitsverhältnis besteht.[167] Der andere Ehegatte kann, wenn der Arbeitgeber nicht zustimmt, die Begründung eines Mietverhältnisses über die Ehewohnung nur verlangen, wenn dies notwendig ist, um eine **schwere Härte** zu vermeiden. Eine schwere Härte kann vorliegen, wenn der Ehegatte **psychisch schwer krank** ist und die mit dem Fortzug veranlasste Veränderung seiner Lebensumwelt sich negativ auf seinen Gesundheitszustand auswirken würde oder wenn die Wohnung für ihn behindertengerecht umgebaut worden ist.[168]

## VIII. Begründung eines Mietverhältnisses (§ 1568 a V BGB)

### 1. Allgemeines

Im Unterschied zur Änderung bereits bestehender Mietverhältnisse nach § 1568 a 111 III (Rn. 80 f) sieht das Gesetz in § 1568 a V auch die Begründung neuer Mietverhältnisse vor, soweit solche bisher fehlten oder durch treuwidrige Kündigung eines Ehegatten erloschen waren.

- Über die Ehewohnung besteht in der Regel **kein Mietverhältnis,** wenn die Wohnung einem Ehegatten allein, beiden gemeinsam oder einem Ehepartner zusammen mit Dritten (Eltern, Geschwistern) gehört, ebenso wenn die Eltern eines Ehegatten Eigentümer der Wohnung sind.
- Ein Mietverhältnis fehlt auch, wenn ein bestehender Mietvertrag vom Ehegatten, der allein Mieter war, wirksam gekündigt worden ist, und der andere Ehegatte noch in der Wohnung lebt.

In beiden Fällen kann das Familiengericht ein Mietverhältnis begründen. Im 112 zweiten Fall könnte der Ehegatte, der Alleinmieter ist, sonst die Zuweisung der Ehewohnung an den anderen Ehegatten vereiteln. Die Begründung eines neuen Mietverhältnisses in diesem Fall ist nicht mehr zulässig, wenn der Vermieter im Vertrauen auf die Wirksamkeit der Kündigung die Wohnung bereits an einen anderen Mieter vermietet hat, da dem Vermieter andernfalls ein zweiter Mieter aufgezwungen würde.[169]

Hat der **Vermieter** das Mietverhältnis wirksam gekündigt, scheidet die Neu- 113 begründung eines Mietverhältnisses aus. Das Vertrauen des Vermieters an einer Vertragsbeendigung ist in diesem Fall höher zu bewerten als das Interesse des Ehegatten an einem neuen Mietverhältnis, da der Vermieter nur wirksam kündigen konnte, wenn gesetzliche Kündigungsgründe vorgelegen haben.[170]

Der Gesetzgeber hat *„im Interesse der Rechtsklarheit"* als Rechtsfolge **ausschließ-** 114 **lich** die Begründung eines **Mietverhältnisses** in Abs. 5 angeordnet. Ein bloßes ent-

---

[167] Ausführlich JH/Götz § 1568 a Rn. 40 ff.
[168] BR-Drucks. 635/08 S. 45; BT-Drucks. 16/ 10798 S. 34.
[169] KG KG-Report 1998, 44; AG Hamburg-Altona MDR 1994, 1125 = FamRZ 1995, 677 (LS.); JH/ Götz § 1568 a Rn. 49; Schnitzler/Müller, MAH-Familienrecht, § 16 Rn. 141.
[170] JH/Götz § 1568 a Rn. 49.

geltliches **Nutzungsverhältnis** hat er als *„systemwidrig"* **abgelehnt** und deshalb auch eine Nutzungsvergütung nicht geregelt.[171]

115 Das Mietverhältnis kann auch in einem selbständigen Verfahren durch **einstweilige Anordnung** (§ 49 FamFG) begründet werden.[172]

## 2. Zweck eines Mietverhältnisses

116 **Beide Ehegatten** können verlangen, dass der Familienrichter ein Mietverhältnis zwischen ihnen begründet (§ 1568 a Abs. 5 BGB). Ein Mietvertrag schützt sowohl vor einem **Verkauf** der Ehewohnung durch den Alleineigentümer als auch vor einer **Teilungsversteigerung** bei Miteigentum:

- Veräußert der **Alleineigentümer** die Wohnung, tritt der Erwerber nach § 566 BGB in das bestehende Mietverhältnis ein und der Ehepartner kann sich gegenüber dem Erwerber auf den **Kündigungsschutz** berufen.[173]
- Bei **Miteigentum** ist ein Ehegatte gegen eine Vertreibung aus der Ehewohnung am besten geschützt, wenn der Familienrichter ein Mietverhältnis auf **unbestimmte** Zeit begründet. Bei einer **Teilungsversteigerung** nach § 753 I BGB, 180 ff ZVG tritt der Ersteher mit allen Rechten und Pflichten in das Mietverhältnis ein (§ 57 ZVG, § 566 BGB). Ist das Grundstück vermietet, gilt das **Sonderkündigungsrecht** des Erstehers (§ 57 a ZVG) bei der Teilungsversteigerung gemäß § 183 ZVG **nicht**[174] (vgl. näher Kap. 5 Rn. 88). Es bleibt bei den festgesetzten oder gesetzlichen Kündigungsbestimmungen. Allerdings wird durch diesen *„Mieterschutz"* die Teilungsversteigerung – meist zum Schaden beider Eheleute – erheblich erschwert, da sich Bieterkreis und Meistgebot verringern werden. Außerdem wird der Wohnungseigentümer in der Nutzung und Verwaltung der Immobilie stark beeinträchtigt. Diese Beschränkungen der Befugnisse des Eigentümers stellen einen erheblichen Eingriff in sein Eigentumsrecht dar. Das Familiengericht muss deshalb das Mietverhältnis stets befristen. Es kann auch ein Mietverhältnis **nur zu vorübergehendem Gebrauch** nach § 549 II Nr. BGB begründet werden, bei dem die Schutzvorschriften des sozialen Mietrechts nicht gelten.

## 3. Neuer Mietvertrag und Höhe der Miete

117 Das Familiengericht hat das neue Mietverhältnis **„zu ortsüblichen Bedingungen"** festzusetzen (§ 1568 a V 1 BGB). Es bietet sich an, hierfür entweder den bisherigen Mietvertrag zugrunde zu legen oder den **Mustermietvertrag** zu verwenden. Trifft das Familiengericht keine Regelung, gelten die gesetzlichen Mietvorschriften. Die gesetzlichen Vorschriften in §§ 535 ff BGB sind **„mieterfreundlicher"** als die Bestimmungen im Mustermietvertrag, nach denen der Mieter neben der Grundmiete auch die Betriebskosten und die Schönheitsreparaturen zu tragen hat.[175] Selbst verbrauchsunabhängigen Nebenkosten werden heute zumeist auf die Mieter umgelegt.

---

[171] BR-Drucks. 635/08 S. 44; BT-Drucks. 16/10 798 S. 33, 34.
[172] JH/Götz § 1568 a Rn. 50.
[173] JH/Götz § 1568 a Rn. 50; Schnitzler/Müller, MAH-Familienrecht, § 16 Rn. 150.
[174] Stöber § 183 ZVG Rn. 2.
[175] JH/Götz § 1568 a Rn. 51.

Können sich die Eheleute über die Höhe der Miete nicht einigen, kann der **118** Vermieter die **ortsübliche Vergleichsmiete** verlangen (§ 1568a V 3 BGB). Von diesem Regelfall kann aufgrund der persönlichen und wirtschaftlichen Verhältnisse der Eheleute abgewichen werden, so wenn minderjährige unterhaltsberechtigte Kinder in der Wohnung verbleiben.[176] Bei preisgebundenem Wohnraum ist die **Kostenmiete** maßgebend, die wesentlich niedriger als die ortsübliche Marktmiete ist.[177]

Bei **Miteigentum** richtet sich die Höhe der Miete nach dem **anteiligen** Miet- **119** wert.[178] Hiervon sind Zins- und Tilgungsleistungen und verbrauchsunabhängige Nebenkosten zur Hälfte abzuziehen, wenn sie der Wohnungsnutzer allein bezahlt. Wurde bei der Bemessung des **Unterhalts** ein Wohnwert einkommenserhöhend berücksichtigt, entspricht die festgesetzte Höhe in der Regel dem objektiven Mietwert der Ehewohnung.

## 4. Befristung des Mietverhältnisses

Die Vorschrift sieht eine **Befristung des Mietverhältnisses** aus zwei Gründen **120** vor:

▶ Zum einen ist die Befristung des Mietverhältnisses möglich, wenn die Voraussetzungen des § 575 I BGB vorliegen. Die zur Vermietung verpflichtete Person, regelmäßig der **Eigentümer**, soll – wie jeder andere Vermieter auch – das Recht bekommen, eine Befristung des Mietverhältnisses aus den dort genannten engen Gründen zu verlangen.[179] Die Absicht, die Wohnung zu veräußern, ist nach § 575 BGB kein Grund, das Mietverhältnis zu befristen.

▶ Zum anderen ist die Befristung möglich, wenn die Begründung eines unbefristeten Mietverhältnisses unter Würdigung der berechtigten Interessen des Vermieters ausnahmsweise **unbillig** ist. Damit soll einerseits eventuellen verfassungsrechtlichen Bedenken gegen die zu weitgehende Regelung eines unbefristeten Mietverhältnisses Rechnung getragen werden. Andererseits sollen aber auch Situationen vermieden werden, in denen eine sofortige Räumung der Wohnung für den berechtigten Ehegatten unzumutbar ist.[180]

Bei der **Dauer der Befristung** sind die Interessen des berechtigten Ehegatten an **121** dem dauerhaften Verbleib in der Wohnung und des Eigentümers an einer anderen Verwendung oder Verwertung der Ehewohnung angemessen zu gewichten. Die zeitliche Begrenzung ist regelmäßig so zu bemessen, dass der nutzungsberechtigte Ehegatte in dieser Zeit eine andere zumutbare Wohnung finden kann.

Ein **Mietverhältnis nur zu vorübergehendem Gebrauch** (§ 549 II Nr. 2 BGB), **122** bei dem die Mieterschutzvorschrift des § 575 BGB nicht gilt, kann – auch wenn es in § 1568a V BGB nicht erwähnt ist – wie nach früherer Rechtslage angeordnet werden.[181]

---

[176] BT-Drs. 16/10798 S. 35.

[177] BGH FamRZ 1994, 822, 823.

[178] OLG Celle FamRZ 1992, 465, 466 ; JH/Götz § 1568a Rn. 52.

[179] BR-Drucks. 635/08 S. 47.

[180] BR-Drucks. 635/08 S. 48.

[181] JH/Götz § 1568a Rn. 59; Götz/Brudermüller NJW 2008, 3025, 3030.

## 5. Antrag auf Überlassung der Ehewohnung bei Miteigentum

**123** Gehört die Ehewohnung den Ehegatten gemeinsam und soll das Familiengerich
ein Mietverhältnis zwischen den Miteigentümern nach § 1568 a V 1 BGB begründer
so sind Vertragspartner
- als **Vermieter:** die beiden Ehegatten als Bruchteilseigentümer und
- als **Mieter:** der Ehegatte, dem die Wohnung zugeteilt wird.[182]

> Antrag:
>
> I. Zwischen Herrn Max Müller und Frau Frieda Müller – als Vermieter – und
> Frau Frieda Müller – als Mieterin – wird über die bisherige Ehewohnung in
> ... ab Rechtskraft der Scheidung ein Mietverhältnis begründet.
> II. Die Höhe der monatlichen Miete wird auf € ... festgesetzt. Im Übriger
> gelten die gesetzlichen Vorschriften des Mietrechts (§§ 535 bis 580 a BGB).
> III. Herr *Max Müller* ist verpflichtet, die bisherige Ehewohnung ab Rechtskraf
> der Scheidung sofort (innerhalb von ... Wochen) zu räumen und Frau Frieda
> Müller zur alleinigen Nutzung zu überlassen.
> IV. Bei der Räumung ist § 885 Abs. 2 bis 4 ZPO nicht anzuwenden.

**124** Eine Räumungsverpflichtung ist nicht erforderlich, wenn der andere Ehegat
bereits endgültig ausgezogen ist.

## IX. Jahresfrist (§ 1568 a VI BGB)

**125** Die Jahresfrist in Abs. 6 ist eine Schutzvorschrift zugunsten des Vermieters. L
Ansprüche auf Änderung eines bestehenden Mietverhältnisses (Abs. 3) oder auf ei
Neubegründung (Abs. 5) erlöschen ein Jahr nach Rechtskraft der Scheidung.

**126** Auch **nach Ablauf der Jahresfrist** kann das Familiengericht ohne Einverstän
nis des Vermieters die von den früheren Ehepartnern gemeinsam gemietete Wc
nung einem Ehegatten entsprechend § 1568 a I BGB zur alleinigen Nutzu
zuweisen und gleichzeitig den anderen Ehegatten zur Räumung verpflichten
Gleichzeitig sollte der Familienrichter anordnen, dass der in der Wohnung bl
bende Ehegatte den weichenden Ehegatten im Innenverhältnis von Mietzahlung
**freizustellen** hat. Bei dieser Regelung wird nicht in die Rechte des Vermiet
eingegriffen, da der Mietvertrag **unverändert** bleibt. Das Mietverhältnis änd
sich in diesem Fall mit der Entscheidung über die Wohnungszuweisung ni
„automatisch" gemäß § 1568 a I, III Nr. 2, da die Regelung nach § 1568 a I
analog angewandt wird.

**127** Die Bestimmung ist auch auf Dienstwohnungen (Abs. 4) entsprechend anzuw
den.[184]

---

[182] So schon BayObLGZ 1953, 45, 50; BayObLG FamRZ 1974, 17, 18; 1974, 22, 23; 1977, 467,
JH/Götz § 1568 a Rn. 51.

[183] MK/Wellenhofer § 1568 a Rn. 55; **a. A.** JH/Götz § 1568 a Rn. 70; Palandt/Brudermüller § 15
Rn. 25.

[184] JH/Götz § 1568 a Rn. 68; Palandt/Brudermüller § 1568 a Rn. 24; MK/Wellenhofer § 15
Rn. 54.

# 2. Abschnitt. Verteilung der Haushaltsgegenstände

## . Aufhebung der Hausratsverordnung und Neuregelung im BGB

Mit Aufhebung der HausratsVO am 1. 9. 2009 wurden die **verfahrensrechtlichen** 128
orschriften (§§ 11 bis 18 a) in das FamFG (§§ 200 bis 209) übernommen, die
ateriell-rechtlichen Bestimmungen für den Hausrat (§§ 8 bis 10) wurden in
1568 b BGB neu geregelt. Die „Verteilung der Haushaltsgegenstände bei Getrennt-
ben" gemäß § 1361 a BGB blieb unverändert. Mit der Gesetzesreform wurde der
egriff „Hausrat", der in der HausrVO gebraucht wurde, durch **„Haushaltsgegen-
ände"** ersetzt. In § 1361 a BGB wurde für Hausrat schon immer die Bezeichnung
Haushaltsgegenstände" verwendet.

## . Haushaltsgegenstände

### Der Begriff „Haushaltsgegenstand"

Haushaltsgegenstände sind alle beweglichen Gegenstände, die nach den Ver- 129
ögens- und Lebensverhältnissen der Eheleute für die Wohnung, den Haushalt und
s **Zusammenleben** der Familie bestimmt sind.[185] Zu den Haushaltsgegenständen
hören:
Möbel, Teppiche, Herde, Kühlschränke, Rundfunk-, Fernseh-, Video-, Phonoge-
räte, Schallplatten, Filme, Haushaltsgeräte, Geschirr, Besteck, Wandschmuck.
Bücher, die der Unterhaltung oder Allgemeinbildung dienen, auch Nachschlage-
werke, nicht jedoch Fachliteratur.
Klaviere und andere Musikinstrumente, wenn sie von **mehreren Familienmitglie-
dern** gespielt werden; benutzt sie nur ein Ehegatte, handelt es sich um persönliche
Gegenstände.
Auf den Wert kommt es grundsätzlich nicht an, so dass auch **Luxusgegenstände,** 130
ie wertvolle Teppiche, echte Gemälde, Porzellan, Antiquitäten, kostbare Kunst-
erke zu den Haushaltsgegenständen gehören können, wenn damit den Vermögens-
d Lebensverhältnissen der Eheleute entsprechend die Wohnung ausgestattet
ar.[186] Es ist stets auf den **Lebenszuschnitt** der Ehepartner abzustellen. Unerheblich
, dass beim Erwerb wertvoller Gegenstände als Motiv die Kapitalanlage eine Rolle
spielt hat. Es kommt nicht auf den Anlass der Anschaffung, sondern auf die
tsächliche Benutzung an. Befinden sich die Gegenstände sichtbar in gemeinsam
nutzten Räumen der ehelichen Wohnung, gehören sie in der Regel zur Wohnungs-
nrichtung. Wurden die wertvollen Gegenstände jedoch **ausschließlich** als Kapital-
lage oder Objektsammlung erworben, zählen sie nicht zu den Haushaltssachen.[187]

---

BGH FamRZ 1984, 144; 1984, 575; OLG Naumburg FamRZ 2004, 889.
BGH FamRZ 1984, 575; OLG Bamberg FamRZ 1997, 378; OLG Düsseldorf FamRZ 1986, 1132.
BGH FamRZ 1984, 144; 1984, 575; OLG Bamberg FamRZ 1997, 378; OLG Naumburg FamRZ
2004, 889, 890.

## II. Kraftfahrzeuge

131    Nach früher herrschender Meinung[188] war ein Pkw in der Regel kein Haush
gegenstand. Nur ausnahmsweise gehörte er zu den Haushaltsgegenständen, we
nach der gemeinsamen Zweckbestimmung der Ehegatten nicht überwiegen
berufliche Zwecke eines Ehegatten, sondern vorzugsweise für private Zweck
ganzen Familie, insbesondere zur Betreuung gemeinsamer Kinder zum Schulbe
zum Einkaufen, zu Wochenend- und Ferienfahrten, benutzt worden war. Wurd
Pkw von einem Ehegatten überwiegend zu Fahrten zur Arbeitsstelle gebra
zählte er nicht zum Hausrat. Die bloße Mitbenutzung für familiäre Bedürf
machte aus einem Pkw noch keinen Gegenstand des gemeinsamen Haushalt
musste vielmehr der Nutzung für Familienzwecke stets Vorrang eingeräumt wo
sein – so die bisher herrschender Meinung.

132    Nach neuerer Ansicht[189] ist ein Pkw auch bei nur **gelegentlicher** familiär
zung als Haushaltsgegenstand einzuordnen, wenn die Eheleute nur **einen W**
haben. Dafür spricht, dass ein Pkw in der heutigen Zeit im Allgemeinen ein gew
licher Gebrauchsgegenstand ist, den beide Ehepartner nutzen (und meistens auc
Kinder, sobald sie den Führerschein erworben haben). Es kann nicht entschei
sein, ob ein Ehegatte den Wagen, weil er damit zur Arbeit fährt, mehr nutzt a
andere. Gegenstände verlieren ihre Haushaltseigenschaft nicht, wenn sie fast
schließlich nur von einem Ehegatten gebraucht werden. Der Küchenherd ist
bleibt ein Haushaltsgegenstand, auch wenn nur die Ehefrau an ihm steht. Im Üb
fährt der Ehemann mit dem Pkw zur Arbeit, um den Unterhalt für die Famil
verdienen. Der Wagen wird daher auch in diesem Fall für „**Familienzwecke**
nutzt. Gibt es in der Familie nur einen Kraftwagen, gehört er daher **in der Reg**
den Haushaltsgegenständen.

133    Hat jeder Ehegatte einen eigenen Pkw, den nur er selbst fährt, zählen beide l
zeuge **nicht** zu den Haushaltsgegenständen.[190] Ein **Zweitwagen** ist dagege
Haushaltsgegenstand, wenn er von beiden Ehepartnern gefahren wird. Die Ab
zung hängt nicht davon ab, welcher Ehepartner als Halter im Kfz-Brief einget
ist[191] (vgl. Rn. 171).

134    Die **Beweislast**, dass ein Pkw zu den Haushaltsgegenständen gehört, trägt
allgemeinen Grundsätzen derjenige, der sich darauf beruft.[192] Es braucht be
endgültigen Vermögensauseinandersetzung jedoch dann nicht entschieden zu
den, ob ein Pkw ein Haushaltsgegenstand ist oder nicht, wenn der Wagen im A
eigentum eines Ehegatten steht (Kap. 1 Rn. 286). Gehört das Kraftfahrzeug e

---

[188] BGH FamRZ 1992, 538; 1991, 43, 49; 1983, 794; OLG Zweibrücken FamRZ 2005, 902;
Frankfurt FamRZ 2004, 1105; OLG Köln FamRZ 2002, 322, 323; OLG Karlsruhe FamRZ
760; OLG Oldenburg FamRZ 1997, 942 (Ls.); OLG Düsseldorf FamRZ 1992, 60; 1992,
OLG Zweibrücken FamRZ 1991, 848; OLG Stuttgart FamRZ 1996, 172; BayObLG FamRZ
1057, 1058; 1982, 399; MK/Wellenhofer § 1568 b Rn. 5.

[189] OLG Düsseldorf FamRZ 2007, 1325, 1326; KG FamRZ 2003, 1927 m. zust. Anm. Wever;
Koblenz FamRB 2006, 102 (Neumann); OLG Naumburg FamRZ 2004, 889, 890; Palandt/B
müller § 1361 a Rn. 5; JH/Götz § 1361 a Rn. 10; MK/Weber-Moneke § 1361 a Rn. 6; Staud
Voppel § 1361 a Rn. 13; Wever FamRZ 2008, 1485; Kogel, Strategien, Rn. 698; FamRB 2007,

[190] BGH FamRZ 1991, 43, 49; MK/Weber-Moneke § 1361 a Rn. 6; JH/Götz § 1361 a Rn. 10.

[191] BGH FamRZ 1991, 43, 49; OLG Köln FamRZ 2002, 322, 323.

[192] JH/Götz § 1361 a Rn. 10.

Ehegatten allein, wird es, auch wenn es als Haushaltsgegenstand eingestuft wird, **nicht** nach § 1568 b BGB einem Ehegatten zugeteilt, sondern fällt in den Zugewinnausgleich. Bei einer vorläufigen Nutzungsregelung nach § 1361 a BGB kommt es dagegen nicht auf die Eigentumslage, sondern allein darauf an, ob der Pkw ein Haushaltsgegenstand (s. Rn. 148).

Oft wird erbittert gestritten, ob ein PKW zu den Haushaltsgegenständen zählt oder nicht. Ist ein Ehegatte auf das Fahrzeug nicht angewiesen, wird es für ihn zumeist vorteilhafter sein, wenn der Pkw nicht als gemeinsamer Haushaltsgegenstand nach § 1568 b BGB dem Ehepartner überlassen und übereignet wird, sondern wenn das Fahrzeug **beim Zugewinnausgleich** als Alleineigentum des anderen Ehegatten in dessen Endvermögen eingesetzt wird (vgl. Kap. 1 Rn. 286).

**Wohnmobil** und **Wohnwagen** gehören zu den Haushaltsgegenständen, wenn sie **135** von den Eheleuten für die gemeinsame Freizeit und den Urlaub benutzt werden.[193] Auch wenn ein Wohnwagen auf einem festen Dauerplatz abgestellt ist, ist er ein Haushaltsgegenstand, falls er nach seiner Zweckbestimmung nicht für den persönlichen Gebrauch eines Ehegatten, sondern für das **Zusammenleben** der Familie bestimmt ist.[194] Dient ein Wagen (wie bei Schaustellern) in erster Linie als Unterkunft, zählt er als Ehewohnung (vgl. Rn. 13).

## III. Eingebaute Einrichtungsgegenstände

Einbauküchen, Einbaumöbel, Badezimmereinrichtungen sind, falls sie fest und **136** dauerhaft installiert sind, **wesentlicher Bestandteil** des Gebäudes (§ 94 II BGB) und zählen damit nicht zu den Haushaltsgegenständen.[195] Ausnahmsweise sind sie Haushaltsgegenstände, wenn die Teile **ohne großen Kostenaufwand** ausgebaut und anderweitig wieder (vernünftig) eingebaut werden können. In diesem Fall wird es stets zweckmäßig sein, sie dem Ehegatten zu überlassen, der die Ehewohnung behält.

## V. Haustiere

Hunde und andere Haustiere sind zwar keine Sachen (§ 90 a BGB), § 1361 a BGB **137** ist für ihre Zuteilung jedoch **entsprechend** anzuwenden.[196] Wer den Hund be-

---

[193] OLG Hamm MDR 1999, 615; OLG Koblenz FamRZ 1994, 1255; OLG Köln FamRZ 1992, 696; LG Stuttgart FamRZ 1978, 703; JH/Götz § 1361 a Rn. 11; Palandt/Brudermüller § 1361 a Rn. 5; MK/Weber-Moneke § 1361 a Rn. 4.

[194] OLG Koblenz FamRZ 1994, 1255; LG Stuttgart FamRZ 1978, 703; **a. A.:** OLG Düsseldorf FamRZ 1992, 60, 61, das aber unrichtigerweise voraussetzt, ein Haushaltsgegenstand müsse „zum täglichen Gebrauch" gewidmet sein.

[195] OLG Zweibrücken FamRZ 1993, 82, 84; OLG Hamm FamRZ 1991, 89; OLG Frankfurt FamRZ 1982, 938; JH/Götz § 1361 a Rn. 13; Palandt/Brudermüller § 1361 a Rn. 6; MK/Weber-Moneke § 1361 a Rn. 5.

[196] OLG Bamberg FamRZ 2004, 559; OLG Zweibrücken FamRZ 1998, 1432; OLG Schleswig NJW 1998, 3127; OLG Düsseldorf FamRZ 1986, 1134, 1136; AG Bad Mergentheim FamRZ 1998, 1432 (jeweils zum Hund); OLG Celle FamRZ 2009, 1911 (zu Papageien).

kommt, entscheidet daher – „unter Respektierung des in § 90 a BGB zum Ausdruc[k] gekommenen Rechtsgedankens der Anerkennung des Hundes als eines Mitgeschö[p]fes"[197] – der Familienrichter (§ 1361 a II BGB). „Dem Hund und seinem Woh[l] befinden" wird es regelmäßig am besten entsprechen, wenn er in seiner vertraute[n] Umgebung bleiben kann.[198] Das Umgangsrecht mit dem Hund muss der Familie[n] richter mangels rechtlicher Grundlagen nicht regeln.[199]

## V. Vorräte an Nahrungs- und Genussmitteln

**138**     Zum Verbrauch bestimmte Vorräte können zu den Haushaltsgegenständen zä[h]len.[200] Bedeutung wird dies in heutiger Zeit hauptsächlich für den Bestand d[es] **Weinkellers** haben, wenn damit der Konsum der Eheleute gedeckt wurde. We[in] sammlungen mit wertvollen Raritäten, die als **Kapitalanlage** angeschafft wurde[n] gehören dagegen nicht zu den Haushaltsgegenständen.[201] Sie sind finanziell über d[en] Zugewinn auszugleichen.

## VI. Rechte an Haushaltsgegenständen

**139**     Auch Rechte an Haushaltsgegenständen, wie **Ansprüche** wegen Beschädigu[ng] oder Zerstörung von Haushaltssachen (gegenüber Versicherungen) oder **Anwa[rt]schaften** bei Ratenkauf mit Eigentumsvorbehalt, können der Regelung des § 136[0] BGB unterfallen. Auch geliehene, gemietete, geleaste Gegenstände zählen zu [den] Haushaltsgegenständen.[202] Nicht hierzu gehören Schadensersatzansprüche ei[nes] Ehegatten **gegen den anderen** wegen Beschädigung oder Veräußerung von Ha[us] ratsgegenständen (vgl. Kap. 5 Rn. 452).

## VII. Keine Haushaltsgegenstände

**140**     Nicht zu den Haushaltsgegenständen gehören:
- Gegenstände des **persönlichen Gebrauchs** eines Ehegatten[203] wie Kleidung, A[rm] banduhr, Schmuck[204], Andenken, Briefmarkenalbum, Münzsammlung, Fachlit[era] tur und Werkzeug; das Mobiltelefon (Handy) ist in der Regel ein persönli[cher] Gebrauchsgegenstand.[205]

---

[197] So in einer lesenswerten Entscheidung AG Bad Mergentheim FamRZ 1998, 1432 = NJW [19]98, 3033 nach Einholung eines tierpsychologischen Gutachtens; dazu Büttner FamRZ 1999, [?]; Niepmann MDR 1999, 653, 658; Schneider MDR 1999, 193.

[198] AG Bad Mergentheim FamRZ 1998, 1432, 1433; OLG Zweibrücken FamRZ 1998, 1432.

[199] OLG Schleswig NJW 1998, 3127; a. A.: AG Bad Mergentheim FamRZ 1998, 1432.

[200] JH/Götz § 1361 a Rn. 15; Hoppenz/Müller § 1361 a Rn. 27; MK/Weber-Moneke § 1361 b R[n.] einschränkend Staudinger/Voppel § 1361 a Rn. 12 (nur in Zeiten der Knappheit).

[201] Hoppenz/Müller § 1361 a Rn. 27; JH/Götz § 1361 a Rn. 15.

[202] OLG Hamm FamRZ 1990, 531; BayObLG FamRZ 1970, 31.

[203] BGH FamRZ 1984, 144, 147; OLG Bamberg FamRZ 1997, 378, 379; OLG Düsseldorf Fa[mRZ] 1986, 1134, 1135; OLG Hamm FamRZ 1980, 683.

[204] **A. A.** OLG Nürnberg FamRZ 2000, 1220.

[205] Schwab/Motzer VIII Rn. 105.

- Gegenstände des **beruflichen Gebrauchs** eines Ehegatten wie Berufskleidung, Fachbücher, Handwerkzeug.[206]
- Gegenstände, die ausschließlich der **Kapitalanlage** dienen;[207]
- Bei **Sportgeräten**, Fahrrädern, Segelbooten kommt es auf die Zweckbestimmung und Nutzung an, ebenso bei **Computern**.[208]

Auch persönliche Sachen eines **Kindes** gehören nicht zu den Haushaltsgegen-  141
ständen. Zu den persönlichen Sachen eines Kindes zählen Kleidung, Schulbedarf, Zeugnisse, Bücher, Musikinstrumente, Spielsachen, Schmuck, Sportgeräte, Fahrräder, Mopeds, Musikanlagen, Computer, Medikamente, Krankenschein und Kinderausweise. Verlangt die aus der Wohnung mit dem gemeinsamen Kind ausgezogene Ehefrau persönliche Sachen des Kindes heraus und weigert sich der Ehemann, Sachen für das Kind herauszugeben, so besteht ein Anspruch auf Herausgabe als **Annex zum Unterhaltsrecht** nach §§ 1601, 1610 II BGB.[209] Leben die Eltern getrennt, sind sie aber noch miteinander verheiratet, muss der Ehegatte, bei dem sich das Kind aufhält, die Herausgabe der Kindersachen entsprechend § 1629 II 2, III 1 BGB **im eigenen Namen** für das Kind geltend machen.

**Haustiere** und **Kindermöbel** werden regelmäßig zu den **gemeinsamen** Haushalts-  142
gegenständen gehören, so dass sie nach § 1361 a II BGB herausverlangt werden können.

# C. Vorläufige Verteilung der Haushaltsgegenstände bei Getrenntleben (§ 1361 a BGB)

Die vorläufige Verteilung der Haushaltsgegenstände bis zur Rechtskraft der Schei-  143
dung regelt § 1361 a BGB. Diese Bestimmung enthält vier Tatbestände:
- den Herausgabeanspruch des Alleineigentümers (§ 1361 a I 1),
- die Verpflichtung zur Gebrauchsüberlassung (§ 1361 a I 2),
- die Verteilung der gemeinsamen Haushaltsgegenstände (§ 1361 a II),
- eine Benutzungsvergütung (§ 1361 a III 2).

## Herausgabeanspruch (§ 1361 a I 1 BGB)

Leben die Eheleute getrennt, so kann jeder Ehegatte die ihm **allein gehörenden**  144
Haushaltsgegenstände gemäß § 1361 a I 1 von dem anderen herausverlangen. Der Ehepartner kann dem Herausgabeanspruch kein aus der ehelichen Lebensgemeinschaft folgendes Recht zum Mitbesitz entgegenhalten. Der Herausgabeanspruch besteht auch, wenn der Antragsteller nur eine Anwartschaft besitzt oder der Gegenstand sicherungsübereignet ist.[210]

---
[6] OLG Düsseldorf FamRZ 1986, 1134.
[7] BGH FamRZ 1984, 144, 1984, 575; OLG Bamberg FamRZ 1997, 378.
[8] AG Amberg NJW-RR 2009, 2.
[9] Palandt/Brudermüller § 1361 a Rn. 20; JH/Götz § 1361 a Rn. 19; ausführlich Haußleiter/Schulz, 4. Aufl., Kap. 4 Rn. 190 c.
[10] BGH FamRZ 1984, 557; BayObLG FamRZ 1968, 319, 321; MK/Weber-Moneke § 1361 Rn. 8.

145

Antrag:

Die Antragsgegnerin ist verpflichtet, an den Antragsteller das in seinem Allein
eigentum stehende Gemälde ... sofort herauszugeben.

## II. Verpflichtung zur Gebrauchsüberlassung bei Alleineigentum (§ 1361 a I 2 BGB)

146    Der Alleineigentümer muss dem anderen Ehegatten Gegenstände **zum Gebrau**
überlassen, soweit dieser sie zur Führung eines abgesonderten Haushalts benöt
und die Überlassung nach den Umständen der **Billigkeit** entspricht (§ 1361 a I 2).
erster Linie sind die Bedürfnisse der **Kinder** zu berücksichtigen.[211] Weiter ist dar
abzustellen, welcher Ehegatte aufgrund seiner Einkommens- und Vermögensverhä
nisse zu einer **Ersatzbeschaffung** eher in der Lage ist. Im **Zweifelsfall** hat
Eigentümer Vorrang.

147    Aus § 1361 a I 2 ergibt sich **keine Verpflichtung zu Neuanschaffungen.**
Ehefrau, die die Ehewohnung verlassen hat, weil der Mann dort seine neue Lebe
gefährtin aufgenommen hat, kann nicht verlangen, dass der Ehemann ihr eine
bisherigen Verhältnissen entsprechende Wohnung einrichtet.[212]

148    Ein Ehegatte kann für die Dauer des Getrenntlebens die Überlassung des d
Ehepartner gehörenden Fahrzeugs verlangen, wenn er den Pkw zur **Betreu**
**der Kinder** benötigt, beispielsweise um sie in den Kindergarten zu bringe
Gehört der Pkw den Eheleuten gemeinsam, ergibt sich der Anspruch n
§ 1361 a II. Voraussetzung ist nur, dass der Pkw ein **Haushaltsgegenstand**
(vgl. Rn. 131 f). Beantragt ein Ehegatte, ihm den Pkw zu überlassen, kann
**gleichzeitig** (oder auch später in einem eigenen Verfahren) die Herausgabe
Kfz-Scheins als Zusatzanordnung nach § 209 I FamFG verlangen.[214] Die
pflichtung zur Gebrauchsüberlassung ist eine **Holschuld** (§ 269 BGB). Der
pflichtete Ehegatte schuldet weder den Transport noch dessen Kosten.[215] Wird
PKW einem Ehegatten zugewiesen, so hat dieser als Halter die **Haftpflicht**
**sicherung** zu bezahlen und bei hohem Zeitwert eine Vollkaskoversicherung
zuschließen.[216]

149

Antrag:

I. Der Antragsgegner ist verpflichtet, den in seinem Alleineigentum stehen
Pkw ... der Antragstellerin vorläufig zur alleinigen Benutzung zu überlasse
II. Der Antragsgegner hat den Pkw ... zusammen mit dem Kfz-Schein sofort
die Antragstellerin herauszugeben.

[211] KG FamRZ 2003, 1927 m. A. Wever; OLG Karlsruhe FamRZ 2001, 760.
[212] JH/Götz § 1361 b Rn. 29; MK/Weber-Moneke § 1361 a Rn. 11; Staudinger/Voppel §
Rn. 29; Soergel/Lange § 1361 a Rn. 9.
[213] OLG Karlsruhe FamRZ 2001, 760; OLG Stuttgart FamRZ 1995, 1275, 1276 (bei einem gel
Pkw).
[214] JH/Götz § 1361 a Rn. 12.
[215] MK/Weber-Moneke § 1361 a Rn. 13; Palandt/Brudermüller § 1361 a Rn. 15.
[216] OLG München FamRZ 1998, 1230; OLG Koblenz FamRZ 1991, 1302.

## III. Verteilung der gemeinsamen Haushaltsgegenstände (§ 1361 a II BGB)

Hauptanwendungsfall des § 1361 a ist die Zuweisung von Haushaltsgegenständen, die den Ehegatten **gemeinsam** gehören. Sie werden zwischen ihnen „**nach den Grundsätzen der Billigkeit**" verteilt (Abs. 2). Maßgebend ist, welcher Ehegatte die Sachen dringender benötigt als der Partner oder wer sich leichter entsprechende Ersatzgegenstände beschaffen kann. Besonders sind die Interessen der von einem Ehegatten betreuten **Kinder** zu berücksichtigen. Ein Verschulden an der Trennung kann im Rahmen der Billigkeitsabwägung nach Maßgabe der „**Härteklausel**" gemäß §§ 1361 III, 1579 Nr. 2 bis 8 BGB bewertet werden.[217] Es erfolgt nur eine **vorläufige Zuteilung** zur Nutzung für die Trennungszeit, die Eigentumsverhältnisse bleiben unberührt (Abs. 4). Eine endgültige Überlassung von Haushaltsgegenständen kann nur nach § 1568 b I BGB angeordnet werden. 150

In entsprechender Anwendung von § 1568 b II BGB wird vermutet, dass Haushaltsgegenstände, die während bestehender Lebensgemeinschaft für den gemeinsamen Haushalt angeschafft wurden, im **Miteigentum** der Eheleute stehen, sofern nicht ein Ehegatte sein Alleineigentum nachweist.[218] Die Haushaltsgegenstände müssen so genau und **eindeutig bezeichnet** werden, dass sie der Gerichtsvollzieher zweifelsfrei bestimmen kann.[219] Eine Einigung der Ehepartner bei der Trennung über die Haushaltsgegenstände ist im Zweifel nur als **Benutzungsregelung** anzusehen.[220] 151

Zusätzlich zur Hauptentscheidung kann das Familiengericht gemäß § 209 I FamFG **ergänzende** Anordnungen treffen, um die Verteilung der Haushaltsgegenstände durchzusetzen oder sicherzustellen. So kann eine Verpflichtung zur Herausgabe, ein Verbot, Haushaltsgegenstände zu entfernen oder ein Gebot, sie zurückzuschaffen, angeordnet werden. Ein Veräußerungsverbot ist nicht erforderlich, da der Nichteigentümer über § 1369 BGB hinreichend geschützt ist.[221] 152

Antrag: 153

I. Dem Antragsteller werden folgende gemeinschaftliche Haushaltsgegenstände vorläufig zur alleinigen Nutzung zugeteilt: ...

II. Die Antragsgegnerin ist verpflichtet, die zugeteilten Gegenstände sofort an den Antragsteller herauszugeben.

III. Der Antragsgegnerin wird verboten, Haushaltsgegenstände aus der Ehewohnung zu entfernen.

Die Zuweisung von Haushaltsgegenständen nach § 1361 a II sollte in der Regel im Wege **einstweiliger Anordnung** (§ 49 I FamFG) in einem selbständigen Verfahren – 154

---

MK/Weber-Moneke § 1361b Rn. 12, 15; JH/Götz § 1361 a Rn. 36; Palandt/Brudermüller § 1361 a Rn. 13; Staudinger/Voppel § 1361 a Rn. 40.

OLG Brandenburg FamRZ 2000, 1102, 1103; OLG Hamburg FamRZ 1980, 250; MK/Weber-Moneke § 1361 a Rn. 15; Palandt/Brudermüller § 1361 b Rn. 16.

OLG Brandenburg FamRZ 2003, 532 (Ls.).

OLG Köln FamRZ 2002, 322, 323.

JH/Götz § 1361 a Rn. 52; § 209 FamFG Rn. 16; Palandt/Brudermüller § 1369 Rn. 2.

unabhängig von einem Hauptsacheverfahren – beantragt werden. Auch hier könn(
gemäß § 49 II 3 FamFG als Zusatzmaßnahmen Ge- und Verbote erlassen werden.

## IV. Benutzungsvergütung (§ 1361 a III 2 BGB)

155   Für die Überlassung von Haushaltsgegenständen, die einem Ehegatten allein od(
beiden gemeinsam gehören, kann eine angemessene Benutzungsgebühr festgeset(
werden (Abs. 3 S. 2). Die Höhe der Vergütung richtet sich, da nur eine vorläufi(
Regelung erfolgt, nach dem **objektiven Nutzungswert**. Auszugleichen ist der N(
zungsausfall. Zumeist wird aber der wirtschaftlich schwächere Ehegatte zu ei(
Benutzungsvergütung finanziell nicht in der Lage sein.[222]

## D. Recht auf Auskunft

156   Weder § 1361 a BGB noch 1568 b BGB sehen einen Auskunftsanspruch v(
Ausnahmsweise konnte nach bisher vorherrschender Meinung ein Auskun(
anspruch gemäß §§ 1353, 242 BGB bestehen, wenn ein Ehegatte in entschuldba(
Weise keine Kenntnis über Umfang und Bestand des Hausrats hatte und der and(
die Auskunft unschwer erteilen konnte.[223] Solcher Ausnahmeregelungen bedar(
nach neuer Rechtslage nicht mehr. Das Familiengericht kann in Haushaltssac(
gemäß § 206 I Nr. 2 FamFG jedem Ehegatten aufgeben, eine **Aufstellung sä(
licher Haushaltsgegenstände** einschließlich deren genauer Bezeichnung vorzule(
oder zu ergänzen. Auf diese Weise kann der vollständige Bestand der Hausha(
gegenstände im gerichtlichen Verfahren geklärt werden.[224] Die eheliche Leb(
gemeinschaft und Treu und Glauben müssen nicht mehr bemüht werden.

## E. Die eigenmächtige Hausratsteilung

157   Entfernt ein Ehegatte eigenmächtig Haushaltsgegenstände aus der Ehewohn(
und verlangt der Ehepartner die sofortige Rückgabe, ist strittig, ob § 861 BGB (
§ 1361 a BGB anzuwenden ist. Die Streitfrage war nach früherer Rechtslage (
großer Bedeutung, da der Anspruch nach § 861 vor dem allgemeinen Zivilge(
(mit einstweiliger Verfügung), der Anspruch nach § 1361 a vor dem Familienge(
(mit einstweilige Anordnung) zu verfolgen war. Der Streit ist nunmehr entschärf(
beide Ansprüche zu den Familiensachen zählen (§§ 111 Nr. 5, 200 II Nr. 1 Fan(
bzw. §§ 111 Nr. 10, 266 I Nr. 3 FamFG) und jeweils das „große" Familienge(
zuständig ist (§§ 23 a I Nr. 1, 23 b I GVG). Im Eilverfahren ist stets eine einstwe(
Anordnung zu beantragen (§ 49 FamFG).

158   Ein Unterschied besteht jedoch weiter fort. Verfahren nach § 1361 a unterf(
den Regeln der **freiwilligen Gerichtsbarkeit**, Verfahren nach § 861 richten sic(

---

[222] Vgl. OLG München FamRZ 1998, 1230.
[223] OLG Bamberg FamRZ 1992, 332; OLG Frankfurt FamRZ 1988, 645: OLG Düsseldorf F(
1987, 81; KG FamRZ 1982, 68; MK/Weber-Moneke § 1361 a Rn. 23.
[224] JH/Götz § 1361 a Rn. 42; Palandt/Brudermüller § 1361 a Rn. 18.

Familienstreitsachen (§§ 112 Nr. 3, 266 I FamFG) überwiegend **nach den Regeln der ZPO** (§ 113 I FamFG).

Zur Streitfrage, welche Norm anzuwenden ist, werden drei Auffassungen vertreten: **159**

- Eine Meinung weist darauf hin, dass der Antragsteller nicht eine Verteilung der Haushaltsgegenstände „nach den Grundsätzen der Billigkeit" (§ 1361a II BGB) will, sondern dass der durch verbotene Eigenmacht erlangte Hausrat sofort zurückgeschafft wird – somit § 861 die richtige Anspruchsnorm ist.[225]
- Nach anderer Ansicht verdrängt § 1361a als lex specialis die Vorschrift des § 861.[226] In diesem Fall ordnet der Familienrichter nicht die Rückschaffung aller entzogener Haushaltsgegenstände an, sondern trifft gemäß § 1361a II eine Zuweisung „nach Billigkeit". Der eigenmächtig handelnde Ehegatte hat daher nur die Gegenstände zurückzugeben, die der Familienrichter dem Ehepartner vorläufig zuteilt. Dagegen ist vor allem einzuwenden, dass dieses Ergebnis das „**Faustrecht**" begünstigt.
- Den **Vorzug** verdient – vom praktischen Ergebnis her – eine vermittelnde Meinung. Danach wird der Besitzschutzanspruch gemäß § 861 von § 1361a nicht verdrängt, sondern nur „**überlagert**".[227] In einem Verfahren nach **§ 1361a** kann ein Ehegatte eigenmächtig entfernte Haushaltsgegenstände zurückverlangen, soweit sie der Ehepartner nicht selbst für seinen eigenen Lebensbedarf **notwendig** braucht. Die Haushaltsgegenstände, deren Zuteilung der Antragsgegner seinerseits nach § 1361a I beantragen könnte, **muss er nicht zurückgeben**. Das Verfahren richtet sich in diesem Fall nach den Regeln der freiwilligen Gerichtsbarkeit.

# F. Endgültige Verteilung der Haushaltsgegenstände (§ 1568b BGB)

## Überlassungs- und Übereignungsanspruch (§ 1568b I BGB)

Nach Abs. 1 kann jeder Ehegatte verlangen, dass ihm der Ehepartner die im **160** gemeinsamen Eigentum stehenden Haushaltsgegenstände überlässt und übereignet, wenn er auf deren Nutzung unter Berücksichtigung des Wohls der im Haushalt lebenden **Kinder** und der Lebensverhältnisse der Ehegatten in stärkerem Maße angewiesen ist als der andere Ehegatte oder dies aus anderen Gründen der Billigkeit entspricht. § 1568b BGB wurde – wie die endgültige Überlassung der Ehewohnung nach § 1568a BGB – als **Anspruchsgrundlage** ausgestaltet. Aus dem „Hausrat" der

[225] OLG Koblenz FamRZ 2009, 1934; 2008, 63; OLG Bamberg FamRZ 1993, 335; OLG Düsseldorf FamRZ 1987, 484; KG FamRZ 1987, 1147; MK/Weber-Moneke § 1361a Rn. 24.

[226] OLG Köln FamRZ 1997, 1276, 1277; OLG Schleswig FamRZ 1997, 892; OLG Stuttgart FamRZ 1996, 172; OLG Düsseldorf FamRZ 1994, 390; 1987, 483; OLG Frankfurt FamRZ 1988, 399; 1989, 76; OLG Hamm FamRZ 1988, 1303; 1987, 433; OLG Zweibrücken FamRZ 1987, 1146.

[227] OLG Karlsruhe FamRZ 2007, 59; 2001, 760; OLG Frankfurt FamRZ 2003, 47, 48; OLG Köln FamRZ 2001, 174; Palandt/Brudermüller § 1361a Rn. 19; JH/Götz § 1361a Rn. 46; weitergehend OLG Nürnberg FamRZ 2006, 486, 487 m. abl. Anm. Miesen; ebenso zu Recht ablehnend Brudermüller FamRZ 2006, 1157, 1161.

früheren HausrVO wurden „Haushaltsgegenstände". Damit entspricht der Begr demjenigen in § 1361 a BGB.

**161**    Das Familiengericht kann einem Ehegatten nur solche Haushaltsgegenstände z weisen, die im Zeitpunkt der gerichtlichen Entscheidung **noch vorhanden** sin Maßgeblicher Zeitpunkt ist im Scheidungsverbund die letzte mündliche Verhan lung, in einem späteren isolierten Verfahren die Rechtskraft der Scheidung.[228] F Anspruch auf Überlassung von Haushaltsgegenständen, die davor verloren gega gen, zerstört, veräußert oder weggeben wurden, besteht nicht. Das Familiengeric hat allerdings nach § 26 FamFG **von Amts wegen** zu ermitteln, ob die Gegenstän tatsächlich nicht mehr vorhanden sind. Wird erst bei der Vollstreckung festgeste dass ein zugeteilter Haushaltsgegenstand nicht mehr vorhanden ist, muss der v pflichtete Ehegatte Schadensersatz leisten.[229]

**162**    Gegenstand eines Überlassungsanspruchs können auch Ansprüche sein, die ein Ehegatten **gegen einen Dritten** zustehen, so ein Schadenseratzanspruch weg Beschädigung eines Haushaltsgegenstands, ein Herausgabeanspruch aus § 985 B( Ansprüche gemäß §§ 1368, 1369 BGB oder ein Anspruch aus einer Hausratsv sicherung.[230]

## 1. Gemeinsames Eigentum

**163**    Es kann nur die Überlassung von Haushaltsgegenständen beansprucht werden, den Eheleuten **gemeinsam** gehören. Abs. 1 gilt entsprechend für Haushaltsgeg stände, die unter Eigentumsvorbehalt angeschafft, geliehen, gemietet oder gel wurden, wenn beide Ehegatten Vertragspartner sind.[231] Haushaltsgegenstände **Alleineigentum** eines Ehegatten unterliegen stets dem Zugewinnausgleich.[232] Geh ein bestimmter Gegenstand (unstreitig) einem Ehegatten allein, so braucht n geklärt zu werden, ob der Gegenstand ein Haushaltsgegenstand ist oder nicl Auch wenn es sich um einen Haushaltsgegenstand handelt, kann der Familienric ihn nie nach § 1568 b I BGB einem Ehegatten überlassen und übereignen.[234] Haushaltsgegenstand unterliegt als Alleineigentum dem Zugewinnausgleich wird im Endvermögen des Alleineigentümers angesetzt (vgl. Kap. 1 Rn. 273 f). Ehegatte kann einen ihm allein gehörenden Haushaltsgegenstand **formlos** an Ehepartner übertragen. Die **güterrechtliche** Formvorschrift des § 1378 III 2 B findet keine Anwendung.[235]

---

[228] OLG Bamberg FamRZ 1996, 1293; OLG Düsseldorf FamRZ 1986, 1132, 1133; JH/Götz § 1 Rn. 4; Palandt/Brudermüller § 1568 b Rn. 4; MK/Wellenhofer § 1568 b Rn. 7.

[229] JH/Götz § 1568 b Rn. 4; Hoppenz/Müller § 1568 b Rn. 17.

[230] JH/Götz § 1568 b Rn. 5; MK/Wellenhofer § 1568 b Rn. 7; Hoppenz/Müller § 1568 b Rn. 15.

[231] OLG Hamm FamRZ 1990, 531; BayObLG FamRZ 1968, 319; Palandt/Brudermüller § 1568 b Rn. 4; JH/Götz § 1568 b Rn. 7; MK/Wellenhofer § 1568 b Rn. 9.

[232] BGH FamRZ 1991, 43, 49; 1984, 144, 147.

[233] In einem vom OLG Düsseldorf (FamRZ 1992, 60) entschiedenen Fall stand ein Wohnw unstreitig im Alleineigentum eines Ehegatten. Um zu der Feststellung zu kommen, der W wagen sei im Rahmen des Zugewinns auszugleichen, hätte das OLG nicht ausführlich begrü müssen, dass der Wohnwagen nicht dem Hausrat zuzuordnen sei.

[234] Die frühere Regelung nach § 9 HausrVO wurde zu Recht nicht in § 1568 b BGB übernomme

[235] Weinreich FuR 2005, 395, 398; a. A. OLG Düsseldorf FamRZ 2005, 273.

## Miteigentumsvermutung (§ 1568 b II BGB)

Nach Abs. 2 wird widerleglich vermutet, dass Haushaltsgegenstände, die während 164
r Ehe für den gemeinsamen Haushalt angeschafft wurden, den Eheleuten gemein-
m gehören. Die gesetzliche Miteigentumsvermutung vereinfacht die Auseinander-
tzung und erübrigt oftmals schwierige Beweiserhebungen. Das Familiengericht
nn stets, wenn die Parteien nichts Gegenteiliges vortragen, gemeinsames Eigentum
terstellen. Beruft sich ein Ehegatte auf Alleineigentum, hat er dieses zu bewei-
n.[236]

**Zur Widerlegung** der Miteigentumsvermutung reicht nicht aus, dass ein Ehegatte 165
n Haushaltsgegenstand allein gekauft und mit eigenen Mitteln bezahlt hat. Er-
irbt ein Ehegatte während des Zusammenlebens einen Haushaltsgegenstand ist in
r Regel davon auszugehen, dass er **auch dem Ehepartner** gehören soll. Der
rkäufer übereignet an den, „den es angeht".[237] Die Einigungserklärung des Käu-
rs ist dahin zu verstehen, dass er Haushaltsgegenstände während der Ehe „für den
meinsamen Haushalt" anschaffen will und der Ehepartner Miteigentümer werden
ll.[238]

Selbst bei **kreditfinanzierten Anschaffungen** größerer Haushaltsgegenstände 166
ird der Kaufvertrag – vor allem wegen besonderer Kenntnisse oder Erfahrungen
nes Ehepartners auf einem bestimmten Gebiet – vielfach nur von einem Ehegatten
geschlossen. Das Interesse des anderen Ehegatten am (Mit-)**Eigentumserwerb** des
aushaltsgegenstands kann aber auch hier – so der BGH[239] – nicht zweifelhaft sein.
ie Eigentumsvermutung des § 1568 b II gilt auch, wenn die Eheleute **Gütertren-
ung** vereinbart haben. Auch bei diesem Güterstand ist eine „Gemeinschaft des
werbs und Verbrauchs" anzunehmen.[240] Bei gemeinsam geliehenen, gemieteten,
leasten oder unter Eigentumsvorbehalt gekauften Sachen wird ebenfalls Miteigen-
m vermutet.[241]

Die Regelung des § 1370 BGB, dass bei einer Erneuerung veralteter Haushalts- 167
genstände der Ehegatte, dem die ersetzten Gegenstände gehörten, Alleineigentü-
er der neu angeschafften Haushaltsgegenstände wird, wurde als **nicht mehr zeitge-
äß** aufgehoben.[242]

Ein Haushaltsgegenstand ist i. S. von § 1568 b II **„angeschafft"**, wenn er gegen 168
ntgelt erworben wurde. Hierzu zählen aber auch **selbstangefertigte** Haushalts-
genstände. **Geerbte** oder **geschenkte** Haushaltsgegenstände sind nicht „ange-
hafft" und fallen daher grundsätzlich nicht unter die Eigentumsvermutung des
bs. 2. Schenken sich jedoch Eheleute Haushaltsgegenstände, oder erhält ein Ehe-
tte von einem Dritten anlässlich einer Einladung als Geschenk einen Haushalts-
genstand, geschieht dies regelmäßig für den gemeinsamen Haushalt. Die Eheleute

---

OLG München NJW 1972, 542.
BGH FamRZ 1991, 923, 924.
BGH FamRZ 1991, 923, 924; JH/Götz § 1568 b Rn. 14; MK/Wellenhofer § 1568 b Rn. 26; Pa-
landt/Brudermüller § 1568 b Rn. 6; Hoppenz/Müller § 1568 a Rn. 34; Palandt/Ellenberger § 164
Rn. 8; Kogel, Strategien, Rn. 600.
BGH FamRZ 2004, 1016, 1018.
JH/Götz § 1568 b Rn. 11; Palandt/Brudermüller § 1568 b Rn. 6; FamVermR/Perpeet Rn. 3.100.
OLG Hamm FamRZ 1990, 531; BayObLG FamRZ 1968, 319; Palandt/Brudermüller § 1568 b
Rn. 4; JH/Götz § 1568 b Rn. 7; MK/Wellenhofer § 1568 b Rn. 9.
BT-Drucks. 16/10798 S. 19.

werden dann gemeinsam Eigentümer. Bei **Hochzeitsgeschenken** gilt die allger
Vermutung, dass sie beiden Ehegatten gemeinsam gehören sollen.[243]

169 Die Anschaffung muss gemäß Abs. 2 „**während der Ehe für den gemeins:
Haushalt**" erfolgt sein. Haushaltsgegenstände, die erst nach Trennung der Ehe
erworben werden, sind nicht für den gemeinsamen Haushalt, sondern für ein
trennte Haushaltsführung angeschafft. Es besteht daher **Alleineigentum** des E:
bers.[244] Die Miteigentumsvermutung des § 1568 b II gilt auch grundsätzlich nick
Haushaltsgegenstände, die ein Ehegatte während des **vorehelichen** Zusammenl
erworben hat. Hier muss konkret festgestellt werden, ob die Eheleute im Zeitr
der Anschaffung gemeinsames Eigentum begründen wollten.[245] Haushaltsgegen
de, die die späteren Eheleute in der Verlobungszeit im Hinblick auf ihre bevorst
de Eheschließung angeschafft haben, stehen im gemeinsamen Eigentum, da die
leute **schon beim Kauf** Miteigentum erworben haben.[246] Gemeinsames Eigentu
nach Abs. 2 zu vermuten, wenn ein Ehegatte einen Haushaltsgegenstand vor de
gekauft, aber erst nach der Hochzeit vollständig bezahlt hat.[247]

170 Haushaltsgegenstände, die ein Ehegatte mit **in die Ehe bringt,** werden nicht s
allein aufgrund gemeinsamer Nutzung zu gemeinsamen Eigentum.[248] Es ist je
**nicht** davon auszugehen, dass ein Ehegatte während der gesamten Ehezeit A
eigentümer seiner vorehelich erworbenen Haushaltsgegenstände bleiben will.
Wille des Ehegatten, gemeinsam genutzte Haushaltsgegenstände auch zu ge
samen Eigentum werden zu lassen, kann sich aus dem **gemeinsamen Wirtsch**
in der Ehe ergeben (§§ 133, 157 BGB).[249] Anders wird es sein bei besonders
vollen oder ererbten Einzelstücken und bei Gegenständen, an denen ein Ehe
sehr hängt. Hier wird auch bei gemeinsamer Nutzung **Alleineigentum** best
bleiben.

171 Der häufigste Streitpunkt der Eheleute über Allein- oder Miteigentum betrif
**Kraftfahrzeuge.** Alleineigentümer ist nicht schon der Ehegatte, der im Kaufve
als Käufer bezeichnet ist. Ebenso ist die Eintragung des Halters im Kfz-Brief
kein Beweis für Alleineigentum am PKW.[250] Eingetragen wird im Brief nich
Eigentümer, sondern der „Verfügungsberechtigte", der die Zulassung beantrag
erhalten hat. Die Zulassung auf beide Ehegatten ist möglich, aber nicht üblich
Eintragung im Kfz-Brief ist nur ein **Indiz**, welchem Ehegatten das Eigentur
PKW zuzuordnen ist.

172 **Anhaltspunkte** zur Bestimmung der Eigentumslage können sich aus der B
wortung folgender Fragen ergeben:[251]

---

[243] OLG Düsseldorf FamRZ 1994, 1384; JH/Götz § 1568 b Rn. 13; MK/Wellenhofer § 1568 b R
Hoppenz/Müller § 1361 a Rn. 35.
[244] BGH FamRZ 1984, 144, 147; OLG Köln FamRZ 2002, 322, 323.
[245] OLG Brandenburg FamRZ 2003, 532 (Ls.); JH/Götz § 1568 b Rn. 14.
[246] Brudermüller FamRZ 2006, 1157,1162.
[247] JH/Götz § 1568 b Rn. 14; **a. A.** MK/Wellenhofer § 1568 b Rn. 24.
[248] Hoppenz/Müller § 1568 a Rn. 22; JH/Götz § 1568 b Rn. 14.
[249] OLG Bamberg FamRZ 1996, 1293; MK/Wellenhofer § 1568 b Rn. 24; JH/Götz § 1568 b R
Staudinger/Langhein § 741 Rn. 29, 31.
[250] BGH FamRZ 2004, 1016; 1018; OLG Köln FamRZ 2002, 322, 323; OLG Hamburg FamRZ
1188: MK/Wellenhofer § 1568 b Rn. 26; Palandt/Brudermüller § 1568 b Rn. 6; Staudinger/
hein § 741 Rn. 32; Wönne FPR 2009, 293, 295.
[251] Vgl. Kogel, Strategien, Rn. 701; FamRB 2007, 215.

- Wer war im Kaufvertrag, im Kfz-Brief und im Kfz-Schein eingetragen?
- Wer hat den Wagen ausgesucht?
- Wer hat einen Führerschein und saß regelmäßig am Steuer?
- Von wem und zu welchen Zwecken wurde das Fahrzeug genutzt?
- Wer kümmerte sich um Pflege und Wartung?
- War die Lebensgemeinschaft zur Zeit des Erwerbs stabil?

Kann sich jeder Ehegatte auf Indizien berufen, die für ihn günstig sind, kann in **173** der Regel gemäß § 1568 b II Miteigentum angenommen werden. Bei gemeinsamer Nutzung spricht auch die Eigentumsvermutung des § 1006 BGB für Miteigentum.[252] War ein Ehegatte **bei Heirat** schon Eigentümer des Fahrzeugs, gilt die Miteigentumsvermutung des Abs. 2 nicht. Der Ehegatte bleibt grundsätzlich **Alleineigentümer.** Kommt der Ehepartner jedoch für sämtliche Kosten des Fahrzeugs auf, kann der übereinstimmende Wille der Eheleute dahin gehen, dass der bisherige Nichteigentümer Miteigentümer werden soll. War das Fahrzeug steuerrechtlich dem Betrieb des Ehemannes zugeordnet (Übernahme der laufenden Kosten durch den Betrieb), spricht dies für Alleineigentum des Ehemannes.[253]

## 3. Überlassung nach „Billigkeit" (§ 1568 b I BGB)

Der Überlassungsanspruch setzt nach Abs. 1 voraus, dass ein Ehegatte **dringender** **174** auf die Nutzung bestimmter Haushaltsgegenstände angewiesen ist als der Ehepartner. Dabei ist – wie bei der Wohnungszuweisung nach § 1568 a BGB – in erster Linie auf das Wohl der im Haushalt lebenden **Kinder** abzustellen. Weiter sind die Lebensverhältnisse der Ehegatten und herbei besonders die finanziellen Möglichkeiten zur Ersatzbeschaffung zu berücksichtigen (vgl. dazu Rn. 77 ff). Hat ein Ehegatte einen Haushaltsgegenstand überwiegend allein genutzt oder eine besondere Beziehung zu ihm, so wird er ihm zuzuteilen sein. Nicht entscheidend ist, wer den Gegenstand gekauft und bezahlt hat. Gründe, die zum Scheitern der Ehe geführt haben, sind bei der endgültigen Verteilung – anders als bei der vorläufigen Nutzungsüberlassung – grundsätzlich nicht zu beachten (vgl. Rn. 150).

Für die familiengerichtliche Praxis ist, falls keine sonstigen Interessen vorrangig zu **175** berücksichtigen sind und eine einvernehmliche Regelung nicht zu erzielen ist, das „Zugreif-Verfahren" zu empfehlen.[254] Der Familienrichter ersucht die Eheleute, eine Liste mit allen Haushaltssachen aufzustellen. Hiervon sind zunächst alle Gegenstände auszusondern, die unstreitig im Alleineigentum eines Ehegatten stehen. Sodann sollten sich die Ehepartner (am besten außergerichtlich) verständigen, welche Gegenstände jeder Ehegatte dem anderen überlässt. Die vorgelegte Liste enthält dann nur noch die Haushaltsgegenstände, die beide Ehegatten beanspruchen. Der Familienrichter **lost nun aus,** wer von den Eheleuten als Erster „zugreifen" darf. Dieser wählt aus der Liste einen Gegenstand für sich aus. Dann ist der andere Ehegatte am Zuge. Er darf, damit er nicht benachteiligt wird, auch beim dritten Mal zugreifen. Danach sucht jeder Ehepartner abwechselnd einen gewünschten Gegenstand aus, bis sämtliche Haushaltsgegenstände aufgeteilt sind. Abschließend einigen sich die Eheleute, dass jeder die ausgewählten Haushaltsgegenstände **zu Alleineigentum** erhält. Andernfalls

52 OLG Köln FamRZ 2002, 322, 323; Palandt/Bassenge § 1006 Rn. 1.
53 LG Konstanz FamFG 1997, 89; FamVermR/Wever Rn. 5.25.
54 Zustimmend FamVermR/Perpeet Rn. 3.96.

kann sie der Familienrichter den Eheleuten auf Antrag gemäß § 1568 b I zuteilen und gegebenenfalls auch eine angemessene **Ausgleichszahlung** anordnen (§ 1568 b III).

## 4. Antrag auf Zuteilung von Haushaltsgegenständen

176    Das Verfahren in Haushaltssachen wird durch den **Antrag** eines Ehegatten eingeleitet (§ 203 I FamFG). Im Antrag sollen die Gegenstände angegeben werden, deren Zuteilung begehrt wird (§ 203 II 1 FamFG). Bei einer endgültigen Verteilung der Haushaltsgegenstände nach § 1568 b BGB soll zudem eine Aufstellung **sämtlicher Haushaltsgegenstände** mit genauer Bezeichnung beigefügt werden (§ 203 II 2 FamFG). Geschieht dies nicht in ausreichender Weise, kann das Familiengericht gemäß § 206 I Nr. 1, 2 FamFG jedem Ehegatten entsprechende Auflagen erteilen. Die Haushaltsgegenstände müssen so genau bezeichnet werden, dass sie der Gerichtsvollzieher unverwechselbar erkennen und aussondern kann.[255] Aus diesen gesetzlich vorgeschriebenen Verpflichtungen kann geschlossen werden, dass nach den Vorstellungen des Gesetzgebers bei der endgültigen Regelung das Familiengericht nicht nur über einzelne Gegenstände entscheiden soll, sondern dass grundsätzlich **sämtliche Haushaltsgegenstände** verteilt werden sollen.[256]

177    Das Familiengericht soll mit der Endentscheidungen die Anordnungen treffen, die zu ihrer Durchführung **erforderlich** sind (§ 209 I FamFG). In der Regel ist eine **Herausgabeverpflichtung** auszusprechen, da allein die Überlassungsanordnung **keine Rechtsgrundlage** für eine Vollstreckung bildet. Dem Antragsgegner kann auch verboten werden, Haushaltsgegenstände aus der Ehewohnung wegzuschaffen, oder geboten werden, eigenmächtig entfernte Haushaltsgegenstände wieder zurückzubringen.

178
> **Antrag:**
>
> I. Dem Antragsteller werden ab Rechtskraft der Scheidung folgende Haushaltsgegenstände überlassen und zu Alleineigentum zugeteilt: die gesamte Wohnzimmereinrichtung, bestehend aus ...
> II. Die Antragsgegnerin ist verpflichtet, die dem Antragsteller zugeteilten Haushaltsgegenstände sofort nach Rechtskraft der Scheidung herauszugeben.

179    Mit Rechtskraft der Entscheidung des Familiengerichts (§ 209 II 1 FamFG) wird der Ehegatte, dem ein Haushaltsgegenstand überlassen wird, **Alleineigentümer** des zugeteilten Gegenstandes. Bei Haushaltsgegenständen, die die Eheleute unter Eigentumsvorbehalt gekauft haben, steht das Anwartschaftsrecht nur noch einem Ehegatten zu.[257]

## II. Ausgleichszahlung (§ 1568 b III BGB)

180    Nach Abs. 3 kann der Ehegatte, der sein Eigentum nach Abs. 1 überträgt, eine angemessene Ausgleichszahlung verlangen. Die **Höhe** der Ausgleichszahlung richtet

---

[255] BGH FamRZ 1988, 255; OLG Brandenburg FamRZ 2003, 532 (Ls.); 2000, 1102; OLG Köln FamRZ 2001, 174; OLG Zweibrücken FamRZ 1999, 672; 1993, 82, 84.
[256] JH/Götz § 1568 b Rn. 3; Palandt/Brudermüller § 1568 b Rn. 3.
[257] JH/Götz § 1568 b Rn. 22.

sich nach dem Verkehrswert des jeweils überlassenen Haushaltsgegenstands zum Zeitpunkt der Ehescheidung.[258] Zweckmäßigerweise ist vom ursprünglichen Anschaffungspreis auszugehen und davon wegen der Abnutzung einen angemessenen Abschlag vorzunehmen (vgl. Kap. 1 Rn. 274). Von dem so ermittelten Wert ist grundsätzlich **die Hälfte** auszugleichen. Angemessen ist eine Ausgleichszahlung aber nicht schon immer dann, wenn sie dem hälftigen Verkehrswert entspricht. Im Einzelfall sind noch **Billigkeitskorrekturen** vorzunehmen.[259] So kann es beispielsweise sachgerecht sein, dass die nicht berufstätige Ehefrau, die die Kinder weiterhin mit dem Pkw in den Kindergarten bringen muss, keine Ausgleichszahlung leisten muss, wenn ihr das Fahrzeug überlassen wird.

Das Familiengericht kann, wenn es den Ausgleichsbetrag festsetzt, zugleich **Ra- 181 tenzahlung, Stundung oder Leistung Zug um Zug** anordnen. Hat jeder Ehegatte Überlassungsansprüche (Abs. 1), können die wechselseitigen Ausgleichsbeträge gegeneinander **verrechnet** werden.[260] Gegen die Ausgleichsforderung (Abs. 3) kann erst **nach** Rechtskraft der Scheidung aufgerechnet werden, da sie erst zu diesem Zeitpunkt entsteht (209 II 1 FamFG).[261]

Haben sich die Eheleute über die Aufteilung sämtlicher Haushaltsgegenstände 182 geeinigt, streiten sie aber über die Höhe einer Ausgleichsvergütung, kann die Ausgleichszahlung nach neuem Recht isoliert gemäß § 1568 b III geltend gemacht werden.[262]

## III. Keine Antragsfrist

Die Zuteilung von Haushaltsgegenständen ist an keine Frist gebunden. Der An- 183 trag kann aber verwirkt sein, wenn ein Ehegatte nach rechtskräftiger Scheidung jahrelang keine Schritte unternommen hat, um eine Verteilung der Haushaltsgegenstände herbeizuführen.[263]

## IV. Verweigerung der Abholung

In der Praxis geschieht es immer wieder, dass der ausgezogene Ehegatte seine 184 persönlichen Sachen und die ihm überlassenen Haushaltsgegenstände trotz wiederholter Aufforderung nicht abholt. Es ist rechtlich nicht einfach, diese Gegenstände loszuwerden. Der in der Wohnung verbliebene Ehegatte muss dem Berechtigten einen bestimmten Termin zur Abholung anbieten, damit dieser in **Annahmeverzug** (§§ 293, 295 BGB) gerät. Danach kann er „**Kostbarkeiten**" aus den zugeteilten Haushaltsgegenständen bei der Hinterlegungsstelle des örtlichen Amtsgerichts **hinterlegen** (§ 372 BGB, § 5 HintO). Kostbarkeiten sind Gegenstände, deren Wert im

---

[58] OLG Stuttgart FamRZ 1993, 1461; 1992, 1446.
[59] JH/Götz § 1568 b Rn. 17; Palandt/Brudermüller § 1568 b Rn. 11; MK/Wellenhofer § 1568 b Rn. 17; Hoppenz/Müller § 1568 b Rn. 30.
[60] BR-Drucks. 635/08 S. 50.
[61] JH/Götz § 1568 b Rn. 18; Palandt/Brudermüller § 1568 b Rn. 12; **a. A.** MK/Wellenhofer § 1568 b Rn. 18.
[62] JH/Götz § 200 FamFG R. 12; Palandt/Brudermüller § 1568 b Rn. 12.
[63] OLG Naumburg FamRZ 2007, 1579; 2002, 672 (Ls.); OLG Bamberg FamRZ 1992, 332; AG Weilburg FamRZ 1998, 963: JH/Götz § 203 FamFG Rn. 7.

Verhältnis zu Umfang und Gewicht besonders hoch ist. Als Kostbarkeiten sind nicht nur Gold- und Silbersachen, Edelsteine, Schmuck, sondern auch andere wertvolle, unverderbliche und leicht aufzubewahrende Gegenstände, wie **Kunstwerke, kostbare Bücher, Münzen, Wertzeichen** und dgl. anzusehen.[264] Den anderen Hausrat kann der Schuldner **versteigern** lassen und den Erlös beim Amtsgericht hinterlegen (§§ 383, 384 BGB). Haushaltsgegenstände, die **nicht verkäuflich** sind, kann er nach vorheriger Benachrichtigung des Berechtigten weggeben oder vernichten.[265]

185 Dieser Rechtsweg ist so mühsam und umständlich, dass er einer Rat suchenden Partei kaum zu vermitteln ist. Einfacher ist ein Vorschlag aus der anwaltlichen Praxis: Vergewissern, dass der Ex-Ehegatte zu Hause ist, persönliche Sachen und Hausrat vor die Wohnungstür stellen, klingeln und sich entfernen.

# 3. Abschnitt. Das Verfahren in Ehewohnungs- und Haushaltssachen

## I. Zuständigkeit

186 Das Verfahren in Ehewohnungssachen (§§ 1361 b, 1568 a) und in Haushaltssachen (§§ 1361 a, 1568 b) richtet sich nach §§ 200 bis 209 FamFG. Sachlich zuständig ist das **Familiengericht** (§§ 23 a I Nr. 1, 23 b I GVG; § 111 Nr. 5 FamFG). Die örtliche Zuständigkeit regelt § 201 FamFG.

## II. Antrag (§ 203 FamFG)

187 Zuweisung der Ehewohnung und Verteilung der Haushaltsgegenstände sind Verfahren der **freiwilligen Gerichtsbarkeit,** die nur auf **Antrag** eines Ehegatten eingeleitet werden (§ 203 I FamFG). In Haushaltssachen soll der Antragsteller die Gegenstände im Einzelnen angeben, deren Zuteilung er begehrt (§ 203 II 1 FamFG). Bei der endgültigen Überlassung von Haushaltsgegenständen nach § 1568 b BGB soll er zusätzlich noch eine genaue Aufstellung **aller** Haushaltsgegenstände vorlegen (§ 203 II 2 FamFG). Dies gilt auch dann, wenn sich die Eheleute bereits über einen Teil der Haushaltsgegenstände untereinander geeinigt haben. Der Familienrichter muss wissen, welche Gegenstände der gesamte Haushalt umfasst und wer welche Gegenstände bereits erhalten hat. Die geforderten Gegenstände müssen so genau und eindeutig bezeichnet werden, dass im Falle einer Vollstreckung der **Gerichtsvollzieher** sie unverwechselbar erkennen und aussondern kann.[266]

188 Werden die vorgesehenen Angaben nicht gemacht, kann der Familienrichter gemäß § 206 I Nr. 1 und 2 FamFG jedem Ehegatten aufgeben, die verlangten Gegenstände genau zu bezeichnen und eine Aufstellung vorzulegen. Das Familiengericht kann von den Beteiligten weiter fordern, ihren Sachvortrag zu ergänzen sowie bestimmte **Belege** vorzulegen (§ 206 I Nr. 3 und 4 FamFG). In Betracht kommen beispielsweise Unter-

---

[264] Bülow/Mecke/Schmidt § 5 HintO Rn. 12; Palandt/Grüneberg § 372 Rn. 3.
[265] JH/Götz § 1568 b Rn. 23.
[266] BT-Drucks. 16/6308 S. 249.

lagen über den Kauf von Haushaltsgegenständen, die über den Zeitpunkt der Anschaffung, die Person des Käufers und den Anschaffungspreis Auskunft geben können.

Zur Erledigung der Auflagen kann das Familiengericht den Eheleuten eine angemessene **Frist** setzen (206 I FamFG). Verspätet vorgetragene Umstände und Beweisangebote sind gemäß § 206 II FamFG nur zu berücksichtigen, wenn dadurch das Verfahren nicht verzögert wird oder die Verspätung genügend entschuldigt wird. § 206 III FamFG ergänzt die Regelungen der beiden vorhergehenden Absätze. Kommt ein Ehegatte einer Auflage nach § 206 I FamFG überhaupt nicht nach oder sind verspätet vorgebrachte Umstände gemäß § 206 II FamFG nicht zu berücksichtigen, so ist das Familiengericht nicht verpflichtet, diese Umstände von Amts wegen aufzuklären. Allerdings ist hier zu unterscheiden: Die Präklusionswirkung erfasst nach Sinn und Zweck der Regelung des § 206 III FamFG nur solche Umstände, die für den Ehegatten, gegen den sich die Auflage richtet, günstig sind. Betrifft die Auflage hingegen für den betroffenen Ehegatten nachteilige Umstände, muss das Familiengericht von Amts wegen (§ 26 FamFG) weiter ermitteln.[267]

Beantragen die Eheleute eine Wohnungszuweisung, sollen sie auch ihre im Haushalt lebenden **Kinder** angeben, um frühzeitig eine sachgerechte Beteiligung des Jugendamts zu gewährleisten (§ 203 III FamFG).

## III. Schutz- und Zusatzanordnungen (§ 209 I FamFG)

Das Familiengericht soll mit der Endentscheidung die Anordnungen treffen, die zu ihrer Durchführung erforderlich sind (§ 209 I FamFG). Auch wenn die Schutz- und Zusatzmaßnahmen **von Amts wegen** anzuordnen sind, ist zu empfehlen, entsprechende Anträge zu stellen (vgl. Rn. 56).

## IV. Selbständiges Verfahren – Verbundverfahren

Die Verteilung der Haushaltsgegenstände und die Wohnungszuweisung für die Zeit des **Getrenntlebens** gemäß §§ 1361 a, 1361 b BGB sind stets als **isolierte Verfahren** zu führen. Wird ein Scheidungsverfahren anhängig, bleiben die Verfahren isoliert und werden unabhängig vom Scheidungsverfahren selbständig weitergeführt. Die endgültige Wohnungszuweisung (§ 1568 a BGB) und die endgültige Verteilung der Haushaltsgegenstände (§ 1568 b BGB) sind in der Regel **Folgesachen** im Scheidungsverbund (§ 137 II Nr. 3 FamFG). Sie können aber auch nach rechtskräftiger Scheidung als **selbständige Verfahren** eingeleitet werden.

Eine **anwaltliche Vertretung** ist nur erforderlich, wenn die Zuweisung von Wohnung oder Haushaltsgegenständen als Folgesache im Scheidungsverbund beantragt wird (§ 114 I FamFG).

## V. Amtsermittlung und Beweislast

In Ehewohnungs- und Haushaltssachen gilt nach § 26 FamFG der Grundsatz der **Amtsermittlung.** Das Familiengericht hat die zur Überlassung der Ehewohnung und zur Verteilung der Haushaltsgegenstände erforderlichen Tatsachen

**189**

**190**

**191**

**192**

**193**

**194**

---

[67] BT-Drucks. 16/6308 S. 250; JH/Götz § 206 FamFG Rn. 7.

grundsätzlich von Amts wegen zu ermitteln. In Haushaltssachen kann das Famil
engericht gemäß § 206 FamFG jedem Ehegatten umfassende **Auflagen** erteilen. D
Amtsermittlung entbindet die Eheleute nicht von der Pflicht, die anspruchsbegrür
denden Tatsachen vorzutragen und – z. B. zum Nachweis einer „unbilligen Härte
– die erforderlichen Beweismittel zu benennen. Es gibt zwar keine formel
Beweispflicht, wohl aber eine **materielle Darlegungs- und Feststellungslast.**
Reicht das Ergebnis der Ermittlungen zur Überzeugung des Familiengerichts nic
aus, geht das zu Lasten der Partei, die daraus eine für sie günstige Rechtsfol;
herleiten will.

## VI. Wirksamkeit und Vollstreckung

**195**    Endentscheidungen in Ehewohnungs- und Haushaltssachen werden mit **Recht**
**kraft** wirksam (§ 209 II 1 FamFG). Werden die Verfahren als Folgesachen i
Scheidungsverbund geführt, werden die Entscheidungen erst mit **Rechtskraft d**
**Scheidung** wirksam (§ 148 FamFG). Bei einer vorläufigen Wohnungszuweisu
(§ 1361 b BGB) soll das Familiengericht nach § 209 II 2 FamFG die **sofortige Wir**
**samkeit** anordnen. Dies wird in Fällen häuslicher Gewalt die Regel sein.

**196**    Mit der Anordnung der sofortigen Wirksamkeit kann das Familiengericht au
die Zulässigkeit der Vollstreckung **vor der Zustellung** an den Antragsgegner anoi
nen. In diesem Fall tritt die Wirksamkeit in dem Zeitpunkt ein, in dem die Ei
scheidung der Geschäftsstelle des Gerichts zur Bekanntmachung übergeben wi
Dieser Zeitpunkt ist auf der Entscheidung zu vermerken (§ 209 III FamFG). I
Vollstreckung einer vorläufigen Wohnungszuweisung nach § 1361 b BGB entspri
damit dem Verfahren in Gewaltschutzsachen (§ 216 II FamFG).

## VII. Abänderung der Entscheidung

**197**    Eine rechtskräftige Endentscheidung in Ehewohnungs- und Haushaltssac
kann das Familiengericht nach § 48 I FamFG **aufheben oder ändern,** wenn sich
zugrunde liegende Sach- oder Rechtslage nachträglich **wesentlich** geändert hat. E
Änderung ist dann wesentlich, wenn das Familiengericht bei Kenntnis der ne
Umstände mit großer Wahrscheinlichkeit anders entschieden hätte.[269] Waren
vorgebrachten Gründe bei der ersten Entscheidung bereits bekannt, ist eine n
Regelung ausgeschlossen.[270]

**198**    § 48 FamFG ist – entsprechend der früheren Rechtsprechung[271] – **analog anwe**
bar, wenn sich die vom Familiengericht getroffene Regelung nachträglich als g
**unbillig** herausstellt, ohne dass sich die tatsächlichen Verhältnisse wesentlich ge
dert haben.[272]

**199**    § 48 FamFG enthält keine Regelung zur Abänderung von **Vergleichen.** N
früherer Rechtslage konnte das Familiengericht einen gerichtlichen Vergleich (ger

---

268 JH/Götz § 200 FamFG Rn. 29.
269 OLG Karlsruhe FamRZ 2002, 1716, 1717.
270 OLG Dresden FamRZ 2005, 1581.
271 OLG Karlsruhe FamRZ 2002, 1716, 1717; OLG Bamberg FamRZ 2001, 691, 692; OLG H
    FamRZ 1988, 645.
272 JH/Götz § 200 FamFG Rn. 32.

§ 17 II HausrVO) sowie nach allgemeiner Meinung[273] auch einen außergerichtlichen Vergleich abändern. Auch künftig muss die Abänderung einer gerichtlichen und außergerichtlichen Vereinbarung bei einer wesentlichen Änderung der Sach- oder Rechtslage in entsprechender Anwendung von § 48 FamFG **möglich sein.**[274]

**Schutz- und Zusatzanordnungen** können ebenfalls bei wesentlicher Änderung 200 der Sach- oder Rechtslage nach § 48 FamFG abgeändert oder ergänzt werden. So kann eine Räumungsfrist bewilligt und verlängert oder ein Kündigungsverbot angeordnet werden.[275]

## VIII. Beteiligte (§ 204 FamFG)

Bei der endgültigen Zuweisung der Ehewohnung (§ 1568 a BGB) sind gemäß 201 § 204 FamFG zu beteiligen:

* der Vermieter und auch der Untervermieter,
* der Grundstücks- und Wohnungseigentümer,
* der Dienstherr oder Arbeitgeber bei einer Wohnung, die aufgrund eines Dienst- oder Arbeitsverhältnisses bewohnt wird,
* sowie Personen, mit denen die Ehegatten oder einer von ihnen hinsichtlich der Wohnung in Rechtsgemeinschaft stehen. Zu letzteren zählen der Untermieter der Ehegatten und nahe Angehörige, die mit einem Ehegatten leben, nicht jedoch minderjährige Kinder.[276]

Lebt ein Kind im Haushalt der Ehepartner, ist sowohl bei der vorläufigen 202 (§ 1361 b BGB) als auch bei der endgültigen **Wohnungszuweisung** (§ 1568 a BGB) das **Jugendamt** auf seinen Antrag zu beteiligen (§ 204 II FamFG). Das Familiengericht kann das Jugendamt auch ohne Antrag gemäß § 7 III FamFG von Amts wegen als Beteiligten hinzuziehen, wenn es eine Mitwirkung für zweckdienlich erachtet.[277] § 205 FamFG bestimmt ausdrücklich, dass das Jugendamt anzuhören ist und gegen die Entscheidung Beschwerde einlegen kann.

Den Beteiligten sind grundsätzlich die Anträge, die nachfolgenden Schriftsätze 203 und die Entscheidungen zuzustellen. Ebenso ist ihnen der Termin der mündlichen Verhandlung mitzuteilen. Ein Anwaltszwang besteht **für Dritte** auch im Scheidungsverbund nicht. In der Regel ist mit den Beteiligten **mündlich zu verhandeln** (§ 207 FamFG). Sie haben ein selbständiges Beschwerderecht, soweit sie durch die Entscheidung beschwert sind (§ 59 FamFG). Sie haben aber kein eigenes Antragsrecht.

## X. Einstweilige Anordnung

Alle Anträge, die im Hauptsacheverfahren gestellt werden können, können auch 204 selbständig im Wege einstweiliger Anordnung verfolgt werden, wenn ein dringendes

[273] BGH FamRZ 1994, 98, 101; BayObLG FamRZ 1975, 582.
[274] Maurer FamRZ 2009, 1792, 1796; Götz/Brudermüller FPR 2009, 38, 41; JH/Götz § 200 FamFG Rn. 34.
[275] JH/Götz § 209 FamFG Rn. 19.
[276] JH/Götz § 204 FamFG Rn. 2.
[277] Thomas/Putzo/Hüßtege § 204 FamFG Rn. 5; JH/Götz § 204 FamFG Rn. 4; **a. A.** Keidel/Giers § 204 FamFG Rn. 3.

Bedürfnis für ein **sofortiges Tätigwerden** besteht (§§ 49 I, II FamFG). Das Famil
engericht kann ohne mündliche Verhandlung entscheiden (§ 51 II 2 FamFG). Eir
einstweilige Anordnung bedarf in der Regel **keiner Vollstreckungsklausel.** Nι
dann, wenn die Vollstreckung für oder gegen eine nicht in dem Beschluss bezeichn
te Person erfolgen soll, ist eine Klausel erforderlich (§ 53 I FamFG). Das Familieι
gericht kann in Fällen, in denen hierfür ein besonderes Bedürfnis besteht, anordne
dass die Vollstreckung der einstweiligen Anordnung vor Zustellung an den Vε
pflichteten zulässig ist. In diesem Fall wird die einstweilige Anordnung mit Erla
wirksam (§ 53 II FamFG).

## X. Rechtsmittel

205    Endentscheidungen in Verfahren nach §§ 1361 a, 1361 b, 1568 a, 1568 b BC
können mit **Beschwerde** angefochten werden (§ 58 I FamFG). Einstweilige Anoι
nungen sind in der Regel nicht anfechtbar. Hat das Familiengericht jedoch üt
einen Antrag auf Zuweisung der Wohnung nach § 1361 b BGB im Wege einstweι
ger Anordnung entschieden, ist die Beschwerde **ausnahmsweise** statthaft (§ 57 S
Nr. 5 FamFG). Die Beschwerdefrist gegen eine Hauptsache-Entscheidung betrι
einen Monat, gegen eine einstweilige Anordnung zwei Wochen (§ 63 I, II Nι
FamFG).

206    Hat das Familiengericht über **Haushaltsgegenstände** (§§ 1361 a, 1568 b BC
entschieden, ist die Beschwerde nur zulässig, wenn der Wert des Beschwerdegegε
stands 600 € übersteigt oder das Familiengericht die Beschwerde zugelassen hat (§
I, II FamFG). Maßgeblich ist der Verkehrswert der Haushaltsgegenstände, für
eine andere Regelung erstrebt wird (vgl. Kap. 1 Rn. 273).

## XI. Verfahrenswerte

207    Nach § 48 I FamGKG beträgt der Geschäftswert für die vorläufige **Wohnun**
**zuweisung** (§ 1361 b BGB) 3000 €, derjenige für die endgültige Überlassung
Ehewohnung (§ 1568 a BGB) 4000 €. Bei **Haushaltssachen** werden gemäß § 4ε
FamGKG für die vorläufige Regelung (§ 1361 a BGB) 2000 € und für die endgül
Zuweisung(§ 1568 b BGB) 3000 € angesetzt. Sind diese Werte im Einzelfall unbi
kann das Familiengericht einen höheren oder niedrigeren Wert festsetzen (§ 48
FamGKG).

208    Für die **einstweilige Anordnung** sind diese Werte nach § 41 FamGKG wegen
geringeren Bedeutung gegenüber der Hauptsache zu ermäßigen. Regelmäßig ν
die **Hälfte** des Werts der Hauptsache angenommen. Das Familiengericht kann
Einzelfall auch einen höheren Wert ansetzen.[278]

---

[278] BT-Drucks. 16/6308 S. 305.

# 4. Abschnitt. Zuweisung von Ehewohnung und Haushaltsgegenständen bei ausländischen Staatsangehörigen

Nach Art. 17 a EGBGB unterliegen die Nutzungsbefugnis für die im Inland 209
gelegene **Ehewohnung** und die im Inland befindlichen **Haushaltsgegenstände** sowie damit zusammenhängende Betretungs-, Näherungs- und Kontaktverbote den **deutschen Sachvorschriften.** Die Vorschrift gilt nach h. M. nicht nur für die vorläufigen Nutzungsregelungen für die Zeit des Getrenntlebens nach §§ 1361 a und 1361 b BGB, sondern auch für die endgültige Überlassung der Ehewohnung und Haushaltsgegenstände gemäß §§ 1568 a und 1568 b BGB.[279]

Auf Ehewohnung und Haushaltsgegenstände, die sich **im Ausland** befinden, 210
bezieht sich Art. 17 a EGBGB nicht. In diesen Fällen ist auf das Scheidungsstatut
(Art. 17 EGBGB) zurückzugreifen.[280]

# 5. Abschnitt. Ehestörung durch Mitnahme des neuen Partners in die Wohnung

**Beispiel:** Ehemann M nimmt seine Geliebte G mit in die Ehewohnung. Ehefrau 211
F möchte gegen die Ehestörung gerichtlich vorgehen.

Das Verhalten von M und G stellt einen Eingriff in den räumlich-gegenständlichen
Bereich der Ehe dar. Gegen diese Störung stehen der Ehefrau F Beseitigungs- und
Unterlassungsansprüche sowohl gegen den Ehemann als auch gegen die „Dritte" zu
(Art. 6 GG, §§ 823, 1004, 1353 BGB).[281] Diese Ansprüche bestehen auch noch in der
Trennungszeit und trotz eigenen Scheidungsantrags, wenn die Eheleute innerhalb
der Wohnung getrennt leben.[282]
Diese Beseitigungs- und Unterlassungsansprüche zählen nunmehr zu den „sons- 212
tigen Familiensachen" nach §§ 111 Nr. 10, 266 I Nr. 2 FamFG und damit ist
sowohl für Verfahren gegen den Ehepartner als auch gegen den „Drittstörer" das
Familiengericht zuständig.[283] Die Ansprüche können auch mit **einstweiliger Anordnung** (§§ 49 ff FamFG) verfolgt werden.

---

[9] JH/Henrich Art. 17 a EGBGB Rn. 3; MK/Wellenhofer § 1568 a Rn. 61; Palandt/Thorn Art. 17 a EGBGB Rn. 2.
[0] JH/Henrich Art. 17 a EGBGB Rn. 4; MK/Wellenhofer § 1568 a Rn. 61.
[1] Palandt/Brudermüller Einf. vor § 1353 Rn. 5; BGHZ 6, 360; OLG Schleswig FamRZ 1989, 979; OLG München FamRZ 1973, 93.
[2] OLG Schleswig FamRZ 1989, 979; OLG Celle FamRZ 1980, 242, 243; Palandt/Brudermüller Einf. vor § 1353 Rn. 5.
[3] BT-Drucks. 16/6308 S. 362, 363; Keidel/Giers § 266 FamFG Rn. 10; JH/Jaeger § 266 FamFG Rn. 10; Thomas/Putzo/Hüßtege § 266 FamFG Rn. 4.

**213** Gegen den „Drittstörer" kann folgender Anspruch geltend gemacht werden:

> **Antrag:**
>
> I. Die Antragsgegnerin wird verpflichtet, die Wohnung in … mit ihren persönlichen Sachen sofort zu räumen.
> II. Der Antragsgegnerin wird verboten, diese Wohnung nochmals zu betreten.

**214** Auch gegen den Ehemann M steht F ein Anspruch zu:

> **Antrag:**
>
> I. Der Antragsgegner wird verpflichtet, Frau … aus der Ehewohnung in … zu weisen.
> II. Dem Antragsgegner wird verboten, Frau … in der Ehewohnung zu empfangen und ihr Wohnung zu gewähren.

**215** Die Vollstreckung der Räumungsverpflichtung erfolgt nach § 95 I Nr. 2 FamFG § 885 I ZPO und die der unvertretbaren Handlung (aus der Wohnung weisen) nach § 95 I Nr. 3, § 888 I ZPO.

Hat ein Ehegatte das in Miteigentum stehende Familienheim endgültig verlassen kann der in der Wohnung verbliebene Ehegatte dritten Personen Besuche und Über nachtungen gestatten. Er ist auch berechtigt, einen neuen Partner einziehen zu lassen.[284]

---

[284] LG Bonn FF 2003, 30 m. Anm. Smid; LG Bonn FamRZ 2003, 158.

# Kapitel 5. „Sonstige Familiensachen" nach § 266 I Nr. 3 FamFG

Das FGG-Reformgesetz hat – endlich – das **„große" Familiengericht** geschaffen 1 und damit die Zersplitterung der Zuständigkeit für familienrechtliche Streitigkeiten auf Familien-, Vormundschafts- und Zivilgerichte beseitigt. Die größte Veränderung in der familiengerichtlichen Praxis bringt die Erweiterung der Zuständigkeit auf **„sonstige Familiensachen"** (§§ 111 Nr. 10, 266 FamFG). Dazu zählen vor allem die bisher den Zivilgerichten zugewiesenen Ansprüche zwischen Eheleuten wie Auflösung von Miteigentum, Gesamtschuldnerausgleich, Rückgewähr unbenannter Zuwendungen, Ausgleich bei Ehegatteninnengesellschaften und Steueraufteilungen sowie die Ansprüche von und gegen Schwiegereltern (§ 266 I Nr. 3 FamFG). Für die **gesamte Vermögensauseinandersetzung** zwischen verheirateten und geschiedenen Eheleuten sowie deren Eltern sind nur noch die **Familiengerichte** zuständig (§§ 23 a Nr. 1, 23 b I GVG).

Die „sonstigen Familiensachen" sind **Familienstreitsachen** nach § 112 Nr. 3 2 FamFG, für die eine **anwaltliche Vertretung** vor dem Familiengericht vorgeschrieben ist (§ 114 I FamFG). In Familienstreitsachen sind von Buch 1 „Allgemeiner Teil" (§§ 1–110) des FamFG nur die Vorschriften über die Entscheidung durch **Beschluss** (§ 38), die Rechtsbehelfsbelehrung (§ 39), die einstweilige Anordnung (§§ 49–57) und die Rechtsmittel (§§ 58–75) anzuwenden; im Übrigen gelten die Vorschriften der ZPO (§ 113 I FamFG).

# 1. Abschnitt. Auseinandersetzung von Miteigentum

## A. Allgemeine Regeln für die Auflösung von Miteigentum

### Überblick

Auch wenn die Vermögen der Eheleute grundsätzlich getrennt sind, wie das bei 3 den Güterständen der Gütertrennung und der Zugewinngemeinschaft der Fall ist, schließt das nicht aus, dass Eigentum auch in Form von Miteigentum begründet wird. Das gilt zunächst für die Haushaltsgegenstände (§ 1568 b II BGB), geschieht aber auch beim Erwerb von Immobilien, vor allem wenn es sich um das **Familienwohnheim** handelt. In Miteigentum kann aber auch eine gemeinsam angelegte Briefmarkensammlung stehen, ein Rennpferd, ein Kraftwagen oder ein Wertpapierdepot. Bei Miteigentum entstehen Bruchteilsgemeinschaften nach §§ 741 ff BGB. Charakteristisch dafür ist die gemeinsame Verwaltung und Benutzung gemäß §§ 744, 745 BGB. Bruchteilsgemeinschaften können auch an Bankkonten oder Lebensversicherungen bestehen, die nach außen nur einem Partner zuzuordnen sind (vgl. Rn. 359 f, 365).

4    Die im Miteigentum der Eheleute stehenden Haushaltsgegenstände werde[n] besonderen Verfahren nach § 1361 a II BGB (Getrenntleben) und § 1568 b I [B] (ab Rechtskraft der Scheidung) verteilt (Kap. 4 Rn. 128 f, 160 f). Für die Auflös[ung] des Miteigentums an allen übrigen Gegenständen einschließlich der Immobilie[n] das Recht der **Gemeinschaft** nach §§ 741 ff BGB. Nach § 749 I BGB kann Aufhebung der Miteigentumsgemeinschaft **jederzeit** verlangt werden. Die [Auf]hebung erfolgt durch Teilung in Natur (§ 752 BGB) oder Verkauf und Teilung [des] Erlöses (§ 753 BGB). Einem Anteilseigner steht es aber auch frei, seinen Mitei[gen]tumsanteile an einen Dritten zu verkaufen (§ 747 S. 1 BGB).

## II. Teilung in Natur

### 1. In Betracht kommende Gegenstände

5    Die Teilung in Natur ist nach § 752 BGB vorrangig. Sie ist aber in der Pr[axis] selten durchführbar, weil sie an enge Voraussetzungen gebunden ist:
- Der Gegenstand muss sich in gleichartige Teile zerlegen lassen,
- die gleichartigen Teile müssen den Miteigentumsanteilen entsprechen; bei [Mit]eigentum zu je $^1/_2$ müssen sie deshalb auch gleich groß sein und
- durch die Teilung in Natur darf kein Wertverlust eintreten.

6    Diese Art der Teilung kommt im Wesentlichen nur bei Bargeld, gleichart[igen] Wertpapieren, Vorräten und anderen vertretbaren Sachen in Betracht.[1] Die Teil[ung] in Natur kann sich nämlich immer nur auf einzelne Vermögensgegenstände bezie[hen] nicht aber auf einen Sachinbegriff[2], wie etwa ein gewerbliches Unternehmen. Be[ste]hen gemeinsame Wertpapiere nur aus unterschiedlichen Einzelstücken, ist daher [eine] Aufteilung in Natur nicht möglich. Sind gleichartige Wertpapiere in ungerader [An]zahl vorhanden, so dass sie nicht in gleiche Anteile zerlegt werden können, braucht je[weils] nur das übrig bleibende Stück verkauft zu werden.[3] Zur Frage des Eigentums an [den] in einem Gemeinschaftsdepot verwahrten **Wertpapieren** vgl. Rn. 412 f.

7    Gehören einem Ehepaar **zwei verschiedene Immobilien** in Miteigentum, k[ann] wegen der meist fehlenden Gleichartigkeit auch dann nicht jedem Ehegatten [ein] Grundstück zugeteilt werden, wenn sie gleichen Wert haben. Möglich ist es jed[och] ein großes Grundstück in zwei Hälften zu teilen, wenn nicht öffentlich-rechtl[iche] Einschränkungen bestehen. Voraussetzung ist aber immer, dass die Teilstü[cke] gleichartig und gleichwertig sind. Häufig scheitert die Teilung an dem durch [die] Teilung verursachten Wertverlust. Das gilt vor allem bei **Sammlungen.** Ist [der] Gesamtwert höher als die Summe der Einzelwerte, darf nicht aufgeteilt werd[en]. Auch eine aus unterschiedlichen Bildern bestehende Gemäldesammlung kann n[icht] in Natur geteilt werden. Die Bilder müssen einzeln verkauft werden (Rn. 10 f).

### 2. Art und Weise der Teilung

8    Die Teilung erfolgt in drei Schritten:
- Zunächst ist der Gegenstand in die einzelnen Anteile zu zerlegen.

---

[1] Vgl. Palandt/Sprau zu § 752 Rn. 3.
[2] BGH FamRZ 1988, 813, 816.
[3] Staudinger/Langhain § 752 Rn. 10.

- Dann sind die einzelnen Stücke den Miteigentümern zuzuweisen. Dies geschieht nach § 752 S. 2 BGB durch das Los, falls dies nicht überflüssig ist, weil es sich um völlig gleichwertige Sachen handelt.[4]
- Zuletzt finden die entsprechenden Eigentumsübertragungen statt.

Verweigert ein Miteigentümer seine Mitwirkung, kann der Teilungsanspruch im **9** Wege der **Leistungsklage** durchgesetzt werden. Der Antrag ist auf die Vornahme der erforderlichen Handlungen und Abgabe der Erklärungen zu richten, die zur Teilung erforderlich sind.[5] Gehören den Eheleute z.B. gemeinsam 50 gleichwertige **Goldmünzen**, die der Ehemann M in Besitz hat, müsste die Klage der Ehefrau F darauf gerichtet sein, dass M die Münzen in zwei Anteile von je 25 Stück teilt, einen Anteil davon F übergibt und das Eigentum daran an sie überträgt. Zuständig ist nach § 266 I 3 FamFG das Familiengericht. Die Vollstreckung geschieht über §§ 887, 883, 894 ZPO.

## III. Teilung durch Verkauf

Ist Teilung in Natur nicht möglich, müssen gemeinschaftliche bewegliche Sachen **10** nach den Vorschriften über den Pfandverkauf veräußert werden (§ 753 I BGB). Durch den Verkauf tritt an die Stelle des unteilbaren Gegenstands eine leicht aufteilbare Geldsumme. Der Verkauf geschieht durch **öffentliche Versteigerung** nach § 1235 I BGB. Wichtig ist die Bestimmung des § 1239 I BGB, die dem Miteigentümer ermöglicht, bei der Versteigerung mitzubieten. Dadurch erhält jeder die Chance, den Gegenstand für sich zu erwerben. Durch das Mitbieten kann auch die Höhe des Erlöses beeinflusst werden. Zuständig für die Versteigerung ist der **Gerichtsvollzieher** (§ 383 III BGB). Gibt es einen festen Börsen- oder Marktpreis, kann der Verkauf durch „einen zu solchen Verkäufen öffentlich ermächtigten Handelsmäkler oder durch eine zur öffentlichen Versteigerung befugte Person" freihändig erfolgen (§§ 1235 II, 1221 BGB), wenn sich die Miteigentümer darüber einig sind. Sonst bleibt es bei der umständlichen Versteigerung durch den Gerichtsvollzieher.

Weigert sich ein Miteigentümer, bei der Versteigerung mitzuwirken, ist der **11** Antrag beim Familiengericht auf **Duldung des Verkaufs** nach den Vorschriften des Pfandverkaufs zu richten.[6] Ist der unwillige Miteigentümer im Besitz der betreffenden Sache, kann er gleichzeitig auf **Herausgabe an den Gerichtsvollzieher** verklagt werden. Darf der gemeinsame Gegenstand an Dritte nicht verkauft werden, ist er unter den Teilhabern zu versteigern (§ 753 I 2 BGB). Verlangt ein Miteigentümer nach § 1246 BGB im Einzelfall eine abweichende Art des Verkaufs, so ist auch für diesen Streit nach § 266 I 3, § 410 Nr. 4 FamFG das Familiengericht zuständig.

**Gemeinschaftliche Forderungen** sind einzuziehen. Soweit dies nicht möglich ist, **12** müssen sie ebenfalls verkauft werden (§ 754 BGB). Die Regeln, die für die Verwertung des Familienwohnheims gelten (Rn. 23 f), sind auch für anderen in **Miteigentum** der Eheleute stehenden Grundbesitz maßgeblich.

---

[4] FamVermR/Klüber Rn. 5.47.
[5] Staudinger/Langhain § 752 Rn. 28.
Staudinger/Langhain § 753 Rn. 29.

# B. Die Nutzung des in Miteigentum stehenden Familienwohnheims

## I. Probleme beim Scheitern der Ehe

13 Erwerben Eheleute als Familienwohnheim ein Hausgrundstück oder eine Eigentumswohnung, wird das Eigentum daran meist in Form von Miteigentum zu je ¹/₂ begründet. Vom Ergebnis her handelt es sich in der Regel um einen vorweggenommenen Ausgleich des „gemeinsam Erarbeiteten" oder des Zugewinns. Die Lösung der mit dem gemeinsamen Eigentum am Familienwohnheim verbundenen Fragen stellt in vielen Fällen das **zentrale Problem** der Vermögensauseinandersetzung dar. Den Beteiligten ist dringend zu raten, diese Punkte möglichst rasch zu klären. Eine befriedigende Regelung dieser Streitfragen entlastet und beruhigt die eheliche Auseinandersetzung, weil damit die wirtschaftliche Zukunft wieder überschaubar wird. Beim Scheitern der Ehe sind folgende Punkte zu klären:

- Die weitere Nutzung des Familienwohnheims,
- das Nutzungsentgelt für den ausgezogenen Ehegatten,
- die Lastentragung,
- die Auswirkungen der zur Nutzung, zum Nutzungsentgelt, zur Lastentragung und zur Verwertung getroffenen Regelungen auf etwaige **Unterhaltsansprüche,**
- die Einbeziehung etwaiger Ansprüche auf **Zugewinnausgleich** in die Aufteilung des Erlöses.

## II. Lösungsmöglichkeiten

14 Schon wegen der rechtlichen Schwierigkeiten, die bei der Bewältigung der einzelnen Problemfelder zu bewältigen sind, ist es wichtig, eine **vertragliche Lösung** anzustreben. Es bieten sich drei Möglichkeiten an:

▶ Die „**kleine**" Lösung: Die Eigentumsverhältnisse bleiben unberührt, aber es kommt zu einer Verständigung über die künftige Nutzung, das Nutzungsentgelt, die Lastentragung und möglichst auch über den Unterhaltsanspruch. Wichtig ist, dass bei einer derartigen Vereinbarung auch der Auseinandersetzungsanspruch nach § 749 II BGB für eine bestimmte Zeit ausgeschlossen wird, weil sonst der im Haus gebliebene Ehegatte ständig mit einem Antrag auf Teilungsversteigerung (vgl. Rn. 23 f) rechnen muss.

▶ Die „**mittlere**" Lösung: Ein Ehegatte zieht aus und übereignet seinen Anteil an den anderen. Dieser Weg bietet sich an, wenn der im Haus gebliebene Ehegatte Anspruch auf Ausgleich des Zugewinns hat, da dann kein größeres Kapital aufzuwenden ist. Die Übertragung des Miteigentumsanteils am Familienwohnheim auf den anderen Ehegatten zur Erfüllung der Zugewinnausgleichsforderung ist jedoch ein privates Veräußerungsgeschäft i.S. von § 23 I 1 EStG, für das grundsätzlich **Spekulationssteuer** anfällt. Es sollte rechtzeitig bedacht werden, wie der Anfall von Spekulationssteuer vermieden werden kann (s. hierzu Kap. 6 Rn. 33 f).

15 ▶ Die „**große**" Lösung: Beide Ehegatten ziehen aus, verkaufen das Haus und teilen sich nach Bereinigung aller Verbindlichkeiten den verbleibenden Erlös. In vielen Fällen wird der Verkauf die einzige Möglichkeit sein, die ernsthaft in Betracht kommt. Aber auch hier sollte die Spekulationssteuer beachtet werden.

Kommt eine vertragliche Regelung nicht zustande, kann sich eine Vielfalt von **16** echtsstreitigkeiten ergeben, für die ab 1. 9. 2009 **in allen Fällen** das Familiengericht uständig ist. Nur für die vor dem 1. 9. 2009 eingeleiteten Verfahren bleibt es nach rt. 111 I 1 FGG-RG bei der früher zu beachtenden Rechtszersplitterung.[7] Hinchtlich der **Nutzungsregelung** ist für die Dauer der Trennung § 1361 b BGB aßgeblich und für die Zeit nach der Rechtskraft der Scheidung § 1568 a BGB .Kap. 4 Rn. 4f, 74f). Die gleichen Bestimmungen regeln auch die Fragen der Jutzungsentschädigung oder einer Miete (Kap. 4 Rn. 59f, 109, 111f).

Für die **Lastentragung** gelten folgende Grundsätze: Die laufenden Kosten für **17** Jüllabfuhr, Strom, Wasser, Heizung, Grundsteuer und ähnliche Aufwendungen ägt derjenige, der das Familienheim nutzt.[8] Dafür kann es keinen Ausgleich geben, eil diese Ausgaben zu den Kosten der Lebenshaltung gehören. Bei den **Zins- und ilgungsleistungen** für die Grundstücksbelastungen gelten die zu § 426 I BGB ntwickelten Regeln (vgl. Rn. 125f, 146). Danach gilt grundsätzlich von dem Zeitunkt an, „zu dem die Trennung endgültig erscheint", bei gesamtschuldnerischer Iaftung für die Grundstücksschulden auch in der Alleinverdienerehe das **Halbteiungsprinzip**. Auf die Leistungsfähigkeit des Ausgleichsschuldners kommt es nicht n.[9] Für die davor liegende Zeit gibt es wegen einer „Nichtabrechnungs-Vereinarung" in der Regel keinen Ausgleich. Es kommt jedoch stets auf den Einzelfall an.

Wird auch **Unterhalt** geschuldet, ist zu beachten, dass der Wohnvorteil und das **18** Jutzungsentgelt oder Mietzahlungen als Einkommen behandelt werden, während ie Lastentragung unter Umständen als einkommensmindernde Verbindlichkeit beücksichtigt wird.[10]

Kauft ein Ehegatte dem anderen dessen Grundstücksanteil ab oder haben sie das **19** Iaus gemeinsam an einen Dritten verkauft, sollten bei der Schlussabrechnung immer uch die Ansprüche auf **Zugewinnausgleich** einbezogen werden.

---

**Beispiel:** M und F gehört ein Haus in Miteigentum zu je $^1/_2$. Das Haus, das **20** einen Wert von 700 000 € hat, soll von F übernommen werden. Bei M entspricht der Wert seines Hausanteils von 700 000 € : 2 = 350 000 € auch seinem Zugewinn. F ist ohne Zugewinn, weil ihr hochgerechnetes Anfangsvermögen den Wert ihres ebenfalls nur aus dem Hausanteil bestehenden Endvermögens übersteigt.

---

F kann von M als Zugewinnausgleich 350 000 € (Zugewinn M) : 2 = 175 000 € erlangen. Für die Übernahme des Hausanteils braucht sie daher nur 350 000 (Wert es Hausanteils) – 175 000 € (Anspruch auf Zugewinn) = 175 000 € zu zahlen.

Haben die Eheleute das Haus gemeinsam an einen Dritten verkauft, erhält F vom **21** Kaufpreis 350 000 € (Wert ihres Hälfteanteils) + 175 000 € (Anspruch auf Zugewinn) = 525 000 €. M muss sich mit 175 000 € begnügen.

Lassen sich diese Probleme nicht in angemessener Zeit befriedigend durch vertrag- **22** iche Regelungen oder gerichtliche Verfahren lösen, sollte in jedem Fall die Teilungsrersteigerung betrieben werden.

---

[7] S. dazu Vorauflage Kap. 5 Rn. 12.
[8] Graba NJW 1987, 1721, 1723.
[9] BGH FamRZ 1983, 795.
[10] Eingehend dazu Wever Rn. 157f; Wendl/Gerhardt § 1 Rn. 311f; FA-FamR/Gerhardt 6 Rn. 71f.

## C. Die Teilungsversteigerung des in Miteigentum stehenden Familienwohnheims

### I. Überblick

23 Können sich die Eheleute anlässlich der Trennung und Scheidung nicht über di Nutzung des im Miteigentum stehenden Familienwohnheims verständigen, kann da Familiengericht nach §§ 1361 b, 1568 a BGB bestimmen, wer die Wohnung in Zu kunft nutzen darf. Dazu s. Kap. 4 Rn. 4 f, 74 f). Eine Veränderung der Eigentums verhältnisse, also die Übertragung eines Miteigentumsanteils, kann nach diesen Vor schriften nicht erfolgen.

24 Erstreben die Eheleute oder jedenfalls einer von ihnen eine Veränderung de Eigentumsverhältnisse, muss die **Teilungsversteigerung** betrieben werden, wenn eine Verständigung über die beabsichtigte Änderung nicht möglich ist. Die Vor schriften über den **Zugewinnausgleich** stehen der Auseinandersetzung einer zwi schen den Eheleuten bestehenden Bruchteilsgemeinschaft nicht entgegen.[11] Nähe dazu s. Kap. 1 Rn. 333 f). Zu beachten sind beim gesetzlichen Güterstand nur di Verfügungsbeschränkungen nach § 1365 BGB (s. Rn. 51 f).

25 Maßgeblich ist zunächst das **Gemeinschaftsrecht** gemäß §§ 741 f BGB. Nach § 749 I BGB kann die Aufhebung einer Miteigentumsgemeinschaft **jederzeit** verlang werden, soweit dies nicht vertraglich ausgeschlossen wurde (Rn. 61 f), eine erforder liche Einwilligung nach § 1365 BGB fehlt (Rn. 51) oder Pflichten zur Rücksicht nahme nach § 1353 BGB bestehen (Rn. 58). Bei Grundstücken geschieht die Auf hebung der Gemeinschaft durch Teilungsversteigerung (§ 753 BGB i. V. mit § 18( ZVG). Versteigert wird stets das ganze Grundstück oder die ganze Eigentumswoh nung. Das Einzelausgebot von Miteigentumsanteilen ist unzulässig.[12]

26 Bei **Wohnungseigentum** kann ein einzelner Wohnungseigentümer nicht die Auf hebung der Gemeinschaft der Wohnungseigentümer verlangen (§ 11 I 1 WEG) Dieses Verbot gilt aber nicht für die an einer einzelnen Eigentumswohnung beste hende Bruchteilsgemeinschaft von zwei Eheleuten. Diese Untergemeinschaft kan im Wege der Zwangsversteigerung aufgehoben werden.[13]

27 Ist der Anteil des Antragstellers mit einem **Nießbrauch** belastet, muss der Ver steigerungsantrag auch vom Nießbrauchsberechtigten gestellt werden (§ 1066 I BGB). Der Nießbrauch setzt sich dann am Erlös fort (§ 1066 III BGB). Besteht de Nießbrauch am **ganzen Grundstück,** wird er nach § 182 I ZVG zum geringster Gebot gerechnet und bleibt bestehen. Wurde bei einem Erbbaurecht ein Veräuße rungsverbot vereinbart, kann ein Zuschlag nur erteilt werden, wenn der Grunstück seigentümer der Teilungsversteigerung zugestimmt hat.[14]

28 Mit der Versteigerung wird die unteilbare Immobilie in Geld, also in einen teil baren Gegenstand, umgewandelt. **Der Erlös tritt an die Stelle des gemeinschaftli chen Grundstücks.**[15] Der Erlös steht zunächst im Miteigentum, ist dann aber nac § 753 I 1 BGB unter die Miteigentümer entsprechend ihren Anteilen zu verteilen

---

[11] BGH FamRZ 1987, 1239, 1240.
[12] BGH FamRZ 2010, 209.
[13] Stöber § 180 ZVG Anm. 2.9 b.
[14] FamVermR/Hintzen Rn. 1049.
[15] BGH FamRZ 2008, 767, 768

oweit sich die Eheleute nicht verständigen können, muss noch ein selbständiger Rechtsstreit über die Erlösverteilung geführt werden (s. Rn. 90 f).

Bei der Teilungsversteigerung gelten im Wesentlichen die gleichen Grundsätze 29 wie bei der Zwangsversteigerung (§ 180 I ZVG). Durch den **Zuschlag** wird der Ersteher Eigentümer des Grundstücks (§ 90 ZVG). Die im geringsten Gebot enthaltenen Rechte bleiben bestehen, soweit sie nicht ausnahmsweise gemäß § 49 I ZVG bar abzudecken sind (§ 52 I 1 ZVG). Dieser **Übernahmegrundsatz** soll die Teilnahme an der Versteigerung erleichtern. Der Ersteher braucht sich insoweit nicht um eine neue Finanzierung zu kümmern. Auch die mit den Belastungen verbundenen persönlichen Schulden gehen auf den Ersteher über (§ 53 I ZVG). Vom Zuschlag ab haftet daher dieser für die in Zukunft fälligen Zins- und Tilgungsleistungen.

Die Teilungsversteigerung kann auch schon vor der Ehescheidung beantragt wer- 30 en. In diesem Stadium wird der Antragsgegner jedoch durch die verschiedenen Einstellungsmöglichkeiten (Rn. 43 f) noch weitgehend geschützt. Wenn er nicht einverstanden ist, empfiehlt es sich daher, mit dem Antrag bis zur **Rechtskraft der cheidung** zuzuwarten. Der im Haus wohnende Ehegatte ist verpflichtet, Bietinteessenten die Besichtigung des Objektes zu ermöglichen.[16]

Die Teilungsversteigerung bietet den Eheleuten viele **Vorteile.** Dazu gehört vor 31 allem die Möglichkeit, durch Mitsteigern den Anteil des anderen zu erwerben. Es estehen aber auch erhebliche **Gefahren.** Erscheinen im Versteigerungstermin icht genügend zahlungsfähige Bieter, kann der Zuschlag auch weit unter dem Wert erfolgen. Zuschlagsversagungen nach §§ 74 a, 85 a ZVG (Rn. 65 f) bieten nur inen geringen Schutz. Jedem Miteigentümer ist daher dringend zu raten, sich am Versteigerungsverfahren durch einen **Beitritt** (Rn. 41) intensiv zu beteiligen und uch alle Möglichkeiten auszuschöpfen, durch eigene Gebote die Immobilie entweder selbst zu erwerben oder jedenfalls den Preis in eine angemessene Höhe zu reiben.

## . Erforderliche Vorarbeiten

Der Antrag auf Teilungsversteigerung muss sorgfältig vorbereitet werden. 32
Zur Klärung der Eigentumsverhältnisse und der Belastungen ist zunächst ein **Grundbuchauszug** einzuholen. Aus dem Auszug ergibt sich auch, ob eine durch Vormerkung gesicherte **Rückfallklausel** besteht (vgl. Kap. 1 Rn. 260 f). Soll bei einer Veräußerung, Belastung oder Zwangsvollstreckung ein den Kindern geschenktes Grundstück wieder an die Eltern zurückfallen, ist höchste Vorsicht geboten, weil zur Zwangsvollstreckung auch die Teilungsversteigerung gehört. In einem solchen Fall ist die Teilungsversteigerung nur sinnvoll, wenn der Rückfallberechtigte auf sein Recht verzichtet. Zu prüfen ist weiter, ob es im Hinblick auf die **Spekulationssteuer** (Kap. 6 Rn. 33 f) Probleme geben kann.

Sind die **Belastungen** nicht mehr oder nicht mehr voll valutiert, empfiehlt es sich, 33 auf entsprechende Löschungen hinzuwirken, weil sonst schwierige Abrechnungsprobleme entstehen (s. Rn. 80, 101). Ein Miteigentümer kann dem anderen

---

FamVermR/Hintzen Rn. 10.120; AG Wetzlar FamRZ 2002, 1500; AG Aachen FamRZ 1999, 848 m. abl. Anm. Kogel.

gegenüber sogar verpflichtet sein, an der Löschung mitzuwirken.[17] Mit ‹
betreffenden Kreditinstituten sollte auch deshalb Kontakt aufgenommen werd
damit die Versteigerung nicht durch vorzeitige Kreditkündigungen erschw
wird. Zu klären ist auch, ob die Belastungen für beide Miteigentumsanteile gle
hoch sind (vgl. Rn. 74 f).

**34** ▶ Dann ist der **Verkehrswert** wenigstens annähernd zu ermitteln. Ergibt sich, ‹
der Verkehrswert niedriger als die Belastungen ist, ist es wenig sinnvoll,
Teilungsversteigerung zu beantragen, weil sich dann wegen des Deckungsgru
satzes (Rn. 70) kaum ein Bieter finden wird.

**35** ▶ Leben die Eheleute in **Zugewinngemeinschaft** und sind noch nicht geschied
ist zu klären, ob der Hausanteil nahezu das ganze Vermögen des Antragstel
darstellt. In diesem Fall ist die Einwilligung des Antragsgegners nach § 136
BGB erforderlich (Rn. 51 f). Wird sie verweigert, kann sie allerdings in ein
besonderen Verfahren nach § 1365 II BGB ersetzt werden.[18]

## III. Beginn des Versteigerungsverfahrens

**36**    Zur Einleitung der Teilungsversteigerung ist ein **Antrag** erforderlich (§ 15 ZV
Dabei befindet sich der antragstellende Ehegatte in der Rolle des „Gläubigers",
andere Ehegatte hat die Rolle des „Schuldners". Es ist jedoch **kein vollstreckba
Titel** erforderlich. Der Antrag muss sich auf die ganze Immobilie beziehen.
Versteigerung nur eines Miteigentumsanteils ist unzulässig[19]. Er kann schriftlich o
zu Protokoll der Geschäftsstelle gestellt werden. Es genügt, dass Antragsteller ›
Antragsgegner im Grundbuch eingetragen oder Erbe des eingetragenen Eigentün
sind (§§ 17 I, 181 II 1 ZVG). Leben die Eheleute im gesetzlichen Güterstan
benötigt der antragstellende Ehegatte die **Zustimmung** des anderen, wenn ›
Anteil am Familienwohnheim nahezu sein gesamtes Vermögen darstellt (s. Rn. 5
Weitere Nachweise sind für die Zulässigkeit der Teilungsversteigerung nicht er
derlich.

**37**    Der Antrag muss die Namen und Anschriften der Miteigentümer enthalten, ‹
genaue Grundstücksbezeichnung sowie die vollständige Angabe der Grundbu
stelle. Sinnvoll ist es, eine Abschrift des Grundbuchauszugs beizulegen.

---

**Antrag:**

Es wird beantragt, das dem Antragsteller und der Antragsgegnerin in Miteige
tum zu je ½ gehörende Flurstück Nr. ... der Gemarkung ..., vorgetragen i
Grundbuch des Amtsgerichts ... Band ... Blatt ... zum Zweck der Aufhebung d
Miteigentumsgemeinschaft zu versteigern.

---

**38**    Für das Verfahren ist nach wie vor gemäß §§ 180 I, 35 ZVG das **Vollstreckun
gericht** beim Amtsgericht[20] zuständig, in dessen Bezirk das Grundstück belegen
Nach Eingang des Antrags ergeht üblicherweise ohne Anhörung des Antragsgeg

---

[17] LG Stuttgart FamRZ 2007, 1034.
[18] Dazu näher Palandt/Brudermüller § 1365 Rn. 20 f.
[19] BGH FamRZ 2010, 209.
[20] Wever Rn. 181.

der **Anordnungsbeschluss**.[21] Dieser Beschluss gilt als Beschlagnahme des Grundstücks (§ 20 I ZVG). Die Beschlagnahme wirkt sich jedoch, da ein betreibender Gläubiger fehlt, kaum aus. Die Veräußerung des Miteigentums eines Beteiligten hat keinen Einfluss auf das Verfahren (§ 26 ZVG). Es hat also keinen Sinn, den eigenen Anteil an einen Angehörigen zu „verkaufen". Tritt der Erwerber bei, rückt er auch im Versteigerungsverfahren an die Stelle des bisherigen Eigentümers.[22]

**Einwendungen** gegen den Versteigerungsantrag braucht das Vollstreckungs- **39** gericht nur dann zu beachten, wenn sie sich **aus dem Grundbuch** ergeben (§ 28 ZVG). Der Aufhebungsausschluss gemäß § 749 II BGB (Rn. 61 f), Verfügungsbeschränkungen nach § 1365 BGB (Rn. 51 f) oder Verstöße gegen die sich aus § 1353 BGB ergebende Pflicht zur Rücksichtnahme (Rn. 58) können daher in der Regel nur im Rahmen einer **Drittwiderspruchsklage** nach § 771 ZPO geltend gemacht werden (s. Rn. 50 f), weil das Grundbuch dazu keine Einträge enthält.

Es gibt allerdings auch „clevere" Ehegatten, die dem Ehepartner seine Rechts- **40** behelfe abschneiden, indem sie die Teilungsversteigerung nicht selbst beantragen, sondern einfach die Zahlung der monatlichen Tilgungsbeträge für die Hypotheken- oder Grundschulden einstellen und damit die **Bank** veranlassen, die Zwangsversteigerung zu betreiben. In diesem Fall wirkt sich die Verfügungsbeschränkung des § 1365 BGB nicht aus.[23]

## IV. Der Beitritt

Der andere Ehegatte sollte stets, auch wenn er die Teilungsversteigerung verhin- **41** dern will, dem Versteigerungsverfahren nach § 27 ZVG **beitreten**. Im Beitrittsantrag müssen die gleichen Angaben enthalten sein, wie im Versteigerungsantrag (Rn. 37). Ein Beitritt ist deshalb sinnvoll, weil der Antragsgegner dann nicht mehr allein von den Verfahrensanträgen des Antragstellers abhängig ist, sondern selbst entscheidend in das Verfahren eingreifen kann[24] (vgl. Rn. 86). Dabei sind die Fristen der §§ 43 II, 44 II ZVG zu beachten. Der Beschluss über die Beitrittszulassung muss also dem Antragsteller vier Wochen vor dem Versteigerungstermin zugestellt worden sein.

## V. Rechtsbehelfe

## 1. Erinnerung und sofortige Beschwerde[25]

Gegen die **Ablehnung** eines Antrags auf Teilungsversteigerung ist die sofortige **42** Beschwerde gemäß § 793 ZPO gegeben. Ist die Anordnung ohne vorherige Anhörung des Gegners ergangen, ist Vollstreckungserinnerung nach § 766 ZPO einzulegen. Gegen die hierüber ergangene Entscheidung, die der Richter zu treffen hat (§ 20 Nr. 17 RPflG), ist wiederum eine sofortige Beschwerde nach § 793 ZPO zulässig. Wurde die Teilungsversteigerung ausnahmsweise nach Anhörung des Gegners angeordnet, ist sofortige Beschwerde wie bei der Ablehnung gegeben. Diese Rechts-

---

[1] Stöber § 180 ZVG Anm. 5.8.
[2] Stöber § 180 ZVG Anm. 6.6.
[3] BGH FamRZ 2007, 1634.
[4] Stöber § 180 ZVG Rn. 8.1.
[5] Eingehend dazu Stöber § 180 ZVG Anm. 7.20.

behelfe spielen in der Praxis keine große Rolle, weil das Beschwerdegericht nur die an sich stets gegebenen formellen Voraussetzungen prüfen kann.[26] Materiellrechtliche Einwendungen können nur im Rahmen einer Drittwiderspruchsklage (Rn. 50 f) geltend gemacht werden.

## 2. Einstweilige Einstellung

**43**  Auf Antrag oder mit Einwilligung des **Antragstellers** ist das Verfahren nach § 30 ZVG ohne Weiteres einzustellen. Diese Möglichkeit besteht bis zur Erteilung des Zuschlags.[27] Das Verfahren kann später jederzeit wieder aufgenommen werden.[28] Für den Einstellungsantrag des Antragstellers sind weder Formen noch Fristen zu beachten. Er kann auch nach Schluss der Bietstunde noch gestellt werden (Rn. 86). Der Antrag bedarf auch keiner Begründung. Die Einstellung kann zweimal bewilligt werden. Die dritte Bewilligung gilt allerdings als **Rücknahme** des Versteigerungsantrags (§ 30 I 2 und 3 ZVG). Ist der Antragsgegner dem Verfahren nicht beigetreten, muss er die Einstellung auch dann hinnehmen, wenn er im Termin das Meistgebot abgegeben hat. Bei rechtzeitigem Beitritt sind Einstellungen nur noch mit seiner **Zustimmung** möglich (s. Rn. 86).

**44**  Auf Antrag des **Antragsgegners** kann das Versteigerungsverfahren durch Anordnungen nach § 180 II bis IV ZVG für einen Zeitraum von bis zu fünf Jahren hinaus gezögert werden. Der Antrag auf einstweilige Einstellung ist allerdings fristgebunden. Die Einstellung muss innerhalb einer **Notfrist** von zwei Wochen ab Zustellung einer Belehrung über die Einstellungsmöglichkeiten beantragt werden (§ 30 b I 1 ZVG). Die Belehrung wird in der Regel zugleich mit dem Anordnungsbeschluss erteilt (§ 30 b I 3 ZVG). Ist die Frist versäumt, scheidet eine einstweilige Einstellung aus.[29]

**45**  **a) Schutz der Interessen des Antragsgegners nach § 180 II ZVG.** Nach § 180 II ZVG kann eine einstweilige Einstellung des Versteigerungsverfahrens für die Dauer von längstens sechs Monaten mit einmaliger **Wiederholungsmöglichkeit** bewilligt werden. Wegen des in § 749 I BGB bestimmten Anspruchs auf Aufhebung der Gemeinschaft kommt eine Einstellung nach § 180 II ZVG nur **ausnahmsweise** in Betracht. Sie kommt nur in Betracht, wenn ein wirtschaftlich Stärkerer unter Ausnutzung vorübergehender Umstände die Versteigerung zur Unzeit durchsetzt, um den wirtschaftlich Schwächeren zu ungünstigen Bedingungen aus dem Grundstück zu drängen.[30]

**Für eine Einstellung spricht,**

- wenn eine Werterhöhung durch unmittelbar bevorstehende Reparaturen zu erwarten ist,[31]
- wenn der Gegner alsbald Kredite erhält, mit denen er den Anteil des Antragstellers erwerben kann oder
- wenn der Antragsteller seinen Grundstücksanteil ohnehin dem Antragsgegner zurückgeben muss.

---

[26] OLG Frankfurt FamRZ 1997, 1490.
[27] FamVermR/Hintzen Rn. 10.96.
[28] FamVermR/Hintzen Rn. 10.97.
[29] LG Essen FamRZ 1988, 1191.
[30] BGH FamRZ 2007, 1010.
[31] BGHZ 79, 249, 256.

**Gegen eine Einstellung** und für eine ungehinderte Fortsetzung des Versteigerungsverfahrens **spricht,**

- wenn der Antragsteller dringend auf den Erlös aus der Teilungsversteigerung angewiesen ist oder
- wenn beide nicht in der Lage sind, die laufenden Belastungen zu tragen.

S. auch Rn. 49 zur Beschwerde nach § 765 a ZPO.

**b) Schutz der Interessen gemeinsamer Kinder nach § 180 III ZVG.** Mit  **46**
der Bestimmung des § 180 III 1 ZVG werden die Interessen **gemeinsamer** Kinder
geschützt. Pflegekinder fallen nicht unter diese Vorschrift, auch wenn die Eheleute
gemeinsam die Vormundschaft übernommen haben[32]. Eine rechtzeitig (Rn. 44) beantragte einstweilige Einstellung kann angeordnet werden, wenn dies *„zur Abwen-*
*dung einer ernsthaften Gefährdung des Wohls eines gemeinschaftlichen Kindes*
*erforderlich ist“.* Voraussetzung ist nach dem Wortlaut dieser Vorschrift jedoch
weiter, dass außer den Eheleuten zusätzliche Miteigentümer nicht vorhanden sind.
Das Interesse an der alsbaldigen Aufhebung der Miteigentümergemeinschaft muss
zurückstehen, wenn sich dadurch die Lebensverhältnisse eines gemeinschaftlichen
Kindes nachhaltig verschlechtern. Von dieser Einstellungsmöglichkeit wird nur sehr
zurückhaltend Gebrauch gemacht. Es müssen besondere Umstände eine begründete
**gegenwärtige** Besorgnis der Gefährdung des körperlichen, geistigen oder seelischen
Wohls eines Kindes nahe liegen.[33] Dies wird nur selten der Fall sein.

Das LG Essen[34] führt dazu sogar bei noch nicht geschiedenen Eheleuten aus:  **47**
*„… allgemeine nicht wesentliche Beeinträchtigungen der Kindesinteressen genügen*
*nicht. Die vom Bet. zu 2) vorgebrachten … Beeinträchtigungen des Kindeswohls*
*stellen Unzuträglichkeiten dar, wie sie mit jeder Trennung der Eltern und einem*
*damit verbundenen Verlust des Familienheimes notwendig verbunden sind; es han-*
*delt sich durchweg um allgemeine, nicht wesentliche Beeinträchtigungen des Kindes-*
*wohls, die umso geringer wiegen, als die Tochter in diesem Jahr bereits 16 Jahre alt*
*wird und damit alters- und reifebedingt ohnehin erfahrungsgemäß in einen inneren*
*Abnabelungsprozess vom Elternhaus längst eingetreten ist oder nunmehr eintritt….*
*Der bloße Wunsch nach Beibehaltung des bisherigen Lebensstandards, insbesondere*
*des Behaltens jeweils eines Zimmers für jedes Kind, vermag bei erheblich zum*
*Nachteil veränderten wirtschaftlichen Verhältnissen eine einstweilige Einstellung des*
*Verfahrens nicht zu begründen.“*

Diese Zurückhaltung ist schon deshalb angebracht, weil Kinder ohnehin mehr  **48**
an die Eltern und Geschwister als an eine bestimmte Wohnumgebung gebunden
sind. In vielen Fällen entspannt sich auch die finanzielle Situation der Eltern durch
den Verkauf des Hauses ganz erheblich. Dies dürfte den Interessen eines Kindes
im Regelfall weit eher entsprechen, als das Klammern an eine bereits „unterge-
gangene Welt“. Zu Recht hat jedoch das LG Berlin[35] bei einem behinderten Kind
einer vorübergehenden Einstellung zugestimmt, damit es sich langsam auf einen
Umgebungswechsel vorbereiten konnte. Über den Antrag entscheidet der **Rechts-**
**pfleger.**

BGH FamRZ 2007, 1010.
Stöber § 180 ZVG Anm. 13.4.
LG Essen FamRZ 1988, 1191.
LG Berlin FamRZ 1987, 1066.

## 3. Einstweilige Einstellung nach § 765 a ZPO

49    Nach neuerer Rechtsprechung[36] gilt der in § 765 a ZPO gewährleistete **Schuldne** **schutz** auch im Rahmen des Teilungsverfahrens. Eine Einstellung nach § 765 a ZP kommt allerdings nur in Betracht, *„wenn die Fortführung des Verfahrens im Einze fall zu einem für den Schuldner, bei der Teilungsversteigerung für den Antragsgegne untragbaren Ergebnis führen würde.*[37] In diesem Verfahren kann sich der Schuldn zwar nur auf eigene Belange berufen, dazu gehören aber auch die Belange eines den Familienverband integrierten **Pflegekindes**.[38] Auch eine ernsthafte **Suicidgefal** kann eine Einstellung rechtfertigen, aber nur auf Zeit und nur unter Auflagen, m denen die Verbesserung der seelischen Gesundheit erreicht werden kann.[39] A Formen oder Fristen ist ein Antrag nach § 765 a ZPO **nicht** gebunden.[40] Er ka daher selbst im Versteigerungstermin noch gestellt werden.

## 4. Drittwiderspruchsklage

50    Die Teilungsversteigerung ist zwar keine Form der Zwangsvollstreckung, d andere Ehegatte ist auch nicht „Dritter". Gleichwohl hat der BGH[41] festgelegt, da die nicht aus dem Grundbuch ersichtlichen, der Versteigerung entgegenstehende materiellen Rechte nur im Wege einer Drittwiderspruchsklage (§ 771 ZPO) gelte gemacht werden können. Meist geht es dabei um

- Verfügungsbeschränkungen nach § 1365 BGB (Rn. 51 f)
- Verstöße gegen die sich aus § 1353 BGB ergebende Pflicht zur Rücksichtnahn (Rn. 58 f),
- unzulässige Rechtsausübung gemäß § 242 BGB (Rn. 59) oder
- einen Aufhebungsausschluss nach § 749 II BGB (Rn. 61 f).

Bei **Gütergemeinschaft** kann eine Drittwiderspruchsklage auch zur Sicherung d Übernahmerechts nach § 1477 II BGB erhoben werden (Kap. 2 Rn. 87).

### a) Verfügungsbeschränkungen nach § 1365 BGB bei Zugewinngemei schaft

51    **Beispiel:** M und F leben im gesetzlichen Güterstand. Die Familienwohnung deren Wert 600 000 € beträgt, gehört ihnen jeweils zur Hälfte. Die Immobili ist mit einer valutierten Grundschuld von 200 000 € belastet. M besitzt noch Pfandbriefe im Wert von 20 000 €. Daneben hat er persönliche Schulden in Höhe von 50 000 €. Nach seinem Auszug aus der Familienwohnung beantrag M die Teilungsversteigerung.

Die Teilungsversteigerung im Wege der Drittwiderspruchsklage für unzuläss erklären zu lassen, ist bei Eheleuten mit Zugewinngemeinschaft am einfachsten da zu erreichen, wenn es sich bei dem Miteigentumsanteil des Antragstellers um dess gesamtes Vermögen handelt und der Ehepartner mit der Teilungsversteigerung nic

---

[36] BGH FamRZ 2007, 1010.
[37] BGH aaO.
[38] BGH aaO.
[39] BGH FamRZ 2008, 403.
[40] Thomas/Putzo/Hüßtege § 765 a Rn. 6, 7.
[41] BGH FamRZ 1972, 363.

einverstanden ist. Nach § 1365 I BGB kann sich der im gesetzlichen Güterstand lebende Ehegatte nur mit Einwilligung des anderen Ehegatten verpflichten, über sein Vermögen im Ganzen zu verfügen. Der Erwerber muss allerdings Kenntnis davon haben.[42] Zustimmungsbedürftig ist nach h. M.[43] schon der **Antrag** eines Ehegatten auf Teilungsversteigerung, wenn der Anteil am Familienheim sein **ganzes oder nahezu ganzes Vermögen** darstellt. Ob diese Voraussetzungen vorliegen wird allerdings weder vom Grundbuchamt[44] noch vom Vollstreckungsgericht[45] von Amts wegen ermittelt.

Unter „Vermögen im Ganzen" ist ausschließlich das **Aktivvermögen** zu verstehen. **52** Persönliche Verbindlichkeiten des handelnden Ehegatten bleiben unberücksichtigt[46]. § 1365 BGB gilt daher auch für Rechtsgeschäfte eines verschuldeten Ehegatten. Hat beispielsweise ein Ehegatte ein Gesamtvermögen 500 000 €, dem 200 000 € Schulden gegenüberstehen, so beträgt sein – nach § 1365 BGB zustimmungsbedürftiges – Aktivvermögen 500 000 €. Über das Nettovermögen von 300 000 € kann er frei verfügen.

Etwas anderes gilt bei Immobilien. Hier ist bei einer Veräußerung der Wert des **53** Grundstücks um die auf ihm ruhenden dinglichen (valutierten) Belastungen zu vermindern.[47] Es ist in jedem Fall eine wirtschaftliche Gesamtbetrachtung erforderlich. § 1365 BGB bezweckt die Erhaltung wirtschaftlicher Werte, nicht aber Erschwerungen des Rechtserwerbs. Daher kann der Erwerber eines nahezu sein ganzes Vermögen bildenden Grundstücks auch ohne Einwilligung seines Ehegatten dem Veräußerer eine Restkaufgeldhypothek oder auch eine Grundschuld zur Sicherung der Restforderung bestellen. Es ist auch möglich, das zunächst genehmigungsfrei erworbene Grundstück im nachhinein vollständig zu belasten, um so den Kaufpreis finanzieren zu können. Auch im letzteren Falle handelt es sich – trotz Sonderung des Erwerbs und der Belastung in den rechtsgeschäftlichen Akten – um eine bloße Erwerbsmodalität, die der Einwilligung des Ehegatten nicht bedarf[48].

Nach BGH[49] hat ein Ehegatte nicht über sein „Vermögen im Ganzen" verfügt, **54** wenn ihm bei einem kleinen Vermögen ein Restvermögen von 15%, bei einem größeren Vermögen ein Restvermögen von 10% verbleibt. Die Grenze zwischen kleinem und größerem Vermögen hat der BGH nicht festgelegt. In den entschiedenen Fällen waren es – umgerechnet – etwa 22 000 € (kleines Vermögen) und rund 50 000 € (größeres Vermögen). Ob bei „außergewöhnlich großen Vermögen" die Prozent-Grenze noch tiefer angesetzt werden kann, hat der BGH ausdrücklich offen gelassen. Ein eingeräumtes Wohnrecht als Gegenleistung für die Grundstücksüberlassung ist bei der Wertberechnung zu berücksichtigen[50].

---

BGH FamRZ 1993, 1302; 1990, 970; Palandt/Brudermüller § 1365 Rn. 9.
BGH FamRZ 2007, 1634 m. Anm. Kogel; OLG Hamm FamRZ 2006, 1557; OLG Frankfurt FamRZ 1999, 524; BayObLG FamRZ 1996, 1013; OLG Düsseldorf FamRZ 1995, 309; Palandt/ Brudermüller § 1365 Rn. 8.
OLG München FamRZ 2007, 1884; näher dazu s. Koch, FamRZ 2003, 197, 199.
FamVermR/Hintzen Rn. 10.75.
BGH FamRZ 1996. 792, 794; 1978, 765, 766.
BGH FamRZ 1996, 792, 794.
BGH FamRZ 1996, 792.
BGH FamRZ 1991, 669, 670; 1980, 765, 767; vgl. auch OLG Koblenz FamRZ 2008, 1078, 1079; OLG München FamRZ 2005, 272, 273; OLG Köln FamRB 2005, 1 m. Anm. Kogel sowie Koch FamRZ 2005, 845, 846.
OLG Koblenz FamRZ 2008, 1078.

**55**  Im Beispielsfall (Rn. 51) beträgt das Aktivvermögen von M insgesamt (600 000 € + 200 000 €) : 2 + 20 000 € = 220 000 €. Die persönlichen Schulden von 50 000 € bleiben unberücksichtigt. Es dürfte sich um ein „größeres Vermögen" handeln, sodass die Zustimmungsgrenze bei 10% liegt. Das verbleibende Restvermögen von 20 000 macht jedoch nur rund 9% aus. Der Antrag auf Teilungsversteigerung ist daher zustimmungsbedürftig.

**56**  Die Zustimmung muss bereits **beim Antrag** auf Teilungsversteigerung vorliegen[51] obwohl er streng genommen weder eine Verfügung noch eine Verpflichtung dar stellt. Die Zustimmung kann formlos und durch **schlüssiges Handeln** erteilt werden Wird sie verweigert, kann sie nach § 1365 II BGB durch das Familiengericht ersetzt werden. Bei der dann vorzunehmenden Abwägung sind die Interessen aller Famil enangehörigen zu berücksichtigen.[52] Die Zustimmung wird nicht ohne ausreichen den Grund verweigert, wenn mit der Veräußerung eine wesentliche **Sicherheit fr** den Zugewinnausgleichsanspruch verloren geht.[53]

**57**  Die Vorschrift soll die **wirtschaftliche Grundlage** der Familie sichern und d **künftigen Zugewinnausgleich** des anderen Ehegatten schützen.[54] § 1365 BGB g deshalb nur, **solange die Ehe besteht**. Nach **rechtskräftiger Scheidung** kann jed Ehegatte über sein Vermögen grundsätzlich ohne Einschränkungen verfügen. V diesem Zeitpunkt an kann deshalb die Teilungsversteigerung in aller Regel oh Zustimmung des anderen Ehegatten beantragt werden.[55] Die Zustimmungsbedürfti keit **besteht aber weiter**, solange eine abgetrennten Folgesache Zugewinnausglei anhängig ist.[56] In ganz besonderen Ausnahmefällen kann die Teilungsversteigeru darüber hinaus noch rechtsmissbräuchlich sein.[57] Der Zustimmung des Ehepartne bedarf es nicht, wenn ein Gläubiger des Ehepartners dessen Anspruch auf A hebung der Gemeinschaft gepfändet hat und hieraus die Teilungsversteigerung I treibt.[58]

Ist die Zustimmungsbedürftigkeit eindeutig gegeben, kann auch im Wege **Erinnerung** nach § 766 ZPO gegen die Durchführung der Teilungsversteigeru vorgegangen werden.[59] Im Regelfall ist jedoch die fehlende Einwilligung materiellrechtliche Einwendung mit der **Drittwiderspruchsklage** geltend zu r chen.[60]

**58**  **b) Pflicht zur Rücksichtnahme gemäß § 1353 BGB.** Materielle Rechte, der Teilungsversteigerung entgegenstehen, können sich auch aus dem Gebot Rücksichtnahme nach § 1353 I 2 BGB ergeben. Nach dieser Bestimmung muss Ehegatte, der gegen den anderen vermögensrechtliche Ansprüche durchsetzen v

---

[51] BGH FamRZ 2007, 1634; OLG Frankfurt FamRZ 1999, 524; Palandt/Brudermüller § 1365 Rn.

[52] BayObLG FamRZ 1996, 1013.

[53] OLG Köln FamRZ 1997, 677; LG Koblenz FamRZ 1998, 163 m. abl. Anm. Kogel FamRZ 1 914; OLG Köln NJW-RR 2005, 4, 5; Kogel FamRB 2005, 52, 53.

[54] BGH FamRZ 2000. 744; 1980, 765, 766; 1978, 396, 397.

[55] OLG Hamm FamRZ 2006, 1557; OLG Bamberg FamRZ 2000 (Ls), 1167; Brudermüller Fa 1996, 1516, 1519.

[56] OLG Hamm FamRZ 2006, 1557; OLG Celle FamRZ 2004, 625.

[57] BGH FamRZ 1977, 458, 459; OLG Frankfurt FamRZ 1998, 641 (querschnittsgelähmte Ehefra

[58] BGH FamRZ 2007, 1634, 1636; OLG Karlsruhe FamRZ 2004, 629.

[59] BGH FamRZ 2007, 1634; AG Hannover FamRZ 2003, 938.

[60] H. M. Palandt/Brudermüller § 1365 Rn. 8; Wever Rn. 228; a. A. OLG Stuttgart FamRZ 2007, m. abl. Anm. Kogel FamRZ 2008, 621.

auf die für ihn durch die Ehe gebotenen Pflichten Rücksicht nehmen.[61] Ein Ehegatte, für den der Aufhebungsantrag „zur Unzeit" kommt, braucht sich also nicht mit Einstellungsanträgen zu begnügen, er kann sofort im Wege der Drittwiderspruchsklage nach § 771 ZPO vorgehen. Dazu ist er selbst nach rechtskräftiger Scheidung noch berechtigt.[62] Die widerstreitenden Interessen der Eheleute sind dann gegeneinander abzuwägen. Auf der einen Seite steht regelmäßig das mehr oder weniger dringende Bedürfnis, rasch in den Besitz von Bargeld zu kommen, auf der anderen Seite sind es häufig emotional gefärbte Motive oder das Bedürfnis, am gewohnten Ort wohnen bleiben zu können. Jedenfalls bei Eheleuten, die schon lange getrennt leben oder bereits geschieden sind, kann eine auf § 1353 BGB gestützte Drittwiderspruchsklage nur **ausnahmsweise** Erfolg haben.

### c) Unzulässige Rechtsausübung nach § 242 BGB. In ganz besonderen Ausnahmefällen kann der Teilungsversteigerung auch nach rechtskräftiger Ehescheidung noch die Einwendung der **unzulässigen Rechtsausübung** nach § 242 BGB entgegengesetzt werden, wenn die Aufhebung der Gemeinschaft für einen Ehegatten „*ein unzumutbar unbilliges Ergebnis zur Folge haben würde*".[63] Rechtsmissbräuchlich ist es, wenn ein Ehegatte die Teilungsversteigerung betreibt, obwohl er seinen Miteigentumsanteil an den anderen Ehegatten übertragen müsste.[64] Eine solche Ausnahme kann auch bestehen, wenn der andere Ehegatte einen begründeten Anspruch auf **dingliche Rückgewähr** einer ehebezogenen Zuwendung hat (vgl. Rn. 227). Rechtsmissbräuchlich kann der Antrag auf Teilungsversteigerung einer gemeinsamen Eigentumswohnung ebenfalls sein, wenn der sich widersetzende Ehegatte im Zugewinnausgleichsverfahren gemäß **§ 1383 BGB** beantragt hat, ihm den Miteigentumsanteil des anderen Ehegatten am Familienheim zu übertragen (vgl. Kap. 1 Rn. 578, 587). Für den der Teilungsversteigerung widersprechenden Ehegatten würde – wie bei der dinglichen Rückgewähr einer ehebezogenen Zuwendung – „*ein unzumutbar unbilliges Ergebnis*" herbeigeführt, wenn der Anspruch auf Übertragung des anteiligen Miteigentums begründet, das Familienwohnheim aber bereits versteigert ist.

Durch die Zuweisung der Ehewohnung an einen Ehegatten nach §§ 1361b, 1568a BGB kann die Teilungsversteigerung nicht verhindert werden (Kap. 4 Rn. 54). Das Familiengericht kann jedoch ein Mietverhältnis begründen (§ 1568a V BGB), das gemäß § 566 BGB, §§ 57, 57a, 183 ZVG Bestandsschutz genießt (Kap. 4 Rn. 55).

### d) Verstoß gegen Ausschluss des Auseinandersetzungsrechts nach 749 II BGB. Es dürfte nicht allzu häufig vorkommen, dass Eheleute beim gemeinsamen Erwerb einer Familienwohnung den Aufhebungsanspruch nach § 749 II BGB ausschließen. In diesen Fällen stellt das Scheitern der Ehe einen **wichtigen Grund** im Sinne dieser Vorschrift dar und berechtigt zur Aufhebung der Miteigentumsgemeinschaft, weil die beabsichtigte gemeinsame Nutzung als Familienwohnung unmöglich geworden ist.

Einwendungen gegen die Aufhebung der Gemeinschaft durch eine Teilungsversteigerung kann ein Ehegatte aber im Wege einer Klage nach § 771 ZPO erheben,

BGH FamRZ 1972, 363.
Brudermüller FamRZ 1996, 1516, 1522.
BGH FamRZ 1977, 458, 459.
BGH FamRZ 1977, 458, 459; OLG München FamRZ 2002, 393, 394; 1989, 980; OLG Celle FamRZ 2000, 668; LG Aachen FamRZ 2000, 669, 670.

wenn er und sein Ehepartner anlässlich der Scheidung in einem gerichtlichen Ve
gleich oder einer notariellen Urkunde vereinbart haben, das ihnen gehörende Grund
stück **auf die Kinder** zu übertragen.[65] Ähnlich ist es, wenn sich die Eheleute i
Rahmen der Vermögensauseinandersetzung und Unterhaltsregelung nach de
Scheitern der Ehe dahin geeinigt haben, dass ein Ehegatte die Familienwohnur
**unter Ausschluss** des Auseinandersetzungsrechts in Zukunft allein nutzen darf. ]
dieser Situation können nur andere wichtige Gründe die Teilungsversteigerur
zulassen. Solche Ausnahmefälle könnten sich ergeben, wenn der begünstigte Ehega
te in einem **Pflegeheim** untergebracht werden muss oder wenn der von der Nutzur
ausgeschlossene Ehegatte in Not gerät und nunmehr auf den Erlös angewiesen ist.

**63**     **e) Gerichtliche Zuständigkeit und Streitwert.** Die gerichtliche Zuständi
keit ist nunmehr eindeutig geregelt. Für alle hier in Betracht kommenden Drittwide
spruchsklagen ist in den ab 1. 9. 2009 begonnenen Verfahren nach § 266 I 3 FamF
das **Familiengericht** zuständig. Voraussetzung ist allerdings, dass noch ein zeitlich
Zusammenhang mit der Scheidung besteht.[66] Wird etwa die Teilungsversteigerur
erst viele Jahre nach Rechtskraft der Ehescheidung durchgeführt, sind die allgeme
nen Zivilgerichte zuständig. Gemäß Art 111 I 1 FGG-RG gilt für die früher bego
nenen Verfahren jedoch noch das alte Verfahrensrecht[67]. Der **Streitwert** einer W
derspruchsklage gegen die Zulässigkeit der Teilungsversteigerung richtet sich na
einem Bruchteil des Grundstückswerts. Angemessen kann $^1/_{10}$ sein.[68]

## VI. Sonstige Schutzmaßnahmen

### 1. Wertfestsetzung

**64**     Zu den Aufgaben des Vollstreckungsgerichts gehört es, der Verschleuderung v
Grundvermögen entgegenzuwirken. Zu diesem Zweck erfolgt zunächst die Ermit
lung des **objektiven Grundstückswertes.** In der Regel wird dazu das Gutacht
eines Sachverständigen eingeholt. Der Sachverständige wird dazu eine Grundstück
besichtigung vornehmen, zu der er beide Eheleute beiziehen muss. An diese
Besichtigungstermin sollten die Eheleute unbedingt teilnehmen. Dies dient nicht n
der Sachaufklärung, sondern wirkt auch unlauteren Beeinflussungsversuchen er
gegen. Der Zutritt des Sachverständigen zu dem Grundstück kann allerdings **nic**
**erzwungen** werden[69]. Wird dem Sachverständigen der Zutritt verwehrt, muss er (
Begutachtung von außen und mit Hilfe der ihm zugänglichen Unterlagen vorne
men. Anschließend wird der Wert nach § 74a V 1 ZVG mit einem förmlich
**Beschluss** festgestellt. Gegen diesen Beschluss kann nach § 74a V 3 ZVG soforti
Beschwerde eingelegt werden. Nach Abschluss des Festsetzungsverfahrens ist c
Wertfestsetzung **verbindlich.** Der Zuschlag oder die Versagung des Zuschlags kö
nen nach § 74a V 4, § 85a ZVG nicht mehr mit der Begründung angefoch
werden, dass der Grundstückswert unrichtig festgesetzt wurde.

---

[65] BGH FamRZ 1984, 563.
[66] Thomas/Putzo/Hüßtege § 266 FamFG Rn. 5.
[67] S. dazu Vorauflage Kap. 5 Rn. 56.
[68] BGH FamRZ 1991, 547.
[69] FamVermR/Hintzen Rn. 10.120.

## 2. Versagung des Zuschlags

**a) Zuschlagsversagung nach § 74 a ZVG.** Erreicht das Meistgebot einschließ- **65** lich des Kapitalwerts der bestehen bleibenden Rechte nicht $^7/_{10}$ des Grundstücks- wertes, kann ein **Gläubiger**, dessen Anspruch durch das Meistgebot nicht voll gedeckt ist, nach § 74 a 1 ZVG die Versagung des Zuschlags beantragen. Diese Bestimmung schützt nur die Gläubiger von eingetragenen Belastungen, gewährt also weder dem Antragsteller noch dem Antragsgegner verfahrensrechtliche Vorteile. Wird der Zuschlag versagt, ist von Amts wegen ein neuer Versteigerungstermin zu bestimmen. In dem neuen Termin wird nach § 74 a IV ZVG die Versteigerung **ohne Rücksicht** auf die $^7/_{10}$-Grenze betrieben.

**b) Zuschlagsversagung nach § 85 a ZVG.** Erreicht das Meistgebot ein- **66** schließlich des Kapitalwerts der bestehen bleibenden Rechte nicht $^5/_{10}$ **des Grund- stückswertes**, ist der Zuschlag nach § 85 a I ZVG **von Amts wegen** zu versagen. Damit werden die Eheleute auch voreinander geschützt. Es kann also nicht dazu kommen, dass eine nur wenig belastete wertvolle Familienwohnung in einem ersten Versteigerungstermin, zu dem nur der **antragstellende Ehegatte** gekommen ist, von diesem zu einem Spottpreis erworben wird. Wird der Zuschlag versagt, ist nach § 85 a II i. V. mit § 74 a III ZVG auch in diesem Fall von Amts wegen ein neuer Versteigerungstermin zu bestimmen. In dem neuen Termin wird nach § 85 a II 2 ZVG die Versteigerung ebenfalls **ohne Rücksicht** auf eine Wertgrenze betrie- ben.

## 3. Sicherheitsleistungen

Nach § 67 ZVG können die Miteigentümer von den Bietern Sicherheitsleistungen **67** erlangen. Die Sicherheit muss **sofort nach Abgabe des Gebots** verlangt werden. Zur Sicherheitsleistung sind auch die mitsteigernden Miteigentümer verpflichtet. Möchte ein Ehemann die Familienwohnung einsteigern, kann die Ehefrau daher auch von ihm Sicherheitsleistung verlangen. Ist er dazu nicht in der Lage, kann er kein wirksames Gebot abgeben. Der Miteigentümer braucht nach § 184 ZVG nur dann keine Sicherheit zu leisten, wenn ihm eine durch das Gebot gedeckte Hypothek, Grundschuld oder Rentenschuld zusteht.

Die **Höhe** der Sicherheitsleistung beträgt nach § 68 I ZVG grundsätzlich 10% **68** om festgesetzten Verkehrswert des Grundstücks (Rn. 64). Die früher übliche Si- herheitsleistung durch Barzahlung ist nicht mehr statthaft (§ 69 I ZVG). Die Sicher- eitsleistung kann nur erfolgen durch
bestätigte Bundesbankschecks und im Inland bezahlbare Verrechnungsschecks, wenn sie von einem dazu berechtigten Kreditinstitut frühestens am dritten Werk- tag vor dem Versteigerungstermin ausgestellt wurden (§ 69 II ZVG), unbefristete, unbedingte und selbstschuldnerische Bürgschaft eines zugelassenen Kreditinstituts (§ 69 III ZVG) oder vorausgegangene Überweisung an die Gerichtskasse (§ 69 IV ZVG).

## VII. Die Gebote

### 1. Ausgebot

**69**   Nach § 63 I 1 ZVG sind alle selbständigen Objekte einzeln auszubieten. Dies kann zum Problem werden, wenn die zum Familienwohnheim gehörenden Garagen oder Wegerechte auf eigenen Grundbuchblättern eingetragen sind. In diesen Fällen soll der Antragsteller auf ein zusätzliches **Gesamtausgebot** nach § 63 II ZVG hinwirken.

### 2. Geringstes Gebot

**70**   Das geringste Gebot (§§ 44, 182 ZVG) wird in der Regel unmittelbar im Versteigerungstermin bestimmt (Rn. 80) Es ist vollkommen unabhängig vom **Verkehrswert**. Es kann wesentlich niedriger sein als dieser, aber auch wesentlich höher. Es beruht auf dem **Deckungsgrundsatz,** der die Teilungsversteigerung beherrscht. Nach diesem Grundsatz müssen die Verfahrenskosten gedeckt und alle Rechte gesichert sein, die dem Auseinandersetzungsanspruch des antragstellenden Ehegatten vorgehen. Dieser steht daher stets an **letzter Stelle.** Die Belastungen werden unabhängig davon ins geringste Gebot aufgenommen, ob sie noch voll, oder nur teilweise oder überhaupt nicht mehr valutiert sind.[70] Zu den sich hieraus ergebenden Problemen s. Rn. 101. Zu den Sonderfällen, in denen die einzelnen Miteigentumsanteile **unterschiedlicher Höhe** belastet sind s. Rn. 74.

**71**   Im Versteigerungstermin nach § 66 I ZVG wird das geringste Gebot **förmlich festgestellt.** Gebote, die niedriger als das geringste Gebot sind, sind nach § 44 I ZVG unzulässig. Bei überschuldeten Grundstücken wird dabei in Kauf genommen, dass sie u. U. nicht zu versteigern sind. Der Deckungsgrundsatz gilt im Übrigen auch bei privaten Veräußerungen. Denn jeder, der ein Grundstück erwirbt, muss auch die darauf ruhenden Belastungen übernehmen. Das geringste Gebot besteht aus zwei Teilen:

- dem gemäß § 49 I ZVG bar zu zahlenden Teil (Kosten u. s. w.), dem **Bargebot** (s. Rn. 76) und
- den nach § 52 ZVG **bestehen bleibenden Rechten.**

**72**   | **Beispiel 1:** Ein Grundstück im Wert von 300 000 € ist unbelastet. Die Verfahrenskosten sind mit 10 000 € veranschlagt.
**Beispiel 2:** Das gleiche Grundstück ist mit insgesamt 400 000 € belastet. Die Verfahrenskosten betragen wieder 10 000 €.

In Beispiel 1 beträgt das geringste Gebot 10 000 €. In Beispiel 2 liegt das geringste Gebot bei 410 000 €. Auf den Wert des Grundstücks kommt es nicht an. Liegt der Grundstückswert unter dem geringsten Gebot, kann die Versteigerung scheitern, weil normalerweise keine Gebote abgegeben werden, die den Grundstückswert übersteigen. Dies ist aber auch bei einem freihändigen Verkauf nicht anders. Sind die Belastungen eines Grundstücks höher als sein Wert, lässt es sich auch nicht verkaufen.

**73**   Nach § 182 I ZVG sind beim geringsten Gebot „*die den Anteil des Antragstellers belastenden oder mitbelastenden Rechte an dem Grundstück sowie alle anderen*

---

[70] Eingehend dazu Stöber § 182 ZVG Anm. 2.1, § 44 Anm. 4.1.
[71] Wever Rn. 203.

*Rechte zu berücksichtigen, die einem dieser Rechte vorgehen oder gleichstehen".* In der Regel gibt es bei Grundstücken, die im Miteigentum von Ehegatten stehen, nur **„mitbelastende Rechte"**, das sind die das ganze Grundstück belastenden Grundschulden oder Hypotheken, für die daneben in der Regel eine gesamtschuldnerische persönliche Haftung besteht. In diesen Fällen ist die Berechnung des geringsten Gebots einfach, weil alle Belastungen aufzunehmen sind.

Schwierig wird es nur in den – allerdings seltenen – Fällen, in denen die Anteile **74** **nicht gleich hoch** und auch nicht mit einem rangletzten Gesamtrecht belastet sind.[72] Ergibt sich, dass bei einem Miteigentumsanteil ein höherer Betrag als bei dem anderen zu berücksichtigen ist, so **erhöht sich nach § 182 II ZVG das geringste Gebot** um den zum Ausgleich unter den Miteigentümern erforderlichen Betrag. Damit kann erreicht werden, dass jeder Miteigentümer bei der Erlösverteilung den seinem Grundstücksanteil entsprechenden Anteil am Erlös erhält.[73] Dieser Ausgleichsbetrag ist bei der Versteigerung bar zu bezahlen.[74] War der zur Ausgleichung unterschiedlicher Belastungen erforderliche Betrag nicht im geringsten Gebot enthalten, so kann die unterschiedliche Belastung noch im Rechtsstreit um die Verteilung des Erlöses ausgeglichen werden.[75]

Problematisch wird es, wenn der Antragsgegner zur Verhinderung der Teilungs- **75** versteigerung seinen Anteil hoch belastet und dem Versteigerungsverfahren dann als Antragsteller nach § 27 ZVG beitritt. Würden nunmehr sämtliche Belastungen seines Anteils zugrunde gelegt und zugleich eine entsprechende Ausgleichszahlung in das geringste Gebot aufgenommen, wäre eine Versteigerung nicht mehr möglich, wenn damit der Marktwert erreicht oder sogar übertroffen wird. Dieses Ergebnis wurde früher vielfach hingenommen. Inzwischen setzt sich eine befriedigendere Lösung durch. Bei zwei oder mehr Antragstellern soll es nur noch auf den Miteigentumsanteil ankommen, der am wenigsten belastet ist.[76] Mit dieser „Niedrigstgebotlösung" können derartige Manipulationen unterbunden werden.

# 8. Bargebot

Nach § 49 I ZVG besteht das **Bargebot** aus drei Teilen: **76**
den **Verfahrenskosten,**
den Ansprüchen nach § 10 I Nr. 1 bis 3, § 12 Nr. 1, 2 ZVG (insbesondere: **Rückstände** an Grundsteuer, Zins und Tilgung) und
dem **Mehrgebot.** Beim Mehrgebot handelt es sich um den Teil des Gebots, der das geringste Gebot übersteigt.
Das Bargebot enthält also unter anderem auch den **Erlösanteil,** der anschließend **77** unter den Miteigentümern zu verteilen ist. Im Versteigerungstermin wird immer nur das Bargebot genannt. Wer sich an der Versteigerung beteiligen will, darf nie vergessen, dass er neben dem durch Zahlung zu berichtigenden Bargebot auch für die **bestehen bleibenden Rechte** haftet, wenn er den Zuschlag erhält (§§ 44, 52 ZVG).

---

Vgl. dazu Stöber § 182 ZVG Anm. 2.8 f und Anm. 3.4; FamVermR/Hintzen Rn. 10.167 f.
BGH FamRZ 2010, 354.
Stöber § 182 ZVG Anm. 4.3.
BGH FamRZ 1983, 797.
Vgl. dazu eingehend Stöber § 182 ZVG Anm. 3.4, 3.5 und 3.6; FamVermR/Hintzen Rn. 10.179.

Denn der „Erlös" errechnet sich nicht nur aus dem berichtigten Bargebot, sonder auch aus den bestehen bleibenden Rechten[77] (vgl. Rn. 70).

78  Das Bargebot ist ab dem Zuschlag nach § 49 II ZVG i. V. m. § 246 BGB mit 4⁹ zu verzinsen. Fällig wird es jedoch nach §§ 49 I, 105 ZVG erst in dem gesonde durchzuführenden späteren Verteilungstermin. Ein Bieter braucht daher nur so v an Geldersatz zum Versteigerungstermin mitzubringen, wie er für etwaige **Siche heitsleistungen** nach §§ 67 ff ZVG benötigt (s. Rn. 67 f).

## VIII. Der Versteigerungstermin

79  Im Versteigerungstermin sollten **beide Ehegatten** als Miteigentümer unbedin anwesend sein. Wegen der Einstellungsmöglichkeiten (Rn. 43 f), der Sicherheitslei tungen (Rn. 67 f) und wegen der Verhandlungen über das geringste Gebot (Rn. 8 empfielt sich auch die Zuziehung eines kundigen Rechtsanwalts. Kommt der Anwa ohne Mandanten und soll mitbieten, braucht er dazu eine besondere notariell begla bigte **Vollmacht**.[78]

80  Nach § 66 I 1 ZVG werden zunächst alle für das Verfahren bedeutsamen Tats chen einschließlich des bereits festgesetzten Verkehrwerts (Rn. 64) bekannt geg ben. „Hierauf" werden das **geringste Gebot** und die Versteigerungsbedingunge festgestellt „und die erfolgten Feststellungen verlesen". Dies ist ein ganz wichtig Teil des Termins. Denn in den Fällen, in denen die im Grundbuch eingetragene aber **nicht mehr oder nicht mehr voll** valutierten Grundpfandrechte gleichwohl das geringste Gebot einbezogen werden müssten (Rn. 70 f), kann auch jetzt noc nach § 59 I 1 ZVG zur Vermeidung der in Rn. 101 behandelten komplizierte Abrechnung eine Korrektur erfolgen. Erforderlich ist allerdings eine **Löschung bewilligung** des noch eingetragenen Grundpfandrechtsgläubigers und die Zustim mung der beiden Eheleute als Miteigentümer. Liegen diese Voraussetzungen vo wird das betreffende Grundpfandrecht nicht mehr oder jedenfalls nicht mehr vollem Umfang in das geringste Gebot aufgenommen. Soweit das Grundpfandrec nicht ins geringste Gebot aufgenommen wurde, erlischt es durch den Zuschla § 91 I ZVG.

Ein entsprechender **Antrag** wäre so zu formulieren:

81  **Antrag:**

Als Miteigentümer beantragen wir nach § 59 I 1 ZVG, dass die unter Nr. 1 eingetragene Grundschuld und die sich daraus ergebenden Ansprüche nicht in da geringste Gebot aufgenommen werden, durch Zuschlag erlöschen und auch an Erlös nicht teilnehmen. Die **Löschungsbewilligung** des Grundpfandrechtsgläubi gers liegt bei.

82  Ist mit größeren Schwierigkeiten zu rechnen, etwa weil die Miteigentumsante verschieden hoch belastet sind (Rn. 74 f), empfiehlt es sich, für die Feststellung d geringsten gebots schon vor der Versteigerung nach § 59 I ZVG einen **gesonderte Termin** zu beantragen.

---

[77] BGH NJW-RR 1986, 233, 234.
[78] Stöber § 71 ZVG Rn. 6.3, 6.4.

Sind die Versteigerungsbedingungen und der Umfang des geringsten Gebots geklärt, 83
kommt die **Bietzeit.** Diese beträgt mindestens 30 Minuten (§ 73 I 1 ZVG). Sie dauert so
lange, bis auch nach gerichtlicher Aufforderung kein Gebot mehr abgegeben wird
(§ 73 I 2 ZVG). Das letzte Gebot und der Schluss der Versteigerung müssen dreimal
verkündet werden (§ 73 II ZVG). Dann beginnen die Verhandlungen zum Zuschlag.

## IX. Der Zuschlag

Über den Zuschlag wird mit einem besonderen Beschluss entschieden, der entwe- 84
der am Ende des Versteigerungstermins oder in einem sofort zu bestimmenden
innerhalb der nächsten Woche liegenden Verkündungstermin erlassen wird (§ 87
ZVG). Vor Erlass des Beschlusses sind die **anwesenden** Beteiligten zu hören (§ 74
ZVG). Der Zuschlag wird grundsätzlich dem Meistbietenden erteilt (§ 81 I ZVG).
Der Meistbietende kann sein Recht aber auch an einen Dritten **abtreten.** Werden die
Erklärungen noch im Versteigerungstermin abgegeben oder nachträglich durch öffentlich beglaubigte Urkunden nachgewiesen, wird der Zuschlag dem Dritten erteilt
(§ 81 II ZVG). Hat der Meistbietende als „**Strohmann"** für einen Dritten gehandelt,
erhält dieser den Zuschlag, wenn die Vertretungsmacht des Meistbietenden oder die
Zustimmung des Dritten bei dem Gericht offenkundig oder durch eine öffentlich
beglaubigte Urkunde nachgewiesen wird (§ 81 III ZVG). In diesen Fällen haften der
Meistbietende und der Ersteher nach § 81 IV ZVG als Gesamtschuldner.

Schon das Meistgebot löst die **Grunderwerbsteuer** aus (§ 1 I Nr. 4 GrEStG). 85
Wird der Anspruch aus dem Meistgebot an einen Dritten abgetreten, muss auch
dieser nach § 1 I Nr. 5 GrEStG Grunderwerbsteuer zahlen.

Im Rahmen der Anhörung über die Zuschlagerteilung kann der Miteigentümer, 86
der das Verfahren als einziger betrieben hat, immer noch die **Einstellung** des Verfahrens (Rn. 43) beantragen. Dies wird er dann tun, wenn er entweder mit der Höhe
des Erlöses oder mit der Person des Erstehers nicht einverstanden ist. Ist der
Antragsgegner dem Verfahren beigetreten (Rn. 41), kann das Verfahren nur dann
eingestellt werden, wenn dies beide beantragen. Der Antragsgegner kann auch jetzt
noch Einstellung nach § 765 a ZPO (Rn. 49) beantragen.

Ein weiteres Hindernis für die Zuschlagserteilung ist die $^5/_{10}$-**Grenze** des § 85 a 87
ZVG im ersten Versteigerungstermin (Rn. 66). Wurde das Verfahren nicht eingestellt
und ist diese Grenze erreicht, muss der Zuschlag erteilt werden. Wird im zweiten
Versteigerungstermin (§ 85 a II ZVG) ein Meistgebot abgegeben, das weit unter der
$^5/_{10}$-Grenze liegt, kommt zum Schutz des Eigentums eine Einstellung nach § 765 a
ZPO (Rn. 49) in Betracht.

Durch den Zuschlag wird der Ersteher **Eigentümer** des Grundstücks oder der 88
Eigentumswohnung (§ 90 I ZVG). Ist der Zuschlag rechtskräftig und der Teilungsplan (Rn. 90) ausgeführt, wird der Ersteher als Eigentümer in das Grundbuch eingetragen (§ 130 I ZVG). Die bisherige Bruchteilsgemeinschaft an der Immobilie setzt
sich am Erlös fort.[79] Vom Zuschlag an haftet der Ersteher für die nach § 53 ZVG
übernommenen **Schulden,** insbesondere für die laufenden wiederkehrenden Verpflichtungen aus den übernommenen Grundpfandrechten. Der Zuschlagsbeschluss
bildet auch einen **Räumungstitel** gegenüber allen Besitzern (§ 93 I 1 ZVG). Gegen

---

BGH FamRZ 2008, 767.

die Räumung kann nur ein Recht zum Besitz eingewendet werden, das durch den Zuschlag nicht erloschen ist. Das betrifft vor allem nach § 57 ZVG, 566 BGB die Besitzrechte aus einem **Mietvertrag** mit den bisherigen Eigentümern.[80]

89    Die befristete Beschwerde gegen die Erteilung oder gegen die Versagung des Zuschlags richtet sich nach den §§ 95 ff ZVG.

## X. Die Aufteilung des Erlöses

90    Die Aufteilung des Erlöses bereitet häufig große Schwierigkeiten. Die früheren Miteigentümer haben keinen Anspruch darauf, dass ihnen jeweils entsprechend ihrem Miteigentumsanteil ein Anteil am Erlös ausbezahlt wird. Auszugehen ist vom Gemeinschaftsrecht nach §§ 741 f BGB. Der BGH[81] führt dazu aus:

*„Die Verteilung des Erlösüberschusses ... unter den Berechtigten ist jedenfalls dann, wenn diese sich darüber nicht einig sind, nicht mehr Gegenstand des Versteigerungsverfahrens. Die **Teilungsversteigerung** erfolgt zwar zum Zwecke der Aufhebung der Gemeinschaft (§ 180 I ZVG), kann diese aber nicht ersetzen oder vorwegnehmen; sie erfolgt vielmehr nur zu deren **Vorbereitung.** Der eigentliche Zweck der Teilungsversteigerung erschöpft sich darin, an die Stelle des nicht teilbaren Gegenstandes der Versteigerung eine Geldsumme treten zu lassen, die verteilt werden kann. Wird im Versteigerungstermin eine Einigung über die Aufteilung des Erlösüberschusses nicht erzielt, kann dieser nur an die Berechtigten gemeinsam ausgezahlt werden. Dem Versteigerungsgericht ist eine Aufteilung – etwa im Verhältnis der früheren Miteigentumsbruchteile – schon deshalb verwehrt, weil ihm nicht bekannt ist, welche Ansprüche die Berechtigten ggf. untereinander haben. Der Erlös ist vielmehr außerhalb des Zwangsversteigerungsverfahrens zu verteilen. ... Die Aufhebung der Gemeinschaft der Parteien setzt vielmehr nach dem klaren Wortlaut des § 753 I BGB einen* **zweiaktigen Tatbestand** *voraus, nämlich zum einen die **Zwangsversteigerung** des im Bruchteilseigentum stehenden Grundstücks und zum anderen die Verteilung des Erlöses, die ihrerseits eine **Einigung** der Teilhaber voraussetzt. "*

91    Danach sind folgende Schritte erforderlich:

▶ In dem nach der Zuschlagserteilung durchzuführenden **Verteilungstermin** (§ 105 ZVG) ist das Bargebot (Rn. 76 f) zusammen mit den nach § 49 II ZVG angefallenen Zinsen (s. Rn. 78) einzuzahlen. Das gilt auch für den **Miteigentümer,** der das Grundstück eingesteigert hat. Bleibt die Zahlung des Erstehers ganz oder teilweise aus vgl. Rn. 98.

▶ Nach der vollständigen Einzahlung des Erlöses ist die **„Teilungsmasse"** festzustellen (§ 107 I ZVG). Hiervon werden vorweg die Kosten entnommen (§ 109 I ZVG).

▶ Nach diesen Vorarbeiten wird der **Teilungsplan** (§ 113 ZVG) aufgestellt, der den **Überschuss** ergibt. Dieser tritt im Wege einer dinglichen Surrogation an die Stelle des versteigerten Grundstücks. **Die Miteigentumsgemeinschaft setzt sich daher am Erlös fort.**[82] Mit der Feststellung des Überschusses ist die Tätigkeit des Vollstreckungsgerichts an sich beendet. Die Verteilung des Überschusses gehört

---

[80] Wever Rn. 190.
[81] BGH FamRZ 2008, 767, 768 f.
[82] Vgl. BGH FamRZ 2008, 767, 768; 1990, 254, 255; 1990, 975, 976.

nicht mehr zu seinen Aufgaben (s. Rn. 90). Das Gericht kann allenfalls vermitteln. **Die Aufteilung des Erlöses ist ausschließlich Sache der Teilhaber.**[83]
Für die Verteilung gilt die Auslegungsregel des § 742 BGB. Danach stehen den   92
Teilhabern grundsätzlich gleiche Anteile zu, in der Regel also jedem Miteigentümer die Hälfte. Aus dem Parteiwillen, aus speziellen Vorschriften oder besonderen Umständen kann sich aber auch ein anderer Verteilungsschlüssel ergeben.[84] Kommt eine Einigung wegen geltend gemachter sonstiger Ansprüche der Eheleute nicht zustande, ist der Überschuss nach § 117 II 3 ZVG zu **hinterlegen.** Wegen der niedrigen Verzinsung von 1,2% (§ 8 Nr. 2 HintO) ist dies die schlechteste Lösung. Die Eheleute sollten sich zumindest auf die Hinterlegung bei einer Bank als gemeinschaftliches Festgeld verständigen.

Liegt der Überschuss bei einer **Hinterlegungsstelle,** kann ein Teilhaber den   93
anderen auf die nach § 13 II HintO erforderliche **Einwilligung zur Auszahlung** verklagen. Anspruchsgrundlage ist § 812 I BGB.[85] Die Einwilligung darf nur versagt werden, soweit sich der Beklagte auf Ansprüche nach §§ 755, 756 BGB berufen kann.

▶ Haften die Miteigentümer als Gesamtschuldner für eine Verbindlichkeit, die sich auf die gemeinsame Familienwohnung bezieht, kann nach § 755 BGB jeder Ehegatte verlangen, dass diese Verbindlichkeit **aus dem Erlös vorweg getilgt wird.** Ist die Verbindlichkeit – wie in der Regel bei Immobilienkrediten – noch nicht fällig, kann analog § 733 I 2 BGB verlangt werden, dass der zur Zahlung erforderliche Betrag zurückgehalten wird.[86]

▶ § 756 BGB betrifft **gegenseitige Forderungen der Ehegatten,** die sich auf die gemeinsame Familienwohnung beziehen. Hat etwa ein Ehegatte allein, aber im Einverständnis mit dem anderen ein Darlehen aufgenommen, um damit Aufwendungen für das gemeinsame Grundstück zu finanzieren, besteht ein Befreiungsanspruch nach § 756 S. 1 BGB in Höhe der Hälfte der Darlehensschuld. Dieser Anspruch geht aber nicht auf Zahlung an den aus dem Darlehen verpflichteten Ehegatten, sondern auf Zustimmung zur Auszahlung des entsprechenden Erlösanteils an den Darlehensgeber.[87] Nach dieser Bestimmung können auch **Befreiungsansprüche** (Rn. 179) geltend gemacht werden, die darauf beruhen, dass für eine dinglich abgesicherte Schuld im Innenverhältnis nur ein Ehegatte haftet.[88]

Die Einwilligung kann in diesem Stadium noch nicht mit der Begründung versagt   94
werden, der Kläger schulde aus einem anderen Rechtsgrund ebenfalls eine Leistung.[89] Das gilt sogar für einen **Gegenanspruch** auf Zugewinnausgleich. Es besteht auch **kein Zurückbehaltungsrecht,** wenn nur solche Ansprüche geltend gemacht

---

Zu einem besonders schwierigen, aber lehrreichen Fall s. BGH in FamRZ 2010, 354: Dort war am Miteigentumsanteil der Ehefrau für den bereits titulierten Zugewinnausgleichsanspruch des Ehemannes eine Zwangshypothek eingetragen, außerdem waren nicht mehr voll valutierte Grundpfandrechte ins geringste Gebot aufgenommen worden.
Palandt/Sprau § 742 Rn. 1.
BGH FamRZ 1992, 43 (Der Beklagte ist um die formelle Mitberechtigung am Erlös ungerechtfertigt bereichert); bestätigt durch BGH FamRZ 2010, 354.
Palandt/Sprau § 755 Rn. 3.
BGH FamRZ 1992, 43.
OLG Köln FamRZ 1991, 1334.
BGH FamRZ 1990, 254, 255.

werden, die keine Zuteilung aus dem Versteigerungserlös rechtfertigen.[90] Der Grun
für diese Einschränkung liegt darin, dass das Aufhebungsrecht des § 749 I BGB nic
durch Gegenrechte beeinträchtigt werden darf, die nicht in der Eigentümergemei.
schaft wurzeln.[91]

95    In einer Entscheidung vom 17. 11. 1999 ist der Bundesgerichtshof[92] von dies
klaren Linie abgewichen und hat dazu ausgeführt, durch die Hinterlegung sei d
Gemeinschaft aufgehoben, die Forderung gegen die Hinterlegungsstelle stel
gemäß § 420 BGB beiden Teilhabern anteilsmäßig gemäß ihrer Beteiligungsquo
an der früheren Eigentümergemeinschaft zu und sei damit bereits in Natur getei
Damit wäre die für eine Aufrechnung oder ein Zurückbehaltungsrecht erforder
che Gegenseitigkeit der Forderungen gegeben. Diese Entscheidung ist jedoch a
berechtigte Kritik gestoßen[93]. Die Annahme des BGH, dass mit der Hinterlegu
die frühere Bruchteilsgemeinschaft aufgehoben sei, lässt sich nicht nachvollziehe
Der BGH hat immer wieder betont, dass sich die frühere Gemeinschaft a
Grundstück am Erlös fortsetzt[94] und erst aufgehoben sei, wenn der Erlös entspr
chend einer **Einigung** der Teilhaber[95] verteilt sei. Wenn sich aber die Gemeinsch:
am hinterlegten Geld fortsetzt, fehlt es an der Gegenseitigkeit. Mit der Forderu
auf Zugewinnausgleich gegen einen Ehegatten kann dann nicht gegen eine d
Bruchteilsgemeinschaft beider Eheleute zustehende Forderung aufgerechnet we
den.

96    In einer neueren Entscheidung vom 20. 2. 2008 hat der BGH[96] auch ausgefüh
die Entscheidung vom 17. 11. 1999 habe nur „ausnahmsweise" bei der Hinterl
gung eine Teilung in Natur angenommen, es bedürfe „hier" keiner Entscheidun
ob daran festzuhalten sei. Diese vorsichtigen Äußerungen lassen erkennen, dass
voraussichtlich bei dem Grundsatz bleiben wird, dass im Streit um das vom Vol
streckungsgericht hinterlegte Geld nur die in Rn. 93 beschriebenen Ansprüd
berücksichtigt werden. Gleichwohl verbleibt ein erhebliches Risiko, dass die Au
zahlung des Erlöses auf lange Zeit durch vermeintliche Gegenansprüche verzöge
wird.

97    Die Privilegierung des Ehegatten, der die Zustimmung zur Auszahlung verlang
entfällt jedoch, wenn das Hinterlegungsverfahren beendet ist. Haben die Partei
etwa den Überschuss unter die treuhänderische Verwaltung ihrer Anwälte oder ein
Notars gestellt oder zur Erzielung höherer Zinsen unter Beendigung des Versteig
rungsverfahrens nicht bei der Hinterlegungsstelle, sondern bei einer Bank hinterleg
können dem Zustimmungsverlangen gegenüber auch Gegenansprüche aus gemein
schaftsfremden Rechtsverhältnissen hergeleitet werden. Insbesondere der die Zu
stimmung verweigernde Ehegatte kann nunmehr auch Zurückbehaltungsrechte we
gen eines Anspruchs auf Zugewinnausgleich geltend machen[97] sowie Gegenanspr
che aus Gesamtschuldnerausgleich nach § 426 BGB (Rn. 140 f).

---

[90] BGH aaO.
[91] Wever Rn. 198.
[92] BGH FamRZ 2000, 355.
[93] Gruber FamRZ 2000, 399, 401; Wever Rn. 199.
[94] BGH FamRZ 2008, 767, 768; 1983, 797, 799; 1969, 535.
[95] BGH FamRZ 2008, 767, 769.
[96] BGH FamRZ 2008, 767, 768.
[97] BGH FamRZ 2000, 355; 1990, 254.

# XI. Sonderfälle

## 1. Der Ersteher zahlt nicht

Soweit das Bargebot nicht berichtigt wird, wird der Teilungsplan nach § 118 I **98** ZVG dadurch ausgeführt, dass die Forderung gegen den Ersteher auf die Berechtigten übertragen wird. Die Vollstreckung ist einfach. Jeder Berechtigte erhält eine vollstreckbare Ausfertigung des Zuschlagsbeschlusses; § 132 I und II ZVG. Ist dieser Titel nach § 750 ZPO zugestellt, kann damit in das **gesamte Vermögen** des Erstehers vollstreckt werden. Die Vollstreckung kann auch durch **nochmalige Versteigerung** gegen das eingesteigerte Grundstück erfolgen. Insoweit bestehen nach § 133 ZVG sogar Erleichterungen: Titel und Klausel müssen nicht zugestellt werden, der Ersteher muss auch noch nicht im Grundbuch eingetragen sein. Die nochmalige Versteigerung ist keine Teilungsversteigerung mehr.[98]

Für alle nach § 118 I ZVG übertragenen Forderungen werden nach § 128 ZVG **99** von Amts wegen Sicherungshypotheken eingetragen. Gläubiger der **Sicherungshypothek** sind die früheren Miteigentümer. Auch aus der Sicherungshypothek kann der frühere Miteigentümer ohne Mitwirkung des Erstehers in das Grundstück vollstrecken und somit auch die **nochmalige Versteigerung** nach § 133 ZVG beantragen.[99] Allerdings muss hier § 432 I 1 BGB beachtet werden, so dass nur Leistung an alle verlangt werden darf.[100]

Hat der **Miteigentümer** das Grundstück oder die Eigentumswohnung eingesteigert und bezahlt das Bargebot nicht, setzt sich die Bruchteilsgemeinschaft an der **100** nach § 118 I ZVG unverteilt übertragenen Forderung als Mitberechtigung nach § 432 BGB fort. Diese Gemeinschaft ist noch nicht durch Teilung in Natur aufgehoben. Mangels Gegenseitigkeit der Forderungen kann der Ersteher daher gegen diese Forderung nicht mit einer Forderung aufrechnen, die ihm gegen den anderen Mitberechtigten zusteht. Dieser kann ohne dessen Zustimmung mit dem Ziel der Leistung an beide gemeinsam die Vollstreckung gegen ihn und damit auch die **nochmalige Versteigerung** des Grundstücks betreiben.[101] Der Ersteher muss daher selbst als früherer Miteigentümer das Bargebot stets ohne Rücksicht auf seine etwaigen Gegenrechte in voller Höhe bezahlen.

## 2. Nicht oder nicht voll valutierte Grundpfandrechte im geringsten Gebot

In vielen Fällen gelingt es den Eheleuten bei der Festsetzung des geringsten Gebots **101** Rn. 70, 80 f) nicht, die Höhe der Grundpfandrechte den tatsächlichen Schulden anzupassen. Manchmal wird es auch übersehen. Die betreffenden Grundpfandrechte sind dann entweder überhaupt nicht oder jedenfalls nicht in der im Grundbuch angegebenen Höhe valutiert. Für das Versteigerungsverfahren spielt dies **keine Rolle.** Soweit die Grundpfandrechte nicht gelöscht wurden, werden sie unbesehen in das geringste Gebot übernommen.

---

[98] BGH FamRZ 2008, 767, 769.
[99] BGH FamRZ 2008, 767, 769.
[100] BGH FamRZ 2008, 767, 769.
[101] BGH FamRZ 2008, 767.

102     Der Ersteher hat von dem niedrigeren Schuldenstand jedoch **keinen Vorteil**. Für il
stellt sich nur die Frage, ob er – soweit eine Valutierung vorliegt - den aus dem Grun
buch ersichtlichen Gläubiger befriedigen muss oder – soweit eine Valutierung nic
vorliegt – die früheren Miteigentümer.[102] Soweit die früheren Miteigentümer die d
Grundpfandrechten zugrunde liegenden Darlehen getilgt haben, entstehen nach § 11.
I BGB **verdeckte Eigentümergrundschulden,** die den Teilhabern gemeinschaftli
zustehen. Wird die Belastung in der ursprünglichen Höhe in das geringste Geb
aufgenommen, erstreckt sich diese Aufnahme mit auf die Eigentümergrundschuld. S
bleibt daher bei der Versteigerung nach § 52 I ZVG **bestehen** und kann durch Zwang
vollstreckung in das Grundstück nach §§ 1191 I, 1147 BGB verwertet werden.

103     Ersteigert ein Miteigentümer das Grundstück, an dem eine derartige Eigentüme
grundschuld bestehen geblieben ist, so hat der andere allerdings hinsichtlich sein
Anteils an der Eigentümergrundschuld keinen Zahlungsanspruch.[103] Es ist vielme.
durch Bildung von **Teilgrundschulden** eine Teilung in Natur vorzunehmen.[104] Er
über die Verwertung dieser Teilgrundschulden kann dann eine Befriedigung erfolge

104     Nach den jeweiligen Darlehensverträgen mit den Kreditinstituten erfolgen in viel
Fällen die Tilgungsleistungen jedoch nur im Hinblick auf das gewährte Darlehen ur
nicht auf die Grundschuld.[105] Unter diesen Umständen entsteht keine verdeck
Eigentümergrundschuld. Die früheren Miteigentümer haben dann nur einen schul
rechtlichen Anspruch auf **Rückgewähr** der nicht mehr oder nicht mehr ganz valutie
ten Grundschuld.[106] Die den früheren Miteigentümern zurückgegebene Grundschu
muss dann zwischen ihnen in Natur geteilt werden. Erst danach kann gegen d
betreffende Grundstück und damit gegen den Ersteher vorgegangen werden. Das g
auch dann, wenn ein früherer Miteigentümer das Grundstück eingesteigert hat.

105     In Ausnahmefällen kann es auch einen **Bereicherungsanspruch** nach §§ 816
818 I BGB geben. Ist die Darlehensforderung von den früheren Miteigentümern v
der Versteigerung getilgt worden, erteilt aber der Grundpfandgläubiger nach d
Versteigerung dem Ersteher unter Verstoß gegen seine Verpflichtung zur Rüc
gewähr eine Löschungsbewilligung und wird das Pfandrecht daraufhin gelöscht, i
der Ersteher zu Unrecht bereichert, weil das Grundstück ohne Gegenleistung vc
der dinglichen Belastung befreit wurde. Jeder der früheren Miteigentümer kar
daher Wertersatz in Höhe der Hälfte des Betrages verlangen, mit dem die Grun
schuld nicht mehr valutiert war.[107]

106     Besonders schwierig ist die Situation, wenn ein Miteigentümer dinglich gesicher
Darlehen zurückgezahlt hat, ohne dass ihm ein Ausgleichsanspruch nach § 426
BGB zusteht. Eine von beiden Miteigentümern bestellte Hypothek ist rechtlich w
eine Gesamthypothek an mehreren Grundstücken zu behandeln. Es gilt dah
§ 1173 I BGB. Nach dieser Vorschrift erwirbt der Miteigentümer, der einen Hypc
thekengläubiger allein befriedigt, eine Eigentümergrundschuld in voller Höhe a
seinem Miteigentumsanteil. Die dingliche Belastung am Miteigentumsanteil des ar
deren Miteigentümers erlischt.

---

[102] Wever Rn. 203.
[103] Im Ergebnis ebenso OLG Bamberg FamRZ 1996, 1477.
[104] BGH NJW-RR 1986, 233, bestätigt in FamRZ 1990, 975, 977.
[105] BGH FamRZ 1993, 676, 680.
[106] BGH aaO.
[107] Wever Rn. 209.

Auf diese Weise entstehen **ungleiche Belastungen** an den einzelnen Miteigen-  107
tumsanteilen, die bei der Teilungsversteigerung nach § 182 II ZVG durch Erhöhung
des geringsten Gebots auszugleichen sind (Rn. 74). Dies wird jedoch häufig übersehen. Nach einer Entscheidung des BGH,[108] die sich mit dieser Situation eingehend
auch für den Fall von Grundschulden befasst, kann der Ausgleichsanspruch noch
nachträglich beim Streit um den Erlös geltend gemacht werden. Spätestens bei der
Aufteilung des Erlöses ist es daher erforderlich, noch einmal genau zu prüfen, ob im
geringsten Gebot durch Darlehensrückzahlungen entstandene Eigentümergrundschulden enthalten waren.

# 2. Abschnitt. Ausgleich gemeinsamer Schulden

Bei der Vermögensauseinandersetzung nach Trennung und Scheidung streiten die  108
Eheleute meist weniger um die Aufteilung des Aktivvermögens, sondern mehr um
den Ausgleich gemeinsamer Schulden. Während ihres Zusammenlebens schaffen die
Ehegatten auf vielfache Weise zwar gemeinsames Vermögen. So kaufen sie zusammen einen Pkw, richten ihre Wohnung ein oder erwerben ein Eigenheim. Für die
Anschaffungen mussten sie aber zumeist **Kredite aufnehmen,** für deren Rückzahlung sie in aller Regel gemeinsam haften. Denn Banken vergeben Kredite an einen
verheirateten Kunden in aller Regel nur dann, wenn der Ehepartner eine Mithaftung
übernimmt. Viele der gesamtschuldnerisch eingegangenen Verbindlichkeiten sind,
wenn die Eheleute sich trennen, noch nicht getilgt. Wird dann ein Ehegatte von der
Bank in Anspruch genommen, stellt sich die Frage, ob er für die geleisteten Zahlungen vom Ehepartner einen Ausgleich verlangen kann.

## A. Wirksamkeit der Mithaftung

Wird ein Ehegatte von der Bank oder dem anderen Ehegatten als Mitschuldner in  109
Anspruch genommen, ist vorweg zu prüfen, ob die von ihm auf Verlangen des
Kreditinstituts übernommene Mitverpflichtung sittenwidrig und damit nichtig ist.

---

**Beispielsfall:**[109] Die Sparkasse gewährte M, einem Immobilienmakler, für dessen
Geschäftsbetrieb ein Darlehen über 400 000 € zu einem Zinssatz von 6,75%
p. a., rückzahlbar in monatlichen Zins- und Tilgungsraten von 2643 €. Der Kre-
ditvertrag wurde von seiner Ehefrau F als „Mitdarlehensnehmer" unterzeich-
net. Die vermögenslose Ehefrau war zum Zeitpunkt des Vertragsabschlusses im
6. Monat schwanger und deshalb nicht mehr in der Lage, einer Berufstätigkeit
nachzugehen. Nachdem M mehrere Zins- und Tilgungsraten nicht geleistet
hatte, kündigte die Sparkasse den Darlehensvertrag fristlos und forderte ihn
und F zur Rückzahlung auf. F hält die von ihr übernommene Verpflichtung für
einen sittenwidrigen und daher nichtigen Schuldbeitritt. Die Sparkasse ist der
Auffassung, F sei nach dem klaren Wortlaut des Vertrags gleichberechtigte
Mitdarlehensnehmerin.

---

08 BGH FamRZ 1983, 797.
09 Nach BGH FamRZ 2002, 1694.

## I. Echte Mitschuldnerschaft

110 Für die Prüfung, ob die Mitverpflichtung der Ehefrau sittenwidrig ist, mus zwischen echter Mitschuldnerschaft und bloßer Mithaftung in Form der Schuld mitübernahme oder des Schuldbeitritts unterschieden werden. Bei echter Mitschuld nerschaft führt allein der Umstand, dass der Mitverpflichtete das Darlehen voraus sichtlich nicht zurückzahlen kann, nicht zur Sittenwidrigkeit der Mithaftung.[110]

111 **Echter** Darlehensnehmer ist nach ständiger Rechtsprechung des BGH nur, we ein eigenes – sachliches und/oder persönliches – Interesse an der Kreditaufnahme ha und als im Wesentlichen gleichberechtigter Partner über Auszahlung und Verwen dung der Darlehensvaluta mitentscheiden darf. Ob diese Voraussetzungen erfüll sind, beurteilt sich ausschließlich nach den Verhältnissen auf Seiten der Mitdarle hensnehmer. Die kreditgebende Bank hat es daher nicht in der Hand, etwa durc eine im Darlehensvertrag gewählte Formulierung wie z. B. *„Mitdarlehensnehmer"* *„Mitantragsteller"* oder *„Mitschuldner"* einen bloß Mithaftenden zu einem gleichbe rechtigten Mitdarlehensnehmer zu machen und dadurch den Nichtigkeitsfolgen de § 138 I BGB zu entgehen. Maßgeblich ist vielmehr der **wirkliche Parteiwille** be Abschluss des Vertrags.

Der BGH führte im Beispielsfall sodann näher aus, dass nach der gebotene Vertragsauslegung F nicht als echte Kreditnehmerin, sondern als bloße Mithaftend anzusehen sei[111].

## II. Krasse finanzielle Überforderung

112 Eine **Mithaftung oder Bürgschaft** verstößt nach BGH gegen die **guten Sitte** und ist damit nichtig (§ 138 I BGB), wenn sie den verpflichteten Ehe- oder Lebens partner **finanziell krass überfordert** und wenn er die ruinöse Haftung aus emotiona ler Verbundenheit mit dem Hauptschuldner übernommen hat[112]. In einem solche Fall wird widerleglich vermutet, dass der Kreditgeber dies in sittlich anstößige Weise ausgenutzt hat. Eine **krasse finanzielle Überforderung** liegt nach der Recht sprechung bei nicht ganz geringen Bankschulden grundsätzlich dann vor, wenn de Mithaftende voraussichtlich *nicht einmal die laufenden Zinsen der Hauptschuld mi seinen eigenen finanziellen Mitteln auf Dauer aufbringen kann.*[113]

113 Das Interesse des Kreditgebers, sich mit Hilfe von Bürgschaften und Mithaftunge möglichst wirksam vor etwaigen **Vermögensverschiebungen** zwischen den Eheleu ten zu schützen, schließt die Sittenwidrigkeit nicht aus.[114] Zumal es den Kredit instituten unbenommen bleibt, in ihren Formularverträgen eine Klausel aufzuneh men, dass eine Mithaftung oder Bürgschaftsverpflichtung nur für den Fall und i dem Umfang entsteht, in dem es zu Vermögensverschiebungen kommt.[115]

114 Die Möglichkeit, im **Insolvenzverfahren** eine **Restschuldbefreiung** zu erlange (§§ 286 ff InsO) und damit einer lebenslangen Überschuldung zu entgehen, änder

---

[110] BGH FamRZ 2004, 1016, 1018; Schnitzler/Joswig, MAH Familienrecht, § 19 Rn. 21.
[111] BGH FamRZ 2002, 1694; 2002, 1253.
[112] BGH FamRZ 2002, 1694, 1695; 2002, 1253, 1254; 2002, 314, 315.
[113] BGH FamRZ 2002, 1694, 1695; 2001, 1286, 1288; 2000, 736, 737; FuR 2002, 445, 446.
[114] BGH FamRZ 2006, 1024, 1025; 2002, 1550, 1552; FuR 2002, 445, 446 = NJW 2002, 2230, 2231.
[115] BGH NJW 2002, 2230; OLG Frankfurt, NJW 2004, 2392, 2394.

an der Sittenwidrigkeit bei krasser finanzieller Überforderung des mithaftenden Partners nichts.[116]

Bei der Prüfung der finanziellen Überforderung sind **dingliche Sicherheiten** des **115** **Kreditnehmers** zu berücksichtigen, wenn sie das Haftungsrisiko des mitverpflichteten Partners in rechtlich gesicherter Weise auf ein vertretbares Maß beschränken[117]. Diese engen Voraussetzungen sind nicht erfüllt, wenn eine Grundschuld nicht nur das Darlehen, sondern auch alle gegenwärtigen und künftigen Forderungen der Bank gegen den Kreditnehmer sichern soll.[118]

Im Beispielsfall hat der BGH[119] dargelegt, dass zum Zeitpunkt des Vertrags- **116** abschlusses Ehefrau F im 6. Monat schwanger war, kein Einkommen und kein Vermögen hatte. Eine ganztägige Berufsausübung mit einem entsprechenden Monatsgehalt erschien in absehbarer Zeit nicht realistisch. Aus der maßgebenden Sicht eines rational handelnden Kreditgebers konnte sie voraussichtlich auch zukünftig nicht einmal die im Darlehensvertrag vereinbarten Zinsen von mehr als 2000 € monatlich allein aufbringen.

## III. Beweislast für krasse finanzielle Überforderung

Den Kreditgeber trifft die **Darlegungs- und Beweislast,** dass sich der krass über- **117** forderte Ehe- oder Lebenspartner bei Abgabe der Mithaftungserklärung von einer realistischen Einschätzung des wirtschaftlichen Risikos und nicht von fremdbestimmten Motiven hat leiten lassen. Der BGH[120] hat dazu ausgeführt: *„In einem Fall **krasser finanzieller Überforderung** wird **widerleglich vermutet,** dass die ruinöse Bürgschaft oder Mithaftung allein aus emotionaler Verbundenheit mit dem Hauptschuldner übernommen wurde und der Kreditgeber dies in sittlich anstößiger Weise ausgenutzt hat.“*

Diese tatsächliche Vermutung eines sittlich anstößigen fremdbestimmten Han- **118** delns des Bürgen oder Mithaftenden muss das **Kreditinstitut** widerlegen oder entkräften. Der Kreditgeber kann die Vermutung nicht nur durch den Nachweis seiner **Unkenntnis** der krassen finanziellen Überforderung oder der emotionalen Verbundenheit, sondern auch durch den Nachweis eines eigenen persönlichen oder wirtschaftlichen Interesses des Bürgen oder Mithaftenden an der Kreditaufnahme ausräumen.[121]

Der Umstand, dass eine finanziell krass überforderte Ehefrau geschäftlich nicht **119** unerfahren ist und für ihren Ehemann die Kreditgespräche geführt hat, fällt nach BGH[122] als Beweisanzeichen nicht entscheidend ins Gewicht: *„Auch erfahrene und geschäftsgewandte Personen können aus emotionaler Verbundenheit zu ihrem Ehegatten Verbindlichkeiten eingehen, die sie finanziell krass überfordern.“*

---

[116] BGH NJW 2009, 2671; OLG Düsseldorf, FamRZ 2007, 818, 820; OLG Frankfurt, FamRZ NJW 2004, 2392; LG Mönchengladbach, NJW 2006, 67; Wagner, NJW 2005, 2956.

[117] BGH FamRZ 2002, 1694; 2001, 1286; 1998, 85.

[118] BGH FamRZ 2002, 1694, 1695; OLG Düsseldorf, FamRZ 2007, 818, 819.

[119] BGH FamRZ 2002, 1694, 1695.

[20] BGH FamRZ 2002, 1253, 1254; ebenso 2002, 1694, 1695; 2002, 314, 315; 2001, 1286, 1288; FuR 2002, 445, 446.

[21] BGH FamRZ 2006, 1024, 1025; 2001, 1286.

[22] BGH FamRZ 2003, 512, 513; FuR 2002, 445, 446 = NJW 2002, 2230, 2231.

## IV. Maßgebender Zeitpunkt für die finanzielle Überforderung

120    Für die Feststellung einer krassen finanziellen Überforderung ist der **Zeitpunkt der Haftungsübernahme** oder des **Abschlusses des Bürgschaftsvertrages** maßgeblich.[123] Es ist eine Prognose zu erstellen, ob der Mithaftende innerhalb der Kreditlaufzeit voraussichtlich in der Lage sein wird, wenigstens die laufenden Zinsen aus dem pfändbaren Teil seines Einkommens oder Vermögens aufzubringen.[124] Vage und substanzlose Hoffnungen können nicht zur Grundlage einer seriösen und vernünftigen Zukunftsprognose gemacht werden.[125] Es muss eine begründete Aussicht auf eine alsbaldige wesentliche Verbesserung der finanziellen Leistungsfähigkeit bestehen.[126] Nimmt ein Gläubiger einen Mitverpflichteten in Anspruch, der zur Zeit der Haftungsübernahme finanziell krass überfordert war, so hat er zu beweisen, dass die Einbindung in die Haftung ausnahmsweise wegen einer zu erwartenden Verbesserung der finanziellen Lage dieses Mitschuldners wirtschaftlich sinnvoll war.[127]

## V. Berücksichtigung künftiger Leistungsfähigkeit

121    Eine Bürgschaft oder ein Schuldbeitritt können trotz krasser finanzieller Überforderung des Mitverpflichteten wirksam sein, wenn die Parteien bei Vertragsabschluss davon ausgehen, dass der Mithaftende durch eine größere **Erbschaft** in absehbarer Zeit zu Vermögen kommen werde. Der Schutz des Mitschuldners und Bürgen wird dadurch gewährleistet, dass die **Verpflichtung erst mit Eintritt des Erbfalls fällig** wird.[128] Die Sittenwidrigkeit bei krasser finanzieller Überforderung entfällt jedoch nur, wenn im Vertrag zwischen Bank und Mithaftendem eindeutig festgelegt ist, dass die Mitverpflichtung trotz Vermögenslosigkeit nur im Hinblick auf die zu erwartende Erbschaft eingegangen wird.[129] Schuldmitübernahme oder Bürgschaft sind jedoch dann sittenwidrig, wenn die Höhe der Mitverpflichtung das berechtigte Sicherungsinteresse der Bank weit übersteigt.[130] So hat der BGH[131] einen Verstoß gegen die guten Sitten in einem Fall angenommen, in dem eine Bürgschaft von (umgerechnet) 250 000 € im Hinblick auf eine zu erwartende Erbschaft von rund 160 000 € übernommen wurde.

## VI. Keine Sittenwidrigkeit bei unmittelbar eigenem Vorteil

122    Auch bei krasser finanzieller Überforderung entfällt ein sittenwidriges Handeln, wenn der Mitverpflichtete **unmittelbare eigene Interessen** mit der Darlehensaufnahme verfolgt.[132] Dies ist der Fall, wenn mit dem gewährten Darlehen ein gemein-

---

[123] BGH FamRZ 2006, 1024, 1025; 2002, 1694, 1695; 2002, 1253, 1254; FuR 2000, 164, 169.
[124] BGH FamRZ 2002, 1694, 1695; 2002, 314, 315.
[125] BGH FamRZ 2002, 314, 315.
[126] BGH FamRZ 2002, 1550, 1552; FuR 2000, 164, 169 = NJW 1999, 2584, 2588.
[127] BGH FuR 2000, 164, 169 = NJW 1999, 2584, 2588.
[128] BGH FamRZ 1999, 151, 153; 1997, 478, 480.
[129] BGH FamRZ 1999, 151, 154.
[130] Palandt/Ellenberger § 138 BGB Rn. 38 d.
[131] BGH FamRZ 1999, 151.
[132] BGH FamRZ 2006, 1024, 1025; 2004, 1016, 1017; 2002, 1694, 1695; 2002, 1253, 1254; 2001, 1286, 1289.

mer Hausstand gegründet werden soll. Einen eigenen geldwerten Vorteil erlangt er Mitverpflichtete auch, wenn der aufgenommene Kredit zum Kauf eines Wohngrundstücks verwendet wird, dessen Miteigentümer er wird.[133]

Ein **nur mittelbarer Vorteil** aus der Kreditgewährung reicht bei einer krassen **123** finanziellen Überforderung des Bürgen oder Mithaftenden nicht aus, die Sittenwidrigkeit entfallen zu lassen.[134] Steht das mit dem Kredit erworbene oder ausgebaute Anwesen im Alleineigentum eines Ehegatten und darf es der Partner nur mitbewohnen, so stellt dies *„keinen Vorteil dar, der vernünftigerweise eine hoffnungslose Überschuldung auszugleichen vermöchte".*[135] Für den Mitverpflichteten ergibt sich auch kein unmittelbarer geldwerter Vorteil, wenn mit dem für den Betrieb des Hauptschuldners aufgenommenen Kredit auch sein künftiger Unterhalt gesichert werden soll. *„Die Unterhaltsbedürftigkeit des einen Partners ist kein triftiger Grund, um ihm gegen seinen ausdrücklichen oder mutmaßlichen Willen das unternehmerische Risiko des anderen aufzubürden, zumal sich häufig nicht einmal ein innerer Zusammenhang zwischen den Unterhaltsleistungen und der Darlehensgewährung zuverlässig feststellen lässt."*[136]

## II. Weitere Fälle der Sittenwidrigkeit

Außer in den Fällen einer krassen finanziellen Überforderung des Mithaftenden **124** kann dem Kreditinstitut ein Verstoß gegen die guten Sitten auch angelastet werden, wenn der Vertreter der Bank das **Haftungsrisiko verharmlost oder verschleiert:** *„Hier bitte unterschreiben Sie mal, Sie gehen dabei keine große Verpflichtung ein, ich brauche das für meine Akten."*[137] Schließlich kann sich ein verwerfliches Handeln des Kreditgebers bei einer **Überrumpelung des Mitverpflichteten** ergeben. Wird die Mitverpflichtung auf Grund eines Besuchs in der Wohnung oder am Arbeitsplatz oder anlässlich einer Freizeitveranstaltung eingegangen, wird zumeist eine Überrumpelung zu bejahen sein.[138]

## . Rechtliche Grundlagen für den Innenausgleich bei Gesamtschulden

### Gesetzliche Regel und anderweitige Bestimmung (§ 426 I BGB)

Haften beide Eheleute für eine Schuld, handelt es sich in der Regel um Gesamt- **125** schulden nach § 421 BGB. Der **Ausgleich** von Gesamtschulden richtet sich auch bei Eheleuten nach § 426 BGB. Danach sind Gesamtschuldner im Verhältnis zueinander zu gleichen Anteilen verpflichtet, soweit nicht ein anderes bestimmt ist. Nach der gesetzlichen Grundregel hat jeder Ehegatte im Innenverhältnis die **Hälfte** der Schulden zu tragen. Die gesetzliche Regelung greift jedoch nur ein, wenn ein anderer

---

[133] BGH FamRZ 1993, 407, 408; Palandt/Grüneberg § 426 BGB Rn. 38 c.
[134] BGH FamRZ 2001, 1286, 1289; FuR 2000, 164, 170 = NJW 1999, 2584, 2588; ZIP 2003, 796.
[135] So BGH FamRZ 2000, 736, 738.
[136] So BGH FamRZ 2001, 1286, 1289.
[137] So BGH NJW 1994, 1341, 1343; vgl. BGH, FamRZ 1999, 154, 155; 1993, 407.
[138] BGH FamRZ 1991, 667; 1993, 407, 408; NJW 1997, 1773, 1775 = FamRZ 1997, 736 (Ls); Schnitzler/Joswig, MAH Familienrecht, § 19 Rn. 32.

Verteilungsmaßstab fehlt. Aus diesem Grund ist in jedem Einzelfall vorweg z
klären, ob *„nicht ein anderes bestimmt ist".*

126    Eine anderweitige Bestimmung kann sich nach der Rechtsprechung des BGH[13]
aus dem **Gesetz,** einer **Vereinbarung,** aus dem Inhalt und Zweck eines zwischen de
Gesamtschuldnern bestehenden **Rechtsverhältnisses** oder aus der **Natur der Sach**
mithin der besonderen Gestaltung des tatsächlichen Geschehens ergeben.

127    Eheleute vereinbaren während des Zusammenlebens regelmäßig „stillschweigend
einen von der Halbteilung abweichenden Verteilungsmaßstab. Ein anderer Ausgleic
als nach der gesetzlichen Regel kann sich bei Ehegatten auch **„aus der besondere**
**Gestaltung des tatsächlichen Geschehens"** ergeben. Das Gesamtschuldverhältni
wird durch die eheliche Lebensgemeinschaft in der Weise **„überlagert",** dass für d
Zeit des Zusammenlebens ein Ausgleichsanspruch in der Regel ausscheidet.[140]

## II. Gesetzlicher Forderungsübergang (§ 426 II BGB)

128    Befriedigt ein Ehegatte als Gesamtschuldner den Gläubiger, geht die Forderun
auf ihn über, soweit er mehr als den von ihm im Innenverhältnis zu tragenden Ante
geleistet hat (§ 426 II 1 BGB). Mit der Forderung gehen auch Sicherungsrechte, di
für die Forderung bestehen, sowie die Rechte aus einer für sie bestellten Bürgscha
auf den „neuen Gläubiger" über (§§ 412, 401 BGB). Der Ausgleichsanspruch nac
§ 426 I 1 BGB und die gemäß § 426 II BGB übergegangene Forderung besteh
nebeneinander.[141]

## III. Darlegungs- und Beweislast für anderweitige Bestimmung

129    Nach der gesetzlichen Regel des § 426 I 1 BGB sind Gesamtschuldner im Ver
hältnis zueinander *„zu gleichen Anteilen"* verpflichtet. Will ein Ehegatte weniger a
die Hälfte einer gesamtschuldnerischen Verbindlichkeit tragen, muss er darlegen un
beweisen, dass *„ein anderes bestimmt ist".*[142] Das Gleiche gilt für den Ehegatten, de
die Schuld allein getilgt hat und vom anderen mehr als die Hälfte als Ausgleic
verlangt.

# C. Ausgleich für während des ehelichen Zusammenlebens getilgte Schulden

## I. Grundregel

130    Ein Innenausgleich zwischen Eheleuten hängt entscheidend davon ab, ob di
gemeinsamen Schulden während des ehelichen Zusammenlebens oder erst nac
Scheitern der Ehe getilgt wurden.

---

[139] BGH FamRZ 2006, 1178, 1179; 2005, 1236, 1237; 2002, 1024, 1025; 1997, 487; 1993, 676, 67
1988, 264.
[140] So BGH FamRZ 1995, 216, 217; 1993, 676, 678; 1988, 264, 265; 1984, 29, 30.
[141] Palandt/Grüneberg § 426 BGB Rn. 14.
[142] BGH FamRZ 2005, 1236, 1237; 1988, 264, 265; 1987, 1239, 1241.

**Beispielsfall:**[143] Die Eheleute hatten gemeinsam ein Darlehen zur Finanzierung eines ihnen gemeinsam gehörenden Hauses aufgenommen. Der Ehemann war Alleinverdiener, die Ehefrau führte den Haushalt. Der Ehemann zahlte die Kreditraten allein zurück. Nach der Trennung verlangt der Ehemann von der Ehefrau die Hälfte des von ihm während des ehelichen Zusammenlebens gezahlten Betrags gemäß § 426 I 1 BGB.

Der BGH[144] hat einen Ausgleichsanspruch verneint und grundlegend festgestellt: **131**
*„Für die Zeit bis zum Scheitern der Ehe* liegt es nahe, die *alleinige Haftung* des Trägers für die Darlehensschulden aus der konkreten Gestaltung des ehelichen Verhältnisses zu folgern… Wenn ein Ehegatte allein über ein Einkommen verfügt, während der andere den Haushalt versorgt, ist es üblich, dass der verdienende Teil die gemeinschaftlichen finanziellen Verbindlichkeiten trägt, auch wenn sie dem gemeinsamen Vemögenserwerb dienen. Dem liegt die Anschauung zugrunde, dass die **finanziellen Leistungen** des einen und die **Haushaltsführung** des anderen Teils grundsätzlich **gleichwertige Beiträge** zur ehelichen Lebensgemeinschaft darstellen.“*

Die Feststellungen des BGH, dass wegen der *„familienrechtlichen Überlagerung"* **132** des Gesamtschuldverhältnisses ein Ausgleich für Schuldtilgungen während des ehelichen Zusammenlebens ausscheidet, betrafen stets **Alleinverdiener-Ehen**.[145] Bei **Doppelverdiener-Ehen** hat der BGH Ausgleichsansprüche des Ehegatten, der die Schulden allein getilgt hat, dem Grunde nach bejaht. Erzielen beide Ehegatten Einkünfte, so entspreche es den ehelichen Lebensverhältnissen mehr, dass beide auch für die Zeit vor der Trennung entsprechend ihrem jeweiligen Einkommen mithaften.[146]

Eine grundsätzlich unterschiedliche Haftungsverteilung bei Allein- und Doppel- **133** verdiener-Ehen ist nicht gerechtfertigt. Vielmehr ist auch in den Fällen, in denen die Eheleute Doppelverdiener sind, aber nur einer die Schulden tilgt, ein Ausgleichsanspruch für die während des Zusammenlebens geleisteten Zahlungen zu verneinen.[147] Denn auch in der Doppelverdiener-Ehe wird die Schuldentilgung durch einen Ehegatten regelmäßig Teil der gleichwertigen Beiträge beider Partner zur ehelichen Lebensgemeinschaft sein. Der andere Ehegatte kann trotz Berufstätigkeit überwiegend den Haushalt führen. Oder der allein tilgende Ehegatte profitiert vom Mitverdienst seines Ehepartners auf andere Weise. So kann dieser die Kosten der Lebenshaltung und des Urlaubs bestreiten oder die Miete bezahlen. Aber auch wenn er mit seinem Einkommen hauptsächlich sein eigenes Vermögen mehrt, entspricht diese Verteilung der besonderen Gestaltung dieser Ehe. Im Übrigen partizipiert der andere Ehegatte von der Vermögensbildung, wenn die Eheleute im gesetzlichen Güterstand leben, **über den Zugewinnausgleich.** Gegen einen nachträglichen Gesamtschuldnerausgleich spricht auch die Regel des § 1360 b BGB, nach

---

[3] Nach BGH FamRZ 1983, 795.
[4] BGH FamRZ 1983, 795; ebenso FamRZ 1986, 881; 1988, 264, 265.
[5] BGH FamRZ 2001, 1442, 1443; 1993, 676; 1988, 264, 265; 1986, 881, 882; 1984, 29, 30.
[6] BGH FamRZ 2001, 1442, 1443; NJW 2000, 1944, 1945; FamRZ 1989, 147; 1988, 264, 265; 1987, 1239, 1240; 1984, 29, 30; ebenso Hahne, FF 1999, 99, 104.
[7] So auch Staudinger/Noack § 426 Rn. 208, 211; Palandt/Grüneberg § 426 Rn. 9 a; Schulz/Hauß, § 426 Rn. 29; Wever Rn. 287; Münch, Scheidungsimmobilie, Rn. 356; Schnitzler/Maurer-Wildermann, MAH Familienrecht, § 20 Rn. 69; Schulz FPR 2006, 472; Heimann FPR 2006, 487, 488; Bosch FamRZ 2002, 366, 367; Kleinle FamRZ 1997, 8, 10.

der ein Ehegatte, der zuviel Unterhalt geleistet hat, keinen Ausgleich verlangen kann.

134  Der BGH scheint von seiner bisherigen Rechtsprechung zum Gesamtschuldnerausgleich bei Doppelverdienern „stillschweigend" Abstand zu nehmen. So hat er in zwei Entscheidungen[148] über einen **nachträglichen Steuerausgleich** seine früheren Feststellungen, dass die Eheleute im Verhältnis ihrer Einkünfte die Schulden zu tragen haben, nicht mehr erwähnt. In beiden Fällen hatten die Ehegatten während des Zusammenlebens die Steuerklassen III/V und gemeinsame Veranlagung gewählt. Das niedrigere Einkommen der Ehefrau wurde dadurch vergleichsweise höher besteuert als bei Steuerklassenwahl IV/IV. Der BGH hat der Ehefrau dafür einen **nachträglichen Ausgleich versagt.** Sie könne wegen des Scheiterns der Ehe den Mehrbetrag, den sie wegen der Besteuerung ihres Einkommens nach der Lohnsteuerklasse V im Vergleich zur Besteuerung bei getrennter Veranlagung geleistet hat, nicht vom Ehemann ersetzt verlangen.

135  Wie in der Alleinverdiener-Ehe besteht auch bei Doppelverdienern grundsätzlich nicht die Absicht, finanzielle Mehrleistungen des einen Teils auszugleichen. Deshalb gibt es nach dem Scheitern der Ehe auch bei Doppelverdienern keinen Gesamtschuldnerausgleich. Zutreffend hat der BGH[149] festgestellt: *„Der ehelichen Lebensgemeinschaft liegt nämlich die Anschauung zugrunde, mit dem Einkommen der Ehegatten gemeinsam zu wirtschaften und finanzielle Mehrleistungen nicht auszugleichen... Solange die Ehe besteht und intakt ist, entspricht es vielmehr natürlicher Betrachtungsweise und der regelmäßigen Absicht der Ehegatten, dass derjenige, der die Zahlung auf die gemeinsame Schuld bewirkt, nicht nur sich selbst, sondern auch den anderen von seiner Schuld befreien will, ohne von ihm Rückgriff zu nehmen."*

136  Als **Grundregel** ist deshalb festzuhalten: **Für Schulden, die während des ehelichen Zusammenlebens getilgt wurden, gibt es keinen Gesamtschuldnerausgleich.**

## II. Ausnahmefälle

137  Ein nachträglicher Ausgleich für Schuldtilgungen während des ehelichen Zusammenlebens ist ausnahmsweise dann gerechtfertigt, wenn ein Ehegatte **keine gleichwertigen Leistungen zur gemeinsamen Lebensführung** erbracht hat.[150] Das ist der Fall, wenn ein Ehegatte abredewidrig nichts zum Unterhalt der Familie (§§ 1360, 1360 a BGB) beigetragen hat und der andere Ehegatte nicht nur die Schulden bezahlt hat, sondern auch noch für die gesamten Unterhaltskosten allein aufkommen musste.

138  In einem vom BGH[151] entschiedenen Fall hatte die Ehefrau auf Drängen der Bank einen Kredit in Höhe von 175 000 € kurz vor der Trennung zurückbezahlt. Dieser finanziellen Leistung stand kein gleichwertiger Beitrag des Ehemannes mehr gegen-

---

[148] BGH FamRZ 2002, 1024, 1026; 2002, 739,740 m. zust. Anm. Wever.
[149] BGH FamRZ 2002, 1024, 1026 m. zust. Anm. Bergschneider; FF 2002,1181; bestätigt von BGH FamRZ 2007, 1229 m. zust. Anm. Engels und abl. Anm. Arens FamRZ 2007, 253; zust. auch Palandt/Grüneberg § 426 Rn. 9 c; Schulz/Hauß, Rn. 31; Wever FamRZ 2008, 1485, 1490; Wever Rn. 288; Schulz FPR 2006, 472, 473.
[150] Wever Rn. 291; Schulz/Hauß, Rn. 33; Schulz FPR 2006, 472, 473.
[151] BGH FamRZ 1988, 264.

ber. Das Gesamtschuldverhältnis wird hier, da die Ehe bald nach der Tilgung des ~arlehens zerbrach, nicht mehr „von der ehelichen Lebensgemeinschaft überlagert". us diesem Grund – und nicht wie vom BGH[152] angeführt, weil die Eheleute Doppel-~rdiener waren – ist hier ein nachträglicher Schuldenausgleich gerechtfertigt[153].

Als **Ausnahme von der Regel** kann somit festgehalten werden: Ein Ehegatte kann **139** ~r Schuldtilgungen während des Zusammenlebens vom anderen Ehegatten einen ~usgleich verlangen, wenn dieser **keine gleichwertigen Beiträge zur ehelichen ~ebensgemeinschaft** geleistet hat.

## . Ausgleich für Schuldtilgungen nach Scheitern der Ehe

### Grundregel

**Beispielsfall:**[154] Die Eheleute M und F hatten ein Darlehen zur Finanzierung **140** eines ihnen gemeinsam gehörenden Hauses aufgenommen. Alleinverdiener M zahlte auch nach dem Scheitern der Ehe die Kreditraten allein zurück. M verlangt nunmehr von F die Hälfte des von ihm nach der Trennung gezahlten Betrags. F wendet ein, sie sei immer noch Hausfrau und habe kein Einkommen und kein Vermögen. Außerdem könne M nicht rückwirkend einen Ausgleich verlangen, da sie nicht gemahnt worden sei.

Mit dem **Scheitern der Ehe ist der Grund** dafür, dass M die Zins- und Tilgungs-~istungen für das Darlehen allein übernommen hat, **entfallen.** Nach Aufhebung der ~ehelichen Lebensgemeinschaft besteht im Allgemeinen kein Grund mehr für einen ~hegatten, dem anderen eine weitere Vermögensmehrung zukommen zu lassen.[155] ~usgleichsansprüche, die während intakter Ehe ausgeschlossen** waren, weil das ~Gesamtschuldverhältnis durch die eheliche Lebensgemeinschaft überlagert war, le-**en mit dem Scheitern der Ehe wieder auf.** Es gilt nun der gesetzliche Grundsatz ~er Haftung zu gleichen Anteilen,** wenn nicht eine anderweitige Bestimmung oder ~esondere Umstände vorliegen, aus denen sich ein vom Regelfall abweichender ~erteilungsmaßstab ergibt.

Der Ausgleichsanspruch besteht auch dann, wenn ein Ehegatte **nicht leistungs- 141 ~ihig** ist. So hat der BGH[156] eindeutig festgestellt: *„Dass ein Schuldner nicht zahlen ~ann, ist kein ausreichender Grund, ihn von der Mithaftung freizustellen."*

Der Ausgleichsanspruch entsteht mit der Beendigung der ehelichen Lebens- **142** ~emeinschaft, ohne dass es einer besonderen Aufforderung bedarf. Der Ausgleichs-~nspruch kann daher auch **rückwirkend** ab Scheitern der Ehe geltend gemacht ~erden, auch wenn der allein zahlende Ehegatte den anderen nicht darauf hingewie-~en hat, dass er einen Ausgleich verlangen wolle.[157]

2 BGH FamRZ 1988, 264, 265.
3 So auch Wever Rn. 289; FamVerfR/Wever Rn. 5.227.
4 Nach BGH FamRZ 1983, 795.
5 BGH FamRZ 1983, 795, 796; 1993, 676, 678; 1995, 216, 217; OLG Naumburg FamRZ 2005, 906, 907; Palandt/Grüneberg § 426 Rn. 9 b.
6 BGH FamRZ 1983, 795, 796; ebenso OLG Bremen FamRZ 2002, 392, 393.
7 BGH FamRZ 1995, 216, 217; bestätigt von BGH NJW 2005, 2307; ebenso OLG Brandenburg FamRZ 2003, 378 (Ls.).

## II. Anderweitige Bestimmung nach dem Scheitern der Ehe

**143**  Nach dem Scheitern der Ehe ist grundsätzlich von der gesetzlichen Regel (§ 426 I BGB) der Haftung zu gleichen Anteilen auszugehen. In **Ausnahmefällen** kann jedoch ein vom Regelfall abweichender Verteilungsmaßstab bestehen. Eine anderweitige Bestimmung (§ 426 I 1 Hs. 2 BGB) kann sich – so der BGH[158] – auch ohne ausdrückliche oder stillschweigende Vereinbarung der Ehegatten aus einer *„besonderen Gestaltung des tatsächlichen Geschehens"* ergeben.

### 1. Verbindlichkeiten im ausschließlichen Interesse eines Ehegatten

**144**  • Haben Eheleute für den Gewerbebetrieb des Ehemannes gemeinsam ein Darlehen aufgenommen und dient der Kredit **ausschließlich den geschäftlichen Interessen** des Ehemannes, so hat dieser als alleiniger Nutznießer des Darlehens die Gesamtschuld im Innenverhältnis allein zurückzuzahlen.[159]

• Haben Eheleute gemeinsam einen **Umschuldungskredit** aufgenommen, um einen Ehegatten von einer nur ihn treffenden Schuld zu entlasten, so hat der ursprüngliche Alleinschuldner die Verbindlichkeit im Innenverhältnis auch allein zu tragen.[160]

• Ein Ehegatte, der das in seinem **Alleineigentum** stehende Familienheim nach der Trennung **allein nutzt,** hat auch die gesamtschuldnerisch eingegangenen Finanzierungsverbindlichkeiten im Innenverhältnis **allein abzutragen.**[161]

**145**  Als **Ausnahme** von der gesetzlichen Regel kann festgestellt werden: Ist eine Verbindlichkeit ausschließlich im Interesse eines Ehegatten eingegangen worden und kommt sie wirtschaftlich auch nur ihm zugute, so hat der **allein begünstigte Ehegatte** den gemeinsam aufgenommenen Kredit im Innenverhältnis auch **allein abzutragen.**

### 2. Alleiniges Wohnen im gemeinsamen Haus

**146**  **Beispielsfall:**[162] Nach Trennung der Eheleute M und F verblieb M in dem beiden gehörenden Haus und leistete weiterhin sämtliche Zins- und Tilgungsraten. Einige Jahre später verlangte F als Miteigentümerin von M ein Nutzungsentgelt. Daraufhin forderte M von F rückwirkend ab dem Zeitpunkt der Trennung einen hälftigen Ausgleich für die getilgten Schulden.

In diesem Fall hat jeder Ehegatte gegen den anderen einen Anspruch: F kann als Miteigentümerin von dem das Haus allein bewohnenden M ein angemessenes **Nutzungsentgelt** nach § 1361 b III 2 BGB verlangen (vgl. Kap. 4 Rn. 59). M kann nach gescheiterter Ehe von F die Hälfte der von ihm bezahlten **Hauslasten** gemäß § 426 BGB fordern.

Für F ergibt sich nunmehr ein Problem: Ihr Anspruch auf Nutzungsentgelt entsteht erst in dem Augenblick, in dem sie deutlich die **Zahlung** einer Nutzungsvergütung **verlangt** (vgl. Kap. 4 Rn. 64). Dagegen kann M den Ausgleichsanspruch

---

[158] BGH FamRZ 2005, 1236, 1237; 1988, 264.
[159] BGH FamRZ 1986, 881; OLG Karlsruhe FamRZ 2006, 448, 489; OLG Hamm FamRZ 1994, 960; OLG Celle FamRZ 1985, 710, 711; Palandt/Grüneberg § 426 Rn. 9b; Wever Rn. 313.
[160] BGH FamRZ 1988, 596, 597; OLG Frankfurt FamRZ 2005, 908.
[161] BGH FamRZ 1997, 487; ebenso OLG Köln FamRZ 1992, 318; LG Frankfurt FamRZ 2002, 28, 29.
[162] Nach BGH FamRZ 1993, 676.

nach § 426 BGB auch **rückwirkend** für die Vergangenheit ab dem Zeitpunkt der Trennung geltend machen.

Der BGH[163] hat dieses Problem sachgerecht gelöst: *Bewohnt der allein verdienen-* **147** *de Ehegatte nach der Trennung das im Miteigentum beider Ehegatten stehende Haus mit Duldung des anderen allein und trägt er wie bisher die hierfür entstehenden Lasten und Finanzierungskosten, ohne zu erkennen zu geben, dass er einen Ausgleichsanspruch geltend zu machen beabsichtigt, und verlangt der andere Ehegatte deshalb von ihm kein Nutzungsentgelt, so kann in dieser tatsächlichen Ausgestaltung eine anderweitige Bestimmung im Sinne des § 426 I 1 Hs. 2 BGB liegen, die einem hälftigen Ausgleich entgegensteht.*" Der in der Wohnung verbliebene Miteigentümer hat somit **keinen Ausgleichsanspruch** nach § 426 BGB gegen den anderen Ehegatten, wenn dieser keine Nutzungsvergütung gemäß § 1361 b III 2 BGB fordert.

Sind die Zins- und Tilgungsleistungen jedoch *höher* als der Nutzungswert des **148** Hauses, kann der die Lasten und Kosten tragende Ehegatte die Hälfte des übersteigenden Betrags verlangen.[164] Zahlt beispielsweise der im Haus verbliebene Ehegatte monatlich 3000 €, beträgt der objektive Mietwert aber nur 2000 €, so hat er gegen den anderen Ehegatten einen Anspruch auf Zahlung von 500 €.

Ist der objektive Wohnwert mit 3000 € zu bewerten, betragen die Lasten und Kosten des Hauses aber nur 2000 €, so kann der aus dem Haus ausgezogene Miteigentümer ein Nutzungsentgelt gemäß § 1361 b III 2 BGB in Höhe von 500 € verlangen.

Ein Anspruch für Aufwendungen bei Miteigentum kann sich neben dem Gesamt- **149** schuldnerausgleich nach § 426 BGB auch aus den Regeln der Bruchteilsgemeinschaft gemäß §§ 748, 755 BGB ergeben.[165]

## 3. Konsumkredite

Haben Eheleute Kredite für ihre Lebenshaltung aufgenommen, so sind die Schul- **150** den nach dem Scheitern der Ehe grundsätzlich **von beiden** zur Hälfte zu tragen. Eine anderweitige Bestimmung i. S. von § 426 1 BGB ergibt sich nicht daraus, dass ein Ehegatte Alleinverdiener war und der haushaltführende Ehegatte weiterhin keine Einkünfte erzielt.[166] Mangelnde Zahlungsfähigkeit eines Ehegatten ist kein Grund, ihn von der internen Mithaftung freizustellen.[167] Allerdings wird ein mittelloser Ehegatte an der Schuldentilgung regemäßig dadurch beteiligt, dass sein Unterhalt gekürzt wird. Der unterhaltspflichtige Ehegatte kann die monatlich bezahlten Kreditraten bei der Unterhaltsberechnung einkommensmindernd abziehen.

Wird der mit dem Kredit angeschaffte Gegenstand nur von einem Ehegatten **151** genutzt, so folgt „aus der Natur der Sache", dass dieser den Kredit auch allein zurückzuzahlen hat.

---

[163] BGH FamRZ 1993, 676; ebenso BGH FamRZ 2008, 2015, 2019; OLG Frankfurt FamRZ 2007, 1169, 1170; OLG Düsseldorf FamRZ 1991, 1443; OLG Brandenburg FamRZ 2003, 378 (Ls).
[164] BGH FamRZ 1993, 676, 677; vgl. Hahne FF 1999, 99, 104.
[165] BGH FamRZ 1983, 795, 796; 2001, 1442, 1443; KG FamRZ 2009, 1327, 1329; Wever Rn. 303.
[166] OLG Koblenz NJW-RR 1999, 1093; Palandt/Grüneberg § 426 Rn. 9 b; Schulz/Hauß, § 426 Rn. 50; Wever Rn. 317; Schnitzler/Maurer-Wildermann, MAH Familienrecht, § 20 Rn. 83; a. A. OLG Hamm, FamRZ 1993, 710; 1990, 1359.
[167] BGH FamRZ 1983, 795, 796.

### 4. Pkw-Kredit

**152**    Wer allein den Nutzen hat, der hat auch allein die Lasten zu tragen. Diese Regel gilt auch, wenn Eheleute während des Zusammenlebens mit einem gemeinsamen Kredit einen Pkw gekauft haben, den nach ihrer Trennung nur ein Ehegatte nutzt. Hier ergibt sich aus der **„tatsächlichen Gestaltung"**, dass dieser auch allein für die Kreditraten aufzukommen hat.[168]

### 5. Mietschulden

**153**    Zieht ein Ehegatte aus der gemeinsam gemieteten Wohnung aus und ist der in der Wohnung verbleibende Ehegatte mit dem Auszug **einverstanden** und will er auch in der Wohnung weiter bleiben, so hat er intern, wie sich aus „stillschweigender" Vereinbarung oder „aus der besonderen Gestaltung des tatsächlichen Geschehens" ergibt, auch die Miete allein zu bezahlen.[169] Der ausgezogene Ehegatte hat gegen den in der Wohnung verbliebenen Ehegatten einen **Freistellungsanspruch.**

**154**    Ist der Ehegatte jedoch **ohne Einverständnis** des anderen ausgezogen, so hat er sich „aus nachwirkender ehelicher Treuepflicht" an den Mietkosten bis zum Ablauf der gesetzlichen Kündigungsfrist (§ 573 c I 1 BGB) – also in der Regel drei Monate – zur Hälfte weiter zu beteiligen.[170] Eine Mithaftung ist insbesondere dann zu bejahen, wenn dem in der Wohnung gebliebenen Ehegatten die Alleinnutzung gegen seinen Willen **aufgedrängt** wurde.

## III. Gesamtschuld und Unterhalt

### 1. Gesamtschuld als Abzugsposten bei der Unterhaltsberechnung

**155**    Zahlt der Ehegatte das während des Zusammenlebens aufgenommene Familiendarlehen nach der Trennung allein zurück und ist er dem anderen Ehegatten gegenüber unterhaltspflichtig, so kann er die monatlich geleisteten Raten bei der Berechnung des Unterhalts als **eheprägende** Schuld abziehen. In diesem Fall kann er keinen Gesamtschuldnerausgleich verlangen, da der andere Ehegatte den Kredit durch Kürzung seines Unterhalts bereits zur Hälfte mittlägt. Die anderweitige Bestimmung i.S. von § 426 I 1 BGB ergibt sich hier entweder aus (stillschweigender) Vereinbarung oder „aus der Natur der Sache".[171]

**156**    Anders ist es dagegen, wenn ein Elternteil bei der Berechnung des **Kindesunterhalts** eine von ihm getilgte Gesamtschuld einkommensmindernd abzieht. Der Abzug der monatlichen Tilgungsrate wirkt sich auf die Berechnung des Kindesunterhalts

---

[168] KG FamRZ 1999, 1502; Palandt/Grüneberg § 426 Rn. 9 b; Wever Rn. 319; Schnitzler/Maurer-Wildermann, MAH Familienrecht, § 20 Rn. 84.

[169] OLG Köln FamRZ 2003, 1664, 1665 m. zust. Anm. Wever; OLG München FamRZ 1996, 291; Palandt/Grüneberg § 426 Rn. 9 b; Staudinger/Noack § 426 Rn. 222.

[170] LG Mönchengladbach FamRZ 2003, 1839 (Ls); LG Hannover FamRZ 2002, 29, 30; OLG Dresden FamRZ 2003, 158, 159 und OLG Frankfurt FamRZ 2002, 27 jeweils zu einem befristeten Mietverhältnis, das nicht gekündigt werden konnte; Wever Rn. 326; Schulz/Hauß, HK-FamR, § 426 Rn. 53.

[171] BGH FamRZ 2005, 1236, 1237; OLG Zweibrücken FamRZ 2002, 1341; OLG München FamRZ 1996, 291, 292.

nur geringfügig oder gar nicht aus. Der Ehegatte bleibt daher im Innenverhältnis gemäß § 426 BGB zum hälftigen Ausgleich **verpflichtet.**[172]

## 2. Kein Restausgleich nach Abzug der Gesamtschuld

> **Beyspiel:** Alleinverdiener M, der ein Nettoeinkommen von 4200 € hat, zahlt ein während des ehelichen Zusammenlebens gemeinsam aufgenommenes Darlehen weiterhin in monatlichen Raten von 700 € zurück. F verlangt 1500 € Unterhalt.
>
> Berechnung: (4200 € – 700 €) x $3/7$ = 1500 €.

157

In Rechtsprechung und Literatur wird teilweise die Meinung vertreten[173], dem unterhaltspflichtigen M stehe noch ein Restausgleich der Gesamtschuld zu. Durch die Unterhaltsquotierung von $4/7 : 3/7$ zahle die unterhaltsberechtigte F nicht die Hälfte der Gesamtschuld, sondern $1/7$ weniger.[174] M könne daher noch $1/14$ (die Hälfte von $1/7$) der getilgten Schuld, somit 50 € von F gemäß § 426 BGB verlangen. Der Unterhaltsanspruch der F betrage 4200 € x $3/7$ = 1800 €. M könne aber als Gesamtschuldnerausgleich 700 € : 2 = 350 € verlangen. F würde auf diese Weise letztlich nur 1800 € – 350 € = 1450 € erhalten.

Dieser Auffassung kann nicht gefolgt werden.[175] Bei dieser Berechnung wird der von der Rechtsprechung zugestandene Erwerbstätigenbonus[176] **falsch eingeordnet.** Unterhaltsrechtlich wird ein Arbeitsanreiz von $1/7$ nur vom bereinigten Nettoeinkommen zugebilligt. Die ehelichen Lebensverhältnisse waren vom Nettoeinkommen des M von 4200 € und der monatlichen Schuldentilgung von 700 € geprägt. Nur vom verbleibenden bereinigten Einkommen von 3500 € kann ein Erwerbstätigenbonus abgezogen werden. Es kann also bei der Unterhaltberechnung ein Arbeitsanreiz von $1/7$ nicht aus dem ungekürzten Einkommen von 4200 €, sondern nur aus dem bereinigten Einkommen von 3500 € berücksichtigt werden. Damit muss er (4200 € – 500 €) : 2 = 1850 € Unterhalt bezahlen und hat gegen F in Höhe von 350 € einen Ausgleichsanspruch, mit dem er nicht aufrechnen kann. Dem Unterhaltsschuldner ist daher nicht zu raten, bei der Unterhaltsberechnung die Tilgung der Gesamtschuld nicht zu berücksichtigen.

158

## 3. Unterhalt wird zunächst nicht geltend gemacht

> **Beispielsfall:**[177] F hat sich von ihrem Rechtsanwalt ausrechnen lassen, dass ihr ein Unterhalt nicht zusteht, solange ihr getrennt lebender Ehemann M einen gemeinsamen Kredit mit monatlich 2000 € tilgt. Gegenüber M wird keine Erklärung abgegeben. Nachdem M den Kredit vollständig zurückbezahlt hat, verlangt er von F ab Trennung die Hälfte der geleisteten Zahlung aus § 426 BGB.

159

---

[72] BGH FamRZ 2007, 1975; bestätigt durch FamRZ 2008, 602; OLG Köln FamRZ 1999, 1501, 1502; a. A. OLG Celle FamRZ 2001, 1071.

[73] OLG Köln FamRZ 1991, 1192; LG Arnsberg FamRZ 2001, 1072; Kleinle FamRZ 1997, 8, 11.

[74] Nach den Süddeutschen Leitlinien 1/10.

[75] Schulz/Hauß, HK-FamR, § 426 BGB Rn. 58 f; Wever Rn. 338; Schröder/Bergschneider/Wever Rn. 5.255; Schulz FPR 2006, 472, 474; Schnitzler/Maurer-Wildermann, MAH Familienrecht, § 20 Rn. 94.

[76] Vgl. BGH FamRZ 1999, 367; 1997, 806.

[77] Nach OLG Köln FamRZ 1999, 1501.

Nach der gesetzlichen Regel des § 426 I 1 BGB sind Gesamtschuldner im Verhältnis zueinander zu gleichen Anteilen verpflichtet. F müsste, um ihrer Mithaftung zu entgehen, eine anderweitige Bestimmung darlegen und beweisen. Das OLG Köln[178] hat im Beispielsfall festgestellt, die **beweispflichtige** Ehefrau habe keine Umstände für eine abweichende Vereinbarung im Innenverhältnis darlegen können *„Aus dem bloßen Umstand, dass Ansprüche auf Trennungs- oder nachehelicher Unterhalt nicht geltend gemacht worden sind, kann nicht auf eine konkludente anderweitige Bestimmung i. S. des § 426 I BGB geschlossen werden."*

160     Ein Ausschluss der gesamtschuldnerischen Haftung der unterhaltsberechtigten Ehefrau könnte sich jedoch *„aus der besonderen Gestaltung des tatsächlichen Geschehens"* ergeben, wie das der BGH[179] für das Zusammentreffen von Ansprüchen aus Gesamtschuldnerausgleich (§ 426 BGB) mit solchen auf Nutzungsentgelt (§ 1361 b III 2 BGB) entschieden hat (vgl. Rn. 146 f). In dem entschiedenen Fall blieb der Ehemann nach der Trennung in dem den Eheleuten gemeinsam gehörenden Haus und zahlte weiterhin die Zins- und Tilgungsraten, ohne zu erkennen zu geben dass er einen Ausgleichsanspruch nach § 426 BGB geltend zu machen beabsichtige Der Miteigentümer kann in diesem Fall, so der BGH, für seine Zahlungen von anderen nachträglich keinen Gesamtschuldnerausgleich verlangen, wenn dieser wegen der geleisteten Schuldentilgung davon abgesehen hat, ein Nutzungsentgelt nach § 1361 b III 2 BGB zu fordern. In dieser „tatsächlichen Ausgestaltung" kann nach BGH eine anderweitige Bestimmung i. S. von § 426 I 1 BGB liegen.

161     Diese Entscheidung des BGH ist mit obigem Beispielsfall weitgehend vergleichbar. Der unterhaltspflichtige Ehemann konnte die Zins- und Tilgungsleistungen bei der Unterhaltsberechnung einkommensmindernd abziehen, die berechtigte Ehefrau hat deshalb keinen Unterhalt geltend gemacht. Aus der „besonderen Gestaltung des tatsächlichen Geschehens" kann sich, folgt man dieser Rechtsprechung des BGH auch hier ergeben, dass der unterhaltspflichtige Ehemann keinen Gesamtschuldnerausgleich verlangen kann, da „ein anderes bestimmt ist" (§ 426 I Hs. 2 BGB).[180] Diese Lösung erscheint auch deshalb sachgerecht, da die Ehefrau für die Vergangenheit keinen Unterhalt verlangen kann (§§ 1613 I 1, 1361 IV 4, 1360 a III, 1385 b I BGB). Allerdings hat der BGH[181] in einer anderen Entscheidung darauf hingewiesen ob in den Fällen, in denen der unterhaltspflichtige Ehegatte eine Gesamtschuld allein bezahlt und der andere Ehegatte keinen Unterhalt verlangt, eine **stillschweigend Vereinbarung** angenommen werden könne, sei jeweils nach den **Umständen de Einzelfalls** zu entscheiden.

162     Um einen Rechtsstreit gar nicht aufkommen zu lassen, ist der unterhaltsberechtigten Ehefrau zu raten, gegenüber dem die Schulden tilgenden Ehemann **nachweisbar** zu erklären, dass sie den ihr zustehenden Unterhalt so lange nicht geltend macht, wie dieser die Gesamtschuld abträgt. Sie darf nicht völlig untätig bleiben, denn grundsätzlich kann der Unterhaltspflichtige nur solche Unterhaltsforderungen erfüllen

---

[178] OLG Köln FamRZ 1999, 1501.
[179] BGH FamRZ 1993, 676; vgl. OLG München OLG-Report 2005, 762 = FamRB 2005, 34 (Heinle).
[180] Schulz/Hauß, HK-FamR, § 426 Rn. 67; Wever Rn. 343; Schröder/Bergschneider/Wever Rn. 5.260; Schulz, FPR 2006, 472, 475; Münch, Scheidungsimmobilie, Rn. 364.
[181] BGH FamRZ 2005, 1236, 1237.

on denen er Kenntnis hat. Vorsorglich sollte sie den Ehegatten hinsichtlich ihrer Unterhaltsansprüche in Verzug setzen.[182]

## V. Gesamtschuld und Zugewinnausgleich

### 1. Rangfolge

Der Gesamtschuldnerausgleich zwischen Ehegatten wird durch den Zugewinn- **163** ausgleich nicht verdrängt.[183] Es gibt – anders als beim Ausgleich ehebezogener Zuwendungen (Rn. 212) – **keinen Vorrang der güterrechtlichen Regelung.** Beide Verfahren können nebeneinander geführt werden und für beide Ansprüche ist nunmehr das Familiengericht zuständig.

### 2. Wirtschaftliche Auswirkungen

Erstattungsansprüche nach § 426 BGB gehören zu den gegenseitigen Ansprüchen **164** (vgl. Kap. 1 Rn. 226 f). Sind sie bis zum Stichtag bereits entstanden, sind sie beim Gläubiger zu den Aktiva und beim Schuldner zu den Passiva zu rechnen[184]. Ist die Gesamtschuld bei Zustellung des Scheidungsantrags noch nicht getilgt, kann jeder Ehegatte im Endvermögen die Quote absetzen, die im Innenverhältnis auf ihn entfällt[185] (vgl. Kap. 1 Rn. 234 f).

Ist über den Zugewinnausgleich noch nicht entschieden, sollten die Eheleute, **165** bevor sie einen Streit über das Bestehen und die Höhe eines Ausgleichsanspruchs nach § 426 BGB austragen, zuerst prüfen, ob es sich wirtschaftlich überhaupt auswirkt, diesen gegenseitigen Anspruch geltend zu machen. Was dem Gläubiger eines Anspruchs nach § 426 BGB schuldrechtlich zusteht, muss er in der Regel güterrechtlich wieder ausgleichen.

---

**Beispiel:** M und F waren ohne Anfangsvermögen. Bei Rechtshängigkeit der **166** Scheidung hat M ein Guthaben von 100 000 €, F von 60 000 €. Außerdem hat M gegen F unstreitig noch einen Ausgleichsanspruch nach § 426 BGB. Die Eheleute sind sich jedoch nicht einig, ob der Ausgleichsanspruch in Höhe von 20 000 € oder von 40 000 € besteht.

---

*1. Alternative:* Anspruch von 20 000 €:

M hat einen Zugewinn von 100 000 € + 20 000 € = 120 000 € erzielt. Der Zugewinn von F beträgt 60 000 € – 20 000 € = 40 000€. F hat einen Anspruch auf Zugewinnausgleich von (120 000 € – 40 000 €):2 = 40 000 €, gegen den M mit seiner Ausgleichsforderung von 20 000 € aufrechnen kann.

**Ergebnis:** F verbleiben 20 000 €.

*2. Alternative:* Anspruch von 40 000€:

M hat einen Zugewinn von 100 000 € + 40 000 € = 140 000 € erzielt. Der Zugewinn von F beträgt 60 000 € – 40 000 € = 20 000 €. F hat einen Anspruch auf

---

[182] So auch Wever Rn. 343.
[183] BGH FamRZ 1887, 1239; 1983, 795, 797.
[184] BGH FamRZ 1987, 1239, 1240.
[185] BGH FamRZ 2008, 602, 604; 1983, 795, 797.

Zugewinnausgleich von (140 000 € − 20 000 €) : 2 = 60 000 €, gegen den M mit seine**r** Ausgleichsforderung von 40 000 € aufrechnen kann.

167 **Ergebnis:** F verbleiben ebenfalls 20 000 €.

Sind sich die Eheleute einig, dass der Ausgleichsanspruch nicht geltend gemacht wird, erhält F ebenfalls 20 000 €.

Berechnung: (100 000 € − 60 000 €) : 2 = 20 000 €.

Im Allgemeinen wirkt sich, wenn die Eheleute im gesetzlichen Güterstand leben und jeweils einen Zugewinn erzielt haben, ein Gesamtschuldnerausgleich im Ergebnis wirtschaftlich nicht aus. Was der Gläubiger des Erstattungsanspruchs gemäß § 426 BGB vom anderen verlangen kann, muss er im Zugewinnausgleich wieder **zurückgewähren.**

168 Nur im **Ausnahmefall,** wenn der erzielte Zugewinn geringer als die Ausgleichsverpflichtung nach § 426 BGB ist, muss der Gesamtschuldnerausgleich durchgeführt werden.

> **Beispiel:** M und F waren ohne Anfangsvermögen. Bei Rechtshängigkeit der Scheidung hat M ein Bankguthaben von 100 000 €. F, die keinen Zugewinn erzielt hat, schuldet M noch 20 000 € aus Gesamtschuldnerausgleich.

Wird die Gesamtschuld berücksichtigt, hat M einen Zugewinn von 100 000 € + 20 000 € = 120 000 €. Das Endvermögen von F beträgt − 20 000 € (§ 1375 I 2 BGB). Ihr Zugewinn ist mit null anzusetzen (§ 1373 BGB). F erhält somit 60 000 € al**s** Zugewinnausgleich. Hiergegen kann M mit seinem Anspruch aus § 426 BGB aufrechnen, sodass F noch 40 000 € verbleiben.

169 Würden die Eheleute übereinkommen, den Gesamtschuldnerausgleich nicht durchzuführen, würde F als Zugewinnausgleich 100 000 € : 2 = 50 000 € erhalten. M müsste somit 10 000 € mehr bezahlen. In diesem Ausnahmefall darf M als Gläubiger des Erstattungsanspruchs aus § 426 BGB daher auf die Durchführung des Gesamtschuldnerausgleichs nicht verzichten. Ebenso muss der nach § 426 BGB ausgleichsberechtigte Ehegatte seinen Anspruch verfolgen, wenn ein Zugewinnausgleich nicht stattfindet, weil die Eheleute **keinen Zugewinn** erzielt haben (§ 1373 BGB).

## V. Keine Doppelberücksichtigung von Schulden

170 Der vom BGH[186] aufgestellte Grundsatz *„keine zweifache Teilhabe"* an Vermögenspositionen muss auch für die Aufteilung von Schulden bei der Unterhaltsberechnung und beim Zugewinnausgleich gelten.

> **Beispiel:**[187] Ehemann M zahlt als Alleinschuldner ein Darlehen, das während der Ehe für eheprägende Ausgaben aufgenommen wurde und bei Rechtshängigkeit der Scheidung noch 20 000 € beträgt, in monatlichen Raten von 1000 € zurück. Ehefrau F hat kein Einkommen.

M kann die am Stichtag (§ 1384 BGB) bestehende **Alleinschuld** von 20 000 € be**i** den Passiva seines Endvermögens ansetzen. Der Zugewinnausgleich der Ehefra**u**

---

[186] BGH FamRZ 2003, 432, 433; 2003, 1544, 1546; 2004, 1352, 1353.

[187] Nach Schulz FamRZ 2006, 1237, 1240, 1241.

mindert sich somit um 10 000 €. Gleichzeitig kann M die monatlichen Ratenzahlungen von 1000 € bei der Berechnung des Trennungsunterhalts als eheprägende Schuldtilgungen vom Einkommen abziehen. Auf diese Weise erhält F zwanzigmal im Monat 500 € (ohne Berücksichtigung des Erwerbstätigenbonus) weniger Unterhalt. Im Ergebnis trägt F die Verbindlichkeit von 20 000 € **allein** – die eine Hälfte über die Kürzung ihres Zugewinnausgleichs, die andere Hälfte über die Minderung ihres Unterhalts. Dieses Resultat, das der bisherigen Praxis entsprach, ist höchst unbefriedigend.

Eine sachgerechte Lösung dieses Problems ergibt sich, wenn der Grundsatz *„keine* **171** *zweifache Teilhabe"* auch für die Aufteilung von Schulden beim Zugewinn und Unterhalt angewandt wird. Auch in diesen Fällen darf es zu keiner doppelten Benachteiligung des unterhaltsberechtigten Ehegatten mehr kommen. Einem **Verbot der Doppelberücksichtigung von Schulden** wird in der Rechtsprechung[188] und im Schrifttum[189] überwiegend zugestimmt. Der BGH hat jedoch zur Doppelberücksichtigung von Schulden bisher nicht Stellung genommen. Er hat aber nunmehr seine bisherige Rechtsprechung zur Anrechnung von Schulden aus der Ehezeit, die der einseitigen Vermögensbildung dienen, grundlegend geändert.[190]

Tilgungsleistungen zur **einseitigen Vermögensbildung** sind bei der Bedarfsermitt- **172** lung nicht mehr als Abzugsposten zu berücksichtigen, wenn der bedürftige Ehegatte am Vermögenszuwachs über den Zugewinnausgleich nicht mehr partizipiert. Dies ist der Fall, sobald ein Scheidungsantrag **rechtshängig** ist.

Gleiches gilt aber auch dann, wenn die Ehegatten **Gütertrennung** vereinbart **173** haben und der Vermögenszuwachs eines Ehegatten aus diesem Grund nicht (mehr) ausgeglichen wird. Für die Berücksichtigung der Tilgung kommt es deswegen allein darauf an, ob der andere Ehegatte im konkreten Einzelfall (noch) von der Vermögensbildung profitiert. Ist das nicht (mehr) der Fall, muss die Tilgung grundsätzlich als einseitige Vermögensbildung zulasten der Unterhaltsansprüche des anderen Ehegatten unberücksichtigt bleiben.[191] **Unterhaltsleistungen** gehen der Vermögensbildung vor. Das Problem der Doppelberücksichtigung stellt sich bei Schulden damit regelmäßig nicht mehr.[192]

**Ausnahmsweise** sind Schuldtilgungen bei der Unterhaltsberechnung zu berück- **174** sichtigen, wenn sie der **Altersvorsorge** dienen. Ebenso sind die **Zinsleistungen** abzuziehen, soweit sie die ehelichen Lebensverhältnisse geprägt haben, denn beim Zugewinn wird stets nur der Tilgungsanteil angesetzt.[193]

* OLG München FamRz 2005, 459; 2005, 713; OLG Saarbrücken FamRZ 2006, 1038 m. zust. Anm. Kogel; a. A. OLG Karlsruhe FamRZ 2005, 909.
* Schulz FamRZ 2006, 1237, 1241; Hoppenz FamRZ 2006, 1242, 1244; Wever FamRZ 2006, 365, 369; Wever Rn. 351; Brudermüller NJW 2005, 3187, 3188; Koch FamRZ 2006, 585, 586; Grziwotz FPR 2006, 485, 487; Gerhardt/Schulz FamRZ 2005, 317; 2005, 1523; FA-FamR/Gerhardt Kap. 6 Rn. 22; Schulz/Hauß, § 426 Rn. 84; a. A. Norpoth FamRZ 2008, 2245; Hermes FamRZ 2007, 184; Wohlgemut FamRZ 2007, 187; Schmitz FamRZ 2006, 1811; Pauling FPR 2006, 476; Maier FamRZ 2006, 897, 899.
BGH FamRZ 2008, 963, 965 m. Anm. Büttner, FamRZ 2009, 23.
BGH FamRZ 2008, 963, 965.
FA-FamR/Gerhardt Kap. 6 Rn. 22.
BGH FamRZ 2007, 879, 882; Gerhardt/Schulz FamRZ 2005, 317, 319; Schulz FamRZ 2006, 1237, 1241; Wever Rn. 356.

# E. Stichtag des Scheiterns der Ehe

175 Rechtsprechung und Literatur stimmen überein, dass sich ein Ausgleichsanspru‹ mit dem **Scheitern der Ehe** ergibt. Völlig uneinig wird jedoch die Frage beantwort‹ zu welchem Zeitpunkt eine Ehe als gescheitert anzusehen ist. Die Instanzgerich‹ stellen ganz überwiegend auf die **endgültige Trennung** der Eheleute ab.[194] Daneb‹ werden auch der Ablauf des Trennungsjahres[195] und die Rechtshängigkeit der Sche‹ dung als maßgebende Zeitpunkte genannt.[196] Der BGH hat sich nicht auf ein‹ bestimmten Stichtag festgelegt. Maßgeblicher Zeitpunkt für das Scheitern der E‹ kann nach BGH[197] *„die endgültige Trennung der Parteien, die Zustellung des Sche‹ dungsantrags oder die Rechtskraft der Scheidung sein".* In neueren Entscheidung‹ hat der BGH[198] letztlich auf den **Trennungszeitpunkt** abgestellt.

176 Das **Scheitern der Ehe** kommt regelmäßig in der **endgültigen Trennung** zu‹ Ausdruck. Als maßgeblicher Zeitpunkt ist deshalb in erster Linie auf den T‹ abzustellen, an dem ein Ehegatte aus der Wohnung mit seinen persönlichen Sach‹ **ausgezogen** ist.[199] Für diesen Zeitpunkt spricht, dass der die Schulden **nicht** tilgen‹ Ehegatte ab Trennung keine gleichwertigen Gegenleistungen mehr erbringt. Dan‹ entfällt die innere Rechtfertigung, vom Regelfall des § 426 I BGB abzuweichen.‹ Zu Recht hat der BGH auch darauf hingewiesen, dass nach Aufhebung der ehelich‹ Lebensgemeinschaft für einen Ehegatten kein Grund mehr besteht, dem anderen ei‹ weitere Vermögensmehrung zukommen zu lassen.[201]

177 Leben Eheleute in der bisherigen Wohnung getrennt, ist darauf abzustellen, ob ‹ die Trennung „von Tisch und Bett" auch strikt und dauerhaft einhalten.[202] Erbrin‹ ein Ehegatte für den anderen noch finanzielle Leistungen, so kann er hierfür kein‹ Ausgleich verlangen. Für die Zeit eines solchen Zusammenlebens, auf das man si‹ trotz des Zerbrechens der Ehe noch verständigen konnte, ist von einer **stillschw‹ gend getroffenen** anderweitigen Bestimmung i. S. von § 426 I 1 BGB auszugehen.‹

178 Auf einen späteren Zeitpunkt als den Auszug eines Ehegatten kann **ausnahm‹ weise** dann abgestellt werden, wenn die Mithaftung ab Trennung den nicht verdi‹ nenden Ehegatten in einen wirtschaftlichen und finanziellen Ruin führen würde. D‹ Schutz des bisher freigestellten Ehegatten kann es gebieten, insbesondere wenn

---

[194] So OLG Brandenburg FamRZ 2007, 1172; OLG Köln FamRZ, 1992, 318; 1992, 832, 834; OI‹ Schleswig FamRZ 1990, 165; OLG Saarbrücken FamRZ 1990, 58; OLG Hamm FamRZ 1989, 7‹ 1988, 620; OLG Oldenburg FamRZ 1986, 468; LG Gießen FamRZ 1995, 1071; ebenso Hahne ‹ 1999, 99, 103; Kleinle FamRZ 1997, 8, 10; Schulz FPR 2006, 472, 473; Wever Rn. 368; FamVerf‹ Wever Rn. 5.276; FAKomm-FamR/Brudermüller § 426 Rn. 18; Münch, Scheidungsimmobil‹ Rn. 360; Schnitzler/Maurer-Wildermann, MAH Familienrecht, § 20 Rn. 36.

[195] JH/Jaeger, Vor § 1372 BGB Rn. 37; Schwab/Borth Kap. IX Rn. 47.

[196] OLG München, FamRZ 2000, 672; Bosch FamRZ 2002, 366, 372; FA-FamR/v.Heintschel-H‹ negg Kap. 10 Rn. 100.

[197] BGH FamRZ 1983, 797, 799; ebenso 1987, 1239, 1240; 1988, 920; 1995, 216, 218.

[198] BGH FamRZ 2001, 1442, 1443; 1997, 487.

[199] Wever Rn. 369; FamVerfR/Wever Rn. 5.276; KK-FamR/Brudermüller § 426 Rn. 18; Schnitzl‹ Maurer-Wildermann, MAH Familienrecht, § 20 Rn. 37; Schulz FPR 2006, 472, 473; Schulz/Ha‹ HK-FamR, § 426 Rn. 38.

[200] Wever Rn. 369.

[201] BGH FamRZ 1997, 487, 488; 1983, 795, 796; 1983, 797, 799.

[202] Vgl. OLG Bamberg FamRZ 2001, 1074.

[203] So LG Gießen FamRZ 2000, 1152 (Ls).

von der Trennung überrascht wurde, ihm eine angemessene Zeit einzuräumen, um sich auf die veränderte Lage einzustellen.[204]

# F. Freistellungsanspruch nach § 426 I BGB

## I. Anspruch auf Mitwirkung

**Beispielsfall:**[205] Ehefrau F hat für geschäftliche Kredite ihres Ehemannes in Höhe | 179
von rund 200 000 € die Mithaftung übernommen und zur Sicherheit der Gläubigerbanken Grundschulden auf ihrem ererbten Grundstück bestellt. Nach dem Scheitern der Ehe möchte F, da M nur unzureichend Unterhalt für sie und die Kinder bezahlt, zur Sicherung einer angemessenen Lebensführung ihr Grundvermögen einsetzen. Wegen der Belastungen kann sie ihren Grundbesitz jedoch nicht verwerten. F verlangt von M, sie von der Haftung für das Darlehen und der dinglichen Belastung ihres Grundstücks freizustellen.

Nach dem Scheitern der Ehe hat M, da die Kredite ausschließlich in **seinem Interesse** aufgenommen wurden, für die Rückzahlung im Innenverhältnis allein aufzukommen (vgl. Rn. 144). Da F im Außenverhältnis als Gesamtschuldnerin aber haftet, besteht die Gefahr, dass die Banken sie voll in Anspruch nehmen (§ 421 BGB), wenn M die Verbindlichkeiten nicht mehr bedient.

Der Anspruch aus § 426 I BGB entsteht – im Gegensatz zum Anspruch aus § 426 | 180 II BGB – nicht erst mit der Befriedigung des Gläubigers, sondern bereits mit der **Begründung** der Gesamtschuld.[206] Der Anspruch ist auf Mitwirkung bei der Befriedigung des Gläubigers gerichtet. Er geht auf Freistellung oder Befreiung von dem Teil der Schuld, den der Mitschuldner im Innenverhältnis zu tragen hat.[207] Zahlung an sich selbst kann der Ausgleichsberechtigte nach § 426 I BGB nicht verlangen, solange er nicht selbst den Gläubiger befriedigt hat.

Der **Anspruch auf Freistellung oder Befreiung** von der Verbindlichkeit im | 181 Außenverhältnis ist nach BGH[208] „unter Heranziehung der Regeln des Auftragsrechts abzuwickeln": Die Mithaftung beruht auf einem Auftrag gemäß § 662 BGB. Das Scheitern der Ehe stellt einen wichtigen Grund für eine Kündigung nach § 671 BGB dar. In diesem Fall kann der Beauftragte Ersatz seiner Aufwendungen gemäß § 670 BGB verlangen. Da die Aufwendungen in der Übernahme der Verbindlichkeiten bestehen, kann er hiervon Befreiung gemäß § 257 BGB verlangen.

**Freistellung** kann sowohl von der **persönlichen Haftung** für ein Darlehen, als | 182 auch von **dinglichen Sicherheiten** (Grundschuld, Hypothek, Sicherungsübereignung) beansprucht werden.[209]

---

JH/Jaeger, Vor § 1372 BGB Rn. 36; Schwab/Borth Kap. IX Rn. 49.
Nach BGH, FamRZ 1989, 835.
BGH NJW 1986, 978, 979; Palandt/Grüneberg § 426 Rn. 4.
OLG Naumburg FamRZ 2005, 906; Palandt/Grüneberg § 426 Rn. 4; Gerhards FamRZ 2006, 1793, 1794.
BGH FamRZ 1989, 835, 836, 837; ebenso OLG Hamm FamRZ 1992, 437.
BGH FamRZ 1989, 835, 836; 1972, 362.

## II. Wahlrecht des Schuldners und Einschränkungen des Anspruchs

**183**    Der **Schuldner hat das Recht zu wählen wählen**, wie er die Freistellung vornehmen will.[210] Die Befreiung kann durch vollständige Zahlung an den gemeinsamen Gläubiger, befreiende Schuldübernahme oder anderweitige Sicherung des Drittgläubigers erfolgen.[211]

Die Geltendmachung des Befreiungsanspruchs, die für den Schuldner existenzgefährdende Folgen haben kann, unterliegt jedoch **Einschränkungen**, die sich aus Treu und Glauben (§ 242 BGB) und den Nachwirkungen der ehelichen Lebensgemeinschaft (§ 1353 BGB) ergeben.[212] So kann ein Ehegatte vom anderen nicht unter allen Umständen verlangen, ihn sofort von jeder persönlichen und dinglichen Haftung freizustellen. Das Gebot der Rücksichtnahme kann dazu führen, dass ein Ehepartner dem anderen die Tilgung der Schulden im Rahmen eines vernünftigen Tilgungsplanes ermöglichen muss.[213] Ist eine Umschuldung nicht zumutbar, muss er sogar – zumindest vorübergehend – gänzlich von der Durchsetzung seines Befreiungsanspruchs absehen.[214]

## III. Anträge

**184**    Wegen des **Wahlrechts des Schuldners** (Rn. 183) kann der Berechtigte nicht (anteilige) Zahlung der Gesamtschuld an den gemeinsamen Gläubiger beantragen, sondern – in diesem Stadium – nur allgemein Befreiung von der Verbindlichkeit verlangen.

> **Antrag:**
>
> Der Antragsgegner wird verpflichtet, die Antragstellerin von den Darlehensverbindlichkeiten in Höhe von ... gegenüber (der X-Bank Konto-Nr. ...) freizustellen.

**185**    Bei wiederkehrenden Leistungen ist auch ein Antrag auf **künftige** Freistellung von den jeweils monatlich fällig werdenden Darlehensverbindlichkeiten gemäß § 258 ZPO zulässig.[215] Haften Eheleute für ein Darlehen im Innenverhältnis zu gleichen Teilen, wird aber nur ein Ehegatte von der Bank auf volle monatliche Rückzahlung des Kredits in Anspruch genommen, kann er nur Freistellung von der fälligen Verbindlichkeit „zur Hälfte" verlangen.

> **Antrag:**
>
> Die Antragsgegnerin wird verpflichtet, den Antragsteller von den monatlich fällig werdenden Darlehensverbindlichkeiten aus ... (Bezeichnung der Schuld) zur Hälfte freizustellen.

---

[210] BGH NJW 1984, 2151; Palandt/Grüneberg § 257 Rn. 2.
[211] BGH FamRZ 1989, 835, 837; NJW 1984, 2151.
[212] BGH FamRZ 1989, 835, 837; NJW 1984, 2151.
[213] BGH FamRZ 1989, 835, 838.
[214] OLG Düsseldorf NJW-RR 1999, 444, 445.
[215] LG Marburg FamRZ 1998, 1234.

## . Vollstreckung des Freistellungsanspruches

Stellt der Schuldner trotz gerichtlicher Verpflichtung den berechtigten Ehegatten **186**
n der Mithaftung im Außenverhältnis nicht frei, kann dieser die Vollstreckung
ıleiten. Die Befreiung von der Verbindlichkeit ist eine vertretbare Handlung, sie
rd daher nach § 887 ZPO (§ 120 I FamFG) vollstreckt.[216] Der Berechtigte muss
zu den Freistellungsbeschluss beim Familiengericht vorlegen und einen Beschluss
wirken, dass er auf Kosten des Schuldners die Verbindlichkeit gegenüber dem
läubiger selbst oder durch einen Dritten erfüllen kann (§ 887 I ZPO) und der
**huldner die hierfür anfallenden Kosten vorauszuzahlen** hat (§ 887 II ZPO).[217]

### Antrag:

I. Die Vollstreckungsgläubigerin wird ermächtigt, die mit Beschluss des Familiengerichts angeordnete Freistellung von den (monatlich fällig werdenden)
Darlehensverbindlichkeiten in Höhe von ... gegenüber (der X-Bank Konto
Nr. ...) auf Kosten des Vollstreckungsschuldners in der Weise vorzunehmen,
dass sie die Darlehensverbindlichkeiten selbst zahlt.

II. Der Vollstreckungsschuldner wird verpflichtet, die hierfür anfallenden Kosten
in Höhe von ... an die Vollstreckungsgläubigerin vorauszuzahlen.

Ein solcher Beschluss wird in Ziffer II wegen der Geldforderung gemäß §§ 794 I
r. 3, 803 ff ZPO vollstreckt.

## Gerichtliche Zuständigkeit

Ansprüche zwischen Eheleuten aus Gesamtschuldnerausgleich nach § 426 BGB **187**
d die sich hieraus ergebenden Freistellungsansprüche zählen zu den sonstigen
ısprüchen gemäß § 266 I Nr. 3 FamFG. Sie sind **Familiensachen** (§ 111 Nr. 10
mFG) und gehören zu den Familienstreitsachen (§ 112 Nr. 3 FamFG). Zuständig
nach §§ 23 a I Nr. 1, 23 b I FamFG das Familiengericht.

# 3. Abschnitt. Rückgewähr von Zuwendungen

„Waren Sie vor der Heirat bei einem Notar?" Diese Frage müsste – sinngemäß – **188**
ler Anwalt einem verlassenen Ehegatten stellen, der seine früheren Zuwendungen
m ehemaligen Partner zurückfordern. will. Denn es hängt entscheidend vom
iterstand ab, in dem die Eheleute leben, ob ein Ehegatte nach gescheiterter Ehe
ne Zuwendungen ausnahmsweise zurückerhält. Wie unterscheidet sich eine unbe-
ınnte Zuwendung von einer Schenkung, einer Bruchteilsgemeinschaft und einer
egatteninnengesellschaft? Welche Voraussetzungen müssen vorliegen, damit eine

---

Palandt/Grüneberg § 257 Rn. 3; Zöller/Stöber § 887 ZPO Rz 3; Thomas/Putzo/Hüßtege § 887
ZPO Rn. 2 b.
Vgl. BGH NJW 1958, 497; OLG Hamburg FamRZ 1983, 213; Wilhelm FuR 2000, 353, 356;
Kleinle FamRZ 1997, 8, 13; Wever Rn. 386; Zöller/Stöber § 887 Rn. 3 „Befreiung".

Klage auf Rückgewähr einer ehebezogenen Zuwendung mit Aussicht auf Erfo erhoben werden kann?

# A. Schenkung oder ehebezogene Zuwendung

## I. Die „Konstruktion" einer ehebezogenen (unbenannten) Zuwendun

189 | **Beispiel**[218]: Im Jahre 1974 übertrug Ehemann M seiner Ehefrau F seinen Hälfte anteil an dem gemeinsamen Grundbesitz, um die Familie gegenüber seine Gläubigern abzusichern. In der notariellen Vereinbarung wurde die Übereic nung als „Schenkungsvertrag" bezeichnet und ausgeführt, dass die Eigentums übertragung „schenkungshalber" erfolgte. Nachdem seine Ehe gescheiter war, erscheint M bei seinem Anwalt und fragt, ob er seine Schenkung wiede zurückverlangen könne.

Die Frage, ob der begünstigte Ehegatte bei Scheitern der Ehe den zugewende Grundstücksanteil behalten darf oder zurück übertragen muss, hängt von der rec lichen Beurteilung der Zuwendung ab. Bis Anfang 1970 hätte jeder die unentgeltlic Grundstücksübertragung als Schenkung bezeichnet. Ist die Zuwendung eine Sche kung i. S. v. § 516 BGB, kann sie bei **grobem Undank** widerrufen werden (§ 5 Abs. I BGB). Das Scheitern der Ehe kann jedoch nicht als grober Undank bewer werden. Eine Schenkung kann somit nicht mit der Begründung, die Ehe sei gesch tert, zurückgefordert werden. Soll also das Scheitern der Ehe eine Rückgewäh pflicht auslösen, darf die Zuwendung nicht als Schenkung eingestuft werden.

190 Die „68er-Bewegung" des vorigen Jahrhunderts und der von ihr ausgelöste Wa del der gesellschaftlichen Anschauungen in sozialen, kulturellen und politisch Bereichen führte auch zu einer Änderung des gesellschaftlichen Eheverständniss Die traditionelle Vorstellung, der allein verdienende Ehemann mache der – z Dankbarkeit verpflichteten – Ehe-, Hausfrau und Mutter großzügig Geschenke, v mit den Gedanken der Gleichberechtigung, Emanzipation und Partnerschaft ni mehr vereinbar.[219] Nach neuerer Anschauung erschienen die Zuwendungen ni mehr als „Geschenke", sondern als finanzieller Beitrag zur Verwirklichung ei partnerschaftlichen Ehe.[220]

191 *Lieb*[221] hat 1970 als Erster herausgestellt, dass **Zuwendungen zwischen Eheleut** nicht völlig freigebig und zur freien Verfügung des Empfängers erfolgen, sondern finanzieller Beitrag zur **Verwirklichung einer partnerschaftlichen Ehe**. Zum Ze punkt der Zuwendung geht der gebende Ehegatte davon aus, dass seine Ehe Besta haben werde und der **zugewendete Gegenstand letztlich in der Familie verblei** Soll die Zuwendung die eheliche Lebens- und Versorgungsgemeinschaft erhal und sichern, so verfolgt der zuwendende Ehegatte auch eigennützige Zwecke. I Zuwendung ist – im Gegensatz zu einer „echten" Schenkung – in diesem F subjektiv nicht mehr völlig unentgeltlich.

---

[218] Nach BGH FamRZ 1992, 293.
[219] Kollhosser NJW 1994, 2313, 2315; Koch FamRZ 1995, 321, 326; Wever Rn. 402.
[220] Kollhosser NJW 1994, 2313, 2315, 2318.
[221] Lieb, S. 124.

## II. Bezeichnung als „unbenannte" oder „ehebezogene" Zuwendung

Ein passender Name für diese Form der Zuwendung ist schwer zu finden. In **192** Anlehnung an Lieb bezeichnete der BGH die neue Rechtsfigur 1981[222] erstmals als „unbenannte Zuwendung", da Rechtsgrund und Zweck der Zuwendung meist „unbenannt" bleiben. Später sprach man von „ehebedingten Zuwendungen". Heute hat sich die Bezeichnung „ehebezogene Zuwendung" durchgesetzt.[223] Bei Scheitern der Ehe erscheint der Ausdruck „unbedachte" Zuwendung sehr treffend.[224]

## III. Definition: „ehebezogene Zuwendung"

Nach ständiger Rechtsprechung des BGH[225] liegt „eine **ehebezogene (unbenann-** **193** **te) Zuwendung** vor, wenn ein Ehegatte dem anderen einen Vermögenswert **um der Ehe willen** und als Beitrag zur Verwirklichung und Ausgestaltung, Erhaltung oder Sicherung der ehelichen Lebensgemeinschaft zukommen lässt, wobei er die Vorstellung oder Erwartung hegt, dass die **eheliche Lebensgemeinschaft Bestand haben und er innerhalb dieser Gemeinschaft am Vermögenswert und dessen Früchten weiter teilhaben** werde. Darin liegt die **Geschäftsgrundlage der Zuwendung.**" Scheitert die Ehe entfällt die Geschäftsgrundlage und es kann sich ein Anspruch auf Rückgewähr einer ehebezogenen Zuwendung nach § 313 BGB ergeben.

## IV. Definition: „Schenkung"

Eine **Schenkung** ist dann anzunehmen, wenn nach dem erkennbaren Willen des **194** Zuwenders die Leistung zu einer den Empfänger einseitig begünstigenden und frei disponiblen Bereicherung führen soll, wenn die Zuwendung nicht „um der Ehe willen", sondern **freigebig und uneigennützig, zur freien Verfügung des Beschenkten** und unabhängig vom Fortbestand der Ehe erfolgt.[226]

## V. Schwiegerelterliche Zuwendungen

Zuwendungen der Schwiegereltern an das Schwiegerkind bewertete der BGH seit **195** 1995 ebenfalls als ehebezogene Zuwendungen.[227] Mit den Entscheidungen vom 3. 2. 2010[228] und 21. 7. 2010[229] hat der Familiensenat seine bisherige Rechtsprechung aufgegeben (vgl. Kap. 7 Rn. 1). Nunmehr handelt es sich bei **Zuwendungen der Schwiegereltern** nicht mehr um unbenannte Zuwendungen, sondern um „echte" Schenkungen. Schwiegerelterliche Zuwendungen führen – so der BGH[230] – „*zu*

BGH FamRZ 1982, 246.
BGH FamRZ 1999, 1580, 1582; 1999,365,366; 1998, 669; 1997, 933; 1995, 1060; ebenso Jaeger DNotZ 1991, 431, 472; Kollhosser NJW 1994, 2313, 2314; Schulz FamRB 2004, 364; Schulz/Hauß/Brandt, Schwerpunktbeitrag 1, Rn. 7; Wever Rn: 402.
So Grziwotz MDR 1998, 129.
BGH FamRZ 1999, 1580, 1582; 1997,933; 1992, 300.
BGH FamRZ 1998, 669, 670; 1995, 1060, 1061; 1990, 600, 603.
BGH FamRZ 1995, 1060; 1998, 669; 1999, 365.
FamRZ 2010, 958.
FamRZ 2010, 1626.
A. a. O. Rn. 12.

*einer dauerhaften Vermögensminderung, wie sie § 516 Abs. 1 BGB voraussetz* *Insoweit unterscheidet sich die Situation von der Vermögenslage, die durch unb* *nannte Zuwendungen unter Ehegatten entsteht, grundlegend. Dort ist eine Scher* *kung regelmäßig deshalb zu verneinen, weil der zuwendende Ehegatte die Vorste* *lung hat, der zugewendete Gegenstand werde ihm letztlich nicht verloren gehe* *sondern der ehelichen Lebensgemeinschaft und damit auch ihm selbst zugute kom* *men. Demgegenüber übertragen Schwiegereltern den zuzuwendenden Gegenstar* *regelmäßig in dem Bewusstsein auf das Schwiegerkind, künftig an dem Gegenstar* *nicht mehr selbst zu partizipieren Die Zuwendung aus ihrem Vermögen hat also eir* *dauerhafte Verminderung desselben zur Folge."*

Der BGH hält **somit** bei **Zuwendungen unter Eheleuten** an seiner langjährig Rechtsprechung fest und unterscheidet **bei Ehegatten** weiterhin zwischen **ehebez** **genen Zuwendungen** und **echten Schenkungen.**

## VI. Regelfall: ehebezogene Zuwendung

196    Für die Abgrenzung der Schenkung von der ehebezogenen Zuwendung ist dara abzustellen, ob die Zuwendung aus **reiner Uneigennützigkeit** und echter Freigebi keit erfolgt oder ob sie in erster Linie die Ehe erhalten und sichern soll. Ein weiter Unterscheidungsmerkmal ist darin zu sehen, dass der Beschenkte mit seinem G schenk machen kann, was er will, während die ehebezogene Zuwendung in d Familie bleiben soll. Bei dieser Abgrenzung können im Grunde nur noch Geburt tags-, Weihnachts- und andere Gelegenheitsgeschenke als „echte" Schenkung behandelt werden. **Zuwendungen unter Ehegatten** sind **in der Regel ehebezoger** **Zuwendungen.** Schenkungen bleiben die Ausnahme.

197    **Ehebezogen** sind nach BGH[231] auch Zuwendungen, die ein Ehegatte dem and ren „*im Interesse einer haftungsmäßig günstigeren Organisation des Familienve mögens macht, um es dem Zugriff von Gläubigern zu entziehen, etwa durch desse Verlagerung auf den betrieblich nicht haftenden Ehegatten"*. Damit sind vor alle die Fälle gemeint, in denen ein freiberuflich Tätiger vorab einen Teil seines Ve mögens dem anderen Ehegatten zur Sicherung des gemeinsamen Lebensabe überträgt.

198    Verspricht ein Ehegatte dem Ehepartner „für den Fall der Scheidung" eine unen geltliche Zuwendung, so handelt es sich nicht um eine ehebezogene Zuwendun sondern um ein Schenkungsversprechen.[232] Dagegen ist eine Brautgabe nach türk schem Recht nicht als Schenkungsversprechen zu werten.[233]

199    Die ehebezogene Zuwendung ist eine unentgeltliche Zuwendung i. S. d. **Anfec** **tungsrechts.**[234] Es gilt eine vierjährige Anfechtungsfrist nach § 4 AnfG, § 1 InsO.[235] Im **Erbrecht** wird die ehebezogene Zuwendung wie eine Schenkung beha delt.[236] Ehebezogene Zuwendungen sind nach § 7 I Nr. 1 ErbStG auch schenkung

---

[231] BGH FamRZ 1999, 1580, 1582; 1992, 293, 294; 1990, 600, 601.
[232] OLG Schleswig FamRZ 2007, 820.
[233] OLG Stuttgart FamRZ 2007, 825, 826.
[234] BGH NJW 1999, 1033.
[235] Vgl. Wälzholz FamRB 2006, 380, 382.
[236] BGH FamRZ 1992, 300: Palandt/Edenhofer § 2325 Rn. 10.

steuerpflichtig; vgl. Kap. 6 Rn. 49.[237] Die Übertragung des Familienheims ist dagegen schenkungssteuerfrei (§ 13 I Nr. 4 a ErbStG).

## VII. Beispiele für ehebezogene Zuwendungen[238]

- Der Alleineigentümer eines Grundstücks oder einer Eigentumswohnung überträgt dem Ehepartner einen hälftigen Anteil.[239]   **200**
- Der allein verdienende Ehegatte leistet für das gemeinsame Hausgrundstück die gesamten Zins- und Tilgungsraten.[240]
- Ein Ehegatte gibt dem Partner Geld für den Kauf eines Grundstücks zu dessen Alleineigentum.[241]
- Ein Ehegatte gibt dem Ehepartner, einen Geldbetrag zur Einrichtung einer ärztlichen Praxis[242] oder zur Ablösung seiner Geschäftsschulden.[243]
- Der allein verdienende Ehegatte erwirbt zur gemeinsamen Alterssicherung Wertpapiere.[244]

Keine Zuwendung liegt vor, wenn ein Ehegatte, um dem Ehepartner eine Kreditaufnahme zu ermöglichen, **Sicherheiten** (z. B. eine Grundschuld) stellt.[245] Hier wendet die Rechtsprechung Auftragsrecht an.[246]   **201**

Wird die Ehe durch den Tod des Ehegatten beendet, der die Zuwendung erhalten hat, dann kann der zuwendende Ehegatte die Erben grundsätzlich nicht auf Ausgleich in Anspruch nehmen.[247]   **202**

## VIII. Form des Versprechens einer ehebezogenen Zuwendung

Es ist streitig, ob für die Wirksamkeit eines Versprechens einer ehebezogenen Zuwendung eine **Form** erforderlich ist.[248] Ein Schenkungsversprechen bedarf gemäß § 518 I 1 BGB der notariellen Beurkundung. Gegen einen Formzwang spricht, dass ein Formerfordernis grundsätzlich nur bei ausdrücklicher gesetzlicher Regelung besteht. Auch eine analoge Anwendung des § 518 BGB ist nicht geboten, da die beiden Tatbestände – ehebezogene Zuwendung und Schenkung – nicht eindeutig vergleichbar sind. Bei einer ehebezogenen Zuwendung geht der Ehegatte davon aus, dass der Vermögenswert in der Familie bleibt, während er ihn bei einer Schenkung – zur freien Verfügung des Beschenkten – aus der Hand gibt. Die Frage eines Formzwangs stellt sich in der Praxis selten. Ehebezogene Zuwendungen werden nicht

[237] BFH FamRZ 2006, 1670; 1994, 887; Götz FamRB 2006, 126.
[238] Vgl. Wever Rn. 479 ff; FA-FamR/v. Heintschel-Heinegg Kap. 10 Rn. 53.
[239] OLG Bamberg FamRZ 1996, 1221; OLG Düsseldorf NJW-RR 1996, 467.
[240] BGH FamRZ 1989, 599, 600; 1982, 246, 248; OLG Bamberg FamRZ 1995, 234.
[241] BGH FamRZ 1988, 482.
[242] BGH NJW 1974, 2045.
[243] OLG Bremen FamRZ 1999, 1503.
[244] BGH FamRZ 1972, 201.
[245] Münch, Rn. 1499; Wever Rn. 406.
[246] BGH FamRZ 1989, 835; OLG Hamm FamRZ 2003, 97.
[247] BGH FamRZ 1990, 855, 856.
[248] **Bejahend:** Sandweg NJW 1989, 1965, 1969; **verneinend:** OLG Bremen FamRZ 2000, 671; Wever Rn. 417 a; 17. Deutscher Familiengerichtstag, Arbeitskreis 18 sowie 18. Deutscher Familiengerichtstag, Arbeitskreis 4.

lange versprochen, sondern sogleich vollzogen (vgl. § 518 II BGB). Die Verpflic
tung ein Grundstück zu übertragen, bedarf stets der notariellen Beurkundu
(§ 311 b BGB).

## IX. Unzutreffende Bezeichnung als „Schenkung"

204    In obigem Beispielsfall (Rn. 189) wurde der Grundstücksanteil „schenkungsha
ber" übertragen. Die Bezeichnung einer Zuwendung unter Eheleuten in einer not
riellen Urkunde als Schenkung schließt jedoch die Annahme **nicht** aus, dass es si
entgegen der Wortwahl um eine ehebezogene Zuwendung handelt. Nach Ansic
des BGH[249] kommt der Wortwahl in einem notariellen Vertrag zwar erheblich
Gewicht zu, da die notarielle Urkunde die Vermutung der Richtigkeit und Vo
ständigkeit für sich habe. Für die Abgrenzung zwischen Schenkung und ehebezog
ner Zuwendung könne das indessen nicht in gleicher Weise gelten. *„Zu der Zeit «
der Schenkungsvertrag von 1974 abgeschlossen wurde, war es herrschende notarie*
*Praxis eine Zuwendung unter Ehegatten, die ohne direkte Gegenleistung erfolgt*
*ohne weiteres als Schenkung zu bezeichnen und zu beurkunden. Zuwendungsve*
*träge wurden damals hingegen mangels Problembewusstseins von keinem Not*
*beurkundet."*

205    Die Rechtsfigur der ehebezogenen Zuwendung ist erst in den 90er Jahren d
letzten Jahrhunderts zunehmend ins Bewusstsein der Notare gedrungen. Demgem:
kann allein aus der vom Notar gewählten Bezeichnung *nicht* mit ausreichend
Sicherheit entnommen werden, dass die Parteien wirklich eine Schenkung gewo
und vereinbart haben.[250] Die Bezeichnung als Schenkung in einer notariellen Urku
de ist daher nicht mehr als ein Indiz, dem jedoch umso stärkere Bedeutung z
kommt, je jünger die Urkunde ist.[251]

206    *Hinweis:* Will ein Ehegatte dem anderen einen erheblichen Vermögenswert nic
„um der Ehe willen", sondern aus reiner Freigebigkeit und Uneigennützigkeit z
freien Verfügung des Empfängers zukommen lassen, so muss zur Vermeidung v
späteren Fehlinterpretationen in einer Urkunde deutlich herausgestellt werden, da
es sich bei der Zuwendung um eine Schenkung i. S. v. § 516 BGB handelt. Es soll
darauf hingewiesen werden, dass den Eheleuten die Unterschiede zwischen ein
„echten" Schenkung und einer ehebezogenen Zuwendung erklärt wurden.

## B. Abgrenzung ehebezogene Zuwendung – Ehegatteninnenge sellschaft

207    Eine ehebezogene Zuwendung liegt vor, wenn ein Ehegatte dem anderen eine
Vermögenswert **um der Ehe willen** und als Beitrag zur Verwirklichung und Au
gestaltung, Erhaltung oder Sicherung der ehelichen Lebensgemeinschaft zukomme

---

[249] BGH FamRZ 1992, 293, 294; ebenso BGH FamRZ 1990, 600, 602; Sandweg, NJW 1989, 196
1969.
[250] Ebenso OLG München FamRZ 2002, 393, 394; OLG Düsseldorf FamRZ 2003, 872, 873; OL
Bamberg FamRZ 1996, 1221.
[251] BGH FamRZ 2006, 1022, 1023 m. Anm. Wever; Schulz/Hauß/Brandt, Schwerpunktbeitrag
Rn. 24; Wever Rn. 424; Schulz FamRB 2004, 364, 365.

lässt. Bei einer **Ehegatteninnengesellschaft** verfolgen die Eheleute durch beiderseitige Leistungen einen über den typischen Rahmen der ehelichen Lebensgemeinschaft **hinausgehenden Zweck**. Die Beteiligung (Mitarbeit/finanzielle Beiträge) geschieht nicht um der Ehe willen, sondern im **eigenen Interesse**. Ziel der Zusammenarbeit ist in erster Linie **Vermögensbildung**. Die Ehegatten verfolgen einen **eheüberschreitenden Zweck** (vgl. Rn. 275).

Trägt ein Ehegatte durch Geld- oder Arbeitsleistungen nur zum Erwerb oder  **208**
Ausbau eines **Familienheims** bei, das dem Ehepartner gehört, bezweckt er damit nicht so sehr, Vermögen zu schaffen, sondern mehr die eheliche Lebensgemeinschaft zu verwirklichen und auszugestalten. Es entsteht hierdurch keine Ehegatteninnengesellschaft.[252] Die Beiträge des Ehepartners sind vielmehr als **ehebezogene Zuwendungen** zu werten.[253] S. auch Rn. 282.

## C. Abgrenzung ehebezogene Zuwendung – Bruchteilsgemeinschaft

Zahlt ein Ehegatte auf ein **Einzelkonto** des Ehepartners Geld ein und besteht  **209**
zwischen den Eheleuten Einvernehmen, dass die Ersparnisse ihnen gleichermaßen zugute kommen sollen, so entsteht an dem Guthaben eine **Bruchteilsgemeinschaft**. Das Bankguthaben steht dann den Eheleuten im Innenverhältnis gemäß §§ 741, 742 BGB zu **gleichen Teilen** zu (vgl. Rn. 361). Dagegen wird bei der ehebezogenen Zuwendung der begünstigte Ehegatte – wie bei einer Schenkung – **alleiniger** Berechtigter des zugewendeten Vermögensgegenstandes.

Der BGH bewertete in einer früheren Entscheidung[254] **Einzahlungen** eines Ehe-  **210**
gatten auf den **Bausparvertrag des Ehepartners,** mit dem die Eheleute gemeinsam ein Familienheim erwerben wollten, als ehebezogene Zuwendungen. Nach neuerer Rechtsprechung des BGH[255] wird in vergleichbaren Fällen jedoch eine **Bruchteilsgemeinschaft** zwischen den Ehegatten anzunehmen sein.

## D. Rückgewähr einer ehebezogenen Zuwendung

### I. Anspruchsgrundlage

Geschäftsgrundlage für eine ehebezogene Zuwendung ist die Vorstellung oder  **211**
Erwartung des zuwendenden Ehegatten, dass die eheliche Lebensgemeinschaft Bestand habe und er innerhalb dieser Gemeinschaft am Vermögenswert und dessen Früchten weiter teilhaben werde. Scheitert die Ehe, fällt die rechtliche Grundlage für die Zuwendung weg. Ein **Anspruch auf Rückgewähr der Zuwendung** ergibt sich dann aus den Regeln über den **Wegfall der Geschäftsgrundlage** (§ 313

---

[252] BGH FamRZ 1999, 1580, 1583; 1990, 655; 1989, 147, 148; 1982, 910, 911; 1974, 1554; OLG Karlsruhe FamRZ 2008, 1622, 1623; 2001, 1076.
[253] Schulz FamRB 2005, 111, 113; Schnitzler/Kogel, MAH-Familienrecht, § 21 Rn. 73; Grziwotz DNotZ 2000, 486, 495; Wever Rn. 413; Haas FamRZ 2002, 205, 214; Schulz/Hauß/Brandt, Schwerpunktbeitrag 2, Rn. 10, 16; Büte Rn. 434.
[254] BGH FamRZ 1989, 147.
[255] BGH FamRZ 2002, 1696, 1697; 2000, 948, 949.

BGB).[256] Die Rechtsfigur der unbenannten Zuwendung wurde nur geschaffen damit allein das Scheitern der Ehe zu einem Anspruch auf Rückgewähr der Zuwendung führen kann. Ob jedoch ein Anspruch wegen Wegfalls der Geschäftsgrundlage tatsächlich besteht, hängt entscheidend davon ab, in welchem Güterstand die Eheleute leben.

## II. Rückgewähr bei Zugewinngemeinschaft

212    Nach ständiger Rechtsprechung des BGH ist die Rückforderung einer ehebezogenen Zuwendung nach den Grundsätzen über den Wegfall der Geschäftsgrundlage nur begründet, wenn die Zubilligung eines Ausgleichsanspruches „**aus Gründen der Billigkeit**" erforderlich erscheint.[257] Leben die Eheleute im gesetzlichen Güterstand führt aber in der Regel bereits der Zugewinnausgleich zu einem angemessenen Vermögensausgleich. Es muss daher immer zuerst geprüft werden, zu welchem Ergebnis der Zugewinnausgleich führt. Ein Anspruch wegen Wegfalls der Geschäftsgrundlage besteht nur, wenn die güterrechtliche Abwicklung – ausnahmsweise – nicht zu einem angemessenen Vermögensausgleich gelangt und die **Aufrechterhaltung des geschaffenen Vermögenszustandes** für den zuwendenden Ehegatten schlechthin unangemessen und untragbar wäre.[258]

213    Ein gerechter Ausgleich der Zuwendung wird im Rahmen des Zugewinnausgleichs dadurch erreicht, dass der begünstigte Ehegatte – nach der Rechtsprechung des BGH[259] – die Zuwendung **nicht** gemäß § 1374 II BGB als privilegierten Erwerb seinem Anfangsvermögen zurechnen kann. **§ 1374 II BGB gilt nicht für Zuwendungen zwischen Ehegatten.** Die Zuwendungen erhöhen daher den Zugewinn des begünstigten Ehepartners, soweit ihr Wert bei Ende des Güterstandes noch vorhanden ist.

214    Wendet ein Ehegatte dem anderen einen in der Ehezeit erworbenen Vermögensgegenstand zu, hat das im wirtschaftlichen Ergebnis meist keine anderen Folgen, als wenn die Zuwendung nicht erfolgt wäre.

> **Beispiel:** Die Eheleute M und F hatten kein Anfangsvermögen. Um seine in die Krise geratene Ehe zu retten, überträgt M den hälftigen Anteil seiner Eigentumswohnung im Wert von 500 000 € an F. Gleichwohl reicht F die Scheidung ein.

In diesem Fall findet kein Zugewinnausgleich statt, da beide Ehegatten ein Endvermögen von je 250 000 € haben. Hätte M die Zuwendung nicht vorgenommen, müsste er an F als Zugewinnausgleich 250 000 € zahlen. Die Zuwendung daher güterrechtlich in vollem Umfang ausgeglichen. Der durch die Zuwendung geschaffene Vermögenszustand ist nicht unangemessen und untragbar. Deshalb entfällt ein zusätzlicher schuldrechtlicher Ausgleich wegen Wegfalls der Geschäftsgrundlage.

---

[256] BGH FamRZ 2007, 877, 878; 1999, 1580, 1582; 1992, 293, 294; 1990, 600, 601.
[257] BGH FamRZ 1988, 481.
[258] BGH FamRZ 2003, 230; 1993, 289, 291; 1991, 1169, 1170.
[259] BGH FamRZ 1991, 1169, 1171; 1982, 246, 248; 1987, 791.

Nach BGH[260] ist die „Grenze der Unangemessenheit und Untragbarkeit" in der 215
Regel **nicht überschritten,** solange der **hälftige Wert der Zuwendung** aufgrund des
Zugewinnausgleichs an den Zuwender **zurückfließt.** Diese Ausgleichsquote ent-
spricht dem gesetzlichen Normalfall des güterrechtlichen Ausgleichs und auch dem
Wesen der Ehe als einer Wirtschafts- und Risikogemeinschaft. Der **güterrechtliche**
**Ausgleich** hat deshalb **Vorrang gegenüber dem schuldrechtlichen Ausgleich we-**
**gen Wegfalls der Geschäftsgrundlage.**[261]

---

**Beispiel:** Das Anfangsvermögen von M besteht in einer Eigentumswohnung im 216
Wert von (indexiert) 300 000 €. F ist ohne Anfangsvermögen. Kurz nach der
Eheschließung überträgt M die Wohnung auf F. Bei Zustellung des Scheidungs-
antrags hat M kein Vermögen mehr. Im Endvermögen von F befindet sich nur
die Eigentumswohnung, die inzwischen 400 000 € wert ist. M verlangt von F die
Wohnung zurück, zumindest möchte er einen Wertausgleich haben.

---

M könnte einen Rückgewährsanspruch haben, wenn das Ergebnis des güterrechtlichen Ausgleichs schlechthin untragbar wäre. M erhält im Beispielsfall als Zugewinnausgleich 200 000 €. Hätte er die Wohnung nicht an F übereignet, hätte er einen
Zugewinn von 100 000 € erzielt und müsste daher € 50 000 an F abgeben, wäre aber
weiterhin Alleineigentümer der Wohnung im Wert von 400 000 €. Ihm bliebe ein
Vermögen von 350 000 €. Er steht also infolge der Zuwendung an F um 150 000 €
schlechter. Gleichwohl führt der Zugewinnausgleich auch in diesem Fall nicht zu
einem schlechthin unzumutbaren und untragbaren Ergebnis. M erhält 200 000 € und
damit mehr als den halben Wert der Eigentumswohnung (zum Zeitpunkt der Zuwendung) zurück. Solange aber über den Zugewinnausgleich die **Hälfte des Werts**
**der Zuwendung an den Zuwender zurückfließt,** ist nach BGH[262] die eingetretene
**Vermögenslage nicht schlechthin unangemessen und untragbar.**

Aber auch bei einem geringeren Ausgleichsanspruch ist *„eine Korrektur nicht ohne* 217
*weiteres geboten, weil sich in gewissen Abweichungen von der hälftigen Beteiligung*
*ein noch normal zu nennendes Risiko verwirklicht, wie es im Zugewinnausgleich*
*angelegt ist".*[263] Auch wenn über das Güterrecht weniger als die Hälfte der Zuwendung ausgeglichen wird, ist **abzuwägen,** ob das Ergebnis schlechthin unangemessen
und untragbar ist.

Ist das Endvermögen **des Zuwendungsempfängers** geringer als der Wert der 218
Zuwendung, wird die Zuwendung als Vorausempfang nach § 1380 BGB angerechnet
(vgl. Kap. 1 Rn. 513).

**Zusammenfassung:** Die güterrechtliche Abwicklung, die vorrangig durchzufüh- 219
ren ist, führt regelmäßig zu einem angemessenen Ausgleich der Zuwendungen. Bei
Zugewinngemeinschaft kommt eine Rückgewähr wegen Wegfalls der Geschäftsgrundlage deshalb nur in extremen **Ausnahmefällen** in Betracht, wenn das **güter-**
**rechtliche Ergebnis ohne schuldrechtliche Korrektur schlechthin unangemessen**
**und untragbar** wäre.[264] **Zum Stichtag für die Geltendmachung einer Rück-**
**gewähr s. Rn. 236.**

---

60 BGH FamRZ 1995, 1060, 1062; 1991, 1169, 1171.
61 Ständige Rechtsprechung; vgl. BGH FamRZ 1997, 933; 1991, 1169; 1990, 855; FuR 2002, 408.
62 BGH FamRZ 2003, 230; 1995, 1060, 1062; 1991, 1169, 1171; OLG Düsseldorf FamRZ 2003, 872.
63 BGH FamRZ 1991, 1169, 1171.
64 BGH FamRZ 1997, 933, 934; 1990, 855, 856; 1988, 481.

## III. Rückgewähr bei Gütertrennung

220    Bei Gütertrennung muss nicht vorweg geprüft werden, ob nicht schon ein güterrechtlicher Ausgleich zu einer angemessenen Lösung führt. Damit ist die Rückforderung einer ehebezogenen Zuwendung nicht darauf beschränkt, schlechthin unangemessene und untragbare Ergebnisse zu korrigieren. Ein **Ausgleichsanspruch** kann vielmehr schon dann bestehen, wenn dem zuwendenden Ehegatten die **Beibehaltung der herbeigeführten Vermögensverhältnisse nach Treu und Glauben nicht zugemutet** werden kann.[265]

221    Eine schuldrechtliche Korrektur der geschaffenen Vermögenslage nach den Grundsätzen zum Wegfall der Geschäftsgrundlage (§ 313 BGB) ist bei Gütertrennung zwar leichter möglich als beim gesetzlichen Güterstand, sie ist aber auch hier auf **Ausnahmefälle beschränkt.** Denn auch im Falle der Gütertrennung entspricht eine angemessene Beteiligung beider Ehegatten an dem gemeinsam Erarbeiteten dem Charakter der Ehe als einer Schicksals- und Risikogemeinschaft.[266] Ein Ausgleich kommt nicht in Betracht, wenn die Zuwendung als angemessene Beteiligung an dem durch gleichwertige Leistungen erzielten Vermögenszuwachs anzusehen ist.

222    **Zusammenfassung:** Bei **Gütertrennung** sind die Chancen für die Rückgewähr einer ehebezogenen Zuwendung günstiger als beim gesetzlichen Güterstand. Die Beibehaltung der durch die Zuwendung geschaffenen Vermögenslage muss nicht *„schlechthin unangemessen und untragbar"* sein. Es genügt, wenn sie lediglich *„unzumutbar"* ist. Bei der Abwägung, ob die Zuwendung wieder zurückerstattet werden muss, ist zu berücksichtigen, dass es schließlich einmal einen Grund gab, warum ein Ehegatte seinem Partner eine größere Zuwendung gemacht hat.[267] Oftmals wird eine Belohnung oder auch ein Entgelt für geleistete Dienste des anderen Ehegatten das Motiv für die Zuwendung gewesen sein.[268] Eine **Rückgewähr** der Zuwendung ist somit auch bei **Gütertrennung auf besondere Ausnahmefälle beschränkt.**[269]

## IV. Ausnahmefälle

223    Das OLG München[270] bejahte einen Anspruch auf Rückzahlung einer ehebezogenen Zuwendung in folgendem **Ausnahmefall:** Die Mutter von drei Kindern hatte ihr **gesamtes Erbe** in den Bau des allein ihrem Ehemann gehörenden Hauses gesteckt. Kurz nach der Fertigstellung des Hauses trennten sich die Eheleute. Der Zugewinnausgleich führte zu keiner angemessenen Lösung, da der Ehemann wegen Zuwendungen seiner Eltern sich auf ein hohes Anfangsvermögen berufen konnte und deshalb keinen Zugewinn erzielt hatte. Die Aufrechterhaltung der eingetretenen Vermögenslage wäre in diesem Fall schlechthin unangemessen und untragbar gewesen.

---

[265] Ständige Rechtsprechung; vgl. BGH FamRZ 1997, 933, 934; 1990, 855, 856; 1988, 481.

[266] BGH FamRZ 1999, 1580, 1583; 1990, 855, 856; 1989, 599; OLG Bamberg FamRZ 1985, 234

[267] OLG Bremen FamRZ 2008, 2117, 2118; Wever Rn. 455; Schulz/Hauß/Brandt, Schwerpunktbeitrag 1, Rn. 52; Schulz FamRB 2004, 364, 367; Büte Rn. 412.

[268] Kritisch hierzu Schwab/Hahne/Wagenitz: Eine „belohnende Zuwendung" hat ihre Geschäftsgrundlage nicht im weiteren Fortbestand der Ehe.

[269] Zustimmend Schwab/Borth IX Rn. 83; Winklmair FamRZ 2006, 1650, 1652.

[270] OLG München FamRZ 1999, 1663.

In einem weiteren **Ausnahmefall** hat das OLG Stuttgart[271] einen schuldrechtlichen   **224**
Anspruch auf Rückgewähr anerkannt: Der Ehemann hatte bei einem **Verkehrsunfall**
schwerste Gesichtsverletzungen erlitten. Die als Schadensausgleich erhaltenen Versicherungsleistungen investierte er in Höhe von 115 000 € in die Bebauung eines
Hausgrundstücks, das beiden Eheleuten gehörte. Güterrechtlich erhielt der Ehemann
keinen Ausgleich, da das gemeinsame Grundstück den alleinigen Zugewinn beider
Eheleute darstellte. Dem OLG Stuttgart erschien in diesem Fall eine **Korrektur** des
güterrechtlichen Ergebnisses geboten. Hätte der Ehemann die Zuwendung nicht
vorgenommen, wäre er zwar im Rahmen des Zugewinnausgleichs verpflichtet gewesen, die ihm zugeflossenen Schadensersatzleistungen und das Schmerzensgeld zur
Hälfte der Ehefrau gegenüber auszugleichen. Im Hinblick auf die Besonderheiten
dieses Falles wäre dem verletzten Ehemann jedoch ein **Leistungsverweigerungsrecht** gemäß § 1381 BGB zugestanden, da der Ausgleich des Zugewinns hier als
grob unbillig beurteilt werden müsste. Die Voraussetzungen der Vorschrift des
§ 1381 BGB entsprächen denen, die zur Bejahung eines Anspruchs aus dem Gesichtspunkt des Wegfalls der Geschäftsgrundlage heranzuziehen sind. Ein Anspruch
auf Rückgewähr der Zuwendung sei daher anzuerkennen.

In einem ähnlich gelagerten, vom OLG Oldenburg[272] entschiedenen Fall hatte die   **225**
Ehefrau als Beifahrerin eines von ihrem späteren Ehemann gesteuerten PKW einen
Verkehrsunfall, bei dem sie schwer verletzt wurde und wegen der Unfallfolgen
jahrelang in medizinischer Behandlung war. Die Haftpflichtversicherung des Ehemannes zahlte **wegen des Unfalls** einen Betrag in Höhe von 87 500 € an die Ehefrau.
Einen Teilbetrag von 50 000 € stellte sie zur Errichtung eines Hauses auf einem
Grundstück zur Verfügung, das der Ehemann von seinen Eltern erhalten hatte. Ein
Jahr nach Bezug des Familienheims trennten sich die Eheleute. Ein Zugewinnausgleich stand der vermögenslosen Ehefrau, die eine Unfallrente und eine Erwerbsun-
fähigkeitsrente bezog, nicht zu, da das Anfangsvermögen des Ehemannes höher als
sein Endvermögen war. Das OLG Oldenburg bejahte einen Anspruch wegen Wegfalls der Geschäftsgrundlage einer ehebezogenen Zuwendung und hielt unter Abwägung aller Umstände eine Rückzahlung von 13 000 €, rund ein Viertel des zugewendeten Betrags, für einen angemessenen Ausgleich.

## V. Rückübertragung eines ausgebauten Grundstücks

**Beispiel:** Die Eheleute F und M hatten Gütertrennung vereinbart. Während der   **226**
Ehe übertrug M den hälftigen Anteil seines Hausgrundstücks an F. In der Folgezeit investierten die Ehegatten erhebliche finanzielle Mittel zur Renovierung
des Gebäudes, wobei die Wohnung für M, der nur auf Krücken gehen konnte,
behindertengerecht ausgebaut wurde. Nachdem F ihren Ehemann verlassen
hatte, drohte sie, die Teilungsversteigerung zu beantragen. M fragt seinen
Anwalt, ob er den zugewendeten Hälfteanteil am Grundstück wieder zurückverlangen könne.

---

[271] OLG Stuttgart FamRZ 1994, 1326 (Rücknahme der Revision nach Versagung von PKH durch den
BGH).
[272] OLG Oldenburg FamRZ 2008, 993.

Ein **Ausgleich** erfolgt in der Regel nicht durch eine Rückgabe des zugewendeten Gegenstandes in Natur, sondern durch **Zahlung in Geld**.[273] **Ausnahmsweise** kann eine **gegenständliche Rückgewähr** verlangt werden, wenn nur dadurch ein „*untragbarer, mit den Grundsätzen von Treu und Glauben unvereinbarer Zustand*" vermieden werden kann.[274]

227 Ein Anspruch auf **Rückgewähr in Natur** ist insbesondere zu bejahen, wenn der Zuwendende ein besonders schützenswertes Interesse gerade am Erhalt des zugewendeten Vermögensgegenstandes hat und wenn es unerträglich erscheint, dass der andere Ehegatte das Eigentum behält, statt es auf den Zuwendenden zurück zu übertragen.[275] Dies kann der Fall sein, wenn der zuwendende Ehegatte das Familienheim für sich behindertengerecht ausgebaut hat oder das übertragene Anwesen seit langem in Familienbesitz ist.[276] Bei Miteigentum droht der Verlust durch Teilungsversteigerung. Allerdings kann die Rückübertragung eines Grundstücks in der Regel nur **Zug um Zug gegen Zahlung eines finanziellen Ausgleichs** erfolgen.[277]

228 **Ausnahmsweise** kann ein Anspruch auf dingliche Rückgewähr auch dann gegeben sein, wenn der zuwendende Ehegatte sämtliche finanzielle Verpflichtungen, die mit dem Erwerb des Grundstücks und dem Bau des Hauses verbunden sind, allein erfüllt, den Bau durch eigene Arbeit gefördert und das Hausgrundstück vor allem zu seiner Altersversorgung erworben hat.[278]

229 Für die familienrechtliche Praxis empfiehlt es sich, da zugewendete Gründstücke bei Scheitern der Ehe nur in seltenen Ausnahmefällen zurückzugewähren sind, im notariellen Vertrag eine **Rückforderungsklausel** aufzunehmen: „*Der zuwendende Ehegatte hat das Recht, im Fall der Scheidung der Ehe die Rückforderung des heute überlassenen Grundbesitzes verlangen zu können.*"[279]

## VI. Grund und Höhe der Rückgewähr

230 | **Beispiel:** F und M leben in Gütertrennung. Während der Ehe überträgt M seiner Ehefrau F unentgeltlich den hälftigen Teil seiner Eigentumswohnung im Wert von 100 000 €. Zwanzig Jahre später verlässt F ihren Ehemann. M ist zum Zeitpunkt der Trennung vermögenslos, während F ein Vermögen von 200 000 € hat.

---

[273] BGH FamRZ 1998, 669, 670; 1989, 599, 600.

[274] BGH FamRZ 2006, 394, 395; 1998, 669, 670; 1991, 1169, 1171; 1982, 778, 779; 1982, 246, 24; 1977, 458.

[275] Nach einem Bericht der Süddeutschen Zeitung vom 15. 1. 2008 (S. 8) verlangte Richard Batista, 4 Chirurg aus Long Island, von seiner Ehefrau eine Niere zurück, die er ihr gespendet hatte. Grund für die Rückforderung sei Enttäuschung gewesen, da sie ihn trotz der Spende schlecht behandelt und mit ihrem Physiotherapeuten betrogen habe. Sollte er die Niere nicht zurückerhalten, forder er eine Entschädigung von 1,5 Millionen Dollar.

[276] Schulz/Hauß/Brandt, Schwerpunktbeitrag 1 Rn. 63; Wever Rn. 500; MAH/Kogel § 21 Rn. 4; Grziwotz FamRB 2009, 387, 389; Schulz FamRB 2004, 364, 367.

[277] BGH FamRZ 2007, 877, 878; 2006, 394, 395; 2002, 949, 950; 1999, 365, 367; 1998, 669, 670; 1999 1060, 1061.

[278] So BGH FamRZ 1977, 458, 470; ebenso OLG Celle FamRZ 2000, 668; LG Aachen FamRZ 2000 669, 670.

[279] Ausführlich Langenfeld, Handbuch der Eheverträge und Scheidungsvereinbarungen, Rn. 1178 Grziwotz FamRB 2009, 387, 388.

Die Beurteilung, ob und **in welcher Höhe** ein Anspruch auf Rückgewähr einer Zuwendung besteht, richtet sich nach den Umständen des Einzelfalles. Dazu sind im Rahmen einer **Gesamtwürdigung** Gesichtspunkte aus Vergangenheit, Gegenwart und Zukunft zu berücksichtigen. Bei der Gesamtabwägung ist in erster Linie die **Dauer der Ehe** (die Zeit von der Zuwendung bis zur Trennung) zu berücksichtigen. So hat der BGH[280] wiederholt festgestellt: *„Für den Zeitraum, in dem die Ehe Bestand hatte, ist der Zweck der Zuwendung erreicht. Regelmäßig hat dies zur Folge, dass der Wert des Zugewendeten nicht voll zurückgegeben werden muss, denn die erwiesene Begünstigung ist nur für die Zeit nach dem Scheitern der Ehe zu entziehen."*

Ist die Ehe erst 20 Jahre nach der Zuwendung gescheitert, kann der **Zweck der** **231** **Zuwendung** – die Verwirklichung und Erhaltung der ehelichen Lebensgemeinschaft – **im Einzelfall als erreicht** angesehen werden. Bei einer so langen Ehedauer kann in der Regel nicht mehr ein Wegfall der Geschäftsgrundlage für die seinerzeitige Zuwendung angenommen werden[281]. Sieht man bei einer 20-jährigen Ehedauer den Zuwendungszweck als erreicht an, erscheint es angemessen, dass grundsätzlich **nur die Hälfte** des zugewendeten Vermögenswertes zurückerstattet werden muss, wenn die Ehe seit der Zuwendung noch zehn Jahre bestanden hat.[282]

Neben der **Ehedauer** ist nach BGH[283] auf folgende weitere **Kriterien** abzustellen: **232**
- Art und Umfang der erbrachten Leistungen,
- Höhe der durch die Zuwendung geschaffenen und noch vorhandenen Vermögensmehrung,
- Einkommens- und Vermögensverhältnisse der Parteien,
- Alter der Parteien im Zeitpunkt der Scheidung,
- Art und Umfang der vom begünstigten Ehegatten in seinem familiären Wirkungskreis erbrachten Leistungen,
- Einkommen aus künftiger Erwerbstätigkeit oder aus Vermögen, wobei gesundheitliche Belastungen ebenso mit einzubeziehen sind wie Risiken aus der Art der Vermögensanlagen.

Eheverfehlungen sind **nicht** zu berücksichtigen.[284] Es gibt – so der BGH[285] – **233** keinen Rechtsgrundsatz des Inhalts, dass derjenige, der die Geschäftsgrundlage eines Vertrages zerstört, deswegen die von ihm erbrachten vermögensrechtlichen Leistungen verwirkt.

**Obere Grenze** des Ausgleichsanspruchs ist der Geldbetrag, um den das Vermögen **234** des Zuwendungsempfängers bei Trennung der Ehegatten infolge der Leistungen des Zuwendenden noch gemehrt ist.[286] Ist von der Zuwendung nichts mehr vorhanden, gibt es keine Rückgewähr. Es wird nur der Wert ausgeglichen, der noch vorhanden ist.

---

[280] BGH FamRZ 1999,365,367; 1998,669, 670; 1995, 1060,1061; ebenso BGH FamRZ 2010, 958, 963 (Zuwendung von Schwiegereltern).

[281] Schulz FamRB 2004, 364, 368.

[282] Vgl. OLG Stuttgart FamRZ 1994, 1326, 1329.

[283] BGH FamRZ 1999, 1580, 1583; 1999, 365, 367; 1998, 669, 670; 1994, 1167, 1168; 1992, 293, 294; 1990, 855, 856; 1989, 599, 600; 1988, 481.

[284] Schulz/Hauß/Brandt, Schwerpunktbeitrag 1, Rn. 41; Schnitzler/Kogel, MAH FamR, § 21 Rn. 26; Schulz FamRB 2004, 364, 368, Wever Rn. 464; FA-FamR/v. Heintschel-Heinegg Kap. 10 Rn. 77; vgl. BGH FamRZ 1992, 160, 162 (bei Zuwendung unter Verlobten).

[285] BGH FamRZ 1992, 160, 162.

[286] BGH FamRZ 1982, 910, 912.

235     In obigem Beispielsfall (Rn. 230) ist neben der Ehedauer weiter zu berücksichti gen, dass M mittlerweile arm, F dagegen vermögend ist. Die erforderliche Gesamt abwägung kann hier ergeben; dass es **„aus Gründen der Billigkeit"** erforderlic erscheint, wenn M wenigstens einen Teil der Zuwendung zurückerhält.

## VII. Stichtag für die Rückgewähr

236 | **Beispiel:** Während der Ehe überträgt M sein ganzes Vermögen auf F, nachdem diese durch Fehlspekulationen auf dem Aktienmarkt ihr hohes Erbe verloren hatte. Kurz darauf verlässt F ihren Ehemann. M fragt seinen Anwalt, ob er seine Zuwendung sofort zurückverlangen könne.

    Der Anspruch auf Rückgewähr einer ehebezogene Zuwendung **entsteht**, wen die **Ehe gescheitert** ist. Zur Streitfrage, ab wann eine Ehe als gescheitert anzusehe ist, hat der BGH[287] nunmehr festgestellt: *„Die Geschäftsgrundlage einer ehebeding ten Zuwendung entfällt regelmäßig mit der **endgültigen Trennung** der Ehegatten.* Der Rückgewährsanspruch entsteht spätestens dann, wenn ein Ehegatte aus de bisher gemeinsamen Wohnung mit seinen persönlichen Sachen **auszieht** (vgl. daz auch Rn. 175).

237     Bei **Gütertrennung** kann der Anspruch auf Rückgewähr einer ehebezogene Zuwendung sofort **ab endgültiger Trennung** geltend gemacht werden.[288] Bei ge setzlichem Güterstand kann eine ehebezogene Zuwendung jedoch nicht schon a Trennung, sondern frühestens **ab Rechtshängigkeit der Scheidung** zurückgeforder werden.[289] Denn ein Anspruch wegen Wegfalls der Geschäftsgrundlage (§ 313 BGB besteht nur, wenn das Ergebnis des Zugewinnausgleichs „schlechthin unangemesse und untragbar" ist. Der Zugewinn der Ehegatten kann aber erst ab Zustellung de Scheidungsantrags (§ 1384 BGB) berechnet werden.

238     Überwiegend wurde in der Rechtsprechung als Stichtag für die Rückgewähr eine ehebezogenen Zuwendung die **Rechtskraft der Scheidung** angenommen.[290] Danac kann der schuldrechtliche Ausgleich erst verlangt werden, wenn die Zugewinn gemeinschaft beendet ist (§ 1378 III 1 BGB). Im Beispielsfall (Rn. 236) hängt de Stichtag für die Rückgewähr davon ab, in welchem Güterstand die Eheleute lebe Bei Gütertrennung kann die Zuwendung sofort nach der Trennung, bei Zugewinn gemeinschaft jedoch erst ab **Rechtshängigkeit** oder – nach früherer Rechtsprechun – ab Rechtskraft der Scheidung zurückverlangt werden.

239     **Hinweis:** Eine Klage auf Rückgewähr einer ehebezogenen Zuwendung sollte be gesetzlichem Güterstand der Eheleute in der Regel erst erhoben werden, wenn übe die Scheidung und im Verbund über den Zugewinnausgleich **rechtskräftig** entschie den ist. Dann kann beurteilt werden, ob *„die Aufrechterhaltung des geschaffene*

---

[287] BGH FamRZ 2007, 877 m. Anm. Schröder.

[288] OLG Bremen FamRZ 2008, 2117, 2118; 2000, 671; FA-FamR/v. Heintschel-Heinegg Kap. 1 Rn. 79.

[289] So jetzt BGH FamRZ 2007, 877, 878; ebenso Wever Rn. 517; Schulz/Hauß/Brandt, Schwerpunkt beitrag 1, Rn. 74; Schulz FamRB 2004, 364, 368; Grziwotz FamRB 2009, 387, 389.

[290] OLG München FamRZ 1999, 1663, 1665; OLG Düsseldorf FamRZ 1992, 562, 563; LG München I FamRZ 1998, 167, 168; OLG Oldenburg FamRZ 2008, 993; FamRZ 1994, 1245, 1246 (b Zuwendungen von Schwiegereltern).

ermögenszustandes für den zuwendenden Ehegatten schlechthin unangemessen und untragbar ist".[291]

Für die **Berechnung der Höhe** des Rückgewährsanspruchs ist stets auf den Zeitpunkt abzustellen, an dem der **Anspruch entstanden** ist.[292] Das ist sowohl bei Gütertrennung als auch bei Zugewinngemeinschaft der Fall, wenn sich die Eheleute endgültig getrennt haben. **240**

## III. Darlegungs- und Beweislast

### Allgemein

Wer sich auf den Wegfall der Geschäftsgrundlage beruft, hat darzulegen und zu **241** beweisen, dass der Zuwendung die Vorstellung und Erwartung zugrunde lag, die eheliche Lebensgemeinschaft werde **Bestand** haben.[293] Beim Güterstand der **Gütertrennung** muss er vortragen und nachweisen, dass die Beibehaltung der herbeigeführten Vermögenslage für ihn **unzumutbar** ist. Beim **gesetzlichen Güterstand** gehört zur schlüssigen Klagebegründung die Darlegung, dass das Ergebnis, zu dem der Zugewinnausgleich unter Einbeziehung der Zuwendung führt, **schlechthin unangemessen und für ihn unzumutbar** ist.[294]

### Rückgewähr in Natur

Schuldet der Zuwendungsempfänger ausnahmsweise gegenständliche Rückgewähr **242** des Erlangten, kann er dazu nur **Zug um Zug gegen Zahlung** eines nach den Umständen des Einzelfalles zu bemessenden **Ausgleichs in Geld** verpflichtet werden[295] (vgl. Rn. 226). Die Frage, wer Anspruchsvoraussetzungen und Höhe dieser Ausgleichszahlung darzulegen und zu beweisen hat, wurde vom BGH[296] in einem Fall, der die Rückübertragung eines Hausgrundstücks an die Schwiegereltern betraf, grundsätzlich entschieden:

*„Sind ehebezogene Zuwendungen rückabzuwickeln, hat der* **Rückgewähr For-** **243** *dernde, also nicht der Verpflichtete, schlüssig* **darzulegen,** *auf welche Summe sich die Ausgleichszahlung beläuft; er muss sich bereit erklären, diesen Betrag Zug um Zug gegen die Rückübertragung zu zahlen… Die Darlegungs- und Beweislast für die Umstände, die für die Bemessung des Ausgleichsanspruchs maßgebend sind, trägt demnach grundsätzlich die klagende Partei, weil es sich insoweit mit um eine Voraussetzung für die Begründetheit des Anspruchs handelt.*
*Soweit es um erbrachte* **Eigenleistungen** *des Verpflichteten geht, die bei der Bemessung des Ausgleichsbetrags stets zu berücksichtigen sind, muss allerdings eine Einschränkung gemacht werden, weil der Rückfordernde regelmäßig außerhalb der maßgebenden Geschehensabläufe steht und deswegen keine näheren Kenntnisse hat, während dem Verpflichteten nähere Angaben zumutbar sind, weil er diese Kenntnisse regelmäßig hat. Es obliegt daher in erster Linie ihm, dazu im Einzelnen vorzutragen.*

---

BGH FamRZ 2003, 230; 1993, 289, 291; 1991, 1169, 1170: 1989, 599, 601.
Wever Rn. 515.
BGH FamRZ 2003, 223, 224; 1995, 229, 232.
BGH FamRZ 1993, 289, 291; 1991, 1169, 1172.
BGH FamRZ 2007, 877, 878; 2006, 394, 395; 2002, 949, 950; 1999, 365, 367; 1998, 669, 670.
BGH FamRZ 1999, 365, 366.

*Bestreitet er Vorbringen der klagenden Partei, Leistungen seien nicht erbracht wor den, nur pauschal, nützt ihm das nichts. Dies ändert freilich nichts daran, dass de Rückfordernde beweisbelastet bleibt und gegebenenfalls die nachteiligen Folgen eine verbleibenden Ungewissheit zu tragen hat, wenn ihm die Widerlegung konkrete Angaben seines Prozessgegners nicht gelingt."*

244    In einer weiteren Entscheidung hat der BGH[297] diese Feststellungen bestätigt un ergänzt, dass *„die Anforderungen, die an Darlegung und Nachweis namentlic länger zurückliegender Mitwirkungshandlungen gestellt werden, nicht überspann werden dürfen. In einer intakten Ehe werden die Ehegatten über Art und Umfan der auf die gemeinsame Wertschöpfung verwandten Aktivitäten nur selten Buc führen, zudem schließt gerade bei handwerklichen Aktivitäten – wie im vorliegende Fall bei der Renovierung von Baulichkeiten – das Zusammenwirken der Ehegatte eine klare Trennung der von jedem der Ehegatten erbrachten Leistungen, zumal i der Erinnerung, vielfach aus."*

245    Ist dem rückfordernden Ehegatten eine konkrete Rechtfertigung des verlangte Ausgleichsbetrages nicht möglich, kann er dem dadurch begegnen, dass er von vorn herein neben den tatsächlichen Grundlagen lediglich die **Größenordnung** seine Vorstellungen angibt und die Bestimmung des genauen Betrags in das **Ermessen de Gerichts** stellt.[298] Das Familiengericht kann dann, wenn die Grundlagen ausreichen dargelegt sind, die Höhe des Ausgleichs schätzen.[299]

246    Der BGH hat weiter ausgeführt, es könnten nicht nur Investitionen berücksichtig werden, die zu einer Wertsteigerung des Hausgrundstücks geführt haben. Bei de Bemessung des Ausgleichsbetrages geht es nicht um eine Rückabwicklung nac Bereicherungsrecht, sondern Maßstab sind die **Grundsätze der Billigkeit,** die eine Aufwendungsersatz rechtfertigen. Daher sind auch Aufwendungen berücksichti gungsfähig, die im Vertrauen auf den Fortbestand der Eigentümerstellung zur Erhal tung und **Verschönerung** des Anwesens gemacht worden sind, ohne dass sie sich i einem Wertanstieg des Hauses niedergeschlagen haben. Obere Grenze des Aus gleichs ist der hälftige Wert des Anwesens im Zeitpunkt des Scheiterns der Ehe.[300]

247    Bei der Bemessung der **Höhe des Ausgleichsbetrages,** den der berechtigte Ehegat te Zug um Zug gegen die dingliche Rückgewähr zu zahlen hat, ist eine Gesamt würdigung unter Billigkeitsgesichtspunkten vorzunehmen. In erster Linie ist auf di Dauer der Ehe und die beiderseitigen Einkommens- und Vermögensverhältniss abzustellen (vgl. Rn. 230 f). Die Gesamtabwägung zielt darauf ab, dem rückgewähr pflichtigen Ehegatten einen billigen Ausgleich dafür zu geben, dass die erwarte Beteiligung an den gemeinsam geschaffenen Werten und die Mitnutzung der Frücht der gemeinsamen Arbeit für die Zukunft entfällt.[301]

## IX. Verjährung des Rückgewähranspruchs

248    Der Anspruch auf Rückgewähr von finanziellen Zuwendungen entsteht m der **endgültigen Trennung** (Rn. 236). Er verjährt **in drei Jahren** (§ 19

---

[297] BGH FamRZ 2002, 949, 950.
[298] BGH FamRZ 1999, 365, 367.
[299] BGH FamRZ 2002, 949, 950; 2007, 877, 878.
[300] BGH 2002, 949, 950.
[301] So BGH FamRZ 2002, 949, 951.

GB).[302] Die Verjährung beginnt am Schluss des Kalenderjahres, in dem der Anspruch entstanden ist (§ 199 I Nr. 1, 2 BGB). Die Verjährung ist **gehemmt,** solange die Ehe besteht (§ 207 I BGB). Wird die Rückübereignung eines Grundstücks erlangt, beträgt die Verjährungsfrist gemäß § 196 BGB zehn Jahre.

## . Verwirkung

Eine **Verwirkung** kann nach den zu § 242 BGB entwickelten Grundsätzen[303] in **249** Betracht kommen, wenn sich der Verpflichtete nach dem Verhalten des Berechtigten darauf einstellen durfte, dass dieser sein Recht nicht geltend machen werde. **Eheverhandlungen,** die keinen wirtschaftlichen Bezug haben, sind für den Rückgewährsanspruch ohne Bedeutung. Dies entspricht der Regelung beim Zugewinnausgleich 1381 BGB; vgl. Kap. 1 Rn. 537 f). In beiden Fällen handelt es sich nur um **vermögensrechtliche „Abrechnungen".** Selbst der Ehegatte, der aus einer intakten Ehe ausgebrochen ist, kann einen Ausgleichsanspruch haben. Der BGH[304] hat dazu ausgeführt: *„Es gibt keinen Rechtssatz des Inhalts, dass derjenige, der die Geschäftsgrundlage eines Vertrags zerstört, deswegen die von ihm erbrachten vermögensrechtlichen Leistungen verwirkt."*

## I. Verfahrensrecht

Ansprüche auf Rückgewähr von ehebezogenen Zuwendungen zwischen miteinan- **250** der verheirateten oder ehemals miteinander verheirateten Personen im Zusammenhang mit Trennung oder Scheidung der Ehe gehören zu den **sonstigen Familiensachen** gemäß §§ 111, 266 I Nr. 3 FamFG. **Zuständig** sind daher die **Familiengerichte** (§§ 23 a I Nr. 1, 23 b I GVG). Die sonstigen Familiensachen sind Familienstreitsachen (§ 112 Nr. 3 FamFG), für die eine **anwaltliche Vertretung** vor dem Familiengericht vorgeschrieben ist (§ 114 I FamFG).

## II. Bedeutung der ehebezogenen Zuwendung in der anwaltlichen und familiengerichtlichen Praxis

Die Rechtsfigur der unbenannten, ehebedingten, ehebezogenen Zuwendung ist in **251** der Literatur immer wieder **starker Kritik** ausgesetzt.[305] Die Rückabwicklung sei nur am Ergebnis orientiert und führe zu einer „schlecht berechenbaren Billigkeitsjustiz".[306] Der BGH[307] und die Mehrzahl des Schrifttums[308] halten jedoch – zu Recht

---

[302] Die Sonderverjährungsvorschrift des § 197 I Nr. 2 BGB von 30 Jahren für familienrechtliche Ansprüche wurde zum 1. 1. 2010 aufgehoben. Das Übergangsrecht ist in Art. 229 § 21 EGBGB geregelt.
[303] Vgl. Palandt/Grüneberg § 242 Rn. 87.
[304] BGH FamRZ 1992, 160, 162.
[305] Müßig (vormals Seif) FPR 2007, 194; Seif FamRZ 2000, 1193; Koch FamRZ 1995, 321; Holzhauer FuR 1995, 270; Kollhosser NJW 1994, 2313; Schotten NJW 1990, 2841; MK/Gernhuber Vor § 1363 Rn. 18.
[306] Koch FamRZ 1995, 322, 323.
[307] Grundlegend BGH FamRZ 1999, 1580, 1582; auch BGH FamRZ 2003, 230.
[308] Palandt/Brudermüller § 1372 Rn. 3; Palandt/Grüneberg § 313 Rn. 50; JH/Jaeger § 1372 Rn. 5 a; Staudinger/Thiele § 1363 Rn. 21; Vor § 1414 Rn. 19.

– an der Konstruktion einer ehebezogenen Zuwendung unbeeindruckt fest. Über Regeln des **Wegfalls der Geschäftsgrundlage** können bei Zuwendungen unter E leuten die Eigenheiten jedes Einzelfalls gegeneinander abgewogen und zu ei sachgerechten Ausgleich gebracht werden.[309] Dagegen lässt das Bereicherungsr (§§ 531 Abs. 2, 812 BGB) mit seinem „Alles-oder-Nichts-Prinzip" keine flex Berücksichtigung individueller Umstände zu.[310]

253  Der BGH hat allerdings bei Rückforderungen von Zuwendungen eines nicht lichen Lebensgefährten[311] und von Schwiegereltern[312] darauf hingewiesen, dass Ausnahmefall auch bereicherungsrechtliche Ansprüche wegen Zweckverfehlung § 812 I 2 Alt. 2 BGB in Betracht kommen können (vgl. Kap. 9 Rn. 29 f; Ka Rn. 9 f).

253  Die Rückgewähr ehebezogener Zuwendungen hat für die anwaltliche Berat eine große Bedeutung, da ein Ehegatte seine „Schenkungen" meistens wieder zu haben will, wenn die Ehe scheitert. In der gerichtlichen Praxis werden Rückfo rungen jedoch – zu Recht – **äußerst selten** geltend gemacht, da die Verfahren n extremen Ausnahmefällen erfolgreich sind. Ausgleichsansprüche wegen Wegfalls Geschäftsgrundlage bestehen nur, wenn die Aufrechterhaltung der durch die Zuw dung geschaffenen Vermögenslage unzumutbar ist. Die Schwelle der Unzumut keit wird dabei **hoch angesetzt.** Grundsätzlich ist nämlich zu berücksichtigen, der Ehegatte es einmal für richtig gehalten hat, dem Ehepartner eine größere Zuv dung zukommen zu lassen.[313] Leben die Eheleute im gesetzlichen Güterstand, f in aller Regel bereits der vorrangige Zugewinnausgleich zu einem angemesse Ergebnis.

254  Bevor ein Anwalt eine Klage auf Rückgewähr einer ehebezogenen Zuwend erhebt, muss er in jedem Fall – unabhängig vom Güterstand der Eheleute – ei hend prüfen, ob ein Ausgleichsanspruch **„aus Gründen der Billigkeit"** begrü erscheint. Dazu muss er alle entscheidungserheblichen Kriterien – wie Dauer Ehe, Umfang der Zuwendung und der hierdurch geschaffenen Vermögenslage, kommen und sonstiges Vermögen sowie Alter der Parteien – im Rahmen e Gesamtwürdigung ermitteln und berücksichtigen[314] (vgl. Rn. 230 f).

255  Das OLG Zweibrücken[315] hat die Schadensersatzpflicht eines Fachanwalts Familienrecht bejaht, weil dieser eine ehebezogene Zuwendung zurückgefor hatte, ohne darzulegen, warum das Ergebnis des Zugewinnausgleichs schlech unangemessen und unzumutbar war. Nach einer Entscheidung des OLG Dü dorf[316] genügt der Rechtsanwalt vor Erhebung einer Klage auf Ausgleich eh dingter Zuwendungen seiner Beratungspflicht nicht, wenn er den Mandanten r deutlich auf eine im Rechtsstreit drohende Niederlage hinweist, sondern es nu allgemeinen Risikohinweisen belässt.

---

[309] Wever Rn. 497; Schröder FamRZ 2001, 142, 143; Schulz FamRB 2004, 398, 400; 17. Deut Familiengerichtstag 2007, Arbeitskreis 18.

[310] Haas FamRZ 2002, 212, 216; JH/Jaeger § 1414 Rn. 22.

[311] BGH FamRZ 2009, 849, 850.

[312] BGH FamRZ 2010, 958, 962; XII ZR 180/09 Rn. 29.

[313] Wever Rn. 486; Schulz FamRB 2004, 398, 401.

[314] Schulz FamRB 2004, 398, 401.

[315] OLG Zweibrücken FamRZ 2007, 142.

[316] OLG Düsseldorf FamRZ 2004, 1647.

**Hinweis**: Der Anwalt muss, um eine Haftung zu vermeiden, den Mandanten auf **256** die Chancen und Risiken eines Prozesses eingehend hinweisen und sollte dessen Entscheidung schriftlich festhalten. Der pauschale Hinweis, dass der Prozess auch verloren gehen könne, genügt nicht.[317]

# E. Rückforderung von Schenkungen

## I. Schenkung als Ausnahmefall

Schenkungen erfolgen aus reiner' Freigebigkeit zur freien Verfügung des Be- **257** schenkten. Zuwendungen von erheblichem Wert sind in der Regel „ehebezogen", sie sollen die eheliche Lebensgemeinschaft stärken, erhalten und sichern. Echte Schenkungen zwischen Eheleuten sind daher die Ausnahme. Es bleiben nur noch Geburtstags-, Weihnachts- oder Gelegenheitsgeschenke (vgl. Rn. 196).

## II. Widerruf einer Schenkung

Eine Schenkung kann nach § 530 I BGB widerrufen werden, wenn sich der **258** Beschenkte durch eine schwere Verfehlung gegen den Schenker **groben Undanks** schuldig macht. Eine schwere Verfehlung setzt objektiv ein gewisses Maß an Schwere voraus und subjektiv eine Gesinnung, die in erheblichem Maße **Dankbarkeit vermissen** lässt, die der Schenker erwarten kann.[318] Das Scheitern der Ehe ist allein kein Widerrufsgrund. Es sind vielmehr die gesamten Umstände des Einzelfalles, also auch „*die aus der Ehe fließenden besonderen Beziehungen*", zu würdigen.[319] Grobe Beschimpfungen des Ehepartners als Folge der zerrütteten Ehe reichen regelmäßig nicht aus, eine Schenkung mit Erfolg zu widerrufen.[320] Dagegen hat der BGH groben Undank in einem Fall bejaht, in dem die beschenkte Ehefrau ihren Ehegatten bei dessen Arbeitgeber „**angeschwärzt**" und unzutreffende Strafanzeigen erstattet hatte.[321]

**Eheliche Untreue** kann zu einem Schenkungswiderruf führen.[322] Bei der Gesamt- **259** abwägung ist aber zu prüfen, ob die eheliche Gemeinschaft nicht schon vor der sexuellen Untreue endgültig zerstört war. Auch das Verhalten des betrogenen Ehegatten ist einzubeziehen.[323]

Der **Schenker** hat das Vorliegen aller Widerrufsvoraussetzungen zu beweisen und **260** muss Tatsachenbehauptungen widerlegen, die sich auf sein eigenes Fehlverhalten beziehen. In einem vom BGH[324] entschiedenen Fall hatte der beschenkte Ehemann behauptet, seine Ehefrau habe ihn dadurch aus der Wohnung gedrängt, dass sie sich geweigert habe, in einem Zimmer mit ihm zu schlafen sowie für ihn zu kochen und

---

[317] Vgl. Großmann FamRB 2004, 246.
[318] BGH FamRZ 2006, 196, 197; 2005, 511; 2005, 337; 2000, 1490; 1993, 1297, 1298; 1985, 351.
[319] BGH FamRZ 1993, 1297, 1298; 1985, 351.
[320] Vgl. BGH FamRZ 1999, 705.
[321] BGH FamRZ 1983, 668, 669.
[322] BGH FamRZ 1985, 351 m. Anm. Seutemann; 1982, 1066, 1067 m. Anm. Bosch; OLG Düsseldorf FamRZ 2005, 1089.
[323] OLG Frankfurt FamRB 2006, 357 (Brielmaier); LG Flensburg FamRZ 1988, 57.
[324] BGH FamRZ 1985, 351, 352.

zu waschen. Die betrogene Ehefrau konnte diese Behauptungen nicht entkräften Damit konnte grober Undank nicht angenommen werden.

**261** Der Schenkungswiderruf erfolgt – innerhalb eines Jahres (§ 532 BGB) – durc **einseitige, empfangsbedürftige Willenserklärung** (§ 531 I BGB). Die Herausgab des Geschenkes kann nach den Vorschriften über die Herausgabe einer ungerech fertigten Bereicherung gefordert werden (§ 531 II BGB).

## III. Schenkungswiderruf und Zugewinnausgleich

**262** Wurde eine echte Schenkung wegen groben Undanks widerrufen, muss dies b den Aktiva und Passiva der beiderseitigen Endvermögen – wie bei anderen geger seitigen Forderungen (vgl. Kap. 1 Rn. 226 f) – berücksichtigt werden. Ein Scher kungswiderruf wirkt sich jedoch nur dann auf den Zugewinnausgleich aus, wenn d Widerrufsgrund **vor Rechtshängigkeit des Scheidungsantrags** (§ 1384 BGB)en standen ist. Hat sich die schwere Verfehlung erst nach Zustellung des Scheidung antrags ereignet, ist ein Rückforderungsanspruch für den Zugewinnausgleich unb achtlich.[325]

**263** Ist der Anspruch auf Rückgabe der Schenkung bei der Berechnung des Endve mögens zu berücksichtigen, muss überlegt werden, ob es sich lohnt, ihn geltend z machen. Es handelt sich um einen gegenseitigen Anspruch, der sich wertmäß neutralisieren kann, wenn der Zugewinn des Rückgabeschuldners wenigstens s hoch ist wie der Wert des geschenkten Gegenstandes.

**264** | **Beispiel:** Die Eheleute M und F waren ohne Anfangsvermögen. Während der Ehe schenkt M seiner Frau einen Ring im Wert von 20 000 €. Kurz darauf ergibt sich aufgrund einseitiger ehelicher Untreue ein Widerrufsgrund. Bei Zustellung des Scheidungsantrags hat M ein Vermögen von 100 000 €. F besitzt nur den Ring im Wert von 20 000 €. M fragt seinen Anwalt, ob es für ihn vorteilhaft sei, die Schenkung zu widerrufen.

*(1) Berechnung bei Schenkungswiderruf:*
Zum Endvermögen des M von 100 000 € gehört zusätzlich sein Rückforderung anspruch im Wert von 20 000 €.

F kann die Schenkung des Ringes nicht als Anfangsvermögen gemäß § 1374 I BGB ansetzen (vgl. Kap. 1 Rn. 37). Ihr Endvermögen von 20 000 € ist mit ein Rückgabeverpflichtung in gleicher Höhe belastet. F hat somit keinen Zugewin erzielt. F erhält als Zugewinnausgleich (120 000 € : 2) = 60 000 €, muss aber den Rin zurückgeben.

*(2) Berechnung ohne Schenkungswiderruf*
Die Zugewinnausgleichsforderung der F beträgt (100 000 € – 20 000 €) : 2 40 000 €. Sie kann aber den geschenkten Ring behalten. Rein wertmäßig steht F m jeweils 60 000 € **in beiden Fällen gleich.** Ein Widerruf ist für M daher nur dan sinnvoll, wenn es ihm gerade auf die gegenständliche Rückgabe (z. B. des Rings a Erbstück) ankommt

.

---

[325] Wever Rn. 448; Schulz FamRB 2004, 398, 400.

# 4. Abschnitt. Ausgleich für die Mitarbeit eines Ehegatten

„Was bekomme ich dafür; dass ich jahrelang **im Betrieb meines Mannes** mitgear-  265
eitet habe?" Mit solchen oder ähnlichen Fragen, die sinngemäß natürlich auch der
Ehemann stellen könnte, wenden sich viele Eheleute Rat suchend an ihre Anwältin
der ihren Anwalt, wenn ihre Ehe zerbrochen ist. Eine schriftliche Regelung, was
er mitarbeitende Ehegatte im Fall der Trennung erhalten soll, gibt es fast nie.
Formal gehört das erworbene Vermögen – Immobilien oder ein **Geschäft** – allein
em anderen Ehepartner. Ob der Ehegatte, der wesentlich am Aufbau des Vermögens beteiligt war; nun mit leeren Händen dasteht, oder ob er einen finanziellen
Ausgleich verlangen kann, hängt davon ab, wie seine Mitarbeit rechtlich einzuordnen ist. Ansprüche können sich aus einer Beteiligung an einer **Ehegatteninnengesellschaft** oder aufgrund eines **familienrechtlichen Kooperationsvertrags** erge-
en.

## A. Ehegatteninnengesellschaft

### I. Die Entwicklung der Ehegatteninnengesellschaft in der Rechtspre-
chung

Schon 1953 hat der BGH[326] in einem Fall, in dem die Ehefrau in der Gastwirt-  266
chaft des Ehemannes voll mitgearbeitet hat, „ein Beteiligungsverhältnis in Form
iner **Innengesellschaft**" angenommen. Es könne **nicht** davon ausgegangen werden,
ie mitarbeitende Ehefrau erbringe ihre wirtschaftlichen Leistungen unentgeltlich für
en Ehemann.

Der BGH führte dazu aus: *„Eine solche allgemein gehaltene Annahme wird der
Stellung der Ehefrau, die neben ihrem Mann und nicht unter ihm steht, nicht gerecht.
Im Gegenteil, bei einer verständigen Berücksichtigung der gesamten Lebensverhältnisse im Rahmen einer Ehe liegt die Annahme viel näher, dass die Ehefrau neben
ihrem Ehemann in einem solchen Geschäftsbetrieb nicht allein für diesen, sondern
mit ihm für die eheliche Lebensgemeinschaft ihre wirtschaftlich erfolgreiche Arbeit
leistet ... Man wird davon ausgehen können, dass die entgeltliche Mitarbeit einer
Ehefrau nicht gegen eine feste Vergütung, sondern gegen eine **Erfolgsvergütung** oder
gegen eine irgendwie geartete **Beteiligung** geleistet werden sollte. Die Schicksals-
gemeinschaft, in der die Ehegatten zueinander stehen, findet hierin ihren sinnfälligen
Ausdruck."*

In der Folgezeit hat der BGH[327] in vielen Entscheidungen seine Rechtsprechung  267
zur Ehegatteninnengesellschaft bestätigt. Es ging dabei um Fälle, in denen ein Ehegatte über Jahre hinweg im Lebensmittelgeschäft, in der Metzgerei, in der Gärtnerei,
in der Gastwirtschaft oder in einem sonstigen Betrieb des Ehepartners mitgearbeitet
und durch seinen Einsatz wesentlich zum Aufbau des Unternehmens beigetragen

---

[326] BGHZ 8, 249 = NJW 1953, 418.
[327] Vgl. BGH FamRZ 1954, 136; 1960, 105; 1961, 519; 1961, 522; 1962, 357; 1967, 320; 1968, 589;
1975, 35.

hatte.[328] Ab Mitte der 70er-Jahre geriet die Ehegatteninnengesellschaft mehr und mehr in Vergessenheit. Der BGH versuchte nunmehr, die Mitarbeit eines Ehegatten über die neu geschaffene Rechtsfigur der unbenannten (ehebedingten, ehebezogenen) Zuwendung finanziell auszugleichen[329] (vgl. Rn. 189 f).

## II. Die neue Rechtsprechung des BGH zur Ehegatteninnengesellschaft

268    Wiederbelebt wurde die Ehegatteninnengesellschaft durch die grundlegende Entscheidung des BGH vom 30. 6. 1999[330], mit der das Gericht seine früheren Gedanken zur Ehegatteninnengesellschaft wieder aufgegriffen und sogar noch erweitert hat. Der BGH hatte folgenden Sachverhalt zu entscheiden:

269    | **Beispielsfall:** M und F hatten 1951 geheiratet. Seit 1958 lebten sie in Gütertrennung. F war Hausfrau. In den Jahren 1961 bis 1982 erwarb sie insgesamt sieben verschiedene Immobilien, die teilweise mit Einkünften von M finanziert wurden. Bei der Trennung im Jahr 1985 hatten diese Immobilien einen Wert von (umgerechnet) 920 000 €. Nach der Scheidung im Jahr 1987 verlangte M von F als Ausgleich die Hälfte des während der Ehe erworbenen Vermögens.

In nahezu zehnjähriger Beweisaufnahme ermittelten das Landgericht in 1. Instanz und das OLG Schleswig als Berufungsgericht die einzelnen unterschiedlichen finanziellen Beiträge und Arbeitsleistungen, durch die M das Vermögen seiner Ehefrau vermehrt hatte, und bewerteten sie jeweils als ehebezogene Zuwendungen. Auch eine Vielzahl von ehebezogenen Zuwendungen mit gleicher Zielrichtung könne, so das OLG Schleswig[331], nicht zu einer Gesamtleistung zusammengefasst werden. Ein Ausgleich wegen Wegfalls der Geschäftsgrundlage könne immer nur für jede einzelne Zuwendung erfolgen. Diese rechtliche Bewertung entsprach der damaligen höchstrichterlichen Rechtsprechung.

270    Der BGH[332] hat diese Ausführungen jedoch als rechtsfehlerhaft bezeichnet und festgestellt, bei dem gegebenen Sachverhalt komme in erster Linie ein **Ausgleich nach den Regeln des Gesellschaftsrechts** in Betracht: *„Denn in Fällen wie dem vorliegendem, in denen die Ehegatten über Jahre hinweg planvoll und zielstrebig am Aufbau eines Vermögens (hier Immobilien) mitgearbeitet haben um – auch im Alter – aus dessen Erträgen zu leben und daraus auch weiteres Vermögen zu bilden, liegt die Annahme eines gesellschaftsrechtlichen Verhältnisses zwischen den Ehegatten nahe (sog. **Ehegatteninnengesellschaft**). Eine Abwicklung nach gesellschaftsrechtlichen Grundsätzen führt zu Ergebnissen die dem Typus ihrer Erwerbsgemeinschaft angemessener und im Übrigen praxisgerechter sind, wenn die Ehegemeinschaft scheitert und der dinglich nicht berechtigte Ehegatte an den Früchten der Vermögensbildung nicht mehr teilhaben kann."*

---

[328] Vgl. Wever Rn. 600, 631; Schulz FamRB 205, 111.
[329] Haas FamRZ 2002, 205; Schulz FamRB 2005, 111.
[330] BGH FamRZ 1999, 1580.
[331] Vgl. hierzu BGH FamRZ 1999, 1580, 1581.
[332] BGH FamRZ 1999, 1580, 1581.

## III. Voraussetzungen einer Ehegatteninnengesellschaft

## 1. Abschluss eines Gesellschaftsvertrags

**a) Schriftlicher Arbeitsvertrag.** In mittelständischen Unternehmen und frei- **271** beruflichen Praxen schließen Eheleute häufig schriftliche Arbeitsverträge, da es für beide steuerliche Vorteile bringt. Der Arbeitgeber-Ehegatte kann das an den mitarbeitenden Ehegatten gezahlte Gehalt einschließlich der Arbeitgeberbeiträge zur gesetzlichen Sozialversicherung und der freiwilligen Sozialleistungen als Betriebsausgaben abziehen (§ 4 IV EStG). Aufwendungen für eine betriebliche Altersversorgung können durch eine Rückstellung (§ 6 a EStG) oder als Betriebsausgabe berücksichtigt werden. Der Arbeitnehmer-Ehegatte kann von den Einnahmen aus nichtselbständiger Arbeit den Pauschbetrag für Werbungskosten (§ 9 a Nr. 1 EStG) sowie vermögenswirksame Leistungen (§ 19 a EStG) abziehen.[333]

Haben die Eheleute einen schriftlichen Anstellungsvertrag geschlossen, bestimmen **272** sich die Rechtsbeziehungen zwischen den Ehegatten nach den Vereinbarungen im Arbeitsvertrag. Ausdrückliche Abreden gehen einem nur konkludent zum Ausdruck gekommenen Parteiwillen vor.[334]

**Hinweis:** Wurde ein schriftlicher Arbeitsvertrag geschlossen, ist stets zu prüfen, **273** ob ein **Scheinvertrag** vorliegt. Das ist häufig der Fall, wenn die Anstellung des Ehegatten nur auf steuerlichen Erwägungen beruht. Ein Anzeichen für ein Scheingeschäft (§ 117 BGB) besteht, wenn die Höhe des vereinbarten Gehalts im sozialversicherungsfreien Bereich liegt, jedoch keine angemessene Vergütung für die volle Mitarbeit des Ehegatten darstellt.[335] Die Tätigkeit des angestellten Ehegatten muss **untergeordnet und weisungsgebunden** sein. Handelt es sich um einen Scheinvertrag, kann ein stillschweigend eingegangenes Arbeitsverhältnis mit anderem Inhalt gegeben sein.[336] Wer sich auf ein Scheingeschäft beruft, muss dies beweisen.[337]

**b) Ehegatteninnengesellschaft durch „schlüssiges Verhalten".** Arbeitet **274** ein Ehegatte nicht untergeordnet, sondern **gleichberechtigt** im Betrieb des Ehepartners mit, treffen die Eheleute in der Regel keine schriftliche oder ausdrückliche Vereinbarung, wie die Mitwirkung des Ehegatten zum gemeinsamen Vermögensaufbau rechtlich einzuordnen und wie ein Gewinn aufzuteilen ist.[338] Die meisten gesellschaftsrechtlichen Verhältnisse zwischen Eheleuten entstehen durch **„schlüssiges Verhalten"**.

Ein konkludent geschlossener Gesellschaftsvertrag kann angenommen werden, **275** wenn sich aus den Umständen ergibt, dass die Ehegatten eine gesellschaftsrechtliche Bindung eingehen wollten. Die Eheleute müssen einen über die **Verwirklichung der**

[333] FA-FamR/v. Heintschel-Heinegg Kap. 10 Rn. 87, 88.

[334] BGH FamRZ 2006, 607, 608 m. Anm. Hoppenz; 1995, 1062; 1990, 1219, 1220; 1987, 907, 908.

[335] BGH FamRZ 2006, 607, 608; 1990, 973; 1995, 1062, 1064.

[336] Wever Rn. 604; MAH/Kogel § 21 Rn. 62; Schulz FamRB 2005, 111, 112.

[337] BGH NJW 1999, 3481; OLG Bremen FamRZ 1999, 227, 228; Palandt/Ellenberger § 117 Rn. 9.

[338] Musterformulare zur vertraglichen Ausgestaltung bringen Münch FamRZ 2004, 233, 238; ders. in Bergschneider/Beck'sches Formularbuch Familienrecht, J III; Langenfeld, Handbuch der Eheverträge und Scheidungsvereinbarungen, Rn. 1027.

**ehelichen Lebensgemeinschaft hinausgehenden Zweck** verfolgen. Hierfür ist nicht erforderlich, dass die Vertragsparteien ihr zweckgerichtetes Zusammenwirken bewusst als gesellschaftliche Beziehung qualifizieren.[339]. Die Partner müssen planvoll, zielstrebig und dauerhaft zusammenarbeiten, um gemeinsam Vermögen zu bilden.[340] Ein über die Verwirklichung der ehelichen Lebensgemeinschaft hinausgehender Zweck kann auch dann vorliegen, wenn das Betreiben des Geschäfts nur der Sicherung des Familienunterhalts dient.[341]

276 **Indizien** für eine nach gesellschaftsrechtlichen Grundsätzen zu bewertende Zusammenarbeit der Ehegatten können sich nach BGH[342] aus **Planung, Umfang und Dauer** der Vermögensbildung sowie aus Absprachen über die Verwendung und Wiederanlage erzielter Erträge ergeben.[343]

277 Nach früherer Rechtsprechung begründete der bloße **Einsatz von Kapital** ohne Mitarbeit keine Ehegatteninnengesellschaft. Die Trennung zwischen Geldleistungen als ehebezogene Zuwendungen und Mitarbeit als Gesellschaftsbeitrag hat der BGH seit 1999 aufgegeben.[344] Ob die Beiträge durch **Geld-, Sach- oder Arbeitsleistungen** erbracht werden, ist nicht mehr ausschlaggebend. Entscheidend ist vielmehr, dass der Ehegatte für die Gesellschaft „einen nennenswerten und für den erstrebten Erfolg bedeutsamen Beitrag geleistet hat".[345] Eine Ehegatteninnengesellschaft kann daher auch entstehen, wenn ein Ehegatte zur Vermögensmehrung ausschließlich sein Kapital einsetzt.

278 Eine weitere Voraussetzung für die Annahme einer Ehegatteninnengesellschaft ist, dass die Tätigkeit des mitwirkenden Ehegatten als **gleichberechtigte** Mitarbeit anzusehen ist. Führt ein Ehegatte nur untergeordnete Tätigkeiten aus und ist nur der Geschäftsinhaber weisungsbefugt, scheidet ein Gesellschaftsverhältnis aus (z.B. Ehefrau als Sprechstundenhilfe).[346] Die Mitarbeit muss aber **nicht gleichwertig** sein. Die Beiträge können unterschiedlich hoch und ganz verschieden sein (Mitarbeit, Geldzuwendungen, Sachleistungen). So kommt eine Innengesellschaft auch dann zustande, wenn ein Ehegatte die Betriebseinrichtung zur Verfügung stellt und der andere aufgrund seiner Sachkunde die kaufmännische Leitung übernimmt.[347]

279 Nicht ausreichend ist es jedoch, wenn ein Ehegatte für den Geschäftsbetrieb des anderen bloß die **Finanzierung** durch Bankkredite besorgt oder nur dingliche Sicherheiten stellt, ohne am Aufbau und der Führung des Geschäfts beteiligt zu sein.[348] Je länger die Eheleute zusammen gearbeitet und je mehr Vermögen sie geschaffen haben, desto eher wird eine Ehegatteninnengesellschaft anzunehmen sein.

[339] BGH FamRZ 1987, 907.
[340] BGH FamRZ 2006, 607; 608; 1999, 1580, 1582.
[341] BGH FamRZ 2006, 607, 608; 1990, 973.
[342] BGH FamRZ 2006, 607, 610; 1999, 1580, 1584.
[343] Vgl. Wever Rn. 615 ff; Haas FamRZ 2002, 205, 207.
[344] BGH FamRZ 1999, 1580, 1582, 1584.
[345] BGH FamRZ 1999, 1580, 1584.
[346] BGH FamRZ 1986, 558.
[347] BGH FamRZ 1968, 589; Schulz/Hauß/Brandt, HK-FamR, Schwerpunktbeitrag 2, Rn. 18.
[348] BGH FamRZ 1999, 1580, 1581; 1987, 907.

## . Abgrenzung Außen- und Innengesellschaft

Haben die Eheleute **stillschweigend** einen Gesellschaftsvertrag (§ 705 BGB) ge- 280
chlossen, so entsteht regelmäßig nur eine **Innengesellschaft.** Der Geschäftsbetrieb
vird nach außen weiterhin allein auf den Namen des Inhabers geführt. Eine Innen-
esellschaft tritt im Rechtsverkehr nach außen hin nicht in Erscheinung.[349]

### Übersicht

281

| Außengesellschaft | Ehegatteninnengesellschaft |
|---|---|
| Gesellschaft tritt bei Verwaltung ihres Vermögens notwendigerweise nach außen hervor. | Ehegatteninnengesellschaft tritt nach außen nicht in Erscheinung. Es handelt nur ein Ehegatte im eigenen Namen – nicht für die Gesellschaft. |
| Zweck einer Gesellschaft kann jede Förderung vermögenswerter Interessen sein. | Ehegatten verfolgen eine über die Verwirklichung der ehelichen Lebensgemeinschaft hinausgehende Aufgabe. |
| Vermögen gehört allen Gesellschaftern zur gesamten Hand. | Es wird kein gemeinsames Vermögen gebildet. Inhaber des Vermögens ist nur der handelnde Hauptgesellschafter. |
| Gesellschaftsvermögen wird unter den Gesellschaftern gemäß §§ 730–735 BGB auseinander gesetzt (Liquidation). | Der stille Partner hat gegen den Hauptgesellschafter einen schuldrechtlichen Anspruch auf Auszahlung einer Abfindung in Geld. |

## . Abgrenzung zur ehebezogenen Zuwendung

In der Entscheidung vom 30. 6. 1999 grenzt der BGH[350] die Ehegatteninnengesell- 282
chaft eingehend von den ehebezogenen Zuwendungen ab:

*„**Ehebezogene Zuwendungen** sind auf Fälle zugeschnitten in denen das Element es Gebens um der persönlichen Bindung der Ehepartner willen im Vordergrund eht. Ihre Geschäftsgrundlage wird gerade damit erklärt, dass sie **um der Ehe willen** emacht werden. Ihre Zielrichtung beschränkt sich darauf die **eheliche Lebens-emeinschaft zu verwirklichen** . . . .*

*Demgegenüber liegt die Annahme einer **Ehegatteninnengesellschaft** nahe, wenn in er Ehe durch planvolle und zielstrebige Zusammenarbeit der Ehegatten erhebliche Vermögenswerte (z. B. ein Immobilienvermögen) angesammelt werden, wobei als ziel nicht so sehr die Verwirklichung der ehelichen Lebensgemeinschaft als vielmehr ie **Vermögensbildung** als solche im Vordergrund steht, mithin ein **eheüberschreiten-er Zweck** verfolgt wird. "*

---

9 Arens FamRZ 2000, 266, 268; Schulz/Hauß/Brandt, Schwerpunktbeitrag 2, Rn. 11.
0 BGH FamRZ 1999, 1580, 1583.

283

Übersicht

| Ehebezogene Zuwendung | Ehegatteninnengesellschaft |
|---|---|
| „... wenn ein Ehegatte dem anderen einen Vermögenswert um der Ehe willen und als Beitrag zur Verwirklichung und Ausgestaltung, Erhaltung oder Sicherung der ehelichen Lebensgemeinschaft zukommen lässt." | Ehegatten verfolgen einen über die Verwirklichung der ehelichen Lebensgemeinschaft hinausgehen- den Zweck. Die Beteiligung (Mitarbeit/finanzielle Beiträge) geschieht nicht um der Ehe willen, sondern im eigenen Interesse. |

284 Trägt ein Ehegatte durch Geld- und Arbeitsleistungen zum **Erwerb oder Ausbau eines Familienheims** bei, das dem Ehepartner gehört, will er die eheliche Lebensgemeinschaft in der von den Eheleuten gewünschten Weise verwirklichen. Einen „eheüberschreitenden Zweck" verfolgt er dabei nicht, sodass **keine Ehegatteninnengesellschaft** entsteht.[351] Die finanziellen Beiträge sind in diesem Fall als ehebezogene Zuwendungen und die Arbeitsleistungen in gleicher Weise nach den Regeln über den Fortfall der Geschäftsgrundlage (§ 313 BGB) auszugleichen[352] (vgl. Rn. 208).

285 Erwerben Eheleute ein Wohnhaus, nicht um darin zu wohnen, sondern um durch Ausbau und Verkauf Vermögen zu bilden, kann eine Ehegatteninnengesellschaft entstehen.[353]

## IV. Zeitpunkt der Entstehung des Ausgleichsanspruchs (Stichtag)

286 Der Ausgleichsanspruch (§ 738 BGB) des mitarbeitenden Ehegatten entsteht mit der Auflösung der Innengesellschaft.[354] Dieser Zeitpunkt gilt auch für die Bewertung des erwirtschafteten Vermögens.[355] Einheitlicher Stichtag ist somit der Zeitpunkt, zu dem die Eheleute ihre Zusammenarbeit tatsächlich beendet haben. [356] Häufig wird dieser Tag mit der Trennung zusammenfallen (s. dazu s. Rn. 175 f, 236). Stellt der Mitarbeiter seine Tätigkeit im Hinblick auf die Trennung der Eheleute ein, schuldet er keinen Schadensersatz.[357] Sein bis zur Trennung entstandener Ausgleichsanspruch wird durch die einseitige Beendigung des Gesellschaftsverhältnisses nicht berührt.[358]

287 Der Umstand, dass der Mitarbeiter für die Geschäftsschulden nach außen nicht haftet, hat für den Ausgleichsanspruch keine Bedeutung. Denn die Haftung des Geschäftsinhabers für die Geschäftsschulden wirkt sich auch auf die Höhe der Beteiligung des Mitarbeiters am gemeinsam erworbenen Vermögen aus. Auf diese

---

[351] BGH FamRZ 1999, 1580, 1583; 1998, 1063, 1068; 1990, 655; 1989, 147, 148; 1982, 910, 911; 1974 526; OLG Karlsruhe FamRZ 2008, 1622, 1623; 2001, 1076.

[352] Schulz FamRB 2005, 111, 113; MAH/Kogel § 21 Rn. 73; Wever Rn. 413; Haas FamRZ 2002, 205 214; Schulz/Hauß/Brandt, Schwerpunktbeitrag 2, Rn. 10, 16; FAKomm-FamR/Weinreich § 1372 Rn. 22; FA-FamR/v. Heintschel-Heinegg Kap. 10 Rn. 49; Grziwotz DNotZ 2000, 486, 495.

[353] Münch, Scheidungsimmobilie, Rn. 247; ders., Ehebezogene Rechtsgeschäfte, 1517 (mit Formulierungsvorschlägen).

[354] BGH FamRZ 2007, 607, 609; 1999, 1580, 1585; 1990, 973, 974.

[355] BGH FamRZ 2007, 607, 609; 1999, 1580, 1584; Schulz FamRB 2005, 111, 113; Wever Rn. 649.

[356] Schulz/Hauß/Brandt, HK-FamR, Schwerpunktbeitrag 2, Rn. 33; MAH/Kogel § 21 Rn. 79; Wever Rn. 647; Schulz FamRB 2005, 111, 113; FAK-FamR/Weinreich § 1372 Rn. 23 b.

[357] BGH FamRZ 1986, 40, 42.

[358] Schulz/Hauß/Brandt, HK-FamR, Schwerpunktbeitrag 2, Rn. 34.

Weise ist dessen schuldrechtlicher **Abfindungsanspruch** dem Zugriff der Gläubiger ausgesetzt und kann **gepfändet** werden.[359] Die Ehegatteninnengesellschaft ist daher für Vermögensübertragungen zu dem Zweck, das Geld vor Gläubigern eines Ehegatten in Sicherheit zu bringen, völlig untauglich.[360]

## V. Art und Höhe des Ausgleichsanspruchs

### 1. Anspruch auf Geldzahlung

Der mitarbeitende Ehegatte erhält bei Auflösung der Gesellschaft nicht nachträg- **288** lich einen Arbeitslohn für seine Dienste. Er wird vielmehr an den „**Überschüssen, Ersparnissen und den gemeinsam erworbenen Sachen**" beteiligt.[361] Der Mitarbeiter hat einen schuldrechtlichen **Anspruch auf eine Geldzahlung** in Höhe des Werts seiner Beteiligung an dem gemeinsam erwirtschafteten Vermögen (§ 738 BGB). Eine Verwertung des allein dem anderen Ehegatten gehörenden Vermögens kann der Mitarbeiter nicht verlangen.[362] Der Betrieb verbleibt dem Geschäftsinhaber.

### 2. Umfang und Bewertung des Vermögens

Die Höhe des Ausgleichsanspruch hängt von zwei Faktoren ab: **289**
* Vom Wert des dem Geschäftsinhaber dinglich zugeordneten Gesellschaftsvermögens.

Für die Ermittlung des Umfangs des gemeinsam erwirtschafteten Vermögens muss zunächst der **Bestand** der Aktiva am Stichtag **festgestellt** und anschließend **bewertet** werden. Hiervon sind dann die Verbindlichkeiten abzusetzen.[363] Dazu s. Rn. 290 f.

* Von der Quote, mit der der ausscheidende Ehegatten-Gesellschafter beteiligt ist.[364] Dazu s. Rn. 294 f .

Für die Feststellung des Vermögensbestandes ist zu unterscheiden, ob die Gesell- **290** schaft **von Anfang** an gemeinsam aufgebaut wurde, oder ob der mitarbeitende Ehegatte in ein bereits bestehendes Unternehmen eingestiegen ist.[365] War bei Beginn der Gesellschaft schon Vermögen vorhanden, so ist das Gesellschaftsvermögen um diese Beträge zu kürzen. **Erbschaften** und Zuwendungen von dritter Seite, die der Gesellschaft zugute kommen, erhöhen das dingliche Geschäftsvermögen. Diese Beträge sind aber bei der Feststellung des Vermögensbestandes am Stichtag der Beendigung der Zusammenarbeit abzusetzen, da diese Vermögensanteile nicht gemeinsam erarbeitet wurden.[366] Es handelt sich um Einlagen, die bei der Auseinandersetzung der Gesellschaft dem berechtigten Ehegatten zurückzuerstatten sind (§ 733 II BGB).[367]

[59] BGHZ 8, 249 = NJW 1953, 418; OLG Frankfurt FamRZ 2004, 877, 878 m. Anm. Wever; Schulz FamRB 2005, 111, 114; Wever Rn. 654; Münch FamRZ 2004, 233, 236.

[60] Münch, Ehebezogene Rechtsgeschäfte, Rn. 1329; ders. Scheidungsimmobilie, Rn. 266, 268.

[61] BGHZ 8, 249 = NJW 1953, 418.

[62] BGH FamRZ 2006, 607, 609; 1999, 1580, 1585.

[63] BGH FamRZ 1999, 1580, 1584; 1990, 973, 974.

[64] Haas FamRZ 2002, 205, 217.

[65] Wever Rn. 649; Schulz FamRB 2005, 111, 114.

[66] Schulz FamRB 2005, 111, 114; MAH/Kogel § 21 Rn. 84; Schulz/Hauß/Brandt, Schwerpunktbeitrag 2, Rn. 36.

[7] Wever Rn. 655.

291 Vermögen, das beim Eintritt des Ehegatten in die Gesellschaft bereits vorhanden war, oder spätere Einlagen aus ererbtem oder zugewendetem Vermögen sind **nicht zu indexieren**.[368] Ein Inflationsausgleich durch Hochrechnung findet nur beim Ausgleich des Zugewinns statt. Im Gesellschaftsrecht wird eingebrachtes Vermögen nicht indexiert. **Verbindlichkeiten** sind nur zu berücksichtigen, soweit sie die Gesellschaft betreffen. Das ist vor allem bei Schulden, die sich auf das Grundvermögen beziehen, oder bei betrieblichen Krediten der Fall. Persönliche Schulden scheiden aus.[369]

292 Hat der Geschäftsinhaber Gewinne **nicht** in das Unternehmen investiert, sondern für sich verbraucht, sind diese Beträge als Erlös der gemeinsamen Arbeit zum Geschäftsvermögen hinzuzuzählen.[370]

293 Die **Vermögensbewertung** richtet sich nach allgemeinen Grundsätzen.[371] Bei der Bewertung von Unternehmen ist auf den vollen wirklichen Wert des „lebenden" Unternehmens abzustellen. Die Steuerbilanzen sind daher unbrauchbar. Vielmehr müssen die stillen Reserven und ein vorhandener Geschäftswert in die Bewertung mit einbezogen werden.[372] Grundsätzlich ist der Wert maßgebend, der bei einer Veräußerung erzielt werden könnte.[373] So wird bei der gebräuchlichen Ertragswertmethode der Wert ermittelt, den ein potentieller Erwerber auszugeben bereit ist, um sein Kapital in der Zukunft verzinst zu erhalten. Entscheidend für diese Bewertung ist stets der zu erwartende Gewinn (vgl. Kap. 1 Rn. 122 f, 388 f, 392 f).

*Hinweis:* Der Wert eines Unternehmens kann nur durch einen **Sachverständigen** festgestellt werden. Die Kosten für das Gutachten müsste der mitarbeitende Ehegatte bezahlen. Die Bewertung durch einen einseitig beauftragten Sachverständigen ist jedoch als Parteigutachten für die Gegenseite nicht verbindlich. Um nochmalige Kosten für ein gerichtlich angeordnetes Gutachten zu vermeiden, sollten die Eheleute durch ihre Anwälte gemeinsam einen Sachverständigen beauftragen und vereinbaren, dass dessen Gutachten für beide Parteien verbindlich ist. In diesem Fall liegt ein **Schiedsgutachtensvertrag** vor, auf den §§ 317 bis 319 BGB analog anzuwenden sind. Die Parteien sind dann an die Begutachtung gebunden, es sei denn, das Ergebnis ist offenbar unrichtig[374] (vgl. Kap. 1 Rn. 162, 242, 440).

## 3. Beteiligungsquote

294 Stehen Bestand und Wert des am Stichtag vorhandenen Vermögens fest, ist die anteilsmäßige **Beteiligung** der Eheleute zu klären. Der BGH[375] hat dazu ausgeführt:
*„Die Frage, mit welchem Anteil die Gesellschafter am Vermögen teilnehmen, richtet sich grundsätzlich nach der Vereinbarung im Gesellschaftsvertrag. Haben die Ehegatten stillschweigend eine Innengesellschaft vereinbart, so dass ausdrücklich Absprachen hierüber fehlen, ist - gegebenenfalls anhand einer ergänzenden Vertrags-*

---

[368] **A. A.** FAKomm-FamR/Weinreich § 1372 Rn. 23 b; Schnitzler/Kogel, MAH § 21 Rn. 84.
[369] BGH FamRZ 1999, 1580, 1584; 1990, 973, 974.
[370] Wever Rn. 649; Münch FamRZ 2004, 233, 236; MAH/Kogel § 21 Rn. 82.
[371] Vgl. hierzu Kap. 1 Rn. 116 ff.
[372] Schulz FamRB 2005, 111, 114.
[373] BGH FamRZ 1980, 37, 38; Schulz/Hauß/Brandt, Schwerpunktbeitrag 2, Rn. 37.
[374] BGH FamRZ 1983, 882, 883; Schulz FamRB 2005, 111, 114.
[375] BGH FamRZ 1999, 1580, 1585; 1990, 973, 974.

*auslegung - zu prüfen, ob sich etwa aus anderen feststellbaren Umständen Hinweise auf eine bestimmte Verteilungsabsicht ergeben. Fehlt es hieran, greift ergänzend die Regelung des § 722 I BGB ein, wonach jeder Gesellschafter **ohne Rücksicht auf Art und Größe seines Beitrags** einen gleich hohen Anteil hat."*

Anhaltspunkte für eine vom **Halbteilungsgrundsatz** abweichende Verteilungs- 295 quote können sich aus ungleichen Beiträgen der Eheleute, durch unterschiedliche Arbeitsleistungen (z. B. Teilzeitarbeit) oder verschieden hohem Kapitaleinsatz erge-ben.[376] Allerdings hat der BGH[377] festgestellt: *„Wer mehr als die Hälfte für sich beansprucht, muss dies nach den allgemeinen Grundsätzen des Beweisrechts darlegen und beweisen."* Der Nachweis, dass die Eheleute stillschweigend vereinbart haben, bei der Aufteilung des gemeinsam erwirtschafteten Vermögens ihre Beiträge unter-schiedlich zu gewichten, dürfte schwer zu führen sein.[378]

*Hinweis:* Wird für den Innengesellschafter dessen Abfindungsanspruch geltend gemacht, sollte in der Regel die Hälfte des Vermögensbetrages verlangt werden, der sich aus der Abschichtungsbilanz ergibt. Sache des Außengesellschafters ist es dann, darzulegen und nachzuweisen, dass die Quote niedriger ist.

## 4. Beteiligung am Verlust

Nach § 722 BGB ist der mitarbeitende Ehegatte nicht nur am Gewinn zu 296 beteiligen, sondern er hat auch einen **Verlust** anteilig mitzutragen.[379] Auch beim Ausgleich des Verlustes ist grundsätzlich von den Vereinbarungen der Gesell-chafter auszugehen. Da Ehegatteninnengesellschaften zumeist stillschweigend zu-tande kommen und ausdrückliche Absprachen fehlen, ist der Wille der Gesell-chafter durch **ergänzende Vertragsauslegung** (§ 157 BGB) zu erforschen. An-haltspunkte für einen bestimmten Verteilungsmaßstab können sich wie beim Gewinn aus den unterschiedlich hohen Beiträgen – Arbeitsleistungen und finan-iellen Investitionen – der Gesellschafter ergeben. Ist eine individuell vereinbarte Beteiligungsquote nicht zu beweisen, bleibt es bei der Halbteilung auch des Verlustes (§ 722 I BGB).

Die Zusammenarbeit der Ehepartner zur gemeinsamen Vermögensbildung in 297 orm einer Ehegatteninnengesellschaft kann somit leicht zu einer **Risikogemein-haft** führen. Der ausscheidende Ehegatte erhält für seine wirtschaftliche Betei-gung nicht nur kein Geld, sondern er muss sogar für die Schulden der Gesellschaft n Innenverhältnis mithaften (entsprechend § 739 BGB).

*Hinweis:* Bevor für den Innengesellschafter eine Abfindung gemäß § 738 I 2 298 GB verlangt wird, muss mit Sicherheit feststehen, dass die Gesellschaft auch nen Gewinn erzielt hat. Ansonsten kann der Schuss nach hinten losgehen, wenn r mitarbeitende Ehegatte den Verlust der Gesellschaft zur Hälfte mittragen uss.

---

BGH FamRZ 1990, 973, 974.
BGH FamRZ 1999, 1580, 1585.
MAH/Kogel Rn. 83.
BGH FamRZ 1990, 973, 974; 1967, 320, 323; 1962, 357, 358; 1961, 519, 520; NJW 1953, 417, 418; Schulz FamRB 2005, 111, 115; Wever Rn. 646; MAH/Kogel § 21 Rn. 78; Schulz/Hauß/Brandt, Schwerpunktbeitrag 2, Rn. 32; FAKomm-FamR/Weinreich § 1372 Rn. 23 b; Haas FamRZ 2002, 205, 217; Johannsen WM 1978, 502, 505; Henrich FamRZ 1975, 533, 536.

## VI. Darlegungs- und Beweislast

**299** Die Entscheidung, ob die Beiträge eines Ehegatten zum Vermögensaufbau d Ehepartners als Ehegatteninnengesellschaft oder als einzelne ehebezogene Zuwer dungen bewertet werden, hat erhebliche Bedeutung für die Darlegungs- ur Beweislast. Die Annahme einer Ehegatteninnengesellschaft führt zu einer großt **Beweiserleichterung.** Haben die Eheleute über Jahre hinweg mit unterschiedlich Mitteln und Leistungen gemeinsam ein Vermögen erwirtschaftet und würden d verschiedenen Beiträge jeweils als ehebezogene Zuwendungen bewertet, wäre e Nachweis für jeden einzelnen Vorgang nur mit großen Schwierigkeiten zu erbrir gen. In diesen Fällen ist es regelmäßig nicht möglich, alle Vermögensverschiebur gen über Jahre hinweg zurückzuverfolgen, weil nur selten Buch geführt wird. D führt zu unbefriedigenden Ergebnissen, weil der zuwendende Ehegatte mei beweisfällig bleibt.[380]

**300** So hatte in dem der Entscheidung des BGH vom 30. 6. 1999 zugrunde liegend Fall (Rn. 268) der Ehemann für seine finanziellen Beiträge und Arbeitsleistung zwischen 1961 und 1986 die Hälfte des Verkehrswerts der Grundstücke (umge rechnet) 560 000 € verlangt. Nach einem zehn Jahre dauernden Rechtsstreit hatte d OLG Schleswig 90 000 € zugesprochen. Es hatte die einzelnen Beiträge jeweils a unbenannte Zuwendungen bewertet und – in Übereinstimmung mit der damalig Rechtsprechung – verlangt, dass der Ehemann jede einzelne Zuwendung konkr darlegt und beweist. Diesen Anforderungen konnte der Ehemann nur zu eine geringen Teil nachkommen.

**301** Bei einem solchen Lebenssachverhalt sprechen nach BGH[381] schon *„praktisc Erwägungen"* für eine Ehegatteninnengesellschaft. Denn die Annahme einer Eheg teninnengesellschaft führt zu einer erheblichen Beweiserleichterung. Der berechtig Ehegatte muss – vergleichbar dem Zugewinnausgleich – nur die **Vermögensbilanz zu Beginn und bei Beendigung des gesellschaftsrechtlichen Verhältnisses nac weisen.** Der Differenzbetrag ist nach der gesetzlichen Regel des § 722 BGB z Hälfte auszugleichen. Wer mehr als die Hälfte des Gesellschaftsvermögens für si beansprucht, muss die dafür sprechenden Umstände darlegen und beweisen.[382] Die klare und einfache Regelung war für den BGH[383] ein entscheidender Grund, ein Vermögensausgleich außerhalb des ehelichen Güterrechts wieder vermehrt über d Abwicklung einer Ehegatteninnengesellschaft zu suchen. Im Gegensatz zur Rüc gewähr einer ehebezogenen Zuwendung muss nicht jeder einzelne „Tatbeitrag" üb Jahre und Jahrzehnte zurückverfolgt werden.[384]

## VII. Klage auf Rechnungslegung und Zahlung

**302** Der Innengesellschafter hat nach Auflösung der Gesellschaft einen schuldrec lichen Auseinandersetzungsanspruch auf Abrechnung und Auszahlung. Die Durc setzung dieses Anspruchs setzt grundsätzlich eine **Gesamtabrechnung** voraus, a

---

[380] BGH FamRZ 1999, 1580, 1583.
[381] BGH FamRZ 1999, 1580, 1583.
[382] BGH FamRZ 1999, 1580, 1585.
[383] BGH FamRZ 1999, 1580, 1583.
[384] Münch FamRZ 2004, 233, 236; Schulz/Hauß/Brandt, HK-FamR, Schwerpunktbeitrag 2, Rn. 40.

der sich ergibt, dass der andere Ehegatte aus der Innengesellschaft per Saldo größere Gewinne erzielt oder geringere Verluste erlitten hat als der Anspruchsteller. Die Einzelansprüche aus dem Gesellschaftsverhältnis werden **unselbständige Rechnungsposten** in der Auseinandersetzung und können daher nicht mehr selbständig geltend gemacht werden.[385]

Der Innengesellschafter kann von seinem Ehegatten **Auskunft und Rechnungslegung** verlangen,[386] um die Höhe seiner Abfindung bestimmen zu können (§§ 721 I, 716, 713 i. V. m. §§ 666, 259, 260 BGB). Zur Ermittlung des Auseinandersetzungsanspruchs (§ 738 I 2 BGB) muss der Außengesellschafter eine **Schlussabrechnung** (Abfindungsbilanz) erstellen, die der Abfindungs- oder Abschichtungsbilanz entspricht.[387] Hat die Innengesellschaft sich gewerblich betätigt, kann die Vorlage der Bilanzen mit Gewinn- und Verlustrechnungen der letzten fünf Jahre gefordert werden.[388] Im Übrigen hat der Außengesellschafter auf Verlangen die Belege vorzulegen, die im Geschäftsleben üblicherweise erteilt werden (§ 259 Abs. 1 BGB), wie Einnahmen- und Überschuss-Rechnungen. Der Anspruch auf Rechnungslegung kann mit dem noch zu beziffernden Abfindungsanspruch im Wege der Stufenklage geltend gemacht werden.[389]

303

**Antrag:**[390]

304

I. Der Antragsgegner wird verpflichtet,
   1. Auskunft zu erteilen und Rechnung zu legen über den Bestand des Vermögens der Innengesellschaft ... am Stichtag ... durch Erstellen einer Abfindungsbilanz;
   2. folgende Belege vorzulegen:
   die Bilanzen mit Gewinn- und Verlustrechnungen der letzten fünf Jahre sowie...
II. Der Antragsgegner wird verpflichtet, die Vollständigkeit und Richtigkeit seiner Vermögensaufstellung an Eides statt zu versichern.
III. Der Antragsgegner wird verpflichtet, an die Antragstellerin einen Betrag in nach Auskunftserteilung noch zu beziffernder Höhe zuzüglich Zinsen in Höhe von 5 Prozentpunkten über dem Basiszinssatz ab ... zu bezahlen.

## III. Bedeutung des Güterstands

### Gütertrennung

In fast allen Fällen, in denen die Gerichte eine Ehegatteninnengesellschaft angenommen haben, lebten die Parteien in Gütertrennung. Der Ausschluss des gesetzli-

305

---

BGH FamRZ 2003, 1648; NJW-RR 1991, 1049; NJW 1990, 573, 574; OLG Düsseldorf NJW-RR 1995, 1246, 1248.
BGH FamRZ 1975, 35, 38.
Schulz FamRB 2005, 111, 116; Wever Rn. 650; Staudinger/Habermeier § 738 Rn. 15.
OLG Karlsruhe BB 1977, 1475; Palandt/Sprau § 721 Rn. 1.
BGH FamRZ 1975, 35, 38; OLG Karlsruhe BB 1977, 1475; Staudinger/Habermeier § 738 Rn. 20.
Vgl. Schulz FamRB 2005, 111, 116; MAH/Kogel § 21 Rn. 148.

chen Güterstandes bedeutet nämlich nicht, dass die Eheleute eine Teilhabe a gemeinsam erwirtschafteten Vermögen grundsätzlich ablehnen. Denn auch im Fal der Gütertrennung entspricht eine **angemessene Beteiligung** beider Ehegatten a gemeinsam geschaffenen Vermögen dem Charakter der Ehe als einer Schicksals- ur Risikogemeinschaff.[391] Die rechtliche Konstruktion einer Ehegatteninnengesellscha dient gerade bei Gütertrennung dazu, unbillige Ergebnisse der Vermögensauseina dersetzung zu korrigieren.[392]

## 2. Zugewinngemeinschaft

306 **a) Kein Vorrang des güterrechtlichen Ausgleichs.** Ehegatteninnengese schaften können auch entstehen, wenn die Eheleute in Zugewinngemeinsch; leben. Allerdings führt bei gesetzlichem Güterstand in der Regel bereits der Zug winnausgleich zu einem angemessenen Vermögensausgleich. Im Schrifttum w umstritten, ob der Anspruch auf Zahlung des Auseinandersetzungsguthabe (§§ 738 ff BGB) nur dann in Betracht kommt, wenn der Zugewinnausgleich nic zu einem angemessenen Ergebnis führt,[393] oder ob **beide Ansprüche nebeneina der bestehen,** der gesellschaftsrechtliche Anspruch also nicht nur subsidiär gegeb ist.[394]

307 Der Familiensenat des BGH hat sich der **Auffassung** angeschlossen, dass es bei gesellschaftsrechtlichen Ausgleichsanspruch – anders als bei der Rückgewähr eheb zogener Zuwendungen – **keinen Vorrang der güterrechtlichen Regelung** gibt. Bei Ausgleichsansprüchen wegen Wegfalls der Geschäftsgrundlage gehört die Unz mutbarkeit der bisherigen Vermögenszuordnung für den Anspruchsteller zu d anspruchsbegründenden Voraussetzungen. Es ist also von ausschlaggebender Bede tung, ob der betreffende Ehegatte nicht schon durch andere Ansprüche genüge abgesichert ist. Dagegen besteht bei dem Ausgleichsanspruch nach den §§ 738 BGB für Zumutbarkeitsabwägungen kein Raum. Dieser Anspruch setzt – wie au der Gesamtschuldnerausgleich nach § 426 BGB – **nicht** voraus, dass die bisheri Vermögenszuordnung unter Berücksichtigung des Güterrechts zu einem untra baren Ergebnis führt. Der gesellschaftsrechtliche Ausgleichsanspruch besteht desha **neben einem Anspruch auf Zugewinnausgleich.**[396]

308 **b) Berechnungsbeispiele.**[397] In den Vermögensbilanzen des Zugewinnau gleichs ist der Abfindungsanspruch (§ 738 BGB) beim Innengesellschafter zu d Aktiva, beim Hauptgesellschafter zu den Passiva zu rechnen. Die Regelung er spricht dem Verhältnis Zugewinnausgleich und Gesamtschuldnerausgleich. Die g genseitigen Ansprüche der Ehegatten werden jeweils als Rechnungsposten in c Bilanzen der beiden Endvermögen eingestellt (vgl. Kap. 1 Rn. 226 f). In den Fäll

---

[391] BGH FamRZ 1999, 1580, 1583, 1990, 855, 856; 1989, 599.

[392] BGH FamRZ 1999, 1580, 1581.

[393] So Schwab/Schwab VII Rn. 249; Schwab/Borth IX Rn. 31.

[394] So Schulz FamRB 2005, 142; Wever Rn. 659; Arens FamRZ 2000, 266, 269.

[395] BGH FamRZ 2006, 607, 608 m. zust. Anm. Hoppenz; ablehnend Volmer FamRZ 2006, 844; zu Kogel FamRZ 2006, 1177, 1178; ders. FF2006, 149; Schulz BGH-Report 2006, 713; BGH Faml 2003, 1454, 1456 m. Anm. Wever.

[396] BGH FamRZ 2006, 607, 609.

[397] Weitere Beispiele bei Kogel, Strategien, Rn. 472 ff; M. Haußleiter NJW 2006, 2741 ff.

in denen der Innengesellschafter einen Zugewinn erzielt hat, wirkt es sich im wirtschaftlichen Ergebnis nicht aus, ob der Abfindungsanspruch (§ 738 BGB) geltend gemacht wird.

> **Beispiel 1:** M und F besaßen kein Anfangsvermögen. M hat ein Endvermögen von 900 000 €, F von 100 000 €. Außerdem steht F gegen M noch ein gesellschaftsrechtlicher Anspruch (§ 738 BGB) in Höhe von 300 000 € zu.

309

Bleibt der Abfindungsanspruch unberücksichtigt, erhält F einen Zugewinnausgleich von (900 000 € – 100 000 €):2 = 400 000 €. Wird der gesellschaftsrechtliche Anspruch der F gegen M in den beiderseitigen Bilanzen des Endvermögens angesetzt, erhöht sich ihr Zugewinn auf (100 000 € + 300 000 €) = 400 000 €, während der Zugewinn sich bei M auf (900 000 € – 300 000 €) = 600 000 € ermäßigt. Danach kann F Zugewinnausgleich nur in Höhe von (600 000 € – 400 000 €):2 = 100 000 € verlangen. Zusammen mit ihrem gesellschaftsrechtlichen Anspruch von 300 000 €, den sie gesondert – nunmehr aber beim Familiengericht – geltend machen muss, kommt sie ebenfalls auf 400 000 €. In diesem Beispiel verbessert sich die Situation von F nicht, wenn sie ihre gesellschaftsrechtlichen Ansprüche im Rahmen des Zugewinnausgleichs geltend macht.

Hat der ausgleichsberechtigte Innengesellschafter jedoch einen „negativen Zugewinn" erzielt, ist beispielsweise sein Endvermögen überschuldet oder niedriger als sein Anfangsvermögen, lohnt es sich für ihn, den Abfindungsanspruch (§ 738 BGB) in den Zugewinnausgleichsbilanzen anzusetzen.

310

> **Beispiel 2:** M und F besaßen kein Anfangsvermögen. M hat ein Endvermögen von 900 000 € erzielt, während F wegen Aktienfehlspekulationen am Stichtag Schulden von 300 000 € hat. F steht jedoch gegen M noch ein gesellschaftsrechtlicher Anspruch (§ 738 BGB) in Höhe von 300 000 € zu.

Wird der Anspruch aus der Ehegatteninnengesellschaft **nicht** geltend gemacht, kann F wegen ihres fehlenden Zugewinns einen Ausgleich von 900 000 €:2 = 450 000 € beanspruchen. Wird der Abfindungsanspruch von 300 000 € zusätzlich berücksichtigt, verringert sich der Zugewinn von M auf (900 000 € – 300 000 €) = 600 000 €, während F weiterhin keinen Zugewinn hat. Sie kann daher Zugewinnausgleich in Höhe von 600 000 €:2 = 300 000 € beanspruchen. Zusammen mit dem gesellschaftsrechtlichen Anspruch hat sie jetzt 600 000 €, also 150 000 € mehr.

Hat der Innengesellschafter keinen Zugewinn erzielt, muss er seinen gesellschaftsrechtlichen Abfindungsanspruch bei der Berechnung des Zugewinnausgleichs unbedingt berücksichtigen, sonst erleidet er einen **finanziellen Nachteil.**

311

Umgekehrt muss der **Hauptgesellschafter** darauf bestehen, dass der Abfindungsanspruch (§ 738 BGB) in den Zugewinnbilanzen angesetzt wird, wenn sein Endvermögen geringer als sein Anfangsvermögen ist. In diesem Fall muss er güterrechtlich weniger ausgleichen, wenn der gesellschaftsrechtliche Anspruch beim Zugewinnausgleich berücksichtigt wird (vgl. Kap. 1 Rn. 226).

312

Es ist auch möglich, dass nach Berücksichtigung des gesellschaftsrechtlichen Anspruchs sich die **Ausgleichsrichtung verändert:**

313

**Beispiel 3:** M hat einen Zugewinn von 900 000 €, F von 700 000 € erwirtschaftet. Zusätzlich hat F gegen M einen gesellschaftsrechtlichen Ausgleichsanspruch von 300 000 €.

Wird der Abfindungsanspruch nicht berücksichtigt, steht F ein Zugewinnausgleich in Höhe von 100 000 € zu. Macht F ihren Anspruch aus der Ehegatteninnengesellschaft geltend, verringert sich der Zugewinn bei M auf (900 000 € – 300 000 € = 600 000 €. Bei F erhöht sich der Zugewinn auf (700 000 € + 300 000 €) = 1 000 000 €. Nun kann M Zugewinnausgleich in Höhe von (1 000 000 € - 600 000 €) : 2 = 200 000 € verlangen. Dagegen kann F mit ihrem Abfindungsanspruch von 300 000 € teilweise aufrechnen. Letztlich hat M ebenfalls 100 000 € zu zahlen, so dass es sich auch in diesem Fall **nicht** lohnt, den gesellschaftsrechtlichen Anspruch (§ 738 BGB) geltend zu machen.

314   *Hinweis:* Der anwaltliche Vertreter muss – gleichgültig ob er den Haupt- oder den Innengesellschafter vertritt – in jedem Fall vorweg prüfen, ob es sich lohnt, den gesellschaftsrechtlichen Anspruch beim Zugewinnausgleich zu berücksichtigen. Wird der Abfindungsanspruch nicht in den güterrechtlichen Ausgleich aufgenommen, muss **verbindlich** vereinbart werden, dass auf eine spätere Geltendmachung des Abfindungsanspruchs verzichtet wird.[398] Weiter s. dazu Kap. 1 Rn. 227 f.

### 3. Gütergemeinschaft

315   Bei Gütergemeinschaft kann eine Ehegatteninnengesellschaft allenfalls dann angenommen werden, wenn der Geschäftsbetrieb in das Vorbehaltsgut fällt (Kap. Rn. 8 f). Gehört ein von den Eheleuten betriebenes Erwerbsgeschäft zum Gesamtgut, erfolgt bereits ein sachgerechter Ausgleich für die Mitarbeit über das Güterrecht[399] (Kap. 2 Rn. 57 f).

### IX. Verfahrensrecht

316   Gesellschaftsrechtliche Ausgleichsansprüche (§ 738 BGB) zwischen miteinander verheirateten oder ehemals miteinander verheirateten Personen im Zusammenhang mit Trennung oder Scheidung der Ehe gehören zu den **sonstigen Familiensachen** gemäß §§ 111, 266 I Nr. 3 FamFG, für die die Familiengerichte zuständig sind (§§ 23 a I Nr. 1, § 23 b I GVG).

### X. Verjährung und Verwirkung

317   Gesellschaftsrechtliche Ausgleichsansprüche (§ 738 BGB) verjähren in drei Jahren (§ 195 BGB). Der Abfindungsanspruch entsteht zu dem Zeitpunkt, zu dem die Eheleute ihre Zusammenarbeit **beendet** haben (vgl. Rn. 286). Die Verjährung beginnt am Schluss des Kalenderjahres, **in dem der Anspruch entstanden ist** (§ 199 Nr. 1 BGB). Die Verjährung ist gehemmt, solange die Ehe besteht (§ 207 I BGB).

---

[398] Schulz FamRB 2005, 142, 143.
[399] Vgl. BGH FamRZ 1994, 295; MK/Ulmer, BGB, Vor § 705 Rn. 74 und § 705 Rn. 74, 75; Schröder Bergschneider/Wever Rn. 5.154.

Eine Verwirkung oder Kürzung des Anspruchs wegen Eheverfehlungen **scheidet aus.**[400]

# B. Einfache Mitarbeit: familienrechtlicher Kooperationsvertrag[401]

## I. Die Entwicklung eines familienrechtlichen Vertrags eigener Art

Erfolgt die Mitarbeit eines Ehegatten im Betrieb des Ehepartners **nicht** auf gleich- **318** berechtigter Partnerschaft oder wird mit der Zusammenarbeit **kein eheüberschreitender Zweck** verfolgt, kommt Ehegatteninnengesellschaft nicht zustande. Für diesen Fall hat der BGH einen zweiten Weg der vermögensrechtlichen Auseinandersetzung aufgezeigt: einen finanziellen Ausgleich für die geleistete Arbeit auf der Grundlage eines stillschweigend geschlossenen familienrechtlichen Vertrags eigener Art, auch **familienrechtlicher Kooperationsvertrag** genannt.

Ausgangspunkt war folgender vom BGH[402] 1982 entschiedener Sachverhalt: **319**

> **Beispielsfall:** Ein Baupolier hatte seiner Ehefrau Geld zum Erwerb eines Hausgrundstücks gegeben. Das Haus baute er dann in mehreren hundert Arbeitsstunden um. Als das Haus fertig war, trennten sich die Eheleute und die Ehefrau zog mit den Kindern in das neue Haus. Der Ehemann verlangte Ersatz für seine finanziellen Aufwendungen und seine Arbeitsleistungen. Die Eheleute lebten in Gütertrennung.

In diesem Fall ist zwischen den **Geld- und den Arbeitsleistungen** zu unterscheiden. Die rechtliche Bewertung des finanziellen Beitrags des Ehemannes zum Erwerb des Grundstücks ist klar. Es handelt sich um eine ehebezogene Zuwendung, die bei Scheitern der Ehe nach den Grundsätzen des Wegfalls der Geschäftsgrundlage auszugleichen ist (vgl. Rn. 189 f).

Schwierig ist die rechtliche Beurteilung der **Arbeitsleistungen.** Eine Ehegatten- **320** innengesellschaft ist durch die investierte Mitarbeit nicht zustande gekommen, da der Baupolier mit der Errichtung eines Familienheims **keinen** über die Verwirklichung der ehelichen Lebensgemeinschaft hinausgehenden Zweck verfolgte (vgl. Rn. 275).

Die Arbeitsleistungen können aber auch nicht als ehebezogene Zuwendungen **321** angesehen werden[403]. Eine Zuwendung vermehrt das Vermögen des Empfängers und mindert in gleicher Weise das Vermögen des Gebers. Der Einsatz seiner Arbeitskraft führte beim Baupolier nicht zu einer **Vermögenseinbuße.**

Es erscheint in diesem Fall aber gleichwohl unbillig, wenn der Baupolier für seinen **322** enormen Arbeitseinsatz keinen Ausgleich erhielte. Damit er nicht leer ausgeht, konstruierte der BGH[404] – wie bei den ehebezogenen Zuwendungen – einen **familienrechtlichen Vertrag eigener Art.** Geschäftsgrundlage dieses **stillschweigend geschlossenen Kooperationsvertrags** ist die Erhaltung und Sicherung der ehelichen

---

BGH FamRZ 1999, 1580, 1585.
Dazu ausführlich Haas FamRZ 2002, 205 f.; Schulz FamRB 2005, 142, 144; Wever Rn. 667 ff.
BGHZ 84, 910 = FamRZ 1982, 910.
BGH FamRZ 1994, 1167; 1982, 910, 911.
BGH FamRZ 1982, 910, 911.

Lebensgemeinschaft. Scheitert die Ehe, können sich wegen Wegfalls der Geschäft grundlage (§ 313 BGB) Ausgleichsansprüche ergeben.

323     Mit dieser Entscheidung von 1982 hat der BGH erstmals einen schlüssig zustan gekommenen **Kooperationsvertrag** in einem Fall angenommen, in dem ein Ehega durch seine Arbeit einen einzelnen Vermögensgegenstand des Ehepartners, ein F milienheim, geschaffen und seinen Wert gesteigert hat. In einer zweiten Entsch dung hat der BGH[405] zwölf Jahre später den „familienrechtlichen Vertrag eiger Art" auf die Mitarbeit eines Ehegatten im Betrieb des Ehepartners erstreckt. Zugru de lag folgender Sachverhalt:

324 | **Beispielsfall:** Während der mehr als 30-jährigen Ehe arbeitete die Ehefrau i Baumschulbetrieb ihres Ehemannes mit. Daneben versorgte sie den Haushalt un zog die drei gemeinsamen Kinder groß. Nach dem Scheitern der Ehe verlangt si für ihre Mitarbeit eine Ausgleichszahlung von 125 000 €, da sie zum Aufbau de Baumschule und deren Wertsteigerung entscheidend beigetragen habe. Die Ehe leute hatten Gütertrennung vereinbart.

Eine Ehegatteninnengesellschaft ist trotz der langen und intensiven Mitarbeit ni entstanden, da die Ehefrau weisungsabhängig und nicht gleichberechtigte Partne war (vgl. Rn. 278). Der BGH hat auch nochmals betont, dass Arbeitsleistung begrifflich keine ehebezogenen Zuwendungen sein können, dazu aber festgestellt:

„*Das bedeutet aber nicht, dass solche **Arbeitsleistungen** – anders als ehebezoge Zuwendungen – nach dem Scheitern der Ehe **nicht zu einem familienrechtlich Ausgleichsanspruch führen können**. Wirtschaftlich betrachtet stellen sie ebenso e geldwerte Leistung dar wie die Übertragung von Vermögenssubstanz. ... In c Regel ist davon auszugehen, dass diese **Arbeitsleistungen** nach einer stillschweigend Übereinkunft der Ehegatten zur **Ausgestaltung der ehelichen Lebensgemeinsch** erbracht wurden und darin ihre **Geschäftsgrundlage** haben. **Im Scheitern der E liegt ein Wegfall der Geschäftsgrundlage**, die für die Mitarbeit maßgeblich war.*"

325     *Hinweis:* Der BGH grenzt Arbeitsleistungen zwar begrifflich von ehebezogen Zuwendungen ab, macht jedoch wegen der wirtschaftlichen Gleichwertigkeit in c Rechtsfolge keinen Unterschied. In beiden Fällen kann die „Vermögensmehrun nach den **gleichen Grundsätzen** ausgeglichen werden.

## II. Voraussetzungen eines familienrechtlichen Kooperationsvertrags

326     Nach den beiden BGH-Entscheidungen[406] von 1982 und 1994 entsteht ein fami enrechtlicher Kooperationsvertrag unter folgenden **Voraussetzungen**:
- Die Mitarbeit muss **regelmäßig und auf Dauer** angelegt sein. Dies ist der F wenn eine fremde Arbeitskraft eingespart wird.
- Die erbrachten Leistungen müssen **über reine Gefälligkeiten hinausgehen**.
- Es darf sich **nicht** um Dienstleistungen handeln, die im Rahmen der **Unterhal pflicht** (§ 1360 BGB) oder der gegenseitigen **Beistands- oder Unterstützun pflicht** (§ 1353 BGB) **geschuldet** sind.

---

[405] BGH FamRZ 1994, 1167, 1168.
[406] BGH FamRZ 1982, 910; 1994, 1167.

Beim Scheitern der Ehe müssen „die Früchte der geleisteten Arbeit in Gestalt einer 327
essbaren Vermögensmehrung beim anderen Ehegatten **noch vorhanden** sein",
eil es sich nicht um eine nachträgliche Bezahlung von Diensten handelt, sondern
n die Beteiligung an dem „gemeinsam Erarbeiteten". Ist der geschaffene Ver-
ögenswert zum Zeitpunkt des Scheiterns der Ehe **nicht mehr vorhanden, entfällt**
n Ausgleichsanspruch.[407]

Als Beispiel, wie durch Arbeitsleistungen ein stillschweigend geschlossener „fami- 328
nrechtlicher Vertrag eigener Art" zustande kommen kann, nannte der BGH[408] den
werb oder Ausbau eines **Familienheims**. In solchen Fällen entsteht keine Ehegat-
ninnengesellschaft, da der Ehegatte durch seine Mitarbeit keinen „eheüberschrei-
nden Zweck" verfolgt, sondern die eheliche Lebensgemeinschaft ausgestalten und
hern will (vgl. Rn. 275).

## Bedeutung des Güterstandes

### Ausgleich bei Zugewinngemeinschaft

Leben die Eheleute im Güterstand der **Zugewinngemeinschaft**, kommt ein Aus- 329
eich wegen Wegfalls der Geschäftsgrundlage nur **ausnahmsweise** in Betracht. Beim
setzlichen Güterstand erfolgt eine angemessene Beteiligung am Vermögens-
wachs des anderen Ehegatten regelmäßig über den Zugewinnausgleich. Nur wenn
e güterrechtliche Abwicklung nicht zu einem befriedigenden Ergebnis führt und
e Aufrechterhaltung der eingetretenen Vermögenslage **schlechthin unangemessen**
d untragbar** wäre, erfolgt ein Ausgleich nach den Regeln über den Wegfall der
schäftsgrundlage. Der **güterrechtliche Ausgleich** hat – wie bei der Rückgewähr
ebezogener Zuwendungen – **Vorrang vor dem schuldrechtlichen Ausgleich** nach
313 BGB (vgl. Rn. 212 f).

*Hinweis.* Leben die Eheleute im gesetzlichen Güterstand, wird es kaum gelingen, 330
nen finanziellen Ausgleich für die Arbeitsleistungen zu erhalten. Über den Zuge-
innausgleich fließt in der Regel die Hälfte der geschaffenen Vermögensmehrung an
n Mitarbeiter zurück, was nach BGH[409] dem gesetzlichen Normalfall des güter-
chtlichen Ausgleichs entspricht. Aber auch bei einer geringeren Rückflussquote ist
ch BGH[410] *„eine Korrektur nicht ohne Weiteres geboten, weil sich in gewissen
bweichungen von der hälftigen Beteiligung ein noch normal zu nennendes Risiko
rwirklicht, wie es im Zugewinnausgleich angelegt ist".*

### Ausgleich bei Gütertrennung

Ein Ausgleich wegen der geleisteten Mitarbeit kommt beim Scheitern einer Ehe 331
meist nur bei **Gütertrennung** in Betracht. Ein Anspruch kann bestehen, wenn die
eibehaltung der geschaffenen Vermögenslage für den mitarbeitenden Ehegatten,
r ohne sein eigenes Vermögen zu mehren, für den Ehepartner Leistungen erbracht
t, **unzumutbar** ist. In diesem Fall hat ein billiger Ausgleich in Geld dafür zu

---

BGH FamRZ 1994, 1167, 1169; 1982, 910, 912.
BGH FamRZ 1994, 1167, 1168; 1982, 910, 912; vgl. auch BGH FamRZ 1999, 1580, 1582.
BGH FamRZ 1995, 1060, 1062.
BGH FamRZ 1991, 1169, 1171.

erfolgen, dass die beabsichtigte, dauernde Mitnutzung „der Früchte seiner geleistet Arbeit" für die Zukunft entfällt.[411]

**332** *Hinweis:* Auch bei Gütertrennung kommt ein finanzieller Ausgleich für die gelei tete Arbeit nur im **Ausnahmefall** in Betracht. Anhand der gesamten Umstände d Einzelfalls ist kritisch zu prüfen, ob die Aufrechterhaltung des bestehenden Ve mögenszustandes für den „arbeitsamen" Ehegatten unzumutbar ist. Schließlich ist au noch zu beachten, dass es keinen Ausgleich gibt, wenn die durch den Arbeitseinsa geschaffene Vermögensmehrung bei Trennung der Eheleute **nicht mehr** vorhanden i

## IV. Grund und Höhe des Ausgleichsanspruchs

**333** **Ob und in welcher Höhe** ein Ausgleichsanspruch nach § 313 BGB gegeben i hängt nach BGH[412] – wie bei ehebezogenen Zuwendungen – von den besonder Umständen des Falles ab, insbesondere von

- der Dauer der Ehe,
- dem Alter der Parteien,
- der Art und dem Umfang der erbrachten Arbeitsleistungen,
- der Höhe der dadurch bedingten und noch vorhandenen Vermögensmehrung,
- den Einkommens- und Vermögensverhältnissen der Eheleute (vgl. Rn. 230 f).

**334** **Obere Höhe des Ausgleichsanspruchs** ist die Summe der nach Stundenzahl ur Stundensatz errechneten Arbeitskosten. Der Ausgleich ist jedoch begrenzt auf d Betrag, den sich der andere Ehegatte erspart hat.[413] Nach BGH[414] kann der Betr verlangt werden, der seinerzeit für eine andere Arbeitskraft **mit entsprechend Qualifikation** hätte bezahlt werden müssen. Angemessener erscheint es jedoc darauf abzustellen, welche Aufwendungen für den Ehegatten entstanden wäre wenn der Ehepartner **nicht mitgeholfen** hätte.[415] In vielen Fällen wird nämlich e Ehegatte beim Hausbau nicht die erforderlichen Mittel haben, um eine Fachkra bezahlen zu können. Es ist deshalb zu prüfen, ob der Ehegatte die Bauarbeiten selb oder mit Hilfe von Freunden und Bekannten für eine geringe Entlohnung durc geführt hätte. In aller Regel wird daher ein **Abschlag** von der Vergütung ein qualifizierten Arbeitskraft vorzunehmen sein.[416]

## V. Maßgeblicher Stichtag

**335** **Stichtag** für Entstehung und Berechnung des Ausgleichsanspruchs ist – wie b der ehebezogenen Zuwendung – der Tag, an dem das endgültige Scheitern der El zum Ausdruck kommt (vgl. Rn. 236 f). Das wird in der Regel der Auszug ein Ehegatten mit seinen persönlichen Sachen sein. Hat ein Ehegatte nach der Trennu noch weitere Arbeitsleistungen erbracht, ist ausnahmsweise auf den Tag abzustelle an dem er seine Mitarbeit beendet hat.[417] Leben die Eheleute im gesetzlichen Güte

---

[411] BGH FamRZ 1994, 1167, 1169.
[412] BGH FamRZ 1994, 1167, 1168; 1982, 910; OLG Karlsruhe FamRZ 2001, 1075, 1076.
[413] BGH FamRZ 1994, 1167, 1169.
[414] BGH FamRZ 1982, 910, 912; vgl. Wever Rn. 677.
[415] Schulz FamRB 2005, 142, 145.
[416] Tiedtke JZ 1992, 1025, 1027.
[417] Wever Rn. 679; Schulz FamRB 2005, 142, 146.

stand kann der Anspruch – wie bei ehebezogenen Zuwendungen – erst ab Rechtshängigkeit der Scheidung geltend gemacht werden (vgl. Rn. 237).

## VI. Verjährung

Der Anspruch verjährt in drei Jahren (§ 195 BGB). Die Frist beginnt mit dem **336** Schluss des Jahres, in dem der Anspruch entstanden ist (dazu s. Rn. 333). Die Verjährung ist gehemmt, solange die Ehe besteht (§ 207 I 1 BGB).

# 5. Abschnitt. Zuwendungen vor der Eheschließung

# A. Zuwendungen vor der Eheschließung bei gesetzlichem Güterstand

Zuwendungen vor der Eheschließung benachteiligen den zuwendenden Verlobten, **337** wenn die spätere Ehe einmal scheitert, in doppelter Weise: das Anfangsvermögen des Partners wird erhöht, das eigene entsprechend vermindert. Die Reue kommt spätestens beim Ausgleich des Zugewinns.

> **Beispiel:** M war Alleineigentümer eines unbebauten Grundstücks im Wert von 100 000 €. M und seine Verlobte F errichteten darauf ein Einfamilienhaus, wozu F 160 000 € beisteuerte. Als M und F heirateten, hatte das Hausgrundstück, das weiterhin M allein gehörte, einen Wert von 400 000 € (bereits indexiert). Nach einigen Jahren ließen sich die Eheleute M und F scheiden. Bei Rechtshängigkeit der Scheidung hatte das Hausgrundstück aufgrund von **weiteren** Investitionen der Eheleute und eines Anstiegs der Grundstückspreise einen Wert von 500 000 €. Sonstiges Vermögen besaß M nicht. F hat keinen Zugewinn erzielt.

## Anspruchsgrundlagen

## I. Kein Anspruch wegen Zweckverfehlung

In einem vergleichbaren, vom BGH[418] im Jahre 1992 entschiedenen Fall hatte das **338** OLG Köln als Berufungsgericht der Klägerin einen Bereicherungsanspruch wegen Zweckverfehlung (§ 812 I 2 Alt. 2 BGB) zugebilligt. Der bezweckte Erfolg soll darin bestanden haben, dass der Ehefrau nach Fertigstellung des Hauses und der Heirat das hälftige Miteigentum an dem Grundstück übertragen würde. Der BGH[419] bemerkte hierzu, ein Bereicherungsanspruch wegen Fehlschlagens einer Erwartung setze eine Willensübereinstimmung mit dem anderen Teil voraus. Eine **einseitige** Erwartung, von der nach Sachlage auszugehen sei, genüge nicht.[420] Nach BGH waren Leistungszwecke vielmehr das Zustandekommen der Ehe und die Benutzung

---

[8] BGH FamRZ 1992, 160.

[9] BGH FamRZ 1992, 160, 161.

[0] So auch BGH FamRZ 2009, 1822 (bei Zuwendungen in nichtehelicher Lebensgemeinschaft); FamRZ 2010, 958, 963 (bei Zuwendungen von Schwiegereltern).

des Hauses als Familienheim. Diese Zwecke seien erreicht worden, so dass Bereich rungsansprüche ausscheiden.

## 2. Ergänzender Ausgleichsanspruch nach BGH

**339**     Nach Auffassung des BGH können die für die Rückgewähr unbenannter (eheb zogener) Zuwendungen entwickelten Grundsätze über den Wegfall der Geschäft grundlage bei Scheitern der Ehe auf **Zuwendungen unter Verlobten übertrag** werden. Der BGH[421] führte dazu aus:

> *„Wenn Leistungen erheblichen Umfangs in der Verlobungszeit dazu dienen, a Voraussetzungen für die Verwirklichung der später tatsächlich zustande gekon menen ehelichen Lebensgemeinschaft zu schaffen, … ist die Interessenlage durcha* **vergleichbar mit derjenigen bei unbenannten Zuwendungen unter Ehegatten."** *liegt, so fuhr der BGH fort, „kein hinreichender Grund vor, um einer tatsächli zustande gekommenen Ehe willen erbrachte Leistungen deswegen rechtlich ande zu behandeln, weil sie teilweise bereits in der Verlobungszeit erbracht word sind".*

**340**     Voraussetzung für eine Gleichstellung ist nach BGH, dass die späteren Ehepartn zum Zeitpunkt der Zuwendung schon verlobt waren. **Verlobte** stehen bereits einem rechtlich geregelten personenrechtlichen Gemeinschaftsverhältnis und könn stillschweigend einen **familienrechtlichen Vertrag eigener Art schließen.** Für d Annahme eines Verlöbnisses ist aber keine „offizielle" Verlobungsfeier erforderlic es kann auch in schlüssiger Weise erfolgen.[422] Größere Geldzuwendungen an d späteren Ehegatten sprechen dafür, dass zu diesem Zeitpunkt eine Eheschließur beabsichtigt war.

**341**     Zuwendungen haben nach BGH[423] *„rechtsgeschäftliche Qualität"*, wenn sie üb bloße Gefälligkeiten weit hinausgehen. Solchen Leistungen liegt *„ein besonder familienrechtliches Verhältnis zugrunde, zu dessen Geschäftsgrundlage der Bestan der künftigen Ehe zählt"*. Scheitert die später zustande gekommene Ehe, steht d zuwendenden Ehefrau ein **ergänzender Ausgleichsanspruch wegen Wegfalls d Geschäftsgrundlage** zu.[424]

**342**     Kann der zuwendende Partner nicht nachweisen, dass zum Zeitpunkt der Zuwer dung ein Verlöbnis bestanden hat, erfolgt die Vermögensauseinandersetzung nac den Regeln der nichtehelichen Lebensgemeinschaft (vgl. Kap. 9).

**343**     Zur **Höhe** des **ergänzenden Ausgleichsanspruchs** weist der BGH darauf hin, da kein Grund vorliege, den Zuwender *„gegenüber dem gedachten Fall besser zu stelle dass die fraglichen Leistungen erst nach der Eheschließung erbracht worden sind. I diesem Fall unterlägen die dadurch geschaffenen Werte dem Zugewinnausgleich m der damit einhergehenden grundsätzlich **hälftigen Beteiligung** beider Ehegatten."*

**344**     Der BGH hält es im Ergebnis für eine angemessene Lösung, wenn der späte Ehegatte die **Hälfte der Zuwendung,** die er vor der Eheschließung erbracht hat, a

---

[421] BGH FamRZ 1992, 160, 161.

[422] Palandt/Brudermüller Einf. vor § 1297 Rn. 2; MK/Roth § 1297 Rn. 9; Wever Rn. 541; Schul Hauß/Brandt, Schwerpunktbeitrag 1, Rn. 98.

[423] BGH FamRZ 1992, 160, 162.

[424] BGH FamRZ 1992, 160, 162; ebenso OLG Köln FamRZ 2002, 1404 m. Anm. Wever; OL Karlsruhe FamRZ 2004, 1028; OLG Celle FamRZ 2006, 206.

Ausgleich erhält. Zur Berechnung führt der BGH[425] aus: „*Es bietet sich an, den ergänzenden Ausgleichsanspruch danach zu bemessen, was sich für die Klägerin als „Mehr" ergeben würde, wenn im Anfangsvermögen des Beklagten das Hausgrundstück nur mit dem geringeren Wert angesetzt würde, den es im Zeitpunkt der Eheschließung ohne die vorehelichen Leistungen der Klägerin gehabt hätte.*

## II. Berechnung des ergänzenden Ausgleichsanspruchs nach BGH

Nach BGH ergibt sich der ergänzende Ausgleichsanspruch aus dem **Unter-** **schiedsbetrag zwischen dem tatsächlichen und einem fiktiv errechneten Zuge-** **winnausgleich.** 345

*1. Tatsächlicher Zugewinnausgleich:*
M: Endvermögen 500 000 €; Anfangsvermögen 400 000 €; Zugewinn 100 000 €;
Zugewinnausgleich der F: 50 000 €.

*2. Fiktiver Zugewinnausgleich:*
Zur Berechnung des fiktiven Zugewinnausgleichs ist die voreheliche Zuwendung vom Anfangsvermögen abzuziehen.
M: Endvermögen 500 000 €; Anfangsvermögen (400 000 € – 160 000 €) = 240 000 €; Zugewinn: 260 000 €;
Zugewinnausgleich der F: 130 000 €.

*3. Ergänzender Ausgleichsanspruch:*
130 000 € (fiktiver Zugewinnausgleich) abzüglich 50 000 € (tatsächlicher Zugewinnausgleich) = **80 000 €.**

Ehefrau F erhält als ergänzenden Ausgleich 80 000 €, die Hälfte ihrer vorehelichen 346 Zuwendung. Der gesondert durchgeführte (tatsächliche) Zugewinnausgleich erbrachte einen Betrag von 50 000 €, sodass F auf insgesamt **130 000 €** kommt.

## II. Vereinfachte Berechnungsmethode

## 1. Gleichstellung von Zuwendungen vor und während der Ehe

In der grundlegenden Entscheidung von 1992[426] zum ergänzenden Ausgleichs- 347 anspruch hat der BGH ausgeführt, bei erheblichen Leistungen in der **Verlobungszeit** sei „*die Interessenlage durchaus vergleichbar mit derjenigen bei unbenannten Zuwendungen unter Ehegatten*". Es liege kein hinreichender Grund vor, solche Leistungen deswegen rechtlich anders zu behandeln, weil sie bereits in der Verlobungszeit erbracht wurden. Die Konsequenz dieser Feststellung müsste dann eigentlich sein, der späteren Ehefrau nicht einen „*ergänzenden Ausgleichsanspruchs*" in Höhe des Differenzbetrags zwischen dem tatsächlichen und einem fiktiv errechneten Zugewinnausgleich zuzusprechen, sondern die **Rückgewähr vorehelicher Zuwendungen nach den gleichen Grundsätzen wie ehebezogene Zuwendungen abzuwickeln.**

Ein Ausgleich für ehebezogene Zuwendungen nach den Regeln über den Wegfall 348 der Geschäftsgrundlage findet nach h. M. nur dann statt, wenn der Zugewinnausgleich kein angemessenes und tragbares Ergebnis bringt. Der vorrangige Zugewinn-

---

[5] BGH FamRZ 1992, 160, 162.
[6] BGH FamRZ 1992, 160, 162.

ausgleich führt jedoch in aller Regel zu einem sachgerechten Vermögensausglei⟨ Dies wird dadurch erreicht, dass der begünstigte Ehepartner – nach fester Rec⟨ sprechung des BGH[427] – die Zuwendung **nicht als privilegierten Erwerb** gem § 1374 II BGB zu seinem Anfangsvermögen rechnen kann. Die Zuwendung erhö nur sein Endvermögen. In der Regel fällt dann über den Zugewinnausgleich ⟨ Hälfte des zugewendeten Betrags an den leistenden Ehegatten wieder zurück. Na BGH[428] ist die „Grenze der Unangemessenheit und Untragbarkeit" nicht überschr ten, solange der **hälftige Wert** der Zuwendung aufgrund des Zugewinnausgleichs den Zuwender zurückfließt (vgl. dazu ausführlich Rn. 215).

**349**  Stellt man nun – wie der BGH[429] – Zuwendungen vor und nach der Eheschließu gleich und werden ehebezogene Zuwendungen **nicht** zum Anfangsvermögen gem § 1374 **Abs. 2** BGB gerechnet, erscheint es folgerichtig, in entsprechender We: **voreheliche Zuwendungen** vom Anfangsvermögen **bei Eheschließung** na § 1374 **Abs. 1 BGB auszunehmen.**[430]

**350**  Es ergibt sich dann – wie im Beispielsfall – eine einfache Berechnung: Dem Anfangsvermögen des M bei Eheschließung (§ 1374 I BGB) wird die voreh liche Zuwendung der F nicht zugerechnet. M hat somit ein Anfangsvermögen v⟨ (400 000 € – 160 000 €) = 240 000 € und ein Endvermögen von 500 000 €. S⟨ Zugewinn beträgt 260 000 €. F erhält als Zugewinnausgleich 130 000 €. Dies ist d Betrag auf den F nach BGH in zwei selbständigen Verfahren (Zugewinnausglei⟨ 50 000 € und ergänzender Ausgleich: 80 000 €) insgesamt kommt.

**351**  Nach der vereinfachten Berechnungsmethode erhält F über den Zugewinnau gleich in aller Regel die **Hälfte ihrer Zuwendung wieder zurück.** Dieses – na ständiger Rechtsprechung des BGH sachgerechte – Ergebnis würde sich auch erg ben, wenn F ihre Zuwendung erst nach der Eheschließung geleistet hätte. Dann hä⟨ M einen Zugewinn von 260 000 € (Endvermögen 500 000 € abzüglich Anfangsv⟨ mögen 240 000 €) erzielt und F würde ebenfalls 130 000 € erhalten.

Führt der vorrangige Zugewinnausgleich nach der hier vorgeschlagenen Methо⟨ ausnahmsweise nicht zu einem angemessenen und tragbaren Ergebnis, kommt ⟨ gesonderter Anspruch auf Rückgewähr der Zuwendung wegen Wegfalls der G⟨ schäftsgrundlage (§ 313 BGB) in Betracht (vgl. dazu Rn. 212).

# B. Arbeitsleistungen vor Eheschließung

**352**  | **Beispiel:** F ist Eigentümerin eines Anwesens, das einen Wert von 200 000 € hat Ihr Verlobter baut das Haus in seiner Freizeit in vielen Arbeitsstunden aus sodass es bei Eheschließung 240 000 € wert ist. Kurz nach der Heirat scheiter⟨ die Ehe. M will für seine geleistete Arbeit einen finanziellen Ausgleich. Di⟨ Eheleute leben im gesetzlichen Güterstand. Außer der Immobilie, die noch der gleichen Wert hat, haben die Ehegatten kein Vermögen.

---

[427] BGH FamRZ 1991, 1169, 1171; 1982, 246, 248; 1987, 791.
[428] BGH FamRZ 1995, 1060, 1062; 1991, 1169, 1171.
[429] BGH FamRZ 1992, 160, 161.
[430] Zustimmend Grziwotz, Nichteheliche Lebensgemeinschaft, § 7 Rn. 28; Schulz/Hauß/Brand Schwerpunktbeitrag 1 Rn. 95; Wever, Rn. 539; Kogel, Strategien, Rn. 856, 857.

Arbeitsleistungen sind nach BGH[431] begrifflich zwar keine ehebezogenen Zuwendungen, wegen der wirtschaftlichen Gleichwertigkeit werden sie beim Scheitern der Ehe jedoch nach den gleichen Grundsätzen wegen Wegfalls der Geschäftsgrundlage (§ 313 BGB) ausgeglichen (vgl. Rn. 318 f). Im Beispielsfall hat F nach feststehender Rechtsprechung keinen Zugewinn erzielt. Der BGH[432] billigt M einen **ergänzenden Ausgleichsanspruch** in Höhe von 20 000 € zu (vgl. Rn. 341).

Nach der **vereinfachten Lösung** (Rn. 347 f) kann F den durch die Arbeitsleistungen ihres jetzigen Ehemannes geschaffenen Wertzuwachs nicht in ihr Anfangsvermögen bei Eheschließung (§ 1374 I BGB) einstellen (vgl. Rn. 349). Ihr Anfangsvermögen beträgt daher nur 200 000 €, ihr Endvermögen 240 000 €. M erhält als Zugewinnausgleich 20 000 €. Hätte M erst nach der Heirat das Anwesen ausgebaut und den Wert der Immobilie um 40 000 € erhöht, würde ebenfalls der hälftige Betrag der geschaffenen Wertsteigerung über den Zugewinn ausgeglichen.  **353**

## C. Zuwendungen vor Eheschließung bei Gütertrennung

> **Beispiel:** F wendet ihrem Verlobten M vor der Eheschließung 100 000 € zu. Nachdem die Ehe gescheitert ist, fordert F den Betrag von 100 000 € wieder zurück. Die Eheleute haben Gütertrennung vereinbart.  **354**

In den bisher entschiedenen Fällen zum Ausgleich vorehelicher Zuwendungen lebten die späteren Ehegatten im gesetzlichen Güterstand. Stellt man auch bei **Gütertrennung** darauf ab, dass die Rückgewähr von Zuwendungen vor und nach Eheschließung rechtlich gleich zu behandeln ist, so kommt bei Scheitern der Ehe ein Ausgleich wegen Wegfalls der Geschäftsgrundlage nach § 313 BGB in Betracht. Ein Anspruch besteht jedoch nur, wenn dem Ehegatten, der die vorehelichen Leistungen erbracht hat, die **Beibehaltung der herbeigeführten Vermögensverhältnisse nicht zugemutet** werden kann.[433] Eine Rückgewähr ist bei Gütertrennung – wie bei ehebezogenen Zuwendungen – auf **besondere Ausnahmefälle beschränkt** (vgl. hierzu ausführlich Rn. 221).

## D. Zuwendungen bei Scheitern des Verlöbnisses

Machen sich Verlobte erhebliche Zuwendungen und kommt es dann nicht zu einer Eheschließung, kann nach § 1301 BGB die „Rückgabe der Geschenke" gefordert werden. Der Begriff „Geschenke" ist **weit** auszulegen und umfasst alle größeren Zuwendungen, die mit der Auflösung des Verlöbnisses ihre Grundlage verlieren.[434] Der Anspruch gehört zu den **„sonstigen Familiensachen"** (§§ 111 Nr. 10, 266 I Nr. 1 FamFG), für die das Familiengericht zuständig ist (§§ 23 a I Nr. 1, 23 b I GVG).  **355**

---

[1] BGH FamRZ 1994, 1167; 1982, 910, 911.

[2] BGH FamRZ 1992, 160, 162; ebenso OLG Köln FamRZ 2002, 1404 m. Anm. Wever; OLG Karlsruhe FamRZ 2004, 1028; OLG Celle, FamRZ 2006, 206.

[3] BGH FamRZ 1997, 933; 1990, 855; 1988, 481.

[4] Palandt/Brudermüller § 1301 Rn. 4; MK/Roth § 1301 Rn. 2.

# 6. Abschnitt. Streit um Bankkonten, Sparbücher, Bausparkonten und Wertpapiere

## A. Allgemeines

356    Kurz vor und nach der Trennung der Eheleute räumen Eheleute nicht selten säm liche erreichbaren Konten ab, um sich für den neuen Lebensabschnitt mit Geld versorgen. Bevor heftig gestritten wird, wem ein Guthaben auf einem Konto zuste und ob Ausgleichs- oder Schadensersatzansprüche wegen unberechtigter Kontenabh bungen bestehen, sollte erst geprüft werden, ob nicht schon der Zugewinnausgleich einem sachgerechten Ergebnis führt.[435] Im Fall des gesetzlichen Güterstandes wirk sich Ansprüche, die ein Ehegatte gegen den Ehepartner hat, im wirtschaftlichen En ergebnis in der Regel gar **nicht** aus (vgl. Kap. 1 Rn. 226 f). So müsste der Ehegatte sein Anspruch, den er gegen den Ehepartner wegen unberechtigter Kontoverfügung hat, seinem Aktivvermögen hinzurechnen, während der Ehepartner die gegen ihn besteher de Forderung von seinem Endvermögen abziehen kann.[436] Es sollte deshalb, wie bei Ausgleich von gegenseitigen Forderungen , genau überlegt werden, ob es sich loh eine streitige gegenseitige Forderung gerichtlich geltend zu machen (Kap. 1 Rn. 226).

## B. Einzelkonto

### I. Berechtigung am Einzelkonto

### 1. Der Konteninhaber ist alleiniger Gläubiger

357    Die meisten Eheleute wickeln ihren Zahlungsverkehr über Einzelkonten ab, d nur auf den Namen eines Ehegatten lauten. In der Regel wird aber dem Ehepartn eine Kontovollmacht erteilt. Bei Alleinverdiener-Ehen braucht der Ehegatte, der d Haushalt führt, einen unmittelbaren Zugriff auf das Giro- oder Sparkonto, um d Geschäfte des täglichen Lebens erledigen zu können. Aber auch wenn beide Ehelei verdienen und jeweils getrennte Einzelkonten führen, erteilen sie sich meist geger seitig eine Kontovollmacht.

358    Der **Inhaber des Einzelkontos** ist und bleibt, auch wenn der andere Ehegatte z Abhebungen berechtigt ist, **alleiniger Gläubiger** einer Guthabensforderung un **alleiniger Schuldner** bei einer Kontenüberziehung. Der Kontoinhaber haftet a Vertragspartner der Bank auch dann allein, wenn der Ehepartner mit Hilfe sein Bankvollmacht Abhebungen vorgenommen hat, durch die das Konto überzoge worden ist.[437] Der Ehegatte, für den das Konto geführt wird, ist im Außenverhältni gegenüber der Bank als Alleininhaber des Kontos auch alleiniger Berechtigter un Verpflichteter. Auch im Innenverhältnis steht ihm, wenn die Ehe scheitert, ein Spar guthaben im Regelfall allein zu.[438]

---

[435] So auch der ausdrückliche Hinweis des BGH FamRZ 2000, 948, 950.
[436] Vgl. BGH FamRZ 1988, 476, 478.
[437] Staudinger/Langhein § 741 Rn. 36; unrichtig LG Hannover FamRZ 1984, 480.
[438] BGH FamRZ 2002, 1696, 1697.

## 2. Ausnahme: Teilhabe am Kontoguthaben des anderen Ehegatten

> **Beispielsfall:**[439] Die Eheleute F und M, die beide berufstätig waren, unterhielten während ihrer Ehe ein gemeinsames Girokonto. Hiervon überwiesen sie laufend Beträge auf ein Sparkonto, das auf den Namen des Ehemannes lautete. Die angesparten Beträge verwendeten sie teilweise für gemeinsame Anschaffungen wie auch für den Kauf eines Pkw. Bei Trennung der Eheleute war auf dem Sparkonto ein Betrag von 25 000 €. Zum Zeitpunkt der Rechtshängigkeit des Scheidungsverfahrens befand sich auf dem Konto kein Guthaben mehr. Unmittelbar nach der Trennung verlangt F von M die Hälfte des Sparguthabens in Höhe von 12 500 €. M verweigert eine Zahlung und verweist auf den Zugewinnausgleich.
>
> 359

Das OLG Düsseldorf hatte als Berufungsgericht für die Ehefrau einen Ausgleichsanspruch analog § 430 BGB wie bei einem Oderkonto nach Scheitern der Ehe hergeleitet. Der BGH lehnte mit Urteil vom 19. 4. 2000[440] einen „Rückgriff auf diese Konstruktion" ab und folgte seiner weitgehend vergessenen Entscheidung vom 7. 4. 1966.[441] In einem vergleichbaren Fall hatte der BGH damals bei einem **Einzelkonto** eine **Bruchteilsgemeinschaft** gemäß §§ 741 ff BGB zwischen den Eheleuten an der Forderung gegen die Bank angenommen. 360

Diese Lösung bestätigte der BGH mit einer weiteren Entscheidung vom 11. 9. 2002.[442] Dem Inhaber eines Einzelkontos stehe zwar im Regelfall das Guthaben auch im Innenverhältnis der Ehegatten allein zu. Die Eheleute könnten aber – auch **stillschweigend** – eine **Bruchteilsberechtigung** des Ehegatten, der nicht Kontoinhaber ist, an der **Kontoforderung vereinbaren.** Als Beispiel, unter welchen Voraussetzungen eine solche konkludente Vereinbarung anzunehmen ist, führte der BGH[443] an: *„Leisten beide Ehegatten Einzahlungen auf ein Sparkonto und besteht Einvernehmen, dass die Ersparnisse beiden zugute kommen sollen, so steht ihnen die Forderung gegen die Bank im Innenverhältnis im Zweifel zu gleichen Anteilen gemäß den §§ 741 ff BGB zu."* 361

**Bestreitet** der Kontoinhaber eine Bruchteilsgemeinschaft, so muss der Ehepartner eine ausdrückliche oder konkludente Vereinbarung über die Bruchteilsberechtigung beweisen.[444] Den Nachweis kann der Ehepartner erbringen, indem er darlegt, dass das angesparte Guthaben stets für einen gemeinsamen Zweck eingesetzt wurde.[445] Wenn die abgehobenen Beträge für gemeinsame Anschaffungen (wie Wohnung, Einrichtung, Kunstgegenstände, Pkw, Sportausrüstungen) oder für gemeinsame Unternehmungen (wie Urlaub, Reisen, Konzert- und Theaterbesuche) ausgegeben wurden, so spricht diese **Verwendungsart der Gelder** dafür, dass eine **Bruchteilsgemeinschaft** gemäß §§ 741 ff BGB entstanden ist. 362

Die **Höhe des Teilungsanspruchs** richtet sich nach dem Kontostand zum **Zeitpunkt der Trennung.** Für Überziehungen des Kontos haftet der Bank gegenüber 363

439 Nach BGH FamRZ 2000, 948.
440 BGH FamRZ 2000, 948, 949.
441 BGH FamRZ 1966, 442.
442 BGH FamRZ 2002, 1696; ebenso OLG Bremen FamRZ 2009, 779, 780; 2006, 1121, 1122; OLG Celle FamRZ 2008, 1949; OLG Naumburg FamRZ 2007, 1105.
443 So BGH FamRZ 2002, 1696, 1697; ebenso 2000, 948, 949; 1966, 442, 443.
444 Staudinger/Langhein § 741 Rn. 38; Wever Rn. 699.
445 OLG Bremen FamRZ 2009, 779, 780; 2006, 1121, 1122; OLG Celle FamRZ 2008, 1949, 1950.

allein der Kontoinhaber.[446] Im Innenverhältnis können sich Ausgleichsansprüche wegen unberechtigter Kontoabhebungen ergeben.

**364** Nach § 749 I BGB kann jeder Ehegatte **jederzeit** die Aufhebung der Gemeinschaft verlangen und seinen Anspruch auf **hälftige Teilhabe** an dem Gemeinschaftsvermögen geltend machen. Gleiche Anteile stehen den Eheleuten als Teilhaber in Zweifel auch dann zu, wenn der Ehegatte, auf dessen Namen das Konto lautet, wesentlich mehr als der andere einbezahlt hat.[447] Hebt der Kontoinhaber nach der Trennung das gesamte Guthaben ab, hat der Ehepartner einen Anspruch auf hälftige Auszahlung der vereinnahmten Gelder nach § 749 BGB.[448]

**365** Haben Eheleute zum gemeinsamen Erwerb einer Immobilie einen gemeinsamen Kredit aufgenommen, der über eine nur von einem Ehegatten als Versicherungsnehmer abgeschlossene Lebensversicherung abgelöst werden soll, so steht – nach OLG Bremen[449] – die Forderung aus dem **Lebensversicherungsvertrag** beiden Eheleuten gemeinschaftlich als **Bruchteilsgemeinschaft** (§§ 741 ff BGB) zu. Dieser Entscheidung ist zuzustimmen, da die Lebensversicherungssumme nach dem übereinstimmenden Willen der Eheleute dazu dienen sollte, zwei zum gemeinsamen Erwerb einer Eigentumswohnung aufgenommene Darlehen abzulösen. Der Anspruch auf Auszahlung der Lebensversicherungssumme steht den Eheleuten gem § 742 BGB zu gleichen Teilen zu.

**366** Der Anspruch nach § 749 I BGB kann unabhängig vom Ergebnis des Zugewinnausgleichs durchgesetzt werden. Anders als beim Ausgleich ehebezogener Zuwendungen besteht kein Vorrang der güterrechtlichen Abwicklung.[450]

## 3. Bruchteilsgemeinschaft und ehebezogene Zuwendung

**367** > **Beispielsfall:**[451] Die Eheleute M und F, die beide berufstätig waren, leisteten jeweils zur Hälfte Einzahlungen auf einen Bausparvertrag, der allein unter dem Namen der F geführt wurde. Mit dem angesparten Kapital wollten die Eheleute gemeinsam ein Hausgrundstück erwerben, um damit ein Familienwohnheim zu schaffen. Nach Scheitern der Ehe verlangt M von F (umgerechnet) 8850 €, die Hälfte des Bausparguthabens von 17 700 €. F ist der Meinung, das Guthaben auf ihrem Bausparvertrag stehe ihr allein zu.

Mit der Entscheidung vom 5. 10. 1988 hat der BGH[452] im vorliegenden Fall Einzahlungen des M auf den Bausparvertrag der F als **unbenannte (ehebezogene) Zuwendungen** bewertet. Die Einzahlungen, die dem Erwerb von Grundeigentum hätten dienen sollen, seien mit Rücksicht auf die eheliche Gemeinschaft erfolgt. Scheitern der Ehe könnten derartige Zuwendungen zu Ausgleichsansprüchen wegen Wegfalls der Geschäftsgrundlage führen. Da die Eheleute im gesetzlichen Güterstand

---

[446] Staudinger/Langhein § 741 Rn. 37.
[447] Staudinger/Langhein § 741 Rn. 38.
[448] OLG Naumburg FamRZ 2007, 1105.
[449] OLG Bremen FamRZ 2009, 779 m. zust Anm. Floeth; ebenso OLG Köln FamRZ 2003 379 (OLG-Report 2002, 406.
[450] OLG Naumburg FamRZ 2007, 1105; Wever Rn. 702; Münch FPR 2006, 481, 482; Büte Rn.; Schulz FamRB 2004, 398, 399.
[451] Nach BGH FamRZ 1989, 147.
[452] FamRZ 1989, 147, 148.

lebten, sei jedoch vorrangig zu prüfen, ob nicht der Zugewinnausgleich zu einem angemessenen Ergebnis führt. Dies hat der BGH bejaht und die Klage des Ehemanns auf Rückgewähr der Zuwendungen abgewiesen.

Dieser vom BGH am 5. 10. 1988 entschiedene Fall wird in den Lehrbüchern als typisches Beispiel einer ehebezogenen (unbenannten) Zuwendung angeführt. Der BGH würde die Einzahlungen des Ehemannes auf den Bausparvertrag der Ehefrau zum Erwerb eines Familienheims heute wohl **nicht mehr** als ehebezogene Zuwendung bewerten.[453]

Der BGH würde jetzt wohl eine **Bruchteilsgemeinschaft** gemäß §§ 741 ff BGB    **368** zwischen den Eheleuten annehmen. Den Entscheidungen des BGH vom 7. 4. 1966 (Rn. 360) und vom 5. 10. 1988 (Rn. 367) liegt im Wesentlichen der gleiche Sachverhalt zugrunde. In beiden Fällen hatten die Eheleute auf ein Sparkonto der Ehefrau Gelder einbezahlt und waren sich einig, dass das Guthaben ihnen gemeinsam zustehen sollte. Mit dem angesparten Geld wollten sie sich eine Eigentumswohnung kaufen. Der BGH hat in dem 1966 entschiedenen Fall eine stillschweigend zustande gekommene Bruchteilsgemeinschaft an dem Sparkonto angenommen. Dagegen hat der BGH in der Entscheidung von 1988 die Einzahlungen als ehebezogene Zuwendungen bewertet. Da aber auch in diesem Fall zwischen den Eheleuten Einvernehmen bestand, *„dass die Ersparnisse beiden zugute kommen sollen"*, ist eine **Bruchteilsgemeinschaft an den eingezahlten Beträgen** entstanden.[454]

Steht das Bankguthaben aber beiden Ehegatten zu gleichen Teilen zu, können die    **369** Einzahlungen **nicht** als ehebezogene Zuwendungen bewertet werden. Denn bei einer ehebezogenen Zuwendung wird der Zuwendungsempfänger – wie bei einer Schenkung – auch im Innenverhältnis alleiniger Berechtigter des Kontoguthabens (vgl. die Beispiele in Rn. 200). **Zuwendungen** *„um der Ehe willen und als Beitrag zur Verwirklichung und Ausgestaltung, Erhaltung und Sicherung der ehelichen Lebensgemeinschaft"* können somit **nicht zu einer Bruchteilsgemeinschaft** zwischen den Eheleuten führen.[455]

## 4. Zusammenfassende Grundsätze

▶ **Alleiniger Berechtigter** eines Sparguthabens auf einem **Einzelkonto** ist nicht nur    **370** im Außenverhältnis gegenüber der Bank, sondern in der Regel auch im Innenverhältnis gegenüber dem Ehegatten **allein der Konteninhaber.**

▶ Die Erteilung einer Vollmacht, über das Einzelkonto zu verfügen, kann für sich allein keinesfalls zu einer Mitberechtigung am Einzelkonto führen.

In **Ausnahmefällen** kann eine **Bruchteilsgemeinschaft** am Guthaben des Einzelkontos entstehen, wenn die Eheleute eine Mitberechtigung des Ehegatten, der nicht Kontoinhaber ist, ausdrücklich oder stillschweigend vereinbart haben.

▶ Zahlt ein Ehegatte „zur Verwirklichung und Ausgestaltung, Erhaltung oder Sicherung der ehelichen Lebensgemeinschaft" Geldbeträge auf das Einzelkonto des anderen Ehegatten ein, so handelt es sich um **ehebezogene Zuwendungen, wenn die eingezahlten Beträge allein dem begünstigten Ehegatten zustehen**

---

[3] Schulz FamRB 2004, 398.
[4] So auch BGH FamRZ 2000, 948, 949 (vgl. Rn. 228) und BGH FamRZ 2002, 1696, 1697 (vgl. Rn. 228 a).
[5] Schulz FamRB 2004, 398; Wever Rn. 735; Münch FamRB 2006, 481.

**sollen.** Der Kontoinhaber ist und bleibt in diesem Fall auch im Innenverhältni alleiniger Berechtigter des Sparguthabens. Bei einer Zuwendung „um der El willen" partizipiert der zuwendende Ehegatte nur mittelbar an der Vermögen zuwendung, da die Zuwendung nach seiner Vorstellung „in der Familie" bleibt.

▶ Die Annahme einer Bruchteilsgemeinschaft am Bankguthaben hat besonde dann Bedeutung, wenn die Eheleute **Gütertrennung** vereinbart haben. D Anspruch auf Aufhebung der Gemeinschaft wird gemäß §§ 749 I, 752, 742 BG durch hälftige Teilung der angesparten Beträge vollzogen. Demgegenüber rich sich die Rückforderung einer ehebezogenen Zuwendung nach den Regeln üb den Wegfall der Geschäftsgrundlage (§ 313 BGB) und ist nur begründet, we ein Ausgleich „aus Gründen der Billigkeit" erforderlich erscheint.

▶ Bei **gesetzlichem Güterstand** wirkt sich der Anspruch auf hälftige Teilhabe Sparguthaben – wie bei allen gegenseitigen Ansprüchen – im Endergebnis reg mäßig nicht aus (vgl. Kap. 1 Rn. 226 f). Der Anspruch müsste, wenn er Stichtag noch besteht, in den Zugewinnbilanzen beim Kontoinhaber zu Passiva, beim anderen Ehegatten zu den Aktiva gerechnet werden.[456] Nur we sich rechnerisch kein Zugewinnausgleich ergibt, wirkt sich der selbständige A spruch nach § 749 I BGB aus. Die Bedeutung der Bruchteilsberechtigung li aber vor allem darin, dass die hälftige Teilung des gemeinsamen Vermöge **jederzeit** verlangt werden kann. Der Zugewinnausgleich muss **nicht vorran** durchgeführt werden.

▶ Wird der Teilungsanspruch sofort nach der Trennung der Eheleute durchgese kann dadurch möglicherweise eine **illoyale Minderung** (§ 1375 II 1 Nr. BGB) des angesparten Vermögens durch den Kontoinhaber **verhindert** werd Dem Kontoinhaber könnte aber auch im Wege **einstweiliger Anordnung** (§ I, II 2 FamFG) untersagt werden, über mehr als die Hälfte des Kontoguthab zu verfügen.

## II. Ausgleichsansprüche wegen unberechtigter Kontoabhebungen

### 1. Reichweite der Vollmacht

371 | **Beispiel:** M hatte seiner Ehefrau F Bankvollmacht für sein Einzelkonto erte Die Bank hatte einen Überziehungskredit bis 15 000 € eingeräumt. F hob vorhandene Guthaben ab und überzog das Konto bis 20 000 €. Die Bank v langt von M Rückzahlung des gewährten Darlehens von 20 000 €.

Eine **allgemeine Bankvollmacht** gestattet nur Verfügungen über ein Gutha auf dem Konto, sie berechtigt nicht zu Kontenüberziehungen.[457] Dies gilt s dann, wenn die Bank auf den Kontoauszügen – wie beim Kontokorrentkredit üt – einen Darlehensbetrag bis zu einem bestimmten Limit angegeben hat. Auc diesem Fall ist der Ehepartner zur Überziehung des Kontos nur berechtigt, wen Inhaber die Vollmacht ausdrücklich hierauf erstreckt hat.[458] Es ist deshalb ste

---

[456] Vgl. BGH FamRZ 2002, 1694, 1696.
[457] BGH MDR 1953, 345, 346; OLG Karlsruhe WM 1984, 1150; OLG Hamm NJW 1992,
Palandt/Ellenberger § 167 Rn. 9; Wever Rn. 704.
[458] Derleder FuR 1995, 301, 304.

klären, ob die zugrunde liegenden Bedingungen der Bankvollmacht zur uneinge-schränkten Verfügung nicht nur über die jeweiligen Guthaben, sondern auch über die eingeräumten Überziehungs-Kredite berechtigen.

Hat im Beispielsfall der Ehemann keine „Überziehungsvollmacht" erteilt, kommt der Darlehensvertrag auch nicht mit ihm zustande. Die Bank hat dann grundsätz-lich keinen Anspruch gegen den Kontoinhaber. Hat die Ehefrau jedoch in der Vergangenheit wiederholt das Konto überzogen, kann sich eine Haftung des Ehe-mannes nach den Grundsätzen der Duldungs- und Anscheinsvollmacht ergeben.[459] Die Reichweite der Vollmacht im **Innenverhältnis** hängt davon ab, in welchem Umfang der Kontoinhaber seinem Ehepartner – meist durch stillschweigende Ver-einbarung – Verfügungsbefugnis über sein Bankkonto eingeräumt hat. Im Allge-meinen liegt der Vollmachtserteilung die Abrede zugrunde, dass von der Bevoll-mächtigung nur zum Zwecke **„gemeinsamer Lebensführung"** Gebrauch gemacht werden darf.[460] 

**372**

Die Vollmacht **erlischt** im **Innenverhältnis,** sobald die Eheleute getrennt leben. Das Scheitern der Ehe lässt die Geschäftsgrundlage entfallen (§§ 168, 313 BGB). Die Vollmacht muss dem Ehepartner gegenüber nicht ausdrücklich widerrufen werden. Im **Außenverhältnis,** also der Bank gegenüber, gilt die Vollmacht jedoch weiter bis zu ihrem Widerruf (§ 170 BGB).

**373**

## 2. Abhebungen während des Zusammenlebens

### a) Regelfall

> **Beispielsfall:**[461] Die Eheleute M und F heirateten 1982 in Tokio und lebten dort bis 1984 zusammen. Während dieser Zeit hielt sich F mehrfach allein, vorüber-gehend auch gemeinsam mit M, in Deutschland auf. Beide gaben viel Geld für ihren Lebensstandard aus. Für die Bankkonten von M in Deutschlanden besaß F Vollmachten. Im Frühjahr 1984 kehrte F nach Deutschland zurück, während M erst Ende 1985 nachkam. Im Juni 1986 trennten sich die Parteien endgültig. Während ihrer Aufenthalte in Deutschland vor der Trennung hob F (umge-rechnet) etwa 75 000 € von den Konten ihres Ehemannes ab. M nimmt seine inzwischen von ihm geschiedene Ehefrau auf Schadensersatz mit der Behaup-tung in Anspruch, sie habe unberechtigt über seine Bankkonten verfügt.

**374**

Das OLG Karlsruhe[462] hat im Beispielsfall Ansprüche von M aus unerlaubter Handlung, aus ungerechtfertigter Bereicherung, aus einem Auftragsverhältnis oder aus einem sonstigen Rechtsgrund verneint. Die Vorschrift des § 1360 b BGB schließe Regressansprüche aus jedem rechtlichen Gesichtspunkt aus. Nach § 1360 b BGB ist im Zweifel anzunehmen, dass ein Ehegatte der zu viel Unterhalt leistet, nicht beabsichtigt, von dem anderen Ehegatten Ersatz zu verlangen. Diese Regelung soll Streit zwischen den Eheleuten über die Rückforderung eventuell zu viel geleisteten Unterhalts im Interesse des Familienfriedens möglichst vermeiden. Es entspricht – so

---

[459] MK/Schramm § 167 Rn. 90; Derleder FuR 1995, 301, 304.
[460] OLG Frankfurt FamRZ 2000, 1215; OLG Düsseldorf FamRZ 1992, 439; LG Detmold FamRZ 2002, 670.
[461] Nach OLG Karlsruhe FamRZ 1990, 744.
[462] OLG Karlsruhe FamRZ 1990, 744, 745.

das OLG Karlsruhe unter Berufung auf den BGH[463] – der Lebenserfahrung und dem Wesen der ehelichen Lebensgemeinschaft, dass der zuviel leistende Ehegatte im Zweifel **keinen Rückforderungswillen** hat. Die hohen Ausgaben der Ehefrau entsprachen dem Lebensstil der Eheleute. Die praktizierte Großzügigkeit während der Ehe darf bei einer Trennungskrise oder Scheidung nicht einer kleinlichen Nachkalkulation unterworfen werden. Dies wäre nach OLG Karlsruhe ein Verstoß gegen das Rechtsgebot des konsequenten Verhaltens.

375     Der Zweck der Bevollmächtigung liegt regelmäßig darin, dem anderen zu ermöglichen, mit einer gewissen Selbständigkeit die Bedürfnisse der Familie zu befriedigen. Der innere Grund wurzelt in dem Vertrauen, der Ehepartner werde das Geld nur auf der Grundlage der gemeinsamen Lebensplanung im Interesse beider Ehegatten verwenden.[464]

376     Aus dem Sinn und Zweck einer Bankvollmacht folgt: **In der Regel sind Abhebungen vom Einzelkonto während des ehelichen Zusammenlebens bis zur Trennung von der zugrunde liegenden Vollmacht gedeckt.**

### b) Ausnahmefälle

377 | **Beispielsfall 1:**[465] F hatte ein Jahr vor der Trennung vom Einzelkonto ihres Ehemannes M mit Vollmacht einen Betrag von (umgerechnet) 20 000 € abgehoben und auf ein von ihr eingerichtetes Festgeldkonto einbezahlt. Zu dieser Zeit gab es schon erhebliche Spannungen zwischen den Eheleuten. Später gab F ihrem neuen Lebensgefährten davon 18 000 €.

Das OLG Düsseldorf[466] ist in vorliegendem Fall zu Recht davon ausgegangen, dass F die ihr erteilte Vollmacht überschritten hat. Die **Beschränkung** der Verfügungsbefugnis gilt nicht erst ab Trennung, sondern schon während des Bestehens der ehelichen Lebensgemeinschaft, wenn das Vertrauensverhältnis erschüttert ist und eine Trennung als möglich ins Auge gefasst wird.

378 | **Beispielsfall 2:**[467] Ehefrau F hat unmittelbar vor ihrem Auszug aus der Ehewohnung (umgerechnet) 2.800 € vom Einzelkonto des Ehemannes M abgehoben, um sich für die Trennung und den Wegzug mit Bargeld zu versorgen. M war mit der Abhebung nicht einverstanden.

Nach der Entscheidung des OLG Bamberg[468] deckt die dem Ehepartner erteilte Vollmacht nicht solche Verfügungen, die dieser vornimmt, um damit eigene Bedürfnisse im Zusammenhang mit einer von ihm beabsichtigten Trennung zu finanzieren.

Aus der Zweckbestimmung einer Bankvollmacht ergibt sich auch ihre Beschränkung während des ehelichen Zusammenlebens: Die Vollmacht reicht im Innenverhältnis nur so weit, wie eine gemeinsame Lebensplanung besteht. Eine **Überschreitung der Vollmacht** liegt vor, wenn die **Abhebungen** vom Konto **nicht im Interes**

---

[463] OLG Karlsruhe FamRZ 1990, 744, 745; BGH FamRZ 1968, 450.
[464] OLG Düsseldorf FamRZ 1992, 439; OLG Bamberg FamRZ 1991, 1058.
[465] Nach OLG Düsseldorf FamRZ 1992, 439.
[466] OLG Düsseldorf FamRZ 1992, 439, 440.
[467] Nach OLG Bamberg FamRZ 1991, 1058.
[468] OLG Bamberg FamRZ 1991, 1058, 1059; ebenso OLG Bremen NJW-RR 2005, 1667.

e der **Familie,** sondern allein zur Befriedigung der Bedürfnisse des verfügenden hegatten erfolgen.[469]

## . Abhebungen nach Trennung

**a) Regelfall.** Für die Zeit nach der Trennung der Eheleute zieht die Rechtspre- **379** hung in Anlehnung an die Regelung der Schlüsselgewalt (§ 1357 III BGB) eine **lare Grenze.** Die internen Vereinbarungen der Ehegatten über die Verfügungs- efugnis eines Kontos des anderen Ehepartners verlieren in der Regel ihre Wirkung, obald die Eheleute getrennt leben.[470]

> **Beispielsfall**[471]: Die Eheleute waren im Bauträgergeschäft tätig. Die Konten **380** liefen auf den Namen der Ehefrau. Der Ehemann, der die Geschäfte im Wesent- lichen betrieb, hatte Kontovollmachten. Einen Monat nach der Trennung ließ er sich von einem Geschäftskonto (umgerechnet) 65 000 € auszahlen. Diesen Betrag verlangt die Ehefrau.

In diesem Fall hat der BGH[472] seine Auffassung zum Wegfall der Verfügungsbefug- **381** is **im Innenverhältnis** eingehend dargelegt. Das OLG hatte als Berufungsgericht die lage abgewiesen, weil der Mann behauptete, er habe zuvor 100 000 € auf das Konto nbezahlt. Der BGH stellte demgegenüber nur auf die formale Inhaberschaft an dem onto ab. Selbst wenn der Mann einen Rückzahlungsanspruch hinsichtlich des Be- ags von 100 000 € habe, könne die Abhebung von 65 000 € als „angemaßte Geschäfts- ihrung" angesehen werden, so dass eine Rückgabepflicht in Betracht komme.

Als **Regel** kann festgehalten werden: **Kontoabhebungen nach der Trennung** sind **382** on der zugrunde liegenden Vollmacht **nicht mehr gedeckt.**

**b) Ausnahmefälle.** Findet die Lebensgemeinschaft durch Trennung ihr Ende, so **383** egt darin ein **Wegfall der Geschäftsgrundlage** für die früher erteilte Vollmacht. iese kann aber in eingeschränktem Umfang weiter bestehen. Zwar muss der Konto- haber nach der Trennung vor „eigensüchtiger oder sonst missbräuchlicher" Ausnut- ung geschützt werden. Ausnahmsweise kann aber der andere Ehegatte ein berechtig- s Interesse haben, die Verfügungsbefugnis nicht unvermittelt zu verlieren.[473] Im llgemeinen wird sich die Befugnis mit der Trennung dahin einschränken, „dass – so er BGH[474] – der Ehegatte nur noch solche Verfügungen treffen darf, die nicht nur it den früheren gemeinsamen Vorstellungen in Einklang stehen, sondern auch nach er Trennung weiterhin **dem mutmaßlichen Willen** des Ehepartners entsprechen".

Der Wegfall der Geschäftsgrundlage führt somit nicht in jedem Fall zum völligen **384** rlöschen der Vollmacht. Die Verfügungsbefugnis ist *„in einer den berechtigten* *nteressen beider Parteien Rechnung tragenden Form der veränderten Sachlage* *nzupassen".*[475] Das kann der Fall sein, wenn ein Ehegatte nach der Trennung

---

OLG Düsseldorf FamRZ 1992, 439, 440; OLG Bamberg FamRZ 1991, 1058, 1059.
BGH FamRZ 1988, 476, 478.
Nach BGH FamRZ 1989, 834.
BGH FamRZ 1989, 834, 835.
BGH FamRZ 1989, 834, 835.
BGH FamRZ 1989, 834, 835.
BGH FamRZ 1989, 834, 835.

weiterhin vom Gehaltskonto des Alleinverdieners Geld abhebt, um den **Unterhalt der übrigen Familienmitglieder zu sichern.**[476] Handelt es sich um maßvolle Beträge, sind die Abhebungen durch die „eingeschränkte Vollmacht" noch gedeckt.

385    Zusammenfassend kann festgestellt werden: Nach der Trennung sind Abhebungen vom Einzelkonto **ausnahmsweise zulässig,** wenn sie dem **mutmaßlichen Willen des Kontoinhabers** noch **entsprechen.**

### 4. Schadensersatz- und Herausgabeansprüche

386    Hat ein Ehegatte unter Ausnutzung einer der Bank gegenüber noch nicht widerrufenen Vollmacht vom Einzelkonto des anderen Geld abgehoben, obwohl er dazu im Innenverhältnis nicht mehr berechtigt war, können sich folgende Ansprüche ergeben:

▶ Schadensersatz wegen **Pflichtverletzung** nach § 280 I BGB.[477] Die Abhebung verstößt gegen die bei der Vollmachterteilung stillschweigend getroffene Zweckvereinbarung.

▶ Schadensersatz wegen **Untreue** (§ 823 II BGB i. V. mit § 266 StGB) oder sittenwidriger Schädigung (§ 826 BGB).[478] Die Tatbestandsvoraussetzungen, insbesondere ein Verschulden, werden oftmals schwer zu beweisen sein.

▶ Herausgabe des durch die unberechtigte Verfügung Erlangten wegen **angemaßter Geschäftsführung** gemäß §§ 687 II, 681 S. 2, § 667 BGB.[479] Hebt ein Ehegatte vom Konto des anderen Geld ab, um damit – abredewidrig – allein seine eigenen Bedürfnisse zu befriedigen, so behandelt er ein fremdes Geschäft als sein eigenes, obwohl er weiß, dass er dazu nicht berechtigt ist (§ 687 II BGB). Dieser Herausgabeanspruch ist in der Praxis am leichtesten durchzusetzen.

### 5. Beweislast

387    Verlangt ein Ehegatte wegen unberechtigter Verfügungen Schadensersatz oder Herausgabe des durch unberechtigte Kontoverfügungen erlangten Geldes, muss er **darlegen und beweisen,** dass die Abhebungen von der zugrunde liegenden Vollmacht nicht mehr gedeckt waren.[480] Für die Bewesführung ist dabei zu unterscheiden, ob die Verfügungen während bestehender Lebensgemeinschaft oder nach Scheitern der Ehe erfolgten

• **Während des ehelichen Zusammenlebens** gilt die Regel, dass der bevollmächtigte Ehegatte über das Konto verfügen darf. Der Vollmachtgeber müsste in diesem Fall beweisen, dass der Ehepartner das Geld nicht für die Bedürfnisse der Familie sondern für eigennützige Zwecke abgehoben hat.

• **Nach der Trennung** sind Kontoverfügungen von der erteilten Vollmacht grundsätzlich nicht mehr gedeckt. Der Kontoinhaber muss im Streitfall nur nachweisen, dass die Ehe zum Zeitpunkt der Abhebungen bereits gescheitert war. Der verfügende Ehegatte müsste dann beweisen, dass die Abhebungen trotz gescheiterter Ehe dem mutmaßlichen Willen des Kontoinhabers entsprachen.[481]

---

[476] FAKomm-FamR/Brudermüller § 430 Rn. 13; Wever Rn. 708: Münch FPR 2006, 481, 483.

[477] OLG Düsseldorf FamRZ 1992, 439.

[478] BGH FamRZ 1988, 476, 478; OLG Düsseldorf FamRZ 1992, 439.

[479] BGH FamRZ 1988, 476, 478; 1989, 834, 835; Derleder FuR 1995, 301, 303.

[480] Vgl. OLG Karlsruhe FamRZ 1990, 744, 745.

[481] Münch FPR 2006, 481, 484.

## Zusammenfassende Übersicht

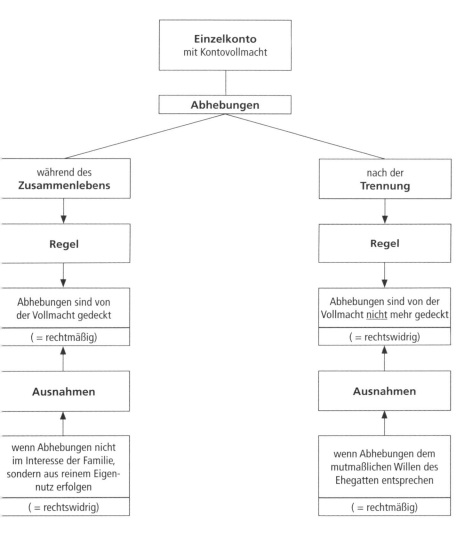

## C. Gemeinschaftskonto

### Form des Gemeinschaftskontos

Ein Gemeinschaftskonto kann in Form eines **Und-Kontos oder eines Oder-** 388
**Kontos** geführt werden. Ein Und-Konto, bei dem die Inhaber nur gemeinsam verfügen können, kommt wegen seiner „Schwerfälligkeit" bei Eheleuten kaum vor. Ehepaare errichten ein Gemeinschaftskonto regelmäßig als **Oder-Konto,** bei dem die Verfügungsbefugnis jedem Ehegatten allein zusteht. Die Bank darf allerdings nicht,

wie es § 428 BGB vorsieht, nach Belieben an jeden der beiden Kontoinhaber leisten, sondern muss an den Ehegatten leisten, der eine Auszahlung verlangt.[482]

389    Da jeder Mitinhaber eines Oder-Kontos gegenüber der Bank zur Verfügung über das gesamte Guthaben berechtigt ist, kann auch das gesamte auf einem Oder-Konto angesparte Guthaben durch Gläubiger eines Ehegatten aufgrund eines nur gegen ihn gerichteten Titels gepfändet werden.[483]

## II. Abhebungen während des Zusammenlebens

### 1. Gesetzliche Regel: hälftiger Ausgleich

390    Die Inhaber von Gemeinschaftskonten in Form von **Oder-Konten** sind Gesamtgläubiger i. S. von § 428 BGB mit der Folge, dass grundsätzlich eine **Ausgleichspflicht** nach § 430 BGB in Betracht kommt, soweit einer der beiden Inhaber mehr als die Hälfte des Guthabens für sich verwendet hat. Die gleiche Rechtsfolge ergibt sich aus der gemeinschaftsrechtlichen Bestimmung in § 742 BGB. Die gesetzliche Regel, dass den Ehegatten als Gesamtgläubigern **gleiche Anteile** zustehen, gilt auch bei Abhebungen während intakter Ehe.

391    Hierzu hat der BGH[484] in einer grundlegenden Entscheidung aus dem Jahre 1989 ausgeführt:

*„§ 430 ist eine eigenständige Anspruchsgrundlage für den Gesamtgläubiger, der aus einer Leistung des Schuldners weniger als die Hälfte erhalten hat. Bei Oder-Konten kommt es entscheidend weder auf die Herkunft der Mittel an, noch darauf, aus welchen Gründen das Gemeinschaftskonto überhaupt errichtet worden ist. Gerade bei Ehegatten sind hierfür mannigfache, dem Außenstehenden unbekannt bleibende Motive denkbar; auch sind Fälle nicht selten, in denen lediglich die Absicht verfolgt wird, für den Fall der Verhinderung oder des Todes des einen Ehegatten dem anderen die Legitimation zu erleichtern. Im Prozess braucht nur dargetan zu werden, dass dem anderen Gesamtgläubiger durch die Leistung des Schuldners mehr zugeflossen ist, als seinem hälftigen Anteil entspricht. Sache des in Anspruch Genommenen ist es dann, eine Gestaltung des Innenverhältnisses darzulegen und notfalls zu beweisen, die eine andere als die vom Gesetz vermutete hälftige Beteiligung oder einen Ausschluss der Ausgleichspflicht ergibt."*

### 2. Ausnahme von der gesetzlichen Regel: kein Ausgleich bei intakter Ehe

392    Eine Ausgleichspflicht, wenn ein Ehegatte mehr als die Hälfte vom Gemeinschaftskonto abhebt, besteht nach § 430 BGB nur, *„soweit nicht ein anderes bestimmt ist"*. Von der gesetzlichen Regel darf jedoch nicht deshalb abgewichen werden, weil die auf das Konto geflossenen Gelder ganz oder überwiegend aus dem Arbeitseinkommen nur eines Ehegatten stammen. Die Grundregel des § 430 BGB gilt unabhängig davon, von wem und aus wessen Mitteln das Konto finanziert worden ist.[485]

---

[482] Palandt/Ellenberger § 428 Rn. 3; Staudinger/Noack § 430 Rn. 25.
[483] OLG Dresden FamRZ 2003,1943, 1944; OLG Nürnberg MDR 2002, 1090.
[484] BGH FamRZ 1990, 370, 371; bestätigt in BGH FamRZ 1993, 413; 1999, 948, 949.
[485] BGH FamRZ 1990, 370, 371; OLG Düsseldorf FamRZ 1999, 1504, 1505; OLG Köln FamRZ 1987, 1139.

Eine **anderweitige Bestimmung** kann sich aus ausdrücklicher oder stillschweigen- 393
der Vereinbarung, dem Zweck und der Handhabung des Kontos oder den Vorschriften über die eheliche Lebensgemeinschaft ergeben.[486] Zumindest eine dieser Voraussetzungen dürfte stets gegeben sein. Meistens besteht bei **intakter Ehe ein konkludenter Verzicht auf Ausgleich**.[487] Mit der Errichtung eines Oder-Kontos verfolgen
die Eheleute den Zweck, ihr gemeinsames Leben zu finanzieren. Nach dem zwischen
den Ehegatten bestehenden Vertrauensverhältnis sollen beide berechtigt sein, jederzeit Geld in beliebiger Höhe abzuheben, ohne an den anderen einen Ausgleich
zahlen zu müssen.[488] **Während intakter Ehe** ist daher im Allgemeinen von einem
**Verzicht auf Ausgleich** für Kontoabhebungen, die den Hälfteanteil übersteigen,
auszugehen.

## 3. Ausgleich bei Missbrauch des Vertrauensverhältnisses

Ausgleichsansprüche bei Kontoabhebungen auch während des ehelichen Zusam- 394
menlebens bestehen jedoch, wenn die Verwendung der Gelder einen **Missbrauch** des
der Kontoerrichtung zugrunde liegenden **Vertrauensverhältnisses** darstellt. Setzt
sich ein Ehegatte in rücksichtsloser Weise über die Zweckbestimmung eines Oder-
Kontos hinweg, so verletzt er damit das Vertrauen, das ihm der Ehepartner ent-
gegengebracht hat. Aus dem Wesen der ehelichen Lebensgemeinschaft folgt nicht,
dass ein Ehegatte jederzeit und nach freiem Belieben zur Befriedigung eigennütziger
Interessen Abhebungen in unbeschränkter Höhe vornehmen darf.[489]

Zu Recht hat das OLG Düsseldorf[490] in einem Fall, in dem der Ehemann das 395
Oder-Konto in Höhe von (umgerechnet) 70 000 € abgeräumt hatte, um seinen
Zugewinnausgleichsanspruch zu sichern, entschieden: *„Verfügt ein Ehegatte vor der
Trennung über das Gemeinschaftskonto in der Weise, dass er es praktisch aufhebt und
eine hohe Summe durch Überweisung auf ein allein seiner Verfügungsgewalt unter-
liegendes Konto der gemeinsamen Zugriffsmöglichkeit entzieht, so bleibt die Ausgleichspflicht gegenüber dem anderen Teil erhalten."*

Eine **rechtsmissbräuchliche Verfügung** über das gemeinschaftliche Konto liegt 396
somit vor, wenn ein Ehegatte die abgehobenen Beträge **nicht mehr familiären Zwecken zugute kommen lässt, sondern für sich allein verwendet.** Solche illoyalen
Abhebungen zeigen, dass die Ehe nur scheinbar „intakt" war.[491]

Zusammenfassend kann für Verfügungen über das Gemeinschaftskonto **während** 397
**des ehelichen Zusammenlebens** festgestellt werden:
- Nach der **gesetzlichen Regel** (§ 430 BGB) besteht bei Abhebungen, die über den
hälftigen Anteil hinausgehen, **grundsätzlich ein Ausgleichsanspruch.**
- **Während intakter Ehe** ist jedoch in der Mehrzahl der Fälle von einem **Verzicht
auf Ausgleich** auszugehen.

---

[486] BGH FamRZ 1990, 370; OLG Düsseldorf FamRZ 1999, 1504, 1505.
[487] OLG Zweibrücken, FamRZ 1991, 820, 821; OLG Karlsruhe FamRZ 1990, 629; OLG Hamm FamRZ 1990, 59.
[488] Wever Rn. 725; Münch FPR 2006, 481, 482.
[489] So OLG Düsseldorf FamRZ 1999, 1504, 1506; Staudinger/Noack § 430 Rn. 29.
[490] OLG Düsseldorf FamRZ 1999, 1504, 1506; ebenso auch OLG Zweibrücken FamRZ 1991, 820, 821.
[491] Münch FPR 2006, 481, 482; Büte FuR 2007, 455, 456.

- Die **Ausgleichspflicht** bleibt jedoch **bei missbräuchlichen Verfügungen** bestehen. Dies ist der Fall, wenn hohe abgehobene Beträge nicht mehr für die Familie, sondern nur für eigennützige Zwecke verwendet werden.

## III. Abhebungen nach der Trennung

398 Hebt ein Ehegatte **nach der endgültigen Trennung mehr als die Hälfte** vom Gemeinschaftskonto ab, besteht regelmäßig ein **Ausgleichsanspruch nach § 430 BGB.** In der bereits erwähnten Entscheidung vom 29. 11. 1989 hat der BGH[492] hierzu ausgeführt:

*„Dieser Auffassung liegt der Gedanke zugrunde, dass mit der Trennung der Ehegatten das besondere Vertrauensverhältnis, das Grundlage für die Errichtung des Gemeinschaftskontos war, in aller Regel entfällt und die Geschäftsgrundlage ausdrücklicher oder stillschweigender Vereinbarungen über das Innenverhältnis wegfällt, die der Verwirklichung der ehelichen Lebensgemeinschaft gedient haben. Das gilt nicht nur für solche Konten, mit denen Ausgaben für die Lebensführung der Ehegatten bestritten worden sind, sondern auch für reine Geschäftskonten. Denn die eheliche Lebensgemeinschaft macht auch die geschäftliche Betätigung des allein oder hauptsächlich erwerbstätigen Ehegatten zu einem gemeinsamen Anliegen; diese entfällt in aller Regel mit der Trennung.“*

399 Das auf dem Oder-Konto liegende Geld ist auch dann hälftig zu teilen, wenn es nur ein Ehegatte einbezahlt hat. Denn die Einrichtung eines Oder-Kontos soll regelmäßig zu einer angemessenen Beteiligung an dem „gemeinsam Erarbeiteten“ führen. Bei Gütertrennung wird die Eröffnung eines Gemeinschaftskontos sogar als bewusste Korrektur des gewählten Güterstandes angesehen.[493]

Als **Regel** ist somit festzuhalten: **Nach der Trennung steht das Guthaben auf dem Oder-Konto beiden Ehegatten je zur Hälfte zu.**

400 **Ausnahmsweise** kann „ein anderes bestimmt“ sein, wenn die Abhebung über den Hälftebetrag hinaus dem mutmaßlichen Willen des anderen Ehegatten entspricht. Dies kann – wie bei einem Einzelkonto – der Fall sein, wenn das Geld für den Unterhalt der restlichen Familienmitglieder verwendet wird.

401 Geht erst nach der Trennung der Eheleute Geld auf dem Gemeinschaftskonto ein, ist im Wege **ergänzender Vertragsauslegung** (§ 157 BGB) davon auszugehen, dass es dem Ehegatten zustehen soll, von dessen Schuldner es stammt.[494]

402 Bei Oder-Konten kann ein Inhaber durch einseitige Sperre die Verfügungsbefugnis des anderen in der Regel **nicht** einschränken, falls nicht in den Bankformularen ein einseitiges Widerrufsrecht eingeräumt ist.[495] Eine „Kontensperre“ – die Umwandlung eines Oder-Kontos in ein Und-Konto – ist daher nicht sicher. Vorsorglich sollte gegenüber der Bank erklärt werden, dass Überziehungen nicht mehr gestattet sind. Ein Ehegatte kann den ihm zustehenden Anteil nur durch sofortiges Abheben vor dem unberechtigten Zugriff des anderen schützen.[496]

---

[492] BGH FamRZ 1990, 370, 372.
[493] BGH FamRZ 1990, 370, 371.
[494] Scholz/Stein/Uecker C Rn. 43.
[495] BGH NJW 1991, 420; vgl. Staudinger/Langhein § 741 Rn. 94 ff.
[496] Münch FPR 2006, 481, 482.

## V. Beweislast

Nach § 430 BGB wird vermutet, dass das Guthaben auf einem Oder-Konto den 403
Ehegatten zu gleichen Anteilen zusteht. Verlangt ein Ehegatte nicht mehr als die Hälfte
des Guthabens, muss er nur darlegen und beweisen, dass der Ehepartner mehr als die
Hälfte abgehoben hat. Dieser müsste dann nachweisen, dass „ein anderes" bestimmt ist.

### Zusammenfassende Übersicht

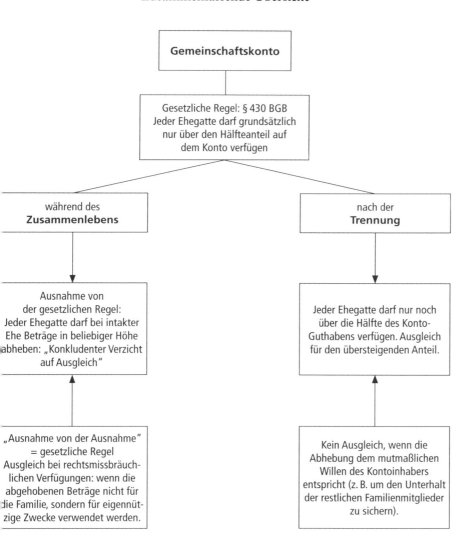

**Gemeinschaftskonto**

Gesetzliche Regel: § 430 BGB
Jeder Ehegatte darf grundsätzlich
nur über den Hälfteanteil auf
dem Konto verfügen

während des
**Zusammenlebens**

nach der
**Trennung**

Ausnahme von
der gesetzlichen Regel:
Jeder Ehegatte darf bei intakter
Ehe Beträge in beliebiger Höhe
abheben: „Konkludenter Verzicht
auf Ausgleich"

Jeder Ehegatte darf nur noch
über die Hälfte des Konto-
Guthabens verfügen. Ausgleich
für den übersteigenden Anteil.

„Ausnahme von der Ausnahme"
= gesetzliche Regel
Ausgleich bei rechtsmissbräuchlichen Verfügungen: wenn die
abgehobenen Beträge nicht für
die Familie, sondern für eigennützige Zwecke verwendet werden.

Kein Ausgleich, wenn die
Abhebung dem mutmaßlichen
Willen des Kontoinhabers
entspricht (z. B. um den Unterhalt
der restlichen Familienmitglieder
zu sichern).

# D. Errichtung eines Sparbuchs auf den Namen eines Dritten

404 | **Beispielsfall:**[497] Der Großvater hatte für seine neun und fünf Jahre alten Enkelkinder jeweils ein Sparbuch angelegt und auf jedes Konto 25 000 € einbezahlt. Die Sparbücher blieben in seinem Besitz. Vier Jahre später löste der Großvater die Sparkonten auf und behielt das Geld für sich.
Die Enkelkinder erfuhren von den auf sie angelegten Sparbüchern erst, als sie schon volljährig waren. Sie verklagten den Großvater auf Zahlung von je 25 000 €.

Das OLG Hamm hat als Berufungsgericht – wie schon früher das OLG Frank furt[498] – angenommen, Gläubiger der im Sparbuch verbrieften Forderungen sei aus schließlich der jeweilige Kontoinhaber. Der BGH[499] hat nunmehr anders entschieden „*Legt ein naher Angehöriger ein Sparbuch auf den Namen eines Kindes an, ohne da Sparbuch aus der Hand zu geben, so ist aus diesem Verhalten in der Regel zu schließen dass der Zuwendende sich die Verfügung über das Sparguthaben bis zu seinem Tod vorbehalten will. ... Die Einrichtung eines Sparkontos auf den Namen eines anderen lässt für sich allein noch nicht den Schluss auf einen Vertrag zugunsten Dritter zu Entscheidend ist vielmehr, wer gemäß der **Vereinbarung mit der Bank** oder Sparkass Kontoinhaber werden sollte Ein wesentliches Indiz kann dabei sein, wer das **Sparbuch in Besitz nimmt**, denn gemäß § 808 BGB wird die Sparkasse durch die Leistung a den Inhaber des Sparbuchs auf jeden Fall dem Berechtigten gegenüber frei.*"

405 Entscheidend ist somit, wer nach dem für die Bank erkennbaren Willen des ei Konto eröffnenden Kunden Gläubiger der Bank werden soll. Diese Absicht kan aus dem Kontoeröffnungsantrag erschlossen werden, aber auch aus dem Besitz de Sparbuchs und seiner späteren Verwendung. Im Streitfall empfiehlt es sich, zunächs den Kontoeröffnungsantrag bei der Bank einzusehen.

# E. Streit bei Bausparverträgen

406 In vielen Familien werden Sparguthaben mit Bausparverträgen angesammelt. Bau sparkonten können als Einzel- oder Gemeinschaftskonten geführt werden (vg Rn. 357 f, 388 f). Leistet ein Ehegatte auf das Einzelkonto des Ehepartners Einzah lungen, handelt es sich in der Regel um ehebezogene Zuwendungen, die bei Scheiter der Ehe zurückgefordert werden können (vgl. Rn. 189 f). Erbringen beide Ehegatte Einzahlungen auf ein Einzelkonto und besteht zwischen Einvernehmen, dass di Ersparnisse beiden zugute kommen sollen, kann eine **Bruchteilsgemeinschaft a den eingezahlten Beträgen** entstehen[500] (vgl. dazu Rn. 359).

407 Liegt ein **gemeinschaftliches Bausparkonto** vor, steht das Guthaben beim Schei tern die Ehe im Innenverhältnis den Ehegatten in der Regel je zur Hälfte zu unabhängig davon, wer das Geld eingezahlt hat.

---

[497] Nach BGH 2005, 510.
[498] OLG Frankfurt FamRZ 1986, 576.
[499] BGH FamRZ 2005, 510 m. Anm. Ewers FamRZ 2005, 967; ebenso OLG Mainz FamRZ 2009, 22 229.
[500] Vgl. BGH FamRZ 2000, 948, 949 und BGH FamRZ 2002, 1696, 1697.

# F. Aufteilung von Wertpapieren

## I. Grundsätze

Als Vermögen gibt es in vielen Familien auch Wertpapiere. Meist sind es Aktien **408** und Pfandbriefe. Bei diesen Wertpapieren handelt es sich um Inhaberpapiere, die nach **sachenrechtlichen Grundsätzen** übertragen werden.[501] Es muss also immer nach dem berechtigten Eigentümer gefragt werden.

Wertpapiere werden in der Regel bei einer Bank gekauft und dort verwahrt. Für **409** die Vermögensaufteilung sind **Wertpapierdepots** grundsätzlich nicht anders zu behandeln als Geldkonten. Besonderheiten ergeben sich nur dadurch, dass Wertpapiere Sachen sind und damit auch dem Sachenrecht unterliegen. Die gesetzliche Grundform der Verwahrung bildet die Sonderverwahrung nach § 2 DepG. Bei dieser Form der Verwahrung wird der Erwerber eines Wertpapiers auch Eigentümer, der Hinterleger behält sein Eigentum. Die Regel bildet jedoch die **Sammelverwahrung** nach § 5 bis 8 DepG. In diesem Fall erwirbt der Hinterleger einen entsprechenden Miteigentumsanteil an den zum Sammelbestand des Verwahrers gehörenden Wertpapieren derselben Art (§ 6 I 1 DepG). Nach dieser Bestimmung wird das Miteigentum nicht vom Hinterleger, sondern nur vom „bisherigen Eigentümer" erworben.

Dieser **Grundsatz der Rechtserhaltung**[502] ist von erheblicher Bedeutung. Nimmt **410** etwa ein Ehegatte dem anderen dessen Wertpapiere weg und gibt sie in einem neu auf seinen Namen angelegten Einzeldepot in Sammelverwahrung, verändert sich die Rechtsstellung des bisherigen Eigentümers nur durch die Umwandlung von Alleineigentum an den Einzelstücken in Miteigentum am Bestand der Bank. Der Geschädigte kann also ohne weiteres von der Bank entsprechende Papiere herausverlangen.

Besteht ein Wertpapierdepot, ist zu klären, in welcher Rechtsform es errichtet wurde. Es kann wie bei normalen Einlagenkonten ein **Einzel- oder Gemeinschaftsdepot** sein. Für das Einzeldepot und die dazu erteilten Vollmachten kann auf die Ausführungen zum Einzelkonto (Rn. 357 f) verwiesen werden. Auch bei Wertpapieren sind nach der endgültigen Trennung Verfügungen aufgrund einer vorher erteilten Vollmacht nur noch in ganz besonderen Fällen zulässig.

## II. Feststellung des Eigentümers

Beim **Einzeldepot** ergibt sich die dingliche Berechtigung an den verwahrten Wert- **411** papieren in der Regel aus der Inhaberschaft am Konto. Möglich kann allerdings auch sein, dass der Depotinhaber nur **Treuhänder** für den anderen Ehegatten ist.[503] Dann hat er gem. § 667 BGB die Wertpapiere herauszugeben, sofern das Treuhandverhältnis nachgewiesen wird. Dazu s. Rn. 494 f. Auch beim Wertpapierdepot kann – wie beim Sparkonto – eine **Bruchteilsgemeinschaft** (§ 741 BGB) entstehen (vgl. Rn. 359 f ).[504]

Beim **Gemeinschaftsdepot,** das in der Regel als Oder-Depot geführt wird, ist es **412** meist nicht einfach, die dingliche Berechtigung festzustellen. Der Bank gegenüber

---

1 Vgl. Palandt/Sprau vor § 793 Rn. 3, 6.
2 Staub/Canaris Rn. 2107; MK/Schmidt § 1008 Rn. 30; Wever Rn. 745; Münch FPR 2006, 481, 483.
3 Staub/Canaris Rn. 2099.
4 Staudinger/Langhein § 741 Rn. 39.

sind die Eheleute zwar hinsichtlich der Ansprüche aus dem Depotvertrag Gesamt-gläubiger nach § 428 BGB.[505] Bei Inhaberpapieren gibt es jedoch keine Gesamt-gläubigerschaft. Bei diesen folgt das Recht aus dem Papier dem Recht am Papier.[506] Maßgebend ist somit die dingliche Berechtigung, also die **Eigentumslage**. Über diese gibt die Errichtung eines Depots als Oder-Depot in der Regel keinen Auf-schluss.

**413**     Für die internen Eigentumsverhältnisse an den verwahrten Wertpapieren gibt e weder eine Miteigentumsvermutung wie bei den Haushaltsgegenständen nach § 1568 b II BGB, noch eine Halbteilungsregel wie bei gemeinsamen Forderunge nach § 430 BGB. Der BGH[507] hat dazu ausgeführt, mit der Einrichtung eine Gemeinschaftsdepots solle dem Nichteigentümer häufig nur ein **Verfügungsrech** eingeräumt werden; die Frage, wer Eigentümer der verwahrten Wertpapiere se werde davon nicht berührt. Für gleiche Anteile stelle § 1006 BGB eine Vermutun und § 742 BGB eine schwach ausgeprägte Auslegungsregel auf.

**414**     Damit ergibt sich die gleiche Situation wie beim Erwerb eines **Kraftfahrzeug** (vgl. Rn. 469). Es muss ermittelt werden, wer zum Zeitpunkt der Anschaffun Eigentümer werden sollte. Dies entscheidet sich auch hier nach den gemäß § 92 BGB abgegebenen Einigungserklärungen.[508] Für die Bank ist es gleichgültig, we Eigentümer wird. Sie übereignet „an den, den es angeht".[509] Entscheidend ist dahe die **Willensrichtung** desjenigen, der die Anschaffung vorgenommen hat. Ist di Willensrichtung nicht bekannt, muss sie durch Indizien erschlossen werden. An haltspunkte können sich aus der Beantwortung folgender Fragen ergeben:[510]

- Wer hat den Auftrag zur Anschaffung erteilt?
- Wer hat die Wertpapiere ausgesucht?
- Wer hat sie bezahlt?
- Woher kam das für den Kauf aufgewendete Geld?
- Welcher Zweck wurde mit der Anschaffung verfolgt?
- War der Zustand der Ehe vor der Anschaffung noch intakt?
- Waren die Eheleute in anderen Vermögensangelegenheiten eher auf Trennun bedacht oder war es eine Ehe mit vielen Gemeinsamkeiten?

**415**     Hat der Auftraggeber die Wertpapiere ausgesucht, von seinem Geld bezahlt un dabei vielleicht auch die Absicht verfolgt, einen späteren Erlös der Wertpapier ausschließlich für sich zu verwenden, ist anzunehmen, dass er trotz des Gemein schaftsdepots Alleineigentümer wurde. Häufig dienen die im Depot angesammelte Wertpapiere jedoch der **Vorsorge** für einen gemeinsamen Lebensabend. Es kann sic aber auch um eine vorübergehende Kapitalansammlung zum späteren Erwerb eine Familienheims oder einer gemeinsamen Ferienwohnung handeln. In diesen Fälle wird es gerechtfertigt sein, davon auszugehen, dass der Auftraggeber bei den vo ihm abgegebenen Einigungserklärungen im Rahmen einer verdeckten Stellvertre tung[511] Miteigentum für den anderen Ehegatten erwerben wollte.

---

[505] Staub/Canaris Rn. 2095.
[506] BGH FamRZ 1996, 607.
[507] BGH FamRZ 1997, 607; OLG Frankfurt 2004, 1034.
[508] BGH FamRZ 1997, 607; OLG Düsseldorf FamRZ 1998, 165, 160.
[509] Palandt/Bassenge § 929 Rn. 25.
[510] Vgl. auch Kogel, Strategien, Rn. 421; Wever Rn. 755.
[511] Palandt/Ellenberger § 164 Rn. 8.

Eine wichtige Rolle spielt in diesem Zusammenhang die **Beweislast**. Wer den   416
gesamten Bestand eines Oder-Depots veräußert, ist dem anderen Ehegatten in Höhe
der Hälfte des Erlöses ausgleichspflichtig, wenn er nicht darlegen und beweisen
kann, dass ihm mehr als die Hälfte zustehen soll.[512]

Besteht Miteigentum, geschieht die Aufteilung nach den Regeln für die Auflösung   417
von Miteigentum (Rn. 3, 6 f). Dabei ist nach § 742 BGB vom **Halbteilungsprinzip**
auszugehen, wenn sich keine Anhaltspunkte für eine abweichende Beteiligung ergeben. Diese Regelung gilt auch für die zu Hause verwahrten Wertpapiere, die im
Miteigentum stehen. Haben Eheleute bei der Heirat Wertpapiere in ein Gemein-
schafts-Depot eingebracht und den Bestand nicht verändert, verbleibt es bei der
ursprünglichen Eigentumslage.[513] Bei der Aufteilung stehen daher jedem die von ihm
eingebrachten Wertpapiere zu.

Nach OLG Düsseldorf[514] sind die vom BGH zur Ausgleichspflicht bei **Oder-**   418
**Konten** von Ehegatten entwickelten Grundsätze (vgl. Rn. 357 ff) auf ein Oder-
Depot anwendbar. Veräußert ein Ehegatte den gesamten Bestand eines Oder-Depots
und lässt er sich den Veräußerungserlös auszahlen, ist er dem anderen Ehegatten in
Höhe der Hälfte des Erlöses **ausgleichspflichtig**, sofern er nicht eine andere Gestaltung des Innenverhältnisses darlegt und beweist. Dies gilt auch, wenn ein Ehegatte
den Depotinhalt zu einer Zeit veräußerte, als die Eheleute sich zwar noch nicht
getrennt hatten, die Ehe aber nicht mehr intakt war.[515]

# 7. Abschnitt. Kapitalabfindung von Unterhaltsansprüchen

## A. Überblick

Nach § 1585 II BGB kann beim **nachehelichen Ehegattenunterhalt** ein unter-   419
haltsberechtigter Ehegatte statt laufender Zahlungen eine Abfindung in Kapital verlangen, wenn ein wichtiger Grund vorliegt und der Verpflichtete nicht unbillig
belastet wird. Ein wichtiger Grund ist vor allem dann zu sehen, wenn das Geld für
den Aufbau einer aussichtsreichen wirtschaftlichen Existenz benötigt wird. Eine
Abfindung kann nur der Unterhaltsberechtigte verlangen. Dieser Anspruch wird
allerdings selten prozessual geltend gemacht.

Häufig werden dagegen durch einen **gegenseitigen Vertrag** im Rahmen der unter-   420
haltsrechtlichen Vertragsfreiheit gemäß § 1585 c Satz 1 BGB Abfindungen für den
nachehelichen Unterhalt vereinbart. Nach § 1585 c Satz 2 und 3 BGB müssen **vor**
**der Rechtskraft der Scheidung** abgeschlossene Abfindungsvereinbarungen notariell
oder im Scheidungsverfahren gerichtlich beurkundet werden. Spätere Vereinbarungen sind formfrei. Soweit es sich um den gesetzlichen Unterhaltsanspruch handelt,

---

OLG Düsseldorf FamRZ 1998, 165.
OLG Hamm FamRZ 1990, 750.
OLG Düsseldorf FamRZ 1998, 165.
OLG Düsseldorf aaO.

ist gegen den vereinbarten Abfindungsbetrag **keine Aufrechnung und keine Pfän** **dung** möglich; § 394 Satz 1 BGB, § 850 b I Nr. 2 ZPO[516].

**421** Mit der Vereinbarung eines Abfindungsbetrages beabsichtigen die Parteien mei eine **restlose und endgültige Regelung** ihrer unterhaltsrechtlichen Beziehungen. W dies der Fall, liegt darin regelmäßig auch ein Ausschluss weiterer Ansprüche für nicl vorhersehbare Veränderungen. Die abschließende Wirkung auf Grund einer bloß Prognose ist dann wesentlicher Inhalt der vertraglichen Vereinbarung und nicht n dessen Geschäftsgrundlage[517]. Der Unterhaltsanspruch ist in diesen Fällen erloschen[5]

**422** Bei jedem Streit über den nachehelichen Unterhalt sollte über eine Kapitalabfi dung nachgedacht werden. Dies gilt vor allem dann, wenn Unterhalt nach § 1578 II BGB zeitlich begrenzt ist oder nur Aufstockungsunterhalt nach § 1573 II BG geschuldet wird. Ein Abfindungsvertrag bietet viele **Vorteile:**

- Die unterhaltsrechtlichen Beziehungen werden endgültig bereinigt,
- der Verpflichtete braucht in Zukunft keine Rechenschaft mehr über sein Einkon men abzulegen,
- der Berechtigte muss bei einer Arbeitsaufnahme oder Eheschließung nicht me mit nachteiligen unterhaltsrechtlichen Folgen rechnen. Er wird wieder frei in sein Lebensplanung,
- der Berechtigte wird vor einem Vermögensverfall des Verpflichteten und später Einkommensmanipulationen geschützt,
- der Berechtigte kann mit der Abfindung eine Ausbildung finanzieren, sich wir schaftlich selbständig machen, bei Miteigentum am gemeinsamen Familienwoh heim dem Expartner dessen Hälfteanteil abkaufen usw.

**423** Die **Höhe der Kapitalabfindung** richtet sich zunächst nach den **allgemein Regeln,** die für die Kapitalisierung von Unfallrenten entwickelt wurden[519]. Erforde lich sind insgesamt vier Schritte:

1. Schritt: Es wird streng nach den Regeln des Unterhaltsrechts die geschulde monatliche Unterhaltsrente berechnet.
2. Schritt: Es wird die Laufzeit der Unterhaltsrente bestimmt (Rn. 424).
3. Schritt: Es wird der Betrag ermittelt, der zur Sicherstellung der Unterhaltsren für die volle Laufzeit benötigt wird (Rn. 426).
4. Schritt: Der im dritten Schritt gefundene Betrag muss im Hinblick auf unterhal rechtliche Besonderheiten kritisch überprüft werden (Rn. 430)

## B. Berechnung der Laufzeit

**424** Wird die Unterhaltsrente **lebenslang** geschuldet, ist für die Laufzeit von d durchschnittlichen **Lebenserwartung** im Zeitpunkt der Kapitalisierung auszugeh Nach den Sterbetafeln 2006/2008 des Statistischen Bundesamtes vom 24. 9. 2009 sind für die Bundesrepublik Deutschland sind folgende Werte maßgeblich:

---

[516] BGH FamRZ 2002, 1179.
[517] BGH FamRZ 2005, 1662.
[518] Wendl/Pauling § 6 Rn. 614.
[519] JH/Büttner § 1585 Rn. 11.
[520] Veröffentlicht im Internet unter www.destatis.de.

| Alter in Jahren | Sterbetafel | |
|---|---|---|
| | Männlich | Weiblich |
| 25 | 52,91 | 57,92 |
| 30 | 48,06 | 52,99 |
| 35 | 43,23 | 48,07 |
| 40 | 38,44 | 43,20 |
| 45 | 33,76 | 38,40 |
| 50 | 29,27 | 33,71 |
| 55 | 24,99 | 29,15 |
| 60 | 20,93 | 24,71 |
| 65 | 17,11 | 20,41 |
| 70 | 13,54 | 16,25 |

Wird der Unterhalt nicht lebenslang geschuldet, ist die Dauer in jedem Einzelfall **425** konkret festzulegen. Ist der Unterhaltsanspruch etwa nach § 1578 b II BGB zeitlich begrenzt, richtet sich die Laufzeit nach der vorgenommenen Begrenzung. Bezieht ein Ehegatte Betreuungsunterhalt nach § 1570 BGB, ist vorweg zu klären, für welchen Zeitraum die Unterhaltsberechtigung noch andauern kann. Hat ein älterer Unterhaltsberechtigter Anspruch auf Aufstockungsunterhalt nach § 1573 II BGB, steht aber bereits fest, dass der Unterhaltsanspruch mit dem Beginn der Altersversorgung endet, ist die Laufzeit die Dauer bis zum Beginn der Altersversorgung. Beabsichtigt der Unterhaltsberechtigte zu heiraten, ist die Zeit bis zur Eheschließung maßgeblich.

## C. Berechnung des Barwerts

Sind die Rentenhöhe und die Laufzeit bekannt, ist der **Betrag** zu ermitteln, der **426** erforderlich ist, um die Zahlung der Unterhaltsrente in der gesamten Laufzeit sicherzustellen. In die hier vorzunehmende Berechnung werden auch die **Kapitalzinsen** angesetzt. Es muss daher überlegt werden, von welchem Kapitalisierungszinssatz ausgegangen werden soll. Wird ein hoher Zinssatz angenommen, wird nur wenig Kapital benötigt, bei einem niedrigen Zinssatz muss entsprechend mehr Kapital zur Verfügung gestellt werden. Als Richtschnur bietet sich die Rendite festverzinslicher Wertpapiere an.[521]

Wegen der laufenden Veränderungen dieser Rendite ist auf einen langfristig erziel- **427** baren Durchschnittswert abzustellen. Nach Ansicht des BGH[522] ist ein Zinssatz von 5% anzuwenden, weil es sich um einen langjährigen Durchschnitt handelt. Der Richter hat insoweit keinen Ermessensspielraum. Es wird daher empfohlen, mit den in der Anlage 1 zu § 20 der am 1. 7. 2010 in Kraft getretenen Immobilienwertermittlungsverordnung[523] aufgeführten Werten zu rechnen[524]. Die Jahresrente ist danach mit dem für die jeweilige Laufzeit angegebenen Wert von je einem Euro zu vervielfachen.

---

Schneider VersR 1981, 493, 496.
BGH FamRZ 2004, 527; s.auch Kogel FamRZ 2006, 451, 452.
BGBl. 2010 I S. 639.
So auch Wendl/Pauling § 6 Rn. 618 mit weiteren Hinweisen in Rn. 619 und JH/Büttner § 1585 Rn. 11 zu der vorher maßgeblichen Anlage 9 a zu § 13 des Bewertungsgesetzes.

428    Die Werte der Anlage 1 zu § 20 der Immobilienwertermittlungsverordnung be
einem Kapitalisierungszinssatz von 5,5%:

| Laufzeit in Jahren | Wert von 1 € | Laufzeit in Jahren | Wert von 1 € |
|---|---|---|---|
| 1 | 0,95 | 21 | 12,28 |
| 2 | 1,85 | 22 | 12,58 |
| 3 | 2,70 | 23 | 12,88 |
| 4 | 3,51 | 24 | 13,15 |
| 5 | 4,27 | 25 | 13,41 |
| 6 | 5,00 | 26 | 13,66 |
| 7 | 5,68 | 27 | 13,90 |
| 8 | 6,33 | 28 | 14,12 |
| 9 | 6,95 | 29 | 14,33 |
| 10 | 7,54 | 30 | 14,53 |
| 11 | 8,09 | 31 | 14,72 |
| 12 | 8,62 | 32 | 14,90 |
| 13 | 9,12 | 33 | 15,08 |
| 14 | 9,59 | 34 | 15,24 |
| 15 | 10,04 | 35 | 15,39 |
| 16 | 10,46 | 36 | 15,54 |
| 17 | 10,86 | 37 | 15,67 |
| 18 | 11,25 | 38 | 15,80 |
| 19 | 11,61 | 39 | 15,93 |
| 20 | 11,95 | 40 | 16,05 |

429 | **Beispiel:** Für eine Laufzeit von acht Jahren wird eine monatliche Unterhalts
rente von € 1500 geschuldet. Dafür ergibt sich ein Barwert von 1500 € x12 =
18 000 € (Jahresrente) x 6,33 (Wertfaktor aus oben stehender Tabelle) =
113 940 €.

Die Werte der Anlage 1 zu § 20 der Immobilienwertermittlungsverordnung geb
zwar nur den Kapitalwert einer wiederkehrenden zeitlich beschränkten Nutzu
oder Leistung an und berücksichtigen nicht das **Vorversterbensrisiko.**[525] Dara
kann es aber nicht entscheidend ankommen, denn dieser Gesichtspunkt kann ga
individuell im Rahmen der zusätzlich zu berücksichtigenden unterhaltsrechtlich
Faktoren (Rn. 430) gewertet werden.

## D. Zusätzliche unterhaltsrechtliche Faktoren

430    Der im vorangegangenen Abschnitt gefundene Betrag ist nicht endgültig.
müssen zusätzlich noch alle **unterhaltsrechtlichen Gesichtspunkte** geprüft werd
die für eine Änderung oder den Wegfall der Unterhaltsrente während der Laufz
von Bedeutung sein können[526]. Dazu gehören insbesondere

---

[525] Vgl. Wendl/Pauling § 6 Rn. 617, 618.
[526] JH/Büttner § 1585 Rn. 11, Wendl/Pauling § 6 Rn. 616.

- Erhöhung der Leistungsfähigkeit durch steigendes Einkommen,
- Abnahme der Bedürftigkeit durch weitere Einkünfte,
- Anpassung der Unterhaltsrente an **verminderte Kaufkraft,**
- verminderte Leistungsfähigkeit durch **zusätzliche Unterhaltsbelastungen,**
- Wegfall des Unterhaltsanspruches durch eine **neue Eheschließung.**
- Wegfall des Unterhaltsanspruchs durch **vorzeitigen Tod** des Berechtigten.

Feste Regeln zur Berücksichtigung dieser Umstände kann es nicht geben, weil es **431** immer auf den Einzelfall ankommt. Jedenfalls bei langen Laufzeiten einer Unterhaltsrente ergeben sich in der Regel deutliche Reduzierungen des Kapitalbetrages. Die Erhöhung der Leistungsfähigkeit des Verpflichteten findet ihre Grenze beim Maßstab der ehelichen Lebensverhältnisse, während gestiegene Einkünfte des Berechtigten auf den Unterhaltsanspruch anzurechnen sind und meist auch den Kaufkraftverlust ausgleichen. In der Mehrzahl der Fälle werden sich diese Umstände daher gegenseitig ausgleichen.

Die übrigen Gesichtspunkte wirken sich meist zum Nachteil des Berechtigten aus. **432** Von besonderem Gewicht ist die Frage, mit welcher Wahrscheinlichkeit er eine neue Ehe eingehen wird. Bei jüngeren Geschiedenen geschieht dies häufig. In der Praxis wird diesem Umstand häufig dadurch Rechnung getragen, dass auch bei sonst langfristigen Unterhaltsverpflichtungen nur eine **Laufzeit von etwa sieben Jahren** angenommen wird. Genauso gut kann aber auch der regulär berechnete Endbetrag pauschal um die die Hälfte oder ein Drittel gekürzt werden. Bei der Frage nach dem Vorversterben kommt es auf eine vorsichtige Einschätzung des Gesundheitszustandes an.

## . Keine Abänderungsmöglichkeit

Die Abfindung führt zum endgültigen Verlust des Unterhaltsanspruchs. Spätere **433** Veränderungen sind unbeachtlich, weil der Unterhaltsanspruch mit der Vereinbarung einer Unterhaltsabfindung erlischt.[527] Der Berechtigte hat danach nur noch en Zahlungsanspruch aus dem Abfindungsvertrag.[528] Es gibt **keine Änderungsmöglichkeiten** nach § 239 FamFG oder nach den Grundsätzen vom Wegfall der Geschäftsgrundlage (§ 313 BGB), weil die Endgültigkeit der Abfindung zum wesentlichen Vertragsinhalt geworden ist[529]. Verschlechtert sich die wirtschaftliche Situation des Berechtigten, lebt sein Unterhaltsanspruch nicht mehr auf. Der Verpflichtete kann nichts zurückfordern, wenn sich seine Leistungsfähigkeit später wider erwarten verschlechtert[530] oder wenn der Berechtigte während der zugrunde gelegten Laufzeit heiratet oder stirbt.

Mit Rücksicht auf das Ehegattensplitting nach § 10 I 1 EStG wird häufig **Raten- 434 hlung** über mehrere Jahre hinweg vereinbart. Auch dies ändert nichts an dem schließenden Charakter einer Abfindungsvereinbarung. Soweit keine arglistigen uschungshandlungen vorliegen, schadet es daher nicht, wenn der Unterhaltsrechtigte nach Vertragsabschluss bevor die letzte Rate bezahlt ist, heiratet, eine

---

JH/Büttner § 1585 Rn. 10, 12; Wendl/Pauling § 6 Rn. 614.
JH/Büttner § 1585 Rn. 12.
BGH FamRZ 2005, 1662; MK/Maurer§ 1585 Rn. 14.
Soergel/Häberle § 1585 Rn. 13.

gutbezahlte Arbeit aufnimmt oder stirbt. In der bereits erwähnten BGH-Entsche dung heißt es dazu in den Leitsätzen ausdrücklich:[531]

*„1. Wenn die Parteien eines Unterhaltsvergleichs mit der Vereinbarung ein Abfindungsbetrages eine abschließende Regelung treffen wollten, ist der Fortbestan der unterhaltsrelevanten Umstände nicht Geschäftsgrundlage dieser Vereinbarung.*

*2. Bei dieser Vereinbarung bleibt es folglich auch dann, wenn der Abfindung betrag in Raten gezahlt werden sollte und die Unterhaltsberechtigte vor der Fälli keit der letzten Rate neu heiratet."*

435   Im Fall eines vorzeitigen Todes der Unterhaltsberechtigten fallen noch offer Raten in den Nachlass und sind an die Erben des Berechtigten auszuzahlen[532].

436   Diese Grundsätze werden nur in engen Ausnahmefällen durchbrochen. Bei ein Abfindungsregelung durch **Urteil** kommt ein Anspruch auf Schadensersatz nac § 826 BGB in Betracht, wenn der Berechtigte das Urteil erschlichen hat.[533] Hat b einer **Vereinbarung** der Berechtigte die Abfindungsregelung durch Verschweige einer unmittelbar bevorstehenden Eheschließung erschlichen, kann eine Anfechtu wegen arglistiger Täuschung nach § 123 I BGB erfolgen.

# 8. Abschnitt. Weitere Ansprüche

## A. Schadensersatzansprüche

### I. Überblick

437   Die Ehe schließt das Entstehen von gegenseitigen Schadensersatzansprüchen, etv aus der Verletzung vertraglicher Pflichten oder unerlaubter Handlung, nicht grun sätzlich aus. Das können Schäden aus unberechtigten Geldabhebungen, Verkehrsunfä len, Sachbeschädigungen, Körperverletzungen und so weiter sein. Die in § 207 I 1 BC angeordnete Verjährungshemmung bewirkt sogar einen besonderen Bestandsschutz.

438   Allerdings ist der Umfang der Sorgfaltspflichten nach § 1359 BGB ermäßig Ferner führt die aus § 1353 BGB abgeleitete Pflicht zur gegenseitigen Rücksicl nahme im Einzelfall dazu, dass der Geschädigte seinen Anspruch nur zum Teil od ausnahmsweise auch gar nicht geltend machen kann.

439   Schadensersatzansprüche unter Eheleuten gehören zu den „sonstigen Anspr chen" im Sinn von § 266 I Nr. 3 FamFG, sodass insoweit die Familiengerich zuständig sind.

### II. Ermäßigter Haftungsmaßstab

440   **Beispielsfall 1:**[534] F wohnt nach der Trennung mit den gemeinsamen Kindern ir Haus des M. Nach der Scheidung zieht F mit den Kindern in eine ander Wohnung und gibt M das Haus zurück. M stellt fest, dass das Haus ziemlicl heruntergekommen ist und verlangt Schadensersatz.

---

531 BGH FamRZ 2005, 1662.
532 Wendl/Pauling § 6 Rn. 614.
533 JH/Büttner § 1585 Rn. 12 am Ende.
534 Nach OLG Stuttgart FamRZ 1983, 68.

Das OLG Stuttgart[535] führte dazu aus, dass die Ehefrau nach §§ 1359, 277 BGB
ur für grobe Fahrlässigkeit hafte. Wörtlich heißt es:

*„Der behauptete Zustand der Nadelfilzteppiche und das Aussehen der Küchen-*
*richtung sprechen dafür, dass die Beklagte ihre Wohnung nicht mit der landes-*
*lichen Sorgfalt geputzt und gepflegt hat. Da sie einen Haushalt mit fünf Kindern*
*versorgen hatte, kann ihr daraus jedenfalls nicht der Vorwurf grober Fahrlässig-*
*it gemacht werden. Die Beklagte hat hier die Sorgfalt walten lassen, die sie in*
*enen Angelegenheiten anwendet, und ist deshalb von der Haftung nach den*
*§ 1359, 277 BGB frei.“*

Der ermäßigte Haftungsmaßstab nach §§ 1359, 277 BGB gilt nur **für die Zeit der**   441
ie und auch in dieser Zeit nur „bei der Erfüllung der sich aus dem ehelichen
rhältnis ergebenden Verpflichtungen“. Wer seinen Ehepartner unter Verstoß ge-
n die **Regeln des Straßenverkehrs** verletzt oder beschädigt, haftet uneinge-
ränkt[536], also auch für einfache Fahrlässigkeit. Diese enge Auslegung beruht da-
uf, dass sich die Verpflichtungen aus der Straßenverkehrsordnung nicht aus „dem
elichen Verhältnis“ ergeben, sondern dem Schutz der Allgemeinheit dienen. Bei
häden, die **nach der Scheidung** eintreten, wird auch für einfache Fahrlässigkeit
haftet.

## Pflicht zur Rücksichtnahme

> **eispielsfall 2:**[537] F fährt den Kraftwagen von M schuldhaft zu Schrott. Zur   442
> chadenswiedergutmachung veranlasst sie ihren Vater, M für die Anschaffung
> ines neuen Wagens ein günstiges Darlehen zu geben. Nach dem Scheitern der
> he beerbt F ihren Vater, kündigt das Darlehen und verlangt sofortige Rück-
> ahlung. M rechnet mit der Ersatzforderung wegen des zerstörten Fahrzeuges
> uf.

Vorweg hat der BGH[538] festgestellt, dass F auch gegen die Vorschriften der
aßenverkehrsordnung verstoßen hat und deshalb uneingeschränkt haftet. Der
satzanspruch kann jedoch nur im Rahmen der nach § 1353 BGB bestehenden
icht zur gegenseitigen Rücksichtnahme geltend gemacht werden. Wörtlich führt
BGH aus:

*„Vom Bestehen des Ersatzanspruches ist die Frage zu unterscheiden, ob der Ehe-*
*te, dem die Forderung zusteht, sie uneingeschränkt geltend machen darf. Weil*
*egatten einander zur ehelichen Lebensgemeinschaft verpflichtet sind (§ 1353 I 2*
*;B) und sich gegenseitig Schutz und Fürsorge schulden, kann der Geschädigte im*
*zelfall aufgrund besonderer Umstände gehalten sein, einen Ersatzanspruch nur*
*'weise oder gar nicht geltend zu machen. Der BGH hat eine solche Verpflichtung*
*m Stillhalten erwogen, solange sich der schuldige Ehegatte im Rahmen seiner*
*rtschaftlichen Möglichkeiten in einer der ehelichen Gemeinschaft angepassten Wei-*
*um einen – anderweitigen – Ausgleich des Schadens bemüht.“*

---

OLG Stuttgart FamRZ 1983, 68.
BGH FamRZ 1988, 476, 477; Palandt/Brudermüller § 1359 Rn. 2.
Nach BGH FamRZ 1988, 476.
BGH aaO.

**443**     Mit der Darlehensvermittlung hatte F auch nach Auffassung des BGH zwar f einen genügenden Schadensausgleich gesorgt. Da aber keine an sich nach § 249 BG geschuldete Naturalrestitution vorlag, blieb der Ersatzanspruch bestehen. Die „a gemessene Schadenslinderung" kann nur dazu führen, dass der **Ersatzanspru nicht geltend gemacht werden kann.** Durch das Scheitern der Ehe ändert sich die Rechtslage nicht. Auch wenn der Schadensersatzanspruch noch besteht, kann er na der Trennung nicht geltend gemacht werden, wenn ausreichende Linderungsbem hungen erfolgt waren.

**444**     Der BGH[539] führt dazu aus: „Es müsste auf Unverständnis stoßen, wenn e Ehegatte alle Ersatzansprüche, die er gegen den anderen wegen verschuldeter Sch denszufügung im Lauf der Ehe erworben hat und deren Verjährung während d Bestehens der Ehe ... gehemmt ist, ohne Rücksicht auf die früher unternommen Anstrengungen zur gemeinsamen Überwindung des Schadens allein deshalb sol uneingeschränkt durchsetzen können, weil es später zur Trennung gekommen od die Ehe gescheitert ist."

**445**     Im vorliegenden Fall hat der BGH jedoch M einen Schadensersatzanspruch d wegen zugebilligt, weil F ihre Hilfsmaßnahmen nicht hat „fortwirken lassen", so dern das Darlehen gekündigt hat. Dadurch hat sie M in die alte Notlage „zurüc versetzt" und muss nunmehr uneingeschränkten Schadensersatz leisten.

**446**     Bei schuldhaften Schadenszufügungen kommt es somit zunächst darauf an, ob d Schaden bei der Trennung schon endgültig behoben war. Hat der Schuldner Nat ralrestitution im Sinn von § 249 BGB geleistet, ist der Ersatzanspruch erloschen. H sich der ersatzpflichtige Ehegatte in einer ihm zumutbaren Weise an der Schade behebung beteiligt, darf der Ersatzberechtigte seinen Anspruch auch nach der Tre nung nicht mehr geltend machen. Der Ersatzanspruch gilt dann als erlassen.[540] W der Schaden bei der Trennung noch nicht behoben und fehlen Wiedergutmachung bemühungen oder werden sie eingestellt oder sogar rückgängig gemacht, kann d Geschädigte seine Ersatzansprüche ungehindert verfolgen.

**447**     Lebten die Eheleute schon **vor dem schadenstiftenden Ereignis getrennt,** lass sich aus § 1353 BGB keine Bedenken gegen die Erhebung der Ersatzforderung herl ten.[541]

## IV. Einzelfälle von Schadensersatzansprüchen

Typisch für eine gescheiterte Ehe sind folgende Ersatzansprüche:

### ▶ Anschwärzen beim Arbeitgeber oder Finanzamt

**448**     Die rechtliche Situation ist ähnlich wie beim Unterhaltsausschluss gemäß § 15 Nr. 5 BGB.[542] Auch außerhalb des Unterhaltsrechts darf sich ein Ehegatte nicht m willig über schwerwiegende Vermögensinteressen des anderen hinwegsetzen. D Pflicht zur gegenseitigen Rücksichtnahme nach § 1353 BGB verlangt einen hohen Gr an gegenseitiger Diskretion. Ein Ehegatte darf auch nach gescheiterter Ehe sein Ehepartner z. B. nicht dadurch Schaden zufügen, dass er ihn bei seinem Arbeitgeb

---

[539] BGH aaO.
[540] BGH aaO.
[541] BGH aaO.
[542] S. dazu Wendl/Gerhardt § 4 Rn. 709 f.

gen einer unzulässigen Nebentätigkeit anschwärzt.[543] Anzeigen bei einer Behörde
d nur dann hinzunehmen, wenn übergeordnete Interessen des Anzeigenden oder
r Allgemeinheit dies rechtfertigen können. Beruht die Anzeige auf wahren Tatsachen,
ein Mitverschulden des geschädigten Ehepartners zu berücksichtigen.[544]

### Ausnützung eines unrichtig gewordenen Unterhaltstitels

Wird ein zunächst richtiger Unterhaltstitel wegen erheblich veränderter Einkom-   **449**
ensverhältnisse des Berechtigten unrichtig, kann die weitere Vollstreckung zu
em Schadensersatzanspruch nach § 826 BGB führen. Allein die vorsätzliche Aus-
tzung des als unrichtig erkannten Titels rechtfertigt noch nicht die Anwendung
s § 826 BGB. Sittenwidrig im Sinne dieser Vorschrift ist das – für sich bereits
stößige – Verhalten erst dann, wenn besondere Umstände hinzukommen, nach
nen es in hohem Maße unbillig und geradezu unerträglich wäre, die Ausnutzung
zulassen. Nur in einem solchen Fall muss der Grundsatz der Rechtskraft zurück-
ten[545]. Vorsätzliches sittenwidriges Verhalten setzt in einem solchen Fall voraus,
ss eine Pflicht zur ungefragten Information bestand. Dazu sagt der BGH[546]:
„Die Pflicht zur unverlangten Information des anderen Teiles besteht... nicht
reits dann, wenn eine i. S. des § 323 I ZPO wesentliche Änderung der Einkom-
ns- und Vermögensverhältnisse eingetreten ist.... Die Pflicht muß... auf Ausnah-
fälle beschränkt bleiben, in denen das Schweigen über eine günstige, für den
terhaltsanspruch ersichtlich grundlegende Änderung der wirtschaftlichen Verhält-
se evident unredlich erscheint. Das kann... angenommen werden, wenn der
terhaltsschuldner aufgrund vorangegangenen Tuns des Unterhaltsgläubigers sowie
ch der Lebenserfahrung keine Veranlassung hatte, sich des Fortbestandes der
spruchsbegründenden Umstände durch ein Auskunftsverlangen zu vergewissern,
r Unterhaltsgläubiger sodann trotz einer für den Schuldner nicht erkennbaren
ränderung in seinen wirtschaftlichen Verhältnissen, die den materiell-rechtlichen
terhaltsanspruch ersichtlich erlöschen lässt, eine festgesetzte Unterhaltsrente weiter
gegennimmt und dadurch den Irrtum befördert, in seinen Verhältnissen habe sich
vartungsgemäß nichts geändert.“
In dem dieser Entscheidung zugrundeliegenden Fall hatte sich eine 54-jährige Frau
ter Berufung auf Erwerbsunfähigkeit eine zeitlich unbeschränkte Unterhaltsrente
tritten, aber nach zwei Jahren eine gut bezahlte Arbeit aufgenommen und gleich-
hl den Unterhalt entgegengenommen. Nach dem vom BGH bestätigten Urteil
s OLG musste die Frau den zu Unrecht bezogenen Unterhalt gemäß § 826 BGB
rückzahlen.[547] Der geschädigte Unterhaltsschuldner kann auch auf Unterlassung
r Zwangsvollstreckung und Herausgabe des Titels klagen[548].

### Betrug in Unterhaltssachen

In erbittert geführten Unterhaltsprozessen kommt es nicht selten zu falschen   **450**
gaben des **Berechtigten** über seine Bedürftigkeit. Daraus kann sich ein Schadens-

---

FamRZ OLG Nürnberg 1996, 32.
OLG Nürnberg aaO.
BGH FamRZ 1986, 450.
BGH FamRZ 1986, 450, 453.
Weitere Beispiele s. Wever Rn. 871.
Wever Rn. 873.

ersatzanspruch nach § 823 II BGB i. V. mit § 263 StGB ergeben, wenn Einkü oder Einkommensveränderungen verschwiegen wurden. Der BGH[549] hat dazu geführt:

„*Wer einen Unterhaltsanspruch geltend macht, hat die der Begründung des spruchs dienenden tatsächlichen Umstände wahrheitsgemäß anzugeben und nichts verschweigen, was seine Unterhaltsbedürftigkeit in Frage stellen könnte. gilt mit Rücksicht auf die nach § 138 I ZPO bestehende prozessuale Wahrheitspfl erst recht während eines laufenden Rechtsstreits*".

Ändern sich im Lauf des gerichtlichen Verfahrens die maßgeblichen Verhältni ist dies ungefragt anzuzeigen.[550] Das Verschweigen wird vom BGH[551] als Täusch **durch positives Tun** gewertet, nämlich durch „Entstellen des zur Beurteilung Unterhaltsbedürftigkeit maßgebenden Gesamtsachverhalts". Betrug kann auch d gegeben sein, wenn ein titulierter Unterhalt entgegengenommen wird, obwohl Pflicht zu ungefragter Information[552] bestand, die zu einer Unterhaltsreduzier geführt hätte.[553] Bei **Vergleichen** besteht eine besondere Offenbarungspflicht. Berechtigte muss jederzeit unaufgefordert und sofort dem Verpflichteten alle L stände offenbaren, „die ersichtlich dessen Verpflichtung aus dem Vertrag ber ren".[554] Wer dagegen verstößt, setzt sich dem Vorwurf des Betrugs aus.

Aber auch beim **Verpflichteten** kann sich ein Schadensersatzanspruch we Betrugs ergeben, wenn es ihm gelungen war, durch falsche Angaben über s Leistungsfähigkeit eine vollständige oder jedenfalls teilweise Klageabweisung erreichen.[555]

Zu ersetzen ist die **Differenz** zwischen dem gezahlten und dem an sich geschuld Unterhalt. Gegen eine an sich unpfändbare Unterhaltsforderung kann mit einer S densersatzforderung aus einer im Rahmen des Unterhaltsverhältnisses begange vorsätzlichen unerlaubten Handlung **aufgerechnet** werden, da in einem solchen dem Aufrechnungsverbot des § 394 BGB der Einwand der Arglist entgegensteh Dem Unterhaltsberechtigten muss jedoch das Existenzminimum verbleiben.[557]

### ▶ Ehebruch

**451**    Schadensersatz wegen Rechtsfolgen, die ihre Ursache in einer **sexuellen Untr** haben, kann vom anderen Ehegatten nicht verlangt werden. Das gilt selbst in Fällen, in denen der Ehemann wegen der Ehelichkeitsvermutung des § 1591 B für nichteheliche Kinder Unterhalt leisten musste, die aus einem Ehebruch stamm Die Rechtsprechung lehnt derartige Ansprüche ab, weil dieser Bereich der Ehe rungen nicht dem deliktischen Rechtsgüterschutz zuzuordnen ist. Es handelt hier um „*rechtsfreie innereheliche Vorgänge, die in den Schutzzweck der deliktisc Haftungstatbestände nicht einbezogen sind*".[558]

---

[549] BGH FamRZ 1983, 68.
[550] BGH FamRZ 1983, 68.
[551] BGH FamRZ 1983, 68.
[552] S. dazu näher Wendl/Dose § 1 Rn. 696 f.
[553] Wendl/Gerhardt § 6 Rn. 230 am Ende.
[554] BGH FamRZ 1997, 483.
[555] Wever Rn. 866.
[556] BGH FamRZ 1993, 1186.
[557] BGH aaO.
[558] BGH FamRZ 1972, 33, 34.

Etwas anderes gilt nur, wenn **weitere** schädigende Verletzungshandlungen hintreten.[559] Das LG Baden-Baden[560] hat eine Ehefrau zum Schadensersatz nach § 826 GB verpflichtet, die ihren Mann durch **Leugnen des Ehebruches** von der Erhebung r Ehelichkeitsanfechtungsklage abgehalten hatte. Die Frau musste nach der späten Durchführung des Anfechtungsprozesses den in 18 Jahren geleisteten Unterhalt rückzahlen. Die Schadenshöhe wurde nach dem Regelunterhalt bemessen. Verlasst eine Frau ihren Lebensgefährten zur Abgabe eines Vaterschaftsanerkenntsses durch die wahrheitswidrige Behauptung, **keine weiteren Sexualkontakte** gebt zu haben, liegt eine bedingt vorsätzliche Schädigung i. S. des § 826 BGB vor.[561] Schadensersatz gibt es auch bei der Schädigung der Gesundheit des anderen negatten durch eine Ansteckung als Folge eines begangenen Ehebruchs.[562] Wird einem Ehegatten, der heimlich außereheliche Beziehungen unterhält, im rtrauen auf den Fortbestand der Ehe etwas zugewendet, begründet dies außer der nfechtungsmöglichkeit nach § 123 BGB sowohl einen Schadensersatzanspruch ch § 826 BGB als auch einen Anspruch wegen Verschuldens beim Vertragsschluss.[563]

## Haushaltsschäden

Schadensersatz nach § 823 I BGB kann auch wegen der **Zerstörung oder Beisei-** **452** **schaffung** von Haushaltsgegenständen verlangt werden.[564] Dabei ist allerdings zu ären, ob Alleineigentum oder nur Miteigentum nach §§ 1361 a II, 1568 b II BGB rlag. Bei Miteigentum ist nur der halbe Wert zu ersetzen. Für die Bemessung des hadensersatzanspruchs sind die Wertverhältnisse bei Schluss der mündlichen Verndlung der Tatsacheninstanz maßgebend[565].

## Kindesentführungen

Zu den absoluten Rechten i. S. von § 823 I BGB gehört auch die elterliche Sorge[566]. **453** i **Kindesentführungen** haftet daher der Elternteil, der das Kind entführt hat, für e entstandenen Rückführungskosten nach §§ 823 I, 249 f BGB einschließlich von forderlichen Detektivkosten.[567] Bevor eine selbständige Klage auf Kostenersatz hoben wird, ist zu prüfen, ob die Kosten nicht schon als Vollstreckungskosten des erausgabebeschlusses **prozessual** zu erstatten sind[568].

## Kindesunterschiebung

Eine Schadensersatzpflicht besteht nach § 823 II BGB i. V. m. § 263 StGB, wenn **454** ne Ehefrau **vor der Eheschließung** dem Mann vorgespiegelt hat, dass nur er als ter des von ihr erwarteten Kindes in Betracht komme.[569]

---

Palandt/Sprau § 823 Rn. 17/18.
LG Baden-Baden FamRZ 1992, 557; im Ergebnis ebenso LG Paderborn FamRZ 1998, 1425.
LG Paderborn FamRZ 1998, 1425.
BGH FamRZ 1990, 367, 369.
BGH FamRZ 1997, 153.
Wever Rn. 830; KG FamRZ 1992, 1429 für das insoweit gleiche Recht der früheren DDR.
KG FamRZ 1992, 1429.
Palandt/Sprau § 823 Rn. 17/18.
BGH FamRZ 1990, 966.
Vgl. Wever Rn. 838.
BGH FamRZ 1981, 531.

▶ **Kontoverfügungen**

455    Wer beim Einzelkonto mit Vollmacht für den Ehepartner seine Verfügungsbefug
nis überschreitet, insbesondere nach der Trennung noch unberechtigt Geld abheb
schuldet Schadensersatz (vgl. Rn. 377, 386). Wer beim Oderkonto nach der Tren
nung mehr als die Hälfte abhebt, schuldet ebenfalls Schadensersatz (vgl. Rn. 398).

▶ **Körperverletzung**

456    Jede Verletzung der körperlichen oder gesundheitlichen Integrität eines Ehegatte
kann zu einem Schadensersatzanspruch nach § 823 I BGB führen. Zu beachten i
aber der niedrigere Haftungsmaßstab (Rn. 440) und die Pflicht zur Rücksichtnahn
(Rn. 442). Bei fahrlässigem Handeln dürften daher Ersatzansprüche kaum in B
tracht kommen. Anders ist es dagegen bei vorsätzlichen Misshandlungen oder Ve
gewaltigungen. In diesen Fällen kann auch Schmerzensgeld in Betracht kommen. E
Anspruch besteht auch bei Ansteckungen mit einer durch Ehebruch erworben«
Krankheit[570].

▶ **Schmerzensgeld**

457    Schmerzensgeld nach § 253 II BGB kann unter Ehegatten ebenfalls geschuld
sein. Auch hier sind aber der ermäßigte Haftungsmaßstab (Rn. 441) und die Pflic
zur Rücksichtnahme (Rn. 442) zu beachten. Bei der Höhe ist daher insbesondere d
Leistungsfähigkeit des Schuldners zu beachten.

▶ **Stalking**

458    Schäden, die durch unbefugtes beharrliches Nachstellen i. S. von § 238 StG
ausgelöst worden sind, können nach § 823 II BGB ersetzt werden. § 238 StGB zäh
zu den Schutzgesetzen i. S. dieser Vorschrift[571]. Dazu können die Kosten ein
Umzugs, eines vorübergehenden Hotelaufenthalts, einer „Fangschaltung" oder ne
er Telefon- und e-mail-Anschlüsse gehören[572].

▶ **Umgangsrechtsverletzungen**

459    Nach vorherrschender Meinung gehört das Umgangsrecht zu den „sonstige
Rechten" i. S. von § 823 I BGB[573]. Damit kann diese Bestimmung zur Anspruch
grundlage für Schadensersatzansprüche bei schuldhaften Verletzungen des Un
gangsrechts dienen. Der BGH[574] hat die Frage, ob das Umgangsrecht ein „sonstig
Recht" ist, dessen Verletzung Schadensersatz nach § 823 I BGB begründen kan
offen gelassen. Jedoch kann eine Verletzung der Pflicht, bei der Gewährung d
Umgangs auf die Vermögensbelange des Umgangsberechtigten Bedacht zu nehme
zu einer Schadensersatzpflicht führen. So hat der BGH[575] festgestellt: *„Der umgang*
*berechtigte Elternteil kann vom anderen Elternteil Schadensersatz verlangen, wen*

---

[570] Wever Rn. 828 unter Bezug auf BGH FamRZ 1990, 367, 369.
[571] Palandt/Sprau § 823 Rn. 69.
[572] Löhning FamRZ 2007, 518, 521.
[573] OLG Frankfurt NJW-RR 2005, 1339; Palandt/Sprau § 823 Rn. 17; JH/Jäger § 1684 Rn. 8; Ba
berger/Roth/Veith § 1384 Rn. 4; Staudinger/Rauschberg § 1384 Rn. 25.
[574] BGH FamRZ 2002, 1099.
[575] BGH FamRZ 2002, 1099 (Leitsatz).

*ihm dieser den Umgang nicht in der vom Familiengericht vorgesehenen Art und Weise gewährt und ihm daraus Mehraufwendungen entsteghen.* "

Missachtet der zur Gewährung Verpflichtete eine gerichtliche Umgangsregelung, liegt stets eine **schuldhafte** Pflichtverletzung vor. Hält er die gerichtliche Regelung nicht mehr mit dem Kindeswohl vereinbar, muss er eine gerichtliche Abänderung anstreben.[576] Ersatzpflichtig können vor allem die Aufwendungen für eine Ferienunterkunft sein[577] und nutzlos gewordene Aufwendungen an Reisekosten und Flugtickets.[578] Kann angenommen werden, dass ein gebuchter Urlaub auch für den Umgangsberechtigten und seine neue Familie sinnvoll gewesen wäre, können nicht die gesamten Stornierungskosten verlangt werden.[579] Ein Schmerzensgeld kann nicht verlangt werden, weil es insoweit an den besonderen Voraussetzungen des § 253 II BGB fehlt.[580]

Übt der **Umgangsberechtigte** das gerichtlich geregelte Umgangsrecht schuldhaft nicht aus, schuldet er seinerseits Schadensersatz für dadurch nutzlos gewordene Aufwendungen des zur Gewährung Verpflichteten[581], z. B. wenn er eine gebuchte Reise nicht antreten kann. Noch nicht geklärt ist die Frage, ob diese Grundsätze auch bei einem **nur vertraglich** festgelegten Umgangsrecht gelten. Wird die Umgangsregelung als Schuldverhältnis i. S. von § 280 I BGB geregelt, kommen Ansprüche auf Schadensersatz durchaus in Betracht[582]. Nach § 156 II FamFG kann eine Vereinbarung der Eltern über das Umgangsrecht als „gerichtlich gebilligter Vergleich" behandelt werden, wenn sie dem Kindeswohl nicht widerspricht.

### ▶ Vergewaltigungen

Bei **gewaltsam erzwungenem Geschlechtsverkehr** während der Trennungszeit    460
wird Schmerzensgeld geschuldet.[583] In der Zeit vor der Trennung dürfte dies auch dann der Fall sein, wenn die Vergewaltigung zu einer Körperverletzung oder Gesundheitsbeschädigung geführt hat.

### ▶ Verkehrsunfälle

In Betracht kommen Ersatz für Körperschäden, Sachschäden und Schmerzens-    461
geld. Bereits oben (Rn. 441) wurde ausgeführte, dass der ermäßigte Haftungsmaßstab des § 1359 BGB bei Verkehrsunfällen nicht gilt. Zu berücksichtigen ist jedoch u. U. die sich aus § 1353 BGB ergebende Stillhalteverpflichtung (s. Rn. 442). Auf den Zweck der Fahrt kommt es nicht an[584].

### ▶ Veruntreuungen

Hat ein Ehegatte die **Verwaltung seines Vermögens** dem anderen Ehegatten    462
überlassen, kommen bei Veruntreuungen Ansprüche aus § 823 BGB in Betracht, deren Voraussetzungen der Vermögensinhaber nachzuweisen hat. Im Übrigen bestehen Ersatzansprüche nur, soweit ein förmlicher Verwaltervertrag vorlag (Rn. 485).

---

[576] BGH aaO S. 1100.
[577] OLG Karlsruhe FamRZ 2002, 1056, AG Essen FamRZ 2008, 717.
[578] BGH FamRZ 2002, 1099.
[579] OLG Frankfurt NJW-RR 2005, 1339: nur 50%.
[580] AG Essen, FamRZ 2008, 717.
[581] Palandt/Diederichsen § 1684 Rn. 47, Wever Rn. 846.
[582] Näher dazu Wever Rn. 845.
[583] OLG Schleswig FamRZ 1993, 548.
[584] BGH FamRZ 1974, 641 f.

▶ **Vollmachtmissbrauch**

**463**  Wer nach der Trennung mit einer noch nicht widerrufenen Vollmacht vom Konto seines Ehepartners gegen dessen mutmaßlichen Willen **Geld abhebt,** schuldet Schadensersatz (vgl. Rn. 377, 386).

▶ **Vorenthaltung von Beihilfe und Versicherungsleistungen**

**464**  Unterhaltspflichtige Angehörige des öffentlichen Dienstes kassieren nicht selten über die Beihilfe und/oder die Krankenversicherung Geldbeträge für Arzt- und Heilmittelkosten, ohne das Geld den Unterhaltsberechtigten, bei denen diese Kosten angefallen sind, weiterzugeben. Dazu sind sie jedoch unterhaltsrechtlich verpflichtet.[585] Wer gegen diese Pflicht verstößt, macht sich schadensersatzpflichtig[586]. Ein Anspruch des Unterhaltsberechtigten auf Freistellung von den Kosten der behandelnden Ärzte besteht jedoch nicht.[587] Ein Ehegatte kann aber von seinem getrennt lebenden beihilfeberechtigten Ehegatten verlangen, dass dieser die Zustimmung zu selbständigen und **direkten Korrespondenz** mit dem Träger der Beihilfe und der privaten Krankenversicherung erteilt.[588]

▶ **Zustimmungsverweigerung in Steuerangelegenheiten**

**465**  Die verweigerte Zustimmung zu einer **gemeinsamen** Steuererklärung (Kap. Rn. 18 f) oder zum Realsplitting (Kap. 6 Rn. 21) kann Schadensersatzansprüche auslösen[589].

## V. Kein Schadensersatz bei Beendigung der Mitarbeit

**466**  Stellt ein Ehegatte seine Mitarbeit im Betrieb des anderen ein, weil er wegen der zur Vorbereitung der Scheidung herbeigeführten Trennung dazu nicht mehr in der Lage ist, muss der andere Ehegatte das hinnehmen.[590] In diesen Fällen gibt es keinen Schadensersatz (vgl. Rn. 286).

## VI. Beweislast

**467**  Der Verletzte trägt grundsätzlich die volle Beweislast für seinen Anspruch. muss also den objektiven Tatbestand, Verschulden, den eingetretenen Schaden und die Ursächlichkeit darlegen und beweisen.[591] Wer sich demgegenüber auf eine Haftungsprivilegierung beruft, muss beweisen, dass er sich in eigenen Angelegenheiten nicht anders verhält wie bei dem schädigenden Ereignis.[592] Das Fehlen der Rechtswidrigkeit hat der Schädiger zu beweisen.[593]

---

[585] OLG Düsseldorf FamRZ 1991, 437.
[586] AG Charlottenburg FamRZ 1993, 714.
[587] OLG Düsseldorf FamRZ 91, 437 gegen OLG Hamm FamRZ 87, 1142, 1143.
[588] AG Karlsruhe FamRZ 1997, 941; AG Freiburg FamRZ 1993, 1443.
[589] Palandt/Brudermüller § 1353 Rn. 15.
[590] BGH FamRZ 1986, 40, 42.
[591] Palandt/Sprau § 823 Rn. 80 f.
[592] Palandt/Brudermüller § 1359 Rn. 6.
[593] Palandt/Sprau § 823 Rn. 80.

## Streitigkeiten wegen der Kraftfahrzeuge

Bei Kraftfahrzeugen gibt es im Zusammenhang mit der Scheidung fünf Problem- **468**
der:
Wer ist Eigentümer?
Gehört das Fahrzeug zu den Haushaltsgegenständen?
Wie ist das Fahrzeug zu bewerten?
Was soll mit dem Fahrzeug geschehen?
Wem steht in Zukunft der Schadenfreiheitsrabatt zu?
Zu gegenseitigen Ersatzansprüchen der Eheleute wegen Fahrzeugschäden
Rn. 442, 461.

## Wer ist Eigentümer?

War ein Ehegatte bei **Heirat** schon Eigentümer des Fahrzeugs, bleibt er grund- **469**
zlich **Alleineigentümer.** Kommt der Ehepartner jedoch für sämtliche Kosten des
hrzeugs auf, kann der übereinstimmende Wille der Eheleute dahin gehen, dass der
sherige Nichteigentümer **Miteigentümer** werden soll.

Wurde das Fahrzeug **während des Zusammenlebens** angeschafft, ist es manchmal **470**
hwierig, den Eigentümer festzustellen. Alleineigentümer ist nicht schon der Ehe-
tte, der im Kaufvertrag als Käufer bezeichnet ist. Ebensowenig ist die Eintragung
Halter im Kfz ein Beweis für Alleineigentum.[594] Eingetragen wird im Brief nicht
r Eigentümer, sondern der „Verfügungsberechtigte", der die Zulassung beantragt
d erhalten hat. Die Eintragung im Kfz-Brief ist daher nur ein **Indiz,** welchem
egatten das Eigentum am PKW zuzuordnen ist. Entscheidend sind die im Zusam-
enhang mit dem Erwerb gemäß § 929 BGB abgegebenen Einigungserklärungen[595].
kommt also darauf an, ob beide Partner beim Kauf Eigentümer werden sollten
er nur einer.

**Anhaltspunkte** zur Bestimmung der Eigentumslage können sich aus der Beant- **471**
ortung folgender Fragen ergeben:[596]
Wer war im Kaufvertrag, im Kfz-Brief und im Kfz-Schein eingetragen?
Wer hat den Wagen ausgesucht?
War hat das Fahrzeug und die laufenden Kosten bezahlt?
Wer hat einen Führerschein und saß regelmäßig am Steuer?
Von wem und zu welchen Zwecken wurde das Fahrzeug genutzt?
Wer kümmerte sich um Pflege und Wartung?
War die Lebensgemeinschaft zur Zeit des Erwerbs stabil?

Kann sich jeder Ehegatte auf Indizien berufen, die für ihn günstig sind, kann in **472**
r Regel **Miteigentum** angenommen werden. Bei gemeinsamer Nutzung spricht
ch die Eigentumsvermutung des § 1006 BGB für Miteigentum.[597] Gehörte ein

BGH FamRZ 2004, 1016; 1018; OLG Köln FamRZ 2002, 322, 323; OLG Hamburg FamRZ 1990,
1188: MK/Wellenhofer § 1568 b Rn. 26; Palandt/Brudermüller § 1568 b Rn. 6; Staudinger/Lang-
hein § 741 Rn. 32; Wönne FPR 2009, 293, 295.
Vgl. BGH FamRZ 1991, 923, 924.
Vgl. Kogel, Strategien, Rn. 701; FamRB 2007, 215.
OLG Köln FamRZ 2002, 322, 323; Palandt/Bassenge § 1006 Rn. 1.

während der Ehe angeschafftes Fahrzeug zu den Haushaltsgegenständen, gilt d**
**Miteigentumsvermutung** des § 1568 b II BGB (Kap. 4 Rn. 164).

473     Gibt es nur ein Fahrzeug in der Familie, wird man als Regelfall davon ausgeh€
können, dass die Eheleute **Miteigentümer** sind. War das Fahrzeug allerdings steue
rechtlich dem Betrieb des Ehemannes zugeordnet (Übernahme der laufenden Kost€
durch den Betrieb), spricht dies für sein **Alleineigentum**.[598] Hat jeder Ehegatte ein€
eigenen Pkw, den nur er selbst fährt, spricht viel für Alleineigentum des jeweilig€
Nutzers.[599] Ein **Zweitwagen,** der von beiden Ehepartnern gefahren wird, kann ab
auch wieder im Miteigentum stehen. Die Eigentumslage ist in jedem Einzelfall n
Hilfe der oben stehenden Kriterien zu klären.

## II. Handelt es sich um einen Haushaltsgegenstand?

474     Steht fest, wer Fahrzeugeigentümer ist, muss geklärt werden, ob das Fahrze₁
zu den Haushaltsgegenständen gehört. Denn nur in diesem Fall sind die §§ 1361
1568 b BGB für die Zuteilung maßgeblich. Bei Fahrzeugen, die keine Haushalt
gegenstände sind, kommen bei Alleineigentum § 985 BGB und BGB bei Miteige₁
tum § 753 zur Anwendung. Die Frage, ob ein Haushaltsgegenstand vorliegt od
nicht, braucht nur dann nicht geklärt zu werden, wenn Alleineigentum vorlie
und nur für die Zeit nach der Scheidung eine Lösung gesucht wird. Denn nac
§ 1568 b BGB darf Alleineigentum eines Ehegatten im Gegensatz zu frühere
Recht dem anderen nicht mehr zugeteilt werden.[600] Möglich ist nach § 1361 I
BGB nur noch eine vorübergehende Gebrauchsüberlassung für die Trennungsze
(Kap. 4 Rn. 148).

475     Nach bisher herrschender Meinung[601] gehörte ein Pkw nur dann zu den Hau
haltsgegenständen, wenn er nach der gemeinsamen Zweckbestimmung der Ehegatt€
vorzugsweise für private Zwecke der ganzen Familie, insbesondere zur Betreuur
gemeinsamer Kinder, zum Schulbesuch, zum Einkaufen, zu Wochenend- und Fer
enfahrten, benutzt worden war (vgl. Kap. 4 Rn. 131).

476     Nach neuerer im Vordringen begriffener und richtiger Ansicht[602] ist ein Pkw ab
auch bei nur **gelegentlicher** familiärer Nutzung als Haushaltsgegenstand einzuor€
nen, wenn die Eheleute nur **einen Wagen** haben (vgl. Kap. 4 Rn. 132). Damit wi₁
nicht nur die Auseinandersetzung erheblich erleichtert, das Fahrzeug kommt auch
den Schutzbereich des § 1369 BGB.

477     Anders ist es nur, wenn jeder Ehegatte einen eigenen Pkw hat, den nur er selb
fährt. In diesem Fall zählen beide Fahrzeuge **nicht** zu den Haushaltsgegenstä₁

---

[598] LG Konstanz FamFG 1997, 89; Schröder/Bergschneider/Wever Rn. 5.25.
[599] BGH FamRZ 1991, 43, 49; MK/Weber-Moneke § 1361 a Rn. 6; JH/Götz § 1361 a Rn. 10.
[600] Palandt/Brudermüller § 1568 b Rn. 2.
[601] BGH FamRZ 1992, 538; 1991, 43, 49; 1983, 794; OLG Zweibrücken FamRZ 2005, 902; OL
   Frankfurt FamRZ 2004, 1105; OLG Köln FamRZ 2002, 322, 323; OLG Karlsruhe FamRZ 200
   760; OLG Oldenburg FamRZ 1997, 942 (Ls.); OLG Düsseldorf FamRZ 1992, 60; 1992, 144
   OLG Zweibrücken FamRZ 1991, 848; OLG Stuttgart FamRZ 1996, 172; BayObLG FamRZ 198
   1057, 1058; 1982, 399; MK/Wellenhofer § 1568 b Rn. 5.
[602] OLG Düsseldorf FamRZ 2007, 1325, 1326; KG FamRZ 2003, 1927 m. zust. Anm. Wever; OL
   Koblenz FamRB 2006, 102 (Neumann); OLG Naumburg FamRZ 2004, 889, 890; Palandt/Brude
   müller § 1361 a Rn. 5; JH/Götz § 1361 a Rn. 10; MK/Weber-Moneke § 1361 a Rn. 6; Staudinge
   Voppel § 1361 a Rn. 13; Wever FamRZ 2008, 1485; Kogel, Strategien, Rn. 698; FamRB 2007, 215

den.[603] Sie unterliegen dann dem Zugewinnausgleich. Ein **Zweitwagen** ist dagegen ein Haushaltsgegenstand, wenn er von beiden Ehepartnern gefahren wird (vgl. Kap. 4 Rn. 133).

## III. Wie ist das Fahrzeug zu bewerten?

Der Wert richtet sich in der Regel nach den **Wiederbeschaffungskosten** eines   478
gleichwertigen gebrauchten Fahrzeugs.[604] Wie bei einer Lebensversicherung nicht auf den Rückkaufswert abzustellen ist, wenn sie fortgeführt wird, so ist auch hier der „Behaltenswert" der wahre wirtschaftliche Wert. Näher dazu Kap. 1 Rn. 286.

## IV. Was soll mit dem Fahrzeug geschehen?

1. Steht der Kraftwagen im Alleineigentum eines Ehegatten und ist er auch **kein**   479
**Haushaltsgegenstand,** kann ihn der Eigentümer nach § 985 BGB herausverlangen. Beim Zugewinnausgleich gehört er mit seinem Wert zu den Aktiva des Endvermögens.

2. Steht der Kraftwagen im Alleineigentum eines Ehegatten, wird er aber als   480
**Haushaltsgegenstand** bewertet, kann ihn der Eigentümer nach § 1361 a I 1 BGB herausverlangen. In Ausnahmefällen muss er das Fahrzeug jedoch gemäß § 1361 a I 1 BGB dem Nichteigentümer überlassen, jedoch nur während der **Trennungszeit** (s. das Beispiel in Kap. 4 Rn. 148). Nach Eintritt der Rechtskraft der Scheidung kann der Eigentümer das Fahrzeug nach § 985 BGB zurückfordern. Denn nach § 1568 b BGB darf eine Zuteilung an den Nichteigentümer nicht erfolgen.[605] Beim Zugewinnausgleich gehört der Kraftwagen mit seinem Wert zu den Aktiva des Endvermögens.

3. Steht der Kraftwagen im Miteigentum beider Ehegatten, gehört er aber nicht zu   481
den Haushaltsgegenständen, richtet sich die Auseinandersetzung ausschließlich nach § 753 BGB. Der Wagen muss im Streitfall versteigert werden, der Erlös wird geteilt (näher dazu Rn. 10 f). Beim Zugewinnausgleich wird sein Wert bei beiden Ehegatten je zur Hälfte berücksichtigt (Kap. 1 Rn. 333).

4. Steht der Kraftwagen im Miteigentum beider Ehegatten und zählt er als Haus-   482
haltsgegenstand, richtet sich die Auseinandersetzung für die Trennungszeit nach § 1361 a BGB (Kap. 4 Rn. 129 f) und für die Zeit nach der Scheidung gemäß § 1568 b I BGB (Kap 4 Rn. 160 f). Nach § 1568 b III BGB kann es eine Ausgleichszahlung geben. Beim Zugewinnausgleich wird der Wert bei beiden Ehegatten nicht berücksichtigt (Kap. 1 Rn. 273).

---

[603] BGH FamRZ 1991, 43, 49; MK/Weber-Moneke § 1361 a Rn. 6; JH/Götz § 1361 a Rn. 10.
[604] JH/Jaeger, § 1376 Rn. 8; Soergel/Lange § 1376 Rn. 11; FA-FamR/von Heintschel-Heinegg Kap. 9 Rn. 128 a; Schnitzler/Boden/Cremer/MAH § 18 Rn. 151; FamGb/Baumeister § 1376 Rn. 56; **a. A.** Börger/Engelsing § 2 Rn. 319.
[605] Palandt/Brudermüller § 1568 b Rn. 2.

## V. Wem steht in Zukunft der Schadenfreiheitsrabatt zu?

483

> **Beispielsfall:**[606] Die Eheleute F und M hatten während der Ehe zwei Kraftfahrzeuge, die beide auf den Namen von M versichert waren. Bei Trennung der Eheleute musste M für beide Fahrzeuge unter Berücksichtigung des bisherigen Schadenverlaufs nur einen ermäßigten Versicherungsbeitrag in Höhe von 40% bezahlen. F behielt den von ihr gefahrenen Pkw.
> Drei Monate nach der Trennung kündigte M die Versicherung für dieses Fahrzeug. F schloss für den Pkw eine eigene Versicherung ab, bei der der Versicherungsbeitrag 125% betrug. Den Schadensfreiheitsrabatt für den von F gefahrenen Pkw nutzte M in der Weise, dass er ein weiteres Fahrzeug auf sich zuließ, aber seinem Sohn zur Verfügung stellte.

F hat gegen M einen Anspruch auf Übertragung des Schadensfreiheitsrabatts gemäß § 1353 I 2 BGB (Pflicht zur Rücksichtnahme auf die Vermögensinteressen des Ehepartners). Der Pkw wurde während des ehelichen Zusammenlebens ganz überwiegend von F gefahren. Lediglich wegen der günstigeren Bedingungen war er auf den Namen des Ehemannes versichert. Der Schadensfreiheitsrabatt steht, wenn die Ehe scheitert, dem Ehegatten zu, dem das Fahrzeug im Lauf der Ehe **„zugeordnet"** war.[607]

Bei der Bestimmung, ob ein Kraftfahrzeug einem Ehegatten „zugeordnet" ist, ist zu unterscheiden:

- Waren zwei Fahrzeuge vorhanden, steht der Schadensfreiheitsrabatt dem Ehegatten zu, der einen Wagen ganz überwiegend allein gefahren hat. Der Pkw bleibt diesem Ehegatten zugeordnet, auch wenn ihn der Ehepartner hin und wieder mitbenutzt hat.[608]
- Gab es nur ein Fahrzeug, ist Voraussetzung für die Zuordnung, dass der Nicht-Versicherungsnehmer den Wagen ausschließlich gefahren hat.

484 Bei dem Anspruch auf Übertragung des Schadensfreiheitsrabatts nach § 1353 I 2 BGB handelt es sich um einen „aus der Ehe herrührenden Anspruch", der zu den „sonstigen Familiensachen" gemäß §§ 111 Nr. 10, 266 I Nr. 2 FamFG zählt.[609]

## C. Ansprüche aus Vermögensverwaltung

### I. Ersatz für fehlendes Vermögen

485 Jeder Ehegatte kann dem anderen sein Vermögen zur Verwaltung überlassen. Dies geschieht durch einen schuldrechtlichen Vertrag, der auch durch schlüssiges Verhalten zustande kommen kann, falls auf beiden Seiten ein entsprechender **Rechtsbindungswille**[610] vorhanden ist. Ein Widerruf der Überlassung ist jederzeit möglich.[611] Eine besondere Form für den Widerruf wird nicht verlangt. Nach § 1413 BGB kann die Möglichkeit zum Widerruf nur durch einen förmlichen Ehevertrag eingeschränkt

---

[606] Nach LG Freiburg FamRZ 1991, 1447.

[607] LG Freiburg FamRZ 1991, 1447; 2007, 146; AG Euskirchen FamRZ 1999, 380.

[608] LG Freiburg FamRZ 1991, 1447.

[609] AG Olpe 2010, 919; Keidel/Weber § 266 FamFG Rn. 9.

[610] BGH FamRZ 1986, 558, bestätigt in FamRZ 2001, 23 und FamRZ 2002, 1696; Palandt/Brudermüller § 1413 Rn. 2.

[611] Palandt/Brudermüller § 1413 Rn. 7; Wever Rn. 937.

der ausgeschlossen werden. Aber auch in diesem Fall ist ein Widerruf aus wichtigem Grund möglich (§ 1413 Hs. 2 BGB). Fehlen am Ende der Vermögensverwaltung Teile des Vermögens, kann es schwierig werden, Ersatzansprüche durchzusetzen.

> **Beispielsfall:**[612] Ehemann M war Zahnarzt. Ehefrau F führte die Buchhaltung und machte alle Abrechnungen. Für die Konten von M hatte sie Generalvollmacht. Im letzten Jahr des Zusammenlebens hatte F von den Konten (umgerechnet) 40 000 € abgehoben. M ging davon aus, dass F für die Praxis und den Haushalt nur 10 000 € aufgewendet habe und verlangte von ihr die übrigen 30 000 €. F behauptete, sie habe alles für den Haushalt und die Praxis ausgegeben und bestritt eine Veruntreuung, konnte aber die ordnungsgemäße Verwendung des Geldes nicht mehr nachweisen.

**486**

Das OLG Frankfurt als Vorinstanz war davon ausgegangen, dass das abgehobene Geld nach § 667 BGB herauszugeben sei, soweit kein Verwendungsnachweis vorliege. Der BGH[613] verneinte Ansprüche aus Auftragsrecht und führte dazu aus:

*„Das Gesetz geht in § 1413 BGB von der Möglichkeit aus, dass ein Ehegatte dem anderen sein Vermögen der Verwaltung des anderen Ehegatten überlässt. Weder hier noch an anderer Stelle regelt es die Frage, unter welchen Voraussetzungen eine solche Vermögensverwaltung anzunehmen ist; § 1413 BGB enthält nur Bestimmungen über Einschränkungen des Widerrufsrechts. Die Überlassung der Vermögensverwaltung setzt einen (schuldrechtlichen) Vertrag voraus, der zwar auch durch schlüssiges Handeln zustande kommen kann, stets aber **den Rechtsbindungswillen** beider Ehegatten erfordert.*

*Im Hinblick auf die bei einer Vermögensverwaltung entstehenden Pflichten des verwaltenden Ehegatten zur Befolgung von Weisungen, Auskunft und Rechenschaft, Herausgabe von Einkünften und Haftung auf Schadensersatz bei Verstößen gegen Grundsätze der ordnungsgemäßen Verwaltung dürfen an die Feststellung eines Verwaltungsvertrages **keine geringen Anforderungen** gestellt werden. ... Ebenso wenig reicht es aus, wenn ein Ehegatte im Rahmen der ehelichen Lebensgemeinschaft aus Gefälligkeit gegenüber dem anderen, oder weil dieser sich um die finanziellen Angelegenheiten nicht kümmert, dessen Vermögensangelegenheit miterledigt.“*

Nach dieser einschränkenden Rechtsprechung wird in der Regel **kein Rechtsbindungswille** festzustellen sein, so dass auch kein förmlicher Verwaltervertrag mit rechtsgeschäftlichen Haftungstatbeständen angenommen werden kann. Der BGH hat daher zu Recht das Urteil des OLG Frankfurt aufgehoben. Es kommen nur Schadensersatzpflichten aus **unerlaubter Handlung** (Diebstahl, Unterschlagung, Veruntreuung) in Betracht, deren Voraussetzungen aber **der Anspruchsteller** darlegen und notfalls beweisen muss.

**487**

Der Bundesgerichtshof[614] sagt dazu:

**488**

*„Eheleute müssen während des Zusammenlebens Ausgaben nicht mit der gleichen Genauigkeit abrechnen, wie Vertragspartner, die nicht in **ehelicher Lebensgemein-***

---

[612] Nach BGH FamRZ 1986, 558.

[613] BGH FamRZ 1986, 558, 559, zuletzt bestätigt in FamRZ 2009, 1044, 1046.

[614] BGH FamRZ 1986, 558, 560.

*schaft verbunden sind.* Verschwenderische oder unbelegte Ausgaben durch den wirtschaftenden Ehegatten können den anderen zwar veranlassen, Bankvollmachten zu
entziehen oder vorzeitigen Zugewinnausgleich zu verlangen (§ 1386 BGB); sie werden möglicherweise auch Auswirkungen auf die weitere Gestaltung oder sogar auf
die Fortsetzung der ehelichen Lebensgemeinschaft haben. Sie begründen jedoch
keinen eigenständigen familienrechtlichen Ausgleichsanspruch auf Rückzahlung. Die
Regelung des § 667 BGB ist auf die Verwendung von Mitteln zur Wirtschaftsführung
in einer ehelichen Gemeinschaft weder unmittelbar noch entsprechend anwendbar.
Auch soweit aufgrund der ehelichen Lebensgemeinschaft eine Obliegenheit besteht,
den anderen Ehegatten über die Verwendung des Familieneinkommens wenigstens in
groben Zügen zu unterrichten, führt deren Verletzung weder zu einem Zahlungsanspruch des anderen noch zu einer Umkehr der Darlegungs- und Beweislast für die
Voraussetzungen eines deliktischen Ersatzanspruchs.“*

**489**     Selbst die **Verletzung von Auskunftspflichten** kann also nicht dazu führen, dass
der Verwalter Vermögen ersetzen muss, dessen Verwendung unklar geblieben ist. In
einer späteren Entscheidung bestätigte der BGH[615] diese Grundsätze und betonte
dabei, dem wirtschaftenden Teil dürfe nicht einseitig das Risiko auferlegt werden,
dass er im Nachhinein Ausgaben nicht mehr mit der gleichen Genauigkeit belegen
könne, wie das in Rechtsverhältnissen „ohne besondere Inanspruchnahme von per-
sonalem Vertrauen“ erforderlich sei.

**490**     Auch die Erteilung einer förmlichen **Vollmacht** führt nicht ohne weiteres zur
Annahme eines Verwaltervertrages. Dazu führt der BGH[616] aus:

*„Die dem Beklagten von der Klägerin erteilte Vollmacht begründet nur Dritten
gegenüber eine Vertretungsmacht, lässt aber – für sich genommen – keine verläss-
lichen Schlüsse auf einen im Verhältnis der Parteien zueinander bestehenden Rechtsbindungswillen zu.“*

**491**     Zu einer salomonischen Lösung kam der BGH[617] in einem Fall, in dem Jahr-
zehntelang alle Einkünfte des Ehemannes auf ein Girokonto der Ehefrau überwiesen
wurden. Am Ende der Ehe befand sich ein nicht verbrauchter Betrag von
440 000 DM auf Sparkonten der Ehefrau. Auch hier verneinte der BGH einen
förmlichen Verwaltervertrag, ging aber davon aus, dass an den Sparkonten eine
versteckte Bruchteilsgemeinschaft zu je ½ bestand (s. Rn. 361).

**492**     Liegt ausnahmsweise ein **förmlicher Verwaltervertrag** vor, handelt es sich um
einen unentgeltlichen Auftrag nach §§ 662 ff BGB oder – falls ein Entgelt vereinbart
ist – um einen Geschäftsbesorgungsvertrag nach § 675 BGB. Für einen bindenden
Vertrag spricht es, wenn der Arbeitsaufwand sehr hoch ist, die Art der Verwaltung
schriftlich festgehalten und eine Vergütung vereinbart wird[618]. Der Verwalter ist
dann zur Rechenschaft nach §§ 666, 675, 259 BGB verpflichtet. **Überschüsse** aus der
Verwaltung sind nach § 667 BGB herauszugeben, falls nichts anderes vereinbart ist.
Hinsichtlich der bestimmungsgemäßen Verwendung der ausgegebenen Gelder trifft
den Verwalter die volle Darlegungs- und Beweislast.[619] Die Haftung des Verwalters

---

[615] BGH FamRZ 1988, 42.
[616] BGH FamRZ 2001, 23, 24.
[617] BGH FamRZ 2002, 1696.
[618] BGH FamRZ 2009, 1044, 1046.
[619] OLG Köln FamRZ 1999, 298; das Urteil enthält allerdings keine Ausführungen dazu, ob ei
     Rechtsbindungswille vorlag.

eschränkt sich jedoch auf die **eigenübliche Sorgfalt** nach § 1359 BGB. Eine **Ent-**
**lastung** des verwaltenden Ehegatten gilt als negatives Schuldanerkenntnis im Sinn
von § 397 II BGB.[620]

## . Auskunft

Wer im Rahmen der ehelichen Lebensgemeinschaft dem Partner alle finanziellen    **493**
Angelegenheiten überlässt, ohne mit ihm einen förmlichen Verwaltungsvertrag abzu-
schließen, kann während der Ehe gemäß § 1353 BGB eine Unterrichtung „in groben
Zügen" verlangen.[621] Für die Zeit nach der Scheidung ergibt sich diese Möglichkeit
aus den Nachwirkungen der Ehe.[622] War ein förmlicher Verwaltervertrag geschlossen,
besteht ein Anspruch auf Auskunft und Rechnungslegung nach § 666 BGB. Wird bei
einem förmlichen Verwaltervertrag der Anspruch auf Rechnungslegung jahrelang
nicht geltend gemacht, kann die nachträgliche Geltendmachung gegen Treu und
Glauben verstoßen.[623] Das gilt aber nicht, wenn sich nachträglich Zweifel an der
Zuverlässigkeit des Verwalters und an seiner Geschäftsführung ergeben.[624]

## ). Ansprüche aus Treuhandverhältnissen

## Überblick

In manchen Ehen wird Vermögen mit einer Treuhandabrede übertragen. Im    **494**
Grunde kann es sich bei jeder Zuwendung eines Vermögensvorteils um einen Treu-
handauftrag handeln.[625] Ein **Treuhandverhältnis** ist ein Rechtsverhältnis, das ein
Rechtsgut (das Treugut) zum Gegenstand hat, welches einem Vertragspartner (dem
Treuhänder) zu vollem Recht (also mit ungeschmälerter Außenzuständigkeit) übertragen wird, jedoch mit der Verpflichtung, dem anderen Vertragspartner (dem Treugeber) gegenüber, von der unbeschränkten Rechtsmacht nur in Grenzen Gebrauch
zu machen.[626] Treugut können **Sachen oder Rechte** sein. Auch ein **Bankkonto oder**
**ein Wertpapierdepot** kann daher Gegenstand eines Treuhandvertrages werden.[627]
Streiten sich die Eheleute darum, ob das Guthaben auf einem Girokonto Treugut
sein soll, kommt der Bezeichnung des Kontoinhabers „besonderes Gewicht" zu.[628]
Bei einem Sparbuch dagegen hat die Bezeichnung des Kontoinhabers nur eine –
schwächere – Indizwirkung.[629] Handelt es sich bei dem Treugut um ein **Grund-**
**stück,** muss auch die Treuhandabrede notariell beurkundet werden. Der Mangel der
Form wird jedoch durch die nachträgliche Eintragung ins Grundbuch geheilt.[630]

---

0 Palandt/Grüneberg § 397 Rn. 12 am Ende.
1 BGH FamRZ 1978, 677; Palandt/Brudermüller § 1353 Rn. 13.
2 Palandt/Brudermüller § 1353 Rn. 13 am Ende.
3 BGH FamRZ 2009, 1044, 1046.
4 BGH aaO.
5 OLG Düsseldorf FamRZ 1992, 562.
6 Gernhuber JuS 1988, 355, 356; zusammenfassend Palandt/Bassenge § 903 Rn. 33 ff.
7 BGH FamRZ 2005, 1667; Wever Rn. 943.
8 BGH NJW 1996, 840.
9 BGH NJW 1996, 840, 841.
0 BGH FamRZ 1991, 168, 169.

**495**  Treuhandgeschäfte sind grundsätzlich keine Scheingeschäfte.[631] Das BGB enthält für den Treuhandvertrag keinen eigenen Vertragstyp. Wenn der Vertrag unentgeltlich ist, liegt ein **Auftrag** nach §§ 662 ff BGB vor, bei Entgeltlichkeit handelt es sich um einen Geschäftsbesorgungsvertrag nach § 675 BGB. Nach der Beendigung des Treuhandverhältnisses ist der Treuhänder zur **Rückübertragung** verpflichtet.[632] Die Anspruchsgrundlage bildet § 667 BGB. Der Treuhänder hat nach § 670 BGB Anspruch auf Ersatz seiner Unkosten, wenn sich aus dem Treuhandvertrag nichts anderes ergibt.

**496**  Bei Treuhandverhältnissen innerhalb einer Ehe soll der Treuhänder das Treugut meist nur **verwalten,** die Erträgnisse sind entweder für den gemeinsamen Unterhalt bestimmt oder jedenfalls für den Unterhalt des Treuhänders. Wirtschaftlich gesehen soll das Eigentum beim **Treugeber** verbleiben.

## II. Rückgabeansprüche

**497**  Wer Treugut zurückverlangt, muss **zwei Umstände** darlegen und notfalls auch beweisen: die **Treuhandabrede** und die **Beendigung** des Treuhandverhältnisses.
- Die Treuhandabrede setzt voraus, dass der Erwerber des Vermögensgegenstandes sich zur Rückübertragung verpflichtet hat.[633]
- Enthält die Treuhandabrede keine Bestimmungen zur Beendigung, was häufig der Fall ist, muss diese Regelungslücke im Wege der **ergänzenden Vertragsauslegung** nach § 157 BGB geschlossen werden.[634] Allgemein kann dazu gesagt werden, dass das Treuhandverhältnis dann beendet ist, wenn die Umstände, die zur Begründung des Treuhandverhältnisses geführt haben, entfallen sind. Es wird nicht immer leicht sein, diesen Zeitpunkt zu bestimmen. Das Scheitern einer Ehe kann nicht in jedem Fall das Ende eines Treuhandverhältnisses herbeiführen.

**498**  | **Beispiel:** Ehemann M überträgt seiner Ehefrau F Wertpapiere im Wert von 500 000 €. Nach der Scheidung beruft sich M auf eine Treuhandabrede und verlangt die Wertpapiere zurück. F wendet ein, sie sei unterhaltsberechtigt, das Treugut habe ihrer lebenslangen Unterhaltsabsicherung dienen sollen.

Mit der Begründung eines Treuhandverhältnisses kann auch ein vom weiteren Fortbestand der Ehe unabhängiger Zweck verfolgt werden. Wird – wie im vorliegenden Fall – eine lebenslange **Unterhaltsabsicherung** angestrebt, kann für die Beendigung nur das Ende der Unterhaltsverpflichtung oder der Tod des Treuhänders maßgeblich sein. Falls F weiterhin unterhaltsberechtigt ist, kann M die Wertpapiere erst bei ihrem Tod von den Erben zurückverlangen.

**499**  Überträgt ein Ehegatte als Treugeber einen Teil seines Vermögens einem **Dritten** (hier: der Schwiegermutter) und veranlasst der andere Ehegatte den Dritten, ihm das Treugut herauszugeben, schuldet der andere Ehegatte dem Treugeber nach § 826 BGB Schadensersatz wegen sittenwidriger Schädigung.[635]

---

[631] Palandt/Ellenberger Überbl v § 104 Rn. 25.
[632] Palandt/Bassenge § 903 Rn. 40.
[633] OLG Düsseldorf FamRZ 1992, 562.
[634] Gernhuber JuS 1988, 355, 358; Wever Rn. 947.
[635] BGH FamRZ 1992, 1401.

# E. Haftung aus Bürgschaften

## I. Haftung gegenüber der Bank

Im Rahmen der gemeinsamen Verbindlichkeiten von Eheleuten sind auch die 500
Bürgschaften nach § 765 BGB zu behandeln. Das Scheitern der Ehe kann für ihren
Fortbestand weitreichende Folgen haben. Nach der neueren Rechtsprechung muss
als Erstes geprüft werden, ob die Bürgschaft wirksam übernommen wurde. Eine
Bürgschaft kann **sittenwidrig** sein, wenn bei der Haftungsübernahme die Geschäfts-
unerfahrenheit eines vermögens- und einkommenslosen Partners ausgenutzt wurde[636]. Der BGH[637] hat dies sogar mit einer Beweislastregel verbunden und dazu in
einem Leitsatz ausgeführt: *„Die krasse finanzielle Überforderung des mit dem
Hauptschuldner emotional verbundenen Bürgen führt zur widerlegbaren Vermutung
der Sittenwidrigkeit der Bürgschaft."* (Vgl. Rn. 117) Sind die finanziellen Mittel des
Bürgen praktisch bedeutungslos und hat der Gläubiger kein rechtlich vertretbares
Interesse an dem vereinbarten Haftungsumfang, „so kann ein solches wirtschaftlich
sinnloses Rechtsgeschäft gemäß § 138 I BGB" ebenfalls nichtig sein, ohne dass es auf
weitere belastende Umstände ankommt.[638]

Die Haftung kann aber auch nach den Regeln vom **Wegfall der Geschäftsgrund-** 501
**lage** beendet sein, wenn bei einem wirtschaftlich schwachen Bürgen mit seiner Bürgschaftsverpflichtung nur unredlichen Vermögensverlagerungen vorgebeugt werden
sollte.[639] In einem solchen Fall haftet der Bürge für die nach dem Scheitern entstandenen Verbindlichkeiten überhaupt nicht und für die früher entstandenen nur,
soweit ihm Vermögen übertragen wurde.

Eine Einschränkung der Haftung des Bürgen kann sich auch ergeben, wenn die 502
Auslegung des Bürgschaftsvertrages zeigt, dass sich der Haftungswille nicht auf **nach
dem Scheitern** der Ehe neu entstandene Darlehen beziehen kann, falls dem Gläubiger das Scheitern bekannt war.[640]

Liegt eine wirksame Bürgschaftsverpflichtung vor, muss anhand des Bürgschafts- 503
vertrages oder der Sicherungszweckerklärung das **Haftungslimit** festgestellt werden,
danach der aktuelle Schuldenstand. Beim Streit mit der Bank über das Haftungslimit
ist die Rechtsprechung zu den allgemeinen Geschäftsbedingungen der Banken zu
beachten.[641] Formularmäßige Zweckerklärungen, nach denen die Bürgschaft zur
Sicherung aller bestehenden und künftigen Forderungen aus der Geschäftsverbin-
dung übernommen wird, halten einer Inhaltskontrolle nach §§ 3, 9 AGBG nicht
stand. Ist sich der Bürge über seine Verpflichtungen im Unklaren und erhält er auch
von seinem Partner keine Aufklärung, kann er nach § 242 BGB **Auskunft** von der
Bank verlangen[642].

---

[36] BVerfG FamRZ 1995, 23; BGH FamRZ 2006, 1024; 2003, 512; 1996, 277; 1996, 661; 1994, 813;
1997, 478.
[37] BGH FamRZ 2006, 1024.
[38] BGH FamRZ 2000, 350; zum gleichen Problem bei gesamtschuldnerischer Haftung vgl. Rn. 4 f.
[39] BGH FamRZ 1996, 927.
[40] OLG Braunschweig FamRZ 1978, 111.
[41] BGH NJW-RR 1993, 944; BGHZ 126, 174, 176; BGH NJW 1992, 1822.
[42] Derleder FuR 1995, 224, 225.

504    Weiter ist zu klären, ob die Bürgschaft durch **Kündigung** gegenüber der Bank beendet werden kann. Bürgschaften sind zwar grundsätzlich nur beim Vorliegen einer entsprechenden Vereinbarung kündbar[643]. Nach der Rechtsprechung des BGH[644] hat aber der Bürge, *„der es auf unbestimmte Zeit übernommen hat, für den einem Dritten eröffneten Kredit einzustehen, nach Treu und Glauben das Recht, die Bürgschaft nach Ablauf eines gewissen Zeitraums oder bei Eintritt besonders wichtiger Umstände mit der Wirkung zu kündigen, dass die Bürgschaft sich auf die Verbindlichkeiten beschränkt, die im Zeitpunkt der Kündigung bereits begründet waren“*. Diese Ausnahmeregel betrifft vor allem die zur Absicherung von Kontokorrentkrediten übernommenen Bürgschaften.

505    Der hier maßgebliche **Zeitraum** ist nach den Umständen des Einzelfalles zu bestimmen. Bei langfristig angelegten Schuldverhältnissen kann ein Zeitablauf von drei Jahren ausreichend sein. Als **„besonders wichtiger Umstand“** ist das Scheitern der Ehe jedenfalls dann anzusehen, wenn der Bestand der Ehe der Hauptgrund für die Übernahme der Bürgschaft war. Zu beachten ist aber, dass die Bank nach der Kündigung den Kredit fällig stellen und dann den Bürgen sofort in Anspruch nehmen kann. Bei der Kündigung ist eine angemessene **Kündigungsfrist** zu wahren.[645] Als angemessen sind drei Monate analog § 488 III 2 BGB anzusehen. Die Kündigung bewirkt, dass ab Zugang der Kündigung bei der Bank die im Rahmen der gesicherten Kontokorrentforderungen neu entstehenden Forderungen von der Bürgschaft nicht mehr umfasst werden.[646]

506    Im Übrigen bleibt die Bürgschaft jedoch bestehen. Der Bürge kann daher mit der Kündigung seine Haftung nur auf den am Tag des Zugangs der Kündigung bestehenden Saldo beschränken. Wegen der Kündigungsfrist haftet er auch noch für die Zinsen bis zu deren Ablauf. Verringert sich der Schuldsaldo nach dem Zugang der Kündigung, ermäßigt sich auch die Bürgenhaftung. Maßgeblich ist stets der niedrigste Saldo.[647] Auch bei einem bereits voll ausgeschöpften Kreditrahmen wird sich daher eine Kündigung lohnen, wenn auch nur mit vorübergehenden Kreditrückführungen gerechnet werden kann. Denn an allen nachfolgenden Krediterhöhungen ist der Bürge aufgrund seiner Kündigung nicht mehr beteiligt.

## II. Ausgleichsansprüche

507    Im **Innenverhältnis** der Eheleute richten sich die Rechtsbeziehungen regelmäßig nach **Auftragsrecht**.[648] Der Bürge ist auch dann Beauftragter des anderen Ehegatten, wenn er sich für eine GmbH verbürgt, bei der dieser Geschäftsführer oder Mehrheitsgesellschafter ist.[649] Es besteht die gleiche Situation wie bei interner Alleinhaftung eines gesamtschuldnerisch haftenden Ehegatten (s. Rn. 144).

508    Dem Bürgen steht daher über das Auftragsrecht ebenfalls ein **Befreiungsanspruch** nach §§ 670, 257 BGB zu (vgl. Rn. 179 f). Unabhängig davon hat der Bürge auch

---

[643] Palandt/Sprau § 765 Rn. 16.
[644] BGH FamRZ 2003, 27; NJW-RR 1993, 944; NJW 1985, 3007.
[645] Palandt/Sprau § 765 Rn. 16.
[646] Wever Rn. 949.
[647] Staudinger/Horn § 765 Rn. 79.
[648] Derleder FuR 1995, 224, 227.
[649] Derleder FuR 1995, 224, 228.

einen Freistellungsanspruch nach § 775 BGB unter den dort genannten Voraussetzungen. Hat der bürgende Ehegatte den Gläubiger befriedigt, kann er im Rahmen des gesetzlichen Forderungsübergangs nach § 774 BGB beim anderen Rückgriff nehmen. War der Kredit nur im Interesse des Bürgen aufgenommen worden, steht der Befreiungsanspruch aus dem Auftragsverhältnis dem Hauptschuldner zu.[650]

# F. Familienrechtlicher Ausgleichsanspruch

Mit Hilfe des **familienrechtlichen Ausgleichsanspruchs** sollen grobe Unbilligkei- **509** ten beseitigt werden, die sich aus der Gewährung von Unterhalt ergeben können. Trotz des Zusammenhangs mit dem Unterhaltsrecht handelt es sich beim familienrechtlichen Ausgleichsanspruch um einen **allgemeinen vermögensrechtlichen Anspruch.** Er darf daher bei der Vermögensauseinandersetzung nicht übersehen werden[651]. Der Sache nach handelt es sich um einen Unterhaltsregress[652]. Die Unsitte, alle Ansprüche unter Ehegatten mit Ausnahme der güterrechtlichen Ansprüche als familienrechtlichen Ausgleichsanspruch zu bezeichnen, sollte vermieden werden.[653]

---

**Beispielsfall:**[654] M erhält die elterliche Sorge für das gemeinsame Kind. In einem **510** vom Kind als Kläger betriebenen Rechtsstreit wird F zur Zahlung einer Unterhaltsrente verurteilt. F leistet jedoch keine Zahlungen. M muss daher auch für den Barunterhalt aufkommen. Mit Eintritt der Volljährigkeit wechselt das Kind in den Haushalt von F über. M möchte jetzt wegen der aufgelaufenen Unterhaltsrückstände vollstrecken. Das verhindert das Kind, indem es von M gemäß § 1698 BGB[655] den Titel herausverlangt.

---

Ein familienrechtlicher Ausgleichsanspruch als selbständiges Rechtsinstitut ist vom BGH[656] erstmals in einem Fall anerkannt worden, in dem die Mutter nach Kriegsende mehrere Jahre lang die gemeinsamen Kinder allein unterhalten hatte. Der BGH führte dazu aus, es sei unzweifelhaft, dass der Mutter ein Ersatzanspruch gegen den Vater der Kinder erwachsen sei, soweit sie mit ihren Unterhaltsleistungen eine dem Vater allein obliegende Unterhaltspflicht erfüllt habe. Ansprüche aus Geschäftsführung ohne Auftrag wurden abgelehnt.

Zur Anspruchsgrundlage führte der BGH[657] aus: **511**

*„Natürlicher und den tatsächlichen Verhältnissen gemäßer dürfte die Auffassung sein, dass es sich bei einem solchen Ersatzanspruch um einen familienrechtlichen Ausgleichsanspruch zwischen den Eltern handele, der sich aus ihrer gemeinsamen Unterhaltspflicht und aus der naturgegebenen Notwendigkeit ergebe, die Unterhaltslast im Innenverhältnis zwischen ihnen entsprechend ihrem Leistungsvermögen gerecht zu verteilen."*

---

[650] Derleder FuR 1995, 224, 227 Fn. 35.
[651] Ausführlich dazu Wendl/Scholz § 2 Rn. 529 f.
[652] Wever Rn. 894.
[653] Wever Rn. 897.
[654] Nach BGH FamRZ 1989, 850.
[655] Vgl. OLG Koblenz FamRZ 2005, 993.
[656] BGH FamRZ 1960, 194.
[657] BGH aaO.

**512** In einer weiteren Entscheidung[658] wurde der Anspruch an die Voraussetzung gebunden, dass der Berechtigte bereits bei der Unterhaltsgewährung beabsichtigt hat, Ersatz zu verlangen. Dafür ist eine einfache Mahnung ausreichend. Der Ausgleichsanspruch unterliegt auch den Schranken des § 1613 I BGB.[659] Dabei genügt es jedoch, wenn das Kind Klage erhoben hatte.[660] Im Ausgangsfall hat der BGH daher die Ansprüche von M gegen F anerkannt. Übernimmt ein zur Leistung von Barunterhalt verurteilter Elternteil die Betreuung des Kindes, muss er zunächst den Titel beseitigen lassen. Geschieht dies nicht, kann ein Befreiungsanspruch nicht entstehen.[661]

**513** Zusammenfassend ist festzustellen, dass der familienrechtliche Ausgleichsanspruch in erster Linie rückständigen Unterhalt betrifft, auch wenn es nur um die Kosten einer privaten Krankenkasse geht[662]. Der Sache nach handelt es sich um einen **Zessionsersatz,**[663] der dann zum Tragen kommen kann, wenn ein Elternteil den vom anderen Ehegatten geschuldeten Barunterhalt erbracht hat. Rückständiger Kindesunterhalt wird zwar regelmäßig dadurch beigetrieben, dass er namens des Kindes geltend gemacht wird. Ist dies in Ausnahmefällen nicht mehr möglich, wie im Beispielsfall, kann der Elternteil, der den Barunterhalt geleistet hat, den anderen Elternteil im eigenen Namen in Anspruch nehmen.

**514** Dazu gehören auch die Fälle, in denen die elterliche Sorge über ein minderjähriges Kind in einem **Änderungsverfahren** dem mit Unterhaltszahlungen säumigen anderen Elternteil übertragen wird. In dieser Situation ist es dem bisher Sorgeberechtigten ebenfalls nicht mehr möglich, die aufgelaufenen Rückstände namens des Kindes für sich beizutreiben. Zinsen nach § 256 I BGB werden nicht geschuldet. Für Zinsforderungen kommt es daher auf den Eintritt des Verzugs oder der Rechtshängigkeit des Ausgleichsanspruchs an (§§ 288 I, 291 BGB)[664]. Die Verjährungsfrist beträgt nach § 195 BGB drei Jahre. Gemäß § 207 I 1 BGB wird sie gehemmt, so lange die Ehe der Eltern besteht.

---

[658] BGH FamRZ 1968, 450.
[659] BGH FamRZ 1984, 775.
[660] BGH FamRZ 1989, 850.
[661] BGH FamRZ 1994, 1102.
[662] OLG Naumburg FamRZ 2007, 1116.
[663] Hoppenz FamRZ 1985, 437, 439.
[664] Wever Rn. 925.

# Kapitel 6. Auseinandersetzung wegen der Steuern

Von den Problemen aus dem Steuerrecht werden hier nur diejenigen behandelt, **1** die mit einer Vermögensauseinandersetzung in unmittelbarem Zusammenhang stehen. Das sind:

▶ Einzelfragen aus dem Bereich der Einkommensteuer
  – Die interne Haftung der Eheleute für die Steuern (Rn. 2 f).
  – Der Ausgleich von Verlustzuweisungen (Rn. 10 f).
  – Nachträglicher Ausgleich wegen Steuerklasse V (Rn. 15 f).
  – Zustimmung zur gemeinsamen Veranlagung (Rn. 18 f).
▶ Steuern in der Vermögensbilanz beim Zugewinnausgleich (Rn. 22 f).
▶ Latente Ertragsteuern (Rn. 31 f).
▶ Die Spekulationssteuer (Rn. 33 f).
▶ Zugewinnausgleich und Steuern (Rn. 45 f).
▶ Gütergemeinschaft und Steuern (Rn. 47 f).

## I. Einzelfragen aus dem Bereich der Einkommensteuer

### 1. Interne Haftung der Eheleute für die Steuern

Die Trennung der Eheleute wirkt sich auf die Einkommensteuer nicht sofort aus. **2** Nach § 26 I EStG können die Ehegatten für das Kalenderjahr, in dem die Trennung stattfand, noch eine gemeinsame Veranlagung wählen. Häufig ist auch die steuerliche Veranlagung aus dem Jahr vor der Trennung noch nicht abgeschlossen, wenn die Eheleute auseinander gehen. Bei **Doppelverdienern** kann das zu Streit darüber führen, wie die Steuern oder etwaige Erstattungen für diese Zeit im Innenverhältnis aufzuteilen sind.

Vorweg sollte dabei beachtet werden, dass dieser Streit in vielen Fällen müßig ist **3** und auf sich beruhen kann. Das gilt immer dann, wenn die Steuernachforderung oder der Anspruch auf eine Steuererstattung bereits bei der **Unterhaltsberechnung** oder in den Vermögensbilanzen zum **Zugewinnausgleich** berücksichtigt wurden. Ist dies geschehen, kann nicht nachträglich noch einmal über die Aufteilung der Steuerlasten entschieden werden. Es liegt bereits eine „anderweitige Bestimmung" nach § 426 I 1 BGB (vgl. Rn 5) vor.[1] Auch soweit Unterhalts- oder Zugewinnausgleichsberechnungen erst noch vorgenommen werden müssen, kann es sinnvoll sein, sich mit dem bei diesen Rechtsgebieten möglichen Ansatz zufrieden zu geben. Der Streit um die Aufteilung der Steuerlasten lohnt sich daher in der Regel nur in den Fällen, in denen nicht auch Unterhalt und Zugewinnausgleich berechnet werden müssen. S. dazu auch Rn. 26 f.

Dem Finanzamt gegenüber haften die Eheleute als **Gesamtschuldner** (§ 44 AO). **4** Dabei kann zwar jeder Ehegatte nach §§ 268 bis 278 AO eine Aufteilung verlangen. Als gesetzlicher Maßstab gilt nach § 270 S. 1 AO das Verhältnis der Steuerbeträge,

---

Anm. Wever FamRZ 2006, 1181, 1182 zu BGH FamRZ 2006, 1178.

die sich bei einer fiktiven getrennten Veranlagung der Ehegatten nach Maßgabe de § 26 EStG ergeben würden. Diese Möglichkeit besteht aber nur bei rückständiger Steuerforderungen, nicht bei Erstattungen. Das Finanzamt kann auch nicht die speziellen familienrechtlichen Rechtsverhältnisse berücksichtigen, die im Einzelfall eine Abweichung vom Maßstab des § 270 S. 1 AO rechtfertigen können. Eine Verteilung der gemeinsamen Steuerlast durch das Finanzamt ist daher in der Regel wenig hilfreich. Es muss aus diesem Grund im **Zivilrecht** nach einem geeigneten Maßstab gesucht werden.

5 Wegen der gesamtschuldnerischen Haftung der Eheleute bestimmen sich die internen Haftungsanteile allein **nach § 426 BGB.** Diese Bestimmung sieht zwar als Grundregel „gleiche Anteile", also die Halbteilung vor, aber lediglich als „ultima ratio" nämlich nur, **„soweit nicht ein anderes bestimmt ist".** Der BGH[2] hat dazu in einer grundlegenden Entscheidung vom 31. 5. 2006 Folgendes ausgeführt:

*„Im Innenverhältnis besteht zwischen Gesamtschuldnern eine Ausgleichspflicht nach § 426 I S. 1 BGB. Danach haften sie im Verhältnis zueinander zu gleichen Anteilen, soweit nicht ein anderes bestimmt ist. Eine solche abweichende Bestimmung kann sich aus dem Gesetz, einer Vereinbarung, dem Inhalt und Zweck des Rechtsverhältnisses oder der Natur der Sache, mithin aus der besonderen Gestaltung des tatsächlichen Geschehens ergeben. ... Vorrangig ist allerdings, was die Gesamtschuldner ausdrücklich oder konkludent vereinbart haben. Aber auch wenn die Ehegatten keine solche Vereinbarung hinsichtlich der internen Haftung für die Einkommensteuer getroffen haben, kommt ein Rückgriff auf die in § 426 I S. 1 Hs. 1 BGB enthaltene Regelung nicht ohne weiteres in Betracht, da sich aus der Natur der Sache oder aus dem Inhalt und Zweck des Rechtsverhältnisses eine anderweitige Bestimmung i. S. des Hs. 2 ergeben kann, die einem (hälftigen) Ausgleich entgegensteht.*

*Die Notwendigkeit, die Aufteilung abweichend von der Grundregel des § 426 I S. 1 BGB vorzunehmen, kann sich dabei auch aus den güterrechtlichen Beziehungen der Ehegatten ergeben. Diese sind sowohl im Güterstand der Gütertrennung als auch im gesetzlichen Güterstand der Zugewinngemeinschaft (vgl. § 1363 II S. 1 BGB, hinsichtlich ihres Vermögens und ihrer Schulden selbständig. Deshalb hat im Verhältnis der Ehegatten zueinander grundsätzlich jeder von ihnen für die Steuer, die auf seine Einkünfte entfällt, selbst aufzukommen. Begleicht ein Ehegatte die Einkommensteuer (und damit eine Verbindlichkeit) des anderen, so ergibt sich im Hinblick auf die rechtliche Selbständigkeit der beiderseitigen Vermögen, dass er gegen den anderen Ehegatten einen Anspruch auf Ersatz der Aufwendungen hat. Dies führt im Falle der Zusammenveranlagung dazu, dass bei der Aufteilung der Steuerschuld* **die Höhe der beiderseitigen Einkünfte** *zu berücksichtigen ist, die der Steuerschuld zugrunde liegen. ...*

*Allerdings kann auch dieser Maßstab von einer anderweitigen Bestimmung i. S. des § 426 I Hs. 2 überlagert werden, wenn die Ehegatten nach ihrer bisherigen Handhabung konkludent eine solche anderweitige Bestimmung getroffen haben. Das kann etwa der Fall sein, wenn es ständiger Übung der Ehegatten entsprach, dass die Steuerschulden von einem von ihnen beglichen wurden.*

*... Nach Aufhebung der ehelichen Gemeinschaft besteht für einen Ehegatten im Zweifel kein Anlass mehr, an der früheren Übung festzuhalten. Mit dem Scheitern*

---

[2] BGH FamRZ 2006, 1178 f.

*der Ehe ist von einer **grundlegenden Veränderung** des Gesamtschuldverhältnisses auszugehen.*

Auf dieser Grundlage sind bei der Suche nach dem richtigen Verteilungsmaßstab **6** folgende Fragen zu klären:

▶ Besteht eine ausdrückliche oder wenigstens konkludent zustande gekommene Vereinbarung? Das kann etwa der Fall sein, wenn es **ständiger Übung** der Ehegatten entsprach, dass die Steuerschulden von einem von ihnen beglichen wurden. Nach dem Scheitern der Ehe besteht jedoch für einen Ehegatten im Zweifel kein Anlass mehr, an der früheren Übung festzuhalten.[3]

▶ Besteht eine Vereinbarung nicht oder nach dem Scheitern der Ehe nicht mehr, ist zu klären, ob sich ein vom Halbteilungsprinzip abweichender Maßstab aus „der Natur der Sache" oder aus dem „Inhalt und Zweck des Rechtsverhältnisses" ergibt. In diesem Zusammenhang sind die güterrechtlichen Beziehungen der Eheleute zu berücksichtigen. Wegen der – sowohl bei Gütertrennung als auch bei Zugewinngemeinschaft – bestehenden Vermögenstrennung bestätigt der BGH den schon früher entwickelten Grundsatz[4], dass jeder Ehegatte für die Steuer haftet, **die auf sein Einkommen entfällt.**

Aber auch bei einer gemeinsamen Veranlagung mit dem Berechnungsmodus nach **7** § 32 a V EStG lässt sich nicht ohne weiteres sagen, wie viel Steuern auf die getrennten Einkünfte entfallen. Der BGH[5] hat dazu jedoch eine eindeutige Regelung gefunden: Die Steuererstattungen und Nachzahlungsansprüche sind unter entsprechender Heranziehung des § 270 AO auf der Grundlage **fiktiver getrennter Veranlagungen** der Ehegatten nach der Steuerklasse IV zu ermitteln. Dies ist zwar aufwendig, weil dazu in aller Regel ein Steuerfachmann benötigt wird, aber nur auf diesem Weg lässt sich die jeweils konkrete steuerliche Situation (Freibeträge, Werbungskosten, Sonderausgaben) der Ehegatten berücksichtigen.

Als Ergebnis ist somit festzuhalten, dass eine Halbteilung nach § 426 I 1 BGB **8** kaum jemals Betracht kommen kann. Da auch vertragliche Regelungen nur selten anzuwenden sein werden, wird es in aller Regel erforderlich sein, die jeweiligen Steuernachforderungen oder Erstattungen mit Hilfe fiktiver Berechnungen analog zu § 270 AO (s. Rn. 4) auf die Ehegatten zu verteilen.

Anspruchsgrundlage für eine Herausgabe von Steuerrückzahlungen ist § 816 II **9** BGB.[6]

## 2. Ausgleich bei Verlustzuweisungen

**Beispiel:** M und F waren berufstätig. M arbeitete freiberuflich und erlitt dabei **10** einen Verlust von 80 000 €. F hatte 90 000 € bei einem Lohnsteuerabzug von 13 000 € verdient. Nach der gemeinsamen Veranlagung überweist das Finanzamt eine Steuerrückzahlung von 13 000 € an M. F beansprucht diesen Betrag für sich.

---

BGH FamRZ 2006, 1178, 1180.
BGH FamRZ 2002, 1024, 1025; 2002, 739, 740; 1990, 374, 376; 1979, 115, 117.
BGH FamRZ 2006, 1178, 1180.
OLG Karlsruhe FamRZ 1991, 191; vgl. auch LG Stuttgart FamRZ 1992, 680.

Durch die negativen Einkünfte von M ist die Steuerbelastung von F entfallen. Fraglich ist, ob M hieraus Ansprüche herleiten kann. Sonnenschein[7] nimmt einen bereicherungsrechtlichen Anspruch an, der sich nach der Steuerersparnis des anderen Ehegatten richten soll. Nach Dostmann[8] soll ein familienrechtlicher Ausgleichsanspruch bestehen, dessen Höhe sich aber nach den Steuernachteilen des Ehegatten mit dem negativen Einkommen richtet. In diesem Zusammenhang ist § 10 d EStG zu beachten, der den Verlustabzug auch in anderen Kalenderjahren ermöglicht. Danach müsste abgewartet werden, ob M in den von § 10 d EStG umfassten Jahren einen Gewinn erwirtschaftet, für den erhöhte Steuern anfallen, weil der frühere Verlust bereits bei der gemeinsamen Veranlagung im Trennungsjahr „verbraucht" worden war[9].

**11**  Gegen den bereicherungsrechtlichen Ansatz spricht, dass dem Splittingvorteil von F nicht ein unmittelbarer Vermögensnachteil bei M gegenübersteht, wie dies nach dem Tatbestandsmerkmal „auf dessen Kosten" in § 812 I BGB erforderlich ist[10]. Ob für M ein Vermögensnachteil entsteht, ist unsicher. Wenn er auch auf Dauer keine Gewinne erwirtschaftet, wird er niemals einen Nachteil erleiden. Richtig kann daher nur der Weg über einen besonderen Ausgleichsanspruch sein, den der BGH[11] auch in anderen mit der Besteuerung zusammenhängenden Fällen beschritten hat.

**12**  Dieser Anspruch kann sich aber nicht darauf beschränken, dass der zunächst begünstigte Ehegatte spätere Steuernachteile des Ehegatten mit dem Verlust ausgleichen muss, der dadurch entsteht, dass in späteren Jahren mögliche Verlustabschreibungen nach § 10 d EStG wegen des bereits vorgenommenen Ansatzes entfallen.[12] Damit wird man der vermögensrechtlichen Situation der Eheleute noch nicht in vollem Umfang gerecht. Verluste sind in aller Regel vorhersehbar. Häufig handelt es sich ohnehin nur um „steuerrechtliche" Verluste, wie sie vor allem bei erhöhten Grundstücksabschreibungen auftreten. In der Regel entspricht die tatsächliche Einkommensentwicklung den beiderseitigen Erwartungen. Die Verluste werden häufig sogar wegen der steuerlichen Auswirkungen provoziert, zumindest werden sie deswegen normalerweise in Kauf genommen. In diesen Fällen ist daher eine zumindest konkludent abgeschlossene **Vereinbarung** anzunehmen, dass der Ehegatte mit dem Verlust intern denjenigen Betrag erhält, den sich der andere an Einkommensteuer erspart. Anderer Ausgleichsmöglichkeiten bedarf es dann nicht. Die **Berechnung** ist einfach, weil dem vom Finanzamt errechneten steuerpflichtigen Gesamteinkommen nur der Verlust hinzugerechnet werden muss. Anschließend kann der Splittingtabelle die an sich geschuldete Steuer entnommen werden. Davon ist die vom Finanzamt in Rechnung gestellte Steuer abzuziehen. Die Differenz gebührt dem Ehegatten mit dem Verlust[13]. Sprechen nicht genügend Anhaltspunkte für die oben beschriebene Vereinbarung, steht der Steuervorteil aus den Verlusten in vollem Umfang dem

---

[7] Sonnenschein NJW 1980, 257, 262.
[8] Dostmann FamRZ 1991, 760, 764.
[9] Vgl. Beispiele 4 und 5 bei Dostmann FamRZ 1991, 760.
[10] Palandt/Sprau § 812 Rn. 43.
[11] BGH FamRZ 1988, 820; 1983, 576.
[12] So aber Wever Rn. 785 und FamVermR/Engels Rn. 9.91 f
[13] OLG Köln FamRZ 1995, 92; LG Tübingen NJW-RR 1990, 1221, 1222; Liebelt FamRZ 1993, 626, 639; NJW 1993, 1741, 1744; Dostmann FamRZ 1991, 760, 765.

Ehegatten mit den positiven Einkünften zu.[14] In einem solchen Fall kann der Ehegatte mit dem Verlust einen Ausgleich verlangen, wenn er in anderen Kalenderjahren konkrete steuerliche Nachteile erlitt, weil der Verlustabzug bereits verbraucht war.

M kann daher im Beispielsfall (Rn. 10) die Steuerrückzahlung behalten. Das OLG   **13** Karlsruhe[15] hat diesen Fall zwar anders entschieden, aber nur mit dem Hinweis, M habe mit dem Einbringen seines Verlustes in die gemeinsame Steuererklärung einen Beitrag zum Familienunterhalt leisten wollen. Damit sollte offenbar eine Art von Verrechnung mit den gegen M gerichteten Unterhaltsansprüchen erfolgen. Wegen dieser Besonderheit steht der vom OLG Karlsruhe[16] herausgestellte Leitsatz, nach dem die Rückerstattung dem Ehegatten mit den positiven Einkünften gehören soll, schon mit der eigenen Entscheidung nicht im Einklang[17].

Auch beim Ausgleich der Verlustzuweisungen sind die vom BGH zu § 426 I BGB   **14** entwickelten Grundsätze[18] zu beachten (vgl. Rn. 5 f). Hätte das Finanzamt die Steuererstattung noch während des Zusammenlebens der Eheleute an F ausbezahlt und hätte F diesen Betrag im Rahmen des gemeinsamen Wirtschaftens ausgegeben, könnte M nur dann etwas verlangen, wenn vorher konkret vereinbart worden wäre, dass M die Steuererstattung erhalten soll. Ein Ehegatte kann selbst dann verpflichtet sein, dem – der steuerlichen Entlastung des anderen Ehegatten dienenden – Antrag auf Zusammenveranlagung zuzustimmen, wenn er **während der Zeit des Zusammenlebens** steuerliche Verluste erwirtschaftet hat, die er im Wege des Verlustvortrags in einem späteren Veranlagungszeitraum zur Verminderung der eigenen Steuerlast einsetzen könnte[19]. Voraussetzung ist allerdings, dass mit Rücksicht auf die durch die Verluste bewirkte Steuerersparnis mehr für den Unterhalt oder die gemeinsame Vermögensbildung ausgegeben wurde.[20]

### 3. Nachträglicher Ausgleich wegen Steuerklasse V

In einer Doppelverdienerehe wird häufig der Ehegatte mit dem höheren Einkom-   **15** men nach der für ihn günstigen Steuerklasse III besteuert, während den anderen die für ihn ungünstige Steuerklasse V trifft. Dieser zahlt dann regelmäßig mehr Steuern, als bei der Wahl der Steuerklassen IV/IV (oder getrennter Veranlagung) auf ihn entfallen würden. Einen nachträglichen Ausgleich gibt es aber für die Zeit bis zum Scheitern der Ehe nicht[21]. Denn die Eheleute haben bis zur Trennung mit dem beiderseitigen Einkommen gemeinsam gewirtschaftet und das Geld verbraucht. Entsprechend dem Wesen der ehelichen Lebensgemeinschaft wird davon ausgegangen, dass ein Ehegatte, der mehr geleistet hat, als von ihm zu erwarten war, keinen Ausgleich verlangt. Diese Übung entspricht auch der gesetzlichen Regelung in § 1360 b BGB für Unterhaltsleistungen. Es geht nicht an, die während der Ehe

---

[14] Wever Rn. 782.

[15] OLG Karlsruhe FamRZ 1991, 191.

[16] OLG Karlsruhe aaO.

[17] So auch Dostmann FamRZ 1991, 764 Fn. 40 a.

[18] BGH FamRZ 2007, 1229; 2006, 1178.

[19] BGH FamRZ 2010, 269.

[20] BGH aaO.

[21] BGH FamRZ 2002, 1024, 1026; 2002, 739, 740; OLG Bremen FamRZ 2005, 800; Palandt/Grüneberg § 426 Rn. 12; Wever Rn. 773; FamVermR/Engel Rn. 9.76.

praktizierte Großzügigkeit beim Scheitern der Ehe nachträglich einer „kleinliche Nachkalkulation zu unterwerfen".[22]

**16** Etwas anderes gilt nur dann, wenn ein Ausgleich vereinbart war,[23] oder de Ehegatte mit der Steuerklasse III die ersparte Steuer einseitig für seine Vermögens bildung verwendet hat (vgl. Kap. 5 Rn. 134). Diese Grundsätze waren zwar eindeu tig, für die Praxis war aber wegen des Charakters der Einkommensteuer als Jahres steuer unklar, wie zu verfahren ist, wenn die Trennung nicht zum Schluss eine Kalenderjahres erfolgt war, sondern **während des laufenden Jahres**. In einer wei teren Entscheidung zu diesem Problemkreis hat der BGH nunmehr seine bisherig Rechtsprechung noch einmal zusammengefasst und auch Ausführungen dazu ge macht, wann die beiderseitige Bindung an die Wahl der Steuerklassen III und IV genau endet. Beim BGH heißt es dazu[24]:

> *„Die Beklagte kann grundsätzlich auch nicht wegen des Scheiterns der Ehe de Mehrbetrag, den sie wegen der Besteuerung ihres Einkommens nach der Lohnsteuer klasse V im Vergleich zur Besteuerung bei getrennter Veranlagung geleistet hat, von Kläger ersetzt verlangen. Der ehelichen Lebensgemeinschaft liegt nämlich die Auf fassung zugrunde, mit dem Einkommen der Ehegatten gemeinsam zu wirtschafte und finanzielle Mehrleistungen nicht auszugleichen. .... Mit Rücksicht darauf hat fü die Zeit bis zur Trennung keine Korrektur der von der Beklagten getragenen steuer lichen Belastung zu erfolgen.*
>
> *... Nach Aufhebung der ehelichen Lebensgemeinschaft besteht für einen Ehegatte indessen grundsätzlich kein Anlass mehr, an der früheren Übung festzuhalten. M dem Scheitern der Ehe ist insofern von einer grundlegenden Veränderung der Ver hältnisse auszugehen. Zwar kann auch insofern der Gesichtspunkt zum Trage kommen, dass mit dem aus den Steuerklassen III und V erzielten Einkomme gemeinsam gewirtschaftet worden ist, weil auf dieser Grundlage Ehegattenunterhal gezahlt wurde. Ist das jedoch nicht der Fall, so besteht für den Ehegatten, der gleich wohl weiterhin die Steuerklasse V hat, kein Grund mehr, seine damit verbunden höhere steuerliche Belastung zu tragen und zugleich eine Entlastung des andere Ehegatten zu bewirken, an der er nicht mehr teilhat. Vielmehr kommt bei eine solchen Fallgestaltung wiederum der Grundsatz zum Tragen, dass im Verhältnis de Ehegatten zueinander jeder von ihnen nur für die Steuer aufzukommen hat, die au sein Einkommen entfällt."*

**17** In diesem vom BGH entschiedenen Fall hatten sich die Parteien im Novembe 2002 getrennt. Nur für die bis dahin vergangene Zeit durfte die Ehefrau keine Ausgleich verlangen. Für die Zeit danach war ihr ein Ausgleich noch für den Fal versagt, dass sie Unterhalt auf der Grundlage der Steuerklassen III und V bezog Fehlt diese Voraussetzung, heißt es[25]: *„In dem Fall kann sie deshalb verlangen, s gestellt zu werden, als wäre für die Zeit nach der Trennung eine getrennte steuerlich Veranlagung durchgeführt worden."* Es werden hier komplizierte Berechnunge verlangt. Denn in allen Fällen, in denen die Trennung nicht zum Ende eines Kalen derjahres erfolgt ist, müssen die gemäß § 270 AO errechneten Teilbeträge (vg Rn. 2 f) der Jahressteuer pro rata temporis für die Zeit bis zur Trennung und für di

---

[22] OLG Karlsruhe FamRZ 1990, 744, 745.
[23] BGH FamRZ 2002, 1024, 1026; 2002, 739, 740.
[24] BGH FamRZ 2007, 1229, 1230.
[25] BGH aaO.

Zeit von der Trennung bis zum Jahresende aufgeteilt werden.[26] War die Trennung z. B. am 1. November und zahlte die Ehefrau auf der Grundlage der Steuerklasse V noch monatlich 200 € Steuern, während nach der Berechnung gemäß § 270 AO von ihr nur monatlich 75 € zu zahlen gewesen wären, kann sie 2 x 125 € = 250 € von ihrem Ehemann verlangen.

## 4. Zustimmung zur gemeinsamen Veranlagung

Für das Jahr, in dem es zur Trennung kam, kann noch eine gemeinsame Ver- **18** anlagung gewählt werden (vgl. Rn. 2). Häufig ist auch die Steuererklärung für das Vorjahr noch nicht abgegeben. Damit entsteht die Frage, ob ein Ehegatte für diese Jahre noch rechtlich verpflichtet ist, der gemeinsamen Steuererklärung – wie beim Realsplitting nach § 10 I Nr. 1 EStG[27] – zuzustimmen. Die Verpflichtung zur ehelichen Lebensgemeinschaft aus § 1353 I 2 BGB umfasst auch Schutz- und Beistandspflichten. Aus dem Wesen der Ehe ergeben sich für beide Ehegatten die Verpflichtung, die finanziellen Lasten des anderen Teils nach Möglichkeit zu vermindern, soweit dies ohne eine Verletzung eigener Interessen möglich ist. Ein Ehegatte ist daher dem anderen gegenüber verpflichtet, in eine von diesem gewünschte **Zusammenveranlagung zur Einkommensteuer einzuwilligen,** wenn dadurch die Steuerschuld des anderen verringert, der auf Zustimmung in Anspruch genommene Ehegatte aber keiner zusätzlichen steuerlichen Belastung ausgesetzt wird.[28] Letzteres ist u. a. der Fall, wenn der die Zusammenveranlagung begehrende Ehegatte sich verpflichtet, den anderen von ihm hierdurch etwa entstehenden Nachteilen freizustellen. Gegenüber der Verpflichtung zur Abgabe einer gemeinsamen Steuererklärung kann sich ein Ehegatte nicht auf sein Wahlrecht nach § 26 EStG berufen[29]. Verletzt ein Ehegatte seine Mitwirkungspflicht, schuldet er **Schadensersatz.**[30]

Die Zustimmung zu einer gemeinsamen Veranlagung kann auf keinen Fall ver- **19** weigert werden, wenn sie dem anderen Ehegatten keine Nachteile bringt.[31] Wenn die Ehegatten mit Rücksicht auf eine durch steuerliche Verluste geringere Steuerbelastung mehr für ihren Unterhalt oder für eine gemeinsame Vermögensbildung ausgegeben haben, ist es dem Ehegatten mit den Verlusten ebenfalls verwehrt, für sich die getrennte Veranlagung zu wählen.[32] Die gemeinsame Veranlagung bringt bei einer Doppelverdienerehe Vorteile in der Regel nur für den Ehegatten, der sie erlangt. Für den anderen Ehegatten ist sie häufig mit dem Verlust oder jedenfalls einer erheblichen Reduzierung des Anspruchs auf Steuererstattung verbunden. Dies gilt vor allem dann, wenn er nach Steuerklasse V besteuert wurde.

In diesen Fällen braucht der andere Ehegatte der gemeinsamen Veranlagung nur **20** dann zuzustimmen, wenn er im Innenverhältnis wirtschaftlich so gestellt wird, wie er bei getrennter Veranlagung stehen würde. Nach der Trennung kann daher ein Ehegatte vom anderen die Mitwirkung an der gemeinsamen Veranlagung zur Einkommen-

Vgl. Engels FamRZ 2007, 1231 Anm. zu BGH FamRZ 2007, 1229.
BGH FamRZ 1983, 576; 1984, 1211; 1985, 1232.
BGH FamRZ 2010, 269; 2007, 1229, 1230; 2005, 182, 183; 2003, 1454, 1455; 2002, 1024, 1025.
OLG Düsseldorf FamRZ 1990, 160.
BGH FamRZ 2010, 269; Palandt/Brudermüller § 1353 Rn. 15; FamVermR/Engels Rn. 9.54; Wever Rn. 800 f.
LG Berlin FamRZ 1992, 436.
BGH FamRZ 2010, 269.

steuer nur Zug um Zug gegen eine entsprechende Verpflichtung verlangen. Ersatz vo Steuerberaterkosten kann der zustimmende Ehegatte fordern, wenn ihm die Zustim mung zur Zusammenveranlagung ohne die Aufwendung dieser Kosten nicht zugemut tet werden kann[33]. Einen Ausgleich gibt es jedoch nicht für die Zeiträume, in dene die Parteien noch zusammengelebt und gewirtschaftet haben, da sie dann das unte schiedlich versteuerte Einkommen bereits als Familieneinkommen verbraucht habe und im Endergebnis beide von der Steuerklassenwahl profitierten (vgl. Rn. 15 f).

## 5. Zustimmung zum Realsplitting

21 Unterhaltsleistungen an den geschiedenen oder dauernd getrennt lebenden unb schränkt einkommensteuerpflichtigen Ehegatten können bis zur Höhe von jährli 13 805 € als Sonderausgaben nach § 10 I Nr. 1 EStG vom steuerpflichtigen Einkor men abgezogen werden. Der Unterhaltspflichtige muss dies beantragen, der Unte haltsberechtigte muss zustimmen. Für den Unterhaltspflichtigen führt dies zu eir **Steuerermäßigung**, der abgezogene Betrag muss aber dann nach § 22 EStG na Abzug der Werbungskosten bzw. des Pauschbetrags von 102 € (§ 9 a I Nr. 3 ESt als „sonstiges Einkommen" vom Unterhaltsberechtigten versteuert werden. Dies Steuerbetrag sowie alle sonstigen Nachteile hat der Steuerpflichtige zu ersetzen[34]. braucht daher die Zustimmung, die formlos erklärt werden kann, nur **Zug um Z** gegen eine entsprechende Verpflichtungserklärung des Unterhaltsschuldners abzu ben. Wird die Zustimmung nach Abgabe der Verpflichtungserklärung nicht erte kann der Unterhaltsschuldner **den Anspruch auf Zustimmung** gerichtlich gelte machen.[35] Mit Eintritt der Rechtskraft wird die Zustimmung nach § 894 ZPO du den Beschluss des Familiengerichts ersetzt. Der Unterhaltsberechtigte schuldet a auch Schadensersatz.[36]

## II. Steuern in der Vermögensbilanz beim Zugewinnausgleich

## 1. Einkommensteuer

22 **a) Steuerschulden.** Am Stichtag für den Zugewinnausgleich können Steu schulden bestehen, aber auch Ansprüche auf **Steuererstattung.** Häufig ergeben : die Schulden und Ansprüche erst aus Steuerbescheiden, die **nach** dem Stich ergehen. In diesen Fällen muss überlegt werden, ob und wie diese Posten in Vermögensbilanz aufzunehmen sind. Maßgeblich für die Berücksichtigung b Zugewinnausgleich ist – wie bei allen Verbindlichkeiten (vgl. Kap. 1 Rn. 398 nicht die Fälligkeit, sondern der Zeitpunkt der **Entstehung.**[37] Einkommen-Kirchensteuerschulden sind Jahressteuern. Sie entstehen jeweils mit Ablauf des , res, in dem die Einkünfte bezogen wurden (§§ 25, 36 I, 51 a EStG). Anzusetzen daher nur die Nachforderungen, die sich auf vor dem Stichtag liegende **abgesch**

[33] BGH FamRZ 2002, 1024, 1027; OLG Hamm FamRZ 1990, 291.
[34] S. dazu Wever Rn. 805 f.
[35] Wever Rn. 811.
[36] Palndt/Brudermüller § 1353 Rn. 15; Wever aaO.
[37] BGH FamRZ 2006, 1178, 1179.

ne Jahre beziehen. Auf den Umstand, dass die Steuerschuld erst mit der späteren
ekanntgabe fällig wird (§ 36 IV EStG) kommt es nicht an.

Nachforderungen für das Jahr, in das der Stichtag fällt, sind weder ganz noch 23
ilweise zu den Passiva zu rechnen[38].

> **Beispiel:** Der Scheidungsantrag zwischen den Eheleuten F und M wurde am
> 18. 3. 2010 rechtshängig. Am 19. 5. 2010 erhielt M, nachdem er seine Einkom-
> mensteuererklärung für 2009 abgegeben hatte, einen Nachzahlungsbescheid
> über 5.000 € Steuern und Nebenleistungen.

Die Einkommensteuerschuld für 2009 ist mit Ablauf des 31. 12. 2009 **entstanden.** 24
er Nachzahlungsbetrag von 5000 € ist als Schuld im Endvermögen von M anzuset-
en[39].

Für Freiberufler entstehen jeweils zu Quartalsbeginn Verpflichtungen zu **Steuer-**
**vorauszahlungen** (§ 37 I 2 EStG). Diese sind, soweit sie in der Zeit vor dem Stichtag
cht fristgerecht bezahlt wurden, als Passiva in der Vermögensbilanz anzusetzen[40].
ies gilt auch dann, wenn sie erst nach dem Stichtag vom Finanzamt verlangt
erden. Entscheidend ist, dass der Zeitpunkt, für den sie beansprucht werden, vor
m Stichtag liegt.

Bei **gemeinsamer Veranlagung** zur Einkommensteuer sind die Steuerschulden im 25
ndvermögen jedes Ehegatten mit der Quote anzusetzen, die der Steuerpflicht der
hegatten **im Innenverhältnis** entspricht[41]. Herrscht darüber Streit, muss dieser
unkt vorab geklärt werden (dazu s. Rn. 4 f), weil der Zugewinnausgleich sonst nicht
utreffend berechnet werden kann.

## b) Steuererstattungen. (1) Keine zweifache Teilhabe: Ausgleich über 26
## en Unterhalt.
Ansprüche auf **Steuererstattungen** und bereits geleistete Erstat-
ngsbeträge zählt die bisher h. M.[42] zu den Vermögenspositionen, die güterrechtlich
uszugleichen sind. Aber nach der Rechtsprechung des BGH[43] zur **Doppelberück-**
**htigung von Vermögenspositionen** ist auch bei Steuererstattungen zu prüfen, ob
zu einer Ausgleichskonkurrenz zwischen Zugewinn und Unterhalt und damit zu
ner zweifachen Teilhabe kommen kann (vgl. Kap. 1 Rn. 107).

> **Beispiel:** Alleinverdiener M hat bei der Unterhaltsberechnung für Ehefrau F die
> von ihm gezahlte Einkommensteuer abgezogen. Kurz vor Rechtshängigkeit der
> Scheidung erhält er eine Steuererstattung von 12 000 €.

Ehefrau F hat dadurch, dass M zu hohe Steuern bezahlt und von seinem Einkom-
en abgezogen hat, einen niedrigeren Unterhalt erhalten als ihr richtigerweise
gestanden wäre. In diesem Fall erscheint es sachgerecht, die Steuererstattung zum

BGH FamRZ 1991, 43, 48; OLG Düsseldorf FamRZ 2004, 1106, 1107.
Vgl. FamVermR/Engels Rn. 9.324.
BGH FamRZ 1991, 43, 48, 49.
BGH FamRZ 2006, 1178, 1179; OLG Köln FamRZ 1999, 656 für den insoweit gleich liegenden Fall
der Steuererstattung.
H/Jaeger 4. Aufl. § 1375 Rn. 16; Palandt/Brudermüller 63. Aufl. § 1375 Rn. 10.
BGH FamRZ 2008, 761, 762 m. Anm. Hoppenz; 2007, 1532, 1536 m. Anm. Maurer; 2004, 1352,
1353 m. Anm. Bergschneider; 2003, 432, 433 m. Anm. Kogel; ; 2003, 1544, 1546; FamRZ 2003,
1645.

Einkommen zu zählen, so dass die Ehefrau über – nunmehr höheren – Unter hieran partizipiert. Die Steuererstattung darf dann nicht mehr, um eine zweifac Teilhabe zu vermeiden, als Vermögen im Endvermögen des Ehemannes anges werden[44].

27 Wird die Einkommensteuer erst **nach** dem Stichtag der Rechtshängigkeit Scheidung erstattet, gelten die gleichen Überlegungen, da der Rückerstattu anspruch zum Zeitpunkt der Zustellung des Scheidungsantrags bereits entstan war. Dagegen werden Steuerschulden, wenn sie bei Rechtshängigkeit der Scheid entstanden waren, stets im Endvermögen angesetzt. Der ausgleichspflichtige Ehe te darf sie dann nicht mehr bei der Unterhaltsberechnung abziehen.

28 **(2) Ausgleich über das Güterrecht.** Werden Ansprüche auf Steuererstatt nicht unterhaltsrechtlich ausgeglichen, weil ein Unterhaltsanspruch nicht best sind sie beim **Zugewinnausgleich** zu berücksichtigen. Aber auch hier gilt Grundsatz, dass es nicht auf die Fälligkeit, sondern auf die Entstehung ankor (Rn. 22). Rückzahlungsansprüche für abgeschlossene Jahre, die vor dem Sticl liegen, gehören daher auch dann zu den Aktiva, wenn sie erst **nach dem Sticl** durch einen Steuerbescheid mitgeteilt werden. Eine Erstattung für das Jahr, in ( der Scheidungsantrag zugestellt wurde, ist beim Zugewinnausgleich nicht mehr berücksichtigen. Denn auch der Rückzahlungsanspruch entsteht erst mit Ablauf Jahres, in das der Stichtag fällt. Wurde der Scheidungsantrag beispielsweise 30. 12. 2010 zugestellt, so sind weder Steuernachzahlungen noch Steuererstattu für das Jahr 2010 zu berücksichtigen.

Bei **gemeinsamer Veranlagung** ist der Erstattungsbetrag im Endvermögen j Ehegatten mit der Quote anzusetzen, die dem Steuerausgleich der Ehegatten **Innenverhältnis** entspricht.[45] Zur Aufteilung der Steuern vgl. Rn. 4 f. Bezog nu Ehegatte steuerpflichtige Einkünfte, so ist ein Anspruch auf Steuererstattung a seinem Endvermögen hinzuzurechnen.

Werden berücksichtigungsfähige Steuerschulden oder Steuererstattungen **nach rechtskräftigem Abschluss** des Zugewinnausgleichs bekannt, können sie r mehr berücksichtigt werden.[46] Wurde der Zugewinnausgleich durch gerichtlie oder notariellen Vergleich geregelt, kommt u. U. eine Abänderung nach den Gr sätzen vom Wegfall der Geschäftsgrundlage in Betracht.[47]

## 2. Kirchensteuer

29 Bemessungsgrundlage der Kirchensteuer ist stets die Einkommensteuer. Schulden und Erstattungsansprüche gelten daher die gleichen Grundsätze wie der Einkommensteuer (Rn. 22 f). Eine Berücksichtigung beim Zugewinnausgl kann auch hier nur dann in Betracht kommen, wenn die entsprechenden Steue bestände in dem Kalenderjahr liegen, das vor dem Trennungsjahr liegt.

---

[44] So Grziwotz MittBayNot 2005, 284, 286; Schulz FamRZ 2006, 1237, 1239; FA-FamR/Ger Kap. 6 Rn. 20 am Ende; vgl. Kogel, Strategien, Rn. 731; **a. A.** Hoppenz FamRZ 2006, 1242 ( gleich über den Zugewinn).
[45] BGH FamRZ 2006, 1178, 1179; OLG Köln FamRZ 1999, 656.
[46] BGH FamRZ 1983, 882.
[47] AG Euskirchen FamRZ 1986, 1092.

## Umsatzsteuer

Auch hier können nur die Guthaben und Rückstände aus den vor dem Stichtag  30
geschlossenen Veranlagungszeiträumen angesetzt werden. Das sind die vor dem
ichtag liegenden Kalenderjahre sowie die vor dem Stichtag fällig gewordenen, aber
cht geleisteten Vorauszahlungen. Guthaben oder Verbindlichkeiten sind bei dem
negatten anzusetzen, der Steuerschuldner gegenüber dem Finanzamt ist. Betreiben
e Eheleute das Unternehmen gemeinsam, entscheidet der Maßstab der Gewinn-
rteilung.

## Latente Ertragsteuern

Wird bei der Bewertung von **Unternehmen** und freiberuflichen **Praxen** auf einen  31
tiv erzielbaren Veräußerungserlös abgestellt, ist zu berücksichtigen, dass bei
sächlich durchgeführten Verkäufen wegen der damit verbundenen Auflösung
n stillen Reserven (Differenz zwischen Ertragswert und Buchwert) erhebliche
rtragsteuern anfallen können. Dies ist der Fall, wenn der ermittelte Unterneh-
enswert den steuerlichen Buchwert übersteigt und somit ein Veräußerungsgewinn
rliegt. Bei der Bewertung von **Lebensversicherungen** im Zugewinnausgleich
ap. 1 Rn. 299 f) können latente Ertragsteuern ebenfalls eine Rolle spielen, da die
träge aus den ab 2005 abgeschlossenen Lebensversicherungen nach § 20 I Nr. 6
tG grundsätzlich steuerpflichtig sind[48]. Sie sind auch im Bereich der **Güter-
meinschaft** bei der Bewertung des Gesamtguts zu berücksichtigen (vgl. Kap. 2
1. 76).

Latente Ertragsteuern fallen „**wertmindernd**" ins Gewicht.[49] Es handelt sich dabei  32
n **unvermeidbare Veräußerungskosten**.[50] Der Ansatz latenter Ertragsteuern ist
shalb gerechtfertigt, da diese Steuern stets anfallen, wenn nicht bei einer Veräuße-
ng oder Schenkung, dann im Erbfall. Die Steuer „lastet" auf dem Unternehmen
d ist daher als ein Minus zu berücksichtigen. In der Praxis wird oftmals ein
ndardisierter Steuersatz von 35% angenommen. Im Streitfall müssen diese fiktiven
euern durch einen Steuerberater ermittelt[51] und von dem angenommenen Veräuße-
ngserlös abgezogen werden. Für die Bemessung ist das jeweils am Stichtag gelten-
 Einkommensteuergesetz mit seinen sich häufig ändernden Freibeträgen heranzu-
hen[52]. Beim **Zugewinnausgleich** gehört die latente Ertragsteuer **nicht** zu den
rbindlichkeiten, die als selbständige Rechnungsposten zu berücksichtigen sind[53].
 ist lediglich ein **unselbständiger Faktor** bei der Bewertung von Unternehmen,
iberuflichen Praxen und Lebensversicherungen.

---

Näher dazu s. Hauß FPR 2007, 190, 192 f.
3GH FamRZ 1999, 361, 364 f (Steuerberaterpraxis); 1991, 43, 48 (Arztpraxis); 1989, 1276 (landwirtschaftliches Anwesen); 2005, 99, 100 (Maschinenbau).
3GH FamRZ 1991, 43, 49; OLG Dresden 2008, 1857; OLG Düsseldorf FamRZ 2008, 516, 517
n. abl. Anm. Schröder; Palandt/Brudermüller § 1376 Rn. 11; JH/Jaeger § 1376 Rn. 19; **a. A.** Hoppenz FamRZ 2006, 449 (nur bei beabsichtigter Veräußerung).
Horn FPR 2006, 317, 319.
OLG Dresden FamRZ 2008, 1857, 1858.
Vgl. Palandt/Brudermüller § 1375 Rn. 15.

## IV. Die Spekulationssteuer

### 1. Anfall von Spekulationssteuer

33 In Trennungs- und Scheidungsvereinbarungen wird das Vermögen der Ehel oftmals in der Weise auseinander gesetzt, dass ein Ehegatte sein (Mit-) Eigentu einem Hausgrundstück auf den anderen überträgt. Die Übereignung von Grundb auf den Ehepartner ist zu einem steuerlichen Problem geworden, seitdem die Speku onsfrist von bisher zwei auf zehn Jahre ausgeweitet wurde. Die Eigentumsübertra von Immobilien – auch zur Erfüllung von Zugewinnausgleichsansprüchen – is **privates Veräußerungsgeschäft** i. S. von § 23 I 1 Nr. 1 EStG. Gewinne aus priv Veräußerungsgeschäften (früher: Einkünfte aus Spekulationsgeschäften) unterli nach § 23 I Nr. 1 EStG i. V. mit § 2 I 1 Nr. 7, § 22 Nr. 2 EStG der Einkommensteu

---

34 | **Beispiel:** Die Eheleute M und F erwarben 2001 als Miteigentümer zum Ka
preis von 400 000 € ein Grundstück mit einem Einfamilienhaus, das sie for bewohnten. Im Jahr 2009 trennten sich die Eheleute und M zog aus. Ein J später reichte F die Scheidung ein. F verlangte im Verbund einen Zugewi ausgleich von 350 000 €. Die gemeinsame Immobilie hatte mittlerweile eir Wert von 600 000 €. Mit Scheidungsurteil vom 25. 11. 2010 wurde F ein Zu winnausgleich in Höhe von 350 000 € zugesprochen. Zur Abfindung der Zu winnausgleichsforderung in Höhe von 300 000 € übertrug M im Dezember 2 seinen Hälfteanteil an der gemeinsamen Immobilie an F. Muss M einen V äußerungsgewinn nach § 23 I 1 EStG versteuern?

---

35 Überträgt ein Ehegatte zur Erfüllung der Zugewinnausgleichsforderung seir leineigentum oder seinen Miteigentumsanteil an einem Grundstück auf den Ehe ner, so handelt es sich um eine entgeltliche Leistung an Erfüllungs statt (§ 364 B und damit um ein **privates Veräußerungsgeschäft** i. S. von § 23 I 1 Nr. 1, § . Nr. 7, § 22 Nr. 2 EStG, das der **Spekulationssteuer** unterliegt. Im Beispielsfall M daher seinen Veräußerungserlös versteuern.[54] Der Gewinn von M be 300 000 € abzüglich hälftige Anschaffungskosten (Abschreibungen sind bereit rücksichtigt) von 200 000 € = 100 000 €. Im Steuerrecht findet bei der Gewinner lung **kein Inflationsausgleich** durch Indexierung (Hochrechnung) statt. Eine nahme nach § 23 I Nr. 1 S. 3 EStG lag nicht vor, weil M nicht bis zur Eigent übertragung im Haus geblieben war (vgl. Rn. 39).

Zur Spekulationssteuer bei der Grundstücksbewertung im **Zugewinnausg** vgl. Rn. 43 f.

### 2. Vermeidung von Spekulationssteuer

36 In der Literatur wurden verschiedene „Strategien" zur Vermeidung der Speku onssteuer entwickelt[55]. Der einfachste Vorschlag besteht darin, die beabsich

---

[54] So BFH BFH-Report 2005, 286 = DStRE 2005, 499 = BB 2005, 762; OFD Frankfurt Fi Rundschau 2001, 23; OFD München Der Betrieb 2001, 1533 = DStR 2001, 1298; Karasek F 2002, 590; Feuersänger FamRZ 2003, 645, 646; Schröder FamRZ 2002, 1010; Hermanns DStR 1065; **a. A.:** Tiedtke/Wälzholz DStZ 2002, 913.

[55] Vgl. Hermans DStR 2002, 1065; Karasek FamRZ 2002, 590; Schröder FamRZ 2002, 1010; FamRZ 2003, 808; Tiedtke/Wälzholz DStZ 2002, 9.

gentumsübertragung durch **Stundung** der Zugewinnausgleichsforderung hinausschieben, bis die Zehn-Jahres-Frist abgelaufen ist[56]. Ein weiterer Vorschlag sieht r, statt eines privaten Veräußerungsgeschäfts, wie es § 23 I 1 Nr. 1 EStG vorauszt, eine unentgeltliche Zuwendung vor Rechtskraft der Scheidung vorzunehmen.[57] n Ehegatte könnte zur Abgeltung der künftigen Zugewinnausgleichsforderung nen Miteigentumsanteil oder sein Alleineigentum am Grundstück als **Vorausempng gemäß § 1380 I 1 BGB** unentgeltlich auf den Ehepartner übertragen. Durch n vorweggenommenen Zugewinnausgleich nach § 1380 BGB erleidet der auseichspflichtige Ehegatte in der Regel keinen Nachteil (vgl. Kap. 1 Rn. 513 ff).

Eine dritte Möglichkeit, ein privates Veräußerungsgeschäft zu vermeiden, besteht **37** rin, die begehrte Eigentumsübertragung durch den Familienrichter **nach § 1383 GB anordnen zu lassen** (vgl. Kap. 1 Rn. 578 f). Überträgt ein Ehegatte – in Vollg einer gerichtlichen Anordnung nach § 1383 BGB – sein Grundstück auf den epartner, so handelt es sich **nicht** um ein privates Veräußerungsgeschäft i. S. v. 23 I Nr. 1 EStG. Ein Veräußerungsgewinn **unterliegt damit nicht der Spekulatissteuer** (§ 23 I Nr. 1 i. V. mit § 2 I 1 Nr. 7, § 22 Nr. 2 EStG).[58] Durch die tscheidung des Familiengerichts nach § 1383 BGB erfolgt zwar kein unmittelbarer gentumsübergang. Es wird nur ein schuldrechtlicher Anspruch auf Übereignung gründet. Hat jedoch das Familiengericht den Ausgleichsschuldner antragsgemäß rpflichtet, seinen Grundstücksanteil zu Alleineigentum des anderen Ehegatten fzulassen und die Eintragung im Grundbuch zu bewilligen, so gelten diese Erklängen mit Rechtskraft des Beschlusses als abgegeben (§ 894 I 1 ZPO). Die Übertrang des Eigentums wird sodann – ohne weitere Beteiligung des verpflichteten egatten – durch einseitige Auflassungserklärung des berechtigten Ehegatten vor em Notar vollzogen (vgl. Rn. 585).

In diesem Fall erfolgt die Grundstücksübereignung also **nicht durch ein privates 38 räußerungsgeschäft** i. S. v. § 23 I 1 Nr. 1 EStG. Denn die Leistungspflicht des sgleichsschuldners beruht nicht auf einer rechtsgeschäftlich eingegangenen Verbarung, sondern auf einer Entscheidung des Familiengerichts, die auch gegen n Willen des ausgleichspflichtigen Ehegatten ergehen kann.[59] Der Steuertatstand des § 23 I 1 Nr. 1 EStG verlangt aber einen von den Beteiligten rechtsrksam abgeschlossenen obligatorischen Vertrag oder einen von ihnen einverhmlich gleichstehenden Rechtsakt, der die Verpflichtung zur Eigentumsübertrang begründet. Da die Übertragung des Grundstücks gemäß § 1383 BGB auf er einseitig herbeigeführten gerichtlichen Anordnung beruht und ihr keine von n Eheleuten getroffene Absprache zugrunde liegt, liegt **kein** privates Veräußengsgeschäft i. S. von § 23 I 1 Nr. 1 EStG vor, so dass auch **keine Spekulationsuer** anfallen kann.[60]

---

arasek FamRZ 2002, 590, 592; Hermans DStR 2002, 1065, 1068; Tiedtke/Wälzholz DStZ 2002, 9, 7; Arens FPR 2003, 426, 428; hierzu kritisch Münch FamRB 2006, 292, 297; Engels FF 2004, 285, 86.

Hermanns DStR 2002, 1065, 1067; Tiedtke/Wälzholz DStZ 2002, 9, 14.

o auch Schröder FamRZ 2002, 1010; Büte Rn. 307; Büte FuR 2003, 390, 393; MK/Koch § 1383 Rn. 5; Tiedtke/Wälzholz DStZ 2002, 9, 13; **a. A.:** Feuersänger FamRZ 2003, 645, 647; JH/Jaeger 1383 Rn. 3.

taudinger/Thiele § 1383 Rn. 30; MK/Koch § 1383 Rn. 5.

ΛK/Koch § 1383 Rn. 5.

## 3. Gesetzliche Ausnahmen (§ 23 I 1 Nr. 1 Satz 3 EStG).

39   Für Familienwohnheime gibt es Ausnahmeregeln. Nach § 23 I 1 Nr. 1 Satz 3 lie
kein Spekulationsgeschäft vor, wenn das Grundstück
* zwischen Anschaffung und Veräußerung ausschließlich zu eigenen Wohnzwecke
* oder im Jahr der Veräußerung und in den beiden vorangegangenen Jahren :
eigenen Wohnzwecken genutzt wurde.

40   **Beispiel 1:** Ehemann M erwarb im Mai 2002 eine Immobilie als Alleineigentü
mer, in der er seither mit seiner Ehefrau wohnt. M möchte sich im Dezembe
2003 von seiner Frau trennen und seine Eigentumswohnung verkaufen. Ist ei
möglicher Veräußerungsgewinn gemäß § 23 I 1, § 22 Nr. 2 EStG steuerpflichtig

Nach § 23 I 1 Nr. 1 Satz 3 (1. Alternative) EStG liegt **kein** „Spekulationsgeschä
vor, wenn der Verkäufer das Grundstück zwischen Anschaffung und Veräußeru
ausschließlich zu **eigenen Wohnzwecken** genutzt hat. Nach dieser Alternative mu
der Veräußerer die Immobilie zwischen Erwerb und Verkauf **ununterbroch**
bewohnt haben. M darf daher **nicht ausziehen** und dann erst einen Käufer such
Ein Leerstehen der Wohnung vor der Veräußerung ist nur dann unschädlich, we
die Wohnung gerade wegen der beabsichtigten Veräußerung geräumt wurde.[61] Ei
Mindestdauer der Nutzung fordert die 1. Alternative des § 23 I 1 Satz 3 ES
nicht[62]. Wenn M zum Zeitpunkt der Veräußerung noch in der Wohnung lebt, ist d
Ausnahmetatbestand des § 23 I 1 Nr. 1 Satz 3 (1. Alternative) EStG gegeben. E
möglicher Veräußerungsgewinn muss dann nicht versteuert werden. Zieht M dag
gen aus, überlässt die Wohnung der Ehefrau und verkauft dann das Haus :
folgenden Jahr, fällt die Spekulationssteuer an. Die Nutzung durch die Ehefrau wi
nicht als „Nutzung zu eigenen Wohnzwecken" anerkannt[63].

41   **Beispiel 2:** Ehemann M erwarb im Dezember 2001 eine Eigentumswohnung, i
der die Familie fortan wohnte. Im Januar 2003 zog M aus und veräußerte di
Wohnung noch im gleichen Jahr. Muss M einen möglichen Veräußerung:
gewinn versteuern?

Die 2. Alternative des § 23 I 1 Nr. 1 Satz 3 EStG setzt voraus, dass die Wohnu
im Jahr der Veräußerung und in den beiden vorausgegangenen Jahren zu eigen
Wohnzwecken genutzt wurde. Dieser Drei-Jahres-Zeitraum muss **nicht volle Kale**
**derjahre** umfassen. Es reicht aus, wenn die Wohnung in einem **zusammenhängend**
**Zeitraum innerhalb der letzten drei Kalenderjahre** genutzt wurde[64]. Nachdem
die Immobilie noch im Jahr 2003 veräußert hat, ist die 2. Alternative des § 23 I 1 Nr
Satz 3 EStG gegeben. Ein möglicher Veräußerungsgewinn ist nicht zu versteuern.
Für beide Alternativen gilt: Zieht der Eigentümer-Ehegatte während der Trennu
aus, muss noch im selben Jahr die Übertragungsvereinbarung abgeschlossen werd
damit der Ausnahmetatbestand erfüllt wird.

---

[61] Münch FamRB 2006, 92, 96; Karasek FamRZ 2002, 590, 591.
[62] Vgl. Karasek FamRZ 2002, 590, 592; Hermanns DStR 2002, 1065, 1066; Tiedtke/Wälzholz D:
2002, 9, 16; Seitz DStR 2001, 277, 281; Gottwald MittBayNot 2001, 8, 12.
[63] FamVermR/Engels Rn. 9.541 zweiter Absatz.
[64] Vgl. Karasek FamRZ 2002, 590, 591; Hermans DStR 2002, 1065, 1066; Tiedtke/Wälzholz D:
2002, 9, 16; Seitz DStR 2001, 277, 281; Münch FamRB 2006, 292, 296.

> **Beispiel 3:** Die Eheleute M und F erwarben 1994 ein Familienheim, das sie fortan bewohnten. Im Frühjahr 2002 verließ M die Familie. F blieb **mit den gemeinsamen minderjährigen Kindern** weiterhin in der Wohnung. Nach der Scheidung im Jahr 2003 übertrug M in Erfüllung der Zugewinnausgleichsforderung seinen Hälfteanteil am Hausgrundstück an F. Muss M bei einem Veräußerungsgewinn Spekulationssteuer zahlen? **42**

Der Bundesfinanzhof hat mit Urteil vom 26. 1. 1994[65] zur Steuerbegünstigung nach § 10 e EStG entschieden, dass der Eigentümer seine Immobilie auch dann „zu eigenen Wohnzwecken" nutzt, wenn er sie zwar nicht selbst bewohnt, aber sie seinen **unterhaltsberechtigten Kindern** überlässt. Dabei spielt es keine Rolle, dass die Mutter, die die Kinder betreut, mit in der Wohnung bleibt. Diese höchstrichterliche Auslegung des Begriffs „zu eigenen Wohnzwecken" zu § 10 e EStG kann in gleicher Weise auch auf private Veräußerungsgeschäfte nach § 23 I 1 Nr. 1 EStG erstreckt werden.[66] Im Beispielsfall 3 hat dann der Eigentümer das Grundstück zwischen Anschaffung und Veräußerung „ausschließlich zu eigenen Wohnzwecken" genutzt. Damit ist das Tatbestandsmerkmal der Ausnahmeregelung des § 23 I 1 Nr. 1 Satz 3 (1. Alternative) EStG gegeben. Eine Spekulationssteuer fällt nicht an.

## Spekulationssteuer bei der Grundstücksbewertung im Zugewinnausgleich

Bei der Bewertung von Grundstücken im Rahmen des Zugewinnausgleichs kann ein möglicher Anfall von Spekulationssteuer – ähnlich der latenten Ertragssteuer bei Betrieben (vgl. Rn. 31) – wertmindernd zu berücksichtigen sein. Im Gegensatz zur Wertermittlung bei Unternehmen und freiberuflichen Praxen, bei denen eine fiktive Steuer stets berücksichtigt wird, auch wenn der Inhaber den Betrieb weiterführt, ist bei Grundstücken darauf abzustellen, ob es innerhalb der Zehn-Jahres-Frist **voraussichtlich zu einer Veräußerung** kommt. Die unterschiedliche Beurteilung eines latenten Steueranfalls ergibt sich daraus, dass die Gewinne aus einer Betriebsveräußerung immer steuerpflichtig sind. Diese mögliche Minderung eines Gewinns muss bei der Vermögensbewertung berücksichtigt werden. Wird dagegen ein Grundstück verkauft, fällt für einen Gewinn die Spekulationssteuer nur dann an, wenn die Veräußerung innerhalb der Zehn-Jahres-Frist erfolgt und keine Nutzung zu eigenen Wohnzwecken vorlag (§ 23 I 1 Nr. 1 Satz 3 EStG). **43**

Es ist also ungewiss, ob bei einer Veräußerung ein Gewinn zu versteuern ist. Bei der Bewertung unsicherer und ungewisser Rechte und Verpflichtungen ist darauf abzustellen, wie groß die **Wahrscheinlichkeit** der Realisierung ist (vgl. Rn. 380 f). Bei dieser Schätzung kommt es darauf an, ob am Stichtag der Rechtshängigkeit der Scheidung (§ 1384 BGB) eine Veräußerung des Grundstücks innerhalb der Zehn-Jahres-Frist und damit ein Anfall der Spekulationssteuer zu erwarten war. Muss die Immobilie als finanzielle Folge des Zugewinnausgleichs verkauft werden und wird sie auch nicht zu eigenen Wohnzwecken genutzt, ist eine fiktive Spekulationssteuer **44**

---

[65] BFH BStBl 1994 II 544, 545, 546; ebenso 1994 II 542, 543; ihm folgend die Finanzverwaltungen OFD Berlin Finanz-Rundschau 1997, 585 und OFD Koblenz Finanz-Rundschau 1997, 585.
[66] So Feuersänger FamRZ 2003, 645, 646; Tietke/Wälzholz DStZ 2002, 9, 16, 17; Seitz DStR 2001, 277, 280; Gottwald MittBayNot 2001, 8, 13; Münch FamRB 2006, 92, 96.

zu berücksichtigen.[67] Zuvor ist jedoch stets zu prüfen, ob alle Möglichkeiten d Steuervermeidung (Rn. 36 f) ausgeschöpft sind.[68]

## V. Zugewinnausgleich und Steuern[69]

45  Die Durchführung des Zugewinnausgleichs ist **steuerlich neutral.** Die Au gleichszahlung erfolgt aus versteuertem Vermögen und zählt deshalb nicht als Ei kommen. Sie wird auch nicht als „Geschenk" oder „Erbe" behandelt und unterlie daher nicht nach § 5 II ErbStG der Schenkungsteuer. Ein unentgeltlicher Verzic auf die Ausgleichsforderung kann aber als Schenkung an den ausgleichspflichtig Ehegatten bewertet werden und ist damit schenkungssteuerpflichtig. Die Ausgleich forderung kann auch nicht als besondere Belastung nach § 33 EStG geltend gemac werden. Muss der Ausgleichsschuldner zur Finanzierung einen Kredit aufnehme können die Zinsen nicht nach § 10 EStG als Sonderausgaben berücksichtigt werde Es ist auch nicht möglich, die Zinsen als Werbungskosten bei den Einkünften a Vermietung oder Verpachtung anzusetzen.[70]

46  Wird zur Erfüllung des Ausgleichsanspruchs ein Grundstück oder ein Grun stücksteil übertragen, fällt wegen des Ehegattenprivilegs in § 3 Nr. 4 GrEStG kei **Grunderwerbsteuer** an. Werden Gegenstände aus einem Betriebsvermögen hera gezogen, z. B. Einrichtungsgegenstände oder ein Kraftwagen, handelt es sich u Privatentnahmen nach § 6 I Nr. 4 EStG, die steuerliche Auswirkungen haben kö nen. In diesen Fällen sollte daher ein Steuerberater nach den konkreten Folg befragt werden. Zur **latenten Ertragsteuer** bei der Bewertung von Unternehm und Lebensversicherungen vgl. Rn. 31 f und zur **Spekulationssteuer** bei Grun stücksbewertungen s. Rn. 43 f.

## VI. Gütergemeinschaft und Steuern

47  Bei der **Begründung** der Gütergemeinschaft muss zunächst die Höhe der beide seits eingebrachten Vermögen ermittelt werden. Die halbe Differenz unterliegt na § 7 I Nr. 4 ErbStG als „Bereicherung die ein Ehegatte ... bei Vereinbarung d Gütergemeinschaft ... erfährt", der Schenkungssteuer. Wegen des Hohen Freibetr ges von jetzt 500 000 € wird sich diese Steuerpflicht allerdings selten auswirke Hinsichtlich der Grunderwerbsteuer gilt das Ehegattenprivileg des § 3 Nr. GrEStG. Erbt ein Ehegatte während des Bestehens der Gütergemeinschaft Ve mögen, das nach § 1416 I 2 BGB ins Gesamtgut fällt, entsteht für den ander Ehegatten keine Pflicht zur Zahlung von Schenkungssteuer.[71]

48  Bei der **Beendigung** der Gütergemeinschaft durch Scheidung ergeben sich für d Vorbehaltsgut und das Sondergut keine steuerlichen Folgen, denn diese Sonderve mögen erfahren keinerlei Veränderungen und bleiben bei ihren bisherigen Rech trägern. Für die Auseinandersetzung des **Gesamtguts** gilt folgendes: Die Aufteilu

---

[67] Im Ergebnis ebenso Palandt/Brudermüller § 1376 Rn. 11 (Schätzung nach § 287 ZPO); a. A.: Ko FamRZ 2003, 808, 810 (stets Abschlag in voller Höhe der Spekulationssteuer).
[68] FamVermR/Engels Rn. 9.561.
[69] Vgl. Arens FamRZ 1999, 257 ff; FPR 2003, 426 ff; Linderer FPR 2003, 390 ff.
[70] Vgl. BFH NJW 1994, 280.
[71] Börger/Engelsing Rn. 1318.

von gemeinsamem Privatvermögen kann weder als Veräußerung noch als Anschaffung angesehen werden[72]. Übernimmt ein Ehegatte Grundstücke aus dem Gesamtgut, gilt das **Ehegattenprivileg** des § 3 Nr. 5 GrESt. Voraussetzung ist aber, dass noch ein enger zeitlicher Zusammenhang zur Scheidung besteht. Zu berücksichtigen ist nur die **Spekulationssteuer** (Rn. 33 f) sowie bei Bewertungen u. U. die latente Ertragsteuer (Rn. 31 f). Soweit Gegenstände aus einem Betriebsvermögen entnommen werden, können Ertragsteuern nach §§ 16, 18 III, 34 I 1 EStG anfallen.

## VII. Unbenannte Zuwendungen und Steuern

Ehebezogene Zuwendungen sind auch während der Ehe grundsätzlich schenkungssteuerpflichtig.[73] Zu beachten ist aber auch hier der Freibetrag von 500 000 € nach § 16 I Nr. 1 ErbStG. Bei Zuwendungen des Familienheims gilt zusätzlich die Steuerfreiheit nach § 13 I Nr. 4 a ErbStG. Grunderwerbsteuer fällt wegen des Ehegattenprivilegs nach § 3 Nr. 4 GrESt nicht an. **49**

---

[72] FamVermR/Engels Rn. 9.354.
[73] BFH FamRZ 2006, 126; FamVermR/Engels Rn. 9.355.

# Kapitel 7. Vermögensauseinandersetzung mit Schwiegereltern

## 1. Abschnitt: Ansprüche der Schwiegereltern

1    Zu den schwierigsten Problemen der vermögensrechtlichen Auseinandersetzung im Familienrecht gehören die Ansprüche **von und gegen** Schwiegereltern. Könne Schwiegereltern ihre Zuwendungen vom Schwiegerkind wieder zurückforder wenn dessen Ehe mit ihrem leiblichen Kind scheitert? Die Schwiegereltern hab meistens Zuschüsse zum Bau oder Kauf eines Familienheims gegeben oder sie hab ein Grundstück auf Kind und Schwiegerkind übertragen. Der BGH und die Obe landesgerichte versagten seit 1995 den Schwiegereltern eine Rückgewähr und rege ten den Ausgleich über den Zugewinnausgleich zwischen den Eheleuten. Nunme hat der Familiensenat des BGH mit seinen Entscheidungen vom 3. 2. 2010 und 21. 2010 seine seit 15 Jahren geltende „Schwiegereltern-Rechtsprechung" **grundlege geändert.** Die Schwiegereltern haben nunmehr – unabhängig vom Zugewinnau gleich zwischen Kind und Schwiegerkind – einen unmittelbaren Rückforderung anspruch gegen das Schwiegerkind.

## A. Finanzielle Zuwendungen der Schwiegereltern

### I. Die frühere Rechtsprechung des BGH

2    Der BGH[1] hatte eine finanzielle Zuwendung an Kind und Schwiegerkind rechtl unterschiedlich bewertet:
   - Gegenüber dem **eigenen Kind** handelt es sich um eine **Schenkung** (§ 516 BG Die Zuwendung geschieht aus echter Freigebigkeit und reiner Uneigennützigk Das Kind kann über das erhaltene Geld frei verfügen.
   - Gegenüber dem **Schwiegerkind** erfolgt die Zuwendung **nicht uneigennützig** freien Verfügung des Empfängers, sondern zur Stärkung und Erhaltung der el lichen Lebensgemeinschaft des eigenen Kindes. Bei Zuwendungen der Schwieg eltern an das Schwiegerkind handelt es sich daher – wie bei Zuwendungen un Eheleuten – um **ehebezogene Zuwendungen.**

3    Scheitert die Ehe die Ehe des leiblichen Kindes mit dem Schwiegerkind, so f zwar die Geschäftsgrundlage für die Zuwendung an das Schwiegerkind weg, Rückforderungsanspruch der Schwiegereltern wegen Wegfalls der Geschäftsgru lage (§ 313 BGB) bestand – nach früherer Rechtsprechung – aber dann nicht, we der vorrangig durchzuführende Zugewinnausgleich zwischen den Eheleuten einem angemessenen – und auch für die Schwiegereltern – **zumutbaren Ergeb** führte.

---

[1] BGH FamRZ 1999, 365; 1998, 669; 1995, 1060, 1061.

430

Dies war in der Regel der Fall, da der BGH die Zuwendung an Kind und 4
Schwiegerkind rechtlich unterschiedlich bewertete. Das Kind der Schwiegereltern
durfte die Zuwendung als **Schenkung** nach § 1374 II BGB in sein Anfangsvermögen
einstellen, das Schwiegerkind dagegen durfte die Zuwendung als **ehebezogene Zuwendung** nicht seinem Anfangsvermögen hinzurechnen. Auf diese Weise floss über
den Zugewinnausgleich die Hälfte der Zuwendung an das eigene Kind zurück.
Damit erfolgte nach der früheren Anschauung des BGH eine angemessene Berücksichtigung der Zuwendung bereits im Rahmen des Zugewinnausgleichs zwischen
Kind und Schwiegerkind und damit stand den Schwiegereltern auch kein eigener
Rückgewährsanspruch mehr zu.

## II. Die neue Entscheidung des BGH

## 1. „Echte" Schenkung

Der Familiensenat des BGH hat mit seinen Entscheidungen vom 3. 2. 2010[2] 5
und 21. 7. 2010[3] seine frühere Rechtsprechung aufgegeben.[4] Zuwendungen der
Schwiegereltern an das Schwiegerkind bewertet der BGH nicht mehr als ehebezogene, unbenannte Zuwendungen, sondern als *„echte"* Schenkungen, auch wenn
sie um der Ehe des eigenen Kindes willen erfolgten. Schwiegerelterliche Zuwendungen erfüllen – so nunmehr der BGH[5] – sämtliche tatbestandlichen Voraussetzungen des § 516 I BGB. Es fehlt weder an einer Einigung über die Unentgeltlich-
keit der Zuwendung, noch an einer dauerhaften Vermögensminderung beim Zuwendenden.

## 2. Wegfall der Geschäftsgrundlage

Auch wenn der BGH Zuwendungen der Schwiegereltern nicht mehr als ehebezo- 6
gene (unbenannte) Zuwendungen, sondern als Schenkungen bewertet, wendet er auf
sie dennoch bei Scheitern der Ehe die Grundsätze des **Wegfalls der Geschäftsgrundlage** (§ 313 BGB) an.[6] Denn Geschäftsgrundlage einer schwiegerelterlichen Schenkung ist regelmäßig die auch für das Schwiegerkind erkennbare Erwartung, die Ehe
mit dem eigenen Kind werde Bestand haben und die Schenkung werde dem leiblichen Kind auf Dauer zugute kommen. Der BGH spricht daher auch von einer
*ehebezogenen Schenkung"*[7].

In den Entscheidungsgründen grenzt der BGH[8] schwiegerelterliche Zuwendung 7
von ehebezogenen (unbenannten) Zuwendungen ab und weist darauf hin, dass
Zuwendungen unter Eheleuten weiterhin nicht als Schenkungen zu bewerten sind.

---

BGH FamRZ 2010, 958.
BGH FamRZ 2010, 1626.
Hierzu kritisch Schulz FF 2010, 273 ff; Kogel FF 2010, 319 ff; Wever FamRZ 2010, 1047 ff.
BGH FamRZ 2010, 958, 959.
BGH FamRZ 2010, 958, 960; 2010, 1626 (Tz. 13).
BGH FamRZ 2010, 958, 961 (Tz. 39).
BGH FamRZ 2010, 958, 960; 2010, 1626 (Tz. 12).

### 3. Unmittelbarer Rückforderungsanspruch der Schwiegereltern (§ 313 BGB)

8    Hat sich die Erwartung der Schwiegereltern, die eheliche Lebensgemeinschaft d
von ihnen beschenkten Schwiegerkindes mit ihrem Kind werde Bestand habe
infolge des **Scheiterns der Ehe** nicht erfüllt, so ist die **Geschäftsgrundlage für d**
**Schenkung entfallen.** Es ist – nach der neuen Rechtsprechung – nicht mehr vo
rangig zu prüfen, ob der Zugewinnausgleich zwischen den Eheleuten zu eine
angemessenen Ergebnis führt.[9] Die Schwiegereltern haben einen **unmittelbare**
**Anspruch** gegen das Schwiegerkind auf Rückgewähr der Schenkung wegen **Wegfa**
**der Geschäftsgrundlage** (§ 313 BGB).

### 4. Anspruch der Schwiegereltern wegen ungerechtfertigter Bereich rung (§ 812 I 2 Alt. 2 BGB)

9    Der BGH hatte bisher eine Rückabwicklung schwiegerelterliche Zuwendunge
die allein um der Ehe des eigenen Kindes willen erfolgten, wegen Zweckverfehlur
nach § 812 Abs. 1 S. 1 Alt. 2 BGB abgelehnt Auch an dieser Rechtsprechung hä
der Familiensenat nicht mehr fest.[10] Ein **Ausgleich wegen Zweckverfehlung** kar
sich ergeben, wenn der verfolgte Zweck darin bestand, dass die Schenkung de
**eigenen Kind** dauerhaft zugute kommen sollte und beide Parteien dabei vom For
bestehen der Ehe ausgingen.[11]

10    Der BGH räumt allerdings ein, dass eine entsprechende Zweckvereinbarung vie
fach **nicht festgestellt** werden kann.[12] Die bereicherungsrechtliche Rückabwicklur
wegen Zweckverfehlung setzt voraus, dass mit dem Empfänger der Leistung eir
Willensübereinstimmung über den mit der Leistung verfolgten Zweck erzielt word
ist. Ein bloßes Kennenmüssen sowie einseitige Vorstellungen genügen nicht, vie
mehr wird eine **positive Kenntnis** von der Zweckvorstellung des anderen Tei
gefordert. Für den Bereicherungsanspruch trägt grundsätzlich derjenige die vol
**Darlegungs- und Beweislast,** der den Anspruch geltend macht.[13] Die Schwiege
eltern müssen also eine gemeinsame Zweckabrede nachweisen. Dieser Beweis i
nicht leicht zu erbringen, da die Beteiligten im Zeitpunkt der Schenkung zumei
nicht an ein späteres Scheitern der Ehe denken.

### 5. Kein Anspruch der Eltern gegen das eigene Kind

11    Vermögenszuwendungen der Eltern an das leibliche Kind bewertet der BGI
weiterhin als „echte" Schenkungen (§ 516 BGB). Die Zuwendungen erfolgen nicl
um der Ehe des eigenen Kindes willen, sondern aus echter Freigebigkeit und rein
Uneigennützigkeit. Scheitert die Ehe des Kindes, haben die Eltern deshalb **keine**
Rückgewährsanspruch wegen Wegfalls der Geschäftsgrundlage. Nur bei Verarmun

---

[9] BGH FamRZ 2010, 958, 960; 2010, 1626 (Tz. 17).
[10] Zu Recht sehr kritisch Wever FamRZ 2010, 1047, 1050.
[11] BGH FamRZ 2010, 958, 962; 2010, 1626 (Tz. 27); so schon BGH FamRZ 2009, 849, 850 b
Zuwendungen in nichtehelicher Lebensgemeinschaft.
[12] BGH FamRZ 2010, 958, 963; 2010, 1626 (Tz. 31).
[13] BGH FamRZ 2009, 849, 851.

des Schenkers (§ 528 BGB) oder grobem Undank (§ 530 BGB) können Ansprüche nach Schenkungsrecht bestehen.

## III. Entstehung und Höhe des Rückgewährsanspruchs der Schwiegereltern

> **Beispiel:** Die Eltern von M wendeten ihrem Sohn und seiner Ehefrau F jeweils einen Betrag von 50 000 € zu. Zehn Jahre später trennten sich die Eheleute M und F. Bei Rechtshängigkeit der Scheidung hatten die Ehegatten, die bei Eheschließung beide vermögenslos waren, jeweils ein Endvermögen von 50 000 €. Die Schwiegereltern verlangen von F 50 000 € zurück.

12

Die Schwiegereltern haben, wenn die Ehe ihres Kindes mit dem Schwiegerkind scheitert, nach der neuen Rechtsprechung des BGH einen **unmittelbaren Rückforderungsanspruch** gegen das Schwiegerkind wegen Wegfalls der Geschäftsgrundlage (§ 313 BGB). Der Anspruch besteht nunmehr grundsätzlich **völlig unabhängig vom Zugewinnausgleich** zwischen den Eheleuten.

Der Rückgewährsanspruch der Schwiegereltern wegen Wegfalls der Geschäftsgrundlage (§ 313 BGB) **entsteht mit dem Scheitern der Ehe** des eigenen Kindes und des Schwiegerkindes. **Maßgeblicher Stichtag** ist die **endgültige Trennung der Eheleute,** die sich in der Regel im Auszug eines Ehegatten aus der gemeinsamen Wohnung zeigt.[14] Der Rückforderungsanspruch der Schwiegereltern entsteht somit schon vor dem für den Zugewinnausgleich der Eheleute maßgebenden Stichtag der Rechtshängigkeit der Scheidung (§ 1384 BGB).

13

Zur **Höhe des Rückgewährsanspruchs** hat der BGH[15] auf seine bisherige Rechtsprechung[16] zu ehebezogene (unbenannten) Zuwendungen verwiesen. Danach ist im Rahmen einer „Gesamtwürdigung" auf folgende **Kriterien** abzustellen:

14

- Dauer der Ehe des Kindes mit dem Schwiegerkind von der Zuwendung bis zur Trennung,
- Höhe der durch die Zuwendung bewirkten und noch vorhandenen Vermögensmehrung,
- Einkommens- und Vermögensverhältnisse des Schwiegerkindes und der Schwiegereltern.

Eheverfehlungen des Schwiegerkindes sind **nicht** zu berücksichtigen.[17]

Der BGH hat wiederholt darauf hingewiesen, dass bei der „Billigkeitsabwägung" nach § 313 BGB in erster Linie die **Dauer der Ehe** des Kindes mit dem Schwiegerkind von Bedeutung ist.[18] Auch in der Entscheidung vom 3. 2. 2010 hat der Familiensenat betont, es sei besonders zu berücksichtigen, dass das eigene Kind sieben Jahre von der Schenkung an das Schwiegerkind profitiert habe. Für den Zeitraum, in dem die Ehe Bestand hatte, ist der Zweck der „ehebezogenen" Schenkung – Verwirklichung und Ausgestaltung, Erhaltung oder Sicherung der ehelichen Lebensgemeinschaft[19] – er-

15

---

So auch BGH FamRZ 2007, 877, 878 m. Anm. Schröder.
BGH FamRZ 2010, 958, 963.
BGH FamRZ 2006, 394, 395; 1999, 365, 367; 1998, 669, 670; 1995, 1060, 1061.
BGH FamRZ 1992, 160, 162 (bei Verlobten).
BGH FamRZ 2006, 394, 395; 1999, 365, 367; 1998, 669, 670; 1995, 1060, 1061.
BGH FamRZ 1999, 1580, 1582; 1997, 933; 1992, 300 (zu ehebezogenen Zuwendungen).

reicht. Regelmäßig hat dies zur Folge – so der BGH[20] –, dass der **Wert des Zugewer deten nicht voll zurückgegeben** werden muss, *„denn die erwiesene Begünstigung nur für die Zeit nach dem Scheitern der Ehe zu entziehen".*[21]

**16** Hat beispielsweise die Ehe des eigenen Kindes mit dem Schwiegerkind seit d Schenkung noch 20 Jahre bestanden, so wird der verfolgte Zweck, die Ehe d leiblichen Kindes aufrecht zu erhalten und zu stärken, im Regelfall als erreic anzusehen sein (vgl. Kap. 5 Rn. 231). Ein Rückgewährsanspruch der Schwiege eltern würde bei einer so langen Ehedauer dann nicht mehr bestehen. Ist die El des Kindes zehn Jahre nach der Zuwendung gescheitert, dann kann es billig erschc nen, wenn das Schwiegerkind nicht mehr als die Hälfte des zugewendeten Wert zurückerstatten muss.[22] Danach wäre in obigem Beispielsfall der von den Schwiege eltern geltend gemachte Rückforderungsanspruch von 50 000 €, falls keine weiter Billigkeitserwägungen zu berücksichtigen sind, der Höhe nach auf 25 000 € b grenzt.

**17** **Obere Grenze** des Rückgewährsanspruchs ist stets der Betrag, um den das Ve mögen des Schwiegerkindes bei Trennung der Ehegatten infolge der Leistungen d Schwiegereltern noch gemehrt war.[23] Ist von der Zuwendung wertmäßig nichts me vorhanden, gibt es – nach wie vor – keinen Ausgleich (vgl. Kap. 5 Rn. 234).

## IV. Zugewinnausgleich zwischen den Eheleuten

### 1. Die frühere Rechtsprechung

**18** Nach früherer Rechtsprechung konnte das eigene Kind die Zuwendung als Scher kung gemäß § 1374 II BGB zum Anfangsvermögen rechnen, sodass die Zuwendur insoweit zu keinem Zugewinn führte. Das Schwiegerkind konnte dagegen die „eh bezogene Zuwendung" nicht als privilegierten Erwerb in sein Anfangsvermöge einstellen. War die Zuwendung wertmäßig im Endvermögen noch vorhanden, hat das Schwiegerkind einen Zugewinn in Höhe der Zuwendung erzielt. Die Hälfte d zugewendeten Betrags „floss" über den Zugewinnausgleich an das eigene Kin Dieser Ausgleich der Zuwendung zwischen den Eheleuten über das Güterrecl erschien dem BGH als eine angemessene – und auch den Schwiegereltern zumutba – Lösung.[24]

### 2. Die neue Rechtsprechung

**19** **a) Schenkung im Anfangs- und Endvermögen.** Die **Schenkung** wird nu mehr beim **leiblichen Kind** und beim **Schwiegerkind** als privilegierter Erwei (§ 1374 II BGB) mit dem gleichen Wert im **Anfangsvermögen** und, soweit noc vorhanden, im **Endvermögen** eingestellt.[25] Die Schenkung erhöht somit nicht me

---

[20] BGH FamRZ 2006, 394, 395; 1999, 365, 367; 1998, 669, 670; 1995, 1060, 1061.
[21] Hahne FF 2010, 271, 272: „Ein 100%-iger Rückausgleich dürfte sich auf Fälle kurzer Ehe beschränken."
[22] So Schulz FamRB 2004, 48, 51.
[23] BGH FamRZ 2006, 394, 395; 1982, 910, 912.
[24] BGH FamRZ 1995, 1060, 1062.
[25] BGH FamRZ 2010, 958, 961; 2010, 1626 (Tz. 20).

den Zugewinn des Schwiegerkindes. Deshalb besteht auch nicht die Gefahr, dass das beschenkte Schwiegerkind doppelt in Anspruch genommen wird – einerseits durch die Rückforderung der Schwiegereltern, andererseits im Wege des Zugewinnausgleichs durch den Ehegatten.

**b) Belastung mit dem Rückforderungsanspruch der Schwiegereltern.** 20
Zusätzlich ist nach der neuen Rechtsprechung der **Rückforderungsanspruch** der Schwiegereltern gegen das Schwiegerkind als **Passivposten beim Zugewinnausgleich** zu berücksichtigen. Denn der Beschenkte – so der BGH[26] – hat den zugewendeten Gegenstand nur mit der Belastung erworben, die Schenkung im Falle des späteren Scheiterns der Ehe schuldrechtlich ausgleichen zu müssen. Der Zugewinnausgleich zwischen Kind und Schwiegerkind hängt davon ab, wie die **Rückgewährsverpflichtung** an den jeweiligen Stichtagen des Anfangs- und Endvermögens bewertet wird.

Verhältnismäßig leicht ist es, den Rückforderungsanspruch der Schwiegereltern als 21 Passivposten für das **Endvermögen** des Schwiegerkindes zu bestimmen. Der Anspruch nach § 313 BGB **entsteht mit dem endgültigen Scheitern der Ehe** des Kindes mit dem Schwiegerkind. Ab diesem Zeitpunkt kann er – völlig unabhängig vom Zugewinnausgleich zwischen den Eheleuten – bestimmt werden. Wird der Rückgewährsanspruch der Schwiegereltern beispielsweise „nach Abwägung aller Umstände" mit 25 000 € errechnet, ist er in dieser Höhe als Verbindlichkeit im Endvermögen des Schwiegerkindes einzustellen.

Nicht einfach ist die Höhe der Belastung mit dem Rückgewährsanspruch im 22 **Anfangsvermögen** zu bestimmen. Die Rückübereignungsverpflichtung zählt, zu den **unsicheren Rechten.** Es ist am **Stichtag der Schenkung** eine Prognoseentscheidung zu treffen, wie hoch die Wahrscheinlichkeit der Realisierung des Anspruchs oder der Verpflichtung ist. Diese Bewertung ist völlig unsicher. Im Anfangsvermögen müsste ein unbestimmter Schätzwert angesetzt werden. Der BGH vermeidet dieses Problem, indem er das Stichtagsprinzip außer Acht lässt und den Rückforderungsanspruch der Schwiegereltern im **Anfangs- und Endvermögen mit dem gleichen Wert ansetzt.** Zur Begründung hat der BGH[27] ausgeführt:

„Zwar steht zu dem für die Ermittlung des Anfangsvermögens maßgeblichen Zeitpunkt der Eheschließung (§ 1376 Abs. 1 BGB) noch nicht fest, ob und in welcher Höhe der Rückforderungsanspruch entstehen wird, es handelt sich also um eine ungewisse Forderung. Allerdings besteht in der Regel nur Veranlassung, das Anfangsvermögen zu ermitteln, wenn die Ehe gescheitert ist. Dann steht aber auch fest, dass und in welcher Höhe die Forderung entstanden ist. Daher kann sie mit ihrem vollen Wert in das Anfangsvermögen des Beschenkten eingestellt werden."

Der Rückforderungsanspruch der Schwiegereltern ist – nach BGH – somit als 23 Belastung im **Anfangs- und Endvermögen** des Schwiegerkindes mit dem **gleichen Wert** anzusetzen und kann deshalb im Zugewinnausgleichsverfahren regelmäßig **vollständig unberücksichtigt** bleiben. Die Verbindlichkeit muss – insoweit folgerichtig – im Anfangsvermögen nicht mehr indexiert werden, da der Wert in gleicher

---

[26] BGH FamRZ 2010, 958, 962; 2010, 1626 (Tz. 23).
[27] BGH FamRZ 2010, 958, 962; 2010, 1626 (Tz. 23).

Höhe wie im Endvermögen angesetzt wird, somit der Kaufkraftschwund bereits ausgeglichen ist.[28]

24 „Verlierer" ist nach der geänderten Rechtsprechung das eigene Kind. Es partizipiert nun nicht mehr zur Hälfte an der Zuwendung über den Zugewinnausgleich. Selbst wenn die Eltern den Rückgewährsanspruch nicht geltend machen, hat das eigene Kind nichts davon. Die Schenkung und der Rückforderungsanspruch der Schwiegereltern sind **„zugewinnausgleichsneutral"**.[29]

### 3. Kritik an der neuen Rechtsprechung des BGH:

25 Die Feststellung des BGH, einer Bewertung des Rückgewährsanspruchs im Anfangsvermögen bedürfe es erst, wenn die Ehe gescheitert ist, **verstößt** eindeutig gegen den das gesetzliche Güterrecht beherrschendem Grundsatz der **Stichtagsbewertung**.[30] Alle Vermögenspositionen – Aktiva wie Passiva – müssen nach dem „strengen Stichtagsprinzip" mit dem Wert angesetzt werden, den sie am Stichtag hatten.[31] Es kommt nur darauf an, ob ein Vermögenswert am Stichtag vorhanden ist. Die Klärung dieser Frage unterliegt einer **starren und schematischen Beurteilung** (vgl. Kap. 1 Rn. 14). Was vor oder nach dem Stichtag oder zwischen den Stichtagen geschieht, ist grundsätzlich unerheblich.[32]

26 Beim Rückforderungsanspruch handelt es sich, wie der BGH in den beiden Entscheidungen[33] festgestellt hat, um eine **„ungewisse Forderung"** (vgl. Kap. Rn. 380). Nach ständiger Rechtsprechung des BGH sind am Stichtag bestehende ungewisse und unsichere Rechte und Verbindlichkeiten zu bewerten und mit ihrem **Schätzwert** am jeweiligen Bewertungsstichtag in die Zugewinnbilanz einzustellen. Dabei ist eine **Prognoseentscheidung** zu treffen, wie hoch die Wahrscheinlichkeit der Realisierung des Anspruchs oder der Verpflichtung ist.[35] Auch wenn mit einer Schätzung generell Schwierigkeiten und Unsicherheiten verbunden sind, müsse diese Rechte bereits **am Stichtag bewertet** und mit einem geschätzten Wert in die Zugewinnausgleichsbilanz einbezogen werden.[36]

27 Die am **Stichtag der Schenkung** (§ 1376 I BGB) zu treffende Bewertung ist völlig unsicher. Es ist eine Prognose zu stellen, in welcher Höhe die Schwiegereltern einen Rückforderungsanspruch haben, wenn die Ehe zwischen Kind und Schwiegerkind einmal scheitert. Gleichwohl ist nach dem strengen, starren Stichtagsprinzip ein fester Betrag zu bestimmen. Die Folge wäre in jedem Fall, dass die Rückgewährverpflichtung im Anfangs- und Endvermögen mit **unterschiedlichen** Werten anzusetzen ist. Dann aber könnte der Zugewinnausgleich zwischen den Eheleuten zu völlig willkürlichen Ergebnissen führen.

---

[28] Hoppenz FamRZ 2010, 1027, 1028; **a. A.** Kogel FF 2010, 319, 321.

[29] Vgl. Wever FamRZ 2010, 1047.

[30] Dazu Schulz FF 2010, 273, 277; Kogel FF 2010, 319, 321.

[31] BGH FamRZ 1984, 31.

[32] Schwab/Schwab VII Rn. 24.

[33] BGH FamRZ 2010, 958, 962; 2010, 1626 (Tz. 23).

[34] BGH FamRZ 1983, 882, 884; 1986, 37, 38; 1992, 1155, 1159; 1993, 1183, 1184; zust. Schwab Schwab VII Rn. 93; MK/Koch § 1376 Rn. 16; JH/Jaeger § 1376 Rn. 11; Palandt/Brudermüller § 1376 Rn. 20.

[35] Karl Valentin: „Prognosen sind schwierig, besonders wenn sie die Zukunft betreffen."

[36] BGH FamRZ 2001, 278, 281.

Auch wenn sich der Familiensenat zur Begründung auf Haußleiter/Schulz[37] be- **28** ruft, kann seinen Ausführungen nicht zugestimmt werden. Bei dem angeführten Fall, auf den der BGH Bezug nimmt[38], handelt es sich um eine Entscheidung von 1991, in der der BGH[39] einen *„ergänzenden Ausgleichsanspruch"* für eine Zuwendung vor der Eheschließung begründet hatte. Die Höhe dieses Anspruchs stand von Anfang an fest. Ungewiss war nur der Zeitpunkt des Scheiterns der Ehe. Gleiches gilt für Grundstücksübertragungen mit Rückfallklausel: Die Eltern schenken ihrem verheirateten Kind ein Grundstück, das gemäß notarieller Vereinbarung im Fall der Scheidung an die Eltern zurückfällt (vgl. Kap. 1 Rn. 260 f). Auch in diesem Fall steht genau fest, in welcher Höhe das Anfangsvermögen am Erwerbsstichtag mit der Rückgewährspflicht belastet ist.

Bei dem Rückforderungsanspruch der Schwiegereltern wegen Wegfalls der Ge- **29** schäftsgrundlage handelt es sich jedoch – am Stichtag der Schenkung – nicht nur um einen in der Entstehung ungewissen, sondern auch in der Höhe völlig unbestimmten *„Billigkeitsanspruch"* nach § 313 BGB. Gleichwohl muss nach dem strengen, starren Stichtagsprinzip der zum Zeitpunkt der Schenkung noch ungewisse Rückforderungsanspruch am Erwerbsstichtag schon bewertet und mit einem bestimmten Schätzwert bei den Passiva im Anfangsvermögen eingestellt werden.

Zu diesen kritischen Ausführungen[40] hat der BGH in seiner zweiten Entscheidung vom 21. 7. 2010[41] lediglich angemerkt, die künftige Verbindlichkeit hänge eng mit einem Gegenstand des Anfangsvermögens und mit der Ehe der Parteien zusammen, über deren künftigen Bestand *„zu spekulieren nicht möglich"* sei. Dies rechtfertige eine abweichende Beurteilung.

Die Tatsache, dass der BGH das **Stichtagsprinzip außer Acht** lässt und die **30** Belastung mit dem Rückforderungsanspruch im Anfangs- und Endvermögen des Schwiegerkindes **gleich** bewertet, hat positiv zur Folge, dass der Zugewinnausgleich zwischen den Eheleuten auf diese Weise zu einem ausgeglichenen Ergebnis führt. Lässt man dogmatische Bedenken beiseite, führt die Entscheidung, den Rückforderungsanspruch im Anfangs- und Endvermögen mit dem gleichen Wert anzusetzen, aus praktischer Sicht zu einer erfreulichen Vereinfachung: **Schenkung** und **Rückgewährsverpflichtung** können beim güterrechtlichen Ausgleich völlig **unberücksichtigt** bleiben.

# B. Rückgewährsanspruch der Schwiegereltern in Altfällen

Probleme ergaben sich, wenn der Zugewinnausgleich zwischen Kind und Schwie- **31** gerkind bereits durchgeführt wurde und die Schwiegereltern nunmehr auf Grund der neuen Rechtsprechung des BGH ihre Zuwendung vom Schwiegerkind wieder zurückverlangen.

---

[37] BGH in Rn. 42.
[38] Haußleiter/Schulz, 4. Aufl., Kap. 6 Rn. 154.
[39] BGH FamRZ 1992, 160, 162.
[40] Schulz FF 2010, 273, 277.
[41] BGH 2010, 1626, 1628 (Tz. 23).

> **Beispiel:** Die Eheleute F und M haben sich im März 2007 getrennt. Im Scheidungsverfahren zwischen F und M wurde im Jahre 2009 auch über den Zugewinnausgleich entschieden. Das Familiengericht bewertete eine Zuwendung der Eltern/Schwiegereltern von jeweils 50 000 € an ihre Tochter F als Schenkung und an den Schwiegersohn M als ehebezogene Zuwendung. Nachdem die Schwiegereltern von der geänderten Rechtsprechung des BGH erfahren haben, fordern sie vom ehemaligen Schwiegersohn 50.000 € zurück.

## I. Höhe des Anspruchs

32    Beim Zugewinnausgleich zwischen den Eheleuten F und M hat das Familien gericht – entsprechend der bis dahin herrschenden Rechtsprechung – die Zuwen dung von 50 000 € an die Tochter als Schenkung im Anfangsvermögen gemäß § 137 II BGB angesetzt, beim Schwiegerkind jedoch als ehebezogene Zuwendung nich berücksichtigt. Auf diese Weise floss die Hälfte der Zuwendung, 25 000 €, über de Zugewinnausgleich an die Tochter. Machen die Schwiegereltern nunmehr den ihne nach der neuen BGH-Rechtsprechung zustehenden Rückforderungsanspruch gel tend, könnte das Schwiegerkind zweifach benachteiligt werden – im Rahmen de Zugewinnausgleichs und durch den Anspruch der Schwiegereltern.

33    In den Entscheidungen vom 3. 2. 2010 und 21. 7. 2010 hat der BGH[42] dazu angemerkt, unbillige Ergebnisse könnten dadurch vermieden werden, dass das **Er gebnis des güterrechtlichen Ausgleichs** zwischen den Eheleuten bei der Ermittlun der Höhe des schwiegerelterlichen Rückforderungsanspruchs **ausnahmsweise ein bezogen** wird. Bei der „**Gesamtabwägung**" ist somit zu berücksichtigen, dass di Zuwendung bereits zur Hälfte dem leiblichen Kind zugeflossen ist. Als weitere Kriterium ist die Dauer der Ehe des Kindes mit dem Schwiegerkind zu würdiger Hat deren Ehe länger als zehn Jahre gedauert, kann den Schwiegereltern eine Rück gewähr wohl nicht mehr zugesprochen werden (vgl. Rn. 15). In „Altfällen" lohnt e sich nur dann, den Rückforderungsanspruch gerichtlich geltend zu machen, wen die Ehe des Kindes mit dem Schwiegerkind nicht allzu lange gedauert hat.

## II. Verjährung des Anspruchs

34    Bevor beim Familiengericht ein Teilbetrag der Zuwendung zurückgefordert wir ist zu prüfen, ob der Anspruch der Schwiegereltern **verjährt** ist. Es war frühe strittig, ob der Rückgewährsanspruch der Schwiegereltern, dessen Grundlage di schuldrechtliche Norm des § 313 BGB ist, in drei Jahren verjährt, oder ob er al Anspruch „familienrechtlicher Natur" der 30-jährigen Verjährung unterliegt (§ 197 Nr. 2 BGB a. F.). Die Streitfrage hat sich erledigt, da der Gesetzgeber die Sonder verjährungsvorschrift von 30 Jahren für familienrechtliche Ansprüche zum 1. 1. 201 abgeschafft hat (Art. 229 § 23 EGBGB).

35    Der Anspruchs verjährt nunmehr in **drei Jahren** (§ 195 BGB) – bei Grundstücks übertragungen in zehn Jahren (§ 196 BGB). Die früher unterschiedliche Beurteilun der Verjährungsdauer könnte nur noch für den **Beginn** der Verjährung Bedeutun haben. Die Verjährungsfrist würde, falls der Anspruch der Schwiegereltern nac

---

[42] BGH FamRZ 2010, 958, 962; 2010, 1626 (Tz. 25).

früherer Rechtslage in 30 Jahren verjährt wäre, gemäß der Überleitungsvorschrift des Art. 229 § 23 II 1 EGBGB erst ab 1. 1. 2010 beginnen.

Die Qualifizierung des Rückgewährsanspruchs der Schwiegereltern als familien- **36** rechtlicher Anspruch wurde damit begründet, dass – nach früherer Rechtsprechung des BGH[43] – Rechtsgrundlage für Zuwendungen von Schwiegereltern „ein familienrechtliches Rechtsverhältnis eigener Art" vergleichbar den ehebezogenen Zuwendungen war. Nunmehr hat der BGH[44] jedoch entschieden, dass eine Zuwendung an das Schwiegerkind „*nicht als unbenannte Zuwendung, sondern als Schenkung zu qualifizieren*" ist. Damit steht fest, dass der Rückforderungsanspruch der Schwiegereltern wegen Wegfalls der Geschäftsgrundlage (§ 313 BGB) nicht familienrechtlicher Natur, sondern ein rein **schuldrechtlicher** Anspruch ist.

Frist und Beginn der Verjährung richten sich nach §§ 195, 199 I Nr. 1, 2 BGB. **37** Die Verjährungsfrist **beginnt** mit dem Schluss des Jahres, in dem der Anspruch **entstanden** ist und die Schwiegereltern von den anspruchsbegründenden Umständen Kenntnis erlangt haben oder ohne grobe Fahrlässigkeit hätten erlangen müssen. Der Anspruch der Schwiegereltern nach § 313 BGB **entsteht,** wenn die **Ehe** des Kindes mit dem Schwiegerkindes **gescheitert** ist. Das ist der Zeitpunkt, zu dem sich die **Eheleute endgültig getrennt** haben (vgl. Rn. 13).

Ist die Ehe des Kindes mit dem Schwiegerkind beispielsweise im März 2007 **38** gescheitert und hatten die Schwiegereltern Kenntnis davon, beginnt die Verjährung am 1. 1. 2008 und endet mit Ablauf des Jahres 2010. Würden die Schwiegereltern ihren Rückgewährsanspruch erst im Jahre 2011 beim Familiengericht geltend machen, wäre bereits Verjährung eingetreten.

Ein Problem ergibt sich aber dadurch, dass die Schwiegereltern, wenn die jungen **39** Eheleute im gesetzlichen Güterstand lebten, eine finanzielle Zuwendung zwar theoretisch, aber nicht praktisch im Klageweg zurückfordern konnten. Ein Anwalt, der vor der neuen Entscheidung des BGH vom 3. 2. 2010 in einem solchen Fall einen Rückgewährsanspruch der Schwiegereltern gerichtlich geltend gemacht hätte, müsste für die durch die Abweisung der Klage entstandenen Kosten haften.[45]

Bei besonders **unübersichtlicher oder zweifelhafter Rechtslage** kann aber nach **40** langjähriger Rechtsprechung[46] der **Beginn der Verjährungsfrist** bis zur rechtlichen Klärung **hinausgeschoben** sein. So hat der BGH[47] entschieden: „*Rechtlich fehlerhafte Vorstellungen des Gläubigers beeinflussen den Beginn der Verjährung in der Regel nicht, weil er die Möglichkeit hat, sich beraten zu lassen. Ist die Rechtslage dagegen unübersichtlich oder zweifelhaft, so dass sie selbst ein rechtskundiger Dritter nicht einzuschätzen vermag, kann der Verjährungsbeginn auch wegen Rechtsunkenntnis hinausgeschoben sein, weil es an der Zumutbarkeit der Klageerhebung als übergreifender Voraussetzung* für den Verjährungsbeginn fehlt.*"*

Mit der Entscheidung des BGH vom 3. 2. 2010 (Rn. 5) ist zur Rückgewähr **41** schwiegerelterlicher Zuwendungen eine **völlig neue Rechtslage** entstanden. Die

---

[43] BGH FamRZ 1995, 1060, 1061.
[44] BGH FamRZ 2010, 958.
[45] Vgl. OLG Düsseldorf FamRZ 2004, 1647 (zur gerichtlichen Rückforderung einer ehebezogenen Zuwendung).
[46] BGH NJW 1999, 2041, 2042; BGHZ 6, 195, 202 = NJW 1952, 1090; NJW 1993, 648, 650; 1993, 2303, 2305; 1994, 3162, 3164; vgl. dazu Schulz FamRZ 2011, 12.
[47] So BGH NJW 1999, 2041, 2042.

Entscheidung wurde erst im Juni 2010 in den Fachzeitschriften veröffentlicht, in der FamRZ am 15. 6. 2010 in Heft 12. Es erscheint daher sachgerecht, den **Verjährungsbeginn** auf den **15. Juni 2010** festzusetzen. § 199 I Hs. 1 BGB verschiebt den Beginn der Verjährung auf den Schluss des Kalenderjahres, so dass der Anspruch der Schwiegereltern mit dem **Schluss des Jahres 2013 verjähren** würde (§§ 195, 199 I Nr. 1, 2 BGB).

# C. Einzahlungen der Schwiegereltern auf ein Gemeinschaftskonto

42    Eltern/Schwiegereltern überweisen oftmals erhebliche Beträge auf ein Gemeinschaftskonto des eigenen Kindes und des Schwiegerkindes, ohne näher anzugeben, wem die Leistung zugedacht war. Scheitert die Ehe des Kindes, gibt es Streit, ob die finanzielle Zuwendung nur dem eigenen Kind oder den Ehegatten gemeinsam zu kommen sollte.

> **Beispielsfall:** Die Eltern von M überwiesen auf ein Gemeinschaftskonto ihres Sohnes und seiner Ehefrau F einen Betrag von 150 000 €. Nachdem deren Ehe gescheitert ist, verlangen die Schwiegereltern von der Schwiegertochter 75 000 €. Die Eheleute streiten im Rahmen des Zugewinnausgleichs, wie die Zuwendung rechtlich einzuordnen ist.

43    Die finanzielle Interessenlage des Kindes und seiner Eltern hat sich seit der geänderten Rechtsprechung des BGH zu schwiegerelterlichen Zuwendungen verschoben. Nach früherer Rechtslage hatten die Schwiegereltern in der Regel keinen unmittelbaren Rückforderungsanspruch, wenn Kind und Schwiegerkind im gesetzlichen Güterstand lebten. Sie versuchten daher meistens nachzuweisen, dass sie nur ihr eigenes Kind beschenken wollten. Das Kind hatte dann den gesamten Betrag in seinem Anfangs- und Endvermögen.

44    Nach der neuen Rechtsprechung haben die Schwiegereltern einen unmittelbaren Rückgewähranspruch gegen das Schwiegerkind – jedoch nur, wenn diesem die Hälfte der Schenkung zukommen sollte. In diesem Fall steht aber das leibliche Kind finanziell schlechter, da es nunmehr nur die Hälfte des überwiesenen Betrags als Vermögen hat.

45    Die Frage, wer im Streitfall **beweisen** muss, wer Leistungsempfänger der finanziellen Zuwendung war, ist unterschiedlich zu beantworten. Verlangen die **Schwiegereltern** vom Schwiegerkind den Hälftebetrag zurück, müssen sie darlegen und notfalls beweisen, dass beide Ehegatten Gesamtgläubiger des überwiesenen Geldes wurden. Will das eigene **Kind** den gesamten Betrag seinem Anfangsvermögen zurechnen, muss es nachweisen, dass seine Eltern den gesamten Betrag nur ihm allein zuwenden wollten.

46    Zur Beweislage hat der BGH[48] grundsätzlich entschieden, dass bei Zahlungen von Eltern/Schwiegereltern auf ein Gemeinschaftskonto des Kindes und des Schwiege-

---

[48] BGH FamRZ 1995, 1060; ebenso OLG Koblenz NJW 2003, 1675; OLG Celle FamRZ 2003, 23 234; OLG Hamm FamRZ 2002, 1404.

kindes weder ein Erfahrungssatz noch eine tatsächliche Vermutung dafür besteht, dass Zuwendungsempfänger nur das eigene Kind geworden ist.

Folgende **Anhaltspunkte** können zur Bestimmung des Leistungsempfängers von Bedeutung sein:[49]   **47**

- Die Überweisung auf ein **Einzelkonto** spricht dafür, dass nur der Kontoinhaber bedacht werden sollte.
- Handelt es sich bei dem Einzelkonto jedoch um ein „**Familienkonto**", auf das die Gehälter beider Ehegatten fließen und von dem beide Beträge abheben können, kann auch der Nicht-Konteninhaber bedacht sein.[50]
- Für welchen **Zweck** war die Zuwendung vorgesehen? War das Geld beispielsweise für einen Möbelkauf oder für den Ausbau eines gemeinsamen Hausgrundstücks der Eheleute bestimmt, spricht dies dafür, dass das Geld Kind **und** Schwiegerkind zukommen sollte.[51]
- Angaben auf dem **Überweisungsträger** sind von besonderer Bedeutung.[52]

# D. Ausgleich für Arbeitsleistungen

Vor allem in ländlichen Gegenden unterstützen die Schwiegereltern die jungen   **48**
Eheleute beim Bau einer Familienwohnung nicht nur finanziell, sondern arbeiten auch kräftig mit. Scheitert später die Ehe, fragen die Schwiegereltern, ob sie einen Ausgleich für ihre Arbeitsleistungen verlangen können.

> **Beispiel:**[53] Die Eheleute F und M, die bei Heirat jeweils 100 000 € besaßen, erwarben damit gemeinsam ein Grundstück mit einem alten Haus. Die Eltern von F halfen den jungen Eheleuten mit großem Arbeitseinsatz beim Ausbau des Familienheims. Allein durch ihre Mitarbeit ist der Wert des Anwesens um 40 000 € gestiegen. Sieben Jahre nach der Heirat scheitert die Ehe von F und M. Nunmehr wollen die Schwiegereltern vom Schwiegersohn einen finanziellen Ausgleich für die geleistete Mitarbeit. Der Wert der Immobilie beträgt bei Rechtshängigkeit der Scheidung 300 000 €.

## I. Rechtliche Bewertung der Arbeitsleistungen

Der BGH hat in einer Entscheidung vom 3. 2. 2010[54] auf seine frühere Recht-   **49**
sprechung[55] verwiesen und nochmals betont, dass bei erheblichen **Arbeitsleistungen** der Schwiegereltern, wie bei der Mithilfe zu einem Hausbau, ein Anspruch nach den Grundsätzen des **Wegfalls der Geschäftsgrundlage** (§ 313 BGB) in Betracht kommen kann. Arbeitsleistungen, die ein Partner zugunsten des anderen erbringt und mit denen er dessen Vermögen steigert, können begrifflich zwar nicht als Zuwendungen angesehen werden, weil es insofern nicht zu einer Übertragung von Ver-

---

[49] Vgl. Wever Rn. 554.

[50] OLG Celle FamRZ 2003, 233, 234; OLG Koblenz NJW 2003, 1675.

[51] OLG Frankfurt FamRZ 2009, 1065, 1066; OLG Koblenz FamRZ 2005, 898 m. Anm. Wever.

[52] OLG Koblenz FamRZ 2005, 898, 899.

[53] Nach Schulz FamRB 2006, 84.

[54] BGH FamRZ 2010, 958, 963.

[5] BGH FamRZ 1994, 1167, 1168; 1982, 910, 912.

mögenssubstanz kommt. Daraus folge aber nicht, dass Arbeitsleistungen nach dem Scheitern einer Lebensgemeinschaft nicht zu Ausgleichsansprüchen führen können, denn wirtschaftlich betrachtet stellen sie ebenso eine geldwerte Leistung dar wie die Übertragung von Vermögenssubstanz. Im Ergebnis ist es gleich, ob der Wert eines Familienheims durch Geldzuwendungen oder durch Arbeitsleistungen der Schwiegereltern erhöht wird.

50   Der BGH hat nunmehr festgestellt, dass auch Schwiegereltern und Schwiegerkind – wie Ehegatten (Kap. 5 Rn. 318) – durch schlüssiges Verhalten einen **besonderen familienrechtlichen Vertrag** (sog. **Kooperationsvertrag**) schließen können, dessen Geschäftsgrundlage durch das Scheitern der Ehe entfällt. Im Beispielsfall bezweckten die Schwiegereltern durch ihre Mithilfe beim Bau eines Familienheims, die Ehegemeinschaft ihres Kindes mit dem Schwiegerkind zu stärken. Sie gingen bei ihrem Arbeitseinsatz davon aus, dass die Eheleute auf Dauer zusammenbleiben. Scheitert deren Ehe, **entfällt die Geschäftsgrundlage** für die Mitarbeit.[56] Nach der neuen Rechtsprechung des BGH haben die Schwiegereltern nunmehr einen **unmittelbaren Ausgleichsanspruch** gegen das Schwiegerkind.

## II. Höhe des Ausgleichsanspruchs der Schwiegereltern

51   Die **Höhe** des Anspruchs wegen Wegfalls der Geschäftsgrundlage (§ 313 BGB) richtet sich – wie die Rückforderung finanzieller Zuwendungen – nach den Umständen des Einzelfalls. Im Rahmen einer „Gesamtwürdigung" ist auf folgende **Kriterien** abzustellen:[57]
- Dauer der Ehe des eigenen Kindes,
- Art und Umfang der erbrachten Arbeitsleistungen,
- Umfang der durch die Mitarbeit geschaffenen Vermögensmehrung,
- beiderseitige Einkommens- und Vermögensverhältnisse.

52   In obigem Beispielsfall ist der Wert des Anwesens durch die Arbeitsleistungen der Schwiegereltern um 40 000 € gestiegen. Ein Ausgleich findet jedoch nur dann statt, „*wenn beim Scheitern der Ehe die Früchte der geleisteten Arbeit in Gestalt einer messbaren Vermögensmehrung noch vorhanden sind*".[58] Nach oben ist der Ausgleichsanspruch in Höhe der **ersparten Kosten** für eine fremde Arbeitskraft begrenzt[59] (vgl. dazu Kap. 5 Rn. 334). Bei der Abwägung, in welcher Höhe ein Ausgleichsanspruch besteht, ist schließlich zu berücksichtigen, worauf der BGH[60] ausdrücklich hingewiesen hat, dass das eigene Kind die Familienwohnung sieben Jahre benutzen konnte. In diesem Fall erscheint ein Abschlag von einem Drittel angemessen.

53   **Stichtag** für Entstehung und Berechnung des Ausgleichsanspruchs ist – wie bei der „ehebezogenen" Schenkung – der Tag, an dem die Ehe des Kindes mit dem Schwiegerkind endgültig gescheitert ist (vgl. Rn. 13).

---

[56] Vgl. LG Marburg FamRZ 2004, 1099, 1100 m. Anm. Wever.
[57] BGH FamRZ 1982, 910, 911.
[58] BGH FamRZ 1994, 1167, 1169; 1987, 910, 912.
[59] BGH FamRZ 2008, 1822, 1827 (bei nichtehelicher Lebensgemeinschaft).
[60] BGH FamRZ 2010, 958, 963.

## III. Zugewinnausgleich zwischen Kind und Schwiegerkind

Im Anfangsvermögen ist bei beiden Ehegatten der Vermögenszuwachs durch die **54** Mitarbeit der Eltern/Schwiegereltern als „geldwerte Leistung" jeweils in Höhe von 20 000 € einzustellen (§ 1374 II BGB), sodass das Anfangsvermögen **jeweils** 120 000 € beträgt. Die Ehegatten haben ein Endvermögen von je 150 000 €. Zusätzlich ist beim Schwiegerkind im Anfangs- und Endvermögen als Passivposten der Anspruch der Schwiegereltern (§ 313 BGB) – nach BGH in jeweils gleicher Höhe – anzusetzen. Der Ausgleichsanspruch kann danach völlig unberücksichtigt bleiben. Beide Eheleute haben somit ein gleich hohes Anfangs- und Endvermögen. Ein Zugewinnausgleich findet nicht statt.

# E. Zuwendung eines Grundstücks

**Beispielsfall:**[61] Die Eltern von M übereigneten ihr Anwesen dem Sohn M und **55** dessen Ehefrau F. Nach dem notariellen Vertrag erfolgte die Eigentumsübertragung „altershalber". Den Eltern wurde auf Lebenszeit das Recht eingeräumt, unentgeltlich zwei Zimmer und eine Küche im Erdgeschoss des Hauses zu bewohnen. Der Wert des Anwesens betrug bei der Übereignung (indexiert) 600 000 €. Im Lauf der Ehe investierten die Eheleute M und F rund 200 000 € in das Familienheim. Zehn Jahre nach der Übereignung des Anwesens trennten sich die Ehegatten. Die Schwiegertochter drohte, die Teilungsversteigerung des Grundstücks einzuleiten. Die Schwiegereltern erhoben daraufhin Klage gegen die Schwiegertochter auf Rückübertragung des hälftigen Grundstücksanteils der F. Bei Trennung und auch noch bei Rechtshängigkeit der Scheidung hatte das ausgebaute Familienheim einen Wert von 800 000 €. Die Ehegatten M und F, die beide bei Heirat vermögenslos waren, besaßen außer der gemeinsamen Immobilie kein weiteres Vermögen.

## I. Anspruch der Schwiegereltern

Die Schwiegereltern haben – nach der neuen Rechtsprechung des BGH[62] – die **56** Immobilie nicht nur dem eigenen Kind, sondern auch dem Schwiegerkind **gemeinsam geschenkt.** Sie gingen davon aus, dass die Ehe ihres Sohnes Bestand haben werde und sie im Alter bei ihrem Kind wohnen könnten. Mit dem Scheitern der Ehe ist die Grundlage für die Übereignung entfallen. Die Schwiegereltern haben nunmehr einen **unmittelbaren Rückgewährsanspruch** gegen das Schwiegerkind (§ 313 BGB). Es muss nicht vorab geprüft werden, ob der Zugewinnausgleich zwischen Sohn und Schwiegertochter zu einem angemessenen Ergebnis führt.

## 1. Art der Rückgewähr

Der Ausgleich einer *ehebezogenen Zuwendung* erfolgt in der Regel durch eine **57** Geldzahlung. Ausnahmsweise kann der Zuwender eine **Rückgabe in Natur** verlangen, wenn er ein besonders schützenswertes Interesse an der unmittelbaren Rück-

---

[61] Nach BGH FamRZ 1998, 669.
[62] BGH FamRZ 2010, 958; 2010, 1626.

gewähr des übereigneten Gegenstandes hat und es ihm nicht zumutbar ist, dass der andere das Eigentum behält (§ 313 I, III 1 BGB).[63] Eine dingliche Rückübertragung hat der BGH vor allem bei **Grundstücksübereignungen von Schwiegereltern** bejaht, wenn diese mit der Zuwendung auch eigene, in die Zukunft gerichtete Interessen verfolgt haben.[64]

58  Eine **Rückgewähr in Natur** kann regelmäßig nur Zug um Zug gegen Zahlung eines finanziellen Ausgleichs **erfolgen.**[65] Die Höhe des Ausgleichs richtet sich nach den Umständen des Einzelfalls.

## 2. Höhe der Ausgleichszahlung

59  Die Höhe des Ausgleichs bei einer dinglichen Rückgewähr hängt neben der „Billigkeitsabwägung" (§ 313 BGB) entscheidend davon ab, ob der Wert des Grundstücks durch Investitionen der Eheleute gestiegen ist.[66] **Wertsteigerungen** des Grundstücks, die durch Leistungen der **Eheleute** eingetreten sind, haben die Schwiegereltern finanziell **auszugleichen.**[67]

60  Der Ausgleich soll bewirken, dass das Schwiegerkind im **wirtschaftlichen Ergebnis** nicht anders steht, als es stünde, wenn ihm das geschenkte Grundstück verbliebe und die Schwiegereltern von ihm für ihre Zuwendung ihrerseits eine Ausgleichszahlung verlangen könnten.[68] Das wirtschaftliche Ergebnis muss bei einer dinglichen Rückgewähr mit dem eines bloß schuldrechtlichen Ausgleichs identisch sein. Die Schwiegereltern haben dem Schwiegerkind – **Zug um Zug gegen Rückübereignung** – grundsätzlich diejenigen Leistungen auszugleichen, die dieses mit Rücksicht auf die Schenkung erbracht hat und für deren Erbringung ebenfalls die Geschäftsgrundlage entfallen ist.[69]

61  Zu berücksichtigen sind nach BGH[70] nicht nur Aufwendungen, soweit die durch sie bewirkten Wertsteigerungen noch vorhanden sind, sondern auch solche Ausgaben, die **im Vertrauen auf den Fortbestand** der Eigentümerstellung zur Erhaltung oder Verschönerung gemacht worden sind, auch wenn sie sich nicht in einem bleibenden Wertanstieg des Grundstücks niedergeschlagen haben. Solche Aufwendungen sind jedoch nicht in voller Höhe zu ersetzen, sondern im Rahmen des § 313 BGB nach Billigkeit auszugleichen. Ist die **Wertsteigerung** eines Grundstücks nur auf einen Anstieg der **Bodenpreise** zurückzuführen, müssen die Schwiegereltern diese marktbedingte Werterhöhung bei einer Rückübereignung **nicht ausgleichen.**[71]

62  **Stichtag** für Entstehung und Berechnung des Ausgleichsanspruchs ist der Tag, an dem die Ehe des Kindes mit dem Schwiegerkind endgültig gescheitert ist (vgl. Rn. 13). Zur Bemessung der Höhe der Ausgleichszahlung ist der Vermögenswert

---

[63] BGH FamRZ 1999, 1580, 1583; 1999, 365, 367; Schulz FamRB 2004, 364, 367; Schwab/Hahne/Wagenitz, S. 160, 175.

[64] BGH FamRZ 2006, 394; 1998, 669, 670; 1995, 1060, 1062.

[65] BGH FamRZ 2006, 394, 395; 1999, 365, 366; 1998, 669, 670: 1995, 1060, 1061.

[66] Zur Darlegungs- und Beweislast vgl. Kap. 5 Rn. 242.

[67] BGH FamRZ 2006, 394, 395; 1999, 365, 367; 1998, 669, 670; 2002, 949, 950.

[68] BGH FamRZ 2006, 394, 395; Schwab/Hahne/Wagenitz, S. 160, 172.

[69] BGH FamRZ 2006, 394, 396 (jedoch kein Ausgleich für Verwendungen, die sich nur als „Korrelat" des mietfreien Wohnens" darstellen).

[70] BGH FamRZ 2006, 394, 396; 1999, 365, 367; 1998, 669, 670.

[71] Schulz FamRB 2004, 48, 51; Münch, Scheidungsimmobilie, Rn. 655; DNotZ 2007, 795, 803.

zum Zeitpunkt der Schenkung mit dem Wert des Grundstücks zum Zeitpunkt des Scheiterns der Ehe des eigenen Kindes mit dem Schwiegerkind zu vergleichen. Der Vermögenswert zum Zeitpunkt der Zuwendung muss wegen der fortschreitenden Geldentwertung **hochgerechnet** (indexiert) werden.[72] Zusätzlich sind die **Dauer der Ehe** des eigenen Kindes mit dem Schwiegerkind und die **beiderseitigen** Einkommens- und Vermögensverhältnisse zu berücksichtigen.

## 3. Berechnung des Anspruchs der Schwiegereltern

In obigem Beispielsfall betrug der Wert des Hälfteanteils der Schwiegertochter bei Übereignung des Anwesens (indexiert) 300 000 €. Unter Berücksichtigung der zehnjährigen Ehedauer erscheint es angemessen, diesen Betrag auf die Hälfte, also 150 000 €, herabzusetzen (vgl. Rn. 15). Zusätzliche „Billigkeitskriterien" könnten zu einer weiteren Veränderung des Rückerstattungsanspruchs führen.[73] **63**

Die Schwiegereltern wollen von der Schwiegertochter jedoch nicht eine Geldzahlung von 150 000 €, sondern die Rückübertragung des hälftigen Grundstücksanteils. Der Wert des Anwesens von ursprünglich 600 000 € ist aber durch die Investitionen der Eheleute um 200 000 € gestiegen und beträgt bei Trennung der Ehegatten 800 000 € – der Hälfteanteil der Schwiegertochter somit 400 000 €. Der Anspruch der Schwiegereltern ist jedoch der Höhe nach auf 150 000 € begrenzt. Die Differenz muss durch eine Geldzahlung ausgeglichen werden. Die Schwiegereltern können daher von der Schwiegertochter die Rückübereignung ihres Hälfteanteils am Grundstück nur Zug um Zug gegen Zahlung eines Ausgleichsbetrags in Höhe von 250 000 € verlangen. **64**

**Antrag:** **65**

Die Antragsgegnerin wird verpflichtet, Zug um Zug gegen Zahlung von 250 000 € ihren Hälfteanteil am Grundstück in ..., Flurstück Nr. ..., eingetragen im Grundbuch des Amtsgerichts ..., Bd. ... , Bl. ..., zu Alleineigentum der Antragsteller aufzulassen und die Eintragung im Grundbuch des Amtsgerichts ... zu bewilligen.

## 4. Zugewinnausgleich zwischen den Eheleuten

Nach der **neuen Rechtsprechung** des BGH ist die unentgeltliche Übertragung des Grundstücks für Kind und Schwiegerkind gleichermaßen eine Schenkung gemäß § 1374 II BGB. Beide Ehegatten können daher jeweils den Hälfteanteil in Höhe von 300 000 € im Anfangsvermögen einstellen. **66**

Beim Schwiegerkind ist zusätzlich im Anfangs- und Endvermögen als Passivposten der Rückgewährsanspruch der Schwiegereltern anzusetzen. Der BGH lässt – wie oben dargelegt – das strenge Stichtagprinzip außer Acht und setzt den jetzt bestehenden Anspruch der Schwiegereltern wegen Wegfalls der Geschäftsgrundlage (§ 313 **67**

---

[72] Schulz FamRB 2004, 48, 51.

[73] Falls ein dinglich gesichertes Wohnrecht besteht, ist dies an den beiden Stichtagen wertmindernd zu berücksichtigen (vgl. hierzu Kap. 1 Rn. 41).

BGB) in Höhe von (400 000 € – 250 000 €) = 150 000 € sowohl im Endvermögen als auch im Anfangsvermögen an (vgl. Rn. 19 f).

**68**  Das Endvermögen besteht bei beiden Ehegatten aus dem Miteigentum am Anwesen in Höhe von 400 000 €. Zusätzlich ist beim Schwiegerkind wiederum der Rückforderungsanspruch der Schwiegereltern (150 000 €) als Passivposten anzusetzen. Das Endvermögen von F beträgt danach 250 000 €.

|  | M |  | F |
|---|---|---|---|
| Anfangsvermögen<br>(§ 1374 II BGB) | + 300 000 | I | 300 000<br>– 150 000<br>+ 150 000 |
| Endvermögen | + 400 000 | I | 400 000<br>– 150 000<br>+ 250 000 |
| Zugewinn | I + 100 000 | I | + 100 000 |

**69**  Da der Rückgewährsanspruch der Schwiegereltern nach BGH als Belastung im Anfangs- und Endvermögen mit dem gleichen Wert eingesetzt wird, kann er letztlich beim Zugewinnausgleich völlig unberücksichtigt bleiben. Während nach früherer Rechtsprechung die Hälfte der schwiegerelterlichen Zuwendung an das eigene Kind floss, partizipiert das Kind nun nicht mehr über den Zugewinnausgleich an der Schenkung. Die Schenkung der Eltern/Schwiegereltern wirkt sich im Rahmen des Zugewinnausgleichs zwischen Kind und Schwiegerkind finanziell nicht mehr aus.

## F. Kettenschenkung oder Darlehen

**70**  Wollen Eltern ihrem Kind und dem Schwiegerkind ein Grundstück zu gemeinsamen Eigentum unentgeltlich übertragen, empfiehlt sich die steuerlich vorteilhafte **Kettenschenkung.**[74] Die Eltern übereignen die Immobilie zunächst nur dem eigenen Kind. Das Kind überträgt dann einen halben Anteil seinem Ehepartner. Auf diese Weise werden die unterschiedlichen Freibeträge (§ 16 ErbStG) und die verschiedenen Steuersätze der Steuerklassen I und II (§ 19 ErbStG) am besten genutzt. Für das Kind beträgt der Freibetrag 400 000 € je Elternteil (§ 16 I Nr. 2 ErbStG), für das Schwiegerkind nur 20 000 € je Schwiegerelternteil (§ 16 I Nr. 5 ErbStG). Für die Zuwendung der Ehegatten untereinander besteht ein Freibetrag von 500 000 € (§ 16 I Nr. 1 ErbStG). Diese Lösung bewirkt auch, dass das ganze Grundstück zum Anfangsvermögen des eigenen Kindes zählt.

**71**  Aufgrund neuerer Rechtsprechung des BFH[75] sollten die beiden Übereignungen in zwei getrennten Urkunden und in einem zeitlichen Abstand von mindestens sechs Monaten erfolgen, um dem Vorwurf eines Gestaltungsmissbrauchs zu entgehen.[76]

---

[74] Vgl. Münch FamRB 2006, 283 ff; ders., Ehebezogene Rechtsgeschäfte, Rn. 1220; Kogel, Strategien, Rn. 837, 838; Wever Rn. 570; Grziwotz MDR 2007, 124.

[75] BFH FamRZ 2005, 1250 m. Anm. Schlünder/Geißler.

[76] Münch FamRB 2006, 283, 289; ders., Scheidungsimmobilie, Rn. 406; Kogel, Strategien, Rn. 837, 838.

Bei größeren Geldzuwendungen der Schwiegereltern an das Schwiegerkind ist zu    72
empfehlen, ein **Darlehen** zu vereinbaren. Hierzu wird folgende Formulierung vorgeschlagen:[77]

### Vereinbarung:

Frau F gewährt ihrer Schwiegertochter S ein Darlehen in Höhe von … €. Das Darlehen ist nur dann zurückzuzahlen, wenn die Ehe von Frau S mit Herrn S rechtskräftig geschieden wird. Die Verpflichtung zur Rückzahlung des Darlehens zuzüglich 5% Zinsen über dem Basiszinssatz beginnt einen Monat nach Rechtskraft der Scheidung.

In diesem Fall liegt ein wirksames **aufschiebend bedingtes** Rückzahlungs- und    73
Verzinsungsversprechen vor.[78] Die Vereinbarung eines Darlehens hat den entscheidenden Vorteil, dass der Rückforderungsanspruch in voller Höhe zuzüglich Zinsen besteht, während bei einem Anspruch wegen Wegfalls der Geschäftsgrundlage der Wert des Zugewendeten nicht voll zurückgegeben werden muss.

# G. Rückforderung – Darlehen oder Schenkung?

> **Beispiel:** M und F erwerben ein Haus. Zur Finanzierung überweisen die Schwie-    74
> gereltern auf das Konto des Schwiegersohnes M 100 000 €. Nach Trennung der
> Eheleute verlangen die Schwiegereltern den gesamten Betrag von M zurück.
> Dieser beruft sich auf Schenkung.

Die Überweisung von € 100 000 könnte ein Darlehen oder eine Schenkung sein. Häufig unterlassen es die Beteiligten, diese Frage eindeutig zu klären. Das Schwiegerkind wünscht sich eine Zuwendung ohne Rückzahlungspflicht, die Schwiegereltern wollen ihr Vermögen nicht endgültig aus der Hand geben. Kann der Streit nicht geklärt werden, geht dies zu Lasten der Geber. Im gerichtlichen Verfahren genügt es für den Schwiegersohn, sich auf eine Schenkung zu berufen. Die Schwiegereltern müssten dann nachweisen, dass ein Darlehen vereinbart wurde.[79] Bei verwandtschaftlichen Beziehungen spricht die „Lebenserfahrung" eher dafür, dass das Geld nicht zurückbezahlt werden muss.[80] Können die Schwiegereltern die Vereinbarung eines Darlehens nicht beweisen, erhalten sie das Geld nicht nach § 488 I 2 BGB zurück. Sie können dann nur einen Anspruch auf Rückgewähr einer „ehebezogenen" Schenkung wegen Wegfalls der Geschäftsgrundlage (§ 313 BGB) geltend machen.

Gelingt den Schwiegereltern der Beweis, dass ein **Darlehensvertrag** zustande    75
gekommen ist, muss die Fälligkeit der Rückerstattung bestimmt werden. Bei Familiendarlehen werden selten Absprachen über die Laufzeit getroffen. Ist die Dauer nicht bestimmt, kann das Darlehen nach § 488 III 2 BGB mit einer Frist von drei Monaten gekündigt werden. Diese schematische Regelung wird jedoch vielen Einzelfällen nicht gerecht.

---

[77] Vgl. Schnitzler/Kogel, MAH-Familienrecht, § 21 Rn. 125.
[78] BGH FamRZ 1995, 1056, 1057.
[79] BGH NJW 2001, 2096; 1986, 2571; Palandt/Weidenkaff § 488 Rn. 38, § 516 Rn. 19.
[80] So OLG Hamm NJW 1978, 228.

76 Es wird daher angenommen, dass Zeitbestimmungen auch **stillschweigend** vorgenommen werden können. Sie müssen sich dann aus dem Darlehenszweck und den jeweils vorliegenden besonderen Umständen ergeben.[81] Im Wege der ergänzenden Vertragsauslegung ist daher zu ermitteln, was von den Parteien als redlichen Vertragspartnern beim Abschluss des Darlehensvertrages vereinbart worden wäre, wenn sie den damals ungeregelt gebliebenen, aber tatsächlich eingetretenen Fall des Scheiterns der Ehe mitgeregelt und dabei „*die Gebote von Treu und Glauben und der Verkehrssitte beachtet hätten*".[82]

77 Danach wird es in erster Linie auf die **Leistungsfähigkeit** von M ankommen. Es wird aber auch von Bedeutung sein, was mit dem Haus in Zukunft geschehen soll. Wird es etwa von F zusammen mit gemeinschaftlichen Kindern nach wie vor bewohnt, kann es auch angebracht sein, dass die Schwiegereltern ihre Rückzahlungswünsche zurückstellen müssen. Waren M und F gemeinsam Schuldner des Darlehens, so kann es nur einheitlich gegenüber beiden Eheleuten als Gesamtschuldnern (§ 421 BGB) gekündigt werden.[83] Dies folgt aus der Einheitlichkeit des Darlehensvertrages, der nicht gleichzeitig gegenüber einem Darlehensnehmer weitergeführt und gegenüber dem anderen beendet werden kann. Die Kündigungserklärung gegenüber nur einem Ehegatten ist unwirksam.

78 Darlehensverträge können als Dauerschuldverhältnisse nach § 314 I BGB aus wichtigem Grund ohne Einhaltung einer Kündigungsfrist gekündigt werden. Das Scheitern der Ehe des eigenen Kindes mit dem Schwiegerkind ist allein jedoch **kein ausreichender Grund** für die Schwieger-/Eltern, das Darlehen vorzeitig zu kündigen.[84]

79 Beruht das Darlehen auf Vereinbarungen, die ein Ehegatte mit seinen eigenen Eltern getroffen hat, kann der andere Ehegatte aus **Geschäftsführung ohne Auftrag** mithaften.[85] Es gibt auch Darlehen im **Grenzbereich zur Schenkung**. Wird etwa mit den Schwiegereltern vereinbart: „M und F haben das Darlehen nur im Fall der Scheidung zusammen mit banküblichen Zinsen zurückzuzahlen.", liegt ein aufschiebend bedingtes wirksames Rückzahlungs- und Verzinsungsversprechen vor.[86]

## H. Anspruch der Schwiegereltern auf Rückgabe einer unentgeltlich überlassenen Wohnung

80 **Beispiel:** Die Eheleute M und F leben unentgeltlich im Hause der Eltern von M. Nachdem M eine neue Lebensgefährtin gefunden hat, zieht er aus der Ehewohnung aus. Die Schwiegertochter F bleibt in der Wohnung zurück. Die Schwiegereltern verlangen von F, dass sie ebenfalls die Wohnung verlässt, zumindest aber eine angemessene monatliche Miete bezahlt.

---

[81] Palandt/Weidenkaff § 488 Rn. 15.
[82] BGH FamRZ 1973, 252; OLG Düsseldorf FamRZ 1989, 53; Uecker in Scholz/Stein C 25.
[83] BGH NJW 2002, 2866; OLG Karlsruhe FamRZ 1989, 978; OLG München NJW-RR 1996, 370
    Palandt/Weidenkaff § 488 Rn. 24.
[84] BGH NJW 2002, 2866, 2867.
[85] OLG Karlsruhe FamRZ 1991, 803, 804.
[86] BGH FamRZ 1995, 1056.

Die unentgeltliche Gebrauchsüberlassung einer Wohnung ist rechtlich als **Leihe** zu bewerten.[87] Bleibt nach der Trennung der Eheleute nur das Schwiegerkind in der Wohnung, schuldet es nach § 601 I BGB lediglich die Kosten, die sich aus dem Gebrauch der Wohnung ergeben. Das sind die Nebenkosten für Heizung, Wasser und Treppenreinigung. Haben die Eheleute vorher dafür nichts bezahlen müssen, bleibt es dabei.[88] Das Leihverhältnis kann nur durch Kündigung nach § 605 BGB oder aus wichtigem Grund nach § 242 BGB beendet werden. Der **Auszug des eigenen Kindes** ist für die Schwiegereltern **kein Kündigungsgrund.**[89]

Wurde kein fester Zeitpunkt für die Rückgabe der Wohnung vereinbart, ist im 81 Wege ergänzender Vertragsauslegung die Nutzungsdauer festzusetzen. Es muss die *„für die Leihe bestimmte Zeit"* (§ 604 Abs. I BGB) ermittelt werden. Dabei kann es darauf ankommen, ob das Schwiegerkind mit den eigenen **Kindern** in der Wohnung geblieben ist oder ob es größere **Investitionen** für die Wohnung erbracht hat. In der Regel werden jedoch die Interessen der Schwiegereltern an einer zügigen Räumung der Wohnung überwiegen.

## . Verfahrensrecht

Ansprüche der Schwiegereltern gegen das Schwiegerkind im Zusammenhang mit 82 Trennung oder Scheidung der Ehe gehören zu den **sonstigen Familiensachen** gemäß §§ 111, 266 I Nr. 3 FamFG. **Zuständig** sind die **Familiengerichte** (§§ 23 a I Nr. 1, 23 b I GVG). Die sonstigen Familiensachen sind **Familienstreitsachen** (§ 112 Nr. 3 FamFG), für die eine **anwaltliche Vertretung** vor dem Familiengericht vorgeschrieben ist (§ 114 I FamFG).

# 2. Abschnitt. Ansprüche im Zusammenhang mit dem Ausbau des Hauses der Eltern und Schwiegereltern

# A. Ansprüche des Schwiegerkindes für den Ausbau des Hauses der Schwiegereltern

In ländlichen Gegenden helfen nicht nur die Schwiegereltern dem Schwiegersohn 83 beim Ausbau einer Familienwohnung, sondern auch der Schwiegersohn kann das Haus seiner Schwiegereltern ausbauen, um dort mit seiner Familie zu wohnen. Scheitert die Ehe und zieht der Schwiegersohn aus, möchte er von den Schwiegereltern einen finanziellen Ausgleich für sein investiertes Geld.

---

[87] BGH FamRZ 2002, 88, 89; 1990, 843, 844; 1985, 150, 151; NJW 1982, 820; OLG Frankfurt FamRZ 2007, 642, 643; OLG Celle FamRZ 1993, 1204.
[88] BGH NJW 1982, 820, 821.
[89] BGH FamRZ 1985, 150, 153.

> **Beispielsfall:**[90] M baut im Haus seiner Schwiegereltern das Dachgeschoss als Familienwohnung aus. Die Kosten der Baumaßnahmen von 100 000 € trägt M. Die Schwiegereltern verlangen keine Miete. Nach 16 Jahren verlässt M seine Familie. Seine Ehefrau F bleibt mit den vier Kindern in der Wohnung. M fordert von den Schwiegereltern einen finanziellen Ausgleich für seine Investitionen, zumindest möchte er Ersatz für den Wertzuwachs, den das Grundstück durch den Ausbau erlangt hat.

## I. Anspruchsgrundlage

### 1. Nur ein Ehegatte zieht aus

84    Die Eheleute M und F haben die ausgebauten Räume unentgeltlich bewohnt. Dadurch ist zwischen ihnen und den Eltern/Schwiegereltern stillschweigend ein **Leihvertrag** zustande gekommen.[91] Rechtsgrund für die Investitionen des Schwiegersohnes – Geld- und Arbeitsleistungen – war die unentgeltliche Gebrauchsüberlassung der ausgebauten Räume. Zieht nur ein Ehegatte aus und bleibt der andere in der Wohnung, besteht das Leihverhältnis fort. Ein Anspruch wegen Wegfalls des rechtlichen Grundes (§ 812 I 2 BGB) besteht in diesem Fall nicht.[92] Auch aus einem anderen Rechtsgrund ergibt sich kein Anspruch.[93]

85    In einem vergleichbaren Fall[94] ergab sich eine Veränderung der Rechtslage dadurch, dass die Ehefrau – zur „Verbesserung" ihrer Situation im Unterhaltsprozess gegen ihren Ehemann – mit ihrer Mutter über die Wohnung einen **Mietvertrag** mit regelmäßigen Zahlungsverpflichtungen abschloss. Durch die Vereinbarung eines Mietverhältnisses haben Mutter und Tochter die Nutzung der Wohnräume auf eine neue rechtliche Grundlage gestellt und damit den bislang zwischen ihnen bestehenden Leihvertrag einverständlich beendet. Der anwaltlich vertretene Ehemann hatte der Beendigung des Leihvertrages zugestimmt. Mit dem **Fortfall des Leihverhältnisses** als „Rechtsgrund" war die Schwiegermutter nunmehr zum Ausgleich nach § 812 I 2 Alt. 1 BGB verpflichtet.[95]

### 2. Beide Ehegatten ziehen aus

86    Beim Auszug beider Ehegatten wird das Leihverhältnis konkludent beendet. Damit entfällt der Rechtsgrund für die erbrachten Investitionen. Jetzt hat der Schwiegersohn gegen die Schwiegereltern einen Anspruch wegen **ungerechtfertigter Bereicherung** gemäß § 812 I 2 Alt. 1 BGB.[96]

---

[90] Nach BGH FamRZ 1985, 150, ähnlich OLG Hamm FamRZ 1995, 732.

[91] BGH FamRZ 2002, 88, 89; 1990, 843, 844; 1985, 150, 151; OLG Frankfurt FamRZ 2007, 641, 643; OLG Brandenburg FamRZ 2009, 231, 232; Palandt/Sprau § 812 Rn. 97.

[92] BGH FamRZ 1985, 150, 152; OLG Karlsruhe FamRZ 2004, 1870, 1872; LG Karlsruhe FamRZ 2005, 517, 518.

[93] Vgl. OLG Brandenburg FamRZ 2009, 231, 232; Schnitzler/Kogel, MAH-Familienrecht, § 21 Rn. 106 ff.

[94] BGH FamRZ 1990, 843.

[95] BGH FamRZ 1990, 843. 845.

[96] BGH FamRZ 2002, 88, 89; 1990, 843, 844; 1985, 150, 151; OLG Brandenburg FamRZ 2009, 231, 232; OLG Oldenburg FamRZ 2008, 1440; OLG Frankfurt FamRZ 2007, 641, 642.

## 3. Höhe des Anspruchs

Art und Umfang dieses Anspruchs richten sich nach den Grundsätzen für den **87** Ausgleich von **Mieterleistungen** (Baukostenzuschuss, eigene Aus- und Umbauten) bei vorzeitiger Beendigung langfristiger Miet- und Pachtverhältnisse.[97] Die Schwiegereltern schulden in diesem Fall Wertersatz gemäß § 818 II BGB. Dabei ist auf die Vorteile abzustellen, die ihnen dadurch erwachsen, dass sie vorzeitig in den Genuss der Nutzungsmöglichkeiten der ausgebauten Räume kommen.[98]

Der Wert der Bereicherung bestimmt sich somit nicht nach den investierten Kos- **88** ten oder der geschaffenen Werterhöhung, sondern nach der objektiven Erhöhung des Ertragswerts des Gebäudes. Es ist also von der **ortsüblichen Miete** nach dem Ausbau auszugehen und hiervon der Mietwert der Räume vor den Investitionen abzusetzen, denn nur bezüglich des „**Mehrwerts**" besteht eine Bereicherung. Die tatsächliche Bereicherung der Schwiegereltern hängt davon ab, inwieweit es ihnen gelingt, die Räume zu einem höheren Mietzins zu vermieten.[99] Der eingetretene Vermögensvorteil ist durch Zahlung einer Geldrente in Höhe der Mietertragsdifferenz auszugleichen.[100]

Anders wird der Ertragswert zu bestimmen sein, wenn die Schwiegereltern das **89** ausgebaute Haus nach dem Scheitern der Ehe veräußert haben. Nun besteht der Wertzuwachs nicht mehr in künftig zu erzielenden höheren Mieteinnahmen. In diesem Fall kann die durch den Ausbau geschaffene Wertsteigerung des Hausgrundstücks, durch die beim Verkauf ein höherer Erlös erzielt werden konnte, zum Ausgleich herangezogen werden.[101]

## 3. Eltern schenken das vom Schwiegerkind ausgebaute Haus ihrem Kind

**Beispielsfall:**[102] Die Eheleute M und F hatten ein den Eltern des M gehörendes **90** Familienheim mit Geld von F aus- und umgebaut, um künftig darin unentgeltlich zu wohnen. Vier Jahre später schenkten die Eltern das Haus ihrem Sohn. Durch die Investitionen von M und F war der Wert von 120 000 € auf 200 000 € (bereits indexiert) zum Zeitpunkt der Übereignung gestiegen. Auch danach nahmen die Eheleute weitere Baumaßnahmen an ihrem Familienheim vor. F hatte aus ihrem Erbe insgesamt 50 000 € beigesteuert. Es konnte nicht mehr geklärt werden, in welcher Höhe ihre Zahlungen vor oder nach der Eigentumsübertragung erfolgten. Bei Rechtshängigkeit der Scheidung hatte das Familienheim einen Wert von 220 000 €. Weiteres Vermögen besaß M nicht. F hat keinen Zugewinn erzielt. F will von den Schwiegereltern oder ihrem Ehemann einen Ausgleich für ihre finanziellen Aufwendungen.

---

[97] BGH FamRZ 2002, 88, 89; 1985, 150, 151.
[98] BGH FamRZ 2002, 88, 89; 1990, 843, 844; 1985, 150, 153.
[99] BGH FamRZ 1985, 150, 153.
[100] BGH FamRZ 1990, 843; Palandt/Sprau § 818 Rn. 20; Schulz FamRB 2006, 84, 87.
[101] Vgl. OLG Oldenburg FamRZ 2008, 1440, 1441; Wever, Rn. 549, stellt auf den kapitalisierten, auf die Dauer der vorgesehenen Nutzung durch Kind und Schwiegerkind bezogenen Ertragswert ab. Nach OLG München FamRZ 2003, 312 Zust. Morawe/Winkler FamRZ 2007, 1212.

## I. Ansprüche gegen die Schwiegereltern

91    Gegen die Schwiegereltern hat F keine Ansprüche. Ein Anspruch wegen Wegfalls oder Störung der **Geschäftsgrundlage** (§ 313 BGB) besteht nicht. Grundlage für die Grundstücksinvestitionen war nicht der Fortbestand der Ehe, sondern die Erwartung im Haus auf Dauer angemessen und unentgeltlich wohnen zu können. Dieser rechtliche Grund ist durch das Scheitern der Ehe nicht entfallen. Auch ein Schadensersatzanspruch nach §§ 280 I, 284 BGB ergibt sich nicht, da F sicherlich damit einverstanden war, dass das Leihverhältnis (unentgeltliches Bewohnen) mit der Schwiegereltern durch die Übereignung des Hauses an M beendet wird. Ein Anspruch nach § 812 BGB entfällt schon deshalb, weil die Schwiegereltern **nicht mehr bereichert** sind (§ 818 III BGB).

## II. Ausgleich zwischen den Eheleuten

92    Der **tatsächliche Zugewinnausgleich** würde zu keinem für F angemessenen Ergebnis führen. Die Übereignung des Wohnhauses ist für M ein privilegierter Erwerb nach § 1374 II BGB und damit zum Anfangsvermögen zu rechnen. Zum Zeitpunkt der Eigentumsübertragung betrug der Wert der Immobilie 200 000 €. Legt man diesen Wert zugrunde, ergibt sich – bei einem Endvermögen von 220 000 € – für M ein Zugewinn von 20 000 €. Ehefrau F, die insgesamt 50 000 € in das Anwesen investiert hat, würde dann als Zugewinnausgleich 10 000 € erhalten.

93    Das OLG München[103] kommt im Beispielfall „nach reiflicher Überlegung" zu dem sachgerechten Ergebnis, dass als privilegierter Erwerb (§ 1374 II BGB) in Anfangsvermögen des Ehemannes **nur der Wert des Grundstücks ohne Baumaßnahmen** angesetzt werden darf. Auf diese Weise wird die Wertsteigerung, die das Anwesen **vor der Übereignung** durch die mit Mitteln beider Eheleute durchgeführten Umbaumaßnahmen erfahren hat, in der Zugewinnausgleichsbilanz nicht berücksichtigt. Dies ist besonders dann sachdienlich, wenn nicht mehr feststellbar ist, welcher Teil der von der Ehefrau für den Ausbau der Wohnung aufgewandten Mittel vor und welcher Teil nach der Grundstücksübertragung verbaut wurde.

94    M kann daher als privilegierten Erwerb (§ 1374 II BGB) nur den Wert des Hausgrundstücks vor dem Aus- und Umbau in sein Anfangsvermögen einsetzen. Dieser Betrag ist mit den Indexzahlen zum Zeitpunkt der Übereignung – hier auf 120 000 – hochzurechnen. Der Zugewinn von M beträgt dann (220 000 € – 120 000 €) = 100 000 €. F erhält als Zugewinnausgleich 50 000 €. Auf diesen Betrag wäre F auch gekommen, wenn sie die 50 000 € erst nach der Übereignung in die Immobilie investiert hätte.

95    Der BGH[104] hat die Entscheidung des OLG München, für den privilegierten Erwerb (§ 1374 II BGB) den Wert des Hausgrundstücks vor Beginn des Aus- und Umbaus zugrunde zu legen, im Ergebnis – jedoch mit anderer Begründung – bestätigt. Der BGH hat den von den **Eheleuten geschaffenen Wertzuwachs** des Familienheims **nicht als Schenkung** gemäß § 1374 II BGB bewertet. Die Investitionen der Ehegatten erfolgten in Übereinstimmung mit den Schwieger-/Eltern nur in

---

[103] OLG München FamRZ 2003, 312, 313 m. zust. Anm. Schröder.
[104] BGH FamRZ 2005, 1974, 1976.

Hinblick auf die künftige Übertragung des Anwesens. Mit der späteren Zuwendung des Grundstücks an den Sohn hat sich diese – von § 812 I 2 Alt. 2 BGB geschützte – Zweckabrede mit der Folge verwirklicht, dass die **Zuwendung nicht als unentgeltlich** anzusehen ist, soweit sie die zuvor von den Parteien bewirkte Wertsteigerung des Grundstücks ausgleicht.[105] Der BGH kommt letztlich zum gleichen Ergebnis wie das OLG München: Die von den Eheleuten geschaffene **Wertsteigerung** kann nicht als **privilegierter Erwerb (§ 1374 II BGB)** im Anfangsvermögen des beschenkten Kindes angesetzt werden.

## III. Sachgerechtes Ergebnis

Obiger Beispielsfall ist in gewisser Weise vergleichbar mit einem 1991 vom **96** BGH[106] entschiedenen Fall, in dem die spätere Ehefrau F in der Verlobungszeit erhebliche Aufwendungen für das im Alleineigentum des späteren Ehemannes M stehende Hausgrundstück geleistet hat (vgl. Kap. 5 Rn. 337). Nach BGH[107] liegt kein Grund vor, F hier schlechter zu stellen, als sie stünde, wenn sie die finanziellen Leistungen erst nach der Eheschließung erbracht hätte. In diesem Fall unterlägen die dadurch geschaffenen Werte dem Zugewinnausgleich mit der damit einhergehenden grundsätzlich hälftigen Beteiligung beider Ehegatten. Es biete sich daher an, das Hausgrundstück im Anfangsvermögen des M nur mit dem **geringeren Wert** anzusetzen, den es im Zeitpunkt der Eheschließung ohne die vorehelichen Leistungen von F gehabt hatte.

## C. Eltern schenken ihrem Kind das von diesem während der Ehe ausgebaute Haus

In einem früher vom BGH[108] entschiedenen Fall, hatte der Sohn auf dem Grund- **97** stück **seiner Mutter neben einem bereits bestehenden ein weiteres Haus errichtet.** Später **teilte die Mutter** – wie zuvor mündlich abgesprochen – **das Grundstück in Miteigentum auf und übertrug ihrem Sohn neben dem halben Miteigentums-anteil am Grundstück das neu errichtete Haus als Eigentumswohnung.** Der BGH hat in diesem Fall nur die Zuwendung des halben Miteigentums am Grund-stück als unentgeltlich zugewandt angesehen. Mit der Zuwendung des Sondereigen-tums an dem neu errichteten Haus verwirklicht sich dagegen nur der vom Sohn und seiner Mutter mit der Errichtung des Hauses verfolgte Zweck. Damit wird ein – anderenfalls gegebener – Bereicherungsanspruch des Sohnes gegen seine Mutter (§ 812 I 2 Alt. 2 BGB) ausgeschlossen.

Zu demselben Ergebnis gelangt man nach BGH[109] auch, wenn man die Übertra- **98** gung des Sondereigentums an dem Haus als eine **nachträgliche Vergütung** für

---

[105] Zust. Morawe/Winkler FamRZ 2007, 1212, 1214; Schröder FamRZ 2003, 313: „Die Übertragung „vergütete" zugleich auch die wertsteigernden Investitionen, die der Sohn und seine Frau gemacht hatten."

[106] BGH FamRZ 1992, 160.

[107] BGH FamRZ 1992, 160, 162.

[108] BGH FamRZ 1992, 1160.

[109] BGH FamRZ 1992, 1160, 1162.

Leistungen ansehe, die der Ehemann ursprünglich ohne einen rechtswirksamen Anspruch auf Entgelt erbracht habe. Wenn in einem solchen Fall der Leistende von Anfang an erkennbar gemacht habe, dafür unter bestimmten Umständen eine Entlohnung fordern zu wollen, könnten seine Leistungen als eine vorweggenommene Erfüllungshandlung in Bezug auf einen noch abzuschließenden entgeltlichen Vertrag gewertet werden. Dadurch, dass die von vornherein in Aussicht genommene Vergütung tatsächlich gewährt werde, komme nachträglich ein entsprechender **entgeltlicher** Vertrag zustande, der es verbiete, den Vorgang als unentgeltlich zu bewerten.

**99**     Die Ausführungen des BGH erscheinen nicht leicht verständlich, die Lösung ist jedoch einfach: Finanzielle Beträge, die das **leibliche Kind** in das Haus seiner Eltern investiert hat, sind vom **privilegierten Erwerb** (§ 1374 II BGB) **auszunehmen,** wenn die Eltern später das Haus ihrem Kind unentgeltlich zuwenden. Das von den Eltern beschenkte Kind hat durch die Investitionen sein Vermögen vermindert. Es kann nun nicht in gleichem Umfang – zulasten des Ehepartners – sein Anfangsvermögen erhöhen.

## D. Das Kind hat vor Eheschließung das Haus seiner Eltern ausgebaut

**100**  | **Beispielsfall:**[110] M hat vor seiner Eheschließung das Haus seines Vaters für 50 000 € in der Erwartung ausgebaut, er könne dort auf Lebenszeit unentgeltlich wohnen. Sechs Jahre später musste M zusammen mit seiner Ehefrau F auf Betreiben seines Vaters die Ehewohnung räumen. Die in Scheidung lebenden Eheleute streiten, ob die vorehelichen Investitionen des M für das väterliche Anwesen in seinem Anfangsvermögen anzusetzen sind.

Der BGH[111] ist – wie in seinen früheren Entscheidungen[112] – davon ausgegangen, dass M und sein Vater stillschweigend ein rechtlich verbindliches **Leihverhältnis** hinsichtlich der Wohnung vereinbart haben, aufgrund dessen M berechtigt war, die Wohnung unentgeltlich zu nutzen, ohne einem überraschenden oder willkürlichen Räumungsverlangen ausgesetzt zu sein (vgl. Rn. 8). Mit dem erzwungenen Auszug von M und F wurde das Leihverhältnis beendet. Damit ist der rechtliche Grund für die Investitionen weggefallen und M hat gegen seinen Vater einen Bereicherungsanspruch nach § 812 I 2 Alt. 1 BGB (vgl. Rn. 78). Die Eheleute streiten darüber, ob dieser Anspruch im Anfangsvermögen von M zu berücksichtigen ist.

**101**     Das OLG München[113] hatte als Berufungsgericht den Bereicherungsanspruch nicht in das Anfangsvermögen des M eingestellt, da er erst **nach Beginn der Eh**e entstanden sei. Erst wenn feststehe, dass der bezweckte Erfolg nicht eingetreten sei, entstehe der Anspruch. Das sei erst nach Erhebung der Räumungsklage der F gewesen.

---

[110] Nach BGH FamRZ 2002, 88.
[111] BGH FamRZ 2002, 88, 89.
[112] BGH FamRZ 1985, 150 und 1990, 843.
[113] Die Entscheidung ist nicht veröffentlicht.

Die Feststellung des OLG München, die Forderung des M sei nicht dem Anfangs- **102**
rmögen zuzurechnen, begegnet nach BGH rechtlichen Bedenken. Der BGH[114] hat
nächst auf seine ständige Rechtsprechung zur Bewertung der einzelnen Ver-
ögenspositionen hingewiesen: Das Anfangsvermögen umfasst alle dem Ehegatten
 Stichtag zustehenden rechtlich geschützten Positionen von wirtschaftlichem
ert, d. h. also neben den einem Ehegatten gehörenden Sachen alle ihm zustehenden
jektiv bewertbaren Rechte, die beim Eintritt des Güterstandes bereits entstanden
ren. Der Wert muss nicht zwingend sogleich verfügbar sein. Die Berücksichtigung
es Rechts im Anfangsvermögen setzt auch nicht voraus, dass das Recht bereits
lig oder dass es unbedingt oder vererblich ist. Selbst in der Realisierung dubiose
rderungen sind grundsätzlich in das Anfangsvermögen einzubeziehen. Nicht zum
nfangsvermögen gehören demgegenüber noch in der Entwicklung begriffene Rech-
 die noch nicht zur Anwartschaft erstarkt sind und bloße Erwerbsaussichten, da
 nicht das Merkmal „rechtlich geschützter Positionen mit wirtschaftlichem Wert"
üllen (vgl. Kap. 1 Rn. 14).

Eine **vermögenswerte Position** stellt nach BGH[115] bereits der dem M zustehende **103**
nftige Bereicherungsanspruch gemäß § 812 I 2 Alt. 1 BGB (Fortfall des Rechts-
undes) dar. Dieser Bereicherungsanspruch entsteht zwar erst nach dem für das
nfangsvermögen maßgeblichen Zeitpunkt der Eheschließung. Das schließt jedoch
cht aus, dass dem Ehemann bereits zum Zeitpunkt der Heirat aufgrund seiner bis
hin getätigten Investitionen und der stillschweigenden Abrede eines Leihverhält-
sses eine vermögenswerte Position zugestanden hat, die mehr war als eine bloße
gewisse Erwerbsaussicht. Sie bestand entweder in der **dauernden Nutzungsmög-**
hkeit der Wohnung oder in dem **Bereicherungsanspruch,** den er gehabt hätte,
nn der Leihvertrag bereits im Zeitpunkt der Heirat beendet gewesen wäre.

Art und Umfang dieses Bereicherungsanspruchs richten sich nach den Vorteilen, **104**
 der Vater infolge der vorzeitig erlangten Nutzungsmöglichkeit der ausgebauten
ume durch anderweitige Vermietung hätte erzielen können (vgl. hierzu Rn. 80).

---

BGH FamRZ 2002, 88, 89.
BGH FamRZ 2002, 88, 89.

# Kapitel 8. Vermögensauseinandersetzung zwischen eingetragenen Lebenspartnern

## A. Überblick

1    Homosexuelle Paare können wegen der verfassungsrechtlichen Sonderstellung d
Ehe in Art. 6 I GG **keine Ehe** begründen. Mit dem „Gesetz zur Beendigung d
Diskriminierung gleichgeschlechtlicher Gemeinschaften: Lebenspartnerschafter
(LPartG) vom 16. 2. 2001[1] wurde daher für Homosexuelle ein eigener rechtlich
Rahmen für ein gesetzlich geordnetes Zusammenleben bereit gestellt. Die einzeln
Vorschriften glichen zum Teil den für die Ehepartner im Familien- und Erbrecht d
BGB enthaltenen Regelungen, enthielten in einigen Fällen aber auch Sonderregelu
gen. Inzwischen wurde das LPartG bereits achtmal geändert[2]. Als Ergebnis dies
Änderungen ist festzustellen, dass durch
- die Übernahme des ehelichen Güterrechts in § 6 n. F.,
- die Anpassung des Unterhaltsrechts an das Ehegattenunterhaltsrecht in §§ 12,
n. F.,
- die Einführung des Versorgungsausgleichs in § 20 und
- die Anpassung der Aufhebungsgründe an die Scheidungsgründe in § 15 n. F.
eine nahezu **vollständige Angleichung** aller Regelungen an das Eherecht erfolgte[3].

2    Eine Lebenspartnerschaft nach dem Lebenspartnerschaftsgesetz entsteht, wer
**zwei Personen gleichen Geschlechts** bei gleichzeitiger Anwesenheit vor dem Sta
desbeamten erklären, dass sie miteinander eine Partnerschaft **auf Lebenszeit** führ
wollen (§ 1 I 1 LPartG). In Bayern sind ausnahmsweise die Notare zuständig,
Baden Württemberg die Landratsämter und in den Stadtkreisen die Bürgermeiste
ämter[4]. Die Partner müssen gemäß § 1 III LPartG
- volljährig sein,
- unverheiratet sein,
- keiner anderen Lebenspartnerschaft angehören,
- es darf sich auch nicht um Geschwister handeln
- oder um Personen, die in gerader Linie miteinander verwandt sind.

3    Die Lebenspartner können sich nach § 3 LPartG einen gemeinsamen Namen gebe
Sie sind nach §§ 5, 12, 16 LPartG gegenseitig unterhaltsberechtigt. Die Lebenspartn
gelten nach § 11 LPartG als Familienangehörige, die Verwandten des einen Partne
gelten als mit dem anderen Partner verschwägert. Es entstehen nach § 10 LPart
Erbrechte. Die Lebenspartner leben nach § 6 S. 1 LPartG im Güterstand der Zug
winngemeinschaft, wenn sie nicht in einem Lebenspartnerschaftsvertrag gemäß §
LPartG etwas anderes, etwa Gütertrennung oder Gütergemeinschaft[5], vereinbaren.

---

[1] Abgedruckt bei Schönfelder Deutsche Gesetze unter Nr. 43.
[2] Vgl. die Aufzählung bei Schönfelder Deutsche Gesetze vor § 1.
[3] Palandt/Brudermüller Einleitung zum LPartG Rn. 2.
[4] Palandt/Brudermüller § 23 LPartG Rn. 1.
[5] Wever Rn. 973 am Ende.

**Trennen** sich die Partner, können sie beim Familiengericht Anträge nach §§ 13, 14  **4**
LPartG auf Hausratsteilung und Wohnungszuweisung stellen (Rn. 11). Gescheiterte
Lebensgemeinschaften können nicht durch Parteivereinbarung, sondern nur in ei-
nem **förmlichen Gerichtsverfahren** nach § 15 LPartG wieder aufgehoben werden.
Die Voraussetzungen entsprechen weitgehend den Ehescheidungsvoraussetzungen[6].

## B. Das Vermögensrecht

Nach § 6 I 1 LPartG a. F. konnte eine Lebenspartnerschaft erst begründet werden,  **5**
wenn die Lebenspartner einen bestimmten Vermögensstand vereinbart hatten. Es
gab nämlich keinen gesetzlichen Vermögensstand, der immer dann eintrat, wenn die
Lebenspartner nichts anderes gewählt hatten. Das Lebenspartnerschaftsgesetz bot
jedoch den Partnern den in § 6 II LPartG a. F. näher geregelten Vermögensstand der
**Ausgleichsgemeinschaft** an. Wählten die Partner diesen Vermögensstand, genügte
bei der Begründung der Partnerschaft die mündliche Mitteilung dieser Wahl an die
zuständige Behörde (§ 6 I 2 LPartG a. F.).

Im Rahmen ihrer Wahlfreiheit konnten die Partner aber auch nach § 7 LPartG  **6**
a. F. in einem notariell abzuschließenden **Lebenspartnerschaftsvertrag** einen anderen Vermögensstand wählen. In Betracht kamen alle für das eheliche Güterrecht
vorgesehenen Güterstände und ihre zulässigen Modifikationen[7]. Es konnte also
anstelle der Ausgleichsgemeinschaft auch Vermögensgemeinschaft, Vermögenstrennung oder eine Errungenschaftsgemeinschaft vereinbart werden[8].

Seit der ab 1. 1. 2005 geltenden neuen Regelung[9] wurde das gesamte eheliche  **7**
Güterrecht auf die Lebenspartnerschaft übertragen (§ 6 LPartG n. F.). Nunmehr
leben die Partner **automatisch im Güterstand der Zugewinngemeinschaft,** wenn
sie nichts anderes vereinbaren. Auch für die Partner, die unter dem alten Recht
Ausgleichsgemeinschaft vereinbart hatten, gilt nunmehr die Zugewinngemeinschaft,
soweit sie nicht bis zum 31. 12. 2005 gerichtlich erklärt haben, dass in Zukunft
Gütertrennung gelten solle; § 21 LPartG.

Die **Gläubiger einer Partnerschaft** werden ebenso geschützt wie die Gläubiger von  **8**
Ehegatten (vgl. § 1362 BGB). Nach § 8 I 1 LPartG wird zugunsten der Gläubiger
eines Partners vermutet, dass die im Besitz eines oder beider Partner befindlichen
beweglichen Sachen dem Schuldner gehören. Der Partner, der sich gegen die Pfändung
einer ihm gehörenden Sache wenden will, muss im Rahmen einer Drittwiderspruchsklage nach § 771 ZPO die Eigentumsvermutung widerlegen[10]. Nach § 8 I 2 LPartG
i. V. mit § 1362 I 2 BGB gilt diese Vermutung jedoch nicht mehr, wenn die Partner
getrennt leben und sich die Sachen im Besitz des Partners befinden, der nicht Schuldner ist. Eine weitere Ausnahme gibt es für die ausschließlich zum **persönlichen
Gebrauch** eines Partners bestimmten Sachen, wie Kleidung, Schmuck, Arbeits- und
Sportgeräte. Hier wird nach § 8 I 2 LPartG i. V. mit § 1362 II BGB vermutet, dass
diese Sachen dem Partner gehören, für dessen Gebrauch sie bestimmt sind.

---

Näher dazu s. FA-FamR/Weinreich Kap. 11 Rn. 284 f.
Schwab FamRZ 2001, 385, 388.
Schwab aaO.
Gesetz zur Überarbeitung des Lebenspartnerschaftsrechts vom 15. 12. 2004 (BGBl. I S. 3396).
Palandt/Brudermüller § 1362 Rn. 10 zu der insoweit gleichen Rechtslage bei Eheleuten.

9    Der Gesetzgeber ist von einer arbeitsteiligen Partnerschaft ausgegangen, in der ei Partner durch Erwerbstätigkeit für Einkünfte sorgt, während der andere den Hau halt besorgt. Zum Schutz des Geschäftsverkehrs wird daher in § 8 II LPartG auc auf § 1357 BGB („**Schlüsselgewalt**") verwiesen. Danach ist jeder Partner berechtig Geschäfte zur Deckung des gemeinsamen Lebensbedarfs mit Wirkung auch für de anderen zu besorgen. Es entsteht in diesen Fällen somit wie bei Eheleuten ein Haftungsgemeinschaft. Auch der bei den Geschäften zur Deckung des Leben bedarfs nicht tätig gewordene Partner haftet für die entstandenen Verbindlichkeite Dies gilt jedoch nur für die Zeit des Zusammenlebens (§ 8 II LPartG i. V. mit § 135 III BGB).

## C. Verteilung der Haushaltsgegenstände und Wohnungszuwe sung bei Getrenntleben

10   Das Lebenspartnerschaftsgesetz bestimmt nicht näher, wann ein **Getrenntlebe** vorliegt. Auch ohne ausdrückliche Verweisung ergeben sich jedoch die Vorausse zungen dafür aus der Bestimmung des § 1567 BGB im Eherecht[11]. Die „**häuslich Gemeinschaft**" muss also beendet sein. Weiter ist erforderlich, dass jedenfalls e Partner sie erkennbar nicht wieder herstellen will. Erfolgt das Getrenntleben inne halb der bisherigen gemeinsamen Wohnung, müssen alle Lebensbereiche, wie K chen, Essen, Waschen, Einkaufen, Geldverwaltung, getrennt sein. Haben die Pa teien einen gemeinsamen Haushalt nicht geführt, muss die innere Distanzierung v der gemeinsamen Lebensgestaltung (§ 2 LPartG) nach außen erkennbar sein.

11   Die Verteilung der Haushaltsgegenstände bei **Getrenntleben** ist in § 13 LPart geregelt. Diese Bestimmung ist nahezu identisch mit § 1361 a BGB im Eherecht. I kann daher auf die Ausführungen im Kap. 4 Rn. 143 verwiesen werden. Die Eige tumsverhältnisse bleiben während der Trennungszeit nach § 13 III LebPG „unb rührt". Die **Wohnungszuweisung** in der Trennungszeit regelt § 14 LPartG. Weg der weitgehenden inhaltlichen Übereinstimmung mit § 1361 b BGB im Eherec wird auf die Darstellung im Kapitel 4 Rn. 4 Bezug genommen. Der Anspruch a Wohnungszuweisung nach § 14 LPartG besteht neben dem weitergehenden A spruch nach dem Gewaltschutzgesetz[12].

## D. Vermögensauseinandersetzung bei Aufhebung der Partne schaft

12   Für die Behandlung der gemeinsamen **Wohnung** und der **Haushaltsgegenstän** anlässlich der gerichtlichen Aufhebung der Partnerschaft gelten nach § 17 LPart die §§ 1568 a und 1568 b BGB entsprechend. Es kann daher insoweit auf die Au führungen im Kapitel 4 Rn. 74, 160 verwiesen werden. Die frühere Verweisung a die Hausratsverordnung wurde mit Wirkung vom 1. 9. 2009 aufgehoben[13].

---

[11] Palandt/Brudermüller § 12 LPartG Rn. 3.
[12] Schulz/Hauß/Haibach § 14 LPartG Rn. 1.
[13] Artikel 7 des Gesetzes vom 6. 7. 2009 (BGBl. I S. 1696).

Hinsichtlich der güterrechtlichen Auseinandersetzung gelten die gleichen Regeln **13** wie bei Eheleuten. Auf die Bestimmungen zum **Zugewinnausgleich** wird in § 6 Satz 2 LPartG Bezug genommen. Insoweit kann daher auf Kap. 1 verwiesen werden. Auf die Bestimmungen zur **Gütergemeinschaft** und zur **Gütertrennung** wird in § 7 Satz 2 LPartG Bezug genommen. Insoweit kann daher auf Kap. 2 und 3 verwiesen werden. Für die Partner einer Lebenspartnerschaft ergeben sich aus diesen Bestimmungen keinerlei Abweichungen. Sie werden insoweit wie Eheleute behandelt.

Neben den güterrechtlichen Ansprüchen können zwischen den Partnern – wie bei **15** Eheleuten auch – noch zahlreiche andere vermögensrechtliche Ansprüche bestehen. Dabei kann es um den **Ausgleich von Gesamtschulden, Rückgewähr von Zuwendungen, Beteiligung an einer Innengesellschaft** u. a. mehr gehen[14]. Insoweit wird auf die Ausführungen in Kap. 5 Rn. 108 f verwiesen, die grundsätzlich auch auf eine Lebenspartnerschaft anzuwenden sind. Dafür spricht nicht nur die Begründung dieser Ansprüche in dem für Alle geltenden Schuldrecht, sondern auch der Umstand, dass es sich bei der Lebenspartnerschaft um eine gesetzlich begründete, verbindliche und dauerhafte Gemeinschaft ähnlich einer Ehe handelt.

Soweit die Partner nicht den Güterstand der Gütergemeinschaft gewählt haben, **16** können sie in Einzelfällen **Miteigentum** begründen. Haushaltsgegenstände in Miteigentum werden nach §§ 13, 17 LPartG verteilt (s. o.). Für in Miteigentum stehende Gegenstände, die nicht zu den Haushaltsgegenständen gehören, etwa eine gemeinsame Eigentumswohnung oder eine Gemäldesammlung, gelten die allgemeinen Grundsätze über die Auflösung von Miteigentum. Insoweit kann daher auf Kapitel 5 Rn. 3 ff verwiesen werden.

# E. Gerichtliche Verfahren

Nach § 111 Nr. 11 FamFG sind „Lebenspartnerschaftssachen" **Familiensachen.** **17** Zu den „Lebenspartnerschaftssachen" gehören nach § 269 I FamFG u. a.
die Aufhebung der Lebenspartnerschaft (Nr. 1),
Wohnungszuweisungssachen nach § 14 oder § 17 LPartG (Nr. 5)
Haushaltssachen nach § 13 oder 17 LPartG (Nr. 6),
Ansprüche aus dem lebenspartnerschaftlichen Güterrecht (Nr. 10).

Zusätzlich gibt es nach § 269 II und III FamFG noch die **„sonstigen Partner- 18 schaftssachen"** in Anlehnung an die „sonstigen Familiensachen" des für Eheleute bestimmten § 266 FamFG.

Damit sind nunmehr **alle Rechtsstreitigkeiten** von Partnern einer Lebenspart- **19** nerschaft beim Familiengericht konzentriert, soweit nicht die Zuständigkeit besonderer Gerichte, etwa der Arbeitsgerichte, gegeben ist (§ 269 II FamFG). Die jeweils anwendbaren Vorschriften zum Verfahren im Einzelnen ergeben sich aus § 270 FamFG. Dabei wird regelmäßig auf das für Eheleute in vergleichbaren Verfahren geltende Recht verwiesen. Es kann also auch einen Verbund gemäß § 137 FamFG geben oder einstweilige Anordnungen gemäß § 49 f FamFG.

---

Vgl. Wever Rn. 974 f.

# Kapitel 9. Vermögensauseinandersetzung der nichtehelichen Lebensgemeinschaft

## 1. Abschnitt. Allgemeines

1     Das „Zusammenleben ohne Trauschein" ist keineswegs eine Erscheinung d Neuzeit. Im römischen Reich gab es neben der regulären Ehe, dem Matrimoniur als rechtlich mindere Form das Konkubinat, das bis ins Mittelalter bestanden har Außereheliche Verbindungen wurden erst unter kirchlichem Einfluss verboten.[2] B weit in das 20. Jahrhundert galt unverheiratetes Zusammenleben als „unsittlich" ur wurde dementsprechend von der Gesellschaft geächtet und konnte auch bestra werden.[3]

2     Seit den siebziger Jahren des vorigen Jahrhunderts führte aber der Weg der unve heiratet zusammenlebenden Paare „von der Verteufelung zur gesellschaftlichen A[ zeptanz".[4] Nichteheliche Lebensgemeinschaften nahmen in allen Bevölkerungskre sen rapide zu und wurden in der Folgezeit zum „Alltagsproblem der Justiz".[5] ] Deutschland stieg ihre Zahl von 1,4 Millionen im Jahre 1991 auf 2,4 Millionen i Jahre 2005.[6] Jedes achte Paar mit gemeinsamem Haushalt lebt derzeit unverheirat zusammen. Der Anteil der Kinder ist dabei in West- und Ostdeutschland unte schiedlich hoch. Im früheren Bundesgebiet haben 26% der Lebenspartner Kinder, den neuen Ländern sind es sogar 48%.[7]

## 2. Abschnitt. Bestimmung der nichtehelichen Lebensgemeinschaft

### A. Definition

3     Eine einheitliche Definition der nichtehelichen Lebensgemeinschaft kann es ang sichts der Vielfalt partnerschaftlicher Lebensformen nicht geben. Das **Bundesverfa sungsgericht**[8] hat in einer grundlegenden Entscheidung vom 17. 11. 1992 den B

---

[1] Hinweise zum Schrifttum bei Grziwotz § 1 Fn. 1; Strätz FamRZ 1980, 301 Fn. 3.
[2] Allerdings hatte schon Abraham neben seiner Ehefrau Sarah als Nebenfrau noch Hagar, die ihm d Sohn Ismael gebar (Moses 1, 16).
[3] Staudinger/Löhnig Anh. zu §§ 1297 ff Rn. 1; Schwab FamRZ 1981, 1151, 1153.
[4] Kingreen, Die verfassungsrechtliche Stellung der nichtehelichen Lebensgemeinschaft im Spannung feld zwischen Freiheits- und Gleichheitsrechten, 1995, S. 53.
[5] Derleder, NJW 1980, 545.
[6] Pressemitteilung des Statistischen Bundesamts vom 26. 5. 2000 (in FamRZ 2000,1275) und „Leb in Deutschland – Haushalte, Familien und Gesundheit – Ergebnisse des Mikrozensus 2005", S. 30.
[7] Dazu ausführlich Nave-Herz FPR 2001, 3 ff.
[8] BVerfG FamRZ 1993, 164, 168.

griff der eheähnlichen Gemeinschaft als eine **Verantwortungs- und Einstehens-gemeinschaft** ausgelegt: „*Gemeint ist eine Lebensgemeinschaft zwischen einem Mann und einer Frau, die auf Dauer angelegt ist, daneben keine weitere Lebensgemeinschaft gleicher Art zulässt und sich durch innere Bindungen auszeichnet, die ein gegenseitiges Einstehen der Partner füreinander begründen, also über die Beziehungen in einer reinen Haushalts- und Wirtschaftsgemeinschaft hinausgehen.*" Diese Definition wurde von der Rechtsprechung übernommen.

**Anhaltspunkte** für das Vorliegen einer solchen Lebensgemeinschaft können sich   4
ergeben aus

- einem auf Dauer angelegten Zusammenleben,
- einem gemeinsamen Wirtschaften in einem gemeinsamen Haushalt,
- gegenseitiger Betreuung,
- dem Auftreten in der Öffentlichkeit.

# B. Gleichbehandlung hetero- und homosexueller Lebensgemeinschaften

Das Bundesverfassungsgericht hat im Jahre 1992 die eheähnliche Gemeinschaft   5
noch als eine „*Lebensgemeinschaft zwischen einem Mann und einer Frau*" bestimmt und das Zusammenleben gleichgeschlechtlicher Paare **ausgenommen.** Der BGH[9] ist dieser Festlegung mit der Begründung gefolgt, die gleichgeschlechtliche Partnerschaft fände im Gegensatz zur eheähnlichen Gemeinschaft in der gesellschaftlichen Wirklichkeit keine Anerkennung.

Es gibt heute keinen überzeugenden Grund mehr, gleichgeschlechtliche Partner-   6
schaften rechtlich anders als verschiedengeschlechtliche Zweierbeziehungen zu behandeln, wenn sie die Voraussetzungen einer Verantwortungs- und Einstehensgemeinschaft erfüllen.[10] Eine Gleichstellung ist spätestens seit Einführung des „Gesetzes zur Beendigung der Diskriminierung gleichgeschlechtlicher Gemeinschaften" vom 16. 2. 2001 zwingend geboten. Die eingetragene Lebenspartnerschaft ist seither weitgehend der Ehe angeglichen.

Nichteheliche Lebensgemeinschaften zwischen Mann und Frau sind „eheähn-   7
lich", gleichgeschlechtliche Lebensgemeinschaften sind „lebenspartnerschaftsähn-lich".[11] Partner einer nichtehelichen Lebensgemeinschaft werden allgemein als „Lebensgefährten" bezeichnet.[12]

---

BGH FamRZ 1995, 344, 355.

MK/Wellenhofer, Nach § 1302 Rn. 4; Grziwotz § 3 Rn. 39, 44; Schröder/Bergschneider/Burger n. 7.245; Staudinger/Löhnig, Anh. zu § 1297 Rn. 9; Hausmann/Hohloch S. 49; Schulz FamRZ 2007, 593, 594.

So auch BVerfG FamRZ 2006, 470, 471; Schulz, FamRZ 2007, 593, 594; MK/Wellenhofer Nach § 1302 Rn. 4.

Palandt/Brudermüller, Einl. vor § 1297 Rn. 11; MK/Wellenhofer, Nach § 1302 Rn. 4.

# 3. Abschnitt. Vermögensausgleich bei Scheitern der nichtehelichen Lebensgemeinschaft

## A. Die frühere Rechtsprechung

8 „Wer nicht heiratet, will sich rechtlich nicht binden." Diese Ansicht führte dazu dass die Gerichte, wenn eine nichteheliche Lebensgemeinschaft zerbrach, den Partner eine Auseinandersetzung ihres Vermögens weitgehend versagten. Der früher zuständige II. Zivilsenat des BGH verneinte Ausgleichsansprüche für finanzielle Zuwendungen und auch für erhebliche Arbeitsleistungen zugunsten des Lebensgefährten. Nur in extremen Härtefällen konstruierte der BGH eine faktische BGB-Gesellschaft und sprach einen Ausgleich nach Billigkeitsgesichtspunkten zu. Die Zuständigkeit für die Vermögensauseinandersetzung nichtehelicher Lebensgemeinschaften beim BGH ha im Jahre 2003 gewechselt. Nach der Geschäftsverteilung ist nicht mehr der II. Zivilsenat, sondern der XII. Familiensenat zuständig. Mit der Änderung der Zuständigkeit hat sich auch die Rechtsprechung des BGH grundlegend gewandelt.

## B. Die neue Rechtsprechung des BGH

9 Der Familiensenat des BGH, der sich schon mit den Urteilen vom 28. 9. 2005 und 31. 10. 2007[14] in Teilbereichen von der bisherigen Rechtsprechung gelöst hatte hat mit den beiden grundlegenden Entscheidungen jeweils vom 9. 7. 2008[15] de Vermögensausgleich zwischen nichtehelichen Lebenspartnern auf eine völlig neu Grundlage gestellt und Ansprüche nach Beendigung einer nichtehelichen Lebensgemeinschaft ausdrücklich bejaht. Zur Begründung hat der Familiensenat des BGI – *„in Abkehr von der bisherigen Rechtsprechung"* – hierzu ausgeführt.[16]

*„Das Argument, der leistende Partner einer nichtehelichen Lebensgemeinschaj habe deren Scheitern bewusst in Kauf genommen, mithin nicht auf deren Bestan vertrauen dürfen, vermag nicht länger zu überzeugen. Der Partner weiß zwar, da die Lebensgemeinschaft jederzeit beendet werden kann, seiner Zuwendung wird abe regelmäßig die Erwartung zugrunde liegen, dass die Gemeinschaft von Bestand sei werde. Soweit er hierauf tatsächlich und für den Empfänger der Leistung erkennba vertraut hat, erscheint dies schutzwürdig. Dass nur das Vertrauen von Ehegatten i die lebenslange Dauer ihrer Verbindung rechtlich geschützt ist (§ 1353 Abs. 1 Satz BGB), vermag mit Blick auf die hohe Scheidungsquote eine unterschiedliche Behand lung nicht überzeugend zu begründen. "*

10 Die Entscheidung für eine nichteheliche Lebensgemeinschaft bedeutet – so de BGH[17] – nur eine Entscheidung gegen die Rechtsform der Ehe, enthält aber keine

---

[13] BGH FamRZ 2006, 711.

[14] BGH FamRZ 2008, 247, 249 m. Anm. Grziwotz.

[15] BGH FamRZ 2008, 1822; 2008, 1828 m. Anm. Grziwotz; bestätigt FamRZ 2009, 849 m. Anm Grziwotz; 2010, 277 m. Anm. Grziwotz; 2010, 542 m. Anm. Wellenhofer.

[16] BGH FamRZ 2008, 1822, 1826 unter Bezugnahme auf Hausmann/Hohloch, 2. Aufl., Das Rech der nichtehelichen Lebensgemeinschaft, Kap. 4 Rn. 156 und Schulz FamRZ 2007, 593, 599.

[17] BGH FamRZ 2008, 247, 249; 2008, 1822, 1825 unter Bezugnahme auf Soergel/Lange, BGB, Nicht eheliche Lebensgemeinschaften, Rn. 6.

Verzicht darauf, Konflikte nach festen Rechtsregeln auszutragen. Ansprüche, die nach allgemeinen Regeln begründet sind, können nicht deshalb versagt werden, weil die Partner unverheiratet zusammengelebt haben.[18] In den entschiedenen Fällen zur nichtehelichen Lebensgemeinschaft hat der XII. Senat stets die **Parallele zur Rechtslage bei der Ehe** gezogen und damit anerkannt, dass es zwischen Ehe und nichtehelicher Lebensgemeinschaft nicht nur faktisch, sondern auch rechtlich viele Gemeinsamkeiten gibt.[19]

Nach den neueren Entscheidungen des Familiensenats beim BGH seit 2005[20] erfolgt die Vermögensauseinandersetzung nichtehelicher Lebensgemeinschaften in nahezu gleicher Weise wie bei Eheleuten, die im Güterstand der Gütertrennung leben.[21] Es lassen sich folgende **Grundsätze** aufstellen: **11**

## I. Kein Ausgleich für Ausgaben des „täglichen Lebens"

Für die laufenden Kosten der Lebenshaltung, für die Haushaltsführung, für die Entrichtung der Miete der gemeinsam genutzten Wohnung, für die Pflege des Lebensgefährten und für die Finanzierung eines Urlaubs können die Lebenspartner, wenn sie sich trennen, **keinen Ausgleich** verlangen.[22] Solche Leistungen, die die Gemeinschaft Tag für Tag benötigt und die das Zusammenleben in der gewollten Art erst ermöglichen, werden in dem Bewusstsein erbracht, dass jeder Partner nach seinen Möglichkeiten zur Gemeinschaft beizutragen habe. Geld- und Dienstleistungen, die im Rahmen der Haushalts- und Lebensführung erbracht werden, können bei Trennung nicht verrechnet werden. Es besteht ein sog. **Abrechnungsverbot.**[23] **12**

Bei Zuwendungen oder Arbeitsleistungen innerhalb einer nichtehelichen Lebensgemeinschaft, die **deutlich über das hinausgehen,** was die Gemeinschaft Tag für Tag benötigt, besteht jedoch nach der neuen Rechtsprechung des BGH „*ein rechtlich schutzwürdiges Ausgleichsbedürfnis*".[24] Es kommen Ansprüche nach den Grundsätzen über den Wegfall der Geschäftsgrundlage (§ 313 BGB), aus ungerechtfertigter Bereicherung (§ 812 Abs. 1 S. 2 Alt. 2 BGB) oder nach gesellschaftsrechtlichen Regeln (§ 738 BGB) in Betracht. **13**

## II. Ansprüche wegen Wegfalls der Geschäftsgrundlage (§ 313 BGB)

## 1. Gemeinschaftsbezogene Zuwendungen

Zuwendungen eines Ehegatten an seinen Ehepartner, die „um der Ehe willen" erfolgen, nannte der BGH zunächst „unbenannte" Zuwendungen, später „ehebedingte" Zuwendungen und nunmehr „ehebezogene" Zuwendungen (vgl. Kap. 5 Rn. 189 f). Neu ist die Bezeichnung **„gemeinschaftsbezogene Zuwendungen",** die **14**

---

[18] BGH FamRZ 2008, 1822, 1825 unter Bezugnahme auf Schulz FamRZ 2007, 593, 594.
[19] Wellenhofer FamRZ 2010, 544; Grziwotz FamRZ 2009, 750.
[20] BGH FamRZ 2006, 711; 2008, 247; 2008, 1822; 2008, 1828; 2009, 849; 2010, 277; 2010, 542.
[21] Schulz FPR 2010, 373, 378.
[22] BGH FamRZ 2010, 542, 543; 2010, 277, 280; 2009, 849, 850; 1980, 664.
[23] Schulz FPR 2010, 373; FamRZ 2007, 593, 594; FamVermR/Burger Rn. 7.16; MK/Wellenhofer; nach § 1302 Rn. 57.
[24] BGH FamRZ 2010, 542, 543; 2009, 849, 850; 2008, 1822, 1825; 2008, 1828.

der Familiensenat des BGH nunmehr für Leistungen verwendet, die *„im Vertraue auf den Fortbestand der nichtehelichen Lebensgemeinschaft erfolgt sind".*[25]

15  Im Hinblick auf die Gleichstellung von Zuwendungen zwischen Eheleuten un zwischen nichtehelichen Lebensgefährten kann die Definition einer ehebezogene Zuwendung , wie sie die Rechtsprechung entwickelt hat,[26] weitgehend auch für d **gemeinschaftsbezogene Zuwendung** übernommen werden: Eine gemeinschaft bezogene Zuwendung liegt danach vor, wenn ein Partner einer nichteheliche Lebensgemeinschaft dem anderen einen Vermögenswert **um der Gemeinscha**ft willen und als Beitrag zur Verwirklichung und Ausgestaltung, Erhaltung oder Siche rung der Partnerschaft zukommen lässt, wobei er die Vorstellung oder Erwartun hegt, dass die Lebensgemeinschaft **Bestand** haben und er innerhalb dieser Gemei schaft am Vermögenswert und dessen Früchten weiter teilhaben wird. Darin liegt d Geschäftsgrundlage der Zuwendung.[27]

16  Gemeinschaftsbezogene Zuwendungen können nach der geänderten Rechtspre chung des BGH nunmehr unter den **gleichen** Voraussetzungen wie ehebezoger Zuwendungen zurückgefordert werden[28]. So hat der Familiensenat[29] auch mehrma entschieden:

*„Ein Ausgleichsanspruch nach den Grundsätzen über den Wegfall der Geschäfts grundlage kommt in Betracht, soweit der gemeinschaftsbezogenen Zuwendung di Vorstellung oder Erwartung zugrunde lag, die Lebensgemeinschaft, deren Ausgesta tung sie gedient hat, werde Bestand haben."*

## 2. Arbeitsleistungen

17  Arbeitsleistungen, die ein Partner zugunsten des anderen erbringt und mit dene er dessen Vermögen steigert, können begrifflich nicht als Zuwendungen angesehe werden, weil es insofern nicht zu einer Übertragung von Vermögenssubstan kommt. Daraus folgt aber nicht, dass Arbeitsleistungen – im Gegensatz zu gemein schaftsbezogenen Leistungen – nach dem Scheitern einer Lebensgemeinschaft nich zu Ausgleichsansprüchen führen können, denn wirtschaftlich betrachtet stellen si ebenso eine geldwerte Leistung dar wie die Übertragung von Vermögenssubstanz (vgl. Kap. 5 Rn. 318 f). Der BGH hat dafür die Bezeichnung **gemeinschaftsbezoge ne Arbeitsleistungen** geschaffen.[31]

18  Gemeinschaftsbezogene Arbeitsleistungen in diesem Sinne müssen aber erheblic über bloße Gefälligkeiten oder das, was das tägliche Zusammenleben erforder hinausgehen und zu einem messbaren und noch vorhandenen **Vermögenszuwach** des anderen Partners geführt haben. Erbringt einer der Partner unter solchen Um ständen Arbeitsleistungen, so kann davon auszugehen sein, dass diese Leistunge nach einer stillschweigenden Übereinkunft mit dem anderen Partner zur Ausgestal tung der Lebensgemeinschaft erbracht werden und darin ihre Geschäftsgrundlag

[25] BGH FamRZ 2008, 247, 249; 2008, 1822, 1826; 2008, 1828; 2010, 277, 279.
[26] BGH FamRZ, 1999, 1580, 1582; 1997, 933; 1992, 300.
[27] So Schulz FPR 2010, 373, 374; FamRZ 2007, 593, 598.
[28] Schulz FPR 2010, 373, 374.
[29] BGH FamRZ 2008, 1822, 1826; 2008, 1828; ebenso FamRZ 2008, 247, 249; 2010, 277, 279.
[30] BGH FamRZ 2008, 1822, 1827; 2008, 1828 unter Bezugnahme auf BGH FamRZ 1982, 910; 1994, 116:
[31] BGH FamRZ 2008, 1822, 1827; 2008, 1828.

haben. In diesem Fall ist – wie bei Eheleuten[32] – ein **Kooperationsvertrag**, ein sog. Vertrag „sui generis", zustande gekommen (vgl. dazu Kap. 5 Rn. 320 f).

## 3. Ausgleich für Erwerb und Bau eines selbstgenutzten Wohnhauses

Haben die Lebensgefährten einer nichtehelichen Gemeinschaft auf dem Grund-  19
stück eines Partners ein Haus errichtet, zu dessen Erwerb oder Ausbau der andere Partner erhebliche Geld- oder Arbeitsleistungen erbracht hat, hat der II. Zivilsenat des BGH beim Scheitern der Lebensgemeinschaft, einen Ausgleich nach gesellschaftsrechtlichen Grundsätzen angenommen.[33] Demgegenüber hat der XII. (Familien-)Senat des BGH,[34] wenn **Eheleute** durch gemeinsame Arbeit und finanzielle Beiträge zum Kauf oder Bau eines Familienheims beigetragen haben, eine Ehegatteninnengesellschaft abgelehnt. Hilft ein Ehegatte bei der Errichtung eines Familienheims mit, das dem Ehepartner allein gehört, so verfolgt er keinen „eheüberschreitenden Zweck", sondern arbeitet „um der Ehe willen" mit. Ein Ausgleich für die Mithilfe erfolgt beim Scheitern der Ehe nach den Grundsätzen des **Wegfalls der Geschäftsgrundlage** (§ 313 BGB).

Diese vom Familiensenat vorgenommene Bewertung der von Eheleuten geleisteten  20
Beiträge zum Erwerb oder Bau eines Wohnhauses als unbenannte, ehebezogene Zuwendungen ist nunmehr auch auf **nichteheliche** Lebensgemeinschaften entsprechend anzuwenden.[35] Kaufen oder errichten Lebensgefährten ein Haus, in dem sie künftig zusammen wohnen wollen, so steht auch hier als Ziel ihrer Bemühungen nicht so sehr die Vermögensbildung, sondern mehr die „**Verwirklichung ihrer Lebensgemeinschaft**" im Vordergrund. In diesem Fall kommt durch die Zusammenarbeit noch keine Innengesellschaft zustande (vgl. dazu Kap. 5 Rn. 275).

Vielmehr sind die *finanziellen Beiträge* eines Lebenspartners als **gemeinschaftsbe-**  21
**zogene Zuwendungen** zu werten. Soweit ein Lebensgefährte erhebliche Arbeitsleistungen erbringt, kommt durch die Mitarbeit ein sog. **Kooperationsvertrag** zustande. Der geschaffene Vermögenszuwachs wird dann beim Scheitern der Lebensgemeinschaft nach den Regeln über den **Wegfall der Geschäftsgrundlage** ausgeglichen.[36]

## III. Grundsätze für den Ausgleich gemeinschaftsbezogener Zuwendungen

## 1. Anspruchsgrundlage

Geschäftsgrundlage einer gemeinschaftsbezogene Zuwendung ist die Erwartung  22
des Lebensgefährten, die Lebensgemeinschaft, deren Ausgestaltung sie gedient hat, werde **Bestand** haben. Scheitert die nichteheliche Lebensgemeinschaft, so fällt die Geschäftsgrundlage weg. Ein Anspruch auf Rückgewähr einer gemeinschaftsbezogenen Zuwendung oder ein Ausgleich für gemeinschaftsbezogene Arbeitsleistungen kann sich dann nach den Regeln über den **Wegfall der Geschäftsgrundlage gemäß**

---

[32] BGH FamRZ 1982, 910, 911; 1994, 1167, 1168; 1999, 1580, 1582.
[33] BGH FamRZ 1993, 939, 940; 1992, 408, 409; 1996, 1141, 1142; 1997, 1533.
[34] BGH FamRZ 1999, 1580, 1583; 1998, 1063, 1068; 1994, 1167, 1168; 1989, 147, 148; 1982, 910, 911.
[35] Schulz FamRZ FPR 2010, 373, 375; 2007, 593, 599.
[36] Vgl. Schulz FamRZ 2007, 593, 599; FamRB 2005, 142, 144.

**§ 313 I BGB** ergeben, wenn dem leistenden Lebenspartner die Beibehaltung de herbeigeführten Vermögensverhältnisse nicht zugemutet werden kann.

## 2. Art der Rückgewähr

23    Ein Ausgleich gemeinschaftsbezogener Zuwendungen erfolgt in der Regel – wi bei ehebezogenen Zuwendungen – nicht durch Rückgabe des zugewendeten Geger standes, sondern durch **Zahlung in Geld.** Ausnahmsweise kann eine Rückgabe i Natur verlangt werden, wenn der zuwendende Lebensgefährte ein besonders schütz enswertes Interesse gerade am Erhalt des zugewendeten Gegenstandes hat.[37] Ein dingliche Rückgewähr kann aber regelmäßig nur Zug um Zug gegen Zahlung ein finanziellen Ausgleichs erfolgen[38] (vgl. Kap. 5 Rn. 226 f).

## 3. Grund und Höhe der Rückgewähr

24    Die Beurteilung, ob und in welcher Höhe ein Anspruch besteht, richtet sic nach den **Umständen des Einzelfalles.** Der XII. Senat des BGH hat hierz ausgeführt:[39]

*„Bei der Abwägung, ob und gegebenenfalls in welchem Umfang Zuwendunge zurückerstattet oder Arbeitsleistungen ausgeglichen werden müssen, ist zu berück sichtigen, dass der Partner es einmal für richtig erachtet hat, dem anderen dies Leistungen zu gewähren. Ein korrigierender Eingriff ist grundsätzlich nur gerecht fertigt, wenn dem Leistenden die Beibehaltung der durch die Leistungen geschaffe nen Vermögensverhältnisse nach Treu und Glauben nicht zuzumuten ist. Insofer erscheint es sachgerecht, auf den Maßstab zurückzugreifen, der für den Ausgleich vo Zuwendungen unter Ehegatten gilt, die im Güterstand der Gütertrennung leben ...*

*Zusätzlich muss beachtet werden, dass für die erbrachten Leistungen keine Bezah lung, sondern nur eine angemessene Beteiligung an dem gemeinsam Erarbeitete verlangt werden kann. Der Ausgleichsanspruch ist dabei in zweifacher Weise be grenzt: zum einen durch den Betrag, um den das Vermögen des anderen zur Zeit de Wegfalls der Geschäftsgrundlage noch vermehrt ist, zum anderen durch die erspart Kosten einer fremden Arbeitskraft."*

25    Zur **Höhe des Rückgewährsanspruchs** ist nach der bisherigen Rechtsprechun des BGH[40] zu ehebezogenen Zuwendungen im Rahmen einer „Gesamtwürdigung noch auf folgende Kriterien abzustellen:
- Dauer der Lebensgemeinschaft von der Zuwendung bis zur Trennung,
- Einkommens- und Vermögensverhältnisse der Lebenspartner,
- Alter der Partner im Zeitpunkt der Trennung,
- künftige Einkommens- und Vermögensverhältnisse.

Sexuelle Untreue eines Partners ist **nicht** zu berücksichtigen.[41]

26    Der BGH[42] hat – bei Zuwendungen zwischen Eheleuten – wiederholt darau hingewiesen, dass bei der Abwägung nach § 313 BGB in erster Linie die Dauer de

---

[37] Vgl. zuletzt BGH FamRZ 2006, 394, 395.
[38] Vgl. zuletzt BGH FamRZ 1999, 365, 367.
[39] BGH FamRZ 2008, 1822, 1827; 2008, 1828.
[40] BGH FamRZ 2006, 394, 395; 1999, 365, 367; 1998, 669, 670; 1995, 1060, 1061.
[41] BGH FamRZ 1992, 160, 162 (bei Verlobten).
[42] BGH FamRZ 2006, 394, 395; 1999, 365, 367; 1998, 669, 670; 1995, 1060, 1061.

Lebensgemeinschaft von Bedeutung ist. Für den Zeitraum, in dem die Gemeinschaft Bestand hatte, ist der Zweck der gemeinschaftsbezogenen Leistungen erreicht. Regelmäßig hat dies zur Folge, dass der Wert des Zugewendeten nicht **voll** zurückgegeben werden muss, denn die erwiesene Begünstigung ist nur für die Zeit nach dem Scheitern der Lebensgemeinschaft zu entziehen (vgl. Kap. 5 Rn. 230 f).

Hat beispielsweise die nichteheliche Lebensgemeinschaft seit der Zuwendung 27 noch 20 Jahre bestanden, so wird der verfolgte Zweck, die Beziehung aufrecht zu erhalten und zu stärken, im Regelfall als erreicht anzusehen sein. Ein Ausgleichsanspruch besteht in diesem Fall **nicht mehr.** Ist die nichteheliche Gemeinschaft zehn Jahre nach der Zuwendung gescheitert, dann kann es billig erscheinen, wenn der Partner nur noch die **Hälfte** des zugewendeten Wertes zurückerstatten muss.[43]

**Obere Grenze** des Rückgewährsanspruchs ist – worauf der BGH[44] nochmals hingewiesen hat – stets der Betrag, um den das Vermögen des Partners bei Trennung der Lebensgefährten infolge der Leistungen des anderen Partners **noch gemehrt ist.**[45] Ist von der Zuwendung wertmäßig nichts mehr vorhanden, gibt es keinen Ausgleich.

Der Ausgleichsanspruch der Partner wegen Wegfalls der Geschäftsgrundlage 28 (§ 313 BGB) entsteht mit dem **Scheitern** der nichtehelichen Lebensgemeinschaft. Maßgeblicher Stichtag ist in der Regel die **endgültige Trennung** der Lebensgefährten[46] (vgl. Kap. 5 Rn. 236). Bei der Ermittlung des genauen Zeitpunktes ergeben sich ähnliche Probleme wie bei Eheleuten (vgl. dazu s. Kap. 1 Rn. 458).

## 4. Ansprüche aus ungerechtfertigter Bereicherung

Nach der neuen Rechtsprechung des BGH[47] kann ein Partner bei Beendigung der 29 nichtehelichen Lebensgemeinschaft die Rückforderung einer gemeinschaftsbezogenen Zuwendung oder den Ausgleich für gemeinschaftsbezogene Arbeitsleistungen sowohl auf den Wegfall der Geschäftsgrundlage als auch auf ungerechtfertigte Bereicherung stützen. Nach § 812 Abs. 1 S. 2 Alt. 2 BGB besteht für den Empfänger einer Leistung die Pflicht zur Rückgabe, sofern der mit der Leistung nach dem Inhalt des Rechtsgeschäfts bezweckte Erfolg nicht eingetreten ist. Ein derartiger Anspruch wegen **Zweckverfehlung** kann sich ergeben, wenn der verfolgte Zweck darin bestand, dass die Zuwendung oder der Arbeitserfolg dem Lebensgefährten dauerhaft zugute kommen sollte und die Partner dabei vom **Fortbestehen** der nichtehelichen Lebensgemeinschaft ausgingen.

Die bereicherungsrechtliche Rückabwicklung setzt aber voraus, dass mit dem 30 Empfänger der Leistung eine **Willensübereinstimmung** über den mit der Leistung verfolgten Zweck erzielt worden ist; einseitige Vorstellungen genügen nicht. Eine stillschweigende Einigung in diesem Sinn kann angenommen werden, wenn der eine Teil mit seiner Leistung einen bestimmten Erfolg bezweckt, der andere Teil dies erkennt und die Leistung entgegennimmt, ohne zu widersprechen. Erforderlich ist somit eine **gemeinsame konkrete Zweckabrede,** wie sie etwa dann vorliegen kann,

43 So Schulz FamRB 2004, 48, 51.
44 BGH FamRZ 2008, 1822, 1827; 2008, 1828.
45 BGH FamRZ 2006, 394, 395; 1982, 910, 912.
46 So auch BGH FamRZ 2007, 877, 878 m. Anm. Schröder.
47 BGH FamRZ 2006, 711; 2008, 247; 2008, 1822; 2008, 1828; 2009, 849; 2010, 277; 2010, 542.

wenn die Partner zwar keine gemeinsamen Vermögenswerte schaffen wollten, der eine aber das Vermögen des anderen in der Erwartung vermehrt hat, an dem erworbenen Gegenstand langfristig partizipieren zu können.[48]

31　Eine hinreichend konkrete Zweckabrede dürfte, worauf auch der BGH[49] hinweist, in der familiengerichtlichen Praxis nicht leicht festzustellen sein. Eine Zweckabrede im Sinne des § 812 Abs. 1 S. 2 Alt. 2 BGB setzt **positive Kenntnis** von der Zweckvorstellung des anderen Teils voraus, vage Hoffnungen genügen nicht. Die Lebensgefährten denken im Zeitpunkt der Schenkung zumeist nicht an ein späteres Scheitern der Gemeinschaft. Ein Rückzahlungsanspruch wegen Zweckverfehlung § 812 Abs. 1 S. 2 Alt. 2 BGB) dürfte daher nur **in Ausnahmefällen** begründet sein.[50]

## 5. Ansprüche aus Gesellschaftsrecht

32　Nach der früheren Rechtsprechung des II. Zivilsenats des BGH[51] konnte, wenn ein Lebensgefährte zugunsten des Partners einen wesentlichen Beitrag geleistet hatte und beide Partner einen gemeinschaftlichen Wert schaffen wollten, eine faktische BGB-Gesellschaft zustande kommen. Eine Auseinandersetzung erfolgte dann in entsprechender Anwendung der §§ 730 ff BGB nach Billigkeitskriterien.[52] In der grundlegenden Entscheidung vom 28. 9. 2005 hat der XII. (Familien-)Senat des BGH[53] jedoch die Konstruktion einer faktischen BGB-Gesellschaft ausdrücklich abgelehnt und darauf hingewiesen, *„dass eine nach gesellschaftsrechtlichen Grundsätzen zu beurteilende Zusammenarbeit auch im Rahmen einer eheähnlichen Lebensgemeinschaft einen zumindest schlüssig zustande gekommenen Vertrag voraussetzt"*. Indizien für eine nach gesellschaftsrechtlichen Grundsätzen zu bewertende Zusammenarbeit können sich – wie bei einer Ehegatteninnengesellschaft – aus Planung, Umfang und Dauer der Zusammenarbeit ergeben.

33　Mit seinen folgenden Entscheidungen hat der Familiensenat diese Rechtsprechung gefestigt.[54] Es kann somit festgestellt werden: Für die Entstehung, Bewertung und Abwicklung einer **„Lebenspartner-Innengesellschaft"** kann auf die gleichen Grundsätze zurückgegriffen werden, wie sie die Rechtsprechung zur **Ehegatteninnengesellschaft** entwickelt hat (vgl. dazu Kap. 5 Rn. 266 f).

## 6. Rückforderung einer Schenkung

34　Eine Schenkung kann nach § 530 BGB widerrufen werden, wenn sich der Beschenkte durch eine schwere Verfehlung gegen den Schenker groben Undanks schuldig macht. Eine schwere Verfehlung setzt objektiv ein gewisses Maß an Schwere voraus und subjektiv eine tadelnswerte Gesinnung, die einen erheblichen Mangel an Dankbarkeit erkennen lässt[55] (vgl. Kap. 5 Rn. 258 f). Ein Widerrufsgrund liegt

---

[48] BGH FamRZ 2009, 849, 850; 2008, 1822, 1826; 1992, 160, 161.
[49] BGH FamRZ 2010, 958, 963 (zu Schwiegereltern-Zuwendungen).
[50] Vgl. MK/Wellenhofer, Nach § 1302 BGB Rn. 71; Schlögel MittBayNot 2009, 100, 101; Bruch MittBayNot 2009, 142, 143; Schulz FPR 2010, 373, 376.
[51] BGH FamRZ 1982, 1065; 1985, 1232; 1992, 408; 1996, 1141; 1997, 1533; 2003, 1542.
[52] Kritisch hierzu MK/Wellenhofer, Nach § 1302 BGB Rn. 62 m. w. N.
[53] BGH FamRZ 2006, 607, 609.
[54] BGH FamRZ 2008, 247, 249; 2008, 1822, 1826; 2008, 1828; 2009, 277, 279.
[55] BGH FamRZ 2006, 196, 197; 2005, 511; 2000, 1490.

nicht schon vor, wenn der beschenkte Partner die Lebensgemeinschaft verlässt.[56] Als grober Undank ist es jedoch anzusehen, wenn ein Partner noch Geschenke annimmt, obwohl er sich von seinem ahnungslosen Lebensgefährten bereits ab- und einem neuen Partner zugewandt hat.[57]

## IV. Zusammenfassung

Seit den beiden grundlegenden Urteilen vom 9. 7. 2008[58] hat der XII. Senat des **35** BGH in allen Fällen, in denen er über die Vermögensauseinandersetzung nichtehelicher Lebensgemeinschaften zu entscheiden hatte, die Parallele zur Rechtslage bei der Ehe gezogen. Der BGH hat damit anerkannt, dass es zwischen Ehe und nichtehelicher Lebensgemeinschaft nicht nur faktisch, sondern auch rechtlich viele Gemeinsamkeiten gibt[59]. Zusammenfassend kann nach der neuen Rechtsprechung des Familiensenats beim BGH festgestellt werden: **Die Vermögensauseinandersetzung nichtehelicher Lebensgemeinschaften erfolgt nach den gleichen Grundsätzen wie bei Eheleuten, die im Güterstand der Gütertrennung leben.**[60]

# 4. Abschnitt. Vermögensausgleich in Einzelfällen

## A. Die gemeinsam genutzte Wohnung

## I. Nur ein Lebensgefährte ist Mieter

## 1. Aufnahme des Partners in die Wohnung

Will ein Lebensgefährte seinen Partner in die von ihm gemietete Wohnung auf- **36** nehmen, benötigt er dazu grundsätzlich die Erlaubnis des Vermieters (§ 540 I S. 1 BGB).[61] Der Mieter kann vom Vermieter die Zustimmung verlangen, wenn er ein berechtigtes Interesse hat. Der Wunsch des Mieters, eine hetero- oder homosexuelle Lebensgemeinschaft zu bilden oder fortzusetzen, ist in aller Regel ein **ausreichender Grund,** einen Partner in die Wohnung aufzunehmen. Der Mieter hat einen klagbaren Rechtsanspruch gegen den Vermieter auf Erteilung der Erlaubnis.[62] Der Vermieter kann seine Zustimmung nur dann versagen, wenn ihm die Aufnahme des Lebensgefährten nicht zuzumuten ist (§ 553 I BGB).[63] Ein wichtiger Grund wäre die **Überbelegung** der Wohnung.[64]

---

[56] OLG Karlsruhe FamRZ 2006, 1095, 1096.
[57] OLG Hamm NJW 1978, 224, 225.
[58] BGH, FamRZ 2008, 1822; 2008, 1828.
[59] Wellenhofer FamRZ 2010, 544 (Urteilsanmerkung); Grziwotz FamRZ 2009, 750, 753.
[60] Schulz FPR 2010, 373, 378.
[61] BGH FamRZ 2004, 91 m. krit. Anm. Brudermüller FamRZ 2004, 358, 359; Palandt/Weidenkaff § 543 Rn. 5.
[62] BGH FamRZ 2004, 91, 93.
[63] BGH FamRZ 1988, 42; MK/Wellenhofer, Nach § 1302 Rn. 41.
[64] Staudinger/Löhnig, Anh. zu §"1297 ff Rn. 194; FamVermR/Burger Rn. 7.113.

## 2. „Rauswurf" des Lebensgefährten

37    Der Alleinmieter kann seinen aufgenommenen Partner nicht aus der Wohnung aussperren, indem er das Türschloss auswechselt. Als Mitbewohner hat der Partner in der Regel auch **Mitbesitz** an der Wohnung.[65] Ein Indiz für Mitbesitz ist, wenn ihm der Lebensgefährte die Wohnungsschlüssel ausgehändigt hat. Der ausgesperrte Partner kann mit einstweiliger Verfügung die **Wiedereinräumung** des Mitbesitzes verlangen.[66] Im Streitfall muss der Mieter gegen seinen Partner eine Räumungsklage erheben. Dieser könnte Räumungsschutz nach § 721 ZPO beantragen.[67] Der **Vermieter** benötigt für die Räumungsvollstreckung auch einen Vollstreckungstitel gegen den Lebensgefährten, wenn dieser Mitbesitz an der Wohnung begründet hatte.[68]

## II. Beide Lebensgefährten sind Mieter

38    Haben beide Lebensgefährten gemeinsam einen Mietvertrag abgeschlossen, bleibt dieser beim Auszug eines Partners bestehen. Der ausgezogene Partner hat gegen den Vermieter keinen Anspruch, aus dem Mietverhältnis entlassen zu werden. Beide Lebensgefährten haften gegenüber dem Vermieter auf Zahlung der **vollen Miete** (§§ 421, 427 BGB).

### 1. Freistellungsanspruch

39    Im **Innenverhältnis** richtet sich die weitere Haftung für die Mietschulden in erster Linie danach, welche Regelung die Partner ausdrücklich oder stillschweigend getroffen haben. Haben sie sich hierüber nicht geeinigt, war aber der in der Wohnung verbliebene Lebensgefährte mit dem Auszug einverstanden und will er die Wohnung auch behalten, so folgt aus dieser „tatsächlichen Gestaltung" (§ 426 I S. 1 Hs. 2 BGB), dass er für die Miete allein aufzukommen hat. Der ausgezogene Partner hat in diesem Fall gegen den in der Wohnung verbliebenen Lebensgefährten einen **Freistellungs- oder Befreiungsanspruch.**[69]

### 2. Anspruch auf Mitwirkung bei der Kündigung

40    Für den Partner, der die Wohnung verlassen hat, bleibt jedoch das Risiko, dass der Vermieter von ihm als Gesamtschuldner die volle Miete verlangt. Sein Freistellungsanspruch gegenüber dem früheren Lebensgefährten nützt ihm nichts, wenn von diesem nichts zu holen ist. Vor einer weiteren Haftung ist er nur sicher, wenn das Mietverhältnis durch gemeinsame Kündigung beendet wird. Nach allgemeiner Meinung hat jeder Partner gegen den anderen einen **Anspruch** auf Zustimmung zur Kündigung des Mietverhältnisses.[70] Gestützt wird der Anspruch

---

[65] Palandt/Brudermüller, Einl. vor § 1297 Rn. 20 m. w. N.

[66] AG Waldshut-Tiengen FamRZ 1994, 522; MK/Wellenhofer, Nach § 1302 Rn. 45; Staudinger/Löhnig, Anh. zu §§ 1297 ff Rn. 204; Grziwotz § 14 Rn. 10.

[67] MK/Wellenhofer, Nach § 1302 Rn. 44.

[68] BGH FamRZ 2008, 1174, 1175.

[69] BGH FamRZ 1983, 349; OLG Düsseldorf FamRZ 1998, 739, 740.

[70] OLG Düsseldorf FamRZ 2008, 154; LG Karlsruhe FamRZ 1995, 94; LG München I FamRZ 1992, 1077.

auf Mitwirkung bei der Kündigung auf die Bestimmungen über die Auflösung der Gesellschaft (§§ 705, 723 I S. 1 BGB) oder der Gemeinschaft (§§ 741, 749, 242 BGB).

Wird der in der Wohnung verbliebene Partner auf Zustimmung zur Kündigung **41** des Mietverhältnisses verklagt, gilt mit Rechtskraft des Urteils die Erklärung als abgegeben (§ 894 ZPO). Die Kündigungsfristen zwischen Mieter und Vermieter (§ 573 c BGB) gelten im **Innenverhältnis** zwischen den Partnern nicht, da ihre Lebensgemeinschaft jederzeit beendet werden kann.[71] Die Kündigungsfrist muss aber nach Treu und Glauben (§ 242 BGB) angemessen sein.[72]

Anfallende Kosten, z. B. für eine Renovierung, sind grundsätzlich hälftig zu teilen. **42** Ist jedoch ein Lebensgefährte **Alleinverdiener** so ist er gegenüber der Partnerin, die den Haushalt und die Kinder betreut, im Innenverhältnis allein zu den Zahlungen aus dem Mietverhältnis verpflichtet und hat deshalb auch die Schönheitsreparaturen allein zu begleichen.[73]

## III. Ein Partner ist Eigentümer der Wohnung

Steht die gemeinsam genutzte Wohnung im alleinigen Eigentum eines Partners, ist **43** beim Scheitern der Lebensgemeinschaft zu klären, ob ein Mietverhältnis mit dem Lebensgefährten zustande gekommen war. Ist ein Mietverhältnis anzunehmen, so ist dieses nach den **mietrechtlichen** Bestimmungen durch Kündigung zu beenden. Besteht kein Mietvertrag, so gelten die Regeln, die für den Alleinmieter einer gemeinsam genutzten Wohnung maßgeblich sind (Rn. 37).

## IV. Wohnungszuweisung nach dem Gewaltschutzgesetz

Bei Gewalttaten und widerrechtlichen Drohungen kann der verletzte Partner einer **44** nichtehelichen Lebensgemeinschaft nach § 2 GewSchG die Zuweisung der gemeinsam genutzten Wohnung zur alleinigen Benutzung verlangen, wenn er mit dem Täter „einen auf Dauer angelegten gemeinsamen Haushalt geführt" hat. Das Opfer kann die Überlassung der Wohnung auch dann beanspruchen, wenn der Täter alleiniger Mieter oder Eigentümer ist (vgl. Kap. 11 Rn. 19 f).

# B. Haushaltsgegenstände

## I. Feststellung des Eigentümers

Haben die Lebensgefährten längere Zeit zusammengelebt, ist es meist schwierig, **45** das Eigentum an den einzelnen Gegenständen festzustellen. Einfach ist es nur bei den Sachen, die ein Partner in die Gemeinschaft **eingebracht** hat. Diese bleiben in der Regel in seinem alleinigen Eigentum, auch wenn sie vom anderen Partner mitbenutzt werden. Bei Haushaltsgegenständen, die beide Lebensgefährten während des Zusammenlebens für den gemeinsamen Haushalt benutzen, kann der Wille des allein

---

[71] LG Karlsruhe FamRZ 1995, 94,95; Schulz/Hauß, Schwerpunktbeitrag 3 Rn. 85.
[72] AG Bad Homburg NJW-RR 1992, 1035; FamVermR/Burger Rn. 7.137.
[73] OLG Köln FamRZ 2006, 1123(Ls.); LG Oldenburg 2008, 155.

berechtigten Lebensgefährten aber auch dahin gehen, dass der Partner **Miteigentümer** wird.[74] Dies ist vor allem bei einer nichtehelichen Lebensgemeinschaft zu bejahen, die von der Arbeitsteilung her einer Hausfrauen-Ehe entspricht.[75] Gegenstände des **persönlichen oder beruflichen Gebrauchs** wie Kleidung, Schmuck, Andenken, Briefmarkenalbum, Münzsammlung und Werkzeuge gehören dem Partner, für dessen Gebrauch sie bestimmt sind.

46     Bei Gegenständen, die die Partner **während des Zusammenlebens** erwerben, richtet sich der Eigentumserwerb nach den allgemeinen Vorschriften der §§ 929 ff BGB. Beim Erwerb von Hausrat ist es dem Verkäufer regelmäßig gleichgültig, wer Eigentümer wird. Er übereignet an den, „den es angeht".[76] bzustellen ist somit darauf, ob der Käufer den Haushaltsgegenstand für sich allein oder auch für seinen Partner mit erwerben wollte (Kap. 4 Rn. 165). Beim Kauf von Haushaltsgegenständen wird es bei längerem Zusammenleben zumeist auch dem Willen nichtehelicher Lebenspartner entsprechen, Miteigentum nach §§ 741 ff BGB zu begründen. Das LG Aachen[77] hat in einer älteren, häufig zitierten Entscheidung ausgeführt, bei eheähnlichen Lebensgemeinschaften bestehe hinsichtlich der für den gemeinsamen Haushalt angeschafften Gegenstände im Zweifel Miteigentum. Auch solche Gemeinschaften seien ihrem sozialen Zweck nach auf Dauer angelegt, sodass bei Haushaltsgegenständen nicht lediglich die gemeinsame Nutzung, sondern vielmehr das „gemeinsame Gehören" im Vordergrund stehe.

47     Die überwiegende Meinung[78] lehnt eine solche Vermutung für Miteigentum ab. Nach einer Entscheidung des OLG Hamm[79] begründet ein Partner, der einen Hausratsgegenstand allein kauft und bezahlt, in der Regel für den Lebensgefährten kein Miteigentum, weil kein Partner dem anderen „mehr als nötig" zuwenden will. Diese Begründung wird jedoch den Lebensverhältnissen in einer nichtehelichen Lebensgemeinschaft nicht gerecht. Solange das Zusammenleben harmonisch verläuft, wird oft genug „mehr als nötig" zugewendet.[80] Bei langem Zusammenleben werden die Partner regelmäßig **gemeinsames Eigentum** erwerben wollen. Zur Feststellung der Eigentumsverhältnisse kann auch darauf abgestellt werden, ob beide Partner beim Kauf mit dabei waren, wer die Sache ausgesucht und wer bezahlt hat. Allerdings kommt es auf die Finanzierung dann nicht entscheidend an, wenn ein Partner nur den Haushalt führt und auf ein eigenes Erwerbseinkommen verzichtet. Dieser würde unangemessen benachteiligt, wenn stets Alleineigentum des allein verdienenden Lebensgefährten unterstellt würde.

48     Im jeweiligen Einzelfall kann auch darauf abgestellt werden, ob die Partner stets getrennte Kassen geführt und auf strenge Gütertrennung geachtet haben oder ob sie wirtschaftlich eng verbunden waren und nicht jeden Cent abgerechnet haben.

---

[74] Schulz FamRZ 2007, 593, 601.
[75] MK/Wellenhofer Nach § 1302 Rn. 28.
[76] BGH FamRZ 1991, 923, 924.
[77] LG Aachen FamRZ 1983, 61.
[78] OLG Düsseldorf MDR 1999, 233, 234; FamRZ 1992, 670, 671; Palandt/Brudermüller, Einl. vor § 1297 Rn. 22; Schröder/Bergschneider/Burger Rn. 7.154.
[79] OLG Hamm 1989, 616.
[80] Schulz FamRZ 2007, 593, 601.

## II. Miteigentumsvermutung

Bei einer Trennung der Lebenspartner werden sich die Eigentumsverhältnisse **49** am Hausrat häufig nicht klären lassen. Die Miteigentumsvermutung nach § 1568 b II BGB (Kap. 4 Rn. 164 f) für gemeinsam angeschaffte Haushaltsgegenstände gilt nur für Eheleute. Bei einer nichtehelichen Lebensgemeinschaft greift jedoch die gesetzliche Eigentumsvermutung des § 1006 BGB ein. Die Partner sind regelmäßig Mitbesitzer der Haushaltsgegenstände, die während des Zusammenlebens erworben und gemeinsam genutzt wurden. **Bei Mitbesitz wird Miteigentum vermutet.**[81] Bei Miteigentum handelt es sich um **Bruchteilseigentum** nach §§ 741 ff, 1008 ff BGB.[82]

## III. Auseinandersetzung der Haushaltsgegenstände

Die Vorschrift des § 1568 b BGB über die endgültige Zuteilung von Haushalts- **50** gegenständen gilt nur für Eheleute und auch nicht analog für nichteheliche Lebensgemeinschaften. Kann ein Lebensgefährte sein Alleineigentum nachweisen, steht ihm der Herausgabeanspruch nach § 985 BGB zu. Bei Miteigentum erfolgt die Auseinandersetzung über das Gemeinschaftsrecht nach §§ 741 ff. BGB. Ist eine Teilung in Natur (§ 752 BGB) nicht möglich, muss der gemeinsame Hausrat nach den Vorschriften des Pfandverkaufs (§§ 753 I, 1235 I, 383 III BGB) **versteigert** werden. Der Erlös ist in der Regel hälftig zu teilen (§§ 742, 753 I BGB). S. dazu Kap. 5 Rn. 4 f.

Eine Klage ist darauf zu richten, dass der Lebensgefährte die Veräußerung nach **51** den Vorschriften über den Pfandverkauf duldet, die Sachen an den **Gerichtsvollzieher** herausgibt und einwilligt, dass der Erlös zur Hälfte geteilt wird.

Haben die Lebensgefährten gemeinsam einen **Hund** und will ihn jeder nach der **52** Trennung behalten, ist eine Versteigerung nicht die passende Lösung. Nach einer Entscheidung des AG Walsrode[83] kann die Bruchteilsgemeinschaft an einem Haustier in der Weise auseinander gesetzt werden, dass der Richter einem Partner den Hund zu dessen Alleineigentum zuteilt und dieser dem anderen Partner eine angemessene, auch am immateriellen Interesse orientierte Entschädigung zu zahlen hat (§§ 741, 753, 242 BGB).

# C. Kraftfahrzeuge

Wer den Wagen bekommt, wenn die Lebensgefährten sich trennen, hängt davon **53** ab, wem das Fahrzeug gehört. Hat ein Partner den Pkw mit in die Lebensgemeinschaft **eingebracht,** so bleibt er regelmäßig in dessen Alleineigentum. Der Lebensgefährte kann den ihm gehörenden Wagen bei der Trennung auch dann mitnehmen, wenn sein Partner laufend für die Wartung aufgekommen ist und werterhaltende Reparaturen finanziert hat.[84] Für seine Aufwendungen kann der Partner wegen des „Abrechnungsverbots" keinen Ersatz verlangen.

---

[81] OLG Köln 2002, 322, 323; Palandt/Bassenge § 1006 Rn. 1.
[82] MK/Wellenhofer, Nach § 1302 Rn. 28; FamVermR/Burger Rn. 7.162.
[83] AG Walsrode FamRZ 2004, 1724 = NJW-RR 2004, 365, 366.
[84] OLG Hamm 2003, 529, 530; FamVermR/Burger Rn. 7.164.

54 Wurde das Fahrzeug während des Zusammenlebens gekauft, ist zur Feststellung des Eigentümers auf die beim Erwerb gemäß § 929 BGB abgegebenen Erklärungen abzustellen. Der Abschluss des Kaufvertrages durch nur einen Partner beweist noch nicht dessen Alleineigentum.[85] Bei der Anschaffung größerer Hausratsgegenstände wird der Kaufvertrag vielfach wegen besonderer Kenntnisse oder Erfahrungen auf einem bestimmten Gebiet nur von einem Partner abgeschlossen. Der andere Partner kann jedoch auch in diesem Fall ein gleich hohes Interesse am Eigentumserwerb haben.[86] Auch die Eintragung des Halters im Kfz-Brief ist nur ein **Indiz** für Alleineigentum. Eingetragen wird im Brief nicht der Eigentümer, sondern der „Verfügungsberechtigte", der die Zulassung beantragt und erhalten hat.

55 **Anhaltspunkte,** welchem Lebensgefährten das Eigentum am Pkw zuzuordnen ist, können sich – wie bei Eheleuten – aus der Beantwortung folgender Fragen ergeben (vgl. Kap. 5 Rn. 469 f):
- Wer war im Kaufvertrag, im Kfz-Brief und im Kfz-Schein eingetragen?
- Wer hat den Wagen ausgesucht?
- Wer hat das Fahrzeug bezahlt?
- Wer hat einen Führerschein und saß regelmäßig am Steuer?
- Von wem und zu welchen Zwecken wurde das Fahrzeug genutzt?
- Wer bezahlte die Kfz-Steuer und die Versicherungsprämie?
- Wer kam für Pflege, Wartung und Reparaturen auf?
- War die Lebensgemeinschaft zum Zeitpunkt des Erwerbs stabil?

56 Kann sich jeder Lebensgefährte auf Indizien berufen, die für ihn günstig sind, ist in der Regel **Miteigentum** anzunehmen. Bei gemeinsamer Nutzung spricht auch die **Eigentumsvermutung des § 1006 BGB** für Miteigentum. Die Finanzierung und Unterhaltung des Fahrzeugs allein durch einen Lebensgefährten ist dann kein starkes Indiz für Alleineigentum, wenn der andere gleichwertige Gegenleistungen erbracht hat, z. B. den Haushalt geführt hat. Sonst würde der nicht berufstätige Partner bei der Vermögensauseinandersetzung stets leer ausgehen. Bei Doppelverdienern ist darauf abzustellen, ob der Partner andere gemeinsame Anschaffungen bezahlt oder gemeinschaftliche Schulden getilgt hat.

57 Hat ein Lebensgefährte einen Pkw zu Alleineigentum erworben, zu dessen Finanzierung seine Partnerin einen Kredit aufnehmen musste, so entsteht zwischen den Partnern ein **Auftragsverhältnis.** Für die Darlehensraten, die nach der Trennung fällig und von der Partnerin bezahlt wurden, schuldet der Eigentümer Aufwendungsersatz nach § 670 BGB.[87] Für die Raten, die die Partnerin während des **Zusammenlebens** geleistet hat, kann sie wegen des Abrechnungsverbots keinen Ausgleich verlangen. Ein Ersatzanspruch entfällt ganz, wenn sie das Fahrzeug gleichermaßen genutzt hat. In diesem Fall hat sie den Kredit auch im eigenen Interesse aufgenommen, sodass kein Auftragsverhältnis zwischen den Partnern entstanden ist.[88]

58 Steht das Fahrzeug im Miteigentum beider Partner, sollten sie sich bei der Trennung unbedingt darüber verständigen, wer es gegen Ersatz des halben Werts übernimmt (zur Wertermittlung vgl. Kap. 1 Rn. 286). Kommt keine Einigung zustande, muss das Fahrzeug nach §§ 753 I, 1235 I, 383 III BGB versteigert werden. Der Erlös

---

[85] BGH FamRZ 2004, 1016.
[86] So BGH FamRZ 2004, 1016 (für Eheleute).
[87] BGH FamRZ 1981, 530.
[88] OLG Oldenburg FamRZ 1986, 465.

ist zu teilen (§ 753 I BGB). Jedem gebührt die Hälfte ohne Rücksicht darauf, wer wie viel zum Erwerb und zur Instandhaltung beigetragen hat. Bei der Halbteilung gemäß § 742 BGB bleibt es auch dann, wenn nur ein Partner finanziell für das Fahrzeug aufgekommen ist. Dies entspricht dem Grundsatz, dass nach der Trennung die einzelnen Beiträge nicht gegeneinander zu verrechnen sind.[89] Eine Ausnahme kann nur dann gemacht werden, wenn sich die Partner schon vorher über verschieden hohe Anteile geeinigt haben.

# D. Bankkonten

## I. Einzelkonto

Ist nur ein Lebensgefährte Kontoinhaber, steht ihm das Guthaben grundsätzlich **allein** zu. Auch wenn ein Lebensgefährte auf das Alleinkonto seines Partners erhebliche Beträge einbezahlt oder sein Gehalt auf dieses Konto überwiesen hat, hat er – nach früher ganz h. M. – wegen des Abrechnungsverbots keinen Anspruch auf Ausgleich.[90] In einem vom OLG Frankfurt[91] entschiedenen Fall hatte die verstorbene Partnerin nach 17-jährigem Zusammenleben ein Sparkonto über 80 000 DM hinterlassen. Der überlebende Mann behauptete, die Hälfte des Betrages stamme von ihm, da er über all die Jahre sein gesamtes Einkommen auf dieses Konto einbezahlt habe. Das OLG Frankfurt lehnte einen Anspruch des Mannes gegen die Erben auf hälftige Teilhabe am Kontoguthaben ab. Seine Einzahlungen seien als Unterhaltsbeiträge zu werten und durch die von ihm empfangenen Leistungen wie freie Wohnung, Verpflegung, Kleidung und sonstige Versorgung bereits abgegolten. **59**

Es erscheint sehr fraglich, ob der Familiensenat des BGH in einem vergleichbaren Fall die Einzahlungen auf das Einzelkonto des Partners ebenfalls nur als Beiträge zum Lebensunterhalt bewerten und eine Teilhabe wegen des Abrechnungsverbots ausschließen würde. Der BGH würde in diesen Fällen prüfen, ob eine **Bruchteilsgemeinschaft** gemäß §§ 741 ff BGB zwischen den Partnern am Guthaben auf dem Einzelkonto entstanden ist. So hat der Familiensenat des BGH[92] bei Eheleuten entschieden, dass diese eine Bruchteilsberechtigung des Ehegatten, der nicht Kontoinhaber ist, an der Kontoforderung vereinbaren können. Davon sei regelmäßig auszugehen, wenn beide Ehegatten Einzahlungen auf ein Sparkonto leisten und zwischen ihnen Einvernehmen besteht, dass die Ersparnisse beiden zugute kommen sollen.[93] Eine solche Vereinbarung könne auch stillschweigend erfolgen. **60**

Diese Grundsätze müssen auch für nichteheliche Lebensgemeinschaften gelten, da hier ein vergleichbares Interesse an einer gemeinsamen Teilhabe des von beiden Lebensgefährten angesparten Geldes besteht.[94] Anhaltspunkte für eine Bruchteilsgemeinschaft der Partner am Guthaben des Einzelkontos können sich aus der **61**

---

[89] BGH FamRZ 1983, 1213.

[90] OLG Düsseldorf NJW 1979, 1509; OLG Frankfurt NJW 1982, 1885.

[91] OLG Frankfurt FamRZ 1982, 265.

[92] BGH FamRZ 2002, 1696, 1697; 2000, 948, 949 jeweils unter Bezugnahme auf BGH FamRZ 1966, 442, 443.

[93] BGH FamRZ 2002, 1696, 1697.

[94] So auch MK/Wellenhofer, Nach § 1302 Rn. 56; Staudinger/Löhnig, Anh. zu §§ 1297 ff Rn. 148; Schulz, FamRZ 2007, 593, 603.

tatsächlichen oder beabsichtigten **Verwendung des Guthabens** ergeben. Wurden die abgehobenen Beträge für gemeinsame Anschaffungen (wie Wohnung, Einrichtung, Kunstgegenstände, Pkw, Sportausrüstung) oder für gemeinsame Unternehmungen (wie Urlaub, Reisen, Konzert- und Theaterbesuche) ausgegeben, so spricht diese Verwendungsart der Gelder dafür, dass zwischen den Partner während des Zusammenlebens eine Bruchteilsgemeinschaft gemäß § 741 BGB entstanden ist.[95] In diesem Fall steht ihnen die Forderung gegen die Bank im **Innenverhältnis** gemäß § 742 BGB zu gleichen Teilen zu (vgl. Kap. 5 Rn. 359 f ).

62     Die Höhe des Teilungsanspruchs richtet sich nach dem Kontostand im Zeitpunkt der Trennung. Ein gleicher Anteil steht dem Partner, der nicht Kontoinhaber ist, im Zweifel auch dann zu, wenn der andere Partner, auf dessen Namen das Konto lautet, wesentlich mehr als er einbezahlt hat (vgl. Kap. 5 Rn. 363 ).

63     Hat ein Partner dem anderen eine Bankvollmacht erteilt, erlischt diese – wie bei Eheleuten – im Innenverhältnis bei endgültiger Trennung. Im Außenverhältnis, also der Bank gegenüber, gilt die Vollmacht jedoch weiter bis zu ihrem förmlichen Widerruf (§ 170 BGB). Dem Partner ist es daher auch nach der Trennung noch möglich, Geld vom Alleinkonto des anderen abzuheben. Der Kontoinhaber kann in diesem Fall Herausgabe gemäß § 687 II BGB oder Schadensersatz nach §§ 280 I, 823 II, 826 BGB verlangen (vgl. Kap. 5 Rn. 371 f). Der Bank gegenüber sollte die Vollmacht sofort widerrufen werden.

## II. Gemeinschaftskonto

64     Für Abhebungen eines Partners vom Gemeinschaftskonto gelten für Lebensgefährten die gleichen Regeln wie für Eheleute. Das Guthaben steht den Partnern nach § 430 BGB grundsätzlich zu gleichen Anteilen zu und zwar unabhängig davon, von wem und aus wessen Mitteln das Konto finanziert wurde.[96] Hebt ein Lebensgefährte während des intakten Zusammenlebens mehr als die Hälfte ab, ist er nicht zum Ausgleich verpflichtet, wenn er das Geld für gemeinsame Zwecke der Lebenspartner verwendet hat (vgl. Kap. 5 Rn. 392). Bei Trennung der Partner sind vorhandene Guthaben **hälftig** zu teilen.[97] Hat ein Partner nach Beendigung der Lebensgemeinschaft das Konto „abgeräumt", muss er die Hälfte **zurückzahlen**. Aber auch wenn ein Lebensgefährte vor der Trennung Beträge abgehoben hat, die über eine ordentliche Wirtschaftsführung hinausgehen, ist er zum Ausgleich verpflichtet.[98]

# E. Schuldenausgleich

## I. Einzelschulden

65     In einer nichtehelichen oder nicht eingetragenen Lebensgemeinschaft haftet jeder Partner grundsätzlich nur für seine **eigenen Verbindlichkeiten**. In Ausnahmefällen

---

[95] Vgl. BGH FamRZ 1966, 442,443; FamVermR/Burger Rn. 7.191.
[96] BGH FamRZ 1990, 370, 371; OLG Düsseldorf FamRZ 1999, 1504, 1505.
[97] OLG Celle FamRZ 1982, 63.
[98] Schulz FPR 2010, 373, 378; FamVermR/Burger Rn. 7.194; KK-FamR/Weinreich, Rn. 188; Soergel/Lange, Nichteheliche Lebensgemeinschaft, Rn. 109.

kann es Ausgleichsansprüche geben, wenn ein Lebensgefährte einen Kredit im alleinigen Interesse seines Partners aufgenommen hat. Hier ist jedoch zwischen Schuldtilgungen während bestehender und nach beendeter Lebensgemeinschaft zu unterscheiden. Für die in der Zeit des Zusammenlebens geleisteten Zahlungen gibt es wegen des „**Abrechnungsverbots**" (Rn. 12) generell keinen Ausgleich.[99]

Für die **nach der Trennung** getilgten Schulden kann der Kreditnehmer vom **66** Partner Ersatz seiner Aufwendungen nach § 670 BGB verlangen.[100] Hat er den Kredit noch nicht getilgt, kann er auch **Freistellung** (vgl. Kap. 5 Rn. 179 f) von den künftigen Rückzahlungen beanspruchen.[101] War der Kreditnehmer zum Zeitpunkt der Trennung mit seinen Zins- und Tilgungsleistungen in Rückstand, so kann er für die noch ausstehenden Zahlungen ebenfalls Ersatz oder Freistellung fordern. Hat ein Lebensgefährte ein Darlehen aufgenommen, um damit **Altschulden** seines Partners abzulösen, steht ihm für die nach der Trennung geleisteten Tilgungen ebenfalls ein Ersatzanspruch nach Auftragsrecht (§ 670 BGB) zu.[102]

Hat ein Lebenspartner einen Kredit zur Finanzierung von Anschaffungen für die **67** Gemeinschaft aufgenommen, z. B. für den Kauf eines gemeinsam genutzten Fahrzeugs, entsteht zwischen den Partnern kein Auftragsverhältnis. Deshalb gibt es auch für den bei Trennung noch offenen Teil der Schuld keinen Ausgleich.[103]

## II. Gesamtschulden

Partner einer nichtehelichen Lebensgemeinschaft haften wie Eheleute häufig als **68** Gesamtschuldner, da Banken einem Lebensgefährten regelmäßig nur dann einen Kredit geben, wenn der Partner eine **Mithaftung** übernimmt.[104] Trennen sich die Partner, besteht meist Streit, wer im Innenverhältnis für die Verbindlichkeiten aufzukommen hat und ob ein Partner für von ihm getilgte Schulden einen Ausgleich verlangen kann. Bevor geklärt wird, wie die Gesamtschulden intern auszugleichen sind, ist zu prüfen, ob die von den Banken als Bedingung für die Kreditgewährung geforderte Mitverpflichtung eines Lebenspartners nicht **sittenwidrig** ist.

Die Grundsätze des BGH zur Sittenwidrigkeit von Schuldbeitritt und Bürgschaft **69** beziehen sich in gleicher Weise auf Eheleute wie auf Partner einer nichtehelichen Lebensgemeinschaft. Eine Mithaftung oder Bürgschaft verstößt nach BGH[105] gegen die guten Sitten und ist damit nichtig (§ 138 BGB), wenn sie den verpflichteten Ehe- oder Lebenspartner finanziell krass überfordert und wenn er die ruinöse Haftung aus emotionaler Verbundenheit mit dem Hauptschuldner übernommen hat (ausführlich Kap. 5 Rn. 109 f).

---

[99] BGH FamRZ 1980, 664; 1981, 530; MK/Wellenhofer, Nach § 1302 Rn. 72: FamVermR/Burger Rn. 7.203.
[100] BGH FamRZ 1981, 530, 531.
[101] OLG Saarbrücken FamRZ 1998, 738, 739; MK/Wellenhofer, Nach § 1302 Rn. 75; FamVermR/ Burger Rn. 7.204; Palandt/Brudermüller, Einl. v § 1297 Rn. 34.
[102] OLG Frankfurt FamRZ 1984, 1013; FamVermR/Burger Rn. 7.211.
[103] OLG Oldenburg FamRZ 1986, 465 m. Anm. Bosch.
[104] Schulz FPR 2010, 373, 376: FamRZ 2007, 593,603; KK-FamR/Weinreich, Rn. 191
[105] BGH FamRZ 2006, 1024, 1025; 2002, 1694, 1695; 2002, 1253.

70    Die Rechtsprechung unterscheidet grundsätzlich zwischen dem Ausgleich für Schuldtilgungen *während des Zusammenlebens* der Partner und *nach Beendigung der Lebensgemeinschaft.*

## 1. Schuldtilgungen während des Zusammenlebens

71    **Beispielsfall:**[106] Die Partner M und F einer nichtehelichen Lebensgemeinschaft bewohnten zusammen eine Wohnung, die sie *gemeinsam* gemietet hatten. M war Alleinverdiener, F versorgte den Haushalt und betreute das kleine gemeinsame Kind. M bezahlte unregelmäßig die monatliche Miete. Kurz vor Trennung der Lebenspartner beglich M einen Teil der Mietrückstände in Höhe von 2200 €. Nach Beendigung ihrer Lebensgemeinschaft wurden beide ehemalige Partner als Gesamtschuldner zur Zahlung weiterer offener Mietforderungen aus der Zeit des Zusammenlebens von insgesamt 2000 € verurteilt. Nachdem M diesen Betrag bezahlt hatte, beantragte er beim Amtsgericht, seine ehemalige Partnerin zur Erstattung von 2100 €, der Hälfte der von ihm geleisteten Zahlungen, zu verpflichten.

Im Beispielsfall führte der BGH[107] zunächst allgemein aus, dass die Lebensgefährten als Gesamtschuldner im Verhältnis zueinander zu gleichen Anteilen verpflichtet sind, soweit nicht ein anderes bestimmt ist (§ 426 Abs. 2 S. 1 BGB). Während einer Ehe kann die grundsätzliche Haftung von Gesamtschuldnern zu gleichen Teilen von der ehelichen Lebensgemeinschaft der Partner in der Weise überlagert werden, dass sich im Innenverhältnis eine andere Aufteilung etwa dergestalt ergibt, dass der alleinverdienende Teil zugunsten des haushaltführenden Teils die gemeinsamen Verpflichtungen allein trägt und daher ein Ausgleichsanspruch ausscheidet.[108] Auch bei einer nichtehelichen Lebensgemeinschaft – so fuhr der BGH[109] fort – kann „aus der Natur der Sache", also der besonderen Gestaltung des tatsächlichen Geschehens, zu folgern sein, dass – wenn die Partner nicht etwas Besonderes unter sich geregelt haben – persönliche und wirtschaftliche Leistungen nicht gegeneinander aufgerechnet werden. Solche Beiträge werden, wenn entsprechende Bedürfnisse auftreten, von beiden Partnern erbracht oder von demjenigen geleistet, der dazu besser in der Lage ist.[110]

72    Von einer derartigen Gestaltung ist nach BGH im Beispielsfall auszugehen, sodass der alleinverdienende Partner M die Miete im Innenverhältnis allein zu tragen hat und keinen Ausgleich von F verlangen kann. Der Ausschluss der internen Haftung der ehemaligen Lebensgefährtin F umfasst nicht nur die während der nichtehelichen Lebensgemeinschaft tatsächlich geleisteten Zahlungen, sondern – so der BGH[111] – auch diejenigen Leistungen, die für die gewählte Art und Weise des täglichen Zusammenlebens *zu erbringen gewesen wären.* Nach der von den Lebensgefährten gewählten Aufgabenverteilung oblag es dem Partner M, für die eingegangenen

---

[106] Nach BGH, FamRZ 2010, 542.
[107] BGH FamRZ 2010, 542, 543.
[108] BGH FamRZ 2010, 542, 543 unter Hinweis auf BGH FamRZ 1993, 676, 678; 1995, 216, 217.
[109] BGH FamRZ 2010, 542, 543.
[110] BGH FamRZ 2010, 542, 543 unter Hinweis auf BGH FamRZ 1980, 664; 1992, 408; 1993, 939, 940; 1997, 1533; 2004, 94.
[111] BGH FamRZ 2010, 542, 543.

Zahlungsverpflichtungen allein aufzukommen, was auch seiner Unterhaltspflicht nach § 1615 l Abs. 1 und 2 BGB entsprach. Daran änderte sich nichts dadurch, dass M die Miete nicht fristgemäß, sondern erst zu einem Zeitpunkt beglich, als die nichteheliche Lebensgemeinschaft bereits beendet war. Maßgebend ist hier der **Verwendungszweck,** der den täglichen Bedürfnissen und damit der Verwirklichung der nichtehelichen Lebensgemeinschaft zuzuordnen ist, und nicht der Zeitpunkt der Leistung.[112]

Der Feststellung des Familiensenats, dass der Partner auch für die Zahlungen, die **73** er nach Auflösung der nichtehelichen Lebensgemeinschaft geleistet hat, keinen Ausgleich verlangen kann, ist zuzustimmen.[113] Der Partner M war im Innenverhältnis allein verpflichtet, die Miete während des Zusammenlebens zu bezahlen. Es kann nicht darauf abgestellt werden, wann er dieser Verpflichtung nachgekommen ist Ansonsten würde der säumige Schuldner auch noch belohnt.

## 2. Schuldtilgungen nach der Trennung

Tilgt ein Lebensgefährte nach Beendigung der Lebensgemeinschaft gemeinsame **74** Schulden, die erst **nach der Trennung** entstanden sind, so kann er vom früheren Partner nach der gesetzlichen Regel des § 426 Abs. 1 S. 1 BGB grundsätzlich einen **hälftigen Ausgleich** verlangen.[114] Nach Aufhebung der Lebensgemeinschaft besteht – wie bei Eheleuten[115] – im Allgemeinen kein Grund mehr, dem bisherigen Partner eine weitere Vermögensmehrung zukommen zu lassen.

Eine **Ausnahme** von der gesetzlichen Regel, dass Gesamtschulden ab Trennung **75** von jedem Partner anteilig zu tragen sind, ergibt sich „aus der Natur der Sache" in folgenden Fällen:
- Wurden Verbindlichkeiten gemeinsam, aber im **ausschließlichen Interesse** nur eines Partners (z. B. für dessen Gewerbebetrieb) eingegangen, so hat sie dieser im Innenverhältnis auch allein abzutragen[116]. Einen Ausgleich gibt es dafür nicht.
- Haben die Partner mit dem Darlehen einen Gegenstand erworben, der einem Partner **allein gehört** (z. B. ein Hausgrundstück im Alleineigentum eines Partners), so hat dieser die Schuldtilgungen allein zu tragen.[117]
- Wird nach dem Scheitern der Lebensgemeinschaft ein Gegenstand (z. B. ein Pkw), der mit einem gemeinschaftlichen Kredit angeschafft wurde, **allein von einem Partner genutzt,** so hat dieser im Innenverhältnis auch allein für die nach der Trennung fällig gewordenen Kreditraten aufzukommen.[118]
- Die Haftung für Mietschulden nach dem Auszug eines Lebensgefährten aus der gemeinsam gemieteten Wohnung wird sich – wie bei Eheleuten – danach richten, ob die Partner hierüber eine Regelung getroffen haben. Haben sie sich nicht geeinigt, war aber der in der Wohnung verbliebene Partner mit dem Auszug **einverstanden** und will er die Wohnung auch **behalten,** so hat er grundsätzlich

---

[112] BGH FamRZ 2010, 542, 543.
[113] Ebenso Wellenhofer FamRZ 2010, 544 (Urteilsanmerkung).
[114] OLG Hamm FamRZ 2001, 95; Schulz FamRZ 2008, 593, 604; KK-FamR/Weinreich, Rn. 193.
[115] BGH FamRZ 1983, 795; 1993, 676; FuR 2003, 374.
[116] BGH FamRZ 1988, 596, 597; MK/Wellenhofer, Nach § 1302 BGB Rn. 75.
[117] BGH FamRZ 1997, 487.
[118] KG FamRZ 1999, 1502; a. A. OLG Koblenz FamRZ 1999, 789.

für die künftige Miete allein aufzukommen.[119] Der ausgezogene Partner hat gegen den früheren Lebensgefährten einen Freistellungsanspruch.

- Ist ein Partner jedoch **ohne Einverständnis** des anderen ausgezogen, so hat er sich nach der Regel des § 426 Abs. 1 S. 1 BGB an den Mietkosten bis zum Ablauf der gesetzlichen Kündigungsfrist (§ 573 c Abs. 1 S. 1 BGB) – also drei Monate – zur Hälfte weiter zu beteiligen.[120]

- Haben die Lebensgefährten mit einem neu aufgenommenen gemeinsamen Kredit **Altschulden** eines Partners abbezahlt, haftet dieser im Innenverhältnis für die noch offene Schuld allein.[121]

- Haben die Partner mit dem Darlehen nur den **laufenden Bedarf** gedeckt, haften sie nach der gesetzlichen Regel je zur Hälfte. Anders kann es dann sein, wenn ein Partner zur Zeit der Kreditaufnahme ohne Einkommen und Vermögen war. In diesem Fall hat der finanzstarke Partner im Innenverhältnis die Schulden auch nach der Trennung allein zu tragen, weil davon auszugehen ist, dass er seinen vermögenslosen Partner von vornherein nicht mit den Schuldtilgungen belasten wollte.[122]

## F. Rückforderung eines Darlehens

### I. Beweislast

76  Nach Beendigung einer Lebensgemeinschaft verlangt häufig ein Partner Geld, das er dem anderen gegeben hat, als Darlehen wieder zurück. Der begünstigte Partner wendet dagegen ein, das Geld sei ihm geschenkt worden. Der Lebensgefährte, der eine Rückzahlung fordert, **muss beweisen**, dass sich die Partner über eine Darlehensgewährung (§ 488 BGB) einig waren, eine Rückzahlungsverpflichtung also verbindlich vereinbart wurde.[123] Liegt kein schriftlicher Darlehensvertrag vor, scheitert eine Rückforderung zumeist an der Beweislage.[124]

77  In einem vom OLG Brandenburg[125] entschiedenen Fall hatte der Partner M während der nichtehelichen Lebensgemeinschaft ein von seiner Partnerin F aufgenommenes Darlehen zurückbezahlt. Nach endgültiger Trennung der Lebensgefährten trat M seine vermeintlichen „Darlehensansprüche" an seine Mutter ab, die F auf Rückzahlung verklagte. Die Mutter trug dazu vor, in unehelichen Lebensgemeinschaften bestehe eine Vermutung dahingehend, dass Zuwendungen nicht unentgeltlich, also schenkungsweise, erfolgten. M gab als Zeuge an, er und F seien sich einig gewesen, dass sie ihm die gezahlten Raten wieder erstatte. F bestritt eine solche Vereinbarung. Das OLG Brandenburg wies darauf hin, dass die Mutter den ihr obliegenden Nachweis nicht erbracht habe. Auch wenn der Sohn, da er seine

---

[119] Für Eheleute: OLG Köln FamRZ 2003, 1664, 1665; OLG München FamRZ 1996, 291; Staudinger/Noack, BGB, § 426 Rn. 222.

[120] Für Eheleute: OLG Dresden FuR 2003, 185; LG Mönchengladbach FamRZ 2003, 1839 (LS); OLG Frankfurt FamRZ 2002, 27; LG Hannover FamRZ 2002, 29, 30.

[121] OLG Hamm FamRZ 2001, 95.

[122] FamVermR/Burger Rn. 7.209.

[123] BGH FamRZ 1987, 676, 678; Palandt/Weidenkaff § 488 Rn. 38; § 516 Rn. 19.

[124] Schulz FamRZ 2007, 593, 605.

[125] OLG Brandenburg Beck RS 2009, 88660.

angeblichen Ansprüche abgetreten hat, als Zeuge zu vernehmen war, wirke sich seine Aussage weder zugunsten der Mutter noch zugunsten der ehemaligen Partnerin aus. Die getätigten Erklärungen „unter vier Augen" seien allein nach deren Glaubhaftigkeit und Glaubwürdigkeit zu deuten. Das OLG Brandenburg[126] stellte sodann fest:

*„Nach Scheitern einer nichtehelichen Lebensgemeinschaft besteht kein Anspruch auf Darlehensrückgewähr, wenn darlehensvertraglich Absprachen zwischen den ehemaligen Lebensgefährten nicht bewiesen werden können. Die Beendigung einer nichteheliche Lebensgemeinschaft begründet keine Vermutung bzw. setzt keine Beweislastumkehr dahingehend, dass von einer Rückübertragung gegenseitig zugewandter Vermögenswerte auszugehen ist."*

## II. Fälligkeit des Darlehens

Liegt ein Darlehen vor, ist die Fälligkeit des Anspruchs auf Rückzahlung zu klären **78** (vgl. Kap. 7 Rn. 74 f) Haben die Partner dafür keinen festen Zeitpunkt bestimmt, hängt die Fälligkeit von einer Kündigung ab (§ 488 III BGB). Partner einer Lebensgemeinschaft vereinbaren meistens – entweder ausdrücklich oder stillschweigend – eine feste Laufzeit für das Darlehen. Für eine von der gesetzlichen Kündigungsmöglichkeit abweichende Regelung trifft den Darlehensnehmer die Darlegungs- und **Beweislast.**[127]

In einem vom BGH[128] entschiedenen Fall hatte der Lebensgefährte seiner Part- **79** nerin ein Darlehen zum Kauf eines Hauses gegeben, das sie „nur im Falle einer freiwilligen Veräußerung des Objekts oder bei ihrem Tode" zurückzahlen musste. Nach der Trennung kündigte der Lebenspartner das Darlehen und verlangte das Geld zurück. Der BGH stellte dazu fest, das Hausgrundstück sei nicht verkauft worden und auch die zweite Bedingung sei noch nicht eingetreten, damit sei die Rückforderung des Darlehensbetrags wegen **fehlender Fälligkeit** ausgeschlossen.

In einem ähnlichen Fall[129] hatte der Lebensgefährte seiner Partnerin ein Darlehen **80** von (umgerechnet) 48 000 € gegeben und diese hatte in einem Schuldschein vermerkt: „Falls mir etwas zustoßen sollte, ist die Summe an ihn zurückzuzahlen." Der BGH[130] legte diese Erklärung so aus, dass das Darlehen erst beim Tod der ehemaligen Lebensgefährtin fällig wird. Die Rückzahlungspflicht trifft daher erst die Erben.

# G. Bürgschaften

Hat sich der Partner einer nichtehelichen Lebensgemeinschaft für ein vom anderen **81** Partner aufgenommenes Darlehen verbürgt, so ist – wie beim Schuldbeitritt – zuerst zu klären, ob die Mitverpflichtung sittenwidrig ist. Die Übernahme einer Bürgschaft verstößt nach BGH[131] gegen die guten Sitten (§ 138 BGB), wenn sie den Lebenspartner finanziell krass überfordert (vgl. Kap. 5 Rn. 112).

---

126 OLG Brandenburg Beck RS 2009, 88660.
127 BGH FamRZ 1987, 676, 678.
128 BGH FamRZ 1987, 676, 679.
129 BGH FamRZ 1997, 1533.
130 BGH FamRZ 1997, 1533; abl. Palandt/Brudermüller, Einl. v. § 1297 BGB Rn. 34.
131 Zuletzt BGH FamRZ 2006, 1024, 1025.

82    Befriedigt der Bürge den Gläubiger, so geht die Forderung des Gläubigers gegen den Hauptschuldner auf ihn über (§ 774 Abs. 1 S. 1 BGB). Der Hauptschuldner ist zu einem Ausgleich jedoch nur im Rahmen des **Innenverhältnisses** zwischen den Lebenspartnern verpflichtet.[132] Es hängt von den Umständen des Einzelfalls ab, ob der Bürge, wenn er die Schuld **während der Lebensgemeinschaft** begleicht, einen Rückgriffsanspruch gegen den Hauptschuldner hat.[133]

83    Erfüllt der Bürge die Bürgschaftsschuld **nach Beendigung der Lebensgemeinschaft,** so ist zu unterscheiden:

- Wurde der Kredit ausschließlich im Interesse des **Hauptschuldners** aufgenommen, so kann der Bürge volle Erstattung verlangen. Der Hauptschuldner kann dagegen keine Einwendungen aus dem Innenverhältnis nach § 774 I 3 BGB erheben. Zwischen dem Bürgen und dem Hauptschuldner besteht in der Regel ein **Auftragsverhältnis**[134], aus dem sich nach Trennung der Partner ein Ersatzanspruch gemäß § 670 BGB ergibt. Unter den Voraussetzungen des § 775 BGB kann der Bürge auch „Befreiung von der Bürgschaft" verlangen.
- Wurde der Kredit im alleinigen Interesse des **Bürgen** aufgenommen, kann der Hauptschuldner dem Bürgen diese Einwendung aus dem Innenverhältnis entgegensetzen (§ 774 Abs. 1 S. 3 BGB). Zu einem Ausgleich ist er in diesem Fall nicht verpflichtet.[135]
- Kommt der vom Schuldner aufgenommene Kredit beiden Lebenspartnern zugute, z. B. zur Anschaffung gemeinsam genutzter Gegenstände, so erscheint eine gleichmäßige Belastung der Partner sachgerecht. Der Bürge kann daher – wie bei einer Gesamtschuld zwischen den Partnern – grundsätzlich einen **hälftigen Ausgleich** verlangen[136] (vgl. dazu auch Kap. 5 Rn. 500).

# 5. Abschnitt. Gerichtliche Zuständigkeit

84    Die Vermögensauseinandersetzung nichtehelicher Lebensgemeinschaften wurde – bedauerlicherweise – im FamFG nicht den Familiengerichten zugeordnet.[137] Hier verhält sich der Gesetzgeber konservativer als der XII. Senat des BGH, der die Vermögensauseinandersetzung ehelicher und nichtehelicher Lebensgemeinschaften nach den gleichen Grundsätzen behandelt. Zuständig sind weiterhin die allgemeinen Zivilgerichte, beim BGH ist allerdings nach der Geschäftsverteilung der Familiensenat zuständig.

---

[132] Palandt/Sprau § 774 BGB Rn. 11.

[133] Bejahend OLG Hamm NJW-RR 1989, 624; verneinend LG Bamberg NJW 1988, 1219.

[134] Palandt/Sprau, Einf. v. § 765 Rn. 5.

[135] Palandt/Sprau § 774 BGB Rn. 11.

[136] Schulz FamRZ 2007, 593, 605; FamVermR/Burger Rn. 7.208; Staudinger/Löhnig, Anh. zu § 1297 Rdnr. 136; a. A. LG Bamberg FamRZ 1988, 59; MK/Wellenhofer, Nach § 1302 Rn. 73.

[137] Dafür schon Peschel-Gutzeit, NJW 2002, 2737.

# Kapitel 10. Andere Formen des gemeinschaftlichen Lebens und Wirtschaftens

In den beiden grundlegenden Entscheidungen vom 9. 7. 2008 zur nichtehelichen 1 Lebensgemeinschaft hat der Familiensenat des BGH[1] darauf hingewiesen, dass die neuen Grundsätze zum **Ausgleich von finanziellen Zuwendungen** nicht nur für nichteheliche Lebensgemeinschaften gelten, sondern auch „**für andere Formen des gemeinschaftlichen Lebens und Wirtschaftens**" anzuwenden sind. Als Beispiele nennt der Familiensenat **verwitwete Geschwister, sonstige Verwandte** oder **Freunde**. Auf eine sexuelle Verbindung kommt es nicht an.

Auch bei solchen Gemeinschaften können Leistungen, die über das hinausgehen, 2 was das tägliche Zusammenleben erst ermöglicht, im Einzelfall **Ausgleichsansprüche** nach den Regeln über den Wegfall der Geschäftsgrundlage oder die ungerechtfertigte Bereicherung wegen Zweckverfehlung bei Beendigung der Gemeinschaft ergeben. Anhaltspunkte für wirtschaftliche Verflechtungen der Partner können sich aus einer gemeinsamen Haushaltskasse, einem Gemeinschaftskonto und einem „Wirtschaften aus einem Topf" ergeben.[2] Von derartigen „**Einstehens- oder Beistandsgemeinschaften**" sind befristete Zweckgemeinschaften wie bloße Wohngemeinschaften abzugrenzen. Der XII. Senat beim BGH gibt damit die aus dem Sozialrecht stammende Unterscheidung zwischen eheähnlichen Gemeinschaften und sonstigen Lebensgemeinschaften auf.[3]

Der BGH hat weiter darauf hingewiesen, bei diesen Beistandsgemeinschaften nicht 3 nur für finanzielle Zuwendungen, sondern auch für die **Mitarbeit eines Partners** ein Ausgleich in Betracht kommt. In diesen Fällen kann stillschweigend ein besonderer familienrechtlicher Vertrag, ein sog. **Kooperationsvertrag,** zustande kommen, dessen Geschäftsgrundlage durch das Scheitern der Partnerschaft entfällt. Voraussetzung ist allerdings, dass „die Arbeitsleistungen erheblich über bloße Gefälligkeiten hinausgehen und zu einem messbaren und noch vorhandenen Vermögenszuwachs des anderen Partners geführt haben".[4]

Für die Vermögensauseinandersetzung solcher „Einstehens- oder Beistandsge- 4 meinschaften" sind weiterhin die allgemeinen Zivilgerichte zuständig.

---

BGH FamRZ 2008, 1822, 1826; 2008, 1828.
Grziwotz FamRZ 2008, 1230.
Grziwotz FamRZ 2008, 250.
BGH FamRZ 2008, 1822, 1827.

# Kapitel 11. Gewaltschutzgesetz

## 1. Abschnitt. Ziel des Gesetzes

1     Das „Gesetz zur Verbesserung des zivilrechtlichen Schutzes bei Gewalttaten und Nachstellungen" verfolgt das Ziel, den Schutz bei Gewalttaten und bei bestimmten unzumutbaren Belästigungen zu verbessern. Das Gesetz will hauptsächlich vor Verletzungen schützen, die sich im sozialen Umfeld des Opfers ereignen. Gewalt tritt am häufigsten im häuslichen Bereich auf. Opfer der häuslichen Gewalt sind vorwiegend Frauen und Kinder.[1] Die verbesserten Schutzmaßnahmen sollen sich aber nicht ausschließlich auf den sozialen Nahbereich beschränken, sondern auch vor Gewalttaten außerhalb des häuslichen Bereichs schützen. Das Ziel, wiederholte Gewaltausübung zu verhindern, soll in erster Linie dadurch erreicht werden, dass „räumliche Distanz" zwischen Täter und Opfer geschaffen wird.[2]

## 2. Abschnitt. Die gesetzlichen Regelungen

2     Das Gewaltschutzgesetz (GewSchG) besteht aus vier Paragrafen.
- § 1 regelt gerichtliche Maßnahmen zum Schutz vor Gewalt und Nachstellungen.
- § 2 gibt auch dem nicht verheirateten Opfer einer Gewalttat einen Anspruch auf Überlassung der mit dem Täter gemeinsam genutzten Wohnung.
- § 3 bestimmt das Verhältnis zu anderen Ansprüchen.
- Eine entscheidende Bedeutung kommt der **Strafvorschrift** des § 4 zu.

3     Das Verfahrensrecht wurde durch das FGG-RG vom 17. 12. 2008[3] grundlegend reformiert und ist nunmehr in §§ 210 bis 216 a FamFG geregelt. Die bedeutendsten Änderungen bestehen darin, dass die **Familiengerichte** für alle Maßnahmen nach §§ 1 und 2 GewSchG **zuständig** sind und als vorläufiger Rechtsschutz nur noch **einstweilige Anordnungen** zulässig sind.

## A. Gerichtliche Schutzmaßnahmen (§ 1 GewSchG)

### I. Verfahrensrechtliche Grundlage

4     § 1 GewSchG ist die verfahrensrechtliche Grundlage für Schutzanordnungen des Familiengerichts zur Durchsetzung **materiellrechtlicher** Unterlassungsansprüche (§§ 823, 1004 BGB analog) bei ausgeübter oder angedrohter Gewalt und unzumut-

---

[1] BT-Drucks. 14/5429 S. 10; vgl. FPR 2005, 1 bis 54 – Themenschwerpunkt: Rechtlicher Schutz vor häuslicher Gewalt.
[2] Schumacher FamRZ 2002, 645, 646.
[3] BGBl 2008 I S. 2586.

baren Belästigungen.[4] Gerichtliche Schutzmaßnahmen nach § 1 setzen **keine persönliche „Nähebeziehung"** des Opfers zum Täter voraus.

## II. Die einzelnen Tatbestände

### 1. Verletzung von Körper, Gesundheit oder Freiheit (§ 1 I 1 GewSchG)

Schutzanordnungen des Familiengerichts kommen bei vorsätzlichen Verletzungen 5 des Körpers, der Gesundheit oder der Freiheit in Betracht. Auch **psychische Gewalt** wird als Körper- und Gesundheitsverletzung erfasst, wenn sie sich beim Opfer körperlich auswirkt, etwa durch Schlafstörungen.[5] Eine **Freiheitsverletzung** kann durch – auch kurzfristiges – Einsperren des Opfers erfolgen.[6] Dagegen ist das Aussperren aus der gemeinsamen Wohnung **keine** Freiheitsberaubung, weil der Betroffene hierdurch nicht am Verlassen, sondern nur am Betreten eines Ortes gehindert wird.[7]

### 2. Drohung mit Gewalt (§ 1 II 1 Nr. 1 GewSchG)

Schutzanordnungen können nicht nur bei bereits ausgeübter Gewalt, sondern 6 schon bei ernstlichen Drohungen mit einer Gewalttat erlassen werden (Abs. 2 S. 1 Nr. 1). Dabei ist – wie bei § 1361 b BGB – nicht darauf abzustellen, ob der Täter die Drohung ernst gemeint hat, sondern wie das Opfer die Drohung empfunden hat (vgl. Kap. 4 Rn. 16).

### 3. Eindringen in die Wohnung (§ 1 II 1 Nr. 2 a GewSchG)

Die Begriffe **„Wohnung"** und **„befriedetes Besitztum"** sind weit auszulegen. 7 Zum geschützten Bereich gehören auch Treppenhaus, Flur, Aufzug, Wohnwagen, Garage und Garten. Geschäftsräume sind nicht geschützt[8].

### 4. Unzumutbare Belästigungen (§ 1 II 1 Nr. 2 b GewSchG)

Gerichtliche Schutzmaßnahmen können auch bei zwei besonders unzumutbaren 8 Belästigungen, die sich für das Opfer als schwerwiegender Eingriff in seine Privatsphäre darstellen, angeordnet werden.

**a) Wiederholtes Nachstellen und Verfolgung unter Verwendung von** 9 **Fernkommunikationsmitteln:** Als erhebliche Belästigungen durch „Nachstellen" sind zu nennen: die wiederholte Überwachung und Beobachtung einer Person, die ständige demonstrative Anwesenheit des Täters in der Nähe der Person, die „körperliche" Verfolgung und aufdringliche Annäherung.[9] Das hartnäckige Belästigen und Verfolgen einer Person wird als **„Stalking"** bezeichnet. Das Schlagwort kommt aus

---

BT-Drucks. 14/5429 S. 17, 28.

BT-Drucks. 14/5429 S. 19.

OLG Brandenburg NJW-RR 2006, 220 (zehn Minuten).

Palandt/Brudermüller § 1 GewSchG Rn. 5; JH/Götz § 1 GewSchG Rn. 5; MK/Wellenhofer § 1 GewSchG Rn. 11; weitergehend Grziwotz NJW 2002, 872.

Palandt/Brudermüller § 1 GewSchG Rn. 9.

BT-Drucks. 14/5429 S. 29.

der englischen Jägersprache und bedeutet „heranpirschen, auflauern, nachstellen". Unzumutbar sind auch ständige Kontaktaufnahmen mit **Fernkommunikationsmitteln** wie Telefon, Handy, Briefe, SMS, E-Mails, Internet und Telefax. Bei schwerwiegenden Belästigungen, vor allem wenn sie mit Beleidigungen verbunden sind, müssen zwei Fälle für ein gerichtliches Einschreiten genügen.

10  **b) Beweislast.** Die Belästigungen müssen „*gegen den ausdrücklich erklärten Willen*" des Opfers erfolgen (Abs. 2 S. 1 Nr. 2 b). Die belästigte Person muss gegenüber dem Täter eindeutig erklärt haben, die Kontaktaufnahme, die Nachstellung oder das Verfolgen nicht zu wollen.[10] Das Opfer müsste im Streitfall **beweisen,** dass sie den Täter ausdrücklich aufgefordert hat, die Nachstellungen und Verfolgungen zu unterlassen und diese Erklärung dem Täter zugegangen ist. Ein solcher Nachweis wird in vielen Fällen nicht leicht zu erbringen sein. Sind solche Belästigungen tatsächlich erfolgt, besteht jedoch bei beleidigenden, bedrohlichen oder offensichtlich unerwünschten Belästigungen eine **Beweiserleichterung** zugunsten des Opfers. Es spricht eine **tatsächliche Vermutung** dafür, dass das Opfer dem Täter unmissverständlich zu erkennen gegeben hat, dass es mit den Nachstellungen und Verfolgungen nicht einverstanden war.[11] Der Täter müsste diese tatsächliche Vermutung widerlegen. Kann jedoch ein bestimmtes Verhalten äußerlich nicht ohne weiteres als **unzumutbare** Belästigung gewertet werden, verbleibt es bei der Beweislast des Opfers.

## III. Schutzanordnungen bei Gewalttaten nach § 1 I, II GewSchG

11  Das Gesetz gibt in § 1 I 3 GewSchG **fünf Beispiele** für Schutzmaßnahmen. Das Gericht kann anordnen, dass der Täter es unterlässt,
1. die Wohnung der verletzten Person zu betreten,
2. sich in einem bestimmten Umkreis der Wohnung der verletzten Person aufzuhalten,
3. zu bestimmende andere Orte aufzusuchen, an denen sich die verletzte Person regelmäßig aufhält,
4. Verbindung zur verletzten Person, auch unter Verwendung von Fernkommunikationsmitteln, aufzunehmen,
5. Zusammentreffen mit der verletzten Person herbeizuführen, soweit dies nicht zur Wahrung berechtigter Interessen erforderlich ist.

12  Das Verbot, die Wohnung des Opfers zu betreten (Nr. 1), kann als zusätzliche Anordnung zu einer **Wohnungsüberlassung** nach § 2 GewSchG (Rn. 19 f) oder nach § 1361 b BGB (Kap. 4 Rn. 4 f) – in einem selbständigen Verfahren – beantragt werden. Hat die Polizei einen befristeten **Platzverweis** ausgesprochen, sollte das gerichtliche Betretungsverbot sich zeitlich unmittelbar anschließen Dem Täter kann auch untersagt werden, sich in der Nähe der Wohnung des Opfers aufzuhalten (Nr. 2). Der einzuhaltende Abstand („**Bannmeile**") hängt von den jeweiligen örtlichen Verhältnissen ab. In der gerichtlichen Praxis werden zumeist 200 bis 500 m festgesetzt.

---

[10] So BT-Drucks. 14/5429 S. 29.
[11] So auch Palandt/Brudermüller § 1 GewSchG Rn. 9; JH/Götz § 1 GewSchG Rn. 13.

Eine weitere Schutzmaßnahme kann dahin gehen, dem Täter den Aufenthalt an   13
bestimmten, vom Opfer regelmäßig aufgesuchten Orten wie **Arbeitsstelle**, Kindergarten und Schule zu verbieten (Nr. 3). Ebenso kann das Gericht dem Täter **jegli-
chen Kontakt** mit dem Opfer untersagen (Nr. 4). Das Verbot erstreckt sich auf
unmittelbares persönliches Ansprechen sowie auf Kontaktaufnahmen durch alle
„**Fernkommunikationsmittel**". Außerdem kann dem Täter aufgegeben werden,
Zusammentreffen mit dem Opfer zu vermeiden (Nr. 5). In diesem Zusammenhang
könnte das Gericht ergänzend anordnen, dass sich der Täter sofort zu entfernen hat,
wenn es zu einem zufälligen Treffen kommt.[12]

In der **gerichtlichen Praxis** werden zumeist mehrere der aufgezählten Anordnun-   14
gen, aber auch andere Maßnahmen gleichzeitig angeordnet.

## IV. Befristung (§ 1 I 2 GewSchG)

Die ausgesprochenen Verbote sollen in aller Regel befristet werden; die Frist kann   15
**verlängert** werden. Betretungs- und Näherungsverbote gegen den Mitbesitzer der
gemeinsamen Wohnung müssen stets befristet werden, wenn nicht auch in einem
gesonderten Verfahren die Zuweisung der Wohnung nach § 2 GewSchG oder
§ 1361 b BGB beansprucht wird. Ansonsten könnte allein über die gerichtliche
Anordnung nach § 1 I 3 Nr. 1 GewSchG eine alleinige Benutzung der Wohnung
erreicht werden.[13]

## V. Wahrnehmung berechtigter Interessen (§ 1 I 3, II 2 GewSchG)

Schutzmaßnahmen sind nicht anzuordnen, wenn der Täter zur „*Wahrnehmung*   16
*berechtigter Interessen*" Kontakt mit dem Opfer aufnehmen muss (Abs. 1 S. 3 a. E.,
Abs. 2 S. 2). Das kann zur Aufrechterhaltung des Umgangs mit den gemeinsamen
Kindern der Fall sein, wenn diese nicht unmittelbar von der Gewalttat betroffen
wurden. Zumeist wird es aber notwendig sein, dass eine **dritte Person** oder eine
soziale Einrichtung zur Vermittlung des Umgangs zur Verfügung steht.[14]

## VI. Wiederholungsgefahr

Ist es bereits einmal zu Gewalttaten gekommen, spricht nach der Rechtspre-   17
chung[15] eine **tatsächliche Vermutung** dafür, dass weitere Beeinträchtigungen zu
befürchten sind. Es obliegt dann dem Täter, diese tatsächliche Vermutung zu widerlegen, wobei die Rechtsprechung an eine solche Widerlegung **hohe Anforderungen**
stellt.[16] Kann der Täter die tatsächliche Vermutung nicht widerlegen, ist davon
auszugehen, dass weitere Gewalttaten drohen.[17] Diese **Beweiserleichterung** gilt nicht
nur bei bereits eingetretenen Verletzungen nach Abs. 1, sondern auch bei Drohungen und unzumutbaren Belästigungen nach Abs. 2.

---

Vgl. zum Ganzen BT-Drucks. 14/5429 S. 29.
Kritisch hierzu JH/Götz § 1 GewSchG Rn. 27.
Vgl. hierzu die Vorschläge von Wurdak/Rahn FPR 2001, 275 und Ehinger FPR 2001, 280.
BGH NJW 1987, 2223.
BayObLG NJW-RR 1987, 463OBR NJW-RR 2006, 220.
BT-Drucks. 14/5429 S. 19, 28.

## VII. Verantwortlichkeit des Täters (§ 1 III GewSchG)

18    Nach Abs. 3 kann sich der Täter nicht damit entschuldigen, er sei durch **Alkohol** oder andere berauschende Mittel zur Tatzeit unzurechnungsfähig gewesen. In Abweichung von § 827 BGB ist ein Verschulden nicht erforderlich.[18] Bei dauernder Schuldunfähigkeit des Täters können allerdings Unterlassungsansprüche nur auf §§ 823, 1004 BGB analog gestützt werden, wobei ein Verschulden ebenfalls nicht erforderlich ist.[19]

# B. Überlassung einer gemeinsam genutzten Wohnung (§ 2 GewSchG)

## I. Anspruchsgrundlage

19    § 2 ist eine echte **materiellrechtliche** Anspruchsgrundlage für die Wohnungsüberlassung bei Gewalttaten im häuslichen Bereich. Der Tatbestand des § 2 I knüpft an die Verletzung von Rechtsgütern gemäß § 1 I an und löst bei einer vollendeten Gewalttat den **Anspruch** auf Zuweisung der Wohnung aus. Liegt aber „nur" eine Drohung mit einer Gewalttat nach § 1 II 1 Nr. 1 vor, ist weitere Voraussetzung, dass die Überlassung der Wohnung erforderlich ist, um eine **„unbillige Härte"** für das Opfer zu vermeiden (§ 2 VI 1). Außerdem können Beeinträchtigungs- und Vereitelungsverbote (§ 2 IV) erlassen sowie eine Nutzungsvergütung (§ 2 V) angeordnet werden.

## II. Auf Dauer angelegter gemeinsamer Haushalt (§ 2 I GewSchG)

20    „Der Täter geht, das Opfer bleibt!" Diesen Grundsatz hat das Gewaltschutzgesetz mit der Regelung in § 2 verwirklicht. Bei Gewalttaten kann jede verletzte Person die Überlassung der gemeinsam genutzten Wohnung zur alleinigen Benutzung verlangen. Neben einer vorsätzlichen Verletzung des Körpers, der Gesundheit oder der Freiheit ist Voraussetzung, dass das Opfer mit dem Täter **„einen auf Dauer angelegten gemeinsamen Haushalt geführt"** hat. (§ 2 I). Dieser Begriff ist aus dem MietRReformG vom 19. 7. 2001 (§ 563 II 4 BGB) entnommen. In der Begründung des Gesetzes[20] ist hierzu ausgeführt:

> *„Unter dem Begriff ‚auf Dauer angelegter gemeinsamer Haushalt` ist eine Lebensgemeinschaft zu verstehen, die auf Dauer angelegt ist, keine weiteren Bindungen gleicher Art zulässt und sich durch innere Bindungen auszeichnet, die ein gegenseitiges Füreinandereinstehen begründen und die über eine reine Wohn- und Wirtschaftsgemeinschaft hinausgehen. Damit entspricht der Begriff den Kriterien der bisherigen Rechtsprechung zur ‚eheähnlichen Gemeinschaft`, ohne dass es allerdings auf das Vorliegen geschlechtlicher Beziehungen zwischen den Partnern ankommt. Sowohl die hetero- oder homosexuelle Partnerschaft wie auch das dauerhafte Zusam-*

---

[18] AG Wiesbaden FamRZ 2006, 1145 m. Anm. Nagel; Palandt/Brudermüller § 1 GewSchG Rn. 1; JH/Götz § 1 GewSchG Rn. 18; **a. A.** Schuhmacher FamRZ 2002, 645, 649.
[19] Palandt/Bassenge § 1004 Rn. 13.
[20] BT-Drucks. 14/5429 S. 30, 71; BR-Drucks. 439/00 S. 92.

*menleben alter Menschen als Alternative zum Alters- oder Pflegeheim, die ihr gegenseitiges Füreinandereinstehen z. B. durch gegenseitige Vollmachten dokumentieren, können daher grundsätzlich diese Kriterien erfüllen. "*

Der berechtigte Personenkreis ist somit nicht auf Paare beschränkt, die persönliche, intime Beziehungen zueinander haben wie Eheleute, eingetragene Lebenspartner oder nichteheliche Lebensgefährten. Vielmehr erfasst der Schutz des Gesetzes alle so genannten „**Verantwortungsgemeinschaften**", also auch **Geschwister oder Eltern und Kinder.** Voraussetzung ist allerdings stets, dass diese Personen einen gemeinsamen Haushalt führen. Minderjährige oder volljährige Kinder in der Ausbildung werden in der Regel im Haushalt ihrer Eltern nur „mitwohnen". Das Führen eines gemeinsamen Haushalts verlangt im Gegensatz zum bloßen Mitbewohnen, dass auch Verantwortung für die Erledigung der anfallenden finanziellen, rechtlichen und tatsächlichen Angelegenheiten übernommen wird.[21] Zum geschützten Personenkreis zählen aber **nicht** Wohngemeinschaften von Studenten, die nur der gemeinsame Wunsch verbindet, billiger und schöner zu wohnen.[22] **21**

Das Gewaltschutzgesetz geht von einer Zweierbeziehung (Täter – Opfer) aus, jedoch können auch **mehr als zwei Personen** einen gemeinsamen Haushalt i. S. von § 2 I führen.[23] Die verletzte Person kann in diesem Fall verlangen, dass ihr die Wohnung zur alleinigen Nutzung überlassen wird und die Täter die Wohnung zu räumen haben. **22**

## III. Regelung des Nutzungsverhältnisses (§ 2 II GewSchG)

Nach § 2 GewSchG kann – wie nach § 1361 b BGB – grundsätzlich nur eine **vorläufige Regelung** über die Wohnungsbenutzung getroffen werden. Ist das Opfer allerdings Alleinmieter oder Alleineigentümer und wird der Täter aus der Wohnung gewiesen, führt die Entscheidung nach § 2 zu einer endgültigen Regelung der Benutzungsverhältnisse. **23**

Sind verletzte Person und Täter **gemeinsam Mieter,** ist eine Kündigung des Mietvertrages nur durch beide Mieter möglich. Der aus der Wohnung gewiesene Mieter ist dafür auf die Zustimmung des in der Wohnung verbliebenen Mieters angewiesen. Bei nichtehelichen Lebensgefährten kann ab Trennung der frühere Partner auf Zustimmung zur Kündigung gemäß § 749 BGB (bei Annahme einer Gemeinschaft) oder § 723 BGB (bei Annahme einer bürgerlich-rechtlichen Gesellschaft) verklagt werden[24] (vgl. 4. Teil Rn. 40). Verstößt der in der Wohnung verbliebene Mitmieter gegen seine Pflicht zur gemeinsamen Kündigung, kann dies zur Schadensersatzpflicht in Form eines **Freistellungsanspruchs** führen. Der sich weigernde Partner hat dann allein den Mietzins zu tragen, kann aber die Wohnung weiterhin nutzen. Insofern sind die Interessen des Opfers an einem dauerhaften Verbleib in der Wohnung ausreichend gewahrt.[25] **24**

---

Palandt/Brudermüller § 2 GewSchG Rn. 2; JH/Götz § 2 GewSchG Rn. 4; Schumacher FamRZ 2002, 645, 649, 650; **a. A:** Hoppenz/Müller § 2 GewSchG Rn. 14.
BT-Drucks. 14/5429 S. 30; Palandt/Brudermüller § 2 GewSchG Rn. 2;; **a. A.** Schumacher FamRZ 2002, 645, 650.
Vgl. Schumacher FamRZ 2002, 645, 651.
OLG Düsseldorf FamRZ 2008, 154; JH/Götz § § 2 GewSchG Rn. 12.
So BT-Drucks. 14/5429 S. 30.

25  Steht die Wohnung im **Miteigentum** von Täter und Opfer, kann der aus de
Wohnung verwiesene Miteigentümer die Aufhebung der Gemeinschaft (§§ 749
753 I BGB) im Wege der Teilungsversteigerung nach § 180 ZVG verlangen. Dabe
gelten im Wesentlichen die gleichen Grundsätze wie bei Eheleuten (vgl. Kap.
Rn. 23 f).

## IV. Befristung der Nutzungsdauer (§ 2 II GewSchG)

26  Die Wohnungsüberlassung ist, wenn Opfer und Täter gemeinsam Mieter ode
Eigentümer sind, zu **befristen** (§ 2 II 1). Die Frist sollte so bemessen sein, das
während ihrer Laufzeit eine endgültige Regelung erreicht werden kann.[26]

27  Ist der Täter allein (oder mit einem Dritten) an der Wohnung berechtigt (z. B. a
Alleinmieter oder Alleineigentümer), ist die Nutzungsdauer auf **höchstens sech**
**Monate** zu begrenzen (§ 2 II 2). Konnte die verletzte Person innerhalb der vo
Familiengericht bestimmten Frist eine andere angemessene Wohnung zu zumutbare
Bedingungen nicht finden, kann das Gericht die Frist um höchstens weitere sech
Monate verlängern, wenn nicht überwiegende Belange des Täters oder des Dritte
entgegenstehen (§ 2 II 3). Eine Fristverlängerung sollte auf besondere Ausnahmefäl
beschränkt werden.[27]

28  Ist das Opfer Alleinmieter oder Alleineigentümer der Wohnung, ist die Überlas
sung zur alleinigen Nutzung nicht zu befristen.

## V. Ausschluss des Anspruchs (§ 2 III GewSchG)

### 1. Fehlende Wiederholungsgefahr (§ 2 III Nr. 1 GewSchG)

29  Der Anspruch auf Wohnungsüberlassung ist ausgeschlossen, wenn weitere Verle
zungen **nicht** zu besorgen sind. Aber selbst wenn dem Täter der schwierige Bewei
dass keine Wiederholungsgefahr besteht, gelingen sollte, ist die gesamte Wohnun
dennoch dem Opfer zuzuweisen, wenn ihm ein weiteres Zusammenleben mit de
Täter **wegen der Schwere der Tat** nicht zuzumuten ist (§ 2 III Nr. 1). Dabei ist a
Fälle schwerer Körperverletzung, Vergewaltigung und versuchter Tötung zu denke
(vgl. Kap. 4 Rn. 15 f).[28]

### 2. Schriftliches Verlangen (§ 2 III Nr. 2 GewSchG)

30  Der Anspruch auf Zuweisung der Wohnung zur alleinigen Benutzung (§ 2 I) i
nach § 2 III Nr. 2 ausgeschlossen, wenn die verletzte Person nicht innerhalb von dr
Monaten nach der Tat die Überlassung der Wohnung **schriftlich** vom Täter verlang
Mit dieser Regelung soll zum einen innerhalb eines angemessenen Zeitraums nac
dem Vorfall Klarheit über die Nutzungsbefugnis hinsichtlich der Wohnung gescha
fen werden. Zum anderen wird klargestellt, dass der Anspruch auf Wohnungsübe
lassung auch dann besteht, wenn sich die verletzte Person nicht mehr in der bislan
gemeinsam genutzten Wohnung aufhält. Damit wird Opfern, die vor den Gewal

---

[26] JH/Götz § 2 Rn. 13.
[27] JH/Götz § 2 Rn. 14; MAH/Müller § 17 Rn. 48.
[28] BT-Drucks. 14/5429 S. 31.

tätigkeiten anderswo Schutz gesucht haben, die Möglichkeit gegeben, wieder in die gemeinsame Wohnung, die nun der Täter zu verlassen hat, zurückzukehren.[29]

Die Vorschrift hat in der familiengerichtlichen Praxis leider zu unverständlichen **31** Entscheidungen geführt.

> **Beispiel:** F wurde von M, mit dem sie einen auf Dauer angelegten Haushalt geführt hat, brutal zusammengeschlagen. Unmittelbar danach erscheint sie beim zuständigen Familiengericht und stellt den Antrag, ihr die Wohnung zur alleinigen Benutzung zuzuweisen.

Der Antragstellerin wurde in diesem Fall vom Familienrichter erklärt, sie müsse zunächst – dies schreibe das Gewaltschutzgesetz vor – von ihrem Lebensgefährten schriftlich die Überlassung der Wohnung verlangen. Erst danach könne sie einen begründeten Antrag auf Wohnungszuweisung nach § 2 GewSchG stellen. Eine derart streng wörtliche Auslegung der Vorschrift des § 2 III Nr. 2 widerspricht eindeutig dem Ziel des Gewaltschutzgesetzes. Das Gesetz will die rechtliche Stellung vor allem von Frauen als den typischen Opfern von Gewalt stärken, indem es den präventiven, in die Zukunft gerichteten Schutz bei Gewalttaten verbessert. Ein wirksamer Schutz vor weiterer Gewalt ist nur möglich, wenn das Opfer schnell und einfach eine gerichtliche Anordnung erreicht. Diesem Anliegen des Gesetzgebers widerspricht es, wenn der Familienrichter die verletzte Person wieder wegschickt und von ihr verlangt, dass sie den Täter erst schriftlich auffordern soll, die Wohnung zu verlassen.

Die Bestimmung des § 2 III Nr. 2 GewSchG ist nach Ziel und Zweck des **32** „Gesetzes zur Verbesserung des zivilrechtlichen Schutzes bei Gewalttaten und Nachstellungen" dahingehend auszulegen, dass der Anspruch nach Absatz 1 ausgeschlossen ist, wenn die verletzte Person nicht innerhalb von drei Monaten nach der Tat die Überlassung schriftlich vom Täter verlangt, **soweit ihr dies möglich und zumutbar ist.**[30] Ein schriftliches Verlangen auf Überlassung der Wohnung ist dem Opfer dann nicht möglich, wenn der Täter **unbekannten Aufenthalts** ist. In diesem Fall muss das Opfer einen Anspruch nach § 2 GewSchG haben, wenn der Täter nach drei Monaten wieder auftaucht und in die Wohnung will.

Schließlich kann das Opfer auch dann nicht schriftlich vom Täter die Alleinnutzung fordern, wenn dieser nach der Tat die Wohnung **verlassen** und erklärt hat, **33** nicht mehr zu kommen. Will der Täter nach Ablauf von drei Monaten die Wohnung doch wieder mitbenutzen, muss das Opfer das Recht haben, die gerichtliche Zuweisung der Wohnung nach § 2 GewSchG zu verlangen.

In anderen Fällen muss die Überlassung der Wohnung grundsätzlich schriftlich **34** verlangt werden (Abs. 3 Nr. 2). Das Opfer muss die Erklärung **handschriftlich** unterzeichnen (§ 126 BGB). Eine E-Mail muss gemäß § 126a I BGB mit einer qualifizierten elektronischen Signatur versehen sein. Stellt das Opfer innerhalb von drei Monaten beim Familiengericht den Antrag auf Überlassung der Wohnung zur alleinigen Nutzung, ersetzt die **gerichtliche Zustellung des Antrags** an den Täter die schriftlichen Mitteilung nach Abs. 3 Nr. 2.[31]

---

BT-Drucks. 14/5429 S. 31.
So auch JH/Götz § 2 GewSchG Rn. 22; Palandt/Brudermüller § 2 GewSchG Rn. 7; Weinreich FuR 2007, 145, 149.
So auch JH/Götz § 2 GewSchG Rn. 23; Schwab/Motzer VIII Rn. 66.

### 3. Schutzwürdige Belange des Täters (§ 2 III Nr. 3 GewSchG)

35 Der Anspruch kann ausgeschlossen sein, soweit der Überlassung der Wohnung a die verletzte Person besonders schwerwiegende Belange des Täters entgegenstehe (Abs. 3 Nr. 3). Ist der Täter wegen einer Behinderung oder einer schweren Erkran kung auf die gemeinsam genutzte Wohnung angewiesen und ist ihm die schwierig Beschaffung einer Ersatzwohnung nicht zuzumuten, kann die Wohnung dem Opfe zeitlich beschränkt (unabhängig von Absatz 2) zugewiesen oder, wenn sie gro genug ist, ausnahmsweise aufgeteilt werden.[32]

## VI. Beeinträchtigungs- und Vereitelungsverbote (§ 2 IV GewSchG)

36 Die Bestimmung des § 2 IV stimmt mit der Regelung des § 1361 b III 1 BG überein. Es kann daher auf die Ausführungen zu dieser Vorschrift verwiesen werde (s. Kap. 4 Rn. 45 f, 56).

## VII. Nutzungsvergütung (§ 2 V GewSchG)

37 Die Regelung entspricht § 1361 b III 2 BGB. Auch auf die hierzu erfolgte Ausführungen wird daher Bezug genommen (s. Kap. 4 Rn. 59 f).

## VIII. Widerrechtliche Drohungen (§ 2 VI GewSchG)

38 Hat der Täter das Opfer nur bedroht, kann das Opfer die Überlassung d Wohnung beanspruchen, wenn dies erforderlich ist, um **eine unbillige Härte** z vermeiden (Abs. 6 S. 1). Der Begriff der „unbilligen Härte" ist in gleicher Weise w bei § 1361 b I BGB auszulegen (vgl. Kap. 4 Rn. 14 f).[33]

## IX. Verhältnis von § 2 GewSchG zu § 1361 b BGB

39 Nach wohl überwiegender Ansicht ist § 1361 b BGB **lex specialis** im Verhältnis z § 2 GewSchG, wenn Eheleute getrennt leben oder ein Ehegatte sich trennen will. E Anspruch nach § 2 GewSchG ist nur gegeben, wenn ein Ehegatte die Wohnung zw allein nutzen will, aber keine Scheidungsabsicht hat.[34] Dieser Meinung kann nicl gefolgt werden.[35] Ein Ehegatte, der nach einer Gewalttat die Wohnung zur alleinige Nutzung beansprucht, will die häusliche Gemeinschaft mit dem Täter nicht mel fortsetzen, sondern von ihm räumlich getrennt leben. Der Tatbestand des § 1361 BGB setzt weder nach dem Wortlaut noch nach dem Sinn der Vorschrift vorau dass ein Ehegatte sich für dauernd vom Ehepartner trennen will. Auch eine konkre

---

[32] BT-Drucks. 14/5429 S. 31.

[33] BT-Drucks. 14/5429 S. 32.

[34] Palandt/Brudermüller § 2 GewSchG Rn. 2; JH/Götz § 2 GewSchG Rn. 10; MAH/Müller § Rn. 70; FamVermR/Perpeet Rn. 3.204; Scholz/Stein/Eckebrecht D Rn. 10 a; Löhning FPR 200 36; 15. Deutscher Familiengerichtstag 2003 (AK 19) = FamRZ 2003, 1906, 1907.

[35] Ebenso Schumacher FamRZ 2002, 645, 653; KK-FamR/Weinreich § 2 GewSchG Rn. 6; FAKomr FamR/Klein § 1361 b Rn. 62; AnwK-BGB/Heinke § 2 GewSchG Rn. 29; Hk-LPartG/Kemp Anhang zu § 14 LPartG Rn. 15; Kogel FamRB 2004, 303; Motzer, Festschrift für Schwab, S. 385.

Scheidungsabsicht ist für eine Wohnungszuweisung gemäß § 1361 b BGB nach h. M.[36] nicht erforderlich (vgl. Kap. 4 Rn. 30). Es genügt der Wunsch, zunächst einmal vom Ehegatten getrennt zu leben.

So wird auch in der Stellungnahme der Bundesregierung[37] zu § 2 GewSchG **40** ausgeführt: *„Soweit Eheleute – wie auch heute noch im Regelfall üblich – einen auf Dauer angelegten gemeinsamen Haushalt führen, können sie den Schutz der Vorschrift in Anspruch nehmen."* § 2 GewSchG gilt somit für alle Personen, die zur Tatzeit einen auf Dauer angelegten gemeinsamen Haushalt geführt haben.

Der Streit ist letztlich nur akademischer Natur. Eheleuten ist in aller Regel zu **41** raten, einen Anspruch auf Wohnungsüberlassung auf die weiterreichende Vorschrift des § 1361 b BGB zu stützen. Eine Wohnungszuweisung nach § 2 GewSchG muss der Familienrichter stets befristen. Eine Wohnungsüberlassung nach § 1361 b BGB dauert grundsätzlich bis zur Rechtskraft der Scheidung.

# C. Geltungsbereich der Vorschriften (§ 3 GewSchG)

## I. Gewalt gegen Kinder durch die Eltern

Misshandeln **Eltern** ihre minderjährige Kinder, können Anordnungen nach dem **42** GewSchG nicht getroffen werden (§ 3 I GewSchG).[38] In diesen Fällen sind bei Gefährdung des Kindeswohls gerichtliche Maßnahmen nach **§§ 1666, 1666 a BGB** anzuordnen. Nach § 1666 III Nr. 3 BGB kann der Familienrichter den gewalttätigen Elternteil verpflichten, die Wohnung zu räumen. Auf der Grundlage von §§ 1666 I, II Nr. 3, 4, 1666 a I BGB können weitere **Schutzmaßnahmen** erlassen werden.

Bei Gewalt durch **Vormund** oder **Pfleger** besteht ebenfalls ein Vorrang der sor- **43** gerechtlichen Vorschriften (§§ 1666, 1666 a BGB in Verb. mit §§ 1837 IV, 1915 BGB).

## II. Gewalt gegen Kinder durch Dritte

Werden Gewalttaten oder Drohungen gegenüber dem Kind durch nicht sorgebe- **44** rechtigte Personen (wie Stiefeltern, Verwandte, Lebensgefährte eines Elternteils) begangen, kommen sowohl Maßnahmen nach dem GewSchG als auch nach den sorgerechtlichen Vorschriften der §§ 1666, 1666 a BGB in Betracht.[39] Es besteht ein **zweispuriger Gewaltschutz.**[40]

## III. Kinder als Täter

Üben **minderjährige** Kinder Gewalt gegen ihre Eltern aus, können nach § 1 I 1 **45** GewSchG „die zur Abwendung weiterer Verletzungen erforderlichen Maßnahmen"

---

OLG Naumburg FamRZ 2003, 1748; JH/Götz § 1361 b Rn. 7; Palandt/Brudermüller § 1361 b Rn. 4; Staudinger/Voppel § 1361 b Rn. 7; KK-FamR/Weinreich § 1361 b Rn. 15; MAH/Müller § 16 Rn. 14; Bamberger/Roth/Neumann § 1361 b Rn. 4; **a. A.:** OLG Bamberg FamRZ 1992, 1299.
BT-Drucks. 14/5429 S. 30.
KG FPR 2004, 267; LG Heilbronn FamRZ 2009, 72.
BT-Drucks. 14/5429 S. 32.
JH/Götz § 3 GewSchG Rn. 5.

getroffen werden. Ein gerichtliches Eingreifen nach dem GewSchG erfolgt jedoc nur, wenn sorgerechtliche Maßnahmen der Eltern (wie eine anderweitige Unterbrir gung des Kindes) nicht ausreichen.[41] Für **volljährige** Kinder, die in einem dauel haften gemeinsamen Haushalt mit ihren Eltern leben, gilt das Gewaltschutzgeset uneingeschränkt.

### IV. Konkurrenz zu anderen Vorschriften

46    Nach § 3 II GewSchG werden weitergehende Ansprüche der verletzten Perso wie Schadensersatz und Schmerzensgeld durch das Gewaltschutzgesetz nicht bel ührt.

## D. Strafbarkeit (§ 4 GewSchG)

47    Verstößt der Täter gegen ein ihm vom Gericht nach § 1 GewSchG auferlegtl Verbot, kann er mit **Freiheitsstrafe** bis zu einem Jahr oder mit Geldstrafe bestra werden. Voraussetzung für die Strafbarkeit nach § 4 GewSchG ist, dass der Bl schluss nach § 1 GewSchG dem Täter wirksam **zugestellt wurde.**[42] Die Strafvol schrift ermöglicht, gerichtliche Anordnungen effektiv durch ein rasches Eingreifl der Polizeibehörde durchzusetzen. Die Polizei kann einen **Platzverweis** ausspreche und eine gewalttätige Person in **Gewahrsam** nehmen.

48    Einen weiteren Schutz bewirkt die neue Vorschrift des § 216a FamFG. Danac hat das Familiengericht Anordnungen nach §§ 1, 2 GewSchG sowie deren Änderun oder Aufhebung an die Polizeibehörden und andere öffentliche Stellen (Schulel Kindergärten Jugendhilfeeinrichtungen), die von der Durchführung der Anordnun betroffen sind, **mitzuteilen.**

49    Beharrliche Nachstellungen sind außerdem nach **§ 238 StGB strafbar** und l besteht der Haftgrund der Wiederholungsgefahr nach § 112a StPO. So kann gege gefährliche Stalking-Täter die **Untersuchungshaft** angeordnet werden, wenn schwl re Straftaten gegen Leib und Leben zu befürchten sind.[43]

# 3. Abschnitt. Das gerichtliche Verfahren

50    Das Gesetz über das Verfahren in Familiensachen und in den Angelegenheiten dl freiwilligen Gerichtsbarkeit (FamFG) vom 17. 12. 2008[44] hat auch auf dem Gebil des Gewaltschutzgesetzes die frühere Rechtszersplitterung zwischen den allgeme nen Zivilgerichten und den Familiengerichten beendet. Für alle Verfahren nach del Gewaltschutzgesetz sind nunmehr einheitlich die **Familiengerichte** zuständig. A vorläufigen Rechtsschutz gibt es nur noch **einstweilige Anordnungen** (Rn. 54). D maßgeblichen Verfahrensvorschriften befinden sich in den §§ 210 bis 216a FamFG.

---

[41] BT-Drucks. 14/5429 S. 32.
[42] BGH FamRZ 2007, 812.
[43] Löhnig FamRZ 2007; 518; JH/Götz § 4 GewSchG Rn. 1.
[44] BGBl. 2008 I 2586.

# A. Zuständigkeit

Gewaltschutzsachen nach §§ 1 und 2 GewSchG sind Familiensachen (§ 111 Nr. 6, **51** § 210 FamFG), für die seit dem 1. 9. 2009 nur noch die **Familiengerichte sachlich zuständig** sind (§§ 23 a I 1, 23 b I GVG). Eine „Nähebeziehung" zwischen Opfer und Täter wird nicht vorausgesetzt.[45] Die **örtliche Zuständigkeit** regelt § 211 FamFG.

Danach hat der Antragsteller die Wahl zwischen den Gerichten, die für den Tatort, den gemeinsamen Wohnort oder den Aufenthaltsort des Antragsgegners zuständig sind.

# B. Amtsermittlung und Feststellungslast

Das Familiengericht muss in Verfahren der freiwilligen Gerichtsbarkeit gemäß **52** § 26 FamFG die entscheidungserheblichen Tatsachen **von Amts wegen** ermitteln. Trotz der Amtsermittlung obliegt es den Beteiligten, ihnen bekannte Tatsachen und Beweismittel vorzutragen (§ 27 FamFG). Es besteht eine materielle **Darlegungs- und Feststellungslast.** Der Antragsteller muss Verletzungen, Drohungen und unzumutbare Belästigungen genau nach Zeit, Ort, Tatumständen und Folgen **substantiiert darlegen.** Der pauschale Vortrag einer verletzten Person, sie sei „wiederholt bedroht, misshandelt oder vergewaltigt worden"[46], „sie habe während der Ehe mehrfach Gewalt, insbesondere auch Demütigungen erfahren"[47] oder der Täter habe ihr „immer wieder aufgelauert und ihr nachgestellt"[48], ist zu unbestimmt (vgl. Kap. 4 Rn. 29). Reicht das Ergebnis der gerichtlichen Ermittlungen zum Nachweis des Tatvorwurfs nicht aus, geht dies zu Lasten des Beteiligten, der daraus eine für ihn günstige Rechtsfolge herleiten will.

# C. Beteiligung des Jugendamts (§§ 212, 213 FamFG)

Das Jugendamt ist in Verfahren auf Überlassung einer gemeinsamen Wohnung **53** nach § 2 GewSchG zu beteiligen und anzuhören, wenn **Kinder** in dem Haushalt leben (§§ 212, 213 FamFG). Zu näheren Einzelheiten kann auf die Ausführungen zu den Ehewohnungssachen (§§ 204 II, 205 FamFG) Bezug genommen werden (Kap. 4 Rn. 17 f).

# D. Einstweilige Anordnung (§ 214 FamFG)

§ 214 I 1 FamFG ergänzt die Regelungen in §§ 49 ff FamFG und stellt klar, dass **54** das Familiengericht auf Antrag Maßnahmen nach §§ 1 oder 2 GewSchG im Wege **einstweiliger Anordnung** treffen kann. In den Fällen des § 1 GewSchG besteht in

---

BT-Drucks. 16/6308 S. 251.
OLG Düsseldorf FamRZ 1988, 1058.
OLG Brandenburg FamRZ 1996, 743, 744.
JH/Götz § 210 FamFG Rn. 6.

der Regel ein dringendes Bedürfnis für ein sofortiges Tätigwerden (§ 214 I FamFG). Das Familiengericht hat dabei auch zu prüfen, ob aufgrund einer glaubha gemachten Gefahrenlage von einer mündlichen Verhandlung vor Erlass der eins weilige Anordnung abzusehen ist.[49]

## E. Wirksamkeit und Vollstreckung (§ 216 FamFG)

**55**    Endentscheidungen in Gewaltschutzsachen werden mit **Rechtskraft wirksar** (§ 216 I FamFG). Das Familiengericht soll die **sofortige** Wirksamkeit anordne (§ 216 I 2 FamFG). Mit der Anordnung der sofortigen Wirksamkeit kann da Gericht auch die Zulässigkeit der Vollstreckung **vor** der Zustellung an den Antrags gegner anordnen (§ 216 II 1 FamFG). In diesem Fall tritt die Wirksamkeit in der Zeitpunkt ein, in dem die Entscheidung der Geschäftstelle des Gerichts zur Bekannt machung übergeben wird; dieser Zeitpunkt ist auf der Entscheidung zu vermerke (§ 216 II 2 FamFG).

**56**    Die **Vollstreckung** von Ge- und Verboten nach § 1 GewSchG und die Räumung de Wohnung nach § 2 I GewSchG sowie die Zahlung einer Nutzungsvergütung nac § 2 V GewSchG werden gemäß 95 I FamFG nach den Vorschriften der ZPO vol streckt.

**57**    Bei einem Verstoß gegen eine Anordnung nach § 1 GewSchG kann das Opfer eine **Gerichtsvollzieher** beiziehen (§ 96 I 1 FamFG). Der Gerichtsvollzieher ist befugt, di Wohnung des Täters zu durchsuchen, verschlossene Türen öffnen zu lassen, Gewal anzuwenden und zur Unterstützung die **Polizei** hinzuzuziehen (§ 96 I 2 FamFG).

**58**    Daneben können Verstöße gegen Schutzmaßnahmen nach § 1 GewSchG au Antrag des Opfers durch **Ordnungsgeld oder Ordnungshaft** gemäß § 890 ZP( geahndet werden (§ 96 I 3 FamFG).

**59**    Die **Vollstreckung einstweiliger Anordnungen** richtet sich ebenfalls gemäß § 9 I FamFG nach den Vorschriften der ZPO. Das Familiengericht kann nach § 53 II FamFG anordnen, dass die Vollstreckung der einstweiligen Anordnung vor Zuste lung an den Verpflichteten zulässig ist. In diesem Fall wird die einstweilige Anord nung bereits mit Erlass wirksam (§ 53 II 2 FamFG).

**60**    Nach § 214 II FamFG gilt der Antrag auf Erlass der einstweiligen Anordnung ir Fall des Erlasses ohne mündliche Erörterung **zugleich** als Auftrag zur Zustellun durch den Gerichtsvollzieher unter Vermittlung der Geschäftsstelle und als Auftra zur Vollstreckung; auf Verlangen des Antragstellers darf die Zustellung nicht vor de Vollstreckung erfolgen. Diese Regelung soll eine rasche Vollziehung der Anordnun gewährleisten.

**61**    Nach § 96 II FamFG ist bei einer einstweiligen Anordnung auf Überlassung de Wohnung (§ 2 GewSchG) die **mehrfache Vollziehung** im Sinne des § 885 I ZP( während der Geltungsdauer möglich. Nimmt das Opfer den Täter wieder in di Wohnung auf, muss es bei erneuter Gewalttätigkeit nicht einen neuen Räumungstite beim Familiengericht beantragen. Vielmehr kann das Opfer aus der ergangene einstweiligen Anordnung abermals durch den Gerichtsvollzieher vollstrecken. Eine erneuten Zustellung an den Verpflichteten bedarf es hierzu nicht.

---

[49] BT-Drucks. 16/6308 S. 252.

Der frühere Täter kann in diesem Fall aber den Vollstreckungstitel **herausverlan-** 62
**gen.**[50] Werden Vollstreckungsmaßnahmen angedroht oder eingeleitet, kann er Voll-
streckungsabwehrklage (§ 767 ZPO) erheben oder die Einstellung der Zwangsvollstreckung (§ 769 ZPO) erwirken.[51] Zweckmäßiger ist es, nach der Versöhnung sogleich die Aufhebung der einstweiligen Anordnung nach § 54 I FamFG zu beantragen.

# F. Anträge und Zusatzanordnungen (§ 215 FamFG)

## I. Maßnahmen nach § 1 GewSchG

**Anträge** 63

Dem Antragsgegner wird – zunächst für die Dauer von drei Monaten – **verboten,**

- ☐ die bisher gemeinsam genutzte Wohnung in … zu betreten;
- ☐ sich in einem Umkreis von – 500 Metern – der Wohnung in … aufzuhalten;
- ☐ den Arbeitsplatz der Antragstellerin bei … (und den Kindergarten in … )
  aufzusuchen;
- ☐ Verbindung zur Antragstellerin durch Fernkommunikationsmittel wie Telefon, Handy, SMS und E-Mails aufzunehmen.
- ☐ Die sofortige Wirksamkeit dieser Maßnahmen wird angeordnet.
- ☐ Der Antragsgegner wird darauf hingewiesen, dass Verstöße gegen diese Anordnungen mit Freiheitsstrafe bis zu einem Jahr oder mit Geldstrafe bestraft
  werden (§ 4 GewSchG).
- ☐ Gegen den Antragsgegner wird außerdem für jeden Fall der Zuwiderhandlung
  ein Ordnungsgeld, dessen Höhe in das Ermessen des Gerichts gestellt wird,
  verhängt.

## II. Wohnungszuweisung nach § 2 GewSchG

## 1. Hauptantrag

**Antrag:** 64

I. Die bisher gemeinsam genutzte Wohnung der Parteien in … wird zunächst
für die Dauer von – sechs – Monaten der Antragstellerin zur alleinigen
Benutzung überlassen.

II. Der Antragsgegner ist verpflichtet, die Wohnung sofort zu räumen und an
die Antragstellerin herauszugeben.

III. Bei der Räumung ist § 885 II bis IV ZPO nicht anzuwenden.

---

[50] KG FamRZ 2006, 49 (Opfer darf den Titel nicht „auf Vorrat" zurückhalten.).
[51] Schwab/Motzer VIII Rn. 34.

Die bloße Zuweisung der Wohnung zur alleinigen Nutzung stellt noch keinen vollstreckbaren Räumungstitel dar. Es muss zusätzlich eine Räumungspflicht ausgesprochen werden, die sich nur auf die Person des Schuldners (§ 885 I ZPO), nicht aber auf die in der Wohnung befindlichen Sachen bezieht (vgl. Kap. 4 Rn. 39f).

## 2. Schutz- und Unterlassungsmaßnahmen

65    Hat das Familiengericht dem Opfer die Wohnung zugewiesen, hat der Täter alles zu unterlassen, was geeignet ist, die Ausübung dieses Nutzungsrechts zu erschweren oder zu vereiteln (§ 2 IV GewSchG). Diese Regelung entspricht § 1361b III 1 BGB. Gemäß § 215 FamFG soll das Familiengericht in der Endentscheidung die zu ihrer Durchführung erforderlichen Anordnungen treffen. Es können **Schutzmaßnahmen** wie Betretungs-, Näherungs- und Beeinträchtigungsverbote erlassen werden. So kann gegen den **Alleinmieter** ein **Kündigungsverbot** verhängt werden (vgl. Kap. Rn. 46). Alle Schutzanordnungen nach § 2 IV GewSchG kann das Familiengericht sogleich im Wege **einstweiliger Anordnung**, auch nachträglich und ohne mündliche Verhandlung, erlassen.

66    **Schutzanträge:**

Dem Antragsgegner wird verboten,

- □ die bisher gemeinsam genutzte Wohnung in ... – ohne Zustimmung der Antragstellerin – nochmals zu betreten;
- □ sich in einem Umkreis von – 500 m – der Wohnung der Antragstellerin zu nähern;
- □ Verbindung zur Antragstellerin durch Fernkommunikationsmittel wie Telefon, Handy, SMS und E-Mails aufzunehmen;
- □ die Antragstellerin zu belästigen, zu bedrohen oder zu misshandeln;
- □ das Mietverhältnis über die Wohnung in ... zu kündigen;
- □ seine Eigentumswohnung in ... zu veräußern.

Dem Antragsgegner wird aufgegeben,

- □ der Antragstellerin sämtliche Wohnungsschlüssel auszuhändigen;
- □ beim Auszug seine persönlichen Sachen mitzunehmen. Hausratsgegenstände darf er aus der Wohnung nicht entfernen.
- □ Für jeden Fall der Zuwiderhandlung wird gegen den Antragsgegner ein Ordnungsgeld, dessen Höhe in das Ermessen des Gerichts gestellt wird, verhängt.
- □ Die Vollziehung der einstweiligen Anordnung ist vor ihrer Zustellung an den Antragsgegner zulässig.
- □ Die Zustellung des Beschlusses darf nicht vor der Vollziehung erfolgen.
- □ Die sofortige Wirksamkeit dieser Entscheidung und die Zulässigkeit der Zwangsvollstreckung vor der Zustellung an den Antragsgegner werden angeordnet.

67    Die in § 2 IV GewSchG zur Sicherung der Hauptentscheidung „Wohnungsüberlassung" vorgesehenen Schutzmaßnahmen wie Betretungs-, Näherungs-, Kontakt- und Belästigungsverbote können auch nach § 1 GewSchG angeordnet werden. Der

**Unterschied** liegt darin, dass nur Verstöße gegen gerichtliche Anordnungen, die gemäß § 1 GewSchG erlassen wurden, mit Strafe bedroht sind (§ 4 GewSchG). Eine Bestrafung des Täters setzt aber voraus, dass das Familiengericht in seinem Beschluss eindeutig bestimmt hat, dass es die angeordneten Verbote auf der Grundlage von **§ 1 GewSchG** verhängt hat. Wenn Verstöße gegen gerichtliche Anordnungen strafbewehrt sein sollen, empfiehlt es sich daher, Betretungs-, Näherungs- und Kontaktverbote nicht im Verfahren auf Wohnungsüberlassung nach § 2 IV GewSchG zu beantragen, sondern in einem **eigenen Verfahren Anträge auf gerichtliche Schutzmaßnahmen nach § 1 GewSchG** zu stellen. Verbote, das Mietverhältnis zu kündigen oder die Wohnung zu veräußern, können jedoch nur gemäß § 2 IV GewSchG angeordnet werden.

Das Verbot, die Antragstellerin zu belästigen, zu bedrohen oder zu misshandeln, **68** hat nur **deklaratorische** Bedeutung, da es nicht hinreichend konkret und damit nicht vollstreckungsfähig ist.[52]

# G. Verfahrenswerte

Der Geschäftswert beträgt in Verfahren nach § 1 GewSchG **2.000 €** und in Ver- **69** fahren nach § 2 GewSchG **3000 €** (§ 49 I FamGKG). Sind diese Werte im Einzelfall unbillig, kann das Familiengericht einen höheren oder niedrigeren Wert festsetzen (§ 49 II FamGKG). Bei den Verfahren nach §§ 1 und 2 GewSchG handelt es sich um zwei voneinander **unabhängige** selbständige Streitgegenstände.[53]

Bei **einstweiligen Anordnungen** ist nach § 41 FamGKG der Wert unter Berück- **70** sichtigung der geringeren Bedeutung gegenüber der Hauptsache zu ermäßigen, wobei in der Regel von der Hälfte des Werts der Hauptsache auszugehen ist. Bei massiven Rechtsverletzungen kann auch der Hauptsachewert angesetzt werden.[54]

# 4. Abschnitt. Zusammenarbeit zum Schutz der Opfer

Häusliche Gewalt kann am wirksamsten bekämpft werden, wenn die verschiede- **71** nen Einrichtungen, zu deren Aufgabe der Opferschutz gehört, ihre Maßnahmen miteinander abstimmen. Dazu zählen Familiengericht, Polizei, Staatsanwaltschaft, Jugendamt, soziale Beratungsstellen und Frauenhäuser. Um die Zusammenarbeit der mit Gewaltschutzsachen befassten Stellen zu verbessern, wurde auf Anregung des Rechtsausschusses in das **FamFG** noch § 216 a „**Mitteilung von Entscheidungen**" eingefügt. Danach hat das Familiengericht Anordnungen nach §§ 1, 2 GewSchG sowie deren Änderung oder Aufhebung an die Polizeibehörden und andere öffentliche Stellen (Schulen, Kindergärten Jugendhilfeeinrichtungen), die von der Durchführung der Anordnung betroffen sind, unverzüglich mitzuteilen, soweit nicht schutzwürdige Interessen eines Beteiligten an dem Ausschluss der Übermittlung, das

---

[52] OLG Karlsruhe FamRZ 2008, 291, 292.
[53] OLG Dresden FamRZ 2006, 803; 2003, 1312, 1314; OLG Nürnberg FamRZ 2008, 1468.
[54] OLG Düsseldorf FamRZ 2008, 1096.

Schutzbedürfnis anderer Beteiligter oder das öffentliche Interesse an der Übermit lung überwiegen. Die Beteiligten sollen über die Mitteilung unterrichtet werden.

72    Noch weiter geht das sog. „Münchner Modell". Hier leitet die Opferschutzstel des Polizeipräsidiums München dem Familiengericht per Fax einen Kurzberich „Häusliche Gewalt" zu, wenn die in die Wohnung des Opfers gerufenen Polize beamten gegen den Täter einen Platzverweis, ein Kontaktverbot oder die vorläufig Festnahme angeordnet haben. Der Familienrichter kann dann auf dieser Grundlag über den Antrag des Opfers auf Wohnungszuweisung in der Regel ohne mündlich Verhandlung sofort entscheiden.

# Sachregister

(Fette Zahlen geben die Kapitel an, magere die Randnummern.)